A HISTÓRIA NÃO CONTADA DA TEORIA GERAL DO ESTADO NO BRASIL

juristas adaptáveis, ditadura e ensino jurídico no Estado Novo (1937-1945)

CONTRACORRENTE

Mateus Rocha Tomaz

A HISTÓRIA NÃO CONTADA DA TEORIA GERAL DO ESTADO NO BRASIL

juristas adaptáveis, ditadura e ensino jurídico no Estado Novo (1937-1945)

AVARÉ

2024

CONTRACORRENTE

Travessa Vergílio de Araújo Valim, 167
CEP 18707 815
www.editoracontracorrente.com.br
contato@editoracontracorrente.com.br

EDITORES
Camila Almeida Janela Valim
Gustavo Marinho de Carvalho
Rafael Valim
Walfrido Warde
Silvio Almeida

EQUIPE EDITORIAL
COORDENAÇÃO DE PROJETO: Erick Facioli
REVISÃO: Douglas de Magalhães
PREPARAÇÃO DE TEXTO: Beatriz Duarte Lopes
REVISÃO TÉCNICA: Amanda Dorth
DIAGRAMAÇÃO: Gisely Fernandes
CAPA: Maikon Nery

EQUIPE DE APOIO
Carla Vasconcelos
Regina Gomes
Nathalia Oliveira
Geovanna Sales

Dados Internacionais de Catalogação na Publicação (CIP)
(Câmara Brasileira do Livro, SP, Brasil)

Tomaz, Mateus Rocha
A história não contada da Teoria Geral do Estado no Brasil : juristas adaptáveis, ditadura e ensino jurídico no Estado Novo (1937-1945) / Mateus Rocha Tomaz. -- Avaré, SP : Editora Contracorrente, 2024.

Bibliografia.
ISBN 978-65-5396-220-0

1. Brasil - Política e governo - 1930-1945 2. Constituição 3. Direito - Brasil - História 4. Direito - História 5. Direito constitucional 6. Estado (Direito) I. Título.

24-226187 CDU-342.2:32 - 342

Índices para catálogo sistemático:

1. Teoria geral do Estado e ciência política : Direito 342.2:32
2. Direito constitucional 342

Eliane de Freitas Leite - Bibliotecária - CRB 8/8415

@editoracontracorrente
Editora Contracorrente
@ContraEditora
Editora Contracorrente

Para Giulia, o amor da minha vida.

Sou igualmente levado a crer que sempre será fácil, para um rei, fazer dos legistas os mais úteis instrumentos de seu poder. Há infinitamente mais afinidade natural entre os homens de lei e o Poder Executivo do que entre eles e o povo, muito embora os legistas tenham muitas vezes de derrubar o primeiro (...) (Alexis de Tocqueville).[1]

(...) o ancien régime é o defeito oculto do Estado moderno (Karl Marx).[2]

Os homens novos, que chegaram ao poder e que estabeleceram o regime ditatorial, são muito mais fortes que os defensores da antiga monarquia de direito divino. Por isso é que a luta da democracia contra os novos ditadores é por vezes mais difícil que a antiga luta liberal tradicional do século XIX contra o absolutismo monárquico. Os ditadores novos, em seus programas, em suas táticas e, sobretudo, em sua fraseologia, se apoiam nos sentimentos dos povos, nos descontentamentos

---

1 TOCQUEVILLE, Alexis de. *A democracia na América*: leis e costumes de certas leis e certos costumes políticos que foram naturalmente sugeridos aos americanos por seu estado social democrático. 2ª ed. Trad. Eduardo Brandão. São Paulo: Martins Fontes, 2005, p. 311.

2 MARX, Karl. *Crítica da Filosofia do Direito de Hegel*. 2ª ed. rev. Trad. Rubens Enderle e Leonardo de Deus. São Paulo: Boitempo, 2010, p. 148.

das massas, rejeitando todas as faltas e todos os erros do poder democrático precedente (Boris Mirkine-Guetzévitch).[3]

Para entender por que tal jurista interiorano desenvolve teses rousseauístas num panfleto contra a monarquia, é importante saber que se trata de um pequeno advogado oriundo de uma grande família, que seu primo ocupa uma posição muito importante na cidade de Bourdeaux, ao passo que ele pertence ao ramo fracassado da família etc. É importante saber tudo isso, a posição que ele ocupa no campo jurídico, a autoridade que detém, se é parisiense ou interiorano, chanceler do Parlamento de Paris ou pequeno advogado sem causa do Sudoeste etc.; portanto, é preciso relacionar o espaço dos textos com o espaço dos produtores de texto (Pierre Bourdieu).[4]

---

3 MIRKINE-GUETZÉVITCH, Boris. *As novas tendências do Direito Constitucional*. Trad. Candido Motta Filho. São Paulo: Nacional, 1933, p. 315.

4 BOURDIEU, Pierre. "Curso de 24 de outubro de 1991". *In*: ______. *Sobre o Estado*: cursos no Collége de France (1989-92). Trad. Rosa Freire d'Aguiar. São Paulo: Companhia das Letras, 2014, p. 354.

SUMÁRIO

AGRADECIMENTOS

Professor **Menelick de Carvalho Netto**, toda a minha trajetória acadêmica está indissociavelmente ligada à sua marcante e genial presença. Inclusive, o tema da tese que originou este livro é um fantasma que me persegue desde agosto de 2011, quando o conheci e comecei a assistir às suas brilhantes aulas de Teoria Geral do Estado no segundo semestre da graduação. De lá para cá, são mais de doze anos ininterruptos de pesquisas sob sua orientação, o que, sem dúvida alguma, me transformou por completo e me causa extremo orgulho. Jamais me esquecerei da sua entusiasmada ligação, no final da tarde de 15 de dezembro de 2023, para me dizer que desejava ter escrito a tese que originou este livro. Só por isso, já valeu a pena.

Professor **Marcelo Neves**, desde o ingresso em seu grupo de pesquisa, em 2013, testemunho de perto não só o seu notório e mundialmente conhecido brilhantismo intelectual, mas também a generosidade dispensada aos seus alunos e a sua incansável disposição para o debate acadêmico. Foi sua a sugestão de incluir, no capítulo III da obra, a análise sobre a Faculdade de Direito do Recife, sua *alma mater* e na qual foi precocemente Professor Titular de Teoria Geral do Estado, o que me proporcionou interessantes desafios e surpresas ao longo da pesquisa.

Professor **Marcelo Cattoni**, muito obrigado pela frequente disponibilidade para conversar, sugerir, criticar, apontar caminhos. Contar com a atenção de um constitucionalista tão brilhante como você é um privilégio e uma grande responsabilidade. Diversas das ideias apresentadas neste trabalho surgiram dos nossos debates e das suas intervenções neles. Sou imensamente grato por isso.

Professor **Alexandre da Maia**, desde que nos conhecemos, no congresso do IBHD, na USP, em 2018, sinto-me privilegiado pelos nossos debates e por presenciar suas instigantes, originais e profundas visões sobre Teoria e História do Direito. Agradeço muito pelos livros que me emprestou sobre a Faculdade de Direito do Recife.

Professor **Gabriel Rezende**, a sua participação nesta pesquisa é maior do que possa imaginar. Desde a sua atuação, ainda na condição de mestrando, como monitor do professor Menelick, na disciplina de Teoria Geral do Estado (TGE), em 2011, testemunho seu espantoso talento. Não tenho dúvida alguma de que, em breve, você será um dos maiores intelectuais do país. Muito obrigado pelas indicações, dicas, correções e por sempre estar disponível para colaborar.

Professor **Gilberto Bercovici**, muito obrigado por, mesmo sem me conhecer, ter prontamente concordado em participar da banca que examinou a tese agora publicada em livro. Na esperança de novas interlocuções e aprendizados com você, registro aqui que ter sido examinado pelo maior nome do Direito Econômico e da Teoria do Estado atualmente no Brasil é motivo de muito orgulho para mim.

Professor **João Costa Neto**, muito obrigado pelo apoio de sempre. O seu invejável e brilhante domínio das diversas áreas do Direito e, sobretudo, a sua generosidade em compartilhar o seu amplo conhecimento me ajudaram sobremaneira nesta caminhada desde quando fui seu aluno ainda na graduação.

Professor **Paulo Gustavo Gonet Branco**, muito obrigado pela extrema generosidade acadêmica, pelos instigantes debates e pelos importantes livros que me emprestou.

Professor **Gilmar Mendes**, foi uma imensa honra ter sido seu aluno na disciplina de Direito Constitucional II durante a graduação, quando tive a oportunidade de ter lições de controle de constitucionalidade com o maior especialista brasileiro no tema. Sou grato também por ter sido, em função do meu desempenho na referida matéria, convidado a estagiar no seu gabinete no Supremo Tribunal Federal, experiência única na vida de um jovem acadêmico interessado em jurisdição constitucional. Por fim, agradeço pelo generoso testemunho que deu, na quarta capa deste livro, sobre a minha tese.

Marcus Vinícius Fernandes Bastos, meu querido e brilhante amigo, muito obrigado pela ininterrupta parceria desde 2011, quando ingressamos juntos na mesma turma do bacharelado na UnB. Agradeço pelos debates e pela inestimável ajuda na revisão deste ttrabalho, pelos textos publicados em conjunto, pela docência compartilhada, pelos vários livros que me emprestou durante a elaboração deste trabalho e, sobretudo, pela valiosa amizade.

Paulo Sávio Peixoto Maia, antes mesmo de conhecê-lo pessoalmente, já o conhecia da leitura de sua famosa e brilhante dissertação e dos efusivos elogios do professor Menelick a você e ao seu trabalho. Não havia exagero algum nas palavras do nosso mestre. Muito obrigado pela amizade, pela disponibilidade de debater e por ter me emprestado dezenas de raros e indispensáveis livros.

Agradeço aos servidores da Faculdade de Direito da UnB, na pessoa da querida **Euzilene de Moraes**, pelo profissionalismo e incansável disponibilidade para ajudar.

Agradeço aos meus queridos sócios nas pessoas de **Sergio Bermudes, Marcelo Fontes, Marcio Vieira Souto Costa Ferreira, Guiomar Feitosa Mendes, André Silveira, Marcelo Carpenter, Guilherme Coelho, Marcos Mares Guia, Vinícius Conceição** e **Leandro Porto**, pelo incentivo, compreensão e interlocução.

Agradeço aos meus pais, **Décio** e **Rosa**, por todo o amor e cuidado. A clássica pergunta dos almoços de domingo "e a tese, como está?" me fazia sempre lembrar que essa grande responsabilidade não era só comigo mesmo. **Mariana**, minha irmã, obrigado pela parceria da vida toda e pela torcida por meu sucesso.

Giulia, meu amor, é para você que dedico o maior esforço intelectual que até hoje já empreendi na vida. Quando começamos a namorar, eu estava me preparando para o processo seletivo do doutorado. No ano em que nos casamos, defendi com sucesso a tese agora publicada em livro. Literalmente, cada linha deste trabalho contém a sua marcante presença. Ele também é seu.

Por fim, agradeço à prestigiosa **Editora Contracorrente** e ao seu estimado Editor, Professor **Gustavo Marinho,** por terem aceitado prontamente seguir com a publicação desta obra, dando-me todo o suporte necessário para tanto.

PREFÁCIO

Hoje, mais do que nunca, desde a promulgação da Constituição da República, tempos desafiadores para os direitos humanos e o Direito Constitucional recorrentemente nos envolvem, não somente no Brasil, mas mundo afora. Autoritarismos alicerçados em pretensões claramente abusivas avultaram-se contra direitos fundamentais, há apenas uma década ingenuamente vistos como consolidados e não passíveis de retrocessos. Assim é que manifestações reacionárias de desprezo a conquistas básicas do constitucionalismo, como a separação de Poderes e a soberania popular, agigantaram-se mais uma vez em nome de fórmulas políticas autoritárias e populistas que, requentadas pela crescente hipercomplexidade da modernidade tardia, aparecem agora com potencialidades jamais vistas, perversas, difusas e escamoteadas, por exemplo, pelo uso instrumentalizado das redes sociais e das *fake news* como potentes armas tecnológicas aptas a colonizarem a discussão democrática em prol de pautas preconceituosas, extremistas e autocentradas que bloqueiam o diálogo político e, com ele, a própria legitimidade discursiva da política, fazendo exsurgir, nas palavras recentes de Jürgen Habermas, "uma nova mudança estrutural da esfera pública".

É em face desse desafiador e turbulento contexto histórico que vem a lume a profunda tese de doutoramento do Professor Mateus Rocha Tomaz, intitulada *A história não contada da Teoria Geral do*

Estado no Brasil: juristas adaptáveis, ditadura e ensino jurídico no Estado Novo (1937-1945), orientada por mim e defendida com brilho perante o Programa de Pós-Graduação em Direito da Universidade de Brasília (PPGD-UnB), em 27 de fevereiro de 2024.

A tese foi aprovada, com distinção máxima e recomendação para publicação, por excepcional e rigorosa banca composta pelos professores Gilberto Bercovici, Marcelo Cattoni, Marcelo Neves, Alexandre da Maia, Gabriel Rezende e por mim (na qualidade de orientador).

Rocha Tomaz é meu orientando desde 2012, quando iniciou a sua trajetória acadêmica como meu monitor de graduação da disciplina Teoria Geral do Estado na Universidade de Brasília, função que desempenhou, ininterruptamente, por oito semestres consecutivos, até a sua formatura. Orientei suas primeiras pesquisas de iniciação científica (2013), a sua monografia de graduação (2015), a sua dissertação de mestrado (2018) e, finalmente, a tese de doutorado aqui prefaciada. Muito me orgulha e alegra ter tido a oportunidade de acompanhar e contribuir para essa sólida formação acadêmica, com especial destaque para a obra mestra ora publicada. Trata-se de uma tese robusta, profunda, complexa e original que supre com maestria uma importante e, até então, persistente lacuna teorético-jurídica.

Em uma conjuntura marcada pelo ressurgimento de pautas e manifestações na esfera pública em prol da ditadura, do fechamento de instituições democráticas, de novas tentativas de instrumentalização autoritária das Forças Armadas, da assunção de pautas aparentemente neoliberais contrárias aos direitos fundamentais sociais, das efetivas tentativas de golpe de Estado como a de 8 de janeiro de 2023 em Brasília, bem como os crescentes conflitos entre os Poderes da República, não raras vezes com cada um deles buscando de forma abusiva se apresentar como o dono da identidade do sujeito constitucional, mais do que nunca, reflexões acadêmicas como as que aqui Rocha Tomaz desenvolve e oferece ao público se fazem imprescindíveis.

O autor verdadeiramente faz jus à excelência do PPGD-UnB ao escolher o desafio de mergulhar em um tema tão rico e espinhoso, sobretudo se se tem em vista a espantosa escassez de trabalhos relevantes sobre uma temática tão crucial, que muito me interessa desde a elaboração da minha própria tese de doutorado, defendida em 1990 perante a Faculdade de Direito da UFMG. Ao reconstruir a história constitucional da sanção no procedimento legislativo, deparei-me com a velha *Allgemeine Staatslehre*, a clássica e resistente Teoria Geral do Estado alemã do século XIX, constructo doutrinário marcado por uma história, digamos, no mínimo, muito pesada, já que vinculada à tradição mais conservadora do constitucionalismo, justamente aquela que buscou resistir às ideias advindas das Revoluções Americana e Francesa. Estudando as reacionárias teorias de autores como Laband e Jellinek, explorei a peculiar visão da TGE clássica acerca da separação de Poderes e da soberania popular, princípios constitucionais que ela buscou proscrever em nome da conservação, no contexto da peculiar monarquia constitucional germânica, do princípio monárquico (*Das monarchische Prinzip*) – vetor jurídico-político do absolutismo que, mesmo após a particular constitucionalização das monarquias alemãs, permaneceu fortemente ativo e operante.

Em certo sentido, essa conservadora tradição doutrinária viria a inspirar, já durante o paradigma do Estado Social que emergiu após a Primeira Guerra Mundial, regimes ditatoriais centralizadores, que apostavam no cerceamento das liberdades públicas e da participação popular em prol de projetos políticos autoritários e até mesmo totalitários, para falarmos aqui com Karl Loewenstein. Sem ter tido a oportunidade de me deter nessa fascinante trilha, apenas delineei, em minha tese, a partir de Mirkine-Guetzevitch, algumas poucas linhas sobre esse instigante desafio específico.

A rara e infatigável curiosidade intelectual de Rocha Tomaz, ao se voltar para o enfrentamento consistente desse desafio, tornou-o infenso às explicações fáceis, ao apresentado como óbvio, à superfície do senso comum naturalizado que envolveu grande parte da

Teoria Geral do Estado no Brasil, a exigir do autor, ao contrário, escarafunchar sem medo o pó dos arquivos da disciplina em busca de esquecidos objetos de época, de artefatos arqueológicos que em sua unicidade sugerissem explicações e o levassem à reconstrução de sentidos, quase sempre ignorados pelas reflexões doutrinárias mais tradicionais e manualescas.

Capítulo I, o berço. Aqui, Rocha Tomaz explora em profundidade o contexto restaurador do surgimento dos principais expoentes da Teoria Geral do Estado alemã, de Friedrich Stahl a Georg Jellinek, demonstrando os compromissos confessos dessa disciplina com a resistência à soberania popular e à separação de Poderes, a buscar assegurar a afirmação um tanto peculiar do que denomina princípio monárquico. Com a mesma destreza, Mateus nos conduz em seguida aos contextos da Independência brasileira (1822) e da outorga da Constituição de 1824, também marcados por inspirações no movimento restaurador do Congresso de Viena (1815-1820) e pelo desafio de se construir efetivamente um Estado-Nação. Comparando os dois contextos, o autor demonstra, à luz de Niklas Luhmann, ter existido uma verdadeira equivalência funcional entre as monarquias constitucionais e suas respectivas doutrinas publicistas majoritárias, na Alemanha e no Brasil do século XIX, sendo que em ambas, mensuradas obviamente as devidas peculiaridades contextuais, prevaleceram pautas conservadoras avessas à participação popular e à limitação dos poderes monárquicos. Ainda nesse capítulo, o autor explora o turbulento contexto de transição do Império para a Primeira República e como o vácuo deixado pelo Poder Moderador foi sendo peculiarmente preenchido pelo disseminado uso de medidas constitucionais de exceção, como a Intervenção Federal e o Estado de Sítio, para tolher a participação do povo e perpetuar o elitista arranjo da política dos governadores.

Capítulo II, a persistência. Nessa parte, Rocha Tomaz retorna à Europa para explorar as legislações de emergência expedidas por diversos países durante a Primeira Guerra Mundial, as quais reforçaram as competências centralizadoras do Poder Executivo, sobretudo as de legislar sem o Parlamento. Essas leis de plenos poderes não morrem simplesmente com o fim do conflito mundial, mas marcarão posteriormente ordens constitucionais democráticas como a de Weimar, que, com essa herança, sucedeu ao Segundo *Reich* alemão. Explorando os meandros político-constitucionais da República weimariana, a tese ora prefaciada chega às ressignificações doutrinárias da clássica Teoria Geral do Estado por aquilo que ficou historicamente conhecido como a *Methodenstreit*, ou seja, as disputas teóricas travadas no seio da publicística germânica por autores do porte de Hans Kelsen, Carl Schmitt, Rudolf Smend e Hermann Heller, cada qual buscando ressignificar a *Allgemeine Staatslehre* para a nova conjuntura do Estado Social. Mais à frente, Rocha Tomaz volve ao Brasil, agora da Revolução de 1930, explorando em minúcias a queda da República Velha e a chegada de Getúlio Vargas à Presidência da República, suas ambíguas políticas durante o Governo Provisório, suas insatisfações com a democrática Constituição de 1934 e suas maquinações, no contexto da violenta guerra ideológica entre integralistas e comunistas, para se perpetuar no poder, o que resultou no golpe do Estado Novo em 10 de novembro de 1937. Nesse momento, Mateus explora detidamente como os ventos ditatoriais das chamadas "ditaduras constitucionais", que já dominavam grande parte do mundo àquela época, chegam ao Brasil não só em termos políticos, mas também doutrinários, impactando fortemente a construção de uma Doutrina do Estado Nacional por juristas e políticos como Francisco Campos.

Capítulo III, o arquivo. Esse é o coração da tese. Até hoje, nada igual foi empreendido no Brasil sobre o tema. Ao enfocar a relação entre os intelectuais e o Estado Novo, sobretudo no que concerne à educação jurídica, Rocha Tomaz explora o nebuloso Decreto-Lei n. 2.639, de 27 de setembro de 1940, que desmembrou a clássica cátedra de Direito Público e Constitucional nas cadeiras de Teoria Geral do Estado e de Direito Constitucional, transferindo os antigos catedráticos para a primeira e determinado que a segunda fosse preenchida interinamente, sem a possibilidade de concurso público. Esse pragmático proceder do regime demonstra uma instrumentalização da educação jurídica em prol do ensino controlado da Carta de 1937, a Polaca, redigida por Chico Campos e inspirada na autoritária Constituição polonesa de 1935. Explorando detidamente os diversos meandros concretos de institucionalização do referido Decreto-Lei nas quatro principais Faculdades de Direito da época (Rio de Janeiro, Minas Gerais, São Paulo e Recife), Rocha Tomaz traça um minucioso e inédito quadro jurídico-político das duas novas cátedras e dos seus ocupantes originários. Tudo isso a partir de fontes primárias relevantes e pouco conhecidas, como teses acadêmicas, diários, memórias, biografias, cartas etc. É impressionante a riqueza de detalhes das descobertas empreendidas, especialmente no que concerne à adaptabilidade político-doutrinária que diversos desses personagens descritos no capítulo desempenharam ao longo das décadas de 1930-1940.

Capítulo IV, o presente. Apesar de ser o mais curto dos capítulos, reputo que seja um dos mais importantes da pesquisa, já que é dele que provém toda a orientação constitucional da tese. Explorando as tensões constitutivas entre Teoria do Estado e Teoria da Constituição, Mateus Rocha Tomaz discorre sobre as potencialidades de aprendizados mútuos entre essas duas importantes disciplinas, sendo indeclinável hoje, mais do que nunca, uma Teoria do Estado Democrático de Direito, como ensina Marcelo Cattoni. Também os sensos comuns teóricos da neutralidade e da naturalização que permeiam a TGE são enfrentados pelo autor à luz, sobretudo, de Pierre Bourdieu, ocasião em que fica clara a necessidade de se enxergar a dimensão política da Ciência do Direito. Por fim, criticando as banalizadas interpretações fatalistas acerca das crises do Estado e da Constituição de 1988, o autor demonstra que grande parte desses alarmismos são despertados justamente pelos maiores responsáveis por pretensões constitucionais abusivas e que a única via para a superação de autoritarismos é mesmo apostar no constitucionalismo democrático, sem domesticação da identidade do sujeito constitucional por quem quer que seja, já que atalhar a democracia significa, na verdade, um encontro marcado com a ditadura.

A pesquisa de Rocha Tomaz resultou em robusta tese de mais de seiscentas páginas, as quais, no entanto, revelam-se indispensáveis. Eu próprio sugeri ao autor, durante o processo de orientação, que não se deixasse constranger pelo volume que o texto ia tomando e que permitisse à pesquisa guiá-lo para aquilo que inevitavelmente tinha de ser escrito. O tempo me deu razão. O estilo agradável e fluido da escrita, sem, contudo, perder a profundidade do rigor acadêmico, possibilitou a leitura de centenas de páginas como se fossem apenas algumas dezenas, conforme reconhecido pela exigente banca examinadora.

Sem mais delongas, convido o leitor a mergulhar com Mateus Rocha Tomaz na fascinante, complexa e pouco estudada história da institucionalização jurídico-política da Teoria Geral do Estado no Brasil, de forma a que possamos aprender coletivamente com os percalços dessa pesada herança, conscientizando-nos da humanidade e da dimensão política da Ciência do Direito, superando naturalizações que, expostas em sua carência de fundamentos, cedam passo a reflexões críticas e doutrinariamente comprometidas com o constitucionalismo democrático como a grande obra que a Editora Contracorrente, em boa hora e em cuidada edição, oferece ao público brasileiro. Boa leitura!

MENELICK DE CARVALHO NETTO

Professor Associado de Direito Constitucional
da Faculdade de Direito da Universidade de Brasília.

APRESENTAÇÃO

Fico extremamente feliz por receber o convite do Doutor Mateus Rocha Tomaz para apresentar a sua obra, *A história não contada da Teoria Geral do Estado no Brasil: juristas adaptáveis, ditadura e ensino jurídico no Estado Novo* (1937-1945), agora publicada pela prestigiosa Editora Contracorrente. Ela é fruto de sua tese de doutorado, defendida e aprovada com indicação de publicação, junto ao Programa de Pós-Graduação em Direito da Faculdade de Direito da Universidade de Brasília, perante banca composta pelos Professores Doutores Menelick de Carvalho Netto (orientador), Gilberto Bercovici, Marcelo da Costa Pinto Neves, Alexandre Ronaldo da Maia de Farias, Gabriel Rezende de Souza Pinto e por mim, em fevereiro de 2024.

Sou imensamente grato ao Professor Menelick de Carvalho Netto e ao Mateus Rocha Tomaz pela riqueza e oportunidade do diálogo. Certamente, estamos diante de uma das melhores e mais importantes teses produzidas nos últimos anos no Brasil, cabendo aplaudir e louvar a sua integral publicação.

Dividida em introdução, quatro capítulos e considerações finais, a presente obra dialoga com vasta bibliografia naquilo que há de melhor, do clássico ao mais atual, sobre o tema. Não será possível recuperar aqui todas as sutilezas e transições argumentativas da presente obra, muitíssimo bem redigida, mas gostaria de pontuar algumas questões. E, como há de se notar, as epígrafes escolhidas pelo autor não foram arbitrárias, pelo contrário: antecipam sentido ao que se apresenta.

A introdução divide-se em quatro pontos, em que são apresentados o estado da arte sobre a história da Teoria Geral do Estado no Brasil, a explicitação e a problematização da metodologia, a análise das fontes de pesquisa e a apresentação da estrutura da obra.

Cabe destacar, tendo como pano de fundo a suposta crise da disciplina e o contexto de recepção e de construção da Teoria Geral do Estado no Brasil, que nenhuma das obras clássicas nacionais, seja a de Dalmo Dallari, de Paulo Bonavides ou de Miguel Reale, se propôs "a reconstruir, crítica e minuciosamente, a história da Teoria Geral do Estado, tanto no seu contexto de surgimento na Alemanha como na sua recepção no Brasil do Estado Novo".

Segundo a presente obra, parte, então, do pressuposto de que a chamada

> pretensão de neutralidade que acomete, ainda que involuntariamente, grande parte da Teoria Geral do Estado produzida no Brasil diz respeito, portanto, à circunstância de se enxergar a história de criação e de desenvolvimento da referida disciplina de forma naturalizada, sem se preocupar em efetivamente se debruçar sobre esses contextos e investigá-los criticamente, buscando identificar contradições, paradoxos e complexidades.

Pressuposto esse aqui defendido para que

> se percebam conexões de sentido, rupturas e continuidades na história da Teoria Geral do Estado, que são, por sua vez, indispensáveis para o desenvolvimento contemporâneo dessa disciplina de forma crítica e efetivamente condizente com as imprescindíveis tarefas que ela se propõe a enfrentar.

Reconhecendo outras obras que no Brasil se debruçaram detidamente sobre a reconstrução da história de criação da Teoria Geral do Estado na Alemanha do século XIX e sobre sua ressignificação durante a República de Weimar, assim como as poucas referências que noticiam o Decreto-Lei n. 2.639, de 27 de setembro de 1940 – que, no Brasil, desmembrou a clássica cátedra de Direito Público e Constitucional nas cadeiras de Teoria Geral do Estado e de Direito Constitucional –, a presente obra considera que

> todos esses trabalhos mencionados (...) não se propuseram a explorar, especificamente, a conexão entre a ressignificação que a Teoria Geral do Estado alemã do século XIX sofreu com o advento do paradigma do Estado Social e a sua institucionalização, como doutrina político-ideológica e como cátedra universitária, no Brasil do Estado Novo (1937-1945). Inclusive, não abordam como esse fenômeno ocorreu, concreta e particularmente, nas cátedras de Teoria Geral do Estado e de Direito Constitucional das principais faculdades de Direito do Brasil na década de 1940.

Daí, o objetivo da presente obra de

> contribuir para o aprofundamento do estudo crítico da Teoria Geral do Estado no Brasil, de forma que essa imprescindível disciplina tenha cada vez mais autoconsciência de seus percursos históricos, o que passa pela necessária identificação de algumas camadas de sentidos porventura autoritários nela dispostas (como, aliás, ocorre com praticamente a totalidade das disciplinas jurídicas), justamente para, assim, expandir e (re)afirmar os seus compromissos com o constitucionalismo democrático.

Muito ainda se poderia dizer da metodologia e da proposta de "escovar a contrapelo", para dizer com Walter Benjamin, a história da Teoria Geral do Estado, o que envolve aqui, inclusive, um diálogo da presente obra com o que tenho trabalhado no sentido de uma nova história e teoria do processo de constitucionalização brasileiro. Assim como destacar o importante ponto sobre as fontes, especialmente no que diz respeito à investigação histórico-constitucional dos processos de institucionalização do Decreto-Lei n. 2.639/1940, nas quatro principais Faculdades de Direito brasileiras na década de 1940 – São Paulo, Recife, Nacional e Minas Gerais –, o que será desenvolvido no capítulo III, inclusive com a análise das respectivas Teses de Cátedra.

No capítulo I, intitulado "Alemães e brasileiros se encontram em Viena: o princípio monárquico como *leitmotiv* de duas tradições constitucionais conservadoras", a presente obra reconstrói o contexto alemão de criação da Teoria Geral do Estado e sua legitimação do princípio monárquico, defende a tese de que haveria uma "equivalência funcional entre a peculiar releitura brasileira da teoria do Poder Moderador e a acepção da Teoria Geral do Estado alemã sobre o princípio monárquico" e analisa, no contexto brasileiro, "os resistentes espectros do Poder Moderador" já na República, além de desenvolver uma instigante reflexão sobre o pensamento nacionalista de Alberto Torres. O "fecho" ali colocado retoma os seus pontos centrais.

O capítulo II volta à Alemanha, agora, a da República de Weimar, para tratar das "ressignificações da Teoria Geral do Estado no paradigma do Estado Social". Merece destaque o tópico 2.3, "Weimar e a *Methodenstreit*", no qual são analisadas obras cruciais de quatro dos grandes autores do período, Kelsen, Schmitt, Smend e Heller, especialmente no que diz respeito à caracterização epistemológica da disciplina. A partir do tópico 2.4, a presente obra retorna ao contexto brasileiro pós-Revolução de 1930, sendo que o tópico 2.7 irá tratar da relação entre "Teoria Geral do Estado, Estado Novo (1937-1945) e a ressignificação do princípio monárquico pelas 'ditaduras constitucionais'", retomando o fio condutor dos tópicos 2.1 e 2.2 agora no Brasil e fechando com o golpe de 1937.

O capítulo III, intitulado "O Decreto-Lei n. 2.639/1940 e o politicamente orientado desmembramento da cátedra de Direito Público e Constitucional nas cadeiras de Teoria Geral do Estado e de Direito Constitucional", parece-me ser, sem sombra de dúvidas, o centro da presente obra. É, certamente, a sua contribuição central. Inicialmente, contextualiza, política e culturalmente, a análise a ser desenvolvida, inclusive recuperando aquela que seria a concepção da educação no Estado Novo. Em seguida, passa a analisar, após o Decreto-Lei n. 2.639/1940, uma por uma as teses de Cátedra de Teoria Geral do Estado e de Direito Constitucional nas quatro grandes Faculdades de Direito brasileiras.

Aqui, serão exploradas as trajetórias biográficas e as obras de alguns juristas que, como se verá, podem ser enquadrados no sugestivo e engenhoso conceito de "jurisconsulto adaptável", cunhado por Airton Seelaender e por Alexander de Castro para se referirem a Francisco Campos.

Assim, como o capítulo I, o capítulo III terá um "fecho", recuperando a sua argumentação central.

Mas a presente obra não termina aqui. O capítulo IV trata, afinal, sobre o que seria uma "Teoria Geral do Estado adequada ao Estado Democrático de Direito". Para isso, resta inegavelmente situar a Teoria do Estado em face da Teoria da Constituição, assim como mais uma vez problematizar o "senso comum teórico da neutralidade da Teoria Geral do Estado". Por fim, diante do risco autoritário e totalitário, ontem e hoje, propõe-se de modo magistral a revisitar as "semânticas das 'crises' do Estado e da Constituição" pelo constitucionalismo democrático, uma vez reconstruída a tensão entre público e privado no paradigma procedimental do Direito.

Por fim, as Considerações Finais retomam os argumentos centrais desenvolvidos ao longo de toda a obra.

Uma vez tendo sido lida e estudada, sugiro retomar as quatro epígrafes, de Tocqueville, de Marx, de Mirkine e de Bourdieu.

Tocqueville falava, sobretudo em defesa do regime representativo, que há "infinitamente mais afinidade natural entre os homens de lei e o Poder Executivo do que entre eles e o povo, muito embora os legistas tenham muitas vezes de derrubar o primeiro". Marx, acertadamente mais radical, que o antigo regime é "o defeito oculto do Estado moderno". Mirkine-Guetzévitch chamava atenção para o risco do novo autoritarismo na democracia. Por fim, Bourdieu, que, para entender os advogados e juristas, "é preciso relacionar o espaço dos textos com o espaço dos produtores de texto". A presente obra de Mateus Rocha Tomaz, como se poderá concluir, mantém-se coerente com seus compromissos democráticos, metodológica e politicamente.

Que as leitoras e os leitores tenham a felicidade de ler e de estudar, com toda a atenção, esta obra tão importante quanto necessária para o Estado Democrático de Direito.

MARCELO ANDRADE CATTONI DE OLIVEIRA
Professor Titular de Direito Constitucional da Faculdade de Direito da Universidade Federal de Minas Gerais.

INTRODUÇÃO

1 Breves linhas sobre o estado da arte da história da Teoria Geral do Estado no Brasil

Em 1926, Hermann Heller apontou para uma crise epistemológica da Teoria Geral do Estado, que, para ele, não poderia anacronicamente continuar seguindo alguns de seus métodos herdados da velha *Allgemeine Staatslehre*, do século XIX.[5] Conforme será discorrido no capítulo II, propunha ele outras premissas para a referida área do conhecimento mais adequadas ao século XX.

Desde então, sucederam-se novos diagnósticos de crises da Teoria do Estado por autores como Pablo Lucas Verdú,[6] Paulo Bonavides[7] e

5 HELLER, Hermann. *La Sovranità ed Altri Scritti sulla Dottrina del Dirito e dello Stato*. Milão: Giuffrè Editores, 1987, p. 31.

6 VERDÚ, Pablo Lucas. "Lugar de la Teoría de la Constitución en el marco del Derecho Político". *Revista de Estudios Políticos*, Espanha, nº 188, 1973, pp. 5-20.

7 BONAVIDES, Paulo. "Prefácio". *In*: CUNHA, Paulo Ferreira da. *Nova Teoria do Estado*: Estado, República, Constituição. São Paulo: Malheiros, 2013, pp. 5-7.

José Joaquim Gomes Canotilho,[8] que também diagnosticaram, cada qual a seu modo, algumas inadequações metodológicas da disciplina, bem como a sua perda de espaço para outras searas jurídicas, como a Teoria da Constituição e o Direito Constitucional.

Por outro lado, juristas como Gilberto Bercovici[9] e Martin Loughlin,[10] muito embora não deixem de reconhecer algumas crises da referida disciplina, defendem tenazmente a sua importância e potencialidades para se investigar adequadamente o fenômeno estatal na contemporaneidade.

Teorizar sobre o Estado é mesmo imprescindível. Para constatar isso, basta um breve passar de olhos pela Constituição de 1988 que se verá um amplo rol de tarefas a ele reservadas, como se depreende, a mero título de exemplo, já do artigo 3º: "construir uma sociedade livre, justa e solidária"; "garantir o desenvolvimento nacional"; "erradicar a pobreza e a marginalização e reduzir as desigualdades sociais e regionais"; "promover o bem de todos, sem

---

8 CANOTILHO, José Joaquim Gomes. "Precisará a Teoria da Constituição europeia de uma Teoria do Estado?" *In*: ______. *"Brancosos" e interconstitucionalidade*: itinerários dos discursos sobre a historicidade constitucional. Coimbra: Almedina, 2012, pp. 227-244.

9 Conferir, por exemplo: BERCOVICI, Gilberto. "Teoria do Estado e Teoria da Constituição na periferia do capitalismo: breves indagações críticas". *In*: NUNES, António José Avelãs; COUTINHO DE MIRANDA, Jacinto Nelson (Coord.). *Diálogos constitucionais*: Brasil/Portugal. Rio de Janeiro: Renovar, 2004, pp. 263-290; BERCOVICI, Gilberto. "Estado intervencionista e Constituição Social no Brasil: o silêncio ensurdecedor de um diálogo entre ausentes". *In*: SOUZA NETO, Cláudio Pereira de; SARMENTO, Daniel; BINENBOJM, Gustavo (Coord.). *Vinte anos da Constituição Federal de 1988*. Rio de Janeiro: Lumen Juris, 2009, pp. 725-738; BERCOVICI, Gilberto. "As possibilidades de uma Teoria do Estado". *Revista da Faculdade de Direito da Universidade Federal de Minas Gerais*, Belo Horizonte, vol. 49, jul./dez. 2006, pp. 81-100.

10 LOUGHLIN, Martin. "In defence of Staatslehre". *Der Staat*, vol. 48, nº 1, 2009, pp. 1-27.

preconceitos de origem, raça, sexo, cor, idade e quaisquer outras formas de discriminação".

É igualmente verdade que a Teoria Geral do Estado passou e passa por crises epistemológicas; algumas delas devido a visões monofocais da publicística nacional sobre o Estado e a Constituição, como bem captado por Gilberto Bercovici,[11] mas também devido à forma como a própria disciplina vem sendo, com raras exceções, construída e desenvolvida no Brasil nas últimas décadas, o que, muitas vezes, reduz os seus potenciais críticos e analíticos, apequenando-a em termos de disputas político-pedagógicas e epistemológicas com outras searas jurídicas e bloqueando, assim, os seus potenciais analíticos.

Conforme mais à frente será desenvolvido, tem-se a impressão de que a tradicional Teoria do Estado no Brasil, majoritariamente desenvolvida em manuais, reflete, ainda que implícita e inconscientemente, um *senso comum teórico*[12] de neutralidade metodológica quando se debruça sobre o fenômeno estatal. Isso é verificável ao menos no que concerne às análises que são feitas – ou, melhor dizendo, que não são feitas – no âmbito dessa disciplina, sobre a sua própria origem e desenvolvimentos históricos.

Não obstante a sua ininterrupta existência desde 1940 – quando a cátedra universitária de Teoria Geral do Estado foi institucionalizada

---

11 BERCOVICI, Gilberto. "Estado intervencionista e Constituição Social no Brasil: o silêncio ensurdecedor de um diálogo entre ausentes". *In*: SOUZA NETO, Cláudio Pereira de; SARMENTO, Daniel; e BINENBOJM, Gustavo (Coord.). *Vinte anos da Constituição Federal de 1988*. Rio de Janeiro: Lumen Juris, 2009, pp. 725-738.

12 WARAT, Luis Alberto. "Saber crítico e senso comum teórico dos juristas". *Sequência Estudos Jurídicos e Políticos*, vol. 3, nº 5, 1982, pp. 48-57. De acordo com Warat, o senso comum teórico "estabelece versões aceitas de um saber com pretensões de estabelecer desenhos naturais do mundo" e desenvolve a percepção de que "o saber das ciências é uma espécie de cópia fotográfica passiva de suas características externas e internas" (WARAT, Luis Alberto. *A rua grita Dionísio!* Rio de Janeiro: Lumen Juris, 2010, pp. 27-28).

no país pelo Decreto-Lei n. 2.639/1940 –, a ampla maioria da academia jurídica nacional ainda compreende a referida disciplina de maneira surpreendentemente descontextualizada, não só em relação à sua peculiar origem histórica, na Alemanha do século XIX, mas, sobretudo, no que concerne à sua complexa e ambígua institucionalização político-universitária no Brasil do Estado Novo. Também no que se refere a algumas resistências dessa disciplina, nesses dois períodos, ao constitucionalismo democrático, são bastante raras análises reconstrutivas e críticas.

A despeito de todos esses aspectos serem essenciais para uma rigorosa compreensão das dimensões política e constitucional da história da Teoria Geral do Estado, a imensa maioria dos livros e textos brasileiros mais tradicionais enxerga tal disciplina genericamente como

> o estudo do Estado sob todos os aspectos, incluindo a origem, a organização, o funcionamento e as finalidades, compreendendo-se no seu âmbito tudo o que considere existindo no Estado e influindo sobre ele.[13]

Dalmo Dallari suscita, ainda, o relacionamento da TGE com a Ciência Política, destacando que ambas buscam refletir sobre os fenômenos políticos do Estado: a primeira "tratando dessa temática à luz da Teoria Política, sem levar em conta os elementos jurídicos";[14] e a segunda, a partir da "compreensão dos direitos, das obrigações e das implicações jurídicas que se contêm no fato político ou decorrem dele".[15]

---

13 DALLARI, Dalmo de Abreu. *Elementos de Teoria Geral do Estado*. 30ª ed. São Paulo: Saraiva, 2011, p. 18.

14 DALLARI, Dalmo de Abreu. *Elementos de Teoria Geral do Estado*. 30ª ed. São Paulo: Saraiva, 2011, p. 17.

15 DALLARI, Dalmo de Abreu. *Elementos de Teoria Geral do Estado*. 30ª ed. São Paulo: Saraiva, 2011, p. 17.

De maneira muito semelhante, Paulo Bonavides caracteriza a Teoria Geral do Estado genericamente como "um conjunto de análises, de reflexões, de críticas e de investigações, levadas a efeito, pondo sempre à vista o envolver do Estado",[16] bem como a considera "irmã gêmea da Ciência Política: teoria formuladora de juízos de valor sobre a natureza dos mecanismos estatais, sobre o sistema de partidos, sobre as formas de governo, sobre as competências atribuídas aos poderes da soberania".[17]

Para além das convergências dessas clássicas compreensões sobre o objeto de estudo da Teoria Geral do Estado e sobre as suas inter-relações com a Ciência Política, esses dois juristas, autores dos dois talvez mais aclamados livros brasileiros da matéria nos últimos cinquenta anos, convergem, ao fim e ao cabo, igualmente na forma como compreendem as origens históricas da Teoria Geral do Estado.

Dalmo de Abreu Dallari afirma que "essa disciplina, como tal, é realmente nova, só aparecendo em fins do século XIX";[18] que é a Georg Jellinek, com seu clássico livro *Allgemeine Staatslehre*, de 1900, a "quem se deve, afinal, a criação de uma Teoria Geral do Estado, como disciplina autônoma, tendo por objeto o conhecimento do Estado";[19] que, "[n]o Brasil, os estudos relativos ao Estado foram primeiramente incluídos como parte inicial da disciplina Direito Público e Constitucional" e que "[p]or volta do ano de 1940 ocorreu o desdobramento em Teoria Geral do Estado e Direito Constitucional".[20] Todavia, não são especificamente exploradas, em maiores

---

16 BONAVIDES, Paulo. *Teoria Geral do Estado*. 11ª ed. rev. e aum. São Paulo: Malheiros, 2018, p. 18.

17 BONAVIDES, Paulo. *Teoria Geral do Estado*. 11ª ed. rev. e aum. São Paulo: Malheiros, 2018, p. 18.

18 DALLARI, Dalmo de Abreu. *Elementos de Teoria Geral do Estado*. 30ª ed. São Paulo: Saraiva, 2011, p. 14.

19 DALLARI, Dalmo de Abreu. *Elementos de Teoria Geral do Estado*. 30ª ed. São Paulo: Saraiva, 2011, p. 15.

20 DALLARI, Dalmo de Abreu. *Elementos de Teoria Geral do Estado*. 30ª ed. São Paulo: Saraiva, 2011, p. 16.

detalhes, as características estruturais desses dois momentos históricos marcantes para a disciplina e para o constitucionalismo brasileiro.

Paulo Bonavides também não se debruça particularmente sobre as origens históricas da Teoria Geral do Estado na Alemanha oitocentista, tampouco sobre a sua ressignificação e institucionalização político-universitária no Brasil do Estado Novo. O autor concentra a sua argumentação, exposta numa enorme quantidade de escritos sobre a matéria, em ponderar – contra o constitucionalismo liberal e contra as vertentes jurídico-políticas autoritárias – ser também objeto de reflexão da Teoria Geral do Estado "o influxo das correntes ideológicas que atuaram e atuam sobre as bases do sistema e da organização política da sociedade"[21] e que tal disciplina, em sua compreensão, deve aparecer como um "dogma, alavanca e teorema de pedagogia do Estado social, a fim de combater, debelar e repulsar golpes de Estado, ditaduras, (...); venenos de todo letais à república, à liberdade, à democracia".[22]

Miguel Reale, por sua vez, afirma que,

> com o multiplicar-se das perspectivas sobre o Estado, e em surgindo diversas ciências autônomas para o exame de seus distintos aspectos, o desenvolvimento mesmo de tais estudos fez ressurgir a necessidade de recompor-se a unidade perdida.[23]

E essa unidade, segundo aduz, seria dada pela "Teoria Geral do Estado ou da Ciência Política, que se veio firmando paulatinamente como ciência sintética".[24] Note-se que, à semelhança de Dallari e

---

21 BONAVIDES, Paulo. *Teoria Geral do Estado*. 11ª ed. São Paulo: Malheiros, 2018, p. 17.

22 BONAVIDES, Paulo. *Teoria Geral do Estado*. 11ª ed. rev. e aum. São Paulo: Malheiros, 2018, p. 18.

23 REALE, Miguel. *Teoria do Direito e do Estado*. 5ª ed. rev. e aum. São Paulo: Saraiva, 2000, pp. 373/374.

24 REALE, Miguel. *Teoria do Direito e do Estado*. 5ª ed. rev. e aum. São Paulo: Saraiva, 2000, p. 374.

de Bonavides, Reale também compreende a Teoria Geral do Estado como identificada à Ciência Política e como um segmento jurídico cujo pressuposto lógico fundamental é a busca por um conhecimento sintético e sistemático do Estado.

Essas três obras[25] são talvez as mais clássicas e festejadas da história da disciplina no Brasil, ao menos nas últimas décadas, servindo de base para o ensino da Teoria Geral do Estado em diversas Faculdades de Direito e para diversas gerações. Não obstante seja inegável a importância desses livros, é preciso destacar que nenhum deles se propõe a reconstruir, crítica e minuciosamente, a história da Teoria Geral do Estado, tanto no seu contexto de surgimento na Alemanha como na sua recepção no Brasil do Estado Novo.[26]

A aqui chamada pretensão de neutralidade que acomete, ainda que involuntariamente, grande parte da Teoria Geral do Estado produzida no Brasil diz respeito, portanto, à circunstância de se enxergar a história de criação e de desenvolvimento da referida disciplina de forma naturalizada, sem se preocupar em efetivamente se debruçar sobre esses contextos e investigá-los criticamente, buscando identificar contradições, paradoxos e complexidades.

Defende-se aqui que esse é um pressuposto para que se percebam conexões de sentido, rupturas e continuidades na história da Teoria Geral do Estado, que são, por sua vez, indispensáveis para o desenvolvimento contemporâneo dessa disciplina de forma crítica

---

25 Conferir também: AZAMBUJA, Darcy. *Teoria Geral do Estado*. 4ª ed. rev. ampl. atual. São Paulo: Globo, 2008; e MALUF, Sahid. *Teoria Geral do Estado*. 36ª ed. São Paulo: Saraiva Educação, 2022.

26 Mesmo alguns trabalhos relativamente mais recentes e com vieses mais críticos sobre a metodologia da TGE passam também ao largo das referidas recuperações históricas. Por todos, conferir: TOJAL, Sebastião Botto de Barros. *Teoria Geral do Estado*: elementos de uma nova Ciência Social. Rio de Janeiro: Forense, 1997; e BUCCI, Maria Paula Dallari. "A Teoria do Estado entre o jurídico e o político". *In*: BUCCI, Maria Paula Dallari; GASPARDO, Murilo (Coord.). *Teoria do Estado*: sentidos contemporâneos. São Paulo: Saraiva, 2018, pp. 27-73.

e efetivamente condizente com as imprescindíveis tarefas que ela se propõe a enfrentar. Caso contrário, tudo indica que não haverá muitas perspectivas de superação das crises epistemológicas pelas quais passa a disciplina, se ela não se preocupar em reconstruir a sua própria história.

É claro que isso não é privilégio da Teoria Geral do Estado. Todavia, outras disciplinas como o Direito Constitucional e a Teoria da Constituição, muito embora ainda sejam marcadas (como qualquer outra área do conhecimento, na verdade) por pontos cegos e vertentes que apresentam déficit de criticidade, por outro lado, foram e são também objetos de constantes reflexões e escrutínios por parte de outras parcelas da publicística diuturnamente comprometidas em "escová-las a contrapelo",[27] como dizia Walter Benjamin.

Basta comparar o número de reflexões críticas empreendidas no campo do Direito Constitucional com aquelas congêneres desenvolvidas na área da Teoria Geral do Estado. No Brasil, especificamente no que concerne à Teoria Geral do Estado, essa parcela crítica é bem menor se comparada com o amplo predomínio de reflexões tradicionais que naturalizam ou se omitem para a criação histórica, o objeto, os métodos, os propósitos, as ressignificações, dentre outros aspectos, que necessariamente devem estar no horizonte dessa disciplina, sob pena de que não disponha de instrumental teorético condizente com as árduas e importantes tarefas analíticas que lhe são próprias.

No Brasil, sobre a reconstrução da história de criação da Teoria Geral do Estado na Alemanha do século XIX e a sua ressignificação teórico-política durante a República de Weimar, sobressaem as

27 BENJAMIN, Walter. *Magia e técnica, arte e política*: ensaios sobre literatura e história da cultura. São Paulo: Brasiliense, 1996, p. 225.

reflexões de Menelick de Carvalho Netto,[28] Gilberto Bercovici,[29] Marcelo Cattoni,[30] Ingo Sarlet e Arnaldo Godoy,[31] Paulo Sávio Peixoto

---

28 CARVALHO NETTO, Menelick de. *A sanção no procedimento legislativo*. Belo Horizonte: Del Rey, 1992, pp. 154-178.

29 BERCOVICI, Gilberto. *Soberania e Constituição*: para uma crítica do constitucionalismo. 3ª ed. São Paulo: Quartier Latin, 2020; BERCOVICI, Gilberto (Coord.). *Cem Anos da Constituição de Weimar (1919-2019)*. São Paulo: Quartier Latin, 2019. BERCOVICI, Gilberto. *Entre o Estado total e o Estado Social*: atualidade do debate sobre Direito, Estado e economia na República de Weimar. São Paulo: USP, 2003. (Tese de Livre-Docência). BERCOVICI, Gilberto. "Teoria do Estado e Teoria da Constituição na periferia do capitalismo: breves indagações críticas". *In*: NUNES, António José Avelãs; COUTINHO DE MIRANDA, Jacinto Nelson (Coord.). *Diálogos constitucionais*: Brasil/Portugal. Rio de Janeiro: Renovar, 2004, pp. 263-290; BERCOVICI, Gilberto. "As possibilidades de uma Teoria do Estado". *Revista da Faculdade de Direito da UFMG*, Belo Horizonte, vol. 49, jul./dez. 2006, pp. 81-100; BERCOVICI, Gilberto. "Tentativa de instituição da democracia de massas no Brasil: instabilidade constitucional e direitos sociais na Era Vargas (1930-1964)". *In*: SOUZA NETO, Cláudio Pereira de; SARMENTO, Daniel (Coord.). *Direitos sociais*: fundamentos, judicialização e direitos sociais em espécie. Rio de Janeiro: Lumen Juris, 2008, pp. 25-61; e BERCOVICI, Gilberto. "O Estado integral e a simetrização das classes sociais em Pontes de Miranda: o debate dos anos 1930". *Revista Direito e Práxis*, vol. 6, 2015, pp. 272-293.

30 OLIVEIRA, Marcelo Andrade Cattoni de. *Contribuições para uma Teoria Crítica da Constituição*. 2ª ed. rev. e atual. Belo Horizonte: Conhecimento, 2021; e OLIVEIRA, Marcelo Andrade Cattoni; ALVES, Adamo Dias. "Carl Schmitt: um teórico da exceção sob o estado de exceção". *Revista Brasileira de Estudos Políticos*, vol. 105, 2012, pp. 225-276.

31 SARLET, Ingo Wolfgang; GODOY, Arnaldo Sampaio de Moraes. "Algumas notas sobre o conteúdo e significado dos direitos e deveres fundamentais na Constituição de Weimar". *In*: BERCOVICI, Gilberto (Coord.). *Cem Anos da Constituição de Weimar (1919-2019)*. São Paulo: Quartier Latin, 2019, pp. 511-528; SARLET, Ingo Wolfgang; GODOY, Arnaldo Sampaio de Moraes. *História Constitucional da Alemanha*: da Constituição da Igreja de São Paulo à Lei Fundamental. Porto Alegre: Fundação Fênix, 2021; e GODOY, Arnaldo Sampaio de Moraes. *História do Direito entre foices, martelos e togas*: Brasil 1935-1965 – Olga Prestes, Genny Gleiser, Ernesto Gattai, João Cabral

Maia,[32] Rodrigo Valadão,[33] Júlia Scholz Karl,[34] bem como alguns interessantes estudos pontuais sobre esses temas localizáveis no importante livro *Cem Anos da Constituição de Weimar (1919-2019)*.[35]

Também é preciso destacar, dentre outros, os notáveis trabalhos de Marcelo Neves,[36] Airton Seelaender,[37] Martonio Mont'Alverne,[38]

---

de Melo Neto, Francisco Julião, Carlos Heitor Cony e Miguel Arraes no Supremo Tribunal Federal. São Paulo: Quartier Latin, 2008.

32 MAIA, Paulo Sávio N. P. *O guardião da Constituição na polêmica Kelsen-Schmitt*: Rechtsstaat como referência semântica na memória de Weimar. Brasília: UnB, 2007. (Dissertação de Mestrado).

33 VALADÃO, Rodrigo Borges. *Positivismo Jurídico e Nazismo*: formação, refutação e superação da lenda do positivismo. São Paulo: Contracorrente, 2021.

34 KARL, Júlia Scholz. *O constitucionalismo alemão oitocentista nos arcabouços teóricos de Hans Kelsen e de Carl Schmitt*: nuances e delineamentos da jurisdição constitucional entre as elaborações do positivismo e do decisionismo (1911-1950). Florianópolis: UFSC, 2021. (Dissertação de Mestrado).

35 BERCOVICI, Gilberto (Coord.). *Cem Anos da Constituição de Weimar (1919-2019)*. São Paulo: Quartier Latin, 2019.

36 NEVES, Marcelo. *Constituição e Direito na modernidade periférica*: uma abordagem teórica e uma interpretação do caso brasileiro. Trad. Antônio Luz Costa. São Paulo: Martins Fontes, 2018; e NEVES, Marcelo. *A constitucionalização simbólica*. 3ª ed. São Paulo: Martins Fontes, 2011.

37 SEELAENDER, Airton Lisle Cerqueira Leite; CASTRO, Alexander Rodrigues de. "Um jurisconsulto adaptável: Francisco Campos (1891-1968)". *In*: MOTA, Carlos Guilherme; SALINAS, Natasha (Coord.). *Os juristas na formação do Estado-Nação brasileiro*. São Paulo: Saraiva, 2010, pp. 255-291; e SEELAENDER, Airton Lisle Cerqueira Leite. "Juristas e ditaduras: uma leitura brasileira". *In*: SEELAENDER, Airton Lisle Cerqueira Leite; FONSECA, Ricardo Marcelo (Coord.). *História do Direito em perspectiva*. Curitiba: Juruá, 2008, vol. 1, pp. 415-432.

38 LIMA, Martonio Mont'Alverne Barreto. *Supremo Tribunal Federal*: Prússia contra Reich. São Paulo: Contracorrente, 2022.

Adamo Dias Alves,[39] Laila Maia Galvão,[40] Mauricio da Costa Mesurini,[41] Luis Rosenfield[42] e Antonio Pedro Melchior,[43] que discorreram, em maior ou menor grau, sobre aspectos relevantes do constitucionalismo social desenvolvido sob o Estado Novo (1937-1945).

Especificamente sobre o Decreto-Lei n. 2.639, de 27 de setembro de 1940, que desmembrou a clássica cátedra de Direito Público e Constitucional nas cadeiras de Teoria Geral do Estado e de Direito Constitucional, não há muitas abordagens na doutrina brasileira afora as perfunctórias menções feitas por Pedro Calmon,[44] Aderson de Menezes,[45] Wander Aurélio Bastos,[46] Nelson Sampaio,[47] Nelson

---

39 ALVES, Adamo Dias. *Elementos bonapartistas no processo de constitucionalização brasileiro*: uma análise crítico-reflexiva da história constitucional brasileira de 1823 a 1945. Belo Horizonte: Conhecimento, 2018.

40 GALVÃO, Laila Maia. *Constituição, educação e democracia*: a Universidade do Distrito Federal (1935-1939) e as transformações da Era Vargas. Brasília: UnB, 2021.

41 MESURINI, Mauricio da Costa. *O Estado interventor no Brasil e seus reflexos no Direito Administrativo e Constitucional (1930-1964)*: Themístocles Cavalcanti e sua contribuição doutrinária. Belo Horizonte: Dialética, 2021.

42 ROSENFIELD, Luis. *Revolução conservadora*: genealogia do constitucionalismo autoritário brasileiro (1930-1945). Porto Alegre: PUCRS, 2021.

43 MELCHIOR, Antonio Pedro. *Juristas em resistência*: memória das lutas contra o autoritarismo no Brasil. São Paulo: Contracorrente, 2023.

44 CALMON, Pedro. *Curso de Teoria Geral do Estado*. 4ª ed. rev. Rio de Janeiro: Freitas Bastos, 1954, pp. 15-18.

45 MENEZES, Aderson de. *Teoria Geral do Estado*. 4ª ed. Rio de Janeiro: Forense, 1984, pp. 3-37.

46 BASTOS, Aurélio Wander. *O ensino jurídico no Brasil*. 2ª ed. Rio de Janeiro: Lumen Juris, 2000, pp. 218/219.

47 SAMPAIO, Nelson de Souza. "Caracterização da Teoria Geral do Estado". *Revista da Faculdade de Direito da Universidade Federal de Minas Gerais*, vol. 4, 1952, p. 90. Disponível em: https://revista.direito.ufmg.br/index.php/revista/article/view/515. Acessado em: 16.08.2024.

Saldanha,[48] Alberto Venâncio Filho[49] e José Ribas Vieira.[50] Todavia, esses autores não se propõem a analisar propriamente o contexto em que se deu a expedição desse decreto, tampouco a demonstrar empiricamente as complexidades de sua institucionalização. Na verdade, via de regra, o que ocorre são menções pontuais às intencionalidades político-ideológicas do Estado Novo em desmembrar as cadeiras, passando automaticamente os antigos catedráticos de Direito Público e Constitucional para a cadeira de Teoria Geral do Estado e impedindo a realização de concursos para a cadeira de Direito Constitucional, que deveria ser livremente preenchida, em caráter interino, pelo regime, para que a Carta de 1937 fosse ensinada por juristas alinhados à ditadura varguista.

Contudo, todos esses trabalhos mencionados nos parágrafos anteriores não se propuseram a explorar, especificamente, a conexão entre a ressignificação que a Teoria Geral do Estado alemã do século XIX sofreu com o advento do paradigma do Estado Social e a sua institucionalização, como doutrina político-ideológica e como cátedra universitária, no Brasil do Estado Novo (1937-1945). Inclusive, não abordam como esse fenômeno ocorreu, concreta e particularmente, nas cátedras de Teoria Geral do Estado e de Direito Constitucional das principais faculdades de Direito do Brasil na década de 1940.

É justamente aqui que residem os objetivos desta obra, buscando contribuir para o aprofundamento do estudo crítico da Teoria Geral do Estado no Brasil, de forma que essa imprescindível disciplina tenha cada vez mais autoconsciência de seus percursos históricos, o que passa pela necessária identificação de algumas camadas de

---

48 SALDANHA, Nelson. *História das ideias políticas no Brasil*. Brasília: Conselho Editorial do Senado Federal, 2001, p. 326.

49 VENÂNCIO FILHO, Alberto. *Das arcadas ao bacharelismo*: 150 anos de ensino jurídico no Brasil. 2ª ed. São Paulo: Perspectiva, 2011, pp. 309/310.

50 VIEIRA, José Ribas. *Introdução à Teoria do Estado*. Porto Alegre: Síntese, 1999, pp. 9-14.

sentidos porventura autoritários nela dispostas (como, aliás, ocorre com praticamente a totalidade das disciplinas jurídicas), justamente para, assim, expandir e (re)afirmar os seus compromissos com o constitucionalismo democrático.

2 Metodologia

Como bem pontua Gilberto Bercovici, "a Teoria do Estado (...) [é] disciplina fundamental que trata das relações entre Estado, política, poder, Direito e economia".[51] Trata-se, portanto, de matéria cujo objeto de estudo é eminentemente multidisciplinar e, para ser estudada de forma crítica e rigorosa, demanda igualmente artefatos metodológicos multidisciplinares que deem minimamente conta da sua complexidade.

Uma outra variável aqui presente é a natureza histórica da investigação. Pretende-se avançar uma reconstrução crítica de dois importantes momentos da Teoria Geral do Estado – sua criação na Alemanha do século XIX e sua ressignificação pelo paradigma do Estado Social – de modo a contribuir para uma melhor compreensão de rupturas e de continuidades na história da referida disciplina, o que é imprescindível para mensurar adequadamente as suas tarefas no presente, marcado por sociedades hipercomplexas.

Para tanto, empreender-se-á a recuperação do contexto de surgimento dessa disciplina na Alemanha monárquica do século XIX, de forma a se depurarem os principais traços dessa doutrina e de suas pretensões metodológicas e políticas originárias, sobretudo no que concerne à sua aderência ao positivismo e ao organicismo, bem como ao seu compromisso político-constitucional em dar sobrevida ao princípio monárquico.

---

51 BERCOVICI, Gilberto. "Saudação ao Professor Dalmo de Abreu Dallari". *Revista da Faculdade de Direito*, Universidade de São Paulo, vol. 102, 2007, p. 1.212.

Outro ponto de extrema relevância para este trabalho é a análise do contexto da Primeira Guerra Mundial e da expedição das chamadas legislações de emergência, que conferiram plenos poderes ao Executivo para que lidasse com as intempéries militares.

Tanto a tradição monárquica da clássica *Allgemeine Staatslehre* oitocentista quanto o turbulento contexto da Primeira Guerra Mundial desaguaram, na Alemanha das décadas de 1920-1930, no plural e democrático caldeirão da República de Weimar, em que foi travada a chamada *Methodenstreit* (luta pelo método), "[o] principal debate metodológico do Direito Público de todo o século XX",[52] justamente porque estremeceu as bases da publicística com questionamentos que até hoje se apresentam como desafios.

De acordo com Michael Stolleis,

> uma História Constitucional, entendida em sentido amplo, também compõe a base e o pano de fundo do pensamento político e jurídico, mesmo porque ação e pensamento estão historicamente intrincados a ponto de serem indistinguíveis.[53]

Noutras palavras,

> [o] pensamento humano é dependente do tempo, mas frequentemente demonstra um sentido próprio e uma autonomia relativa. Ele não se movimenta só nas puras alturas, mas não pode ser reduzido, tampouco, a um anexo dos "fatos".[54]

---

52 BERCOVICI, Gilberto. "Introdução". *In*: BERCOVICI, Gilberto. (Coord.). *Cem Anos da Constituição de Weimar (1919-2019)*. São Paulo: Quartier Latin, 2019, p. 15.

53 STOLLEIS, Michael. *O Direito Público na Alemanha*: uma introdução a sua história do século XVI ao XXI. São Paulo: Saraiva Educação, 2018, p. 30.

54 STOLLEIS, Michael. *O Direito Público na Alemanha*: uma introdução a sua história do século XVI ao XXI. São Paulo: Saraiva Educação, 2018, p. 30.

Concordando com Stolleis, Gilberto Bercovici afirma que a complexidade envolta na compreensão de uma história do Direito Público é, justamente,

> o fato de esta ser a história de um pensamento que não é determinado apenas pelos eventos históricos, embora não seja também compreensível sem eles, mas tem relativa autonomia na sua pretensão de estabilidade.[55]

Por sua vez, António Manuel Hespanha declara que

> [n]a história constitucional – em geral, na história do direito – realçar o peso específico das palavras é também muito importante, não para voltar a uma narrativa antiga, em que os textos seriam apenas a face visível daquilo que realmente importava – as ideias – mas para procurar entender como estamos dependentes do que lemos e do que leu aquele que escreveu.[56]

Buscando-se "escovar a contrapelo"[57] a sua história, serão identificadas algumas dessas pretensões de estabilidade nos desenvolvimentos da Teoria Geral do Estado, sobretudo no que diz respeito, nos dois momentos estudados, a algumas pretensões de determinadas vertentes dessa disciplina (que acabaram prevalecendo politicamente) de se contraporem à soberania popular e ao constitucionalismo democrático.

---

55 BERCOVICI, Gilberto. "Prefácio". *In*: STOLLEIS, Michael. *Escrever História do Direito*: reconstrução, narrativa ou ficção? São Paulo: Contracorrente, 2020, p. 11.

56 HESPENHA, António Manuel. "Prefácio". *In*: LYNCH, Christian Edward C. *Monarquia sem despotismo e liberdade sem anarquia*: o pensamento político do Marquês de Caravelas. Belo Horizonte: UFMG, 2014, p. 9.

57 BENJAMIN, Walter. *Magia e técnica, arte e política*: ensaios sobre literatura e história da cultura. São Paulo: Brasiliense, 1996, p. 225.

É claro que a história da Teoria do Estado não é integralmente uma história autoritária, muito menos se poderia dizer que todos os seus teóricos comungaram ou comungam de ideias antidemocráticas. Não se trata absolutamente disso.

O recorte analítico aqui efetuado impõe foco na análise específica da pretensão de estabilidade e de autonomia de alguns fragmentos científicos e políticos presentes na história da Teoria Geral do Estado e que dizem respeito a peculiares tentativas de limitação da soberania popular e da separação de Poderes, tanto no contexto da *Allgemeine Staatslehre,* do século XIX, como em Weimar.

É também verdade que em ambos os contextos – e isso será mais à frente abordado – exsurgiram vertentes insurgentes e democráticas, tais como aquela de matiz liberal (inspirada no constitucionalismo de corte estadunidense e francês) manifestado na Revolução de 1848 irrompida contra a Prússia monárquica; e, em Weimar, a forte contraposição de teorias democráticas como as de Kelsen e de Hermann Heller às decisionistas e autoritárias teses defendidas por Carl Schmitt.

Obviamente, não se compreende aqui a história da Teoria Geral do Estado como um samba autoritário de uma nota só. O que se pretende é, na verdade, colocar à prova a hipótese, formulada por Menelick de Carvalho Netto, no sentido de que, tanto na Alemanha da segunda metade dos oitocentos como nas "ditaduras constitucionais" das décadas de 1920-1940, prevaleceram *politicamente* visões autoritárias da Teoria Geral do Estado no tocante às suas respectivas visões sobre a soberania popular e sobre a separação de Poderes – nos dois contextos, de formas peculiares e próprias de cada momento histórico, para se garantir a prevalência de governos fortes e centralizados nas figuras de soberanos (Monarcas, presidentes ou ditadores).[58]

---

58 CARVALHO NETTO, Menelick de. *A sanção no procedimento legislativo*. Belo Horizonte: Del Rey, 1992, pp. 160/161.

Para se chegar ao exame do caso brasileiro, não se poderia, contudo, simplesmente pular da investigação acerca da Alemanha oitocentista para a Alemanha weimariana da *Methodenstreit* e, em seguida, passar-se diretamente à análise da recepção da Teoria Geral do Estado durante a Era Vargas. Em 1930, o Brasil já tinha uma longa e complexa história constitucional de mais de cem anos.

No século XIX, predominou por aqui uma conservadora organização jurídico-política calcada em uma duradoura aliança entre o Poder Moderador (que, diferentemente da teoria originária de Benjamin Constant, nada tinha de neutro – ao contrário, representou muito mais um equivalente funcional do princípio monárquico alemão), uma direção política saquarema, o Exército e uma elite latifundiária escravocrata.

Com as crises políticas que se seguiram à Proclamação da República, a Política dos Governadores, com o seu frequente uso de medidas constitucionais de exceção (estado de sítio e intervenção federal), passou a funcionar como um equivalente funcional do Poder Moderador imperial, no que concerne, particularmente, às suas pretensões conservadoras de conferir estabilidade político-institucional ao país, frequentemente redundando em novas formas – mais sofisticadas, diga-se – de limitação da soberania popular e da separação de Poderes.

De acordo com Niklas Luhmann,

> [a] análise funcional usa relacionamentos, com o objetivo de apreender o existente como contingente e **o diverso como comparável**. Ela refere o que é dado, sejam estados, sejam ocorrências, a pontos de vista sobre problemas e procura tornar compreensível e concebível que **o problema pode ser resolvido dessa ou também de outra forma.**[59]

---

59 LUHMANN, Niklas. *Sistemas sociais*: esboço de uma teoria geral. Petrópolis: Vozes, 2016, pp. 73/74, destaque nosso.

Ou seja, o conceito de equivalência funcional se refere à possibilidade sistêmica de um problema similar ser resolvido de duas ou mais formas distintas, do que redunda que elas cumpririam papéis comparáveis, equivalentes em termos funcionais. Equivalência não quer dizer, portanto, que as categorias contrastadas sejam idênticas, mas sim que são passíveis de comparação entre si em relação aos seus desempenhos funcionais nas suas respectivas conjunturas. Essa categoria sistêmica luhmanniana, conforme adiantado nos dois parágrafos anteriores, será muito importante para lançar luzes comparativas sobre as relações (i) entre princípio monárquico (Alemanha) e Poder Moderador (Brasil) no século XIX e (ii) entre o Poder Moderador imperial e o uso normalizado de medidas constitucionais de exceção durante a Primeira República no bojo da chama Política dos Governadores.

Ainda que o foco *par excellence* da obra seja investigar, em última instância, o comportamento das elites políticas e jurídicas, não se deixará de marcar, quando pertinente, que esses processos não foram monolíticos e unânimes, mas, ao contrário, apresentaram complexidades e pluralidades dentro dessas próprias elites e também foram alvos de insurreições populares, com clamores por liberdade e igualdade, tal como se pode verificar, por exemplo, das lutas abolicionistas empreendidas pelas pessoas escravizadas ao longo do século XIX e das frequentes e multifacetadas revoltas populares ocorridas durante a Primeira República, dentre outros.

Menelick de Carvalho Netto, no seu clássico *A Sanção no Procedimento Legislativo*, declara que, ao reconstruir a história do instituto da sanção, estava ele "atribuindo à pesquisa caráter, por assim dizer, arqueológico, viabilizando o resgate de raros objetos da época".[60] Sobre essa tese, Gabriel Rezende afirma que "[a] casuística

60 CARVALHO NETTO, Menelick de. *A sanção no procedimento legislativo*. Belo Horizonte: Del Rey, 1992, p. 11.

de Menelick é, portanto, uma incursão nas cartas roubadas deixadas sobre o toucador do direito constitucional".[61]

Esta pesquisa pretende seguir esse *modus operandi menelickeano*, sobretudo no capítulo III, em que se buscará reconstruir, a partir das fontes, a história não contada da institucionalização universitária da Teoria Geral do Estado no Brasil, seguindo o rastro da concepção e implementação do Decreto-Lei n. 2.639/1940 nas quatro principais faculdades de Direito da época: Faculdade Nacional de Direito, Faculdade de Direito da Universidade Federal de Minas Gerais, Faculdade de Direito da Universidade de São Paulo e Faculdade de Direito do Recife.

Ainda no capítulo III, no afã de mensurar as continuidades e descontinuidades envoltas na institucionalização política e acadêmica da Teoria Geral do Estado no Brasil do Estado Novo, a categoria do "jurisconsulto adaptável", cunhada por Airton Seelaender e por Alexander de Castro ao se referirem à tortuosa trajetória de Francisco Campos,[62] será bastante útil para catalogar as não raras alternâncias de posicionamentos políticos e jurídicos por parte de juristas essenciais ao escopo deste trabalho, tais como Vicente Ráo, Pedro Calmon, Ataliba Nogueira, Cândido Motta Filho, Orlando Magalhães Carvalho, Agamenon Magalhães, dentre outros.

No seu relevantíssimo projeto de pesquisa atualmente em curso – *Saberes localizados, narrativas outras: notas programáticas para uma nova história e teoria do processo de constitucionalização brasileiro no marco da Teoria Crítica da Constituição* –, Marcelo

---

61 REZENDE, Gabriel. "A máquina de Menelick". *Revista de Estudos Constitucionais, Hermenêutica e Teoria do Direito – RECHTD*, vol. 9, nº 2, maio/ago. 2017, pp. 183-195.

62 SEELAENDER, Airton Lisle Cerqueira Leite; CASTRO, Alexander Rodrigues de. "Um jurisconsulto adaptável: Francisco Campos (1891-1968)". *In*: MOTA, Carlos Guilherme; SALINAS, Natasha (Coord.). *Os juristas na formação do Estado-Nação brasileiro*. vol. 3. São Paulo: Saraiva, 2010, pp. 255-291.

Cattoni, ao falar sobre a tradição dos intérpretes do Brasil, paradigma no qual transita, segundo aponta, grande parte da chamada "doutrina constitucional brasileira", afirma o seguinte:

> Essas visões tradicionais são marcadas por uma leitura *teológico-política da falta de povo soberano*; por uma convergência quanto à proposta de uma *modernização autoritária*, no quadro de uma *democracia possível*; e por uma concepção dualista da chamada *brasilidade*, que não considera de modo adequado o caráter moderno, embora seletivo, da sociedade. Como se busca mostrar, tais visões tradicionais contribuem para a *reificação* da história constitucional brasileira ao obstaculizar, com consequências deslegitimantes, o reconhecimento de lutas da cidadania por direitos, que constituem internamente o processo político de aprendizado social com o Direito e com a Política, em *longa duração*.[63]

Ainda de acordo com Cattoni, a importância de se "escovar a contrapelo"[64] posições naturalizadas na história do constitucionalismo reside na circunstância de que

> [o] Direito não terá um "fundamento" no futuro se não tiver no presente, e se o presente também não se abrir ao passado

---

63 OLIVEIRA, Marcelo Andrade Cattoni de. "Saberes localizados, narrativas outras: notas programáticas para uma nova história e teoria do processo de constitucionalização brasileiro no marco da teoria crítica da Constituição". *Anais do VII Colóquio Internacional de Direito e Literatura*, Rede Brasileira Direito e Literatura (RDL), 2023, p. 2. Disponível em: https://www.academia.edu/39899278/Saberes_localizados_narrativas_outras_Notas_program%C3%A1ticas_para_uma_nova_hist%C3%B3ria_e_teoria_do_processo_de_constitucionaliza%C3%A7%C3%A3o_brasileiro_no_marco_da_Teoria_Cr%C3%ADtica_da_Constitui%C3%A7%C3%A3o?auto=download&email_work_card=download-paper. Acessado em: 26.01.2024.

64 BENJAMIN, Walter. *Magia e técnica, arte e política*: ensaios sobre literatura e história da cultura. São Paulo: Brasiliense, 1996, p. 225.

> como seu futuro, aprendendo a lidar com o risco de perda do espaço de experiência – no caso do Direito, com o risco permanente da perda da memória dos percursos e das lutas por reconhecimento de direitos ao longo da história.[65]

Conforme demonstrado no subitem anterior, é perceptível um inegável déficit de historicidade no modo como o desenvolvimento da Teoria Geral do Estado é tradicionalmente compreendido no Brasil, de tal forma que os insumos dessa metodologia crítica de Cattoni serão extremamente valiosos para, nas palavras de Carlo Ginzburg, se "analisar a evidência histórica contra a intenção dos que a produziram",[66] evidenciando-se, assim, contradições, ambiguidades, paradoxos e pré-conceitos naturalizados em camadas de sentido que se pretendem estáveis ao longo do tempo. Nesse mesmo sentido, intenta-se questionar também o *senso comum teórico* da neutralidade da Teoria do Estado, que é (ainda que involuntariamente, por omissão) exalado das tradicionais maneiras de se compreender essa disciplina.

A potencialidade dessas metodologias reside na circunstância de que, conforme será discorrido no capítulo IV, podem-se vislumbrar, no paradigma do Estado Democrático de Direito, algumas importantes "tensões constitutivas"[67] entre constitucionalismo e

---

65 OLIVEIRA, Marcelo Andrade Cattoni de. "Contribuições para uma nova história e teoria do processo de constitucionalização brasileiro no marco da Teoria Crítica da Constituição". *In*: ______ (Coord.). *Constitucionalismo e História do Direito*. 2ª ed. Belo Horizonte: Conhecimento, 2020, p. 29.

66 GABRIEL, Ruan de Sousa. "Carlo Ginzburg: os usos políticos da mentira são notícia velha". O Globo, 8 maio 2021. Disponível em: https://oglobo.globo.com/cultura/carlo-ginzburg-os-usos-politicos-da-mentira-sao-noticia-velha-25008469. Acessado em: 24.01.2024.

67 OLIVEIRA, Marcelo Andrade Cattoni de; CARVALHO NETTO, Menelick de. "Legitimidade e efetividade como tensão constitutiva (conflito concreto) da normatividade constitucional". *In*: LIMA, Martonio Mont'Alverne Barreto; ALBUQUERQUE, Paulo Antonio de Menezes

democracia, entre Constituição e Estado, entre âmbitos público e privado da sociedade, as quais só podem ser adequadamente apreendidas pela Teoria Geral do Estado, em toda a hipercomplexidade da sociedade mundial, somente se essa disciplina se abrir para, mais do que (re)construir criticamente a história do fenômeno estatal que ela pretende estudar, também reconstruir de maneira crítica e rigorosa a sua própria história enquanto disciplina jurídica. É justamente com isso que esta obra pretende contribuir.

3 Fontes

A investigação histórico-constitucional dos processos de institucionalização do Decreto-Lei n. 2.639/1940 nas quatro principais faculdades de Direito brasileiras na década de 1940 será feita, no capítulo III, mediante a reconstrução biográfica e bibliográfica das trajetórias dos professores de Teoria Geral do Estado e de Direito Constitucional dessas instituições naquele período específico, com foco especial em teses de livre-docência, teses de concurso de cátedra, manuais e artigos que escreveram, nos quadrantes dessas duas áreas, no período estudado ou naqueles imediatamente anteriores e/ou posteriores, de forma que se tenha uma perspectiva comparativa das posições por eles sustentadas sobre Estado, Constituição, democracia, soberania popular, intervencionismo estatal, separação de Poderes etc., identificando-se, assim, eventuais continuidades, rupturas, contradições e ambiguidades nos discursos desses juristas que inauguraram a cátedra de TGE no Brasil.

O valioso material analisado compõe-se também de memórias, diários, biografias, autobiografias, perfis acadêmicos e resenhas de livros publicados em revistas das faculdades de Direito da época, além de discursos parlamentares, cartas, telegramas e memorandos.

(Coord.). *Democracia, Direito e política*: estudos internacionais em homenagem a Friedrich Müller. Florianópolis: Conceito Editorial, 2006, pp. 615-627.

No caso específico da Faculdade de Direito do Recife, diante da lacuna de material acadêmico sobre a maior parte dos menos conhecidos professores substitutos durante o Estado Novo, foi de extremo valor o mapeamento e o exame dos planos de curso utilizados no período, de forma a se identificarem as linhas gerais do que era supostamente ensinado. É claro, tem-se plena consciência de que essas ementas não refletem precisamente o que foi, de fato, ministrado aos estudantes – por isso a preferência, na maioria dos casos, pela análise de teses e de manuais –; todavia, elas servem como uma mínima indicação, ainda que mais formal do que necessariamente substantiva, do que importava institucionalmente, em termos jurídico-políticos, naquele período tanto para os professores como para a Congregação da Faculdade (que atuou diretamente na elaboração de alguns dos planos de ensino).

A imensa maioria das fontes documentais foi encontrada nos arquivos do Centro de Pesquisa e Documentação de História Contemporânea do Brasil (CPDOC), da Fundação Getúlio Vargas (FGV), que conta com um vasto e preservado acervo digitalizado de materiais referentes a diversos dos juristas e políticos aqui estudados. Além disso, o CPDOC possui uma série de verbetes biográficos e bibliográficos sobre vários desses mesmos personagens, o que foi, sobretudo no caso daqueles menos conhecidos, de extrema relevância para possibilitar uma reconstrução, ainda que parcial e sem qualquer pretensão de exaustividade, de suas carreiras e ideias jurídico-políticas no período estudado.

Em alguns casos, foi necessário estender pontualmente o escopo temporal de análise também para obras e/ou eventos políticos do começo da década de 1950. Isso se justificou devido à imprescindível necessidade de se demonstrarem relações de sentido entre percursos político-profissionais e ideias jurídicas durante e imediatamente após o Estado Novo.

Por outro lado, a necessidade de exposição das trajetórias jurídico-políticas dos atores estudados, mediante a incursão por dados biográficos e por obras publicadas antes de 1937, foi extremamente relevante para compreender criticamente as suas ideias durante o regime estado-novista, inclusive para servir como parâmetro comparativo quando da identificação de eventuais traços de adaptabilidade jurídica[68] em suas carreiras.

4 Estrutura do livro

No **capítulo I**, discorrer-se-á panoramicamente sobre os impactos do constitucionalismo moderno, produto das Revoluções Americana (1776) e Francesa (1789), nos Estados germânicos do começo do século XIX e como, a partir de uma forte adesão desses mesmos estados alemães, sob a liderança da Prússia, à cartilha contrarrevolucionária e restauradora do Congresso de Viena – que buscava justamente se contrapor aos ventos liberais que sopravam do oeste –, passaram a ser construídas na Alemanha, sobretudo com base nas premissas político-filosóficas de Savigny e de Stahl, reflexões doutrinárias em torno da peculiar monarquia constitucional do além-Reno e do princípio monárquico que lhe dava sustentáculo político-constitucional. Principalmente após a implacável debelação da Revolução de 1848 e do seu projeto de Constituição liberal pelas baionetas prussianas, a defesa da resistente monarquia constitucional germânica e do seu correlato princípio monárquico se tornou o pão de cada dia da mais expressiva parte dos publicistas alemães, que passaram a construir, sob as vestes talares da doutrina científica da Teoria Geral do Estado, a dogmática do Direito Público germânico, especialmente após a fundação, sob a liderança de Bismarck, do Segundo Império, em 1871.

---

68 SEELAENDER, Airton Lisle Cerqueira Leite; CASTRO, Alexander Rodrigues de. "Um jurisconsulto adaptável: Francisco Campos (1891-1968)". *In*: MOTA, Carlos Guilherme; SALINAS, Natasha (Coord.). *Os juristas na formação do Estado-Nação brasileiro*. São Paulo: Saraiva, 2010, pp. 255-291.

Em seguida, serão analisados os principais traços das teorias de Gerber, Laband, Gierke e Jellinek, de modo a demonstrar que – ancorados em premissas monarquistas, positivistas, formalistas e/ou organicistas – esses juristas deram os contornos principais da moderna ciência da Teoria Geral do Estado, que surgiu e se desenvolveu num contexto alemão marcado pela defesa jurídico-política do princípio monárquico, em franca oposição à teoria da separação de Poderes e ao princípio da soberania popular, que representavam, por sua vez, o cerne do constitucionalismo liberal objeto das resistências da TGE no período.

Paralelamente, será empreendida, ainda nesse capítulo, uma viagem ao Brasil da mesma época com vistas a se refletir sobre o contexto em que se deu a Independência brasileira, em 1822, e como a experiência constitucional de 1824 foi marcada por uma peculiar recepção político-doutrinária da teoria do Poder Moderador de Benjamin Constant, teoria essa que foi revirada do avesso pela prática constitucional brasileira, sobretudo do Segundo Reinado, e serviu de base para talhar uma monarquia constitucional marcada pela proeminência centralizadora do Poder Moderador sobre os demais Poderes. Em aliança perene com a dominante direção política saquarema, com a elite latifundiária e escravocrata e com o Exército, o Poder Moderador atuou, no Brasil, como um *equivalente funcional* do princípio monárquico doutrinariamente desenvolvido pela Teoria Geral do Estado alemã que era construída no mesmo período. Inclusive, como prova de que essa equivalência funcional não se deve a qualquer obra do acaso, ambas as tradições constitucionais tiveram um ancestral político comum que lhes serviu de inspiração, o qual foi objeto de peculiares ressignificações e aprofundamentos tanto no Brasil como na Alemanha: trata-se da *Charte* francesa de 1814, outorgada no contexto restaurador do Congresso de Viena e que marcou o retorno dos Bourbon ao poder após a queda de Napoleão Bonaparte.

Com a Proclamação da República em 1889, os resistentes espectros do Poder Moderador – cerne da experiência constitucional do

Império – permaneceram latentes no constitucionalismo brasileiro. Embora forjada sob a direta influência da experiência constitucional estadunidense, a Constituição de 1891 foi também entrecortada, paralelamente, por influências do constitucionalismo argentino no que se refere à significativa extensão e importância dadas aos poderes de exceção, sobretudo ao estado de sítio e à intervenção federal. Esses dois institutos retrataram duas das principais engrenagens da intrincada Política dos Governadores, que sustentou, por quase quatro décadas, os alicerces da primeira experiência republicana brasileira.

Nesse contexto, a invocação reiterada, por todos os presidentes, desses poderes excepcionais como instrumento de governabilidade representou um *equivalente funcional* do Poder Moderador Imperial para a nova conjuntura oligárquica da Primeira República, na medida em que também funcionou (ou pretendeu funcionar) como dominante elemento de estabilização político-constitucional, de manutenção do *status quo* e de limitação da soberania popular, claro que de acordo com as complexidades e peculiaridades da nova conjuntura jurídico-política.

No **capítulo II**, inicialmente, o percurso volverá à Alemanha. Recuperando o contexto de eclosão da Primeira Guerra Mundial, demonstrar-se-á que, durante esse conflito, desenvolveu-se uma série de legislações de emergência no marco de um constitucionalismo de exceção pensado para dar conta das intempéries bélico-administrativas. Após o fim do conflito e da imediata eclosão da Revolução de 1918-1919, que proclamou a República, esse constitucionalismo militar de exceção influenciou partes centrais da democrática e plural Constituição de Weimar, sobretudo no que se refere às competências do Presidente da República, especialmente aquelas excepcionais previstas no crucial artigo 48: instalar estado de emergência e legislar por decretos. Como será exposto, ao longo da década de 1920, sucessivas crises econômicas, financeiras e sociais tensionaram politicamente a Constituição weimariana, fazendo com que, cada vez mais, o uso do artigo 48 se tornasse frequente para contornar crises políticas que não mais podiam ser sustentadas com uma coalização de partidos que deixou de ser possível. Nesse contexto, com a contribuição direta de Carl Schmitt, o alvorecer da década de 1930 foi marcado pela criação da tese dos "gabinetes presidenciais", que permitiu ao Presidente Hindenburg constituir os governos Brüning, von Papen e von Schleicher à revelia da atuação do Parlamento. Essa engenhosa e autoritária criação foi justamente a via pela qual Adolf Hitler seria alçado ao poder em 1933, culminando no golpe nazista que pôs fim à República de Weimar.

Nessa turbulenta conjuntura, desenvolveu-se a famosa *Methodenstreit* em torno da Constituição de Weimar (segundo Gilberto Bercovici, o mais importante debate da publicística do século XX),[69] em que se buscou ressignificar e desenvolver a tradição doutrinária da Teoria Geral do Estado alemã do século XIX para as sociedades de massas do paradigma do Estado Social. Focando sobretudo nas teses de Hans Kelsen, Carl Schmitt, Rudolf Smend e Hermann Heller, discorrer-se-á sobre alguns pontos centrais desse debate doutrinário em torno da Teoria Geral do Estado e da Teoria da Constituição, mostrando-se as principais rupturas e continuidades que dele advieram, inclusive para que se possa claramente marcar o segmento da Teoria Geral do Estado que chegará ao Brasil do Estado Novo como doutrina política.

Mais à frente, voltando ao caso brasileiro, será demonstrado que o rearranjo das forças políticas oligárquicas no contexto da turbulenta eleição de 1930 somado às insatisfações do movimento tenentista com a Primeira República ensejaram a Revolução de 1930, que alçou Getúlio Vargas ao poder. Entre 1930 e 1934, o Governo Provisório afastou a regência normativa da Constituição de 1891, governou por decretos-lei exarados pelo Poder Executivo, expediu um grande número de atos normativos trabalhistas e sociais e redesenhou os traçados federalistas em prol de uma rígida

69 BERCOVICI, Gilberto. "Introdução". *In*: BERCOVICI, Gilberto (Coord.). *Cem Anos da Constituição de Weimar (1919-2019)*. São Paulo: Quartier Latin, 2019, p. 15.

centralização política justificada por um ambíguo e radical projeto de modernização social do país.

A curta vigência da Constituição de 1934 foi marcada por saudosismos da Presidência da República em relação aos seus poderes constitucionais ilimitados durante o Governo Provisório. Além disso, diversas crises políticas protagonizadas por integralistas e por comunistas, das quais a Intentona de 1935 é o maior exemplo, propiciaram os ingredientes perfeitos para a promulgação da Lei de Segurança Nacional e para a criação do Tribunal de Segurança Nacional, que enrijeceram sobremodo a perseguição de oposições supostamente subversivas e revolucionárias. Nos bastidores, como revelam sugestivas passagens de seu diário pessoal, Getúlio praguejava contra a Constituição e, por ela impedido de concorrer à reeleição em 1938, tramava um golpe de Estado. O fantasioso e fraudulento Plano Cohen foi o estopim para a deflagração golpista que teve como consequência a outorga da autoritária Carta de 1937, redigida por Francisco Campos, e a institucionalização da ditadura do Estado Novo.

No **capítulo III**, será apresentada a concepção que o Estado Novo tinha da educação enquanto um dos principais instrumentos à disposição do regime para legitimação de sua ideologia, para a imunização de contestações e para a ambígua modernização do país. Nesse contexto, a relação entre intelectuais e política foi fundamental não só para a concepção e deflagração do golpe, mas também, posteriormente, para o desenho institucional e legitimação do regime estado-novista, inclusive no que concerne ao ensino da Teoria Geral do Estado e do Direito Constitucional, ponto central deste livro. A edição do Decreto-Lei n. 2.639/1940, que desdobrou a cátedra de Direito Público e Constitucional nas cadeiras de Teoria Geral do Estado e de Direito Constitucional, foi uma providência crucial do Estado Novo para materializar, nas faculdades de Direito – tradicionalmente os celeiros de formação das elites políticas e intelectuais do país –, as concepções educacionais da ditadura estado-novista. Pretendia-se, com tal medida, a transferência dos antigos catedráticos de Direito Público e Constitucional – em sua maioria composta por liberais – para a cadeira de Teoria Geral do Estado, que deveria fornecer elementos propedêuticos ao ensino do Direito Constitucional, disciplina essa que, por sua vez, ficaria a cargo de um professor diretamente indicado pelo regime, sem possibilidade de concurso, para o ensino da Carta de 1937. Aqui, será exposta a dupla dimensão que a Teoria Geral do Estado vai adquirir nesse período: a de ramo jurídico a ser ensinado em cátedra própria, viabilizadora de espaço vago para o ensino do Direito Constitucional por verdadeiros apoiadores do regime; e a de doutrina de Estado, orientadora das concepções político-constitucionais do Estado Novo, sobretudo aquelas referentes à centralização política mediante a forte atuação da Presidência da República, ao arrepio dos princípios da separação de Poderes e da soberania popular.

Ainda nesse capítulo, serão analisados, a partir de obras doutrinárias da época e de fontes primárias, os seguintes aspectos:

(i) os efeitos concretos da materialização do Decreto-Lei n. 2.639/1940 nas quatro principais faculdades de Direito em 1940 (Faculdade Nacional de Direito, Faculdade de Direito de Minas Gerais, Faculdade de Direito de São Paulo e Faculdade de Direito do Recife);

(ii) quem eram;

(iii) o que doutrinariamente tinham a dizer os seus respectivos professores de Direito Constitucional e de Teoria Geral do Estado sobre constitucionalismo, democracia e Estado.

Aqui, serão exploradas as trajetórias biográficas e as obras de alguns juristas que, como se verá, podem ser enquadrados no sugestivo e engenhoso conceito de "jurisconsulto adaptável", cunhado por Airton Seelaender e por Alexander de Castro para se referirem a Francisco Campos.[70] Também personagens cruciais para esta obra –

70 SEELAENDER, Airton Lisle Cerqueira Leite; CASTRO, Alexander Rodrigues de. "Um jurisconsulto adaptável: Francisco Campos

e.g., Vicente Ráo, Pedro Calmon, Cândido Motta Filho e Agamenon Magalhães – defenderam posições doutrinárias e políticas bastante variáveis ao longo das décadas de 1930-1950, ao sabor dos ventos políticos e das respectivas variações de seus interesses pessoais, ora se omitindo ou flertando com a ditadura – sobretudo durante o Estado Novo –, ora defendendo postulados típicos da democracia liberal, justamente naqueles momentos de maior contestação e/ou declínio de ideias autoritárias. Diante disso, a categoria de jurista "adaptável" foi aqui adotada para se referir a alguns desses operadores do Direito explorados no trabalho, figurando, inclusive, em seu título.

No **capítulo IV**, será proposta uma perspectiva tensionada entre Teoria do Estado e Teoria da Constituição, além da releitura de alguns pressupostos verificáveis nos dois momentos da história da Teoria do Estado particularmente analisados na pesquisa (sobretudo, algumas de suas resistências à soberania popular) à luz do paradigma procedimental do Direito. Será enfrentado também o senso comum teórico da pretensão de neutralidade, ainda que implícita, verificável em alguns momentos na história da Teoria do Estado. Por fim, serão criticamente discutidas as semânticas das "crises" do Estado e da Constituição a partir de premissas do constitucionalismo democrático.

A título de **considerações finais**, será retomado o sentido da exposição desenvolvida ao longo de todo o presente trabalho.

Por derradeiro, cabe destacar aqui que, não obstante as categorias próprias do paradigma procedimental do Direito tenham sido mais detidamente abordadas e aprofundadas apenas no capítulo IV, tais pressupostos alimentaram todo o desenvolvimento desta obra e, se porventura não puderam ser debatidos em minúcias antes do último capítulo, isso ocorreu conscientemente, devido à metodologia escolhida para a abordagem dos temas propostos.

(1891-1968)". *In*: MOTA, Carlos Guilherme; SALINAS, Natasha (Coord.). *Os juristas na formação do Estado-Nação brasileiro*. São Paulo: Saraiva, 2010, pp. 255-291.

CAPÍTULO I

ALEMÃES E BRASILEIROS SE ENCONTRAM EM VIENA: O PRINCÍPIO MONÁRQUICO COMO *LEITMOTIV* DE DUAS TRADIÇÕES CONSTITUCIONAIS CONSERVADORAS

1.1 A criação da doutrina alemã da Teoria Geral do Estado (1815-1900)

É indisputável que o constitucionalismo moderno e os artefatos semânticos por ele desenvolvidos (direitos fundamentais, soberania popular, separação de Poderes, controle de constitucionalidade etc.),[71]

---

71 Conferir: LUHMANN, Niklas. *A Constituição como aquisição evolutiva*. Trad. Menelick de Carvalho Netto, Giancarlo Corsi, Raffaele de Giorgi e Paulo Sávio Peixoto Maia. [S.l.]: [s.n.], 2000. (Tradução para uso acadêmico, não revisada); CARVALHO NETTO, Menelick de. "A contribuição do Direito Administrativo enfocado da ótica do administrado para uma reflexão acerca dos fundamentos do controle de constitucionalidade das leis no Brasil: um pequeno exercício de

bem como os novos projetos de sociedade postos na esfera pública a partir das Revoluções Americana (1776) e Francesa (1789) passaram a se contrapor ao sistema jurídico-político alemão, ainda fortemente marcado, na transição para os oitocentos, por sobressalentes traços próprios do absolutismo monárquico.[72]

A discussão jurídica alemã, no período de transição entre o Antigo Regime e o maduro desenvolvimento da monarquia constitucional na segunda metade do século XIX, esteve centrada, como era de se esperar, justamente em disputas políticas e doutrinárias em torno do próprio conceito de Constituição, nos problemas de legitimidade do Direito e da Política e nas diversas aspirações ideológicas contrapostas na arena política germânica desde o irromper da Revolução Francesa.[73]

Teoria da Constituição". *Revista do Tribunal Superior do Trabalho*, Brasília, vol. 68, nº 2, abr./jun. 2002, pp. 75-77; NEVES, Marcelo. *Transconstitucionalismo*. São Paulo: Martins Fontes, 2009, pp. 21-34; MAIA, Paulo Sávio N. P. *O guardião da Constituição na polêmica Kelsen-Schmitt*: Rechtsstaat como referência semântica na memória de Weimar. Brasília: UnB, 2007, pp. 75-86. (Dissertação de Mestrado); e BERCOVICI, Gilberto. *Soberania e Constituição*: para uma crítica do constitucionalismo. 3ª ed. São Paulo: Quartier Latin, 2020, p. 167.

72 Conferir: STOLLEIS, Michael. "Judicial Review, Administrative Review, and Constitutional Review in the Weimar Republic". *Ratio Juris*, vol. 16, nº 2, jun. 2003, pp. 266-280; MAIA, Paulo Sávio N. P. "A influência do constitucionalismo alemão do século XIX na categoria 'direitos fundamentais': formalização do Direito Público e neutralização do 'Rechtsstaat'". *Revista de Informação Legislativa*, vol. 46, nº 182, abr./jun. 2009; MAIA, Paulo Sávio N. P. *O guardião da Constituição na polêmica Kelsen-Schmitt*: Rechtsstaat como referência semântica na memória de Weimar. Brasília: UnB, 2007, pp. 87-121. (Dissertação de Mestrado); BERCOVICI, Gilberto. *Soberania e Constituição*: para uma crítica do constitucionalismo. 3ª ed. São Paulo: Quartier Latin, 2020, pp. 165-167; HELLER, Hermann. *Las ideas políticas contemporáneas*. Barcelona: Editorial Labor, 1930, pp. 18-27.

73 STOLLEIS, Michael. *Public Law in Germany (1800-1914)*. Nova York/ Oxford: Berghahn Books, 2001, p. 58. Conferir também: BOURKE,

É preciso deixar claro que o conceito de Constituição que passou a ser desenvolvido pelas monarquias germânicas diferia sensivelmente daquele revolucionário, adotado na França e nos Estados Unidos. Enquanto nestas duas últimas experiências a Constituição significava, basicamente, a revolucionária criação jurídico-política de um novo projeto de sociedade (no caso francês, especificamente, a destruição do *Ancien Régime* e a afirmação da soberania popular e dos direitos fundamentais), que promoveria, enquanto aquisição evolutiva tardia, a diferenciação funcional e, ao mesmo tempo, o acoplamento estrutural entre Direito e Política,[74] na Alemanha, "a teoria constitucional era mais fortemente ligada à tradição do Direito Natural e às limitações da dominação do Sacro Império Romano-Germânico".[75]

Os ecos da semântica constitucional típica das revoluções liberais do final do século XVIII não tardaram, como é próprio da sociedade mundial,[76] a chegar à Alemanha do começo do século XIX – ainda não unificada e composta por dezenas de estados monárquicos, a maioria deles com matizes absolutistas, tensionando-se com esse *status quo* resistente.

Richard. "History of European ideas". *Routledge*, vol. 49, nº 4, 2023, pp. 757-768.

74 Conferir: LUHMANN, Niklas. *A Constituição como aquisição evolutiva*. Trad. Menelick de Carvalho Netto, Giancarlo Corsi, Raffaele de Giorgi e Paulo Sávio Peixoto Maia. [S.l.]: [s.n.], 2000. (Tradução para uso acadêmico, não revisada); e NEVES, Marcelo. *Constituição e Direito na modernidade periférica*: uma abordagem teórica e uma interpretação do caso brasileiro. Trad. Antônio Luz Costa. São Paulo: Martins Fontes, 2018, pp. 65-75.

75 STOLLEIS, Michael. *Public Law in Germany (1800-1914)*. Nova York/Oxford: Berghahn Books, 2001, p. 59, tradução nossa.

76 LUHMAN, Niklas. *Sistemas sociais*: esboço de uma teoria geral. Trad. Antonio C. Luz Costa, Roberto Dutra Torres Junior e Marco Antonio dos Santos Casanova. Petrópolis: Vozes, 2016, pp. 488-491; e NEVES, Marcelo. *Transconstitucionalismo*. São Paulo: Martins Fontes, 2009, pp. 22-34.

Nesse contexto,

> [à] exata proporção em que, na aristocracia, crescia o medo, na burguesia, crescia o entusiasmo com os acontecimentos revolucionários, de modo que durante a década de 1790 já surgem sete projetos de Constituição para a Alemanha, nos moldes franceses, e que buscavam limitar o poder do Estado.[77]

Como reação aos perigos dessas ideias revolucionárias e liberais, o Congresso de Viena (1815-1820), para além do seu autoproclamado objetivo de servir de fórum diplomático para reflexão sobre a conjuntura europeia após a queda de Napoleão Bonaparte, representou

> um esforço das casas dinásticas europeias no sentido de fornecer um contraponto à Revolução Francesa, um espectro que estava a propor um outro princípio de legitimidade do poder que não o sangue real: a soberania popular.[78]

Essas potências monárquicas bem compreenderam que seria inútil simplesmente negar a existência das revoluções e dos princípios constitucionais que serviam de combustível para a derrubada de casas reais e de tradições políticas. Sabendo da periculosidade e da radicalidade cortantes dos ventos liberais que sopravam do oeste, o Congresso de Viena se apressou em internalizar "a noção de que seria necessário proceder a uma reforma 'a partir de cima', antes que sucedesse, tal como ocorreu na França, uma revolução 'a partir

---

77 MAIA, Paulo Sávio N. P. *O guardião da Constituição na polêmica Kelsen-Schmitt*: Rechtsstaat como referência semântica na memória de Weimar. Brasília: UnB, 2007, p. 92. (Dissertação de Mestrado).

78 MAIA, Paulo Sávio N. P. *O guardião da Constituição na polêmica Kelsen-Schmitt*: Rechtsstaat como referência semântica na memória de Weimar. Brasília: UnB, 2007, p. 92. (Dissertação de Mestrado).

de baixo'".[79] É esse o *leitmotiv* do movimento restaurador alemão tão criticado por Marx em 1844, quando aponta que "[t]omamos parte nas restaurações das nações modernas, sem termos tomado parte nas suas revoluções".[80]

Os diversos atos sucessivamente aprovados no âmbito do referido Congresso buscaram "traduzir os elementos da velha ordem social europeia em uma roupagem mais moderna, no caso, mediante um arremedo do exemplo constitucional franco-americano",[81] o que se consubstanciou numa "tentativa engenhosa de neutralização"[82] dos princípios constitucionais revolucionários, claramente contrários às ordens monárquicas de feição absolutista. Paulo Sávio Peixoto Maia assim discorre sobre a questão:

> (...) o Congresso de Viena aceitava a existência do terceiro estado, e ajudou a confeccionar um modelo que, *à primeira vista*, aceitava dividir a soberania com a representação popular, cuja participação se dava nas Dietas dos *Länder*. Essa primeira impressão é até mesmo reforçada quando se lê o art. 57 do Ato Final do Congresso de Viena (*Wiener Schlußakte*), de 15 de maio de 1820: "a totalidade do poder do Estado se reúne no chefe do Estado, e o soberano, por meio de uma

79 MAIA, Paulo Sávio N. P. *O guardião da Constituição na polêmica Kelsen-Schmitt*: Rechtsstaat como referência semântica na memória de Weimar. Brasília: UnB, 2007, p. 93. (Dissertação de Mestrado).

80 MARX, Karl. *Crítica da Filosofia do Direito de Hegel*. 2ª ed. rev. São Paulo: Boitempo, 2010, p. 152.

81 MAIA, Paulo Sávio N. P. *O guardião da Constituição na polêmica Kelsen-Schmitt*: Rechtsstaat como referência semântica na memória de Weimar. Brasília: UnB, 2007, p. 93. (Dissertação de Mestrado).

82 MAIA, Paulo Sávio N. P. *O guardião da Constituição na polêmica Kelsen-Schmitt*: Rechtsstaat como referência semântica na memória de Weimar. Brasília: UnB, 2007, p. 93. (Dissertação de Mestrado).

> Constituição estamental, poderá condicionar o exercício de certos direitos à participação dos estamentos".[83]

Todavia, o artigo 52 do mesmo Ato Final consignou expressamente que o princípio monárquico é incompatível com a separação de Poderes.[84] Avançando um peculiar conceito de monarquia constitucional marcado ainda pela concentração total do poder do Estado na figura do Monarca, esse princípio monárquico (*Das monarchisches Prinzip*) representou o cerne do movimento restaurador levado a efeito pelo Congresso de Viena e, ao fim e ao cabo, o próprio núcleo duro do Direito Público que será desenvolvido na Alemanha do século XIX, conforme mais à frente será abordado.

Fica evidente, portanto, o intencional distanciamento dessas disposições do Congresso de Viena em relação ao estampado no artigo 16 da Declaração dos Direitos do Homem e do Cidadão de 1789, segundo o qual "[q]ualquer sociedade em que não esteja assegurada a garantia dos direitos, nem determinada a separação dos Poderes, não tem Constituição".[85]

Ao apequenar o papel das Câmaras (soberania popular) e proscrever a separação de Poderes mediante a suposta contrabalanceada invocação do princípio monárquico, o Congresso de Viena claramente avançou um peculiar e reacionário conceito de Constituição com o intuito puro e simples de contrapô-lo àquele outro, originário, desenvolvido pela Revolução Americana. Sobre o ponto, Paulo Sávio assim discorre:

---

83 MAIA, Paulo Sávio N. P. *O guardião da Constituição na polêmica Kelsen-Schmitt*: Rechtsstaat como referência semântica na memória de Weimar. Brasília: UnB, 2007, p. 94. (Dissertação de Mestrado).

84 CARVALHO NETTO, Menelick de. *A sanção no procedimento legislativo*. Belo Horizonte: Del Rey, 1992, p. 157.

85 Tradução nossa. No original: "Toute société dans laquelle la garantie des droits n'est pas assurée, ni la séparation des pouvoirs déterminée, n'a point de Constitution".

> O princípio monárquico, então, diz que o monarca é o detentor exclusivo do poder do Estado, que é reunido em sua real pessoa. Como todo o poder do Estado é reconduzível à pessoa do monarca, a Constituição somente pode ser entendida, a partir de tal localização semântica, como uma outorga graciosa por parte do monarca, que unilateralmente decide condicionar a validade de algumas funções estatais à presença da representação popular em uma Dieta.[86]

Dessa forma, a assimilação da semântica do constitucionalismo na Alemanha se deu de maneira lenta e controlada, já que "[o]s monarcas mantiveram sua legitimidade intacta, não obstante tenham experimentado irritações e ansiedades".[87] Segundo essa visão claramente reacionária, bastaria, portanto, que o antigo arcabouço jurídico-político monárquico fosse traduzido e decodificado em um texto jurídico básico para que ele estivesse "modernizado" e, assim, supostamente imune às perigosas pressões revolucionárias liberais.[88]

Como se vê, as Constituições dos estados monárquicos alemães não eram, de forma alguma, concebidas como produtos revolucionários da vontade popular, tal qual ocorria nos Estados Unidos e na França. Na verdade, eram vistas como "concessões soberanas mediante as quais o poder real livremente veio a aceitar impor limitações a si próprio".[89]

É claro que a afirmação político-constitucional concreta do princípio monárquico não foi pacífica e uníssona. Entre 1815 e

---

86 MAIA, Paulo Sávio N. P. *O guardião da Constituição na polêmica Kelsen-Schmitt*: Rechtsstaat como referência semântica na memória de Weimar. Brasília: UnB, 2007, pp. 94/95. (Dissertação de Mestrado).

87 STOLLEIS, Michael. *Public Law in Germany (1800-1914)*. Nova York/Oxford: Berghahn Books, 2001, p. 59, tradução nossa.

88 STOLLEIS, Michael. *Public Law in Germany (1800-1914)*. Nova York/Oxford: Berghahn Books, 2001, p. 59, tradução nossa.

89 STOLLEIS, Michael. *Public Law in Germany (1800-1914)*. Nova York/Oxford: Berghahn Books, 2001, p. 59, tradução nossa.

1848, apareceram na Alemanha escritos como os dos liberais Karl von Rotteck, Theodor Welcker e Robert von Mohl, que tentaram recuperar os sentidos constitucionais originários dos Estados Unidos e da França.[90] Foi nesse período que o conceito de Estado de Direito (*Rechtsstaat*) "assumiu uma clara função de 'semântica de combate', que notoriamente se contrapunha à utilização abusiva do princípio monárquico".[91]

Em síntese, esses e outros liberais buscaram defender a tese de que "a Constituição é outorgada pelo monarca, mas após sua concessão, ela vira um compromisso entre rei e representação popular, constituindo, assim, um regime dualístico pactuado",[92] em clara oposição ao *mainstream* da reacionária publicística germânica de então e de suas teorizações sobre o princípio monárquico, que nada mais era, na visão desses teóricos liberais, do que "uma nova roupagem para a retórica da *Raison d'État*: o monarca que é sábio para se vincular, sabe o momento certo de se desvincular, para assim conservar a boa ordem do reino".[93]

Essas ideias liberais fizeram parte do caldo de cultura política que ensejou o irromper da Revolução Alemã de 1848-1849 – movimento

---

90 MAIA, Paulo Sávio N. P. *O guardião da Constituição na polêmica Kelsen-Schmitt*: Rechtsstaat como referência semântica na memória de Weimar. Brasília: UnB, 2007, pp. 97-99. (Dissertação de Mestrado).

91 MAIA, Paulo Sávio N. P. *O guardião da Constituição na polêmica Kelsen-Schmitt*: Rechtsstaat como referência semântica na memória de Weimar. Brasília: UnB, 2007, p. 97.

92 MAIA, Paulo Sávio N. P. *O guardião da Constituição na polêmica Kelsen-Schmitt*: Rechtsstaat como referência semântica na memória de Weimar. Brasília: UnB, 2007, p. 95. (Dissertação de Mestrado).

93 MAIA, Paulo Sávio N. P. *O guardião da Constituição na polêmica Kelsen-Schmitt*: Rechtsstaat como referência semântica na memória de Weimar. Brasília: UnB, 2007, p. 99. (Dissertação de Mestrado). Sobre a tradição política do conceito de "Razão de Estado" como imperativo de conservação estatal, conferir: BERCOVICI, Gilberto. *Soberania e Constituição*: para uma crítica do constitucionalismo. 3ª ed. São Paulo: Quartier Latin, 2020, pp. 72-85.

esse que se encadeia a uma onda revolucionária europeia e global, com reflexos inclusive no Brasil, na chamada Revolução Praieira (1848-1849)[94] –, em que representantes dos estados alemães convocaram, na Igreja de São Paulo, em Frankfurt, uma Assembleia Constituinte e elaboraram um projeto de Constituição em março de 1849, mediante o qual estabeleciam a unificação alemã, a garantia da soberania popular (parlamentarização da monarquia constitucional), a afirmação da separação de Poderes (para além de um Parlamento independente do Poder Executivo, previu-se a criação de um Tribunal para julgar conflitos federativos e entre os Poderes),[95] bem como um amplo rol de direitos fundamentais.[96]

Não duraram muito, todavia, as pretensões revolucionárias, já que,

> [m]ediante uma série de manobras de *Realpolitik*, o Rei da Prússia, Frederico Guilherme IV, esmagou o movimento liberal, e substituiu a Constituição de Frankfurt, que segundo ele não

---

94 Conferir: DEAECTO, Marisa Midori. "Os ecos das Revoluções de 1848 no Brasil: formas de pensamento, literatura política e transferências culturais". *Revista Jangada*, São Paulo, vol. 9, nº 17, jan./jun. 2021; e CARVALHO, Marcus J. M. de. "Os nomes da Revolução: lideranças populares na Insurreição Praieira, Recife, 1848-1849". *Revista Brasileira de História*, São Paulo, vol. 23, nº 45, 2003, pp. 209-238.

95 Conferir: BEYME, Klaus von. "The genesis of constitutional review in Parliamentary systems". *In*: LANDFRIED, Christine (Coord.). *Constitutional Review and Legislation*: an international comparison. Baden-Baden: Nomos Verlagsgesellschaft, 1988, p. 26; e MAIA, Paulo Sávio N. P. *O guardião da Constituição na polêmica Kelsen-Schmitt*: Rechtsstaat como referência semântica na memória de Weimar. Brasília: UnB, 2007, pp. 99-101. (Dissertação de Mestrado).

96 Conferir: SARLET, Ingo Wolfgang; GODOY, Arnaldo Sampaio de Moraes. *História Constitucional da Alemanha*: da Constituição da Igreja de São Paulo à Lei Fundamental. Porto Alegre: Fundação Fênix, 2021, pp. 25-70; BERCOVICI, Gilberto. *Soberania e Constituição*: para uma crítica do constitucionalismo. 3ª ed. São Paulo: Quartier Latin, 2020, p. 212.

> respeitava o princípio monárquico, por uma outra, aparecida em 31 de janeiro de 1850, e outorgada pelo monarca, que era rei não pela vontade de uma assembléia popular, mas "*von Gottes Gnaden*", pela graça divina.[97]

Em resumo, "a busca por um *Rechsstaat* foi destruída pelo simples, mas não menos trágico, uso da pólvora prussiana".[98]

Desse malogro revolucionário, advieram importantes consequências político-metodológicas para o Direito Público alemão que foi a partir daí desenvolvido, conforme bem sintetizado por Paulo Sávio:

> (...) a referência ao *Rechsstaat* passa a ser ativada na comunicação de forma totalmente diversa à situação concreta que ensejou a sua seleção original. Como visto, no início dos Oitocentos, as esperanças liberais de uma política juridicamente limitada eram demonstradas por uma utilização de *Rechsstaat* em franca oposição ao princípio monárquico. Com a restauração prussiana de 1850, tal referência ainda vai ser manejada como um conceito de combate, mas agora as posições se invertem: o alvo passa a ser o liberalismo, o arqueiro o princípio monárquico. *Rechsstaat* então passou a denotar uma relação de precedência de um ethos em relação aos direitos fundamentais. É uma clara contraposição polêmica ao contratualismo de corte francês, que naquele tempo era normalmente considerado como um atomismo que levava ao jacobinismo. E esse novo sentido, a partir do qual *Rechsstaat* era utilizado, alça o Estado à condição de centro e vértice da sociedade, de modo que, a partir de

---

97 MAIA, Paulo Sávio N. P. *O guardião da Constituição na polêmica Kelsen-Schmitt*: Rechtsstaat como referência semântica na memória de Weimar. Brasília: UnB, 2007, p. 101. (Dissertação de Mestrado).

98 MAIA, Paulo Sávio N. P. *O guardião da Constituição na polêmica Kelsen-Schmitt*: Rechtsstaat como referência semântica na memória de Weimar. Brasília: UnB, 2007, p. 101. (Dissertação de Mestrado).

> 1850, a liberdade do indivíduo consiste 'não em uma liberdade *no* Estado, mas *que vem* do Estado.[99]

De acordo com Hermann Heller, a moderna monarquia constitucional alemã foi construída, no plano filosófico, por dois pensadores centrais: Hegel e Stahl.[100]

1.1.1 Hegel e o Estado como realização da liberdade

Segundo aponta Gilberto Bercovici,

> [o] sucesso da concepção de direito romano-burguês e do paradigma científico formalista e privatista da escola de Savigny coincide com o triunfo da burguesia, não mais revolucionária, na Europa. A razão jurídica burguesa era considerada inerente à forma jurídica [típica do liberalismo oitocentista].[101]

Georg Wilhelm Friedrich Hegel (1770-1831) foi, na Alemanha, justamente o grande opositor dessa perspectiva, já que "sempre chamou a atenção para os limites e o unilateralismo do formalismo jurídico, que seria superado no Estado".[102]

---

99 MAIA, Paulo Sávio N. P. *O guardião da Constituição na polêmica Kelsen-Schmitt*: *Rechtsstaat como referência semântica na memória de Weimar*. Brasília: UnB, 2007, p. 102. (Dissertação de Mestrado).

100 HELLER, Hermann. *Las ideas políticas contemporáneas*. Barcelona: Editorial Labor, 1930, p. 37.

101 BERCOVICI, Gilberto. *Soberania e Constituição*: para uma crítica do constitucionalismo. 3ª ed. São Paulo: Quartier Latin, 2020, p. 191.

102 BERCOVICI, Gilberto. *Soberania e Constituição*: para uma crítica do constitucionalismo. 3ª ed. São Paulo: Quartier Latin, 2020, p. 192.

Para Hegel, a Revolução Francesa marca o surgimento da liberdade absoluta, do indivíduo e do cidadão.[103] Todavia, como bem aponta Bercovici,

> [a] questão da liberdade radical colocada pela Revolução Francesa só poderia ser resolvida pelo papel mediador de uma organização totalizadora. O poder do Estado deveria ser convertido para servir à liberdade.[104]

Essa é a grande peculiaridade da perspectiva hegeliana:

> A teoria do Estado de Hegel promove, simultaneamente, uma ruptura e um enfrentamento com as doutrinas de seu tempo. O anti-contratualismo hegeliano, segundo Losurdo, foi muitas vezes visto como conservador. Hegel, em busca de novos fundamentos teóricos, combate a visão privatista e individualista de Estado, detectando suas insuficiências e contradições, mas não pretende justificar o absolutismo ou negar os direitos individuais. Hegel rejeita o direito natural e o formalismo do Iluminismo, criticando a visão do indivíduo precedente à sociedade. Para ele, a precedência é do todo sobre a parte, do povo sobre o indivíduo. O individualismo exacerbado, inclusive, teria levado ao Terror, pois a afirmação da liberdade absoluta excluiu qualquer outra.[105]

---

103 BERCOVICI, Gilberto. *Soberania e Constituição*: para uma crítica do constitucionalismo. 3ª ed. São Paulo: Quartier Latin, 2020, p. 194.

104 BERCOVICI, Gilberto. *Soberania e Constituição*: para uma crítica do constitucionalismo. 3ª ed. São Paulo: Quartier Latin, 2020, p. 194.

105 BERCOVICI, Gilberto. *Soberania e Constituição*: para uma crítica do constitucionalismo. 3ª ed. São Paulo: Quartier Latin, 2020, p. 193. Sobre o enquadramento de Hegel como um conservador, Bercovici assim discorre: "a visão de Hegel como filósofo da reação e do Estado de potência (*Machtsstaat*) prussiano, além de restaurador da 'razão de Estado', foi criado por Rudolf Haym, intelectual do partido nacional-liberal alemão, após o fracasso da revolução de 1848, que entendia a defesa do Estado de Hegel incompatível com a tradição 'germânico-protestante'.

A obra culminante da trajetória intelectual de Hegel são as *Linhas Fundamentais da Filosofia do Direito*, publicadas em 1821 como material acadêmico que serviu de base às suas preleções na cátedra de Filosofia da Universidade de Berlim,[106] que assumira em 1818 na sucessão de Johann Gottlieb Fichte.[107]

De acordo com o § 271 das *Linhas Fundamentais*, Hegel compreende o conceito de Constituição como eminentemente político, contemplando "a organização do Estado e o processo da sua vida orgânica",[108] interna e externamente, de modo que seja uma unidade na pluralidade de elementos que constituem uma sociedade. Hegel não adota o conceito estadunidense de Constituição, ou seja, não a vê como um conjunto formal e sistemático de disposições normativas hierarquicamente superiores em relação ao restante do ordenamento jurídico, mas sim no sentido tradicional de *Verfassung*, como organização política, como a conformação do político.[109] Ou seja, ele

---

A partir do livro e Haym, intitulado *Hegel e seu Tempo* (*Hegel und seine Zeit*), de 1857, a visão de Hegel como reacionário fez sucesso em vários círculos intelectuais e fundamentou inúmeras interpretações de sua obra" (BERCOVICI, Gilberto. *Soberania e Constituição*: para uma crítica do constitucionalismo. 3ª ed. São Paulo: Quartier Latin, 2020, pp. 192/193).

106 MÜLLER, Marcos Lutz. "Apresentação". *In*: HEGEL, Georg Wilhelm Friedrich. *Linhas Fundamentais da Filosofia do Direito*. Trad. Marcos Lutz Müller. São Paulo: Editora 34, 2022, pp. 8/9.

107 PINKARD, Terry P. *Hegel*: a biography. Cambridge: Cambridge University Press, 2000, pp. 412-417.

108 HEGEL, Georg Wilhelm Friedrich. *Linhas Fundamentais da Filosofia do Direito*. Trad. Marcos Lutz Müller. São Paulo: Editora 34, 2022, p. 576.

109 OLIVEIRA, Marcelo Andrade Cattoni de; GOMES LOPES, David Francisco. "Breves considerações sobre a Filosofia do Direito de Hegel". *In*: ALVES, Adamo Dias; OLIVEIRA, Marcelo Andrade Cattoni de; GOMES LOPES, David Francisco. *Constitucionalismo e Teoria do Estado*. Belo Horizonte: Arraes, 2013, p. 21; e BERCOVICI, Gilberto. *Soberania e Constituição*: para uma crítica do constitucionalismo. 3ª ed. São Paulo: Quartier Latin, 2020, p. 197.

não está falando *prima facie* sobre as Constituições específicas dos estados alemães, mas abstratamente, como idealista que era, sobre a conformação filosófica do absoluto, do político.[110] Marcelo Cattoni e David F. L. Gomes assim discorrem sobre esse ponto:

> É cônscio da diferença entre os níveis da idealidade do conceito e da historicidade existente que Hegel, embora não aceitando a tese do Estado como produto de um contrato entre os indivíduos, recusa, outrossim, a tese historicista baseada na empiria dos fatos. O Estado hegeliano é o conceito do Estado, cuja idealidade desdobra o absoluto em graus distintos ao longo da história das formações políticas humanas.[111]

Para Hegel, a história política das Constituições foi marcada, num primeiro momento, pela prevalência absoluta do plano individual (despotismo) e, num segundo momento, por particularismos (República antiga, aristocrática ou democrática).[112]

Só num terceiro momento, o da monarquia constitucional, teria sido possível a rearticulação das pluralidades num todo orgânico culminante representado pelo Estado. Isso porque "[o] pleno

---

110 OLIVEIRA, Marcelo Andrade Cattoni de; GOMES LOPES, David Francisco. "Breves considerações sobre a Filosofia do Direito de Hegel". *In*: ALVES, Adamo Dias; OLIVEIRA, Marcelo Andrade Cattoni de; GOMES LOPES, David Francisco. *Constitucionalismo e Teoria do Estado*. Belo Horizonte: Arraes, 2013, p. 17.

111 OLIVEIRA, Marcelo Andrade Cattoni de; GOMES LOPES, David Francisco. "Breves considerações sobre a Filosofia do Direito de Hegel". *In*: ALVES, Adamo Dias; OLIVEIRA, Marcelo Andrade Cattoni de; GOMES LOPES, David Francisco. *Constitucionalismo e Teoria do Estado*. Belo Horizonte: Arraes, 2013, p. 21, destaque nosso.

112 HEGEL, Georg Wilhelm Friedrich. *Linhas Fundamentais da Filosofia do Direito*. Trad. Marcos Lutz Müller. São Paulo: Editora 34, 2022, pp. 581-591, §§ 273, 274 e 275. Sobre o ponto, conferir também: CARVALHO NETTO, Menelick de. *A sanção no procedimento legislativo*. Belo Horizonte: Del Rey, 1992, pp. 141/142.

amadurecimento do Estado em direção à monarquia constitucional é a obra do mundo moderno".[113]

De acordo com Menelick de Carvalho Netto,

> [p]ara Hegel, portanto, a vida coletiva moderna se desenvolve em duas esferas distintas que se articulam, a da sociedade civil, em que são engendradas as diferenças sociais, e a do Estado, que confere unidade política a uma sociedade de desiguais, esfera na qual as diferenças sociais são articuladas e a unidade social recomposta.[114]

É aqui que reside a crítica hegeliana à teoria da separação de Poderes. Não obstante adote a tipologia tripartite de Montesquieu,[115] Hegel afirma que as pressuposições atomísticas de cada um dos poderes como independentes entre si "não podem constituir unidade alguma, mas têm de, certamente, dar origem à luta, pela qual ou o todo é abalado ou a unidade se reestabelece pela violência".[116] As disputas infindáveis entre os Poderes Legislativo e Executivo no transcurso da Revolução Francesa foram, para ele, grandes exemplos dessa situação perigosa. Sendo assim, "[o] que, portanto, importa é que, visto que as determinações dos poderes são em si o todo,

---

113 HEGEL, Georg Wilhelm Friedrich. *Linhas Fundamentais da Filosofia do Direito*. Trad. Marcos Lutz Müller. São Paulo: Editora 34, 2022, p. 582.

114 CARVALHO NETTO, Menelick de. *A sanção no procedimento legislativo*. Belo Horizonte: Del Rey, 1992, p. 142.

115 HEGEL, Georg Wilhelm Friedrich. *Linhas Fundamentais da Filosofia do Direito*. Trad. Marcos Lutz Müller. São Paulo: Editora 34, 2022, p. 158. Sobre o ponto, conferir também: CARVALHO NETTO, Menelick de. *A sanção no procedimento legislativo*. Belo Horizonte: Del Rey, 1992, p. 140.

116 HEGEL, Georg Wilhelm Friedrich. *Linhas Fundamentais da Filosofia do Direito*. Trad. Marcos Lutz Müller. São Paulo: Editora 34, 2022, p. 580.

elas constituam também, todas, na existência o conceito todo"[117] ou, noutras palavras, "[é] preciso, assim, que os poderes do Estado sejam, de fato, diferentes, mas cada um tem de formar em si mesmo um todo e conter os outros momentos dentro de si".[118]

Se o Legislativo corresponde ao "poder de determinar e de fixar o universal"[119] e o Executivo (Poder Governamental) diz respeito à "subsunção das esferas particulares e dos casos singulares sob o universal",[120] o Poder do Príncipe corresponde ao "poder no qual os diferentes poderes são compreendidos numa unidade individual, que, portanto, é o ápice e o começo do todo, da monarquia constitucional".[121]

Sendo assim, "[a] personalidade do Estado é efetiva somente enquanto uma pessoa, o Monarca";[122] ou seja, "a soberania é enquanto personalidade do todo e esta, em sua realidade adequada ao seu conceito, é enquanto pessoa do Monarca".[123]

---

117 HEGEL, Georg Wilhelm Friedrich. *Linhas Fundamentais da Filosofia do Direito*. Trad. Marcos Lutz Müller. São Paulo: Editora 34, 2022, p. 581.

118 HEGEL, Georg Wilhelm Friedrich. *Linhas Fundamentais da Filosofia do Direito*. Trad. Marcos Lutz Müller. São Paulo: Editora 34, 2022, p. 580.

119 HEGEL, Georg Wilhelm Friedrich. *Linhas Fundamentais da Filosofia do Direito*. Trad. Marcos Lutz Müller. São Paulo: Editora 34, 2022, p. 581.

120 HEGEL, Georg Wilhelm Friedrich. *Linhas Fundamentais da Filosofia do Direito*. Trad. Marcos Lutz Müller. São Paulo: Editora 34, 2022, p. 581.

121 HEGEL, Georg Wilhelm Friedrich. *Linhas Fundamentais da Filosofia do Direito*. Trad. Marcos Lutz Müller. São Paulo: Editora 34, 2022, p. 581.

122 HEGEL, Georg Wilhelm Friedrich. *Linhas Fundamentais da Filosofia do Direito*. Trad. Marcos Lutz Müller. São Paulo: Editora 34, 2022, p. 598.

123 HEGEL, Georg Wilhelm Friedrich. *Linhas Fundamentais da Filosofia do Direito*. Trad. Marcos Lutz Müller. São Paulo: Editora 34, 2022, p. 601.

Sobre o ponto, Bercovici assim discorre:

> A racionalidade ética do Estado é personificada no monarca. A soberania do povo não pode se opor à do monarca; pelo contrário, ela só é possível em articulação com a do monarca, constituindo a soberania do Estado. Não há povo sem monarca, mas também não há monarca sem povo. Para Hegel, a autêntica soberania é a do Estado, não sendo possível atribuí-la ao povo, que está integrado ao Estado. O Estado detém a soberania porque articula monarca e povo pela organização de poderes e corpos intermediários. O Estado harmoniza o universal e o particular.[124]

Qual seria, então, o papel reservado à soberania popular? Assim como critica a versão liberal da teoria da separação de Poderes, Hegel critica também, de forma contundente, a soberania do povo:

> De soberania popular, pode-se falar no sentido de que um povo em geral seja externamente um povo autônomo e constitua um Estado próprio, como o povo da Grã-Bretanha, mas os povos da Inglaterra ou da Escócia, da Irlanda, ou de Veneza, de Gênova, do Ceilão etc. não são mais povos soberanos desde que cessaram de ter príncipes próprios ou instâncias de governo supremo para si. – Pode-se, assim, dizer também da soberania interna que ela reside no povo, conquanto se fale em geral apenas do todo, justamente como se mostrou anteriormente (§§ 277, 278) que **a soberania cabe ao Estado.** Mas a soberania do povo, tomada como estando em oposição à soberania existente no monarca, é o sentido habitual em que começou a falar de soberania em tempos recentes – nessa oposição a soberania está entre os pensamentos confusos, em cuja base está a representação caótica do povo. **O povo, tomado sem o seu monarca, e sem a articulação do todo,**

124 BERCOVICI, Gilberto. *Soberania e Constituição*: para uma crítica do constitucionalismo. 3ª ed. São Paulo: Quartier Latin, 2020, p. 198.

> **conexa necessária e imediatamente com ele, é a massa informe, que não é mais Estado e à qual não convém mais nenhuma das determinações que só estão presentes no todo formado, dentro de si mesmo – tais como soberania, governo, tribunais, autoridade, estamentos e o que quer que seja.**[125]

A soberania, portanto, é do Estado e é personificada e encarnada na figura do Monarca, já que

> as tarefas e os Poderes particulares do Estado não são autônomos e estáveis nem por si, nem na vontade particular dos indivíduos, mas têm a sua raiz última na unidade do Estado enquanto seu si-mesmo simples.[126]

Ou seja, "[a] soberania popular direta está descartada para Hegel, pois ele recusa a possibilidade de o bem comum ser definido pelo somatório das vontades individuais";[127] é necessário, portanto, o Estado para recompor a universalidade e a totalidade do político. E isso ocorre através da Constituição, que

> é a organização da liberdade, onde os cidadãos se reconhecem, sem perder sua individualidade, no Estado. Para Hegel, a função da constituição é reunir as forças não controladas do povo e incluí-las como um elemento essencial dentro de uma totalidade na qual elas adquirem sentido.[128]

---

125 HEGEL, Georg Wilhelm Friedrich. *Linhas Fundamentais da Filosofia do Direito*. Trad. Marcos Lutz Müller. São Paulo: Editora 34, 2022, pp. 599/600, destaque nosso.

126 HEGEL, Georg Wilhelm Friedrich. *Linhas Fundamentais da Filosofia do Direito*. Trad. Marcos Lutz Müller. São Paulo: Editora 34, 2022, pp. 593/594.

127 BERCOVICI, Gilberto. *Soberania e Constituição*: para uma crítica do constitucionalismo. 3ª ed. São Paulo: Quartier Latin, 2020, p. 197.

128 BERCOVICI, Gilberto. *Soberania e Constituição*: para uma crítica do constitucionalismo. 3ª ed. São Paulo: Quartier Latin, 2020, p. 197.

Sendo assim,

> na Monarquia Constitucional, tal como descrita pela razão hegeliana, todos os negócios e Poderes particulares do Estado encontram sua unidade definitiva na pessoa do Monarca; ele representa o momento da decisão suprema, da resolução cabal com respeito a todas as coisas.[129]

Isso porque a unidade do Estado "não é a individualidade em geral, mas um indivíduo, o Monarca".[130] A monarquia constitucional representaria, portanto, a culminação histórica da relação entre particularidade e universalidade. A pluralidade de indivíduos e de poderes da sociedade encontraria a sua indispensável unidade final no Estado.

Noutras palavras,

> o poder monárquico é descrito, já no parágrafo 273, como o momento em que os diferentes Poderes são ligados numa unidade individual que é tanto o ápice quanto a base do todo, ou seja, da monarquia constitucional. O Poder Monárquico é um dos elementos que compõem essa constituição e o elemento que a expressa como um todo.[131]

Hegel critica, ainda, a concepção individualista do sufrágio e defende um critério corporativista, já que a representação da

---

129 CARVALHO NETTO, Menelick de. *A sanção no procedimento legislativo*. Belo Horizonte: Del Rey, 1992, p. 149.

130 HEGEL, Georg Wilhelm Friedrich. *Linhas Fundamentais da Filosofia do Direito*. Trad. Marcos Lutz Müller. São Paulo: Editora 34, 2022, pp. 596/597.

131 OLIVEIRA, Marcelo Andrade Cattoni de; GOMES LOPES, David Francisco. "Breves considerações sobre a Filosofia do Direito de Hegel". *In*: ALVES, Adamo Dias; OLIVEIRA, Marcelo Andrade Cattoni de; GOMES LOPES, David Francisco. *Constitucionalismo e Teoria do Estado*. Belo Horizonte: Arraes, 2013, p. 23.

multidão – o "lado móvel da sociedade" – por deputados há de ser compreendida "não enquanto dissolvida atomisticamente nos singulares e enquanto se reunindo somente por um instante sem sustentação ulterior para um ato isolado e temporário",[132] mas sim "enquanto articulada nas suas corporações, comunas e associações cooperativas de todo modo já constituídas, que, dessa maneira, adquirem uma conexão política".[133] Desenvolvendo sua concepção corporativista da representação, Hegel afirma que

> [o] Estado concreto é o todo articulado em seus círculos particulares; o membro do Estado é membro de um tal estamento; somente nessa sua determinação objetiva ele pode ser tomado em consideração no Estado.[134]

Ainda sobre o sufrágio, Hegel aduz que

> [u]ma outra pressuposição reside na representação de que todos devem participar nos assuntos do Estado, a saber, a de que todos entendem desses assuntos, a qual é igualmente tão despropositada quanto, não obstante, difundida.[135]

Ao revés, tendo em vista que os representantes estão encarregados essencialmente do trato de assuntos universais, devem ser:

132 HEGEL, Georg Wilhelm Friedrich. *Linhas Fundamentais da Filosofia do Direito*. Trad. Marcos Lutz Müller. São Paulo: Editora 34, 2022, p. 645.

133 HEGEL, Georg Wilhelm Friedrich. *Linhas Fundamentais da Filosofia do Direito*. Trad. Marcos Lutz Müller. São Paulo: Editora 34, 2022, p. 645.

134 HEGEL, Georg Wilhelm Friedrich. *Linhas Fundamentais da Filosofia do Direito*. Trad. Marcos Lutz Müller. São Paulo: Editora 34, 2022, p. 646.

135 HEGEL, Georg Wilhelm Friedrich. *Linhas Fundamentais da Filosofia do Direito*. Trad. Marcos Lutz Müller. São Paulo: Editora 34, 2022, p. 647.

> destinados a essas funções aqueles indivíduos que entendem melhor desses assuntos, do que os que delegam, assim como, também, de que façam valer não o interesse particular de uma comuna, de uma corporação, contra o interesse universal, porém, essencialmente este.[136]

A definição do Poder Legislativo como "totalidade" serviu a Hegel como mote fundamental para criticar a Assembleia Constituinte da França revolucionária e a separação que perpetrou entre membros do governo e deputados. Elogiando a configuração política inglesa, em que os ministros devem necessariamente ser parlamentares, ele afirma que "os participantes do governo devem estar em conexão, e não em oposição, com o Poder Legislativo".[137] Isso porque

> [a] noção da assim chamada independência dos poderes contém em si o erro fundamental de que os poderes independentes, não obstante [sua independência], devem se limitar reciprocamente. Mas, por essa independência, é suprimida a unidade do Estado, que é o que cabe antes de tudo buscar.[138]

Sobre essa tensão dialética entre particular e universal no que concerne aos poderes do Estado, Marcelo Cattoni e David F. L. Gomes assim discorrem:

> (...) Explicando melhor, não é somente o momento particular que deve ser a mediação entre o universal abstrato e o universal

136 HEGEL, Georg Wilhelm Friedrich. *Linhas Fundamentais da Filosofia do Direito*. Trad. Marcos Lutz Müller. São Paulo: Editora 34, 2022, p. 647.

137 HEGEL, Georg Wilhelm Friedrich. *Linhas Fundamentais da Filosofia do Direito*. Trad. Marcos Lutz Müller. São Paulo: Editora 34, 2022, p. 630.

138 HEGEL, Georg Wilhelm Friedrich. *Linhas Fundamentais da Filosofia do Direito*. Trad. Marcos Lutz Müller. São Paulo: Editora 34, 2022, p. 630/631.

> concreto. Este deve igualmente mediar a relação entre o particular e o universal abstrato, e o universal abstrato deve mediar a relação entre o universal concreto e o particular, não importando a ordem dos fatores, a ordem em que apareçam os termos extremos do silogismo.
>
> Sendo o Estado um conceito independente, os momentos que o compõem mediam-se mutuamente. O Poder Monárquico medeia a relação entre o Poder Legislativo e o governo; o governo, ou Poder Executivo, medeia a relação entre o Poder Monárquico e o Poder Legislativo; e o Poder Legislativo medeia a relação entre o governo e o Poder Monárquico. O Estado nada mais é do que um silogismo de silogismos, uma conclusão de conclusões.[139]

Sendo assim, para os professores da UFMG, Hegel não pode ser considerado intrinsecamente um monarquista conservador simplesmente por dar destaque *argumentativo*, na construção filosófica de sua lógica dialética, ao Poder Monárquico:

> Por conseguinte, tratar primeiro do Poder Monárquico e não do Poder Legislativo não é uma inconsistência teórica de Hegel em face de seu sistema, e não significa uma ênfase monárquica conservadora. O Poder Monárquico não é o poder do monarca. A soberania, embora representada pelo monarca, não é prerrogativa sua: é atributo do Estado. E, se é verdade que a vontade do monarca aparece como vontade com o poder da decisão final, ela assume essa característica no quadro de uma monarquia constitucional em que o processo de produção das normas chega para receber a palavra final do monarca após ter passado pelo legislativo e pelo diálogo do monarca e seus ministros. Em uma constituição que desdobre

139 OLIVEIRA, Marcelo Andrade Cattoni de; GOMES LOPES, David Francisco. "Breves considerações sobre a Filosofia do Direito de Hegel". *In*: ALVES, Adamo Dias; OLIVEIRA, Marcelo Andrade Cattoni de; GOMES LOPES, David Francisco. *Constitucionalismo e Teoria do Estado*. Belo Horizonte: Arraes, 2013, p. 23.

> adequadamente o absoluto, a vontade do monarca, por tudo isso, deve ser uma vontade *vazia*.[140]

O Poder do Príncipe seria, portanto, um "acréscimo hegeliano ao paradigma dos Poderes de Montesquieu, e que corresponde, grosso modo, à Teoria do Poder Moderador, difundida por Benjamin Constant e acolhida na Constituição do Império do Brasil".[141] Ainda de acordo com Carvalho Netto:

> E é precisamente nas Monarquias Constitucionais propriamente ditas, na França das Cartas de 1814 e 1830, da primeira e da segunda restaurações monárquicas, nas Monarquias alemãs reunidas em federação em 1871, que a doutrina do Direito Público buscará erigir em conceito preciso a sanção do Chefe de Estado monárquico na formação da lei, consoante às linhas mestras da concepção hegeliana da distinção dos Poderes estatais como momentos de uma mesma unidade orgânica, nos quais se especializam as funções públicas unidas pela pessoa do Monarca, enquanto personificação do Estado, único órgão capaz de dotar as manifestações estatais do caráter de solenidade, universalidade e império que, por natureza, requerem.[142]

Se, na concepção original de Benjamin Constant, o Poder Moderador seria um poder "neutro" e fora do âmbito governamental, para Hegel,

---

140 OLIVEIRA, Marcelo Andrade Cattoni de; GOMES LOPES, David Francisco. "Breves considerações sobre a Filosofia do Direito de Hegel". *In*: ALVES, Adamo Dias; OLIVEIRA, Marcelo Andrade Cattoni de; GOMES LOPES, David Francisco. *Constitucionalismo e Teoria do Estado*. Belo Horizonte: Arraes, 2013, p. 23/24.

141 CARVALHO NETTO, Menelick de. *A sanção no procedimento legislativo*. Belo Horizonte: Del Rey, 1992, p. 147.

142 CARVALHO NETTO, Menelick de. *A sanção no procedimento legislativo*. Belo Horizonte: Del Rey, 1992, p. 150.

> [é] importante ressaltar que as atividades do Poder de Governo requerem, além da mediação das Câmaras, a do Poder do Príncipe, para que se revistam do necessário caráter de universalidade imprescindível à manifestação estatal.[143]

Ainda que Hegel não possa ser considerado um *founding father* da Teoria Geral do Estado alemã, avançada justamente por juristas que militavam na trincheira oposta à dele – na escola Savigny –, é inegável a sua importância para se pensar filosoficamente as potencialidades da monarquia constitucional alemã oitocentista. Todavia, em termos institucionais, como bem pontua Bercovici, "a alternativa hegeliana sequer foi levada em consideração, mas vai influenciar profundamente todas as tentativas de contestação do modelo jurídico-político dominante na Europa do século XIX".[144]

1.1.2 Stahl e o princípio monárquico

Friedrich Julius Stahl (1802-1861) se notabilizou, após 1850, como o principal jurista alemão sedimentador da releitura reacionária do conceito de *Rechsstaat* e como o primeiro a efetivamente teorizar sobre o princípio monárquico. Professor de Direito Constitucional e Eclesiástico da Universidade de Berlim, assessor do Rei prussiano Frederico Guilherme IV, cofundador e diretor do Partido Conservador da Prússia, membro vitalício do Parlamento prussiano e líder religioso, Stahl atuou política e doutrinariamente contra a Revolução de 1848[145] e, sobretudo, na restauração prussiana que

143 CARVALHO NETTO, Menelick de. *A sanção no procedimento legislativo*. Belo Horizonte: Del Rey, 1992, p. 148. Conferir também: HEGEL, Georg Wilhelm Friedrich. *Linhas Fundamentais da Filosofia do Direito*. Trad. Marcos Lutz Müller. São Paulo: Editora 34, 2022, pp. 63-614.

144 BERCOVICI, Gilberto. *Soberania e Constituição*: para uma crítica do constitucionalismo. 3ª ed. São Paulo: Quartier Latin, 2020, p. 192.

145 ALVARADO, Ruben. *Authority not majority*: the life and times of Friedrich Julius Stahl. Aalten: Wordbridge, 2007, pp. 15-100.

a ela se seguiu. Em obras como *Die Philosophie des Recht*, *Das monarchische Prinzip* e *Die Revolution und die konstitutionelle Monarchie*, ele defendeu com veemência os fundamentos divinos do Direito e as prerrogativas monárquicas, opondo-se frontalmente às ideias revolucionárias liberais.

Como ferrenho crítico do Direito Natural racional moderno, para ele existem "exigências racionais sobre a lei, mas não existe uma lei da razão. Os súditos não podem se opor ao Direito Positivo, seja como indivíduos ou em massa, apoiando-se no Direito Natural; esta é a iniquidade da Revolução".[146] Ao contrário do que defendiam pensadores como Rousseau, não haveria algo como um direito inalienável do indivíduo de se insurgir contra uma dada ordem estatal por supostamente ser ela, dentro dessa perspectiva jusnaturalista, nula de pleno direito e não vinculante.[147]

Na verdade, o Direito seria revelado, teria um fundamento religioso, já que as instituições terrenas (propriedade, família, Estado etc.) seriam meros reflexos de comandos divinos presentes, em parte, na consciência humana e, em parte, revelados através das escrituras sagradas.[148] Sendo assim, o Direito Positivo, calcado que está nesses

---

146 STAHL, Fredrich Julius. "Principles of Law" (Part I, Book II). *In*: _____. *The Philosophy of Law*, vol. II (The Doctrine of Law and State on the Basis of the Christian World-View). Trad., edição e introdução de Ruben Alvarado. Aalten, Netherlands: Wordbridge, 2007, p. 36, tradução nossa.

147 STAHL, Fredrich Julius. "Principles of Law" (Part I, Book II). *In*: _____. *The Philosophy of Law*, vol. II (The Doctrine of Law and State on the Basis of the Christian World-View). Trad., editado e introdução de Ruben Alvarado. Aalten, Netherlands: Wordbridge, 2007, p. 45.

148 STAHL, Fredrich Julius. "Principles of Law" (Part I, Book II). *In*: _____. *The Philosophy of Law*, vol. II (The Doctrine of Law and State on the Basis of the Christian World-View). Trad., editado e introdução de Ruben Alvarado. Aalten, Netherlands: Wordbridge, 2007, pp. 42-44.

preceitos de Deus, "é a medida ética primária e mais imediata para as ações dos homens, e essa medida é o padrão de legalidade".[149]

Como consequência direta dessa fundamentação religiosa, a continuidade do Direito seria, portanto, a "regra suprema do desenvolvimento jurídico",[150] uma vez que

> o Direito é principalmente ordem (e a liberdade é apenas um lado, uma parte do conteúdo desta ordem), então, indiscutivelmente, o sistema jurídico é uma coerência de ordens, isto é, de instituições jurídicas.[151]

Para Stahl, o caráter popular do Direito dizia respeito à circunstância de ser o ordenamento jurídico a livre manifestação humana da ordem divina, que se apresentava justamente através da consciência do povo, na cultura. Isso não significa, no entanto, que

> o Direito necessariamente precise estar de acordo com a opinião predominante e com a visão jurídica do povo. Isso, em primeiro lugar, porque a lei deve antes de tudo estar de acordo com a ordem divina, com a razão e a justiça, às quais

149 STAHL, Fredrich Julius. "Principles of Law" (Part I, Book II). *In*: _____. The Philosophy of Law, vol. II (The Doctrine of Law and State on the Basis of the Christian World-View). Trad., editado e introdução de Ruben Alvarado. Aalten, Netherlands: Wordbridge, 2007, p. 39, tradução nossa.

150 STAHL, Fredrich Julius. "Principles of Law" (Part I, Book II). *In*: _____. *The Philosophy of Law*, vol. II (The Doctrine of Law and State on the Basis of the Christian World-View). Trad., editado e introdução de Ruben Alvarado. Aalten, Netherlands: Wordbridge, 2007, p. 40, tradução nossa.

151 STAHL, Fredrich Julius. "Principles of Law" (Part I, Book II). *In*: _____. *The Philosophy of Law*, vol. II (The Doctrine of Law and State on the Basis of the Christian World-View). Trad., editado e introdução de Ruben Alvarado. Aalten, Netherlands: Wordbridge, 2007, p. 116, tradução nossa.

> até os costumes passados e as características populares devem estar subordinados.[152]

É por isso que o caráter popular do Direito não pode ser confundido com uma soberania popular para o Direito, duas coisas que teriam sido misturadas pela "catástrofe de 1848".[153]

Aliás, sobre a Constituinte de Frankfurt de 1848, Stahl assim complementa:

> (...) tudo o que restava do Direito alemão atual foi eliminado radicalmente: estados familiares (*Stammgüther*), propriedades em taxas (*Lehngüther*), direitos de posição (*Standesrechte*), corporações fundadas na hierarquia (*Abstufung*) e superioridade; e em seus lugares instituições romanísticas puras foram proclamadas como direitos fundamentais alemães: propriedade romana simples, corporações de estilo francês baseadas simplesmente no número de votos (*Stimmenzahl*) etc. Isso inegavelmente testemunha uma **tendência democrática e não germanista.**[154]

---

152 STAHL, Fredrich Julius. "Principles of Law" (Part I, Book II). *In*: _____. *The Philosophy of Law*, vol. II (The Doctrine of Law and State on the Basis of the Christian World-View). Trad., editado e introdução de Ruben Alvarado. Aalten, Netherlands: Wordbridge, 2007, p. 77, tradução nossa.

153 STAHL, Fredrich Julius. "Principles of Law" (Part I, Book II). *In*: _____. *The Philosophy of Law*, vol. II (The Doctrine of Law and State on the Basis of the Christian World-View). Trad., editado e introdução de Ruben Alvarado. Aalten, Netherlands: Wordbridge, 2007, p. 83, tradução nossa.

154 STAHL, Fredrich Julius. "Principles of Law" (Part I, Book II). *In*: _____. *The Philosophy of Law*, vol. II (The Doctrine of Law and State on the Basis of the Christian World-View). Trad., editado e introdução de Ruben Alvarado. Aalten, Netherlands: Wordbridge, 2007, pp. 86/87, tradução e destaque nossos.

Ora, se a soberania não reside no povo, era precisamente no Monarca, enquanto vértice do Estado, que ela estaria concentrada, já que "o princípio monárquico (...) é a fundação do Direito Público alemão e a sabedoria do Estado alemão".[155] E o que seria, afinal de contas, o princípio monárquico? Stahl assim resume:

> (...) o princípio monárquico baseia-se em que cabe apenas ao príncipe a elaboração das leis (iniciativa), cabendo aos estamentos apenas a aprovação e o direito de petição; só ele possui a administração: os regulamentos administrativos não valem como leis e, portanto, estão sujeitos à aprovação dos estamentos, e os decretos administrativos (projetos particulares) menos ainda; o príncipe sozinho possuindo com certeza tanto os seus próprios rendimentos principescos como o orçamento do Estado, independentemente dos caprichos dos estamentos, apenas suscitando os estamentos para despesas opcionais ou para aumentos ou alterações do tradicional sistema orçamentário do Estado; finalmente, se todos esses direitos são verdadeiramente, não aparentemente, exercidos e, para esse fim, a referenda e a responsabilidade do ministério, ou outros meios de proteção dos estamentos, não vão além do cumprimento da Constituição.[156]

Para ele, portanto, o fundamento central da monarquia constitucional alemã efetivamente existente pode ser definido como "uma Constituição dos estamentos do reino em caráter estatal (público) sob

---

155 STAHL, Fredrich Julius. "The Doctrine of State and the Principles of State Law" (Part II, Book IV). *In*: *The Philosophy of Law*, vol. II (The Doctrine of Law and State on the Basis of the Christian World-View). Trad., editado e introdução de Ruben Alvarado. Aalten, Netherlands: Wordbridge, 2009, p. 306, tradução nossa.

156 STAHL, Fredrich Julius. "The Doctrine of State and the Principles of State Law" (Part II, Book IV). *In*: *The Philosophy of Law*, vol. II (The Doctrine of Law and State on the Basis of the Christian World-View). Trad., editado e introdução de Ruben Alvarado. Aalten, Netherlands: Wordbridge, 2009, p. 297, tradução nossa.

o princípio monárquico".[157] Disso deriva que "o princípio monárquico (...), em maior ou menor grau, pode determinar a Constituição".[158]

É justamente por isso que Stahl insiste compulsivamente em reafirmar que a "existente" monarquia alemã, supostamente assentada em imemorial tradição constitucional, não poderia ser medida pela régua da monarquia constitucional inglesa, a qual jamais deveria ser alçada como regra geral a ser indiscriminadamente seguida por todos os países, já que a tradição político-constitucional da Inglaterra seria completamente diferente da germânica. Estatuir, *a priori*, a preponderância do Parlamento sobre o Rei, ou seja, do elemento republicano sobre o elemento monárquico, é desconsiderar "aquilo que deve prevalecer sobre todos esses elementos: necessidade interna e legalidade na instituição do Estado".[159]

Se a parlamentarização da monarquia constitucional inglesa foi uma necessidade, ela o foi para a Inglaterra, não para a Alemanha. Inclusive porque a experiência política demonstraria que "a monarquia é a constituição normal do Estado, e a república é apenas uma vocação individual de certos Estados",[160] de forma que,

---

157 STAHL, Fredrich Julius. "The Doctrine of State and the Principles of State Law" (Part II, Book IV). *In*: *The Philosophy of Law*, vol. II (The Doctrine of Law and State on the Basis of the Christian World-View). Trad., editado e introdução de Ruben Alvarado. Aalten, Netherlands: Wordbridge, 2009, p. 299, tradução nossa.

158 STAHL, Fredrich Julius. "The Doctrine of State and the Principles of State Law" (Part II, Book IV). *In*: *The Philosophy of Law*, vol. II (The Doctrine of Law and State on the Basis of the Christian World-View). Trad., editado e introdução de Ruben Alvarado. Aalten, Netherlands: Wordbridge, 2009, pp. 299/300, tradução nossa.

159 STAHL, Fredrich Julius. "*The Doctrine of State and the Principles of State Law*" (Part II, Book IV). *In*: *The Philosophy of Law*, vol. II (The Doctrine of Law and State on the Basis of the Christian World-View). Trad., editado e introdução de Ruben Alvarado. Aalten, Netherlands: Wordbridge, 2009, p. 307, tradução nossa.

160 STAHL, Fredrich Julius. "The Doctrine of State and the Principles of State Law" (Part II, Book IV). *In*: *The Philosophy of Law*, vol. II (The

> [e]m caso de dúvida, a força do poder central do Estado é a primeira, a indispensável, a mais excelente, em comparação com a força da periferia, e que esta última se desenvolva até o ponto que lhe for adequado, através do crescimento constante da sua atividade, e não de uma só vez, é a maneira saudável de progredir.[161]

Uma vez mais, não é difícil perceber que Stahl se contrapunha ao conceito revolucionário de Constituição. Para ele,

> [o]s povos não têm o direito de revolucionar a Constituição existente, os príncipes não têm o direito de deixar isso acontecer. Eles não podem permitir que o poder a eles confiado por Deus escorregue de suas mãos em favor de um poder desconhecido e não testado que porventura surgirá apenas no futuro.[162]

É, diante de tudo isso, que Stahl afirma que "[o] princípio monárquico é o fundamento do Direito Público alemão e da ciência alemã do Estado".[163]

Doctrine of Law and State on the Basis of the Christian World-View). Trad., editado e introdução de Ruben Alvarado. Aalten, Netherlands: Wordbridge, 2009, p. 308, tradução nossa.

161 STAHL, Fredrich Julius. "The Doctrine of State and the Principles of State Law" (Part II, Book IV). *In*: *The Philosophy of Law*, vol. II (The Doctrine of Law and State on the Basis of the Christian World-View). Trad., editado e introdução de Ruben Alvarado. Aalten, Netherlands: Wordbridge, 2009, p. 308, tradução nossa.

162 STAHL, Fredrich Julius. "The Doctrine of State and the Principles of State Law" (Part II, Book IV). *In*: *The Philosophy of Law*, vol. II (The Doctrine of Law and State on the Basis of the Christian World-View). Trad., editado e introdução de Ruben Alvarado. Aalten, Netherlands: Wordbridge, 2009, p. 312, tradução nossa.

163 STAHL, Fredrich Julius. *Das monarchische Prinzip*: eine staatsrechtlich-politische Abhandlung. Heidelberg: Mohr, 1845, p. 34, tradução nossa.

Todavia, o Monarca não detinha soberania totalmente ilimitada, já que estava inserido numa monarquia constitucional e não mais absoluta; ou seja, deveria respeitar o ordenamento jurídico positivo que ele próprio expede. Seguindo tal linha de raciocínio,

> Stahl funda, com tal conceito de *Rechtsstaat*, a chamada teoria da autolimitação do Estado; se, por um lado, o Estado não pode violar os direitos dos súditos agindo sem objetivos administrativos, por outro lado, se o Estado tiver qualquer objetivo, ele é por definição válido, já que os indivíduos não podem pretender limitar um Estado que só pode ser limitado por ele mesmo.[164]

Em profícuo resumo sobre o *leitmotiv* restaurador da obra stahliana, Paulo Sávio assim discorre:

> (...) Stahl nada mais fez que sistematizar a posição dos vencedores de 1850, realizando, por meio de seu conceito de *Rechtsstaat*, uma simbiose entre Direito e Estado, de tal maneira que o Direito se torna atado ao Estado, uma vez que é o único canal por meio do qual o Estado pode exercer o seu poder. O outro lado da relação, a possibilidade de o Direito limitar a política, é obscurecida pela autolimitação do Estado, que é personificado pelo monarca. Tudo que a política quiser (nesse caso, o monarca por meio de seus ministros) é automaticamente possível, desde que venha na forma do Direito. Dessa maneira, percebe-se que os contornos da monarquia constitucional alemã pós-1850 conseguiram se manter firmes na linha das recomendações do Congresso de Viena. O *monarchisches Prinzip* permaneceu intacto, e a possibilidade de

---

164 MAIA, Paulo Sávio N. P. *O guardião da Constituição na polêmica Kelsen-Schmitt*: Rechtsstaat como referência semântica na memória de Weimar. Brasília: UnB, 2007, p. 103. (Dissertação de Mestrado).

> a Constituição mediar o acoplamento entre Direito e política também continuou infactível.[165]

Esse uso conservador do conceito de *Rechtsstaat*, de acordo com Gilberto Bercovici,

> não está se opondo ao despotismo, mas buscando superar o antigo Estado de polícia (*Polizeistaat*) com a adoção do princípio da legalidade. Afinal, a ordem jurídica imutável de Stahl está baseada sobre o império ético e cristão. O Estado é uma instituição de dominação subordinada aos fins da ordem divina do mundo, cujo representante é o monarca.[166]

1.1.3 Bismarck, o Segundo *Reich* e os novos usos jurídico-políticos do princípio monárquico

A ascensão de Otto von Bismarck ao cargo de Chanceler da Prússia, em 1862, marcou não só os preparativos para a unificação alemã de 1871, mas, sobretudo, as condições de possibilidade para o aprofundamento dos alicerces políticos indispensáveis à consolidação político-constitucional e doutrinária do princípio monárquico, o qual representou o cerne da Teoria Geral do Estado desenvolvida durante o II *Reich*. Sobre esse contexto, Bercovici marca muito bem a imbricação entre política e doutrina do Direito Público alemão:

> Em termos políticos, a vitória de Bismarck em 1866 consagra a interpretação conservadora da monarquia constitucional alemã. A esta vitória, segue-se a preponderância do método formalista do Direito Público, com a exclusão das questões

---

165 MAIA, Paulo Sávio N. P. *O guardião da Constituição na polêmica Kelsen-Schmitt*: Rechtsstaat como referência semântica na memória de Weimar. Brasília: UnB, 2007, pp. 103/104. (Dissertação de Mestrado).

166 BERCOVICI, Gilberto. *Soberania e Constituição*: para uma crítica do constitucionalismo. 3ª ed. São Paulo: Quartier Latin, 2020, p. 172.

> políticas e a condenação de qualquer politização do princípio monárquico, assegurando a sua primazia. A constituição imperial alemã de 1871 aparece como o triunfo definitivo do publicismo alemão sobre os princípios revolucionários desagregadores encarnados pela França, derrotada, inclusive, militarmente pela superioridade bélica germânica do Estado-potência (*Machtstaat*). O método jurídico do Direito Público, segundo Walter Wilhelm e Peter von Oertzen, tem uma função legitimadora, cujo objetivo era assegurar juridicamente a condição estatal então existente. Em um primeiro momento, está a serviço da reação antiliberal posterior a 1848. A partir de 1870, a função jurídico-política do método jurídico é legitimar o Direito Público do *Reich* alemão, afirmando o princípio monárquico-conservador e a política imperialista de Bismarck. Não por acaso foi a doutrina oficial do Segundo Império alemão.[167]

E complementa:

> O bonapartismo de Bismarck fica visível na sua constante ameaça de tomar decisões além da constituição e chegar ao limiar da ruptura em todos os conflitos entre o princípio monárquico e a assembleia representativa. Para Hummel, Bismarck demonstra o dilema do constitucionalismo monárquico alemão: não poderia ampliar suas bases sociais e introduzir um regime parlamentar sem sacrificar a si mesmo.[168]

---

167 BERCOVICI, Gilberto. *Soberania e Constituição*: para uma crítica do constitucionalismo. 3ª ed. São Paulo: Quartier Latin, 2020, p. 245.

168 BERCOVICI, Gilberto. *Soberania e Constituição*: para uma crítica do constitucionalismo. 3ª ed. São Paulo: Quartier Latin, 2020, p. 235. Sobre o conceito de "bonapartismo" – definido como uma forma autoritária de governo que surge no século XIX e que é caracterizada pela total subordinação da soberania popular e das instituições estatais às vontades de um líder forte –, conferir a excelente dissertação de mestrado do Prof. Adamo Dias Alves, da Faculdade de Direito da Universidade Federal de Minas Gerais: ALVES, Adamo Dias. *A História do conceito*

De acordo com Hermann Heller, a justificação do princípio monárquico ao longo do século XIX, na Alemanha, passou, paulatinamente, de um fundamento absolutista-religioso (direito divino dos reis) para um tradicionalista, que, por óbvio, era muito mais instável politicamente, já que a fundamentação passa do plano de uma metafísica absoluta e inquestionável para o da história, da tradição política.[169] Com o alastramento das ideias liberais e democráticas pela Europa, com a crescente industrialização alemã e o consequente aumento da população urbana em relação à rural, a fundamentação teológica do princípio monárquico se tornou mais difícil de convencer e teve de se adaptar para continuar operante, o que foi politicamente levado a efeito justamente pelo hábil Bismarck, primeiro na Prússia e depois no Império alemão, com a utilização pragmática da "tradição da nobreza agrária, do exército, da burocracia e da Igreja".[170]

A nobreza agrária *Junker* ainda era fortíssima, com poder de polícia e jurisdição patrimonial, inclusive com cobrança de impostos sobre os campesinos.[171]

O Exército, por sua vez, "de acordo com a concepção prussiano-alemã, a força mais poderosa do Estado, (...) não estava incluída na organização jurídico-política",[172] sendo compreendido, na verdade, como "um séquito feudal pessoal do Monarca".[173] Ou seja,

---

de bonapartismo: uma análise semântica aplicada aos séculos XIX e XX. Belo Horizonte: Conhecimento, 2018.

169 HELLER, Hermann. *Las ideas políticas contemporáneas*. Barcelona: Editorial Labor, 1930, pp. 49/50.

170 HELLER, Hermann. *Las ideas políticas contemporáneas*. Barcelona: Editorial Labor, 1930, p. 50, tradução nossa.

171 HELLER, Hermann. *Las ideas políticas contemporáneas*. Barcelona: Editorial Labor, 1930, p. 50.

172 HELLER, Hermann. *Las ideas políticas contemporáneas*. Barcelona: Editorial Labor, 1930, p. 48, tradução nossa.

173 HELLER, Hermann. *Las ideas políticas contemporáneas*. Barcelona: Editorial Labor, 1930, p. 49, tradução nossa.

> nenhum preceito constitucional regia a nomeação dos chefes do Exército. Bem, constitucionalmente, o Ministro da Guerra Prussiano teria de endossar as nomeações e promoções e responder por elas perante o *Landtag*. Mas, na realidade, na parte mais importante da administração militar subsistiu o absolutismo, ou seja, dependia apenas do absoluto "Chefe Supremo do Exército" [o Monarca].[174]

No que concernia à composição da burocracia estatal, até então dominada também por elementos da alta nobreza integrantes dos chamados "Corpos Oficiais", houve uma progressiva reforma ao longo da segunda metade do século XIX, com "uma estreita fusão entre elementos da nobreza e da alta burguesia".[175]

Enquanto ainda permaneciam, no seio dos Hohenzollern[176] e de sua camarilha,[177] saudosismos absolutistas, Bismarck, passou a se afirmar como o principal artífice, com sua habilidosa *Realpolitik*,[178] de uma visão política pragmática sobre a monarquia constitucional,

---

174 HELLER, Hermann. *Las ideas políticas contemporáneas*. Barcelona: Editorial Labor, 1930, p. 49, tradução nossa.

175 HELLER, Hermann. *Las ideas políticas contemporáneas*. Barcelona: Editorial Labor, 1930, pp. 50/51, tradução nossa.

176 Heller cita como exemplos as resistências de Frederico Guilherme IV e de Guilherme I a se submeterem a qualquer limitação constitucional, por mínima que fosse, e o apego de ambos à justificativa divina do princípio monárquico; bem como as recalcitrâncias de Guilherme II, em 1890, de negociar com ministros franceses por não reconhecê-los como iguais, já que não eram reis ou imperadores; e, em 1901, em construir laços diplomáticos com a Inglaterra, porque não queria se aliar a um regime democrático-parlamentarista (HELLER, Hermann. *Las ideas políticas contemporáneas*. Barcelona: Editorial Labor, 1930, pp. 46-48).

177 Heller relembra que, por volta de 1866, alguns dos mais influentes círculos da nobreza flertavam com a ideia de um golpe de Estado absolutista (HELLER, Hermann. *Las ideas políticas contemporáneas*. Barcelona: Editorial Labor, 1930, p. 48).

178 HELLER, Hermann. *Las ideas políticas contemporáneas*. Barcelona-Buenos Aires: Editorial Labor, 1930, pp. 44 e 55/56.

a qual necessitava – tendo em vista os novos tempos da conjuntura europeia marcada pela democracia e pelo constitucionalismo, bem como diante da própria conjuntura alemã cada vez mais urbana e industrializada[179] – afastar-se do totalmente absolutista direito divino dos reis e reafirmar-se de outra forma, modernizada e mantenedora do melhor dos dois mundos: a unidade política interna em torno do papel do Monarca e, no plano externo, a garantia dos interesses da burguesia, que, rapidamente, foi convertida à cartilha bismarckiana.[180]

De acordo com Heller, Bismarck habilmente construiu uma intrincada e pragmática engenharia política para modernizar o princípio monárquico, dando-lhe sobrevida ressignificada e, ao mesmo tempo, tornando-o palatável à alta burguesia alemã:

> No interior, a Coroa é aliviada do perigoso assédio liberal-democrático ao condescender com a ideia nacional, na qual a burguesia estava ideal e materialmente tão interessada. Na política interna e externa, o princípio monárquico já desempenhou um papel transcendente; é usado apenas como uma base racional-utilitária.[181]

Unindo o útil ao agradável, a *Realpolitik* bismarckiana atava desenvolvimento industrial, domesticação do Parlamento e da soberania popular com a manutenção do princípio monárquico:

> Este foi o caminho pelo qual Bismarck conseguiu quebrar a ideologia liberal-democrática fechada da burguesia alemã e forçar as massas burguesas a aderirem à do princípio monárquico. A política nacional de interesses apareceu muito ligada

---

179 HELLER, Hermann. *Las ideas políticas contemporáneas*. Barcelona: Editorial Labor, 1930, pp. 47, 50 e 52.

180 HELLER, Hermann. *Las ideas políticas contemporáneas*. Barcelona: Editorial Labor, 1930, p. 52.

181 HELLER, Hermann. *Las ideas políticas contemporáneas*. Barcelona: Editorial Labor, 1930, p. 52, tradução nossa.

> ao princípio monárquico: só uma monarquia não parlamentar poderia garantir o Estado nacional forte; o governo pelo Parlamento é incapaz de uma política enérgica tanto a nível interno como externo. A Alemanha, como enfatizou Bismarck, poderia regozijar-se com o "deslizamento", cada vez mais forte, da França em direção à Democracia e ao Parlamento, porque ali os advogados, jornalistas e financistas, que, através do Parlamento, governavam, tinham que se preocupar menos com o perigo que para o seu predomínio pressupunha a existência de um exército forte e de um líder vitorioso.[182]

Nessa conjuntura, "juntamente com a nobreza, o Exército, a burocracia e a Igreja, a maior parte da burguesia havia se convertido em defensora do princípio monárquico antiparlamentar"[183] e de corte bismarckiano.

Doutrinariamente, após a malograda experiência revolucionária de 1848 e a consequente consagração de monarquias constitucionais de tendências políticas conservadoras que a ela se seguiram[184] até a unificação imperial em 1871, a academia jurídica alemã, no rastro político-filosófico pavimentado por Stahl,

---

182 HELLER, Hermann. *Las ideas políticas contemporáneas*. Barcelona: Editorial Labor, 1930, p. 52, tradução nossa.

183 HELLER, Hermann. *Las ideas políticas contemporáneas*. Barcelona: Editorial Labor, 1930, p. 53, tradução nossa.

184 Na síntese de Peter C. Caldwell: "a Revolução de 1848 procurou criar um estado centralizado baseado na soberania popular, em vez de uma monarquia constitucional. A Revolução falhou, mas no seu rescaldo quase todos os estados alemães sem Constituições adotaram uma baseada no monarquismo constitucional" (CALDWELL, Peter C. *Popular sovereignty and the crisis of the German constitutional law*: the theory and practice of Weimar constitutionalism. Durham: Duke University Press, 1997, p. 17). Conferir também ENGELS, Friedrich. *Revolução e contra-revolução na Alemanha*. Trad. José Barata-Moura. Lisboa: Editorial Avante!, 1981, pp. 111-116 e 135-141.

> tentou obter solidez "a partir de fora", seja procurando apoio na história, seja fazendo exatamente o contrário, buscando atingir um nível de cientificidade no qual a estruturação das teorias se imunizasse ante as contingências da diversidade histórica.[185]

Neste último caso, buscou-se "enfatizar cada vez mais o 'real', o 'positivamente dado', ancorando-se ou na solidez da lei singela ou, no plano filosófico, em um positivismo científico teoricamente mais exigente",[186] na medida em que se "considerava estar mais assegurada a essencialidade de um conceito quando este estivesse latente em algo material".[187]

1.1.4 Os construtores da Teoria Geral do Estado alemã do século XIX

Quatro foram os principais juristas que avançaram, na segunda metade dos oitocentos, a doutrina da Teoria Geral do Estado, cerne do Direito Público alemão da época: Gerber, Laband, Gierke e Jellinek.

1.1.4.1 Gerber

Carl Friedrich von Gerber (1823-1891) era amplamente reconhecido – ao lado de Rudolf von Jhering – como um dos maiores civilistas de sua época. Visto por colegas liberais como monarquista, reacionário, defensor dos privilégios da nobreza e até mesmo como

---

185 STOLLEIS, Michael. O *Direito Público na Alemanha*: uma introdução a sua história do século XVI ao XXI. São Paulo: Saraiva Educação, 2018, p. 93.

186 STOLLEIS, Michael. O *Direito Público na Alemanha*: uma introdução a sua história do século XVI ao XXI. São Paulo: Saraiva Educação, 2018, p. 93.

187 STOLLEIS, Michael. O *Direito Público na Alemanha*: uma introdução a sua história do século XVI ao XXI. São Paulo: Saraiva Educação, 2018, p. 93.

saudosista de costumes feudais,[188] Gerber se alinhou à vertente positivista[189] crítica do jusnaturalismo, buscando, como privatista e herdeiro da Escola Histórica que era, a aplicação dos métodos jurídicos próprios do Direito Privado ao Direito Público[190] e, assim, "fundar cientificamente um Direito Público comum em uma Alemanha politicamente dividida e agitada por ideias políticas inglesas e francesas".[191]

Buscando dar sistematicidade dogmática ao Direito Constitucional, Gerber afirma que, mesmo quando os conceitos próprios do Direito Civil,

> pelo diferente conteúdo material do Direito Público, tenham outro significado ou uma forma mais complexa, esta mistura

---

188 STOLLEIS, Michael. *Public Law in Germany (1800-1914)*. Nova York/ Oxford: Berghahn Books, 2001, p. 316.

189 GERBER, Carl Friedrich von. *Diritto Pubblico*. Trad. Pier Luigi Lucchini. Milão: Giuffrè, 1971, pp. 17-27. Sobre o formalismo em Gerber, conferir: CALDWELL, Peter C. *Popular sovereignty and the crisis of the German constitutional law*: the theory and practice of Weimar constitutionalism. Durham: Duke University Press, 1997, pp. 14, 21/22; HUMMEL, Jacky. *Le constitutionnalisme allemande (1815-1918)*: le modéle allemand de la monarchie limitée. Paris: Presses Universitaires de France, 2002, p. 236; BERCOVICI, Gilberto. *Soberania e Constituição*: para uma crítica do constitucionalismo. 3ª ed. São Paulo: Quartier Latin, 2020, pp. 171, 244-249; e MAIA, Paulo Sávio N. P. "A influência do constitucionalismo alemão do século XIX na categoria 'direitos fundamentais': formalização do Direito Público e neutralização do 'Rechtsstaat'". *Revista de Informação Legislativa*, Brasília, vol. 46, nº 182, abr./jun. 2009; e TOJAL, Sebastião Botto de Barros. *Teoria Geral do Estado*: elementos de uma nova Ciência Social. Rio de Janeiro: Forense, 1997, pp. 22-28.

190 GERBER, Carl Friedrich von. *Diritto Pubblico*. Trad. Pier Luigi Lucchini. Milão: Giuffrè, 1971, pp. 29-41. Conferir também: BERCOVICI, Gilberto. *Soberania e Constituição*: para uma crítica do constitucionalismo. 3ª ed. São Paulo: Quartier Latin, 2020, p. 246.

191 BERCOVICI, Gilberto. *Soberania e Constituição*: para uma crítica do constitucionalismo. 3ª ed. São Paulo: Quartier Latin, 2020, p. 246.

> adquire validade se forem seguidos os mesmos princípios fundamentais de interpretação exata e consequente que foram desenvolvidos para o Direito Privado.[192]

Para tanto, propõe "uma nova sistematização do Direito do Estado, derivada do poder estatal entendido como 'poder de vontade'"[193] e que se deixassem "de lado não só as ponderações de caráter histórico e filosófico sobre o Estado, mas até o próprio Direito Administrativo".[194] Daí as preocupações de Gerber em analisar o Estado a partir de um "ponto de vista jurídico"[195] e como "a suprema personalidade do Direito que o ordenamento jurídico conhece; [já que] a sua capacidade de querer possui a máxima atribuição que o Direito pode conferir".[196]

Para além dessa tentativa metodológica de Gerber de conferir cientificidade ao Direito Público, sobravam o "poder monopolizado pelo Estado, os órgãos estatais, as funções estatais, a proteção jurídica", sendo claro que "esse esforço repousasse sobre convicções monarquistas conservadoras"[197] e monistas.

---

192 GERBER, Carl Friedrich von. *Diritto Pubblico*. Trad. Pier Luigi Lucchini. Milão: Giuffrè, 1971, p. 34, tradução nossa.

193 STOLLEIS, Michael. *O Direito Público na Alemanha*: uma introdução a sua história do século XVI ao XXI. São Paulo: Saraiva, 2018, p. 93.

194 STOLLEIS, Michael. *O Direito Público na Alemanha*: uma introdução a sua história do século XVI ao XXI. São Paulo: Saraiva, 2018, p. 93.

195 GERBER, Carl Friedrich von. *Diritto Pubblico*. Trad. Pier Luigi Lucchini. Milão: Giuffrè, 1971, p. 95, tradução nossa.

196 GERBER, Carl Friedrich von. *Diritto Pubblico*. Trad. Pier Luigi Lucchini. Milão: Giuffrè, 1971, p. 95, tradução nossa.

197 STOLLEIS, Michael. *O Direito Público na Alemanha*: uma introdução a sua história do século XVI ao XXI. São Paulo: Saraiva, 2018, p. 94. Ver também: MAIA, Paulo Sávio N. P. "A influência do constitucionalismo alemão do século XIX na categoria 'direitos fundamentais': formalização do Direito Público e neutralização do Rechtsstaat'". *Revista de Informação Legislativa*, Brasília, vol. 46, nº 182, abr./jun. 2009.

De acordo com ele, "[o] poder do Estado é a força de vontade própria inerente ao organismo estatal, que se caracteriza por ser suprema e irresistível".[198] Essa vontade estatal se manifestaria por meio de órgãos,[199] sendo o Príncipe o mais importante deles, na medida em que o poder do Estado "não se manifesta como uma capacidade abstrata, mas no direito do sujeito que governa, ou seja, o Monarca".[200] Para Gerber,

> todas as forças que surgem da vida do organismo estatal, na medida em que podem assumir a natureza de Direito, devem necessariamente ser remetidas à pessoa do Monarca.[201]

Ou seja, "[o] Monarca é o órgão supremo da vontade do Estado, a sua vontade deve valer como a vontade geral, como a vontade do Estado. A personalidade abstrata do Estado toma forma no Monarca".[202] E isso encontraria sustentáculo, aponta ele, tanto no artigo 57 do Ato Final do Congresso de Viena como nas Constituições de diversos estados alemães.[203] Tem razão Paulo Sávio, portanto, quando afirma que, para Gerber, o "direito é o Estado, e o Estado é o monarca".[204]

---

198 BERCOVICI, Gilberto. *Soberania e Constituição*: para uma crítica do constitucionalismo. 3ª ed. São Paulo: Quartier Latin, 2020, p. 249.

199 GERBER, Carl Friedrich von. *Diritto Pubblico*. Trad. Pier Luigi Lucchini. Milão: Giuffrè, 1971, pp. 195-207.

200 BERCOVICI, Gilberto. *Soberania e Constituição*: para uma crítica do constitucionalismo. 3ª ed. São Paulo: Quartier Latin, 2020, p. 249.

201 GERBER, Carl Friedrich von. *Diritto Pubblico*. Trad. Pier Luigi Lucchini. Milão: Giuffrè, 1971, p. 47, tradução nossa.

202 GERBER, Carl Friedrich von. *Diritto Pubblico*. Trad. Pier Luigi Lucchini. Milão: Giuffrè, 1971, p. 150, tradução nossa.

203 GERBER, Carl Friedrich von. *Diritto Pubblico*. Trad. Pier Luigi Lucchini. Milão: Giuffrè, 1971, p. 150.

204 MAIA, Paulo Sávio N. Peixoto. *O guardião da Constituição na polêmica Kelsen-Schmitt*: Rechtsstaat como referência semântica na memória de Weimar. Brasília: UnB, 2007, p. 105. (Dissertação de Mestrado).

Não é difícil perceber, assim, que "[a] despolitização da análise do Estado alemão é o objetivo, o que não significa que sua concepção fosse apolítica".[205] Ao contrário, não obstante essa construção doutrinária pretendesse ser, mediante a inspiração na metodologia da dogmática privatista, cientificamente neutra, na prática, ela estava comprometida até a medula com premissas político-constitucionais reacionárias e defensoras do princípio monárquico.

1.1.4.2 Laband

Paul Laband (1838-1918),[206] enveredando pela trilha positivista e monista adotada por Gerber, teve um importante papel de sistematização teórica e de interpretação da ordem jurídica inaugurada com a Constituição imperial de 1871.[207] Também para ele, a construção metodológica do Direito Público alemão deveria se dar a partir do exemplo dado pelo Direito Privado,[208] que já teria se estabelecido cientificamente e cujos princípios, dentro dessa perspectiva positivista

---

205 BERCOVICI, Gilberto. *Soberania e Constituição*: para uma crítica do constitucionalismo. 3ª ed. São Paulo: Quartier Latin, 2020, p. 247.

206 "Laband descende de uma família judaica de Breslau. Converteu-se ao protestantismo para ingressar no funcionalismo público. Após 1871, Laband assistiu à sua transformação de simples professor de Direito Romano para parecerista requisitado; foi quando publicou artigo sobre o conflito constitucional da Prússia fundamentando a posição da camarilha imperial; um artigo importante, mas que, em vários aspectos, consiste em um verdadeiro culto à personalidade de Bismarck" (MAIA, Paulo Sávio N. P. *O guardião da Constituição na polêmica Kelsen-Schmitt*: Rechtsstaat como referência semântica na memória de Weimar. Brasília: UnB, 2007, p. 107. (Dissertação de Mestrado)).

207 CALDWELL, Peter C. *Popular sovereignty and the crisis of the German constitutional law*: the theory and practice of Weimar constitutionalism. Durham: Duke University Press, 1997, pp. 4 e 13/14.

208 BERCOVICI, Gilberto. *Soberania e Constituição*: para uma crítica do constitucionalismo. 3ª ed. São Paulo: Quartier Latin, 2020, p. 251.

legalista,[209] poderiam ser estatuídos à condição de verdadeiros princípios gerais do Direito.[210] Esse proceder permitiria o "preenchimento de lacunas mediante raciocínios *a contrario sensu* e analogias, desde que os resultados desses procedimentos pudessem ser inseridos no sistema de forma lógica, sem gerar contradições".[211]

Laband radicaliza o positivismo metodológico de Gerber e, transformando-o num positivismo legalista, "cria a dogmática do Direito Público alemão".[212] Distanciando-se da concepção estatal substantiva e orgânica de Gerber, "o Estado de Laband não possui nenhum substrato material, sendo um conjunto de comandos normativos".[213] E, para preencher esse arcabouço formalista, quando da aplicação concreta dessa dogmática publicista, "o autor recorria ao novo Direito imperial, que rapidamente surgira para regular a nacionalidade, a moeda, os tribunais, os assuntos militares e as finanças públicas".[214]

---

209 BERCOVICI, Gilberto. *Soberania e Constituição*: para uma crítica do constitucionalismo. 3ª ed. São Paulo: Quartier Latin, 2020, p. 250.

210 Nesse sentido, ver: TOJAL, Sebastião Botto de Barros. *Teoria Geral do Estado*: elementos de uma nova Ciência Social. Rio de Janeiro: Forense, 1997, p. 28.

211 STOLLEIS, Michael. *O Direito Público na Alemanha*: uma introdução a sua história do século XVI ao XXI. São Paulo: Saraiva, 2018, p. 94. Nesse sentido, conferir BEREIJO, Álvaro Rodríguez. "Estudio Preliminar: una lección de Derecho Constitucional – la formación del concepto de ley y el conflito presupuestario-constitucional prusiano (1862-1866)". *In*: LABAND, Paul. *Derecho Presupuestario*. Madrid: Editorial Tecnos, 2012, p. 160; e BERCOVICI, Gilberto. *Soberania e Constituição*: para uma crítica do constitucionalismo. 3ª ed. São Paulo: Quartier Latin, 2020, p. 251.

212 BERCOVICI, Gilberto. *Soberania e Constituição*: para uma crítica do constitucionalismo. 3ª ed. São Paulo: Quartier Latin, 2020, p. 250.

213 BERCOVICI, Gilberto. *Soberania e Constituição*: para uma crítica do constitucionalismo. 3ª ed. São Paulo: Quartier Latin, 2020, p. 250.

214 STOLLEIS, Michael. *O Direito Público na Alemanha*: uma introdução a sua história do século XVI ao XXI. São Paulo: Saraiva Educação, 2018, p. 95.

O mais importante exemplo de atuação em matéria de Direito Público empreendida por Laband – que, após 1871, muito em função desse trabalho, foi alçado às condições de *Kronjurist* do II *Reich* e de solicitado parecerista[215] – foi o seu clássico estudo sobre a famosa crise política dos anos 1862-1866 em torno da natureza do orçamento público prussiano. Nele, Laband defende fortemente uma perspectiva metodológica positivista[216] e, no mérito da questão constitucional controvertida, valendo-se de uma engenhosa e politicamente orientada distinção dogmática para classificar a lei orçamentária como lei apenas em sentido formal,[217] uma visão claramente voltada para o reforço do papel constitucional do Monarca em detrimento do Parlamento no que concerne à elaboração do orçamento público, visto por ele como um ato administrativo da Coroa[218] e não como lei passível de ser recusada pelo Parlamento. Sobre esse episódio, Bercovici assim assevera:

> Na Prússia e, posteriormente, na Alemanha, o reforço do Executivo vai se dar a partir da ascensão de Otto von Bismarck ao cargo de chanceler prussiano (e, depois de 1871, alemão), durante um conflito em torno da aprovação do orçamento entre os Poderes Executivo e Legislativo, a partir de 1862. O Legislativo, de maioria liberal, rejeita o orçamento enviado pelo rei. O novo primeiro-ministro, Bismarck, presumindo a competência do monarca para resolução da questão, e

---

215 MAIA, Paulo Sávio N. P. *O guardião da Constituição na polêmica Kelsen-Schmitt*: Rechtsstaat como referência semântica na memória de Weimar. Brasília: UnB, 2007, p. 107. (Dissertação de Mestrado).

216 LABAND, Paul. *Derecho Presupuestario*. Madrid: Tecnos, 2012, p. 5.

217 LABAND, Paul. *Derecho Presupuestario*. Madrid: Tecnos, 2012, pp. 27-29.

218 LABAND, Paul. *Derecho Presupuestario*. Madrid: Tecnos, 2012, p. 29. Sobre o ponto, conferir BEREIJO, Álvaro Rodríguez. "Estudio Preliminar: una lección de Derecho Constitucional: la formación del concepto de ley y el conflito presupuestario-constitucional prusiano (1862-1866)". *In*: LABAND, Paul. *Derecho Presupuestario*. Madrid: Tecnos, 2012, p. 163.

> constatando a impossibilidade de uma solução constitucional, decreta o estado de exceção para garantir a continuidade do Estado. **Para Bismarck, o governo deve garantir a continuidade do Estado, mesmo sem fundamento jurídico. O Estado é entendido como um sujeito que quer e comanda independentemente da ordem jurídica, com base no direito de necessidade (*Staatsnotrecht*). O Estado, assim, tem interesses próprios e superiores que podem prescindir das normas jurídicas quando estas se revelarem um obstáculo à ação dos governantes. A crise só se encerra com a aprovação de uma lei de imunidade, a *Indemnitätsgesetz*, em 1866, referendando todos os atos governamentais.**[219]

Maurizio Fioravanti também discorre sobre tal episódio, com foco na visão do *Iron Chancellor* sobre a Constituição:

> (...) Bismarck – o protagonista daquele acontecimento –, num discurso parlamentar, chegou a formular explicitamente a ideia da **prioridade do Estado sobre a Constituição.** Para Bismarck, o Estado, em nome do interesse nacional, é “a casa solidamente construída”, e a Constituição, no que diz respeito a essa casa, pode ser concebida como a escolha de um certo “arrendamento”, é o “luxo” que nos podemos permitir quando sabemos que a casa já existe.[220]

Especificamente sobre as justificativas jurídicas de Laband para defesa dessas medidas de exceção empreendidas por Bismarck, Bercovici assim complementa:

---

219 BERCOVICI, Gilberto. *Soberania e Constituição*: para uma crítica do constitucionalismo. 3ª ed. São Paulo: Quartier Latin, 2020, p. 234, destaque nosso.

220 FIORAVANTI, Maurizio. *Constitución*: de la Antigüedad a nuestros días. Madrid: Trotta, 2001, pp. 139/140, tradução e destaque nossos.

> Paul Laband justificou as medidas de exceção de Bismarck, alegando que, pela constituição prussiana, o orçamento deve ser estabelecido por lei, mas mesmo se a lei orçamentária não for aprovada, o governo continua com a necessidade de gerir a administração. O silêncio da sobre esta possibilidade faz com que a solução deva ser deduzida dos princípios gerais do direito. A solução dada por Laband é a afirmação de que a lei do orçamento não é a única base da gestão financeira estatal. Se fosse assim, o governo só poderia efetuar despesas e recolher receitas em virtude dessa lei, ou seja, na ausência da lei orçamentária, toda a atividade política-estatal deveria cessar. **Laband afirma que não pode haver nenhum princípio do Direito Público que leve à supressão do Estado, pelo contrário, o supremo princípio do Direito Público é a conservação do Estado. Um governo, independentemente de partido, que fica sem lei orçamentária, pode descartar todas as teorias constitucionais e agir sem se preocupar com a Constituição, justificando os seus atos pela necessidade de manter o Estado existindo.**[221]

Esse contorcionismo argumentativo de Laband para transformar a natureza do orçamento de lei em ato administrativo disponível ao Chefe de Estado é sintomático do pesado cimento monárquico escamoteado sob a fina mão de tinta do positivismo jurídico formalista defendido pelo autor. Sobre o ponto, é interessante a observação de Paulo Sávio:

> É claro que causa um certo estranhamento quando se vê um autor formalista como Laband realizar um argumento expressamente contrário ao estabelecido no art. 62 da Constituição da Prússia de 1850 – cujo argumento ele estende à então Liga Alemã do Norte –, **mas é o próprio Laband que tranquiliza**

221 BERCOVICI, Gilberto. *Soberania e Constituição*: para uma crítica do constitucionalismo. 3ª ed. São Paulo: Quartier Latin, 2020, p. 235, destaque nosso. Sobre o ponto, conferir: LABAND, Paul. *Derecho Presupuestario*. Madrid: Tecnos, 2012, pp. 155-171.

> **os seus leitores: "esta verdade é válida (...) já que ela é derivada não da interpretação literal dos artigos da Constituição positiva, mas da natureza dos fatos e das coisas".[222]**

Dessa forma,

> é possível ver o quanto ele se coloca em harmonia com a *Realpolitik* de Bismarck (ao mesmo tempo em que lhe propicia argumentos teoréticos os mais sutis). Para Bismarck não existiam questões constitucionais, mas somente *Machtfragen*, questões de poder.[223]

Ou seja, por mais paradoxal que possa parecer em relação às premissas formalistas por ele adotadas, de acordo com esse viés "muito próprio ao constitucionalismo *Reich und Kaiser* do qual Laband foi o maior expoente (...) concebia[-se] o Estado não como uma ordem jurídica, mas como uma unidade de poder".[224]

Portanto, seguindo na trilha monista de Gerber, "[o] conceito central do Estado de Laband é a dominação (*Herrschaft*) (...), ou seja, o direito de ordenar às pessoas livres ou às comunidades a realização de atos, prestações e constrangê-las a se conformar".[225]

---

222 MAIA, Paulo Sávio N. P. *O guardião da Constituição na polêmica Kelsen-Schmitt*: Rechtsstaat como referência semântica na memória de Weimar. Brasília: UnB, 2007, p. 108. (Dissertação de Mestrado), destaque nosso.

223 MAIA, Paulo Sávio N. P. *O guardião da Constituição na polêmica Kelsen-Schmitt*: Rechtsstaat como referência semântica na memória de Weimar. Brasília: UnB, 2007, p. 108. (Dissertação de Mestrado).

224 MAIA, Paulo Sávio N. P. *O guardião da Constituição na polêmica Kelsen-Schmitt*: Rechtsstaat como referência semântica na memória de Weimar. Brasília: UnB, 2007, p. 108. (Dissertação de Mestrado).

225 BERCOVICI, Gilberto. *Soberania e Constituição*: para uma crítica do constitucionalismo. 3ª ed. São Paulo: Quartier Latin, 2020, p. 252.

Noutras palavras, "[o] Estado é um sujeito de vontade autônoma, cuja principal função é produzir o Direito. No entanto, o órgão habilitado a exprimir a vontade estatal é o Monarca, não o Parlamento".[226] E isso tem uma explicação clara, dentro desse conceito de dominação de Laband: "[o] o povo não é sujeito de direito e não tem, juridicamente, vontade própria",[227] não podendo, portanto, transferir a representantes o poder de que jamais dispôs.

É importante destacar aqui que essa pretensão positivista legalista avançada por Laband não se confunde com o *neopositivismo* de um autor como Kelsen, por exemplo, que surgiu muito tempo depois e foi muito mais sofisticado em termos científicos e metodológicos, bem como no que diz respeito ao modo como lida com a linguagem. O positivismo que informava as análises de Laband, ao contrário, era aquele típico do século XIX. Aqui, como em Gerber, "[o] **Direito Público de Laband não tem a pretensão de ser apolítico, mas de despolitizar sua argumentação com o discurso da pureza metodológica**".[228] Pretensa pureza na forma e, no conteúdo, comprometimento total com o reforço do princípio monárquico. Por sua sistematicidade e repercussão, as obras de Laband serviram "de importante referência até 1918, vindo a repercutir metodologicamente por anos e anos, inclusive na República de Weimar".[229]

Diante de tudo isso, causa espanto a seguinte análise de Rodrigo Borges Valadão sobre a conjuntura jurídico-política alemã

---

226 BERCOVICI, Gilberto. *Soberania e Constituição*: para uma crítica do constitucionalismo. 3ª ed. São Paulo: Quartier Latin, 2020, p. 252.

227 BERCOVICI, Gilberto. *Soberania e Constituição*: para uma crítica do constitucionalismo. 3ª ed. São Paulo: Quartier Latin, 2020, p. 253.

228 BERCOVICI, Gilberto. *Soberania e Constituição*: para uma crítica do constitucionalismo. 3ª ed. São Paulo: Quartier Latin, 2020, p. 251, destaque nosso.

229 STOLLEIS, Michael. *O Direito Público na Alemanha*: uma introdução a sua história do século XVI ao XXI. São Paulo: Saraiva, 2018, p. 95.

da segunda metade do século XIX, tendo por foco o positivismo jurídico de Laband:

> O reconhecimento da onipotência da vontade do legislador foi, ainda que de forma tímida, construída sob a premissa democrática da soberania popular e, por isso, marca um importante passo dado na construção de uma Democracia Liberal. Somado com o conceito bipartido de lei, esse reconhecimento assume, então, um poder explosivo considerável. **Uma vez que a tendência das monarquias constitucionais da época era a concentração do Poder Legislativo no Parlamento, a estrutura jurídico-estatal apresentada por Laband fortalecia a separação de Poderes e reconhecia, em última análise, a submissão completa do monarca ao órgão de representação popular, num sistema que já reconhecia o voto universal secreto masculino.**[230]

Note-se que Valadão tenta transformar o reacionário II *Reich* alemão em um democrático arauto – para os parâmetros da época – do constitucionalismo e do parlamentarismo liberais, numa espécie de Inglaterra vitoriana do além-Reno.[231] Todavia, essa perspectiva faz tábula rasa do papel político-constitucional que o princípio monárquico efetivamente representou na conjuntura germânica do período. Confira-se, sobre esse ponto, o acurado diagnóstico de Hermann Heller, de 1926, em sentido diametralmente oposto ao de Valadão:

---

230 VALADÃO, Rodrigo Borges. *Positivismo Jurídico e Nazismo*: formação, refutação e superação da lenda do positivismo. São Paulo: Contracorrente, 2021, p. 244, destaque nosso.

231 Menelick de Carvalho Netto demonstra que, para autores como Laband e Jellinek, ao contrário do que teria ocorrido na monarquia constitucional inglesa, em que a Coroa e o Parlamento dividiram o exercício do poder estatal, no Império Alemão, a Assembleia Representativa (*Landtag*) jamais teria dividido a soberania estatal com o Príncipe (CARVALHO NETTO, Menelick de. *A sanção no procedimento legislativo*. Belo Horizonte: Del Rey, 1992, p. 158).

O equilíbrio de forças sociais descrito teve a sua expressão no Direito, na organização jurídico-política do Império Alemão, em que o princípio monárquico continuou a ser assegurado, devido à complicação federal, apesar da existência do Parlamento e do sufrágio democrático. A Alemanha não absorveu a Prússia, uma grande potência, mas, inversamente, a Alemanha foi absorvida pela Prússia. O poder do *Kaiser* da Alemanha baseava-se na sua condição de Rei da Prússia, internamente, pela sua hegemonia no *Bundesrat*, e pela predominância econômica da Prússia, externamente, no exército prussiano, ao qual se somava a grande personalidade de Bismarck, Chanceler do Império e Presidente do Governo Prussiano. No Império, com a implementação do sufrágio universal e igualitário, Bismarck tinha feito uma concessão ao espírito democrático da época, mas que, tanto subjetiva como objetivamente, não passava de uma concessão aparente. O direito eleitoral do Reichstag serviu para fazer propaganda na Alemanha do Sul liberal a favor da união com a Prússia, mas, por outro lado, servia para assustar precisamente a burguesia liberal, despertando a sua consciência para o perigo representado pelas classes trabalhadoras. E, finalmente, a democracia do sufrágio eleitoral para o *Reichstag* teve muito menos influência na posição do Monarca, pois o poder do Chanceler do Império Alemão baseava-se no seu estatuto de Ministro-Presidente da Prússia, e os Secretários de Estado dos Gabinetes do *Reich* – o federalismo não permitia o nome: Ministros do *Reich* – eram ao mesmo tempo ministros sem pasta do Governo da Prússia, de modo que a extraordinária influência da Prússia no Império, ligada a este sistema, derivava do espírito e da força do *Landtag* feudal, eleito por um sufrágio de três classes, além do fato de que o poderoso *Bundesrat* era um instrumento dos Príncipes federados.

Assim, o princípio monárquico foi assegurado numa organização jurídico-política muito complicada, e o Parlamento se tornou figurativo. A vontade de poder deste Parlamento era muito modesta diante da grande impressão que sobre ele exerceram os sucessos de Bismarck na política externa. A partir de 1866, foi fundado o Partido Nacional Liberal,

> que, de 1867 a 1878, foi o apoio incondicional do sistema de governo monárquico, isto é, bismarckiano. Depois, uma grande parte da burguesia começou a ter vergonha da sua própria história e das suas próprias ideias.[232]

Bem antes da percuciente análise de Hermann Heller acima esmiuçada, Joseph Barthélemy já visitara a Alemanha em 1905, para análise *in loco* das peculiares monarquias constitucionais e das doutrinas publicistas por lá desenvolvidas.[233] As perplexidades

---

232 HELLER, Hermann. *Las ideas políticas contemporáneas*. Barcelona: Editorial Labor, 1930, pp. 53-55, tradução e destaque nossos. Cite-se, ademais, trecho das memórias de Marion, Condessa Dönhoff, sobre a conformação essencialmente aristocrática da política alemã até 1918: "os descendentes do *Ancien Régime* ainda pisaram a soleira do meu quarto de criança, pois, na verdade, até o fim da Primeira Guerra Mundial – na época, eu tinha menos de 10 anos de idade –, a Alemanha era uma sociedade semifeudal. (...) Isso se evidencia pela influência que nessa época a nobreza ainda possuía na Administração Pública e na hierarquia militar: na eclosão da Primeira Guerra Mundial, todos os comandantes dos 18 corpos do exército, prussianos e alemães, eram nobres. No período final da monarquia, dos 13 presidentes das províncias prussianas – portanto, os mais altos representantes do governo provincial – 11 pertenciam à nobreza. Todos os embaixadores – na época existiam apenas nove, pois o Império Alemão era representado por embaixadores somente nos países mais importantes – pertenciam à nobreza e, dos 38 legados, que representavam a *Wilhelmstra▯e* [Ministério das Relações Exteriores] nos países menores, apenas quatro não eram nobres. Um deles era Ulrich Rauscher, chefe de representação diplomática em Varsóvia. Em 1922, um tio meu foi nomeado seu conselheiro de legação, e eu me lembro que na ocasião discutiu-se seriamente se aquele diplomata que não pertencia à nobreza tinha condições de dominar todas as nuances do *métier*, incluindo-se aí tradição, estilo e tato" (DÖNHOFF, Marion. *Minha infância na Prússia*. Trad. Sonali Bertuol. São Paulo: Editora 34, 2002, pp. 9/10).

233 MAIA, Paulo Sávio N. P. *O guardião da Constituição na polêmica Kelsen-Schmitt*: Rechtsstaat como referência semântica na memória de Weimar. Brasília, UnB, 2007, p. 112. (Dissertação de Mestrado).

do então jovem constitucionalista[234] francês foram registradas no clássico artigo "Les théories royalistes dans la doctrine allemande contemporaine: sur les rapports du Roi et des Chambres dans les Monarchies particulières de l'Empire" (1905).

De acordo com ele, havia, na majoritária publicística germânica, aversão e desdém pelo parlamentarismo, sendo bem frequentes propostas doutrinárias que se propunham a "preservar a Alemanha deste flagelo que assola a Europa Ocidental".[235]

Segundo Barthélemy, as Constituições alemãs seriam as mais monárquicas da Europa e seus principais intérpretes, normalmente professores publicistas integrantes de um "corpo de juristas oficiais"

---

234 Décadas após, além de professor de Direito Constitucional da Universidade de Paris, Barthélemy se notabilizou como um político de direita e, mais especificamente, por sua atuação como Ministro da Justiça (1941-1943) do governo colaboracionista de Vichy, liderado pelo Marechal Philippe Pétain durante a Segunda Guerra Mundial, na França ocupada pelos nazistas. Sua atuação ministerial foi marcada por colaborar na edição de leis que criaram tribunais *ad hoc* para julgar e punir, inclusive retroativamente, opositores políticos do regime, além de atos normativos que legalizaram a aberta perseguição a judeus. Em 1944, ele foi preso e interrogado pelas forças aliadas; doente, morreu no cárcere em 1945, antes que pudesse ser transferido para um hospital. Para um completo e interessante panorama do regime de Vichy e, especificamente, sobre a atuação de Barthélemy no referido contexto, conferir: CURTIS, Michael. *Verdict on Vichy*: power and prejudice in the Vichy France. Nova York: Arcade Publishing, 2014, pp. 79, 92, 114, 133, 308 e 311. Destaque-se que o próprio Barthélemy escreveu um livro de memórias sobre sua atuação política no Ministério da Justiça, mediante o qual tentou, inclusive com apresentação de fac-símiles de cartas e documentos oficiais, dar a sua versão (atenuada, claro) sobre sua colaboração no regime de Vichy: BARTHÉLEMY, Joseph. *Ministre de la Justice*: Vichy (1941-1943) – Mémoires. Paris: Pygmalion/Gérard Watelet, 1989.

235 BARTHÉLEMY, Joseph. "Les théories royalistes dans la doctrine allemande contemporaine: sur les rapports du Roi et des Chambres dans les Monarchies particulières de l'Empire". *Revue du Droit Public et de la Science Politique en France et a l'étranger*, Tome Vingt-Deuxiéme, ano 12, 1905, p. 718, tradução nossa.

fortemente ligados ao Estado – Laband era o principal exemplo –, seriam, por sua vez, os mais monarquistas.[236] Dessa forma, o que discernia a doutrina alemã seria o fato de que "as teorias do Direito Público são muitas vezes apenas opiniões políticas revestidas de um aparato doutrinário".[237]

A principal construção doutrinária desse Direito Público alemão seria o *principe monarchique*, o qual, sendo "[d]ogma jurídico, ou simples postulado histórico-político",[238] dispõe que todo o poder do Estado se concentra na figura do Monarca.[239] Esse princípio seria, inclusive, anterior à Constituição e serviria como fundamento de sua própria legitimidade e interpretação.[240]

---

236 BARTHÉLEMY, Joseph. "Les théories royalistes dans la doctrine allemande contemporaine: sur les rapports du Roi et des Chambres dans les Monarchies particulières de l'Empire". *Revue du Droit Public et de la Science Politique en France et a l'étranger*, Tome Vingt-Deuxiéme, ano 12, 1905, p. 719, tradução nossa.

237 BARTHÉLEMY, Joseph. "Les théories royalistes dans la doctrine allemande contemporaine: sur les rapports du Roi et des Chambres dans les Monarchies particulières de l'Empire". *Revue du Droit Public et de la Science Politique en France et a l'étranger*, Tome Vingt-Deuxiéme, ano 12, 1905, p. 719, tradução nossa.

238 BARTHÉLEMY, Joseph. "Les théories royalistes dans la doctrine allemande contemporaine: sur les rapports du Roi et des Chambres dans les Monarchies particulières de l'Empire". *Revue du Droit Public et de la Science Politique en France et a l'étranger*, Tome Vingt-Deuxiéme, ano 12, 1905, p. 730, tradução nossa.

239 BARTHÉLEMY, Joseph. "Les théories royalistes dans la doctrine allemande contemporaine: sur les rapports du Roi et des Chambres dans les Monarchies particulières de l'Empire". *Revue du Droit Public et de la Science Politique en France et a l'étranger*, Tome Vingt-Deuxiéme, ano 12, 1905, p. 730.

240 BARTHÉLEMY, Joseph. "Les théories royalistes dans la doctrine allemande contemporaine: sur les rapports du Roi et des Chambres dans les Monarchies particulières de l'Empire". *Revue du Droit Public et de la Science Politique en France et a l'étranger*, Tome Vingt-Deuxiéme, ano 12, 1905, p. 728.

Barthélemy registra que ninguém pode se deixar enganar pela suposta importância das Câmaras alemãs na elaboração das leis. Bem-vistas as coisas, o Parlamento não compartilha com o Monarca o poder do Estado. No final das contas, é o Rei quem exerce, sozinho, a atividade legislativa:

> [é] a sanção que faz a lei, e pela sanção, o Rei decide pelo conteúdo da lei. E ele declina sua própria vontade; não expressa uma vontade de outrem como os Chefes do Executivo nos Estados onde a pureza do princípio monárquico foi alterada.[241]

Sobre a crise constitucional do orçamento prussiano de 1866, Barthélemy afirma que os argumentos declinados por Laband no bojo da referida discussão se mostraram muito mais políticos do que efetivamente jurídicos, desaguando na conclusão vencedora de que as atribuições orçamentárias do Estado seriam, ao fim e ao cabo, do Monarca e de sua camarilha real, não das Câmaras.[242]

É, portanto, absolutamente insustentável caracterizar o II *Reich* como um modelo de parlamentarismo democrático e Laband como teórico respeitador da separação de Poderes, do parlamentarismo e da soberania popular. Como acima demonstrado, era justamente o oposto disso.

241 BARTHÉLEMY, Joseph. "Les théories royalistes dans la doctrine allemande contemporaine: sur les rapports du Roi et des Chambres dans les Monarchies particulières de l'Empire". *Revue du Droit Public et de la Science Politique en France et a l'étranger*, Tome Vingt-Deuxiéme, ano 12, 1905, p. 745, tradução nossa.

242 BARTHÉLEMY, Joseph. "Les théories royalistes dans la doctrine allemande contemporaine: sur les rapports du Roi et des Chambres dans les Monarchies particulières de l'Empire". *Revue du Droit Public et de la Science Politique en France et a l'étranger*, Tome Vingt-Deuxiéme, ano 12, 1905, p. 758.

1.1.4.3 Gierke

Otto Friedrich von Gierke (1841-1921) foi um grande crítico do excesso de formalismo então presente nas reflexões do Direito Público alemão, sobretudo na formulação dada por Laband.[243] Gierke afirma que, para os positivistas, "a essência do Direito encontra-se na sua formulação científica, esquecendo-se que esse Direito tem existência real antes do nascimento da jurisprudência e sem ela".[244]

O cerne de seu argumento é, portanto, a tentativa de estabelecer "a íntima conexão entre o Direito e o conteúdo geral da cultura".[245]

Distanciando-se também do monismo estatal, que andava *pari passu* com as reflexões positivistas majoritárias, Gierke sustenta que o Estado não é o único órgão que produz o Direito, não obstante fosse o mais importante. Associações, corporações e sindicatos também o produziam, ainda que o Direito por eles criado dependesse fortemente do reconhecimento pelo aparato estatal.[246]

Ao contrário do raciocínio analógico que Laband tentou promover entre o Direito Público e o Direito Privado, Gierke marcou expressamente as diferenças entre essas duas searas jurídicas. Para ele, no Direito Privado, os indivíduos atuam individualmente ou por representação. No Direito Público, isso não seria possível, na medida em que o Estado atua como generalidade, e os indivíduos,

---

243 Sobre o ponto, conferir FIORAVANTI, Maurizio. *Giuristi e Costituzione politica nell'Ottocento tedesco*. Milano: Giuffrè, 1979, pp. 356-368.

244 GIERKE, Otto Friedrich von *apud* RÍOS, Fernando de los. "Prólogo del traductor". *In*: JELLINEK, Georg. *Teoría General del Estado*. México: FCE, 2000, p. 24, tradução nossa. Sobre o ponto, conferir STOLLEIS, Michael. *Public Law in Germany (1800-1914)*. Nova York/Oxford: Berghahn Books, 2001, pp. 338/339.

245 RÍOS, Fernando de los. "Prólogo del traductor". *In*: JELLINEK, Georg. *Teoría General del Estado*. México: FCE, 2000, p. 25, tradução nossa.

246 MAIA, Paulo Sávio N. P o. *O guardião da Constituição na polêmica Kelsen-Schmitt*: Rechtsstaat como referência semântica na memória de Weimar. Brasília, UnB, 2007, pp. 115/116. (Dissertação de Mestrado).

ou associações de indivíduos, como membros do Estado. O Estado expressaria sua vontade, portanto, por meio de órgãos, similares aos órgãos humanos em relação a todo o corpo.[247] Esse é o cerne, em linhas gerais, do organicismo[248] e do corporativismo[249] que perpassam a obra de Gierke, caracterizada como uma pretensa alternativa de viés mais sociológico ao positivismo jurídico, formalista e monista, que imperava na doutrina do Direito Público alemão.

Todavia, de acordo com Maurizio Fioravanti,

> [q]uando Gierke colocou o problema do Direito Público como um sistema orgânico de relações jurídicas entre a personalidade coletiva e a individual, entre o Estado e o cidadão, entre o Estado e as comunidades menores, entre estas últimas e o indivíduo nelas localizado, estava certamente a pensar na relação entre as estruturas do *Reich* e o contexto social em que estava estabelecido.[250]

---

247 GIERKE, Otto von. "German Constitutional Law in its relation to the American Constitution". *Harvard Law Review*, 1910, vol. 23, nº 4, p. 273; e HUMMEL, Jacky. *Le constitutionnalisme allemande (1815-1918)*: le modéle allemand de la monarchie limitée. Paris: Presses Universtaires de France, 2002, p. 303.

248 GIERKE, Otto von. "German Constitutional Law in its relation to the American Constitution". *Harvard Law Review*, 1910, vol. 23, nº 4, p. 273; STOLLEIS, Michael. *Public Law in Germany (1800-1914)*. Nova York/Oxford: Berghahn Books, 2001, p. 338; CALDWELL, Peter C. *Popular sovereignty and the crisis of the German constitutional law*: the theory and practice of Weimar constitutionalism. Durham: Duke University Press, 1997, pp. 14/15; e MAIA, Paulo Sávio N. P. *O guardião da Constituição na polêmica Kelsen-Schmitt*: Rechtsstaat como referência semântica na memória de Weimar. Brasíçia, UnB, 2007, pp. 115/116. (Dissertação de Mestrado).

249 GIERKE, Otto von. *Community in historical perspective*. Cambridge: Cambridge University Press, 2002, pp. 246-249.

250 FIORAVANTI, Maurizio. *Giuristi e Costituzione politica nell'Ottocento tedesco*. Milão: Giuffrè, 1979, p. 333, tradução nossa. Para uma exposição mais detalhada sobre esse ponto, conferir, na mesma referência, as páginas 319-333.

Dessa forma, não obstante as suas discordâncias metodológicas com o formalismo positivista, Gierke desenvolveu a tese de que,

> sendo o Direito uma expressão da comunidade, e sendo o Estado a maior expressão associativa da vida em comunidade, o Direito não pode ser oponível ao Estado: tal como para Gerber ou Laband. Assim, seja para formalistas ou para organicistas, o Estado continua como centro e vértice da sociedade, o que faz com que o soberano permaneça, em último caso, incontrolável.[251]

É importante destacar que, no período, a obra de Gierke teve grande recepção na Inglaterra (sobretudo por Frederic William Maitland e por Harold Laski)[252] e na França (principalmente por Léon Duguit).[253]

Na Alemanha, para além das suas pontuais influências no desenvolvimento da Teoria Geral do Estado oitocentista, o organicismo inspirou a trajetória de Hugo Preuss – aluno de Otto von Gierke e importante jurista responsável pelo anteprojeto da Constituição de Weimar (1919)[254] –, que desenvolveu vários destacados escritos justamente a partir de algumas premissas caras a essa tradição organicista.

---

251 MAIA, Paulo Sávio N. P. *O guardião da Constituição na polêmica Kelsen-Schmitt*: Rechtsstaat como referência semântica na memória de Weimar. Brasília, UnB, 2007, pp. 116/117. (Dissertação de Mestrado).

252 Conferir: MAITLAND, Frederic William. "Introduction". *In*: GIERKE, Otto von. *Political Theories of the Middle Age*. Cambridge: Cambridge University Press, 1922, pp. 45; e LASKI, Harold J. "The Personality of associations". *Harvard Law Review*, vol. 29, nº 4, 1916, pp. 404-426.

253 DUGUIT, Léon. "Théorie allemande de l'organe juridique" (§ 50). *In*: _____. *Droit Constitutionnel* (Théorie Générale de l'Etat: Organisation politique). Paris: Ancienne Librairie Thorin et Fils, 1907, pp. 281-288.

254 BRITANNICA. "Hugo Preuss". *Encyclopedia Britannica*, out. 2023. Disponível em: https://www.britannica.com/biography/Hugo-Preuss. Acessado em: 12.08.2024.

1.1.4.4 Jellinek

Finalmente, Georg Jellinek (1851-1911) representou, com a sua importante obra *Allgemeine Staatslehre* (1900), uma tentativa culminante de dar sistematização teorética a essa barafunda de tendências de *fin de siècle* do Direito Público germânico.[255] Pretendia ele modernizar a Teoria Geral do Estado alemã, representando "um ponto de transição entre a monarquia constitucional do século XIX e a ascendente sociedade industrial democrática".[256] Segundo Stolleis, na virada do século,

> [o] "princípio monárquico" continuava intacto, ainda que na forma indireta (...). A construção do Estado constitucional burguês havia ficado, de fato, no meio do caminho. As garantias do Estado de Direito pareciam satisfatórias; o movimento nacionalista alemão já atingira seu objetivo em 1871.[257]

Em suma, essa conjuntura política era marcada pela ambígua coexistência de (i) uma ordem constitucional monárquica conservadora que, apesar de não ser liberal e constituir um Estado de Direito propriamente dito, continha garantias jurídicas básicas que satisfaziam à classe burguesa dominante; (ii) uma política colonial militarista e imperialista de um governo forte e centralizador; e (iii)

---

255 JELLINEK, Georg. *Teoría General del Estado*. México: FCE, 2000, pp. 55-150, tradução nossa. Sobre o ponto, conferir também: BERCOVICI, Gilberto. *Soberania e Constituição*: para uma crítica do constitucionalismo. 3ª ed. São Paulo: Quartier Latin, 2020, p. 254; e OLIVEIRA, Marcelo Andrade Cattoni de. *Contribuições para uma Teoria Crítica da Constituição*. 2ª ed. rev. atual. Belo Horizonte: Conhecimento, 2021, pp. 28-32.

256 STOLLEIS, Michael. *O Direito Público na Alemanha*: uma introdução a sua história do século XVI ao XXI. São Paulo: Saraiva Educação, 2018, p. 97.

257 STOLLEIS, Michael. *O Direito Público na Alemanha*: uma introdução a sua história do século XVI ao XXI. São Paulo: Saraiva Educação, 2018, p. 97.

uma notável prosperidade econômica advinda da industrialização, que se fazia sentir, inclusive, na adoção de algumas pontuais políticas sociais reformistas e suavizadoras das lutas trabalhistas.[258]

É nesse contexto que Jellinek critica as lacunas existentes no Direito Público alemão no que concerne a suas respostas para essa complexa conjuntura do final do século XIX. Como bem pontua Bercovici,

> Jellinek não é um opositor de Laband, não busca um modelo alternativo, mas quer refletir sobre a capacidade da doutrina dominante fornecer respostas eficazes aos complexos problemas políticos da virada do século XIX para o século XX, questionando se o fenômeno estatal pode ser reduzido apenas à sua dimensão exclusivamente jurídica.[259]

Pensando o Direito Público a partir desse contexto, Jellinek criticou a "grande lacuna na literatura moderna sobre ciência do Estado",[260] evidenciada, segundo aduz, pelo fato de que "nos últimos decênios não se tenha publicado uma só obra sistemática que lograsse prevalecer".[261] Isso poderia ser explicado pela circunstância de que "os métodos antigos, métodos incertos, ou melhor, a antiga carência de método não pode satisfazer às exigências contemporâneas; os novos métodos estão nascendo".[262]

---

258 STOLLEIS, Michael. *O Direito Público na Alemanha*: uma introdução a sua história do século XVI ao XXI. São Paulo: Saraiva Educação, 2018, pp. 98/99.

259 BERCOVICI, Gilberto. *Soberania e Constituição*: para uma crítica do constitucionalismo. 3ª ed. São Paulo: Quartier Latin, 2020, p. 254.

260 JELLINEK, Georg. *Teoría General del Estado*. México: FCE, 2000, p. 73, tradução nossa.

261 JELLINEK, Georg. *Teoría General del Estado*. México: FCE, 2000, p. 73, tradução nossa.

262 JELLINEK, Georg. *Teoría General del Estado*. México: FCE, 2000, p. 73, tradução nossa.

Partindo metodologicamente da relação entre os conceitos de "tipo ideal" e de "tipo empírico",[263] Jellinek afirma que "[o] problema de uma ciência do Estado e de suas instituições em geral consiste em buscar os elementos típicos nos fenômenos do Estado e as relações nas quais eles se encontram".[264]

Aqui exsurge claramente a pretensa natureza sistematizadora e metodologicamente moderna que Jellinek procura conferir à Teoria Geral do Estado. Seu famoso dualismo metodológico consiste na pretensão de investigar a Teoria Geral do Estado a partir de dois vieses distintos e complementares: o histórico-social e o jurídico. De acordo com ele, "a natureza social do Estado é conhecida através dos métodos utilizados pelas ciências históricas e sociais; a natureza jurídica, pelo método jurídico".[265]

---

263 Para Jellinek, compreende-se por tipo "a expressão da mais perfeita essência do gênero" (tradução nossa). Já o adjetivo "ideal" confere ao "tipo", segundo aduz, "um valor essencialmente teleológico" (tradução nossa). De acordo com ele: "essa representação dos 'tipos ideais' entra necessariamente na doutrina do Estado e significa a luta para encontrar o melhor deles e dar uma diretriz para medir com elas as instituições de Direito Público existentes em um determinado momento (...). Qualquer investigação sobre os propósitos e os fundamentos jurídicos do Estado, qualquer dedução efetuada em nome do Direito Natural para justificar o absolutismo real, a soberania popular, toda a descrição dos Estados constitucionais, partindo da doutrina da divisão de Poderes, toda a Teoria do Estado cristão, nacional ou de Direito, sobre as quais sem tem falado em nosso século, nada mais são do que ensaios que visam estabelecer definitivamente o 'tipo ideal' de Estado" (JELLINEK, Georg. *Teoría General del Estado*. México: FCE, 2000, p. 79, tradução nossa). Jellinek complementa: "o 'tipo empírico' se difere fundamentalmente do 'tipo ideal', já que deste não surge a exigência de se expressar um ser objetivo que transcenda à experiência; significa tão-somente a unificação de notas entre os fenômenos, unificação essa que depende do ponto de vista adotado pelo pesquisador" (JELLINEK, Georg. *Teoría General del Estado*. México: FCE, 2000, p. 80, tradução nossa).

264 JELLINEK, Georg. *Teoría General del Estado*. México: FCE, 2000, pp. 78/79, tradução nossa.

265 JELLINEK, Georg. *Teoría General del Estado*. México: FCE, 2000, p. 84, tradução nossa. Sobre o ponto, conferir STOLLEIS, Michael.

O método de investigação histórico-social estaria intimamente relacionado "à crescente vitória da teoria da evolução na ciência em geral".[266] Isso porque "[n]a base de todo método histórico está a convicção de que a história não apenas nos ensina a série de fenômenos, mas também as suas formas de vida, seu crescimento e seu desaparecimento".[267] É precisamente aqui que se encaixa a crítica de Jellinek à Escola Histórica, a qual, segundo ele, "para despertar num povo a consciência da sua unidade histórica e fazê-lo reviver, basta levá-lo a refletir sobre o seu passado".[268]

Ao contrário, o método histórico-social por ele proposto, sobretudo quando se refere às instituições sociais (como o Direito e o Estado), deve pretender captar a evolução histórica de tais fenômenos, as permanências e mudanças em suas finalidades sociais, bem como os imprevistos que os acometem.[269] Em suma, "[o] ponto de vista pragmático para explicar as instituições vivas da história permite descartar uma grande quantidade de material que não passa de peso

---

Public Law in Germany (1800-1914). Nova York/Oxford: Berghahn Books, 2001, pp. 441-444; STOLLEIS, Michael. *O Direito Público na Alemanha*: uma introdução a sua história do século XVI ao XXI. São Paulo: Saraiva Educação, 2018, p. 97; OLIVEIRA, Marcelo Andrade Cattoni de. *Contribuições para uma Teoria Crítica da Constituição*. 2ª ed. rev. e atual. Belo Horizonte: Conhecimento, 2021, pp. 28-32; BERCOVICI, Gilberto. *Soberania e Constituição*: para uma crítica do constitucionalismo. 3ª ed. São Paulo: Quartier Latin, 2020, pp. 253-255; e TOJAL, Sebastião Botto de Barros. *Teoria Geral do Estado*: elementos de uma nova Ciência Social. Rio de Janeiro: Forense, 1997, pp. 49-53.

266 JELLINEK, Georg. *Teoría General del Estado*. México: FCE, 2000, p. 85, tradução nossa.

267 JELLINEK, Georg. *Teoría General del Estado*. México: FCE, 2000, pp. 85/86, tradução nossa.

268 JELLINEK, Georg. *Teoría General del Estado*. México: FCE, 2000, pp. 88/89, tradução nossa.

269 JELLINEK, Georg. *Teoría General del Estado*. México: FCE, 2000, pp. 91/92, tradução nossa.

morto, material que carece de força impulsora".[270] É justamente a investigação dessa "força impulsora" – consubstanciada na reflexão acerca da evolução das instituições sociais e de sua importância para a contemporaneidade[271] – o cerne do método histórico-social da Teoria Geral do Estado.

O método jurídico, por sua vez, teria por objeto "estabelecer os princípios da doutrina jurídica do Estado e a evolução do conteúdo desses princípios de Direito".[272] Para tanto, não se poderia

> (...) introduzir métodos de investigação estranhos ao campo jurídico da doutrina do Estado e aplicáveis ao campo social; este último também corresponde ao domínio do Direito, mas estudado como função social. A história, as ciências sociais e a política também tratam do Direito na sua origem, evolução, efeitos econômicos e éticos, da sua influência nas ideias nacionais e mesmo na vida total do povo. Mas a forma dogmática das normas jurídicas só pode ser explicada através da arte do jurista, uma arte que consiste em abstrair as normas dos fenômenos jurídicos e deduzir as consequências que elas implicam. A dogmática do Direito é insubstituível, mas o seu uso exclusivo é insuficiente para abranger os múltiplos aspectos da vida do Estado, daí o pesquisador precisar recorrer a outras disciplinas.[273]

---

270 JELLINEK, Georg. *Teoría General del Estado*. México: FCE, 2000, p. 88, tradução nossa.

271 JELLINEK, Georg. *Teoría General del Estado*. México: FCE, 2000, p. 85, tradução nossa.

272 JELLINEK, Georg. *Teoría General del Estado*. México: FCE, 2000, p. 92, tradução nossa.

273 JELLINEK, Georg. *Teoría General del Estado*. México: FCE, 2000, p. 92, tradução nossa.

Jellinek parece divergir de Gerber e de Laband quando afirma que "jurídico não significa o mesmo que Direito Privado".[274] Para ele, é um grande erro metodológico "transferir acriticamente os conceitos de Direito Privado para o Direito Público, mesmo quando existam formas jurídicas gerais comuns a todos os ramos do Direito".[275] Isso não quer dizer que haveria um método do Direito Privado e um método do Direito Público. Na verdade, existe o método jurídico, ainda que ele evidentemente comporte matizes próprios e variáveis para cada seara jurídica.[276]

Esse método jurídico da Teoria Geral do Estado encontraria seu fim "em alcançar a possibilidade prática de julgar legalmente a vida real".[277] Ou seja, "a dogmática do Direito Público está essencialmente orientada para o atual",[278] na medida em que "no passado não há dever-ser; por isso que a história do Direito se preocupa com o que realmente foi e não com o que poderia ou deveria ter sido".[279]

Criticando Gerber, Jellinek afirma que "[o] problema dessa escola consiste em investigar e expor o Direito Público desde um ponto de vista exclusivamente jurídico",[280] ainda que tenha "tomado muitos dos seus conceitos fundamentais, até mesmo na forma, da

---

274 JELLINEK, Georg. *Teoría General del Estado*. México: FCE, 2000, p. 93, tradução nossa.

275 JELLINEK, Georg. *Teoría General del Estado*. México: FCE, 2000, p. 93, tradução nossa.

276 JELLINEK, Georg. *Teoría General del Estado*. México: FCE, 2000, p. 93, tradução nossa.

277 JELLINEK, Georg. *Teoría General del Estado*. México: FCE, 2000, p. 93, tradução nossa.

278 JELLINEK, Georg. *Teoría General del Estado*. México: FCE, 2000, p. 93, tradução nossa.

279 JELLINEK, Georg. *Teoría General del Estado*. México: FCE, 2000, p. 93, tradução nossa.

280 JELLINEK, Georg. *Teoría General del Estado*. México: FCE, 2000, p. 102, tradução nossa.

doutrina do Direito Natural e da literatura política de sua época".[281] Isto é, em não raras ocasiões, essa vertente inaugurada por Gerber "deu aos seus resultados o valor de consequências jurídicas, embora muitas vezes se tratasse apenas de resíduos depositados por teorias políticas".[282]

Como solução para esse quadro de confusões teóricas, Jellinek afirma que "a construção possível de uma ciência objetiva do publicismo (*publizistischen Wissenschaft*) exige uma purificação de conceitos fundamentais que antes não se acreditava ser necessária".[283] Dessa forma, a Teoria Geral do Estado,

> como doutrina dos conceitos jurídicos fundamentais do Estado, pertence antes de tudo, sem dúvida, ao campo de atuação do jurista, ainda que seja necessário adentrar em outros campos do conhecimento para aprofundar suas investigações.[284]

Todavia, essa incursão por outras áreas do conhecimento, para ser sistemática, deve procurar "a natureza própria das coisas",[285] ou seja, deve "separar radicalmente o que corresponde à doutrina do próprio Estado e o que corresponde às suas relações com outros campos do conhecimento".[286] É dizer: a Teoria Geral do Estado, ainda que possa ser estudada pela perspectiva histórico-social e com

281 JELLINEK, Georg. *Teoría General del Estado*. México: FCE, 2000, p. 102, tradução nossa.

282 JELLINEK, Georg. *Teoría General del Estado*. México: FCE, 2000, p. 102, tradução nossa.

283 JELLINEK, Georg. *Teoría General del Estado*. México: FCE, 2000, p. 102, tradução nossa.

284 JELLINEK, Georg. *Teoría General del Estado*. México: FCE, 2000, p. 103, tradução nossa.

285 JELLINEK, Georg. *Teoría General del Estado*. México: FCE, 2000, p. 106, tradução nossa.

286 JELLINEK, Georg. *Teoría General del Estado*. México: FCE, 2000, p. 106, tradução nossa.

amparo nas ciências sociais, tem um cerne eminentemente jurídico e isso deve orientar a eventual incursão por áreas afins,[287] não o contrário.

Não obstante transpareça da teoria jellinekeana que "o conceito jurídico sufoca a imanência social do Estado",[288] Marcelo Cattoni aponta que "Jellinek dedica muito mais páginas à reflexão acerca do método histórico-social do que à análise do método jurídico",[289] sem, contudo, responder efetivamente à inevitável questão daí advinda: como seria possível unificar essas abordagens metodológicas? Para Cattoni, "[a] resposta acabaria, pois, sendo *não*, no sentido mesmo da irredutibilidade, para não dizer da incomensurabilidade, de ambas as perspectivas"[290] e isso redundaria, inclusive, na própria "conclusão acerca dos limites da investigação jurídica em se tratando de Teoria do Estado até então desenvolvida".[291]

Para além da sua pretensão de sistematização metodológica — que, como se verá, possui também, ela própria, uma intencionalidade política, na medida em que o ponto de vista histórico-social tem como uma de suas finalidades nada escondidas a de defender as peculiaridades da história constitucional alemã, que se diferiria daquilo que chama de artificiais "doutrinarismos" franceses relativos, sobretudo, à separação de Poderes –, a obra de Jellinek não se

---

287 TOJAL, Sebastião Botto de Barros. *Teoria Geral do Estado*: elementos de uma nova Ciência Social. Rio de Janeiro: Forense, 1997, p. 53.

288 TOJAL, Sebastião Botto de Barros. *Teoria Geral do Estado*: elementos de uma nova Ciência Social. Rio de Janeiro: Forense, 1997, p. 53.

289 OLIVEIRA, Marcelo Andrade Cattoni de. *Contribuições para uma Teoria Crítica da Constituição*. 2ª ed. rev. e atual. Belo Horizonte: Conhecimento, 2021, p. 31.

290 OLIVEIRA, Marcelo Andrade Cattoni de. *Contribuições para uma Teoria Crítica da Constituição*. 2ª ed. rev. e atual. Belo Horizonte: Conhecimento, 2021, p. 31.

291 OLIVEIRA, Marcelo Andrade Cattoni de. *Contribuições para uma Teoria Crítica da Constituição*. 2ª ed. rev. e atual. Belo Horizonte: Conhecimento, 2021, p. 31.

distancia substantivamente do cerne do Direito Público alemão da segunda metade do século XIX, qual seja, a defesa político-doutrinária do princípio monárquico. Isso porque, também para ele, a "característica essencial do Estado é a de constituir uma unidade. Então, o poder estatal é essencialmente uno e indivisível"[292] ou, nas palavras de Menelick de Carvalho Netto, "constituindo o Estado, por definição, um organismo vivo, uma unidade, não poderia admitir a possibilidade de que fosse dotado de mais de uma única cabeça".[293]

É aqui que reside a crítica de Jellinek à suposta artificialidade da liberal Teoria da Separação dos Poderes, haja vista que ela "não derivaria de experiência política anterior, tendo sido forjada exclusivamente para a consecução de fins políticos".[294] E mais: essa suposta intencionalidade política implicaria conhecimento sem validade científica, conforme acima já comentado, pois "viria a contrariar, desse modo, os mais elementares cânones da pesquisa e dos postulados positivistas clássicos do que, acreditavam então, correntemente na época, se devesse constituir a ciência".[295]

De acordo com Jellinek, a doutrina da soberania do Príncipe teve grande importância no processo de formação da Alemanha

---

292 CARVALHO NETTO, Menelick de. *A sanção no procedimento legislativo*. Belo Horizonte: Del Rey, 1992, p. 158.

293 CARVALHO NETTO, Menelick de. *A sanção no procedimento legislativo*. Belo Horizonte: Del Rey, 1992, pp. 158/159. Sobre o ponto: "a posição de Jellinek decorre, por sua vez, da influência organicista, que constitui de certo modo o norte do seu subjetivismo jurídico. (...) E o organicismo (...) reputa o Estado nada menos que um fim em si mesmo" (BONAVIDES, Paulo. *Teoria Geral do Estado*. 11ª ed. rev. e aum. São Paulo: Malheiros, 2018, p. 121).

294 CARVALHO NETTO, Menelick de. *A sanção no procedimento legislativo*. Belo Horizonte: Del Rey, 1992, p. 159.

295 CARVALHO NETTO, Menelick de. *A sanção no procedimento legislativo*. Belo Horizonte: Del Rey, 1992, p. 159.

moderna.[296] No bojo do Congresso de Viena e com inspiração na restauração francesa,[297] a teoria do princípio monárquico teria sido desenvolvida como uma forma de se "harmonizar a ordem constitucional que se estava criando com as exigências de soberania do príncipe, que deveria ser contraposta aos movimentos revolucionários".[298]

Nesse contexto, para Jellinek, a doutrina do princípio monárquico só pode ser explicada como oposição à teoria da soberania popular, vista como inimiga do Estado.[299] De acordo com ele,

> a evolução histórica da soberania nos demonstra que esta significou a negação de toda subordinação ou limitação do Estado por qualquer outro poder. Poder soberano de um Estado é, portanto, aquele que não reconhece nenhum outro como superior a si; é, por conseguinte, o poder supremo e independente.[300]

Segundo aponta, "a doutrina da divisibilidade do poder do Estado foi defendida duas vezes com finalidades políticas. A primeira, para fundamentar o Estado constitucional; a segunda, para construir o Estado federal".[301] Em ambos os casos, teria imperado "a velha confusão entre os conceitos de poder do Estado e de soberania. Em verdade, do que se trata com esse problema é saber se o poder do

---

296 JELLINEK, Georg. *Teoría General del Estado*. México: FCE, 2000, p. 427, tradução nossa.

297 JELLINEK, Georg. *Teoría General del Estado*. México: FCE, 2000, pp. 428-430, tradução nossa.

298 JELLINEK, Georg. *Teoría General del Estado*. México: FCE, 2000, p. 428, tradução nossa.

299 JELLINEK, Georg. *Teoría General del Estado*. México: FCE, 2000, p. 430, tradução nossa.

300 JELLINEK, Georg. *Teoría General del Estado*. México: FCE, 2000, p. 432, tradução nossa.

301 JELLINEK, Georg. *Teoría General del Estado*. México: FCE, 2000, p. 450, tradução nossa.

Estado, considerado como conteúdo da soberania, é divisível".[302] Para ele, a resposta é negativa.

Montesquieu, interpretando a história constitucional inglesa, teria formulado a doutrina da separação dos Poderes, concebendo-a como "uma completa divisão teórica do Estado em três pessoas".[303] Essa doutrina abstrata encontraria, no entanto, dificuldades quando aplicada à realidade, como bem demonstraria a própria tradição francesa: não obstante a Declaração de Direitos do Homem e do Cidadão de 1789 tenha proclamado o princípio da divisão de Poderes, "não levou aquela doutrina às suas últimas consequências, na medida em que fez do órgão legislativo um órgão tal que nele vieram a se unir todos os demais Poderes".[304]

Portanto, ainda que as Constituições tenham reconhecido, em maior ou menor grau, esse princípio da divisão de Poderes, elas

> admitem um ponto de união entre eles, a saber: o Monarca, nos Estados em que vige o princípio monárquico; o povo, nos restantes. Em ambos os casos, isso significa o reconhecimento expresso da unidade do Estado mediante uma fórmula que só pode ser compreendida se considerada desde o ponto de vista da evolução da doutrina da soberania. Não há, assim, Constituição alguma que tenha levado às últimas consequências, nem sequer pretendido, o reconhecimento das três pessoas (...).[305]

---

302 JELLINEK, Georg. *Teoría General del Estado*. México: FCE, 2000, p. 451, tradução nossa.

303 JELLINEK, Georg. *Teoría General del Estado*. México: FCE, 2000, p. 452, tradução nossa.

304 JELLINEK, Georg. *Teoría General del Estado*. México: FCE, 2000, pp. 452/453, tradução nossa.

305 JELLINEK, Georg. *Teoría General del Estado*. México: FCE, 2000, p. 454, tradução nossa.

Para Jellinek, em vista disso, a criação político-doutrinária de Montesquieu não poderia se sobrepor à realidade da história constitucional alemã:

> Não obstante a recepção das concepções jurídicas dos países estrangeiros, toda Constituição deve ser explicada segundo os princípios do Direito interno. Assim, as Constituições prussiana e austríaca, apesar das influências belgas, descansam sobre o mesmo princípio que as antigas constituições alemãs, ou seja, o predomínio do Monarca. De igual sorte, a Constituição do império alemão deve ser interpretada atentando-se para sua evolução histórica interna. Os fatos históricos que servem de base a cada Constituição particular não poderiam ser modificados nem mesmo através da aceitação consciente do Direito estrangeiro.[306]

Aqui se manifesta mais claramente o dualismo metodológico jellinekeano: são "as forças históricas que formam e destroem o essencial dos Estados, o que está além de toda construção jurídica".[307] Noutras palavras, expressamente citando Hegel, o professor de Heidelberg afirma que "para o devir, o ser e o passar dos Estados não há outro fórum senão a história do mundo, que forma o supremo tribunal mundial; mas suas normas certamente não são as do jurista".[308]

É desse modo que, desenvolvendo essa crítica à teoria da separação de Poderes e partindo de premissas organicistas, Jellinek defende que:

---

306 JELLINEK, Georg. *Teoría General del Estado*. México: FCE, 2000, p. 478, tradução e destaque nossos.

307 JELLINEK, Georg. *Teoría General del Estado*. México: FCE, 2000, p. 150, tradução nossa.

308 JELLINEK, Georg. *Teoría General del Estado*. México: FCE, 2000, p. 150, tradução nossa.

> [c]ada órgão daquele [do Estado] representa, dentro de seus limites, o poder do Estado. É possível, assim, falar de uma divisão de competências, mas não de uma divisão de Poderes. Na variedade de seus órgãos não existe, portanto, senão um só poder do Estado.[309]

De acordo com Jellinek, é

> [d]a própria natureza do Estado, isto é, do fato de ter o caráter de uma associação organizada, [que] se segue necessariamente a existência de órgãos do Estado. Um Estado sem órgãos é uma representação que não pode psicologicamente chegar a existir, é dizer, equivale à anarquia, pelo qual resulta uma *contradictio in adjecto.*[310]

Sendo assim, "[o] Estado moderno requer uma pluralidade de órgãos".[311]

Não obstante essa multiplicidade de órgãos com competências repartidas, "[t]odo Estado necessita de um órgão supremo. Este órgão é aquele que põe e conserva em atividade o Estado e possui o poder mais alto de decisão",[312] inclusive no que concerne a resolver, em definitivo, sobre as modificações do próprio ordenamento jurídico. Isso porque a Constituição que previsse em seu bojo a existência de órgãos supremos iguais em poder estaria fadada a chancelar "uma luta permanente entre eles, que primaria pela vitória de um ou a

---

309 JELLINEK, Georg. *Teoría General del Estado*. México: FCE, 2000, p. 454, tradução e destaque nossos.

310 JELLINEK, Georg. *Teoría General del Estado*. México: FCE, 2000, p. 488, tradução nossa.

311 JELLINEK, Georg. *Teoría General del Estado*. México: FCE, 2000, p. 488, tradução nossa.

312 JELLINEK, Georg. *Teoría General del Estado*. México: FCE, 2000, p. 496, tradução nossa.

aniquilação do Estado".[313] Inclusive, sendo o poder do Estado único, é necessário um órgão que dê impulso a essa vontade estatal, sob pena de que eventual inação resulte em paralização do Estado e até em sua desorganização completa, o que seria inadmissível.[314]

Desenvolvendo essa tese, Jellinek diferencia poder do Estado de soberania, afirmando ser esta o continente daquele, ou seja, o poder do Estado seria o conteúdo da soberania.[315] Tudo isso para tentar demonstrar que a teoria da separação dos Poderes, sobretudo na clássica formulação de Montesquieu, teria misturado, por motivação meramente política, ambos os conceitos, gerando uma confusão teórica que estaria sendo desfeita, naquele momento, justamente por sua Teoria Geral do Estado. De acordo com Carvalho Netto:

> É essa distinção conceitual que permite a Jellinek conservar intacto o Princípio Monárquico, enquanto o Monarca seria a única cabeça do organismo estatal, comandando, portanto, os demais órgãos que em seu nome exercem funções do Estado necessariamente especificadas a princípio, construindo a Teoria das Funções do Estado a partir de tais premissas.[316]

Para Jellinek, nem mesmo nas democracias parlamentares, o órgão supremo é o Parlamento.[317] Ele afirma, sugestivamente e de forma nada inocente, que, mesmo nesses regimes democráticos, o Poder Executivo possui uma aura de proeminência:

---

313 JELLINEK, Georg. *Teoría General del Estado*. México: FCE, 2000, p. 497, tradução nossa.

314 JELLINEK, Georg. *Teoría General del Estado*. México: FCE, 2000, p. 496, tradução nossa.

315 CARVALHO NETTO, Menelick de. *A sanção no procedimento legislativo*. Belo Horizonte: Del Rey, 1992, p. 160.

316 CARVALHO NETTO, Menelick de. *A sanção no procedimento legislativo*. Belo Horizonte: Del Rey, 1992, p. 160.

317 JELLINEK, Georg. *Teoría General del Estado*. México: FCE, 2000, p. 497, tradução nossa.

> O reconhecimento do significado do governo como regente da atividade do Estado se expressa – quase diria que de um modo instintivo – em que, em todo Estado, se designa como chefe o seu órgão supremo, inclusive nas repúblicas democráticas, apesar de que elas jamais concedam ao *chef de l'executif* a situação preeminente entre os órgãos do Estado. Na França, se chama o presidente oficialmente como *chef de l'État*, mas já no próprio nome de "presidente" vai implícita a ideia de uma situação preeminente.[318]

Noutras palavras:

> O Monarca é, portanto, no geral, o ponto de partida das funções políticas, as quais, por esta razão, estão em união permanente com ele, sem que por isso estejam em relação de dependência necessariamente. **A doutrina da divisão de Poderes, na concepção de Montesquieu, desconheceu este importante fato jurídico, pois quis atribuir ao Monarca somente um poder, o Executivo, igual aos outros, o que praticamente fazia com que o Estado caísse em inação ou em lutas intestinas. A vida na unidade do Estado só pode partir de um centro, e se fosse possível uma unidade viva, como é o Estado, criar vários centros de igual valor, o resultado de tal princípio seria uma anarquia permanente.**[319]

No caso do Império alemão, "[o] Monarca é o órgão supremo ante as câmaras, mas não pode lhes ordenar nada, e estas não são responsáveis perante ele, que pode colocá-las em atividade, mas não determinar seu conteúdo".[320]

---

318 JELLINEK, Georg. *Teoría General del Estado*. México: FCE, 2000, p. 547, tradução nossa.

319 JELLINEK, Georg. *Teoría General del Estado*. México: FCE, 2000, p. 596, tradução e destaque nossos.

320 JELLINEK, Georg. *Teoría General del Estado*. México: FCE, 2000, p. 498, tradução nossa.

Essa aparente suavização do poder do Monarca enquanto órgão supremo ante as Câmaras não tem vida muito longa na obra do autor, já que ele próprio afirma o seguinte, páginas após:

> (...) a teoria alemã rechaça o doutrinarismo – do qual não pode fazer Montesquieu inteiramente como autor – consistente em atribuir exclusivamente cada função a um órgão e exigir a separação entre eles para o exercício de suas funções. Em primeiro lugar, **a situação dos Monarcas alemães não se deixa encerrar dentro da antiga concepção francesa, porque não representam eles nunca exclusivamente o Poder Executivo,** e ademais é impossível, dado o nexo íntimo de toda a vida do Estado, fazer uma exposição das funções fiando-se aos órgãos correspondentes.[321]

Dito isso, Jellinek assim bem resume o papel que, para ele, o Monarca possui na ordem constitucional alemã:

> A nota essencial do Monarca é a de representar o poder supremo do Estado, isto é, aquele poder que o conserva e o coloca em movimento; visto mais de perto, consiste em uma esfera livre, limitada pelas leis, mas não no que concerne ao seu conteúdo, e própria para dar uma direção às ações do Estado: sancionar as leis, decidir livremente o que deve ser Direito, dispor de livre faculdade no que diz respeito às relações internacionais, assinar os tratados sobre guerra e paz, gozar do mando supremo do exército, da nomeação dos ministros e outros funcionários e do direito de graça constituem uma competência, positiva e não fictícia, do Monarca. Nesta ordem de coisas, tem também o Monarca um verdadeiro direito livre de mandar, que não existe ali onde a obrigação está contida em lei. Apenas nesse sentido que a organização do Estado é hoje legal, pode-se considerar que a lei necessita

---

321 JELLINEK, Georg. *Teoría General del Estado*. México: FCE, 2000, pp. 537/538, tradução e destaque nossos.

> ser o conteúdo da vontade do Monarca, se bem que, de uma maneira permanente, há de considerar-se como fruto da vontade do legislador. Só nesse sentido, dizemos, se pode hoje afirmar que o poder do Estado está contido potencialmente no Monarca; claro está que este Monarca não é o Monarca real vivo, senão a instituição abstrata.[322]

Note-se, assim, que, para Jellinek, a competência legislativa, não obstante exercida de forma mais visível pelas Câmaras, só faz sentido a partir da atuação do Monarca que, pela sanção das leis, pode "decidir livremente o que é Direito". E mais, caso não limitado formalmente por lei – cuja existência dependeria de sua própria sanção –, o Monarca tem "um verdadeiro direito livre de mandar". Ou seja,

> [n]as monarquias, não é necessário, portanto, que todos os demais órgãos estejam subordinados ao Monarca; eles necessitam, ao menos, de depender dele no sentido da direção de sua atividade; seu funcionamento ininterrupto e a prestação de força de lei a seus acordos hão de depender de sua vontade.[323]

A principal diferença entre o Parlamento e o Monarca é que a Câmara, "por si só, não pode realizar um ato de *imperium* que obrigue de modo imediato os súditos".[324] Inclusive, "quando a ordem de fazer a lei parte do Parlamento, é indispensável a sanção do Monarca para a perfeição dessa ordem. A lei é um ato de vontade comum do rei e do Parlamento".[325]

---

322 JELLINEK, Georg. *Teoría General del Estado*. México: FCE, 2000, p. 594, tradução e destaque nossos.

323 JELLINEK, Georg. *Teoría General del Estado*. México: FCE, 2000, pp. 596/597, tradução nossa.

324 JELLINEK, Georg. *Teoría General del Estado*. México: FCE, 2000, p. 617, tradução nossa.

325 JELLINEK, Georg. *Teoría General del Estado*. México: FCE, 2000, p. 617, tradução nossa.

É dizer: "não se pode levar a cabo nenhuma modificação na organização do Estado, de acordo com a Constituição, de modo diferente do que com o concurso da vontade do Monarca".[326] Portanto, qualquer modificação constitucional que não conte com a vontade do Monarca ou que lhe seja contrária pode representar tudo menos uma monarquia, "pois terá sido suprimida do Monarca a atribuição suprema de dar uma direção ao Estado".[327]

Para além disso, Jellinek é expresso em diminuir o papel da Constituição no que se refere à sua posição de superioridade em relação ao restante do ordenamento jurídico, ou seja, do papel moderno da Constituição enquanto acoplamento estrutural entre Direito e Política e enquanto régua de conformidade do que é ou não é Direito.[328]

Isso porque, segundo o professor de Heidelberg, é possível a ocorrência de "mutações constitucionais" importantes sem que o texto da Constituição tenha sofrido qualquer alteração. Essa tese é por ele desenvolvida com um enquadramento do controle de constitucionalidade como mais um "doutrinarismo", dessa vez estadunidense, não aplicável à Constituição alemã. Confira-se:

> Um caso muito frequente de modificação constitucional nas constituições chamadas rígidas é o que se leva a cabo valendo-se de leis ou simples resoluções. Na maior parte dos Estados onde não se confere ao juiz o direito de comprovar se as leis concordam materialmente com a Constituição, não há garantia alguma, por mais que digam as teorias jurídicas,

326 JELLINEK, Georg. *Teoría General del Estado*. México: FCE, 2000, p. 597, tradução nossa.

327 JELLINEK, Georg. *Teoría General del Estado*. México: FCE, 2000, p. 597, tradução nossa.

328 LUHMANN, Niklas. *A Constituição como aquisição evolutiva*. Trad. Menelick de Carvalho Netto, Giancarlo Corsi, Raffaele de Giorgi e Paulo Sávio Peixoto Maia. [S.l.]: [s.n.], 2000. (Tradução para uso acadêmico, não revisada).

> de que não se promulgue uma lei que contradiga os princípios do Direito Constitucional e modifique a validade jurídica da Constituição. Muitos exemplos de diversos Estados poderiam comprovar essa afirmação. No que diz respeito ao império alemão, poder-se-ia mencionar, entre outros casos, a denominada cláusula de Frankenstein, mediante a qual a instituição da matrícula da contribuição está em contradição com o artigo 70 da Constituição do Império, porque é elevado a instituição permanente e se opõe ao artigo 38, já que o produto destes impostos, com dedução de 130 milhões de marcos, é entregue aos respectivos Estados. Dada a modificação material que estas leis imprimem às Constituições, não há garantia alguma de que se observem as formas prescritas para as transformações da Constituição. Para modificar as leis que ocasionem tal reforma, não se pode exigir de nenhum modo que se siga o procedimento de modificação das Constituições.[329]

É preciso destacar aqui que o peculiar conceito de mutação constitucional avançado por Jellinek se difere completamente daquele outro, originário, desenvolvido pelo constitucionalismo estadunidense, já que não se trata, para o jurista alemão, da possibilidade de ressignificações interpretativas e conceituais do texto constitucional ao longo dos inevitáveis processos de desenvolvimento sócio-histórico, tornando-o permeável a inexoráveis adaptabilidades e ressignificações, mas preservando-se a superioridade formal e material da Constituição, como se entende nos Estados Unidos.

Ao contrário, conforme consta expressamente da transcrição acima, Jellinek entende que a Constituição pode ser alterada por meras leis ordinárias e até por decretos, já que, para ele, não se aplicaria à Alemanha o postulado da superioridade hierárquica, formal e material, da Constituição em relação ao restante do ordenamento jurídico, tampouco seria cabível, por conseguinte, o controle de

---

329 JELLINEK, Georg. *Teoría General del Estado*. México: FCE, 2000, pp. 483/484, tradução e destaque nossos.

constitucionalidade das leis para assegurar uma inexistente supremacia constitucional. Conforme adiantado, para o professor de Heidelberg, tratar-se-ia de meros "doutrinarismos" estadunidenses, que não poderiam ser automaticamente transplantados para o Direito alemão.

Paulo Sávio explica didaticamente essa peculiaridade alemã, positivada no artigo 78 da Constituição de 1871, e como Laband e Jellinek justificaram-na doutrinariamente:

> Com efeito, o art. 78 da Constituição Imperial de 1871 reza que "as modificações à Constituição acontecem sob a forma de lei". Dessa forma, um projeto de lei, quando aprovado pelo *Reichstag* e pelo *Bundesrat* e, em seguida, sancionado pelo monarca, se situa no mesmo degrau normativo da Constituição. Logo, o Legislativo era um poder constituinte permanente. Mais uma vez, foi Laband que se apressou em dar uma justificação da excepcionalidade alemã. Para ele, "o princípio de que as leis especiais devem estar sempre em harmonia com a Constituição, e jamais em incompatibilidade com ela, é um simples postulado de política legislativa, mas não um princípio de direito". A conclusão não pode ser outra senão a de que "toda lei, estabelecida nas formas prescritas pela Constituição do Império, responde às condições requeridas para que uma lei seja constitucional". (...).
>
> Não importa que uma lei votada pelo Legislativo e sancionada pelo Executivo seja contrária a uma disposição da Constituição: após isso ela é válida e pode derrogar um artigo da Constituição, já que não há uma organização formal, no seio do Estado, que realize um procedimento de averiguação dessa conformidade. Aliás, no fundo, nem existe o padrão de conformidade, que requer uma supremacia da Constituição. Então não existe Constituição? Jellinek diz que há, sim. O que ocorre, nos casos em que o Legislativo aprova lei (e o monarca a sanciona) notoriamente contrária à Constituição, ou mesmo quando a Chancelaria adota expedientes que não

> observam os parâmetros da Constituição, é uma mutação constitucional.[330]

Perspectivas como essas de Laband e de Jellinek evidenciam claramente a defesa da ausência de supremacia necessária da Constituição diante das leis ordinárias, justamente a característica mais essencial do conceito formal de Constituição desenvolvido pela Revolução Americana e que possibilitou, de acordo com Luhmann, a tardia diferenciação funcional entre Direito e Política.[331]

E, sobre o ponto, na sua obra de 1906, que trata do seu peculiar conceito de mutação constitucional, Jellinek não esconde o que pensa sobre isso: "[o] curso desta investigação se move nos limites entre o Direito Constitucional e a Política. Sempre defendi a separação metódica e a união científica de ambas as disciplinas".[332]

Para ele, "**[a] Constituição se transforma de acordo com a forma pela qual se exerce o poder do Estado**".[333] Ou seja, se a Constituição pode ser modificada por leis ordinárias e até mesmo por decretos; e esses, por sua vez, só possuem *imperium* devido, única e exclusivamente, ao ato de vontade do Monarca consubstanciado na sanção, não é difícil perceber que, para Jellinek, o Monarca detém, em *ultima ratio*, o próprio poder supremo de modificar a ordem constitucional.

---

330 MAIA, Paulo Sávio N. P. *O guardião da Constituição na polêmica Kelsen-Schmitt*: Rechtsstaat como referência semântica na memória de Weimar. Brasília, UnB, 2007, pp. 113/114. (Dissertação de Mestrado).

331 LUHMANN, Niklas. *A Constituição como aquisição evolutiva*. Trad. Menelick de Carvalho Netto, Giancarlo Corsi, Raffaele de Giorgi e Paulo Sávio Peixoto Maia. [S.l.]: [s.n.], 2000. (Tradução para uso acadêmico, não revisada).

332 JELLINEK, Georg. *Reforma y mutación de la Constitución*. Trad. Christian Förster. Madrid: Centro de Estudios Constitucionales, 1991, p. 3.

333 JELLINEK, Georg. *Reforma y mutación de la Constitución*. Trad. Christian Förster. Madrid: Centro de Estudios Constitucionales, 1991, p. 45, destaque nosso.

Ou seja, ele decide o que é a Constituição, algo que ainda está em absoluta consonância com o princípio monárquico oitocentista, para o qual a Constituição é uma mera concessão graciosa do Príncipe, de forma alguma ancorada, forjada e exclusivamente modificável pela soberania popular.

É justamente por isso que o conceito de *personalidade jurídica do Estado* (ou seja, a circunstância de ser o Estado soberano e, ao mesmo tempo, limitado juridicamente – de acordo com Bercovici, o principal conceito da TGE alemã oitocentista)[334] deve ser *necessariamente* compreendido em conjunto com o princípio monárquico.

Por mais que Jellinek tenha se esforçado sobremaneira para conceber o Estado como pessoa jurídica, o Monarca como um órgão estatal e o povo como um dos elementos do Estado, por detrás dessa engenhosa construção jurídico-política, inegavelmente subjaz, conforme longamente aqui discorrido, a figura de proeminência constitucional do Príncipe.

O elemento da autolimitação do Estado deve ser visto, portanto, *cum grano salis*. O Estado é juridicamente limitado pelos enunciados normativos que produz, mas *tudo* aquilo que ele produz tem necessariamente forma jurídica e pode, portanto, modificar sem maiores obstáculos a ordem constitucional.

Esses atos normativos, não obstante fossem exarados com a participação procedimental do Parlamento, só ganhavam *imperium* com a sanção real. Além disso, não havia uma supremacia formal e material da Constituição (tampouco controle de constitucionalidade das leis), de forma que ela poderia ser alterada facilmente por enunciados normativos da estatura de decretos ou leis ordinárias, a depender, conforme visto, da "forma pela qual se exerce o poder

---

334 BERCOVICI, Gilberto. "A Constituição Dirigente e a crise da Teoria da Constituição". *In*: SOUZA NETO, Cláudio Pereira de *et al.* (Coord.). *Teoria da Constituição*: estudos sobre o lugar da Política no Direito Constitucional. Rio de Janeiro: Lumen Juris, 2003, pp. 84/85.

do Estado". Ao fim e ao cabo, pela sanção, o Monarca *conformava* a própria Constituição.

Por outro lado, na Alemanha, a Teoria Geral do Estado vê a soberania como una e indivisível e, assim como o corpo humano só é dotado de uma única cabeça, ela só pode ser encarnada e exercida por um único agente, pelo Monarca. Ademais, não obstante o povo seja visto como um dos elementos do Estado, a publicística alemã foi expressa, no rastro do Ato Final do Congresso de Viena de 1820, em proscrever os princípios da divisão de Poderes e da soberania popular, apondo em seu lugar justamente o princípio monárquico.

Sobre o ponto, confira-se interessante reflexão de Hans Kelsen:

> A regra fundamental da monarquia constitucional é aquela segundo a qual tal produção de leis só é possível em conexão com o parlamento, e que as leis no sentido material devem ter a específica forma da lei. Portanto, a proposição só pode ser entendida como uma restrição ao caráter da Constituição da monarquia constitucional, no sentido de que os decretos só podem ser baixados exclusivamente com base na lei, ou seja, as normas jurídicas que possuem caráter geral, que não foram deliberadas pelo Parlamento e sancionadas ou promulgadas pelo chefe de Estado, deveriam ser baixadas apenas como realização mais pormenorizada das normas jurídicas gerais, segundo a forma da lei. **No intuito de evitar, tanto quanto possível, a perda de poder sofrida pelo monarca com a passagem à monarquia constitucional, uma teoria do Estado conservadora, exclusivamente política e totalmente inspirada no princípio monárquico, usou, entre outros artifícios de interpretação, também este: interpretar a palavra "lei" nos documentos constitucionais como lei no sentido formal. Desta forma, restou ao monarca a possibilidade da legislação – que, segundo a intenção da Constituição, ele deveria dividir com o parlamento. – da qual, por outro lado, permanecia restrita a ele uma parte considerável, excluindo-se o próprio parlamento. A regra fundamental da monarquia constitucional, aquela segundo a qual as leis só podem ser promulgadas em**

> **conjunto pelo monarca e pelo Parlamento, é, portanto, reduzida a uma tautologia, para a qual as leis em sentido formal ou, mais precisamente, a forma da lei, deveria ser promulgada apenas na forma da lei.** Como, no entanto, deste modo a questão sobre qual órgão deve promulgar as leis mediante o estabelecimento da lei formal – mediante, diz-se, a instituição de uma "legislação formal" – não podia ser suficientemente ajustada, a teoria do direito do Estado abriu uma brecha na Constituição, pela qual ela poderia introduzir o direito de legislar "próprio" do soberano que as "fontes primárias", via "legislação formal", poderiam limitar, mas não eliminar. As bases políticas da distinção entre "lei no sentido formal e lei no sentido material", segundo um uso da linguagem cuja incorreção não é tão inofensiva quanto parece, são os motivos de uma teoria que procura definir aquela que – segundo prescreve a Constituição – é a forma das leis, designando-a como a própria lei.[335]

Não é difícil perceber que Kelsen, apesar de não ser expresso, está se referindo a Laband e à sua aqui já explorada engenhosa tese para justificar, doutrinariamente, a solução dada por Bismarck à crise constitucional em torno da natureza do orçamento prussiano de 1862-1866. Entretanto, o excerto acima reproduzido é bastante preciso ao identificar o cerne das tentativas político-doutrinárias da conservadora Teoria Geral do Estado alemã oitocentista de contornar, mediante a inspiração no princípio monárquico, as limitações jurídico-constitucionais ao poder do Monarca intrínsecas à forma originária da monarquia constitucional.

Isso está bastante relacionado também ao conceito de personalidade jurídica do Estado, já que a propalada limitação do Estado pelas normas jurídicas que ele próprio expede perde em concretude e efetividade, naquela conjuntura alemã oitocentista, quando se

---

335 KELSEN, Hans. *O Estado como integração*: um confronto de princípio. 2ª ed. Trad. Plínio Fernandes Toledo. São Paulo: Martins Fontes, 2022, pp. 96/97, destaque nosso.

verifica justamente que, em termos institucionais, com justificação de uma conservadora Teoria Geral do Estado, prevalecia, ao fim e ao cabo, a competência do Monarca de decidir sobre o direito que limitaria ao Estado e a si próprio enquanto órgão estatal. Logo, nesse contexto, a personalidade jurídica do Estado é definida *a partir do* princípio monárquico e não o contrário.

Inclusive, um dos importantes efeitos simbólicos dessa perspectiva do Estado como pessoa jurídica, na Alemanha, foi justamente o de naturalizar os seus atos, tornando-os pretensamente objetivos e não atribuíveis direta e unicamente à vontade de um agente específico, mas a um ente soberano supostamente impessoal e juridicamente autolimitado, o Estado. Ocorre que, bem-vistas as coisas, para além da imagem sociológica que Jellinek pretendia construir desse arcabouço constitucional alemão a partir da sua metodologia dos tipos concretos, subjaz, em termos jurídico-políticos, a proeminente figura do Príncipe, enquanto cabeça do Estado, como pedra de toque do sistema.

Na Alemanha, não há uma mera atuação *simbólica* do Monarca, como nas monarquias constitucionais parlamentaristas à moda inglesa, mas sim uma efetiva e ativa atuação monárquica, já que o Príncipe, conforme visto, reina, governa, legisla, administra e, como se não bastasse, ainda está imune ao Poder Judiciário.

É claro que essa conjuntura da peculiar monarquia constitucional alemã é bastante diferente dos tempos absolutistas. De fato, entender o Monarca como órgão do Estado e não mais como a própria encarnação do Estado (como na famosa máxima "*L'État, c'est moi*" de Luís XIV) acarretou importantes consequências jurídicas para o ulterior desenvolvimento da publicística ocidental. Todavia, essas consequências não podem ser equiparadas com aquelas que ocorriam, *naquele momento*, em países como a França e os Estados Unidos, que também avançaram conceitos de autolimitação do Estado, mas calcados na soberania popular e na supremacia formal e material da Constituição.

Como adiantado, devido aos imperativos democráticos das revoluções liberais do final do século XVIII, foi inevitável que – para se evitar um movimento revolucionário similar no além-Reno – houvesse uma "modernização" de cima para baixo na estrutura jurídico-política germânica com a adoção de uma Constituição. Não obstante isso, a semântica constitucional foi recebida na Alemanha em um sentido bastante *sui generis*, exatamente para se preservar a qualquer custo, sob a forma de uma pragmática repaginação do princípio monárquico, a proeminência do Príncipe (ainda que agora como mero órgão do Estado e não mais a sua personificação) ao invés da soberania popular.

Sendo assim, há importantes premissas jusfilosóficas e intencionalidades políticas que o conceito de personalidade jurídica do Estado desenvolvido pela publicística germânica oitocentista buscou convenientemente escamotear e neutralizar, sob a forma de "pessoa jurídica", para manter operante (ainda que "modernizada" e mais limitada, é verdade) a semântica do princípio monárquico.

Claro que não se pode perder de vista a imensa importância doutrinária que esse conceito de personalidade jurídica do Estado ganharia ao longo do tempo, sendo ele, até hoje, fundamental para o Direito Público. Todavia, a autolimitação que o Estado possui atualmente (em que, efetivamente, se adota a supremacia formal e material da Constituição como pressuposto de controle e de medida de todos os atos estatais) não é o mesmo que se tinha, em termos institucionais, na Alemanha dos oitocentos, em que, conforme demonstrado, a sujeição do Estado às normas por ele próprio expedidas era sobremaneira matizada pela inegável proeminência do Monarca enquanto órgão principal do Estado.

Sendo assim, as análises no sentido de que Jellinek seria um jurista liberal por defender a autolimitação do Estado e por se preocupar com a defesa de direitos individuais[336] devem ser, necessariamente, temperadas pelas expressas premissas declinadas pelo próprio Jellinek na sua *Allgemeine Staatslehre* de 1900, as quais estão fortemente assentadas em postulados jurídico-políticos monistas e que reafirmam o princípio monárquico, sobretudo no que concerne ao processo legislativo, à hierarquia constitucional, à restrição da soberania popular e à negação da teoria da separação de Poderes.

Não obstante Jellinek se valha da categoria dos tipos concretos para tentar demonstrar as peculiaridades do Estado alemão em relação a outras tradições jurídicas – sobretudo a francesa e a estadunidense –, essa análise não é meramente desinteressada e totalmente objetiva como o positivismo a ela subjacente quer fazer crer, já que, para além de avançar uma investigação sociológica sobre as particularidades alemãs, o autor acaba por também justificar nesse proceder, ainda que de maneira bem menos apologética e interessada do que Laband (e isso, de fato, é bastante perceptível), a legitimidade do princípio monárquico enquanto fundamento central do peculiar conceito de Constituição desenvolvido na Alemanha naquele momento.

***

De acordo com Menelick de Carvalho Netto, pode-se elencar três regras básicas de interpretação constitucional defendidas pela Teoria Geral do Estado alemã do século XIX: (i) "o Príncipe limitou seus próprios Poderes na estrita medida que ele mesmo expressamente indicou, ou seja, os limites constitucionais atinentes ao Monarca deveriam, portanto, ser sempre objeto de interpretação restritiva";[337] (ii) "todas as vezes que houvesse dúvida quanto à interpretação de um dispositivo constitucional (...) seria necessário remontar ao direito

336 LAGI, Sara. "Georg Jellinek, a liberal political thinker against despotic rule (1885-1898)". *Hungarian Historical Review*, vol.5, nº 1, 2016, pp. 105-122.

337 CARVALHO NETTO, Menelick de. *A sanção no procedimento legislativo*. Belo Horizonte: Del Rey, 1992, p. 156.

anterior à Constituição",[338] ou seja, ao princípio monárquico *strictu sensu*, "que encontra sua pureza total no Estado Absolutista anterior à constituição",[339] conservando o Príncipe, portanto, todos os poderes absolutistas dos quais ele não tenha se despojado expressamente por meio da outorga graciosa da Constituição; e (iii) "ausência do reconhecimento de qualquer parcela de poder ao povo",[340] haja vista que, nos chamados Estados Monárquicos resistentes estudados pela Teoria Geral do Estado alemã, as Constituições emergiriam não de movimentos populares e de comoções sociais (como na França ou nos Estados Unidos – situações peculiares, em que o Monarca se vira obrigado pelos movimentos revolucionários a partilhar seu poder com o povo e seus representantes), mas sim de sua outorga graciosa.[341]

Como se vê, a Teoria Geral do Estado alemã oitocentista nasceu e se desenvolveu com a pretensão de se contrapor, politicamente, aos ventos liberais que sopravam do oeste, principalmente da França e dos Estados Unidos, os quais ameaçavam frontalmente a tradição da monarquia germânica. No plano jurídico, buscava-se amoldar essa premissa político-ideológica sob as vestes talares de uma pretensa neutralidade científica de questionável corte positivista e organicista, apontando a suposta artificialidade e desacreditando a força normativa da democracia representativa e da soberania popular, bem como empreendendo uma contundente defesa do monismo jurídico-político estatal tradicionalmente encarnado no princípio monárquico – que, no plano político, foi modernizado pela pragmática *Realpolitk* levada a efeito por Bismarck e que, no plano jurídico, foi doutrinariamente

---

338 CARVALHO NETTO, Menelick de. *A sanção no procedimento legislativo*. Belo Horizonte: Del Rey, 1992, pp. 156/157.

339 CARVALHO NETTO, Menelick de. *A sanção no procedimento legislativo*. Belo Horizonte: Del Rey, 1992, p. 157.

340 CARVALHO NETTO, Menelick de. *A sanção no procedimento legislativo*. Belo Horizonte: Del Rey, 1992, p. 157.

341 CARVALHO NETTO, Menelick de. *A sanção no procedimento legislativo*. Belo Horizonte: Del Rey, 1992, pp. 156/157.

justificado sobretudo pelas reflexões dos autores acima explorados (Stahl, Gerber, Laband, Gierke e Jellinek).

Como muito bem captado por Bercovici,

> a função jurídico-política do método jurídico é legitimar o Direito Público do *Reich* alemão, afirmando o princípio monárquico-conservador e a política imperialista de Bismarck. Não por acaso foi a doutrina oficial do Segundo Império Alemão.[342]

---

342 BERCOVICI, Gilberto. *Soberania e Constituição*: para uma crítica do constitucionalismo. 3ª ed. São Paulo: Quartier Latin, 2020, p. 245. Em sentido semelhante, conferir a análise de Michael Stolleis: "até a eclosão da Primeira Guerra Mundial a Teoria do Direito do Estado era majoritariamente partidária da monarquia constitucional, favorecendo a preponderância do Monarca e do chanceler (Kanzler). Uma democracia parlamentar com um governo sustentado pela maioria era, nessa esfera doutrinária, tão pouco desejada quanto a república. O 'professor político' pré-1848, desejoso de mudar o Estado, já deixara havia muito de ser o tipo predominante. Pelo contrário, o que parecia agora imperar era uma certa satisfação com o existente – os juristas podiam até criticar o Direito legislado sob o aspecto político, mas não duvidavam de sua validade jurídica, desde que ele houvesse sido formalmente aprovado e promulgado de acordo com o ordenamento vigente" (STOLLEIS, Michael. *O Direito Público na Alemanha*: uma introdução a sua história do século XVI ao XXI. São Paulo: Saraiva, 2018, p. 95).

1.2 O Império brasileiro e a Constituição de 1824: a equivalência funcional entre a peculiar releitura brasileira da teoria do Poder Moderador e a acepção da Teoria Geral do Estado alemã sobre o princípio monárquico

1.2.1 Panorama do problema

A Constituição brasileira de 1824 não foi *diretamente* influenciada pelo Direito Público monárquico alemão aqui descrito, em linhas gerais, nas páginas anteriores. Todavia, essas duas tradições – a brasileira e a germânica – possuem um mesmo ancestral político-constitucional, peculiarmente desenvolvido por cada uma delas, mas que, como será demonstrado mais à frente, redundarão em efeitos jurídico-políticos concretos, em grande medida, convergentes.

Conforme adiantado, o desenvolvimento dos alicerces da Teoria Geral do Estado alemã do século XIX teve como marco político fundamental o reacionário Congresso de Viena, que buscou, para além de discutir a conjuntura geopolítica europeia após a queda do Império Napoleônico, contrapor-se às revoluções liberais por meio da oficial tomada de posição das resistentes monarquias do Velho Continente em prol dos movimentos contrarrevolucionários, tentando afirmar, assim, o princípio monárquico em oposição aos princípios da soberania popular e da separação de Poderes.

Muito embora o Congresso de Viena tenha sido formalmente iniciado em 1815, é preciso destacar que as negociações diplomáticas entre as potências monárquicas para repensar a Europa após a derrota de Napoleão começaram no ano anterior, com o Tratado de Fontainebleau, de 11 de abril de 1814, que marcou formalmente a renúncia do Imperador francês a qualquer pretensão de poder e também, mediante a forte atuação do Ministro Talleyrand, a restauração dos Bourbons através da adoção de uma solução conciliatória:

a transformação da França em uma monarquia constitucional, comandada por Luís XVIII.[343]

É assim que foi preparado o palco no qual se desenrolaria o Congresso de Viena, que teve, como um dos seus ícones restauradores[344] justamente a *Charte constitutionnelle du 4 juin 1814*. A referida Constituição francesa

> por um lado, conservava as prerrogativas da Coroa, mas de outro, modificava a forma de exercício do poder em decorrência da aceitação da "diferença de tempos". Assim, se, por um lado, o Monarca aceitava exercer alguns poderes de forma compartilhada (com a representação popular), de outro, a substância do poder é ainda reservada àquele que é titular de todo o poder estatal.[345]

Sobre essa Carta de 1814, Gilberto Bercovici assim complementa:

> Com a restauração dos Bourbons em 1814, percebe-se a impossibilidade de retorno completo ao Antigo Regime. O compromisso entre a monarquia, os remanescentes da antiga nobreza e parcela dos beneficiários da Revolução Francesa foi alcançado com a carta de 1814. A denominação "carta", e não

---

343 OLIVEIRA, Victor Arruda Pereira de. *O Congresso de Viena e o Direito Internacional no primeiro quartel do século XIX*. São Paulo, USP, 2017, p. 60. (Dissertação de Mestrado).

344 Sobre o ponto, é mordaz a observação de Karl Marx: "tomamos parte nas restaurações das nações modernas, sem termos tomado parte nas suas revoluções. Fomos restaurados primeiramente porque outras nações ousaram fazer uma revolução e, em segundo lugar, porque outras nações sofreram contrarrevoluções; no primeiro caso, porque nossos senhores tiveram medo e, no segundo, porque nada temeram" (MARX, Karl. *Crítica da Filosofia do Direito de Hegel*. 2ª ed. rev. São Paulo: Boitempo, 2010, p. 146).

345 MAIA, Paulo Sávio N. P. *O guardião da Constituição na polêmica Kelsen-Schmitt*: Rechtsstaat como referência semântica na memória de Weimar. Brasília: UnB, 2007, p. 108. (Dissertação de Mestrado).

> "constituição', foi utilizada como forma de diferenciar o pacto de 1814 da Revolução Francesa e do período napoleônico. Para Chateaubriand, contemporâneo dos acontecimentos, a carta convinha aos tradicionalistas e aos constitucionalistas, ao mesclar a tradição e a liberdade na monarquia moderada. Embora com grande preponderância do papel do rei no governo, a Carta de 1814 foi inspirada no modelo inglês, até para marcar sua oposição a Napoleão. O modelo da Carta de 1814, outorgada, seria influente em todo o constitucionalismo monárquico europeu (**e brasileiro**), com seu regime eleitoral censitário estreito, ampliado em 1830. Embora a eleição direta tenha sido adotada em 1817, o censo foi ampliado. O regime censitário era definido por um de seus principais defensores, Guizot, como o regime da *souveraineté de la raison*, pois deveria produzir uma elite capaz de governar.[346]

Como se vê, na França, a experiência constitucional de 1814 foi marcada por essa tentativa de adaptação da monarquia às indeléveis cicatrizes dos tempos revolucionários, talvez pelo cálculo pragmático da Coroa de que fosse melhor perder um dos anéis do que a própria mão (ou o pescoço). Prova disso são os artigos 13, 14 e 15, que garantem a figura do Monarca como inviolável, mas que expressamente preveem a responsabilidade de seus ministros, a limitação de sua atuação ao Poder Executivo e a garantia do Poder Legislativo à Câmara.

Na Alemanha, que também participava desse movimento restaurador simbolizado pelo *Wiener Schlußakte*, os desenvolvimentos político-constitucionais foram distintos do francês. Muito provavelmente pela ausência de movimentos revolucionários relevantes

---

346 BERCOVICI, Gilberto. *Soberania e Constituição*: para uma crítica do constitucionalismo. 3ª ed. São Paulo: Quartier Latin, 2020, pp. 159/160, destaque nosso.

até 1848,[347] a monarquia germânica não abriu mão de quaisquer de seus poderes. Muito ao contrário:

> [s]e na França o soberano é descrito como um monarca que *règne, mais il ne gouverne pas*, na Alemanha, ele reina, governa, legisla e ainda é imune ao Poder Judiciário, pois, segundo o art. 52 do Ato Final de Viena, o princípio monárquico é incompatível com a separação dos poderes.[348]

Assim como ocorreu na Alemanha, a primeira Constituição brasileira e a publicística que lhe amparava foram primordialmente influenciadas por uma leitura político-doutrinária muito peculiar e radical dessa tradição constitucional restauradora, circunstância essa que, concretamente, provocará um distanciamento da experiência brasileira em relação aos contornos constitucionais originários da *Charte* de 1814, aprofundando, como na Alemanha, o seu matiz restaurador e inflando sobremaneira as prerrogativas constitucionais do Monarca.

Para tanto, a semântica do Poder Moderador de Benjamin Constant será peculiarmente importada e aplicada mediante o entrecorte por estruturas políticas próprias do Brasil,[349] fazendo

---

347 De acordo com Bercovici, "(...) apesar do modelo francês, a maior parte dos autores alemães quer desenvolver um modelo peculiar de monarquia constitucional, contraposto ao parlamentarismo inglês ou à monarquia limitada francesa, a '*deutsche konstitutionelle Monarchie*', que irá se caracterizar, no decorrer do século, especialmente após 1848, pela ausência de revoluções, ao contrário da França" (BERCOVICI, Gilberto. *Soberania e Constituição*: para uma crítica do constitucionalismo. 3ª ed. São Paulo: Quartier Latin, 2020, p. 166).

348 MAIA, Paulo Sávio N. P. *O guardião da Constituição na polêmica Kelsen-Schmitt*: Rechtsstaat como referência semântica na memória de Weimar. Brasília: UnB, 2007, p. 94. (Dissertação de Mestrado).

349 Sobre a relação entre a semântica liberal com as estruturais nacionais, sobretudo a escravidão, conferir: NEVES, Marcelo. "Ideias em outro lugar? Constituição liberal e codificação do Direito Privado na virada do

com que, em seus efeitos jurídico-políticos concretos, a concepção monárquica essencialmente conservadora desenvolvida entre 1824 e 1889 se aproxime bastante do cerne do Direito Público alemão do período no que se refere, sobretudo, à afirmação concreta do princípio monárquico. Segundo Niklas Luhmann, pode-se verificar uma *equivalência funcional* entre o papel do princípio monárquico para o constitucionalismo alemão oitocentista e o papel desempenhado pela versão brasileira do Poder Moderador na mesma época; além de uma outra equivalência funcional, científica e paralela à primeira, entre os desenvolvimentos da Teoria Geral do Estado germânica sobre o *monarchische Prinzip* e a majoritária publicística conservadora brasileira em torno da teoria de Constant, já que o método funcional suscitado por Luhmann, como se sabe, "vale tanto para o nível dos sistemas reais, que se estruturam mediante orientação por funções, **como para o nível da análise científica de tais sistemas**".[350] Ou seja, estruturas sociais e interpretações teoréticas sobre essas mesmas estruturas podem desempenhar papéis funcionais equivalentes e comparáveis, em contextos diferentes, para a resolução de problemas que guardam identificação entre si.

Antes de adentrar na minudente justificativa dessa equivalência funcional aqui proposta, é oportuno assentar que a instauração da primeira ordem constitucional brasileira não foi, por óbvio, coincidência do acaso. Os fenômenos que a cercam se inserem e (ao mesmo tempo) foram fortemente influenciados e entrecortados *na* e *pela* crise do sistema colonial português,[351] na tormentosa transição do século XVIII para o século XIX.

---

século XIX para o século XX no Brasil". *Revista Brasileira de Ciências Sociais*, vol. 30, nº 88, jun. 2015.

350 LUHMANN, Niklas. *Sistemas sociais*: esboço de uma teoria geral. Petrópolis: Vozes, 2016, p. 74, destaque nosso.

351 Destaque-se que a crise do sistema colonial português aqui referida se refere àquela atinente ao Brasil do começo do século XIX, e não a todo o conjunto de colônias portuguesas, que obviamente não se resumiam ao território brasileiro, tendo ramificações na África e na Ásia. Apenas

1.2.2 A Independência brasileira no marco da crise do sistema colonial português

O colonialismo desenvolvido no Brasil, entre os séculos XVI e início do XIX, foi fortemente marcado pela forma econômica mercantilista, ou seja, pelo "metalismo, protecionismo, fomento demográfico e busca por uma balança comercial constantemente favorável",[352] tudo isso sustentado pelo "exclusivo" metropolitano[353] e pelo escravismo,[354] bem como alinhavado por uma velha aliança lusitana com a Inglaterra, que "permitirá a Portugal atravessar os séculos XVII e XVIII e chegar ao século XIX sem perder sua

---

muito tardiamente foram conquistadas as independências de Guiné-Bissau (10 de setembro de 1974), Moçambique (25 de junho de 1975), Cabo Verde (5 de julho de 1975), São Tomé e Príncipe (12 de julho de 1975), Angola (11 de novembro de 1975), Goa (1961), Timor-Leste (1975) e Macau (1976).

352 GOMES, David F. L. *A Constituição de 1824 e o problema da modernidade*: o conceito moderno de Constituição, a história constitucional brasileira e a teoria da Constituição no Brasil. Belo Horizonte: D'Plácido, 2019, p. 56.

353 De acordo com Fernando A. Novais, "é no regime do comércio entre metrópoles e colônias que se situa o elemento essencial desse mecanismo. Reservando-se a exclusividade do comércio com o Ultramar, as metrópoles europeias na realidade organizavam um quadro institucional de relações tendentes a promover necessariamente um estímulo à acumulação primitiva de capital na economia metropolitana a expensas das economias periféricas coloniais. O chamado 'monopólio colonial', ou mais corretamente e usando um termo da própria época, o regime do 'exclusivo' metropolitano constituía-se pois no mecanismo por excelência do sistema, através do qual se processava o ajustamento da expansão colonizadora aos processos da economia e da sociedade europeias em transição para o capitalismo integral" (NOVAIS, Fernando A. *Portugal e Brasil na crise do Antigo Sistema Colonial (1777-1808)*. 2ª ed. São Paulo: Editora 34, 2019, p. 89).

354 NOVAIS, Fernando A. *Portugal e Brasil na crise do Antigo Sistema Colonial (1777-1808)*. 2ª ed. São Paulo: Editora 34, 2019, pp. 110-125.

condição de reino independente e sem abrir mão de seus principais domínios ultramarinos, sobretudo o Brasil".[355]

Essa aliança se mostrava de suma importância porque, embora Portugal tivesse ocupado uma posição de vanguarda nos grandes descobrimentos do século XVI, essa condição (compartilhada com a Espanha) foi sendo progressivamente desfeita, ao longo dos três séculos seguintes, por fatores internos e pela concorrência de países como a própria Inglaterra e a França.[356] Não obstante esse paulatino declínio do protagonismo geopolítico lusitano, as possessões coloniais portuguesas permaneceram intactas. Com espanto, David F. L. Gomes delineia a questão: "não deixa de ser esdrúxulo o todo que se dá a ver: um pequeno reino, desprovido quase que completamente de relevância militar e de força política, como sede de um vastíssimo império colonial".[357]

É que Portugal, numa valsa mutuamente prazerosa, dançava conforme a partitura inglesa tocada na conjuntura econômica mercantilista. Isso porque

> a colonização do Novo Mundo na Época Moderna apresenta-se como peça de um sistema, instrumento da acumulação primitiva da época do capitalismo mercantil. (...) Completa-se, entrementes, a conotação do sentido profundo da colonização:

---

355 GOMES, David F. L. *A Constituição de 1824 e o problema da modernidade*: o conceito moderno de Constituição, a história constitucional brasileira e a teoria da Constituição no Brasil. Belo Horizonte: D'Plácido, 2019, p. 53.

356 GOMES, David F. L. *A Constituição de 1824 e o problema da modernidade*: o conceito moderno de Constituição, a história constitucional brasileira e a teoria da Constituição no Brasil. Belo Horizonte: D'Plácido, 2019, p. 53.

357 GOMES, David F. L. *A Constituição de 1824 e o problema da modernidade*: o conceito moderno de Constituição, a história constitucional brasileira e a teoria da Constituição no Brasil. Belo Horizonte: D'Plácido, 2019, p. 54.

> comercial e capitalista, isto é, elemento constitutivo no processo de formação do capitalismo moderno.[358]

Em tal dinâmica, a Inglaterra se beneficiava do enorme capital oriundo da principal colônia lusitana e Portugal, por sua vez, se favorecia da proteção exercida pela fortíssima esquadra inglesa e do acesso aos seus produtos manufaturados.

David Gomes resume bem as principais engrenagens econômicas dessa relação mercantilista-colonial luso-britânica, que contribuiu para fomentar as condições propícias ao desenrolar da Primeira Revolução Industrial, por volta de 1750, justamente na Inglaterra:

> Internamente às colônias, o trabalho compulsório organizava uma sociedade com uma elevadíssima concentração de renda e, em decorrência disso, com uma limitação a seu mercado interno. A exploração que era feita no território colonial resultava em capitais que se iam acumular nas metrópoles europeias. Dentre elas, é na Inglaterra que acontecerá (...) a canalização desse capital acumulado para um conjunto de processos que levarão o modo de produção capitalista a um novo estágio de seu desenvolvimento, estágio no qual, razoavelmente amadurecido, ele poderá consolidar-se e continuar a expandir-se segundo sua própria lógica. Esse conjunto de processos, que ficará conhecido como Revolução Industrial, escancarará a ampla gama de contradições que, desde o início, emaranham-se no sistema colonial e no mercantilismo.[359]

Importante destacar que esse colonialismo, por óbvio, não possuía apenas uma dimensão econômica. Como verdadeira forma

---

358 NOVAIS, Fernando A. *Portugal e Brasil na crise do Antigo Sistema Colonial (1777-1808)*. 2ª ed. São Paulo: Editora 34, 2019, p. 87.

359 GOMES, David F. L. *A Constituição de 1824 e o problema da modernidade*: o conceito moderno de Constituição, a história constitucional brasileira e a teoria da Constituição no Brasil. Belo Horizonte: D'Plácido, 2019, pp. 57/58.

de organização social e geopolítica que era, entrecortava também as relações políticas internas e externas das colônias e das metrópoles dela participantes:

> Absolutismo, sociedade estamental, capitalismo comercial, política mercantilista, expansão ultramarina e colonial são, portanto, partes de um todo, interagem reversivamente neste complexo que se poderia chamar, mantendo um termo da tradição, Antigo Regime. São no conjunto processos correlatos e interdependentes, produtos todos das tensões sociais geradas na desintegração do feudalismo em curso, para a constituição do modo de produção capitalista. Nesta fase intermediária, em que a expansão das relações mercantis promovia a superação da economia dominial e a transição do regime servil para o assalariado, o capital comercial comandou as transformações econômicas mas a burguesia mercantil encontrava obstáculos de toda ordem para manter o ritmo de expansão das atividades e ascensão social; daí, no plano econômico, a necessidade de apoios externos – as economias coloniais – para fomentar a acumulação, e no nível político a centralização do poder para unificar o mercado nacional e mobilizar recursos para o desenvolvimento. Nesse sentido, o Antigo Regime Político – essa estranha e aparente projeção do poder para fora da sociedade – representou a fórmula de a burguesia mercantil assegurar-se das condições para garantir sua própria ascensão e criar o quadro institucional do desenvolvimento do capitalismo comercial. Tratava-se, em última instância, de subordinar todos ao rei, e orientar a política da realeza no sentido do progresso burguês, até que, a partir da Revolução Francesa e pelo século XIX afora, a burguesia pudesse tornar-se, como diria Charles Mozaré, "conquistadora", e modelar a sociedade à sua imagem, de acordo com os seus interesses e segundo os seus valores.[360]

---

360 NOVAIS, Fernando A. *Portugal e Brasil na crise do Antigo Sistema Colonial (1777-1808)*. 2ª ed. São Paulo: Editora 34, 2019, p. 83, destaque nosso.

Enquanto foi interessante à acumulação de capitais pela Inglaterra, a forma mercantilista – vista, numa perspectiva macroeconômica, como etapa de "transição entre modo de produção feudal e modo de produção capitalista consolidado"[361] – prosperou como principal alicerce do sistema colonial português.

Todavia, com o desenrolar da Revolução Industrial, possibilitada justamente pela vultosa acumulação de capitais oriunda do mercantilismo e do sistema colonial, a situação mudou de figura, já que a forma econômica mercantilista não mais se mostrava eficiente e desejável ao Império Britânico:

> (...) o novo estágio do capitalismo possibilitará uma produção em escala exponencialmente ampliada, os mercados até então existentes não mais serão suficientes para recepcionar toda essa produção. Ao mesmo tempo, para uma produção em escala ampliada, tanto uma quantidade absurdamente maior de matéria-prima quanto uma quantidade aumentada de metais que possam funcionar como dinheiro são indispensáveis. Ademais, a dinâmica que se vai estabelecer nesse novo estágio industrial não se coaduna com o tempo e com os custos perdidos em transações nas quais intervêm diversos agentes econômicos: da colônia para a metrópole, da metrópole para a sede do novo capitalismo industrial. Por tudo isso, o exclusivo metropolitano, pedra fundamental de todo o sistema colonial, passará a encontrar cada vez mais resistência dos países que estão à frente no processo de transição de um capitalismo comercial para um capitalismo industrializado, principalmente, por suposto, da Inglaterra.[362]

---

361 GOMES, David F. L. *A Constituição de 1824 e o problema da modernidade*: o conceito moderno de Constituição, a história constitucional brasileira e a teoria da Constituição no Brasil. Belo Horizonte: D'Plácido, 2019, p. 56.

362 GOMES, David F. L. *A Constituição de 1824 e o problema da modernidade*: o conceito moderno de Constituição, a história constitucional

Diante disso,

> a limitação do mercado interno ocasionada pelo trabalho compulsório e a interveniência metropolitana tornam-se um estorvo, um amálgama de mecanismos que atravanca a continuidade do processo que ele mesmo, por séculos, preparou.[363]

A partir do momento em que o mercantilismo e o sistema colonial passaram a representar um entrave ao novo estágio capitalista inglês, Londres mudou as regras do jogo e, por conseguinte, da antiga aliança geopolítica com Portugal.

Fica evidente, assim, que

> (...) é somente dentro da moldura de possibilidades do Antigo Regime e do sistema colonial mercantilista que a desproporção entre a força política e militar de Portugal e seu território colonial pode manter-se. Esgotada essa moldura de possibilidades, chegada a crise à sua fase aguda, aquela desproporção não é mais sustentável. Objetivamente, estão dadas as condições para o processo de Independência do Brasil.[364]

---

brasileira e a teoria da Constituição no Brasil. Belo Horizonte: D'Plácido, 2019, pp. 58/59.

363 GOMES, David F. L. *A Constituição de 1824 e o problema da modernidade*: o conceito moderno de Constituição, a história constitucional brasileira e a teoria da Constituição no Brasil. Belo Horizonte: D'Plácido, 2019, p. 59.

364 GOMES, David F. L. *A Constituição de 1824 e o problema da modernidade*: o conceito moderno de Constituição, a história constitucional brasileira e a teoria da Constituição no Brasil. Belo Horizonte: D'Plácido, 2019, p. 63.

A desesperada transferência da Corte portuguesa para o Rio de Janeiro, em 1808, fugindo das baionetas napoleônicas,[365] atuou como elemento catalisador da Independência, já que

> feito o traslado, reorganizada em solo brasílico a Corte de Portugal, sua presença significará uma condição iniludível do processo inteiro que culminará na ruptura dos laços coloniais e dará a esse processo um colorido extremamente singular.[366]

Essa nova fase capitalista mundial, notadamente industrial, não produziu apenas consequências econômicas para a demolição do sistema colonial português; "também o fundamento tradicional de legitimidade da Política e do Direito era fortemente abalado nesse contexto",[367] marcadamente por ideias liberais, separatistas, fede-

---

365 Rafael Cariello e Thales Zamberan Pereira comentam o contexto da vinda de D. João VI e de sua camarilha para o Rio de Janeiro: "em 1807, ele se vira ameaçado pelas duas potências em disputa na Europa, Inglaterra e França, que o instavam a abandonar sua proveitosa neutralidade e a escolher um lado na guerra. Ocorre que tomar partido, qualquer que fosse, trazia naquele momento um custo exorbitante, existencial para Portugal e os Bragança. Enquanto os britânicos ameaçavam Lisboa com uma esquadra estacionada na saída do Tejo, pronta para disparar os canhões, tropas francesas se preparavam para fazer a invasão por terra, vindas da Espanha. A transferência da Corte para o Brasil, aventada como uma possibilidade desde o final do século XVI e considerada seriamente com o início das ameaças napoleônicas, acabou sendo decidida depois de alguns meses de hesitação" (CARIELLO, Rafael; PEREIRA, Thales Zamberlan. *Adeus, senhor Portugal*: crise do Absolutismo e a Independência do Brasil. São Paulo: Companhia das Letras, 2022, p. 115).

366 GOMES, David F. L. *A Constituição de 1824 e o problema da modernidade*: o conceito moderno de Constituição, a história constitucional brasileira e a teoria da Constituição no Brasil. Belo Horizonte: D'Plácido, 2019, p. 63.

367 GOMES, David F. L. *A Constituição de 1824 e o problema da modernidade*: o conceito moderno de Constituição, a história constitucional brasileira e a teoria da Constituição no Brasil. Belo Horizonte: D'Plácido, 2019, p. 130.

ralistas, republicanas, defensoras da soberania popular e do direito à autodeterminação etc., presentes, por exemplo, em movimentos como a Inconfidência Mineira, a Conjuração Baiana, a Revolução Pernambucana, a Confederação do Equador etc.

Fernando Novais desenvolve essa perspectiva apontando que, no marco da crise do sistema colonial, ideias iluministas revolucionárias também chegaram ao Brasil e atuaram como elementos catalisadores da decadência do colonialismo e do absolutismo portugueses, tudo de maneira muito ambígua e paradoxal. Como exemplo, o professor paulista cita, com amparo em Michèle Duchet, as "limitações ideológicas das Luzes; o mundo extra europeu, o indígena, o escravo, eram na realidade sempre objeto, nunca sujeito, do discurso iluminista, uma maneira de a sociedade europeia se compreender a si mesma.[368]

Analisando os livros apreendidos nas bibliotecas de inconfidentes como Tomás Antônio Gonzaga e Claudio Manuel da Costa, bem como de participantes da Conjuração Baiana (Cipriano Barata, por exemplo), Fernando Novais depura a grande presença de obras iluministas e revolucionárias, sobretudo francesas, a despeito das censuras inquisitoriais e absolutistas então vigentes no Brasil.[369] Desse excurso pelos autos das devassas, Novais conclui, com elucidativas citações diretas, o seguinte:

---

368 NOVAIS, Fernando A. *Portugal e Brasil na crise do Antigo Sistema Colonial (1777-1808)*. 2ª ed. São Paulo: Editora 34, 2019, p. 182. Sobre essas contradições, paradoxos e tensões entre as ideias liberais-iluministas e a escravidão negra na moderna conjuntura capitalista, conferir também: BUCK-MORSS, Susan. "Hegel and Haiti: critical inquiry". *The University of Chicago Press*, vol. 26, nº 4, 2000, pp. 821-865; e SALA-MOLINS, Louis. *Dark side of the light*: slavery and the French Enlightenment. Trad. e intr. John Conteh-Morgan. Minneapolis: University of Minnesota Press, 2006.

369 NOVAIS, Fernando A. *Portugal e Brasil na crise do Antigo Sistema Colonial (1777-1808)*. 2ª ed. São Paulo: Editora 34, 2019, pp. 182-197.

> As tensões engendradas nos mecanismos globais de funcionamento do sistema começavam cada vez mais a expressar-se, em uma tomada de consciência da situação colonial. Pouco a pouco, mas irreversivelmente, "tomou-se consciência", aqui, de que a Europa estava "chupando toda a substância" das colônias; tomou-se consciência que o Rei era "como qualquer de nós"; começou-se a achar que "isso de religião é peta"... Tinha-se sobretudo, a trágica consciência de que "se podiam levantar os povos do Brasil".
>
> A crise do sistema manifestava-se, portanto, no nível das mentalidades, de forma iniludível, através da emergência de um estilo de pensamento que se contrapunha à ideologia do sistema, com o qual não mais podia dialogar. A religião, suporte da ordem e instrumento de sossego dos povos, começa a ser vista como roteiro de libertação, pois "a Sagrada Escritura, assim como dá poder aos reis, para castigar os vassalos, dá aos vassalos, para castigar os reis"; ou, no limite, a fé tradicional se apresenta como ilusão enganadora ("isso de religião é peta"). E a autoridade régia, que do ponto de vista do sistema tinha que ser absoluta e intangível, fonte de todo poder e governação, ficava despida de suas prerrogativas divinas: pois "os homens são livres e podem em todo o tempo reclamar a sua liberdade", e "devemos todos ser humanos, iguais e livres de subordinação"; e, no limite, o rei é "como qualquer de nós".[370]

É importante destacar que essa conjuntura de progressiva corrosão das premissas jurídico-políticas do antigo sistema colonial e do *Ancién Régime* português não foi gestada simplesmente de cima para baixo, exclusivamente pela banda liberal da elite letrada. Na verdade, os atos preparatórios e a própria deflagração dos processos de Independência – que marcariam o estopim das insatisfações políticas com os escombros do sistema colonial e com a monarquia

---

370 NOVAIS, Fernando A. *Portugal e Brasil na crise do Antigo Sistema Colonial (1777-1808)*. 2ª ed. São Paulo: Editora 34, 2019, pp. 197/198.

absolutista lusitana – foram engendrados por uma pluralidade de atores e a partir de uma miríade de pautas políticas,[371] inclusive de camadas populares e de pessoas escravizadas, algo que foi sendo paulatinamente apagado da historiografia nacional e que, felizmente, sobretudo por força do bicentenário da Independência em 2022, vem sendo resgatado por análises historiográficas mais plurais e críticas.[372]

Como bem aponta David F. L. Gomes,

> [n]ão faltará durante o processo de ruptura jurídico-política entre Brasil e Portugal a participação de escravos que enxergavam naquele processo o prenúncio da liberdade, engajando-se voluntariamente na luta, inclusive armada, pela Independência.[373]

---

371 "(...) nada estava em absoluto decidido. O 'medo do Haiti', o risco da fragmentação territorial; o assombro da ameaça republicana; o temor de ter como chefe supremo o herdeiro da Coroa portuguesa; o desejo de tê-lo como imperador por esse mesmo motivo; o medo das represálias internacionais; a esperança de apoio por parte das nações mais avançadas economicamente; homens letrados, de grande erudição; outros, semi ou completamente analfabetos; brancos; pardos; negros, libertos e também escravos; mulheres; ricos; pobres: tudo isso, em graus variados, interagia ali" (GOMES, David F. L. *A Constituição de 1824 e o problema da modernidade*: o conceito moderno de Constituição, a história constitucional brasileira e a teoria da Constituição no Brasil. Belo Horizonte: D'Plácido, 2019, p. 94).

372 Por todos, conferir: LIMA JUNIOR, Carlos; SCHWARCZ, Lilia M.; e STUMPF, Lúcia K. *O sequestro da Independência*: uma história da construção do mito do Sete de Setembro. São Paulo: Companhia das Letras, 2022; OLIVEIRA, Cecília Helena de Salles. *Ideias em confronto*: embates pelo poder na Independência do Brasil (1808-1825). São Paulo: Todavia, 2022; e CARIELLO, Rafael; PEREIRA, Thales Zamberlan. *Adeus, senhor Portugal*: crise do Absolutismo e a Independência do Brasil. São Paulo: Companhia das Letras, 2022.

373 GOMES, David F. L. *A Constituição de 1824 e o problema da modernidade*: o conceito moderno de Constituição, a história constitucional brasileira e a teoria da Constituição no Brasil. Belo Horizonte: D'Plácido, 2019, p. 69.

É por isso que, do lado de grande parte da antiga elite colonial, latifundiária e escravista,

> a possibilidade da Independência trazia consigo, constantemente lembrado, o "medo do Haiti", o medo de que o imenso contingente de escravos negros pudesse aproveitar-se da situação conturbada e levar a cabo algo semelhante ao que ocorrera em São Domingos no final do século antecedente.[374]

Esse medo (o "haitinismo") continuou reverberando, mesmo após a Independência e no contexto da Assembleia Constituinte de 1823, como uma característica estrutural do constitucionalismo brasileiro e das pautas político-conservadoras da elite latifundiária nacional.[375]

Quer por pressões da nova conjuntura capitalista da sociedade mundial, quer diante do acirramento, perante a nascente esfera pública do país,[376] de pautas político-constitucionais contrárias à

---

374 GOMES, David F. L. *A Constituição de 1824 e o problema da modernidade*: o conceito moderno de Constituição, a história constitucional brasileira e a teoria da Constituição no Brasil. Belo Horizonte: D'Plácido, 2019, p. 68.

375 Especificamente sobre a relação entre o processo de independência, a experiência constituinte de 1823 e os temores da elite brasileira em relação à Revolução do Haiti, conferir os trabalhos a seguir: QUEIROZ, Marcos Vinícius Lustosa. *O Haiti é aqui*: ensaio sobre formação social e cultura jurídica latino-americana (Brasil, Colômbia e Haiti, século XIX). Brasília: UnB, 2022. (Tese de Doutorado); e QUEIROZ, Marcos Vinícius Lustosa. *Constitucionalismo brasileiro e o Atlântico Negro*: a experiência constitucional de 1823 diante da Revolução Haitiana. Brasília: UnB, 2017. (Dissertação de Mestrado).

376 GOMES, David F. L. *A Constituição de 1824 e o problema da modernidade*: o conceito moderno de Constituição, a história constitucional brasileira e a teoria da Constituição no Brasil. Belo Horizonte: D'Plácido, 2019, pp. 73-94; e CARVALHO, José Murilo de; BASTOS, Lúcia; BASILE, Marcello (Coord.). *Às armas, cidadãos! Panfletos manuscritos da Independência do Brasil (1822-1823)*. São Paulo: Companhia das Letras, 2012.

sistemática colonial e ao absolutismo, foi tomando forma o movimento de Independência.

Essa conjuntura ganhou um fundamental ingrediente: o irromper da Revolução do Porto, em 24 de agosto de 1820. Insatisfeita com os altos gastos da Coroa, que contrastavam com a periclitante situação financeira do Estado português – soldos militares e salários de funcionários civis estavam atrasados –, "a cidade do Porto conheceu um levante militar. Tropa, comerciantes, magistrados e outros setores da população urbana exigiam Constituição e, por meio dela, a instituição de uma monarquia representativa, parlamentar".[377]

As chamadas Cortes de Lisboa, consubstanciadas num Parlamento constituinte, foram, então, convocadas, com representação portuguesa e brasileira, para a elaboração de uma Constituição. Uma das primeiras medidas do Soberano Congresso, como também era conhecido, foi a exigência do imediato retorno de D. João VI a Portugal, que, após hesitações, cedeu e retornou,[378] deixando seu filho, D. Pedro, como Príncipe Regente do Brasil.

---

377 CARIELLO, Rafael; PEREIRA, Thales Zamberlan. *Adeus, senhor Portugal*: crise do Absolutismo e a Independência do Brasil. São Paulo: Companhia das Letras, 2022, p. 114.

378 "Com o controle da parte europeia do Reino Unido [de Portugal, Brasil e Algarves], os líderes constitucionais exigiam a volta de D. João VI a Portugal. Ao reclamarem a presença do rei e anunciarem que não pretendiam depô-lo – embora não hesitassem em limitar os seus poderes –, os revolucionários portugueses aderiam àquilo que o historiador português Valentim Alexandre descreveu como um 'tradicionalismo tático': buscavam neutralizar as oposições de uma Europa conservadora – em que a Revolução Francesa havia sido vencida, e as legitimidades monárquicas, restabelecidas – e até mesmo de setores absolutistas de Portugal. De resto, o poder simbólico dos Bragança não havia se esgotado – o que fazia com que mesmo os críticos mais ferozes do governo, na América e na Europa, centrassem os seus ataques nos ministros de D. João, poupando retoricamente o ocupante do trono" (CARIELLO, Rafael; PEREIRA, Thales Zamberlan. *Adeus, senhor Portugal*: crise do Absolutismo e a Independência do Brasil. São Paulo: Companhia das Letras, 2022, pp. 114/115).

As Cortes de Lisboa, no que foram inicialmente apoiadas por províncias brasileiras defensoras de históricas pautas separatistas e de autonomia em relação ao jugo administrativo do Rio de Janeiro (principalmente, Bahia e Pernambuco), definiram que as províncias brasileiras seriam governadas por juntas eleitas localmente; permanecendo as atividades militares e tributárias, todavia, sob o comando centralizado das próprias Cortes. Num primeiro momento, mesmo a delegação do Rio de Janeiro não se opôs a essas medidas, o que mudou de figura drasticamente quando as Cortes propuseram o fechamento dos Tribunais e Juntas de Comércio estabelecidos na então capital brasileira, causando sérios temores às elites comerciais e burocráticas lá estabelecidas, tanto pelas dificuldades logísticas e econômicas representadas pela necessidade de se passar a ir a Lisboa para solucionar litígios comerciais como pela perda de poder político-administrativo e de milhares de empregos de alto escalão com o fechamento dessas importantes repartições fluminenses.[379]

Para além disso, as Cortes de Lisboa expediram decreto que exigia o imediato retorno do Príncipe Regente a Portugal,

> determinando que o jovem D. Pedro, ao voltar, fizesse uma espécie de *tour* educacional pela Europa, viajando "às Cortes e reinos de Espanha, França e Inglaterra, acompanhado por pessoas dotadas de luzes, virtudes e adesão ao sistema constitucional". Além de inútil do ponto de vista prático, o filho de D. João era tratado como alguém pouco esclarecido. Juntavam, assim, o insulto à punição política.[380]

---

379 CARIELLO, Rafael; PEREIRA, Thales Zamberlan. *Adeus, senhor Portugal*: crise do Absolutismo e a Independência do Brasil. São Paulo: Companhia das Letras, 2022, pp. 123/124.

380 CARIELLO, Rafael; PEREIRA, Thales Zamberlan. *Adeus, senhor Portugal*: crise do Absolutismo e a Independência do Brasil. São Paulo: Companhia das Letras, 2022, p. 123.

A consequência desse acirramento político crescente foi a decisão do belicoso Príncipe Regente por sua permanência no Brasil:

> As pressões da elite local, associadas ao modo como o próprio príncipe havia sido tratado pelas Cortes – algo que José Bonifácio fez questão de ressaltar em carta ao regente –, fizeram o herdeiro da Coroa a princípio hesitar e depois se deixar convencer a ficar. Aos políticos e burocratas do Centro-Sul parecia impossível resistir ao rebaixamento político e econômico de sua região sem o apoio e a presença do futuro monarca. **A d. Pedro agora se afigurava mais promissor liderar a causa de parte da elite brasileira – o que incluía tentar unir toda a América portuguesa sob o seu comando – do que se submeter aos constitucionais portugueses.** Assim, no dia 9 de janeiro, exatamente um mês depois da chegada dos documentos de Lisboa, foi anunciado que d. Pedro, "para o bem de todos e felicidade geral da nação", permaneceria no país, data que passou para a história como o "dia do fico".[381]

Diante dos crescentes impasses entre portugueses e brasileiros nos debates constitucionais, as Cortes sugeriram uma alternativa: permitir a permanência de D. Pedro no Brasil, manter a autonomia administrativa das províncias brasileiras, inclusive militar e judiciária, mas, por outro lado, instituir uma série de mecanismos alfandegários que, em síntese, buscavam restabelecer os portos portugueses como os grandes centros de recepção das exportações brasileiras para a Europa e de concentração das importações brasileiras oriundas do Velho Continente. Tudo isso mediante diferenças de tarifas alfandegárias que praticamente tornavam inúteis os portos do Brasil para o mercado internacional, diminuindo drasticamente, assim,

---

381 CARIELLO, Rafael; PEREIRA, Thales Zamberlan. *Adeus, senhor Portugal*: crise do Absolutismo e a Independência do Brasil. São Paulo: Companhia das Letras, 2022, pp. 126/127, destaque nosso.

a arrecadação de tributos brasileiros e, obviamente, aumentando largamente os tributos arrecadados pelo fisco lusitano.[382]

As três vertentes contrapostas nesse imbróglio político-fundamental podem ser assim resumidas no que concerne às suas respectivas visões sobre os problemas fiscais portugueses, que provocaram a eclosão da Revolução do Porto:

> [b]aianos e pernambucanos almejavam concentrar receitas em seus portos, a elite do Centro-Sul pretendia reunir todos os tributos brasileiros em seus caixas, e a deputação portuguesa queria ver o dinheiro nos cofres de Lisboa.[383]

Tratava-se do velho adágio popular: "farinha pouca, meu pirão primeiro".

O progressivo acirramento de posições passou cada vez mais a contrapor portugueses e brasileiros, dentro do forte espírito nacionalista que também marcava a elaboração da Constituição.[384]

Desde fevereiro de 1822, Salvador estava tomada por tropas portuguesas, que buscavam impedir o avanço de movimentos revolucionários locais. Em maio de 1822, a situação ainda era a mesma, com o agravante de que as Cortes de Lisboa aprovaram o envio de reforços militares à província da Bahia para consolidar o domínio lusitano na região. Esse foi o estopim para que D. Pedro convocasse, já em junho de 1822, portanto, antes mesmo do famoso

382 CARIELLO, Rafael; PEREIRA, Thales Zamberlan. *Adeus, senhor Portugal*: crise do Absolutismo e a Independência do Brasil. São Paulo: Companhia das Letras, 2022, pp. 132-134.

383 CARIELLO, Rafael; PEREIRA, Thales Zamberlan. *Adeus, senhor Portugal*: crise do Absolutismo e a Independência do Brasil. São Paulo: Companhia das Letras, 2022, p. 134.

384 CARIELLO, Rafael; PEREIRA, Thales Zamberlan. *Adeus, senhor Portugal*: crise do Absolutismo e a Independência do Brasil. São Paulo: Companhia das Letras, 2022, pp. 136/137.

7 de setembro, uma Assembleia Constituinte para o Brasil, a ser reunida no ano seguinte.[385]

Foi justamente a promessa de uma Constituição que aparou as arestas existentes entre as antagônicas e até então inconciliáveis posições baiana, paulista e pernambucana, consolidando um projeto de unidade política para o Brasil em torno, precisamente, da simbólica figura de D. Pedro I.[386]

Munido de um abaixo-assinado proveniente de sua província, mediante o qual se exigia o imediato retorno da sua delegação à América, o médico e deputado baiano Lino Coutinho, após muita resistência dos portugueses, leu o tal documento em sessão da Constituinte: anunciava-se a pretensão de parte muito relevante do Brasil (a Bahia) de não reconhecer o poder constituinte das Cortes.[387]

Todavia, com o avançado dos trabalhos do Soberano Congresso, a maioria dos deputados brasileiros se sentiu forçada a assinar a Constituição portuguesa; apenas uma pequena minoria se recusou a assiná-la e/ou a jurá-la, pedindo permissão para imediatamente retornar ao Brasil, o que foi obviamente negado pelas Cortes. Esse grupo minoritário de deputados, incluindo os baianos Cipriano Barata e Lino Coutinho, conseguiu, então, fugir clandestinamente de Lisboa em um navio britânico rumo ao porto de Falmouth, Inglaterra, com a pretensão de regressar diretamente ao Brasil.[388]

---

385 CARIELLO, Rafael; PEREIRA, Thales Zamberlan. *Adeus, senhor Portugal*: crise do Absolutismo e a Independência do Brasil. São Paulo: Companhia das Letras, 2022, pp. 137/138.

386 CARIELLO, Rafael; PEREIRA, Thales Zamberlan. *Adeus, senhor Portugal*: crise do Absolutismo e a Independência do Brasil. São Paulo: Companhia das Letras, 2022, p. 139.

387 CARIELLO, Rafael; PEREIRA, Thales Zamberlan. *Adeus, senhor Portugal*: crise do Absolutismo e a Independência do Brasil. São Paulo: Companhia das Letras, 2022, pp. 140-143.

388 CARIELLO, Rafael; PEREIRA, Thales Zamberlan. *Adeus, senhor Portugal*: crise do Absolutismo e a Independência do Brasil. São Paulo:

Foi nesse turbulento contexto interno e externo que D. Pedro I declarou formalmente a Independência brasileira em 7 de setembro de 1822, ato político esse que – fantasiado no famoso quadro de Pedro Américo – está longe de conseguir subsumir em si toda a complexidade da turbulenta conjuntura política que o envolveu e entrecortou.[389]

Dito isso, é importante recuperar, com Rafael Cariello e Thales Zamberlan, a fotografia que se tinha à época da tensão entre mudanças e permanências no contexto da formação do Estado brasileiro e da sua respectiva ordem constitucional, que estava prestes a ser inaugurada:

> O modelo de Estado resultante desses conflitos e negociações pode ser descrito como uma **monarquia constitucional oligárquica. Apenas uma pequena fração da sociedade brasileira estava representada no Parlamento.** Ainda no início desse processo, o pernambucano frei Caneca, num momento de aproximação com d. Pedro I, definiria bem as vantagens, para as elites brasileiras, desse arranjo. "Império constitucional? Colocado entre a monarquia e o governo democrático, reúne em si as vantagens de uma e de outra forma, e repulsa para longe os males de ambas. Agrilhoa o despotismo, e estanca os furores do povo indiscreto e volúvel". Podendo ser descrita como um processo que se espraia de 1808, com a chegada da família real, até 1831, ano da abdicação de d. Pedro I, a **emancipação do Brasil também pode ser definida como um movimento revolucionário do ponto de vista político – uma vez que substituiu o absolutismo por uma monarquia representativa constitucional – e do ponto de vista econômico – dado que assegurou a liberdade de comércio, em oposição ao exclusivo**

Companhia das Letras, 2022, pp. 143-145.

389 LIMA JUNIOR, Carlos; SCHWARCZ, Lilia M.; e STUMPF, Lúcia K. "Pedro Américo e a criação de uma pintura que grita!" *In*: ______. O *sequestro da Independência*: uma história da construção do mito do Sete de Setembro. São Paulo: Companhia das Letras, 2022, pp. 75-113.

> **colonial e ao regime de relações mercantis entre a América lusa e Portugal proposto pelas Cortes. Mas foi também um movimento claramente conservador, do ponto de vista social. Ao fim e ao cabo, ela garantiu a continuidade de uma sociedade altamente desigual, escravocrata – mantendo no poder elites às quais interessava a perpetuação desse arranjo.** Vale observar, como indício disso, que ao morrer, em 1836, José Lino Coutinho legaria para a família um engenho de açúcar, na vila de Santo Amaro da Purificação. Tratava-se, afinal, de um homem rico, de um grande proprietário. Deixaria também, como herança, 113 pessoas escravizadas, mulheres e homens negros, que constavam entre os seus bens.[390]

Como se disse, antes mesmo da sua Independência, o Brasil já tinha um encontro marcado com o constitucionalismo.

1.2.3 A Constituição de 1824 e a peculiar releitura brasileira da Teoria do Poder Moderador de Benjamin Constant

Como era próprio do paradigma liberal do século XIX, as eleições para a primeira Assembleia Constituinte brasileira foram realizadas indiretamente e por voto censitário, resultando na previsível escolha amplamente majoritária de grandes proprietários rurais escravocratas.[391] A Constituinte foi inaugurada, em 3 de maio de 1823, na cidade do Rio de Janeiro.

Já no início de seus trabalhos, então presididos por Antônio Carlos Ribeiro de Andrada, a Constituinte, "consoante os termos de sua convocação e do compromisso jurado, fez promulgar,

---

390 CARIELLO, Rafael; PEREIRA, Thales Zamberlan. *Adeus, senhor Portugal*: crise do Absolutismo e a Independência do Brasil. São Paulo: Companhia das Letras, 2022, pp. 145/146, destaque nosso.

391 CARVALHO NETTO, Menelick de. *A sanção no procedimento legislativo*. Belo Horizonte: Del Rey, 1992, p. 60.

independentemente da sanção imperial, seis leis consideradas urgentes".[392] O entendimento dos constituintes no sentido de que tanto a Constituição quanto essas seis leis ordinárias independeriam de sanção do Imperador

> constituiu o ponto fulcral da divergência entre a Assembleia Constituinte e a Coroa, [o] que, aliado ao recrudescimento do conflito entre portugueses e brasileiros, culmina na dissolução da Assembleia em 12 de novembro de 1823, sem que ela conclua seus trabalhos.[393]

Carvalho Netto disseca minuciosamente, em sua clássica tese de doutorado, os debates havidos no contexto da Constituinte dissolvida, de onde extrai valiosas pistas sobre os conceitos de constitucionalismo, de Estado e de soberania que acabariam por prevalecer na primeira experiência constitucional brasileira.

Consoante aponta, havia três distintas correntes políticas em torno do projeto constituinte. A primeira era formada por posições restauradoras e absolutistas.[394] A segunda "representada por Venâncio Henrique de Rezende, Montezuma, e outros exaltados que professavam um discurso liberal absoluto, típico daquele anterior à fase do terror na Revolução Francesa, libertário e igualitário".[395] Em terceiro lugar, havia

> (...) um segundo discurso de tipo liberal, como o de Carneiro Campos, matizado e enriquecido por aquela experiência

---

392 CARVALHO NETTO, Menelick de. *A sanção no procedimento legislativo*. Belo Horizonte: Del Rey, 1992, p. 60.

393 CARVALHO NETTO, Menelick de. *A sanção no procedimento legislativo*. Belo Horizonte: Del Rey, 1992, pp. 60/61.

394 CARVALHO NETTO, Menelick de. *A sanção no procedimento legislativo*. Belo Horizonte: Del Rey, 1992, p. 64.

395 CARVALHO NETTO, Menelick de. *A sanção no procedimento legislativo*. Belo Horizonte: Del Rey, 1992, p. 64.

> francesa, da qual se buscou escoimar exatamente a perigosa dimensão igualitária e revolucionária que lhe era ínsita. É o discurso do **liberalismo doutrinário**, aquele de um Edmund Burke, de um Lamartine, de um **Benjamin Constant**, de um Tocqueville, entre tantos de que nos fala Luís Diez Corral, **e que caracterizará os edificadores e os consolidadores da Monarquia Constitucional também aqui no Império do Brasil.**[396]

Carvalho Netto relembra como o então Presidente da Constituinte foi, após os infortúnios de sua malograda experiência passada como colaborador da Revolução Pernambucana de 1817,[397] seduzido, durante os debates constituintes, por posições políticas mais conservadoras, justamente as lentes pelas quais as teses de Benjamin Constant serão peculiarmente relidas por aqui:

> (...) o recuo de Antônio Carlos, principal defensor da não atribuição da sanção ao Imperador quanto às leis ordinárias aprovadas pela Assembleia Constituinte, no momento em

---

396 CARVALHO NETTO, Menelick de. *A sanção no procedimento legislativo*. Belo Horizonte: Del Rey, 1992, p. 64, destaque nosso. Christian Lynch destaca a importância de Carneiro Campos como principal reverberador da obra de Benjamin Constant e da teoria do Poder Moderador na experiência constituinte de 1823: "do projeto da Constituinte não constava o Poder Moderador, embora Benjamin Constant fosse bastante lido e citado durante os debates. Havia alguns deputados que advogavam ou pelo menos sugeriam o instituto do Poder Moderador nas sessões, o mais importante dos quais era José Joaquim Carneiro de Campos, futuro Marquês de Caravelas e autor da Constituição de 1824" (LYNCH, Christian Edward Cyril. "O Poder Moderador na Constituição de 1824 e no anteprojeto Borges de Medeiros de 1933: um estudo de Direito Comparado". *Revista de Informação Legislativa*, Brasília, vol. 47, nº 188, out./dez. 2010, p. 98).

397 Sobre a intensa participação de Antonio Carlos Ribeira de Andrada nas conspirações e no deflagrar da Revolução Pernambucana de 1917, conferir: MELLO, Evaldo Cabral de. *A outra Independência*: Pernambuco, 1817-1824. São Paulo: Todavia, 2022, pp. 29-60; e MELO FRANCO, Afonso Arinos de. *Curso de Direito Constitucional Brasileiro*. vol. 2, 3ª ed. Rio de Janeiro: Forense, 2019, pp. 22-25.

> que, no calor dos debates, Venâncio [Henrique de Rezende, Montezuma] atinge as raias do Republicanismo, recuo no qual qualifica o Imperador de ente metafísico e, portanto, inatacável, é por demais significativo.[398]

Significativo porque dá o tom dos temores políticos que animavam o liberalismo doutrinário e que seriam a tônica político-ideológica da monarquia constitucional brasileira:

> (...) a Revolução de Pernambuco de 1817 fornecera à elite brasileira o quadro concreto dos perigos envoltos na adoção daquele discurso liberal igualitário e revolucionário em sociedade escravagista, hierarquizada e excludente, por uma elite cujos monopólios herdados do período colonial, exatamente pela crise daquele sistema, precisavam ser restaurados e expandidos. As belas palavras revolucionárias, por menos que quisessem, inflamavam também aqueles integrantes do que denominavam malta, homens livres e sem inserção social, deserdados e desocupados que constituíam grande parte da população de então, oriundos dessa mesma crise do sistema colonial, e incentivavam, por outro lado, o levante e a revolta dos escravos, enfim, conduziam à desordem.[399]

Nesse momento crucial dos primórdios da formação da ideia de Nação brasileira, a elite agrária local não escondia as suas pretensões de, a um só tempo, manter a integridade territorial e a ordem econômica e social do período colonial,[400] bem como evitar irrupções

---

398 CARVALHO NETTO, Menelick de. *A sanção no procedimento legislativo*. Belo Horizonte: Del Rey, 1992, p. 65.

399 CARVALHO NETTO, Menelick de. *A sanção no procedimento legislativo*. Belo Horizonte: Del Rey, 1992, p. 65.

400 CARVALHO, José Murilo de. "Introdução (As marcas do período)". *In*: ______ (Coord.). *A construção nacional (1830-1889)*. Rio de Janeiro: Objetiva, 2012, pp. 19-26. (História do Brasil Nação: 1818-2010, vol. 2).

populares e de escravos.[401] Nessa conjuntura, o papel simbólico[402] de união nacional a ser desempenhado pela Monarquia era ferramenta política e social indispensável:

> [p]ara se entender o Império como um e único e se evitar a anarquia social, era imprescindível o recurso à figura do Imperador ou, para usar os termos de Hobbes, àquela pessoa única capaz de unir, por um poder comum, uma multidão de homens para a sua paz, a sua defesa e o seu proveito comuns.[403]

Noutras palavras:

> Era uma sociedade diferente daquelas da Europa, precisamente por se apresentar tendendo à desagregação e à anomia, e, assim, requerendo daqueles que pretendiam dirigi-la, no seio das medidas estritamente políticas, a criação de imagens, logo traduzidas em ações efetivas, objetivando a coesão em torno

---

401 Sobre a relação entre a ordem constitucional de 1824 e a escravidão, conferir: QUEIROZ, Marcos Vinícius Lustosa. *Constitucionalismo brasileiro e o Atlântico Negro*: a experiência constitucional de 1823 diante da Revolução Haitiana. Brasília: UnB, 2017, pp. 91-179. (Dissertação de Mestrado); QUEIROZ, Marcos Vinícius Lustosa. *O Haiti é aqui*: ensaio sobre formação social e cultura jurídica latino-americana (Brasil, Colômbia e Haiti, século XIX). Brasília: UnB, 2022, pp. 324-385. (Tese de Doutorado); NEVES, Marcelo. *Ideias em outro lugar?* "Constituição liberal e codificação do direito privado na virada do século XIX para o século XX no Brasil". *Revista Brasileira de Ciências Sociais*, vol. 30, nº 88, jun. 2015; e BOSI, Alfredo. "A escravidão entre dois liberalismos". *In*: _____. *Dialética da Colonização*. São Paulo: Companhia das Letras, 1992, pp. 194-245.

402 Sobre a relação entre construção do simbolismo imperial brasileiro via Poder Moderador, a ideia de Nação e a conformação de uma peculiar nobreza nacional, conferir: SCHWARCZ, Lilia Moritz. *As barbas do Imperador*: D. Pedro II, um Monarca nos trópicos. 2ª ed. São Paulo: Companhia das Letras, 2021, pp. 191-195.

403 CARVALHO NETTO, Menelick de. *A sanção no procedimento legislativo*. Belo Horizonte: Del Rey, 1992, p. 66.

> do seu conteúdo – a continuidade na figura do Imperador. Tem-se plena consciência da frágil coesão interna dessa sociedade que se quer construir como Nação, e mais, sabe-se que sua fragilidade decorre diretamente da instituição que a fundamenta e que, por isso mesmo, há que ser preservada por interesse próprio: a escravidão. (...) **Se a Nação não se apresentava como um corpo uno e indiviso, e assim negava a sua definição moderna e revolucionária, a Coroa, precisamente enquanto ente metafísico, deveria ocupar o seu lugar. E nos embates iniciais da Assembleia, a Coroa termina por reivindicar o monopólio do *imperium*, elaborando a Carta fundamental.**[404]

Nessa conjuntura, é importante destacar, com José Murilo de Carvalho, que um outro "[e]lemento poderoso de unificação ideológica da elite imperial foi a educação superior",[405] principalmente porque tal ensino se concentrava em pouquíssimas instituições e atendia a uma ínfima parcela da população brasileira, justamente a elite destinada a governar. Tratava-se, sem qualquer tom hiperbólico, de "uma ilha de letrados num mar de analfabetos",[406] em que se desenvolvia "uma ideologia homogênea dentro do estrito controle a que as escolas superiores eram submetidas pelos governos tanto de Portugal como do Brasil".[407]

---

404 CARVALHO NETTO, Menelick de. *A sanção no procedimento legislativo*. Belo Horizonte: Del Rey, 1992, pp. 66/67, destaque nosso.

405 CARVALHO, José Murilo de. *A construção da ordem*: a elite política imperial; *Teatro das sombras*: a política imperial. 15ª ed. Rio de Janeiro: Civilização Brasileira, 2021, p. 65.

406 CARVALHO, José Murilo de. *A construção da ordem*: a elite política imperial; *Teatro das sombras*: a política imperial. 15ª ed. Rio de Janeiro: Civilização Brasileira, 2021, p. 65.

407 CARVALHO, José Murilo de. *A construção da ordem*: a elite política imperial; *Teatro das sombras*: a política imperial. 15ª ed. Rio de Janeiro: Civilização Brasileira, 2021, p. 65.

Até a expedição do Decreto imperial de 11 de agosto de 1827, que fundou os dois primeiros estabelecimentos de ensino superior no país, um em Olinda e outro em São Paulo,[408] falar em educação superior no Brasil era, basicamente, falar de educação jurídica, e falar em educação jurídica era falar na Faculdade de Direito da Universidade de Coimbra, que "foi particularmente eficaz em evitar contato mais intenso de seus estudantes com o Iluminismo francês, politicamente perigoso".[409]

Como se sabe, a partir de 1772, foi empreendida em Coimbra a famosa reforma educacional determinada pelo Marquês de Pombal: "[o] Iluminismo atingia Portugal, finalmente".[410] Todavia, conforme adiantado, "Pombal não queria saber do Iluminismo francês, pois este continha elementos capazes de pôr em perigo a autoridade em geral e a autoridade real em particular".[411]

Na verdade, a versão desse Iluminismo recepcionada em Portugal

---

408 Sobre a conjuntura em que se deu a criação desses dois primeiros cursos jurídicos no Brasil, conferir: VENÂNCIO FILHO, Alberto. *Das arcadas ao bacharelismo*: 150 anos de ensino jurídico no Brasil. 2ª ed. São Paulo: Perspectiva, 2011, pp. 13-74; BASTOS, Aurélio Wander. *O ensino jurídico no Brasil*. 2ª ed. Rio de Janeiro: Lumen Juris, 2000, pp. 1-79; APOSTOLOVA, Bistra Stefanova. *A criação dos cursos jurídicos no Brasil*: tradição e inovação. Brasília: UnB, 2014, pp. 120-172. (Tese de Doutorado); e ADORNO, Sérgio. *Os aprendizes do poder*: o bacharelismo liberal na política brasileira. 2ª ed. rev. São Paulo: Universidade de São Paulo, 2019, pp. 89-103.

409 CARVALHO, José Murilo de. *A construção da ordem*: a elite política imperial; *Teatro das sombras*: a política imperial. 15ª ed. Rio de Janeiro: Civilização Brasileira, 2021, p. 84.

410 CARVALHO, José Murilo de. *A construção da ordem*: a elite política imperial; *Teatro das sombras*: a política imperial. 15ª ed. Rio de Janeiro: Civilização Brasileira, 2021, p. 67.

411 CARVALHO, José Murilo de. *A construção da ordem*: a elite política imperial; *Teatro das sombras*: a política imperial. 15ª ed. Rio de Janeiro: Civilização Brasileira, 2021, p. 67.

> era essencialmente reformismo e pedagogismo. Seu espírito não era revolucionário, nem anti-histórico, nem irreligioso, como o francês; mas essencialmente progressista, reformista, nacionalista e humanista. Era o Iluminismo italiano: um Iluminismo essencialmente cristão e católico.[412]

A geração de estadistas brasileiros que atuou ativamente na Independência e na Constituinte de 1823 foi, em sua grande parte, formada nesses bancos de Coimbra. José Murilo de Carvalho recupera os interessantes testemunhos de dois desses políticos acerca do ensino jurídico coimbrão e de seus temores em relação ao liberalismo francês:

> (...) É revelador o testemunho de Bernardo Pereira de Vasconcelos, formado em Coimbra em 1819, feito durante os debates parlamentares de 1826 sobre a criação dos cursos jurídicos.
>
> "O direito de resistência, este baluarte da liberdade, era inteiramente proscrito; e desgraçado de quem dele se lembrasse! (...) (A Universidade de Coimbra) está inteiramente incomunicável com o resto do mundo científico. Ali não se admite correspondência com outras academias; ali não se conferem os graus senão àqueles que estudaram o ranço de seus compêndios; ali estava aberta continuamente uma inquisição pronta a chamar às chamas todo aquele que tivesse a desgraça de reconhecer qualquer verdade ou na religião, ou na jurisprudência, ou na política".
>
> O debate de 1823 revelou também nas intervenções de José da Silva Lisboa a natureza politicamente conservadora da própria reforma pombalina. Silva Lisboa frequentou Coimbra entre 1774 e 1779, em plena reforma, e formou-se em filosofia e Direito canônico. Como fruto típico do Iluminismo português, traduziu Adam Smith, defendeu o progresso, o trabalho livre

412 CARVALHO, José Murilo de. *A construção da ordem*: a elite política imperial; *Teatro das sombras*: a política imperial. 15ª ed. Rio de Janeiro: Civilização Brasileira, 2021, p. 67.

> e a indústria, mas traduziu também a obra de Burke sobre a Revolução Francesa. Quando se discutia na Constituinte a liberdade de educação, ele foi enfático: "absolutamente nenhum governo pode tolerar que em quaisquer aulas se ensinem, por exemplo, as doutrinas do contrato social do sofista de Genebra".[413]

Sobre as duas figuras aludidas na citação acima, basta dizer que Bernardo Pereira de Vasconcelos (1795-1850) – após alguns breves flertes liberais que transparecem do excerto supramencionado[414] – se notabilizaria pela famosa política do Regresso Conservador (1837-1840), marcada pela ferrenha defesa da centralização política imperial e da manutenção do sistema escravista brasileiro.[415]

José da Silva Lisboa (1756-1835), o Visconde de Cairu, a seu turno, inicialmente foi contrário à separação entre Brasil e Portugal, vindo a apoiar a Independência brasileira apenas quando essa se tornou inevitável.[416] Silva Lisboa notabilizou-se, ainda, por intensa defesa das prerrogativas monárquicas e da centralização política; prova disso foi seu ardoroso combate, na imprensa, contra os princípios políticos republicanos e separatistas da Confederação do Equador (1824) e contra as ideias de Frei Caneca.[417]

---

413 CARVALHO, José Murilo de. *A construção da ordem*: a elite política imperial; *Teatro das sombras*: a política imperial. 15ª ed. Rio de Janeiro: Civilização Brasileira, 2021, pp. 84/85.

414 CARVALHO, José Murilo de. "Introdução". *In*: VASCONCELOS, Bernardo Pereira de. *Bernardo Pereira de Vasconcelos*. São Paulo: Editora 34, 1999, pp. 9 e 17-23.

415 CARVALHO, José Murilo de. "Introdução". *In*: VASCONCELOS, Bernardo Pereira de. *Bernardo Pereira de Vasconcelos*. São Paulo: Editora 34, 1999, pp. 9 e 24-30.

416 KIRSCHNER, Tereza Cristina. *José da Silva Lisboa, Visconde de Cairu*: itinerários de um ilustrado luso-brasileiro. São Paulo: Alameda; Belo Horizonte: PUC Minas, 2009, pp. 201-232.

417 KIRSCHNER, Tereza Cristina. *José da Silva Lisboa, Visconde de Cairu*: itinerários de um ilustrado luso-brasileiro. São Paulo: Alameda; Belo

Como se vê, a relativa homogeneidade jurídico-política e ideológica da elite imperial brasileira das primeiras décadas do século XIX se deu, majoritariamente, a partir de uma claríssima orientação político-constitucional conservadora, temerosa do liberalismo revolucionário francês e fiel à centralização política em torno da figura do Imperador, tudo isso economicamente sustentado por um sistema produtivo latifundiário e escravocrata que também precisava ser mantido a qualquer custo.

E essa tentativa de construção da nação brasileira pela via do poder simbólico do Imperador passava, necessariamente, pelo instituto do Poder Moderador, expressamente previsto pelos artigos 10, 98, 101 e 142 da Constituição de 1824.

A teoria do Poder Moderador foi originalmente desenvolvida por Benjamin Constant na sua clássica obra *Príncipes de Politique Applicables à touts les Gouvernments Représentatifs et Particulièrement à la Constitution Actuelle de la France*, publicada na França, em 1815, imediatamente após a colaboração do jurista com o segundo governo de Napoleão Bonaparte (o chamado "Governo dos 100 dias"), mais especificamente na elaboração do Ato Adicional Constitucional, a chamada Benjamina, que jamais chegou a ser efetivamente aplicada.

Em síntese, Constant pretendia, inspirando-se na ordem constitucional inglesa, "recuperar os princípios constitucionais da Constituição monárquica de 1791 para liberalizar o regime Constitucional autoritário da Carta de 4 de junho de 1814",[418] conciliando, num peculiar liberalismo conservador, as conquistas revolucionárias

---

Horizonte: PUC Minas, 2009, pp. 266/267.

418 BASTOS, Aurélio Wander. "Notas sobre a evolução política e institucional da Revolução Francesa". *In*: CONSTANT, Benjamin. *Princípios políticos constitucionais*: princípios políticos aplicáveis a todos os governos representativos e particularmente à Constituição atual da França (1814). Trad. Maria do Céu Carvalho. 2ª ed. Rio de Janeiro: Freitas Bastos, 2014, p. 11.

em termos de direitos individuais[419] com a tradição da monarquia constitucional, sem se incorrer nos extremos do período libertário do Terror ou da monarquia absolutista que inspirou, ainda que parcialmente, a outorga da *Charte* de 1814 por Luís XVIII.

Em referido livro, Constant se opõe tanto a Rousseau quanto a Hobbes, por considerar que os dois filósofos apostaram em conceitos absolutos de soberania: o primeiro, com a ideia de contrato social, na soberania popular; o segundo, na força coercitiva do soberano como garantidor da integridade político-social. Contrapondo-se a ambos, Constant defende a limitação da soberania[420] como postulado político e moral básico:

> Quando a soberania não está limitada, não há nenhum meio de se colocar os indivíduos sob a proteção dos governos. Em vão se pretenderá submeter os governos à vontade geral. São

419 "Os cidadãos possuem direitos individuais independentes de toda autoridade social ou política, e qualquer violação pela autoridade é ilegítima. Tais direitos são: a liberdade individual, a liberdade religiosa, a liberdade de opinião, que compreende o direito em sua livre expressão, o gozo da propriedade, a garantia contra todo ato arbitrário. Nenhuma autoridade pode atentar contra estes direitos sem violar o seu próprio título" (CONSTANT, Benjamin. *Princípios políticos constitucionais*: princípios políticos aplicáveis a todos os governos representativos e particularmente à Constituição atual da França (1814). Trad. Maria do Céu Carvalho. 2ª ed. Rio de Janeiro: Freitas Bastos, 2014, p. 34).

420 "A soberania do povo não é ilimitada; está circunscrita pelos limites da justiça e dos direitos dos indivíduos. A vontade de um povo não pode tornar justo o que é injusto. Os representantes de uma nação não têm o direito de fazer o que não pode fazer a própria nação. Nenhum Monarca, qualquer que seja os fundamentos que invoque, o direito divino, o de conquista ou a anuência do povo, possui um poder sem limites" (CONSTANT, Benjamin. *Princípios políticos constitucionais*: princípios políticos aplicáveis a todos os governos representativos e particularmente à Constituição atual da França (1814). Trad. Maria do Céu Carvalho. 2ª ed. Rio de Janeiro: Freitas Bastos, 2014, p. 35).

> sempre eles os que ditam essa vontade, e todas as precauções tornam-se ilusórias.[421]

De acordo com Christian Lynch, "Constant era um apóstolo da moderação, e tanto quanto moderação, a palavra de ordem no tempo da Restauração era conciliar: absolutismo e liberalismo, liberalismo e democracia".[422]

Para ele, o princípio da separação de Poderes não seria, por si só, suficiente para se evitar o perigo do despotismo, seja popular ou monárquico: "[a] divisão dos Poderes será infrutífera se a soma total dos poderes é ilimitada. Os poderes divididos podem fazer coalizão e o despotismo será inaceitável".[423]

Devido a isso, a garantia da necessária limitação da soberania deveria ser obtida, de acordo com o jurista francês, pela existência do Poder Real, que seria "um poder neutro moderador dos poderes ativos".[424] Para ele, "[o] vício de quase todas as constituições (até

---

421 CONSTANT, Benjamin. *Princípios políticos constitucionais*: princípios políticos aplicáveis a todos os governos representativos e particularmente à Constituição atual da França (1814). Trad. Maria do Céu Carvalho. 2ª ed. Rio de Janeiro: Freitas Bastos, 2014, p. 33.

422 LYNCH, Christian Edward Cyril. "O Poder Moderador na Constituição de 1824 e no anteprojeto Borges de Medeiros de 1933: um estudo de direito comparado". *Revista de Informação Legislativa*, Brasília, vol. 47, nº 188, out./dez. 2010, pp. 94/95.

423 CONSTANT, Benjamin. *Princípios políticos constitucionais*: princípios políticos aplicáveis a todos os governos representativos e particularmente à Constituição atual da França (1814). Trad. Maria do Céu Carvalho. 2ª ed. Rio de Janeiro: Freitas Bastos, 2014, p. 33.

424 CONSTANT, Benjamin. *Princípios políticos constitucionais*: princípios políticos aplicáveis a todos os governos representativos e particularmente à Constituição atual da França (1814). Trad. Maria do Céu Carvalho. 2ª ed. Rio de Janeiro: Freitas Bastos, 2014, p. 39.

hoje) foi não haver criado um poder neutro. Em vez disso, investiu a plenitude da autoridade a algum dos poderes ativos".[425]

Ao revés, seria necessária uma arquitetura constitucional em que "[o] monarca flutua, por assim dizer, acima das contradições humanas";[426] definição essa que claramente se assemelha àquela de "ente metafísico", dada por Antônio Carlos ao Imperador do Brasil em dado momento dos acalorados debates travados na Constituinte de 1823, conforme acima já referido.

Benjamin Constant assim desenvolve essa fundamental premissa acerca do caráter simbólico do Poder Moderador:

> O poder real precisa estar situado acima dos fatos, e que, sob certo aspecto, seja neutro, a fim de que sua ação se estenda a todos os pontos que se necessite e o faça com um critério preservador, reparador, não hostil. A monarquia constitucional tem esse poder neutro na pessoa do chefe do Estado. O verdadeiro interesse deste poder é evitar que um dos poderes destrua o outro, e permitir que todos se apoiem, se compreendam e que atinem comumente.[427]

Para tanto, o Monarca, detentor do neutro Poder Moderador, seria inviolável; enquanto os seus Ministros, detentores do ativo Poder Executivo, seriam responsáveis perante a Nação pelos seus

---

425 CONSTANT, Benjamin. *Princípios políticos constitucionais*: princípios políticos aplicáveis a todos os governos representativos e particularmente à Constituição atual da França (1814). Trad. Maria do Céu Carvalho. 2ª ed. Rio de Janeiro: Freitas Bastos, 2014, pp. 38/39.

426 CONSTANT, Benjamin. *Princípios políticos constitucionais*: princípios políticos aplicáveis a todos os governos representativos e particularmente à Constituição atual da França (1814). Trad. Maria do Céu Carvalho. 2ª ed. Rio de Janeiro: Freitas Bastos, 2014, p. 40.

427 CONSTANT, Benjamin. *Princípios políticos constitucionais*: princípios políticos aplicáveis a todos os governos representativos e particularmente à Constituição atual da França (1814). Trad. Maria do Céu Carvalho. 2ª ed. Rio de Janeiro: Freitas Bastos, 2014, p. 38.

atos governamentais – algo que já estava previsto no artigo 13 da *Charte* de 1814.

De acordo com Constant, "[a] falta de responsabilidade força o governo a não fazer nada a não ser através de seus ministros",[428] característica essa cuja função, na monarquia constitucional,

> é impedir que outros se apoderem do poder estabelecendo um ponto rijo, inatacável, onde as paixões não se aproximam. Nada semelhante ocorre na república, uma vez que todos os cidadãos podem chegar ao poder supremo.[429]

Noutras palavras, "um monarca hereditário pode e deve ser inviolável; é um ser à parte, situado no píncaro do edifício".[430] Entretanto, "[t]odo esse benefício se perde se se rebaixa o poder do monarca ao nível do Poder Executivo, ou se se eleva este nível ao nível do monarca".[431] Isso porque:

> Se esses dois poderes são confundidos, tornam-se insolúveis duas grandes questões: uma, a destituição do Poder Executivo

---

428 CONSTANT, Benjamin. *Princípios políticos constitucionais*: princípios políticos aplicáveis a todos os governos representativos e particularmente à Constituição atual da França (1814). Trad. Maria do Céu Carvalho. 2ª ed. Rio de Janeiro: Freitas Bastos, 2014, p. 42.

429 CONSTANT, Benjamin. *Princípios políticos constitucionais*: princípios políticos aplicáveis a todos os governos representativos e particularmente à Constituição atual da França (1814). Trad. Maria do Céu Carvalho. 2ª ed. Rio de Janeiro: Freitas Bastos, 2014, p. 42.

430 CONSTANT, Benjamin. *Princípios políticos constitucionais*: princípios políticos aplicáveis a todos os governos representativos e particularmente à Constituição atual da França (1814). Trad. Maria do Céu Carvalho. 2ª ed. Rio de Janeiro: Freitas Bastos, 2014, pp. 41/42.

431 CONSTANT, Benjamin. *Princípios políticos constitucionais*: princípios políticos aplicáveis a todos os governos representativos e particularmente à Constituição atual da França (1814). Trad. Maria do Céu Carvalho. 2ª ed. Rio de Janeiro: Freitas Bastos, 2014, p. 40.

> propriamente dito e a outra, a responsabilidade da autoridade. O Poder Executivo reside, de fato, nos ministros, mas a autoridade que poderia destituí-lo tem o defeito, na monarquia absoluta, de ser sua aliada e, na república, de ser sua inimiga. Somente na monarquia constitucional se eleva a autoridade à categoria de juiz. Na monarquia absoluta não há outro meio de destituir o Poder Executivo que não seja por uma sublevação; remédio com frequência mais terrível que o mal que se evita. Nas repúblicas se procurou organizar meios mais regulares, mas estes tiveram, frequentemente, resultado igual, violento e desordenado.[432]

Ocorre que, na letra e na aplicação concreta da Constituição do Império brasileiro, foi justamente empreendida essa sobreposição, na figura do Monarca, entre um Poder Moderador supostamente neutro e um Poder Executivo extremamente ativo.[433] A própria Constituição

---

432 CONSTANT, Benjamin. *Princípios políticos constitucionais*: princípios políticos aplicáveis a todos os governos representativos e particularmente à Constituição atual da França (1814). Trad. Maria do Céu Carvalho. 2ª ed. Rio de Janeiro: Freitas Bastos, 2014, p. 40.

433 "(...) a monarquia constitucional brasileira não obedeceu estritamente ao modelo parlamentar que se firmava na Inglaterra. Os redatores da Constituição Outorgada de 1824, escolhidos por um Imperador cuja formação se dera dentro do absolutismo, encontraram um meio hábil de conferir, constitucionalmente, ao chefe de Estado mais poderes do que os do soberano britânico. Recorreram à ideia do poder neutro desenvolvida pelo pensador franco-suíço Benjamin Constant (1767-1830) em seu livro *Princípios de política*, publicado em 1815. Buscando evitar o despotismo dos Monarcas e a tirana da Convenção, e inspirando-se no exemplo britânico, Constant propôs distinguir o poder real do poder ministerial. O poder real seria neutro, inativo, destinado a servir de juiz em caso de conflito entre os outros poderes. A essa separação ele chamou de chave de toda a organização política. **Os redatores da Constituição adotaram a ideia do poder neutro, chamando-o de Moderador, mas lhe deram uma interpretação distinta. O imperador, a quem pertencia o Poder Moderador, mantinha a chefia do Poder Executivo. Não se tratava de um poder neutro, mas antes de um poder forte e ativo"** (CARVALHO, José Murilo de. "Introdução (As marcas do período)".

de 1824, no *caput* do seu artigo 102, previa que “[o] Imperador é o Chefe do Poder Executivo, e o exercita pelos seus Ministros de Estado”. Não se pode esquecer que era o Imperador que escolhia quando um Gabinete caía e quando outro iria sucedê-lo.

Sobre o ponto, assim comenta Menelick de Carvalho Netto:

> A tradução literal da célebre frase de Benjamin Constant acolhida no art. 98 da Constituição “Poder Moderador é a chave de toda organização política”, segundo afirma Afonso Arinos de Melo Franco, teria possibilitado aos conservadores compreender o termo *clef*, traduzido como chave, como aquele instrumento que se destinava a abrir todas as portas, como a imposição pessoal do Soberano, quando, na realidade, melhor teria sido traduzido para o português pelo termo fecho, no sentido de fecho da abóboda. E assim o termo era entendido pelos Liberais como um mecanismo de apoio, coordenação e composição, e não de intervenção e de imposição. Obviamente, no entanto, o problema não se reduz à questão da terminologia empregada pela Constituição, mas, pelo contrário, envolve a questão central da possibilidade de evolução da Monarquia Constitucional, em sentido técnico, consagrada pela Constituição, conduzindo, na prática, à afirmação de uma Monarquia Parlamentar. **Na realidade, o alegado parlamentarismo do Império não chegara a se consolidar, o Imperador exerce até o fim da Monarquia um poder pessoal, amparado no partido conservador, ou melhor, para usar os termos de Gramsci, como principal órgão de construção da hegemonia desse partido durante todo o segundo reinado.**[434]

As imbricadas relações políticas e constitucionais entre as pautas conservadoras e o Poder Moderador, pessoalmente exercido

---

In: ______ (Coord.). *A construção nacional (1830-1889)*. Rio de Janeiro: Objetiva, 2012, p. 27, destaque nosso.

434 CARVALHO NETTO, Menelick de. *A sanção no procedimento legislativo*. Belo Horizonte: Del Rey, 1992, p. 73, destaque nosso.

pelo Monarca, é o ponto primordial para a adequada compreensão sociológica e constitucional do fenômeno da centralização política ocorrida durante o Segundo Império brasileiro, tendo por principal ator justamente o Monarca. Ilmar Rohloff de Mattos, em *O Tempo Saquarema*, explora com profundidade essa peculiar circunstância:

> Da associação entre unidade do poder e unidade da Nação, assim como da associação entre Poder forte e centralização, os Saquaremas faziam derivar a conclusão sobre a inaplicabilidade ao Império do Brasil da fórmula "o Rei reina, mas não governa". Sustentavam, ao invés, e na formulação do Visconde de Itaboraí por ocasião da crise de 1868, que aqui "o Imperador reina, governa, e administra". E ao fazê-lo não apenas defendiam para o Imperador – conforme sublinhavam – o exercício das "atribuições que a Constituição lhe confere". Iam ainda mais longe: tornavam claro que entendiam que qualquer ordem social não ocorria naturalmente, e sim resultava da ação política coordenada, o que impunha a expansão da capacidade regulatória acima referida por meio da criação de um aparato administrativo, subordinado a um comando único. Afirmar que o "Imperador reina, governa e administra" não implicava a negação da independência dos poderes políticos inscritos na Constituição de 1824. Mas implicava, certamente, o reconhecimento de uma hierarquia entre eles – o Poder Moderador como "chave de toda organização política" – assim como na atribuição ao Poder Executivo – do qual o Imperador era o chefe, exercendo-o pelos seus ministros – de um papel fundamental na constituição de um poder forte e centralizado. Implicava ainda o estabelecimento de relações bem definidas entre os poderes políticos e o que denominavam de Poder Administrativo (...).[435]

---

435 MATTOS, Ilmar Rohloff de. *O Tempo Saquarema*. 7ª ed. São Paulo: Hucitec, 2017, pp. 207/208, destaque nosso.

Segundo aponta Sergio Buarque de Holanda, eram evidentes "as contradições de um sistema pretensamente parlamentarista, mas onde a decisão última cabia ao chefe de Estado, que em algumas oportunidades a tomou de forma ostensiva",[436] sem qualquer justificativa pública, responsabilização política ou controle. Quando muito, o Conselho de Estado[437] era convocado para emitir parecer sobre a matéria a ser decidida, o que não passava "de simples formalidade, pois que as consultas não alteravam necessariamente uma decisão já tomada, e o discutido deveria ficar entre quatro paredes".[438] Talvez os principais exemplos sejam as frequentes e caprichosas trocas de gabinetes, todas elas decididas pessoalmente pelo Imperador sem qualquer prestação de contas à opinião pública ou a ninguém.[439]

---

436 HOLANDA, Sergio Buarque de. *História Geral da Civilização Brasileira*. tomo II (O Brasil Monárquico). 5º vol. (Do Império à República). 2ª ed. São Paulo: Difel, 1977, p. 66.

437 Sobre as atividades do Conselho e, especialmente, as suas opiniões nas diversas matérias de Direito Público e de Direito Privado, conferir: LOPES, José Reinaldo de Lima. *O Oráculo de Delfos*: o Conselho de Estado no Brasil-Império. São Paulo: Saraiva, 2010, pp. 300-309.

438 HOLANDA, Sergio Buarque de. *História Geral da Civilização Brasileira*. tomo II (O Brasil Monárquico). 5º vol. (Do Império à República). 2ª ed. São Paulo: Difel, 1977, p. 67.

439 Sobre o ponto, Sergio Buarque de Holanda assim discorre: "as mudanças intempestivas de governos, motivos de eternas especulações nas gazetas, nas tribunas, na praça pública, por se prenderem a motivos insondáveis, quando não eram atribuíveis ao simples fastio do imperador, cansado de despachar todas as quartas-feiras e sábados com os mesmos homens, haviam de deixar um rastro de insatisfação que não atingia apenas os que se julgassem preteridos pelo arbítrio da Coroa. Por ocasião das dissoluções, que a todos indiscriminadamente ameaçavam, porque se hoje feriam os conservadores, lembravam aos liberais que a vez deles podia vir amanhã, devia agigantar-se o desalento. Segundo os costumes políticos que se introduziram com o segundo reinado, não segundo a Constituição, a arma visava sobretudo a mudar ou manter alguma situação partidária, a critério sempre do poder irresponsável. Na última fase do império, longe de amenizar-se, à vista de clamores como os de 68, pode dizer-se que se tornou, ao contrário, mais insistente o recurso a ela" (HOLANDA, Sergio Buarque de. *História Geral*

1.2.4 Os juristas que criaram a publicística oficial do Império brasileiro

1.2.4.1 Pimenta Bueno

A obra *Direito Público brasileiro e análise da Constituição do Império* (1857), do jurista e político paulista José Antônio Pimenta Bueno, foi de extrema importância para a sedimentação doutrinária dos peculiares contornos nacionais conferidos ao Poder Moderador durante o século XIX.

Bacharel em Direito pela primeira turma da Faculdade de Direito do Largo de São Francisco (1832) e, portanto, num período em que a formação do Estado brasileiro e de uma publicística nacional ainda engatinhava, Pimenta Bueno justifica a sua obra pela necessidade de "auxiliar os esforços dos jovens brasileiros que se dedicam ao estudo do Direito, e que não têm ainda, ao menos que saibamos, um expositor nacional dos princípios fundamentais de nossas leis e das liberdades políticas".[440]

Especificamente sobre o Poder Moderador (artigo 98 da Constituição de 1824), afirma que "é a suprema inspeção da nação, é o alto direito que ela tem, e que não pode exercer por si mesma, de examinar como os diversos poderes políticos, que ela criou e confiou a seus mandatários, são exercidos".[441]

---

da Civilização Brasileira. tomo II (O Brasil Monárquico). 5º vol. (Do Império à República). 2ª ed. São Paulo: Difel, 1977, p. 68).

440 BUENO, José Antônio Pimenta. "Direito Público brasileiro e análise da constituição do Império". *In*: KUGELMAS, Eduardo (Coord.). *Marquês de São Vicente*. São Paulo: Editora 34, 2002, p. 57.

441 BUENO, José Antônio Pimenta. "Direito Público brasileiro e análise da constituição do Império". *In*: KUGELMAS, Eduardo (Coord.). *Marquês de São Vicente*. São Paulo: Editora 34, 2002, p. 280.

Seria um "poder conservador"[442] que existe na nação e que deriva precisamente do seu "direito de examinar e reconhecer como funcionam os poderes por ela instituídos (...), de **retificar sua direção**, de neutralizar seus abusos".[443]

Quando afirma que "[o] depositário deste grande poder neutro deve estar cercado de todos os respeitos, tradições e esplendor, da força da opinião e do prestígio"[444] e que é "superior a todas as paixões,[445] Pimenta Bueno dialoga diretamente com Benjamin Constant, a quem, todavia, como muito bem observado por Eduardo Kugelmas, ele não chega a citar expressamente sequer uma única vez ao longo do seu livro.[446]

No passo seguinte do seu argumento, o autor constrói o que viriam a ser os alicerces da dominante publicística nacional oitocentista sobre a natureza do Poder Moderador.

Comentando a relação entre o Imperador e o Poder Executivo, de quem D. Pedro II era o chefe (artigo 102), Pimenta Bueno pontua o seguinte:

> 276. Embora o imperante, o poder Moderador, seja o chefe do Poder Executivo, estes dois poderes são, e devem ser distintos;

---

442 BUENO, José Antônio Pimenta. "Direito Público brasileiro e análise da constituição do Império". *In*: KUGELMAS, Eduardo (Coord.). *Marquês de São Vicente*. São Paulo: Editora 34, 2002, p. 280, destaque nosso.

443 BUENO, José Antônio Pimenta. "Direito Público brasileiro e análise da constituição do Império". *In*: KUGELMAS, Eduardo (Coord.). *Marquês de São Vicente*. São Paulo: Editora 34, 2002, p. 280.

444 BUENO, José Antônio Pimenta. "Direito Público brasileiro e análise da constituição do Império". *In*: KUGELMAS, Eduardo (Coord.). *Marquês de São Vicente*. São Paulo: Editora 34, 2002, p. 281.

445 BUENO, José Antônio Pimenta. "Direito Público brasileiro e análise da constituição do Império". *In*: KUGELMAS, Eduardo (Coord.). *Marquês de São Vicente*. São Paulo: Editora 34, 2002, pp. 280-292.

446 KUGELMAS, Eduardo. "Pimenta Bueno, o jurista da Coroa". *In*: _____ (Coord.). *Marquês de São Vicente*. São Paulo: Editora 34, 2002, p. 46.

> senão teríamos apenas uma fraseologia, e não uma realidade diferente.
>
> O imperante sem o ministro não é Poder Executivo, nem os atos deste poder têm vigor sem a assinatura ministerial, sem a responsabilidade, que é garantia indispensável da sociedade.
>
> Compreende-se que o Poder Moderador, chefe do Poder Executivo, deixe todos os detalhes, toda a administração secundária aos ministros, já que para não distrair sua alta atenção fixada sobre os grandes interesses do Estado, já que para as pequenas questões, os pequenos interesses e paixões individuais, pesem só sobre os ministros, tanto no sentido prático da Constituição, como em todas as relações, já finalmente para evitar delongas sumamente prejudiciais; é o que acontece com as presidências, que estão abaixo do ministério. É, porém, também fácil de compreender que **o poder imperial tem a missão de influir muito sobre todos os grandes interesses do Estado, como chefe que é do Poder Executivo.**[447]

Note-se, portanto, que a "fraseologia" da qual Pimenta Bueno desdenha é precisamente reafirmada em sua própria argumentação quando aduz que o Imperador somente exerceria o Poder Executivo por meio de seus ministros, os quais supostamente cuidariam das questões administrativas de menor importância e, por isso, teriam responsabilidade política. O Imperador, por sua vez, como chefe do Executivo, estaria adstrito a "influir muito sobre todos os grandes interesses do Estado", ou seja, a tocar os rumos da nação.

Para além disso, comentando especificamente o atributo de livre nomeação e livre demissão do Gabinete, Pimenta Bueno reforça, ainda que a contragosto, o inevitável distanciamento de sua perspectiva daquela originária de Constant, uma vez que "[d]emitir

---

447 BUENO, José Antônio Pimenta. "Direito Público brasileiro e análise da constituição do Império". *In*: KUGELMAS, Eduardo (Coord.). *Marquês de São Vicente*. São Paulo: Editora 34, 2002, pp. 287/288, destaque nosso.

ou dissolver um ministério é mudar o pessoal do Poder Executivo, menos o chefe desse poder; e muitas vezes é mudar a marcha política e administrativa do governo em maior ou menor amplitude".[448]

Ora, se a competência de derrubada do Gabinete e de constituição de outro em seu lugar é exclusiva do Imperador, não é difícil perceber que "mudar a marcha política e administrativa do governo" repousava somente, ao fim e ao cabo, nas mãos do próprio Monarca, que, de acordo com o artigo 99 da Constituição de 1824, não poderia ser responsabilizado.

Quando afirma, por exemplo, que o Poder Moderador é "a mais elevada força social, **o órgão político mais ativo, o mais influente de todas as instituições fundamentais da nação**",[449] ou quando aduz que esse quarto poder "**inspeciona e se exerce sobre todos e cada um dos outros poderes**",[450] onde estaria a suposta autocontenção do *pouvoir neutre* de Constant?

Tem razão Eduardo Kugelmas, portanto, quando afirma que, "[n]a versão brasileira, o Moderador e o Executivo na prática se sobrepunham e se confundiam, criando uma armadilha lógica e prática que não seria plenamente resolvida nos seus 65 anos de vigência".[451]

Inclusive, para Pimenta Bueno,

---

448 BUENO, José Antônio Pimenta. "Direito Público brasileiro e análise da constituição do Império". *In*: KUGELMAS, Eduardo (Coord.). *Marquês de São Vicente*. São Paulo: Editora 34, 2002, p. 288, destaque nosso.

449 BUENO, José Antônio Pimenta. "Direito Público brasileiro e análise da constituição do Império". *In*: KUGELMAS, Eduardo (Coord.). *Marquês de São Vicente*. São Paulo: Editora 34, 2002, p. 280, destaque nosso.

450 BUENO, José Antônio Pimenta. "Direito Público brasileiro e análise da constituição do Império". *In*: KUGELMAS, Eduardo (Coord.). *Marquês de São Vicente*. São Paulo: Editora 34, 2002, p. 284, destaque nosso.

451 KUGELMAS, Eduardo. "Pimenta Bueno, o jurista da Coroa". *In*: ______ (Coord.). *Marquês de São Vicente*. São Paulo: Editora 34, 2002, p. 46.

> [o] exercício do Poder Moderador é quem evita nos perigos públicos o terrível dilema da ditadura ou da revolução; todos os atributos do Monarca levam suas previdentes vistas a não querer nem uma nem outras dessas fatalidades, que quase sempre se entrelaçam e reagem.[452]

Pode-se perceber aqui, nas entrelinhas, o mesmo temor em relação ao jacobinismo libertário que motivou o Congresso de Viena na sua resistente tentativa de dar sobrevida ao princípio monárquico.

Falando especificamente sobre a atribuição do Poder Moderador de sancionar as leis, Pimenta Bueno afirma que a sanção imperial se consubstanciaria, ao lado dos dois ramos representados pela Câmara dos Deputados e pelo Senado, no "terceiro ramo do Poder Legislativo; é o ato complementar necessário para que o projeto de lei assuma caráter e se converta em lei",[453] "colegislador, parte integrante da lei";[454] isto é, trata-se "de um grande elemento de aperfeiçoamento das leis, de harmonia entre os poderes políticos, de ordem contra os perigos ou abusos, e enfim, como um atributo inseparável da monarquia constitucional".[455]

---

452 BUENO, José Antônio Pimenta. "Direito Público brasileiro e análise da constituição do Império". *In*: KUGELMAS, Eduardo (Coord.). *Marquês de São Vicente*. São Paulo: Editora 34, 2002, p. 281.

453 BUENO, José Antônio Pimenta. "Direito Público brasileiro e análise da constituição do Império". *In*: KUGELMAS, Eduardo (Coord.). *Marquês de São Vicente*. São Paulo: Editora 34, 2002, p. 204.

454 BUENO, José Antônio Pimenta. "Direito Público brasileiro e análise da constituição do Império". *In*: KUGELMAS, Eduardo (Coord.). *Marquês de São Vicente*. São Paulo: Editora 34, 2002, p. 205.

455 BUENO, José Antônio Pimenta. "Direito Público brasileiro e análise da constituição do Império". *In*: KUGELMAS, Eduardo (Coord.). *Marquês de São Vicente*. São Paulo: Editora 34, 2002, pp. 204/205.

Classificando o Monarca como “grande centro luminoso”,[456] “centro da administração do Estado”,[457] “mais elevada eminência da sociedade, que dessa altura vê todas as suas relações, todos os seus serviços e necessidades, que está em contatos com elas, com a atualidade e com o futuro”,[458] Pimenta Bueno discorre sobre as diretas influências exercidas, pelo titular exclusivo do Poder Moderador, sobre o Poder Legislativo:

> As leis devem ser atos de união da sociedade com os poderes públicos, e destes entre si, e não atos de repulsão ou hostilidades. Ora, desde que se denegasse esse atributo à Coroa, ter-se-ia necessariamente criado um antagonismo entre ela e o Poder Legislativo, entre a lei e o seu executor. Se **aquele que guia o carro do Estado** não tivesse voto sobre o curso dele, se o dirigisse debaixo de coação, por certo que nem iria contente, nem deveria responder pelos acontecimentos.[459]

Como se denota, para além de representar o vértice da ordem constitucional, o Poder Moderador se confundia com o Poder Executivo, já que era o Imperador quem, além de ditar os rumos dos assuntos políticos de relevo, nomeava e dissolvia livremente os gabinetes, sem qualquer controle político e, no máximo, com mera consulta não vinculante ao Conselho de Estado. Além disso, era ele

---

456 BUENO, José Antônio Pimenta. “Direito Público brasileiro e análise da constituição do Império”. *In*: KUGELMAS, Eduardo (Coord.). *Marquês de São Vicente*. São Paulo: Editora 34, 2002, p. 205.

457 BUENO, José Antônio Pimenta. “Direito Público brasileiro e análise da constituição do Império”. *In*: KUGELMAS, Eduardo (Coord.). *Marquês de São Vicente*. São Paulo: Editora 34, 2002, p. 205.

458 BUENO, José Antônio Pimenta. “Direito Público brasileiro e análise da constituição do Império”. *In*: KUGELMAS, Eduardo (Coord.). *Marquês de São Vicente*. São Paulo: Editora 34, 2002, p. 205.

459 BUENO, José Antônio Pimenta. “Direito Público brasileiro e análise da constituição do Império”. *In*: KUGELMAS, Eduardo (Coord.). *Marquês de São Vicente*. São Paulo: Editora 34, 2002, p. 205, destaque nosso.

quem conferia, com a sanção, *imperium* às leis, o que o fazia figurar, nas palavras de Pimenta Bueno, como "colegislador".

Ademais, o artigo 99 previa que "[a] Pessoa do Imperador é inviolável, e Sagrada: Elle não está sujeito a responsabilidade alguma"; muito menos perante o Poder Judiciário, já que, de acordo com o artigo 164 da Constituição de 1824, o Monarca não estava sob a jurisdição do Supremo Tribunal de Justiça; além do mais – por força dos artigos 101, VII, e 154 –, no exercício do Poder Moderador, o Imperador poderia, inclusive, suspender magistrados em determinadas hipóteses extremas.

Ou seja, da mesma forma que a tradição restauradora do Congresso de Viena e a Teoria Geral do Estado alemã que se desenvolveu no seu rastro enxergavam que o Monarca, enquanto titular do princípio monárquico, reina, governa, legisla e está imune ao Poder Judiciário, a Constituição brasileira de 1824 e a publicística inaugurada por Pimenta Bueno, ao discorrerem sobre o Poder Moderador, também seguiram, mesmo diante das óbvias peculiaridades culturais, políticas e constitucionais de ambas as tradições, essa mesma direção restauradora.

Diante da peculiar recepção brasileira da teoria do Poder Moderador, de Benjamin Constant, Kugelmas pontua que

> será na discussão fundamental do quadro institucional do Império, do exercício dos poderes e do papel estratégico do Moderador que Pimenta Bueno terá de utilizar toda a sua capacidade de argumentador, para defender **o que se prenunciava como pensamento oficial sobre a natureza e papel do Moderador**, e fazer-se merecedor da estima e confiança do monarca.[460]

---

460 KUGELMAS, Eduardo. "Pimenta Bueno, o jurista da Coroa". *In*: ______ (Coord.). *Marquês de São Vicente*. São Paulo: Editora 34, 2002, p. 44, destaque nosso.

Essa estima e essa confiança do Imperador se fizeram concretamente presentes em 1852, quando Pimenta Bueno, após conturbado pleito, foi escolhido em lista tríplice para o cargo vitalício de Senador do Império por São Paulo.[461] Comentando a referida escolha, Joaquim Nabuco afirma que D. Pedro II "não podia senão desejar a eleição de Pimenta Bueno".[462]

A gratidão do jurisconsulto viria com juros e correção monetária em 1857, expressa justamente com a publicação de *Direito Público brasileiro e análise da Constituição do Império*, que "cristaliza de forma definitiva sua reputação de jurista e de defensor intransigente da monarquia. (...) Não por acaso, o livro tornou-se leitura de cabeceira do imperador, da princesa Isabel e do conde d'Eu".[463]

Posteriormente, a indicação de Pimenta Bueno ao Conselho de Estado em 1859, a concessão do título de Visconde em 1867, a sua indicação para chefiar o breve Gabinete Conservador montado em 1870 e a concessão do título de Marquês em 1873 seriam as grandes consagrações políticas daquele que, inegavelmente, deve ser visto como o *Kronjurist* do Império brasileiro.[464]

---

461 KUGELMAS, Eduardo. "Pimenta Bueno, o jurista da Coroa". *In*: ______ (Coord.). *Marquês de São Vicente*. São Paulo: Editora 34, 2002, pp. 22/23.

462 NABUCO, Joaquim. *Um estadista do Império*: Nabuco de Araujo – sua vida, suas opiniões, sua época. vol. 1 (1813-1857). Rio de Janeiro: H. Garnier, 1899, p. 138.

463 KUGELMAS, Eduardo. "Pimenta Bueno, o jurista da Coroa". *In*: ______ (Coord.). *Marquês de São Vicente*. São Paulo: Editora 34, 2002, p. 23.

464 KUGELMAS, Eduardo. "Pimenta Bueno, o jurista da Coroa". *In*: ______ (Coord.). *Marquês de São Vicente*. São Paulo: Editora 34, 2002, pp. 19-51.

1.2.4.2 Visconde do Uruguai

Na mesma época, surgiu outra essencial obra doutrinária para a publicística oitocentista brasileira: o *Ensaio sobre o Direito Administrativo* (1862), de Paulino José Soares de Souza.

Deputado Provincial, Deputado Geral, Presidente de Província e Senador pelo Rio de Janeiro, além de Ministro das Relações Exteriores e Ministro da Justiça do Império, o Visconde do Uruguai se notabilizou como um dos maiores e mais influentes políticos do Partido Conservador,[465] defendendo ardorosamente as prerrogativas do Poder Moderador e a necessidade de uma forte centralização administrativa, nos moldes franceses, já que o Brasil não estaria preparado, em termos de educação política e de prática institucional, para uma organização como o federalismo americano.[466]

Grande parte do segundo volume do *Ensaio sobre o Direito Administrativo* é dedicado ao Poder Moderador. No capítulo XXVII, o autor tenta delinear os debates políticos e doutrinários em torno da configuração desse quarto poder nas duas primeiras décadas do Império.[467] Depois da coroação de D. Pedro II, em 1841, a questão do Poder Moderador teria aparecido, segundo defende, de forma intermitente em debates parlamentares.[468]

Por força da preterição de Teófilo Otoni ao cargo de Senador do Império por Minas Gerais, mesmo tendo sido o candidato mais votado da lista tríplice provincial – ao que se seguiu um manifesto

---

465 CARVALHO, José Murilo de. "Entre a autoridade e a liberdade". *In*: ______ (Coord.). *Visconde do Uruguai*. São Paulo: Editora 34, 2002, pp. 11-47.

466 URUGUAY, Visconde do. *Ensaio sobre o Direito Administrativo*. tomo II. Rio de Janeiro: Typographia Nacional, 1862, pp. 159-276.

467 URUGUAY, Visconde do. *Ensaio sobre o Direito Administrativo*. tomo II. Rio de Janeiro: Typographia Nacional, 1862, pp. 1-34.

468 URUGUAY, Visconde do. *Ensaio sobre o Direito Administrativo*. tomo II. Rio de Janeiro: Typographia Nacional, 1862, p. 33.

do político derrotado –, o debate em torno da natureza, atribuições e limites do Poder Moderador teria ressurgido com força na década de 1860, inflamando ardorosos debates na doutrina do Direito Público, nos jornais e na tribuna da Câmara dos Deputados, sem que se chegasse, contudo, a uma solução efetiva.[469]

Prova de que o clássico livro do Marquês de São Vicente já tinha efetivamente se tornado a doutrina oficial do Império é que, como comentário ao famoso artigo 98, o Visconde do Uruguai afirma que

> [o] Sr. Conselheiro Pimenta Bueno explanou tão bem essa definição da Constituição, que vou pedir ao meu antigo e douto amigo emprestado o bello § 265 do seu Direito Publico Brasileiro, para o transcrever aqui.[470]

Em seguida, aduz que somente conhecia duas Constituições que expressamente previam um quarto poder, a brasileira de 1824 e a portuguesa de 1826. Todavia, isso não representaria qualquer exotismo, já que

> [a]s Cartas Constitucionaes Francezas de 1814, e de 1830, não tinhão Poder Real, neutro ou Moderador distincto. As funccões d'este Poder, não consideradas como delegações da Nação, estavão fundidas com outras no Poder Executivo. Porém por essas Cartas ao Rei só pertencia o Poder Executivo – "*Au Roi seul appartient la puissance executive*" – dizem ambas aquellas Cartas.[471]

469 URUGUAY, Visconde do. *Ensaio sobre o Direito Administrativo*. tomo II. Rio de Janeiro: Typographia Nacional, 1862, p. 33.

470 URUGUAY, Visconde do. *Ensaio sobre o Direito Administrativo*. tomo II. Rio de Janeiro: Typographia Nacional, 1862, pp. 33/34.

471 URUGUAY, Visconde do. *Ensaio sobre o Direito Administrativo*. tomo II. Rio de Janeiro: Typographia Nacional, 1862, p. 35.

Contra os argumentos liberais que, comparando o Brasil com a monarquia constitucional britânica, defendiam a necessidade de referendo dos atos do Poder Moderador pelo Gabinete, o Visconde do Uruguai sustenta que "da não existencia de um Poder Neutro, Real ou Moderador escripto na Constituição Ingleza, nada se póde concluir que nos seja applicavel".[472] Inclusive, aduz que, na maioria das finadas Constituições, a não existência de um *pouvoir neutre* constitucionalmente separado do Poder Executivo seria "uma das causas da sua pouca solidez e duração".[473]

Quando o Poder Moderador é constitucionalmente separado do Poder Executivo,

> não póde ser invasor, não póde usurpar. **Póde embaraçar o movimento**, não o póde, por si só, emprehender e levar a effeito: o mais que póde effectuar he a conservação do que está, por algum tempo. He poder não de movimento, mas essencialmente conservador.[474]

Com amparo em Benjamin Constant, afirma que o quarto poder seria "autoridade neutra e preservadora",[475] enquanto "o direito de propôr o estabelecimento do que ainda não existe, pertence ao Poder Ministerial, ao Executivo. He o poder do movimento".[476]

---

472 URUGUAY, Visconde do. *Ensaio sobre o Direito Administrativo*. tomo II. Rio de Janeiro: Typographia Nacional, 1862, p. 42.

473 URUGUAY, Visconde do. *Ensaio sobre o Direito Administrativo*. tomo II. Rio de Janeiro: Typographia Nacional, 1862, p. 48.

474 URUGUAY, Visconde do. *Ensaio sobre o Direito Administrativo*. tomo II. Rio de Janeiro: Typographia Nacional, 1862, p. 48, destaque nosso.

475 URUGUAY, Visconde do. *Ensaio sobre o Direito Administrativo*. tomo II. Rio de Janeiro: Typographia Nacional, 1862, pp. 48/49.

476 URUGUAY, Visconde do. *Ensaio sobre o Direito Administrativo*. tomo II. Rio de Janeiro: Typographia Nacional, 1862, pp. 48/49.

Todavia, o compasso desse movimento seria ditado pela cadência do Imperador, primeiro representante da nação (artigo 98 da Constituição de 1824):

> Mas quando vê que o movimento que os Ministros ou a maioria da Camara dos Deputados querem imprimir aos negocios vai além da justa méta; **que vai causar sérios males difficeis de remediar depois; que não he conforme á opinião nacional**; que ha desacordo entre as Camaras e o Ministerio; **que os Ministros responsaveis não tem mais a força necessaria para gerir os negocios com vantagem publica**, intervém como Poder Moderador, e restabelece a ordem e a harmonia, põe as cousas no pé em que devem estar pelo exercício das attribuições independentes d'esse Poder.[477]

Atuação semelhante do Monarca ocorreria em relação ao Poder Legislativo, especificamente mediante o instituto da sanção:

> (...) durante os 21 annos do actual Reinado, ainda não foi negada a sancção a lei alguma. Embaraça sómente, e temporariamente, porquanto, pelo art. 65 da Constituição, tem essa denegação effeito suspensivo sómente, visto que todas as vezes que as duas legislaturas que se seguirem áquella que tiver approvado o projecto, tornarem sucessivamente a apresenta-lo nos mesmos termos, entender-se-ha que o Imperador tem dado a sancção.
>
> Qualquer conflicto que portanto se levantasse entre o Poder Moderador e as Camaras teria assim uma solução prudente e constitucional. Fica suspensa a questão, e os dous Representantes da Nação appellão constitucionalmente para o tempo e para a vontade nacional, manifestada mais categoricamente, e perante a qual o Poder Moderador teria de curvar-se, pois dispensa-se o seu assentimento.

---

477 URUGUAY, Visconde do. *Ensaio sobre o Direito Administrativo*. tomo II. Rio de Janeiro: Typographia Nacional, 1862, p. 56, destaque nosso.

> Assim se a Nação quer certo movimento, e o Imperador, que a Constituição declara seu 1º Representante, não o quer, o movimento póde, não obstante, realizar-se, um pouco mais lentamente, e tirada toda a duvida de que a Nação o quer, por meio da renovação de seus Representantes electivos.[478]

Aqui, o próprio Imperador também funcionaria como termômetro da "vontade geral" da nação acerca da pertinência ou não de um determinado projeto de lei para o país.

O eufemismo do Visconde do Uruguai sobre as consequências da denegação da sanção pelo Monarca – segundo ele, um mero "effeito suspensivo somente" – deve ser lido, na verdade, de acordo com outra atribuição exclusivamente imperial: dissolver a Câmara dos Deputados e convocar outra em seu lugar (artigo 101, V, da Constituição de 1824), do que redunda que, se caso quisesse obstar indefinidamente uma determinada pauta legislativa – para além da legislatura em que foi proposta e das duas adicionais que concomitantemente a ela deveriam contar com a apresentação e aprovação do mesmo projeto –, o Imperador possuía instrumentos constitucionais concretos para tanto. Conforme mais à frente será demonstrado, se não o fez ao longo de todo o Segundo Império, não foi por obra e graça de sua suposta autocontenção constitucional, mas sim porque não foi necessário, justamente diante da ampla prevalência, a despeito das disputas partidárias e das constantes trocas de gabinetes, de uma direção política conservadora convergente com as próprias visões imperiais.

O Visconde do Uruguai dedica várias e várias páginas de seu livro ao ferrenho combate da máxima constitucional inglesa segundo a qual "o Rei reina e não governa"; para ele, tratar-se-ia de um mero bordão estrangeiro sem qualquer aplicabilidade no Brasil, já que a problemática ínsita a ela "sómente póde ser examinada e

---

478 URUGUAY, Visconde do. *Ensaio sobre o Direito Administrativo*. tomo II. Rio de Janeiro: Typographia Nacional, 1862, pp. 49/50.

resolvida, tendo-se em vista as instituições positivas de cada paiz"[479] e argumenta que a Constituição brasileira garantia justamente a participação decisiva do Monarca na Administração Pública. Veja-se o cerne da crítica:

> Não falta quem exagere por tal modo a maxima – O Rei reina e não governa – que entenda que o Monarcha deve limitar-se a nomear os Ministros·indicados pela maioria da Camara dos Deputados, a deixa-los governar como entenderem porque são elles os responsaveis, limitando-se a assignar os Decretos que apresentarem, e a conceder-lhes demissão quando as Camaras não os quizerem mais, ou elles mesmos não quizerem mais servir (...).
>
> **Admitida tal doutrina o Poder Moderador pertenceria exclusivamente aos Ministros**, doutrina contra a qual protestão a letra e espirito da Constituição.[480]

Em várias passagens do seu livro, o autor enfrenta as teorias liberais lançadas na obra *Da natureza e limites do Poder Moderador* (1860), de Zacarias de Góis e Vasconcelos. Em um desses explícitos enfrentamentos, questiona-se a tese do Conselheiro Zacharias segundo a qual "na linguagem da Constituição geralmente Poder Executivo quer dizer Imperador".[481]

Não obstante despenda hercúleo esforço para tentar diferenciar o Poder Moderador do Poder Executivo, o Visconde do Uruguai, conforme visto no excerto acima citado, acaba por, de certa maneira, confirmá-lo a despeito do seu jogo de palavras, já que, para ele, um arranjo constitucional em que o Monarca se limitasse a

479 URUGUAY, Visconde do. *Ensaio sobre o Direito Administrativo*. tomo II. Rio de Janeiro: Typographia Nacional, 1862, p. 156.

480 URUGUAY, Visconde do. *Ensaio sobre o Direito Administrativo*. tomo II. Rio de Janeiro: Typographia Nacional, 1862, p. 79, destaque nosso.

481 URUGUAY, Visconde do. *Ensaio sobre o Direito Administrativo*. tomo II. Rio de Janeiro: Typographia Nacional, 1862, p. 54.

reinar e o Gabinete a governar redundaria na circunstância de que o Poder Moderador, na realidade, pertenceria aos ministros; o que equivale a dizer, *a contrario sensu*, que haveria, em sua ótica, uma sobreposição entre ambos os poderes ou, mais precisamente, que o cerne decisivo do Poder Executivo seria justamente a ingerência nele realizada pelo Poder Moderador.

Isso contradiz a própria afirmativa do Visconde no sentido de que "[a] nossa Constituição não suppõz, nem admitte o governo exclusivo de algum Poder",[482] uma vez que – tanto no que concerne às atribuições do Executivo como às do Legislativo –, apesar da participação secundária delegada de outros atores, a última e efetiva palavra seria sempre do Imperador, perspectiva essa que prevaleceu no plano político concreto ao longo do século XIX.

1.2.4.3 A contraposição liberal de Góis e Vasconcelos

Impende destacar que o referido debate com o Visconde do Uruguai foi tão importante que Zacarias de Góis e Vasconcelos afirma, em advertência constante da segunda edição da sua obra, de 1862, que uma das principais motivações para lançar essa nova versão seria, justamente, responder às críticas declinadas no *Ensaio sobre o Direito Administrativo*.[483]

Bacharel pela Faculdade de Direito do Recife em 1837, já em 1840, tornou-se catedrático daquela instituição. Em 1843, ingressou no Partido Conservador e se elegeu, por várias vezes, à Assembleia Legislativa da Bahia. Após, foi Presidente das Províncias do Paraná, Piauí, Sergipe e Pernambuco. Na década de 1850, foi eleito Deputado Federal. Em 1862, rompeu com o Partido Conservador e juntou-se

---

482 URUGUAY, Visconde do. *Ensaio sobre o Direito Administrativo*. tomo II. Rio de Janeiro: Typographia Nacional, 1862, p. 157.

483 VASCONCELOS, Zacharias de Góis e. *Da natureza e limites do Poder Moderador*. São Paulo: Editora 34, 2002, pp. 63/64.

aos liberais, vindo a compor, entre 1862 e 1868, quatro ministérios e a atuar, por três vezes, como presidente do Conselho de Ministros, além de senador.[484]

Foi justamente nessa década de conversão liberal que ele escreveu a sua polêmica monografia sobre o Poder Moderador, complementada e desenvolvida por seus famosos discursos parlamentares.

Segundo aponta, "[a] nossa lei fundamental, que segue Benjamin Constant na instituição do Poder Moderador, repeliu muito intencionalmente as ideias desse publicista no tocante ao Poder Executivo".[485] Isso porque

> reduzia Benjamin Constant na monarquia constitucional o chefe do Estado ao papel neutro e puramente moderador no centro dos poderes ativos, (...) tendo o ministério o Poder Executivo (...), pensamento que foi posteriormente traduzido (para os que a enxergavam) na fórmula: – o rei reina e não governa.[486]

Góis e Vasconcelos, comentando o artigo 102 da Constituição de 1824 ("O imperador exercita o Poder Executivo pelos seus ministros de Estado"), assim discorre em resposta às teses do Visconde do Uruguai:

> *Exercita pelos seus ministros*. Logo, o Poder Executivo pertence ao imperador, visto que aquele a quem o poder é delegado é que o exerce. Se a Constituição supusesse o Poder Executivo

---

484 OLIVEIRA, Cecilia Helena de Salles. "Da natureza e limites do Poder Moderador e a memória do Conselheiro Zacharias de Góis e Vasconcelos". *In*: VASCONCELOS, Zacharias de Góis e. *Da natureza e limites do Poder Moderador*. São Paulo: Editora 34, 2002, pp. 9-58.

485 VASCONCELOS, Zacharias de Góis e. *Da natureza e limites do Poder Moderador*. São Paulo: Editora 34, 2002, p. 150.

486 VASCONCELOS, Zacharias de Góis e. *Da natureza e limites do Poder Moderador*. São Paulo: Editora 34, 2002, p. 150.

> delegado a um todo composto do imperador e de ministros, como pretende o Sr. Visconde do Uruguai, a frase deveria ser: – o imperador exercita o Poder Executivo com os seus (e não pelos seus) ministros. – O dizer – pelos ministros – já indica bem que estes não formam com o imperador um todo, a quem se ache delegado o Poder Executivo, mas apenas têm o caráter de agentes, agentes de uma categoria elevadíssima, sem cujo intermédio nada faz o imperador, mas que não compartem com ele como seus codelegados o Poder Executivo.
>
> (...)
>
> E o que admira é que o autor do *Ensaio*, seguindo na questão – o rei reina e não governa – o parecer de que o imperador não só reina, mas governa, e governa, em casos graves, sem dependência de referenda, nem responsabilidade de ministro, seja quem tão abertamente venha aqui sustentar as ideias do poder ministerial, ou de Poder Executivo confiado a ministros, ideias de que a fórmula "o rei reina e não governa", em sua maior exageração, é filha legítima.[487]

Defendendo, portanto, a necessidade de referendo ministerial para os atos emanados do Poder Moderador, o Conselheiro Zacharias, de acordo com Menelick de Carvalho Netto, **"expõe, em sua famosa obra, a doutrina que parlamentarizaria a Monarquia constitucional, que, contudo, não chegara a vingar no Império do Brasil".**[488]

Não foi somente com o Visconde do Uruguai que Góis e Vasconcelos debateu doutrinariamente. É notória também a sua polêmica com Braz Florentino Henriques de Souza – professor da Faculdade de Direito do Recife, líder católico conservador e Presidente da

---

487 VASCONCELOS, Zacharias de Góis e. *Da natureza e limites do Poder Moderador*. São Paulo: Editora 34, 2002, pp. 151-154.

488 CARVALHO NETTO, Menelick de. *A sanção no procedimento legislativo*. Belo Horizonte: Del Rey, 1992, p. 75, destaque nosso.

Província do Maranhão (1869-1870) – em torno da natureza, das atribuições e dos limites do Poder Moderador.[489]

Em profícuo resumo do livro *Do Poder Moderador* (1864), de Braz Florentino,[490] Menelick de Carvalho Netto assim discorre no que aqui interessa:

> Braz Florentino dedica todo o Capítulo VII do seu livro ao direito de sanção, para provar que essa participação do Imperador no procedimento legislativo não se verifica enquanto mero órgão do Legislativo, mas enquanto Poder Moderador, versão moderna da antiga Doutrina do Direito Divino dos Reis, segundo a peculiar interpretação que fornecia da teoria que Benjamin Constant consagrou, tomando-a emprestada de Clermont Tonerre. **Para Braz Florentino, a inviolabilidade do Monarca e o seu caráter sacro não seriam expressões sinônimas que pudessem autorizar o entendimento de que a irresponsabilidade daí decorrente devesse requerer a referenda ministerial. Muito ao contrário, os atos do Poder Moderador seriam atos pessoais do Soberano, que reina, legisla, governa e administra, por sua posição mesma de Monarca enquanto titular de um direito divino, constitucionalmente reconhecido.**[491]

---

489 Conferir: ARQUIVO DA UNIVERSIDADE FEDERAL DE PERNAMBUCO. "Dr. Braz Florentino Herinque de Souza – Político, Jurista e Presidente da Província do Maranhão". *Universidade Federal de Pernambuco*, mar. 2021. Disponível em: https://www.ufpe.br/arquivoccj/curiosidades/-/asset_publisher/x1R6vFfGRYss/content/dr-braz-florentino-herinque-de-souza-politico-jurista-e-presidente-da-provincia-do-maranhao/590249. Acessado em:12.08.2024.

490 SOUZA, Braz Florentino Henriques de. *Do Poder Moderador*: ensaio de Direito Constitucional contendo a análise do Título V, Capítulo I, da Constituição Política do Brasil. Brasília: Universidade de Brasília, 1978.

491 CARVALHO NETTO, Menelick de. *A sanção no procedimento legislativo*. Belo Horizonte: Del Rey, 1992, p. 75, destaque nosso.

Desses importantes debates da publicística do século XIX,[492] sobressai a conclusão de que há uma notória convergência político-doutrinária entre as obras de Pimenta Bueno, Visconde do Uruguai e Braz Florentino no que concerne à defesa da total inviolabilidade do Monarca enquanto titular exclusivo do Poder Moderador; poder esse que, longe de ser o *pouvoir neutre* preconizado por Constant, na verdade, permearia e condicionaria todos os demais, inaugurando, no Brasil, como muito bem captado por Carvalho Netto, uma peculiar espécie de monarquia constitucional, diretamente influenciada pela tradição restauradora do Congresso de Viena e por sua resistente defesa, política e doutrinária, do princípio monárquico:

---

492 "O debate constitucional durante o Segundo Reinado (1840-1889) girou em boa parte em torno da natureza do Poder Moderador e da responsabilidade dos ministros. Os conservadores mantinham-se dentro de uma interpretação literal da Constituição, repetindo François Guizot (1787-1874), historiador e influente político francês: o rei reina, governa e administra. Os liberais apelavam para o espírito da obra de Constant e recorriam a Adolphe Thiers (1797-1877), outro historiador e influente político francês: o rei reina, mas não governa. Na prática, o sistema político imperial poderia chamar-se de monarquia presidencial. Era monarquia na medida em que era hereditário, era presidencial na medida em que acumulava na mesma pessoa a chefia do Estado e do governo" (CARVALHO, José Murilo de. "Introdução (As marcas do período)". *In*: ______ (Coord.). *A construção nacional (1830-1889)*. Rio de Janeiro: Objetiva, 2012, p. 27). É preciso destacar, no ponto, que dois outros importantes juristas combateram doutrinariamente a interpretação saquarema do Poder Moderador: Tobias Barreto e Luiz Gama. Conferir BARRETO, Tobias. "A Questão do Poder Moderador". *In*: BARRETO, Luiz Antonio (Coord.). *Obras completas de Tobias Barreto*: estudos de Direito I. Rio de Janeiro: J. E. Salomon; Sergipe: Diário Oficial, 2012, pp. 96-131; LIMA, Bruno Rodrigues de. *Luiz Gama contra o Império*: a luta pelo direito no Brasil da escravidão. São Paulo: Contracorrente, 2024; e LIMA, Bruno Rodrigues de. "Introdução". *In*: GAMA, Luiz. *Democracia (1866-1869)*. Obras Completas, vol. 4. Organização, introdução, estabelecimento de texto, comentários e notas de Bruno Rodrigues de Lima. São Paulo: Hedra, 2022.

> Na realidade, entre os dois tipos de irresponsabilidade do Monarca [absolutista e aquela acompanhada da responsabilidade ministerial], citados por Zacharias, havia um terceiro, intermediário, em que o Monarca, enquanto ainda titular de um poder pessoal, exerce, livre e irresponsavelmente, à maneira absolutista, estritamente e tão-só as prerrogativas a ele reconhecidas pela Carta Constitucional. **E é essa a irresponsabilidade do Monarca típica da Monarquia Constitucional, ainda tributária, em muitos aspectos, de conceitos absolutistas, do Princípio Monárquico, que, em diferentes graus, era, nesse tipo de monarquia, matizado pelo Princípio da Representação Popular em sentido liberal.**[493]

Foi justamente essa vertente interpretativa conservadora sobre o Poder Moderador que concretamente prevaleceu após a dissolução da Assembleia Constituinte, no texto e no funcionamento concreto da Constituição imperial ao longo de todo o século XIX.

1.2.5 A direção saquarema

Contra visões idealizadas, que enxergam o Poder Moderador como estrutura constitucional facilitadora do suposto desenvolvimento de uma monarquia parlamentar no Brasil do Segundo Reinado, consoante Menelick de Carvalho Netto, explorando o instituto da sanção previsto pelos arts. 64 a 67 da Constituição de 1824, não obstante o artigo 65 prescrevesse que a negativa de sanção pelo Imperador (artigo. 64) tivesse efeito suspensivo, caso o projeto fosse reapresentado sucessivamente nas duas legislaturas seguintes, sem sanção imperial, considerar-se-ia sancionada a lei. Tais dispositivos depositavam papel legislativo essencial na figura da Coroa, pois, considerando que uma legislatura durava quatro anos (artigo 13), "poderia levar onze ou mesmo doze anos para que esse projeto enfim

---

493 CARVALHO NETTO, Menelick de. *A sanção no procedimento legislativo*. Belo Horizonte: Del Rey, 1992, pp. 74/75, destaque nosso.

se tornasse lei".[494] Em minuciosa pesquisa historiográfica, Carvalho Netto identificou nas fontes primárias a existência de apenas quatro negativas a projetos de lei durante o reinado de D. Pedro I e de nem uma durante o Segundo Império.[495]

A explicação do professor da UnB é, com amparo em Ilmar Rohloff de Mattos, no sentido de que tal "ausência de recusa de sanção imperial durante o longo Reinado de Pedro II não é devida a um suposto parlamentarismo *sui generis*' que entre nós teria vicejado no Império, chegando, portanto, a afetar as prerrogativas monárquicas".[496]

Na realidade, ocorreu o oposto: a particular simbiose entre a prevalecente releitura saquarema do Poder Moderador e as relativamente estáveis pautas das elites políticas[497] tornou possível uma

---

494 CARVALHO NETTO, Menelick de. *A sanção no procedimento legislativo*. Belo Horizonte: Del Rey, 1992, p. 70.

495 CARVALHO NETTO, Menelick de. *A sanção no procedimento legislativo*. Belo Horizonte: Del Rey, 1992, pp. 77-79.

496 CARVALHO NETTO, Menelick de. *A sanção no procedimento legislativo*. Belo Horizonte: Del Rey, 1992, p. 79.

497 José Murilo de Carvalho demonstra que "apesar da aparente estabilidade do sistema imperial, houve grande instabilidade de governos. A duração média dos 36 ministérios foi de menos de um ano e meio. Mas há clara diferença entre a duração dos ministérios conservadores e a dos ministérios liberais. Os conservadores duravam em média duas vezes mais que os liberais. O mesmo pode ser dito dos ministérios da Conciliação e dos progressistas. Os primeiros, que eram mais próximos dos conservadores, duravam mais do que os segundos, mais próximos dos liberais" (CARVALHO, José Murilo de. *A construção da ordem*: a elite política imperial; *Teatro das sombras*: a política imperial. 15ª ed. Rio de Janeiro: Civilização Brasileira, 2021, p. 210). Ainda de acordo com Carvalho: "as divergências intra-elites eram fontes de conflitos potenciais que se manifestavam em rebeliões e na constituição e ideologia dos partidos. A dinâmica política nacional do sistema passou por sucessivas coalizões efetuadas entre setores da elite e setores de classe. No entanto, pelo próprio fato de parte da elite estar vinculada ao Estado e pelo fato de que em sua maioria provinha de setores da

duradoura hegemonia, a despeito das constantes trocas de gabinetes, de visões essencialmente conservadoras, dispensando, assim, o exercício da (por isso mesmo, desnecessária) prerrogativa imperial de recusa da sanção de leis, já que as visões da monarquia e as do Parlamento, via de regra, convergiam.

Segundo Ilmar Rohloff de Mattos, ao longo do século XIX,

> os Saquaremas fizeram com que as pretensões dos Liberais se esvaíssem, sublinharam as contradições de suas propostas e impuseram-lhes uma direção. Assim, à "Representação Nacional" opuseram a "Soberania"; a "Vontade Nacional" submeteram à "Ordem"; **ao "Princípio Democrático" contrapuseram o "Princípio Monárquico"** – sempre vitoriosamente.[498]

Diante disso, os liberais não conseguiram "estar no governo do Estado",[499] ou seja, não tiveram a "capacidade de exercer uma direção: uma direção política, uma direção intelectual e moral"[500] dominante. Ao contrário, mesmo quando na situação, dançaram conforme a música conservadora.[501] Mattos faz questão de enfatizar que essa sua interpretação busca romper

---

classe dominante, os conflitos a que davam margem as divergências eram de natureza limitada. Os conflitos que apontavam na direção de um confronto aberto interclasse passavam à margem da elite nacional e circunscreviam-se a lideranças regionais ou locais" (CARVALHO, José Murilo de. *A construção da ordem*: a elite política imperial; *Teatro das sombras*: a política imperial. 15ª ed. Rio de Janeiro: Civilização Brasileira, 2021, p. 231).

498 MATTOS, Ilmar Rohloff de. *O Tempo Saquarema*. 7ª ed. São Paulo: Hucitec, 2017, pp. 164/165, destaque nosso.

499 MATTOS, Ilmar Rohloff de. *O Tempo Saquarema*. 7ª ed. São Paulo: Hucitec, 2017, p. 168.

500 MATTOS, Ilmar Rohloff de. *O Tempo Saquarema*. 7ª ed. São Paulo: Hucitec, 2017, p. 169.

501 Nas palavras de Lilia Schwarcz: "com o tempo, porém, e tendo o Poder Moderador nas mãos – que lhe dava a primazia do veto em várias

> com a corrente historiográfica sobre o Império que se distingue por destacar a sucessão dos gabinetes e arranjos palacianos e por se preocupar com o rodízio dos partidos, as lutas entre eles e no interior de cada qual, além das questiúnculas parlamentares, [tudo isso como indícios da suposta existência de uma monarquia parlamentar no Brasil imperial].[502]

Em tempos mais recentes, Christian Lynch personifica, justamente, essas visões doutrinárias que veem o Poder Moderador desenvolvido no Brasil do Segundo Império como algo idílico;[503] um parlamentarismo empreendido à imagem e semelhança da versão original da doutrina de Benjamin Constant, tudo isso graças ao temperamento e aos supostos dotes excepcionais de intelectual e de estadista possuídos por D. Pedro II. Confira-se síntese do próprio autor:

> Esse papel arbitral, que nada conviera à personalidade do monarca que o introduzira na Constituição, talharia, porém,

---

instâncias –, além de contar com uma elite bastante homogênea, apesar de dividida entre dois partidos, D. Pedro II, cada vez mais, reinará, governará e se tornará, aos poucos, uma espécie de fiel da balança. Era inclusive comum, em meados do século, ouvir dizer que não havia nada mais parecido com um Saquarema – apelido dos conservadores em razão de seus principais líderes serem fazendeiros da região que tinha esse nome e localizava-se no norte do Rio de Janeiro – do que um Luzia (como eram conhecidos os liberais) no poder" (SCHWARCZ, Lilia Moritz. *As barbas do Imperador*: D. Pedro II, um Monarca nos trópicos. 2ª ed. São Paulo: Companhia das Letras, 2021, p. 120).

502 MATTOS, Ilmar Rohloff de. *O Tempo Saquarema*. 7ª ed. São Paulo: Hucitec, 2017, p. 168.

503 Em sentido convergente, destaque-se: HORTA, José Luiz Borges. *Dialética do Poder Moderador*: ensaio de uma ontoteleologia do Estado do Brasil. Belo Horizonte: UFMG, 2020, pp. 79-101. (Tese de Doutorado). Trata-se de tese mediante a qual o autor obteve a titularidade da cadeira de Teoria Geral do Estado da Faculdade de Direito da Universidade de Minas Gerais. O referido trabalho será explorado criticamente no capítulo IV.

> com perfeição à de seu filho, ponderado que era, culto, defensor das liberdades individuais, tolerante em extremo. **Em Dom Pedro II, o Poder Moderador encontraria sua personificação mais perfeita; pois que era aquela obra-prima da organização política sem o qual nenhuma liberdade existe e detinha aquela esfera de segurança, majestade e imparcialidade, a que, muitos e muitos anos antes, o velho Benjamin Constant se referira em sua obra magna.** (...)
>
> Como dissemos, a eficácia do Poder Moderador só se revelaria no Segundo Reinado. As faculdades que conferiam ao Imperador dissolver a Câmara dos Deputados, nomear senadores eleitos por lista tríplice e nomear e demitir ministérios, no decorrer do século XIX, **foram fundamentais para adiar a oligarquização total do sistema político brasileiro, o que só veio a ocorrer durante a República Velha. A centralização da administração daí decorrente, com efeito, impediu que as oligarquias regionais nas províncias tomassem o poder completamente e também que a escravidão se prolongasse indefinidamente no Brasil. O papel da Coroa na abolição da escravatura fica claro quando se analisa o papel que o Conselho de Estado, órgão consultivo do Poder Moderador, e este, tiveram não apenas na ocasião da Lei do Ventre Livre, como da Lei Áurea; papel este só possível de desempenhar devido à independência que o trono possuía em relação às elites reunidas no Parlamento.** Este seria, inclusive, um fator que tiraria o apoio restante que as oligarquias davam ao regime monárquico, deixando-o sem sustentação e facilitando a ação dos republicanos, no ano seguinte ao da abolição total.[504]

E complementa:

---

504 LYNCH, Christian Edward Cyril. "O Poder Moderador na Constituição de 1824 e no anteprojeto Borges de Medeiros de 1933: Um estudo de Direito Comparado". *Revista de Informação Legislativa*, Brasília ano 47, nº 188, out./dez. 2010, p. 102, destaque nosso.

> Assim, com o desaparecimento do Poder Moderador imperial, e sem que fossem criados mecanismos capazes de garantir a lisura dos procedimentos eleitorais em seu lugar, as instituições representativas previstas na Constituição Republicana de 1891 ficaram prisioneiras de uma hermenêutica conservadora – aristocrática, presidencialista, ultrafederalista e antijudiciarista –, que afinal se sedimentaria, durante o governo Campos Sales, no modelo operativo empírico da chamada Política dos Governadores. A estabilidade obtida por esse artifício estava, porém, de antemão condenada, porque o monopólio duradouro do poder por parte das mesmas facções (diferentemente do Poder Moderador da monarquia) levava segmentos cada vez expressivos da sociedade a se frustrarem com o regime e a reivindicar a revisão da Constituição. Depois da Revolução de 1930, o debate em torno do estado de sítio, do Poder Moderador e da jurisdição constitucional voltaria à ordem do dia.[505]

Há diversos problemas nas referidas compreensões. Muito longe de representar um arranjo pluralista, democrático e arejado por diversas ideias e correntes doutrinárias que puderam, todas elas, efetivamente deixar suas respectivas marcas concretas, na verdade, foi a amplamente prevalecente atuação do Poder Moderador na ordem política brasileira oitocentista, desde a dissolução da Assembleia Nacional Constituinte de 1823 e a outorga da Constituição de 1824, que alinhavou a materialização de uma duradoura aliança constitucional entre Coroa, Exército, direção política saquarema e interesses econômicos latifundiários e escravocratas, todos comprometidos com a manutenção de uma ordem social excludente e recheada de privilégios que remontavam ao período colonial, bem como com o rígido controle da soberania popular, temerosos que eram de sedições

---

505 LYNCH, Christian Edward Cyril. "O Poder Moderador na Constituição de 1824 e no anteprojeto Borges de Medeiros de 1933: Um estudo de Direito Comparado". *Revista de Informação Legislativa*, Brasília ano 47 nº 188, out./dez. 2010, p. 165.

populares e de revoltas de escravos no Brasil.[506] Dessa forma, não basta dizer que havia estabilidade no Império, é preciso questionar: qual era essa estabilidade? Quem nela estava incluído? Quem dela estava excluído? A quem e a que ela servia?

O sistema eleitoral do Império brasileiro, típico do paradigma Liberal, era censitário e extremamente excludente (dele não participavam pobres, mulheres, escravos e analfabetos) e pouquíssimo representativo.[507] Além disso, a alternância no poder entre Liberais e Conservadores – alardeada por Lynch como uma perfeita e democrática engenharia constitucional, supervisionada pelo alegado *pouvoir neutre*, de rotatividade do poder, que teria impedido uma precoce oligarquização política[508] – não revela que prevaleceu, durante todo o Império, como bem captado por Ilmar Rohloff de Mattos, uma constante *direção saquarema*, a despeito da apenas superficial camada da alternância de gabinetes. Ainda, sobre o domínio do

---

506 Conferir GOMES, David F. L. *A Constituição de 1824 e o problema da modernidade*: o conceito moderno de Constituição, a história constitucional brasileira e a teoria da Constituição no Brasil. Belo Horizonte: D'Plácido, 2019, p. 68; QUEIROZ, Marcos Vinícius Lustosa. *O Haiti é aqui*: ensaio sobre formação social e cultura jurídica latino-americana (Brasil, Colômbia e Haiti, século XIX). Brasília: UnB, 2022. (Tese de Doutorado); e LUTOSA, Marcos Vinícius Q. *Constitucionalismo brasileiro e o Atlântico Negro*: a experiência constitucional de 1823 diante da Revolução Haitiana. Brasília: UnB, 2017. (Dissertação de Mestrado).

507 DOLHNIKOFF, Miriam. "Representação política no Império". *Anais do XXVI Simpósio Nacional de História*, ANPUH, São Paulo, jul. 2011. Disponível em: https://anpuh.org.br/uploads/anais-simposios/pdf/2019-01/1548856709_22caba5e0268c1a3ee76bf2620f72642.pdf. Acessado em: 13.08.2024.

508 Fábio Konder Comparato bem aponta a existência de uma acentuada política oligárquica já durante o Império em torno, sobretudo, dos interesses dos grandes latifundiários escravocratas: COMPARATO, Fábio Konder. "A preservação da aliança oligárquica durante o Império". *In*: ______. *A oligarquia brasileira*: visão histórica. São Paulo: Contracorrente, 2017, pp. 108-112.

excludente processo eleitoral do Império pelas teias de influência do Poder Moderador, Menelick de Carvalho Netto aduz o seguinte:

> No Império, o controle das eleições não residia na livre elaboração das atas, como, na República, as chamadas eleições a bico de pena, mas no controle das próprias mesas eleitorais, designadas pelo Governo. Portanto, a Coroa enquanto Poder Moderador se revela, outra vez, como a grande condutora do processo, já que, conforme os incisos V e VI do art. 101 da Carta, eram atos desse Poder a dissolução da Câmara e a livre nomeação de seus Ministros.[509]

Ademais, a propalada estabilidade política imperial sugerida não foi absoluta, já que não faltaram insatisfações sociais e populares contra essa *direção saquarema* amarrada pelo hipertrofiado Poder Moderador – ainda que ela, a despeito dessas contestações, tenha conseguido resistir – das quais são exemplos revoltas como a Cabanagem, a Farroupilha, o Malês, a Balaiada, a Sabinada, a Praieira, o Vintém, além de diversas rebeliões escravas e quilombolas,[510] bem como, nas duas últimas décadas do século XIX, progressivas insatisfações políticas externadas pelos jovens oficiais do Exército formados na Academia Militar a partir da cartilha positivista,[511] dentre outros. Portanto, no que teve de realmente estável, a estabilidade imperial esteve atrelada não a uma imagética democrática

---

509 CARVALHO NETTO, Menelick de. *A sanção no procedimento legislativo*. Belo Horizonte: Del Rey, 1992, p. 84.

510 Conferir REIS, João José. *Ganhadores*: a greve negra de 1857 na Bahia. São Paulo: Companhia das Letras, 2019; REIS, João José. *Rebelião escrava no Brasil*: a história do Levante dos Malês em 1835. São Paulo: Companhia das Letras, 2003; REIS, João José. *Liberdade por um fio*: história dos quilombos no Brasil. São Paulo: Companhia das Letras, 1996.

511 CARVALHO, José Murilo de. "A vida política". *In*: ______ (Coord.). *A construção nacional (1830-1889)*. Rio de Janeiro: Objetiva, 2012, pp. 123-125.

alternância parlamentarista de poder ou a uma completa satisfação popular manifesta na ausência de rebeliões, atribulações e crises políticas, mas sim à hábil construção de uma operante aliança entre os setores e instituições mais conservadores do país (Coroa, Exército, elite escravocrata e latifundiária), para fazer seus interesses prosperarem, tudo isso alinhavado pelo hipertrofiado papel constitucional do Poder Moderador, que sustentava e ao mesmo tempo era sustentado por essa aliança conservadora.

Por fim, é também bastante questionável a tese de que a Coroa teria contribuído decisivamente para a não eternização da escravidão, sendo supostamente crucial a sua atuação para a abolição em 1888. Ao contrário, a Monarquia e o Poder Moderador atuaram, durante quase todo o século XIX, como um dos principais fiadores do sistema latifundiário e escravocrata brasileiro – o último do continente americano a ser abolido e o que recebeu o maior número de pessoas escravizadas nas Américas. Na verdade, o processo de abolição esteve muito mais relacionado a pressões populares das próprias pessoas escravizadas[512] e do movimento abolicionista,[513] a pressões

512 Joaquim Nabuco afirmava, do alto da divisão estanque e elitista cultivada pelo paradigma do Estado Liberal entre "sociedade civil" e "sociedade política", que "a escravidão não há de ser suprimida no Brasil por uma guerra servil, muito menos por insurreições ou atentados locais. Não deve sê-lo, tampouco, por uma guerra civil, como o foi nos Estados Unidos. (...) A emancipação há de ser feita, entre nós, por uma lei que tenha os requisitos, externos e internos, de todas as outras. É assim, no Parlamento e não em fazendas ou quilombos do interior, nem nas ruas e praças das cidades, que se há de ganhar, ou perder, a causa da liberdade" (NABUCO, Joaquim. *O abolicionismo*. Brasília: Conselho Editorial do Senado Federal, 2003, p. 44). Todavia, não foi bem assim que sucedeu. Emília Viotti destaca diversos movimentos populares de insurreição e pressões levados a efeito pelas próprias pessoas escravizadas como forma de resistência: COSTA, Emília Viotti da. "Heróis anônimos, o protesto do escravizado, a abolição". *In*: ______. *A abolição*. 9ª ed. São Paulo: Unesp, 2010, pp. 111-125.

513 COSTA, Emília Viotti da. *A abolição*. 9ª ed. São Paulo: Unesp, 2010, pp. 95-110; BOSI, Alfredo. *Dialética da Colonização*. São Paulo: Companhia das Letras, 1992, pp. 242-245; ALONSO, Angela. *Flores,*

geopolíticas (sobretudo, da Inglaterra),[514] a mudanças estruturais na economia e na sociedade nacionais (urbanização, modernização, desenvolvimento de uma classe média etc.),[515] bem como aos subsídios obtidos pela elite escravocrata para viabilizar a transição para formas de mão de obra livres e assalariadas[516] do que propriamente aos propalados dotes humanistas do Imperador – o qual, inclusive, foi agente de destaque para a manutenção do sistema escravista,[517]

---

votos e balas: o movimento abolicionista brasileiro (1868-1888). São Paulo: Companhia das Letras, 2015; GAMA, Luiz. "Instruções abolicionistas". *In*: ______. *Direito (1870-1875)*. Obras Completas. vol. 5. Organização, introdução, estabelecimento de texto, comentários e notas de Bruno Rodrigues de Lima. São Paulo: Hedra, 2023, pp. 369-373; e GAMA, Luiz. *Liberdade (1880-1882)*. Obras Completas. vol. 8. Organização, introdução, estabelecimento de texto, comentários e notas de Bruno Rodrigues de Lima. São Paulo: Hedra, 2023.

514 COSTA, Emília Viotti da. *A abolição*. 9ª ed. São Paulo: Unesp, 2010, pp. 23-31; COMPARATO, Fábio Konder. *A oligarquia brasileira*: visão histórica. São Paulo: Contracorrente, 2017, pp. 121-133.

515 COSTA, Emília Viotti da. *A abolição*. 9ª ed. São Paulo: Unesp, 2010, pp. 61-75.

516 BOSI, Alfredo. *Dialética da Colonização*. São Paulo: Companhia das Letras, 1992, pp. 242-245.

517 Ilmar Rohloff de Mattos critica justamente "o mito do Imperador e da Coroa como os agentes principais da emancipação dentro do Brasil, mito esse que a muitos ainda hoje confunde na tentativa de explicar como um Estado escravista podia promover uma política antiescravista" (MATTOS, Ilmar Rohloff de. *O Tempo Saquarema*. 7ª ed. São Paulo: Hucitec, 2017, p. 240). A inevitável extinção do tráfico intercontinental, por pressões inglesas, foi habilmente aproveitada pela elite saquarema e pela Coroa para incentivar o tráfico interprovincial e inter-regional, de forma a se desenvolver um mercado interno de mão de obra integralmente controlado nacionalmente, deixando intocada, assim, a "malta" de homens livres e pobres identificados com potencialidades para a desordem, além do uso dos capitais ociosos do tráfico internacional para os chamados "melhoramentos materiais". Dessa forma, a preservação da escravidão apresentava-se como condição de possibilidade para a manutenção do monopólio nacional sobre a mão de obra interna, o que significava dizer que também contribuía para se preservar a unidade e a soberania imperiais, mantendo-se privilégios e hierarquias sociais que

ao emprestar, por décadas, o seu decisivo capital simbólico à direção saquarema amplamente prevalecente.

Conforme demonstrado neste subcapítulo, na experiência constitucional de 1824, o instituto do Poder Moderador se distanciou amplamente dos matizes teoréticos do liberalismo doutrinário de Benjamin Constant para se aproximar, na prática, dos contornos gerais próprios do princípio monárquico típico da Teoria Geral do Estado alemã do final do século XIX. Em vez de ser um poder neutro e pacificador dos demais poderes, o Poder Moderador, no Brasil, serviu como fundamento de legitimidade para a justificação e expansão das competências constitucionais pessoais do Imperador, que perpassavam também atribuições legislativas e governamentais, dando sustentáculo político-simbólico a medidas administrativas centralizadoras, todas elas viabilizadas por uma peculiar política partidária, da qual sobressaía uma forte e duradoura relação de simbiose entre a Coroa e a amplamente dominante direção política saquarema.

Diante disso, pode-se dizer, com Menelick de Carvalho Netto, que "à luz das atribuições que a Carta outorgara ao Monarca no Império do Brasil, (...) o Imperador reina, legisla, governa e administra".[518]

Antes de prosseguir, é importante destacar que outra força política atuou de maneira importante como fator de legitimação do Império brasileiro, da sua centralização política e da proeminência político-constitucional do Monarca via Poder Moderador: o **Exército**.

---

remontavam ao período colonial. Sobre isso, conferir: MATTOS, Ilmar Rohloff de. *O Tempo Saquarema*. 7ª ed. São Paulo: Hucitec, 2017, pp. 240-263.

518 CARVALHO NETTO, Menelick de. *A sanção no procedimento legislativo*. Belo Horizonte: Del Rey, 1992, p. 77. No mesmo sentido, conferir também: HOLANDA, Sergio Buarque de. *História Geral da Civilização Brasileira*. tomo II (O Brasil Monárquico). vol. 5 (Do Império à República). 2ª ed. São Paulo: Difel, 1977, p. 65; e SCHWARCZ, Lilia Moritz. *As barbas do Imperador*: D. Pedro II, um Monarca nos trópicos. 2ª ed. São Paulo: Companhia das Letras, 2021, pp. 48, 123 e 323/324.

Em percuciente análise, Adriana Barreto de Souza explora a teia de imbricações entre a política militar conservadora pensada e executada entre 1831-1850 e a consolidação político-constitucional do Império, de sua centralização política e do poder pessoal do Imperador.

O período regencial (1831-1840), predominantemente dominado por gabinetes liberais e por propostas de comedimento do Poder Moderador, foi marcado pela pretensão de "limitar, numa atitude semelhante à que desarticulou a magistratura profissional, a atuação do Exército, substituindo-o, no trato das questões internas, pela Guarda Nacional".[519]

A reivindicação era, obviamente, a de avançar propostas políticas descentralizadoras que poderiam muito bem ser atravancadas por um forte poder militar central, o qual deveria ser desmobilizado a qualquer custo:

> (...) No lugar dos "militares", foi possível identificar um grupo inteiramente fragmentado, servindo a uma instituição com um baixo grau de racionalização. Expressando os valores da sociedade na qual se encontrava inserido, o Exército das primeiras décadas do século XIX não possuía uma unidade interna, e a organização dos postos e hierarquias ocorria em função da posição ocupada pelo indivíduo nas redes de relações pessoais, cujos fios na sua maioria eram tecidos ainda no berço. Dessa maneira, a ascensão na carreira dependia menos de predicados propriamente militares que da origem e inserção sociais do oficial. Um sistema de hierarquias que sobrevive à abdicação do primeiro imperador. Se o Exército passa por um processo de desmobilização, com a criação da Guarda (Nacional) e a difusão dos princípios descentralizadores de governo nos anos 1830, tal como tinha ocorrido com a

---

519 SOUZA, Adriana Barreto de. *O Exército na consolidação do Império*: um estudo sobre a política militar conservadora (1831-1850). 2ª ed. Rio de Janeiro: FGV, 2022, p. 77.

> judicatura no reinado de D. Pedro I, o sistema de estruturação do corpo de oficiais permanece inalterado. Há um decréscimo no valor da verba destinada ao Ministério da Guerra, assim como uma diminuição no número de efetivos dos corpos de primeira linha, mas o sistema de composição do oficialato e os termos que definiam o prestígio dos oficiais no conjunto da sociedade permaneciam os mesmos.[520]

A partir de minuciosa análise das correspondências trocadas entre os presidentes das províncias acometidas por revoltas locais separatistas[521] e o Ministro da Guerra entre 1835 e 1842, Adriana Barreto demonstra como essa política militar liberal foi se desgastando ao longo do tempo, já que a notória precariedade e desorganização da Guarda Nacional evidentemente não permitiam que ela fizesse frente às insurreições. Desse caótico cenário decorreu que

> [o] fato de o governo ser exercido por liberais ou conservadores, em meados da década de 1830, era indiferente. Nas mensagens que dirigiam ao ministro da Guerra, os presidentes de províncias demonstravam grande insatisfação com o desempenho da oficialidade na repressão à rebeldia [e cobravam providências do governo central].[522]

Uma queixosa carta de Carneiro Leão (Presidente da província do Rio de Janeiro) ao Ministro da Guerra dá o tom de como a ausência de um Exército profissional e organizado era cada vez mais vista como uma séria ameaça à própria integridade nacional:

---

520 SOUZA, Adriana Barreto de. *O Exército na consolidação do Império*: um estudo sobre a política militar conservadora (1831-1850). 2ª ed. Rio de Janeiro: FGV Editora, 2022, p. 228.

521 As principais foram: Malês, Sabinada, Cabanagem, Balaiada e Farroupilha.

522 SOUZA, Adriana Barreto de. *O Exército na consolidação do Império*: um estudo sobre a política militar conservadora (1831-1850). 2ª ed. Rio de Janeiro: FGV Editora, 2022, p. 79.

> Contar com a Guarda Nacional para restabelecer a ordem constituía uma tarefa bastante embaraçosa. Seguindo a descrição do presidente da província do Rio de Janeiro, os soldados que integravam essas forças "mal se aguentam de pé" e o desempenho da oficialidade responsável pelo comando dos corpos ficava muito aquém do desejado: "são homens casados e alguns com fortuna, mas incapazes de debelar os rebeldes que julgando-se comprometidos atacam com coragem, e expõem-se". Para o presidente Carneiro Leão, a diferença de atuação residia no grau de envolvimento dos guardas nacionais que, apesar de demonstrarem "grande patriotismo" e "prestarem de boa vontade" o serviço militar, não possuíam treinamento específico nem sofriam qualquer tipo de coação. Um rebelde sabia que, uma vez derrotado, seria processado e preso, mas um guarda, como "voluntário", nada perderia. Ao contrário, retornaria para sua família e para sua rotina diária. Foi a necessidade de alterar esse quadro que levou o presidente Carneiro Leão a escrever para o ministro.[523]

Essas severas consequências das políticas de desarticulação do Exército empreendidas pelos liberais no início do período regencial foram o combustível ideal da oposição conservadora, que passou a incansavelmente reverberar o mantra da "reforma militar" como uma de suas principais bandeiras estratégicas para avançar, no chamado Regresso Conservador (1837-1840), posições monopolistas e centralizadoras, retomando, assim, terreno político no que se refere à pretensão de legitimação do Império pela via do alargamento do Poder Moderador, sempre em estreita articulação com os interesses da elite latifundiária e escravocrata:

> **A retomada do "princípio monárquico" em 1837 promove, portanto, uma restruturação do Exército.** Essa seria a diferença

523 SOUZA, Adriana Barreto de. *O Exército na consolidação do Império*: um estudo sobre a política militar conservadora (1831-1850). 2ª ed. Rio de Janeiro: FGV Editora, 2022, pp. 91/92.

> básica, no que se refere aos negócios da Guerra, entre liberais e conservadores. Para gerar a hegemonia necessária à Constituição de um Estado nacional, os conservadores colocaram em funcionamento um mecanismo monopolista, que tinha por base a ampliação do potencial militar e financeiro do governo. **O Exército constituía um dos principais instrumentos do nascente Estado na acumulação de capital político, por isso se empreendia a sua reforma.** Como expressão da aproximação entre a "escória" e setores da elite, as rebeliões provinciais transformaram-se no episódio-chave de rearticulação das forças conservadoras e, por decorrência, do Exército. **A "obra de pacificação" simbolizava o embate entre as forças centrífugas e a autoridade da Coroa. A vitória do governo selava o fim do conflito e instituía o 'discurso da ordem' como princípio ordenador de uma nova realidade social, mas que preservava a todo custo a escravidão. (...)**
>
> **A ordem conservadora tinha como principal referente a ideia de controle social. Ao contrário de unir-se à 'escória', a 'boa sociedade' deveria estar plenamente ciente do papel que tinha a cumprir no interior da sociedade.** O baixo grau de civilização das camadas populares exigia – ainda de acordo com os conservadores – uma atuação sistemática dos grandes proprietários. Por isso, não era interesse do Regresso, como concluiria brilhantemente Nabuco de Araújo em 1853, "guerrear e exterminar famílias"; o propósito do grupo restringia-se a "aproveitar essas influências no interesse público, identificá-las com a monarquia" (Nabuco, 1975, p. 145). **A centralização não objetivava eliminar os centros locais de poder, mas tão somente impor uma subordinação, que garantisse a preservação das hierarquias sociais herdadas do período colonial. Para a preservação dessas hierarquias, contar com um Exército forte era fundamental. Um Exército que, na repressão à oposição liberal, a caboclos, a pretos e pardos livres e libertos – então subsumidos no termo "escória" –, garantisse a integridade do Império, cuidando com zelo de preservar no Brasil uma**

> **herança colonizadora: a de uma monarquia assentada na grande propriedade e na escravidão.**[524]

Essa progressiva restruturação do Exército iniciada em 1837 ganhou o seu ápice no contexto da Guerra do Paraguai (1864-1870), que, apesar de não ter garantido qualquer vantagem efetiva aos países combatentes,[525] provocou "a criação de um espírito de corpo entre os oficiais do Exército",[526] o que se faria sentir politicamente de maneira mais aguda na década de 1880. Além disso, ocasionou

---

524 SOUZA, Adriana Barreto de. *O Exército na consolidação do Império*: um estudo sobre a política militar conservadora (1831-1850). 2ª ed. Rio de Janeiro: FGV Editora, 2022, pp. 228/229, destaque nosso.

525 "A guerra não aproveitou a ninguém. O Paraguai teve metade ou mais de sua população dizimada, sobretudo, a masculina. Ao final do conflito, lutavam velhos e crianças. Na Argentina, a guerra foi sempre impopular e o presidente Mitre teve de abandonar o comando dos aliados para resolver problemas de política interna. O mesmo aconteceu com Flores, do Uruguai, que acabou assassinado. O Brasil teve de suportar o maior peso dos custos do conflito em termos de homens e recursos. À medida que a guerra se prolongava, o entusiasmo que de início alimentou o voluntariado se esvaneceu e a opinião pública passou a ter dúvidas quanto à conveniência de se continuar o conflito. Só a firme posição do Imperador, decidido a levar a guerra até a derrota final de López, manteve as tropas no campo de batalha. As consequências financeiras para o Brasil foram desastrosas. As despesas públicas cresceram em mais de mil por cento. O governo viu-se forçado a aumentar impostos, emitir moeda e contratar empréstimos internos e externos no valor de 76 mil contos de réis. O custo total da guerra foi calculado pelo governo em 614 mil contos, cerca de US$ 49 milhões" (CARVALHO, José Murilo de. "A vida política". *In*: ______ (Coord.). *A construção nacional (1830-1889)*. Rio de Janeiro: Objetiva, 2012, p. 106). Especificamente sobre as desastrosas consequências da guerra para o Paraguai, conferir: DORATIOTO, Francisco. *Maldita guerra*: nova história da Guerra do Paraguai. 3ª ed. São Paulo: Companhia das Letras, 2022).

526 CARVALHO, José Murilo de. "A vida política". *In*: ______ (Coord.). *A construção nacional (1830-1889)*. Rio de Janeiro: Objetiva, 2012, p. 107.

um "entusiasmo patriótico (...) expresso no voluntariado"[527] maciço e na progressiva valorização nacionalista de símbolos do país, tais como a bandeira e o hino.[528]

Nesse contexto, a "autoestima militar gerada durante a guerra foi aos poucos se traduzindo em reivindicações e protestos contra o governo"[529] imperial. Os jovens oficiais formados na Academia Militar liam Auguste Comte e tinham aulas com o festejado major Benjamin Constant, o que lhes proporcionava contato com "[d]ois pontos da doutrina positivista que eram particularmente relevantes naquele momento: rejeição da escravidão e o apoio à República".[530] O republicanismo e a ojeriza que nutriam pelos bacharéis que dominavam a política imperial – por eles "acusados de descaso pela carreira militar, de falta de patriotismo e de politicagem"[531] – representavam importantes pontos de afinidade entre os veteranos que lutaram na Guerra do Paraguai e os jovens cadetes positivistas. Esses foram, em síntese, os principais ingredientes políticos envoltos nos movimentos militares que desaguariam na Proclamação da República em 1889.

***

527 CARVALHO, José Murilo de. "A vida política". *In*: ______ (Coord.). *A construção nacional (1830-1889)*. Rio de Janeiro: Objetiva, 2012, p. 109.

528 CARVALHO, José Murilo de. "A vida política". *In*: ______ (Coord.). *A construção nacional (1830-1889)*. Rio de Janeiro: Objetiva, 2012, p. 109.

529 CARVALHO, José Murilo de. "A vida política". *In*: ______ (Coord.). *A construção nacional (1830-1889)*. Rio de Janeiro: Objetiva, 2012, p. 123.

530 CARVALHO, José Murilo de. "A vida política". *In*: ______ (Coord.). *A construção nacional (1830-1889)*. Rio de Janeiro: Objetiva, 2012, p. 125.

531 CARVALHO, José Murilo de. "A vida política". *In*: ______ (Coord.). *A construção nacional (1830-1889)*. Rio de Janeiro: Objetiva, 2012, p. 125.

Por todas essas razões, pode-se dizer que, no Brasil, a peculiar acepção político-doutrinária dada ao Poder Moderador, principalmente durante o Segundo Império, operou como um *equivalente funcional* do princípio monárquico doutrinariamente legitimado pela Teoria Geral do Estado alemã, sempre com vistas ao fortalecimento, na experiência brasileira, do poder pessoal do Imperador e à consecução de pautas político-administrativas centralizadoras, o que só foi possibilitado mediante uma complexa e intrincada rede de relações políticas, econômicas e sociais construídas entre uma elite latifundiária e escravocrata, a Coroa, o Exército, uma constante direção política saquarema e uma conservadora publicística (Pimenta Bueno, Visconde do Uruguai e Braz Florentino). Todos esses atores contribuíram decisivamente para a consolidação de um sistema político avesso às pautas libertárias, temeroso dos movimentos revolucionários e, ao fim e ao cabo, cioso da maior limitação possível da soberania popular. Quando a Monarquia perdeu os sustentáculos simbólicos proporcionados pela elite agrária escravocrata, após a abolição em 1888, e pelos militares, seduzidos pela doutrina positivista, o edifício imperial começou a ruir a passos largos.

Como visto no subcapítulo anterior, também na Alemanha da segunda metade do século XIX, uma peculiar aliança conservadora entre Coroa, Exército, nobreza agrária e burguesia ascendente, alinhavada por uma publicística monárquica, foi a grande responsável pela construção de uma semântica política reacionária que hipertrofiou o princípio monárquico, fazendo-o reverberar como centro de gravidade da ordem constitucional do II *Reich* até 1918, também sempre ao arrepio da soberania popular e da separação de Poderes.

1.3 A Constituição de 1891 e o uso reiterado das medidas de exceção: os resistentes espectros do Poder Moderador na Primeira República (1889–1930)

Por imperativos de espaço e de estrita aderência temática, não será possível discorrer aqui, pormenorizadamente, sobre todas as complexas dinâmicas políticas que desaguaram no desgaste progressivo do Segundo Império brasileiro e, como consequência, na Proclamação da República, em 15 de novembro de 1889. Todavia, cumpre destacar, com José Murilo de Carvalho, que foi a paulatina derrocada, já ao final da monarquia, dos potenciais simbólicos do Poder Moderador o fator que mais decisivamente contribuiu para a queda do regime imperial:

> Passado o período de estabilização do Império, cresceram as queixas contra o Poder Moderador e as acusações de ser um poder pessoal e despótico. Mas os partidos políticos aprenderam a fazer um uso oportunista desse poder: criticavam-no quando na oposição, apoiavam-no quando chamados ao governo. No governo, manipulavam as eleições em benefício próprio, impondo ao imperador a necessidade de usar seu poder para alternar os partidos no poder. O Poder Moderador de início deu estabilidade política ao país. Mas, na ausência de um eleitorado amplo e independente, ele foi minando a legitimidade do imperador. Liberais e republicanos passaram a exigir o governo do país por si mesmo, significando com isso não propriamente a democracia, mas a eleição do chefe de Estado e do governo. Quando o Poder Moderador, como representante da nação ao lado do Legislativo, tomou medidas abolicionistas que contrariaram interesses poderosos, os partidos monárquicos não o defenderam.[532]

No lugar do Poder Moderador, "[i]mplantou-se o presidencialismo republicano, em que os presidentes detinham poder pessoal ainda maior do que o do Imperador, com a diferença de que eram substituídos de quatro em quatro anos".[533]

---

532 CARVALHO, José Murilo de. "Introdução (As marcas do período)". *In*: ______ (Coord.). *A construção nacional (1830-1889)*. Rio de Janeiro: Objetiva, 2012, pp. 27/28.

533 CARVALHO, José Murilo de. "Introdução (As marcas do período)". *In*: ______ (Coord.). *A construção nacional (1830-1889)*. Rio de Janeiro:

Diante disso, pode-se dizer que o papel simbólico do Poder Moderador não foi simplesmente extirpado da política e da teoria constitucional brasileiras da noite para o dia, com o fim do Império. Ao contrário, consoante Christian Lynch (ainda que por outros motivos, conforme será visto a seguir), haveria uma "história não contada do 'espectro do Poder Moderador' depois de sua extinção"[534] formal em 1889.

Portanto, é importante seguir esse rastro, pensando a história constitucional brasileira *com* e *contra* essa resistente semântica.

Pretendendo a superação do Poder Moderador pessoalmente exercido pelo Monarca, os republicanos liberais apostavam, fiando-se grandemente na ordem constitucional estadunidense, no Poder Judiciário como árbitro institucional do país; do que derivava "a ideia de que uma Suprema Corte dotada de jurisdição constitucional fazia as vezes do Poder Moderador nas repúblicas presidenciais".[535]

Em linhas gerais, foi essa a perspectiva vitoriosa quando da elaboração da primeira Constituição republicana brasileira, sobretudo devido à atuação de Rui Barbosa quando da revisão do projeto elaborado pela comissão de notáveis:

> Na Constituição de 1891, os constituintes adotaram o modelo republicano presidencialista federativo norte-americano. Não apenas suprimiram o Poder Moderador e o Conselho de Estado, que equilibravam os poderes pela alternância das

---

Objetiva, 2012, p. 28.

534 LYNCH, Christian Edward Cyril. "Entre o judiciarismo e o autoritarismo: o espectro do Poder Moderador no debate político republicano (1890-1945)". *História do Direito – RHD*, Curitiba, vol. 2, nº 3, jul./dez. 2021, p. 84.

535 LYNCH, Christian Edward Cyril. "Entre o judiciarismo e o autoritarismo: o espectro do Poder Moderador no debate político republicano (1890-1945)". *História do Direito – RHD*, Curitiba, vol. 2, nº 3, jul./dez. 2021, p. 89.

> facções e garantiam a continuidade administrativa, como desconectaram a escolha dos governos estaduais da dependência do federal. Acreditavam, como os liberais do Império, que o equivalente de um "Poder Moderador" de uma república presidencial federativa era exercido por um supremo tribunal dotado de jurisdição constitucional. Substituía-se assim uma instituição que se corrompera pelo exercício de um "poder pessoal" político, caprichoso e irresponsável, por outra, cuja imparcialidade seria garantida por uma "jurisdição" impessoal porque jurídica, limitada a aplicar a lei. Abundavam as metáforas do Poder Moderador para designar o novo Supremo Tribunal. Ministro da Justiça, o paulista Campos Sales declarava que ele seria "a pedra angular do edifício federal e o único capaz de defender com eficácia a liberdade e a autonomia individual" (*In:* Leite, 1981:70). Também o deputado Francisco Glicério enaltecia o novo Supremo como "o poder mais alto da República", que ocuparia "o mais prestigioso, o mais elevado posto da liberdade política". Seu colega Gonçalves Chaves deu logo nome aos bois: "é o Poder Moderador da República" (*In:* Leite, 1981:75 e 76) (...).[536]

Indiretamente eleito Presidente da República em 1891, o Marechal Deodoro da Fonseca rapidamente "entrou em choque com o Congresso e atraiu suspeitas ao substituir o ministério, que vinha do governo provisório, por outro sob o comando de um tradicional político monárquico – o Barão de Lucena".[537]

Pretendia-se, com tal manobra, "reforçar o Poder Executivo, tendo como modelo o extinto Poder Moderador. Em 3 de novembro de 1891, Deodoro fechou o Congresso, prometendo para o futuro

---

536 LYNCH, Christian Edward Cyril. "Entre o judiciarismo e o autoritarismo: o espectro do Poder Moderador no debate político republicano (1890-1945)". *História do Direito – RHD*, Curitiba, vol. 2, nº 3, jul./dez. 2021, pp. 89/90.

537 FAUSTO, Boris. *História do Brasil.* 13ª ed. São Paulo: Universidade de São Paulo, 2008, p. 254.

novas eleições e uma revisão da Constituição";[538] revisão essa que, além de fortalecer o Poder Executivo, pretendia promover uma limitação da autonomia dos estados federados.

Sem o decisivo apoio das Forças Armadas, que estavam amplamente divididas, Deodoro renunciou em 23 de novembro de 1891 e, em seu lugar, assumiu o Vice-Presidente, Floriano Peixoto, gerando uma nova crise constitucional, já que, de acordo com o artigo 42 da Constituição de 1891, caso o cargo de Presidente da República ficasse vago nos dois primeiros anos de mandato, deveriam ser convocadas novas eleições, o que acabou não ocorrendo.

Não tardou para que, a partir do governo Floriano, a pretensão liberal originária de que o Supremo Tribunal Federal fizesse as vezes de árbitro institucional da nação logo caminhasse, a passos largos, para a consagração, na verdade, de um alargado poder pessoal do próprio Presidente da República:

> A interpretação maximizadora do estado de sítio e aquela outra, minimalista, da intervenção federal, se tornaram a pedra de toque do conservadorismo republicano. Os novos "conservadores" da República – notadamente os paulistas e os gaúchos – passaram então a defender, como pivô tutelar do novo sistema, um Presidente da República apoiado pelas bancadas estaduais no Congresso – e não um Supremo que julgasse com resultados imprevisíveis temas cruciais como intervenção federal, estado de sítio e eleições.[539]

De fato, o Supremo Tribunal Federal não conseguiu frear os autoritarismos de Floriano Peixoto. Basta que se relembre dos sérios

538 FAUSTO, Boris. *História do Brasil*. 13ª ed. São Paulo: Universidade de São Paulo, 2008, p. 254.

539 LYNCH, Christian Edward Cyril. "Entre o judiciarismo e o autoritarismo: o espectro do Poder Moderador no debate político republicano (1890-1945)". *História do Direito – RHD*, Curitiba, vol. 2, nº 3, jul./dez. 2021, p. 90.

acontecimentos desenvolvidos em torno da Revolta da Armada, transcorrida entre setembro de 1893 e março de 1894, em que alguns generais foram reformados e presos por reivindicarem a realização de eleições após a renúncia de Deodoro da Fonseca. Rui Barbosa[540] impetrou, então, o famoso *Habeas Corpus* n. 300/RJ perante o Supremo Tribunal Federal, em favor de militares e políticos envolvidos na confusão.

O Tribunal, por maioria de votos (vencido apenas o Ministro Joaquim de Toledo Piza e Almeida), denegou a ordem e manteve as prisões, assentando que o *habeas corpus* "[n]ão tem lugar quando a prizão ou constrangimento é ordenado pelo Presidente da República, por motivo político e por occasião de ser declarado o estado de sítio". [541]

Conta a história anedótica que, quando do julgamento, os Ministros do STF receberam um sugestivo e nada sutil recado de emissários de Floriano Peixoto, mais ou menos do seguinte teor: "se os juízes do Tribunal concederem *habeas corpus* aos políticos, eu não sei quem amanhã lhes dará o *habeas corpus* de que, por sua vez, necessitarão".[542]

Não obstante pretendesse "construir um governo estável, centralizado, vagamente nacionalista, baseado sobretudo no Exército e na mocidade das escolas civis e militares",[543] Floriano logo percebeu que tal visão contrariava os interesses da elite latifundiária paulista, que clamava por liberalismo econômico e por descentralização política. A solução foi a tessitura de um acordo tácito entre os dois polos: "[a]

540 BARBOSA, Rui. *Obras Completas de Rui Barbosa*. vol. 19, tomo III, 1892. Rio de Janeiro: MEC, 1956, pp. 355-361.

541 STF, HC nº 300/RJ, Rel. Min. Costa Barradas, Tribunal Pleno, julgado em 27.04.1892.

542 RECONDO, Felipe. *Tanques e togas*: o STF e a ditadura militar. São Paulo: Companhia das Letras, 2018, p. 13.

543 FAUSTO, Boris. *História do Brasil*. 13ª ed. São Paulo: Universidade de São Paulo, 2008, p. 254.

elite política de São Paulo via na figura de Floriano a possibilidade mais segura de garantir a sobrevivência da República, a partir do poder central. Floriano, por sua vez, percebia que sem o PRP não teria base política para governar".[544]

Tal acordo teria duas engrenagens principais bem definidas: "[a] interpretação maximizadora do estado de sítio e aquela outra, minimalista, da intervenção federal".[545] De acordo com essas premissas republicanas conservadoras, os estados deveriam ser vistos como entes soberanos autônomos que não deveriam estar sujeitos a ingerências desmedidas da União; o que não impediria que, contra as oligarquias dissidentes e inconformadas com tal dinâmica de poder, não pudessem ser utilizados, de forma disseminada, a intervenção federal e o estado de sítio, do que decorre que a autonomia garantida aos estados era condicionada, portanto, ao seu alinhamento aos interesses das oligarquias dominantes – que também controlavam a União. Em síntese, "o modelo incumbia o presidente de ser a sentinela do *status quo* estadualista, assegurando pelo poder pessoal de decretação do estado de sítio a intangibilidade das situações estaduais, contra as oposições insatisfeitas".[546]

Conforme visto acima, a partir do paradigmático julgamento do HC n. 300/RJ, contra a pretensão republicana liberal de alçar o Supremo Tribunal Federal ao posto de titular de um Poder Moderador republicano, a elite oligárquica conservadora conseguiu emplacar "a doutrina das questões políticas, que impediria o Judiciário de

---

544 FAUSTO, Boris. *História do Brasil*. 13ª ed. São Paulo: Universidade de São Paulo, 2008, p. 254.

545 LYNCH, Christian Edward Cyril. "Entre o judiciarismo e o autoritarismo: o espectro do Poder Moderador no debate político republicano (1890-1945)". *História do Direito – RHD*, Curitiba, vol. 2, nº 3, jul./dez. 2021, p. 90.

546 LYNCH, Christian Edward Cyril. "Entre o judiciarismo e o autoritarismo: o espectro do Poder Moderador no debate político republicano (1890-1945)". *História do Direito – RHD*, Curitiba, vol. 2, nº 3, jul./dez. 2021, p. 92.

servir de árbitro nas questões cruciais do regime: estado de sítio, intervenção federal e verificação de poderes eleitorais".[547]

Essa vitória conservadora representaria, sobretudo a partir do governo Campos Sales (1898-1902), o cerne da famosa Política dos Governadores, que tão bem caracterizou os principais contornos político-constitucionais da República Velha. Lynch traça, sobre a questão, interessante paralelo entre as críticas dos liberais aos "poderes pessoais" do Imperador e aqueles, no novo regime republicano, da alçada do Presidente, bem como entre as respectivas respostas dos conservadores a essa acusação, com invocação do suposto freio a ser exercido pelo Conselho de Estado, no Império, e pelo Supremo Tribunal Federal, na República:

> A política nacional seria conduzida pelo Presidente diretamente com os governadores – e não com os chefes do Congresso, "caudilhos políticos, todos igualmente soberanos, e cioso, cada um, da sua influência pessoal" (Sales, 1908:229). Aos liberais que protestavam que a República se fizera contra o "poder pessoal" do imperador, Campos Sales redarguia em *Da Propaganda à Presidência* (1908): "existe, é certo, no regime presidencial, um poder pessoal; mas – é nisso que se diferencia do poder pessoal dos soberanos – um poder constitucionalmente organizado, sujeito a um tribunal político de julgamento" (Sales, 1908:208). Era o retorno da hermenêutica formulada pelo conservadorismo estatista do visconde de Uruguai para assegurar a centralização imperial, adaptada, porém, ao objetivo oposto do neoliberalismo de Campos Sales: assegurar seu projeto republicano de Estado mínimo (Lynch, 2021). O modelo que combinava hiperpresidencialismo e federalismo estadualista foi continuado pelos presidentes Rodrigues Alves (1902-1906) e Afonso Pena (1906-1909),

547 LYNCH, Christian Edward Cyril. "Entre o judiciarismo e o autoritarismo: o espectro do Poder Moderador no debate político republicano (1890-1945)". *História do Direito – RHD*, Curitiba, vol. 2, nº 3, jul./dez. 2021, p. 92.

> época em que o regime oligárquico atingiu seu apogeu com a reforma urbana do Rio de Janeiro (1903-1906) e a exposição do centenário da abertura dos portos (1908).[548]

Como bem constatado no excerto supracitado, esse quadro de coisas foi praticamente mantido inalterado durante os governos de Rodrigues Alves (1902-1906), Afonso Pena (1906-1909) e Nilo Peçanha (1909-1910).

Já na presidência de Hermes da Fonseca (1910-1914), caracterizada por grave e perene instabilidade, a Política dos Governadores cedeu lugar à autoritária "política das salvações", que,

> a pretexto de defender a pureza das instituições republicanas, procurou substituir, por manobras eleitorais ou pelo uso da força militar, os grupos no poder nos estados por outros, da sua confiança, muitos deles militares.[549]

A relativa estabilidade dos governos anteriores começou a ser abalada já durante os eventos que marcaram a campanha presidencial de 1909-1910. Foram recriados os partidos Liberal, presidido por Rui Barbosa, e o Conservador, presidido por Pinheiro Machado. Com a morte de Afonso Pena, em 1909, e a posse do Vice-Presidente Nilo Peçanha, aliado de Pinheiro Machado, "a candidatura de Hermes da Fonseca se tornou situacionista, passando a se beneficiar do apoio

---

548 LYNCH, Christian Edward Cyril. "Entre o judiciarismo e o autoritarismo: o espectro do Poder Moderador no debate político republicano (1890-1945)". *História do Direito – RHD*, Curitiba, vol. 2, nº 3, jul./dez. 2021, p. 92.

549 LEMOS, Renato. "Hermes da Fonseca". *Centro de Pesquisa e Documentação de História Contemporânea do Brasil*: Dicionário Histórico Biográfico Brasileiro. Disponível em: https://cpdoc.fgv.br/sites/default/files/verbetes/primeira-republica/FONSECA,%20Hermes%20da.pdf. Acessado em: 13.08.2024.

da máquina federal".[550] Rui e sua Campanha Civilista, que, pela primeira vez, tentaram promover uma efetiva mobilização popular nas eleições republicanas, foram derrotados.

Do início ao fim de seu governo, Hermes da Fonseca enfrentou diversas crises políticas de notável seriedade, como a Revolta da Chibata, o Contestado, movimentos sindicalistas e as crescentes oposições políticas de Pinheiro Machado[551] e de Rui Barbosa.[552] A

---

550 LEMOS, Renato. "Hermes da Fonseca". *Centro de Pesquisa e Documentação de História Contemporânea do Brasil*: Dicionário Histórico Biográfico Brasileiro. Disponível em: https://cpdoc.fgv.br/sites/default/files/verbetes/primeira-republica/FONSECA,%20Hermes%20da.pdf. Acessado em: 13.08.2024.

551 "Tal orientação, que não implicava modificar a ordem econômica e social dos estados, o levaria a frequentes atritos com Pinheiro Machado, aliado a forças políticas estaduais cujas posições pretendia preservar. Entre os inúmeros conflitos desencadeados pelo intervencionismo federal nos estados se destacaria o registrado no Ceará a partir de dezembro de 1913. Grupos tradicionais desalojados do poder, apoiados por Pinheiro Machado, aliaram-se a um líder religioso extremamente popular, o padre Cícero Romão Batista, e, depois de violentos embates, conseguiram recuperar o poder estadual em março de 1914. Bem-sucedida, num primeiro momento, na maioria dos estados do Norte/Nordeste, a 'política das salvações' não abalaria os situacionismos nos estados mais poderosos, como Minas Gerais, São Paulo e Rio Grande do Sul" (LEMOS, Renato. "Hermes da Fonseca". *Centro de Pesquisa e Documentação de História Contemporânea do Brasil*: Dicionário Histórico Biográfico Brasileiro. Disponível em: https://cpdoc.fgv.br/sites/default/files/verbetes/primeira-republica/FONSECA,%20Hermes%20da.pdf. Acessado em: 13.08.2024).

552 "Rui Barbosa foi o opositor de Hermes da Fonseca naquela que ficou conhecida como 'campanha civilista': enquanto Hermes se sustentava no prestígio militar e nos dispositivos eleitorais de muitos estados, em especial de Minas Gerais, que lhe dera o candidato a vice-presidente, Venceslau Brás, a Campanha Civilista exibiu perfil diverso, refletindo alterações na composição do eleitorado, cuja parcela urbana crescia. Os civilistas organizaram caravanas que percorreram o país realizando comícios e mobilizações em ruas e praças públicas. Inaugurava-se no Brasil um estilo de campanha então conhecido como "americano", distinto daquele até então predominante, restrito a acordos fechados entre

resposta predileta a todas essas crises foi a utilização desenfreada de medidas constitucionais excepcionais.

Sobre esse *modus operandi* presidencialista típico da Primeira República, confira-se interessante informação veiculada pelos professores Ana Suelen Tossige Gomes e Andityas Soares de Moura Costa Matos, citando a clássica pesquisa de Leda Maria Cardoso Naud:[553]

> De acordo com pesquisa realizada pelo Senado Federal, no período da República Velha (1889-1930) governou-se por 2.365 dias em estado de sítio. No governo Floriano Peixoto, o estado de sítio vigorou por 295 dias, no Prudente de Morais, por 104 dias, no Rodrigues Alves, por 121 dias (Naud, 1965a, pp. 139-162), no Hermes da Fonseca, por 268 dias (Naud, 1965b, p. 61), no Wenceslau Braz, por 71 dias, no Epitácio Pessoa, por 132 dias (Naud, 1965b, pp. 81-85), no Washington Luís, por 87 dias (Naud, 1965c, p. 140), e no governo de Arthur Bernardes, por 1.287 dias (Naud, 1965c,

---

chefes de máquinas políticas. Realizado o pleito em 1º de março de 1910, de resto marcado por denúncias recíprocas de fraude, as urnas deram a vitória a Hermes da Fonseca, com 403.867 votos, contra 222.822 votos recebidos por Rui Barbosa" (LEMOS, Renato. "Hermes da Fonseca". *Centro de Pesquisa e Documentação de História Contemporânea do Brasil*: Dicionário Histórico Biográfico Brasileiro. Disponível em: https://cpdoc.fgv.br/sites/default/files/verbetes/primeira-republica/FONSECA,%20Hermes%20da.pdf. Acessado em: 13.08.2024).

553 NAUD, Leda Maria Cardoso. "Estado de sítio: 1ª parte". *Revista de Informação Legislativa*, vol. 2, nº 5, mar. 1965, pp. 134-180; NAUD, Leda Maria Cardoso. "Estado de sítio: 2ª parte". *Revista de Informação Legislativa*, vol. 2, nº 6, jun. 1965, pp. 61-88; NAUD, Leda Maria Cardoso. "Estado de sítio: 3ª parte". *Revista de Informação Legislativa*, vol. 2, nº 7, set. 1965, pp. 121-148; NAUD, Leda Maria Cardoso. "Estado de sítio: 4ª parte". *Revista de Informação Legislativa*, vol. 2, nº 8, dez. 1965, pp. 49-74; e NAUD, Leda Maria Cardoso. "Estado de sítio e suspensão das liberdades individuais". *Revista de Informação Legislativa*, dez. 1966, pp. 227-238.

p. 121), governando este em estado de normalidade por menos de dois meses num governo de quatro anos.[554]

A literatura política sobre o tema das medidas constitucionais excepcionais foi igualmente vasta durante o período. Citem-se como dois marcantes exemplos o livro *Estado de sítio: sua natureza, seus efeitos, seus limites*,[555] escrito por Rui Barbosa, em 1892, no alvorecer da República e no auge dos autoritarismos do governo de Floriano Peixoto; e a tese de livre-docência do então jovem Hermes Lima, *O Artigo 6º da Constituição*,[556] baseada na obra de Alberto Torres e defendida, em 1924, na Faculdade de Direito da Bahia. O longo arco temporal entre elas – uma escrita no início e a outra defendida ao final da República Velha – demonstra, a partir de perspectivas político-doutrinárias diferentes, o quão presente e importante foi a temática da excepcionalidade constitucional durante todo o período da Primeira República.

O conceito de estado de sítio positivado pela Constituição brasileira de 1891 e a interpretação jurídico-política conservadora que foi concretamente sendo construída e prevalecendo em torno desse instituto durante a maior parte da República Velha remontam à tradição constitucional argentina, que se propôs a adaptar o referido instituto, originalmente previsto na Constituição estadunidense, às

---

554 GOMES, Ana Suelen Tossige; MATOS, Andityas Soares de Moura Costa. O estado de exceção no Brasil republicano. *Revista Direito e Práxis*, vol. 8, nº 3, set. 2017, p. 1764. Sobre o tema, conferir também: HAMBLOCH, Ernest. *Sua Majestade o presidente do Brasil*: um estudo do Brasil Constitucional (1889-1934). Trad. Lêda Boechat. Brasília: Senado Federal, 2000, pp. 107-109.

555 BARBOSA, Rui. *O estado de sítio*: suas condições, seus limites, seus effeitos: habeas-corpus requerido ao Supremo Tribunal Federal a favor dos presos pelos decretos de 10 e 11 de abril de 1892. Rio de Janeiro: Typographia da Gazeta de Noticias, 1892.

556 LIMA, Hermes. *O Artigo 6º da Constituição (These apresentada para concorrer à livre-docência da cadeira de Direito Público Constitucional, na Faculdade de Direito da Bahia)*. Salvador: Imprensa Oficial do Estado, 1925.

peculiaridades caudilhescas da política portenha (e latino-americana como um todo) do período.[557]

A Constituição argentina de 1853,[558] exsurgida após décadas de violenta guerra civil entre as províncias do país e inspirada na Constituição chilena de 1833,[559] foi pensada por seus idealizadores (sobretudo, o jurista Juan Bautista Alberdi)[560] para promover a coexistência jurídica e política de "tarefas sucessivas e opostas – a de unificar o espaço nacional e permitir o pluralismo oligárquico".[561]

---

557 GARGARELLA, Roberto. *Latin American Constitutionalism (1810-2010)*: the engine room of the Constitution. Oxford: Oxford University Press, 2013, pp. 1-43, tradução nossa.

558 GARGARELLA, Roberto. *Latin American Constitutionalism (1810-2010)*: the engine room of the Constitution. Oxford: Oxford University Press, 2013, pp. 34-36, tradução nossa.

559 GARGARELLA, Roberto. *Latin American Constitutionalism (1810-2010)*: the engine room of the Constitution. Oxford: Oxford University Press, 2013, pp. 3-4; 38-39, tradução nossa.

560 ALBERDI, Juan Bautista. *Bases y puntos de partida para la organización política de la República Argentina*. Buenos Aires: Losada, 2008 (Grandes Obras del Pensamiento, 19); ALBERDI, Juan Bautista. "Estudios Constitucionales (La omnipotência del Estado/La anarquia, apêndice)". *In*: ______. *Obras Escogidas*. tomo III. Buenos Aires: Luz Del Dia, 1953; e ALBERDI, Juan Bautista. *Sistema económico y rentístico de la Confederación Argentina según su Constitución de 1853*. Buenos Aires: Escuela de Educación Económica y Filosofia de la Libertad, 1979. Especificamente sobre os impactos da obra de Alberdi para o constitucionalismo latino-americano, conferir: GARGARELLA, Roberto. *Latin American Constitutionalism (1810-2010)*: the engine room of the Constitution. Oxford: Oxford University Press, 2013, pp. 3/4; e LYNCH, Christian Edward Cyril. "O caminho para Washington passa por Buenos Aires: a recepção do conceito argentino do estado de sítio e seu papel na construção da República brasileira (1890-1898)". *Revista Brasileira de Ciências Sociais*, vol. 27, nº 78, fev. 2012, pp. 152-157.

561 LYNCH, Christian Edward Cyril. "O caminho para Washington passa por Buenos Aires: a recepção do conceito argentino do estado de sítio e seu papel na construção da República brasileira (1890-1898)". *Revista Brasileira de Ciências Sociais*, vol. 27, nº 78 fev. 2012, pp. 149-169.

Ou seja, os processos de independência e instauração de repúblicas geraram relativa descentralização política, visível na miríade de províncias e seus respectivos caudilhos, todos eles com interesses políticos próprios e, muitas vezes, conflitantes entre si. Era preciso, portanto, que se instituísse um centro decisório forte que aplacasse as potencialidades anárquicas dessas infindáveis disputas oligárquicas, do que deriva que

> (...) a interpretação constitucional deveria respaldar o primado centrípeto e aristocrático do governo federal sobre as províncias e o elemento popular; em idêntico sentido, ela deveria favorecer a supremacia do Poder Executivo, verdadeiro coração das novas instituições (Alberdi, 1941, p. 93). Além de agente privilegiado das transformações socioeconômicas, caberia ao Presidente da República preservar a ordem contra os inevitáveis movimentos insurrecionais, lançando mão de mecanismos de exceção como a intervenção federal e o estado de sítio.[562]

Ainda segundo Lynch:

> Dessa justaposição de instituições estadunidenses e chilenas, efetuada por influência de Alberdi na elaboração e interpretação da Constituição argentina, resultava, logicamente, **uma sobreposição de oligarquia e monarquia; espécie de edifício cujas fachadas eram oligárquico-representativas, mas cujas fundações e alicerces eram monárquicos.** (...).
>
> Ou seja, o que havia de substantivamente americano no projeto alberdiano era a liberação dos interesses pela liberdade comercial, pela imigração europeia, pela atração dos capitais

562 LYNCH, Christian Edward Cyril. "O caminho para Washington passa por Buenos Aires: a recepção do conceito argentino do estado de sítio e seu papel na construção da República brasileira (1890-1898)". *Revista Brasileira de Ciências Sociais*, vol. 27, nº 78, fev. 2012, pp. 149-169, destaque nosso.

> estrangeiros, pelo progresso ferroviário e marítimo. Do ponto de vista político, era à Constituição chilena e, principalmente, ao seu estado de sítio, que Alberdi pedia subsídios para elaborar uma moldura institucional que permitisse à Argentina liberar os interesses sem recair na anarquia. O caminho mais seguro entre Buenos Aires e Washington passava, assim, por Santiago do Chile.[563]

Sobre a influência desse constitucionalismo de exceção chileno[564] na conformação das ordens constitucionais latino-americanas, Gilberto Bercovici assim discorre:

> No decorrer do século XIX, as constituições latino-americanas, em sua maioria, não previram poderes de exceção, com exceção da constituição chilena de 1833. De acordo com Negretto e Rivera, um dos motivos desta falta de previsão constitucional foi a forte influência exercida pelas idéias de Benjamin Constant no continente. A situação só vai se alterar a partir da década de 1850, com a previsão expressa do estado de sítio no texto da constituição da Argentina, de 1853 (artigo 23) e da constituição do México, de 1857 (artigo 29). Na Argentina, de acordo com Gabriel Negretto, o estado de

---

563 LYNCH, Christian Edward Cyril. "O caminho para Washington passa por Buenos Aires: a recepção do conceito argentino do estado de sítio e seu papel na construção da República brasileira (1890-1898)". *Revista Brasileira de Ciências Sociais*, vol. 27, nº 78, fev. 2012, pp. 149-169, destaque nosso.

564 "A Constituição chilena de 1833, que vigorou até 1925, foi a primeira Constituição a prever o estado de sítio em seu texto. O Presidente da República, após ouvir o conselho de Estado, poderia declarar o estado de sítio em caso de ataque externo ou, com a concordância do Congresso Nacional, em caso de comoção interna (artigos 36, nº 6 e 82, nº 20). Inspirada na Constituição napoleônica de 1799, tem uma previsão semelhante de suspensão da Constituição como efeito da declaração do estado de sítio, de acordo com seu artigo 161" (BERCOVICI, Gilberto. *Soberania e Constituição*: para uma crítica do constitucionalismo. 3ª ed. São Paulo: Quartier Latin, 2020, p. 222).

> sítio virou um recurso habitual para fazer frente aos conflitos internos de ordem política ou social. Entre 1862 e 1986, pelo seu levantamento, apenas em períodos constitucionais, o estado de sítio foi decretado 43 vezes com base em grave comoção interior e apenas uma vez por causa de um conflito externo, a Guerra do Paraguai. As sucessivas crises, assim, minaram a legitimidade do regime democrático, com o uso habitual dos poderes de emergência.[565]

Foi sobretudo pelos laços pessoais e político-diplomáticos construídos por Quintino Bocaiuva (Ministro das Relações Exteriores do Governo Provisório) e Campos Sales[566] (Ministro da Justiça do

---

565 BERCOVICI, Gilberto. *Soberania e Constituição*: para uma crítica do constitucionalismo. 3ª ed. São Paulo: Quartier Latin, 2020, pp. 223/224.

566 Américo Freire, no seu verbete sobre Campos Sales para o CPDOC-FGV, destaca como o Ministro da Justiça do Governo Provisório foi contrário à convocação de uma Assembleia Constituinte, defendendo, ao revés, a imposição da legalidade pela força, já que se tratava de um regime excepcional: "restava a dúvida no interior do governo acerca da maneira pela qual aquele novo conjunto legal deveria entrar em vigor. Para alguns ministros, era mister que fosse convocada uma Assembleia Constituinte, eleita pela população, com o intuito de discutir o projeto governamental, como também de dar maior sustentação e legitimidade ao regime que então se instalava. Já para Campos Sales, o governo, coerente com sua índole revolucionária e ditatorial, deveria precaver-se de eventuais problemas políticos e promover via decreto a outorga do novo texto constitucional. Em sucessivos artigos de jornal, nos quais assinava como Hamilton, em referência direta ao estadista norte-americano, Sales desenvolveu a tese de que a responsabilidade pelo fim do regime de exceção deveria caber ao próprio governo ditatorial. Segundo ele, um governo que se originara da força podia e devia apoiar-se na força para apressar o advento da legalidade. A campanha de Sales não encontrou eco, e a Assembleia Nacional Constituinte foi finalmente convocada pelo governo" (FREIRE, Américo. "Campos Sales". *Centro de Pesquisa e Documentação de História Contemporânea do Brasil*: Dicionário Histórico Biográfico Brasileiro. Disponível em: https://cpdoc.fgv.br/sites/default/files/verbetes/primeira-republica/SALES,%20Campos.pdf. Acessado em: 13.08.2024). Para maiores informações, conferir: BUENO, Clodoaldo. *A República e sua política exterior*

Governo Provisório) com a Argentina [567] que essa tradição chilena do estado de sítio, relida pela experiência constitucional portenha, alcançou a primeira constituinte republicana brasileira.[568] A comissão de notáveis escolhida pelo Governo Provisório para elaboração do

---

(1889 a 1902). 2ª ed. rev. e ampl. São Paulo: Unesp, 2022, pp. 251-301.

567 "Filho de mãe argentina e com família naquele país, Quintino redigiu seus primeiros escritos em espanhol e pronunciou diversas conferências sobre 'as instituições e o povo do Rio da Prata'. Campos Sales, por sua vez, já no tempo da Monarquia, era admirador da obra política de Júlio Roca, e recebera congratulações de Bartolomé Mitre (Sales, 1944, p. 79). Ministro das Relações Exteriores do Governo Provisório da República, Quintino negociou com a Argentina um tratado de limites que foi rejeitado pelo Congresso brasileiro como lesivo aos interesses nacionais. O apogeu do intercâmbio ocorreu quando, já na Presidência da República, Campos Sales convidou Roca para visitar oficialmente o Rio de Janeiro e empenhou-se 'em tributar-lhe as mais efusivas homenagens' (Debes, 1977, p. 514). Na Guanabara, o prócer argentino saudou publicamente a Quintino Bocaiuva como 'o infatigável amigo da República Argentina' (Silva, 1983, p. 77). Encantado, Sales retribuiu-lhe a visita, partindo em viagem oficial a Buenos Aires levando Quintino na comitiva. Este, ao retornar, declarou a um jornal carioca ter deixado o coração no Rio da Prata, ao passo que Sales adotou a mesma fórmula de que Roca lançara mão para garantir na Argentina a estabilidade oligárquica – o pacto ou política dos governadores. Da mesma forma, o presidente brasileiro adotou medidas parecidas com as que Roca adotara em seu primeiro mandato, apelando ao congraçamento, à despolitização e à retórica administrativa (o lema da presidência Roca havia sido: 'paz e administração'). Em 1910, agora senador por São Paulo, Campos Sales retornou a Buenos Aires na qualidade de embaixador plenipotenciário do Brasil" (LYNCH, Christian Edward Cyril. "O caminho para Washington passa por Buenos Aires: a recepção do conceito argentino do estado de sítio e seu papel na construção da República brasileira (1890-1898)". *Revista Brasileira de Ciências Sociais*, vol. 27, nº 78, fev. 2012, pp. 155/156). Para maiores informações, conferir: BUENO, Clodoaldo. *A República e sua política exterior (1889 a 1902)*. 2ª ed. rev. e ampl. São Paulo: Unesp, 2022, pp. 251-301.

568 LYNCH, Christian Edward Cyril. "O caminho para Washington passa por Buenos Aires: a recepção do conceito argentino do estado de sítio e seu papel na construção da República brasileira (1890-1898)". *Revista Brasileira de Ciências Sociais*, vol. 27, nº 78, fev. 2012, p. 156.

anteprojeto, no que concerne ao estado de sítio, praticamente imitou a experiência constitucional argentina de 1853, algo que subsistiu mesmo após a revisão tendencialmente liberal empreendida por Rui Barbosa, que era, como se sabe, um grande admirador do constitucionalismo estadunidense.[569]

Os artigos 34, 48 e 80 da Constituição de 1891, que disciplinaram o estado de sítio, praticamente reproduziram integralmente o conteúdo dos artigos 54, 83 e 23, respectivamente, da Constituição argentina de 1853. O modelo brasileiro seguiu o exemplo portenho ao prever de maneira mais ampla e detalhada a incidência da referida medida de exceção. Ambos se distanciam claramente do artigo I, § 9, da Constituição americana, que prevê apenas a suspensão do *habeas corpus* quando a conjuntura externa ou interna o reclamar. Na Argentina e no Brasil, por outro lado, positivou-se a suspensão de praticamente todas as garantias e liberdades individuais enquanto perdurasse a decretação da medida excepcional.[570]

Uma vez positivado o referido instituto no Brasil, instaurou-se, como era de se esperar, uma ferrenha disputa jurídico-política em torno da interpretação de sua amplitude concreta.

Esnest Hambloch (cônsul inglês, jornalista e brasilianista das décadas de 1920-1930) afirma que "[t]ão freqüentemente foi aplicado o 'estado de sítio' pelos governos republicanos no Brasil que se tornou um fenômeno normal do regime presidencialista".[571]

569 LYNCH, Christian Edward Cyril. "O caminho para Washington passa por Buenos Aires: a recepção do conceito argentino do estado de sítio e seu papel na construção da República brasileira (1890-1898)". *Revista Brasileira de Ciências Sociais*, vol. 27, nº 78, fev. 2012, p. 156.

570 LYNCH, Christian Edward Cyril. "O caminho para Washington passa por Buenos Aires: a recepção do conceito argentino do estado de sítio e seu papel na construção da República brasileira (1890-1898)". *Revista Brasileira de Ciências Sociais*, vol. 27, nº 78, fev. 2012, p. 158.

571 HAMBLOCH, Ernest. *Sua Majestade o presidente do Brasil*: um estudo do Brasil Constitucional (1889-1934). Trad. Lêda Boechat. Brasília: Senado Federal, 2000, p. 105.

Extrapolando os limites constitucionais que o estado de sítio possuía no Direito americano, o que ocorreu devido ao entrecorte da tradição americana pela influência político-constitucional argentina, a prática brasileira do referido instituto foi permeada pelo extremo e frequente alargamento politicamente motivado da "comoção interna" (sinônimo da disseminada expressão "comoção intestina") por todos os presidentes da República Velha:

> (...) o uso frequente e indiscriminado desta medida drástica em casos nos quais o Presidente da República sentiu que seus desejos estavam ameaçados ou sua liberdade de ação restringida pela opinião pública, a continuação do estado de sítio muito depois do término da "comoção interna" que era – bem ou mal – sustentada como justificadora dessa medida, e seu emprego como um expediente meramente preventivo, engendraram as próprias "comoções intestinas" que tinham sido invocadas para serem suprimidas.[572]

Segundo Hambloch, "[a] cronologia do estado de sítio e dos poderes discricionários como são praticados pelo Executivo no Brasil apresenta algum interesse – interesse crônico".[573]

Conforme adiantado, em 1892, Floriano Peixoto decretou estado de sítio preventivo contra supostas insurreições tramadas por partidários de Deodoro da Fonseca que não aceitavam o governo do vice-presidente e clamavam pela convocação de novas eleições, nos termos do artigo 42 da Constituição de 1891. Contra as prisões e os desterros de diversos militares e políticos acoimados de subversivos pelo Presidente, Rui Barbosa impetrou o HC n. 300/RJ, perante o Supremo Tribunal Federal, buscando conferir, com tal medida,

---

572 HAMBLOCH, Ernest. *Sua Majestade o presidente do Brasil*: um estudo do Brasil Constitucional (1889-1934). Trad. Lêda Boechat. Brasília: Senado Federal, 2000, p. 106.

573 HAMBLOCH, Ernest. *Sua Majestade o presidente do Brasil*: um estudo do Brasil Constitucional (1889-1934). Trad. Lêda Boechat. Brasília: Senado Federal, 2000, p. 107.

limites concretos à autoritária e discricionária decretação de estado de sítio pelo Presidente da República. Como visto, a Corte, contudo, entendeu que a questão era eminentemente política, o que refugiria à sua alegada atuação eminentemente jurisdicional.[574]

O Congresso Nacional, por sua vez, "chancelou em nome da razão de Estado todos os crimes cometidos pela ditadura, como os assassinatos, os fuzilamentos, os roubos, as prisões arbitrárias, as expropriações".[575]

Estava oficialmente referendada a exceção como verdadeiro instrumento de governabilidade.

Essa explosiva conjuntura institucional, caracterizada pela expansiva utilização do estado de sítio pelo Poder Executivo e pelas omissões dos Poderes Judiciário e Legislativo quanto aos controles políticos e de legalidade de tais medidas excepcionais, primou por consagrar justamente a interpretação conservadora das medidas de exceção constitucionalmente colocadas à disposição do Presidente da República.

Contrapondo-se tanto à interpretação restritiva de Rui Barbosa como às intepretações excessivamente drásticas, que viam o estado de sítio como suspensivo de toda a Constituição e instaurador de uma ditadura (militar ou civil), Campos Sales buscou pragmaticamente construir, a partir dos insumos institucionais colhidos da experiência florianista, uma perspectiva supostamente mais moderada do estado de sítio (na verdade, mais vantajosa à oligarquia paulista que ele integrava). Ele o via "como um instrumento jurídico mais

---

574 STF, HC nº 300/RJ, Rel. Min. Costa Barradas, Tribunal Pleno, julgado em 27.04.1892.

575 LYNCH, Christian Edward Cyril. "O caminho para Washington passa por Buenos Aires: a recepção do conceito argentino do estado de sítio e seu papel na construção da República brasileira (1890-1898)". *Revista Brasileira de Ciências Sociais*, vol. 27, nº 78, fev. 2012, p. 164.

ou menos corriqueiro destinado à repressão dos inimigos do regime (ou seja, da situação)".[576]

Dessa forma, o Poder Executivo "poderia recorrer livremente ao sítio sempre que se convencesse de que seus adversários conspiravam [para] derrubá-lo; donde seu caráter preventivo – e não só repressivo, como queria Rui Barbosa".[577]

Como premissa de tais entendimentos, "Campos Sales entendia subversiva e atentatória ao princípio da autoridade toda e qualquer manifestação de rua desfavorável ao governo".[578]

Instaurava-se, assim, com inspiração no constitucionalismo argentino, a famosa Política dos Governadores, que, calcada em mecanismos de exceção, forneceu, a partir de 1900, "os instrumentos de estabilização do regime oligárquico",[579] mantendo os estados politicamente alinhados com o governo central, que, por sua vez, valendo-se de "interpretações maximizadora do estado de sítio e minimalista da intervenção federal",[580] garantia a perpetuação de aliados políticos e reprimia as oposições políticas locais.

---

576 LYNCH, Christian Edward Cyril. "O *caminho para Washington passa por Buenos Aires*: a recepção do conceito argentino do estado de sítio e seu papel na construção da República brasileira (1890-1898)". *Revista Brasileira de Ciências Sociais*, vol. 27, nº 78, fev. 2012, p. 163.

577 LYNCH, Christian Edward Cyril. "O caminho para Washington passa por Buenos Aires: a recepção do conceito argentino do estado de sítio e seu papel na construção da República brasileira (1890-1898)". *Revista Brasileira de Ciências Sociais*, vol. 27, nº 78, fev. 2012, p. 163.

578 LYNCH, Christian Edward Cyril. "O caminho para Washington passa por Buenos Aires: a recepção do conceito argentino do estado de sítio e seu papel na construção da República brasileira (1890-1898)". *Revista Brasileira de Ciências Sociais*, vol. 27, nº 78, fev. 2012, p. 163.

579 LYNCH, Christian Edward Cyril. "O caminho para Washington passa por Buenos Aires: a recepção do conceito argentino do estado de sítio e seu papel na construção da República brasileira (1890-1898)". *Revista Brasileira de Ciências Sociais*, vol. 27, nº 78, fev. 2012, p. 152.

580 LYNCH, Christian Edward Cyril. "O caminho para Washington passa por Buenos Aires: a recepção do conceito argentino do estado de sítio e

Com Campos Sales, "[o] sistema político definido pela Carta de 1891, carregado de imprecisões e dilemas, ganha através de um **pacto não escrito** contornos mais concretos".[581] Ou seja, não se tratou propriamente de um modelo calcado na literalidade da Constituição ou proveniente de uma dogmática do Direito Público que a suportasse e expandisse, como ocorrera no Império, com o Poder Moderador e a publicística conservadora de Pimenta Bueno, Visconde do Uruguai e Braz Florentino. Essa

> nova institucionalização republicana evitou, pois, o fortalecimento das instituições representativas clássicas. A estabilidade deveria derivar de um arranjo entre o governo nacional e os chefes estaduais, com vistas a definir o que se pode designar como a parte não constitucional do pacto político.[582]

Renato Lessa, com invejável poder de síntese, anota o cerne dessa guinada política nacional construída a partir da eleição de Campos Sales, a qual, na medida do possível, promoveu um peculiar (re)arranjo oligárquico-presidencialista na República Velha:

> A crítica de Campos Sales ao passado é elucidativa do padrão político dos anos caóticos. Naquele período, ao mesmo tempo que na esfera do Executivo buscava-se um comportamento concentrador, a ponto de alterar os equilíbrios estaduais, o desempenho do Congresso visava à desconcentração do sistema político, a partir da tentativa de afirmar de modo prático a relevância do Legislativo diante do Executivo. Com relação

---

seu papel na construção da República brasileira (1890-1898)". *Revista Brasileira de Ciências Sociais*, vol. 27, nº 78, fev. 2012, p. 152.

581 LESSA, Renato. *A invenção republicana*: Campos Sales, as bases e a decadência da Primeira República brasileira. 3ª ed. Rio de Janeiro: Topbooks, 2015, p. 165, destaque nosso.

582 LESSA, Renato. *A invenção republicana*: Campos Sales, as bases e a decadência da Primeira República brasileira. 3ª ed. Rio de Janeiro: Topbooks, 2015, p. 167.

> a tal dilema, já antes da eleição – através de seu Manifesto Eleitoral –, **Campos Sales, ao mesmo tempo em que reafirmou sua profissão de fé federalista, defendeu uma teoria do presidente unitário. Seu mote, se tivesse de fato sido cunhado, bem poderia ser este: *os estados são autônomos, o parlamento é digno e fundamental, mas quem manda é o presidente.* A possibilidade de instituir um mecanismo de decisões mais desconcentrado é firmemente rejeitada.**[583]

Como se vê, essa nova conformação oligárquica foi obra de um acordo de lideranças políticas, locais e federais capitaneado por Campos Sales e que não encontrava direto amparo na Constituição de 1891, tampouco na publicística dominante da República Velha. Ao contrário, autores centrais como Rui Barbosa[584] e Pedro Lessa[585] defendiam que era o Supremo Tribunal Federal quem deveria funcionar como o grande árbitro – de acordo com Lessa, "necessário se faz o exercício do Poder Moderador da Corte Suprema"[586] – das grandes questões político-constitucionais, sobretudo no que concerne aos conflitos federativos e entre poderes, bem como à garantia dos direitos fundamentais.[587]

---

583 LESSA, Renato. *A invenção republicana*: Campos Sales, as bases e a decadência da Primeira República brasileira. 3ª ed. Rio de Janeiro: Topbooks, 2015, p. 171, destaque nosso.

584 BARBOSA, Rui. "O papel do Supremo Tribunal Federal na Constituição brasileira (1914)". *In*: ______. *Escritos e discursos seletos*. Rio de Janeiro: Nova Aguilar, 1960, p. 585.

585 LESSA, Pedro. *Do Poder Judiciário*. Rio de Janeiro: Francisco Alves, 1915, p. 377.

586 LESSA, Pedro. *Do Poder Judiciário*. Rio de Janeiro: Francisco Alves, 1915, p. 377.

587 LYNCH, Christian Edward Cyril. "Entre o judiciarismo e o autoritarismo: o espectro do Poder Moderador no debate político republicano (1890-1945)". *História do Direito – RHD*, Curitiba, vol. 2, nº 3, jul./dez. 2021, pp. 95-97.

Apesar de os principais comentaristas da Constituição de 1891 – como Carlos Maximiliano[588] e João Barbalho[589] – defenderem, cada qual a seu modo, as prerrogativas governamentais do Presidente da República, tais comentários derivavam muito mais da literalidade do texto constitucional e não refletiam, portanto, as potentes ressignificações concretas que a Política dos Governadores provocaria

---

588 "(...) o Presidente não se limita a executar o que o Congresso delibera: resolve, impulsiona, sugere. Representa o poder que age, tanto por alvedrio próprio como por alheia indicação. (...) Cumpre as leis; porém toma, em mensagem ou por meio das Comissões Permanentes, a iniciativa de projetos, conclui tratados, fomenta indústria e a agricultura, assegura a ordem. Não é o braço apenas; é antes o cérebro diretor do país a rumo de seus altos destinos. Executa as deliberações do Legislativo e ordens do Judiciário; porém, por sua vez, prevê e provê, vigilante e ativo, evitando males e propinando remédios. O Congresso resolve de modo geral, fixando normas ou regras jurídicas; os tribunais agem provocados por uma ação concreta, determinando o que corresponde aos termos da lei e o que os transgride; o Presidente ordena, em casos isolados, que se faça ou que deixe de fazer. A sua atividade é complexa e multiforme; porque descobre e emprega meios apropriados para atingir os fins de pública utilidade e necessidade, conforme o Direito determina ou permite. Governa e administra, resiste e agride, faz diplomacia e mantém a federação" (MAXIMILIANO, Carlos. *Comentários à Constituição Brasileira*. Rio de Janeiro: Jacinto Ribeiro dos Santos, 1918, pp. 455/456). Todavia, para Maximiliano, esse grande poder do Presidente seria compensado e matizado pela ação ministerial, uma espécie de elemento descentralizador dentro de um poder unitário: "a direção suprema é forte, eficaz, decisiva, quando unipessoal (...). O princípio dominante em quase todos os países cultos não constitui obstáculo à divisão do trabalho. O Presidente é apenas o chefe do Poder Executivo, o supremo coordenador de esforços e energias. Há sete ministérios, previstos pelo art. 49; portanto, abaixo da autoridade única existe multiplicidade, complexidade, variedade de empregos e funções confiadas a milhares de cidadãos, hierarquicamente subordinados a autoridades centrais" (MAXIMILIANO, Carlos. *Comentários à Constituição Brasileira*. Rio de Janeiro: Jacinto Ribeiro dos Santos, 1918, p. 458).

589 CAVALCANTI, João Barbalho Uchôa. "Art. 6º e art. 34, inciso 21". *Constituição Federal brazileira*: commentarios. Rio de Janeiro, 1902, pp. 20-27, pp. 118-125.

nessa ordem constitucional da Primeira República, estabilizando-a a partir de um mais intenso e oligárquico presidencialismo centralizador, que provocou um rearranjo do centro de gravidade das redes de poder e das relações entre o Executivo, o Legislativo e o Judiciário.

Luís Rosenfield faz um interessante balanço dos principais problemas constitucionais exsurgidos durante a Primeira República, em resposta aos quais prevaleceu a Política dos Governadores:

> Diante da dissolução do Poder Moderador com o advento da República, houve uma questão fundamental que deveria ser tratada de forma prioritária: a refundação da autoridade estatal. Esse processo restou patente nas graves e constantes crises republicanas. Em praticamente todos os governos existia a pauta da instabilidade política, cuja consequência frequentemente era a intervenção federal ou a decretação do estado de sítio. Os debates doutrinários sobre esses dois temas eram encarniçados e alvo de intensa polêmica durante toda a Primeira República. Dentre as inúmeras preocupações dos publicistas brasileiros do começo do século, buscava-se a estrutura constitucional ideal para um país tão complexo e desigual como o Brasil. As polêmicas que se repetiam década após década diziam respeito à lisura do processo eleitoral, à inviolabilidade do voto secreto e universal, à independência do Poder Judiciário, à separação de Poderes e à organização de partidos políticos de âmbito nacional.[590]

Sobre a disputa jurídico-política em torno da abrangência do estado de sítio na ordem constitucional de 1891, Lynch recupera interessante advertência parlamentar que comparou tal debate com aquele havido durante o Segundo Império em torno da extensão do

590 ROSENFIELD, Luis. *Revolução conservadora*: genealogia do constitucionalismo autoritário brasileiro (1930-1945). Porto Alegre: EDIPUCRS, 2021, p. 79, destaque nosso.

Poder Moderador previsto pela Constituição de 1824, evidenciando riscos concretos comparáveis nas duas situações:

> Num lampejo clarividente, o deputado goiano Leopoldo Bulhões lembrou ao plenário que a exegese conservadora do sítio poderia ser tão prejudicial ao regime quanto havia sido, para a monarquia, a exegese conservadora do Poder Moderador. Assim como o liberal Zacarias de Góis e Vasconcelos advertira na década de 1860 que a interpretação saquarema do Poder Moderador era "uma fresta" por onde "o arbítrio e o abuso" podiam penetrar na Carta de 1824 "e estragá-la completamente", o liberal Bulhões lembrava que a interpretação autoritária do estado de sítio criava na Carta republicana "larga porta não só de arbítrios e abusos intoleráveis, mas de ditadura". E exortava os colegas: "fechemos, senhores, aquela fresta quanto antes por meio de uma lei regulamentar do estado de sítio, salvemos a arca santa da Constituição, ameaçada de soçobro imediato, de inevitável desastre" (ACD, 10/7/1894).[591]

O uso alastrado e normalizado do estado de sítio por praticamente todos os presidentes representou o ponto fulcral do constitucionalismo brasileiro da Primeira República, na medida em que operou concreta e eficazmente para a manutenção/fortalecimento de políticas do Poder Executivo federal; para a afirmação do governo central – controlado pelas oligarquias dominantes de Minas Gerais e de São Paulo – perante eventuais dissidências oligárquicas locais; para o controle da soberania popular manifestada em revoltas, levantes e protestos contra a situação do país e/ou contra o governo;[592]

---

591 LYNCH, Christian Edward Cyril. "O caminho para Washington passa por Buenos Aires: a recepção do conceito argentino do estado de sítio e seu papel na construção da República brasileira (1890-1898)". *Revista Brasileira de Ciências Sociais*, vol. 27, nº 78, fev. 2012, p. 163, destaque nosso.

592 Destaquem-se: (i) Canudos, 1896-1897 (CUNHA, Euclides da. *Canudos*: diário de uma expedição. 2ª ed. São Paulo: Martin Claret, 2013; CUNHA, Euclides da. *Os sertões*. 2ª ed. Rio de Janeiro: Edições

e para o cerceamento do princípio da separação de Poderes, já que o

---

SESC, 2019; MILTON, Aristides Augusto. *A campanha de canudos*. Brasília: Senado Federal, 2003; LLOSA, Mario Vargas. *A guerra do fim do mundo*. Trad. Paulina Wacht e Ari Roitman. São Paulo: Alfaguara, 2008; MACEDO, José Rivair; MAESTRI, Mário. *Belo Monte*: uma história da guerra de Canudos. São Paulo: Expressão Popular, 2004); (ii) Contestado, 1912-1916 (QUEIROZ, Maurício Vinhas de. *Messianismo e conflito social*: a Guerra Sertaneja do Contestado (1912-1916). Rio de Janeiro: Civilização Brasileira, 1966; MACHADO, Paulo Pinheiro. *Liderança do Contestado*. Campinas: Unicamp, 2004); (iii) Revolta da Vacina, 1904 (AQUINO, Tânia Mittelman. *A Revolta da Vacina*: vacinando contra a varíola e contra o povo. Rio de Janeiro: Ciência Moderna, 2003; SEVCENKO, Nicolau. *A Revolta da Vacina*: mentes insanas em corpos rebeldes. São Paulo: Unesp, 2018); e (iv) Revolta da Chibata, 1910 (GRANATO, Fernando. *O negro da chibata*: o marinheiro que colocou a República na mira dos canhões. Rio de Janeiro: Objetiva, 2000; NASCIMENTO, Álvaro Pereira do. *Cidadania, cor e disciplina na revolta dos marinheiros de 1910*. Rio de Janeiro: Faperj/Mauad, 2008). Para uma interessante perspectiva que correlaciona a intervenção segregadora com a construção da publicística durante a Primeira República, conferir: SEELAENDER, Airton Lisle Cerqueira Leite. "Pondo os pobres no seu lugar: igualdade constitucional e intervencionismo segregador na Primeira República". *In*: LIMA, Martônio M. B.; COUTINHO, Jacinto N. de M. (Coord.). *Diálogos constitucionais*. Rio de Janeiro/Curitiba: Renovar, 2006, pp. 1-26; e SEELAENDER, Airton Lisle Cerqueira Leite. "O Direito Administrativo e a expansão do Estado na Primeira República: notas preliminares a uma história da doutrina administrativista no Brasil". *Revista do IHGB*, vol. 485, 2021, pp. 165-202. Para uma perspectiva historiográfica mais geral, conferir: JANOTTI, Maria de L. M. *Os subversivos da República*. São Paulo: Brasiliense, 1986; SANTUCCI, Jane. *Cidade rebelde*: as revoltas populares no Rio de Janeiro no início do século XX. Rio de Janeiro: Casa da Palavra, 2008; MOTA, André; SANTOS, Marco Antonio Cabral. "Por entre algemas e vacinas: medicina, polícia e resistência popular em São Paulo, 1890 – 1920". *Novos estudos Cebrap*, nº 65, 2003. Por fim, destaque-se interessante a obra de Matheus Gato, em que o autor explora a história de um massacre ocorrido na cidade de São Luís do Maranhão, em 17 de novembro de 1889, contra pessoas negras que protestavam temerosas de que a República recém-proclamada viesse a revogar a abolição da escravatura decretada em 1888: GATO, Matheus. *O massacre dos libertos*: sobre raça e República no Brasil (1888-1889). São Paulo: Perspectiva, 2020.

Supremo Tribunal Federal e o Congresso Nacional se renderam aos usos alastrados e abusivos dessas medidas de exceção, chancelando-as como "questões políticas" próprias da alçada do Poder Executivo e, assim, insuscetíveis de controle direto pelos demais poderes da República, ainda que empreendidas mediante o cometimento de abusos e crimes.

Finalmente, "a República encontrou sua rotina. Como toda ordem emergente, essa também tratou de negar o passado".[593] Ocorre que isso se deu não a partir da contraposição do novo pacto oligárquico à tradição político-constitucional do Império, mas sim aos primeiros e conturbados anos republicanos. Como bem destaca Renato Lessa,

> [o] próprio Campos Sales, quando sustentava não existirem partidos na República, dava como exemplo de verdadeiras organizações partidárias os partidos monárquicos. Com efeito, no Império, os partidos tinham "**como principal fundamento da sua organização e disciplina a obediência à direção dos chefes**".[594]

Renato Lessa complementa, muito pertinentemente, que "a engenharia política do pacto oligárquico e a definição do governo como instrumento de administração podem ser enquadrados como sendo **a busca por um equivalente funcional do Poder Moderador**".[595] Segundo aduz, essa comparação pode ser efetuada tendo em vista

---

593 LESSA, Renato. *A invenção republicana*: Campos Sales, as bases e a decadência da Primeira República brasileira. 3ª ed. Rio de Janeiro: Topbooks, 2015, p. 184.

594 LESSA, Renato. *A invenção republicana*: Campos Sales, as bases e a decadência da Primeira República brasileira. 3ª ed. Rio de Janeiro: Topbooks, 2015, p. 184, destaque nosso.

595 LESSA, Renato. *A invenção republicana*: Campos Sales, as bases e a decadência da Primeira República brasileira. 3ª ed. Rio de Janeiro: Topbooks, 2015, p. 185, destaque nosso.

os resultados práticos obtidos pelos dois regimes no que concerne à estabilização político-constitucional, a partir, sobretudo, de suas respectivas visões acerca (i) *da dinâmica legislativa* (no Império, pela troca de gabinetes e dissolução da Câmara; na República oligárquica, pelo sufocamento de partidos e forças oposicionistas); (ii) *das eleições* (no Império, pelo controle das mesas eleitorais; na República oligárquica, pelas fraudes nos pleitos e violências políticas coronelistas); (iii) *das administrações regionais* (no Império, pela indicação dos presidentes das províncias; na República oligárquica, pela plena liberdade no plano estadual em troca da fiel adesão às políticas dos estados dominantes no plano federal); e (iv) *do processo de geração de atores políticos legítimos* (no Império, o Poder Moderador; na República oligárquica, a direção política nacional – com apoio oligárquico estadual – por parte da Presidência da República).[596]

Dessa forma, pode-se dizer que "a política dos governadores consistiu na resposta republicana aos problemas deixados em aberto com a queda do Império"[597] ou, mais precisamente, que "a mudança de regime não alterou os valores básicos de construção do mundo público, daí a legitimidade de se tratar o novo modelo a partir dos antigos problemas".[598]

Também Christian Lynch sustenta que "a Política dos Governadores teria operado, durante a Primeira República, como uma

---

596 LESSA, Renato. *A invenção republicana*: Campos Sales, as bases e a decadência da Primeira República brasileira. 3ª ed. Rio de Janeiro: Topbooks, 2015, pp. 185-192.

597 LESSA, Renato. *A invenção republicana*: Campos Sales, as bases e a decadência da Primeira República brasileira. 3ª ed. Rio de Janeiro: Topbooks, 2015, p. 186.

598 LESSA, Renato. *A invenção republicana*: Campos Sales, as bases e a decadência da Primeira República brasileira. 3ª ed. Rio de Janeiro: Topbooks, 2015, p. 186.

espécie de 'equivalente funcional' do Poder Moderador imperial, enquanto instrumento de organização e distribuição do poder".[599]

Todavia, é importante rememorar que Lynch vê com bons olhos o Poder Moderador desenvolvido durante o Segundo Império. Por outro lado, quanto aos desenvolvimentos funcionalmente equivalentes de espectros desse Poder Moderador imperial durante a República Velha, Lynch os julga de maneira crítica, uma vez que são vistos por ele como deturpações oligárquicas e antidemocráticas do instituto originalmente monárquico.

Sobre essa questão, é importante destacar, conforme já discorrido no subcapítulo anterior, que a concordância com a obra de Christian Lynch aqui empreendida é apenas parcial e somente no que diz respeito a alguns particulares contornos historiográficos atinentes à exposição da sobrevida ressignificada de espectros do Poder Moderador durante a experiência constitucional da República Velha. Para além disso, o que será retomado no último capítulo deste livro, discorda-se veementemente aqui da interpretação benfazeja dada por Lynch aos contornos substanciais e procedimentais do Poder Moderador na ordem constitucional de 1824 e, sobretudo, das defesas que o autor faz da alegada necessidade de um Poder Moderador para o Brasil contemporâneo,[600] já sob a égide do paradigma do Estado Democrático de Direito – algo absolutamente contrário às premissas teóricas aqui defendidas.

Dito isso, é importante destacar que a Política dos Governadores não ficou ilesa, nas duas últimas décadas da Primeira República, de

599 LYNCH, Christian Edward Cyril. "O caminho para Washington passa por Buenos Aires: a recepção do conceito argentino do estado de sítio e seu papel na construção da República brasileira (1890-1898)". *Revista Brasileira de Ciências Sociais*, vol. 27, nº 78, fev. 2012, p. 151.

600 LYNCH, Christian Edward Cyril. "Entre o judiciarismo e o autoritarismo: o espectro do Poder Moderador no debate político republicano (1890-1945)". *História do Direito – RHD*, Curitiba, vol. 2, nº 3, jul./dez. 2021, p. 111.

contestações políticas e doutrinárias. Para além da destacada oposição do liberal Rui Barbosa, que combateu a política oligárquica conservadora nesses dois flancos de atuação, deve-se destacar, por exemplo, o movimento tenentista[601] e, antes dele, no plano doutrinário, a formação de um pensamento nacionalista no país, que paulatinamente passou a se contrapor à política oligárquica.

A partir de 1910, a obra de Alberto Torres passou a representar a inauguração – para o século XX – de uma vertente doutrinária brasileira nacionalista, crítica do liberalismo político e da então corrente experiência oligárquica da República Velha, bem como defensora da prevalência do Poder Executivo, mas não da forma como vinha ocorrendo na Política dos Governadores. Na verdade, esse poder deveria ser centralizado e combatente das mesquinhas intrigas oligárquicas em prol de um projeto unificado de nação, que efetivamente levasse a sério o desenvolvimento nacional e limitasse os alegados excessos federalistas da Constituição de 1891, artificialmente copiados do constitucionalismo estadunidense. Lynch, ao comentar o discurso de posse de Torres, em 1911, no Instituto Histórico e Geográfico Brasileiro (IHGB), afirma que ele – Torres – foi, ao lado de Rui Barbosa, "(...) o autor brasileiro mais influente em matéria de doutrina política até meados da década de 1970".[602]

1.4 Alberto Torres e a construção de um pensamento nacionalista brasileiro para o século XX

Tornou-se senso comum teórico no Brasil a tese de que Alberto Torres teria sido o pai fundador do pensamento autoritário

601 Esse tema será aprofundado no capítulo II, especialmente quando da abordagem concernente à deflagração da Revolução de 1930.

602 LYNCH, Christian Edward Cyril. "Nacionalismo em crisálida: o discurso de posse de Alberto Torres no Instituto Histórico e Geográfico Brasileiro (1911)". *Anuário do Instituto Histórico e Geográfico Brasileiro*, Rio de Janeiro, vol. 2, dez. 2017, p. 13.

nacional. Muito disso se deve à leitura autoritária que Oliveira Vianna, talvez o mais destacado discípulo de Torres, fez e alardeou de seu mestre – provavelmente como reflexo e justificativa dos seus próprios autoritarismos.[603]

No contexto das turbulências políticas da década de 1910, consubstanciadas em sérias instabilidades institucionais quase sempre remediadas pelo uso sistêmico do estado de sítio, foi paulatinamente desenvolvida uma literatura jurídico-política conservadora que buscou depurar espectros do Poder Moderador na primeira experiência republicana nacional, principalmente por intelectuais ligados ao Instituto Histórico e Geográfico Brasileiro (IHGB):

> As instituições republicanas de 1891 pareciam não ter remédio para a crise. Foi por esse tempo, justamente, que os republicanos começaram a assimilar as críticas efetuadas pelos monarquistas desde a instauração do novo regime. A maioria era sócia do Instituto Histórico e Geográfico Brasileiro (IHGB), principal *think tank* do regime decaído. O IHGB desenvolvia intensa atividade no sentido de reabilitar a memória do Império. Além de enaltecerem as virtudes "republicanas" do imperador e a superioridade do parlamentarismo em matéria de liberalismo, os monarquistas elogiavam o Conselho do Estado e a alternância partidária promovida pelo Poder Moderador.

603 Para uma crítica a esse senso comum teórico, conferir: FAVORETTI, João Paulo de Souza. "Revendo construções historiográficas: uma discussão sobre a leitura autoritária de Alberto Torres por Oliveira Viana". *Anais do III Encontro de Pós-Graduandos da Sociedade Brasileira de Estudos do Oitocentos*, vol. 3, 2019; SEELAENDER, Airton Lisle Cerqueira Leite. "Alberto Torres". *In*: SEELAENDER, Airton Lisle Cerqueira Leite; WEHLING, Arno (Coord.). *Entender a Independência*: 1822 na história das instituições brasileiras. Rio de Janeiro: Processo, 2022, pp. 307-316; e HANSEN, Thiago. "Alberto Torres e os Torreanos: teoria e prática de um pensamento constitucional brasileiro (1917-1934)". *In*: PAIXÃO, Cristiano; CARVALHO, Claudia Paiva (Coord.). *História Constitucional Brasileira*. São Paulo: Almedina, 2023, pp. 261-280.

> À sombra de caótica, autoritária e violenta primeira década da República, eles louvavam a tolerância da monarquia à propaganda republicana, a liberdade de imprensa, o respeito aos direitos das minorias – enfim, apresentavam o reinado de Dom Pedro II como melhor expressão de liberalismo e republicanismo no Brasil.[604]

Foi nesse contexto que Alberto Torres, jurista e político desiludido com a turbulenta práxis político-constitucional da Primeira República, ingressou como membro do IHGB em 1911. Nos anos seguintes, os finais de sua vida, escreveu duas obras de teoria política que marcariam indelevelmente o pensamento político brasileiro do século XX:

> Obras como *O problema nacional brasileiro* e *A organização nacional*, publicadas ambas em 1914, serviram de ponto de partida de todo o movimento nacionalista que, responsável pela crítica ao liberalismo oitocentista, se encarregaria do papel de modernizar as estruturas da sociedade brasileira pela via do Estado ao longo dos sessenta anos que se seguiram. Ele foi o primeiro a veicular ideias que mais tarde se tornaram o pão de cada dia da discussão política, como a crítica da alienação cultural brasileira e da ação deletéria das oligarquias estaduais; o perigo do imperialismo estrangeiro, tanto na sua forma econômica quanto política; a denúncia da falta de direção nacional e da exploração predatória das nossas riquezas naturais; bem como a necessidade de fortalecer o Estado pela

---

604 LYNCH, Christian Edward Cyril. "Entre o judiciarismo e o autoritarismo: o espectro do Poder Moderador no debate político republicano (1890-1945)". *História do Direito – RHD*, Curitiba, vol. 2, nº 3, jul./dez. 2021, pp. 93/94. Segundo aponta José Murilo de Carvalho, o IHGB era "a principal instituição cultural do país [no Império], criada em 1838, sob a sua proteção [de D. Pedro II], granjeava-lhe respeito e gratidão" (CARVALHO, José Murilo de. "A vida política". *In*: ______ (Coord.). *A construção nacional (1830-1889)*. Rio de Janeiro: Objetiva, 2012, p. 126). Talvez aqui esteja a explicação para o monarquismo presente na instituição mesmo após a Proclamação da República.

> centralização para resgatar as populações miseráveis entregues à própria sorte e lhes garantir os direitos civis e sociais.[605]

De fato, Alberto Torres representou um ponto de inflexão na história do pensamento político brasileiro. É importante destacar, com Lynch, que "Torres não nasceu nacionalista, ele foi se tornando nacionalista ao longo de sua trajetória como político profissional, devido às sucessivas decepções sofridas por seu ideário republicano ao longo de sua experiência política".[606]

Após ocupar os relevantes cargos de Ministro da Justiça (1896-1897), de Presidente do Rio de Janeiro (1897-1900) e de Ministro do Supremo Tribunal Federal (1901-1909), Alberto Torres se dedicou à carreira de teórico político, uma vez aposentado do STF. O cenário sociopolítico em 1910 era turbulento e motivou Torres a discorrer doutrinariamente sobre possíveis caminhos:

> A estabilidade republicana obtida desde 1898 havia sido rompida pela crise deflagrada pelo insucesso de Afonso Pena na indicação de seu sucessor à presidência e pela emergência de dois candidatos opostos à presidência da República apoiada por facções distintas do *establishment* oligárquico: aquela oriunda dos quartéis, do Marechal Hermes da Fonseca, e aquela outra, civilista, representada por Rui Barbosa. A vitória e posse de Hermes da Fonseca no turbulento contexto da virada de 1910 para 1911, marcado pela Revolta da Chibata e a oposição implacável movida pelo liberalismo de Rui parece

---

605 LYNCH, Christian Edward Cyril. "Nacionalismo em crisálida: o discurso de posse de Alberto Torres no Instituto Histórico e Geográfico Brasileiro (1911)". *Anuário do Instituto Histórico e Geográfico Brasileiro*, Rio de Janeiro, vol. 2, dez. 2017, p. 13.

606 LYNCH, Christian Edward Cyril. "Nacionalismo em crisálida: o discurso de posse de Alberto Torres no Instituto Histórico e Geográfico Brasileiro (1911)". *Anuário do Instituto Histórico e Geográfico Brasileiro*, Rio de Janeiro, vol. 2, dez. 2017, p. 14.

> ter se afigurado a Torres como uma janela de oportunidades para a reforma do regime (...).[607]

Em *O Problema Nacional Brasileiro*, livro que reúne alguns artigos e ensaios anteriormente publicados na imprensa, Alberto Torres, ao mesmo tempo em que – à luz de teorias raciais – discorre sobre as potencialidades civilizatórias do povo brasileiro,[608] vê com extrema crítica a situação econômica do Brasil, em que os interesses do país "são escravos dos interesses estrangeiros".[609] Mais especificamente, devido ao tradicional foco no comércio de *commodities* e no extrativismo, o que acabou por gerar excessiva dependência do crédito estrangeiro,

> nós nos desvanecemos com o desenvolvimento comercial que possuímos, sem percebermos que esse desenvolvimento representa realmente o trabalho da conquista, da sucção, da drenagem, das nossas riquezas – desordenada e precipitadamente arrancadas à terra – para as nossas metrópoles econômicas.[610]

Uma outra tese avançada por Torres (que posteriormente se tornaria o *mainstream* do pensamento autoritário-nacionalista brasileiro) foi a dicotomia entre o Brasil *real* e o Brasil *ideal*, este último supostamente importador acrítico de modismos jurídico-políticos

---

607 LYNCH, Christian Edward Cyril. "Nacionalismo em crisálida: o discurso de posse de Alberto Torres no Instituto Histórico e Geográfico Brasileiro (1911)". *Anuário do Instituto Histórico e Geográfico Brasileiro*, Rio de Janeiro, vol. 2, dez. 2017, p. 16.

608 TORRES, Alberto. *O problema nacional brasileiro*: introducção a um programma de Organização Nacional. 3ª ed. São Paulo: Companhia Editora Nacional, 1938, pp. 120-178.

609 TORRES, Alberto. *O problema nacional brasileiro*: introducção a um programma de Organização Nacional. 3ª ed. São Paulo: Companhia Editora Nacional, 1938, p. 223.

610 TORRES, Alberto. *O problema nacional brasileiro*: introducção a um programma de Organização Nacional. 3ª ed. São Paulo: Companhia Editora Nacional, 1938, p. 201.

estrangeiros não necessariamente adaptáveis às verdadeiras peculiaridades nacionais:

> Sobre esta vida social prática, a nossa política e as nossas legislaturas edificaram, primeiro, o castelo da monarquia parlamentar inglesa, depois, o castelo do presidencialismo federativo americano; leis e regulamentos de Direito Civil, Comercial, Penal, Processual, Administrativo, de todas as origens; repartições, copiadas de todos os países. Esta montanha de preceitos legais, que não interessam à vida do indivíduo e da sociedade, senão em ocasiões excepcionais da existência, em relação aos atos que têm origem e natureza jurídicas, e este mundo de instituições e de repartições, realizando o trabalho, peculiar às burocracias, de uma atividade quase exclusivamente aplicada aos objetos do seu próprio mecanismo e funcionamento, fundaram, em nossa existência positiva, uma vida de teatro entremeada, na vida real, com discursos ingleses e interpretações literais de textos ingleses ou americanos. Dominando tudo isto, duas grandes divindades presidem a ordem, garantem a segurança e mantêm, entre nós, o Direito: a bondade e a probidade do povo, sem igual em qualquer outra parte do mundo.
>
> Com a sua escassa polícia e a sua insuficiente justiça, o Brasil poder-se-ia dizer um país em estado de anarquia, com ordem e direitos espontaneamente mantidos pela honestidade popular.[611]

Em síntese, a tese central de Torres no referido livro é a de que

> [t]emos sido, assim, um país ao qual tem faltado organização e educação econômica, capital, crédito, organização do

611 TORRES, Alberto. *O problema nacional brasileiro*: introducção a um programma de Organização Nacional. 3ª ed. São Paulo: Companhia Editora Nacional, 1938, p. 274.

> trabalho, política adaptada às condições do meio e à índole da gente: um país desgovernado, em summa.[612]

O remédio, para ele, passaria pela construção, de cima para baixo, de uma mentalidade nacional:

> Qual a lição que disto resulta? Resulta que a formação artificial das nacionalidades, tal como a nossa, impõe, como necessidade imperativa, a formação, por convicção racional, da consciência nacional: a criação e o desenvolvimento, *par en haut* – da inteligência para os hábitos, do raciocínio para os reflexos –, do instinto de conservação e de progresso nacional.[613]

A sugestiva expressão *par en haut* dá indícios do local reservado pela concepção torreana à soberania popular. Apostando na elitista fórmula da necessidade de educação política do povo, Torres criticava "a noção, incorreta e obsoleta, de um mandato direto, ou de uma ação direta do povo, na gestão dos negócios, de que o '*referendum*', é a mais infeliz das formas".[614] Isso porque, para ele, "[s]e há uma verdade solidamente conquistada pela nossa inteligência é a da incapacidade das massas para o governo".[615]

Se, em sua concepção, a política deveria ser atribuição das elites, então o problema brasileiro estava justamente na conformação dessas elites que administravam o país, as quais não respeitavam

---

612 TORRES, Alberto. *O problema nacional brasileiro*: introducção a um programma de Organização Nacional. 3ª ed. São Paulo: Companhia Editora Nacional, 1938, p. 275.

613 TORRES, Alberto. *O problema nacional brasileiro*: introducção a um programma de Organização Nacional. 3ª ed. São Paulo: Companhia Editora Nacional, 1938, p. 277.

614 TORRES, Alberto. *A Organização nacional*: primeira parte, a Constituição. São Paulo: Companhia Editora Nacional, 1938, p. 355.

615 TORRES, Alberto. *A Organização nacional*: primeira parte, a Constituição. São Paulo: Companhia Editora Nacional, 1938, p. 356.

o critério da capacidade para governar, o governo dos melhores. Dessa forma, o desenvolvimento do nacionalismo brasileiro, visto como "um simples movimento de restauração conservadora e reorganizadora",[616] passaria necessariamente pela atividade concreta "dos que respondem pela sorte do Brasil",[617] a elite política que, em sua visão, carecia de formação e de compromissos verdadeiramente nacionalistas.

No livro *Organização Nacional*, criticando o pseudoparlamentarismo desenvolvido durante o Segundo Império, Alberto Torres afirma que este "foi um regimen de dictadura moderada e frouxa, nas mãos de um monarcha de espirito abstracto e vontade indecisa",[618] quando, na verdade, "[e]ste paiz novo (...) reclamava a direcção de uma possante cabeça organizadora".[619] Como consequência,

> [f]loresceram, nessa forma de governo, com intenso viço, suas feições aparentes e superficiaes: abuso da discussão e excesso da exhibição oratória; fervilhar de intrigas e manejos de politiquice, no empenho de conquistar o unico arbitro das posições: o Imperador.[620]

Esse sectarismo partidário teria contaminado a República com suas visões egoísticas, potencializadas por um federalismo que defendia, sob o mantra da absoluta autonomia estadual, interesses

---

616 TORRES, Alberto. *O problema nacional brasileiro*: introducção a um programma de Organização Nacional. 3ª ed. São Paulo: Companhia Editora Nacional, 1938, p. 281.

617 TORRES, Alberto. *O problema nacional brasileiro*: introducção a um programma de Organização Nacional. 3ª ed. São Paulo: Companhia Editora Nacional, 1938, p. 281.

618 TORRES, Alberto. *A Organização nacional*: primeira parte, a Constituição. São Paulo: Companhia Editora Nacional, 1938, p. 349.

619 TORRES, Alberto. *A Organização Nacional*: primeira parte, a Constituição. São Paulo: Companhia Editora Nacional, 1938, p. 349.

620 TORRES, Alberto. *A Organização nacional*: primeira parte, a Constituição. São Paulo: Companhia Editora Nacional, 1938, p. 349.

particularistas das oligarquias locais, prolongando, assim, "os abusos e vícios do parlamentarismo, desvirtuando a função do Congresso e a do Presidente da República".[621]

O remédio, para Torres, seria "um governo consciente e forte, seguro de seus fins, dono de sua vontade, enérgico e sem contraste"[622] e "[e]ste governo só o regimen presidencial lhe póde dar".[623] Mas o presidencialismo por ele defendido seria em muito diferente daquele então prevalecente desde 1891, na medida em que deveria estar calcado na defesa da unidade e da soberania nacionais, sendo capitaneado por um "Governo Federal [que] recobra e mantém a supremacia que lhe cabe como órgão soberano da Nação".[624]

A Constituição, compreendida não mais como um sistema abstrato tomado de empréstimo do exterior e descolado da realidade social concreta brasileira, "adquire, emfim, o caracter de uma lei pratica e harmonica, onde os fins, os destinos e as modalidades da nação encontram seus instrumentos naturaes de actividade".[625]

Portanto, para ele, conforme adiantado, haveria uma diferença entre "Constituição ostensiva" e "Constituição verdadeira":

> Em verdade, todos os paízes possuem um regime constitucional ostensivo e um regime constitucional verdadeiro, mas subterrâneo. Está ahi o terrível problema da arte política: conciliar a realidade com a abstração, ou approximar, pelo menos, a

---

621 TORRES, Alberto. *A Organização nacional*: primeira parte, a Constituição. São Paulo: Companhia Editora Nacional, 1938, p. 350.

622 TORRES, Alberto. *A Organização nacional*: primeira parte, a Constituição. São Paulo: Companhia Editora Nacional, 1938, p. 351.

623 TORRES, Alberto. *A Organização nacional*: primeira parte, a Constituição. São Paulo: Companhia Editora Nacional, 1938, p. 351.

624 TORRES, Alberto. *A Organização nacional*: primeira parte, a Constituição. São Paulo: Companhia Editora Nacional, 1938, p. 359.

625 TORRES, Alberto. *A Organização nacional*: primeira parte, a Constituição. São Paulo: Companhia Editora Nacional, 1938, p. 359.

> verdade das cousas, do nível ideal da lei. Um regimen puro seria aquelle em que os dous planos se confundissem; assim, o regimen constitucional progride quando o plano inferior se aproxima da concepção legal.[626]

A Constituição adequada a uma nação seria, portanto, aquela comprometida com a realidade concreta, já que ela

> é sua lei orgânica, o que significa que deve ser o conjunto das normas, resultantes de sua própria natureza, destinadas a reger seu funcionamento, espontaneamente como se exteriorizassem as próprias manifestações da maneira de se ver e de viver, do organismo político.[627]

A partir dessas categorias, Torres afirma que a Constituição de 1891 "não é uma lei original, mas uma adaptação de instituições estrangeiras"[628] ou, noutras palavras, seria "um estatuto doutrinário, composto de transplantações jurídicas alheias",[629] sobretudo dos Estados Unidos.

A solução desaguaria, portanto, na necessidade de uma reforma constitucional que resultasse em uma Constituição efetivamente condizente com as reais peculiaridades jurídico-políticas e econômico-sociais do Brasil.

Na esteira dessas premissas, Torres propõe uma revisão constitucional cujo centro de gravidade seria o chamado Poder Coordenador, que atuaria ao lado dos outros três "órgãos da soberania

---

626 TORRES, Alberto. *A Organização nacional*: primeira parte, a Constituição. São Paulo: Companhia Editora Nacional, 1938, p. 97/98.

627 TORRES, Alberto. *A Organização nacional*: primeira parte, a Constituição. São Paulo: Companhia Editora Nacional, 1938, p. 85.

628 TORRES, Alberto. *A Organização nacional*: primeira parte, a Constituição. São Paulo: Companhia Editora Nacional, 1938, p. 84.

629 TORRES, Alberto. *A Organização nacional*: primeira parte, a Constituição. São Paulo: Companhia Editora Nacional, 1938, p. 85.

nacional" (o Legislativo, o Executivo e o Judiciário). De acordo com ele, esse quarto poder "é o órgão necessariamente integrante, nos paizes da nossa índole, do regimen presidencial federativo".[630] E assim complementa:

> A creação do Poder Coordenador corôa, por fim, estas disposições – tendentes, todas, a fortalecer a acção governamental, a ligar solidariamente as instituições do paiz e a estabelecer a continuidade na prossecução dos ideais nacionais, a "realizar", em suma, a soberania da lei, a democracia, a republica, a autonomia e a federação – como um orgão, cuja funcção será concatenar todos os apparelhos do systema politico, como mandatario de toda a Nação – da Nação de hoje como da Nação de amanhã – perante seus delegados. Não é uma creação arbitrária: é o complemento do regimen democratico e federativo, suggerido pela observação da nossa vida e pela experiencia das nossas instituições.[631]

Não se afigura possível discorrer sobre todos os intrincados contornos da proposta de reforma constitucional torreana.[632] O que interessa aqui constatar é que, mesmo após o fim do Império, o espectro de um quarto poder com a função de tutelar os demais ainda permanecia pairando no Brasil. É claro que o Poder Coordenador de

---

630 TORRES, Alberto. *A Organização nacional*: primeira parte, a Constituição. São Paulo: Companhia Editora Nacional, 1938, p. 340.

631 TORRES, Alberto. *A Organização nacional*: primeira parte, a Constituição. São Paulo: Companhia Editora Nacional, 1938, p. 359.

632 TORRES, Alberto. *A Organização nacional*: primeira parte, a Constituição. São Paulo: Companhia Editora Nacional, 1938, pp. 297/398. Para uma exposição completa sobre esse projeto de revisão constitucional de Alberto Torres, conferir: LIMA SOBRINHO, Barbosa. *Presença de Alberto Torres*: sua vida e seu pensamento. Rio de Janeiro: Civilização Brasileira, 1968, pp. 351-370; e OLIVEIRA, Allysson Eduardo Botelho de. *O Conceito de Poder Coordenador no processo de Constitucionalização Brasileiro*: de sua gênese à Constituição de 1934. Belo Horizonte, UFMG, 2020. (Dissertação de Mestrado) pp. 57-92.

Torres possuía amplas diferenças em relação ao Poder Moderador do século XIX; todavia, ambos pretendiam, cada um a seu modo, servir de centro de gravidade da ordem constitucional, apaziguando a relação entre os poderes e, sobretudo, servindo de contracautela aos perigos da soberania popular e da descentralização política.

É inegável que Alberto Torres representou um ponto de inflexão no pensamento político brasileiro, sobretudo por suas potentes críticas aos princípios e às práticas políticas nacionais, que ganharam, com o fim do Império, fortes matizes oligárquicos durante a Primeira República.

Torres avançou doutrinariamente a alegada dicotomia entre um Brasil real pouco estudado e um Brasil ideal fantasiosamente construído a partir de mimetismos estrangeiros. Para tanto, ele fiou-se em ideias nacionalistas e centralizadoras como possíveis caminhos e antídotos para a superação dos sectarismos políticos locais e para a promoção do desenvolvimento brasileiro, apresentando um projeto político elitista, em que o povo representava um perigo a ser tutelado por um Poder Executivo forte e pelo Poder Coordenador.

Esses caminhos, exsurgidos do experimentalismo sociológico e político torreano, foram posteriormente recuperados, nas décadas de 1920 e 1930, por intelectuais como Cândido Motta Filho,[633]

---

633 MOTTA FILHO, Cândido. *Alberto Torres e thema da nossa geração*. Rio de Janeiro: Schimidt, 1931. Destaque-se que a referida obra conta com um laudatório prefácio escrito por Plínio Salgado, em que assim discorre sobre a Revolução de 1930: "os nossos receios eram fundados. Estamos assistindo ao grande drama da nossa Patria aggravado, agora, por circumstancias universais as mais graves. A nossa campanha no sentido de modificar os planos da mentalidade brasileira, antes que deflagrasse uma revolução sem programma, foi surprehendida por aquella explosão que eu temia e sobre ella desceu a sombra das horas cambiantes, que V. parecia prophetizar. (...) Si desceu uma noite sobre o Brasil, porque os homens que tinham a responsabilidade por seus destinos não souberam evital-a, procuremos arrancar da Terra e da Raça a nossa luz. Para que não sejamos iluminados por um sol extrangeiro..." (SALGADO, Plínio. "Prefácio". *In*: MOTTA FILHO,

Oliveira Vianna,[634] Plínio Salgado,[635] Alceu Amoroso Lima[636] e

---

Cândido. *Alberto Torres e thema da nossa geração*. Rio de Janeiro: Schimidt, 1931, p. 10/11). Seria cômica, se não foi trágica, a circunstância de que o próprio Plínio Salgado, que criticava a Revolução de 1930 e as influências estrangeiras, se tornou um forte aliado de Getúlio Vargas, além de fundar, em 1932, a Ação Integralista Brasileira (AIB), partido político que era um arremedo tupiniquim da ideologia fascista italiana. Em síntese, a partir de uma ortodoxa visão das teses torreanas, Motta Filho faz um diagnóstico do começo dos anos 1930, apontando as falências do liberalismo defendendo, basicamente, a necessidade de se construir um estado nacional, a partir de premissas nacionalistas e realistas, condizentes com o verdadeiro caráter brasileiro e não de imitações estrangeiras. Criticava o liberalismo político e defendia, a partir de Torres, a instauração de um governo social, forte, nacional, autêntico, que efetivamente conhecesse a si mesmo e ao Brasil. Para mais insumos sobre esse livro de Motta Filho, conferir: LIMA SOBRINHO, Barbosa. "A Sociedade dos Amigos de Alberto Tôrres". *In*: ______. *Presença de Alberto Torres*: sua vida e seu pensamento. Rio de Janeiro: Civilização Brasileira, 1968, pp. 507/508.

634 VIANNA, Oliveira. "Alberto Torres e a metodologia objetiva ou realista (o nacionalismo político) / O problema das reformas e a técnica autoritária". *In*: ______. *Instituições políticas brasileiras*. Brasília: Conselho Editorial do Senado Federal, 1999, pp. 397-407 e 448-460.

635 Sobre como Plínio Salgado lê e invoca, de maneira autoritária, a obra de Alberto Torres para fundamentar suas extremistas visões nacionalistas e integralistas, conferir: BATISTA, Alexandre Blankl. "A leitura das obras de Alberto Torres por Plínio Salgado". *In*: ______. *Mentores da nacionalidade*: a apropriação das obras de Euclides da Cunha, Alberto Torres e Farias Brito por Plínio Salgado. Porto Alegre: UFRGS, 2006, pp. 67-106. (Dissertação de Mestrado).

636 "Nenhum sociologo patrio goza hoje de maior prestigio do que elle. Póde-se mesmo accrescentar que, neste momento em que o Brasil se encontra em plena disponibilidade, á espera dos esculptores que venham modelar a sua matéria plástica, para a figura da nacionalidade que vai renascer da confusão do momento politico-social que atravessamos – póde-se dizer que Alberto Torres é de todos os estudiosos de nossos problemas sociaes, o mais meditado, o mais compulsado, o mais inquerido como o solucionador da nossa crise e como esculptor posthumo, se é licito dizer, do nosso futuro" (LIMA, Alceu Amoroso. *Política*. Rio de Janeiro: Edição da Livraria Católica, 1932, p. 179). Sobre a leitura que Alceu Amoroso Lima faz, a partir de sua filosofia política nacionalista

Miguel Reale[637] para justificar o declínio do liberalismo político, da democracia representativa, da separação de Poderes e da soberania popular – em alguns casos, a partir de premissas fortemente autoritárias e simpáticas ao fascismo. Esses autores convenientemente creditariam a Alberto Torres (o principal autor brasileiro a defender, até então, a bandeira do nacionalismo) um suposto pioneirismo nacionalista-autoritário quando da identificação dos fracassos do oligárquico constitucionalismo liberal brasileiro, a ele contrapondo preocupações típicas do nascente paradigma do Estado Social inaugurado no Brasil, em 1930. Outros intelectuais, como o jovem Hermes Lima, também utilizaram Alberto Torres como marco teórico,[638] ainda que numa perspectiva não autoritária, o que demonstra que – independentemente das lentes ideológicas através das quais era lida – a obra torreana esteve longe de passar despercebida nas décadas de 1920-1930.

Em 1932, foi fundada, no Rio de Janeiro, a Sociedade dos Amigos de Alberto Torres, sociedade civil com o objetivo de debater os problemas nacionais a partir das ideias políticas torreanas. De acordo com o verbete do CPDOC,

> [a] lista de fundadores da sociedade contava com cerca de 50 assinaturas, entre as quais as de Ari Parreiras, Cândido Mota Filho, Juarez Távora, Plínio Salgado e Ildefonso Simões

---

e católica da obra de Alberto Torres, conferir: PINHO, Sílvia Oliveira Campos de. *Alberto Torres*: uma obra, várias leituras. Porto Alegre: UFRGS, 2006, pp. 112/113. (Dissertação de Mestrado).

637 Sobre as leituras integralistas que o jovem Miguel Reale, dirigente da Ação Integralista Brasileira, faz do nacionalismo e antiliberalismo de Alberto Torres, conferir: CABRAL, Gustavo César Machado. "A política no jovem Miguel Reale, o teórico do integralismo". *Revista da Faculdade de Direito*, Curitiba, vol. 59, nº 3, 2014, pp. 85-108.

638 LIMA, Hermes. *O Artigo 6º da Constituição (These apresentada para concorrer à livre docência da cadeira de Direito Público Constitucional, na Faculdade de Direito da Bahia)*. Salvador: Imprensa Oficial do Estado, 1925.

> Lopes. Em seu processo de expansão, a entidade chegou a criar núcleos regionais em Minas Gerais, Espírito Santo, Bahia, Pernambuco, Goiás e São Paulo.[639]

Tendo funcionado provavelmente até 1945,

> [n]o período 1935-1936, sob a presidência de Rafael Xavier, a sociedade sofreu um processo de aproximação com o movimento integralista. Entretanto, a despeito dos esforços de Plínio Salgado – chefe da Ação Integralista Brasileira –, a sociedade rejeitou um compromisso oficial, preferindo manter-se como entidade apartidária.[640]

De tudo o que foi acima exposto, pode-se afirmar, com Airton Seelaender, que a intervenção estatal no Brasil não começou somente com o irromper da Revolução de 1930; na verdade, existiam "ilhas de intervenção" já durante a Primeira República – aquela detidamente estudada pelo professor da UnB se refere especificamente à "intervenção segregadora" representada por políticas sanitaristas

---

639 CENTRO DE PESQUISA E DOCUMENTAÇÃO DE HISTÓRIA CONTEMPORÂNEA DO BRASIL. "Sociedade dos Amigos de Alberto Torres". *Dicionário Histórico Biográfico Brasileiro – FGV*. Disponível em: https://www18.fgv.br/CPDOC/acervo/dicionarios/verbete-tematico/sociedade-dos-amigos-de-alberto-torres. Acessado em:13.08.2024. Sobre o ponto, conferir: LIMA SOBRINHO, Barbosa. "A Sociedade dos Amigos de Alberto Tôrres". *In*: ______. *Presença de Alberto Torres*: sua vida e seu pensamento. Rio de Janeiro: Civilização Brasileira, 1968, pp. 495-520.

640 CENTRO DE PESQUISA E DOCUMENTAÇÃO DE HISTÓRIA CONTEMPORÂNEA DO BRASIL. "Sociedade dos Amigos de Alberto Torres". *Dicionário Histórico Biográfico Brasileiro – FGV*. Disponível em: https://www18.fgv.br/CPDOC/acervo/dicionarios/verbete-tematico/sociedade-dos-amigos-de-alberto-torres. Acessado em:13.08.2024. Sobre o ponto, conferir: LIMA SOBRINHO, Barbosa. "A Sociedade dos Amigos de Alberto Tôrres". *In*: ______. *Presença de Alberto Torres*: sua vida e seu pensamento. Rio de Janeiro: Civilização Brasileira, 1968, pp. 495-520.

para a população mais pobre e periférica do Rio de Janeiro e sua relação com o Direito Administrativo brasileiro do começo do século XX.[641] No que concerne especificamente à análise aqui empreendida, o próprio uso generalizado e abusivo do estado de sítio e a invocação politicamente orientada das intervenções federais demonstram, conforme acima exposto, que a semântica liberal que inspirou a Constituição de 1891 foi entrecortada por estruturas políticas e visões doutrinárias próprias, como a tradição política imperial do Poder Moderador – essa, por sua vez, uma peculiar leitura abrasileirada das teorias de Benjamin Constant – e a tradição argentina do estado de sítio.

É claro que 1930 marcou a inauguração de um novo paradigma constitucional no Brasil, com um outro patamar de intervenção, agora como política central e disseminada de governo, com uma ressignificada concepção de Estado e da relação entre os âmbitos público e privado da sociedade, bem como importantes novas visões sobre a soberania popular e sobre a separação de Poderes.[642] Todavia,

---

641 SEELAENDER, Airton Lisle Cerqueira Leite. "O Direito Administrativo e a expansão do Estado na Primeira República: notas preliminares a uma história da doutrina administrativista no Brasil". *Revista do IHGB*, vol. 485, 2021, pp. 165-202.

642 HABERMAS, Jürgen. *Facticidade e validade*: contribuições para uma teoria discursiva do Direito e da democracia. Trad. Felipe Gonçalves Silva e Rúrion Melo. São Paulo: Unesp, 2020, pp. 495-516; CARVALHO NETTO, Menelick de. "A contribuição do Direito Administrativo enfocado da ótica do administrado para uma reflexão acerca dos fundamentos do controle de constitucionalidade das leis no Brasil: um pequeno exercício de Teoria da Constituição". *Revista do Tribunal Superior do Trabalho*, Brasília, vol. 68, nº 2, abr./jun. 2002, pp. 77-80; CARVALHO NETTO, Menelick de. "A Hermenêutica Constitucional e os desafios postos aos Direitos Fundamentais". *In*: SAMPAIO, José Adécio Leite (Coord.). *Jurisdição Constitucional e Direitos Fundamentais*. Belo Horizonte: Del Rey, 2003, pp. 149-151; e CARVALHO NETTO, Menelick de. "A Hermenêutica Constitucional sob o paradigma do Estado Democrático de Direito". *In*: CATTONI, Marcelo (Coord.). *Jurisdição e Hermenêutica Constitucional*. Belo Horizonte: Mandamentos, 2004, pp. 34-37.

como é próprio dos processos históricos, tal ordem de coisas não surgiu da noite para o dia e do nada.[643]

1.5 A Reforma Constitucional de 1926

De acordo com Barbosa Lima Sobrinho, essa revisão teria sido inspirada, em diversos pontos, na obra de Alberto Torres, sobretudo no que concerne à ampliação do direito de intervenção da União nos Estados. Todavia, como grande diferença, a reforma de 1926 teria se preocupado em fazer apenas pontuais retoques jurídicos na Constituição de 1891. A proposta torreana, ao contrário, era bem mais ambiciosa, pois almejava uma ampla e completa ressignificação constitucional em vez de uma pura e simples inclusão de matizes autoritários que, segundo Sobrinho, apenas catalisariam as crises políticas que já esgarçavam a República Velha, desaguando na Revolução de 1930.[644]

---

643 "O modelo de Estado que se construiu a partir do novo sanitarismo e de outras 'ilhas de intervenção' não teve, de todo modo, uma história tão linear como pareceria à primeira vista. Impõe-se, pois, abandonar o hábito intelectual de conceber toda legislação e todo pensamento jurídico do século XIX, em todo o Ocidente, como meros reflexos de um exacerbado 'individualismo burguês' que se teria supostamente imposto, por inteiro, graças às condições econômicas da Revolução Industrial. É precipitado, além disso, ver o Estado Interventor como o triunfo inevitável, face a tal 'individualismo burguês' e a suas alternativas coletivistas, de uma terceira via apta a nos aproximar – com ou sem reparos neoliberais – do fim da história. Meras opções ideológicas, o atual apreço pelo Estado Interventor ou por quem tente desmontar suas facetas de Welfare State não autorizam ninguém a apagar, no afã de enunciar supostas leis históricas infalíveis, nem a diversidade dos períodos passados nem a complexidade das distintas experiências nacionais" (SEELAENDER, Airton Lisle Cerqueira Leite. "O Direito Administrativo e a expansão do Estado na Primeira República: notas preliminares a uma história da doutrina administrativista no Brasil". *Revista do IHGB*, vol. 485, 2021, pp. 198/199).

644 LIMA SOBRINHO, Barbosa. "Alberto Torres e a Reforma Constitucional". *In*: ______. *Presença de Alberto Torres*: sua vida e seu pensamento. Rio de Janeiro: Civilização Brasileira, 1968, pp. 483-494.

Em brevíssima síntese, essa reforma, materializada na Emenda Constitucional de 3 de setembro de 1926, promoveu importantes alterações na Constituição Federal de 1891, todas elas no afã de justamente incrementar a centralização política e de fortalecer mais ainda o Poder Executivo federal. Essa reforma partiu de uma iniciativa do Presidente Artur Bernardes, que já manifestara os mesmos ímpetos centralizadores quando fora governador de Minas Gerais. A reforma tramitou no Congresso em plena sucessão de estados de sítio decretados durante todo o governo Bernardes para debelar movimentos como o 18 do Forte de Copacabana, que deu corpo ao movimento tenentista; a Revolução Paulista de 1924; a Coluna Prestes e a Revolução Gaúcha de 1923.

A redação do anteprojeto da reforma foi entregue a Herculano de Freitas – líder da bancada paulista na Câmara, professor catedrático de Direito Público e Constitucional da Faculdade de Direito de São Paulo e um dos principais apoiadores do governo bernardista no Congresso, o que lhe renderia a indicação para o Supremo Tribunal Federal em 7 de dezembro de 1925.

Não obstante grande parte das "bernardices" originalmente constantes do projeto de reforma tenham sido arquivadas,[645] importantes alterações constitucionais prosperaram e foram efetivamente positivadas por essa Emenda de 1926, destacando-se quatro: (i) ampliação do escopo do artigo 6º da Constituição de 1891, aumentando-se de quatro para dezesseis as hipóteses em que seria permitido ao governo federal intervir em negócios particulares dos Estados; (ii) restrição do *habeas corpus* às hipóteses de direito de locomoção (artigo 72, § 22), em clara reação ao uso alargado desse remédio constitucional durante a República Velha, de acordo com a tradição

645 ZULINI, Jaqueline Porto. *Modos do bom governo na Primeira República brasileira*: o papel do Parlamento no regime de 1889-1930. São Paulo: USP, 2016, p. 233. (Tese de Doutorado).

da "doutrina brasileira do *habeas corpus*",[646] encerrada justamente em 1926; **(iii)** previsão expressa da possibilidade de expulsão do Brasil de estrangeiros "perigosos à ordem pública ou nocivos aos interesses da República" (artigo 72, § 33); e **(iv)** limitação das competências do Poder Judiciário para controle do estado de sítio:

> Nenhum recurso judiciário é permitido, para a Justiça Federal ou local, contra a intervenção nos Estados, a declaração do estado de sítio e a verificação de poderes, o reconhecimento, a posse, a legitimidade e a perda de mandato dos membros do Poder Legislativo ou Executivo, federal ou estadual; assim como, na vigência do estado de sítio, não poderão os tribunais conhecer dos actos praticados em virtude dele pelo Poder Legislativo ou Executivo. (artigo 60, § 5º).

Como se vê, essa reforma denota, nos estertores da República Velha, uma clara tentativa de sistematização constitucional de uma longa história de uso abusivo e disseminado do estado de sítio, de invocação casuística e ideologicamente orientada da intervenção estatal, de progressivo e forte enrijecimento do Poder Executivo Federal em prol de oligarquias dominantes e de limitação das competências do Poder Judiciário quando da análise de atos políticos. Tudo isso representava uma clara reação do *establishment* político oligárquico que dominou a Política dos Governadores às pontuais e pouco eficazes ameaças que sofrera por parte das dissidências oligárquicas locais e do Supremo Tribunal Federal.

---

646 Artur Bernardes defendia o retorno do *habeas corpus* aos seus limites originários, com a cessação de seu supostamente indiscriminado uso político pelo Poder Judiciário. A propósito, conferir Mensagem apresentada por Bernardes ao Congresso Nacional na abertura da Primeira Sessão da 12ª Legislatura. Rio de Janeiro, 1924, pp. 8/9. Disponível em: http://www.biblioteca.presidencia.gov.br/presidencia/ex-presidentes/arthur-bernardes/mensagens-ao-congresso/mensagem-ao-congresso-nacional-na-abertura-da-primeira-sessao-da-decima-segunda-legislatura-1924. Acesso em: 07.11.2023.

É digno de nota que o então jovem Deputado Federal mineiro Francisco Campos – que se notabilizaria como um dos principais conspiradores para a deflagração da Revolução de 1930 e do golpe do Estado Novo – pronunciou um inflamado discurso em defesa da Reforma de 1926, principalmente no que concernia às maiores possibilidades de intervenção federal nos Estados e às limitações ao conhecimento de ordens de *habeas corpus* que tangenciavam matérias políticas, sobretudo decretações de estado de sítio.[647]

Essas importantes modificações constitucionais de 1926 corroboram a percuciente crítica de Airton Seelaender no sentido de que pensar a República Velha como um momento em que ideias liberais puristas campearam soltas no Brasil sem qualquer tipo de entrechoque com outras doutrinas e peculiares práticas políticas concorrentes, notadamente intervencionistas e centralizadoras, é algo, histórica e constitucionalmente, frágil.[648]

Conforme será discorrido no capítulo seguinte, os espectros republicanos do Poder Moderador peculiarmente desenvolvidos pela tradição político-constitucional brasileira da Primeira República sob a forma de medidas constitucionais de exceção pragmaticamente manuseadas pelo Poder Executivo a serviço de oligarquias dominantes ganharam nova ressignificação pelo paradigma do estado social inaugurado na década de 1930, quando, sobretudo no contexto dos debates da Constituinte de 1933-1934, expressamente reapareceram como importantes elementos do constitucionalismo social então em voga. Foi nesse momento que a intervenção estatal e o fortalecimento do Poder Executivo passaram de excepcionalidade constitucionais (que, conforme visto acima, de excepcionais não tiveram nada; na

---

647 CAMPOS, Francisco. "Reforma Constitucional de 1926". *In*: ______. *Direito Constitucional*. vol. 2. Rio de Janeiro: Freitas Bastos, 1956, pp. 365-399.

648 SEELAENDER, Airton Lisle Cerqueira Leite. "O Direito Administrativo e a expansão do Estado na Primeira República: notas preliminares a uma história da doutrina administrativista no Brasil". *Revista do IHGB*, vol. 485, 2021, pp. 165-202.

verdade, funcionaram como instrumento hodierno de governo na oligárquica República Velha) para o *mainstream* do constitucionalismo (brasileiro).

1.6 Fecho

Se a história constitucional alemã do século XIX foi marcada pelo desenvolvimento de uma Teoria Geral do Estado que legitimou e justificou o princípio monárquico, a história constitucional brasileira – que compartilha com a germânica um ancestral comum: a tradição restauradora da *Charte* francesa de 1814 e do Congresso de Viena (1815-1820) – foi marcada, no Império, por uma peculiar releitura conservadora (no plano político e na dogmática do Direito Público) da teoria do Poder Moderador de Benjamin Constant, virando-a do avesso, transformando o *pouvoir neutre* em poder muitíssimo ativo e proeminente, fiador da coesão social e da integridade nacional, num pacto de governança integrado pela Coroa, Exército, direção política saquarema e forças produtivas latifundiárias e escravocratas, ao arrepio da soberania popular e da separação de Poderes. Diante disso, foi possível verificar traços de uma *equivalência funcional* entre o princípio monárquico na Alemanha e a peculiar institucionalização do Poder Moderador no Brasil ao longo do século XIX, bem como entre a dogmática da Teoria Geral do Estado alemã em torno do princípio monárquico e a publicística conservadora brasileira em torno do Poder Moderador.

Com a Proclamação da República, não obstante formalmente extinto, espectros do Poder Moderador ganharam sobrevida na Política dos Governadores, que estava calcada no uso politicamente orientado do estado de sítio e da intervenção federal como instrumentos aptos a resguardarem as oligarquias situacionistas, no plano federal, de eventuais insurgências populares e/ou de forças oligárquicas dissidentes. O uso frequente de tais medidas constitucionais de exceção – decalcadas do constitucionalismo argentino – por praticamente todos os presidentes da República Velha como pretensos meios hodiernos de governabilidade, de manutenção do *status quo* e de estabilização de crises políticas operou como um *equivalente funcional* do Poder Moderador imperial, no que concerne às suas respectivas pretensões conservadoras de conferir estabilidade política ao país à revelia da soberania popular.

No rastro dessa equivalência funcional de três camadas, foi assim que restolhos do princípio monárquico integraram a tradição constitucional brasileira quando da deflagração da Revolução de 1930.

O Brasil chegou ao paradigma do Estado Social já com uma pesada herança constitucional de centralização política e de bloqueio da soberania popular, que, relida pelas forças ensejadoras da Revolução de 1930, foi ressignificada de acordo com as exigências das novas sociedades de massas, propiciando uma ambiência adequada para a recepção nacional de peculiares vertentes da Teoria Geral do Estado (e da Teoria da Constituição) desenvolvidas no bojo da importante *Methodenstreit*, travada nos anos 1920-1930, em torno da Constituição de Weimar.

A propósito de tudo o que foi discorrido neste capítulo, pode-se dizer, com Gilberto Bercovici, que, ao longo do século XIX e até o fim da Primeira Guerra Mundial,

> o Direito Público ocidental se afirma em oposição ao princípio da soberania popular. A soberania do Estado, o Estado de Direito e a Constituição estatal deliberadamente privada de uma ordem popular são os pilares do sistema do Direito Público. A Constituição democrática era associada a uma experiência fracassada, notadamente as das Constituições francesas de 1793 e 1848, ambas de curta duração. A crise e a mudança de modelo só viriam com a Constituição de Weimar, de 1919.[649]

---

649 BERCOVICI, Gilberto. *Soberania e Constituição*: para uma crítica do constitucionalismo. 3ª ed. São Paulo: Quartier Latin, 2020, p. 282.

CAPÍTULO II

AS RESSIGNIFICAÇÕES DA TEORIA GERAL DO ESTADO PELO PARADIGMA DO ESTADO SOCIAL

2.1 Constitucionalismo europeu de exceção durante a Primeira Guerra Mundial (1914-1918)

A progressiva consolidação do II *Reich* no último quartel do século XIX está intimamente relacionada à forte e decisiva atuação político-administrativa (primeiro, na Prússia e, em seguida, no Império) do Chanceler Otto von Bismarck em prol do desenvolvimento concreto – a partir de políticas militaristas,[650] industriais[651]

---

650 FISCHER, Fritz. *From Kaiserreich to Third Reich*: elements of continuity in German history, 1871-1945. Londres/Nova York: Routledge, 2020, pp. 50-55; e KENT, George O. *Bismarck e seu tempo*. Trad. Lucia P. Caldas de Moura. Brasília: Universidade de Brasília, 1982, pp. 49-73.

651 PALMER, Alan. *Bismark*. Trad. Heitor Aquino Ferreira. Brasília: Universidade de Brasília, 1982, pp. 205-220; FISCHER, Fritz. *From Kaiserreich to Third Reich*: elements of continuity in German history, 1871-1945. Londres/Nova York: Routledge, 2020, pp. 39-42; KENT, George O. *Bismarck e seu tempo*. Trad. Lucia P. Caldas de Moura.

e imperialistas,[652] todas elas em boa medida viabilizadas pelo marcante simbolismo que foi sendo paulatinamente construído em torno da figura do *Iron Chancellor* de grande líder conservador[653] – de um Estado germânico unificado e forte, sem o comprometimento necessário, por óbvio, com o constitucionalismo democrático.[654]

Como visto no capítulo anterior, o principal alicerce jurídico-político dessa peculiar conjuntura germânica foi o princípio monárquico, centro de gravidade dos amplos poderes pessoais do *Kaiser* (e, por arrastamento, do próprio Bismarck) e que era doutrinariamente justificado pela Teoria Geral do Estado, a qual ferrenhamente se contrapunha ao constitucionalismo liberal.

A engenharia constitucional avançada por Bismarck era marcada por uma forte concentração de poderes em suas mãos e nas da Prússia, já que acumulava os cargos de Chanceler do *Reich* e de Ministro-Presidente prussiano, além de Ministro do Exterior do *Reich*. A nebulosidade da estrutura político-administrativa da Alemanha se tornou ainda mais evidente quando Wilhelm II foi alçado ao trono em 1888 e, sobretudo, quando Bismarck foi forçado

---

Brasília: Universidade de Brasília, 1982, pp. 85-113; e MAIA, Paulo Sávio N. P. *O guardião da Constituição na polêmica Kelsen-Schmitt*: Rechtsstaat como referência semântica na memória de Weimar. Brasília: UnB, 2007, p. 161. (Dissertação de Mestrado).

652 FISCHER, Fritz. *From Kaiserreich to Third Reich*: elements of continuity in German history, 1871-1945. Londres/Nova York: Routledge, 2020, pp. 42-50; e KENT, George O. *Bismarck e seu tempo*. Trad. Lucia P. Caldas de Moura. Brasília: Universidade de Brasília, 1982, pp. 115-136.

653 FRANKEL, Richard. *Bismark's Shadow*: the cult of leadership and the transformation of the German Right, 1898-1945. Oxford/Nova York: Berg, 2005, pp. 6-12, 19-23 e 51-59.

654 MAIA, Paulo Sávio N. P. *O guardião da Constituição na polêmica Kelsen-Schmitt*: Rechtsstaat como referência semântica na memória de Weimar. Brasília: UnB, 2007. (Dissertação de Mestrado).

a se demitir em 1890, haja vista as crescentes divergências políticas entre o novo *Kaiser* e o velho Chanceler.[655]

Como é amplamente conhecido, Wilhelm II era dotado de uma personalidade bastante difícil e excêntrica, o que o levou a empreender, logo após assumir o poder, uma ampla centralização administrativa em torno de sua própria figura, o que pode ser verificado, por exemplo, quando "tentou exercer o controle direto sobre o exército e a marinha através de seu próprio gabinete de assessores e insistiu para que os ministros alemães se reportassem diretamente a ele".[656] No contexto da demissão de Bismarck,

> declarou, em telegrama triunfante, ao Grão-Duque de Saxe-Weimar: "a posição de Oficial de Serviço da Nave do Estado passou para mim (...) para a frente a todo vapor!" Infelizmente era o que ia fazer, e com uma marinha de verdade.[657]

Anos depois, essa postura contribuiria em grande medida para chacoalhar radicalmente o desenho geopolítico do Velho Continente e do mundo.[658]

---

655 MacMILLAN, Margaret. *A Primeira Guerra Mundial*. Trad. Glauber Vieira. São Paulo: Globo Livros, 2014, pp. 70-74.

656 MacMILLAN, Margaret. *A Primeira Guerra Mundial*. Trad. Glauber Vieira. São Paulo: Globo Livros, 2014, p. 75.

657 MacMILLAN, Margaret. *A Primeira Guerra Mundial*. Trad. Glauber Vieira. São Paulo: Globo Livros, 2014, p. 79. Sobre essa questão, conferir também: LERMAN, Katharine Anne. "Bismarckian Germany". *In*: RETALLACK, James (Coord.). *Imperial Germany (1871-1918)*. Nova York: Oxford University Press, 2008, pp. 38/39.

658 Especificamente sobre as peculiaridades do turbulento reinado do Imperador Wilhelm II, conferir: HEWITSON, Mark. "Wilhelm Germany". *In*: RETALLACK, James (Coord.). *Imperial Germany (1871-1918)*. Nova York: Oxford University Press, 2008, pp. 40-60; e MacMILLAN, Margaret. *A Primeira Guerra Mundial*. Trad. Glauber Vieira. São Paulo: Globo Livros, 2014, pp. 56-79.

Margaret MacMillan resume bem o papel que o princípio monárquico representou durante todo o II *Reich*:

> As décadas entre 1871 e 1914 ficaram marcadas por uma série de crises políticas e, às vezes, impasses. Tanto Bismarck quanto Wilhelm II e seus assessores contemplaram a abolir a Constituição e voltar ao governo absolutista. "Cabeças duras", "idiotas", "cachorros", é como Wilhelm se referia aos membros do *Reichstag*, e gostava de dizer que seria muito bom lhes ensinar quem era realmente o senhor da Alemanha.[659]

No alvorecer do século XX, as vicissitudes políticas estampadas nas pujantes atuações imperialistas das principais potências europeias (para além do Império Alemão, os impérios Austro-Húngaro, Otomano, Russo e Britânico, a Terceira República Francesa e a Itália, dentre outros), que buscavam mais e mais colônias mundo afora para conquistas de matérias-primas e de mercados consumidores, dando vazão aos seus irrefreados apetites econômicos e colonialistas, somadas às lutas por proeminência político-militar desses mesmos países na própria Europa, colocaram o continente em guerra. Alianças bélicas foram invocadas e, inclusive com a participação das colônias, a humanidade se viu arrastada para um cenário de combate total até então sem precedentes, com o uso massivo da mais avançada tecnologia militar da época, o que gerou milhões de mortes, um catastrófico cenário de destruição física, humana e econômica; além de, ao final, um completo redesenho da geopolítica europeia e mundial pelo Tratado de Versalhes, de 1919.[660]

---

659 MacMILLAN, Margaret. *A Primeira Guerra Mundial*. Trad. Glauber Vieira. São Paulo: Globo Livros, 2014, p. 74.

660 MacMILLAN, Margaret. *A Primeira Guerra Mundial*. Trad. Glauber Vieira. São Paulo: Globo Livros, 2014, especialmente, pp. 3-27; 317-335, 378-403 e 633-645; e HOBSBAWN, Eric. *Era dos Extremos*: o breve século XX. 2ª ed. 42ª imp. Trad. Marcos Santarrita. São Paulo: Companhia das Letras, 1995, pp. 29-60. Sobre a mobilização das forças econômicas nacionais durante a Primeira Guerra Mundial, conferir

Durante o referido conflito, foram editadas legislações e/ou reformas constitucionais em vários dos países envolvidos, incluindo a própria Alemanha, todas elas no sentido de incrementar as competências (sobretudo, legislativas) do Poder Executivo como forma de se lidar com as urgentes e sérias intempéries militares. Trata-se do famoso fenômeno das *delegações legislativas*, frequentemente viabilizado por leis de expansão de plenos poderes.[661] Mesmo após 1918, essas legislações emergenciais dos tempos de guerra influenciariam diretamente a estruturação das ordens constitucionais democráticas que foram a partir daí surgindo, sendo a Constituição de Weimar o principal exemplo.[662]

Conforme será discorrido mais à frente, pode-se dizer que o projeto constitucional weimariano, não obstante todas as suas amplamente notáveis potencialidades pluralistas e democráticas,[663] foi paralelamente entrecortado por restolhos ressignificados do princípio monárquico oitocentista, na medida em que "[a] herança semântica do constitucionalismo alemão do século XIX consistia em um pesado fardo para a jovem República de Weimar, que emergia das cinzas do Império de Bismarck ao término da Primeira Guerra Mundial".[664]

---

também: BERCOVICI, Gilberto. "O Debate de Weimar e as origens do Direito Econômico". *In*: BERCOVICI, Gilberto. (Coord.). *Cem Anos da Constituição de Weimar (1919-2019)*. São Paulo: Quartier Latin, 2019, p. 459.

661 BERCOVICI, Gilberto. *Soberania e Constituição*: para uma crítica do constitucionalismo. 3ª ed. São Paulo: Quartier Latin, 2020, pp. 282-285.

662 TORNHILL, Chris. "A Constituição de Weimar como uma Constituição Militar". *In*: BERCOVICI, Gilberto. *Cem Anos da Constituição de Weimar (1919-2019)*. São Paulo: Quartier Latin, 2019, pp. 249-252.

663 BERCOVICI, Gilberto. *Entre o Estado total e o Estado social*: atualidade do debate sobre Direito, Estado e Economia na República de Weimar. São Paulo: USP, 2003, pp. 11/12. (Tese de Livre-Docência).

664 MAIA, Paulo Sávio N. P. O *guardião da Constituição na polêmica Kelsen-Schmitt*: Rechtsstaat como referência semântica na memória de Weimar. Brasília: UnB, 2007, p. 121. (Dissertação de Mestrado).

As principais manifestações de tal fenômeno serão os poderes de exceção do Presidente da República, cujas origens remontam, justamente, a essas legislações emergenciais exsurgidas entre 1914-1918, as quais tiveram seus efeitos potencializados e amplificados – na Alemanha – pela reacionária e centralizadora configuração monárquica de que o II *Reich* já dispunha antes mesmo de 1914.

Em nome da necessidade de resolução urgente e concatenada de cruciais assuntos bélico-administrativos, essas leis de plenos poderes inflaram as competências do Poder Executivo e de seu chefe, concedendo-lhes robustas atribuições excepcionais em nome da necessária coordenação dos esforços de guerra, notadamente aqueles relativos às produções armamentista e industrial.[665]

De acordo com Chris Tornhill, essa "intersecção entre as funções militares e as concepções de cidadania"[666] desenvolvida durante a Primeira Guerra Mundial foi posteriormente incorporada a diversas ordens constitucionais democráticas exsurgidas após 1918, as quais passariam a prever que, em caso de distúrbios políticos (internos e/ou externos), o Presidente da República poderia se valer de poderes de exceção e do correlato uso do aparato militar estatal para reestabelecer a ordem. Isso quase sempre significava que, nesses momentos de turbulência,

---

665 BERCOVICI, Gilberto. *Soberania e Constituição*: para uma crítica do constitucionalismo. 3ª ed. São Paulo: Quartier Latin, 2020, pp. 282-285; TORNHILL, Chris. *Crise democrática e Direito Constitucional global*. Trad. Diógenes Moura Breda e Glenda Vicenzi. São Paulo: Contracorrente, 2021, pp. 207-212; e TORNHILL, Chris. "A Constituição de Weimar como uma Constituição Militar". *In*: BERCOVICI, Gilberto (Coord.). *Cem Anos da Constituição de Weimar (1919-2019)*. São Paulo: Quartier Latin, 2019, pp. 249-252.

666 TORNHILL, Chris. *Crise democrática e Direito Constitucional global*. Trad. Diógenes Moura Breda e Glenda Vicenzi. São Paulo: Contracorrente, 2021, p. 186.

> a autoridade política suprema deveria ser retirada dos órgãos representativos, vinculados aos cidadãos por meio de canais controlados de comunicação eleitoral, e o poder de legislar deveria ser passado para figuras detentoras de legitimidade de caráter excepcional.[667]

Esse robustecimento do Poder Executivo na forma de poderes de exceção constitucionalmente positivados representou um importante e decisivo papel político nas décadas de 1920-1930. Construídas "em analogia com a legitimidade militar",[668] essas medidas excepcionais passaram a ser abusivamente interpretadas e dilatadas no tempo e no espaço, apresentando-se como bem mais frequentes e intensas na prática constitucional do que o originalmente previsto – para aplicação circunscrita ao contexto de emergência da Primeira Guerra Mundial – já que "[a] classe de problemas políticos classificados como situação de emergência foi muitas vezes interpretada de forma ampla, para incluir problemas econômicos e problemas causados pela divergência entre partidos".[669]

Isso ocorreu, em maior ou menor grau, na Alemanha, na Áustria, na França, na Suíça, nos Estados Unidos, na Itália etc.[670] Como exemplo concreto dessa conjuntura, na Inglaterra, foi expedido, em

---

667 TORNHILL, Chris. *Crise democrática e Direito Constitucional global*. Trad. Diógenes Moura Breda e Glenda Vicenzi. São Paulo: Contracorrente, 2021, p. 208.

668 TORNHILL, Chris. *Crise democrática e Direito Constitucional global*. Trad. Diógenes Moura Breda e Glenda Vicenzi. São Paulo: Contracorrente, 2021, p. 208.

669 TORNHILL, Chris. *Crise democrática e Direito Constitucional global*. Trad. Diógenes Moura Breda e Glenda Vicenzi. São Paulo: Contracorrente, 2021, p. 208.

670 TORNHILL, Chris. *Crise democrática e Direito Constitucional global*. Trad. Diógenes Moura Breda e Glenda Vicenzi. São Paulo: Contracorrente, 2021, p. 208; e BERCOVICI, Gilberto. *Soberania e Constituição*: para uma crítica do constitucionalismo. 3ª ed. São Paulo: Quartier Latin, 2020, pp. 282-285.

8 de agosto de 1914, o *Defence of the Realm Act*, que instaurou o estado de sítio e transferiu o poder de legislar do Parlamento para o Gabinete. Essa legislação foi complementada pelo *Defense of the Realm Consolidation Act* (DORA), de 27 de novembro de 1914, que permaneceu em vigor até 31 de agosto de 1921.[671]

Não é difícil intuir que tais poderes constitucionais excepcionais tornar-se-iam, em determinados países, instrumentos políticos perfeitos para mãos autoritárias que, distorcendo-os completamente em relação ao restante da Constituição, passariam a utilizá-los como forma de contornar as vias democráticas, respeitadoras da soberania popular e do controle do arbítrio político, para chegarem ao poder a qualquer preço, frequentemente se valendo da semântica bélica e da violência como *modus operandi*:

> Durante a década de 1920, em grande parte da Europa, muitos problemas políticos cotidianos foram tratados no âmbito de leis de natureza militar, e a legitimidade do governo foi justificada por meio de categorias com forte inflexão militar: **a democracia assumiu a forma de uma sociedade de guerra. Essas condições, por sua vez, deram legitimidade aos movimentos políticos que estavam dispostos a utilizar a violência para desestabilizar a arquitetura da democracia.** As disposições de emergência das Constituições nacionais muitas vezes abriram uma porta pela qual lideranças políticas militares ou partidos políticos apoiados por líderes militares se apossaram dos instrumentos de governo. Isto aconteceu na Alemanha e na Áustria do início da década de 1930.[672]

---

671 BERCOVICI, Gilberto. *Soberania e Constituição*: para uma crítica do constitucionalismo. 3ª ed. São Paulo: Quartier Latin, 2020, p. 284.

672 TORNHILL, Chris. *Crise democrática e Direito Constitucional global*. Trad. Diógenes Moura Breda e Glenda Vicenzi. São Paulo: Contracorrente, 2021, p. 208, destaque nosso.

Dando um passo atrás, pode-se afirmar, que, na verdade, "muitas constituições modernas extraíram legitimidade de princípios originados na organização militar, e deram expressão a padrões de cidadania construídos em conflitos militares".[673]

No contexto revolucionário francês de 1789, ser cidadão passou a significar cada vez mais, além de ser detentor de direitos fundamentais e poder participar politicamente, também estar disposto a se alistar e a lutar contra os inimigos da Revolução, que buscavam restaurar o Antigo Regime. Ou seja, houve uma aproximação cada vez maior entre as condições de "cidadão" e de "soldado", sendo esta um requisito à obtenção daquela, em que "regimes legitimados pela cidadania geravam imediatamente novas reservas de mão de obra militar",[674] indispensáveis à sua própria perpetuação.

Se, por um lado, a soberania popular e a luta por cidadania rompiam os laços estamentais de servidão típicos do *Ancien Régime*, por outro, novas formas de trabalho compulsório surgiam no horizonte daqueles recentemente transformados em cidadãos: o principal deles era o serviço militar obrigatório.[675]

Tal circunstância não foi exclusividade de países como a França, em que os processos revolucionários vicejaram. Os estados germânicos, ainda não unificados sob o II *Reich* e inseridos na trincheira oposta, ou seja, no movimento contrarrevolucionário, com mais intensidade ainda – tendo em vista o peculiar e reacionário conceito

---

673 TORNHILL, Chris. "A Constituição de Weimar como uma Constituição Militar". *In*: BERCOVICI, Gilberto. *Cem Anos da Constituição de Weimar (1919-2019)*. São Paulo: Quartier Latin, 2019, p. 244.

674 TORNHILL, Chris. "A Constituição de Weimar como uma Constituição Militar". *In*: BERCOVICI, Gilberto. *Cem Anos da Constituição de Weimar (1919-2019)*. São Paulo: Quartier Latin, 2019, p. 245.

675 TORNHILL, Chris. "A Constituição de Weimar como uma Constituição Militar". *In*: BERCOVICI, Gilberto (Coord.). *Cem Anos da Constituição de Weimar (1919-2019)*. São Paulo: Quartier Latin, 2019, p. 246.

de Constituição desenvolvido no além-Reno – também experimentaram essa direta influência da semântica militar:

> Na Prússia, claramente, as reformas constitucionais realizadas após o colapso militar em 1806-1807 foram baseadas em uma série de planos destinados a erradicar a servidão ("escravidão pessoal"), para integrar a população no governo, para solidificar as instituições do Estado, e para criar uma "constituição completamente nova" para o exército. A ligação estratégica entre a formação do sujeito constitucional e a arregimentação militar assumiu uma posição central no início da moderna ordem constitucional alemã.[676]

Como era de se esperar, o desenvolvimento dos estados nacionais a partir desse *leitmotiv* militarizado "incutiu altos níveis de violência nos modos de interação política e integração que definiram as condições domésticas das sociedades nacionais",[677] como prova, por exemplo, a ascensão de Napoleão Bonaparte ao poder poucos anos depois.

Se o constitucionalismo moderno havia flertado, em 1789, com a militarização para se resguardar sobretudo de inimigos externos; no século XIX, esse já encrustado matiz bélico passaria a entrecortar as formas de organização política também internamente aos estados nacionais, alçando a guerra civil a uma categoria jurídico-política bastante relevante. As multifacetadas disputas por inclusão de diferentes grupos sociais não raras vezes descambaram para o enfrentamento físico e para a consequente mobilização do aparato estatal militar em prol de um dos grupos em conflito, notadamente das elites mais

---

676 TORNHILL, Chris. "A Constituição de Weimar como uma Constituição Militar". *In*: BERCOVICI, Gilberto (Coord.). *Cem Anos da Constituição de Weimar (1919-2019)*. São Paulo: Quartier Latin, 2019, p. 246.

677 TORNHILL, Chris. "A Constituição de Weimar como uma Constituição Militar". *In*: BERCOVICI, Gilberto (Coord.). *Cem Anos da Constituição de Weimar (1919-2019)*. São Paulo: Quartier Latin, 2019, p. 248.

conservadoras, com as quais, quase sempre, os exércitos nacionais estavam ideologicamente alinhados.[678]

Especialmente na segunda metade do século XIX, aquela originária relação revolucionária de sinonímia entre "cidadão" e "soldado" passou cada vez mais a se transmutar em uma relação de antonímia, em que os exércitos atuavam como elementos de coerção e limitação da soberania popular. Isso ocorreu de forma mais evidente e intensa em países como a Alemanha, partidária que era de políticas restauradoras, como se pode observar do implacável sufocamento da Revolução de 1848 pelo exército prussiano e da estreita relação política entre o II *Reich* e as forças armadas durante toda a sua vigência (1871-1918).[679]

Essa pesada tradição militar imperial foi significativamente radicalizada com o eclodir da Primeira Guerra Mundial, conflito esse desencadeado, em grande medida, justamente pelo entrechoque imperialista de agendas militares nacionalistas dos estados europeus envolvidos na complexa geopolítica neocolonial do século XIX, sobretudo a própria Alemanha.

Antes de prosseguir, é preciso deixar marcado que a invocação desse constitucionalismo excepcional desenvolvido durante a Primeira Guerra se justifica porque essa intensa mobilização política em torno de medidas constitucionais de exceção para fortalecer o Poder Executivo e, assim, garantir coesão administrativa na condução do

---

678 TORNHILL, Chris. "A Constituição de Weimar como uma Constituição Militar". *In*: BERCOVICI, Gilberto (Coord.). *Cem Anos da Constituição de Weimar (1919-2019)*. São Paulo: Quartier Latin, 2019, pp. 248/249.

679 TORNHILL, Chris. "A Constituição de Weimar como uma Constituição Militar". *In*: BERCOVICI, Gilberto. *Cem Anos da Constituição de Weimar (1919-2019)*. São Paulo: Quartier Latin, 2019, p. 249, nota de rodapé nº 12. Sobre a relação entre o II *Reich* e o Exército, conferir também: CHICKERING, Roger. "Militarism and radical nationalism". *In*: RETALLACK, James (Coord.). *Imperial Germany (1871-1918)*. Nova York: Oxford University Press, 2008, pp. 196-215.

conflito, influenciou a conformação do sistema semipresidencialista de Weimar, um dos objetos centrais que serão aqui estudados.

Na segunda parte do capítulo, investigar-se-á como o debate da publicística weimariana chegou ao Brasil da década de 1930 e influenciou muitas discussões e aplicações constitucionais por aqui.

Sendo assim, o recurso a esse constitucionalismo militar de exceção não é para explicar *imediatamente* a conjuntura política brasileira de 1914-1918, que, obviamente, não foi diretamente influenciada pela Primeira Guerra Mundial como ocorreu nos países da Europa analisados por Tornhill. Inclusive, àquela época, o Brasil já possuía dinâmicas próprias no que concerne à questão militar, bastando que se recorde de que a própria Proclamação da República foi, em grande medida, ventilada nos meios militares brasileiros.

Assim, o uso que se faz aqui de algumas das categorias teóricas de Tornhill se dá para marcar importantes problemáticas que estiveram presentes no caldeirão político da República Weimar, ainda que se discorde de algumas análises do professor da Universidade de Birmingham, conforme será discorrido a seguir.

2.2 A democrática Constituição de Weimar tensionada por resquícios de princípio monárquico: a ascensão das "ditaduras constitucionais"

Com o fim da Primeira Guerra, a pauta da democratização se tornou a ordem do dia em grande parte dos sistemas políticos, inclusive do alemão. Segundo aponta Tornhill, "este processo estava totalmente ligado ao fato de que os cidadãos até então marginalizados, que antes de 1914 não possuíam direitos eleitorais plenos, foram vistos como garantindo plena inclusão política por terem cumprido o serviço militar"[680] e carregado o país nas costas. Trata-se do fenômeno acoimado por Avelãs Nunes de "autoridade moral", advinda dos hercúleos esforços populares durante a guerra.[681]

Um ponto importante nesse contexto militarizado que Tornhill se propõe a analisar é o fato de que a população estava, por causa da guerra, fortemente armada, circunstância essa que foi imprescindível para o desenrolar bem-sucedido dos movimentos revolucionários que culminaram com a tomada do poder e com a queda do II *Reich* em 1918. Mais do que isso, esses matizes armamentistas permaneceriam incrustrados na República de Weimar, do que são provas (i) as inspirações dos movimentos de esquerda nas lutas armadas travadas no bojo da Revolução Russa em 1917;[682] (ii) as violentas reações contrarrevolucionárias de movimentos reacionários avessos ao comunismo;[683] e (iii) a recusa de consideráveis contingentes de ex-soldados de simplesmente largarem a caserna e voltarem à vida civil, do que redundou na formação de diversas milícias (os chamados *Freikorps*).[684]

Essas duas variáveis (militarização e democratização) foram bastante relevantes no complexo e multifacetado teatro político que

---

680 TORNHILL, Chris. "A Constituição de Weimar como uma Constituição Militar". *In*: BERCOVICI, Gilberto (Coord.). *Cem Anos da Constituição de Weimar (1919-2019)*. São Paulo: Quartier Latin, 2019, p. 251.

681 NUNES, António José Avelãs. "A República de Weimar e a Constituição de Weimar, cem anos depois". *In*: BERCOVICI, Gilberto (Coord.). *Cem Anos da Constituição de Weimar (1919-2019)*. São Paulo: Quartier Latin, 2019, p. 114.

682 TORNHILL, Chris. *Crise democrática e Direito Constitucional global*. Trad. Diógenes Moura Breda e Glenda Vicenzi. São Paulo: Contracorrente, 2021, pp. 197-205.

683 TORNHILL, Chris. *Crise democrática e Direito Constitucional global*. Trad. Diógenes Moura Breda e Glenda Vicenzi. São Paulo: Contracorrente, 2021, pp. 205-207.

684 TORNHILL, Chris. "A Constituição de Weimar como uma Constituição Militar". *In*: BERCOVICI, Gilberto (Coord.). *Cem Anos da Constituição de Weimar (1919-2019)*. São Paulo: Quartier Latin, 2019, pp. 269/270.

marcou a Revolução de 1918 e a ulterior promulgação da Constituição de Weimar, que, para Tornhill, pode ser vista, nesse sentido, como uma Constituição militar. Consoante afirma, com ela "pretendia-se impor um sistema de Direito Público a uma sociedade galvanizada pela guerra e, na sua concepção básica, extraiu conscientemente legitimidade dos cidadãos moldados pela experiência da guerra".[685] Noutras palavras:

> (...) é certo que a ossatura de um Estado militar permaneceu proeminentemente visível sob a Constituição de Weimar. Mais importante, ainda, ao permitir que o Presidente usasse recursos militares para superar a resistência dos Estados membros, **as disposições do artigo 48 expressaram o princípio de que a vontade da nação alemã estava concentrada no Executivo central, encarnado no Presidente, e que, sob determinadas condições, isso poderia ser realizado por meios militares. A este respeito, a Constituição promoveu um modelo de cidadania, cujas origens estavam no domínio militar, que via os atos executivos como a expressão última da soberania nacional.**[686]

É preciso ver *cum grano salis* esse argumento de Tornhill. Segundo dispunha o democrático sistema semipresidencialista instituído pela Constituição de Weimar, o governo seria exercido por um Chanceler e por seus ministros (artigo 52), nomeados pelo Presidente (artigo 53) e após a aprovação do *Reichstag* (artigo 54), a qual era essencial para o gabinete governar. O programa político de governo seria determinado pelo Chanceler, que era por ele responsável

---

685 TORNHILL, Chris. "A Constituição de Weimar como uma Constituição Militar". *In*: BERCOVICI, Gilberto (Coord.). *Cem Anos da Constituição de Weimar (1919-2019)*. São Paulo: Quartier Latin, 2019, p. 252.

686 TORNHILL, Chris. "A Constituição de Weimar como uma Constituição Militar". *In*: BERCOVICI, Gilberto (Coord.). *Cem Anos da Constituição de Weimar (1919-2019)*. São Paulo: Quartier Latin, 2019, p. 257, destaque nosso.

perante o Parlamento (artigo 54). Ou seja, o Primeiro-Ministro era o chefe de governo.

A chefia de Estado, por sua vez, seria exercida pelo Presidente do *Reich*, eleito diretamente por todo o povo alemão (artigo 41), para um mandato de sete anos, permitida a reeleição (artigo 43). O Presidente representava o *Reich* internacionalmente (artigo 45), poderia dissolver o *Reichstag* (artigo 25), nomeava os chefes militares e comandava as forças armadas (artigos 46 e 47).

O artigo 48 dispunha que, caso um *Länder* não cumprisse com a Constituição ou com as leis do *Reich*, poderia o Presidente usar da força militar para obrigá-lo a assim proceder. Em caso de grave ameaça à segurança e à ordem pública, o Presidente poderia adotar as medidas indispensáveis para restaurá-las, inclusive com o uso do aparato militar, podendo suspender (no todo ou em parte e temporariamente) alguns direitos fundamentais (liberdade, inviolabilidade doméstica, sigilo postal, direito de reunião, direito de associação e direito de propriedade). O Presidente deveria dar instantâneo conhecimento das referidas medidas ao *Reichstag*, que poderia derrubá-las imediatamente.

De fato, como afirma Tornhill, o artigo 48 conferia importantes prerrogativas interventivas ao Presidente da República. Todavia, essas atribuições foram pensadas para estarem à disposição do *chefe de Estado* (não de governo) e com direto e imprescindível controle do Parlamento. Não havia, portanto, um intrínseco e necessário conteúdo autoritário no referido dispositivo legal.

Ocorre que, paulatinamente, com a deflagração de crises econômico-financeiras e políticas ao longo da década de 1920, esse artigo 48 passou a ser utilizado frequentemente pelo Presidente para manter os governos de pé. A partir de 1930, o uso abusivo desse enunciado normativo ganhou o seu ápice, redundando no seu inconstitucional e antidemocrático emprego para a indicação do Chanceler sem o imprescindível aval do Parlamento (seria o chamado sistema dos "gabinetes presidenciais"), o que pavimentou a adoção de uma série de medidas arbitrárias que, em 1933, desaguariam no golpe nazista.

Sendo assim, o triste destino de Weimar não foi traçado e selado quando da mera promulgação do artigo 48 da Constituição de 1919, mas sim quando esse dispositivo passou a ser abusivamente interpretado e instrumentalizado, contra a própria ordem constitucional, por forças políticas reacionárias que não nutriam qualquer compromisso com a democracia social weimariana.

De acordo com Tornhill,

> [o]s dispositivos relativos a um Executivo forte (...) foram acompanhados por disposições relativas a modelos corporativos de representação econômica, por meio dos quais os corpos representativos do trabalho organizado deveriam ser integrados nos processos legislativos.[687]

Mais especificamente, a Constituição de Weimar "acabou por construir uma ordem normativa que refletia estratégias de colaboração entre classes e englobando a formação da cidadania que primeiro tomou forma sob condições de adversidade militar".[688]

Esses novos padrões de sociabilidade, de cidadania e de relacionamento entre classes sociais antagônicas exsurgiram justamente durante a Primeira Guerra Mundial e foram claramente influenciados pelo eclodir da Revolução Russa de 1917. Um grande exemplo disso é a previsão, pelo artigo 165, da criação dos Conselhos de Fábricas, que teriam competências para mediar e solucionar eventuais conflitos trabalhistas, buscando estabilizar politicamente as disputas entre

---

687 TORNHILL, Chris. "A Constituição de Weimar como uma Constituição Militar". *In*: BERCOVICI, Gilberto (Coord.). *Cem Anos da Constituição de Weimar (1919-2019)*. São Paulo: Quartier Latin, 2019, p. 257.

688 TORNHILL, Chris. "A Constituição de Weimar como uma Constituição Militar". *In*: BERCOVICI, Gilberto (Coord.). *Cem Anos da Constituição de Weimar (1919-2019)*. São Paulo: Quartier Latin, 2019, p. 259.

capital e trabalho.[689] Pode-se citar, ainda, o amplo rol de direitos fundamentais sociais, as limitações à propriedade privada (função social), a ampla intervenção do Estado no domínio econômico etc.

É importante destacar que as marcas do constitucionalismo de emergência, desenvolvido durante a guerra, chegaram a Weimar em grande medida devido ao fato de que alguns importantes juristas e políticos que trabalharam na elaboração da Constituição de 1919 haviam atuado, anteriormente, nos esforços de guerra pelo II *Reich*, sobretudo como membros consultivos de revisões solicitadas para a Constituição Imperial e para a Constituição da Prússia, tais como Hugo Preuss, Hugo Sinzheimer, Max Weber etc.[690] Após o conflito, muitos deles integrariam a grande coalização política que elaboraria e promulgaria a Constituição de Weimar.

Hugo Preuss era pupilo de Otto von Gierke,[691] tendo desenvolvido vários escritos a partir dessa tradição organicista cujos traços gerais foram delineados no capítulo I deste livro. Durante a finada monarquia constitucional, Preuss se destacou por relevante produção jurídica no campo do Direito Público e por pertencer ao Partido

---

689 Sobre a dimensão político-simbólica desse artigo 165 da Constituição de Weimar, conferir: BERCOVICI, Gilberto. *Entre o Estado total e o Estado social*: atualidade do debate sobre Direito, Estado e Economia na República de Weimar. São Paulo: USP, 2003, pp. 30-35. (Tese de Livre-Docência).

690 TORNHILL, Chris. "A Constituição de Weimar como uma Constituição Militar". *In*: BERCOVICI, Gilberto (Coord.). *Cem Anos da Constituição de Weimar (1919-2019)*. São Paulo: Quartier Latin, 2019, pp. 259-262. Sobre o ponto, conferir também: CALDWELL, Peter C. *Popular sovereignty and the crisis of the German constitutional law*: the theory and practice of Weimar constitutionalism. Durham: Duke University Press, 1997, pp. 64/65.

691 BRITANNICA. "Hugo Preuss". *Encyclopedia Britannica*, out. 2023. Disponível em: https://www.britannica.com/biography/Hugo-Preuss. Acessado em: 13.08.2024.

Popular Progressista. Entre 1906 e 1918, foi titular da cadeira de Direito Público da *Handelshochschule*.[692]

Com a deflagração da Revolução de 1918 e diante da sua autoridade como publicista e democrata, Preuss foi nomeado Secretário do Interior e, em novembro de 1918, foi encarregado pelo governo republicano a elaborar um anteprojeto de Constituição.

Martin Loughlin, em estudo introdutório ao clássico texto de Carl Schmitt "Hugo Preuss: his concept of the State and his position in German State Theory", mostra que o grande mérito de Preuss foi ter

> desenvolvido de forma sistemática as implicações políticas das teorias organicistas de seu professor, Otto von Gierke. Ao fazer isso, Preuss foi capaz de derrubar a influência das teorias autoritárias monárquicas e apresentar uma lógica teoria do estado defensável, que foi capaz de refletir explicitamente um compromisso entre reivindicações opostas da monarquia e da burguesia.[693]

Prossegue afirmando Loughlin que

> [a] grande conquista de Preuss, reconhece Schmitt, foi ter identificado que os arranjos democrático-liberais da Constituição de Weimar não estabeleceram simplesmente um conjunto de procedimentos formais; na verdade, eles também expressaram

---

692 LOUGHLIN, Martin. "Editorial introduction". *In*: SCHMITT, Carl. "Hugo Preuss: his concept of the state and his position in German state theory". *History of Political Thought*, vol. 38, nº 2, 2017, p. 2.

693 LOUGHLIN, Martin. "Editorial introduction". *In*: SCHMITT, Carl. "Hugo Preuss: his concept of the state and his position in German state theory". *History of Political Thought*, vol. 38, nº 2, 2017, p. 3, tradução nossa.

> certos compromissos normativos substantivos que precisavam ser explicitamente defendidos.[694]

Na elaboração do anteprojeto de Constituição, Preuss "contribuiu com uma forte preferência pela centralização administrativa; ele procurou combinar os princípios políticos e econômicos do liberalismo e do socialismo na Constituição".[695]

Dentre os seletos nomes escolhidos por Preuss para integrarem a comissão por ele constituída para a elaboração do esboço constitucional, figurava o de Max Weber, com quem ele travou intensos debates sobre o sistema semipresidencialista que estava sendo gestado, sobretudo no que concernia às competências do Presidente do *Reich*.[696]

Especificamente sobre o papel das ideias de Weber nessas discussões, Tornhill suscita aquela segundo a qual a Constituição

> deve formar um amplo pacto integrador: ela só poderia criar um Estado legítimo se criasse uma cidadania plenamente nacionalizada, plenamente política, destilando princípios de

---

694 LOUGHLIN, Martin. "Editorial introduction". *In*: SCHMITT, Carl. *Hugo Preuss*: his concept of the state and his position in German state theory. *History of Political Thought*, vol. 38, nº 2, 2017, p. 3, tradução nossa.

695 BRITANNICA. "Hugo Preuss". *Encyclopedia Britannica*, out. 2023. Disponível em: https://www.britannica.com/biography/Hugo-Preuss. Acessado em: 13.08.2024, tradução nossa.

696 BAHRO, Horst. "A influência de Max Weber na Constituição de Weimar e o semipresidencialismo português como sistema político de transição". *Análise Social*, Lisboa, vol. 31, nº 138, 1996, p. 780; e MOMMSEN, Wolfgang J. *Max Weber and German politics (1890-1920)*. Trad. Michael S. Steinberg. Chicago: The University of Chicago Press, 1990.

> ordem e de cidadania compartilhados e internalizados entre grupos sociais de outro modo hostis.[697]

Em tal contexto, esses grupos antagônicos "foram expressamente convidados a abandonar posições ideológicas fortemente entrincheiradas e a comprometer-se com uma ordem constitucional impulsionada por prerrogativas e interesses que permeavam toda a sociedade".[698]

Ocorre que essa não foi a única influência de Weber para a elaboração da ordem constitucional de Weimar. Há outra perspectiva central que deve ser destacada:

> (...) Esta ênfase colocada no Executivo presidencial como um instrumento de construção nacional foi em grande parte o resultado do papel de Max Weber na elaboração da Constituição, refletindo uma predileção pelo presidencialismo plebiscitário que ele compartilhou com os constitucionalistas da extrema direita. Esta ênfase foi colocada de forma desconfortável ao lado dos padrões mais orgânicos e associativos de cidadania e integração nacional também incluídos na Constituição.[699]

---

697 TORNHILL, Chris. "A Constituição de Weimar como uma Constituição Militar". *In*: BERCOVICI, Gilberto (Coord.). *Cem Anos da Constituição de Weimar (1919-2019)*. São Paulo: Quartier Latin, 2019, p. 262.

698 TORNHILL, Chris. "A Constituição de Weimar como uma Constituição Militar". *In*: BERCOVICI, Gilberto (Coord.). *Cem Anos da Constituição de Weimar (1919-2019)*. São Paulo: Quartier Latin, 2019, pp. 261/262.

699 TORNHILL, Chris. "A Constituição de Weimar como uma Constituição Militar". *In*: BERCOVICI, Gilberto. *Cem Anos da Constituição de Weimar (1919-2019)*. São Paulo: Quartier Latin, 2019, p. 257, destaque nosso. Peter Caldwell também discorre sobre as pressões exercidas por Weber sobre a Constituinte para que se chancelasse um forte sistema presidencialista apto a contrabalancear o poder do Parlamento. Não obstante a Comissão de Hugo Preuss, encarregada do anteprojeto constitucional, tenha afastado as posições weberianas mais extremas, tais como a de empoderar o Presidente com o controle direto das forças armadas, sem controle do Parlamento, fato é que, ao fim e ao cabo,

No marco desse processo de composição política por ocasião dos esforços de guerra, é notável que o próprio SPD (*Sozialdemokratische Partei Deutschlands*), o Partido Social-Democrata da Alemanha, tenha votado no *Reichstag*, em 1914, pela aprovação dos créditos de guerra, ajudando a viabilizar as políticas imperialistas do *Kaiser*, a despeito da histórica oposição desempenhada pela sigla à monarquia.[700] Inclusive, o partido defendeu, durante o conflito, a suspensão momentânea da luta pelo socialismo e o papel que o expansionismo germânico poderia eventualmente ter em sua ulterior retomada e no seu alastramento pela Europa.[701]

É claro que esses ambíguos processos de composição política, econômica e social não ocorreram de forma unânime, pacífica e

---

garantiram-se ao Presidente grandes poderes, tais como o de destituir o *Reichstag*. A configuração de um sistema presidencialista poderoso desenhado por Preuss prevaleceu nos debates constituintes: "a maioria dos delegados à Assembleia estavam mais preocupados em limitar a possibilidade de um absolutismo parlamentar do que a de um Presidente poderoso. O artigo que concedia poderes emergenciais ao Presidente (mais tarde, artigo 48) quase não foi discutido e era visto apenas como uma herança da Constituição Imperial de 1871 e da Constituição prussiana de 1850. O resultado foi um Parlamento de uma só Câmara contraposta a um forte sistema presidencialista, ambos calcados no princípio da soberania popular" (CALDWELL, Peter C. *Popular sovereignty and the crisis of the German constitutional law*: the theory and practice of Weimar constitutionalism. Durham: Duke University Press, 1997, p. 67, tradução nossa). Sobre essa questão específica, conferir também: PEUKERT, Detlev J. K. *The Weimar Republic*. Nova York: Hill and Wang, 1993, p. 39; e HERRERA, Carlos Miguel. Trad. Luciana Caplan. *A política dos juristas*: direito, liberalismo e socialismo em Weimar. São Paulo: Alameda, 2012, pp. 21-65.

700 NUNES, António José Avelãs. "A República de Weimar e a Constituição de Weimar, cem anos depois". *In*: BERCOVICI, Gilberto (Coord.). *Cem Anos da Constituição de Weimar (1919-2019)*. São Paulo: Quartier Latin, 2019, p. 107.

701 NUNES, António José Avelãs. "A República de Weimar e a Constituição de Weimar, cem anos depois". *In*: BERCOVICI, Gilberto (Coord.). *Cem Anos da Constituição de Weimar (1919-2019)*. São Paulo: Quartier Latin, 2019, p. 107.

linear. A ala mais à esquerda do SPD, encabeçada por Karl Liebknecht e por Rosa Luxemburgo, insurgiu-se ferrenhamente contra esse alinhamento do partido às pautas imperialistas e fundou o Grupo Spartakus (*Spartakusbund*), que defendia a revolução como o único caminho para a implantação do socialismo na Alemanha. Havia, ainda, algumas outras alas dissidentes do SPD, como aquela que acabaria por fundar o Partido Social-Democrata Independente.[702]

Nessa conjuntura, a eclosão da Revolução Comunista na Rússia, em 1917, provocou a intensificação da luta em toda a Europa pela revolução operária. O espectro comunista[703] aludido por Marx e Engels em 1848 parecia finalmente ganhar forma política concreta na terra de Goethe.

No começo de 1918, diante das severas privações da guerra, espalhou-se o movimento grevista na Alemanha, sob a direção dos Conselhos de Trabalhadores e Soldados. Essa circunstância, somada aos avanços dos Aliados e às correspondentes derrotas germânicas, fez com que o Estado Maior do Exército alemão sugerisse o armistício ao Imperador como única e última medida. Diante das pressões severas, o governo caiu, sendo nomeado como Chanceler o Príncipe Maximilian von Baden, que pouco resistiu no cargo devido às recalcitrâncias do vaidoso *Kaiser* em reconhecer a derrota germânica na Guerra.[704]

---

702 NUNES, António José Avelãs. "A República de Weimar e a Constituição de Weimar, cem anos depois". *In*: BERCOVICI, Gilberto (Coord.). *Cem Anos da Constituição de Weimar (1919-2019)*. São Paulo: Quartier Latin, 2019, p. 107; e KLEIN, Claude. *Weimar*. Trad. Geraldo Gerson de Souza. São Paulo: Perspectiva, 1995, p. 24.

703 Com a frase "UM ESPECTRO ronda Europa: o espectro do comunismo", Marx e Engels abrem o Manifesto do Partido Comunista (MARX, Karl; ENGELS, Friedrich. *Manifesto Comunista*. 4ª reimp. São Paulo: Boitempo, 2005, p. 39).

704 NUNES, António José Avelãs. "A República de Weimar e a Constituição de Weimar, cem anos depois". *In*: BERCOVICI, Gilberto (Coord.). *Cem Anos da Constituição de Weimar (1919-2019)*. São Paulo: Quartier Latin, 2019, pp. 108/109.

Findo o breve governo de Maximilian, assume como Chanceler Friedrich Ebert, dirigente centrista do SPD, que

> em vez de aproveitar a derrota das forças imperiais como uma oportunidade para organizar e fazer avançar o movimento revolucionário, sentiu a derrota da Alemanha imperial como um desastre nacional e atuou politicamente em conformidade.[705]

De acordo com Avelãs Nunes:

> Ebert pretendia a manutenção da monarquia, sob a forma de uma monarquia constitucional. Mas a direção do SPD, contra a vontade de Ebert, proclamou a República, para se antecipar a Karl Liebknecht, que se preparava para o fazer, simultaneamente com a constituição de um Conselho de Trabalhadores da República, na tentativa de instaurar um regime de tipo conselhista.[706]

Ou seja, os dirigentes do SPD que foram alçados ao poder em 1919 "não estavam interessados em qualquer tipo de revolução socialista, preferindo atuar no respeito pela legalidade. O único ato 'revolucionário' foi a destituição do *Kaiser* e a Proclamação da República".[707]

---

705 NUNES, António José Avelãs. "A República de Weimar e a Constituição de Weimar, cem anos depois". *In*: BERCOVICI, Gilberto (Coord.). *Cem Anos da Constituição de Weimar (1919-2019)*. São Paulo: Quartier Latin, 2019, p. 108.

706 NUNES, António José Avelãs. "A República de Weimar e a Constituição de Weimar, cem anos depois". *In*: BERCOVICI, Gilberto (Coord.). *Cem Anos da Constituição de Weimar (1919-2019)*. São Paulo: Quartier Latin, 2019, p. 109.

707 NUNES, António José Avelãs. "A República de Weimar e a Constituição de Weimar, cem anos depois". *In*: BERCOVICI, Gilberto (Coord.). *Cem Anos da Constituição de Weimar (1919-2019)*. São Paulo: Quartier Latin, 2019, pp. 110/111. Nesse mesmo sentido, conferir:

A tentativa de formação de consensos políticos não esteve adstrita à obstaculização – por vezes violenta[708] – de movimentos revolucionários, mas, como mostra André Ramos Tavares, também se fez presente na circunstância de "terem sido mantidas intactas estruturas de poder arcaicas, sem a remoção de seus ocupantes, assinalados a elas sob a cultura e as regras imperiais",[709] tais como a maior parte dos juízes e importantes legislações, a exemplo do Código Civil (1900) e do Código Penal (1871).

Ou seja, não obstante a Proclamação da República em 1919, verifica-se claramente uma "permanência forte dos elementos de uma cultura imperial e muitíssimo rudimentar (em termos democráticos) com seu 'espírito militar e autoritário de uma aristocracia agrária', que mais adiante afloraria plenamente por meio do regime nazista".[710]

Classe social essa que, de acordo com Ramos Tavares, citando o clássico texto de Constantino Mortati,[711] estava "ainda vinculada às antigas instituições, 'que instaurou a República, mas que no fundo desconfiava dela, assim como desconfiava do espírito ocidental em seu conjunto'".[712]

KLEIN, Claude. *Weimar*. Trad. Geraldo Gerson de Souza. São Paulo: Perspectiva, 1995, p. 25.

708 NUNES, António José Avelãs. "A República de Weimar e a Constituição de Weimar, cem anos depois". *In*: BERCOVICI, Gilberto (Coord.). *Cem Anos da Constituição de Weimar (1919-2019)*. São Paulo: Quartier Latin, 2019, p. 111.

709 TAVARES, André Ramos. "A Defesa da Constituição de Weimar". *In*: BERCOVICI, Gilberto (Coord.). *Cem Anos da Constituição de Weimar (1919-2019)*. São Paulo: Quartier Latin, 2019, p. 87.

710 TAVARES, André Ramos. "A Defesa da Constituição de Weimar". *In*: BERCOVICI, Gilberto (Coord.). *Cem Anos da Constituição de Weimar (1919-2019)*. São Paulo: Quartier Latin, 2019, p. 87.

711 MORTATI, Constantino. "Una valoración de conjunto sobre la experiencia de la Constitución de Weimar". *In*: ______. *La Constitucíon de Weimar*. Madrid: Tecnos, 2010, p. 70.

712 TAVARES, André Ramos. "A Defesa da Constituição de Weimar". *In*: BERCOVICI, Gilberto (Coord.). *Cem Anos da Constituição de Weimar (1919-2019)*. São Paulo: Quartier Latin, 2019, p. 88.

Essa ambiguidade é muito importante.[713] Por um lado, a Constituição de Weimar representou a materialização de um projeto de sociedade extremamente plural, democrática, garantidora da participação popular e que revolucionou mundialmente a forma de compreensão dos direitos fundamentais, sobretudo no que concerne ao seu amplo rol de direitos sociais e à sua faceta econômica. Nesse sentido, buscou empreender uma ressignificação paradigmática do capitalismo liberal, trazendo a economia para o centro da esfera pública e, dessa forma, politizando-a, socializando-a e democratizando-a,[714] assim como todos os demais âmbitos da sociedade.

---

713 Sobre o ponto, Claude Klein fala que "[a] ambiguidade fundamental dessa revolução de novembro é que, na realidade, ela nunca ocorreu". Trata-se de uma "falsa revolução", já que "deixou que subsistisse um 'duplo aparelho estatal'. De um lado, a administração clássica, que nunca foi afastada. De outro, principalmente, os Conselhos de Operários e de Soldados" (KLEIN, Claude. *Weimar*. Trad. Geraldo Gerson de Souza. São Paulo: Perspectiva, 1995, pp. 27-28). Também acerca dessa questão, conferir: PEUKERT, Detlev J. K. *The Weimar Republic*. Nova York: Hill and Wang, 1993, pp. 49-51. Gilberto Bercovici, por sua vez, aduz que "[a] 'Revolução Inacabada' de 1918, de certo modo, encerrou o período do socialismo revolucionário na Alemanha" (BERCOVICI, Gilberto. *Entre o Estado total e o Estado social*: atualidade do debate sobre Direito, Estado e Economia na República de Weimar. São Paulo: USP, 2003, p. 40. (Tese de Livre-Docência).

714 Nesse sentido, de acordo com Gilberto Bercovici, a Constituição de Weimar "não representava mais a composição pacífica do que já existia, mas buscava um processo contínuo de busca de realização de seus conteúdos, de compromisso aberto de renovação democrática. Não era uma Constituição monolítica, homogênea, mas uma síntese de conteúdos concorrentes dentro do quadro de um compromisso deliberadamente pluralista. A Constituição passa a ser vista como um projeto que se expande para todas as relações sociais. O conflito foi incorporado ao texto constitucional, que não representava mais apenas as concepções da classe dominante, pelo contrário, tornou-se um espaço onde ocorreria a disputa político-jurídica" (BERCOVICI, Gilberto. "Introdução". *In*: ______ (Coord.). *Cem Anos da Constituição de Weimar (1919-2019)*. São Paulo: Quartier Latin, 2019, p. 15). No mesmo sentido: BERCOVICI, Gilberto. *Soberania e Constituição*: para uma crítica do constitucionalismo. 3ª ed. São Paulo: Quartier Latin, 2020, p. 314; BERCOVICI, Gilberto. *Entre o Estado total e o Estado social*: atualidade

Por outro lado, as pautas da coalizão política que promulgou a nova Constituição – e cujos primórdios, como se viu acima, remontam ainda aos tempos da guerra – foram marcadas também pelo entrecorte de estruturas constitucionais e político-administrativas do período imperial, principalmente aquelas atinentes aos amplos poderes de emergência do Executivo exsurgidos entre 1914-1918, bem como à estrutura e composição do Poder Judiciário e do Exército. As tensões constitucionais advindas dessas três variáveis (poderes de exceção, Poder Judiciário e Exército) representariam, conforme adiantado, papéis de destaque no próprio ocaso da Constituição de Weimar em 1933. Sobre o ponto, Claude Klein assim discorre:

> (...) a SPD se vangloriava de não ter querido tocar na organização administrativa, conservando assim ao seu serviço os elementos mais reacionários do Império. Da mesma forma, no aparelho Judiciário, Radbruch fará questão de respeitar a independência da magistratura e não procederá a qualquer "depuração" nesse sentido, de longe o mais conservador: as consequências desse erro trágico não deixarão de aparecer quando, alguns anos mais tarde, por ocasião dos distúrbios provocados pela extrema-direita, a Justiça se recusar praticamente a condenar os autores dos piores atentados.[715]

---

do debate sobre Direito, Estado e Economia na República de Weimar. São Paulo: USP, 2003. (Tese de Livre-Docência), p. 68; e PEUKERT, Detlev J. K. *The Weimar Republic*. Nova York: Hill and Wang, 1993, pp. 40-42.

715 KLEIN, Claude. *Weimar*. Trad. Geraldo Gerson de Souza. São Paulo: Perspectiva, 1995, p. 24. Sobre a atuação vacilante e conservadora dos tribunais alemães no marco das crises de Weimar, conferir: CALDWELL, Peter C. *Popular sovereignty and the crisis of the German constitutional law*: the theory and practice of Weimar constitutionalism. Durham: Duke University Press, 1997, pp. 145-170; STOLLEIS, Michael. *A History of Public Law in Germany 1914-1945*. Trad. Thomas Dunlap. Nova York: Oxford University Press, 2004, pp. 94/95; e LIMA, Martonio Mont'Alverne Barreto. *Supremo Tribunal Federal*: Prússia contra Reich. São Paulo: Contracorrente, 2022, pp. 61-111.

Michael Stolleis também esquadrinha os significativos impactos que a ordem constitucional alemã sofreu durante a Primeira Guerra Mundial. Como antecedentes jurídico-políticos dessa conjuntura, o professor da Universidade de Frankfurt rememora que, desde 1871, o II *Reich* progressivamente se expandiu em termos de competências administrativas, sobretudo devido à chancelaria de Bismarck (1871-1890) e ao personalismo do *Kaiser* Wilhelm II (1888-1918).

Durante a Primeira Guerra Mundial, diversos dispositivos constitucionais foram violados e/ou ignorados, inclusive com concessões de imunidades para referidas transgressões. A maior parte da opinião pública e da academia jurídica alemãs se valia de argumentos patrióticos para ignorar e/ou justificar as referidas violações constitucionais, que se apresentavam sob a forma de drásticas limitações a direitos básicos, tais como a liberdade de ir e vir, a liberdade de reunião e associação, a liberdade de imprensa e a inviolabilidade de correspondência.[716]

O momento culminante, segundo Stolleis, foi a edição da Lei de Plenos Poderes (*Enabling Act*), de 4 de agosto de 1914, que instituiu uma ditadura civil-militar provisória. Com ela, diversas competências legislativas do Parlamento foram transferidas à burocracia ministerial, que expediu "um total de 825 decretos do *Bundesrat* em todas as áreas da economia em tempo de guerra: Direito monetário e financeiro, Direito civil, Direito trabalhista e social, bem como procedimentos judiciais".[717]

Segundo aponta, o posicionamento amplamente majoritário dos teóricos do Direito Público à época estava baseado "numa tradição antiga e já proverbial (*inter armes silente leges* e *necessitas frangit legem*) quando esta dizia respeito à preservação da autoridade

---

716 STOLLEIS, Michael. *A History of Public Law in Germany 1914-1945*. Trad. Thomas Dunlap. Nova York: Oxford University Press, 2004, pp. 25/26.

717 STOLLEIS, Michael. *A History of Public Law in Germany 1914-1945*. Trad. Thomas Dunlap. Nova York: Oxford University Press, 2004, p. 27.

parlamentar como secundária e concedia ao Executivo poderes de longo alcance".[718]

Stolleis discorda do diagnóstico do Chanceler Theobald von Bethmann-Hollweg (1909-1917), segundo o qual "emergência não conhece lei (*Not kennt keint Gebot*)"; isso porque, ao contrário, "a emergência precisa de lei, e esta 'lei', na forma de produção massiva de normas, era mais provável que viesse do Executivo do que de um Parlamento que tivesse de construir um novo consenso sobre cada questão".[719]

Todavia, esse fortalecimento do Poder Executivo pelos poderes legislativos emergenciais de guerra foi entrecortado por particularidades que adicionaram diversas complexidades a essa específica e turbulenta conjuntura alemã, tensionando-a, notadamente mais ao final da Primeira Grande Guerra:

> (...) durante o curso da guerra, os pesos constitucionais penderam a favor do *Reichstag*. O *Kaiser*, consequentemente, perdeu importância como órgão constitucional. Do jeito que estava, o exercício da autoridade militar suprema que lhe foi conferida foi apenas formal. A autoridade civil do *Kaiser*, outrora defendida como parte do "princípio monárquico", tinha sido destituída de legitimidade, no mais tardar, desde o caso do Daily Telegraph (1908). E o elemento mais importante dessa autoridade, o poder de nomear o chanceler sem consultar o *Reichstag*, declinou tão vertiginosamente em importância após a queda de Bethmann-Hollweg que se pode datar a transição para o sistema parlamentar como a queda do vice-chanceler Helfferich e a nomeação do governo do Conde Hertling (1º de novembro de 1917). Além do Parlamento, a

718 STOLLEIS, Michael. *A History of Public Law in Germany 1914-1945*. Trad. Thomas Dunlap. Nova York: Oxford University Press, 2004, p. 27, tradução nossa.

719 STOLLEIS, Michael. *A History of Public Law in Germany 1914-1945*. Trad. Thomas Dunlap. Nova York: Oxford University Press, 2004, pp. 27-28, tradução nossa.

> liderança militar, os partidos de esquerda e a burguesia liberal também contribuíram para o desaparecimento do princípio monárquico. Além disso, em numerosas ocasiões (doze vezes no total) o *Reichstag* – isto é, os seus partidos constituintes tiveram de chegar a um acordo sobre a autorização da dívida de guerra. A legislação tributária e o orçamento estavam em suas mãos.[720]

Como se vê, de acordo com Stolleis, as pressões do Parlamento, das lideranças militares, dos partidos de esquerda e da burguesia liberal teriam contribuído para o suposto "desaparecimento do princípio monárquico" a partir de 1918. Essa afirmativa é digna de problematização, pois "desaparecimento" parece ser um termo demasiadamente peremptório.

Segundo o próprio Stolleis, a posição do Presidente da República de Weimar é normalmente estudada pelo Direito Público alemão a partir de três grandes momentos cruciais.

No primeiro, discutiam-se quais seriam os contornos a serem dados às competências e aos poderes do Presidente, tendo por foco, sobretudo, as experiências constitucionais estadunidense e francesa. Conforme aponta,

> [o] resultado final, que previa uma presidência plebiscitária (artigo 41) com poderes de emergência (artigo 48), combinada

---

720 STOLLEIS, Michael. *A History of Public Law in Germany 1914-1945*. Trad. Thomas Dunlap. Nova York: Oxford University Press, 2004, p. 28, tradução nossa. Na edição de 28 de outubro de 1908 do jornal britânico *Daily Telegraph*, foi veiculada uma entrevista com Wilhelm II, com a qual o Imperador pretendia estreitar as relações anglo-germânicas. Esse episódio, conhecido como "The Daily Telegraph Affair", teve um grande impacto negativo na imagem do Monarca perante a opinião pública alemã. Sobre essa questão, conferir: MENNING, Ralph R.; MENNING, Carol Bresnahan. "Baseless Allegations: Wilhelm II and the Hale Interview of 1908". *Central European History*, vol. 16, nº 4, dez. 1983, pp. 368-397.

> com um governo de base parlamentar (artigo 54), foi inicialmente visto pela maioria como uma feliz síntese porque **prometia reconciliar a democracia com elementos monárquicos.**[721]

Stolleis assim desenvolve o ponto:

> A questão teórica crucial era a de como conciliar o elemento monárquico do presidente do Reich e o papel de pouvoir neutre atribuído a ele com a pretensão política de liderança do chanceler do Reich legitimado pelo Parlamento. O primeiro, como uma espécie de "rei popular", extraía seu apoio da confiança do povo, enquanto o último o obtinha da confiança do Reichstag (artigo 54). Uma vez que o presidente do Reich tinha o poder de dissolver o Reichstag (artigo 25), anular uma lei por referendo (artigo 73) e nomear o chanceler (artigo 53), e uma vez que ele poderia ser nomeado ditador em caso de emergência (artigo 48), sua autoridade exigia uma fonte separada de legitimação por meio de eleição popular. A literatura acadêmica considerou esse dualismo como sensato, inicialmente durante a presidência de Ebert, mas também durante o primeiro período da presidência de Hindenburg. Somente o bloqueio do Parlamento após a morte de Stresemann, em 1929, mudou o equilíbrio de poder tão profundamente que o presidente do Reich teve de arcar com todo o fardo, uma tarefa para a qual ele não estava mais à altura. Como resultado, as forças anticonstitucionais ganharam destaque: este foi o frequentemente invocado "estado de emergência".[722]

No segundo momento, que se estendeu de 1920 até aproximadamente 1928, "após a experiência da presidência de Ebert, as

---

721 STOLLEIS, Michael. *A History of Public Law in Germany 1914-1945*. Trad. Thomas Dunlap. Nova York: Oxford University Press, 2004, p. 93, tradução e destaque nossos.

722 STOLLEIS, Michael. *A History of Public Law in Germany 1914-1945*. Trad. Thomas Dunlap. Nova York: Oxford University Press, 2004, p. 94, tradução e destaque nossos.

questões sobre a execução do *Reich* (*Reichsexekution*) e os decretos de emergência ocupavam muito espaço"[723] na condução da administração weimariana.

Por fim, no terceiro período, transcorrido entre 1930-1933, "os comentadores se concentraram quase exclusivamente nos poderes ditatoriais do Presidente do *Reich* e em seu papel como o 'guardião' ou, no final, o destruidor da Constituição do *Reich*"[724]. E assim complementa sobre esse réquiem weimariano:

> Agora a questão era quem poderia preservar a substância da Constituição, com o Parlamento não mais capaz de agir e o vacilante governo do *Reich* sustentado apenas pelo presidente do *Reich*. O sistema judicial de desenho apolítico, especialmente o *Staatsgerichtshof* (Tribunal Constitucional), que se considerava o "guardião da Constituição", não tinha competência para fazê-lo. Carl Schmitt já havia notado isso em 1928. Em um ensaio subsequente, em março de 1929, ele concentrou suas esperanças no presidente do *Reich*. Os fatores que justificaram a escolha do presidente foram sua legitimação democrática separada, a neutralidade e independência parlamentar inerentes ao cargo, seu longo mandato de sete anos e, acima de tudo, sua autoridade no controle do estado de emergência (artigo 48) – para Schmitt, o verdadeiro critério da soberania. **Precisamente a transição para uma ditadura legitimada pela eleição popular poderia assim ser elevada à expressão de uma "verdadeira democracia". O princípio democrático ordinário, que Schmitt fundamentava no consenso e na homogeneidade, triunfaria aqui sobre o princípio parlamentar falso, liberal e disfuncional. A ditadura do presidente do *Reich* era certamente a última cartada**

---

723 STOLLEIS, Michael. *A History of Public Law in Germany 1914-1945*. Trad. Thomas Dunlap. Nova York: Oxford University Press, 2004, p. 93, tradução nossa.

724 STOLLEIS, Michael. *A History of Public Law in Germany 1914-1945*. Trad. Thomas Dunlap. Nova York: Oxford University Press, 2004, p. 93, tradução nossa.

> **que poderia ser jogada para salvar os resquícios do sistema constitucional, mas a única coisa que ela compartilhava com o modelo original de 1919 era a fachada.**[725]

Desenvolvendo esse último ponto, Stolleis faz uma afirmativa muito relevante sobre os usos políticos do Direito Público no contexto da tomada de poder pelos nazistas, em 1933:

> Frequentemente se disse que a doutrina do Direito Público nos anos finais da República contribuiu para a transição para o regime presidencialista por meio de sua interpretação exaustiva do artigo 48, § 2º, da Constituição, que apoiou a expansão da prática dos decretos de emergência para além da letra da lei e, assim, desempenhou seu papel na queda do Estado. Não há dúvidas de que a maioria dos juristas do Direito Público favoreceu uma solução autoritária, mas a acusação, na medida em que é dirigida contra o campo da teoria do Direito Público como tal, vai longe demais.[726]

Para ele, a abusiva interpretação e instrumentalização autoritária do artigo 48 da Constituição de Weimar foi concomitantemente suportada "pela prática estatal, pela administração da justiça e pela teoria jurídica".[727] De fato, não se pode afirmar que o amparo teorético fornecido por reacionários e autoritários segmentos da publicística alemã tenha sido a única e determinante causa do perecimento de Weimar pelo irromper da ditadura nazista. Mas, de acordo com o defendido pelo próprio Stolleis no que concerne à peculiaridade da

725 STOLLEIS, Michael. *A History of Public Law in Germany 1914-1945*. Trad. Thomas Dunlap. Nova York: Oxford University Press, 2004, pp. 94/95, tradução e destaque nossos.

726 STOLLEIS, Michael. *A History of Public Law in Germany 1914-1945*. Trad. Thomas Dunlap. Nova York: Oxford University Press, 2004, p. 95, tradução nossa.

727 STOLLEIS, Michael. *A History of Public Law in Germany 1914-1945*. Trad. Thomas Dunlap. Nova York: Oxford University Press, 2004, p. 95, tradução nossa.

história do Direito Público enquanto tensão entre ideias que se perpetuam e fatos,[728] não se pode tampouco dizer que o golpe de Estado de 1933 tenha prescindido da legitimação teorética fornecida, por exemplo, por Carl Schmitt, um dos grandes arquitetos da autoritária solução dos "gabinetes presidenciais", vigente a partir de 1930.

Pode-se afirmar, portanto, como consequência lógica das próprias reflexões de Stolleis, que fragmentos do princípio monárquico chegaram a Weimar via legislações de emergência concebidas durante a Primeira Guerra Mundial, as quais tiveram a sua teleologia de fortalecimento do Poder Executivo relida, ressignificada e aprofundada pela prática político-constitucional, culminando em interpretações abusivas da Constituição em prol de projetos políticos autoritários.

Tais estilhaços seriam cruciais, como se viu acima, não só para a positivação do artigo 48 da Constituição de 1919, mas também – e principalmente – para abusivamente moldar os cada vez mais alargados contornos concretos que paulatinamente foram sendo dados aos poderes de exceção do Presidente da República até a autoritária solução político-doutrinária de corte schmittiano, nos estertores da República, dos "gabinetes presidenciais", em que o Presidente da República – contra expressa disposição do texto constitucional – passou a livremente nomear o Ministério, à revelia do Parlamento. Tal circunstância redundaria na indicação de Hitler ao cargo de Chanceler e no golpe nazista que destruiria a Constituição de Weimar. Sobre o ponto, Günther Frakenberg aduz que o artigo 48 da Constituição de Weimar "toma medidas preventivas quase ditatoriais quanto ao estado de exceção e, por conseguinte, apadrinha a literatura sobre a '**ditadura constitucional**'".[729]

---

728 STOLLEIS, Michael. *O Direito Público na Alemanha*: uma introdução a sua história do século XVI ao XXI. São Paulo: Saraiva Educação, 2018, p. 30. Sobre esse ponto, conferir também: BERCOVICI, Gilberto. "Prefácio". *In*: STOLLEIS, Michael. *Escrever História do Direito*: reconstrução, narrativa ou ficção? São Paulo: Contracorrente, 2020, p. 11.

729 FRAKENBERG, Günther. *Técnicas de Estado*: perspectivas sobre o Estado de Direito e o estado de exceção. Trad. Gercelia Mendes. São Paulo: Unesp, 2018, p. 99, destaque nosso. Sobre o ponto, conferir

Novamente, é preciso ver com bastante cautela um intrínseco e necessário autoritarismo de nascença na simples literalidade desse artigo 48, consoante acima já discorrido. Muito mais do que a sua disposição expressa, foi a interpretação expansiva, abusiva e autoritária a ele conferida, no final da década de 1920 e sobretudo a partir de 1930, que culminou com a antidemocrática solução dos "gabinetes presidenciais", a qual, inclusive, foi mantida pelo Tribunal Constitucional, conforme mais à frente será discorrido. Enxergar um autoritarismo de berço nesse artigo 48 é, justamente, comprar irrefletidamente as decisionistas teses schmittianas que serão mais à frente expostas.

Frakenberg chega a afirmar, ainda, que os poderes excepcionais atribuídos pela Constituição de Weimar ao Presidente da República seriam, inclusive, mais acentuados do que aqueles previstos pelo artigo 68 da Constituição Imperial de 1871, que disciplinava a competência do Imperador para declarar o estado de guerra:

> O presidente do *Reich*, eleito diretamente por sete anos, recebe, como pré-condição de seus poderes emergenciais, o direito de dissolver o Parlamento. Assim, o art. 48 da Constituição de Weimar vai nitidamente muito além do art. 68 da Constituição de Bismark, de 1871. Esta dava ao imperador o direito, "quando a segurança pública nos territórios federais estiver ameaçada, de declarar o estado de guerra em cada uma de suas partes". A Constituição de Weimar desmantela a conexão tradicional entre exceção e guerra ao atribuir ao presidente do *Reich* a competência especial de empregar as forças de defesa contra os *Länder* e para a repulsa de perigos, no plano interno, bem como de promulgar decretos emergenciais e suspender direitos fundamentais (art. 48 §§ 1º e 2º da Constituição de Weimar). Com isso, a figura geminada do Estado de Direito e do estado de exceção recebe, pela primeira

---

também: PEUKERT, Detlev J. K. *The Weimar Republic*. Nova York: Hill and Wang, 1993, pp. 39/40.

> vez, uma versão constitucional na forma de uma norma, no art. 48 da Constituição de Weimar (...).[730]

Também essa tese é bastante problemática. A comparação meramente textual entre o artigo 48 da Constituição de Weimar e o artigo 68 da Constituição de 1871 não é, nem de longe, tão efetiva como Frakenberg quer fazer crer, já que a régua de aferição da categoria da excepcionalidade não é a mesma para as duas ordens constitucionais. No que concerne à Constituição de 1871, esses poderes eram excepcionais em relação a quê? Qual era a normalidade constitucional utilizada de parâmetro?

Conforme demonstrado no capítulo anterior, toda a ordem constitucional do II *Reich* foi construída de forma a cercear a soberania popular e a negar a separação de Poderes, reafirmando, para tanto, o princípio monárquico e a conseguinte atuação onipresente e onipotente do Monarca não só no que se refere às competências administrativas típicas do Poder Executivo, mas também àquelas do Poder Legislativo, já que, como visto, a lei só ganharia *imperium* através da sanção imperial. Ademais, quanto ao Poder Judiciário, o Imperador a ele estava imune, pois, desde o Congresso de Viena, a clássica teoria liberal da separação de Poderes era proscrita no além-Reno, com amparo na Teoria Geral do Estado.[731]

Sobre o ponto, vale rememorar que não existia, na ordem constitucional de 1871, a previsão de um controle de constitucionalidade das leis, e a Constituição poderia ser alterada por meros decretos e leis ordinárias – que dependiam, ao fim e ao cabo, do ato de vontade do Imperador, redundando no fato de que era o *Kaiser*, portanto, quem detinha a última palavra sobre o que era e o que

---

730 FRAKENBERG, Günther. *Técnicas de Estado*: perspectivas sobre o Estado de Direito e o estado de exceção. Trad. Gercelia Mendes. São Paulo: Unesp, 2018, p. 99.

731 CALDWELL, Peter C. *Popular sovereignty and the crisis of the German constitutional law*: the theory and practice of Weimar constitutionalism. Durham: Duke University Press, 1997, pp. 35/36 e 146.

não era Direito. Ou seja, não havia uma fundante supremacia formal e material necessária da Constituição como ocorria na tradição estadunidense, por exemplo.

Dessa forma, há uma enorme diferença paradigmática entre a Constituição de 1871 e a Constituição de Weimar, que não pode ser olvidada quando elas são comparadas no que se refere à questão dos poderes excepcionais. A ordem constitucional do II *Reich* foi concebida justamente para se contrapor ao sentido moderno de Constituição, exsurgido das revoluções liberais do século XVIII, a ele diretamente se contrapondo quando veio a afirmar, diante da ameaça dos movimentos revolucionários, que a Constituição não era jamais fruto das reivindicações populares, mas sim uma mera concessão graciosa do Monarca, que resolveu pontualmente autolimitar seus poderes, mas não abrir mão do princípio monárquico, o qual apenas ganhava, no máximo, uma "modernizada" versão *soft* após a constitucionalização – nesse peculiar sentido – das monarquias germânicas.

Portanto, é bastante complicado afirmar que Weimar, em oposição à Constituição do II *Reich*, "desmantela a conexão tradicional entre exceção e guerra" ao permitir o uso interno do Exército e garantir a faculdade "de promulgar decretos emergenciais e suspender direitos fundamentais".

Antes e após a outorga da Constituição de 1871, o Exército (sobretudo o prussiano) foi amplamente utilizado como instrumento político pelo *Kaiser*. Relembre-se que, já em 1848, a tentativa revolucionária de Frankfurt foi massacrada pelas tropas de Frederico Guilherme IV. Após, a própria pavimentação da unificação alemã, capitaneada por Bismarck, ocorreu militarmente.[732]

---

732 FISCHER, Fritz. *From Kaiserreich to Third Reich*: elements of continuity in German history, 1871-1945. Londres/Nova York: Routledge, 2020, pp. 50-55; e KENT, George O. *Bismarck e seu tempo*. Trad. de Lucia P. Caldas de Moura. Brasília: Universidade de Brasília, 1982, pp. 49-73.

Criado o II *Reich*, o Exército continuou como força política central, submetida apenas à autoridade pessoal do *Kaiser*, sem qualquer limitação constitucional ou controle parlamentar, e de prontidão para manter tanto o *status quo* político interno da monarquia constitucional e da aristocracia *Junker*, que a sustentava, como para viabilizar as cada vez mais agressivas políticas nacionalistas e imperialistas no plano internacional.[733]

Não se pode esquecer de que, após a derrota na Primeira Guerra Mundial, surgiram e se alastraram pela Alemanha os chamados *Freikorps*, grupos paramilitares integrados, basicamente, por soldados veteranos que não se resignavam com o retorno à monótona vida civil. Defensoras de ideologias reacionárias e belicistas, essas milícias compostas por extremistas chegaram perto de duzentos e cinquenta mil membros na Alemanha. Dois famosos episódios sobre elas devem ser rememorados. Em primeiro lugar, no dia 15 de janeiro de 1919, quatro dias antes das eleições para a Assembleia Nacional Constituinte, Karl Liebknecht e Rosa Luxemburgo foram violentamente assassinados pelos *Freikorps*, que contavam com o apoio do então Ministro da Defesa, Gustav Noske, para esmagar fagulhas revolucionárias da esquerda.[734] Além disso, em segundo lugar, destaque-se que o então jovem Adolf Hitler, soldado alemão na Primeira Guerra, figurou em movimentos ligados a forças paramilitares dessa natureza, as quais, inclusive, estiveram envolvidas com ele no fracassado *Putsh* de Munique de 1923, que o levou à prisão por alguns meses, período em que escreveu o livro *Mein Kampf*.[735]

---

733 CHICKERING, Roger. "Militarism and radical nationalism". *In*: RETALLACK, James (Coord.). *Imperial Germany (1871-1918)*. Nova York: Oxford University Press, 2008, pp. 196-215.

734 NUNES, António José Avelãs. "A República de Weimar e a Constituição de Weimar, cem anos depois". *In*: BERCOVICI, Gilberto (Coord.). *Cem Anos da Constituição de Weimar (1919-2019)*. São Paulo: Quartier Latin, 2019, p. 111; e PEUKERT, Detlev J. K. *The Weimar Republic*. Nova York: Hill and Wang, 1993, p. 32.

735 "Sua ascensão à proeminência, pelo menos regional, na direita nacionalista da Baviera não se deveu simplesmente a sua inigualável capacidade de orador de comícios de massa em Munique. Como antes, esse

Já a Constituição de Weimar, por outro lado, representou um projeto de sociedade plural, democrática, progressista e com efeitos revolucionários na própria forma de compreensão do constitucionalismo moderno, materializando, em suas disposições, uma verdadeira alteração de paradigma constitucional rumo ao Estado Social.[736] Não há dúvidas de que essa Constituição deu grandes poderes ao Presidente, mas assim o fez assumindo a sua condição de chefe de Estado, não de governo, como passou efetivamente a funcionar *de facto* a partir da abusiva, autoritária e inconstitucional solução dos "gabinetes presidenciais".

Essa conjuntura de excepcionalidade constitucional iniciada no fim dos anos 1920 ganhou contornos extremos na Alemanha, mas não foi exclusividade dela. Nas décadas de 1920-1930, muitos países mundo afora também experimentaram, como reação a crises políticas e econômicas, "ditaduras constitucionais" de diferentes matizes.

---

era seu principal trunfo. Mas, ligado a isso, e de importância crucial, estava o fato de que ele era o cabeça de um movimento que, em contraste com a primeira fase do partido, passou a desenvolver uma força paramilitar substancial e a entrar no turbilhão da política paramilitar bávara. Foi sobretudo nas condições peculiares da Baviera pós-revolucionária que os exércitos privados puderam florescer plenamente, com a tolerância e, com frequência, com o apoio ativo das autoridades bávaras" (KERSHAW, Ian. *Hitler*. Trad. Pedro Maia Soares. São Paulo: Companhia das Letras, 2017, p. 139). Especificamente sobre a relação entre o fracassado golpe da cervejaria, de Munique, em 1923, e a escritura do livro *Mein Kampf* no cárcere, conferir: KERSHAW, Ian. *Hitler*. Trad. Pedro Maia Soares. São Paulo: Companhia das Letras, 2017, pp. 178-181.

736 Sobre o ponto, conferir: BERCOVICI, Gilberto. "Introdução". *In*: ______ (Coord.). *Cem Anos da Constituição de Weimar (1919-2019)*. São Paulo: Quartier Latin, 2019, p. 15; BERCOVICI, Gilberto. *Soberania e Constituição*: para uma crítica do constitucionalismo. 3ª ed. São Paulo: Quartier Latin, 2020, p. 314; BERCOVICI, Gilberto. *Entre o Estado total e o Estado social*: atualidade do debate sobre Direito, Estado e Economia na República de Weimar. São Paulo: USP, 2003, p. 68. (Tese de Livre-Docência); e PEUKERT, Detlev J. K. *The Weimar Republic*. Nova York: Hill and Wang, 1993, p. 32.

Esses regimes primaram, quase sempre mediante a utilização abusiva de poderes excepcionais, por inflar as competências do Poder Executivo e do seu chefe, esgarçando ordens constitucionais democráticas calcadas na separação de Poderes e na soberania do povo e instaurando, em seu lugar, regimes políticos autoritários e populistas, ao arrepio do Poder Legislativo e da vontade popular. Eric Hobsbawn traça um interessante panorama dessa conjuntura global que, apesar de longo, vale a pena ser transcrito:

> (...) os 23 anos entre a chamada "Marcha sobre Roma" de Mussolini e o auge do sucesso do Eixo na Segunda Guerra Mundial viram uma retirada acelerada e cada vez mais catastrófica das instituições políticas liberais. Entre 1918-20, assembleias legislativas foram dissolvidas ou se tornaram ineficazes em dois Estados europeus; na década de 1920, em seis; na de 1930, em nove, enquanto a ocupação alemã destruía o poder constitucional em outros cinco, durante a Segunda Guerra Mundial. **Em suma, os únicos países europeus com instituições adequadamente democráticas que funcionaram sem interrupção durante todo o período do entreguerras foram a Grã-Bretanha, a Finlândia (minimamente), o Estado Livre Irlandês, a Suécia e a Suíça.**
>
> Nas Américas, outra região de Estados independentes, a situação era mais confusa, mas não chegava a sugerir um avanço geral das instituições democráticas. A lista de Estados consistentemente constitucionais e não autoritários no hemisfério ocidental era curta: Canadá, Colômbia, Costa Rica, EUA e Uruguai. Quanto ao resto do globo, grande parte consistia em colônias e, portanto não liberais, na medida em que algum dia tinham sido. No Japão, um regime liberal moderado deu lugar a um nacionalismo militarista em 1930-1. A Tailândia deu alguns poucos passos em direção a um governo constitucional, e a Turquia foi tomada pelo modernizador militar progressista Kemal Atatürk no início da década de 1920, um homem do tipo que não permite que eleições atrapalhem seu caminho. Nos continentes da Ásia, África e Austrália, apenas a Austrália e a Nova Zelândia eram consistentemente democráticas, pois

> a maioria dos sul-africanos permaneceu fora do âmbito da Constituição do homem branco.
>
> **Em resumo, o liberalismo fez uma retirada durante toda a Era da Catástrofe, movimento que se acelerou acentuadamente depois que Adolf Hitler se tornou chanceler da Alemanha em 1933. Tomando-se o mundo como um todo, havia talvez 35 ou mais governos constitucionais e eleitos em 1920 (dependendo de onde situamos algumas repúblicas latino-americanas). Até 1938, havia talvez dezessete desses estados, em 1944 talvez doze, de um total global de 65. A tendência mundial parecia clara.**[737]

Interpretando esse cenário de alastramento de regimes autoritários ou totalitários mundo afora, Tornhill afirma o seguinte:

> A maioria dos sistemas políticos nacionais que passaram por transformações democráticas por volta de 1918 chegaram, na melhor das hipóteses, a uma condição de **democracias intermitentes** (...), nas quais períodos curtos de plena integração política provocaram uma reação brutal entre as elites, que utilizaram uma mistura de organização democrática e força militar para assumir o controle dos meios de coerção social de suas sociedades.[738]

E complementa:

> Na maioria dos casos, as democracias pós-1918 foram logo substituídas por ditaduras. Isso normalmente criou uma realidade social em que um ou mais grupos que haviam

---

737 HOBSBAWN, Eric. *Era dos Extremos*: o breve século XX. Trad. Marcos Santarrita. São Paulo: Companhia das Letras, 1995, p. 115, destaque nosso.

738 TORNHILL, Chris. *Crise democrática e Direito Constitucional global*. Trad. Diógenes Moura Breda e Glenda Vicenzi. São Paulo: Contracorrente, 2021, p. 210, destaque nosso.

> originalmente contestado a soberania do Estado adquiriram poder suficiente para assumir o controle total do aparelho estatal, empregando seus recursos para garantir que interesses opostos fossem excluídos do sistema de representação política. Isso ocorreu frequentemente com o auxílio das elites militares. Assim, os primeiros sistemas políticos democráticos de massa levaram as antinomias inerentes à cidadania política a seu nível mais agudo.[739]

Foi no bojo dessas "ditaduras constitucionais", substitutas de "democracias intermitentes" como a de Weimar, que um determinado seguimento da Teoria do Estado (e da Constituição) – desenvolvido justamente nesse complexo contexto de crises da democracia representativa – chegou ao Brasil do Estado Novo como doutrina política e como cátedra universitária, inaugurando uma série de debates doutrinários e políticos que marcariam fortemente a história constitucional brasileira.

2.3 Weimar e a *Methodenstreit*

É certo que os desenvolvimentos doutrinários da publicística alemã da virada do século, sobretudo no rastro das formulações de Jellinek, ganharam críticas, desenvolvimentos, rupturas, continuidades e aprofundamentos na Alemanha weimariana. Diversas obras buscaram refletir sobre o Estado e a (nova) Constituição, já em um contexto republicano marcado pela emergência de uma ordem constitucional democrática promulgada em uma sociedade de massas bastante diferente daquela anterior à Primeira Guerra Mundial.

Em torno dessa nova conjuntura social criada pela Constituição de Weimar, instaurou-se um profícuo debate jurídico acerca da ressignificação das principais premissas do Direito Público para aquela específica quadra histórica. Autores como Hans Kelsen, Carl

---

739 TORNHILL, Chris. *Crise democrática e Direito Constitucional global*. Trad. Diógenes Moura Breda e Glenda Vicenzi. São Paulo: Contracorrente, 2021, p. 209.

Schmitt, Rudolf Smend e Hermann Heller, dentre vários outros, travaram, de acordo com Gilberto Bercovici, "[o] principal debate metodológico do Direito Público de todo o século XX",[740] que ficou conhecido como *Methodenstreit* (luta pelo método).

É justamente o esquadrinhamento de alguns meandros do referido debate o objeto específico deste subcapítulo. Aqui, serão tecidas algumas breves considerações sobre os pontos centrais das respectivas teorias de Kelsen, de Schmitt, de Smend e de Heller no que interessa ao tema ora em estudo, com o intuito de evidenciar, de maneira breve e sem qualquer pretensão de exaustividade, as eventuais relações por elas mantidas com a clássica Teoria Geral do Estado do século XIX e, sobretudo, as principais ressignificações que a publicística oitocentista sofreu no paradigma constitucional do Estado Social.

O objetivo destes breves apontamentos é marcar claramente quais segmentos da Teoria Geral do Estado (e da Teoria da Constituição) desenvolvidos em torno da Constituição de Weimar serviram como algumas das inspirações para o Estado Novo brasileiro. Evitam-se, assim, confusões históricas e teoréticas com outros desenvolvimentos concorrentes do Direito Público que, reciprocamente, se tencionavam naquela época, já que a Teoria Geral do Estado, nas décadas de 1920-1940, estava longe de ser um ramo jurídico uníssono, pacificado e carente de disputas político-doutrinárias e metodológicas como porventura se poderia equivocadamente imaginar em 1900, quando da pretensa sistematização culminante levada a efeito por Jellinek com sua *Allgemeine Staatslehre*.

---

740 BERCOVICI, Gilberto. "Introdução". *In*: ______ (Coord.). *Cem Anos da Constituição de Weimar (1919-2019)*. São Paulo: Quartier Latin, 2019, p. 15.

2.3.1 A Teoria Geral do Estado de Hans Kelsen

Desde 1905, quando da publicação de seu livro *Die Staatslehre des Dante Alighieri*,[741] Kelsen já demonstrava "gosto pelo direito e pela ciência política".[742]

Como reconhece em sua autobiografia, foi durante a elaboração dessa primeira monografia que nele foi despertado o interesse teórico pelo estatuto de cientificidade do Direito, aspecto esse que

---

741 Conferir a tradução brasileira: KELSEN, Hans. *A Teoria do Estado de Dante Alighieri*. Trad. Luiz Felipe Brandão Osório. São Paulo: Contracorrente, 2021. Sobre o contexto de publicação dessa primeira obra de Kelsen, conferir a explicação de Oliver Lepsius: "foi a curiosidade de Kelsen que o fez escrever o estudo '*Die Staatslehre des Dante Alighieri*', o qual foi publicado, em 1905, no *Wiener Staatswissenschaftliche Studien*. O tema foi selecionado por ele mesmo e se mostra original em todos os aspectos. Não se trata da tese de doutorado de Kelsen, pois o doutorado em Direito na Universidade de Viena exigia apenas a conclusão da graduação e uma prova oral de doutorado, não incluindo a tese escrita, como também era comum, naquela época, nas universidades do sul da Alemanha. Kelsen tomou conhecimento pela primeira vez da obra de Dante, especificamente A Monarquia, publicada pela primeira vez em 1310-1320, durante uma aula ministrada por Leo Strisower (1857-1931). Strisower era *Privatdozent* e tinha sido recém nomeado professor associado da Universidade de Viena, após trabalhar mais de 20 anos como professor particular. Depois que Kelsen aprofundou, por conta própria, seu interesse pela obra '*A Monarquia*', e confirmado que nenhuma monografia tratava da teoria do Estado de Dante, ele voltou sua atenção para Strisower na busca de um relato da Teoria do Estado de Dante no contexto da teoria filosófica da sua época. Strisower, no entanto, desaconselhou o estudo, dada a superabundância de literatura sobre Dante e recomendou que Kelsen primeiro completasse seu doutorado. Kelsen não seguiu o conselho, e seu trabalho sobre a teoria do Estado de Dante foi publicado antes mesmo de concluir seu doutorado" (LEPSIUS, Oliver. "A Teoria do Estado de Dante Alighieri na visão de Hans Kelsen". *Revista Direitos Fundamentais & Democracia*, vol 27, nº 2, 2022, pp. 293-310).

742 KELSEN, Hans. *Autobiografia*. Trad. Gabriel Nogueira Dias e José lgnácio Coelho Mendes Neto. 5ª ed. Rio de Janeiro: Forense Universitária, 2018, p. 42.

viria a se constituir, nas décadas seguintes, no cerne da sua obra mundialmente conhecida:

> Enquanto eu ainda estava trabalhando sobre a teoria do Estado de Dante Alighieri, começaram a interessar-me cada vez mais problemas da Teoria do Direito, como os da pessoa jurídica, do direito subjetivo e especialmente do conceito de norma jurídica. O que chamou minha atenção na exposição tradicional desses problemas foi a total falta de exatidão e fundamentação sistemática e, sobretudo, uma tremenda confusão dos questionamentos, a confusão permanente entre o que é o Direito Positivo e o que o Direito deveria ser – seja qual for o ponto de vista valorativo – e a diluição da fronteira entre a questão de como os sujeitos deveriam se comportar segundo o Direito Positivo e a questão de como eles efetivamente se comportam. A separação nítida entre uma teoria do Direito Positivo e a ética, de um lado, e a sociologia, do outro, me parecia urgentemente necessária.[743]

Esse desenvolvimento metodológico foi inaugurado por Kelsen quando da escrita de sua tese de livre-docência, defendida em 1911, perante a Faculdade de Direito da Universidade de Viena:

> Logo após a realização da primeira prova estatal (sobre história do Direito), comecei um trabalho de vastas proporções no qual eu pretendia submeter os problemas mais importantes da Teoria do Direito Público a uma análise crítica. O conceito fundamental de uma teoria científica do Direito parecia ser para mim o conceito da norma jurídica – em um paralelo com o conceito da lei da causalidade como conceito fundamental das ciências da natureza. Decidi limitar-me aos problemas da teoria do Direito Público apenas por motivos práticos: de

743 KELSEN, Hans. *Autobiografia*. Trad. Gabriel Nogueira Dias e José Ignácio Coelho Mendes Neto. 5ª ed. Rio de Janeiro: Forense Universitária, 2018, p. 42.

> um lado, para não deixar que o trabalho ficasse abrangente demais, e, de outro, porque eu acreditava poder mais facilmente me tornar livre-docente em Direito Público graças à minha relação pessoal com Bernatzik. O trabalho foi publicado em 1911 com o título *Hauptprobleme der Staatsrechtlehre, entwickelt aus der Lehre vom Rechtssatz* (*Principais problemas da teoria do Direito Público, desenvolvidos a partir da teoria da norma jurídica*), por J. C. B. Mohr, em Tübingen, mediante consideráveis custos de impressão que precisei pagar, e formou a base da minha livre-docência na Faculdade de Direito e Ciência Política, que ocorreu no mesmo ano.[744]

Em 1919, depois de lecionar como livre-docente por alguns anos paralelamente à sua atuação burocrática no Ministério da Guerra, Kelsen foi apontado, no lugar do recém-falecido Bernatzik, como catedrático de Direito Público e Administrativo da Faculdade de Direito da Universidade de Viena.[745]

Entre 1919 e 1929, período em que ocupou o referido posto de catedrático em Viena, Kelsen desenvolveu intensa atividade acadêmica especificamente na área da Teoria Geral do Estado. Confira-se passagem constante de sua autobiografia que resume essa experiência do autor na área:

> Nos meus 10 anos de atividade como catedrático de Direito Público na Faculdade de Direito de Viena, publiquei, entre outras, a monografia *Der Soziologische und Juristische Staatsbegriff* [*Os conceitos sociológico e jurídico de Estado*], como trabalho preparatório à minha ***Allgemeine Staatslehre*** **[*Teoria Geral do Estado*], que foi publicada em 1925 pela**

---

744 KELSEN, Hans. *Autobiografia*. Trad. Gabriel Nogueira Dias e José Ignácio Coelho Mendes Neto. 5ª ed. Rio de Janeiro: Forense Universitária, 2018, pp. 44-45.

745 KELSEN, Hans. *Autobiografia*. Trad. Gabriel Nogueira Dias e José Ignácio Coelho Mendes Neto. 5ª ed. Rio de Janeiro: Forense Universitária, 2018, pp. 55-71.

editora Springer em Berlim. Desde o início considerei a teoria do Estado integrante da Teoria do Direito. Na minha obra *Reine Rechtlehre* [*Teoria Pura do Direito*], publicada em 1934, e no meu livro *General Theory of Law and State* (Harvard University Press, 1945), apresentei minhas Teorias do Direito e do Estado como unidade sistemática. A questão decisiva com relação à essência do Estado me parecia ser o que constitui a unidade na multiplicidade dos indivíduos que compõem essa comunidade. **E não pude encontrar outra resposta cientificamente fundamentada a essa questão senão a de que é um ordenamento jurídico específico que constitui essa unidade e de que todas as tentativas de fundamentar essa unidade de modo metajurídico, ou seja, sociológico, devem ser consideradas fracassadas. A tese de que o Estado, do ponto de vista de sua essência, é um ordenamento jurídico relativamente centralizado, e de que, por conseguinte, o dualismo entre Estado e Direito é uma ficção apoiada em uma hipostasia animística da personificação, com auxílio da qual se costuma apresentar a unidade jurídica do Estado, tornou-se um elemento essencial da minha Teoria do Direito.** Pode ser que eu tenha chegado a essa visão porque o Estado que me era mais próximo e que eu conhecia melhor por experiência pessoal, o Estado austríaco, era aparentemente apenas uma unidade jurídica. Com relação ao Estado austríaco, que era composto de tantos grupos distintos em raça, língua, religião e história, as teorias que tentavam fundamentar a unidade do Estado em alguma relação sociopsicológica ou sociobiológica entre pessoas juridicamente pertencentes ao Estado mostravam-se com toda evidência como ficções. Na medida em que essa teoria do Estado é parte essencial da Teoria Pura do Direito, esta última pode ser vista como uma teoria especificamente austríaca.[746]

746 KELSEN, Hans. *Autobiografia*. Trad. Gabriel Nogueira Dias e José lgnácio Coelho Mendes Neto. 5ª ed. Rio de Janeiro: Forense Universitária, 2018, pp. 71-72, destaque nosso.

Como registrado no excerto acima reproduzido, em 1925, Hans Kelsen publicou a obra *Allgemeine Staatslehre* (*Teoria Geral do Estado*).[747] Nela, ele antecipa algumas ideias que apareceriam de forma mais sistematizada e aprofundada na primeira edição da sua mundialmente conhecida *Reine Rechtslehre* (*Teoria Pura do Direito*), de 1934.[748]

Kelsen pretendeu tratar "[d]os problemas da Teoria Geral do Estado desde o ponto de vista da pureza metodológica, que informa todos os meus trabalhos científicos".[749] Para tanto, "o melhor modo de compreender a minha doutrina era, certamente, confrontá-la com toda a Teoria Geral do Estado, tal como tem sido cultivada até hoje".[750] Noutras palavras, intentava

> destacar a linha evolutiva que (apesar de todas as discrepâncias fundamentais) existe entre as afirmações da minha teoria e as daquela autoridade científica que costuma ser designada, de

---

747 Em 1926, Kelsen publicou o *Compendio de Teoria General del Estado*, mediante o qual se propôs a fazer, conforme reconhecido pelo próprio autor em seu prefácio, um breve resumo do livro de 1925, *Allgemeine Staatslehre*, todavia, "prescindiendo de sus argumentos polémicos contra las doctrinas dominantes" (KELSEN, Hans. *Compendio de Teoría General del Estado*. Trad. Luis Recaséns y Justino de Azcárate. México: Colofón, 1992, p. 106). Finalmente, em 1945, já residindo nos Estados Unidos e lecionando em Berkeley, Kelsen publica *General Theory of Law and State* (*Teoria Geral do Direito e do Estado*), obra de maturidade em que o autor, seguindo o trilho da Teoria Pura do Direito, pretende sistematizar, inclusive para o sistema jurídico anglo-saxão, suas reflexões sobre a relação entre Direito e Estado.

748 KELSEN, Hans. *Teoria Pura do Direito*: introdução à problemática jurídico-científica. 1ª ed. alemã (1934). Trad. Alexandre Travessoni Gomes Trivissonno. Rio de Janeiro: Forense Universitária, 2021.

749 KELSEN, Hans. *Teoría General del Estado*. Trad. Luis Legaz Lacambra. Barcelona-Madrid-Buenos Aires: Editorial Labor S.A., 1934, p. VII, tradução nossa.

750 KELSEN, Hans. *Teoría General del Estado*. Trad. Luis Legaz Lacambra. Barcelona-Madrid-Buenos Aires: Editorial Labor S.A., 1934, p. VII, tradução nossa.

forma um tanto incorreta e sintética, pelo nome de "doutrina dominante".[751]

Kelsen aponta Gerber, Laband e Jellinek como seus grandes predecessores, e a viga mestra que interligava essas perspectivas sobre a Teoria Geral do Estado não é difícil de ser percebida: o seu pretenso compromisso com a cientificidade do Direito materializada em aderências ao positivismo jurídico. Sobre o ponto, Kelsen assim discorre:

> (...) agora sinto-me mais unido do que nunca àquela direção científica que teve Karl Friedrich von Gerber, Paul Laband e Georg Jellinek como seus mais ilustres representantes na Alemanha. Essa direção, afastando-se da nebulosa metafísica do Estado, buscou ser uma Teoria do Estado positiva, ou seja, uma Teoria do Estado estritamente jurídica, sem qualquer matiz político. Essa teoria integrou-se num grande movimento sociocientífico que, paralelamente a uma evolução análoga no domínio das ciências naturais, se dirigiu contra a especulação naturalista do século XVIII, e aspirava, apoiada pela escola histórica do primeiro terço do século XIX, a constituir uma teoria da sociedade real (Sociologia) e do Direito Positivo. O seu método foi influenciado, mais ou menos consciente e consequentemente, pela crítica kantiana da razão: o dualismo do ser e do dever ser; substituição de hipóstases e postulados metafísicos por categorias transcendentais como condições de experiência; transformação de antíteses absolutas (qualitativas e transistemáticas) em diferenças relativas, quantitativas, intrassistemáticas; passagem da esfera subjetivista do psicologismo para a esfera da validade lógico-objetiva: aqui estão

---

751 KELSEN, Hans. *Teoría General del Estado*. Trad. Luis Legaz Lacambra. Barcelona-Madrid-Buenos Aires: Editorial Labor S.A., 1934, p. VII, tradução nossa.

> alguns momentos essenciais deste método e as diretrizes do meu trabalho teórico.[752]

Especificamente sobre Jellinek, Kelsen afirma o seguinte:

> Compreende-se que de maneira especial me referi à Teoria Geral do Estado de Georg Jellinek, cujo mérito mais duradouro é o de ter sintetizado com perfeição e maestria a Teoria do Estado do século passado; na maioria dos casos, as suas concepções representam o que poderíamos chamar de patrimônio científico do universitário médio. Portanto, quantas vezes precisei me referir a isso, encontrei apoio essencial no *standard work* do meu inesquecível professor.[753]

Todavia, o próprio Kelsen, em sua autobiografia, dá uma outra versão sobre a sua relação intelectual e pessoal com Jellinek. Por volta de 1907, quando ainda escrevia a sua tese de livre-docência, ele e sua família se viram enredados em problemas financeiros. A solução encontrada por Kelsen foi se candidatar a bolsas de estudo que permitissem o seu sustento e a finalização da tese de habilitação, tendo finalmente conseguido uma que lhe "deu a possibilidade de ir durante um semestre para Heidelberg para assistir às aulas de Georg Jellinek, que era então considerado a maior autoridade no campo da Teria Geral do Estado".[754]

---

752 KELSEN, Hans. *Teoría General del Estado*. Trad. Luis Legaz Lacambra. Barcelona-Madrid-Buenos Aires: Editorial Labor S.A., 1934, p. VII-VIII, tradução nossa.

753 KELSEN, Hans. *Teoría General del Estado*. Trad. Luis Legaz Lacambra. Barcelona-Madrid-Buenos Aires: Editorial Labor S.A., 1934, p. IX, tradução nossa.

754 KELSEN, Hans. *Autobiografia*. Trad. Gabriel Nogueira Dias e José lgnácio Coelho Mendes Neto. 5ª ed. Rio de Janeiro: Forense Universitária, 2018, p. 46.

Kelsen narra que, após a obtenção da bolsa, procurou Edmund Bernatzik – seu orientador e que "era então o professor de Direito Público e Constitucional mais célebre da Áustria"[755] – com vistas a obter ajuda acadêmica para ir a Heidelberg. Todavia, segundo aponta, Bernatzik repentinamente mudou o seu tratamento amistoso e encorajador de sempre, tratando-o de maneira fria, o que Kelsen reputa ao fato de que "ele desejava porventura evitar tomar partido por um candidato judeu diante da atitude não muito amigável para com os judeus".[756] E arremata:

> Não acredito que ele próprio fosse antissemita. Porém, como o número de professores e docentes não arianos da faculdade era considerado relativamente alto, na prática não era fácil apoiar um candidato judeu. De modo geral, a orientação política de Bernatzik era a de um liberal do século XIX.[757]

Mesmo sem a ajuda de seu mestre de Viena, Kelsen foi estudar com Jellinek:

> Parti então para Heidelberg sem a bênção do meu orientador, que era decisivo para meu futuro. Ali, passei alguns meses de trabalho extremamente intenso nos meus *Hauptprobleme*. Não reservei tempo algum para assistir a aulas e **frequentei apenas o seminário de Jellinek, que não meu causou nenhuma emoção especial**. Tampouco tive contato pessoal mais próximo com Jellinek. Ele andava rodeado de um círculo quase

---

755 KELSEN, Hans. *Autobiografia*. Trad. Gabriel Nogueira Dias e José lgnácio Coelho Mendes Neto. 5ª ed. Rio de Janeiro: Forense Universitária, 2018, p. 43, nota nº 33.

756 KELSEN, Hans. *Autobiografia*. Trad. Gabriel Nogueira Dias e José lgnácio Coelho Mendes Neto. 5ª ed. Rio de Janeiro: Forense Universitária, 2018, p. 47.

757 KELSEN, Hans. *Autobiografia*. Trad. Gabriel Nogueira Dias e José lgnácio Coelho Mendes Neto. 5ª ed. Rio de Janeiro: Forense Universitária, 2018, p. 47.

impenetrável de estudantes fascinados por ele que adulavam sua vaidade de maneira inacreditável. Ainda me lembro da apresentação de um dos seus estudantes prediletos, que consistia em pouco mais que citações dos escritos de Jellinek. Depois desse seminário, foi-me permitido acompanhar Jellinek até em casa. No caminho, ele me perguntou o que eu tinha achado da apresentação. Exprimi um elogio dos mais comedidos. Jellinek ficou visivelmente irritado. Ele afirmou que havia sido uma realização excepcional e predisse um grande futuro acadêmico para o expositor. Posteriormente, no curso de sua atividade acadêmica o tal sujeito só teve parcas e medianas realizações. Jellinek era muito melhor escritor que professor. Ele não tolerava a menor contradição, o que eu percebi tarde demais, privando-me totalmente da sua graça. **Antes de ir a Heidelberg, eu já havia estudado suas obras com a maior atenção e tido a impressão de que, no campo da teoria jurídica, ele era deveras fraco e desprovido de originalidade. Contudo, no campo histórico e filosófico-sociológico, sua contribuição para a teoria do Estado do século XIX foi considerável. Como eu estava interessado justamente no aspecto jurídico-teórico, havia entre ele e eu mais oposição do que convinha ao nosso relacionamento pessoal.** Aliás, fora do seminário eu não o vi mais do que duas ou três vezes. Se bem me lembro, naquela época ele também era reitor da universidade e tinha, nessa qualidade, pouco tempo para se dedicar a estudantes recém-chegados. **Logo descobri que tanto a pessoa de Jellinek quanto o seu seminário não seriam de muita valia para o meu trabalho e concentrei-me inteiramente neste último.** Por causa disso deixei de ter contato mais próximo com o círculo de Max Weber, que lecionava então com grande sucesso em Heidelberg e com cujos escritos eu só me familiarizaria muito tempo depois.[758]

---

758 KELSEN, Hans. *Autobiografia*. Trad. Gabriel Nogueira Dias e José Ignácio Coelho Mendes Neto. 5ª ed. Rio de Janeiro: Forense Universitária, 2018, pp. 47-49, destaque nosso.

Na sua *Allgemeine Staatslehre*, de 1925, Kelsen claramente se contrapõe àquilo que vinha sendo feito em termos de Teoria Geral do Estado na Alemanha das últimas décadas do século XIX, especialmente no que concerne ao dualismo metodológico estampado no clássico livro de Jellinek lançado em 1900:

> Esta é uma das razões pelas quais a Política deve ser radicalmente separada da Teoria Geral do Estado como ciência. Esta separação já está contida na mesma precisa diversidade de maneiras que ambas têm de colocar problemas. A Teoria Geral do Estado não pergunta, como a Política, "se" o Estado deveria ser, nem "por que", nem "como" deveria ser, mas sim o que e como o Estado "é". A Política, como doutrina do Estado melhor, "verdadeiro" e "justo", distingue-se da Teoria Geral, como doutrina de um Estado concreto e real; do mesmo modo que a chamada Filosofia do Direito, como doutrina do melhor Direito, do Direito verdadeiro e justo, segundo uma concepção já hoje corrente, distingue-se da Teoria Geral do Direito, como doutrina do Direito possível, e da Teoria Especial, como doutrina do Direito Positivo e concreto. Ao separar claramente a Teoria do Estado da Política – como Ética e Técnica Social – por um lado, e das ciências naturais e da sociologia naturalista, por outro, concretizou-se o postulado da pureza do método.[759]

Noutras palavras:

> sob a Teoria "geral" do Estado, são convencionalmente tratados alguns problemas especiais cuja natureza de problemas jurídicos – isto é, típicos da Teoria do Direito – tem sido obscurecida na

759 KELSEN, Hans. *Teoría General del Estado*. Trad. Luis Legaz Lacambra. Barcelona-Madrid-Buenos Aires: Editorial Labor S.A., 1934, p. 58, tradução nossa.

> literatura atual em decorrência de sua mistura sincrética com pontos de vista ético-políticos e sociológico-naturalistas.[760]

Justamente aquilo que autores como Gerber, Laband e Jellinek – ainda que propalassem um alegado formalismo positivista – fizeram no campo da referida disciplina nas décadas finais do século XIX.

Para Kelsen, o Direito deveria ser cientificamente compreendido a partir do cânone da pureza metodológica. Aqui já se percebe, de pronto, a diferença entre o positivismo clássico do século XIX e o neopositivismo científico que informava as reflexões kelsenianas, as quais se tornaram bem mais sofisticadas no que se refere à relação entre ciência e linguagem.[761]

A Teoria do Estado desenvolvida por Kelsen pretendia ser um estudo normativo do Estado – a norma jurídica como objeto e a pureza científica como método. Para ele, o Estado seria, *juridicamente*, nada mais do que uma unidade normativa soberana,[762] uma "ordem normativa coercitiva da conduta humana",[763] um âmbito de manifestação de validade da norma jurídica.

Sendo assim, Kelsen critica veementemente a forma como a Teoria Geral do Estado dominante enxergava o Estado como uma "coisa corpórea, que ocupa um determinado espaço, um conglomerado

---

760 KELSEN, Hans. *Teoría General del Estado*. Trad. Luis Legaz Lacambra. Barcelona-Madrid-Buenos Aires: Editorial Labor S.A., 1934, p. 59, tradução nossa.

761 DIAS, Gabriel Nogueira. *Positivismo Jurídico e a Teoria Geral do Direito*: na obra de Hans Kelsen. São Paulo: Revista dos Tribunais, 2010, pp. 131-159; e WARAT, Luis Alberto. *O direito e sua linguagem*. 2ª ed. Porto Alegre: Sérgio Antonio Fabris Editor, 1995, p. 38.

762 KELSEN, Hans. *Teoría General del Estado*. Trad. Luis Legaz Lacambra. Barcelona-Madrid-Buenos Aires: Editorial Labor S.A., 1934, p. 123.

763 KELSEN, Hans. *Teoría General del Estado*. Trad. Luis Legaz Lacambra. Barcelona-Madrid-Buenos Aires: Editorial Labor S.A., 1934, p. 123, tradução nossa.

composto de três elementos constitutivos diferentes (...): o território, o povo e o poder (autoridade)".[764]

Essa perspectiva clássica, sobretudo na versão de Jellinek, padeceria de pouca consistência metodológica e terminológica, do que derivariam diversas ambiguidades acerca do termo "Estado" que não mais poderiam ser aceitas.[765]

Como alternativa, afirma que, quando se promove uma

> redução às relações jurídicas, às relações puras entre fatos de uma ordem jurídica possível, estabelecidas pela norma jurídica, a abordagem e a solução do problema se livram dos elementos do reino da natureza, ou seja, das condições ou pressupostos naturais da ideologia estatal ou jurídica que são inadvertidamente introduzidos na exposição de seus conteúdos objetivos autônomos.[766]

Em outras palavras, aquelas longas e robustas incursões sócio-históricas empreendidas por Jellinek em sua *Allgemeine Staatslehre* para expor as características principais do Estado e para justificar as peculiaridades da conformação estatal alemã não seriam mais justificáveis do ponto de vista de uma ciência do Direito.

Segundo aponta, a Teoria Geral do Estado clássica (e não é difícil perceber a referência de Kelsen a Jellinek) está baseada em um questionável dualismo entre Direito e Estado, em que

---

764 KELSEN, Hans. *Teoría General del Estado*. Trad. Luis Legaz Lacambra. Barcelona-Madrid-Buenos Aires: Editorial Labor S.A., 1934, p. 124, tradução nossa.

765 KELSEN, Hans. *Teoría General del Estado*. Trad. Luis Legaz Lacambra. Barcelona-Madrid-Buenos Aires: Editorial Labor S.A., 1934, p. 124.

766 KELSEN, Hans. *Teoría General del Estado*. Trad. Luis Legaz Lacambra. Barcelona-Madrid-Buenos Aires: Editorial Labor S.A., 1934, p. 125, tradução nossa.

> o Estado, como entidade metajurídica, como um macro-ser humano ou organismo social, é pressuposto do Direito e, ao mesmo tempo, aquele que pressupõe o Direito, pois é um sujeito de direito que se submete ao Direito, que é obrigado pelo Direito e que está autorizado pelo Direito. Trata-se da famosa teoria do duplo aspecto e da auto-obrigação do Estado.[767]

Para Kelsen, essa tradicional forma de compreensão da relação entre Direito e Estado teria uma função, ao fim e ao cabo, ideológica e não efetivamente científica:

> Na medida em que uma legitimação metafísica religiosa do Estado torna-se ineficaz, deve essa Teoria do Estado de Direito se tornar a única justificação possível do Estado. Essa "teoria" faz do Estado, na medida em que o considera uma pessoa jurídica, objeto do conhecimento jurídico, objeto da teoria jurídica do Estado, e, ao mesmo tempo, enfatiza que o Estado não pode ser apreendido juridicamente, pois como poder ele é essencialmente diverso do Direito. Essa contradição não afeta essa teoria, já que contradições são inerentes a teorias ideológicas, não significando uma dificuldade séria, pois ideologias não visam realmente ao aprofundamento do conhecimento, mas antes à determinação da vontade. Não se trata de apreender a essência do Estado, mas antes de fortalecer a sua autoridade.[768]

767 KELSEN, Hans. *Teoria Pura do Direito*: introdução à problemática jurídico-científica. 1ª ed. alemã (1934). Trad. Alexandre Travessoni Gomes Trivissonno. Rio de Janeiro: Forense Universitária, 2021, pp. 102/103.

768 KELSEN, Hans. *Teoria Pura do Direito*: introdução à problemática jurídico-científica. 1ª ed. alemã (1934). Trad. Alexandre Travessoni Gomes Trivissonno. Rio de Janeiro: Forense Universitária, 2021, p. 103.

Contra essa tradição doutrinária "metafísica e mística",[769] Kelsen suscita que o Estado reflete, ao fim e ao cabo, uma ordem de comportamento humano de natureza peculiar: "uma ordem social de coação (...) idêntica à ordem jurídica".[770] Disso redunda que o Estado é Direito, e o Direito é Estado.

Assim,

> toda expressão de vida do Estado, todo ato estatal, pode ser realizado somente como ato jurídico, como ato de criação ou implementação de normas jurídicas. Uma ação humana é um ato estatal somente na medida em que ela é qualificada como tal por uma norma jurídica.[771]

Com esse raciocínio, Kelsen promove uma identificação entre os problemas da Teoria Geral do Estado e os problemas da Teoria do Direito, já que ambas as searas jurídicas teriam como preocupação "problemas referentes à validade e à criação da ordem jurídica".[772]

Os clássicos elementos do Estado (povo, poder e território) e o conceito de soberania deveriam ser normativamente estudados e definidos; para além disso, estar-se-ia diante de reflexões "metajurídicas" sobre o Estado e, portanto, não eminentemente jurídicas,

---

769 KELSEN, Hans. *Teoria Pura do Direito*: introdução à problemática jurídico-científica. 1ª ed. alemã (1934). Trad. Alexandre Travessoni Gomes Trivissonno. Rio de Janeiro: Forense Universitária, 2021, p. 104.

770 KELSEN, Hans. *Teoria Pura do Direito*: introdução à problemática jurídico-científica. 1ª ed. alemã (1934). Trad. Alexandre Travessoni Gomes Trivissonno. Rio de Janeiro: Forense Universitária, 2021, p. 104.

771 KELSEN, Hans. *Teoria Pura do Direito*: introdução à problemática jurídico-científica. 1ª ed. alemã (1934). Trad. Alexandre Travessoni Gomes Trivissonno. Rio de Janeiro: Forense Universitária, 2021, p. 106.

772 KELSEN, Hans. *Teoria Pura do Direito*: introdução à problemática jurídico-científica. 1ª ed. alemã (1934). Trad. Alexandre Travessoni Gomes Trivissonno. Rio de Janeiro: Forense Universitária, 2021, p. 109.

mas políticas, históricas e sociológicas. Para Kelsen, "[a]quilo que se denomina 'elementos' do Estado – o poder estatal, o território do Estado e o povo do Estado – nada mais são que a validade dessa ordem estatal em si, bem como os âmbitos espacial e pessoal de validade dessa ordem".[773]

E não para por aí:

> A doutrina dos três Poderes ou funções do Estado tem como objeto os diferentes níveis de criação da ordem jurídica; os órgãos estatais só podem ser compreendidos como pressupostos fáticos de criação e de implementação do Direito, e as formas de Estado são os métodos de criação da ordem jurídica, que se aborda figurativamente como "vontade do Estado".[774]

Essa pretensão de Kelsen é típica do paradigma do Estado Social, que enxergava o Estado como agente que, por sua própria definição, detinha o monopólio da normatividade jurídica. Ou seja, a distinção entre Direito Público e Direito Privado típica do paradigma do Estado Liberal, em que o segundo era sobremaneira valorizado, não seria jamais ontológica, mas meramente didática e convencional. Assim, conforme aponta Menelick de Carvalho Netto, "todo Direito é público, todo Direito é estatal, todo Direito é criado num Parlamento. A quantidade de esfera privada que se deixa é uma convenção, todo Direito é convencional. É exatamente essa a ideia básica desse paradigma, que Kelsen representa tão bem".[775]

---

773 KELSEN, Hans. *Teoria Pura do Direito*: introdução à problemática jurídico-científica. 1ª ed. alemã (1934). Trad. Alexandre Travessoni Gomes Trivissonno. Rio de Janeiro: Forense Universitária, 2021, p. 109.

774 KELSEN, Hans. *Teoria Pura do Direito*: introdução à problemática jurídico-científica. 1ª ed. alemã (1934). Trad. Alexandre Travessoni Gomes Trivissonno. Rio de Janeiro: Forense Universitária, 2021, p. 110.

775 CARVALHO NETTO, Menelick de. "A contribuição do Direito Administrativo enfocado da ótica do administrado: para uma reflexão acerca dos fundamentos do controle de constitucionalidade das Leis no

Nesse sentido, Kelsen avança uma teoria normativa do Estado baseada no pressuposto da infalibilidade jurídica estatal. Todavia, essa infalibilidade por ele apontada não é absoluta, já que o próprio jurista austríaco afirma, a partir da sua perspectiva escalonada do ordenamento jurídico,

> não haver apenas uma única ordem jurídica estatal individual, mas antes serem válidas várias ordens jurídicas estatais individuais coordenadas e, assim, limitadas juridicamente em seus âmbitos de validade umas em relação às outras.[776]

E "é o Direito Internacional que realiza essa coordenação das ordens jurídicas estatais individuais e a limitação recíproca de seus âmbitos de validade",[777] do que deriva que o Direito Internacional se coloca acima dessas ordens jurídicas nacionais. Há, portanto, uma infalibilidade apenas *relativa* do Estado.

Destaque-se que o radical normativismo jurídico kelseniano, sistematizado na sua *Allgemeine Staatslehre*, de 1925, deságua, dois anos antes da publicação da *Verfassungslehre* de Carl Schmitt, na identificação entre Teoria Geral do Estado e Teoria da Constituição, confira-se:

> O que constitui o conteúdo essencial da Teoria Geral do Estado, para além do problema sobre a essência do mesmo – e, portanto, do Direito –, são os problemas acerca da validade e da produção da ordem estatal: é dizer, as questões em torno do

---

Brasil. Um pequeno exercício de Teoria da Constituição". *Revista do Tribunal Superior do Trabalho*, Brasília, vol. 68, nº 2, abr./jun. 2002, p. 78.

776 KELSEN, Hans. *Teoria Pura do Direito*: introdução à problemática jurídico-científica. 1ª ed. alemã (1934). Trad. Alexandre Travessoni Gomes Trivissonno. Rio de Janeiro: Forense Universitária, 2021, p. 77.

777 KELSEN, Hans. *Teoria Pura do Direito*: introdução à problemática jurídico-científica. 1ª ed. alemã (1934). Trad. Alexandre Travessoni Gomes Trivissonno. Rio de Janeiro: Forense Universitária, 2021, p. 773.

> sentido da validade e da ordem jurídica em geral, bem como no diz que respeito ao domínio espacial, temporal e pessoal da validade, e as questões acerca dos graus, dos métodos e dos órgãos de produção da ordem jurídica. Todavia, a terminologia usual oculta a substância jurídica desses problemas ao falar de poder, de território de povo do Estado, de uniões de Estados, de funções, órgãos e formas do Estado. Os problemas de criação da ordem estatal são geralmente compreendidos sob o conceito de "Constituição". E assim como no conceito tradicional de Direito "político" (ou "do Estado") – idêntico com o de Direito Constitucional – o conceito de Estado adota o sentido de "Constituição", é dizer, de princípio de criação de Direito, fundamentador da unidade na variedade de fenômenos jurídicos, do mesmo modo **a Teoria "geral" do Estado coincide com a Teoria geral da Constituição.** Junto a ela, como doutrina das Constituições possíveis, existe a Teoria especial do Estado, como doutrina de um Estado "real" e concreto, isto é, como doutrina de uma Constituição positiva.[778]

Nesse sentido, de acordo com Gilberto Bercovici,

> muitas vezes passa despercebida a, talvez, grande inovação de Hans Kelsen: a substituição da Teoria Geral do Estado pela Teoria da Constituição. Kelsen destaca a importância da juridicidade da Constituição, indo além da ideia da Constituição estatal: a base da Constituição não é o Estado ou a "força normativa dos fatos", mas a norma fundamental, que não é posta, mas pressuposta.[779]

---

778 KELSEN, Hans. *Teoría General del Estado*. Trad. Luis Legaz Lacambra. Barcelona-Madrid-Buenos Aires: Editorial Labor S.A., 1934, p. 59-60, tradução e destaque nossos.

779 BERCOVICI, Gilberto. "A Constituição Dirigente e a crise da Teoria da Constituição". *In*: SOUZA NETO, Cláudio Pereira de; BERCOVICI, Gilberto; MORAES FILHO, José Filomeno de; LIMA, Martonio Mont'Alverne Barreto (Coord.). *Teoria da Constituição*: estudos sobre o lugar da Política no Direito Constitucional. Rio de Janeiro: Lumen Juris, 2003, p. 91. Nesse sentido, conferir também: OLIVEIRA,

Ademais, Kelsen deixa explícito que pretende, mais do que identificar a Teoria Geral do Estado com a Teoria da Constituição, conceber essas duas disciplinas como partes integrantes da própria Teoria do Direito:[780]

> Em todo caso, trata-se de Teoria do Direito. Contudo, a Teoria do Estado tem mais consciência desse seu caráter jurídico ali onde se ocupa de um Direito "real" do que quando surge a questão em torno do Direito "possível"; e, por isso, na Teoria especial do Direito político mostra-se mais evidente que na Teoria Geral do Estado a existência de uma clara e radical ruptura com o raciocínio ético-político; por outro lado, também a Teoria Geral do Estado é teoria do Direito Positivo, desde o momento em que surge o problema sobre a sua "possibilidade". Assim como a Constituição – cujo conceito será estudado a fundo mais adiante – constitui o princípio fundamental da criação da ordem jurídica, e assim como o Direito Constitucional constitui o fundamento de todo o Direito restante, do mesmo modo a Teoria – geral e especial – do Direito Constitucional trata de unificar-se no sistema da Teoria Geral do Direito com todas as outras Teorias de cada Direito em particular (Teoria do Direito Civil, Penal, Administrativo, Processual...).[781]

Feitos esses imprescindíveis esclarecimentos metodológicos, é preciso explicitar que o neopositivismo normativista defendido por Kelsen deita raízes – ainda que se possa questionar a coerência e a correção das soluções jurídicas por ele elegidas – em pressupostos

---

Marcelo Andrade Cattoni de. *Contribuições para uma Teoria Crítica da Constituição*. 2ª ed. Belo Horizonte: Conhecimento, 2021, pp. 32-34.

780 OLIVEIRA, Marcelo Andrade Cattoni de. *Contribuições para uma Teoria Crítica da Constituição*. 2ª ed. Belo Horizonte: Conhecimento, 2021, p. 34.

781 KELSEN, Hans. *Teoría General del Estado*. Trad. Luis Legaz Lacambra. Barcelona-Madrid-Buenos Aires: Editorial Labor S.A., 1934, p. 60, tradução nossa.

democráticos e parlamentaristas, que aparecem claramente na sua defesa da democracia como procedimento e nas suas premissas filosóficas relativistas.

De acordo com ele,

> a experiência ensina que, se quisermos ser realmente todos iguais, deveremos deixar-nos comandar. Por isso a ideologia política não renuncia a unir liberdade com igualdade. A síntese desses dois princípios é justamente a característica da democracia.[782]

Kelsen deixa mostras evidentes de seu pertencimento ao paradigma do Estado Social quando afirma que, naquela conjuntura de sociedades de massas do século XX em que estava escrevendo, "[a] liberdade natural transforma-se em liberdade social ou política. É politicamente livre aquele que está submetido, sim, mas à vontade própria e não alheia".[783]

Concebendo a liberdade como "autodeterminação política do cidadão, como participação do próprio cidadão na formação da vontade diretiva do Estado",[784] Kelsen ressignifica o conceito de povo. Renunciando a conceituações sociológicas e culturalistas, que buscavam identificar unidades antropológicas e culturais em

---

782 KELSEN, Hans. "Essência e valor da democracia". *In*: ______. *Democracia*. 3ª ed. Trad. Ivone Castilho Benedetti, Jefferson Luiz Camargo, Marcelo Brandão Cipolla e Vara Barkow. São Paulo: Martins Fontes, 2019, p. 27.

783 KELSEN, Hans. "Essência e valor da democracia". *In*: ______. *Democracia*. 3ª ed. Trad. Ivone Castilho Benedetti, Jefferson Luiz Camargo, Marcelo Brandão Cipolla e Vara Barkow. São Paulo: Martins Fontes, 2019, p. 28.

784 KELSEN, Hans. "Essência e valor da democracia". *In*: ______. *Democracia*. 3ª ed. Trad. Ivone Castilho Benedetti, Jefferson Luiz Camargo, Marcelo Brandão Cipolla e Vara Barkow. São Paulo: Martins Fontes, 2019, p. 28.

aglomerados humanos, ele afirma que o conceito de unidade decorrente dessas teorias é meramente hipotético, fictício e parcial. Na verdade, segundo defende, "o povo só parece uno, em sentido mais ou menos preciso, do ponto de vista jurídico; a sua unidade, que é normativa, na realidade é resultante de um dado jurídico: a submissão de todos os seus membros à mesma ordem jurídica estatal constituída".[785]

Kelsen tem plena consciência de que, nas sociedades de massas do século XX, é simplesmente impossível que a democracia se realize diretamente, circunstância essa que impeliu o surgimento da representação política, da democracia indireta desenvolvida nos Parlamentos.[786]

O jurista austríaco sabe, todavia, que o "povo" eleitoralmente ativo, ou seja, a parcela da população que efetivamente atua na determinação dos rumos do Estado não representa a integralidade dos indivíduos, já que participam ativamente apenas aqueles possuidores de direitos políticos.[787] Essa premissa não tem o condão, contudo, de descaracterizar o matiz democrático da representação, já que, para Kelsen, "[a] moderna democracia funda-se inteiramente nos

---

785 KELSEN, Hans. "Essência e valor da democracia". *In*: ______. *Democracia*. 3ª ed. Trad. Ivone Castilho Benedetti, Jefferson Luiz Camargo, Marcelo Brandão Cipolla e Vara Barkow. São Paulo: Martins Fontes, 2019, p. 36.

786 KELSEN, Hans. "Essência e valor da democracia". *In*: ______. *Democracia*. 3ª ed. Trad. Ivone Castilho Benedetti, Jefferson Luiz Camargo, Marcelo Brandão Cipolla e Vara Barkow. São Paulo: Martins Fontes, 2019, p. 43.

787 KELSEN, Hans. "Essência e valor da democracia". *In*: ______. *Democracia*. 3ª ed. Trad. Ivone Castilho Benedetti, Jefferson Luiz Camargo, Marcelo Brandão Cipolla e Vara Barkow. São Paulo: Martins Fontes, 2019, p. 37.

partidos políticos, cuja importância será tanto maior quanto for a aplicação encontrada pelo princípio democrático".[788]

Nesse sentido, enquanto "órgãos de formação da vontade do Estado".[789] os partidos políticos também aglutinam, em suas agremiações e plataformas, a representação política dos diversos setores da sociedade, inclusive daqueles indivíduos que não possuem direitos políticos.

É justamente por isso que "o descrédito dos partidos políticos, caro à doutrina política da monarquia constitucional, era um ataque, ideologicamente mascarado, contra a atuação da democracia".[790]

As críticas direcionadas à democracia representativa como indícios das apontadas crises do Parlamento seriam, então, para Kelsen, muito mais uma "interpretação subjetiva que os que participam das instituições ou nelas estão interessados procuram fazer prevalecer por motivos conscientes ou inconscientes"[791] do que efetivamente um enfrentamento da essência objetiva do parlamentarismo, que seria "a formação da vontade diretiva do Estado através de um órgão colegial

---

788 KELSEN, Hans. "Essência e valor da democracia". *In*: ______. *Democracia*. 3ª ed. Trad. Ivone Castilho Benedetti, Jefferson Luiz Camargo, Marcelo Brandão Cipolla e Vara Barkow. São Paulo: Martins Fontes, 2019, p. 39.

789 KELSEN, Hans. "Essência e valor da democracia". *In*: ______. *Democracia*. 3ª ed. Trad. Ivone Castilho Benedetti, Jefferson Luiz Camargo, Marcelo Brandão Cipolla e Vara Barkow. São Paulo: Martins Fontes, 2019, p. 39.

790 KELSEN, Hans. "Essência e valor da democracia". *In*: ______. *Democracia*. 3ª ed. Trad. Ivone Castilho Benedetti, Jefferson Luiz Camargo, Marcelo Brandão Cipolla e Vara Barkow. São Paulo: Martins Fontes, 2019, p. 40.

791 KELSEN, Hans. "Essência e valor da democracia". *In*: ______. *Democracia*. 3ª ed. Trad. Ivone Castilho Benedetti, Jefferson Luiz Camargo, Marcelo Brandão Cipolla e Vara Barkow. São Paulo: Martins Fontes, 2019, p. 46.

eleito pelo povo com base no sufrágio universal e igualitário, vale dizer democrático, segundo o princípio da maioria".[792]

De acordo com ele, o parlamentarismo é marcado pela "conciliação entre a exigência democrática de liberdade e o princípio da distribuição do trabalho";[793] dessa circunstância exsurge o princípio majoritário e a formação indireta da vontade política.

Teria sido, portanto, a não compreensão dessa divisão de tarefas o disfarce predileto dos opositores da democracia para apontar a suposta falta de identidade entre o povo e o Parlamento eleito.

Para ele, tratar-se ia de uma má compreensão da ficção moderna da representação, que obviamente não pode mais refletir, dado o tamanho e a complexidade das sociedades, *ipsis literis* a vontade popular. Portanto, nas modernas democracias, "[a] ficção da representação deve legitimar o Parlamento do ponto de vista da soberania popular".[794]

Ademais, essa ficção teria cumprido importante papel simbólico, na medida em que,

> [f]azendo crer que a grande massa do povo se determina politicamente sozinha no Parlamento eleito, impediu um exagero da ideia política na realidade; exagero que teria representado

---

792 KELSEN, Hans. "Essência e valor da democracia". *In*: ______. *Democracia*. 3ª ed. Trad. Ivone Castilho Benedetti, Jefferson Luiz Camargo, Marcelo Brandão Cipolla e Vara Barkow. São Paulo: Martins Fontes, 2019, p. 46.

793 KELSEN, Hans. "Essência e valor da democracia". *In*: ______. *Democracia*. 3ª ed. Trad. Ivone Castilho Benedetti, Jefferson Luiz Camargo, Marcelo Brandão Cipolla e Vara Barkow. São Paulo: Martins Fontes, 2019, p. 47.

794 KELSEN, Hans. "Essência e valor da democracia". *In*: ______. *Democracia*. 3ª ed. Trad. Ivone Castilho Benedetti, Jefferson Luiz Camargo, Marcelo Brandão Cipolla e Vara Barkow. São Paulo: Martins Fontes, 2019, p. 48.

> um perigo para o progresso social, pois teria caminhado necessariamente *pari passu* com uma primitivização antinatural da técnica política.[795]

Seja pela divisão do trabalho social como característica estrutural da modernidade, seja pela legitimação do Parlamento através do princípio da soberania popular, Kelsen defende o recurso à ficção da representação. Todavia, ainda que se concedesse aos críticos a inaplicabilidade desse artifício simbólico, o valor do parlamentarismo "poderá ser justificado como um meio técnico-social específico para a criação da ordem do Estado".[796]

Ao desonerar o parlamentarismo do imperativo de representação exata e total da vontade popular, Kelsen pretende promover uma despsicologização do Direito e do Estado. Falando especificamente da transformação das vontades psicológicas individuais, por intermédio do procedimento legislativo, nos atos jurídicos do Estado, o jurista austríaco assim afirma:

> Este processo – traço essencial e característico –, partindo de uma forma inicial abstrata, transforma-se – através de certo número de estágios intermediários – numa forma concreta que ele leva, de um conjunto de normas gerais, a um conjunto de atos singulares emanados do Estado. Trata-se de um processo – totalmente diferente do processo de formação da vontade psicológica do indivíduo – de concretização e individualização, no qual a criação das normas gerais e abstratas

---

795 KELSEN, Hans. "Essência e valor da democracia". *In*: ______. *Democracia*. 3ª ed. Trad. Ivone Castilho Benedetti, Jefferson Luiz Camargo, Marcelo Brandão Cipolla e Vara Barkow. São Paulo: Martins Fontes, 2019, pp. 48/49.

796 KELSEN, Hans. "Essência e valor da democracia". *In*: ______. *Democracia*. 3ª ed. Trad. Ivone Castilho Benedetti, Jefferson Luiz Camargo, Marcelo Brandão Cipolla e Vara Barkow. São Paulo: Martins Fontes, 2019, p. 49.

> se distingue claramente da criação das disposições concretas e individuais.[797]

Ainda sobre o ponto, arremata afirmando que "as decisões dos órgãos de um grupo primitivo comportam, bem menos que as decisões dos órgãos de um Estado moderno, um poder discricionário que foge a qualquer norma geral".[798]

Tomando o Parlamento, portanto, como instituição política já sedimentada na tradição política do Estado Moderno, Kelsen afirma que, ao

> pergunta[r]-se apenas de que modo o Parlamento deve ser convocado, como deve ser composto e quais devem ser a natureza e a extensão de sua competência, (...) todas as tentativas dirigidas para a organização corporativista do Estado ou para a ditadura só visam à reforma pura e simples do parlamentarismo, conquanto seus programas reclamem a sua abolição.[799]

O otimista e combatente parlamentarista Kelsen de 1929 (ano da segunda edição de *Vom Wesen und Wert der Demokratie*) não podia prever que, a partir do ano seguinte, nos governos Brüning, von Papen e von Schleicher, todos eles formados pelo Presidente Hindenburg à revelia do *Reichstag*, seria empreendida a derrocada

---

797 KELSEN, Hans. "Essência e valor da democracia". *In*: ______. *Democracia*. 3ª ed. Trad. Ivone Castilho Benedetti, Jefferson Luiz Camargo, Marcelo Brandão Cipolla e Vara Barkow. São Paulo: Martins Fontes, 2019, p. 52.

798 KELSEN, Hans. "Essência e valor da democracia". *In*: ______. *Democracia*. 3ª ed. Trad. Ivone Castilho Benedetti, Jefferson Luiz Camargo, Marcelo Brandão Cipolla e Vara Barkow. São Paulo: Martins Fontes, 2019, p. 52.

799 KELSEN, Hans. "Essência e valor da democracia". *In*: ______. *Democracia*. 3ª ed. Trad. Ivone Castilho Benedetti, Jefferson Luiz Camargo, Marcelo Brandão Cipolla e Vara Barkow. São Paulo: Martins Fontes, 2019, p. 52.

da democracia parlamentar weimariana por meio da famosa solução dos "gabinetes presidenciais", que contou com o dedo de Carl Schmitt.

Voltando ao fio da meada, se o problema dos críticos era, no fundo, meramente o de reforma do Parlamento, Kelsen propõe algumas soluções para aperfeiçoar o instituto, tais como alterar a necessidade de atuação fixa dos parlamentares eleitos durante todo o mandato, possibilitando a sua substituição por outros, do mesmo partido, a depender da matéria em discussão, o que daria pluralidade representativa e aproximaria o Parlamento do povo. Kelsen defende, ainda, a revisão do postulado da irresponsabilidade dos deputados perante os eleitores, de forma a aperfeiçoar o sistema proporcional. Outra saída seria também o aperfeiçoamento das disposições constitucionais atinentes à iniciativa popular nos projetos de leis processados e votados nas casas legislativas.[800]

Por outro lado, uma reforma que Kelsen não admitia é a adoção da representação profissional. Para ele, reduzir os interesses do ser humano ao âmbito laboral seria uma simplificação grosseira, que implicaria desconsiderar toda a multiplicidade de variáveis que compõem a condição humana em prol de apenas uma limitada dimensão, a do trabalho.

Esse tipo de representação classista pressupõe uma unidade monolítica dessas classes profissionais, o que não seria factível. Além disso, desconsideravam-se as amplas disputas políticas entre empregados e empregadores e entre interesses de classes profissionais diferentes, o que remanesceria indefinidamente sem solução viável, a menos que se remetessem tais conflitos a um órgão imparcial em que a generalidade do povo é representada, justamente o Parlamento.[801]

---

800 KELSEN, Hans. "Essência e valor da democracia". *In*: ______. *Democracia*. 3ª ed. Trad. Ivone Castilho Benedetti, Jefferson Luiz Camargo, Marcelo Brandão Cipolla e Vara Barkow. São Paulo: Martins Fontes, 2019, pp. 53-57.

801 KELSEN, Hans. "Essência e valor da democracia". *In*: ______. *Democracia*. 3ª ed. Trad. Ivone Castilho Benedetti, Jefferson Luiz

Com sarcasmo, afirma que "a burguesia reclama uma organização profissional exatamente quando se manifesta a possibilidade de o proletariado, até agora em minoria, tornar-se maioria".[802] Historicamente, para Kelsen, a representação classista é uma forma de predominância de grupos sobre outros.

Bloquear esse predomínio de uma classe sobre outra é função, justamente, do princípio majoritário presente no parlamentarismo. Para ele, a existência de uma maioria não necessariamente põe em risco as minorias; na verdade, um é pressuposto do outro, e a proteção das minorias estaria a cargo dos direitos fundamentais constitucionalmente positivados. Dessa forma, no procedimento parlamentar, haveria uma "autolimitação racional" calcada no respeito à legalidade e a esses direitos fundamentais, de forma a que as minorias estejam protegidas contra os eventuais arbítrios estatais.[803]

Além disso, esse princípio majoritário não seria tão absoluto como seus críticos o pintaram, já que existiriam outras complexidades e dinâmicas internas na formação dessa vontade da maioria.[804] Na verdade, esse princípio promoveria uma redução da complexidade das disputas humanas em torno de dois grupos apenas, a maioria e a minoria, os quais, a partir da dialética parlamentar, marcada por

---

Camargo, Marcelo Brandão Cipolla e Vara Barkow. São Paulo: Martins Fontes, 2019, pp. 61-63.

802 KELSEN, Hans. "Essência e valor da democracia". *In*: ______. *Democracia*. 3ª ed. Trad. Ivone Castilho Benedetti, Jefferson Luiz Camargo, Marcelo Brandão Cipolla e Vara Barkow. São Paulo: Martins Fontes, 2019, p. 64.

803 KELSEN, Hans. "Essência e valor da democracia". *In*: ______. *Democracia*. 3ª ed. Trad. Ivone Castilho Benedetti, Jefferson Luiz Camargo, Marcelo Brandão Cipolla e Vara Barkow. São Paulo: Martins Fontes, 2019, p. 67.

804 KELSEN, Hans. "Essência e valor da democracia". *In*: ______. *Democracia*. 3ª ed. Trad. Ivone Castilho Benedetti, Jefferson Luiz Camargo, Marcelo Brandão Cipolla e Vara Barkow. São Paulo: Martins Fontes, 2019, pp. 68/69.

argumentos e contra-argumentos, tenderiam a chegar a um compromisso.[805] Tratar-se-ia, portanto, de um racional "acomodamento dos antagonismos políticos"[806] rumo a um compromisso, o que seria bastante diferente do conceito absoluto de maioria tomado como espantalho pelos antiparlamentaristas. Dessa forma, para Kelsen, a rejeição do princípio majoritário representaria, na verdade, uma rejeição dessa possibilidade democrática de um compromisso racional entre posições antagônicas.[807]

Uma relevante preocupação de Kelsen é com a relação entre legislação e execução. A primeira diz respeito à elaboração de normas gerais e abstratas, enquanto a segunda se refere à aplicação concreta dessas normas gerais produzidas no Parlamento – atividade essa que, para ele, entraria em conflito com o ideal democrático, já que a aplicação da lei não possui toda a discricionariedade que a sua elaboração experimenta. E isso, para Kelsen, é salutar, já que seria uma restrição democrática para preservar a própria democracia, na medida em que os conflitos típicos da arena parlamentar, uma vez traduzidos sob a forma de lei geral e abstrata, impõem a "exigência legítima de uma 'despolitização'" relativa.[808] Para tanto, seria

---

805 KELSEN, Hans. "Essência e valor da democracia". *In*: ______. *Democracia*. 3ª ed. Trad. Ivone Castilho Benedetti, Jefferson Luiz Camargo, Marcelo Brandão Cipolla e Vara Barkow. São Paulo: Martins Fontes, 2019, p. 70.

806 KELSEN, Hans. "Essência e valor da democracia". *In*: ______. *Democracia*. 3ª ed. Trad. Ivone Castilho Benedetti, Jefferson Luiz Camargo, Marcelo Brandão Cipolla e Vara Barkow. São Paulo: Martins Fontes, 2019, p. 70.

807 KELSEN, Hans. "Essência e valor da democracia". *In*: ______. *Democracia*. 3ª ed. Trad. Ivone Castilho Benedetti, Jefferson Luiz Camargo, Marcelo Brandão Cipolla e Vara Barkow. São Paulo: Martins Fontes, 2019, p. 77.

808 KELSEN, Hans. "Essência e valor da democracia". *In*: ______. *Democracia*. 3ª ed. Trad. Ivone Castilho Benedetti, Jefferson Luiz Camargo, Marcelo Brandão Cipolla e Vara Barkow. São Paulo: Martins Fontes, 2019, p. 83.

imprescindível a existência descentralizada de órgãos de controle, administrativos e judiciais (a jurisdição constitucional, por exemplo), para garantir a primazia do princípio da legalidade e, assim, indiretamente, da própria democracia.[809]

De acordo com ele, sobre a jurisdição constitucional:

> Esta função é, pois, importantíssima para a democracia, porquanto o respeito à Constituição, no procedimento legislativo, representa um eminente interesse da maioria – uma vez que – como já vimos – as disposições sobre o *quorum*, sobre a maioria qualificada etc. exercem função protetora em relação à própria minoria. Por isso, a minoria – se se quiser garantir a sua existência e a sua ação política, tão importantes para a democracia, e se a Constituição não representar uma *lex imperfecta* – deverá ter a possibilidade de recorrer, direta ou indiretamente, à jurisdição constitucional. O destino da democracia moderna depende em grande medida de uma organização sistemática de todas essas instituições de controle. A democracia sem controle é, a longo prazo, impossível. De fato, sem a autolimitação representada pelo princípio da legalidade, ela se autodestrói.[810]

Segundo aduz, em perspectiva típica do paradigma do Estado Social, não haveria uma separação estanque e absoluta entre os três poderes. Na verdade, "para Kelsen, o ordenamento jurídico se estrutura de forma tal que as normas se relacionam por uma subordinação.

---

809 KELSEN, Hans. "Essência e valor da democracia". *In*: ______. *Democracia*. 3ª ed. Trad. Ivone Castilho Benedetti, Jefferson Luiz Camargo, Marcelo Brandão Cipolla e Vara Barkow. São Paulo: Martins Fontes, 2019, pp. 84/85.

810 KELSEN, Hans. "Essência e valor da democracia". *In*: ______. *Democracia*. 3ª ed. Trad. Ivone Castilho Benedetti, Jefferson Luiz Camargo, Marcelo Brandão Cipolla e Vara Barkow. São Paulo: Martins Fontes, 2019, pp. 83/84.

Todo órgão produz e aplica Direito",[811] do que redunda que "um tribunal que tenha o poder de anular as leis é, por conseguinte, um órgão do Poder Legislativo".[812]

Dessa forma, um Tribunal Constitucional, quando anula uma lei válida promulgada pelo Parlamento, estaria, na verdade, legislando também, pois a sua sentença, expedida com efeito *erga omnes*, seria uma legislação negativa, de sinal trocado, já que, por meio dela, o Estado aporia um novo comando generalizado no lugar da lei declarada inconstitucional.[813]

O controle de constitucionalidade das leis seria, portanto, imprescindível à garantia da democracia como procedimento, inclusive devido ao seu caráter descentralizado em relação ao Parlamento, eis que exercido por uma Corte Constitucional:

> Não há hipótese de garantia da regularidade em que possa ser maior a tentação de confiar a anulação dos atos irregulares ao próprio órgão que os produziu do que a da garantia da Constituição. E, em nenhum caso, esse procedimento seria, precisamente, mais contraindicado. Com efeito, a única forma em que se poderia vislumbrar, em certa medida, uma garantia eficaz da constitucionalidade (declaração de irregularidade por um terceiro órgão e obrigação do órgão autor do ato irregular de anulá-lo) é impraticável nesse caso, porque o Parlamento não pode, por natureza, ser obrigado de modo eficaz. E seria ingenuidade política contar que ele anularia uma lei votada por ele próprio pelo fato de outra instância a ter declarado inconstitucional. O órgão legislativo se considera na realidade

---

811 MAIA, Paulo Sávio N. P *O guardião da Constituição na polêmica Kelsen-Schmitt*: Rechtsstaat como referência semântica na memória de Weimar. Brasília, UnB, 2007, p. 348. (Dissertação de Mestrado).

812 KELSEN, Hans. *Jurisdição constitucional*. Trad. Sérgio Sérvulo da Cunha. São Paulo: Martins Fontes, 2003, p. 153.

813 KELSEN, Hans. *Jurisdição constitucional*. Trad. Sérgio Sérvulo da Cunha. São Paulo: Martins Fontes, 2003, pp. 151-153.

> um livre criador do Direito, e não um órgão de aplicação do Direito, vinculado pela Constituição, quando teoricamente ele o é sim, embora numa medida relativamente restrita. Portanto, não é com o próprio Parlamento que podemos contar para efetuar sua subordinação à Constituição. É um órgão diferente dele, independente dele e, por conseguinte, também de qualquer outra autoridade estatal, que deve ser encarregado da anulação de seus atos inconstitucionais – isto é, uma jurisdição ou um tribunal constitucional.[814]

Derivada da sua compreensão acerca da relativa infalibilidade estatal e da conseguinte presunção de constitucionalidade dos atos normativos é a tese de Kelsen, contrariamente à tradição do controle de constitucionalidade estadunidense, no sentido de defender a *anulabilidade* e não a *nulidade* da lei declarada inconstitucional, uma vez que, via de regra, os efeitos por ela produzidos enquanto ainda plenamente vigente, isto é, antes de ser declarada inconstitucional, permanecem no mundo jurídico, só vindo a cessar exatamente quando o Tribunal Constitucional expede uma sentença em outro sentido, o que passa a produzir, a partir daí (*ex nunc*), novos efeitos normativos com eficácia *erga omnes* e, portanto, com verdadeira força de lei.[815]

Uma questão fundamental para a democracia é a escolha dos seus chefes. Não obstante uma concepção ideal de democracia implique na inexistência desses chefes, na vida política real, tem-se a necessidade de exercício de posições de domínio.

Ocorre que esse chefe é, nas democracias, escolhido por métodos democráticos e reacionais; qualquer pessoa pode vir a se tornar chefe; o chefe está subordinado ao princípio da legalidade e ao controle político e público de suas decisões.

---

814 KELSEN, Hans. *Jurisdição constitucional*. Trad. Sérgio Sérvulo da Cunha. São Paulo: Martins Fontes, 2003, p. 150.

815 KELSEN, Hans. *Jurisdição constitucional*. Trad. Sérgio Sérvulo da Cunha. São Paulo: Martins Fontes, 2003, pp. 140-144.

Nas autocracias, por sua vez, o chefe é eleito por critérios transcendentais e místicos, encarnando em si uma superioridade intrínseca em relação ao restante da população; os critérios para se tornar chefe ou são hereditários ou inexistentes; devido à sua origem mítica e divina, a condição de chefe não é acessível; a permanência dos chefes é indefinida, e eles não se subordinam a nada e a ninguém.

É interessante destacar as críticas que Kelsen faz às repúblicas presidencialistas em que os chefes de governo são eleitos por eleição direta da população, o que, segundo ele, enfraqueceria a soberania popular, na medida em que dificultaria qualquer controle político do governante eleito, que passaria a se autolegitimar pelos votos diretamente recebidos. A justificativa kelseniana é, portanto, a de que o controle exercido pelo Parlamento e pelos partidos políticos que o compõem seria essencial para a legitimação e para o controle democráticos do chefe de governo.

Ele chega a dizer, inclusive, que "as perspectivas de autocracia – embora limitadas no tempo – podem, em certos casos, ser maiores no regime presidencial do que na monarquia hereditária".[816]

Como bem aponta Gilberto Bercovici:

> O Estado é um mero meio de manter a ordem e a paz. Kelsen se preocupa com a possibilidade do Direito e do Estado, não com sua realidade. A formalização lógica do fenômeno jurídico busca reduzir o poder da racionalização formal-normativa do irracional. (...) Portanto, a teoria de Kelsen é relativista, mas não é neutra. Privilegia o domínio da forma, do abstrato, como parte do processo de racionalização, recusando qualquer concepção orgânica. Kelsen parte de uma visão atomística da sociedade, com a normativização completa do Estado, ou seja,

---

816 KELSEN, Hans. "Essência e valor da democracia". *In*: ______. *Democracia*. 3ª ed. Trad. Ivone Castilho Benedetti, Jefferson Luiz Camargo, Marcelo Brandão Cipolla e Vara Barkow. São Paulo: Martins Fontes, 2019, p. 90.

> sua dessubstancialização. Para Kelsen, não existe povo, a unidade do Estado só existe na esfera fictícia do ordenamento. A democracia é entendida como racionalidade e calculabilidade, garantia da certeza do Direito. A normatividade, para Kelsen, é entendida como normalidade e estabilidade.[817]

Desses postulados derivam, por exemplo, as profundas discordâncias kelsenianas com o marxismo e com as ditaduras, entendidos por ele como variantes políticas que, assentadas em postulados políticos substanciais e absolutos, tenderiam à irracionalidade política, à desordem e à revolução.[818]

Perceba-se, portanto, que o pano de fundo político-filosófico de Kelsen, para defender esse conceito meramente normativo de Estado, está profundamente relacionado com a sua concepção filosófica relativista – isto é, que não aceita como absoluto qualquer dogma político ou visão de mundo – e com a sua defesa da democracia (de corte parlamentar), em que deveria prevalecer, por sua origem democrática na soberania popular, o princípio da legalidade, inclusive como forma de controlar a atuação do Poder Executivo.

É óbvio que as teorias kelsenianas do Direito e do Estado são dignas (e foram objeto) de diversas problematizações, sobretudo no que diz respeito, por exemplo, aos seus conceitos de interpretação e de discricionariedade – posições típicas de uma compreensão anterior ao giro linguístico hermenêutico-pragmático – bem como no que concerne aos seus excessos de formalismo jurídico e de estatismo. Devido ao escopo limitado desta reconstrução de fragmentos da

---

817 BERCOVICI, Gilberto. *Soberania e Constituição*: para uma crítica do constitucionalismo. 3ª ed. São Paulo: Quartier Latin, 2020, pp. 21/22.

818 KELSEN, Hans. "Essência e valor da democracia". *In*: ______. *Democracia*. 3ª ed. Trad. Ivone Castilho Benedetti, Jefferson Luiz Camargo, Marcelo Brandão Cipolla e Vara Barkow. São Paulo: Martins Fontes, 2019, pp. 97-102.

obra kelseniana sobre a Teoria Geral do Estado, infelizmente não será possível aprofundar aqui essas questões.

Superado isso, é imprescindível destacar, conforme discorrido nas páginas anteriores, que a obra de Kelsen claramente esteve bastante comprometida, a seu modo, com a defesa da democracia semipresidencial de Weimar, bem como com a necessidade de controle jurídico do arbítrio político.

De acordo com Leticia Vita:

> Na [teoria] de Kelsen encontramos a ideia da primazia do Direito sobre o poder, em última análise, o ideal do Estado de Direito. E isso também se reflete na sua defesa do controle de constitucionalidade e no seu debate com Schmitt. Kelsen não está de todo cego à realidade do poder, muito ao contrário.[819]

2.3.2 A Teoria da Constituição de Carl Schmitt

Quando afirma, em sua clássica obra *Les nouvelles tendances du droit constitutionnel* – a qual será explorada mais à frente–, que o turbulento contexto político europeu dos anos 1920-1930 "**ressuscitou o antigo princípio monárquico**", Mirkine-Guetzévitch imediatamente abre uma nota de rodapé fazendo referência, no ponto, à *Verfassungslehre* de Carl Schmitt,[820] o que não é à toa.

Bem antes de sua amplamente conhecida filiação formal ao nazismo em 1933, Schmitt já vinha, há mais de uma década,

---

819 VITA, Letícia. *La legitimidad del Derecho y del Estado en el pensamiento jurídico de Weimar*: Hans Kelsen, Carl Schmitt y Hermann Heller. Buenos Aires: Editorial Eudeba (Universidad de Buenos Aires), 2014, p. 102, tradução nossa.

820 "(3) Cf. Carl Schmitt, *Verfassungslehre*, 1928, pag. 282 e sgs" (MIRKINE-GUETZÉVITCH, Boris. *As novas tendências do Direito Constitucional*. Trad. Candido Motta Filho. São Paulo: Companhia Editora Nacional, 1933, p. 288. nota de rodapé nº 3, destaque nosso).

insurgindo-se teoreticamente contra o constitucionalismo weimariano. A sua crucial obra *Verfassungslehre*, de 1928, é apenas a sistematização doutrinária de robustas reflexões constitucionais autoritárias datadas, principalmente, dessa tormentosa década de 1920, as quais, todavia, foram iniciadas antes mesmo de Weimar, já em sua tese de habilitação *Der Wert des Staates und die Bedeutung des Einzelnen* (em tradução livre, *O Valor do Estado e o Significado do Indivíduo*).[821] Marcelo Cattoni e Adamo Alves aduzem que essa tese, de 1914,

> é de grande importância para se demarcar uma característica de Schmitt. Schmitt era expoente de um estatalismo, defensor de um Estado forte que é exaltado e glorificado, ao mesmo tempo em que se contrapunha a qualquer conquista do constitucionalismo liberal do século XIX.[822]

Ainda na companhia dos professores da UFMG, é preciso marcar os efeitos do turbulento quinquênio de 1914-1919 para o jurista de Plettenberg:

> Os anos que se seguiram foram determinantes para o pensamento schmittiano. A Alemanha é derrotada e duramente penalizada com os termos do Tratado de Versailles, perdendo o território de Strasbourg, em que Schmitt tinha realizado sua formação. Além disso, a Revolução Bolchevique de 1917 deixa a classe burguesa alemã temerosa.
>
> A República de Weimar estabelecida com o fim da Primeira Guerra sofre constantes crises políticas e econômicas, o que, conjuntamente a todos esses dados, poderia explicar a obsessão de Schmitt com a retomada da soberania estatal da Alemanha

821 SCHMITT, Carl. *Der Wert des Staates und die Bedeutung des Einzelnen*. Tübingen: J. C. B. Mohr, 1914, tradução nossa.

822 OLIVEIRA, Marcelo Andrade Cattoni de; ALVES, Adamo Dias. "Carl Schmitt: um teórico da exceção sob o estado de exceção". *Revista Brasileira de Estudos Políticos*, vol. 105, 2012, p. 232.

> frente à ameaça da fragmentação de seu território, e sua contraposição ao parlamentarismo, que para ele fortaleceria a divisão das forças políticas e a incapacidade para decidir, o intitulado hamletismo político, próprio do liberalismo.[823]

Em obras ulteriores como *Politische Romantik* (1919), *Die Diktatur* (1921) e *Politische Theologie* (1922), Schmitt buscou explorar essas premissas e desenvolver uma vertente jurídico-política claramente antagônica às bases democráticas da ordem constitucional de Weimar. Com forte e direto amparo em Thomas Hobbes, nos contrarrevolucionários franceses Joseph De Maistre e Visconde De Bonald, bem como no filósofo e político espanhol Juan Donoso Cortés – o Marquês de Valdegamas –, Schmitt aprofunda e robustece as reflexões anteriores e lança as bases de sua autoritária e conservadora crítica filosófica da modernidade, do liberalismo político, do romantismo político, do constitucionalismo liberal e da democracia representativa.[824]

De acordo com Roberto Bueno, "Donoso Cortés propicia incisivo material para a elaboração de uma teoria do Estado forte",[825] amplamente recepcionada e ressignificada por Schmitt. Criticando

---

823 OLIVEIRA, Marcelo Andrade Cattoni de; ALVES, Adamo Dias. "Carl Schmitt: um teórico da exceção sob o estado de exceção". *Revista Brasileira de Estudos Políticos*, vol. 105, 2012, p. 233.

824 SCHMITT, Carl. "Contribuición a la filosofia política de la contrarrevolución (De Maistre, Bonald Donoso Cortés)". *In*: ______. *Teología política*. Trad. Francisco Javier Conde y Jorge Navarro Pérez. Madrid: Editorial Trotta, 2009, pp. 49-58. Sobre o ponto, conferir: BUENO, Roberto. "Carl Schmitt, leitor de Donoso Cortés: ditadura e exceção em chave teológico-medieval". *Revista Brasileira de Estudos Políticos*, Belo Horizonte, nº 105, jul./dez. 2012, p. 488; e OLIVEIRA, Marcelo Andrade Cattoni de; ALVES, Adamo Dias. "Carl Schmitt: um teórico da exceção sob o estado de exceção". *Revista Brasileira de Estudos Políticos*, vol. 105, 2012, p. 238.

825 BUENO, Roberto. "Carl Schmitt, leitor de Donoso Cortés: ditadura e exceção em chave teológico-medieval". *Revista Brasileira de Estudos Políticos*, Belo Horizonte, nº 105, jul./dez. 2012, p. 466.

as instabilidades e as tensões supostamente geradas pelo laicismo liberal, Cortés suscitava a monarquia como a instituição política mais adequada aos valores católicos, justamente aqueles que, historicamente – na esteira de seu reacionário saudosismo medieval[826] –, teriam sido os únicos a propiciarem estabilidade política em meio ao caos que intrínseca e inevitavelmente caracterizaria a humanidade.[827]

Diga-se, com Roberto Bueno, que:

> (...) Valdegamas, assim como Schmitt, entende que o liberalismo era um movimento inapto para afrontar os grandes desafios daquela quadra da história, pois era destituído da percepção da relevância política da centralização de poderes, modelo que, esse sim, revelava-se apto a combater o extremo da desordem, a saber, a anarquia e o caos. Isso sim, sem atentar para os perigos da trilha oposta, a da ordem total.
>
> (...) Para Donoso, essa [democracia representativa] é uma estrutura que mereceria críticas, tanto quanto o seria da parte de Schmitt, pois tal corresponderia a um modelo político carente de angulação elogiosa, por desmerecer o papel da concentração de poderes na figura do soberano, fora este um Monarca ou não, mas preservando o modelo de amplos poderes.[828]

Com forte inspiração em Thomas Hobbes, Donoso descreve o homem como violento, conflitivo, vil e pecador por natureza. É assim que "Valdegamas adentra no terreno da violência como justificação

826 BUENO, Roberto. "Carl Schmitt, leitor de Donoso Cortés: ditadura e exceção em chave teológico-medieval". *Revista Brasileira de Estudos Políticos*, Belo Horizonte, nº 105, jul./dez. 2012, p. 484.

827 BUENO, Roberto. "Carl Schmitt, leitor de Donoso Cortés: ditadura e exceção em chave teológico-medieval". *Revista Brasileira de Estudos Políticos*, Belo Horizonte, nº 105, jul./dez. 2012, pp. 463-465.

828 BUENO, Roberto. "Carl Schmitt, leitor de Donoso Cortés: ditadura e exceção em chave teológico-medieval". *Revista Brasileira de Estudos Políticos*, Belo Horizonte, nº 105, jul./dez. 2012, p. 471.

da ordem no plano político, e nessa medida dialoga com os conceitos de ditadura e de estado de exceção".[829]

Noutras palavras, "o Estado impor-se-á por meio da aplicação da força, antessala da radicalização do discurso totalitário do século XX, que passa a aplicar a violência pura, e disso Schmitt já era ciente o bastante ao escrever *Politische Theologie*".[830]

Os principais caracteres teóricos de Donoso Cortés herdados por Carl Schmitt – visão apocalíptica da modernidade, crítica à democracia representativa, obsessão pela ordem, defesa da ditadura e do estado de exceção[831] – foram amplamente relidos e aprofundados pelo jurista alemão com uma radicalidade e solidez impressionantes ao longo dos anos 1920.

Com sua *Verfassungslehre*, Carl Schmitt inaugura uma nova área do conhecimento homônima, a Teoria da Constituição, que se consubstanciaria em um "domínio privilegiado para o exercício da filosofia da ciência do Direito Constitucional",[832] em uma "reflexão

---

829 BUENO, Roberto. "Carl Schmitt, leitor de Donoso Cortés: ditadura e exceção em chave teológico-medieval". *Revista Brasileira de Estudos Políticos*, Belo Horizonte, nº 105, jul./dez. 2012, p. 481.

830 BUENO, Roberto. "Carl Schmitt, leitor de Donoso Cortés: ditadura e exceção em chave teológico-medieval". *Revista Brasileira de Estudos Políticos*, Belo Horizonte, nº 105, jul./dez. 2012, p. 481.

831 BUENO, Roberto. "Carl Schmitt, leitor de Donoso Cortés: ditadura e exceção em chave teológico-medieval". *Revista Brasileira de Estudos Políticos*, Belo Horizonte, nº 105, jul./dez. 2012, pp. 487-491.

832 CARVALHO NETTO, Menelick de. "A contribuição do Direito Administrativo enfocado da ótica do administrado para uma reflexão acerca dos fundamentos do controle de constitucionalidade das leis no Brasil: um pequeno exercício de Teoria da Constituição". *Revista do Tribunal Superior do Trabalho*, Brasília, vol. 68, nº 2, abr./jun. 2002, p. 69.

de terceiro nível sobre o saber do Direito Constitucional acerca de si mesmo".[833] Ou seja,

> [a]o proceder à adequação da doutrina constitucional às crenças de sua época, Schmitt cria, assim, uma disciplina de cunho teorético, problematizante, zetético, que termina por se constituir como um campo próprio para a reflexão acerca da ciência, da doutrina, da teoria, do Direito Constitucional sobre si mesmo.[834]

Criticando fortemente o conceito liberal de *Rechtsstaat* adotado pela Constituição de Weimar, que teria se olvidado para o cerne da verdadeira problemática constitucional, Schmitt se propõe, diante das crescentes crises políticas weimarianas, a reler o referido conceito, contrapondo-se radicalmente a ele. De acordo com Paulo Sávio:

> (...) Schmitt não vai apontar de pronto a inutilidade da Constituição, mas considerará o significado que o constitucionalismo moderno deu à Constituição como um mero "conceito ideal", propondo simultaneamente um abandono dessa noção. Schmitt, de forma bem engenhosa, vai formular um conceito de Constituição à imagem e semelhança de seu decisionismo, e que se contrapõe polemicamente ao "*Rechtsstaat* liberal" diretamente: e ao constitucionalismo moderno, de modo

---

833 CARVALHO NETTO, Menelick de. "A contribuição do Direito Administrativo enfocado da ótica do administrado para uma reflexão acerca dos fundamentos do controle de constitucionalidade das leis no Brasil: um pequeno exercício de Teoria da Constituição". *Revista do Tribunal Superior do Trabalho*, Brasília, vol. 68, nº 2, abr./jun. 2002, p. 69.

834 CARVALHO NETTO, Menelick de. "A contribuição do Direito Administrativo enfocado da ótica do administrado para uma reflexão acerca dos fundamentos do controle de constitucionalidade das leis no Brasil: um pequeno exercício de Teoria da Constituição". *Revista do Tribunal Superior do Trabalho*, Brasília, vol. 68, nº 2, abr./jun. 2002, p. 69.

indireto. Aqui, mesmo procedendo de maneira reacionária, Schmitt acaba por inovar.[835]

Dando um passo atrás, é importante dizer que, para Schmitt, em franca reação à Modernidade, não haveria propriamente uma política moderna, já que "[t]odos os conceitos centrais da moderna teoria do Estado são conceitos teológicos secularizados".[836] A progressiva tentativa racionalista-liberal de empreender a eliminação dos sustentáculos metafísico-religiosos da sociedade em prol de uma aposta radical no individualismo e, como decorrência dele, no eterno debate pluralista de ideias e na busca racional pelo entendimento, como soía acontecer nas democracias representativas instauradas pelas revoluções liberais do final dos setecentos, só teriam primado, diz ele, por gerar crises e mais crises com o progressivo esgarçamento fático desse arranjo artificial, sem qualquer perspectiva concreta de decisão sobre aquilo que efetivamente precisava ser decidido e colocado em ordem naquela específica quadra histórica, marcada pela desestruturação das bases da sociedade.[837]

---

835 MAIA, Paulo Sávio N. P. *O guardião da Constituição na polêmica Kelsen-Schmitt*: Rechtsstaat como referência semântica na memória de Weimar. Brasília. UnB, 2007, p. 187. (Dissertação de Mestrado).

836 SCHMITT, Carl. *Teología política*. Trad. Francisco Javier Conde y Jorge Navarro Pérez. Madrid: Editorial Trotta, 2009, p. 37, tradução nossa.

837 SCHMITT, Carl. "Situación actual del problema: la legitimidad de la Edad Moderna". *In*: ______. *Teología política*. Trad. Francisco Javier Conde y Jorge Navarro Pérez. Madrid: Editorial Trotta, 2009, pp. 123-133; SCHMITT, Carl. "El concepto de la moderna democracia em su relación com el concepto de Estado (1924)". *In*: ______. *Los fundamentos histórico-espirituales del parlamentarismo en su situación actual y la polémica com Thoma sobre el significado de la democracia*. Trad. Pedro Madrigal y Patricio Montero-Martín. Madrid: Tecnos, 2018, pp. 91-103; SCHMITT, Carl. "Los fundamentos histórico-espirituales del parlamentarismo en su situación actual (1926)". *In*: ______. *Los fundamentos histórico-espirituales del parlamentarismo en su situación actual y la polémica com Thoma sobre el significado de la democracia*. Trad. Pedro Madrigal y Patricio Montero-Martín. Madrid: Tecnos,

Essa visão reacionária de Schmitt marcaria fortemente a sua compreensão da República de Weimar, que, segundo ele, teria sido inspirada nesse conceito liberal de Estado de Direito. Justamente por isso, avolumavam-se, em sua perspectiva, reiteradas crises sem um horizonte de solução efetiva, pois sempre se buscava solucionar esses problemas, em um círculo vicioso, a partir da própria sistemática de partidos causadora das referidas indefinições e crises políticas. Ou seja,

> Schmitt vai atacar a incapacidade do individualismo liberal de forjar uma comunidade nacional política e motivada à ação política. No intuito de eliminar o liberalismo, Schmitt coloca a decisão política fundamental no posto de verdadeiro mito constitucional (porquanto impele à ação). Esse é, portanto, o método de Schmitt.[838]

Esse decisionismo schmittiano foi talhado paralelamente ao desenvolvimento do normativismo kelseniano, abordado no subcapítulo anterior, contra o qual Schmitt expressamente se insurgiu. Para ele, a definição de soberania de Kelsen enquanto ordem jurídico-estatal soberana, ou seja, apenas como ordenamento jurídico supremo, seria uma insustentável "metafísica monista",[839] já que representaria nada mais do que a "velha negação liberal do Estado

---

2018, pp. 195-254. Sobre o ponto, conferir também: SCHUPMANN, Benjamin A. "The challenge of mass democracy". *In*: _____. *Carl Schmitt's State and Constitutional Theory*: a critical analysis. Oxford: Oxford University Press, 2017, pp. 35-68.

838 MAIA, Paulo Sávio N. P. *O guardião da Constituição na polêmica Kelsen-Schmitt*: Rechtsstaat como referência semântica na memória de Weimar. Brasília, UnB, 2007, p. 159. (Dissertação de Mestrado).

839 SCHMITT, Carl. *Teología política*. Trad. Francisco Javier Conde y Jorge Navarro Pérez. Madrid: Editorial Trotta, 2009, p. 23, tradução nossa.

nos confrontos com o Direito”,[840] na medida em que Kelsen “resolve o problema do conceito de soberania simplesmente negando-o”.[841]

Noutras palavras:

> A crítica de Schmitt ao conceito de soberania normativista (ou, caso se prefira: kelseniano), permite observar que sua indignação parece se endereçar, principalmente, a dois de seus “postulados” – em que um é mera decorrência do outro. Primeiro, nas teorias normativistas da soberania haveria uma pretensão de disciplinar universalmente a política pelo Direito, pelo *medium* de regras e normas: o ponto máximo dessa atitude seria acreditar que a soberania de um Estado é adquirida tão somente com o mero funcionamento autônomo do ordenamento jurídico. Segundo, Schmitt parece incomodado com a assim chamada “despersonificação” levada a efeito pelo normativismo, e que é muito presente na teoria da soberania de Kelsen. A impessoalidade do “governo das leis” seria uma fuga para não se problematizar a soberania, e mais, uma atitude que tenta escapar da principal questão jurídica: *quem decide*?[842]

Essa questão é respondida por Schmitt no pórtico de abertura da sua *Politische Theologie*, de 1922, com uma definição de soberania como conceito limite: “soberano é quem decide sobre o estado de exceção”.[843]

---

840 SCHMITT, Carl. *Teología política*. Trad. Francisco Javier Conde y Jorge Navarro Pérez. Madrid: Editorial Trotta, 2009, p. 25, tradução nossa.

841 SCHMITT, Carl. *Teología política*. Trad. Francisco Javier Conde y Jorge Navarro Pérez. Madrid: Editorial Trotta, 2009, p. 24, tradução nossa.

842 MAIA, Paulo Sávio N. P. *O guardião da Constituição na polêmica Kelsen-Schmitt*: Rechtsstaat como referência semântica na memória de Weimar. Brasília, UnB, 2007, p. 167. (Dissertação de Mestrado).

843 Após essa famosa abertura, Schmitt explica o que quer dizer com isso: “só esta definição pode ser justa para o conceito de soberania como conceito limite. Porque conceito limite não significa conceito confuso,

Segundo aponta, a Teoria do Estado de matiz positivista insistiria que "a exceção nada prova e somente o normal pode ser objeto de interesse científico".[844] Contra essa perspectiva, Schmitt afirma que

> (...) uma filosofia da vida concreta não pode bater-se em retirada diante do excepcional e do caso extremo, mas há de colocar em ambos todo o seu estudo e seu maior empenho. **Mais importante pode ser aos olhos dessa filosofia a exceção do que a regra**, não pela ironia romântica do paradoxo, mas com a seriedade que implica observar as coisas indo mais fundo do que acontece nessas claras generalizações do que ordinariamente se repete. **A exceção é mais interessante do que o caso normal. O normal não prova nada; a exceção prova tudo; ela não só confirma a regra, mas a própria regra só vive da exceção. Na exceção, a força da vida efetiva faz romper a crosta de uma mecânica estagnada em repetição.**[845]

Comentando a diferenciação schmittiana entre o estado de exceção e a anarquia ou o caos, ocasião em que o jurista alemão

---

como na terminologia impura da literatura popular, mas sim um conceito da esfera mais extrema. A ele corresponde que sua definição não pode conectar-se ao caso normal, mas ao caso limite. Do que se segue que por 'estado de exceção' se entenderá um conceito geral da doutrina do Estado, não um decreto de emergência qualquer ou um estado de sítio. Uma razão sistemática lógico-jurídica faz do estado de exceção em sentido eminente a definição jurídica da soberania. Porque a decisão sobre a exceção é decisão em sentido eminente. Com efeito, uma norma geral, representada, por exemplo, por um princípio jurídico normal válido, nunca pode captar uma exceção absoluta nem, portanto, fundar a decisão que permeia um caso excepcional autêntico" (SCHMITT, Carl. *Teología política*. Trad. Francisco Javier Conde y Jorge Navarro Pérez. Madrid: Editorial Trotta, 2009, p. 13).

844 SCHMITT, Carl. *Teología política*. Trad. Francisco Javier Conde y Jorge Navarro Pérez. Madrid: Editorial Trotta, 2009, p. 19, tradução nossa.

845 SCHMITT, Carl. *Teología política*. Trad. Francisco Javier Conde y Jorge Navarro Pérez. Madrid: Editorial Trotta, 2009, pp. 19/20, tradução e destaque nossos.

defende que, quando da decretação da exceção pelo soberano, a ordem jurídica apenas fica suspensa, Paulo Sávio assim discorre:

> Schmitt parece querer imunizar seu decisionismo à incidência de uma crítica como a de Kelsen, que se baseia na disjunção "sociologia do Direito *versus* ciência do Direito". Daí Schmitt tomar o especial cuidado de destacar "o caráter plenamente jurídico da exceção". Se a exceção não é algo estranho ao Direito, então o soberano, aquele que decide sobre ela, "se situa externamente à ordem jurídica vigente, mas mesmo assim pertence a ela, pois é competente para decidir sobre a suspensão total da Constituição". O soberano se encontra nessa posição indeterminada porque ela é também própria ao estado de exceção.[846]

Ou seja,

> [c]omo uma norma não controla as condições de sua aplicação, pode ocorrer que o "meio homogêneo" necessário para a incidência normativa não esteja disponível. Assim, pode ser que seja necessária uma anterior decisão, vista como condição *sine qua non* da norma.[847]

Aspecto esse que Kelsen, com sua cegueira monista, não teria vislumbrado, aponta o jurista alemão.

A forma concreta do estado de exceção seria, para Schmitt, a ditadura, caracterizada pela

---

846 MAIA, Paulo Sávio N. P. *O guardião da Constituição na polêmica Kelsen-Schmitt*: Rechtsstaat como referência semântica na memória de Weimar. Brasília, UnB, 2007, pp. 171/172. (Dissertação de Mestrado).

847 MAIA, Paulo Sávio N. P. *O guardião da Constituição na polêmica Kelsen-Schmitt*: Rechtsstaat como referência semântica na memória de Weimar. Brasília, UnB, 2007, p. 173. (Dissertação de Mestrado).

> supressão da situação jurídica em geral, porque significa a dominação de um procedimento que está interessado exclusivamente na obtenção de um resultado concreto, mediante a eliminação do respeito essencial ao direito que tem o sujeito de direito a opor sua vontade, se for o caso dessa vontade obstaculizar o resultado.[848]

Concreto a que se visa com a própria exceção, qual seja, a unidade política. É dizer, se o ditador "ignora o Direito, é tão somente para realizá-lo".[849]

Aqui, Schmitt inverte do avesso a premissa neopositivista mais básica, quando afirma que "quem não vê na medula de todo Direito mais que semelhante fim, não está em situação de encontrar um conceito de ditadura, porque para ele todo ordenamento jurídico é simplesmente uma ditadura, latente ou intermitente".[850]

Diante disso,

> a preservação do Estado por meio da ditadura, compreendida como uma suspensão do Direito para que este mesmo Direito se realize, envolve decidir acerca de quem se coloca a favor ou contra o Estado. A preservação do Estado, a sua soberania,

---

848 SCHMITT, Carl. *La dictadura*: desde los comienzos del pensamiento moderno de la soberanía hasta la lucha de clases proletaria. Trad. José Díaz Gracía. Madrid: Alianza Editorial, 1985, pp. 26/27, tradução nossa.

849 SCHMITT, Carl. *La dictadura*: desde los comienzos del pensamiento moderno de la soberanía hasta la lucha de clases proletaria. Trad. José Díaz Gracía. Madrid: Alianza Editorial, 1985, p. 27, tradução nossa.

850 SCHMITT, Carl. *La dictadura*: desde los comienzos del pensamiento moderno de la soberanía hasta la lucha de clases proletaria. Trad. José Díaz Gracía. Madrid: Alianza Editorial, 1985, p. 27, tradução nossa.

> depende da capacidade do Estado [de] distinguir entre quem é amigo e quem é inimigo.[851]

Para Schmitt, o conceito limite do político residiria justamente nessa relação política amigo/inimigo:

> A diferenciação especificamente política, à qual podem ser relacionadas as ações e os motivos políticos, é a diferenciação entre amigo e inimigo, fornecendo uma definição conceitual no sentido de um critério, não como definição exaustiva ou expressão de conteúdo. Na medida em que não é derivável de outros critérios, ela corresponde para o político aos critérios relativamente autônomos de outras antíteses: bom ou mau, na moral; belo e feio, no estético etc. Em todo caso, ela é autônoma, não no sentido de um novo âmbito próprio, e sim no modo de que nem se fundamenta em uma daquelas outras antíteses ou em várias delas, nem pode ser relacionada a elas. (...) A diferenciação entre amigo e inimigo tem o propósito de caracterizar o extremo grau de intensidade de uma união ou separação, de uma associação ou desassociação, podendo existir na teoria e na prática, sem que, simultaneamente, tenham de ser empregadas todas aquelas diferenciações morais, estéticas, econômicas ou outras. O inimigo político não precisa ser moralmente mau, não precisa ser esteticamente feio; ele não tem que se apresentar como concorrente econômico e, talvez, pode até mesmo parecer vantajoso fazer negócios com ele. Ele é precisamente o outro, o desconhecido e, para sua essência, basta que ele seja, em um sentido especialmente intenso, existencialmente algo diferente e desconhecido, de modo que, em caso extremo, sejam possíveis conflitos com ele, os quais não podem ser decididos nem através de uma normalização geral empreendida antecipadamente,

---

851 MAIA, Paulo Sávio N. P. *O guardião da Constituição na polêmica Kelsen-Schmitt*: Rechtsstaat como referência semântica na memória de Weimar. Brasília, UnB, 2007, p. 178. (Dissertação de Mestrado).

> nem através da sentença de um terceiro "não envolvido" e, destarte, "imparcial".[852]

A guerra seria o "caso crítico",[853] o caso excepcional revelador da essência do político, já que "é no combatente real que primeiramente se manifesta a extrema consequência do agrupamento político em amigo e inimigo",[854] de forma que "[é] a partir desta mais extremada possibilidade que a vida do ser humano adquire sua tensão especificamente política".[855]

A maior parte da literatura especializada teria cometido o erro crasso de equiparar o "político" ao "estatal": "[o] Estado aparece então como algo político, mas o político como algo estatal – pelo visto um círculo vicioso nada sustentável".[856] Invocando justamente a relação amigo/inimigo como essência última do político, Schmitt mostra que ela funda uma unidade política assentada na contraposição do "nós" contra "eles", unidade essa de tipo especial:

> não há "sociedade" ou "associação" política alguma, há somente uma unidade política, uma "comunidade política". A real possibilidade do agrupamento do tipo amigo-inimigo basta para criar uma unidade normativa para além do meramente

---

852 SCHMITT, Carl. *O conceito do político / Teoria do Partisan*. Trad. Geraldo de Carvalho. Belo Horizonte: Del Rey, 2008, pp. 27/28, destaque nosso.

853 SCHMITT, Carl. *O conceito do político / Teoria do Partisan*. Trad. Geraldo de Carvalho. Belo Horizonte: Del Rey, 2008, p. 37.

854 SCHMITT, Carl. *O conceito do político / Teoria do Partisan*. Trad. Geraldo de Carvalho. Belo Horizonte: Del Rey, 2008, p. 37.

855 SCHMITT, Carl. *O conceito do político / Teoria do Partisan*. Trad. Geraldo de Carvalho. Belo Horizonte: Del Rey, 2008, p. 37.

856 SCHMITT, Carl. *O conceito do político / Teoria do Partisan*. Trad. Geraldo de Carvalho. Belo Horizonte: Del Rey, 2008, pp. 20/21.

> social-associativo, uma unidade que é algo especialmente diferente e algo decisivo perante as demais associações.[857]

Essa "unidade política normativa"[858] seria justamente o Estado. Daí deriva, como consta da abertura de *Der Begriff des Politischen*, que "[o] conceito de Estado pressupõe o conceito do Político".[859]

Complementa Schmitt afirmando que "[a]o Estado como unidade essencialmente política pertence o *jus belli*, isto é, a real possibilidade de determinar o inimigo no caso dado por força de decisão própria e de combatê-lo".[860]

Nesse processo político de determinação do inimigo e, no extremo, na deflagração de uma guerra contra ele, o Estado pode "dispor sobre a vida e a morte de um indivíduo",[861] uma vez que, "[m]ediante esse poder sobre a vida física dos seres humanos [,] eleva-se a comunidade política acima de qualquer outra espécie de comunidade ou sociedade".[862]

Dessa forma, "para Schmitt o Estado é a unidade política que possui o monopólio da decisão que determina, inclusive pela via da

---

857 SCHMITT, Carl. *O conceito do político / Teoria do Partisan*. Trad. Geraldo de Carvalho. Belo Horizonte: Del Rey, 2008, pp. 47/48.

858 SCHMITT, Carl. *O conceito do político / Teoria do Partisan*. Trad. Geraldo de Carvalho. Belo Horizonte: Del Rey, 2008, p. 49.

859 SCHMITT, Carl. *O conceito do político / Teoria do Partisan*. Trad. Geraldo de Carvalho. Belo Horizonte: Del Rey, 2008, p. 19.

860 SCHMITT, Carl. *O conceito do político / Teoria do Partisan*. Trad. Geraldo de Carvalho. Belo Horizonte: Del Rey, 2008, p. 48.

861 SCHMITT, Carl. *O conceito do político / Teoria do Partisan*. Trad. Geraldo de Carvalho. Belo Horizonte: Del Rey, 2008, p. 51.

862 SCHMITT, Carl. *O conceito do político / Teoria do Partisan*. Trad. Geraldo de Carvalho. Belo Horizonte: Del Rey, 2008, p. 51.

exceção, quem é amigo e quem é inimigo".[863] E quem, dentro do Estado, decidiria sobre isso? A resposta se encontra justamente no pórtico de *Politische Theologie*: soberano é quem decide sobre o estado de exceção".[864]

Fica claro aqui porque Schmitt – apesar de apresentar a sua obra como "herdeira de temas tradicionalmente analisados, no âmbito do Direito Público, pela chamada Teoria do Estado"[865] – não escreveu uma *Allgemeine Staatslehre*, mas sim uma *Verfassungslehre*:

> Isto teria ocorrido, segundo o próprio Carl Schmitt, pela sua constatação de que o Estado havia perdido o monopólio do político. O resultado desta formulação teórica, exposta em *O Conceito do Político*, era a afirmação de que o conceito de Estado pressupõe o do político. Deste modo, o trabalho sistemático que se desenvolveu em continuidade ao *O Conceito do Político* foi uma Teoria da Constituição, não uma Teoria do Estado, pois já seria impossível definir o político a partir do Estado.[866]

863 MAIA, Paulo Sávio N. P. *O guardião da Constituição na polêmica Kelsen-Schmitt*: Rechtsstaat como referência semântica na memória de Weimar. Brasília, UnB, 2007, p. 183. (Dissertação de Mestrado).

864 SCHMITT, Carl. *Teología política*. Trad. Francisco Javier Conde y Jorge Navarro Pérez. Madrid: Editorial Trotta, 2009, p. 13, tradução nossa.

865 OLIVEIRA, Marcelo Andrade Cattoni de. *Contribuições para uma Teoria Crítica da Constituição*. 2ª ed. Belo Horizonte: Conhecimento, 2021, p. 32.

866 BERCOVICI, Gilberto. *Entre o Estado total e o Estado social*: atualidade do debate sobre Direito, Estado e Economia na República de Weimar. São Paulo: USP, 2003, p. 60. (Tese de Livre-Docência).

Já que "o conceito central de toda Teoria do Estado deveria ser o político",[867] ou seja, compreendendo o "Estado como unidade política de um povo",[868] Carl Schmitt parte para a escritura de uma Teoria da Constituição.

Tendo em vista as diversas monografias e comentários já existentes àquela época sobre a Constituição de Weimar, não seria necessário mais um trabalho desse tipo. Na verdade, era premente "erigir também uma teoria da Constituição e considerar o terreno dessa disciplina como um ramo especial da teoria do Direito Público".[869]

De acordo com Schmitt, diversas questões próprias da Teoria da Constituição teriam sido tratadas, esporádica e incidentalmente, por diversas áreas do Direito Público, sobretudo no âmbito da Teoria Geral do Estado. A sua intenção era, portanto, dar sistematicidade teorética a essa negligenciada disciplina.[870] Sobre o ponto, Bercovici assim discorre:

> A necessidade de um tratamento próprio destas questões é destacado por Carl Schmitt, ao criticar o positivismo jurídico que teria deslocado as questões fundamentais do Direito político para a Teoria Geral do Estado. Nesta disciplina as questões da teoria constitucional não seriam tratadas adequadamente, situadas entre as teorias políticas em geral e os temas filosóficos, históricos e sociológicos abarcados pelos teóricos do Estado. Com a Teoria da Constituição, Schmitt busca superar

---

867 BERCOVICI, Gilberto. *Entre o Estado total e o Estado social*: atualidade do debate sobre Direito, Estado e Economia na República de Weimar. São Paulo: USP, 2003, p. 57. (Tese de Livre-Docência).

868 BERCOVICI, Gilberto. *Entre o Estado total e o Estado social*: atualidade do debate sobre Direito, Estado e Economia na República de Weimar. São Paulo: USP, 2003, p. 58. (Tese de Livre-Docência).

869 SCHMITT, Carl. *Teoría de la Constitución*. Madrid: Alianza Editorial, 1996, p. 25 (prólogo), tradução nossa.

870 SCHMITT, Carl. *Teoría de la Constitución*. Madrid: Alianza Editorial, 1996, p. 25 (prólogo).

> a divisão, gerada pelo positivismo normativista, entre Teoria Geral do Estado, Direito Constitucional e Política, reabilitando o político na análise dos temas da teoria constitucional.[871]

Para ele, a Constituição seria a "decisão política fundamental"[872] advinda da vontade fundante do poder constituinte, que escolheria a forma basilar da unidade política de um povo. Ou seja, partindo de um conceito absoluto, para Schmitt, "[a] Constituição é a concreta maneira de ser resultante de qualquer unidade política existente"[873] ou "a concreta situação de conjunto da unidade política e da ordenação social de um certo Estado".[874]

É aqui que emerge, no bojo do seu grande projeto jurídico de veementemente se contrapor a Weimar, a diferenciação que faz entre Constituição (conceito absoluto) e leis constitucionais (conceito relativo). A Constituição "não é um contrato, mas uma decisão sobre o tipo e forma da unidade política".[875] Já as leis constitucionais são assim definidas por Schmitt:

> As Constituições dos diferentes Estados aparecem como uma série de diversas normatizações legais gerais: prescrições

---

871 BERCOVICI, Gilberto. "A Constituição Dirigente e a crise da Teoria da Constituição". *In*: SOUZA NETO, Cláudio Pereira de; BERCOVICI, Gilberto; MORAES FILHO, José Filomeno de; LIMA, Martonio Mont'Alverne Barreto (Coord.). *Teoria da Constituição*: estudos sobre o lugar da Política no Direito Constitucional. Rio de Janeiro: Lumen Juris, 2003, pp. 92/93.

872 SCHMITT, Carl. *Teoría de la Constitución*. Madrid: Alianza Editorial, 1996, pp. 50/51, 71, 73, 95, 104, 108 e 120, tradução nossa.

873 SCHMITT, Carl. *Teoría de la Constitución*. Madrid: Alianza Editorial, 1996, p. 30, tradução nossa.

874 SCHMITT, Carl. *Teoría de la Constitución*. Madrid: Alianza Editorial, 1996, p. 30, tradução nossa.

875 BERCOVICI, Gilberto. *Entre o Estado total e o Estado social*: atualidade do debate sobre Direito, Estado e Economia na República de Weimar. São Paulo: USP, 2003, p. 61. (Tese de Livre-Docência).

> orgânicas sobre as autoridades mais importantes do Estado, programas e diretrizes gerais, garantias de certos direitos e **numerosos requisitos particulares que só foram positivados na Constituição porque se quer removê-los das voláteis maiorias parlamentares e porque os partidos que determinam o conteúdo da "Constituição" aproveitam a ocasião para emprestar o caráter de leis constitucionais aos seus postulados de partidos.** Além disso, se tal série de leis constitucionais for acordada por uma Assembleia constituinte convocada para esse fim, a unidade das prescrições nela contida não reside em seu conjunto material, sistemático e normativo, mas numa vontade política que, fora dessas normas, as fazem leis constitucionais e que, como fundamento unitário, emana por si só a unidade daquelas. Em todos os países com Constituições escritas se tem hoje, na realidade, apenas uma pluralidade de leis constitucionais escritas.[876]

Ou seja, leis constitucionais são

> elementos constitucionais que afetam a unidade política do Estado, limitando-o, liberalizando, pluralizando, como os direitos fundamentais, a separação de Poderes e o Estado de Direito, não são políticos, pois relativizam a unidade do Estado em benefício de interesses individuais.[877]

Segundo aponta, a Constituição de Weimar estaria recheada de perigosas leis constitucionais que obliteravam e ameaçavam o sentido da verdadeira Constituição, da unidade política do povo alemão.[878]

---

876 SCHMITT, Carl. *Teoría de la Constitución*. Madrid: Alianza Editorial, 1996, p. 40, tradução e destaque nossos.

877 BERCOVICI, Gilberto. *Entre o Estado total e o Estado social*: atualidade do debate sobre Direito, Estado e Economia na República de Weimar. São Paulo: USP, 2003, p. 61. (Tese de Livre-Docência).

878 De acordo com Schmitt, a Constituição de Weimar "envolve uma série de leis particulares e princípios heterogêneos, de modo que nem é possível falar aqui de uma codificação no sentido material. Aqui também

Diante das crescentes crises econômico-financeiras, do acirramento violento das disputas sociopolíticas internas e do progressivo esgarçamento das fórmulas político-partidárias que precariamente sustentavam a República de Weimar,[879] algo inevitavelmente deveria ser feito, uma decisão precisava ser tomada, já que – dentro de sua concepção de Estado Total –, "[s]e os órgãos e instâncias previstos na Constituição não são capazes de realizar a unidade política, é inevitável (...) que a substância política se desloque para outros setores do sistema político e social",[880] na medida em que essa unidade política deve ser preservada a qualquer custo, sendo "necessário um Estado forte, pois a solução é política e exige a capacidade de tomada de decisões".[881]

Schmitt aposta, assim, no Presidente do *Reich* como guardião da Constituição, já que – sendo a democracia "identidade entre dominantes e dominados, entre governantes e governados, entre os que mandam e os que obedecem",[882]

> [o] presidente do *Reich* é eleito pela totalidade do povo alemão, e seus poderes políticos perante as instâncias legislativas (especialmente a dissolução do Parlamento do *Reich*

---

se dissolve a unidade fechada de uma codificação constitucional numa soma de numerosas prescrições particularidades de natureza jurídico-constitucional" (SCHMITT, Carl. *Teoría de la Constitución*. Madrid: Alianza Editorial, 1996, pp. 40/41, tradução nossa).

879 BERCOVICI, Gilberto. *Entre o Estado total e o Estado social*: atualidade do debate sobre Direito, Estado e Economia na República de Weimar. São Paulo: USP, 2003, pp. 63-66. (Tese de Livre-Docência).

880 BERCOVICI, Gilberto. *Entre o Estado total e o Estado social*: atualidade do debate sobre Direito, Estado e Economia na República de Weimar. São Paulo: USP, 2003, p. 67. (Tese de Livre-Docência).

881 BERCOVICI, Gilberto. *Entre o Estado total e o Estado social*: atualidade do debate sobre Direito, Estado e Economia na República de Weimar. São Paulo: USP, 2003, p. 67. (Tese de Livre-Docência).

882 SCHMITT, Carl. *Teoría de la Constitución*. Madrid: Alianza Editorial, 1996, p. 303, tradução nossa.

> e a instituição de um plebiscito) são, pela natureza dos fatos, apenas um "apelo ao povo".[883]

Disso resultaria que o Presidente "encontra-se no centro de todo um sistema de neutralidade e independência político-partidárias, construído sobre uma base plebiscitária".[884]

Sendo assim, respondendo a Kelsen, Schmitt afirma que

> Antes que se institua, então, para questões e conflitos relativos à alta política, um tribunal como guardião da Constituição e, por meio de tais politizações, se onere e coloque em risco a justiça, dever-se-ia, primeiramente, lembrar desse conteúdo positivo da Constituição de Weimar e de seu sistema constitucional. **Consoante o presente conteúdo da Constituição de Weimar, já existe um guardião da Constituição, a saber, o Presidente do *Reich*.**[885]

Essa posição de centralidade do Presidente enquanto guardião da ordem constitucional adviria, segundo Schmitt, dos exatos termos da Constituição de 1919:

> Tanto o elemento relativamente estático e permanente (eleição por 7 anos, difícil revocabilidade, independência de maiorias parlamentares alternantes), quanto o tipo de seus poderes (as competências segundo os artigos 45 e 46 da Constituição, dissolução do Parlamento do *Reich* segundo o artigo 25 e instituição de plebiscito segundo o artigo 73 da Constituição, assinatura e promulgação de leis segundo o artigo 70, execução

883 SCHMITT, Carl. *O guardião da Constituição*. Trad. Geraldo de Carvalho. Belo Horizonte: Del Rey, 2007, p. 233.

884 SCHMITT, Carl. *O guardião da Constituição*. Trad. Geraldo de Carvalho. Belo Horizonte: Del Rey, 2007, p. 232.

885 SCHMITT, Carl. *O guardião da Constituição*. Trad. Geraldo de Carvalho. Belo Horizonte: Del Rey, 2007, pp. 232/233, destaque nosso.

> pelo *Reich* e proteção da Constituição segundo o artigo 48) têm o objetivo de criar um órgão político-partidariamente neutro devido a sua relação direta com a totalidade estatal, o qual, como tal, é o defensor e guardião da situação constitucional e do funcionamento constitucional das supremas instâncias jurídicas e, em caso de necessidade, está dotado de poderes eficientes para uma proteção efetiva da Constituição. É expressamente determinado pelo artigo 42 que por meio de seu juramento o Presidente do *Reich* "defenderá a Constituição". O juramento político sobre a Constituição faz parte, segundo a tradição do Direito Constitucional alemão, da "garantia da Constituição" e o texto escrito do regulamento constitucional vigente qualifica o Presidente do *Reich*, de forma nítida o suficiente, de guardião da Constituição. Não se pode ignorar essa autêntica palavra constitucional, não importando como se avalia, de resto, o significado do juramento político.[886]

Todas essas disposições buscariam

> dar à autoridade do presidente do *Reich* a possibilidade de se unir diretamente a essa vontade política da totalidade do povo alemão e agir, por meio disso, como guardião e defensor da unidade e totalidade constitucionais do povo alemão. A esperança de sucesso de tal tentativa é a base sobre a qual se fundam a existência e a continuidade do atual Estado alemão.[887]

Dessa forma, por meio dos poderes de exceção previstos no artigo 48 da Constituição de Weimar, o Presidente

> suspende o Direito em virtude de um Direito de autoconservação. A ordem normal deve ser criada e o soberano decide

---

886 SCHMITT, Carl. *O guardião da Constituição*. Trad. Geraldo de Carvalho. Belo Horizonte: Del Rey, 2007, p. 233.

887 SCHMITT, Carl. *O guardião da Constituição*. Trad. Geraldo de Carvalho. Belo Horizonte: Del Rey, 2007, p. 234.

> definitivamente se essa situação normal existe realmente. O soberano, para Schmitt, tem o monopólio da decisão última, no que residiria a essência da soberania do Estado.[888]

A síntese de Gilberto Bercovici do argumento schmittiano é precisa:

> [e]m um Estado como o alemão, federal, policrático e pluralista, a função mediadora e reguladora do poder neutro adquire importância central no sistema político. O Presidente

---

888 BERCOVICI, Gilberto. *Entre o Estado total e o Estado social*: atualidade do debate sobre Direito, Estado e Economia na República de Weimar. São Paulo: USP, 2003, p. 53. (Tese de Livre-Docência). Especificamente sobre a interpretação schmittiana do artigo 48, Bercovici assim discorre: "o poder do Presidente do *Reich* de promulgar decretos com força de lei, de acordo com a segunda parte do artigo 48, torna-se essencial quando a situação excepcional e de necessidade se desenvolve no âmbito econômico e financeiro, quando se trata de um 'estado de emergência econômico' (*Wirtschaftsnotstand* ou *wirtschaftliche Notund Ausnahmezustand*). Schmitt afirma que é admissível, sob a pressão de certos estados de necessidade essencialmente econômicos, a possibilidade de aplicar as atribuições extraordinárias do artigo 48 da Constituição. Afinal, os requisitos destas atribuições extraordinárias (estado de exceção, perigo considerável à segurança e ordem públicas) também poderiam estar fundadas em uma situação de necessidade econômica e financeira ou em perigo que dela derivasse. O caráter inicialmente econômico e financeiro da situação, assim, não excluiria a aplicação das medidas extraordinárias. Inerente a isto estava, portanto, segundo Schmitt, o direito do Presidente do *Reich* promulgar, com força de lei, decretos de matéria e caráter econômico e financeiro. Schmitt justifica esta interpretação do artigo 48 da Constituição, alegando que é a interpretação adequada às peculiaridades concretas da situação excepcional de um Estado economicamente oprimido e que, ao mesmo tempo, suporta grandes encargos sociais" (BERCOVICI, Gilberto. *Entre o Estado total e o Estado social*: atualidade do debate sobre Direito, Estado e Economia na República de Weimar. São Paulo: USP, 2003, p. 68. (Tese de Livre-Docência)).

do *Reich* é, assim, o último pilar da ordem constitucional, o único capaz de resistir à possibilidade de caos.[889]

É interessante destacar que Schmitt, em sua defesa do Presidente como o guardião da Constituição, sustenta uma "posição do chefe de Estado neutra, intermediária, reguladora e defensora".[890] Noutras palavras, trata-se, "como já sabia Benjamin Constant, mesmo que essa parte de sua teoria tenha passado despercebida, [de] um *pouvoir préservateur*, [de] um 'poder preservador'".[891] E assim arremata:

> Conforme o direito positivo da Constituição de Weimar, a posição do presidente do *Reich*, eleito pela totalidade do povo, só pode ser construída com a ajuda de uma teoria mais desenvolvida de um poder neutro, intermediário, regulado e preservador. O presidente do *Reich* está munido de poderes que o tornam independente dos órgãos legislativos, embora esteja vinculado, simultaneamente (...).[892]

As autoritárias saídas doutrinárias schmittianas para as crises de Weimar encontraram progressiva acolhida, a partir de 1930, nos governos Brüning, von Papen e von Schleicher, todos eles constituídos pelo Presidente Hindenburg a despeito da atuação do Parlamento, quando já não mais subsistia a coalização política que tornou possível, na década anterior, pensar a sociedade de massas alemã dentro do radicalmente pluralista e democrático projeto constitucional

---

889 BERCOVICI, Gilberto. *Entre o Estado total e o Estado social*: atualidade do debate sobre Direito, Estado e Economia na República de Weimar. São Paulo: USP, 2003, p. 71. (Tese de Livre-Docência).

890 SCHMITT, Carl. *O guardião da Constituição*. Trad. Geraldo de Carvalho. Belo Horizonte: Del Rey, 2007, p. 197.

891 SCHMITT, Carl. *O guardião da Constituição*. Trad. Geraldo de Carvalho. Belo Horizonte: Del Rey, 2007, p. 200.

892 SCHMITT, Carl. *O guardião da Constituição*. Trad. Geraldo de Carvalho. Belo Horizonte: Del Rey, 2007, p. 201.

weimariano. Tratava-se agora do polêmico sistema dos "gabinetes presidenciais".

Não é preciso muito esforço para se perceber que de neutra essa atuação presidencial não tinha nada. O que houve, na verdade, foi a pura e simples cooptação e condescendência de Hindenburg com os setores mais reacionários e autoritários da sociedade alemã, os quais preferiam, sem pestanejar, uma ditadura garantidora do livre mercado ao democrático projeto de justiça social weinariano.[893]

Sobre o ponto,

> [r]esta fazer um pequeno informe: Schmitt era assessor e amigo íntimo de von Schleicher, tendo participado ativamente da construção do sistema de gabinetes presidenciais, o que lhe valeu a imputação do altissonante título de *Kronjurist* da Presidência, pelo meio jurídico da época, dada sua influência no governo.[894]

Foi justamente nesse momento em que a biografia jurídica de Schmitt finalmente passava a andar de mãos dadas com o autoritário projeto político-constitucional que ele vinha construindo havia duas décadas.[895]

---

893 Sobre o tema, conferir: VUILLARD, Éric. *A ordem do dia*. Trad. Sandra Stroparo. São Paulo: Tusquets Editores, 2019; e JONG, David de. *Bilionários nazistas*: a tenebrosa história das dinastias mais ricas da Alemanha. Trad. Otacílio Nunes. Rio de Janeiro: Objetiva, 2023.

894 MAIA, Paulo Sávio N. Peixoto. *O guardião da Constituição na polêmica Kelsen-Schmitt*: Rechtsstaat como referência semântica na memória de Weimar. Brasília, UnB, 2007, p. 142, destaque nosso. Sobre o ponto, conferir também: OLIVEIRA, Marcelo Andrade Cattoni de; ALVES, Adamo Dias. "Carl Schmitt: um teórico da exceção sob o estado de exceção". *Revista Brasileira de Estudos Políticos*, vol. 105, 2012, pp. 247 e 253.

895 BEAUD, Olivier. "Un jurista como consejero áulico em una república amenazada". *In*: ______. *Los últimos días de Weimar*: Carl Schmitt

A despeito de, ainda por volta de 1932, Schmitt demonstrar reservas políticas ao nacional-socialismo e a Hitler,[896] com o golpe nazista de 1933, ele rapidamente se alinhou formalmente – atendendo a convite do filósofo Martin Heidegger – ao novo regime,[897] inclusive assumindo posições acadêmicas e políticas de grande destaque em função disso;[898] período a partir do qual, na condição

---

ante el ascenso del nazismo. Madrid: Escolar y Maio Editores, 2017, pp. 19-36.

896 BENDERSKY, Joseph W. "Legality, neutrality, and reality: the Constitution, the Court and the Nazis". *In*: ______. *Carl Schmitt*: theorist for the Reich. Princeton: Princeton University Press, 1983, pp. 145-171; BENDERSKY, Joseph W. "Carl Schmitt Diares". *In*: MEIERHENRICH, Jens; SIMONS, Oliver (Coord.). *The Oxford Handbook of Carl Schmitt*. Oxford: Oxford University Press, 2016, pp. 117-146; e OLIVEIRA, Marcelo Andrade Cattoni de; ALVES, Adamo Dias. "Carl Schmitt: um teórico da exceção sob o estado de exceção". *Revista Brasileira de Estudos Políticos*, vol. 105, 2012, p. 253.

897 "A propaganda nazista alcança grande receptividade no período e, em 22 de abril de 1933, Heidegger escreve para Schmitt, convidando-o a colaborar com o nazismo. Em menos de dez dias, após receber a carta de Heidegger, Schmitt aceita o convite e se filia ao partido nazista" (OLIVEIRA, Marcelo Andrade Cattoni de; ALVES, Adamo Dias. "Carl Schmitt: um teórico da exceção sob o estado de exceção". *Revista Brasileira de Estudos Políticos*, vol. 105, 2012, p. 254). Sobre a adesão de Schmitt, conferir também: BEAUD, Olivier. "El jurista constitucionalista ante la violación de la constitución y el golpe de Estado". *In*: ______. *Los últimos días de Weimar*: Carl Schmitt ante el ascenso del nazismo. Madrid: Escolar y Maio Editores, 2017, pp. 147-166.

898 "Tal mudança de postura e de ações foi extremamente benéfica a Schmitt. Schmitt foi elevado ao cargo de Conselheiro de Estado da Prússia, além de tornar-se membro editorial da Deutsche Juristen-Zeitung e da Liga de Juristas de Direito Público Alemão de 1934 a 1936" (OLIVEIRA, Marcelo Andrade Cattoni de; ALVES, Adamo Dias. "Carl Schmitt: um teórico da exceção sob o estado de exceção". *Revista Brasileira de Estudos Políticos*, vol. 105, 2012, p. 256).

de *Kronjurist* do Terceiro *Reich*,[899] "irá entender homogeneidade e identidade como pureza racial".[900]

Pouco tempo depois, em 1936, Schmitt foi afastado da política oficial devido à publicação, na imprensa alemã, de artigos que evidenciavam justamente algumas críticas suas, anteriores a 1933, às plataformas do novo regime.[901] Continuou, todavia, no exercício de sua cátedra universitária em Berlim até ser preso pelas forças aliadas, em 1945, e ser interrogado em Nuremberg como possível colaborador direto do recém-derrubado Terceiro *Reich*. Ele negou qualquer influência e atuação políticas diretas, não abjurou de suas teses jurídico-políticas e, ao final, por ausência de provas, acabou escapando do julgamento e de eventual condenação.[902] Após, perdeu suas funções de professor e viveu no ostracismo político, em Plettenberg, como jurista dedicado primordialmente a pesquisas no campo do Direito Internacional até falecer em 1985.[903]

---

899 BENDERSKY, Joseph W. "The Crown Jurist of the Third Reich". *In*: _____. *Carl Schmitt*: theorist for the Reich. Princeton, New Jersey: Princeton University Press, 1983, pp. 195-198.

900 BERCOVICI, Gilberto. *Entre o Estado total e o Estado social*: atualidade do debate sobre Direito, Estado e Economia na República de Weimar. São Paulo: USP, 2003, p. 64. (Tese de Livre-Docência). Sobre o ponto, conferir também: BENDERSKY, Joseph W. "Carl Schmitt Diares". *In*: MEIERHENRICH, Jens; SIMONS, Oliver (Coord.). *The Oxford Handbook of Carl Schmitt*. Oxford: Oxford University Press, 2016, pp. 117-146; e OLIVEIRA, Marcelo Andrade Cattoni de; ALVES, Adamo Dias. "Carl Schmitt: um teórico da exceção sob o estado de exceção". *Revista Brasileira de Estudos Políticos*, vol. 105, 2012, pp. 250-270.

901 BENDERSKY, Joseph W. "The purge of an ideological deviant". *In*: _____. *Carl Schmitt*: theorist for the Reich. Princeton: Princeton University Press, 1983, pp. 219-242.

902 BENDERSKY, Joseph W. "The security of silence? From Grossraum Theory to Nuremberg". *In*: _____. *Carl Schmitt*: theorist for the Reich. Princeton: Princeton University Press, 1983, pp. 243-273.

903 BENDERSKY, Joseph W. "Epilogue". *In*: _____. *Carl Schmitt*: theorist for the Reich. Princeton: Princeton University Press, 1983, pp. 274-287; OLIVEIRA, Marcelo Andrade Cattoni de; ALVES, Adamo Dias.

2.3.3 A Teoria da Integração de Rudolf Smend

Outro grande teórico renovador dos estudos sobre Teoria do Estado e Teoria da Constituição no contexto dos debates doutrinários transcorridos durante a República de Weimar foi Rudolf Smend (1882-1975).

Proveniente de uma tradicional família de acadêmicos e de teólogos, Smend era bastante envolvido com assuntos da Igreja Protestante, particularmente aqueles relativos às reflexões sobre a relação entre os valores espirituais e as possibilidades de pertencimento dos indivíduos a uma comunidade.[904] De acordo com Peter Caldwell, "[o]s pressupostos religiosos de Smend pavimentaram o caminho de sua doutrina jurídica, particularmente de sua teoria da integração de 1928",[905] já que

> [a]s premissas a partir das quais Smend se debruçou sobre o Direito Constitucional podem ter consequências conservadoras se levarem à constatação da primazia da comunidade e do correlato dever do indivíduo de se conformar.[906]

Professor catedrático de Direito Constitucional das Universidades de Tübingen (1911-1915) e de Bonn (1915-1922), Smend foi convidado, em 1922, para assumir a cátedra da Universidade de Berlim. Entretanto, com o desenrolar do golpe nazista de 1933, foi

---

"Carl Schmitt: um teórico da exceção sob o estado de exceção". *Revista Brasileira de Estudos Políticos*, vol. 105, 2012, pp. 262-269.

904 CALDWELL, Peter C. *Popular sovereignty and the crisis of the German constitutional law*: the theory and practice of Weimar constitutionalism. Durham: Duke University Press, 1997, pp. 121/122.

905 CALDWELL, Peter C. *Popular sovereignty and the crisis of the German constitutional law*: the theory and practice of Weimar constitutionalism. Durham: Duke University Press, 1997, p. 122, tradução nossa.

906 CALDWELL, Peter C. *Popular sovereignty and the crisis of the German constitutional law*: the theory and practice of Weimar constitutionalism. Durham: Duke University Press, 1997, p. 122, tradução nossa.

ele obrigado pelo III *Reich* a se transferir para a Universidade de Göttingen, onde permaneceu até o fim de sua carreira. Em seu lugar, Carl Schmitt assumiu a renomada cátedra berlinense.[907]

A formação jurídica de Smend se deu a partir de uma abordagem orgânica do Direito Constitucional imperial. Todavia, enquanto outros juristas organicistas como Gierke e Preuss adotaram premissas mais liberais, ele avançou postulados orgânicos bem mais vinculadas a uma direção conservadora e monarquista.[908]

Por outro lado, "Smend virou as costas para os clamores de Laband por uma análise jurídica científica e mostrou como específicas condições históricas determinaram o sentido da lei sob a Constituição Prussiana de 1850".[909]

Criticando as arbitrárias divisões da tradição labandista, por exemplo, entre Direito Público e Direito Privado e entre indivíduo e comunidade, o organicismo smendiano buscou incessantemente acabar com essas fronteiras positivistas, identificando fortemente Estado e sociedade.[910]

Smend foi um grande entusiasta do constitucionalismo monárquico germânico. De acordo com ele, existiria um "Direito não escrito" em torno do federalismo da Constituição de 1871, calcado na história constitucional alemã e nas tradições políticas dos *Länder*,

---

907 CALDWELL, Peter C. *Popular sovereignty and the crisis of the German constitutional law*: the theory and practice of Weimar constitutionalism. Durham: Duke University Press, 1997, p. 144.

908 CALDWELL, Peter C. *Popular sovereignty and the crisis of the German constitutional law*: the theory and practice of Weimar constitutionalism. Durham: Duke University Press, 1997, p. 122.

909 CALDWELL, Peter C. *Popular sovereignty and the crisis of the German constitutional law*: the theory and practice of Weimar constitutionalism. Durham: Duke University Press, 1997, p. 122, tradução nossa.

910 CALDWELL, Peter C. *Popular sovereignty and the crisis of the German constitutional law*: the theory and practice of Weimar constitutionalism. Durham: Duke University Press, 1997, p. 124.

algo cuja imemorial legitimidade poderia ser destruída acaso ocorressem alterações constitucionais artificiais que subvertessem essa dinâmica em prol do parlamentarismo e da garantia formal de direitos fundamentais.[911]

A principal obra de Smend é *Verfassung und Verfassungrecht*, de 1928. Já na apresentação do referido livro, ele aduz que não pretendia empreender um "esboço de uma Teoria do Estado ou (...) elaborar uma Teoria da Constituição, tampouco as possíveis consequências que da sua análise são derivadas para o Direito Positivo alemão".[912] Na verdade, a abordagem metodológica do livro se desenvolve em torno

> (...) [d]a necessidade de um entrelaçamento mútuo entre todos esses âmbitos e métodos de trabalho: em definitivo, o fato de que assim como não pode existir um Direito Constitucional satisfatório e operante sem uma fundamentação metodológica clara e consciente em uma teoria geral do Estado e da Constituição, tampouco é possível uma teoria viável do Estado e da Constituição sem uma metodologia própria que não pode ser jurídica, mas necessariamente adequada à metodologia das ciências do espírito (...).[913]

Aprofundando-se nessa pretensão de buscar os "fundamentos gnosiológicos" da Filosofia do Estado, Smend afirma que a tese central do livro é, a partir das imbricações entre Teoria Geral do

911 CALDWELL, Peter C. *Popular sovereignty and the crisis of the German constitutional law*: the theory and practice of Weimar constitutionalism. Durham: Duke University Press, 1997, pp. 122/123.

912 SMEND, Rudolf. *Constitución y Derecho Constitucional*. Trad. José Maria Beneyto Pérez. Madrid: Centro de Estudios Constitucionales, 1985, p. 39, tradução nossa.

913 SMEND, Rudolf. *Constitución y Derecho Constitucional*. Trad. José Maria Beneyto Pérez. Madrid: Centro de Estudios Constitucionales, 1985, p. 369, tradução nossa.

Estado e Teoria da Constituição, explorar o chamado “princípio da integração ou da coesão social”.[914]

Smend principia por afirmar que “[d]esde muito tempo a filosofia e a teoria jurídica do Estado na Alemanha encontram-se se não em crise, ao menos em um período de transição”.[915] O autor exemplifica esse estado de coisas com o fato de que, há mais de vinte e cinco anos, a clássica obra de Jellinek permanecia como incontestável referencial teórico de tal disciplina,[916] ainda que não tenha sido atualizada para os desafios sócio-políticos do século XX.[917] Dessa forma, a “crise da Teoria do Estado não se deve primariamente à guerra e à revolução. É um fenômeno que pertence ao mundo das ideias; e ainda mais, ao terreno da história da ciência”.[918]

No afã de solucionar essa crise, o radical formalismo kelseniano não teria conseguido prosperar, sendo necessária, ao revés, uma concepção estatal substantiva, “[u]ma teoria do Estado que, independentemente de todo o anterior possui ademais uma justificação própria, enquanto ciência do espírito que abarca o âmbito cultural e espiritual da dinâmica estatal”.[919]

---

914 SMEND, Rudolf. *Constitución y Derecho Constitucional*. Trad. José Maria Beneyto Pérez. Madrid: Centro de Estudios Constitucionales, 1985, p. 40, tradução nossa.

915 SMEND, Rudolf. *Constitución y Derecho Constitucional*. Trad. José Maria Beneyto Pérez. Madrid: Centro de Estudios Constitucionales, 1985, p. 43, tradução nossa.

916 SMEND, Rudolf. *Constitución y Derecho Constitucional*. Trad. José Maria Beneyto Pérez. Madrid: Centro de Estudios Constitucionales, 1985, pp. 43/44.

917 SMEND, Rudolf. *Constitución y Derecho Constitucional*. Trad. José Maria Beneyto Pérez. Madrid: Centro de Estudios Constitucionales, 1985, p. 44.

918 SMEND, Rudolf. *Constitución y Derecho Constitucional*. Trad. José Maria Beneyto Pérez. Madrid: Centro de Estudios Constitucionales, 1985, p. 44, tradução nossa.

919 SMEND, Rudolf. *Constitución y Derecho Constitucional*. Trad. José Maria Beneyto Pérez. Madrid: Centro de Estudios Constitucionales,

Nas palavras de Caldwell, "Smend assentou que sua abordagem orgânica teria superado o puro 'normativismo' positivista de Kelsen e alçado o Estado novamente à condição de organismo real".[920]

Para ele, a contraposição filosófica entre o indivíduo e o âmbito social resulta em uma "espacialização mecanicista"[921] que desconhece a necessária "articulação dialética"[922] entre indivíduo e sociedade, característica essa central do giro fenomenológico pelo qual estariam passando, naquele momento, as ciências do espírito, o qual deveria ser transportado para a Teoria do Estado e para o Direito Constitucional, missão com a qual o seu livro pretendia contribuir.[923]

Smend critica, por exemplo, a forma pela qual é classicamente compreendida a doutrina dos três elementos do Estado (povo, poder e território), acoimada por ele de "concepção espacialista e estática".[924] Na verdade, essa clássica teoria refletiria pressupostos individualistas e mecanicistas incapazes de apreender "a questão

1985, p. 48, tradução nossa.

920 CALDWELL, Peter C. *Popular sovereignty and the crisis of the German constitutional law*: the theory and practice of Weimar constitutionalism. Durham: Duke University Press, 1997, p. 124, tradução nossa.

921 SMEND, Rudolf. *Constitución y Derecho Constitucional*. Trad. José Maria Beneyto Pérez. Madrid: Centro de Estudios Constitucionales, 1985, p. 49, tradução nossa.

922 SMEND, Rudolf. *Constitución y Derecho Constitucional*. Trad. José Maria Beneyto Pérez. Madrid: Centro de Estudios Constitucionales, 1985, p. 50, tradução nossa.

923 SMEND, Rudolf. *Constitución y Derecho Constitucional*. Trad. José Maria Beneyto Pérez. Madrid: Centro de Estudios Constitucionales, 1985, pp. 50/51.

924 SMEND, Rudolf. *Constitución y Derecho Constitucional*. Trad. José Maria Beneyto Pérez. Madrid: Centro de Estudios Constitucionales, 1985, p. 51, tradução nossa.

essencial (...) referente à dinâmica própria do Estado",[925] que se renova constantemente, de tal forma que "a realidade estatal, mais do que explicada logicamente, deve ser descrita"[926] sociologicamente:

> (...) o Estado não constitui enquanto tal uma totalidade imóvel, cuja única expressão externa consista em expedir leis, acordos diplomáticos, sentenças ou atos administrativos. Se o Estado existe, é unicamente graças a essas diversas manifestações, expressões de uma estrutura espiritual e, de um modo mais decisivo, através das transformações e renovações que têm como objeto imediato essa estrutura intangível. O Estado existe e se desenvolve exclusivamente neste processo de contínua renovação e permanente renascimento; para utilizar aqui a célebre frase de Renan, o Estado vive de um plebiscito que se renova a cada dia. Para esse processo, que é o núcleo substancial da dinâmica do Estado, eu já propus, em outra ocasião, a denominação de **integração.**[927]

Noutras palavras,

> a essência supra empírica do Estado consiste em seu caráter de associação voluntária soberana e em seu contínuo processo de integração na realidade, impondo-se agora à análise empírica mostrar quais são os fatores dessa progressiva realização.[928]

---

925 SMEND, Rudolf. *Constitución y Derecho Constitucional*. Trad. José Maria Beneyto Pérez. Madrid: Centro de Estudios Constitucionales, 1985, p. 54, tradução nossa.

926 SMEND, Rudolf. *Constitución y Derecho Constitucional*. Trad. José Maria Beneyto Pérez. Madrid: Centro de Estudios Constitucionales, 1985, p. 55, tradução nossa.

927 SMEND, Rudolf. *Constitución y Derecho Constitucional*. Trad. José Maria Beneyto Pérez. Madrid: Centro de Estudios Constitucionales, 1985, 1985, pp. 62-63, tradução e destaque nossos.

928 SMEND, Rudolf. *Constitución y Derecho Constitucional*. Trad. José Maria Beneyto Pérez. Madrid: Centro de Estudios Constitucionales, 1985, p. 66, tradução nossa.

Esse deve ser o ponto de partida de qualquer Teoria do Estado.[929] Para Smend,

> o Estado enquanto totalidade não é uma soma de elementos desagregados, mas sim uma unidade individual, uma totalidade que se faz determinada pela concretização de valores substantivos em situações históricas específicas.[930]

O conceito de integração se torna mais claro e palpável quando o jurista alemão suscita o exemplo concreto do fascismo:

> (...) quanto menos se persegue uma teoria fechada do Estado, mais fácil resulta buscar novas vias e possibilidades de formação e configuração do Estado, novos modos de dinâmica estatal, é dizer, justamente tudo aquilo que aqui foi definido como integração. Uma análise da literatura acerca do fascismo, sob esta perspectiva, seria eminentemente frutífera, independentemente da valoração e do destino que mereça o fascismo.
>
> O que o fascismo tem mostrado, enquanto movimento de massas fruto de uma intensa reflexão sobre a organização racional de uma nova comunidade e um novo Estado, geralmente não é conhecido. O silêncio da filosofia e da ciência jurídica do Estado neste ponto não é surpreendente: a doutrina racionalista atende unicamente ao que se faz presente à consciência e é captável por uma forma de pensamento naturalista; as teorias que se baseiam no irracional ficam presas na superficialidade da teoria orgânica. Resulta especialmente significativo que, enquanto os legisladores constitucionais com formação teórica como foram os de Weimar passam ao largo do problema mais

---

929 SMEND, Rudolf. *Constitución y Derecho Constitucional*. Trad. José Maria Beneyto Pérez. Madrid: Centro de Estudios Constitucionales, 1985, p. 64.

930 SMEND, Rudolf. *Constitución y Derecho Constitucional*. Trad. José Maria Beneyto Pérez. Madrid: Centro de Estudios Constitucionales, 1985, p. 95, tradução nossa.

capital de toda Constituição, a Constituição de Bismarck é um exemplo magnífico – como doravante será exposto – de uma Constituição integradora apesar de sua escassa reflexão teórica.[931]

Sobre a função integradora do regime fascista, Smend afirma que

> [a]pesar do rechaço do liberalismo e do parlamentarismo, o fascismo tem sabido manejar com maestria as técnicas de integração funcional, e tem sabido substituir conscientemente a integração substantiva do socialismo por outros elementos muito eficazes, tais como o mito da Nação, o Estado corporativo etc.[932]

Por mais ambíguo que pareça, não obstante adote o fascismo como um grande exemplo de integração política, Smend afirma que

> enquanto Heller e Schmitt pretendem demonstrar, desde uma perspectiva jurídica, que a chave do Estado é a "decisão" soberana, o que aqui se pretende é mostrar que, pela ótica das ciências do espírito, a realidade fenomenológica desta decisão se identifica com a capacidade de autoconfiguração política.[933]

Sobre esse ponto, Bercovici assim discorre:

---

931 SMEND, Rudolf. *Constitución y Derecho Constitucional*. Trad. José Maria Beneyto Pérez. Madrid: Centro de Estudios Constitucionales, 1985, pp. 68/69, tradução nossa.

932 SMEND, Rudolf. *Constitución y Derecho Constitucional*. Trad. José Maria Beneyto Pérez. Madrid: Centro de Estudios Constitucionales, 1985, p. 113, tradução nossa.

933 SMEND, Rudolf. *Constitución y Derecho Constitucional*. Trad. José Maria Beneyto Pérez. Madrid: Centro de Estudios Constitucionales, 1985, pp. 126/127, tradução nossa.

> Rudolf Smend criticou as concepções de Schmitt e de Kirchheimer, que entendiam ser a Constituição de Weimar uma Constituição sem decisão. Para ele, a razão de ser da Constituição não era decidir sobre um determinado sistema político de pensamento, **mas ordenar um conjunto de homens na formação de uma comunidade política.** No mesmo sentido, seguindo sua concepção da Constituição como fator e instrumento da integração política, Smend não entendia correta a ideia de Constituição de compromisso, pois, na sua visão, a Constituição não teria sentido se fosse reduzida à mera constitucionalização de interesses setoriais para, a partir destes interesses, continuar a luta dos vários grupos pelo poder. **A Constituição, para Smend, só teria sentido se formasse a unidade política, por meio do processo continuamente renovado da integração política.**[934]

Apesar disso, é preciso deixar claro que o próprio Smend, na operacionalização concreta do seu conceito-chave, também via, na atuação de um líder forte, potencialidades para a integração da Nação:

> Os exemplos que Smend usou para descrever a integração ilustram bem a natureza conservadora e totalizante da sua teoria. "Integração pessoal" se manifesta através de líderes (*Füher*), que são a "forma viva, a forma de vida daquilo que está se desenvolvendo social e espiritualmente [naqueles que estão sendo liderados]". O Monarca, por exemplo, era "em si próprio a personificação, a integração da totalidade do povo (*Volk)*". Ele deveria se envolver não propriamente em atribuições técnicas ou práticas como o diletante Wilhelm II fez; mas, ao contrário, deveria agir para renovar a "autopercepção" da Nação. (...). Na verdade, Smend acreditava que somente um de seus contemporâneos possuía a habilidade para unir a Alemanha através de sua personalidade: o General

934 BERCOVICI, Gilberto. *Entre o Estado total e o Estado social*: atualidade do debate sobre Direito, Estado e Economia na República de Weimar. São Paulo: USP, 2003, pp. 21/22, destaque nosso.

> Paul von Hindenburg, que tinha sido recentemente eleito Presidente da República substituindo Friedrich Ebert. Em nenhum momento, Smend discute as políticas concretas ou as realizações que setores da população poderiam porventura desejar alcançar através de um líder. Integração através do líder aparentava ser um processo total e autodeterminado desprovido de conteúdo concreto.[935]

No ponto, é bastante percuciente a observação de Paulo Sávio sobre a obra smendiana:

> (...) [não] se pode sustentar que os textos de Smend sejam ontologicamente autoritários. Entretanto, é fato que seus escritos se prestam muito bem a um uso antidemocrático. Por mais que Smend não tenha colaborado pessoalmente com o III *Reich*, quando a democracia é definida como a "homogeneidade espiritual de uma comunidade de valores", isso em pouco difere, por exemplo, da pretensão do Partido Nacional-Socialista dos Trabalhadores alemães (NSDAP) de ser o "elemento de ordem da comunidade", ante o advento do *völkischer Führerstaat* inaugurado com o assalto nazista ao poder. Isso porque tanto os conceitos de "democracia" dos totalitarismos do século XX quanto o conceito smendiano de democracia têm uma coisa em comum: buscam a homogeneidade com o mesmo vigor com que abominam as diferenças, o "outro".[936]

Retomando a comparação smendiana entre a Constituição de Bismarck e a Constituição de Weimar, destaque-se que o jurista alemão não poupa críticas à segunda e ufanismos em relação à

---

935 CALDWELL, Peter C. *Popular sovereignty and the crisis of the German constitutional law*: the theory and practice of Weimar constitutionalism. Durham: Duke University Press, 1997, pp. 124-125, tradução nossa.

936 MAIA, Paulo Sávio N. P. *Pensando os direitos fundamentais com, e contra, Rudolf Smend*: lineamentos de uma crítica ao neoconstitucionalismo. Manuscrito inédito, ainda não publicado.

primeira. Segundo aduz, "[d]entre as Constituições modernas, só conheço uma que responda conscientemente à sua função integradora, a da Liga Alemã do Norte e do *Reich* imperial".[937] Essa sua tese é assim desenvolvida:

> Segundo a teoria constitucional, a ideia central que determina essa fundação excepcional do *Reich* de 1867/71 – que se propõe sobretudo à criação e preservação dos Estados federados e das dinastias – é a de que o novo Estado global não deveria ser uma individualidade estatal em si, mas o resultado dos distintos componentes nacionais federados e hegemônicos ou, mais concretamente, que não deveria constituir uma forma política em si e que, portanto, deveria obter legitimidade de uma forma autônoma. Uma confederação só pode representar uma forma de organização política e não uma forma política: desse modo se resolve da maneira mais simples a confusão que existe na maioria dos estudos de Direito político sobre a questão da forma política do *Reich* na época de Bismarck. Relacionada a essa circunstância se encontra igualmente ao menos uma das razões da constante oposição de Bismarck à possibilidade constitucional de um "governo imperial".
>
> O desenvolvimento positivo do *Reich* responde a esses princípios. Ele aparece, ao menos em tese, como um sistema orientado para a integração funcional. Foi definido com frequência como uma obra magna, que subordinava os poderes particulares – em cuja regulamentação já havia fracassado a *Paulskirche* – à ideia de *Reich*, enquanto permitia que a "soberania de cada governo encontrasse sua expressão indiscutível" no Conselho Federal, o qual embasava a existência e a vida do Estado federal na "fidelidade ao pacto" e na "atitude favorável a um Estado federal", tanto dos distintos membros, é dizer, dos Estados individuais, como da Prússia e, portanto, da cabeça do *Reich* assim unificado. E em maior

---

937 SMEND, Rudolf. *Constitución y Derecho Constitucional*. Trad. José Maria Beneyto Pérez. Madrid: Centro de Estudios Constitucionales, 1985, p. 134, tradução nossa.

medida ainda era embasado na constante participação dos Estados federados na vida do *Reich*. Com ele permaneciam ligadas as duas esferas políticas, a federativa por um lado, e a unitária, de outro, graças à hegemonia da Prússia, e tudo isso influenciado e mantido – ainda que segundo Bismarck não se fundamentasse no desenvolvimento esperado dos acontecimentos – pela Dieta Imperial (*Reichstag*).[938]

Já a Constituição de Weimar, de acordo com Smend, teria primado por "destruir e modificar em parte essa ordem de coisas",[939] substituindo a integradora Constituição bismarckiana por abstrações liberais e formalistas:

> O que ela destruiu foi aquele sistema integrativo, que se baseava na inquebrantável solidariedade que unia a cabeça do *Reich* com os Estados individuais graças à união entre os príncipes e a burocracia, um sistema unido frente à pressão da hegemonia e do *Reichstag* e protegido frente a ele e frente à opinião pública mercê do baluarte que constituía um Conselho Federal dotado de irresponsabilidade. Um sistema, portanto, de características opostas mas compensador, que já desde 1890 havia começado a perder elasticidade, mas que ainda conservava intacta toda a sua capacidade integradora. A Constituição de Weimar prescinde do eixo central da divisão do *Reich* em distintos *Länder*. (...) Precisamente sucede que esses *Länder* estão mais expostos à possibilidade de perder seu caráter peculiar e próprio, ao realizar no exercício de seus direitos uma política mais do *Reich* do que própria.
>
> (...) A razão última destas debilidades da Constituição [de Weimar] reside na confusão que nela reina entre os fins

---

938 SMEND, Rudolf. *Constitución y Derecho Constitucional*. Trad. José Maria Beneyto Pérez. Madrid: Centro de Estudios Constitucionales, 1985, pp. 184/185, tradução nossa.

939 SMEND, Rudolf. *Constitución y Derecho Constitucional*. Trad. José Maria Beneyto Pérez. Madrid: Centro de Estudios Constitucionales, 1985, p. 187, tradução nossa.

> positivados por um lado e as forças integradoras e os valores legitimadores que devem garantir por outro, entre as metas perseguidas e seus pressupostos, entre os ideais aos quais aspira a Constituição e os meios existentes, entre o que deve ser e o que pode ser a Suíça, país que se encontrava em uma situação similar, havia baseado a unidade de sua Constituição na supremacia sobre a aliança especial e sobre a pura integração material e majoritariamente formal de sua Constituição. (...) O que distingue a política constitucional de Weimar e de *Paulskirche* do proceder político e constitucional de Bismarck é o controle absoluto que este exercia sobre os meios de integração e a claridade intuitiva que possuía das fontes das quais em seu tempo podia proceder uma legitimidade.[940]

Smend critica fortemente, ainda, o amplo catálogo de direitos fundamentais da Constituição de Weimar, basicamente a partir da tese de que não basta a positivação constitucional, já que existem forças e fatores políticos concretos que determinam o próprio alcance da Constituição e que promovem aquilo que ele chama de integração.[941] Sobre o ponto, assim discorre Gilberto Bercovici:

> O debate sobre a declaração de direitos da Constituição de Weimar, de acordo com Rudolf Smend, se colocou mal desde o início, dada a ênfase em definir a sua concepção ideológica burguesa ou socialista. Este equívoco deve-se, em sua opinião, à repartição, de caráter formal (e não material, como defendia Schmitt), da Constituição em duas partes. Smend defendia a íntima conexão entre os direitos e deveres e a parte organizacional da Constituição de Weimar. Para ele, o ponto de partida para a interpretação dos direitos fundamentais

---

940 SMEND, Rudolf. *Constitución y Derecho Constitucional*. Trad. José Maria Beneyto Pérez. Madrid: Centro de Estudios Constitucionales, 1985, pp. 187-189, tradução nossa.

941 SMEND, Rudolf. *Constitución y Derecho Constitucional*. Trad. José Maria Beneyto Pérez. Madrid: Centro de Estudios Constitucionales, 1985, pp. 129, 132 e 136.

previstos no texto constitucional era a intenção de dotar os diferentes grupos sociais de liberdades e garantias como condição indispensável para o exercício real, não apenas formal, dos direitos de cidadania em uma democracia.

Para Smend, os direitos fundamentais não poderiam ser reduzidos a meros limites de atuação do Poder Público, como muitas interpretações tradicionais defendiam. Na sua opinião, os direitos fundamentais, de um lado, pretendiam regular um sistema de valores, um sistema cultural; de outro, afirmavam o caráter nacional do sistema de direitos fundamentais, ao ser conferido, por meio deles, um *status* material único aos membros do Estado, convertendo-os, assim, em um povo, em relação a si mesmos e aos outros povos. Os direitos fundamentais, assim, representariam um sistema de valores concretos, que resumiria o sentido da vida estatal na Constituição. Significariam, ao mesmo tempo, uma vontade de integração material e a legitimação da ordem positiva jurídico-estatal: esta ordem jurídica seria válida enquanto representasse este sistema de valores formado pelos direitos fundamentais, convertendo-se, por isso, em legítima.[942]

É notória a polêmica travada entre Smend e Kelsen acerca do conceito de integração. Conforme adiantado, no livro *Verfassung und Verfassungrecht*, para além de criticar a clássica Teoria do Estado oitocentista, sistematizada pela obra de Jellinek, Smend tece diversas críticas às premissas neopositivistas da Escola de Viena, liderada por Kelsen, acoimando-a de formalista, individualista e mecanicista.[943]

Em 1930, Kelsen publicou *Der Staat als Integration*, um ácido livro escrito para justamente responder às críticas de Smend.

942 BERCOVICI, Gilberto. *Entre o Estado total e o Estado social*: atualidade do debate sobre Direito, Estado e Economia na República de Weimar. São Paulo: USP, 2003, pp. 22/23, destaque nosso.

943 SMEND, Rudolf. *Constitución y Derecho Constitucional*. Trad. José Maria Beneyto Pérez. Madrid: Centro de Estudios Constitucionales, 1985, pp. 48/49.

Destacando que, apesar de não assumir expressamente, a obra de Smend deixaria entrever que o jurista alemão teria adotado diversos pressupostos epistemológicos do neopositivismo científico com o qual polemizava, sendo o principal deles a busca pelos "fundamentos gnosiológicos" do Direito, pretensão essa que, segundo Kelsen, só ganhou importância e seriedade analíticas exatamente com a sua Escola de Viena.[944]

Para além disso, Kelsen ataca violentamente aquilo que chama de "sincretismo metodológico" em Smend, apontando obscurantismos políticos e analíticos na valorativa e ideológica separação que o jurista alemão faz entre Direito e Estado.[945] Um dos ataques mais fortes dirigidos por Kelsen nesse sentido é a acusação de que Smend seria, na verdade, um enrustido partidário de regimes ditatoriais:

> E essa atmosfera está cheia de simpatia implícita pela ditadura. Mesmo que Smend não admita querer chegar tão longe quanto Schmitt, o qual – distinguindo, de forma não muito clara, o valor da ditadura do valor político segundo critérios científicos – individua na ditadura a expressão mais pura da essência do Estado. Mas pela posição particular – não justificável do ponto de vista lógico-sistemático – que Smend atribui à ditadura, colocando-a ao lado do governo; e pela sua explícita qualificação como valor de integração, em cuja primazia sobre o valor de administração e do Direito a maioria dos leitores deveria acreditar, concede-se vida a uma orientação muito favorável à ditadura, que é sentida especialmente quando se confrontam as exposições relativas à ditadura com aquelas dedicadas por Smend ao Parlamento e ao parlamentarismo. Smend utiliza demais e com excessiva frequência o conceito

---

944 KELSEN, Hans. *O Estado como integração*: um confronto de princípio. Trad. Plínio Fernandes Toledo. 2ª ed. São Paulo: Martins Fontes, 2022, p. 6.

945 KELSEN, Hans. *O Estado como integração*: um confronto de princípio. Trad. Plínio Fernandes Toledo. 2ª ed. São Paulo: Martins Fontes, 2022, pp. 8 e 80-93.

> de integração como expressão de um juízo de valor político, para ter o direito de distinguir um mal-entendido a respeito de sua teoria objetiva, caso esta fosse interpretada como apologia à ditadura.[946]

Inclusive, Kelsen chega a afirmar que "o valor de integração apresenta-se como uma variante da ditadura"[947] e que "o Estado 'integral' ou 'integrado' é o Estado fascista",[948] representando, na verdade, um retrocesso doutrinário para o Direito Público alemão em vez da originária pretensão smendiana de atualizar a publicística germânica.[949]

Kelsen fecha a sua obra com uma resposta às críticas de Smend sobre a Constituição de 1919, sobretudo acerca do conceito jurídico de Constituição, apontando que "[e]ssa é a técnica interpretativa da teoria da integração válida para a Constituição de Weimar; e é a luta contra a Constituição da República alemã que essa teoria – intencionalmente ou não –, com a sua "realidade" do Estado, serve afinal".[950]

Vinculado desde a sua criação ao *Deutschnationale Volkspartei* (DnVp), um partido de extrema direita ligado a pautas conservadoras

---

946 KELSEN, Hans. *O Estado como integração*: um confronto de princípio. Trad. Plínio Fernandes Toledo. 2ª ed. São Paulo: Martins Fontes, 2022, pp. 103/104.

947 KELSEN, Hans. *O Estado como integração*: um confronto de princípio. Trad. Plínio Fernandes Toledo. 2ª ed. São Paulo: Martins Fontes, 2022, p. 102.

948 KELSEN, Hans. *O Estado como integração*: um confronto de princípio. Trad. Plínio Fernandes Toledo. 2ª ed. São Paulo: Martins Fontes, 2022, p. 78.

949 KELSEN, Hans. *O Estado como integração*: um confronto de princípio. Trad. Plínio Fernandes Toledo. 2ª ed. São Paulo: Martins Fontes, 2022, pp. 5-14.

950 KELSEN, Hans. *O Estado como integração*: um confronto de princípio. Trad. Plínio Fernandes Toledo. 2ª ed. São Paulo: Martins Fontes, 2022, p. 123.

e monarquistas, Smend abandonou o partido em 1930, quando o barão da mídia Alfred Hugenber assumiu a direção da sigla e passou a defender abertamente pautas autoritárias. Um ano antes, abandonando a sua posição de crítico ferrenho da Constituição de Weimar, Smend passou a defender, ao contrário das suas posições anteriores e acima resumidas, os potenciais de integração dos diretos fundamentais sociais weimarianos,[951] contrapondo-se mais claramente a Carl Schimitt e à sua questionável tentativa de revisionismo histórico do II *Reich*, pintando-o como um protótipo de Estado burguês que, anos após, desaguaria na Constituição de Weimar.[952]

Suscita como exemplo a liberdade de expressão e, ao contrário das críticas schmittianas, Smend defende que "essa liberdade, enquanto direito fundamental, não constitui uma forma de emancipação burguesa com relação ao Estado; ao contrário, trata da fundamentação cidadã do mesmo [Estado]".[953]

Sobre essa guinada smendiana acerca dos direitos fundamentais de Weimar, Paulo Sávio assim comenta:

> Em síntese: em Smend os direitos fundamentais não se reduzem a estruturas pré-estatais pertencentes ao indivíduo abstratamente considerado, como quer o liberalismo. Direitos fundamentais são transubjetivos; externos ao indivíduo, consistem em uma ordem concreta. E mais: somam esforços

---

951 CALDWELL, Peter C. *Popular sovereignty and the crisis of the German constitutional law*: the theory and practice of Weimar constitutionalism. Durham: Duke University Press, 1997, p. 142.

952 SMEND, Rudolf. "Ciudadano y burgués en el derecho político alemán". *In*: ______. *Constitución y Derecho Constitucional*. Trad. José Maria Beneyto Pérez. Madrid: Centro de Estudios Constitucionales, 1985, pp. 251-258.

953 SMEND, Rudolf. "Ciudadano y burgués en el derecho político alemán". *In*: ______. *Constitución y Derecho Constitucional*. Trad. José Maria Beneyto Pérez. Madrid: Centro de Estudios Constitucionales, 1985, p. 259, tradução nossa.

> no sentido de evitar uma dissolução atomista da sociedade, pois só têm sentido no Estado.
>
> E aqui aparece o lado perverso da "integração".
>
> Uma vez que os direitos fundamentais encontram o seu fundamento de validade em uma ordem concreta de valores mediada pelo Estado, os direitos fundamentais só valem *no* e não *contra* o Estado, porquanto não podem consistir em um elemento que lhe seja antagônico. Nessa busca por superar a atitude "agnóstica" e "cética" dos positivistas representantes da Teoria Geral do Estado do século XIX, a teoria da integração de Smend propõe uma "crença" nos direitos fundamentais. Mas aí reside o traço irônico da trama: "agnósticos" e "crentes" acabam por incidir no mesmo pecado capital do Direito Público, a estatolatria.[954]

De acordo com Pablo Lucas Verdú,

> [d]urante o período nacional-socialista [,] o influxo da *Integrationlehre* desaparece. Acontecimento lógico, devido às firmes convicções morais, religiosas e sociopolíticas de seu autor, que, como indica Häberle, se opôs, à semelhança de Kaufmann, Kelsen e Heller, ao regime hitlerista.[955]

Já Rodrigo Valadão, comentando as ácidas críticas de Kelsen em *Der Staat als Integration*, afirma o seguinte:

> Se a Teoria da Integração acaba por promover, de fato, uma concepção totalitária de Estado, isto é uma questão até hoje em aberto. Há bons argumentos para uma leitura mais

---

954 MAIA, Paulo Sávio N. P. *Pensando os direitos fundamentais com, e contra, Rudolf Smend*: lineamentos de uma crítica ao neoconstitucionalismo. Manuscrito inédito, ainda não publicado.

955 VERDÚ, Pablo Lucas. *La lucha contra el positivismo juridico en la Republica de Weimar*: La teoría constitucional de Rudolf Smend. Madrid: Tecnos, 1987, p. 139, tradução nossa.

> generosa, somado ao fato de que Smend sempre guardou do regime nazista uma corajosa distância. Mas seja como for, é inegável que a natureza antipositivista da Teoria da Integração, somada à sua orientação idealista, conservadora e com resquícios monarquistas, fez dela uma das vedetes do Direito Público da República de Weimar e contribuiu, ainda que acidentalmente, com a escalada do Estado Nazista.[956]

Seja como for, é importante destacar que, após a Segunda Guerra Mundial, Smend continuou sendo um dos principais juristas alemães, bastando se recordar que sua obra influenciou diretamente então jovens acadêmicos como Konrad Hesse, Peter Häberle e Friedrich Müller,[957] motivo adicional esse, inclusive diante da profunda influência desses três últimos constitucionalistas na publicística brasileira contemporânea, para o estudo da obra smendiana.

Falando especificamente do período aqui estudado, conforme mais à frente será discorrido, a obra de Smend ganhou destacada recepção no Brasil da década de 1930, sobretudo no livro *Os Fundamentos Actuaes do Direito Constitucional* (1932), de Pontes de Miranda,[958] em que o jurista alagoano adotou diversas das premissas da Teoria da Integração para pensar, holística e materialmente, a

956 VALADÃO, Rodrigo Borges. *Positivismo Jurídico e Nazismo*: formação, refutação e superação da lenda do positivismo. São Paulo: Contracorrente, 2021, pp. 309/310.

957 CALDWELL, Peter C. *Popular sovereignty and the crisis of the German constitutional law*: the theory and practice of Weimar constitutionalism. Durham: Duke University Press, 1997, p. 144; e VERDÚ, Pablo Lucas. *La lucha contra el positivismo juridico en la Republica de Weimar*: La teoría constitucional de Rudolf Smend. Madrid: Tecnos, 1987, p. 142.

958 MIRANDA, Pontes de. *Os Fundamentos Actuaes do Direito Constitucional*. Rio de Janeiro: Freitas Bastos, 1932.

transição pela qual estava passando o constitucionalismo em direção ao paradigma do Estado Social.[959]

2.3.4 A Teoria do Estado de Hermann Heller

Hermann Heller foi um grande opositor das totalitárias aspirações políticas e doutrinárias de Schmitt, notadamente no que concerne à sua defesa da exceção e da ditadura como meios políticos para se instituir um Estado Total que tolhesse o amplo rol de direitos fundamentais sociais previstos pela Constituição de Weimar, em prol de um governo presidencial absoluto, de um lado, e de uma economia de mercado,[960] de outro; saída essa que, conforme adiantado, acabaria por seduzir o empresariado e a elite agrária alemães a abraçar a ditadura[961] como alternativa para se contornarem as severas crises político-econômicas alemãs, todas elas imputadas por esses setores ao excesso de democracia e de direitos sociais presentes na ordem constitucional weimariana.

Conforme já destacado na introdução, Heller apontava, desde 1926, para "a inadequação teórica e a esterilidade prática dessa disciplina que, sob o nome de 'Doutrina geral do Estado', é

---

959 BERCOVICI, Gilberto. "O Estado integral e a simetrização das classes sociais em Pontes de Miranda: o debate dos anos 1930". *Revista Direito e Práxis*, vol. 6, 2015, pp. 272-293.

960 De acordo com Gilberto Bercovici: "Boa parte do trabalho de Heller durante a República de Weimar vai ser, justamente, contestar as visões schmittianas de exceção permanente, ditadura e Estado Total, entendendo a superação do Estado de Direito liberal pelo Estado Social de Direito como única maneira de integrar os trabalhadores no Estado e, ao mesmo tempo, salvar a democracia e a Constituição" (BERCOVICI, Gilberto. *Entre o Estado total e o Estado social*: atualidade do debate sobre Direito, Estado e Economia na República de Weimar. São Paulo: USP, 2003, pp. 91/92. (Tese de Livre-Docência)).

961 Sobre o tema, conferir: VUILLARD, Éric. *A ordem do dia*. Trad. Sandra Stroparo. São Paulo: Tusquets Editores, 2019; e JONG, David de. *Bilionários nazistas*: a tenebrosa história das dinastias mais ricas da Alemanha. Trad. Otacílio Nunes. Rio de Janeiro: Objetiva, 2023.

ensinada em nossas universidades".[962] Isso porque não fazia mais sentido, para ele, uma Teoria "Geral" do Estado, com pretensão de universalidade, já que a Teoria do Estado só poderia emergir, nas complexas sociedades de massas do século XX, como teoria de um Estado específico e real. É por isso que Heller fala de uma "Teoria do Estado como Ciência Política".[963]

Sobre Jellinek, Heller aduz o seguinte:

> O próprio Georg Jellinek tinha perfeita consciência de que todos os processos importantes na vida do Estado foram, antes e durante o seu nascimento, objeto de considerações e decisões políticas, e que toda a ação do Estado acarreta efeitos políticos. E mais ainda: reconheceu mesmo que uma abstração absoluta de toda a política conduz a "resultados vazios" em que se verifica a ausência de qualquer vestígio de forma viva (...). Apesar disso, Jellinek continua apegado aos preconceitos da doutrina científica de sua época. Em vez de rejeitar esta dissociação entre teoria e prática, da ordem estatal estática e em movimento, aceita estes "resultados vazios", aparentemente como algo inevitável, e visa apenas "completá-los" através da observação do político.
>
> Georg Jellinek reitera constantemente a tentativa de colmatar a separação entre a teoria do Estado e a política, pelo menos externamente. O sonho da época, ou seja, a eliminação radical

---

962 Tradução livre, do italiano, de Sebastião Tojal (TOJAL, Sebastião Botto de Barros. *Teoria Geral do Estado*: elementos de uma nova Ciência Social. Rio de Janeiro: Forense, 1997, p. 16). No original: "*specialisti percepiscono l'inadeguatezza teorica e la sterilità pratica di quella disciplina che sotto il nome di 'Dottrina generale dello Stato" viene insegnata nelle nostre Università nel corso di ponderose lezioni*" (HELLER, Hermann. *La Sovranità ed Altri Scritti sulla Dottrina del Dirito e dello Stato*. Milão: Giuffrè, 1987, p. 31).

963 HELLER, Hermann. *Teoría del Estado*. Trad. Luis Tobío. 2ª ed. México: FCE, 1998, p. 21, tradução nossa.

> do político da Teoria do Estado, torna-se realidade em Hans Kelsen e, claro, *ad absurdum* (...).[964]

Segundo aponta, esses kelsenianos excessos de abstração, supostamente seguindo a trilha positivista de Jellinek, teriam descambado em uma "Teoria do Estado sem Estado".[965]

Ao contrário dessa vertente, para Heller, "[a] Teoria do Estado se propõe a investigar a específica realidade da vida estatal que nos rodeia. Aspira a compreender o Estado em sua estrutura e função atuais, seu desenvolvimento histórico e as tendências de sua evolução".[966]

Dessa forma, "não pode ser matéria da teoria do Estado (...) investigar 'o fenômeno do Estado em geral', ou 'o' Estado 'na totalidade de suas relações'. E tampouco tratamos de inquirir sobre a essência 'do' Estado".[967] Isso porque essas visões generalistas "partem da ideia de que o Estado é algo assim como uma coisa invariável, que apresenta características constantes ao longo do tempo, concepção que (...) é completamente errônea".[968]

Ainda segundo Heller, a Teoria do Estado vinha sendo cultivada na Alemanha havia muito tempo e, a partir do século XIX,

> denomina-se expressamente "geral" porque, desde então, o círculo de seus problemas se restringe progressivamente,

---

964 HELLER, Hermann. *Teoría del Estado*. Trad. Luis Tobío. 2ª ed. México: FCE, 1998, p. 83, tradução nossa.

965 HELLER, Hermann. *Teoría del Estado*. Trad. Luis Tobío. 2ª ed. México: FCE, 1998, p. 84, tradução nossa.

966 HELLER, Hermann. *Teoría del Estado*. Trad. Luis Tobío. 2ª ed. México: FCE, 1998, p. 21, tradução nossa.

967 HELLER, Hermann. *Teoría del Estado*. Trad. Luis Tobío. 2ª ed. México: FCE, 1998, p. 21, tradução nossa.

968 HELLER, Hermann. *Teoría del Estado*. Trad. Luis Tobío. 2ª ed. México: FCE, 1998, p. 21, tradução nossa.

> vindo, ao fim, a ficar reduzido a pouco mais do que a história e construção de alguns conceitos fundamentais de Direito Público.[969]

Dentre eles, o próprio conceito de princípio monárquico, cerne da publicística germânica da segunda metade dos oitocentos.

De acordo com Gilberto Bercovici, "[a] Teoria do Estado de Heller é uma 'ciência engajada'",[970] na medida em que "deve ter a capacidade de responder e vencer as dificuldades concretas, pensando a problemática política de seu tempo".[971] Esse engajamento intelectual está vinculado "às suas concepções políticas socialistas, tendo como objetivo a sua realização em um Estado Socialista".[972]

Não é difícil perceber que Heller, concomitantemente, se contrapõe a Kelsen e a Schmitt.

Contra Kelsen, critica a pretensa racional proscrição dos problemas concretos da Teoria do Estado, acoimados pelo neopositivismo kelseniano de "metajurídicos", o que redundaria num formalismo positivista pretensamente neutro e cego à realidade política do fenômeno estatal, cerne de qualquer Teoria do Estado. De acordo com Heller:

---

969 HELLER, Hermann. *Teoría del Estado*. Trad. Luis Tobío. 2ª ed. México: FCE, 1998, p. 22, tradução nossa.

970 BERCOVICI, Gilberto. *Entre o Estado total e o Estado social*: atualidade do debate sobre Direito, Estado e Economia na República de Weimar. São Paulo: USP, 2003, p. 92. (Tese de Livre-Docência).

971 BERCOVICI, Gilberto. *Entre o Estado total e o Estado social*: atualidade do debate sobre Direito, Estado e Economia na República de Weimar. São Paulo: USP, 2003, p. 92. (Tese de Livre-Docência).

972 BERCOVICI, Gilberto. *Entre o Estado total e o Estado social*: atualidade do debate sobre Direito, Estado e Economia na República de Weimar. São Paulo: USP, 2003, p. 92. (Tese de Livre-Docência).

> Quando a Teoria do Estado persegue uma sistemática abstrata cai, fatalmente, no erro de ordenar arbitrariamente os conteúdos reais que encontra – precisamente por querer articulá-los de um modo escrupulosamente lógico – e, com ele, violenta e sacrifica a conexão natural que nasce do objeto, em benefício de um fantasma.[973]

Contra Schmitt, Heller questiona a concepção de unidade política e de Estado Total como dados prévios e absolutos, que devem ser perseguidos inclusive pela força da ditadura, garantindo-se, assim, homogeneidade a ferro e fogo contra os riscos do pluralismo da democracia representativa.[974] Como bem pontua Bercovici, ele pretende "a construção de uma unidade política com homogeneidade social em uma sociedade pluralista. Heller tenta conciliar, para isso, a democracia e o socialismo",[975] o que teria uma função social clara, calcada na busca por uma ordem social mais justa,[976] que, para ele, seria o socialismo.

Como se vê, "[a] Teoria do Estado de Heller é, ao mesmo tempo, uma teoria da democracia e da democracia socialista. Heller, simultaneamente, estuda a tradição do pensamento político ocidental e propõe a superação do Estado de classe pelo socialismo".[977]

---

973 HELLER, Hermann. *Teoría del Estado*. Trad. Luis Tobío. 2ª ed. México: FCE, 1998, p. 53, tradução nossa.

974 BERCOVICI, Gilberto. *Entre o Estado total e o Estado social*: atualidade do debate sobre Direito, Estado e Economia na República de Weimar. São Paulo: USP, 2003, p. 95. (Tese de Livre-Docência).

975 BERCOVICI, Gilberto. *Entre o Estado total e o Estado social*: atualidade do debate sobre Direito, Estado e Economia na República de Weimar. São Paulo: USP, 2003, p. 94. (Tese de Livre-Docência).

976 BERCOVICI, Gilberto. *Entre o Estado total e o Estado social*: atualidade do debate sobre Direito, Estado e Economia na República de Weimar. São Paulo: USP, 2003, p. 95. (Tese de Livre-Docência).

977 BERCOVICI, Gilberto. *Entre o Estado total e o Estado social*: atualidade do debate sobre Direito, Estado e Economia na República de Weimar. São Paulo: USP, 2003, p. 103. (Tese de Livre-Docência).

Heller não se afirmava como um socialista revolucionário, mas acreditava na implantação do referido regime justamente *mediante* a ação estatal, sendo contrário às concepções marxistas ortodoxas e ao anarquismo, que previam o fim do Estado como necessária consequência da dialética da luta de classes.[978] Para ele, "[a] verdadeira questão que se coloca ao socialismo é de que forma combater o Estado de classe, não o Estado em si",[979] o que fazia dele, segundo aponta Bercovici, não um revolucionário, mas um reformista.[980]

Heller afirmava que

> não queremos prescindir da legitimidade democrática, da mesma forma tampouco queremos estar privados sob nenhuma circunstância da legitimidade do Estado de Direito em uma Constituição alemã. Desejamos o Estado autoritário, mas lutamos contra o Estado total.[981]

Sua oposição ao totalitarismo estatal era justificada porque o Estado totalitário "não conhece os limites do direito nem a divisão de Poderes nem os direitos fundamentais".[982]

---

978 BERCOVICI, Gilberto. *Entre o Estado total e o Estado social*: atualidade do debate sobre Direito, Estado e Economia na República de Weimar. São Paulo: USP, 2003, p. 98. (Tese de Livre-Docência).

979 BERCOVICI, Gilberto. *Entre o Estado total e o Estado social*: atualidade do debate sobre Direito, Estado e Economia na República de Weimar. São Paulo: USP, 2003, p. 99. (Tese de Livre-Docência).

980 BERCOVICI, Gilberto. *Entre o Estado total e o Estado social*: atualidade do debate sobre Direito, Estado e Economia na República de Weimar. São Paulo: USP, 2003, p. 98. (Tese de Livre-Docência).

981 HELLER, Hermann. "Metas y limites para una reforma de la Constitución alemana". *In*: ______. *El sentido de la política y otros ensayos*. Trad. Maximiliano Hernández Marcos y Encarnación Vela Sánchez. Valencia: Pre-textos, 1996, p. 73, tradução nossa.

982 HELLER, Hermann. "Metas y limites para una reforma de la Constitución alemana". *In*: ______. *El sentido de la política y otros ensayos*. Trad. Maximiliano Hernández Marcos y Encarnación Vela Sánchez. Valencia: Pre-textos, 1996, p. 73, tradução nossa.

O autoritarismo por ele defendido na passagem acima citada concernia

> unicamente a submeter também a ordem do trabalho e dos bens à organização do Estado material de Direito, de transformar o Estado liberal em um Estado socialista de Direito, mas não de eliminar o Estado de Direito em geral.[983]

Isso se explica porque, para Heller, "a Teoria do Estado e a política não podem ser separadas",[984] já que "os juízos do ser da Teoria do Estado são, de certo modo, também juízos deontológicos".[985] Ou seja, toda interpretação holística do fenômeno estatal revela, no fundo, uma concepção política sobre o próprio Estado e, assim, um juízo sobre o futuro daquele Estado objeto de análise. É justamente isso o que Heller se propõe a fazer quando pensa o futuro do Estado como sendo um Estado Social de Direito e a forma de governo como sendo uma democracia socialista.

Heller adota como método para a sua Teoria do Estado uma releitura à esquerda da fenomenologia hegeliana, de modo a compreender sociologicamente a realidade estatal de maneira dialética, com pretensão de totalidade, e não apenas parcialmente como Schmitt e Kelsen – seus contendores favoritos – estavam a fazer na mesma época.

Ele rejeita, inclusive, o excessivo apego marxista em relação ao âmbito econômico, já que considera que os fatores de produção

---

983 HELLER, Hermann. "Metas y limites para una reforma de la Constitución alemana". *In*: ______. *El sentido de la política y otros ensayos*. Trad. Maximiliano Hernández Marcos y Encarnación Vela Sánchez. Valencia: Pre-textos, 1996, p. 73, tradução nossa.

984 HELLER, Hermann. *Teoría del Estado*. Trad. Luis Tobío. 2ª ed. México: FCE, 1998, p. 85, tradução nossa.

985 HELLER, Hermann. *Teoría del Estado*. Trad. Luis Tobío. 2ª ed. México: FCE, 1998, p. 85, tradução nossa.

são, não obstante extremamente importantes, apenas mais um dos tantos elementos integrantes da vida social e, portanto, correlacionados com o fenômeno estatal.

Heller compreende a Constituição não apenas em seu sentido jurídico-formal, mas também na sua dimensão política, já que ela, inegavelmente, reflete concepções e disputas de poder historicamente contrapostas na realidade social.

Dessa forma, teria se equivocado Kelsen ao considerar apenas o aspecto jurídico, e, Schmitt, a seu turno, por descaracterizar a natureza normativa da Constituição, vendo-a apenas como decisão política fundamental.

Contrariamente aos dois posicionamentos, Heller defendia a existência de uma necessária tensão entre a forma jurídica e o político no âmago da Constituição:

> Nenhuma decisão pode, sem normatividade, produzir uma normalidade e, portanto, uma continuidade de conduta. A posição de norma e decisão aparece aqui tão mal entendida como a antítese entre normatividade e existencialidade. Conceber as determinações fundamentais da organização de uma Constituição jurídica não como "normatizações", senão como decisões políticas concretas, impede de considerar a Constituição como uma unidade no tempo.[986]

É importante destacar, ainda, que Heller era um crítico ferrenho do fascismo. Segundo aponta, "[p]erante o Estado de Direito, determinado a submeter a economia ao seu império, a Ditadura não

986 HELLER, Hermann. *Teoría del Estado*. Trad. Luis Tobío. 2ª ed. México: FCE, 1998, p. 336, tradução nossa.

tem outro meio senão a violência torpemente mascarada pela ideologia",[987] o que afrontava claramente a forma jurídica e a democracia.

Em 20 de julho de 1932, o Presidente Hindenburg expediu, com base no artigo 48 da Constituição de Weimar, um decreto de intervenção do *Reich* na Prússia – o mais rico e mais populoso estado alemão, última barreira social-democrata ao progressivo e autoritário avanço nazista –, motivado pela suposta incapacidade do ente federado de lidar adequadamente com distúrbios comunistas que estariam colocando em risco a ordem pública. Foi nomeado como interventor na Prússia o Chanceler Franz von Papen. A Prússia, por intermédio do governo do SPD, apeado do poder pelo golpe, foi ao Tribunal Constitucional pedir a declaração de inconstitucionalidade e a revogação do decreto de intervenção.[988]

É importante destacar que, nessa fundamental disputa jurídico-política, enfrentaram-se como advogados Carl Schmitt – defendendo os interesses do *Reich* e a constitucionalidade do decreto – e Hermann Heller – que defendia o regime social-democrata decaído e a inconstitucionalidade da medida interventiva.

Além de advogarem os interesses dos entes federados na disputa constitucional, os dois teóricos fizeram, em seus arrazoados, verdadeiras defesas teóricas de suas visões sobre a Constituição de Weimar.

Schimitt suscitou, preliminarmente, a ilegitimidade do decaído governo social-democrata prussiano para questionar as políticas do

---

987 HELLER, Hermann. *¿Estado de Derecho o Dictadura? In*: ______. *Escritos políticos*. Madrid: Alianza, 1985, p. 299, tradução nossa.

988 VITA, Letícia. *La legitimidad del Derecho y del Estado en el pensamiento jurídico de Weimar*: Hans Kelsen, Carl Schmitt y Hermann Heller. Buenos Aires: Eudeba (Universidad de Buenos Aires), 2014, pp. 208-217. Sobre o tema, conferir também: LIMA, Martonio Mont'Alverne Barreto. *Supremo Tribunal Federal*: Prússia contra Reich. São Paulo: Contracorrente, 2022, pp. 61-145.

Reich e também a incompetência do Tribunal Constitucional para julgar o decreto objeto da lide, na medida em que o guardião da Constituição de Weimar seria o Presidente da República, que expediu o decreto, e não a Corte, que, como órgão do Poder Judiciário, não poderia imiscuir-se em discussões políticas.[989]

Por sua vez, Heller defendeu fortemente o sistema democrático weimariano e o Estado Social de Direito. Além disso, empenhou-se em demonstrar que, ao contrário do que Schmitt defendia, a postura do Presidente Hindenburg não era neutra e apolítica, já que ele seria partícipe da trama para golpear a social-democracia prussiana e, assim, abrir as vias do autoritarismo à revelia do democrático sistema semipresidencialista de Weimar.[990]

Para tanto, Heller defendeu que a interpretação dada por Schmitt ao artigo 48 da Constituição era equivocada, uma vez que passava por cima de qualquer controle dos atos expedidos pelo Presidente da República, tornando-o ilimitado e imune a qualquer possibilidade de restrição constitucional, o que era precisamente o oposto do espírito da Constituição de Weimar.[991]

---

989 VITA, Letícia. *La legitimidad del Derecho y del Estado en el pensamiento jurídico de Weimar*: Hans Kelsen, Carl Schmitt y Hermann Heller. Buenos Aires: Eudeba (Universidad de Buenos Aires), 2014, pp. 208-217. Sobre o tema, conferir também: LIMA, Martonio Mont'Alverne Barreto. *Supremo Tribunal Federal*: Prússia contra Reich. São Paulo: Contracorrente, 2022, pp. 145-170.

990 VITA, Letícia. *La legitimidad del Derecho y del Estado en el pensamiento jurídico de Weimar*: Hans Kelsen, Carl Schmitt y Hermann Heller. Buenos Aires: Eudeba (Universidad de Buenos Aires), 2014, pp. 208-217. Sobre o tema, conferir também: LIMA, Martonio Mont'Alverne Barreto. *Supremo Tribunal Federal*: Prússia contra Reich. São Paulo: Contracorrente, 2022, pp. 170-190.

991 VITA, Letícia. *La legitimidad del Derecho y del Estado en el pensamiento jurídico de Weimar*: Hans Kelsen, Carl Schmitt y Hermann Heller. Buenos Aires: Eudeba (Universidad de Buenos Aires), 2014, pp. 208-217. Sobre o tema, conferir também: LIMA, Martonio

O Tribunal decidiu no sentido de não declarar a inconstitucionalidade do decreto, assentando que, se, por um lado, o *Reich* não podia destituir o governo prussiano, por outro, poderia nomear um interventor para aquele estado. Tratou-se, em suma, de um jogo de palavras para a manutenção do decreto interventivo, o que contribuiu decisivamente para o posterior avanço ilimitado de propostas autoritárias que, culminando no golpe nazista de março de 1933, destruiriam a democrática Constituição de Weimar e, em seu lugar, instalariam um catastrófico totalitarismo.

Em abril de 1933, o regime nazista tomou de Heller – que era de origem judia – a sua cátedra de Direito Público na Universidade de Frankfurt, a qual foi oferecida em seguida a Ernest Forsthoff, discípulo de Carl Schmitt.[992]

Heller emigrou primeiro para Londres e depois para Madrid, onde desenvolvia atividades acadêmicas quando veio a falecer precocemente, em 5 de novembro de 1933, devido a um ataque cardíaco, aos 42 anos de idade.[993] A sua principal obra, *Staatslehre*, foi postumamente publicada, na Holanda, em 1934.

***

No Brasil, apesar de Kelsen ter sido bastante lido nas décadas de 1930-1940,[994] de ter ofertado parecer técnico sobre as competências

---

Mont'Alverne Barreto. *Supremo Tribunal Federal*: Prússia contra Reich. São Paulo:Contracorrente, 2022, pp. 170-190.

992 VITA, Letícia. *La legitimidad del Derecho y del Estado en el pensamiento jurídico de Weimar*: Hans Kelsen, Carl Schmitt y Hermann Heller. Buenos Aires: Eudeba (Universidad de Buenos Aires), 2014, p. 158.

993 VITA, Letícia. *La legitimidad del Derecho y del Estado en el pensamiento jurídico de Weimar*: Hans Kelsen, Carl Schmitt y Hermann Heller. Buenos Aires: Eudeba (Universidad de Buenos Aires), 2014, pp. 158-160.

994 SIQUEIRA, Gustavo Silveira. "Debates sobre a Teoria Pura do Direito no Brasil (1934-1949)". *In*: *Hans Kelsen no Brasil*: o parecer sobre a

da Assembleia Nacional Constituinte de 1933-1934,[995] no âmbito da qual sua obra foi bastante trabalhada,[996] e de posteriormente ter visitado o país, em 1949, para uma série de debates e palestras no Rio de Janeiro,[997] a democracia parlamentarista e o controle jurídico do arbítrio que politicamente subjazem (concorde-se, ou não, com as vias por ele eleitas para fazer valer juridicamente tais postulados) à sua Teoria Geral do Estado não representaram (nem poderiam representar! – conforme a seguir será demonstrado) inspirações teórico-políticas para a formatação das estruturas jurídico-políticas do Governo Provisório e, sobretudo, do Estado Novo. Isso porque o regime autoritário varguista de 1937 foi alçado ao poder justamente como uma contraposição à democracia representativa e às disputas político-partidárias que ela permitia, uma vez que eram vistas como danosas à integridade da nação, que careceria, ao contrário, de um líder forte que governasse e legislasse independentemente do Parlamento e do controle de constitucionalidade das leis efetuado pelo Poder Judiciário.

Constituinte brasileira de 1934, a Teoria Pura do Direito no Brasil e a viagem ao Rio de Janeiro em 1949. Rio de Janeiro: EdUERJ, 2021, pp. 75-92.

995 KELSEN, Hans. "A Competência da Assembleia Nacional Constituinte (Parecer)". *In*: SIQUEIRA, Gustavo Silveira. *Hans Kelsen no Brasil*: o parecer sobre a Constituinte brasileira de 1934, a Teoria Pura do Direito no Brasil e a viagem ao Rio de Janeiro em 1949. Rio de Janeiro: EdUERJ, 2021, pp. 137-142, anexo I.

996 SIQUEIRA, Gustavo Silveira. "Hans Kelsen na Constituinte Brasileira de 1933-1934". *In*: ______. *Hans Kelsen no Brasil*: o parecer sobre a Constituinte brasileira de 1934, a Teoria Pura do Direito no Brasil e a viagem ao Rio de Janeiro em 1949. Rio de Janeiro: EdUERJ, 2021, pp. 55-74.

997 SIQUEIRA, Gustavo Silveira. "A visita de Hans Kelsen ao Rio de Janeiro (1949)". *In*: ______. *Hans Kelsen no Brasil*: o parecer sobre a Constituinte brasileira de 1934, a Teoria Pura do Direito no Brasil e a viagem ao Rio de Janeiro em 1949. Rio de Janeiro: EdUERJ, 2021, pp. 93-128.

Tampouco as concepções de um Estado Social de Direito e de uma democracia de corte socialista defendidos por Heller influenciariam a concepção das estruturas político-administrativas do Estado Novo. Em primeiro lugar, porque Heller fora praticamente ignorado pela literatura brasileira das décadas de 1930-1940, tendo aparecido por aqui apenas depois de 1945 na obra de alguns poucos autores.[998] Em segundo lugar, conforme mais à frente será visto, a eclosão do Estado Novo se insere em um contexto de acentuada e violenta repressão varguista, ao arrepio da democrática ordem constitucional de 1934, às ideias comunistas e socialistas da Aliança Nacional Libertadora após a malograda Intentona de 1935.

Como adiantado, a Teoria da Integração de Rudolf Smend chegou ao Brasil da década de 1930 sobretudo pelas mãos de Pontes de Miranda, na obra *Os Fundamentos Actuaes do Direito Constitucional*,[999] de 1932, em que o jurista alagoano tentou pensar, a partir de alguns pressupostos smendianos, as sociedades de massas típicas do paradigma do Estado Social.[1000]

Por sua vez, as teses de Schmitt encontraram ambiência fértil no Brasil, a partir do final da década de 1930, sobretudo nas obras

998 Por exemplo: CALMON, Pedro. *Curso de Teoria Geral do Estado*. 4ª ed. rev. Rio de Janeiro: Freitas Bastos, 1954, p. 17; e CARVALHO, Orlando M. *Caracterização da Teoria Geral do Estado*. Belo Horizonte: Kriterion, 1951, pp. 37, 40 e 58.

999 MIRANDA, Pontes de. *Os Fundamentos Actuaes do Direito Constitucional*. Rio de Janeiro: Freitas Bastos, 1932.

1000 BERCOVICI, Gilberto. "O Estado integral e a simetrização das classes sociais em Pontes de Miranda: o debate dos anos 1930". *Revista Direito e Práxis*, vol. 6, 2015, pp. 272-293.

de autores como Francisco Campos[1001] e Cândido Motta Filho,[1002] que utilizaram as lições do jurista alemão para criticar a democracia representativa de 1934 e para enaltecer os novos papéis autoritários de um Poder Executivo forte e expansivo, sob a forma de "ditaduras constitucionais"; o que encontrou eco institucional claro na ditadura do Estado Novo e na Carta de 1937, pessoalmente escrita por Campos a partir de premissas autoritárias e centralizadoras que convergem, em grande medida, com algumas teses caras a Schmitt.

1001 Apesar de não citar diretamente Carl Schmitt, diversas teses de Campos em textos como "A Política e o nosso tempo", "Diretrizes do Estado Nacional" e "Problemas do Brasil e soluções do regime" – CAMPOS, Francisco. *O Estado Nacional*: sua estrutura, seu conceito ideológico. Brasília: Conselho Editorial do Senado Federal, 2001, pp. 11-38, 39-69 e 71-105, respectivamente – trabalham categorias claramente schmittianas, como a crítica à democracia representativa e a defesa da ditadura e do Estado totalitário etc. Além disso, sabe-se que Campos era poliglota (inclusive, fluente em alemão) e possuía uma vasta biblioteca, com acesso quase que imediato aos lançamentos do mercado editorial da Europa e dos Estados Unidos, o que lhe rendia um domínio impressionante e atualizado dos mais variados ramos do Direito, circunstância essa que, inclusive, originou o seu conhecido apelido de "Chico Ciência" (SEELAENDER, Airton Lisle Cerqueira Leite; CASTRO, Alexander Rodrigues de. "Um jurisconsulto adaptável: Francisco Campos (1891-1968)". *In*: MOTA, Carlos Guilherme; SALINAS, Natasha (Coord.). *Os juristas na formação do Estado-Nação brasileiro*. vol. 3. São Paulo: Saraiva, 2010, pp. 255-291). Diante disso, é uma suposição quase lógica, devido à identidade de argumentos, que Campos tenha lido Carl Schmitt na década de 1930. Sobre as relações entre as obras de Campos e de Schmitt, conferir os seguintes trabalhos: BUENO, Roberto. "As vias autóctones do autoritarismo: Francisco Campos e seu diálogo às sombras com Carl Schmitt e Friedrich A. von Hayek". *In*: ______. *Francisco Campos e o conservadorismo autoritário*. Brasília: Conselho Editorial do Senado Federal, 2019, pp. 95-168; e MENEZES, Daniel Francisco Nagao. *Francisco Campos, Carl Schmitt e a atuação do estado na economia*. São Paulo: Mackenzie, 2013. (Tese de Doutorado).

1002 MOTTA FILHO, Cândido. *O Poder Executivo e as ditaduras constitucionais*. São Paulo: Estabelecimento Gráfico Phoenix, 1940. Sobre as influências de Carl Schmitt na referida obra, conferir: SILVA, José Afonso da Silva. *A Faculdade e meu itinerário constitucional*. São Paulo: Malheiros, 2007, p. 235.

Não é que a obra do *Kronjurist* dos primeiros anos do III *Reich* tenha sido, direta e exclusivamente, a base jurídico-política do Estado Novo, mas sim que as suas pioneiras reflexões autoritárias fazem parte do caldo de cultura das chamadas "ditaduras constitucionais" dos anos 1930-1940, as quais, no Brasil, chegaram, com matizes peculiares, sob a forma do Estado Novo, inaugurado em 1937.

Feita essa breve contextualização histórico-constitucional da emergência do paradigma do Estado Social na Alemanha e das ressignificações doutrinárias provocadas na Teoria Geral do Estado do século XIX, radicalmente relida pela *Methodenstreit* travada em torno da Constituição de Weimar, é importante voltar ao Brasil para estudar como essa alteração de paradigma constitucional ocorreu por aqui, de forma a se compreender adequadamente a conjuntura nacional em que ocorreu a institucionalização política e universitária da Teoria Geral do Estado pela ditadura estado-novista em 1940.

2.4 A Revolução de 1930 e o Brasil no paradigma do Estado Social: Governo Provisório (1930–1934), centralização política e sociedade de massas

A Revolução de 1930 deve ser necessariamente compreendida na esteira das tensões políticas advindas das insatisfações de setores oligárquicos que se sentiam preteridos e desgostosos com a Política dos Governadores (notadamente, o Rio Grande do Sul e da traída Minas Gerais[1003] – este último, estado central que se viu frustrado em reassumir, como era praxe, a Presidência da República no lugar do paulista Washington Luís) e jovens e rebeldes integrantes do Exército contrariados com os rumos políticos do país durante a Primeira República, os chamados "tenentes",[1004] que já haviam

---

1003 FAUSTO, Boris. *A Revolução de 1930*: historiografia e história. São Paulo: Companhia das Letras, 1997, pp. 56-65 e 116-122.

1004 FAUSTO, Boris. *A Revolução de 1930*: historiografia e história. São Paulo: Companhia das Letras, 1997, pp. 80-92; FAUSTO, Boris.

exteriorizado suas insatisfações nacionalistas na Revolta dos 18 do Forte de Copacabana,[1005] de 1922, na Revolução Paulista, de 1924,[1006] e na Coluna Prestes[1007] (1925-1927).

Buscando garantir a continuidade de suas políticas econômicas até então desenvolvidas, Washington Luís bruscamente rompeu com o acordo tácito de alternância oligárquica no poder entre Minas Gerais e São Paulo e apoiou, ao revés, a chapa formada pelo paulista Júlio Prestes e pelo baiano Vital Soares nas eleições de março de 1930.

O resultado desse repentino rearranjo de forças políticas foi a aglutinação de diversas frentes oposicionistas, capitaneadas pela traída Minas Gerais, em torno da chamada Aliança Liberal,[1008] cujos candidatos eram o gaúcho Getúlio Vargas e o paraibano João Pessoa e que tinha como uma de suas principais pautas – fruto da influência tenentista – a moralização das eleições.

História do Brasil. 13ª ed. São Paulo: Universidade de São Paulo, 2008, p. 313-315; CARVALHO, José Murilo de. *Forças Armadas e política no Brasil*. ed. atual. e rev. São Paulo: Todavia, 2019, pp. 76-80; SODRÉ, Nelson Werneck. *Do Tenentismo ao Estado Novo*: Memórias de um soldado. 2ª ed. Petrópolis: Vozes, 1986, pp. 110-223.

1005 SCHWARCZ, Lilia Moritz; STARLING, Heloísa Murgel. *Brasil*: uma biografia. São Paulo: Companhia das Letras, 2015, pp. 347/348.

1006 FAUSTO, Boris. *História do Brasil*. 13ª ed. São Paulo: Universidade de São Paulo, 2008, pp. 307-310.

1007 PRESTES, Anita Leocádia. *A Coluna Prestes*. 2ª ed. São Paulo: Brasiliense, 1991, pp. 11-16 e 297-315; MEIRELLES, Domingos. *As noites das grandes fogueiras*: uma história da Coluna Prestes. 9ª ed. Rio de Janeiro: Record, 2002, pp. 397-411; FAUSTO, Boris. *História do Brasil*. 13ª ed. São Paulo: Universidade de São Paulo, 2008, pp. 310-313; e SCHWARCZ, Lilia Moritz; STARLING, Heloísa Murgel. *Brasil*: uma biografia. São Paulo: Companhia das Letras, 2015, p. 348.

1008 FAUSTO, Boris. *A Revolução de 1930*: historiografia e história. São Paulo: Companhia das Letras, 1997, pp. 62-65; e BONAVIDES, Paulo; ANDRADE, Paes de. *História constitucional do Brasil*. 5ª ed. Brasília: OAB, 2004, pp. 268-271.

Como era esperado do amplo poder de que as forças situacionistas dispunham nos pleitos da época (quase sempre com retumbantes fraudes eleitorais e autoritarismos coronelistas os mais diversos),[1009] Júlio Prestes venceu a disputa. Isso provocou a instauração de uma crescente tensão política de março a outubro de 1930, em torno da sucessão presidencial, haja vista que uma parcela mais radical da oposição derrotada, justamente aquela mais ligada ao movimento tenentista, não aceitava o questionável procedimento eleitoral e o resultado das urnas, conspirando, diante disso, por um levante armado.

Durante esse período, diversas articulações e composições políticas foram levadas a efeito pelo multifacetado espectro de forças dissidentes – algumas mais radicais, outras mais comedidas – em busca de alternativas políticas para o referido impasse.

O surpreendente assassinato de João Pessoa, em 26 de julho de 1930, foi a gota d'água para a deflagração do movimento revolucionário, que passou a contar com o apoio mais expressivo de setores insatisfeitos do Exército.

Em 3 de outubro de 1930, foi deflagrada uma onda de ações militares no Rio Grande do Sul, em Minas Gerais e em pontos estratégicos da região Nordeste, o que provocou a tomada de várias capitais e um significativo enfraquecimento político-militar de Washington Luís, culminando, em 24 de outubro de 1930, na sua deposição e prisão pelas forças revolucionárias, que tomaram o Rio de Janeiro.[1010]

1009 LEAL, Victor Nunes. *Coronelismo, enxada e voto*: o município e o regime representativo no Brasil. 7ª ed. São Paulo: Companhia das Letras, 2012, pp. 43-74 e 222-229; e SCHWARCZ, Lilia. *Sobre o autoritarismo brasileiro*. São Paulo: Companhia das Letras, 2019, pp. 54/55 e 106.

1010 FAUSTO, Boris. *História do Brasil*. 13ª ed. São Paulo: Editora da Universidade de São Paulo, 2008, pp. 324/325; e SCHWARCZ, Lilia Moritz; STARLING, Heloísa Murgel. *Brasil*: uma biografia. São Paulo: Companhia das Letras, 2015, pp. 359-361.

Formou-se, em seguida, uma junta militar interina para assumir o poder, a qual – diante das pressões da ala tenentista – transmitiu rapidamente, em 3 de novembro de 1930, o Governo Provisório da Revolução a Getúlio Vargas.

Desde o primeiro mês no comando, Vargas buscou contrapor-se à ordem oligárquica da República Velha e ao seu peculiar liberalismo político-constitucional. Para tanto, medidas autoritárias e centralizadoras começaram a ser empreendidas imediatamente pelo novo governo.

Abram-se parênteses para destacar que a carreira política de Getúlio Vargas fora toda construída no mais autêntico seio da tradição constitucional castilhista, desenvolvida no Rio Grande do Sul por Júlio de Castilhos e por seu sucessor Borges de Medeiros, que dominaram, ininterruptamente, a cena política do estado entre 1891 e 1928. A autoritária Constituição rio-grandense de 1891, pessoalmente escrita por Castilhos, era fortemente inspirada na filosofia positivista de autores como Saint-Simon e Auguste Comte,[1011] tendo como principais vetores a concepção de que o Estado deveria ser forte, centralizado e autoritário, administrado apenas por poucos e mais tecnicamente capazes. Daí o enorme cerceamento dado pela referida ordem constitucional ao Poder Legislativo estadual, que funcionava apenas por dois meses ao ano e tinha como única atribuição votar o orçamento, sendo os demais atos normativos

---

1011 Sobre as influências positivistas na formação político-filosófica de Vargas, sobretudo aquelas desempenhadas pelas reflexões de Saint-Simon sobre a industrialização, a garantia de direitos aos trabalhores etc., conferir: FONSECA, Pedro Cezar Dutra. *Vargas*: o capitalismo em construção 1906-1954. 3ª ed. São Paulo: Hucitec, 2014, pp. 68-75; FONSECA, Pedro Cezar Dutra. "Do progresso ao desenvolvimento: Vargas na Primeira República". *In*: BASTOS, Pedro Paulo Zahluth; FONSECA, Pedro Cezar Dutra (Coord.). *A Era Vargas*: desenvolvimentismo, economia e sociedade. São Paulo: Unesp, 2012, pp. 52-56; e MORAES, Francisco Quartim de. *Positivismo social*: o legado de Saint-Simon e sua recepção no Brasil. São Paulo: USP, 2022 pp. 194-201. (Tese de Doutorado).

exclusivamente expedidos pelo Poder Executivo, cujo chefe poderia reeleger-se indefinidamente desde que alcançasse três quartos dos votos – algo não tão difícil tendo em vista as retumbantes fraudes eleitorais e o cerceamento, por vezes violento, das oposições que porventura ameaçassem se insurgir.[1012]

Ao longo de quase quatro décadas, a autoritária arquitetura política construída pela Constituição gaúcha tinha conseguido – obviamente não sem várias e sangrentas disputas oligárquicas entre republicanos (pica-paus) e federalistas (maragatos)[1013] – perpetuar o seu *modus operandi* fortemente centralizado, fazendo com que o absolutamente dominante Partido Republicano Rio-Grandense (PRR) atuasse como verdadeiro Poder Moderador[1014] em frequentes disputas políticas municipais, intervindo na economia para a garantia do interesse público sobre o interesse individual e impedindo que a simbólica oposição tivesse efetiva vez e voz, inclusive mediante censura da imprensa, prisões arbitrárias e assassinatos.

Para além do seu evidente autoritarismo e centralismo políticos, a Constituição gaúcha de 1891 havia propiciado, sob a administração de Borges de Medeiros, o embrião do que viria a ser o trabalhismo getulista após 1930, quando foram expedidos atos normativos que garantiam os mesmos direitos fundamentais dos servidores públicos estaduais aos trabalhadores que prestavam serviços ao estado, tais como férias, auxílio-funeral e licença remunerada para tratamento médico, além de aumento de salários desses trabalhadores como forma de pressionar a iniciativa privada a também empreender os

---

1012 NETO, Lira. *Getúlio*: dos anos de formação à conquista do poder (1882-1930). vol. 1. São Paulo: Companhia das Letras, 2012, pp. 37-39, 67 e 81/82; e FAUSTO, Boris. *Getúlio Vargas*: o poder e o sorriso. São Paulo: Companhia das Letras, 2009, pp. 17/18.

1013 FAUSTO, Boris. *Getúlio Vargas*: o poder e o sorriso. São Paulo: Companhia das Letras, 2009, pp. 19-21.

1014 NETO, Lira. *Getúlio*: dos anos de formação à conquista do poder (1882-1930). vol. 1. São Paulo: Companhia das Letras, 2012, p. 147.

referidos reajustes. Como destaca Lira Neto, essa política de Borges de Medeiros, de forma pioneira,

> seguia estritamente o receituário positivista: o bem-estar do trabalhador devia ser provido a todo custo pelo próprio Estado, sob pena de, caso contrário, deixar-se as massas expostas ao apelo revolucionário e à subversão da ordem, esta entendida como a única fonte garantidora do progresso.[1015]

Getúlio, após breve (mas intensa e turbulenta) carreira militar, tornou-se bacharel pela Faculdade Livre de Direito de Porto Alegre e, em seguida, Promotor Público, Deputado Estadual, Deputado Federal, Ministro da Fazenda de Washington Luís e Governador do Rio Grande do Sul.[1016] Toda a sua meteórica carreira política fora até então marcada por conturbadas e ininterruptas relações diretas com o castilhismo-borgismo e com o seu subjacente ideário positivista, o que certamente contribuiu para incutir em Vargas algumas das principais premissas daquilo que ele viria a habilmente construir quando assumisse a Presidência da República, em 1930: centralização política, fortalecimento do Poder Executivo, autoritarismo, menoscabo pelo Poder Legislativo, pelo liberalismo político e pelo princípio da separação de Poderes, intervenção do Estado na economia, trabalhismo, censura da imprensa etc.[1017] Inclusive, "a palavra 'ditadura', pelo viés do castilhismo-borgismo, não tinha valor

---

1015 NETO, Lira. *Getúlio*: dos anos de formação à conquista do poder (1882-1930). vol. 1. São Paulo: Companhia das Letras, 2012, p. 169.

1016 FAUSTO, Boris. *Getúlio Vargas*: o poder e o sorriso. São Paulo: Companhia das Letras, 2009, pp. 29-35.

1017 NETO, Lira. *Getúlio*: dos anos de formação à conquista do poder (1882-1930). vol. 1. São Paulo: Companhia das Letras, 2012, pp. 86-87, 94, 99/100, 154/155, 163/164, 168/169; e FAUSTO, Boris. *Getúlio Vargas*: o poder e o sorriso. São Paulo: Companhia das Letras, 2009, pp. 17/18.

negativo, pois era interpretada como sinônimo de uma necessária hierarquia e de uma férrea disciplina partidária".[1018]

De acordo com Luis Rosenfield, a formação política de Getúlio Vargas no seio dessa tradição castilhista demonstra que "a busca por uma alternativa de política científica ou por soluções autoritárias diversas não pode ser observado como algo fortuito para alguém egresso das fileiras do positivismo gaúcho",[1019] ainda que, por outro lado, o varguismo não possa ser totalmente resumido a essa tradição político-constitucional rio-grandense.

Logo após o deflagrar da Revolução, o novo regime tratou de prontamente expedir o Decreto n. 19.398, de 11 de novembro de 1930, mediante o qual, no seu artigo 1º, dispôs que o Governo Provisório "exercerá discricionariamente, em toda sua plenitude, as funções e atribuições, não só do Poder Executivo, como também do Poder Legislativo, até que, eleita a Assembleia Constituinte, estabeleça esta a reorganização constitucional do país". No parágrafo único do artigo 1º, previu-se que "[t]odas as nomeações e demissões de funcionários ou de quaisquer cargos públicos, quer sejam efetivos, interinos ou em comissão, competem exclusivamente ao Chefe do Governo Provisório".

Por meio do artigo 2º, dissolveu-se o Congresso Nacional e todas as assembleias estaduais e municipais. No artigo 4º, não obstante a afirmação de que as Constituições federal e estaduais permanecessem em vigor, estatuiu-se que elas estariam "sujeitas às modificações e restrições estabelecidas por esta lei ou por decreto dos atos ulteriores do Governo Provisório ou de seus delegados,

---

1018 NETO, Lira. *Getúlio*: dos anos de formação à conquista do poder (1882-1930). vol. 1. São Paulo: Companhia das Letras, 2012, p. 155; e FAUSTO, Boris. *Getúlio Vargas*: o poder e o sorriso. São Paulo: Companhia das Letras, 2009, p. 17.

1019 ROSENFIELD, Luis. *Revolução conservadora*: genealogia do constitucionalismo autoritário brasileiro (1930-1945). Porto Alegre: EDIPUCRS, 2021, pp. 81/82.

na esfera de atribuições de cada um", o que era o mesmo que estampar a supremacia dos atos normativos revolucionários sobre a Constituição. Noutras palavras, não é difícil perceber que o referido decreto representou, materialmente, a criação de uma nova ordem constitucional,[1020] uma "Constituição provisória",[1021] na medida em que, afastando concretamente a regência da Constituição de 1891, tal enunciado normativo se apresentou como um "[a]to institucional de um poder absoluto nascido das armas".[1022]

Não obstante o artigo 9º garantisse a autonomia financeira dos estados e do Distrito Federal, o artigo 11 previa a nomeação, pelo Governo Provisório, de interventores federais para cada um desses mesmos estados, que, por sua vez, nomeariam os prefeitos de todos os municípios. A exoneração do interventor federal seria a critério do Governo Provisório (§ 3º do artigo 11), ao qual caberia, por sua vez, analisar recursos contra atos desses interventores federais (§ 8º do artigo 11).

Não obstante o artigo 12 previsse que "[a] nova Constituição Federal manterá a forma republicana federativa e não poderá restringir os direitos dos municípios e dos cidadãos brasileiros e as garantias individuais constantes da Constituição de 24 de fevereiro de 1891".

O artigo 13 condensava o caráter reformista, revolucionário e centralizador do nascente regime: "o Governo Provisório, por seus

---

1020 BERCOVICI, Gilberto. "Tentativa de instituição da democracia de massas no Brasil: instabilidade constitucional e direitos sociais na Era Vargas (1930-1964)". *In*: SOUZA NETO, Cláudio Pereira de; SARMENTO, Daniel (Coord.). *Direitos Sociais*: fundamentos, judicialização e direitos sociais em espécie. Rio de Janeiro: Lumen Juris, 2008, p. 26, nota de rodapé nº 3; e BONAVIDES, Paulo; ANDRADE, Paes de. *História constitucional do Brasil*. 5ª ed. Brasília: OAB, 2004, p. 292.

1021 FRANCO, Afonso Arinos de Melo. *Curso de Direito Constitucional Brasileiro*. vol. 2. Rio de Janeiro: Forense, 1960, pp. 171-175.

1022 BONAVIDES, Paulo; ANDRADE, Paes de. *História constitucional do Brasil*. 5ª ed. Brasília: OAB, 2004, p. 283.

auxiliares do Governo Federal e pelos interventores nos Estados, garantirá a ordem e segurança pública, promovendo a reorganização geral da República".

Criou-se um "Tribunal Especial" para processamento e julgamento de crimes políticos (artigo 16) – leia-se aqui: para perseguição de diversos atores considerados perigosos à Revolução.[1023] O artigo 5º suspendeu as garantias constitucionais e excluiu da apreciação judicial os atos do Governo Provisório. No parágrafo único do referido artigo, manteve-se o *habeas corpus*, mas só em hipóteses de crimes comuns, já que os crimes políticos, como se disse, seriam apreciados pelo "Tribunal Especial" do novo regime.

Como se vê, esse Decreto n. 19.398/1930, enquanto "expressão de força constituinte da nova ditadura republicana",[1024] suspendeu a Constituição de 1891, mantendo apenas aquilo que nela não fosse contraditório com o novo regime e permitindo que modificações e restrições de seu conteúdo fossem feitas, a qualquer momento e sem qualquer critério ou controle, por ele próprio ou por "atos ulteriores do Governo Provisório ou de seus delegados, na esfera de atribuições de cada um" (artigo 4º).

Por sua vez, o Decreto n. 19.711, de 18 de fevereiro de 1931, determinou a imediata aposentadoria de seis Ministros do Supremo Tribunal Federal, porque "imperiosas razões de ordem pública reclamam o afastamento de ministros que se incompatibilizaram com as suas funcções por motivo de moléstia, idade avançada, ou outros de natureza relevante".

1023 NETO, Lira. *Getúlio*: dos anos de formação à conquista do poder (1882-1930). São Paulo: Companhia das Letras, 2012, p. 25.

1024 BONAVIDES, Paulo; ANDRADE, Paes de. *História constitucional do Brasil*. 5ª ed. Brasília: OAB, 2004, p. 283.

Foram eles: Godofredo Cunha, Edmundo Muniz Barreto, Antonio C. Pires e Albuquerque, Pedro Affonso Mibieli, Pedro dos Santos e Geminiano da Franca.[1025]

Conforme adiantado, a Revolução de 1930 se insere no contexto mundial de emergência do paradigma do Estado Social, em que o modelo constitucional de Estado liberal-burguês, talhado pelo século XIX, entra em decadência e – sobretudo com as manifestações dos desastrosos problemas socioeconômicos decorrentes da Primeira Guerra Mundial e do *crash* da Bolsa de Nova Iorque em 1929 – provoca a emergência de governos fortes, centralizadores e reformistas (não raras vezes, autoritários ou totalitários)[1026] aptos a lidarem com problemas políticos, culturais, sociais e econômico-financeiros típicos das sociedades de massas.[1027]

1025 Sobre a relação entre a primeira fase da era Vargas (1930-1945) e o Supremo Tribunal Federal, conferir: GASPARI, Filipe Natal de. *STF cercado? (1930-1937)*. Curitiba: CRV, 2019, pp. 45-104; GUERRA, Maria Pia. "Um Judiciário para um regime autoritário: os projetos de reforma judicial na década de 1930". *Revista Brasileira de Ciências Sociais*, vol. 37, 2022, pp. 1-17; COSTA, Emília Viotti da. *O Supremo Tribunal Federal e a construção da cidadania*. 2ª ed. São Paulo: Unesp, 2006, pp. 65-104; GODOY, Arnaldo Sampaio de Moraes. *A História do Direito entre foices, martelos e togas*: Brasil 1935-1965: Olga Prestes, Genny Gleiser, Ernesto Gattai, João Cabral de Melo Neto, Francisco Julião, Carlos Heitor Cony e Miguel Arraes no Supremo Tribunal Federal. São Paulo: Quartier Latin, 2008, pp. 10-24; e RECONDO, Felipe. *Tanques e togas*: o STF e a ditadura militar. São Paulo: Companhia das Letras, 2018, pp. 15-17.

1026 LOEWENSTEIN, Karl. *Brazil Under Vargas*. Nova York: The Macmillian Company, 1942, pp. 126 e 369-376.

1027 Conferir os clássicos textos de Menelick de Carvalho Netto sobre as características estruturais do paradigma do Estado Social: CARVALHO NETTO, Menelick de. "A Hermenêutica Constitucional e os desafios postos aos Direitos Fundamentais". *In*: SAMPAIO, José Adécio Leite (Coord.). *Jurisdição Constitucional e Direitos Fundamentais*. Belo Horizonte: Del Rey, 2003, pp. 141-163; CARVALHO NETTO, Menelick de. "A Hermenêutica Constitucional sob o Paradigma do Estado Democrático de Direito". *In*: CATTONI, Marcelo (Coord.). *Jurisdição e Hermenêutica Constitucional*. Belo Horizonte:

É assim que, "por diferentes caminhos e em diferentes conjunturas, brotaria o fascismo na Itália, o nazismo na Alemanha, o franquismo na Espanha, o salazarismo em Portugal e, em certa medida, com suas especificidades, o getulismo no Brasil,[1028] os quais – ao lado do regime soviético e do governo de Franklin Delano Roosevelt nos Estados Unidos – buscavam todos, cada um a seu modo, lidar com as complexidades do século XX.

As especificidades político-sociais brasileiras nessa conjuntura decorreram também do amplo fractal de setores políticos díspares e antagônicos que compuseram as engrenagens da Revolução de 1930, sendo que "[h]avia, no meio destes, esquerdistas, direitistas, liberais, civis, militares, revolucionários sinceros, descarados oportunistas".[1029]

Por isso mesmo, Getúlio ora era acusado de flertar com o fascismo – quando tomava medidas mais autoritárias, como aquelas constantes do Decreto n. 19.398, acima referido, ou quando, em 1931, se valeu do uso da força policial para debelar a "Marcha da Fome", manifestação encabeçada por operários anarquistas contra a visita diplomática de Italo Balbo, Ministro da Aviação de Benito Mussolini, ao Rio de Janeiro –, ora era acusado de flertar com o comunismo – devido às suas pautas sociais e trabalhistas e à atuação dúbia das suas Legiões Revolucionárias, as quais, em São Paulo,

---

Mandamentos, 2004, pp. 25-44; CARVALHO NETTO, Menelick de. "A contribuição do Direito Administrativo enfocado da ótica do administrado: para uma reflexão acerca dos fundamentos do controle de constitucionalidade das Leis no Brasil: um pequeno exercício de Teoria da Constituição". *Fórum Administrativo*, Belo Horizonte, vol. 1, nº 1, 2001, pp. 11-20.

1028 NETO, Lira. *Getúlio*: dos anos de formação à conquista do poder (1882-1930). vol. 1. São Paulo: Companhia das Letras, 2012, pp. 23/24.

1029 NETO, Lira. *Getúlio*: dos anos de formação à conquista do poder (1882-1930). vol. 1. São Paulo: Companhia das Letras, 2012, p. 27. Sobre essa complexa base social e política em torno da Revolução de 1930, conferir também: FAUSTO, Boris. *História do Brasil*. 13ª ed. São Paulo: Universidade de São Paulo, 2008, pp. 325-328.

"buscavam atrair o operariado com mensagens de forte conteúdo social",[1030] mas, em Minas Gerais, redundaram na Parada da Legião de Outubro,[1031] organizada por Francisco Campos (então Ministro da Educação e Saúde), em que legionários mineiros, inspirados em trejeitos fascistas, desfilaram pelas ruas de Belo Horizonte, em 21 de abril de 1931, imitando a famosa "Marcha sobre Roma", que fora engendrada, em 1922, com a ativa participação justamente de Italo Balbo.

De acordo com Lira Neto, o que unia vertentes tão ideologicamente antagônicas, além dos não raros métodos radicais de ação, era "a defesa intransigente que faziam do Governo Provisório, (...) [já que] ambas as correntes haviam nascido das fileiras revolucionárias que içaram Getúlio ao Catete".[1032]

Vargas estava, portanto, diante de um impasse político, não podendo se comprometer, naquele momento, com um espectro ideológico específico e, concomitantemente, tendo de controlar todos eles mediante concessões pragmáticas e politicamente sustentadas por medidas centralizadoras e, não raras vezes, autoritárias:

> Só havia uma única certeza àquela altura dos acontecimentos. A despeito do viés ideológico que seu governo viesse a tomar, entregando-se aos braços do fascismo ou às mãos dos comunistas, Getúlio estava disposto a fazer um governo forte, sem nenhuma consideração aos princípios da representatividade parlamentar e do liberalismo econômico.
>
> (...) nem propriamente fascista, muito menos comunista, ele inauguraria um autoritarismo todo particular, temperado

---

1030 NETO, Lira. *Getúlio*: dos anos de formação à conquista do poder (1882-1930). vol. 1. São Paulo: Companhia das Letras, 2012, p. 22.

1031 Conferir as interessantes e raras gravações do referido desfile no seguinte link: http://www.bcc.gov.br/filmes/443174.

1032 NETO, Lira. *Getúlio*: dos anos de formação à conquista do poder (1882-1930). vol. 1. São Paulo: Companhia das Letras, 2012, p. 23.

> por uma imagem pública bonachona, de um chefe de Estado capaz de sair do palácio sem nenhum guarda-costas e, como um cidadão comum, ir ao dentista de táxi, abdicando da prerrogativa do carro oficial.[1033]

Segundo aponta Gilberto Bercovici, historicamente,

> a direção do Estado brasileiro é impulsionada não pela burocracia, mas pela Presidência da República, particularmente após a Revolução de 1930. O sentido da ação estatal dá-se pela hierarquização dos interesses sociais, definidos e articulados em suas políticas ou omissões.[1034]

De fato, essa circunstância foi bastante aprofundada por Vargas ao longo do Governo Provisório, quando desenvolveu uma

> precoce vocação (...) para um modelo pessoal e *sui generis* de atenuação objetiva e pragmática dos conflitos decorrentes das injustiças básicas do sistema capitalista (...). Era a antevéspera de um populismo pragmático, escudado no carisma e amparado na política social da ditadura.[1035]

1033 NETO, Lira. *Getúlio*: dos anos de formação à conquista do poder (1882-1930). vol. 1. São Paulo: Companhia das Letras, 2012, pp. 23/24.

1034 BERCOVICI, Gilberto. "Tentativa de instituição da democracia de massas no Brasil: instabilidade constitucional e direitos sociais na Era Vargas (1930-1964)". *In*: SOUZA NETO, Cláudio Pereira de; SARMENTO, Daniel (Coord.). *Direitos Sociais*: fundamentos, judicialização e direitos sociais em espécie. Rio de Janeiro: Lumen Juris, 2008, pp. 26/27.

1035 BONAVIDES, Paulo; ANDRADE, Paes de. *História constitucional do Brasil*. 5ª ed. Brasília: OAB, 2004, p. 272.

Não foi surpresa alguma, diante de seu talentoso oportunismo político,[1036] quando Vargas "não se escorou em nenhuma ideologia".[1037]

Não é difícil perceber, portanto, que o debutar do Brasil no constitucionalismo social não se deu de maneira propriamente democrática como ocorrera na Alemanha em 1919, em que o II *Reich*, ancorado no princípio monárquico, foi solapado, após a derrota germânica na Primeira Guerra Mundial, pela proclamação da República e pela promulgação de uma democrática e pluralista Constituição, que mudou radicalmente os fundamentos políticos do Estado germânico, passando a garantir a soberania do povo, a socialização da economia e o resguardo de direitos sociais. Aqui, as tensões do movimento revolucionário de 1930 desaguaram numa conjuntura política em que um Governo Provisório depôs a excludente situação oligárquico-liberal da República Velha e, em seu lugar, passou a governar sem qualquer limitação constitucional, por decretos, sem o compromisso com a soberania popular e com a democracia representativa como ocorrera em Weimar.

É claro que o regime provisório varguista não foi um samba autoritário de uma nota só. A sua complexidade pragmática deriva justamente das ambíguas relações que foram sendo tecidas entre, de um lado, as suas pretensões ditatoriais e, de outro, "os sucessos transcorridos paralelamente na esfera dos movimentos sociais, no círculo das fermentações operárias e da articulação sindical".[1038]

O Governo Provisório criou o Ministério do Trabalho, Indústria e Comércio (Decreto n. 19.433, de 26 de novembro de 1930) e

---

1036 LOEWENSTEIN, Karl. *Brazil Under Vargas*. Nova York: The Macmillian Company, 1942, p. 125, 267, 276 e 365; e BONAVIDES, Paulo; ANDRADE, Paes de. *História constitucional do Brasil*. 5ª ed. Brasília: OAB, 2004, p. 273.

1037 BONAVIDES, Paulo; ANDRADE, Paes de. *História constitucional do Brasil*. 5ª ed. Brasília: OAB, 2004, p. 273.

1038 BONAVIDES, Paulo; ANDRADE, Paes de. *História constitucional do Brasil*. 5ª ed. Brasília: OAB, 2004, p. 271.

o Ministério da Educação e Saúde Pública (Decreto n. 19.402, de 14 de novembro de 1930). Além disso, foram expedidos diversos decretos regulamentadores das relações de trabalho, tais como o que fixou a jornada de trabalho em oito horas (Decreto n. 21.364, de 4 de maio de 1932); o que regulou o trabalho feminino (Decreto n. 21.417-A, de 17 de maio de 1932); o que regulou o trabalho infantil (Decreto n. 22.042, de 3 de novembro de 1932); o que regulou o direito de férias (Decreto n. 23.103, de 19 de agosto de 1933); o que criou a carteira profissional de trabalho (Decreto n. 21.175, de 21 de março de 1932); os que disciplinaram as aposentadorias e pensões (Decreto n. 20.465, de 1º de outubro de 1931, e Decreto n. 22.872, de 29 de junho de 1933); o que buscou nacionalizar a mão de obra brasileira (Decreto n. 19.482, de 12 de dezembro de 1930); dentre vários outros. De acordo com Dulce Chaves Pandolfi, "[e]sse conjunto de leis e decretos culminariam, em 1943, com a Consolidação das Leis do Trabalho".[1039]

Ademais, a Administração Federal se preocupou precipuamente em regular e controlar a atividade sindical mediante, por exemplo, a expedição do Decreto n. 19.770, de 19 de março de 1931, cujo objetivo "era implantar uma estrutura sindical corporativista na qual patrões e empregados, reunidos nas associações de classe, se transformassem em elementos de sustentação do governo".[1040]

O referido decreto estipulou, dentre outros, o princípio da unicidade sindical e impôs a sindicalização como condição *sine qua*

1039 PANDOLFI, Dulce Chaves. "Os anos 1930: as incertezas do regime". *In*: FERREIRA, Jorge; DELGADO, Lucila de Almeida Neves. *O Brasil Republicano*: o tempo do nacional-estatismo, do início dos anos 1930 ao apogeu do Estado Novo – Segunda República (1930-1945). vol. 2. 10ª ed. rev. e atual. Rio de Janeiro: Civilização Brasileira, 2020, p. 15.

1040 PANDOLFI, Dulce Chaves. "Os anos 1930: as incertezas do regime". *In*: FERREIRA, Jorge; DELGADO, Lucila de Almeida Neves. *O Brasil Republicano*: o tempo do nacional-estatismo, do início dos anos 1930 ao apogeu do Estado Novo – Segunda República (1930-1945). vol. 2. 10ª ed. rev. e atual. Rio de Janeiro: Civilização Brasileira, 2020, p. 16.

non para a obtenção de benefícios trabalhistas, o que redundava no objetivo de colocar os trabalhadores sob o controle de um único sindicado por categoria profissional e estes, por sua vez, sob a rígida tutela estatal, o que se deu também pela criação de Juntas de Conciliação e Julgamento, vinculadas ao Ministério do Trabalho e competentes para solucionar litígios entre empresários e operários.

Para além disso, buscou-se regular a economia brasileira a partir, por exemplo, de intervenções estatais em setores-chave: criação e regulação das atribuições do Conselho Nacional do Café (Decreto n. 20.405, de 16 de setembro de 1931); do Departamento Nacional do Café (Decreto n. 22.452, de 10 de fevereiro de 1933); do Instituto do Cacau (Decreto n. 20.233, de 22 de julho de 1931); do Instituto do Açúcar e do Álcool (Decreto n. 22.789, de 1º de junho de 1933); do Conselho Federal de Comércio Exterior (Decreto n. 24.429, de 20 de junho de 1934); dos Departamentos Nacionais da Indústria e do Comércio (Decreto n. 19.667, de 4 de fevereiro de 1931), dentre vários outros.

Uma importante e autoritária variável do processo de centralização política iniciado em 1930 disse respeito à administração dos estados. Com exceção do governador eleito de Minas Gerais, Olegário Maciel, todos os demais foram depostos e, em seus lugares, o Governo Provisório nomeou interventores federais de confiança, que, por sua vez, nomeariam os prefeitos dos municípios (Decreto n. 20.348, de 29 de agosto de 1931, chamado de "Código dos Interventores"). O referido ato normativo cerceava, em diversos aspectos, o poder dos estados em nome de um rígido controle central, visível, por exemplo, na proibição de que os entes estatais contraíssem empréstimos no exterior sem autorização da União (artigo 11, "a") ou que gastassem "mais de 10% de despesa ordinária com os serviços de polícia militar" (artigo 24, *caput*). Salvo expressa e excepcional autorização do Governo Provisório, era vedado às polícias estaduais "dispor de artilharia e aviação" (artigo 24, §1º, "a"); além disso, "a dotação de armas automáticas e munições de cada corpo de cavalaria ou infantaria, das polícias estaduais, não pode exceder à dotação regulamentar das unidades similares do Exército" (artigo 24, §1º, "b"). De acordo com Dulce Pandolfi,

> [p]ara um regime que queria combater o exacerbado federalismo da República Velha, a nacionalização das forças armadas era uma questão crucial. Para diminuir o poder das oligarquias regionais era preciso diminuir o seu poder de fogo.[1041]

Como era de se imaginar dos matizes oligárquicos que marcaram a experiência federativa brasileira da Primeira República, as interventorias representariam um dos principais focos de problemas políticos para o novo regime, já que provocariam sérios atritos com as elites políticas locais, o que frequentemente culminaria na substituição, pelo Governo Provisório, de interventores para tentar apaziguar os ânimos. O exemplo de São Paulo é, sem dúvida, o mais emblemático: em menos de dois anos, nada menos do que cinco trocas de interventores foram feitas.[1042] Essa conjuntura já dava mostras claras e concretas de que "São Paulo era adversário potencial ou até mesmo obstáculo intransponível aos desígnios absolutistas com que o chefe civil da ditadura liberal sonhava manter e consolidar a ilimitada expansão de seus poderes".[1043]

Com a vitória da Revolução de 1930, exsurgiu desde cedo um embate entre os partícipes da Aliança Liberal. De um lado,

---

1041 PANDOLFI, Dulce Chaves. "Os anos 1930: as incertezas do regime". *In*: FERREIRA, Jorge; DELGADO, Lucila de Almeida Neves. *O Brasil Republicano*: o tempo do nacional-estatismo, do início dos anos 1930 ao apogeu do Estado Novo – Segunda República (1930-1945). vol. 2. 10ª ed. rev. e atual. Rio de Janeiro: Civilização Brasileira, 2020, p. 15.

1042 PANDOLFI, Dulce Chaves. "Os anos 1930: as incertezas do regime". *In*: FERREIRA, Jorge; DELGADO, Lucila de Almeida Neves. *O Brasil Republicano*: o tempo do nacional-estatismo, do início dos anos 1930 ao apogeu do Estado Novo – Segunda República (1930-1945). vol. 2. 10ª ed. rev. e atual. Rio de Janeiro: Civilização Brasileira, 2020, p. 15.

1043 BONAVIDES, Paulo; ANDRADE, Paes de. *História constitucional do Brasil*. 5ª ed. Brasília: OAB, 2004, p. 275.

> os radicais do Clube 3 de Outubro, a ala tenentista do Exército e os círculos mais exaltados que rodeavam a pessoa do ditador e se inclinavam para dilatar o estado de exceção, como se este, e não uma nova ordem constitucional, pudesse afiançar a consolidação do projeto revolucionário;[1044]

Do outro lado, estavam as lideranças mais liberais e legalistas, contrárias aos discursos mais exaltados dos tenentes.

De acordo com Dulce Pandolfi, "[i]nspirados no pensamento de autores como Oliveira Vianna e Alberto Torres, os tenentes, favoráveis a um regime forte e apartidário, queriam um Estado centralizador de orientação nacionalista e reformista".[1045]

A seu turno, a ala revolucionária mais liberal defendia a reconstitucionalização imediata do país, com a restauração da democracia representativa, afinal de contas foram justamente as pautas da moralização das eleições e do aprimoramento da representação política que constituíram o cerne das insurgências da própria Aliança Liberal contra as fraudes eleitorais da finada Primeira República.

Nesse embate, tiveram predominância as aspirações das alas duras do tenentismo, civil e militar, que, adeptas de um governo nacionalista sem amarras constitucionais, "cada vez mais se distanciavam das promessas formuladas por ensejo da plataforma presidencial e dos manifestos da Revolução de 30";[1046] sobretudo porque "[a]quela obsessão de lograr a pureza do sufrágio para estabelecer a verdade

---

1044 BONAVIDES, Paulo; ANDRADE, Paes de. *História constitucional do Brasil*. 5ª ed. Brasília: OAB, 2004, p. 293.

1045 PANDOLFI, Dulce Chaves. "Os anos 1930: as incertezas do regime". *In*: FERREIRA, Jorge; DELGADO, Lucila de Almeida Neves. *O Brasil Republicano*: o tempo do nacional-estatismo, do início dos anos 1930 ao apogeu do Estado Novo – Segunda República (1930-1945). vol. 2. 10ª ed. rev. e atual. Rio de Janeiro: Civilização Brasileira, 2020, p. 13.

1046 BONAVIDES, Paulo; ANDRADE, Paes de. *História constitucional do Brasil*. 5ª ed. Brasília: OAB, 2004, p. 277.

eleitoral nas urnas compunha o protesto das elites"[1047] que ensejaram a queda da República Velha foi escanteada pelo Governo Provisório, o que evidencia que "a Revolução de 30 apenas fora liberal de título, de aparência de fachada, de retórica".[1048]

Convenientemente inclinado à ala dos tenentes do Clube 3 de Outubro,[1049] "Getúlio não conversava sobre dois assuntos: a convocação de uma Assembleia Constituinte e a data para uma nova eleição presidencial".[1050]

1047 BONAVIDES, Paulo; ANDRADE, Paes de. *História constitucional do Brasil*. 5ª ed. Brasília: OAB, 2004, p. 270.

1048 BONAVIDES, Paulo; ANDRADE, Paes de. *História constitucional do Brasil*. 5ª ed. Brasília: OAB, 2004, p. 270.

1049 "Outra tentativa de organização nacional do movimento tenentista foi o Clube 3 de Outubro, criado em fevereiro de 1931 e que funcionou até 1935. Inicialmente presidido por Góes Monteiro, quatro meses depois a direção estava com Pedro Ernesto, nomeado em setembro daquele ano interventor do Distrito Federal e considerado uma das principais lideranças do 'tenentismo civil'. Além das críticas ao federalismo oligárquico, do programa do clube constavam a defesa de um governo central forte; a intervenção do Estado na economia; a representação corporativa eleita por associações profissionais reconhecidas pelo governo; a instituição de conselhos técnicos de auxílio ao governo; a eliminação do latifúndio mediante tributação ou simples confisco; a nacionalização de várias atividades econômicas e dos transportes; a exploração estatal dos recursos hídricos e minerais; e a implantação da legislação trabalhista. Diferentemente da legião, o clube não pretendia ser uma organização de massa, mas um núcleo de pressão junto ao Governo Provisório e um centro de discussão e debate. A ideia era trazer o debate político para o clube, evitando que os conflitos entre os militares contaminassem os quartéis e acentuassem as cisões no interior das Forças Armadas" (PANDOLFI, Dulce Chaves. "Os anos 1930: as incertezas do regime". *In*: FERREIRA, Jorge; DELGADO, Lucila de Almeida Neves. *O Brasil Republicano*: o tempo do nacional-estatismo, do início dos anos 1930 ao apogeu do Estado Novo – Segunda República (1930-1945). vol. 2. 10ª ed. rev. e atual. Rio de Janeiro: Civilização Brasileira, 2020, pp. 17/18).

1050 SCHWARCZ, Lilia Moritz; STARLING, Heloísa Murgel. *Brasil*: uma biografia. São Paulo: Companhia das Letras, 2015, p. 362.

Todavia, diante das crescentes pressões, o Presidente acabou cedendo e expediu o famoso Decreto n. 21.402, de 14 de maio de 1932, que, em seu artigo 3º, fixou para o dia 3 de maio de 1933 a realização de eleições à Assembleia Nacional Constituinte, além de, em seus artigos 1º e 2º, disciplinar a criação, sob a presidência do Ministro da Justiça, de uma Comissão encarregada da elaboração de um anteprojeto de Constituição.[1051]

Destaque-se, assim, que a convocação da Constituinte ocorreu antes da chamada Revolução Constitucionalista de São Paulo, transcorrida entre julho e outubro de 1932, do que decorre que o referido levante foi motivado muito mais pela oposição política paulista ao Governo Provisório do que propriamente pela pauta da constitucionalização do país.

2.5 A Constituição de 1934

Em 1º de novembro de 1932, Vargas expediu o Decreto n. 22.040, que teve como objetivo regulamentar os trabalhos da Comissão incumbida do anteprojeto de Constituição. O referido ato normativo previa a convocação de uma Subcomissão à qual, de fato, seria atribuída a tarefa de redigir um anteprojeto de Constituição, a ser, posteriormente, submetido à votação pelo Plenário da Comissão.

Essa Subcomissão era presidida por Afrânio Mello Franco e tinha como relator-geral o jurista Carlos Maximiliano. Como as reuniões eram realizadas no Palácio do Itamaraty, já que Mello Franco era o Ministro das Relações Exteriores do Governo Provisório, a Subcomissão ficou historicamente conhecida como "Comissão do Itamaraty".

1051 Sobre o tema, conferir: MENEZES, Fernando Dias Almeida de. "O corpo de doutrina jurídico da Revolução de 1932 e sua influência sobre o regime constitucional de 1934". *In*: MOTA, Carlos Guilherme; SALINAS, Natasha S. C. (Coord.). *Os juristas na formação do Estado-Nação brasileiro*. São Paulo: Saraiva, 2010, pp. 159-194.

Os trabalhos da Subcomissão foram divididos e distribuídos a outras tantas comissões fracionárias encarregadas de trabalhar com temas constitucionais específicos. Ao fim, devido ao prazo exíguo, o anteprojeto final da Subcomissão não chegou a ser votado pelo Plenário da Comissão, sendo diretamente enviado ao Governo Provisório, que, por sua vez, também o encaminhou diretamente, sem qualquer alteração, à Assembleia Nacional Constituinte.

É digno de nota o resumo que Bonavides e Paes de Andrade fazem desse anteprojeto elaborado pela Subcomissão do Itamaraty:

> Grandes temas centralizaram o debate na Subcomissão. Foram, nomeadamente: a adoção do unicameralismo com a supressão do Senado, e o reforço daí adveniente para o princípio unitarista, produzindo, em consequência, danos à manutenção do federalismo clássico; o de nossa mais antiga tradição republicana; a introdução da representação classista no sistema representativo constitucional, proposta rejeitada pela Subcomissão; a eleição do Presidente da República pelo Poder Legislativo (Assembleia Nacional); o comparecimento dos ministros de Estado perante o Legislativo, mitigando assim a rigidez da fórmula separatista de poderes, inerente ao modelo presidencial de governo; a unidade ou dualidade da magistratura, prevalecendo, no anteprojeto, ao cabo dos debates e votação, a unidade, posteriormente rejeitada pela constituinte; a instituição do Conselho Supremo da República, um instrumento auxiliar de governo que guardava algumas características do célebre Conselho de Estado da monarquia imperial do século passado e, finalmente, no capítulo dos Direitos e Garantias Individuais, o novo instituto intitulado mandado de segurança, que vinha tomar o espaço até então ocupado jurisprudencialmente pelo *habeas corpus*, nos moldes da doutrina sustentada por Rui Barbosa.
>
> Mas trabalho não menos importante e significativo da Subcomissão foi a introdução, num modelo de texto constitucional, de matéria nova e surpreendentemente inédita

> ao constitucionalismo pátrio: as disposições sobre família, educação, ordem econômica e social, segurança nacional e justiça eleitoral.[1052]

O Governo Provisório tentou ao máximo possível postergar a instauração da Assembleia Constituinte. O Decreto n. 22.621, de 5 de abril de 1933, buscou, claramente, cercear a autonomia do poder constituinte originário estipulando regras regimentais, o que demonstra que "[e]ste talvez tenha sido o documento que mais explicitamente atestava a interferência do "Príncipe" nos assuntos pertinentes à Assembleia, pois não havia uma legislação que previsse a convocação de uma constituinte".[1053]

Além disso, estabeleceu o número de deputados constituintes e a sua distribuição por estado, bem como optou pela concomitância dos critérios da representação política e da representação classista, conforme estipulado no artigo 132 do Código Eleitoral. Definiu, ainda, que seriam eleitos 214 constituintes pelo critério da representação estadual e outros 40 pelo critério da representação das associações profissionais, estes últimos a serem eleitos, sob a supervisão do Ministério do Trabalho, "pelos sindicatos legalmente reconhecidos e pêlas associações de profissões liberais e as de funcionarios publicos existentes nos termos da lei civil".

1052 Para uma exposição mais minudente dos debates constitucionais transcorridos no âmbito da Comissão do Itamaraty, conferir: HOCHHEIM, Bruno Arthur. *Federalismo, centralização e intervenção estatal*: os debates na Comissão do Itamaraty (1932-1933). Brasília: UnB, 2017. (Dissertação de Mestrado). Especificamente sobre os debates da Comissão do Itamaraty acerca dos direitos sociais e a influência da Constituição de Weimar sobre essa discussão, conferir: WOLKMER, Antonio Carlos. "A questão dos direitos sociais na comissão Itamaraty". *Revista de Ciência Política, Instituto de Direito Público e Ciência Política*, Fundação Getúlio Vargas, vol. 27, nº 3, set./dez. 1984, pp. 45-58.

1053 GOMES, Ângela Maria de Castro. "Assembléia Nacional Constituinte de 1934". *Centro de Pesquisa e Documentação de História Contemporânea do Brasil*: Atlas Histórico do Brasil – FGV. Acessado em: 13.08.2024.

Em seguida, foram expedidos os Decretos n. 22.653, de 20 de abril de 1933, e n. 22.696, de 11 de maio de 1933, que estipularam critérios e instruções para a escolha dos deputados classistas nas eleições à Assembleia, marcadas para julho de 1933.

Como se vê, não obstante a Subcomissão do Itamaraty tenha se recusado a inserir no seu anteprojeto de Constituição a representação classista e conquanto o governo o tenha encaminhado diretamente à Assembleia, sem modificações, a própria composição da Constituinte foi determinada pelo governo com a inclusão de representantes profissionais.

Instalada a Assembleia em 15 de novembro de 1933, foi eleita uma Comissão Especial, a chamada "Comissão dos 26" – integrada por um constituinte de cada um dos vinte estados, um do Distrito Federal, um do Território do Acre e quatro representantes classistas – que teria como missão estudar o anteprojeto da Submissão do Itamaraty e as emendas a ele apresentadas. O jurista Carlos Maximiliano foi designado presidente da Comissão dos 26; o advogado Levi Carneiro, vice-presidente; e Raul Fernandes, relator-geral.

Predominou na Constituinte um situacionismo político favorável ao Governo Provisório, já que parte importante dos líderes políticos partícipes ou simpatizantes da Revolução Constitucionalista de 1932 havia sido expulsa do país ou afastada da atividade política pela Lei das Inelegibilidades, de 1933, o que os impediu de integrarem a Constituinte. Dessa forma,

> no quadro geral, a Assembleia fora formada por políticos que, em sua absoluta maioria, apoiaram a Revolução de 1930, como lembrava Raul Fernandes em seu discurso de saudação ao chefe do governo no dia da instalação dos trabalhos constitucionais.[1054]

1054 GOMES, Ângela Maria de Castro. "Assembléia Nacional Constituinte de 1934". *Centro de Pesquisa e Documentação de História Contemporânea*

Aliás, sobre a sessão solene de inauguração dos trabalhos da Constituinte em 15 de novembro de 1933, Paulo Bonavides e Paes de Andrade recuperam o discurso de Vargas na ocasião, que se seguiu ao pronunciado pelo Deputado Raul Fernandes. Segundo apontam, o insosso pronunciamento presidencial ficou cingido a loas e justificativas dos atos do próprio Governo Provisório, sem "uma única palavra de louvor, conforto e adesão aos sentimentos democráticos que se encarnam numa Constituinte, sempre a casa augusta da soberania popular",[1055] o que, segundo eles, evidenciava nas entrelinhas que "[a]té os silêncios e as omissões de Vargas prefaciavam já a idade do poder pessoal absoluto, que seria o Estado Novo do golpe de 10 de novembro de 1937".[1056]

Os trabalhos que se desenvolveram em torno do anteprojeto da Subcomissão do Itamaraty, do substitutivo feito pela Comissão dos 26 e das mais de mil emendas apresentadas pelos constituintes foram marcados por diversos debates sobre variados e importantes temas constitucionais, sendo o inventário minudente e exaustivo de todo esse material tarefa que obviamente extrapola o escopo desta obra. Todavia, há de se destacar duas importantes discussões.

A primeira foi aquela atinente ao sistema de governo que seria adotado pela nova Constituição. Em 2 de dezembro de 1933, o constituinte pernambucano Agamenon Magalhães – importante personagem cujo perfil político-acadêmico será aprofundado no capítulo III – apresentou a Emenda n. 39, mediante a qual defendia a instituição do sistema parlamentarista.

Bonavides e Andrade recuperaram interessante excerto de pronunciamento de Odilon Braga, em que resume as posições

---

do Brasil: Atlas Histórico do Brasil – FGV. Disponível em: https://atlas.fgv.br/verbete/5740. Acessado em: 13.08.2024.

1055 BONAVIDES, Paulo; ANDRADE, Paes de. *História constitucional do Brasil*. 5ª ed. Brasília: OAB, 2004, p. 286.

1056 BONAVIDES, Paulo; ANDRADE, Paes de. *História constitucional do Brasil*. 5ª ed. Brasília: OAB, 2004, p. 286.

contrapostas no referido debate. De acordo com o constituinte mineiro, em discurso de 9 de maio de 1934, para além da ala dos deputados que defendiam a restauração das bases da Constituição de 1891, havia outra que, ao revés, se insurgia contra essa ordem constitucional liberal da Primeira República, sendo tal corrente, por sua vez, subdividida em dois grupos:

> o dos que se batiam pelo parlamentarismo, forma extrema da democracia liberal, e o dos enamorados das modernas soluções do nacional-socialismo de Hitler e as do neocesarismo cooperativista romano, que se confundem no extremo do mesmo autoritarismo imposto.[1057]

Agamenon Magalhães foi o principal crítico do regime presidencialista de governo, defendendo a adoção do parlamentarismo. De acordo com ele "[o] substitutivo reconhece que o presidencialismo no Brasil foi a hipertrofia do Poder Executivo, e, então, contra essa hipertrofia assestou as baterias inoperantes dos freios";[1058] o que "foi um erro de psicologia política, um erro de observação que a prática do regime nos Estados Unidos, no Brasil, em toda a América do Sul, o tem demonstrado eloquentemente".[1059]

Sobre a teoria da separação de Poderes, Agamenon afirma que "Montesquieu, observando a organização britânica, teve a ilusão – foi

---

1057 BRAGA, Odilon *apud* BONAVIDES, Paulo; ANDRADE, Paes de. *História constitucional do Brasil.* 5ª ed. Brasília: OAB, 2004, p. 310.

1058 MAGALHÃES, Agamenon Sérgio de Godoy. "Discurso proferido na 94ª Sessão da Assembleia Nacional Constituinte (14 de março de 1934)". *Annaes da Assembléa Nacional Constituinte 1933/1934*, Rio de Janeiro: Imprensa Nacional, vol. XI, 1936, p. 327.

1059 MAGALHÃES, Agamenon Sérgio de Godoy. "Discurso proferido na 94ª Sessão da Assembleia Nacional Constituinte (14 de março de 1934)". *Annaes da Assembléa Nacional Constituinte 1933/1934*, Rio de Janeiro: Imprensa Nacional, vol. XI, 1936, p. 327.

um erro de observação – de que as três funções eram absolutamente separadas, eram independentes".[1060]

Contra essa visão liberal, aponta que "os fatos documentam e os melhores tratadistas assinalam é que há coordenação de funções, e não separação",[1061] perspectiva essa que representa, conforme já discorrido, um dos pilares do paradigma constitucional do Estado Social.

Sobre os Estados Unidos, Agamenon aponta que lá "[h]á ditadura, só há um poder – o de Roosevelt. O Legislativo abdicou de suas funções, delegando-as".[1062] Desenvolvendo sua tese, o deputado pernambucano aduz, sobre as legislações de emergência do entreguerras aqui já trabalhadas, que

> [e]stamos num período a que os juristas chamam "férias de legalidade", "legalidade do tempo de crise", num regime em que, devido a solicitações do problema econômico ou social, o Poder Executivo reivindica funções legislativas imediatas.[1063]

1060 MAGALHÃES, Agamenon Sérgio de Godoy. "Discurso proferido na 94ª Sessão da Assembleia Nacional Constituinte (14 de março de 1934)". *Annaes da Assembléa Nacional Constituinte 1933/1934*, Rio de Janeiro: Imprensa Nacional, vol. XI, 1936, p. 477.

1061 MAGALHÃES, Agamenon Sérgio de Godoy. "Discurso proferido na 94ª Sessão da Assembleia Nacional Constituinte (14 de março de 1934)". *Annaes da Assembléa Nacional Constituinte 1933/1934*, Rio de Janeiro: Imprensa Nacional, vol. XI, 1936, p. 478.

1062 MAGALHÃES, Agamenon Sérgio de Godoy. "Condições econômicas e sociais do Brasil: o parlamentarismo (Discurso pronunciado na Sessão de 11-12-1933)". *In*: ______. *Discursos parlamentares*. Sel. e intr. Nilo Pereira. Brasília: Câmara dos Deputados, 1982 (Perfis Parlamentares, 24), p. 155.

1063 MAGALHÃES, Agamenon Sérgio de Godoy. "Condições econômicas e sociais do Brasil: o parlamentarismo (Discurso pronunciado na Sessão de 11-12-1933)". *In*: ______. *Discursos parlamentares*. Sel. e intr. Nilo Pereira. Brasília: Câmara dos Deputados, 1982 (Perfis Parlamentares, 24), p. 152.

Para ele, todavia, nos regimes parlamentaristas, essas delegações legislativas seriam normais e constitucionais: "[f]oi assim, na Inglaterra, Lloyd George, durante a guerra e depois dela; e, ultimamente, Mac Donald, tomando, por meio das '*orders in council*', providências extraordinárias em defesa da libra e da produção industrial".[1064]

Já nos regimes presidencialistas, esse fenômeno seria ditatorial, porque

> [o] presidencialismo é forma autoritária de governo. O seu mecanismo constitucional é rígido: necessário talvez nas fases de transformação histórica, como o foi nos Estados Unidos, e talvez o tenha sido no Brasil, para consolidar a obra republicana e realizar a Federação.[1065]

Especificamente sobre a visão doutrinária do Direito Público, Magalhães afirma o seguinte:

> Não há um escritor europeu, a não ser Tocqueville, maravilhado com a democracia e com o seu sistema, que, em tratando da organização presidencialista, não invective.
>
> Vou lembrar o mais citado deles – o que está na ordem do dia –, Hans Kelsen, que chega a dizer que o presidencialismo é uma ironia da história. Já mostrei, daqui, como surgiu essa organização presidencial. Não vou repeti-lo, porque é cartilha do Direito Público. Ela nasceu da necessidade de unidade do

1064 MAGALHÃES, Agamenon Sérgio de Godoy. "Condições econômicas e sociais do Brasil: o parlamentarismo (Discurso pronunciado na Sessão de 11-12-1933)". *In*: ______. *Discursos parlamentares*. Sel. e intr. Nilo Pereira. Brasília: Câmara dos Deputados, 1982 (Perfis Parlamentares, 24), p. 152.

1065 MAGALHÃES, Agamenon Sérgio de Godoy. "Condições econômicas e sociais do Brasil: o parlamentarismo (Discurso pronunciado na Sessão de 11-12-1933)". *In*: ______. *Discursos parlamentares*. Sel. e intr. Nilo Pereira. Brasília: Câmara dos Deputados, 1982 (Perfis Parlamentares, 24), p. 154.

> Poder Executivo, da necessidade de um governo forte que assegurasse à Federação, que resolvesse os problemas econômicos atuantes na formação da grande Nação yankee.[1066]

É curioso que Agamenon cite Kelsen e omita autores centrais do período como Mirkine-Guetzévitch – que traça um diagnóstico sociológico sobre a generalizada desilusão constitucional com o Poder Legislativo e o consequente alastramento de regimes presidencialistas autoritários na década de 1930 – e, sobretudo, Carl Schmitt, que providenciou, como visto acima, robustas reflexões autoritárias justificadoras do poder pessoal ditatorial do Presidente. É verdade que Agamenon relembra que "as ditaduras, se põem ordem, muitas vezes, às nações, se corrigem a anarquia, se se impõem como governo em determinadas fases da história, eliminam todas as liberdades. (...) É a Itália, é a Alemanha de hoje".[1067]

Falando especificamente da história brasileira, Agamenon se pergunta, com perplexidade, o motivo pelo qual teria havido uma continuidade entre a Monarquia e a República no que concerne às competências constitucionais do chefe do Executivo – primeiro do Monarca, depois do Presidente da República:

> Sei, Sr. Presidente, que encontro uma mentalidade formada contra o parlamentarismo. No combate à monarquia, quer na propaganda republicana, quer na defesa da federação, o regime monárquico era alvejado em todo o seu sistema.

1066 MAGALHÃES, Agamenon Sérgio de Godoy. "Defesa do parlamentarismo (Discurso pronunciado na Sessão de 20-12-1933)". *In*: ______. *Discursos parlamentares*. Sel. e intr. Nilo Pereira. Brasília: Câmara dos Deputados, 1982 (Perfis Parlamentares, 24), p. 160.

1067 MAGALHÃES, Agamenon Sérgio de Godoy. "Condições econômicas e sociais do Brasil: o parlamentarismo (Discurso pronunciado na Sessão de 11-12-1933)". *In*: ______. *Discursos parlamentares*. Sel. e intr. Nilo Pereira. Brasília: Câmara dos Deputados, 1982 (Perfis Parlamentares, 24), pp. 153-154.

> O horror à Coroa, ao Poder Executivo, dinástico, vitalício, formou, na consciência dos brasileiros, que surgia, enlevada ainda no romantismo do século XVIII, uma repulsa contra o antigo regime. Essa repulsa existe em todas as transformações políticas.
>
> Daí, sobre os escombros da monarquia, não se descobrir elemento algum aproveitável, e rumarmos para a Meca americana, que era a grande República, e dali pela fatalidade continental, foram os brasileiros extrair toda a sabedoria para a nossa construção política.[1068]

Prossegue afirmando que, solapada a ordem constitucional de 1891,

> [q]uando marchamos na democracia, quando fizemos uma revolução – que foi uma reação democrática; quando adotamos o voto secreto, o sistema proporcionalista; quando alcançamos essas conquistas tutelares de um regime de opinião, voltar ao presidencialismo equivale a aniquilá-las.[1069]

E complementa a sua perspectiva afirmando que só havia dois caminhos para o Brasil naquela quadra histórica:

> ou o presidencialismo, que é a ditadura (...) ou a democracia, regime de opinião, de consulta eleitoral, regime em que a nação

---

1068 MAGALHÃES, Agamenon Sérgio de Godoy. "Defesa do parlamentarismo (Discurso pronunciado na Sessão de 20-12-1933)". *In*: ______. *Discursos parlamentares*. Sel. e intr. Nilo Pereira. Brasília: Câmara dos Deputados, 1982 (Perfis Parlamentares, 24), pp. 166/167.

1069 MAGALHÃES, Agamenon Sérgio de Godoy. "Condições econômicas e sociais do Brasil: o parlamentarismo (Discurso pronunciado na Sessão de 11-12-1933)". *In*: ______. *Discursos parlamentares*. Sel. e intr. Nilo Pereira. Brasília: Câmara dos Deputados, 1982 (Perfis Parlamentares, 24), p. 207.

> assume o comando de suas forças sociais e políticas. Ou esse regime ou, então, os corrilhos presidenciais.[1070]

O parlamentarismo defendido pelo constituinte pernambucano não encontrou muito eco e foi combatido por ardorosas posições presidencialistas como as de Levi Carneiro, Carlos Maximiliano, Odilon Braga e Morais Andrade.

Provavelmente buscando legitimar a atuação de Getúlio Vargas como chefe do Governo Provisório, Agamenon, em acalorado debate com o deputado Morais Andrade, afirma que o colega "faz a apologia das ditaduras; eu as combato".[1071] Mais à frente, muda de tom e afirma que "[a]dmito as ditaduras como elemento de transição; mas regime em que seja possível a ditadura dentro de sua organização eu não aceito".[1072]

Curiosamente, pouquíssimos anos após, Agamenon esqueceria toda a sua enérgica defesa do parlamentarismo e da democracia e apoiaria fortemente a ditadura do Estado Novo, do qual viria a ser um dos mais destacados e fiéis partícipes, primeiramente como interventor federal em Pernambuco (1937-1945) e, já no ocaso do regime, como Ministro da Justiça, em 1945.

1070 MAGALHÃES, Agamenon Sérgio de Godoy. "Discurso proferido na 30ª Sessão da Assembleia Nacional Constituinte (20 de dezembro de 1933)". *Annaes da Assembléa Nacional Constituinte 1933/1934*, Rio de Janeiro: Imprensa Nacional, vol. II, 1935, p. 483.

1071 MAGALHÃES, Agamenon Sérgio de Godoy. "Condições econômicas e sociais do Brasil: o parlamentarismo (Discurso pronunciado na Sessão de 11-12-1933)". *In*: ______. *Discursos parlamentares*. Sel. e intr. Nilo Pereira. Brasília: Câmara dos Deputados, 1982 (Perfis Parlamentares, 24), p. 155.

1072 MAGALHÃES, Agamenon Sérgio de Godoy. "Condições econômicas e sociais do Brasil: o parlamentarismo (Discurso pronunciado na Sessão de 11-12-1933)". *In*: ______. *Discursos parlamentares*. Sel. e intr. Nilo Pereira. Brasília: Câmara dos Deputados, 1982 (Perfis Parlamentares, 24), p. 155.

Ainda sobre o referido debate, é de se destacar o discurso do deputado classista Lacerda Werneck na 73ª Sessão, de 17 de fevereiro de 1934, em que o constituinte paulista compara, num arroubo de retórica, a despótica ordem constitucional imperial alemã de 1871 com o presidencialismo americano, defendendo a instauração de um sistema parlamentarista no Brasil após a malograda experiência presidencialista oligárquica da República Velha:

> Na Alemanha a Constituição de 16 de abril de 1871 – organizou em federação a unidade nacional – havia o Poder Legislativo (*Bundesrat*) e a Assembléia do Estado (*Reichstag*).
>
> A primeira Camara se sobrepunha à segunda, podia mesmo, com assentimento do imperador, dissolvê-la, – a ela pertenciam os príncipes e nobres – o que anulava a Assembléia popular.
>
> Srs. Constituintes, na Alemanha monárquica quem governava era o imperador – tal qual no sistema presidencial – pois que podia despedir os ministros.
>
> Bryce, que escreveu ao tempo de Guilherme II, disse, em obra clássica, que o "poder do presidente americano é o maior que se conhece no mundo, excetuado o do Papa".
>
> Por isso, nós brasileiros, que adotámos em 1891 a instituição norte-americana, não extranhavamos o poderio do imperador da Alemanha.
>
> Mas, para os países de sistema parlamentar, como Inglaterra, França e Bélgica, o poder do imperador alemão era ameaça constante. Banhélemy disse "que êle era um organismo de agressão, instrumento político, por excelência, de ataque inopinado".
>
> Em novembro de 1918 – num furacão revolucionário – a Alemanha foi, em transição de regime, de um polo a outro – do sistema de despotismo monárquico passou a República parlamentar, que oferece modêlo da mais completa democracia.
>
> Os estadistas, Sr. Presidente, encontram na Constituição de Weimar fonte abundante de princípios liberais, sociais, econômicos e financeiros. (...)

> Assim, na Alemanha republicana, apesar do grande poder atribuido ao presidente no referendum, pelo qual êle pode submeter á decisão do povo uma lei votada pelo *Reichstag*, não é possível a hipertrofia do poder presidencial, porquê o povo tem o direito de livremente se manifestar em eleições honestas.
>
> Se o presidente, dissolvendo o *Reichstag*, ou decretando um *referendum*, pudesse pelo suborno, violência ou fráude, influír no resultado das eleições, então, seria possível restaurar o poder pessoal do despotismo. Mas a Alemanha republicana não conhece êsses processos de barbaria que são adotados nas eleições do presidencialismo americano – ela é a mais adiantada das democracias modernas. (...)
>
> Srs. Constituintes, nada peor que um govêrno irresponsável; o Brasil em 40 anos foi vítima dessa calamidade, pois que a Constituição de 1891 não determinou a responsabilidade política dos ministros e daí nasceram todos os desatinos qúe constituem a triste história da República Presidencialista do Brasil.[1073]

Esse excerto ilustra bem o quanto a então recente memória de Weimar estava presente na Assembleia Constituinte brasileira. Ocorre que, em fevereiro de 1934, já havia transcorrido mais de um ano desde a eclosão do golpe nazista de janeiro de 1933, que destruíra a Constituição de 1919 e instaurara em seu lugar um regime totalitário que encarnava em si um exemplo sem precedentes de concentração de poderes ilimitados nas mãos do chefe do Poder Executivo, algo que não transparece da enviesada argumentação de Werneck.

Poucos meses antes, na discussão travada na 15ª Sessão, em 2 de dezembro de 1933, entre os constituintes Levi Carneiro e Agamenon Magalhães, o embate entre o constitucionalismo liberal de 1891 e

1073 WERNECK, Lacerda. *Discurso proferido na 73ª Sessão da Assembleia Nacional Constituinte* (17 de fevereiro de 1934). vol. 8. Rio de Janeiro: Imprensa Nacional, 1935, pp. 176-178.

o constitucionalismo social do entreguerras inspirado em Weimar já aparecera mais claramente, inclusive com expressa menção de Carneiro à derrocada dessas Constituições sociais por mutações constitucionais ou por golpes de Estado na década de 1930:

> O Sr. LEVI CARNEIRO — (...) Hoje, estamos em um momento em que a cópia das Constituições estrangeiras é muito mais difícil e muito mais perigosa. (...)
>
> Em primeiro lugar, as Constituições de depois da guerra, que todos estamos manuseando e em que teremos fatalmente de nos inspirar, mais ou menos todas elas foram elaboradas nos tempos em que dominavam o pensamento político europeu dois perigos, assinalados por Sforza: o bolchevismo e o medo exagerado do bolchevismo... Foi debaixo dessas duas preocupações que se fizeram quase todas as Constituições européas de depois da guerra.
>
> E como se estão elas portando, praticamente? Não falo na da Polônia, subvertida por sucessivos golpes de Estado. Não falo na da Áustria, modificada e considerada, praticamente, irrealizável. Mas da própria Constituição alemã, que Herrfhardt disse que não tinha raízes. Buhler advertia fôra feita sem o sentimento da realidade, imaginando a cooperação dos elementos do Estado que nunca se conseguiria. E, à margem daquele famoso artigo 48, a Constituição de Weimar veio a ser praticamente subvertida, subsistindo muitos dispositivos com caráter meramente platônico. (...)
>
> Em certo sentido, o carácter abstrato, o carácter extranacional ou supernacional, o carácter irreal e doutrinário dessas Constituições, póde facilitar-lhes a cópia. Entretanto, de mim direi, perante a Assembléia, que nesta emergência prefiro copiar a Constituição de 91, no que ela tem de bom; copiar, completando-a, corrigindo-a (Muito bem.)
>
> O Sr. ALCÂNTARA MACHADO — Atualizando-a.
>
> O Sr. LEVI CARNEIRO — ... atualizando-a, na feliz expressão do honrado leader da bancada paulista. (...)

Quando se atribuem à Constituição de 91 todos esses males, por ser uma cópia, esquece-se de que todos êsses benefícios miríficos de nossa organização política anterior haviam brotado como? de onde? Sob a Constituição de 24. Mas que era a Constituição de 24, sinão cópia da Constituição espanhola, e de outras tantas, como a Constituição de 91 o seria da americana? (...)

Por consequência, não há melhor prova que esta: todos nós invocamos o espírito da Constituição de 91, desejosos de atingir a uma solução tão feliz como há 42 anos se conseguiu realísar no Brasil.

O Sr. AGAMENON DE MAGALHÃES — Si a Constituição de 91 é êsse presente dos deuses a que V. Ex. se refére...

O Sr. LEVl CARNEIRO — Não estou dizendo tal.

O Sr. AGAMENON DE MAGALHÃES — ... essa maravilha de sabedoria, como V. Ex. explica a Revolução Brasileira?

O Sr. ODILON BRAGA — Pelo desprezo da Constituição.

O Sr. AGAMENON DE MAGALHÃES — Como explicar o nobre orador a deturpação constante do regime, a oligarquia presidencial, a oligarquia dos governadores?... (...)

O Sr. LEVI CARNEIRO — (...) Não desejo hoje a Constituição de 91, intangível e imutável. Conheço-lhe defeitos, e os apontei; mas não quero que prescindamos dos nossos antecedentes históricos, das nossas realizacões, e, em vez de fazermos da Constituição de 91·um degráu sôbre o qual caminhemos para uma ascenção maior, prefiramos um exemplo estrangeiro, de êxito incerto e de aplicação duvidosa.

O Sr. AGAMENON DE MAGALHÃES — Qual a cópia estrangeira a que V. Ex. se refere?

O Sr. LEVI CARNEIRO — (...) O que eu disse é que temos a fatalidade do exemplo, da sugestão estrangeira.

O Sr. AGAMENON DE MAGALHÃES — Mas as nações não se isolam. O Direito Público é uma ciência universal.

> Temos que nos adaptar a êste princípio. Por que esta fobia à cultura, simplesmente porque é estrangeira?[1074]

Note-se que tanto Levi Carneiro como Agamenon Magalhães caem em petições de princípio em suas argumentações. Levi critica a suposta pretensão de se copiar a Constituição de Weimar, mas, ao mesmo tempo, afirma que as Constituições de 1824 e de 1891 teriam sido exemplos bem-sucedidos de cópias de ordens constitucionais estrangeiras. Agamenon, por sua vez, nesse e no outro excerto anteriormente citado, critica o regime presidencialista como tendo sido uma cópia acrítica do direito americano, mas, ao mesmo tempo, defende, em relação às novas Constituições do paradigma do Estado Social, que "[o] Direito Público é uma ciência universal" e que não há mal algum em que a Constituinte se inspire nessas novas Constituições, sobretudo a de Weimar. Fica claro também o não enfrentamento, por parte de Agamenon, do importante argumento suscitado por Carneiro atinente às autoritárias mutações constitucionais ocorridas na Europa da década de 1930 no que se referem a essas mesmas ordens que o constituinte pernambucano usa de arrimo para defender as suas teses.

Outro grande debate ocorrido no âmbito da Constituinte foi aquele relativo à adoção da representação classista, que constava expressamente do artigo 142 do Código Eleitoral de 1932 e que fora contemplada pelo Governo Provisório quando da elaboração do Regimento Interno da Constituinte, mas acabou sendo rejeitada pela Subcomissão do Itamaraty quando da elaboração do seu anteprojeto. Todavia, a discussão foi ressuscitada pelo substitutivo da Comissão dos 26 e pelos debates constituintes.

1074 BRASIL. "Debate travado na 15ª Sessão da Assembleia Nacional Constituinte (2 de dezembro de 1933)". *Annaes da Assembléa Nacional Constituinte 1933/1934*. Rio de Janeiro: Imprensa Nacional, vol. II, 1935, pp. 43-47.

O Relator do capítulo referente ao Poder Legislativo, deputado Odilon Braga, foi veementemente contrário ao critério classista na composição do Parlamento, por ele identificado com a escamoteada pretensão de "erradicação da representação política".[1075] Sua principal tese era a de que a representação sindical no Brasil não estava suficientemente madura e redundaria, na verdade, em terreno fértil para servir de massa de manobra de lideranças políticas.

Por outro lado, o mais destacado defensor da representação profissional foi o constituinte classista Abelardo Marinho, que sustentava os efeitos democratizantes e integradores do instituto, salientando que não havia qualquer novidade na medida, já que

> [a] ideia de representação profissional, no Brasil, ao que me consta, vem de Alberto Torres. Em outras oportunidades, Melo Franco, Castro Nunes e o sociólogo Eusébio de Queiroz Lima, no seu programa da Faculdade de Direito, pugnaram por essa representação.[1076]

Ademais, de acordo com Marinho, "[v]itoriosa a Revolução, o Clube 3 de outubro tomou a si pugnar pela realização dessa idéia. Nesse sentido fez-se ampla propaganda em todo o País".[1077]

Por falar em Alberto Torres, a sua influência em outro grande debate travado na Constituinte foi notória. Tratou-se da discussão acerca da adoção do unicameralismo ou do bicameralismo. O anteprojeto da Comissão do Itamaraty extinguiu o Senado[1078] e previu

---

1075 BRAGA, Odilon *apud* BONAVIDES, Paulo; ANDRADE, Paes de. *História constitucional do Brasil*. 5ª ed. Brasília: OAB, 2004, p. 305.

1076 MARINHO, Abelardo *apud* BONAVIDES, Paulo; ANDRADE, Paes de. *História constitucional do Brasil*. 5ª ed. Brasília: OAB, 2004, p. 308.

1077 MARINHO, Abelardo *apud* BONAVIDES, Paulo; ANDRADE, Paes de. *História constitucional do Brasil*. 5ª ed. Brasília: OAB, 2004, p. 308.

1078 BONAVIDES, Paulo; ANDRADE, Paes de. *História constitucional do Brasil*. 5ª ed. Brasília: OAB, 2004, pp. 316/317.

apenas uma Câmara, a Assembleia Nacional. Quando a Comissão dos 26 elaborou o seu substitutivo, transformação substancial foi dada ao anteprojeto, restaurando-se o bicameralismo, que seria exercido pela Câmara dos Representantes e pela Câmara dos Estados. No curso dos debates, a Câmara dos Estados ganhou a denominação de Conselho Federal e, na redação final, restabeleceram-se os nomes de Câmara dos Deputados e de Senado Federal para os referidos órgãos.

Entretanto, para além do vaivém terminológico, a Constituinte inovou ao deslocar o Senado Federal (por pouco tempo chamado de Conselho Federal) para o título "Da Coordenação dos Poderes", cuja principal atribuição constitucional era, de acordo com o artigo 88 da redação final da Constituição de 1934, a de "promover a coordenação dos Poderes federais entre si, manter a continuidade administrativa, velar pela Constituição, colaborar na feitura de leis e praticar os demais atos da sua competência".

Bonavides e Paes de Andrade anotam que

> [a]s bases desse princípio vitorioso na Constituinte, de coordenar poderes, têm antecedentes doutrinários na Constituição do Império com as instituições do Poder Moderador e do Conselho de Estado. Ressuscitado e transformado, com todo o aparato de novidade ou de técnica providencial para solver conflitos entre poderes.[1079]

Destaque-se que a conformação desse "Poder Coordenador" a ser exercido pelo Senado Federal foi forte e diretamente inspirada, durante os trabalhos constituintes de 1933, na obra de Alberto Torres,[1080] apesar de não ter ganhado institucionalização idêntica,

---

1079 BONAVIDES, Paulo; ANDRADE, Paes de. *História constitucional do Brasil*. 5ª ed. Brasília: OAB, 2004, pp. 318/319.

1080 Sobre o ponto, conferir: OLIVEIRA, Allysson Eduardo Botelho de. *Poder coordenador e coordenação dos poderes, um exercício de história dos conceitos*: de Alberto Torres à Constituição de 1934. Belo

na versão promulgada da Constituição de 1934, àquela preconizada pelo político carioca. Os principais embates constituintes sobre o tema estiveram a cargo de Levi Carneiro, que se insurgiu duramente contra a novidade, e de Odilon Braga, ardoroso defensor do Poder Coordenador.[1081]

Também Borges de Medeiros, então exilado no Recife após ter apoiado o levante paulista de 1932, discorreu sobre a ideia de um quarto poder que pudesse funcionar como força de estabilização dos outros três. Eleito como deputado constituinte, Medeiros escreveu um importante estudo intitulado *O Poder Moderador na República Presidencial*, no qual afirmou que "[d]uma parte os textos constitucionais, e doutra a carência de controle, que só os grandes partidos e uma opinião pública consistente poderiam exercer, propiciaram o fenômeno da hipertrofia do poder presidencial".[1082]

Para ele, todavia, a solução não estava no parlamentarismo, o que é compreensível tendo em vista o seu histórico compromisso com o presidencialismo castilhista, potencializado pelas generalizadas crises das democracias representativas na década de 1930. No referido estudo, Borges de Medeiros lança a seguinte indagação:

> Se, no dizer de Benjamin Constant, a grande vantagem da monarquia constitucional foi ter criado esse poder neutro

---

Horizonte: UFMG, 2022, pp. 140-161. (Dissertação de Mestrado); e LYNCH, Christian Edward Cyril. "O Poder Moderador na Constituição de 1824 e no anteprojeto Borges de Medeiros de 1933: um estudo de Direito Comparado". *Revista de Informação Legislativa*, Brasília, ano 47, nº 188, out./dez. 2010, pp. 110/111.

1081 BONAVIDES, Paulo; ANDRADE, Paes de. *História constitucional do Brasil*. 5ª ed. Brasília: OAB, 2004, p. 319.

1082 MEDEIROS, Antônio Augusto Borges. *O Poder Moderador na República presidencial*. 4ª ed. Rio de Janeiro: Forense, 2019, p. 63.

(moderador) na pessoa de um rei, por que não há de a República criar esse mesmo poder na pessoa do presidente?[1083]

É assim que ele responde ao questionamento:

> Fundir ou amalgamar as virtudes e utilidades dos dois sistemas contrários, e com esses elementos construir um novo tipo de presidencialismo (...). Eis o nosso principal objetivo e quiçá a maior originalidade deste projeto. Em nossa concepção, o rol do presidente consistirá em presidir a República como seu primeiro magistrado, e não como seu primeiro líder político. Fora da atmosfera dos partidos e posto na posição de livrar-se de qualquer influxo dos interesses e paixões do mundo político, há ele de reunir os predicados e requisitos que fazem o verdadeiro magistrado (...). Separado dos Poderes Executivo, Legislativo e Judiciário, ele constituirá o quarto poder do Estado, o Poder Moderador da República.[1084]

É no mínimo curioso que um histórico entusiasta do autoritarismo como instrumento de governo, como provam as suas décadas de governo castilhista no Rio Grande do Sul, tenha não só apoiado a Revolução Constitucionalista de 1932, mas, sobretudo, que passasse a criticar a "hipertrofia do poder presidencial".[1085] Provavelmente trata-se daquilo que Christian Lynch chama de o "melhor espírito 'revolucionário' de nossos dirigentes apeados do poder".[1086] Luis

---

1083 MEDEIROS, Antônio Augusto Borges. *O Poder Moderador na República presidencial*. 4ª ed. Rio de Janeiro: Forense, 2019, pp. 67/68.

1084 MEDEIROS, Antônio Augusto Borges. *O Poder Moderador na República presidencial*. 4ª ed. Rio de Janeiro: Forense, 2019, p. 75.

1085 MEDEIROS, Antônio Augusto Borges. *O Poder Moderador na República presidencial*. 4ª ed. Rio de Janeiro: Forense, 2019, p. 63.

1086 LYNCH, Christian Edward Cyril. "O Poder Moderador na Constituição de 1824 e no anteprojeto Borges de Medeiros de 1933: um estudo de Direito Comparado". *Revista de Informação Legislativa*, Brasília, ano 47, nº 188, out./dez. 2010, p. 104.

Rosenfield marca bem que Borges "abandona em grande medida as linhas-mestras do que sempre defendeu em prol de um novo tipo de organização constitucional (...). No livro, (...) sequer se verifica qualquer citação a Auguste Comte".[1087] Que era o pão de cada dia da doutrina política castilhista que ele próprio ajudou a forjar e a desenvolver por quase quarenta anos. Apesar de terem provocado algum debate na Assembleia Constituinte, as ideias de Medeiros não ganharam maiores acolhidas, tendo prevalecido ao final, conforme adiantado, a função coordenadora a ser exercida pelo Senado Federal.

Em resumo, a Constituição de 1934 teve como principais traços: a constitucionalização de direitos fundamentais sociais; a tentativa de modificação da representação parlamentar com a introdução do critério classista; uma forte centralização administrativa em torno da União, com a ampliação dos papéis do Poder Executivo, responsável por concretizar e regular os direitos sociais e por intervir na economia; características essas típicas do paradigma do Estado Social que foram combinadas com a busca por estabilização institucional no marco da crise do princípio da separação de Poderes do entreguerras, circunstância que pode ser percebida, sobretudo, no deslocamento do Senado para o exercício de uma função coordenadora dos demais poderes.

2.6 Acirramento político, repressão ao comunismo e preparação para o golpe

No dia seguinte à promulgação da Constituição, em 17 de julho de 1934, Getúlio Vargas foi indiretamente eleito pela Assembleia Nacional Constituinte como Presidente da República para um mandato de quatro anos, sem a possibilidade de reeleição. Ele recebeu

---

1087 ROSENFIELD, Luis. *Revolução conservadora*: genealogia do constitucionalismo autoritário brasileiro (1930-1945). Porto Alegre: EDIPUCRS, 2021, p. 170.

175 votos contra os 59 votos conferidos ao segundo colocado, Borges de Medeiros.[1088]

Não era segredo algum que Vargas não nutria qualquer espécie de entusiasmo pela nova ordem constitucional, a qual cerceou os seus poderes ilimitadamente desenvolvidos durante o Governo Provisório. Constam do diário mantido por Getúlio, entre 1930 e 1945, numerosas passagens em que o Presidente critica veementemente a Constituinte e a nova Constituição.

Nos dias 3 e 4 de março de 1934, Getúlio registrou que recebeu "pela manhã, os três membros da Comissão dos 26 escolhidos para redigir o projeto de Constituição – Raul Fernandes, Levi Carneiro e Carlos Maximiliano – e o *leader* Medeiros Neto".[1089] Sobre o encontro, anotou o Presidente que

> [a]pós o regresso dos deputados, fui ler o projeto, do qual não tive boa impressão. Achei-o um tanto inclinado ao parlamentarismo, reduzindo muito o poder do Executivo e, principalmente, complicando a máquina burocrática, de modo a dificultar a administração.[1090]

De 21 a 23 de maio de 1934, Vargas lançou no diário:

> [o]s trabalhos da Constituinte continuam com alguma balbúrdia nas votações. O próprio *leader* já não tem o controle. Os deputados votam para a galeria e presos a interesses eleitorais

---

1088 VARGAS, Getúlio. *Diário*: volume I (1930-1936). São Paulo: Siciliano; Rio de Janeiro: Fundação Getúlio Vargas, 1995, p. 307.

1089 VARGAS, Getúlio. *Diário*: volume I (1930-1936). São Paulo: Siciliano; Rio de Janeiro: Fundação Getúlio Vargas, 1995, p. 273.

1090 VARGAS, Getúlio. *Diário*: volume I (1930-1936). São Paulo: Siciliano; Rio de Janeiro: Fundação Getúlio Vargas, 1995, p. 273.

> imediatos, incluindo na Constituição assuntos de legislação ordinária e até futilidades.[1091]

Entre 31 de maio e 2 de junho de 1934, Getúlio registrou: "[h]á resistência quanto à votação dos decretos, atos, ou continuação da faculdade legislativa do Poder Executivo".[1092] Além do cerceamento dos ilimitados poderes ditatoriais gozados pelo Governo Provisório, Vargas anotava, entre os dias 27 e 31 de junho de 1934, que

> [a] par desses trabalhos, correm intrigas, farsas e boatos, tecidos pelos elementos de oposição na Constituinte, em torno de outro nome para combater o meu. Procuraram-me vários deputados para declarar-me sua solidariedade e informar-me desses manejos.[1093]

Talvez tenham sido esses os principais motivadores do desabafo lançado entre 14 e 16 de junho de 1934:

> Com a Constituição que está para ser votada, talvez seja preferível que outro governe. Não tenho dúvidas sobre as dificuldades que vou enfrentar, e talvez seja mesmo preferível que tome outro rumo, pois já começo a acreditar que, com tal instrumento de governo, será perdido o esforço.[1094]

1091 VARGAS, Getúlio. *Diário*: volume I (1930-1936). São Paulo: Siciliano; Rio de Janeiro: Fundação Getúlio Vargas, 1995, p. 297.

1092 VARGAS, Getúlio. *Diário*: volume I (1930-1936). São Paulo: Siciliano; Rio de Janeiro: Fundação Getúlio Vargas, 1995, p. 299.

1093 VARGAS, Getúlio. *Diário*: volume I (1930-1936). São Paulo: Siciliano; Rio de Janeiro: Fundação Getúlio Vargas, 1995, p. 304.

1094 VARGAS, Getúlio. *Diário*: volume I (1930-1936). São Paulo: Siciliano; Rio de Janeiro: Fundação Getúlio Vargas, 1995, p. 302.

Em outra passagem, lançada entre 27 e 31 de junho de 1934, Vargas já sinalizava, antes mesmo da promulgação da nova Constituição, os seus intentos de reformá-la:

> impressionado com o resultado dos trabalhos da Constituinte, as dificuldades que terá de enfrentar o governo para dirigir o país com o código assim elaborado, encarreguei o João Mangabeira de fazer-me uma exposição crítica da nova Constituição e de elaborar outro projeto que me apresentaria. Como um ato de sinceridade, preciso, oportunamente, esclarecer essas coisas.[1095]

Além das insurgências de Vargas contra as restrições dos trabalhos constituintes aos poderes da Presidência da República e contra os boatos de conspiração para sua substituição como chefe do Executivo, há vários registros no diário do Presidente, já em 1934, acerca de possibilidades e de supostos convites de correligionários para uma eventual dissolução da Constituinte e outorga de uma Carta mais afinada com os objetivos do Governo Provisório.

Alguns meses antes, entre 16 e 17 de março de 1934, Vargas assinalou que recebera o interventor do Distrito Federal,

> que me vem dar conhecimento do estado de prevenção do elemento militar contra a Constituinte. Digo-lhe que aconselhe esses jovens militares a colaborar com a Constituinte, enviando-lhe sugestões, em vez de pretender acabar com a mesma.[1096]

No dia seguinte, Vargas registrou um convite de conspiração contra a Constituinte:

1095 VARGAS, Getúlio. *Diário*: volume I (1930-1936). São Paulo: Siciliano; Rio de Janeiro: Fundação Getúlio Vargas, 1995, p. 304.

1096 VARGAS, Getúlio. *Diário*: volume I (1930-1936). São Paulo: Siciliano; Rio de Janeiro: Fundação Getúlio Vargas, 1995, p. 278.

> Avolumam-se os boatos de conspiração. Osvaldo vem reforçá-los. Diz que é o general Daltro que conspira, que Georgino Avelino é seu agente de ligação com o general Góis, que este ouve e recebe todos os elementos reacionários e conspiradores, e que ele não embarcará enquanto as coisas tiverem esse aspecto. Ficará para a luta a meu [lado].
>
> Nesse ínterim, aparece o general Rabelo, que diz ter conversado com o general Góis, estando este de acordo em dar um golpe de Estado para dissolver a Constituinte e outorgar-se ao país uma Constituição nos moldes da que Júlio de Castilhos deu ao Rio Grande do Sul. Traz uma proclamação em nome do Exército e da Marinha, e diz que eu devo dar esse golpe para evitar a revolução. Prometo examinar o caso, mas digo-lhe que é preferível tentar junto à própria Constituinte melhorar o projeto em discussão.[1097]

Em 27 de maio de 1934, Getúlio registrou outros convites golpistas:

> O Osvaldo convidou-me para conspirar no sentido de uma revolução para outorgar nova Constituição ao país, pela dissolução da Constituinte ou outro processo que a substituísse. À noite, procurou-me o *leader* Medeiros Neto, para combinar certas medidas referentes ao capítulo das Disposições Transitórias: aprovação dos atos do governo, prazo para as eleições nos estados, atuação posterior da Constituinte etc. Ele opina pela dissolução após a eleição. Maciel trouxe-me a Lei de Anistia. Está fazendo *démarches* sobre a votação das Disposições Transitórias.[1098]

1097 VARGAS, Getúlio. *Diário*: volume I (1930-1936). São Paulo: Siciliano; Rio de Janeiro: Fundação Getúlio Vargas, 1995, p. 279.

1098 VARGAS, Getúlio. *Diário*: volume I (1930-1936). São Paulo: Siciliano; Rio de Janeiro: Fundação Getúlio Vargas, 1995, p. 298.

Entre 14 e 16 de julho, Getúlio anotou que "[a]final, chegou esse dia. Entre festas e demonstração de regozijo, foi promulgada a nova Constituição. Parece-me que ela será mais um entrave do que uma fórmula de ação".[1099]

Mais de um ano depois, em 21 de agosto de 1935, poucos meses antes do cataclismo político que sacudiria a nova ordem constitucional, Getúlio registrou em seu diário, a propósito das críticas de Borges de Medeiros na Câmara dos Deputados sobre os altos gastos do Governo, as suas inabaláveis convicções sobre a eficácia técnica da ditadura do Governo Provisório, atrapalhada pela promulgação da Constituição de 1934:

> O primeiro ano de ditadura, 1931, foi um ano de rigorosa economia, cortes nas despesas, redução de vencimentos, a começar pelo Presidente da República, suspensão de obras etc. Esse golpe inicial em todos os abusos e despesas adiáveis precisaria pelo menos de três anos para alcançar os seus resultados, e teríamos o almejado equilíbrio orçamentário, apesar das dificuldades externas criadas pela crise econômica. Para isso, seriam necessários pelo menos três anos de ditadura, fazendo administração e alheados da clientela política e dos partidos. Infelizmente, não foi possível, e a maior responsável por essa obra de perturbação foi a célebre Frente Única do Rio Grande, dirigida pelos srs. Borges de Medeiros e Raul Pilla – dois lunáticos e despeitados que sabotaram a obra da ditadura e açularam a Revolução de São Paulo.[1100]

De acordo com Vargas, teriam sido justamente os gastos do governo federal para debelar a Revolução Constitucionalista de 1932, somados aos dispêndios emergenciais relacionados ao apaziguamento

---

1099 VARGAS, Getúlio. *Diário*: volume I (1930-1936). São Paulo: Siciliano; Rio de Janeiro: Fundação Getúlio Vargas, 1995, p. 307, destaque nosso.

1100 VARGAS, Getúlio. *Diário*: volume I (1930-1936). São Paulo: Siciliano; Rio de Janeiro: Fundação Getúlio Vargas, 1995, p. 416.

das fortes secas na região Nordeste, que teriam provocado abalos orçamentários no país;

> [o] resto deve-se à marcha acelerada para a constitucionalização. Esta teria de ser feita. Era natural e lógico. Mas, primeiro, era necessário o saneamento da vida financeira, o equilíbrio orçamentário. E, no momento, só a manutenção da ditadura, livre das peias políticas, poderia fazê-lo.[1101]

O curto período de vigência da Constituição de 1934 foi marcado pelo escalonamento cada vez mais rápido e sério de graves crises políticas.[1102]

Se, por um lado, Vargas, saudoso que estava de campear solto pela ilimitada e plena discricionariedade jurídica, menoscabava as potencialidades democráticas da nova ordem constitucional – a qual, desde a Constituinte, já pretendia ver reformada; por outro lado, o restabelecimento da dinâmica de partidos no Brasil açulava, no contexto da crescente polarização ideológica típica do entreguerras, a oposição entre a Ação Integralista Brasileira (AIB) – movimento político nacionalista e autoritário diretamente inspirado no fascismo italiano e liderado por Plínio Salgado[1103] e Miguel Reale[1104] – e a

---

1101 VARGAS, Getúlio. *Diário*: volume I (1930-1936). São Paulo: Siciliano; Rio de Janeiro: Fundação Getúlio Vargas, 1995, p. 417, destaque nosso.

1102 Especificamente sobre os enfrentamentos promovidos pelo Poder Legislativo ao governo constitucional varguista, conferir: MOURELLE, Thiago Cavalierie. *A democracia ameaçada*: a Câmara dos Deputados confronta Getúlio Vargas (1934-1935). Rio de Janeiro: 7 Letras, 2023.

1103 SALGADO, Plínio. *O que é o integralismo*. Rio de Janeiro: Schmidt, 1933; e SALGADO, Plínio. *Cartas aos Camisas Verdes*. Rio de Janeiro: José Olympio, 1934. Sobre a atuação político-doutrinária do líder da AIB, conferir: BERTONHA, João Fábio. *Plínio Salgado*: biografia política (1895-1975). São Paulo: Universidade de São Paulo, 2018, pp. 129-280.

1104 Miguel Reale atuou como Secretário Nacional de Doutrina da AIB. De acordo com ele, "quem quiser ter informação mais completa sobre

Aliança Nacional Libertadora (ANL) – agremiação política que, sob a presidência de honra de Luís Carlos Prestes,[1105] quem, àquela época já se convertera ao comunismo e estava vivendo na União Soviética, se inclinava à esquerda e pretendia combater o avanço do integralismo.

Nesse contexto de radicalização ideológica, Vargas registrou em seu diário que, entre 5 e 7 de janeiro de 1935, ele participou de um jantar na casa do Ministro da Justiça, Vicente Ráo. Na ocasião, juntamente com alguns interventores, trataram

> da convocação dos deputados de suas bancadas para a votação de dois projetos de lei: um de defesa do Estado e outro de ampliação de poderes em matéria financeira. Assentadas

---

meu pensamento na época deve ler o que escrevi, em 1934, em meu livro *O Estado Moderno*, com o subtítulo *Liberalismo, Comunismo, Integralismo*, na linha da tão reclamada 'terceira via'. Esse livro foi incluído, em 1983, pela Universidade de Brasília, numa coletânea sobre minha posição política na juventude" (REALE, Miguel. "O integralismo revisitado". *O Estado de São Paulo*, 28 ago. 2004. Disponível em: https://www.academia.org.br/artigos/o-integralismo-revisitado. Acessado em: 16.08.2024). Sobre a obra mencionada, conferir: REALE, Miguel. *O Estado Moderno*: Liberalismo, Fascismo, Integralismo. Obras Políticas (1ª fase – 1931-1937). tomo II. Brasília: Universidade de Brasília, 1983, pp. 3-168.

1105 FAUSTO, Boris. *História do Brasil*. 13ª ed. São Paulo: Universidade de São Paulo, 2008, pp. 359/360; e SCHWARCZ, Lilia Moritz; STARLING, Heloisa Mugel. *Brasil*: uma biografia. São Paulo: Companhia das Letras, 2015, pp. 368-371. Especificamente sobre a atuação de Prestes na ANL, conferir: REIS, Daniel Aarão. *Luís Carlos Prestes*: um revolucionário entre dois mundos. São Paulo: Companhia das Letras, 2014; e MARQUES, Raphael Peixoto de Paula. *Repressão política e usos da Constituição no governo Vargas (1935-1937)*: a segurança nacional e o combate ao comunismo. Brasília: UnB, 2011, pp. 60-65. (Dissertação de Mestrado).

> essas medidas, tratei também das mesmas na última reunião ministerial.[1106]

O primeiro projeto, o de "defesa do Estado", era justamente o da Lei de Segurança Nacional, elaborado por Vicente Ráo, que era, além de Ministro da Justiça, professor catedrático de Direito Civil na Faculdade de Direito da recém-fundada Universidade de São Paulo, onde também atuava como professor de Teoria Geral do Estado do curso de Doutorado criado pelo Decreto n. 39, de 3 de setembro de 1934.

Entre 26 e 28 de fevereiro de 1935, Vargas anotou em seu diário que "[a] repressão policial de alguns movimentos extremistas cria motivo psicológico para apressar o andamento da Lei de Segurança".[1107]

A Câmara acabou por aprovar o projeto redigido por Vicente Ráo, resultando na Lei n. 38, de 4 de abril de 1935, mais conhecida como a Lei de Segurança Nacional. Sobre a questão, Vargas assim discorreu no seu diário, no capítulo destinado ao dia 28 de março de 1935:

> Passou a Lei de Segurança. Enxertaram nela uma disposição contra o integralismo. Estou em dúvida se sanciono ou veto esse dispositivo. O integralismo é uma forma orgânica de governo e uma propaganda útil no sentido de disciplinar a opinião. Contudo, não confio muito nos seus dirigentes, nem eles têm procurado se aproximar do governo de modo a inspirar confiança. O ministro da Marinha, que criou tantos entraves à Lei de Segurança, tornou-se entusiasta desta quando teve os muros de sua residência distinguidos

1106 VARGAS, Getúlio. *Diário*: volume I (1930-1936). São Paulo: Siciliano; Rio de Janeiro: Fundação Getúlio Vargas, 1995, p. 352.

1107 VARGAS, Getúlio. *Diário*: volume I (1930-1936). São Paulo: Siciliano; Rio de Janeiro: Fundação Getúlio Vargas, 1995, p. 364.

> por algumas inscrições comunistas. Seus colegas da Guerra e da Justiça divertiram-se com a conversão.[1108]

Como se vê, apesar de desconfiar das lideranças da AIB, Vargas instrumentalizou o integralismo aos seus pragmáticos projetos de perpetuação no poder. [1109] Por óbvio, essas potencialidades pragmaticamente captadas por Vargas nos camisas-verdes estavam longe de se fazerem presentes no que se refere ao comunismo. Muito ao contrário, conforme se depreende de numerosas e reiteradas passagens dos diários de Getúlio, havia um temor político concreto do regime varguista em relação aos potenciais efeitos desagregadores e revolucionários da cartilha comunista.

Em vários registros, Vargas demonstrava sérias preocupações com a repressão ao comunismo e cobrava providências concretas, sobretudo do Ministro da Justiça e da polícia.

Em 5 de julho de 1935, Vargas registrou reunião com Vicente Ráo, para tratar da "organização do Serviço de Propaganda [Departamento de Propaganda e Difusão Cultural] do regime".[1110]

No dia 8 do mesmo mês, Getúlio anotou que tratou "com o *leader* Raul Fernandes, o ministro da Justiça e o chefe de Polícia das medidas necessárias à repressão ao comunismo – dissolução da Aliança Libertadora, proibição das suas reuniões etc."[1111] No dia 10, a pauta registrada no diário foi a mesma.[1112]

1108 VARGAS, Getúlio. *Diário*: volume I (1930-1936). São Paulo: Siciliano; Rio de Janeiro: Fundação Getúlio Vargas, 1995, p. 373, destaque nosso.

1109 SCHWARCZ, Lilia Moritz; STARLING, Heloisa Mugel. *Brasil*: uma biografia. São Paulo: Companhia das Letras, 2015, p. 368.

1110 VARGAS, Getúlio. *Diário*: volume I (1930-1936). São Paulo: Siciliano; Rio de Janeiro: Fundação Getúlio Vargas, 1995, p. 402.

1111 VARGAS, Getúlio. *Diário*: volume I (1930-1936). São Paulo: Siciliano; Rio de Janeiro: Fundação Getúlio Vargas, 1995, p. 403.

1112 VARGAS, Getúlio. *Diário*: volume I (1930-1936). São Paulo: Siciliano; Rio de Janeiro: Fundação Getúlio Vargas, 1995, p. 404.

Finalmente, em 11 de julho de 1935, o Presidente registrou que

> [o] ministro da Justiça entregou-me o decreto proibindo o funcionamento da Aliança Libertadora como associação legal, isto é, o fechamento por seis meses, enquanto se promove o cancelamento do registro de acordo com a Lei de Segurança.[1113]

A referida medida se deu com base no artigo 29 da Lei de Segurança Nacional, segundo o qual

> As sociedades que houverem adquirido personalidade jurídica mediante falsa declaração de seus fins, ou que, depois de registradas, passarem a exercer actividade subversiva da ordem política ou social, serão fechadas pelo Governo, por tempo até seis mezes, devendo sem demora, ser proposta acção judicial de dissolução.

A intencionalidade do referido dispositivo normativo, pragmaticamente elaborado e aplicado pelo governo, era justamente promover o reconhecimento de que a ANL na verdade funcionava, sob a fachada de associação política, como célula política comunista no Brasil, o que representava potenciais subversivos que deveriam ser combatidos.[1114]

Em 20 de junho de 1935, Vargas anotara em seu diário que "[o] embaixador inglês (...) informou-me do trabalho comunista no

1113 VARGAS, Getúlio. *Diário*: volume I (1930-1936). São Paulo: Siciliano; Rio de Janeiro: Fundação Getúlio Vargas, 1995, p. 405.

1114 MARQUES, Raphael Peixoto de Paula. *Repressão política e usos da Constituição no governo Vargas (1935-1937)*: a segurança nacional e o combate ao comunismo. Brasília: UnB, 2011, pp. 65-69. (Dissertação de Mestrado).

Brasil auxiliado pela Rússia, e que aqui se achavam o comitê russo que estava em Montevidéu e Luís Carlos Prestes".[1115]

De fato, entre 23 e 25 de novembro de 1935, explodiu nas cidades de Natal, Recife e Rio de Janeiro uma série de insurreições orquestradas por Prestes e pela ANL, com apoio direto da Internacional Comunista de Moscou (*Komintern*), mediante as quais militares simpáticos ao espírito do tenentismo e das ideias comunistas pegaram em armas com o intuito de derrubar o governo e deflagrar um processo revolucionário no país.[1116]

A repressão foi instantânea.[1117] Com maciça aprovação da Câmara, Vargas decretou estado de sítio (Decreto n. 457, de 26 de novembro de 1935) em todo o território nacional e convocou as forças armadas a debelarem as insurreições. Após embates sangrentos, que resultaram em dezenas de mortes, os levantes foram sufocados.[1118] Vargas anotou em seu diário, na seção referente aos dias 26 e 27 de novembro, que acompanhou de perto a situação e que, diante do expressivo apoio político recebido, "[t]inha a impressão de que o prestígio do governo havia realmente crescido".[1119]

Entre 29 e 30 do mesmo mês, o Presidente registrou que "[a] reação do espírito público contra os rebeldes e as crueldades praticadas

---

1115 VARGAS, Getúlio. *Diário*: volume I (1930-1936). São Paulo: Siciliano; Rio de Janeiro: Fundação Getúlio Vargas, 1995, p. 397.

1116 FAUSTO, Boris. *História do Brasil*. 13ª ed. São Paulo: Universidade de São Paulo, 2008, p. 360/361; SCHWARCZ, Lilia Moritz; STARLING, Heloisa Mugel. *Brasil*: uma biografia. São Paulo: Companhia das Letras, 2015, pp. 371/372.

1117 FAUSTO, Boris. *História do Brasil*. 13ª ed. São Paulo: Universidade de São Paulo, 2008, pp. 361/362.

1118 SCHWARCZ, Lilia Moritz; STARLING, Heloisa Mugel. *Brasil*: uma biografia. São Paulo: Companhia das Letras, 2015, pp. 372-374.

1119 VARGAS, Getúlio. *Diário*: *volume I (1930-1936)*. São Paulo: Siciliano; Rio de Janeiro: Fundação Getúlio Vargas, 1995, p. 447.

está a exigir um castigo exemplar".[1120] Em 4 de dezembro, Getúlio registrou encontro com Vicente Ráo e Pedro Aleixo a propósito da reforma da Lei de Segurança Nacional:

> Insisti junto aos mesmos por uma emenda à Constituição que permitisse certas medidas enérgicas e prontas, no propósito de intimidar os conspiradores e afastar os rebeldes dos centros de sua atuação. O deputado João Carlos trouxe-me depois uma fórmula de emenda, que era considerar a comoção intestina como equivalente ao estado de guerra.[1121]

Em reunião ministerial realizada no dia 7 de dezembro de 1935, debateu-se a criação de um aparato político de censura mais rígida e a instituição de um Tribunal de Segurança Nacional para combate ao comunismo.[1122]

Entre os dias 3 e 5 de janeiro de 1936, Vargas registrou o seguinte:

> Continuo, com o ministro da Justiça, acompanhando os inquéritos e combinando medidas sobre a repressão do comunismo; com este e mais o general Pantaleão, Lourival Fontes, Francisco Campos e outros, estimulando e aconselhando um trabalho de propaganda doutrinária contra o comunismo.[1123]

1120 VARGAS, Getúlio. *Diário*: volume I (1930-1936). São Paulo: Siciliano; Rio de Janeiro: Fundação Getúlio Vargas, 1995, p. 448.

1121 VARGAS, Getúlio. *Diário*: volume I (1930-1936). São Paulo: Siciliano; Rio de Janeiro: Fundação Getúlio Vargas, 1995, p. 449.

1122 VARGAS, Getúlio. *Diário*: volume I (1930-1936). São Paulo: Siciliano; Rio de Janeiro: Fundação Getúlio Vargas, 1995, p. 451, nota de rodapé nº 35.

1123 VARGAS, Getúlio. *Diário*: volume I (1930-1936). São Paulo: Siciliano; Rio de Janeiro: Fundação Getúlio Vargas, 1995, p. 465. Sobre o tema, conferir: MARQUES, Raphael Peixoto de Paula. *Repressão política e usos da Constituição no governo Vargas (1935-1937)*: a

É perceptível aqui uma reaproximação de Francisco Campos, afastado do Governo desde setembro de 1932, com Vargas. Como se sabe, o professor mineiro viria a ser, em pouco tempo, o redator da Carta de 1937 e o *Kronjurist* do Estado Novo.

Após o malogro da Intentona Comunista, vários políticos e intelectuais vinculados à ANL foram presos, dentre eles, os professores Hermes Lima, Edgar Castro Rabelo, Leônidas de Resende e Carpenter Ferreira, todos catedráticos da Faculdade Nacional de Direito. No dia 23 de janeiro de 1936, Vargas anotou que "[u]m grupo de acadêmicos de Direito veio solicitar-me a liberdade dos professores presos. Respondi-lhes que ia pedir informações à polícia e, depois, conforme estas, daria solução ao caso".[1124]

Em suas memórias, Hermes Lima retrata essa experiência do cárcere em detalhes.[1125] No mesmo contexto, também Graciliano Ramos fora preso por supostas ligações políticas com o comunismo, experiência essa registrada pelo escritor alagoano no livro *Memórias do Cárcere*, onde narra, inclusive, como conheceu e se tornou amigo de Hermes Lima.[1126]

Em 5 de março de 1936, Vargas registrou em seu diário, com imenso júbilo, a notícia da prisão de Luís Carlos Prestes no Rio de Janeiro, ocasião por ele resumida como "um fato sensacional, de larga repercussão no país".[1127] Afirmou também que recebeu o chefe de Polícia, "a quem felicitei vivamente pela brilhante diligência.

---

segurança nacional e o combate ao comunismo. Brasília: UnB, 2011. (Dissertação de Mestrado).

1124 VARGAS, Getúlio. *Diário*: volume I (1930-1936). São Paulo: Siciliano; Rio de Janeiro: Fundação Getúlio Vargas, 1995, p. 472.

1125 LIMA, Hermes. *Travessia*: memórias. Rio de Janeiro: José Olympio, 1974, pp. 110-121.

1126 RAMOS, Graciliano. *Memórias do Cárcere*. 51ª ed. Rio de Janeiro: Record, 2020, pp. 268-287.

1127 VARGAS, Getúlio. *Diário*: volume I (1930-1936). São Paulo: Siciliano; Rio de Janeiro: Fundação Getúlio Vargas, 1995, p. 484.

Acredito que essa prisão tenha um efeito muito deprimente para a propaganda comunista no Brasil".[1128]

Em 26 e 27 de maio de 1936, Vargas registrou que vinha recebendo diversos telegramas de políticos comunistas estrangeiros cobrando a soltura de Prestes. De acordo com ele, estaria

> parecendo haver uma campanha sistemática de descrédito do Brasil, espalhando a notícia de suplícios e crueldades sofridas pelos presos, instigada por comunistas do Brasil que, no exterior, se encarregam dessa propaganda.[1129]

Em 19 de junho de 1936, Getúlio anota que recebeu deputados governistas no Catete, os quais lhe relataram que alguns parlamentares "agiram como comunistas dentro do Parlamento, seguindo a orientação da Aliança Libertadora".[1130] Em 8 de julho de 1936, Vargas anotou que "[p]assou, na Câmara, por 190 votos contra 57, o pedido de licença para processar os deputados presos".[1131] No dia seguinte, o Presidente fez a seguinte anotação:

> Chamei o Ministro da Justiça, com quem tratei das medidas que devem ser apresentadas à Câmara em forma de sugestões ou projetos em seguida à licença para processar os deputados – criação de tribunais especiais, colônias agrícolas etc.[1132]

1128 VARGAS, Getúlio. *Diário*: volume I (1930-1936). São Paulo: Siciliano; Rio de Janeiro: Fundação Getúlio Vargas, 1995, p. 484.

1129 VARGAS, Getúlio. *Diário*: volume I (1930-1936). São Paulo: Siciliano; Rio de Janeiro: Fundação Getúlio Vargas, 1995, pp. 510/511.

1130 VARGAS, Getúlio. *Diário*: volume I (1930-1936). São Paulo: Siciliano; Rio de Janeiro: Fundação Getúlio Vargas, 1995, p. 516.

1131 VARGAS, Getúlio. *Diário*: volume I (1930-1936). São Paulo: Siciliano; Rio de Janeiro: Fundação Getúlio Vargas, 1995, p. 521.

1132 VARGAS, Getúlio. *Diário*: volume I (1930-1936). São Paulo: Siciliano; Rio de Janeiro: Fundação Getúlio Vargas, 1995, p. 522.

O Tribunal de Segurança Nacional (TSN) foi oficialmente criado pela Lei n. 244, de 11 de setembro de 1936.

Prestes foi mantido preso e incomunicável, acusado de liderar a revolta de 1935 e de desertar do Exército brasileiro. O julgamento pelo TSN ocorreu em 7 de maio de 1937. Mesmo que incialmente contra a sua vontade, foi representado pelo criminalista Heráclito Fontoura Sobral Pinto, indicado como defensor dativo pela Ordem dos Advogados do Brasil (OAB).[1133] O líder da ANL foi condenado a dezesseis anos e oito meses de prisão. Sua companheira, a judia alemã Olga Benário, também foi presa e, grávida, foi deportada para o regime nazista em setembro de 1936. A criança, Anita Leocádia Prestes, nasceu em uma prisão alemã e, após intensa campanha humanitária internacional, foi entregue à sua avó, a mãe de Prestes, em 27 de novembro de 1936. Em abril de 1942, Olga foi assassinada pelo regime nazista no campo de concentração de Bernburg.[1134]

Já, em 27 abril de 1937, Vargas registrou em seu diário pela primeira vez aquilo que seria o embrião da Carta de 1937 e do golpe

---

1133 O advogado também defendeu o alemão Harry Berger (Arthur Ernest Ewert), réu que foi barbaramente torturado pela Polícia de Getúlio, o que motivou Sobral Pinto a empreender a célebre defesa mediante a qual pediu que a seu cliente fosse aplicada a lei de proteção aos animais. Sobre os referidos episódios, conferir: Scalercio, Márcio. *Heráclito Fontoura Sobral Pinto*: toda liberdade é íngreme. Rio de Janeiro: Fundação Getúlio Vargas, 2014, capítulo 10.

1134 SCHWARCZ, Lilia Moritz; STARLING, Heloisa Mugel. *Brasil*: uma biografia. São Paulo: Companhia das Letras, 2015, p. 373. Sobre o tema, conferir também: VIANNA, Marly de Almeida Gomes. "Luiz Carlos Prestes". *In*: VIANNA, Marly de Almeida Gomes; SILVA, Érica Sarmiento da Silva; GONÇALVES, Leandro Pereira (Coord.). *Presos políticos e perseguidos estrangeiros na Era Vargas*. Rio de Janeiro: Mauad X/Faperj, 2014, pp. 69-88.

do Estado Novo: "**recebi o sr. Francisco Campos, a quem dei minha opinião sobre um projeto de Constituição que ele me apresentara**".[1135]

O ano de 1937 transcorreu sob as tensões da repressão ao comunismo e sob os preparativos para a eleição presidencial que ocorreria em breve, marcada que estava para janeiro de 1938. Despontavam como candidatos o governador de São Paulo, Armando Salles de Oliveira; o candidato situacionista supostamente apoiado por Vargas, José Américo de Almeida; e o líder integralista Plínio Salgado.[1136]

Ao mesmo tempo em que afirmava apoiar José Américo,[1137] Getúlio registrava em seu diário vacilações à candidatura do seu antigo Ministro dos Transportes.[1138] Era bastante ambígua, como de costume, a atuação política do Presidente em tão delicada matéria, com certeza a que mais tirava o seu sono à época.

Nos registros de 22 e 23 de agosto de 1937, Getúlio ironicamente desdenhou dos movimentos políticos em torno das eleições de 1938:

1135VARGAS, Getúlio. *Diário*: volume II (1937-1942). São Paulo: Siciliano; Rio de Janeiro: Fundação Getúlio Vargas, 1995, p. 38, destaque nosso.

1136FAUSTO, Boris. *História do Brasil*. 13ª ed. São Paulo: Universidade de São Paulo, 2008, pp. 362/363.

1137Conferir, por exemplo, registro de 18 de maio de 1937: "o Valadares consultou-se, por telegrama, sobre o nome de José Américo como candidato de conciliação. Aceitei-o imediatamente" (VARGAS, Getúlio. *Diário*: volume II (1937-1942). São Paulo: Siciliano; Rio de Janeiro: Fundação Getúlio Vargas, 1995, p. 46). Em 20 de maio, Getúlio registrou que debelou tentativas de veto ao nome de José Américo; em 25 do mesmo mês, o Presidente anotou que a convenção nacional escolheu José Américo como o candidato oficial do governo às eleições presidenciais de 1938 (VARGAS, Getúlio. *Diário*: volume II (1937-1942). São Paulo: Siciliano; Rio de Janeiro: Fundação Getúlio Vargas, 1995, pp. 47 e 48).

1138Conferir, por exemplo, os registros de 28 a 30 de agosto, 15 a 18 de setembro e 21 a 24 de setembro em VARGAS, Getúlio. *Diário*: volume II (1937-1942 São Paulo: Siciliano; Rio de Janeiro: Fundação Getúlio Vargas, 1995, pp. 67, 70 e 71.

> A luta da sucessão presidencial explora e agrava perigos que não têm a significação que lhes querem dar. Assim, os fenômenos comunista, integralista e a questão do Rio Grande despertam os campeões da democracia, que surgem alarmados como se tivessem descoberto uma coisa nova.[1139]

Entre os dias 15 e 18 de setembro de 1937, o Presidente cinicamente registrou um "reajustamento aparente" em torno da candidatura de José Américo de Almeida, já que

> o governador de Minas, não podendo afastar essa candidatura pela impossibilidade da escolha de um terceiro e o fracasso da prorrogação de mandato, opina pela solução revolucionária. O Ministro da Guerra, com quem conversei, também é favorável a essa solução.[1140]

Uma semana depois, Getúlio discorria sobre "o regresso do governador de Minas a seu estado, pronto a cooperar até mesmo num movimento subversivo para alterar a situação criada pela sucessão presidencial".[1141]

Entre 25 de setembro e 7 de outubro de 1937, Vargas registrou os preparativos e a deflagração do chamado Plano Cohen,[1142] uma peça de ficção anticomunista e antissemita, elaborada pelo Exército, que narra um novo plano de revolta que estaria sendo

---

1139 VARGAS, Getúlio. *Diário*: volume II (1937-1942). São Paulo: Siciliano; Rio de Janeiro: Fundação Getúlio Vargas, 1995, p. 67.

1140 VARGAS, Getúlio. *Diário*: volume II (1937-1942). São Paulo: Siciliano; Rio de Janeiro: Fundação Getúlio Vargas, 1995, p. 70.

1141 VARGAS, Getúlio. *Diário*: volume II (1937-1942). São Paulo: Siciliano; Rio de Janeiro: Fundação Getúlio Vargas, 1995, p. 71.

1142 FAUSTO, Boris. *História do Brasil*. 13ª ed. São Paulo: Universidade de São Paulo, 2008, pp. 363/364.

planejado para ocorrer em breve, o que justificaria a decretação de novo estado de guerra.[1143]

No dia 2 de outubro, foi expedido o Decreto n. 2.005, que "[d]eclara, pelo prazo de noventa dias, equiparada ao estado de guerra, a comoção intestina grave, em todo território nacional". O referido ato normativo foi aprovado pelo Congresso e, além de suspender diversas garantias constitucionais, deu amplos poderes a Getúlio Vargas. Uma das primeiras medidas empreendidas pelo Poder Executivo foi o enfrentamento do opositor Flores da Cunha, governador do Rio Grande do Sul, que foi obrigado a renunciar com a decretação, em 19 de outubro, de intervenção federal em seu Estado.[1144] Comentando o episódio, Vargas registrou em seu diário, em 18 de outubro de 1937, que se tratava de uma

> resistência caudilhesca, desagregadora, regionalista contra a tendência centralizadora e coercitiva do poder central. Se esse regionalismo caudilhesco pôde resistir tanto tempo, é que ele se apoiava nos próprios elementos militares desviados de sua missão.[1145]

Estava aberta, assim, a via perfeita para o golpe de Estado que vinha sendo amadurecido pela Presidência da República e correligionários. Nas semanas seguintes, Vargas comentou em pelo menos

---

1143 VARGAS, Getúlio. *Diário*: volume II (1937-1942). São Paulo: Siciliano; Rio de Janeiro: Fundação Getúlio Vargas, 1995, pp. 71-73.

1144 Decreto n. 2.044, de 19 de outubro de 1937. Sobre o contexto dessa disputa, conferir: LAPUENTE, Rafael Saraiva. "Da ruptura ao exílio: o confronto político entre Getúlio Vargas e Flores da Cunha em perspectiva (1935-1937)". *Cadernos de História*, vol. 17, nº 27, 30 out. 2016, pp. 385-405.

1145 VARGAS, Getúlio. *Diário*: volume II (1937-1942). São Paulo: Siciliano; Rio de Janeiro: Fundação Getúlio Vargas, 1995, p. 76.

sete registros[1146] as conspirações em torno do projeto de Constituição que estava sendo elaborado por Francisco Campos, recém-nomeado Ministro da Justiça.[1147]

Em 7 de outubro, as várias sinalizações ambíguas de Getúlio finalmente se transformam em confissão, clara e expressa, do que estava sendo empreendido no Brasil:

> Não é mais possível recuar. Estamos em franca articulação para um golpe de Estado, outorgando uma nova Constituição e dissolvendo o Legislativo.
>
> Recebi o deputado João Neves, os ministros do Trabalho, Fazenda, Exterior e Guerra, o senador Macedo Soares e, por fim, o dr. Francisco Campos, que trouxe já prontos o projeto da nova Constituição e a proclamação a ser lida, redigida por ele, de acordo com o esboço que fiz e as notas que lhe forneci. Provavelmente será na próxima quinta-feira.[1148]

Em reação à carta aberta de Armando Salles de Oliveira, lida na Câmara e no Senado, em 9 de novembro de 1937, pelo deputado João Carlos Machado e intitulada "Aos chefes militares do Brasil", mediante a qual conclamava as Forças Armadas a resistirem ao golpe de Estado que estava saindo do forno,[1149] Getúlio antecipou as

---

1146 Conferir os registros de 19 de outubro, 20 a 22 de outubro, 24 de outubro, 29 de outubro, 2 de novembro, 4 de novembro e 5 de novembro de 1937 (VARGAS, *Getúlio*. *Diário*: volume II (1937-1942). São Paulo: Siciliano; Rio de Janeiro: Fundação Getúlio Vargas, 1995, pp. 76/77, 79, 80/81).

1147 Conferir registro de 5 de outubro de 1937 (VARGAS, Getúlio. *Diário*: volume II (1937-1942). São Paulo: Siciliano; Rio de Janeiro: Fundação Getúlio Vargas, 1995, p. 81).

1148 VARGAS, Getúlio. *Diário*: volume II (1937-1942). São Paulo: Siciliano; Rio de Janeiro: Fundação Getúlio Vargas, 1995, p. 82, destaque nosso.

1149 VARGAS, Getúlio. *Diário*: volume II (1937-1942). São Paulo: Siciliano; Rio de Janeiro: Fundação Getúlio Vargas, 1995, p. 82, nota de rodapé nº 50.

articulações para o dia 10 de novembro, data em que o Congresso amanheceu fechado por forças policiais.[1150] Ao final da manhã, a nova Constituição foi outorgada no Catete e, à noite, Getúlio pronunciou via rádio o seu "Manifesto à Nação" – redigido por Francisco Campos e revisado por ele.[1151]

2.7 Teoria Geral do Estado, Estado Novo (1937–1945) e a ressignificação do princípio monárquico pelas "ditaduras constitucionais"

Em 1942, Karl Loewenstein publicou o clássico livro *Brazil Under Vargas*, fruto de um período de pesquisa no Brasil, em 1941, como bolsista da Fundação Guggenheim.[1152] O objetivo da obra era analisar os principais traços constitucionais e políticos do Estado Novo, já que, à época, havia uma lacuna na literatura jurídico-política mundial sobre o Estado brasileiro, país-chave da América Latina, governado pelo autoritário e ambíguo regime varguista.[1153] Aliás, esse ponto é um dos principais do livro: a comparação entre os estados totalitários (a exemplo da Alemanha de Hitler, que o próprio Loewenstein destrinchara com sucesso para o público estadunidense em *Hitler's Germany: The Nazi Background to War*, de 1935; e da

1150 Sobre as conturbadas relações entre Getúlio Vargas e o Congresso durante a curta vigência da Constituição de 1934, conferir esta interessante obra: MOURELLE, Thiago Cavaliere. *A democracia ameaçada*: a Câmara dos Deputados confronta Getúlio Vargas. Rio de Janeiro: 7 Letras, 2023.

1151 VARGAS, Getúlio. *Diário*: volume II (1937-1942). São Paulo: Siciliano; Rio de Janeiro: Fundação Getúlio Vargas, 1995, p. 83.

1152 ROSENFIELD, Luis. "Karl Loewenstein no Brasil de Vargas: o olhar de um jurista judeu-alemão sobre o Estado Novo". *História do Direito – RHD*, Curitiba, vol. 2, nº 3, jul./dez. 2021, pp. 173-177.

1153 LOEWENSTEIN, Karl. *Brazil under Vargas*. Nova York: The Macmillan Company, 1942, pp. 7/8.

Itália fascista) e os estados autoritários, como o brasileiro, anotando as convergências e as divergências entre eles.[1154]

A obra se propõe a analisar, a partir de uma perspectiva sociológica, os meandros da conformação constitucional do Estado Novo. De acordo com Loewenstein, a Carta de 1937 seria uma "Constituição fantasma",[1155] na medida em que "existe no papel, mas suas disposições essenciais são desprovidas de realidade viva".[1156] Isso porque o artigo 187 da referida Carta previa que "[e]sta Constituição entrará em vigor na sua data e será submetida ao plebiscito nacional na forma regulada em decreto do Presidente da República". Todavia, esse decreto regulamentador jamais foi expedido por Vargas.

O artigo 186 previa, sem qualquer delimitação temporal, que "[é] declarado em todo o País o estado de emergência". A referida disposição só poderia ser alterada por emenda constitucional a ser necessariamente processada, na forma do artigo 174, pelo Congresso Nacional. Ocorre que, por força do artigo 178, foram

> (...) dissolvidos nesta data a Câmara dos Deputados, o Senado Federal, as Assembléias Legislativas dos Estados e as Câmaras Municipais. As eleições ao Parlamento nacional serão marcadas pelo Presidente da República, depois de realizado o plebiscito a que se refere o art. 187.

1154 LOEWENSTEIN, Karl. *Brazil under Vargas*. Nova York: The Macmillan Company, 1942, pp. 121/122. No mesmo sentido, conferir: FRANCO, Afonso Arinos de Melo. *Curso de Direito Constitucional Brasileiro*. vol. 2, 3ª ed. Rio de Janeiro: Forense, 2019, pp. 206-208.

1155 LOEWENSTEIN, Karl. *Brazil under Vargas*. Nova York: The Macmillan Company, 1942, p. 46.

1156 LOEWENSTEIN, Karl. *Brazil under Vargas*. Nova York: The Macmillan Company, 1942, p. 46.

Tendo em vista que o plebiscito jamais foi convocado, o Poder Legislativo permaneceu de portas cerradas até o fim do Estado Novo e o estado de emergência jamais foi derrubado.

Como arremate dessa intrincada engenharia constitucional autoritária, cuja evidente e proposital tautologia foi comparada pelo professor do Amherst College à conhecida fábula do Barão de Münchhausen (que teria conseguido sair de um pântano, em que estava afundado, puxando os próprios cabelos),[1157] previu-se no artigo 180 que "[e]nquanto não se reunir o Parlamento nacional, o Presidente da República terá o poder de expedir decretos-leis sobre todas as matérias da competência legislativa da União". Como o Parlamento poderia se reunir, se estava fechado?

Percebe-se, portanto, que os alicerces constitucionais do regime estado-novista estavam talhados para a total absorção da atividade legislativa pelo Presidente da República e, paralelamente, para a vigência de um perene estado de emergência que permitia à ditadura campear solta para construir a si própria sem qualquer tipo de contestação pública, atuando discricionariamente, com poderes ilimitados.[1158] Isso está expressamente previsto no artigo 73: "[o] Presidente da República, **autoridade suprema do Estado,** dirige a política interna e externa, promove ou orienta a política legislativa de interesse nacional e superintende a Administração do País" (destaque nosso).

Essa engenhosa combinação dos arts. 174, 178, 180 e 187 demonstra que essa "autoridade suprema do Estado" (artigo 73) não atuava apenas nos alargados quadrantes propriamente administrativos,

---

1157 LOEWENSTEIN, Karl. *Brazil under Vargas*. Nova York: The Macmillan Company, 1942, p. 47.

1158 De acordo com Afonso Arinos: "a letra da Constituição, nunca aplicada, não tinha a menor importância. Ela era como uma estufa protetora em cujo ambiente aconchegado puderam vicejar as mais diversas plantas" (FRANCO, Afonso Arinos de Melo. *Curso de Direito Constitucional Brasileiro*. vol. 2, 3ª ed. Rio de Janeiro: Forense, 2019, p. 212).

mas também possuía amplas e irrestritas possibilidades de legislar, mediante decretos-lei, até que as casas legislativas fossem restabelecidas, algo que não ocorreria até o fim da própria ditadura estado-novista em 1945.

Na prática, mediante o expediente dos decretos-lei, Vargas construiu uma série de importantes legislações tais como o Código de Processo Civil de 1939, o Código Penal de 1940, o Código de Processo Penal de 1941 e a Consolidação das Leis do Trabalho de 1943.

Isso se deu, segundo Francisco Campos, porque "[n]ão há hoje nenhuma controvérsia relativamente à incapacidade do corpo legislativo para a legislação direta",[1159] a qual

> é hoje uma imensa técnica de controle da vida nacional, em todas as suas manifestações. A legislação perdeu o seu caráter exclusivamente político, quando se cingia apenas às questões gerais ou de princípios, para assumir um caráter eminentemente técnico.[1160]

Criticando a vedação do artigo 3º, § 1º, da Constituição de 1934 para a delegação de poderes, Campos afirmou que a Carta de 1937 escolheu positivar a inelutável realidade de que "[a] iniciativa da legislação cabe hoje, em todo o mundo, ao Poder Executivo",[1161] já que

---

1159 CAMPOS, Francisco. "Diretrizes do Estado Nacional". *In*: ______. *O Estado nacional*: sua estrutura, seu conteúdo ideológico. Brasília: Conselho Editorial do Senado Federal, 2001, p. 54.

1160 CAMPOS, Francisco. "Diretrizes do Estado Nacional". *In*: ______. *O Estado nacional*: sua estrutura, seu conteúdo ideológico. Brasília: Conselho Editorial do Senado Federal, 2001, p. 54.

1161 CAMPOS, Francisco. "Problemas do Brasil e soluções do regime". *In*: ______. *O Estado nacional*: sua estrutura, seu conteúdo ideológico. Brasília: Conselho Editorial do Senado Federal, 2001, p. 99.

> [a] regulamentação e o controle da massa, dia a dia crescente, das forças e das riquezas acumuladas pelo homem, suscitam problemas essencialmente técnicos, cuja solução não se pode alcançar mediante os processos dilatórios, as improvisações e a confusão de línguas das babéis parlamentares.[1162]

Também o Poder Judiciário estava longe de servir como barreira de contenção dos ilimitados poderes do Presidente da República. O artigo 94 dispunha que "[é] vedado ao Poder Judiciário conhecer de questões exclusivamente políticas". Francisco Campos justificou essa medida afirmando que

> [o]s inevitáveis processos de mudança e transformação, que conferem à nossa civilização um caráter profundamente dinâmico, eram frequentemente obstados por uma interpretação orientada por critérios puramente formais, ou inspirados na evocação de um mundo que já morrera, [isto é, o liberalismo do século XIX].[1163]

O artigo 170 afirmava que "[d]urante o estado de emergência ou o estado de guerra, dos atos praticados em virtude deles não poderão conhecer os Juízes e Tribunais". Como se sabe, devido ao artigo 186, foi "declarado em todo o País o estado de emergência", dispositivo esse que seria revogado apenas pela Lei Constitucional n. 16, de 1945.

Não é difícil inferir, portanto, que, da combinação dos referidos dispositivos, durante todo o Estado Novo, os atos do governo eram

---

1162 CAMPOS, Francisco. "Problemas do Brasil e soluções do regime". *In*: ______. *O Estado nacional*: sua estrutura, seu conteúdo ideológico. Brasília: Conselho Editorial do Senado Federal, 2001, p. 99.

1163 CAMPOS, Francisco. "Diretrizes do Estado Nacional". *In*: ______. *O Estado nacional*: sua estrutura, seu conteúdo ideológico. Brasília: Conselho Editorial do Senado Federal, 2001, p. 59.

imunes ao Poder Judiciário, que sofreu uma outra grande violência estampada no parágrafo único do artigo 96 da Carta de 1937:

> No caso de ser declarada a inconstitucionalidade de uma lei que, a juízo do Presidente da República, seja necessária ao bem-estar do povo, à promoção ou defesa de interesse nacional de alta monta, poderá o Presidente da República submetê-la novamente ao exame do Parlamento: se este a confirmar por dois terços de votos em cada uma das Câmaras, ficará sem efeito a decisão do Tribunal.

Justificando esse dispositivo, Campos afirmou que "a interpretação não dispõe de processos objetivos e infalíveis e, por isto mesmo, está sujeita à influência do coeficiente pessoal do juiz",[1164] do que se poderia concluir pela inexistência de "razão para aceitar como decisiva ou definitiva, no plano em que se acham em jogo os maiores interesses da nação, uma interpretação que não dá nenhuma garantia objetiva do seu acerto".[1165]

E quem deveria mensurar esses "maiores interesses da nação" só poderia ser o Presidente da República, "mito solar da personalidade, em cuja máscara de Górgona as massas procuram ler os decretos do destino".[1166]

Diante desse quadro, Loewenstein se colocou a seguinte questão: "a Constituição do Estado Novo existe?" A resposta foi a seguinte:

1164 CAMPOS, Francisco. "Diretrizes do Estado Nacional". *In*: ______. *O Estado nacional*: sua estrutura, seu conteúdo ideológico. Brasília: Conselho Editorial do Senado Federal, 2001, p. 59.

1165 CAMPOS, Francisco. "Diretrizes do Estado Nacional". *In*: ______. *O Estado nacional*: sua estrutura, seu conteúdo ideológico. Brasília: Conselho Editorial do Senado Federal, 2001, p. 59.

1166 CAMPOS, Francisco. "A política e o nosso tempo (Conferência no salão da Escola de Belas-Artes, em 28 de setembro de 1935)". *In*: ______. *O Estado nacional*: sua estrutura, seu conteúdo ideológico. Brasília: Conselho Editorial do Senado Federal, 2001, p. 27.

> (...) na medida em que o Estado Novo assumiu uma conformação material, a Constituição se mostrou uma realidade viva. Não existe no que diz respeito ao funcionamento das instituições governamentais previstas no instrumento. **Aqui a única parte viva ou, se preferirmos, a parte válida da Constituição é o presidente; ele não está sujeito a nenhuma limitação constitucional. Ele é a Constituição.** Além disso, a Constituição é um modelo, um programa de objetivos sociais. Embora transcenda a estrutura do governo propriamente dito, o regime segue, ou pelo menos tenta viver de acordo com o programa. A carne começa a se formar ao redor dos ossos do esqueleto. **Como limite institucional do governo, a Constituição já estava morta antes de nascer.** Como programa social, ela ganhou vida. O homem comum de hoje se preocupa menos com a forma de governo do que com seus antepassados; o que ele está interessado é na substância.[1167]

Afonso Arinos de Melo Franco concorda com essa perspectiva. Ao chamar a Carta de 1937 de "Constituição inoperante", justifica a sua afirmação salientando que "o seu texto nunca chegou, propriamente, a ser aplicado, a não ser muito imperfeitamente e na medida em que servia aos objetivos políticos e pessoais de Vargas e do seu grupo".[1168]

Essas análises de Loewenstein e de Melo Franco corroboram a constatação de Menelick de Carvalho Netto, que se baseou na obra de Boris Mirkine-Guetzévitch, quando afirma que a "teoria [Geral do Estado alemã do século XIX] terá futuro profícuo, visto que será acolhida, em suas linhas básicas, de forma absolutamente prevalente, no século XX",[1169] notadamente nos anos 1930-1940.

1167 LOEWENSTEIN, Karl. *Brazil under Vargas*. Nova York: The Macmillan Company, 1942, p. 49, destaque nosso.

1168 FRANCO, Afonso Arinos de Melo. *Curso de Direito Constitucional Brasileiro*. vol. 2, 3ª ed. Rio de Janeiro: Forense, 2019, p. 209.

1169 CARVALHO NETTO, Menelick de. *A sanção no procedimento legislativo*. Belo Horizonte: Del Rey, 1992, p. 160, destaque nosso.

Na obra *Les Nouvelles Tendances du Droit Constitutionnel* (1931), Mirkine-Guetzévitch pretende discorrer sobre as principais novidades do Direito Constitucional europeu do entreguerras, notadamente no que se refere a um segundo momento dessas ordens constitucionais, marcado por uma subversão do espírito originário do constitucionalismo social e democrático, inspirado na Constituição de Weimar, em prol de projetos político-constitucionais autoritários e ditatoriais.

Para ele, a "tendência essencial" das Constituições sociais inspiradas em Weimar seria a chamada "racionalização do poder". Essa expressão é compulsivamente utilizada pelo autor ao longo do primeiro capítulo do seu livro e é assim definida:

> (...) nas novas Constituições, se refletem a supremacia do Direito, a ideia da unidade do Direito, enfim, toda a vida do Estado baseada sobre o Direito e traçada por ele. Assistimos ao processo da racionalização do poder, a tendência de submeter ao Direito TODO o conjunto da vida coletiva.[1170]

Por "racionalização", Mirkine compreende, portanto, a decodificação jurídica de problemas políticos mediante a sua positivação constitucional. Para ele, seria esse o mais elementar traço das Constituições europeias de após 1918: o notório alargamento do âmbito de regulação constitucional ou, nas palavras de Gilberto Bercovici, essas novas Constituições do paradigma do Estado Social

> não representam mais a composição pacífica do que já existe, mas lidam com conteúdos políticos e com a legitimidade, em

1170 MIRKINE-GUETZÉVITCH, Boris. *As novas tendências do Direito Constitucional*. Trad. Candido Motta Filho. São Paulo: Companhia Editora Nacional, 1933, p. 40.

> um processo contínuo de busca de realização de seus conteúdos, de compromisso aberto de renovação democrática.[1171]

Para Mirkine, as "privações dos anos de guerra e a experiência da revolução russa apresentaram o problema social em toda a sua plenitude"[1172] e marcaram sobremaneira as principais características do paradigma constitucional do Estado Social recém-inaugurado. Com a falência do paradigma liberal, "[o] Estado não pode mais limitar-se a reconhecer a independência jurídica do indivíduo, ele deve criar um mínimo de condições necessárias para assegurar a sua independência social".[1173]

A materialização de direitos prestacionais que efetivamente garantissem condições dignas de vida e assegurassem o direito fundamental à igualdade passa a constituir o cerne do novo paradigma do Estado Social:

> A extensão dos direitos individuais, no sentido social, não se limita somente às relações do trabalho e do capital, do trabalho e da propriedade, do trabalho e do patrão. As novas Declarações dos direitos visam englobar a totalidade da vida social – a família, a escola etc., por assim dizer, todo o conjunto das relações sociais. E assistimos a uma grande tentativa de RACIONALIZAÇÃO da vida pública. Ela é infinitamente mais ousada do que a vida parlamentar que

---

1171 BERCOVICI, Gilberto. "Tentativa de instituição da democracia de massas no Brasil: instabilidade constitucional e direitos sociais na Era Vargas (1930-1964)". *In*: SOUZA NETO, Cláudio Pereira de; SARMENTO, Daniel (Coord.). *Direitos Sociais*: fundamentos, judicialização e direitos sociais em espécie. Rio de Janeiro: Lumen Juris, 2008, p. 31.

1172 MIRKINE-GUETZÉVITCH, Boris. *As novas tendências do Direito Constitucional*. Trad. Candido Motta Filho. São Paulo: Companhia Editora Nacional, 1933, pp. 36/37.

1173 MIRKINE-GUETZÉVITCH, Boris. *As novas tendências do Direito Constitucional*. Trad. Candido Motta Filho. São Paulo: Companhia Editora Nacional, 1933, p. 82.

estudamos acima, pois tende a racionalizar os inumeráveis laços sociais do povo.[1174]

De acordo com ele, outro ponto marcante dessas novas constituições seria a rápida e revolucionária passagem da Monarquia para a República, sem que houvesse, "especialmente no povo, tradições democráticas".[1175] Isso teria provocado uma forte predominância do Poder Legislativo em detrimento do Poder Executivo, este último visto com desconfiança devido ao seu reacionário e recente passado monárquico. Exemplo disso seria o fato de que diversas Constituições inspiradas em Weimar transferiram a escolha do próprio Gabinete da alçada do Executivo para a das Câmaras.[1176]

Formalmente, "as novas Constituições marcam a vitória e a afirmação da democracia",[1177] da soberania do povo, inclusive com a "adoção do *referendum* e da iniciativa popular, isto é, por mais um passo para o governo direto".[1178] Tais características são sintomáticas dos desgastes que marcavam a democracia representativa de feição liberal característica do paradigma constitucional anterior.

De acordo com Ingo Sarlet e Arnaldo Godoy, no Brasil, "[r]ecebemos Weimar por Mirkine-Guetzévitch, que foi traduzido

---

1174 MIRKINE-GUETZÉVITCH, Boris. *As novas tendências do Direito Constitucional*. Trad. Candido Motta Filho. São Paulo: Companhia Editora Nacional, 1933, p. 82.

1175 MIRKINE-GUETZÉVITCH, Boris. *As novas tendências do Direito Constitucional*. Trad. Candido Motta Filho. São Paulo: Companhia Editora Nacional, 1933, p. 38.

1176 MIRKINE-GUETZÉVITCH, Boris. *As novas tendências do Direito Constitucional*. Trad. Candido Motta Filho. São Paulo: Companhia Editora Nacional, 1933, p. 39.

1177 MIRKINE-GUETZÉVITCH, Boris. *As novas tendências do Direito Constitucional*. Trad. Candido Motta Filho. São Paulo: Companhia Editora Nacional, 1933, p. 41.

1178 MIRKINE-GUETZÉVITCH, Boris. *As novas tendências do Direito Constitucional*. Trad. Candido Motta Filho. São Paulo: Companhia Editora Nacional, 1933, p. 39.

por Cândido Motta Filho".[1179] Na verdade, a história não foi bem essa. A Constituição de Weimar chegou ao Brasil bem antes de 1933, mais especificamente nas importantes obras de autores como Pontes de Miranda,[1180] Vítor Viana,[1181] Aprigio Carlos de Amorim Garcia,[1182] dentre outros.

Dito isso, é importante destacar que, realmente, os trabalhos da Assembleia Nacional Constituinte foram muito influenciados por esse livro de Guetzévitch, não obstante as ácidas críticas de Carlos Maximiliano a um alegado eterno mimetismo constitucional brasileiro.[1183]

1179 SARLET, Ingo; GODOY, Arnaldo. "Entrevista a Sérgio Rodas". *Conjur*, 11 ago. 2019. Disponível em: https://www.conjur.com.br/2019-ago-11/entrevista-arnaldo-godoy-ingo-sarlet-professores/. Acessado em: 04.12.2023.

1180 MIRANDA, Pontes de. *Os Fundamentos Actuaes do Direito Constitucional*. Rio de Janeiro: Freitas Bastos, 1932.

1181 VIANA, Vítor. *Uma Constituição do Século XX*: o código de Weimar e a Moderna Alemanha. Rio de Janeiro: Typografia do Jornal do Commercio, 1931.

1182 GARCIA, Aprigio Carlos de Amorim. *A Constituição allemã de 11 de agosto de 1919*. Rio de Janeiro: [s.n.], 1924.

1183 "Quando se reuniu a Comissão de 91, um volume de título impressionante, '*La Politique Experimentale*', de Léon Donnat, reinava nas ruas e recintos das Assembléias. Era um livro bom, medíocre, entretanto, no qual apenas se vulgarizavam idéias que não eram de seu autor; tinha, porém, a vantagem de dar um tom um pouco mais prático ao excesso de romantismo dominante no momento. Agora, é Mirkin Guetzevich, para a direita e para a esquerda. Esse senhor, como todos os individuos de sua raça, tem uma grande facilidade para linguas, maneja vários idiomas. Traduziu as Constituições, realizou trabalho que, naturalmente, lhe dá grande renda, mas no qual dele existe sómente um pequeno prefácio, em geral bem feito. Traduziu obras notáveis de Hans Kelsen. Verteu para o francês e outros, e resumiu idéias alheias sôbre o Direito Constitucional moderno. É emfim um vulgarizador inteligente, e mais nada.

Ora, exatamente como êle publicou os textos das Constituições do Mundo, vejo nos bondes, nos hoteis, nos onibus, os seus livros em todas

É importante destacar aqui que não é do modelo constitucional weimariano originário que Mirkine-Guetzévitch está tratando no primeiro plano de sua obra.

Em verdade, de acordo com ele – e esse sim será o cerne do seu livro –, essa inspiração weimariana originária das constituições promulgadas após a Primeira Guerra Mundial não tardaria a ser entrecortada por severas e reiteradas crises políticas e econômicas na Europa ao longo das décadas de 1920-1930, marcadas pelas tormentosas relações constitucionalmente estabelecidas entre os poderes Legislativo e Executivo. Diante das turbulências políticas advindas do instável teatro de forças políticas antagônicas dispostas quase sempre por coalizões políticas que formavam maiorias apertadas e das graves crises econômicas e financeiras que assolaram a conjuntura geopolítica do entreguerras, formaram-se (ou enrijeceram-se) discursos reacionários na Europa contrários aos projetos constitucionais democráticos inspirados em Weimar, apontando-os como os principais responsáveis pela caótica situação política e econômica, a qual deveria ser contornada – afirmavam os detratores de Weimar – por soluções rápidas, efetivas e ditatoriais. Sobre o ponto, Guetzévitch assim discorre:

> (...) o Executivo é fraco, e por mais poderoso que seja nos textos legais, o Legislativo, peiado pela luta dos partidos, muitas vezes sem experiência e sem prática parlamentar, torna-se, na realidade, um poder fraco e incapaz. Assim, nem o

---

as mãos, e as Constituições alemã e austríaca, e que sei eu? reboam aos ouvidos da gente de manhã até á noite. (...)

O Brasil é o país em que todo mundo sabe Direito, todo mundo discute Direito, todo mundo fala sobre Direito. Eu folheei projetos integrais de Constituições, escritos por militares, engenheiros, médicos, farmacêuticos e advogados. Hontem, ainda, recebi dois. Todos os dias me chegam às mãos.

Vejo que são exatamente outras tantas vítimas de Mirkin Guetzewich (Risos)" (BRASIL. *Annaes da Assembléa Nacional Constituinte*, Rio de Janeiro: Imprensa Nacional, vol. I, 1934, pp. 422-424).

> Executivo, nem o Legislativo estão em condições de satisfazer às necessidades do Estado e garantir o funcionamento normal dos serviços públicos.
>
> O Estado está desacreditado assim como a democracia. O bolchevismo e o fascismo são fatalmente conduzidos à situação de se aproveitarem das faltas cometidas pelos autores das novas Constituições que conferiram um primado excessivo ao Legislativo, o que tendia, praticamente, a enfraquecer o Estado. **No seu esforço para restabelecer o equilíbrio e para encontrar uma outra forma de governo, os novos Estados são compelidos a revisões constitucionais, cuja tendência geral é o fortalecimento do Executivo.**[1184]

Mirkine exemplifica esse cenário de autoritárias guinadas constitucionais com os emblemáticos exemplos da Áustria e da Polônia. Ambos os países promulgaram, após a Primeira Guerra Mundial, novas Constituições garantidoras de um forte primado do Poder Legislativo. Todavia, diante das severas crises econômicas e políticas que marcaram a década de 1920, com fortes pressões conservadoras,[1185] reformas constitucionais foram forçosamente empreendidas para se tentar acalmar os ânimos e garantir a governabilidade.

1184 MIRKINE-GUETZÉVITCH, Boris. *As novas tendências do Direito Constitucional*. Trad. Candido Motta Filho. São Paulo: Companhia Editora Nacional, 1933, p. 26, destaque nosso.

1185 O exemplo da Áustria é marcante. Hans Kelsen atuou como consultor da Assembleia Constituinte austríaca, assessorando Karl Renner, Chanceler do governo provisório, na elaboração do anteprojeto. Ele deu diversas contribuições aos trabalhos constituintes, sendo o principal deles a criação da Corte Constitucional. Promulgada a Constituição de 1920, Kelsen foi eleito membro da Corte e nela permaneceu até a sua dissolução pela centralizadora e autoritária reforma constitucional de 1929, que reconfigurou o país, transfigurando a República parlamentarista numa República fortemente presidencialista. Em 1928, Kelsen participou de um julgamento histórico, em que a Corte Constitucional julgou o famoso caso referente à competência para anular as dispensas para impedimentos matrimoniais existentes, mais especificamente naqueles casos em que havia separação de mesa e cama (separação

No caso da reforma constitucional polonesa, de 2 de agosto de 1926, o primado do Legislativo passou por um giro de 180º e se transformou no primado do Executivo, Poder esse que passaria agora a influir na própria composição do Parlamento, podendo inclusive dissolvê-lo e editar regulamentos com força de lei. Tal situação culminaria com a dissolução da Câmara (Diéta) polonesa, em 30 de agosto de 1930, pelo Marechal Pilsudski, o qual, em entrevista datada de 26 de novembro de 1930, teria afirmado que "[o] **único soberano da Polônia é o Presidente da República**".[1186]

Essa experiência polonesa foi a principal inspiração de Francisco Campos para a redação da Carta brasileira de 1937, que suplantou a

---

de fato) e um dos cônjuges contraía novo matrimônio. Ao declarar a incompetência das cortes ordinárias para declarar ilícito o ato administrativo que concedia a dispensa, a Igreja Católica e a imprensa mais conservadora se enfureceram e começaram uma campanha difamatória contra a Corte e seus membros (KELSEN, Hans. *Autobiografia*. Trad. Gabriel Nogueira Dias e José lgnácio Coelho Mendes Neto. 5ª ed. Rio de Janeiro: Forense Universitária, 2018, pp. 79-90). Sobre tal episódio, assim discorre Kelsen: "como minha participação nas decisões da Corte havia obviamente se tornado conhecida, também me tornei pessoalmente objeto de ataques por vezes absolutamente sórdidos. Fui acusado de favorecer a bigamia, e assim por diante. Entre outras coisas, lembro-me que minhas duas filhas pequenas, ao voltar da escola para casa, disseram-me muito abaladas que na porta de entrada do nosso apartamento havia sido colocada uma espécie de cartaz no qual estavam escritas coisas horríveis sobre mim. Como naquele dia eu mesmo ainda não havia deixado o apartamento, ainda não tinha visto o cartaz. Retirei-o imediatamente. Ele continha os mais obscenos impropérios de ordem sexual; mantenedor de harém era um dos mais brandos. O partido social-cristão sob a presidência de Seipel estava visivelmente decidido a eliminar a Corte Constitucional na primeira oportunidade que se apresentasse. Esta surgiu com a reforma constitucional de 1919" (KELSEN, Hans. *Autobiografia*. Trad. Gabriel Nogueira Dias e José lgnácio Coelho Mendes Neto. 5ª ed. Rio de Janeiro: Forense Universitária, 2018, pp. 90/91).

1186 MIRKINE-GUETZÉVITCH, Boris. *As novas tendências do Direito Constitucional*. Trad. Candido Motta Filho. São Paulo: Companhia Editora Nacional, 1933, pp. 264-275, destaque nosso.

Constituição de 1934 e ganhou, justamente devido a essa influência estrangeira, a alcunha de "Polaca".[1187]

No famoso discurso pronunciado por Vargas no dia 10 de novembro de 1937, tentou-se situar a deflagração do golpe de Estado no marco das crises políticas provocadas pelas disputas partidárias, situação essa que "subverte a hierarquia, ameaça a unidade pátria e põe em perigo a existência da Nação, extremando as competições e acendendo o facho da discórdia civil".[1188] Explicação semelhante consta da exposição de motivos da Carta de 1937, supostamente decretada em atenção "às legitimas aspirações do povo brasileiro à paz política e social, profundamente perturbada por conhecidos fatores de desordem, resultantes da crescente agravação dos dissídios partidários" que caminhavam para "resolver-se em termos de violência, colocando a Nação sob a funesta iminência da guerra civil". Como único exemplo dessa situação de beligerância, fala-se, na exposição de motivos, em "infiltração comunista" e em "notória propaganda demagógica [que] procura desnaturar em luta de classes".

Seria imperioso, portanto,

> o dever de restaurar a autoridade nacional, pondo termo a essa condição anômala da nossa existência política, que poderá conduzir-nos à desintegração, como resultado final

---

1187Sobre o ponto, conferir: BONAVIDES, Paulo; ANDRADE, Paes de. *História constitucional do Brasil*. 5ª ed. Brasília: OAB, 2004, p. 345; LOEWENSTEIN, Karl. *Brazil under Vargas*. Nova York: The Macmillan Company, 1942, pp. 122/123; e BERCOVICI, Gilberto. "Tentativa de instituição da democracia de massas no brasil: instabilidade constitucional e direitos sociais na Era Vargas (1930-1964)". *In*: SOUZA NETO, Cláudio Pereira de; SARMENTO, Daniel (Coord.). *Direitos Sociais*: fundamentos, judicialização e direitos sociais em espécie. Rio de Janeiro: Lumen Juris, 2008, p. 40.

1188VARGAS, Getúlio. *A Nova Política do Brasil, vol. 5*: O Estado Novo (10 de novembro de 1937 a 25 de julho de 1938). Rio de Janeiro: José Olympio, 1938, p. 21.

> dos choques de tendências inconciliáveis e do predomínio dos particularismos de ordem local.[1189]

Mais explícito, Francisco Campos afirma, em linha com a tendência polonesa examinada por Mirkine-Guetzévitch e inspiradora da Carta de 1937, que "o Estado Novo é o Presidente – a realização dos seus intuitos, o desdobramento do seu programa, a projeção da sua vontade – e nele tem o seu mais provecto doutrinador e o defensor mais intransigente e valioso".[1190] Como consequência disso,

> [a] bipartição de atribuições constante do art. 2º é, por assim dizer, uma simples e natural divisão de trabalho. Nem é uma distribuição dos poderes do Estado – mesmo porque só existe, atualmente, no país, um Poder Legislativo e Executivo, que é o Presidente da República.[1191]

1189 VARGAS, Getúlio. *A Nova Política do Brasil, vol. 5*: O Estado Novo (10 de novembro de 1937 a 25 de julho de 1938). Rio de Janeiro: José Olympio, 1938, p. 23.

1190 CAMPOS, Francisco. "Síntese da reorganização nacional". *In*: ______. *O Estado nacional*: sua estrutura, seu conteúdo ideológico. Brasília: Conselho Editorial do Senado Federal, 2001, p. 108.

1191 CAMPOS, Francisco. "Síntese da reorganização nacional (entrevista concedida à imprensa, em abril de 1939)". *In*: ______. *O Estado nacional*: sua estrutura, seu conteúdo ideológico. Brasília: Conselho Editorial do Senado Federal, 2001, p. 112. Campos desenvolve sua crítica falando sobre a artificialidade de uma concepção ontológica e sacralizada do princípio da divisão de Poderes, que não se sustentaria ante os imperativos da realidade política das sociedades de massa: "a mecânica política não é a mecânica de Newton. A massa dos poderes gravita para os órgãos do Governo segundo razões de conveniência, de utilidade e de adequação, que não podem cifrar-se em fórmulas algébricas. Cada época tem a sua divisão de Poderes, e a lei do poder é, em política, a da capacidade para exercê-lo. Por maiores que sejam os poderes atribuídos a um órgão, ele só os exercerá na medida da sua força ou da sua capacidade. E se o resíduo que ele deixa é de poderes úteis ou necessários, os ideólogos podem estar certos de que outro órgão se apresentará para exercê-los. Uma lei inflexível da política é a que não permite a existência de vazios no poder: poder vago, poder

Sobre esse peculiar contexto de agigantamento não só do Estado, mas, sobretudo, das atribuições do chefe de governo, ao arrepio do Poder Legislativo, Menelick de Carvalho Netto recupera, em sua tese de doutorado, o importante papel que a ressignificação da Teoria Geral do Estado alemã pelo paradigma do Estado Social desempenhou como fator de legitimação político-constitucional da transformação de Repúblicas (semi)parlamentaristas em Repúblicas fortemente presidencialistas, centralizadoras e, não raras vezes, autoritárias:

> Nessa nova configuração histórica assumida pelo Estado, não mais poderia subsistir incólume a clássica Teoria da Separação dos Poderes, inerente ao Estado liberal, **daí a adoção, absolutamente prevalente, com o tempo, da doutrina da escola alemã da Teoria Geral do Estado que a reconstruíra nos moldes indicados por Hegel, embora em terreno agora tendencialmente democrático**, enquanto mera distinção das funções estatais que se interpenetram, necessariamente, em proveito da necessidade de governos fortes que promovam uma maior centralização do poder político, possibilitando o desempenho desses novos papéis, ao viabilizar decisões políticas coerentes entre si e dotadas da rapidez e agilidade requeridas pela realidade econômico-social.[1192]

Na parte final de seu livro, Mirkine tenta justamente explicar esse movimento constitucional. De acordo com ele, a marca característica dessas autoritárias reformas constitucionais, cujo exemplo polonês sobressai, é "o reconhecimento constitucional do papel

---

ocupado" (CAMPOS, Francisco. "Problemas do Brasil e soluções do regime (entrevista concedida à imprensa, em janeiro de 1938)". *In*: _____. *O Estado nacional*: sua estrutura, seu conteúdo ideológico. Brasília: Conselho Editorial do Senado Federal, 2001, p. 92).

1192 CARVALHO NETTO, Menelick de. *A sanção no procedimento legislativo*. Belo Horizonte: Del Rey, 1992, p. 161, destaque nosso.

independente e pessoal do poder do Presidente".[1193] Isso porque, podendo legislar autonomamente e dissolver as Câmaras, ele "é detentor de um poder pessoal, tanto no ponto de vista governamental como no ponto de vista legislativo",[1194] o que **"lembra o sistema do 'pseudo constitucionalismo' que a Alemanha conheceu na primeira metade do século XIX"**.[1195]

Complementando essa ideia, afirma que, para essas ordens constitucionais reformadas, "[o] Presidente é, portanto, um 'Monarca' *sui generis*, com as prerrogativas das antigas Constituições europeias, construídas sobre o que chamou o princípio monárquico".[1196]

Ora, se a democracia estaria "ligada pelo princípio da responsabilidade e do mandato do sufrágio universal",[1197] esse novo modelo de ordens constitucionais "reúne os elementos do pseudo-constitucionalismo e do princípio monárquico das antigas Constituições européas, instaura[ndo] um poder pessoal que não é ligado pela vontade do sufrágio universal".[1198]

1193 MIRKINE-GUETZÉVITCH, Boris. *As novas tendências do Direito Constitucional*. Trad. Candido Motta Filho. São Paulo: Companhia Editora Nacional, 1933, p. 279.

1194 MIRKINE-GUETZÉVITCH, Boris. *As novas tendências do Direito Constitucional*. Trad. Candido Motta Filho. São Paulo: Companhia Editora Nacional, 1933, p. 279, destaque nosso.

1195 MIRKINE-GUETZÉVITCH, Boris. *As novas tendências do Direito Constitucional*. Trad. Candido Motta Filho. São Paulo: Companhia Editora Nacional, 1933, p. 279, destaque nosso.

1196 MIRKINE-GUETZÉVITCH, Boris. *As novas tendências do Direito Constitucional*. Trad. Candido Motta Filho. São Paulo: Companhia Editora Nacional, 1933, p. 280, destaque nosso.

1197 MIRKINE-GUETZÉVITCH, Boris. *As novas tendências do Direito Constitucional*. Trad. Candido Motta Filho. São Paulo: Companhia Editora Nacional, 1933, p. 280.

1198 MIRKINE-GUETZÉVITCH, Boris. *As novas tendências do Direito Constitucional*. Trad. Candido Motta Filho. São Paulo: Companhia Editora Nacional, 1933, p. 281, destaque nosso.

Segundo ele, tanto nessas recentes sociedades de massas do século XX como nas monarquias constitucionais do século XIX, o "povo não é o regulador de todo o sistema, não influe no movimento e na orientação da máquina do Estado".[1199] Ao revés, "[o] **povo, neste projeto, desempenha papel passivo**",[1200] na medida em que, falando especificamente das Constituições sociais modificadas, "estabelece[m] a **ditadura do Presidente**, que transmite essa ditadura ao Presidente seguinte por um sistema de eleição completamente restritivo",[1201] isto é, quando o transmite, o que quase nunca ocorre em regimes ditatoriais.

Justificando essa limitação da soberania popular e do sufrágio universal, Francisco Campos afirma que a Carta de 1937 "não faz mais (...) do que aceitar uma situação de fato, hoje geral do mundo",[1202] em que, inclusive devido às "deficiências e lacunas do sistema da educação",[1203] ao povo devem ser submetidas apenas as

> questões essencialmente políticas, eminentemente políticas, colocadas em termos simples e gerais, suscetíveis de interessar

---

1199 MIRKINE-GUETZÉVITCH, Boris. *As novas tendências do Direito Constitucional*. Trad. Candido Motta Filho. São Paulo: Companhia Editora Nacional, 1933, p. 281.

1200 MIRKINE-GUETZÉVITCH, Boris. *As novas tendências do Direito Constitucional*. Trad. Candido Motta Filho. São Paulo: Companhia Editora Nacional, 1933, p. 281, destaque nosso.

1201 MIRKINE-GUETZÉVITCH, Boris. *As novas tendências do Direito Constitucional*. Trad. Candido Motta Filho. São Paulo: Companhia Editora Nacional, 1933, p. 281, destaque nosso.

1202 CAMPOS, Francisco. "Diretrizes do Estado Nacional". *In*: ______. *O Estado nacional*: sua estrutura, seu conteúdo ideológico. Brasília: Conselho Editorial do Senado Federal, 2001, p. 52.

1203 CAMPOS, Francisco. "Diretrizes do Estado Nacional". *In*: ______. *O Estado nacional*: sua estrutura, seu conteúdo ideológico. Brasília: Conselho Editorial do Senado Federal, 2001, p. 52.

> realmente o povo e para cuja decisão não se exija da massa eleitoral senão a vista panorâmica da vida política.[1204]

Em clara manifestação de elitismo político que contrasta fortemente com as soluções constitucionais estampadas na Constituição de Weimar, Campos aduz que "questões econômicas e financeiras, as de organização da economia nacional, as do comércio interno e externo, questões sobretudo técnicas e, por sua natureza, incapazes de despertar emoção",[1205] não devem ser submetidas ao voto popular, mas sim à burocracia técnica que compõe o governo liderado pelo Presidente da República.

Mirkine correlaciona especificamente essas novas ordens constitucionais – tomando por guia o caso polonês – com a "**teoria geral**

1204 CAMPOS, Francisco. "Diretrizes do Estado Nacional". *In*: _____. *O Estado nacional*: sua estrutura, seu conteúdo ideológico. Brasília: Conselho Editorial do Senado Federal, 2001, p. 52.

1205 CAMPOS, Francisco. "Diretrizes do Estado Nacional". *In*: _____. *O Estado nacional*: sua estrutura, seu conteúdo ideológico. Brasília: Conselho Editorial do Senado Federal, 2001, p. 51. Sobre o ponto, Arnaldo Godoy aduz que "Francisco Campos via-se em uma época de transição, marcada pelo trágico (e a imagem é alemã, remete-nos a Nietzche e Wagner) em que todos os movimentos são permitidos, conquanto que convergentes com meta definida" (GODOY, Arnaldo Sampaio de Moraes. *História do Direito entre foices, martelos e togas*: Brasil 1935-1965: Olga Prestes, Genny Gleiser, Ernesto Gattai, João Cabral de Melo Neto, Francisco Julião, Carlos Heitor Cony e Miguel Arraes no Supremo Tribunal Federal. São Paulo: Quartier Latin, 2008, p. 36). Georg Lukács empreende uma robusta análise do irracionalismo na filosofia política alemã, demonstrando que as origens da ofensiva à razão iluminista remonta ao período entre a Revolução Francesa (1789) e a malograda Revolução Alemã (1848); posteriormente, aponta Lúkacs, Nietzsche teria sido o grande artífice do irracionalismo filosófico durante o II *Reich* e, das suas premissas, derivaram fagulhas para a construção de uma filosofia vitalista que, anos após, foi recuperada por tendências fascistas totalitárias e eugenistas. Conferir: LÚKACS, Georg. *The destruction of reason*. Trad. Peter Palmer. Londres: Humanities Press, 1891.

do Estado fascista",[1206] a qual teria por base uma "noção metafísica de nação" que "não cria para os governantes nenhuma obrigação em relação aos governados".[1207]

Ao contrário, em nome desse projeto de nação, "podem-se introduzir quaisquer limitações das liberdades individuais, aplicar as medidas ditatoriais mais rigorosas", pois ele "libera (...) os governantes de toda a obrigação para com a nação concreta, isto é, para com os governados".[1208]

Impossível não recordar aqui da classificação ontológica das Constituições[1209] de Karl Loewenstein, em que ele cataloga as

---

1206 CAMPOS, Francisco. "Diretrizes do Estado Nacional". *In*: *In*: ______. *O Estado nacional*: sua estrutura, seu conteúdo ideológico. Brasília: Conselho Editorial do Senado Federal, 2001, p. 52, destaque nosso.

1207 MIRKINE-GUETZÉVITCH, Boris. *As novas tendências do Direito Constitucional*. Trad. Candido Motta Filho. São Paulo: Companhia Editora Nacional, 1933, p. 282.

1208 MIRKINE-GUETZÉVITCH, Boris. *As novas tendências do Direito Constitucional*. Trad. Candido Motta Filho. São Paulo: Companhia Editora Nacional, 1933, p. 282.

1209 LOEWENSTEIN, Karl. *Teoría de la Constitución*. Trad. Alfredo Gallego Anabiarte. 2ª ed. Madrid: Ariel, 2018, pp. 216-222. Marcelo Cattoni faz percuciente crítica à classificação ontológica das Constituições de Loewenstein, demonstrando os perigos de se recair em simplificações que, no rastro do dualismo metodológico de Jellinek, incorram no "paradoxo da efetividade", tratando os problemas de legitimidade e efetividade em separado da própria legalidade constitucional. De acordo com Cattoni: "o problema é que, como paradoxo da efetividade, sobretudo quando se relê a classificação tripartite das Constituições à luz da noção de Jellinek, tão alargada, de mutação constitucional, o risco é o da confusão, no limite, da Constituição normativa, não com a Constituição nominal, mas com a própria Constituição semântica. Afinal, pela própria mutação constitucional, concebida em termos tão jellinekianos, quando é que a política cede ao Direito, quando é que o Direito cede à política?" (OLIVEIRA, Marcelo Andrade Cattoni de. 2ª ed. Belo Horizonte: Conhecimento, 2021, p. 82). Noutras palavras, a perspectiva de Loewenstein, com sua "idealização do Direito e da realidade política, ao desconsiderar o caráter histórico, hermenêutico e construtivo da realidade social e política da qual o direito faz parte", flerta com o "risco da legitimação do criticado" (OLIVEIRA, Marcelo Andrade Cattoni de. 2ª ed. Belo Horizonte: Conhecimento, 2021, p. 96). De acordo com o professor da UFMG, a relação entre legalidade, efetividade e legitimidade deve ser compreendida, na verdade, como "tensões constitutivas" ínsitas ao próprio conceito de constitucionalidade, de forma que "uma Constituição é legítima e efetiva enquanto o próprio sentido de e da Constituição for objeto de disputa política na esfera pública (...) e não em função de uma suposta correspondência, em maior ou menor grau, entre um dado conteúdo constitucional e a realidade dos processos políticos, sociais e econômicos" (OLIVEIRA, Marcelo Andrade Cattoni de. 2ª ed. Belo Horizonte: Conhecimento, 2021, p. 142). Acerca desse debate sobre efetividade constitucional, é sempre digna de nota a brilhante intervenção de Menelick de Carvalho Netto por ocasião de famoso debate travado em fevereiro de 2002 acerca do abandono, por Gomes Canotilho, de sua tese da "Constituição dirigente": "acredito ser muito perigosa a ideia de nos considerarmos tão específicos em termos constitucionais que a Constituição, para nós, no Brasil, só poderia ser um ideal a ser alcançado. Esta é uma ideia tão antiga quanto as críticas de sociólogos conservadores como Oliveira Viana à Constituição republicana de 1891. Temo que estaríamos a qualificar normas ou comportamentos normativos abomináveis assim como os que reproduzem a escravidão, ainda que não formal, ou o desmando e o arbítrio das autoridades constituídas limitadamente pela Constituição como 'realidades', quando, na verdade, normas só podem ser cumpridas ou descumpridas, legítimas ou ilegítimas, nunca, reais ou ideais. Qualquer norma comporta elementos idealizantes e, a um tempo, encontra algum enraizamento na sociedade da qual brotou. Nessa ótica tradicional que precisamos superar, terminamos por reforçar aquilo que queríamos combater" (CARVALHO NETTO, Menelick de. "Pergunta a J. J. Gomes Canotilho". *In*: COUTINHO, Jacinto de Miranda (Coord.). *Canotilho e a Constituição dirigente*. 2ª ed. Rio de Janeiro: Renovar, 2005, p. 44). Marcelo Neves, por sua vez, também apresentou robusta crítica, desde um enfoque sistêmico, à classificação ontológica das constituições de Loewenstein. Conferir especificamente NEVES, Marcelo. *A constitucionalização simbólica*. 3ª ed. São Paulo: Martins Fontes, 2011, pp. 105-110, fruto da tese com a qual obteve a titularidade da cadeira de Teoria Geral do Estado na Faculdade de Direito do Recife da Universidade Federal de Pernambuco em 1992. Marcelo Cattoni contrapõe algumas críticas próprias às críticas de Marcelo Neves sobre Loewenstein (OLIVEIRA, Marcelo Andrade Cattoni de. 2ª ed. Belo Horizonte: Conhecimento, 2021, pp. 83-96). David F. L. Gomes, por

Constituições aventadas por Mirkine-Guetzévitch após as reformas centralizadoras dos anos 1930 como "semânticas", justamente porque trairiam o próprio espírito da democracia e do constitucionalismo, afigurando-se muito mais como garantias pessoais dos governantes detentores do poder de fato contra os governados.[1210] Ao contrário de "institucionalizar a distribuição do exercício do poder político",[1211] essas Constituições semânticas promovem a concentração, estabilização e eternização do poder político. De acordo com Loewenstein, "[o]s documentos constitucionais da maior parte dos Estados neopresidencialistas pertencem a essa categoria".[1212]

Sobre o ponto, marcando justamente a ambiguidade do advento do Estado Social, Gabriel Rezende aduz que, por um lado, ele "elimina os últimos resquícios das monarquias constitucionais ocidentais, junto com sua contraparte, o estado *gendarme*";[1213] por

---

sua vez, também apresenta, a partir de premissas compartilhadas com Menelick de Carvalho Netto e com Cattoni, algumas críticas à tese da constitucionalização simbólica de Marcelo Neves (GOMES, David F. L. *A Constituição de 1824 e o problema da modernidade*: o conceito moderno de Constituição, a história constitucional brasileira e a Teoria da Constituição no Brasil. Belo Horizonte: D'Plácido, 2019, pp. 177-204). É preciso destacar, todavia, que Marcelo Neves caracteriza "a força simbólica dos direitos humanos como ambivalente: de um lado, serve à afirmação e realização generalizada desses direitos; de outro lado, atua como forma de manipulação política" (NEVES, Marcelo. "A força simbólica dos direitos humanos". *Revista Brasileira de Direito Público*, Belo Horizonte, vol. 3, 2003, pp. 139-174).

1210 LOEWENSTEIN, Karl. *Teoría de la Constitución*. Trad. Alfredo Gallego Anabiarte. 2ª ed. Madrid: Ariel, 2018, pp. 218-222, tradução nossa.

1211 LOEWENSTEIN, Karl. *Teoría de la Constitución*. Trad. Alfredo Gallego Anabiarte. 2ª ed. Madrid: Ariel, 2018, p. 214, tradução nossa.

1212 LOEWENSTEIN, Karl. *Teoría de la Constitución*. Trad. Alfredo Gallego Anabiarte. 2ª ed. Madrid: Ariel, 2018, pp. 220/221, tradução nossa.

1213 REZENDE, Gabriel. "A máquina de Menelick". *Revista de Estudos Constitucionais, Hermenêutica e Teoria do Direito – RECHTD*, vol. 9, 2017, p. 187.

outro, "**faz a teoria do Estado sobreviver na crítica à separação de Poderes do constitucionalismo liberal**",[1214] já que

> as novas funções para as quais o Estado era chamado a agir são fatores fundamentais para a reabilitação do Executivo no século XX. **É para esse novo contexto que serão trasladadas, em contrabando, as grandes teses da teoria do Estado.**[1215]

Muitas delas foram, inclusive, desenvolvidas e radicalizadas ao extremo, como prova, por exemplo, a Teoria da Constituição de Carl Schmitt explorada páginas atrás.

Especificamente sobre as ditaduras fascista e soviética, Mirkine afirma que, em ambas as ordens constitucionais, **o Direito é visto como mero instrumento à total disposição do Presidente e do "Estado-Partido"**:

> seu valor normativo é posto à margem, e o Direito não existe senão como meio de poder; e **não é a observação do Direito que importa para a autoridade, é o efeito prático da dominação.** O Direito não submete o Poder Executivo. Ele serve somente de instrução técnica.[1216]

1214 REZENDE, Gabriel. "A máquina de Menelick". *Revista de Estudos Constitucionais, Hermenêutica e Teoria do Direito – RECHTD*, vol. 9, 2017, p. 187, destaque nosso.

1215 REZENDE, Gabriel. "A máquina de Menelick". *Revista de Estudos Constitucionais, Hermenêutica e Teoria do Direito – RECHTD*, vol. 9, 2017, p. 188, destaque nosso.

1216 MIRKINE-GUETZÉVITCH, Boris. *As novas tendências do Direito Constitucional*. Trad. Candido Motta Filho. São Paulo: Nacional, 1933, p. 283, destaque nosso.

Sobre aquilo que chama de a "**ressureição do princípio monárquico na nova Europa**",[1217] Mirkine assim discorre:

> A tendência à concentração do poder é a tendência essencial de todos os regimes pessoais, de toda ditadura, **repousando sobre o princípio monárquico no sentido técnico do termo.**
>
> O princípio monárquico foi formulado de uma maneira precisa pelo ideólogo da reação do século XIX, Stahl, em sua Rechtsphilosophie. Para ele, o poder do Monarca "existe antes e acima do povo e é nele que todo o povo se deve confundir". **Esta fórmula do princípio monárquico de Stahl é a fórmula da ditadura "concentrada".**[1218]

Falando especificamente do caso polonês – modelo esse que, conforme adiantado, serviu de inspiração para a Carta brasileira de 1937 –, o professor russo afirma que

> [n]o sistema do poder pessoal e soberano do Presidente, **este Projéto como que ressuscitou o antigo princípio monárquico** e além disso se aproximou da concepção do poder pessoal do chefe de governo do Estado fascista.[1219]

É extremamente importante relembrar aqui, como já destacado em subcapítulo anterior, que Mirkine-Guetzévitch, quando utiliza a expressão "ressuscitou o antigo princípio monárquico", abre uma

---

1217 MIRKINE-GUETZÉVITCH, Boris. *As novas tendências do Direito Constitucional*. Trad. Candido Motta Filho. São Paulo: Nacional, 1933, p. 291, destaque nosso.

1218 MIRKINE-GUETZÉVITCH, Boris. *As novas tendências do Direito Constitucional*. Trad. Candido Motta Filho. São Paulo: Nacional, 1933, p. 288, destaque nosso.

1219 MIRKINE-GUETZÉVITCH, Boris. *As novas tendências do Direito Constitucional*. Trad. Candido Motta Filho. São Paulo: Nacional, 1933, p. 288, destaque nosso.

imediata nota de rodapé citando, sobre o ponto, a *Verfassungslehre* de Carl Schmitt.[1220]

Não pode passar despercebido que, para Mirkine-Guetzévitch, a ditadura não é a única manifestação sociológica do poder político nos anos 1930. Além do "Executivo ditatorial", caracterizado pela concentração de poder pessoal e pela ausência de responsabilização jurídica do chefe de governo, haveria um "Executivo democrático",[1221] o qual teria a sua força político-administrativa advinda do sufrágio universal, sendo entrecortado, no entanto, pelo controle político exercido pelo Parlamento e pela opinião pública. De todo modo, como se vê, ambas as formas são caracterizadas pela força e pela concentração de poderes, que seriam imperativos técnico-políticos advindos das complexas sociedades de massas típicas desse paradigma constitucional do Estado Social. Talvez o exemplo mais claro do "Executivo democrático" aduzido por Mirkine seja o governo de Franklin Delano Roosevelt como o 32º Presidente dos Estados Unidos da América (1932-1945).[1222]

1220 "(3) Cf. Carl Schmitt, *Verfassungslehre*, 1928, pag. 282 e sgs" (MIRKINE-GUETZÉVITCH, Boris. *As novas tendências do Direito Constitucional*. Trad. Candido Motta Filho. São Paulo: Nacional, 1933, p. 288).

1221 MIRKINE-GUETZÉVITCH, Boris. *As novas tendências do Direito Constitucional*. Trad. Candido Motta Filho. São Paulo: Companhia Editora Nacional, 1933, p. 309.

1222 Sobre o ponto, assim discorre Gilberto Bercovici: "a crise econômica mundial dos anos 1929 e 1930 vai consolidar os poderes de exceção econômicos. As políticas adotadas por Franklin Delano Roosevelt durante o New Deal também consagram a ideia de emergência econômica, com o fortalecimento do Executivo, a delegação legislativa e a legislação econômica de emergência. O programa de reestruturação institucional proposto pelo *New Deal* vai consolidar o governo federal como governo verdadeiramente nacional, além de promover o crescimento do papel do Executivo e a centralização do poder político na presidência, fundado na crença de que haveria uma relação direta entre a vontade popular e a vontade do presidente.

Importante destacar, ademais, que a recuperação da Teoria Geral do Estado alemã do século XIX pelas "ditaduras constitucionais" dos anos 1930 não representou uma pura e simples anacrônica invocação teórico-política das teses doutrinárias de Gerber, Laband e Jellinek com meio século de diferença.

No século XIX,

> [o] Direito democrático era obrigado a lutar contra o princípio monárquico, contra os restos do antigo regime que era conservado quer sob a forma de uma "prerrogativa real", quer sob a do princípio monárquico, quer sob a do poder pessoal do imperador ou do rei;[1223]

Por outro lado, as aparições dessa Teoria Geral do Estado no século XX ocorreram de maneira claramente diferente, abandonando-se o uso explícito da semântica política monárquica e absolutista em nome de fórmulas, todas elas, supostamente republicanas e "democráticas":

O reforço da presidência como representação unitária da vontade do povo norte-americano vai dar legitimidade para Franklin Roosevelt enfrentar com sucesso a suprema corte, cuja jurisprudência conservadora ainda remetia à clássica decisão *Lochner vs. Nova York*, de 1905, que anulava a fixação legal da jornada de trabalho com base na autonomia contratual. Um dos maiores embates entre Roosevelt e a Corte deu-se em torno do NIRA (National Industry Recovery Act), declarado inconstitucional em 1935. A reação do presidente veio com forte pressão política pública e a proposta de reformas na estrutura da corte, denominada de "Cout-Packing Crisis", em 1937. A proposta de reestruturação da corte não é aprovada, mas, a partir de 1938, com a substituição de alguns juízes, há uma mudança nas posições do tribunal, garantindo a implementação do programa econômico de Roosevelt" (BERCOVICI, Gilberto. *Soberania e Constituição*: para uma crítica do constitucionalismo. 3ª ed. São Paulo: Quartier Latin, 2020, pp. 310/311).

1223 MIRKINE-GUETZÉVITCH, Boris. *As novas tendências do Direito Constitucional*. Trad. Candido Motta Filho. São Paulo: Nacional, 1933, p. 313.

> O cesarismo substituiu o absolutismo dinástico. O cesarismo é um poder pessoal; o povo não participa da formação do Poder Executivo; o povo não tem nenhum direito político, mas há um fato importante que deve ser destacado do estudo comparativo de todas as ditaduras européas: é a "democratização" do absolutismo, é o aparecimento de homens novos. O antigo regime não existe mais. Os ditadores são homens novos.[1224]

Na conferência *A política e o nosso tempo*, de 1935, Francisco Campos afirma que "[e]ssa relação entre o cesarismo e a vida, no quadro das massas, é, hoje, um fenômeno comum".[1225] E arremata:

> Não há, a estas horas, país que não esteja à procura de um homem, isto é, de um homem carismático ou marcado pelo destino para dar às aspirações da massa uma expressão simbólica, imprimindo a unidade de uma vontade dura e poderosa ao caos de angústia e de medo de que se compõe o páthos ou a demonia das representações coletivas. Não há hoje um povo que não clame por um César. Podem variar as dimensões espirituais em que cada povo representa essa figura do destino. Nenhum, porém, encontrando a máscara terrível, em que o destino tenha posto o sinal inconfundível do seu carisma, deixará de colocar-lhe nas mãos a tábua em branco dos valores humanos.[1226]

1224 MIRKINE-GUETZÉVITCH, Boris. *As novas tendências do Direito Constitucional*. Trad. Candido Motta Filho. São Paulo: Nacional, 1933, pp. 314/315, destaque nosso.

1225 CAMPOS, Francisco. "A política e o nosso tempo (Conferência no salão da Escola de Belas-Artes, em 28 de setembro de 1935)". *In*: ______. *O Estado nacional*: sua estrutura, seu conteúdo ideológico. Brasília: Conselho Editorial do Senado Federal, 2001, pp. 23/24.

1226 CAMPOS, Francisco. "A política e o nosso tempo (Conferência no salão da Escola de Belas-Artes, em 28 de setembro de 1935)". *In*: ______. *O Estado nacional*: sua estrutura, seu conteúdo ideológico. Brasília: Conselho Editorial do Senado Federal, 2001, pp. 23/24.

Como demonstrado na primeira parte deste capítulo, a *Methodenstreit* travada por juristas como Kelsen, Schmitt, Smend e Heller buscou, justamente, reler, cada um a seu modo, a tradição da Teoria Geral do Estado oitocentista à luz dos problemas das democracias de massa do entreguerras, refletindo sobre as respostas que o Direito Público poderia dar para a regulação jurídica dessas complexas sociedades, radicalmente diferentes daquelas anteriores à Primeira Guerra Mundial. Nesse novo contexto, a discussão acerca da fidelidade a projetos constitucionais democráticos como o alemão de 1919 ou a adoção de "ditaduras constitucionais" como forma de se apaziguarem tensões sociais emergiram como o cerne de disputas doutrinárias e políticas que impactaram, radicalmente, a publicística do século XX.

Ademais, é importante frisar que essas marcas características do paradigma do Estado Social, ao chegarem ao Brasil, não se depararam com um solo virgem, com uma tradição constitucional neófita. Ao contrário, na década de 1930, o Brasil já possuía uma sedimentada herança constitucional de mais de um século, talhada pelo Poder Moderador imperial e pelo uso normalizado de medidas constitucionais de exceção durante a República Velha. Diante dessa conjuntura, "[n]o varguismo, a débil separação de Poderes da Primeira República foi gradualmente substituída pela 'expansão autoritária' de práticas que já estavam presentes no sistema constitucional brasileiro",[1227] sobretudo no que se refere ao menoscabo em relação aos checks and balances e à efetiva garantia da soberania popular.

Em tom de conclusão da sua sociologia do Direito Constitucional comparado, Guetzévitch aduz que "[o] Executivo irresponsável, o Executivo pessoal, é a ditadura. O Executivo forte, o

1227 ROSENFIELD, Luis. *Revolução conservadora*: genealogia do constitucionalismo autoritário brasileiro (1930-1945). Porto Alegre: EDIPUCRS, 2021, p. 118.

Executivo criador, o Executivo poderoso é a necessidade técnica da democracia".[1228]

Ou seja, trata-se de um autor afinado com o paradigma do Estado Social, com os novos e amplos papéis de destaque assumidos pelo Estado e, nessa conjuntura, com a proeminência do Poder Executivo; todavia, esse paradigma, "que é um período técnico da democracia, tem necessidade de aplicação técnica dos grandes princípios da Revolução francêsa",[1229] isto é, "[a] técnica constitucional póde e deve estar ao serviço da democracia. O Executivo poderoso é uma necessidade técnica do regime da liberdade".[1230]

Não foi apenas Mirkine-Guetzévitch que fez, em sua obra de 1931, um diagnóstico contemporâneo sobre as então "novas tendências" do Direito Constitucional das décadas de 1920 e 1930. Em 1932, Francisco Cavalcanti Pontes de Miranda publicou seu hoje pouco lembrado livro *Os Fundamentos Actuaes do Direito Constitucional*, mediante o qual também buscou discorrer – a partir de pressupostos radicalmente diferentes, é verdade – sobre esse ponto de inflexão que marcaria o singular momento do paradigma do Estado Social.

Segundo ele, com a emergência das constituições do pós-Guerra, "[t]ransformou-se a própria Theoria Geral do Estado. Transformou-se, no fundo e na forma, o Direito Constitucional".[1231]

1228 MIRKINE-GUETZÉVITCH, Boris. *As novas tendências do Direito Constitucional*. Trad. Candido Motta Filho. São Paulo: Nacional, 1933, p. 312.

1229 MIRKINE-GUETZÉVITCH, Boris. *As novas tendências do Direito Constitucional*. Trad. Candido Motta Filho. São Paulo: Nacional, 1933, p. 312.

1230 MIRKINE-GUETZÉVITCH, Boris. *As novas tendências do Direito Constitucional*. Trad. Candido Motta Filho. São Paulo: Nacional, 1933, p. 312.

1231 MIRANDA, Pontes de. *Os Fundamentos Actuaes do Direito Constitucional*. Rio de Janeiro: Freitas Bastos, 1932, p. 5.

Diferentemente de Mirkine-Guetzévitch, que não deixa de esboçar perplexidades com as reformas constitucionais tendentes a uma maior concentração, via ditaduras, de atribuições governamentais pelo Poder Executivo em detrimento do Poder Legislativo, Pontes de Miranda[1232] vê com bons olhos os novos ventos. Segundo ele, "[n]o presente, a Alemanha [de 1932, já no ocaso de Weimar], a Italia e a Russia não constitúem excepções, e sim o desenvolvimento natural da nova concepção de Estado".[1233]

Analisando e elogiando diversos aspectos dos Direitos Constitucionais fascista, soviético e weimariano, Pontes de Miranda critica fortemente o constitucionalismo liberal, o Estado absenteísta e "mutilado" do século XIX e a democracia representativa. Para ele, a tendência constitucional dos anos 1930 estaria circunscrita em "eliminar a scisão artificial entre Estado e Sociedade: o Estado não é a sociedade, mas é a realização de fins da Sociedade".[1234]

1232 De acordo com Pontes de Miranda: "nas Constituições recentes da Europa, procurou-se reforçar o Poder Executivo como solução nova às relações entre tal Poder e o Legislativo. Democrático, também, hoje, o Executivo, não se trata de regressão, mas de reajustamento. Rigorosamente, se o povo elegesse um homem para redigir uma lei seria o mesmo que eleger vinte, duzentos, dois mil: a legislação seria igualmente democratica. Ora, a experiencia mostrou que as assembléas se tornaram corpos autonomos, desligados do povo, de modo que a personalidade de um homem não seria separação maior entre a vontade geral e a lei do que a entidade transindividual e transpopular das assembléas. Portanto, nos nossos dias, o reforçamento do Executivo, nos paises parlamentaristas, onde se sentiu o monopolio ou usurpação governamental do Parlamento, a rehabilitação do Legislativo, nos paises que a devem querer, como o Brasil, onde o presidencialismo degradou o Congresso, apenas constitúe solução de technica constitucional dentro da democracia" (MIRANDA, Pontes de. *Os Fundamentos Actuaes do Direito Constitucional*. Rio de Janeiro: Freitas Bastos, 1932, pp. 322/323).

1233 MIRANDA, Pontes de. *Os Fundamentos Actuaes do Direito Constitucional*. Rio de Janeiro: Freitas Bastos, 1932, p. 30.

1234 MIRANDA, Pontes de. *Os Fundamentos Actuaes do Direito Constitucional*. Rio de Janeiro: Freitas Bastos, 1932, p. 223.

Noutras palavras, aderindo a essas mutações constitucionais que Mirkine-Guetzévitch expõe e critica, Pontes de Miranda defende a necessidade de um Estado orgânico, unívoco, unipartidário, planejador, decisor, técnico, interventor em todos[1235] os domínios da vida social (especialmente, na economia). Em suma, um Estado integral de feição smendiana,[1236] que pode ser definido pela seguinte metáfora:

> A política é um jogo de leis e de actos, mãos cujos dedos tocam, no teclado, aqui as notas da economia, lá as do Direito, além as da sciencia e da arte, ou da religião. O uso possível de toda a gamma é o Estado integral.[1237]

E complementa:

> O Estado precisa poder dizer: — Aqui está o que eu te asseguro em troca do teu trabalho, o trabalho que eu também te asseguro: a felicidade material e a espiritual, o pão, a casa, a beleza e o livro. O Livro, por fim; porque o Livro é tudo mais: a Sciencia, a Arte, a Religião, a Moral, o Direito, o Ideal.
>
> O Estado integral vae a todos os sectores sociaes; quer ser coextensivo à Sociedade. Parte das seguintes premissas: 1. Tudo que é social deve interessar ao Estado. 2. O Estado vale a somma dos valores de tudo que é social. Donde a conclusão:

1235 "No interesse geral, o Estado póde sempre intervir e no que quer que seja" (MIRANDA, Pontes de. *Os Fundamentos Actuaes do Direito Constitucional*. Rio de Janeiro: Freitas Bastos, 1932, p. 271).

1236 SMEND, Rudolf. *Constitución y Derecho Constitucional*. Trad. José Maria Beneyto Pérez. Madrid: Centro de Estudios Constitucionales, 1985. Sobre o ponto, conferir: BERCOVICI, Gilberto. "O Estado integral e a simetrização das classes sociais em Pontes de Miranda: o debate dos anos 1930". *Revista Direito E Práxis*, vol. 6, nº 2, 2015, pp. 272-293.

1237 MIRANDA, Pontes de. *Os Fundamentos Actuaes do Direito Constitucional*. Rio de Janeiro: Freitas Bastos, 1932, p. 289.

> Nos Estados integraes, as constituições hão de ser "sociaes", e não "politico-juridica".[1238]

Diante disso, Pontes de Miranda reconheceu que

> [a] Theoria geral do Estado tem de ser reformada, alargada, para que caibam os novos Estados europêus: elles existem, são Estados; e não se compreenderia a invariabilidade de uma Theoria, que deixasse fóra das suas proposições Estados que existem.[1239]

Sobre o fortalecimento do Poder Executivo no paradigma do Estado Social, Pontes de Miranda afirma o seguinte, em provável resposta às análises críticas constantes do livro de Mirkine-Guetzévitch:

> Têm-se dito que se facilita ao Presidente apoiar-se no povo contra o Parlamento e se prepara, com tal innovação, o ressurgimento do Executivo dominador. Cita-se a Alemanha de antes da guerra, citam-se os dois Imperios franceses. Mas sem razão: as circumstancias actuaes são diferentes e as massas mais esclarecidas nos seus votos. De qualquer modo, o apparelho constitucional alemão enriqueceu-se de democracia. Quando se diz que elle leva à democracia directa ou à supremacia do Executivo repete-se uma só coisa; porque tal supremacia, com a revogabilidade do poder do Executivo, só se poderia apoiar no povo. **A comparação com o phenomeno alemão de antes da guerra é, de todo, incabivel. Deu-se um passo para o lado de Rousseau, porém com outros mecanismos.** Espera-se que

---

1238 MIRANDA, Pontes de. *Os Fundamentos Actuaes do Direito Constitucional*. Rio de Janeiro: Freitas Bastos, 1932, pp. 410/411.

1239 MIRANDA, Pontes de. *Os Fundamentos Actuaes do Direito Constitucional*. Rio de Janeiro: Freitas Bastos, 1932, p. 230.

> a critica attenda aos factos novos. Não é justo que se reproduzam as velhas tiradas de Montesquieu.[1240]

Como se vê, o argumento de Pontes de Miranda é no sentido de ser democrático esse fortalecimento do Poder Executivo porque seria ele temperado por elementos de democracia direta – "um passo para o lado de Rousseau" – isto é, pela possibilidade de plebiscitos e de referendos populares: "onde se reforça o Executivo, póde a Constituição cogitar, por outro lado, da revogação dos poderes do Chefe de Estado ou do governo, mediante os novos expedientes de democracia directa".[1241] É preciso destacar que esse argumento é bastante similar àquele utilizado por Carl Schmitt para justificar, a partir da sua definição de democracia como identidade direta entre governante e governados, o *Füher* como o "guardião da Constituição" e àquele invocado por Francisco Campos para justificar o suposto caráter extremamente democrático da Carta de 1937, na medida em que endossavam uma forma de democracia plebiscitária em que a vontade popular (apenas da maioria) manifestar-se-ia diretamente, sem intermediários e representantes,[1242] encarnando-se na figura mítica do César moderno, do ditador.

1240 MIRANDA, Pontes de. *Os Fundamentos Actuaes do Direito Constitucional*. Rio de Janeiro: Freitas Bastos, 1932, pp. 346/347, destaque nosso.

1241 MIRANDA, Pontes de. *Os Fundamentos Actuaes do Direito Constitucional*. Rio de Janeiro: Freitas Bastos, 1932, p. 323.

1242 CAMPOS, Francisco. Sobre o ponto, é importante recuperar sugestiva reminiscência de Carlos Drummond de Andrade sobre um encontro fortuito dele com Francisco Campos, no centro do Rio de Janeiro, em 12 de dezembro de 1962, em que se teria travado o seguinte diálogo: "numa rua do Centro, passa Francisco Campos, hoje inteiramente afastado da política. Francisco de Assis Barbosa e eu nos aproximamos para cumprimentá-lo. Chico puxa a conversa para os assuntos políticos. Campos acha que João Goulart fez uma jogada de classe, e a Oposição não soube enfrentá-la. Ele ganhará, dado pelo povo através de plebiscito, aquilo que o Congresso não lhe quis dar. Levará assim enorme vantagem sobre o novo Congresso, e exigirá deste uma reforma

Sobre essa tentativa do jurista alagoano de não identificar as novas ordens constitucionais do paradigma do Estado Social com algumas características da Teoria Geral do Estado alemã do século XIX, cabem algumas observações.

Em primeiro lugar, Pontes de Miranda usa o exemplo weimariano, que é – até ser destruído pela ascensão do nazismo em 1933 – o mais democrático de todos daquela época, para justificar o seu argumento, ao passo em que os verdadeiros casos analisados por Mirkine-Guetzévitch dizem respeito a ordens constitucionais que, não obstante tenham se inspirado originalmente em Weimar, foram reformadas no transcurso dos anos 1920-1930 devido às agudas crises políticas e econômicas, sofrendo significativas e autoritárias mutações constitucionais instauradoras de uma notável concentração de poder político pela Presidência da República, o que primou por suscitar as chamadas "ditaduras constitucionais", que subverteram por completo a originária inspiração weimariana.

Em segundo lugar, Pontes de Miranda deposita um peso demasiadamente grande nas disposições constitucionais referentes à possibilidade de participação popular direta, como se a sua mera formalização constitucional pudesse, por si só, servir de termostato contra pretensões abusivas antidemocráticas e ditatoriais. Não obstante, ele próprio assume que "[n]ão vemos praticada, porém

---

constitucional que lhe permita candidatar-se à reeleição e, mesmo, contar o seu período presidencial vigente a partir da data em que seus poderes forem restabelecidos... E daí seguirá para a ditadura. **Todas as ditaduras – sentencia Campos – começam pela consulta direta ao povo**, como esta do plebiscito" (ANDRADE, Carlos Drummond de. "Francisco Campos, o político". *In*: ______. *O observador do escritório*. São Paulo: Companhia das Letras, 2020, p. 165, destaque nosso). Ironicamente, não seria João Goulart que daria um golpe de Estado; na verdade, em março de 1964, seria ele próprio quem sofreria um movimento golpista por parte do Exército brasileiro, o qual, logo em seguida, contaria com a colaboração direta de ninguém menos do que Francisco Campos para a redação do Ato Institucional n. 1, que pretendia disciplinar juridicamente a ditadura.

parece-nos applicavel, a votação popular para obviar aos inconvenientes das coalições partidárias, cabendo ao povo pronunciar-se sobre a possibilidade moral e doutrinal do acordo".[1243]

Não é dado por ele um exemplo concreto sequer em que essa atuação popular teria funcionado como freio ao Executivo. Ao revés, quando fala da experiência constitucional polonesa, reconhece, assim como o faz Mirkine, a inspiração monárquica.[1244] Um claro exemplo disso, acima já citado, é o do artigo 187 da Carta brasileira de 1937, que previa o decreto presidencial regulamentador do plebiscito que alegadamente daria legitimidade à Carta e que jamais foi expedido por Getúlio Vargas.

Em terceiro lugar, Pontes de Miranda insiste em uma semântica positivista e organicista, inclusive para criticar, à semelhança do que fez a Teoria Geral do Estado oitocentista, o "dogma da separação dos Poderes".[1245] Para ele, a desafiadora experiência política da sociedade de massas do século XX teria suscitado a "distribuição das competências organicas"[1246] entre os órgãos do Estado. Como exemplo, suscita a "contradição da exclusividade do Poder Legislativo em relação aos seus resultados como technica e como representação effectiva do povo".[1247] Noutras palavras, como sintoma da crise da democracia representativa por ele exaustivamente denunciada, "[a]

1243 MIRANDA, Pontes de. *Os Fundamentos Actuaes do Direito Constitucional*. Rio de Janeiro: Freitas Bastos, 1932, pp. 364/365.

1244 "Na Polonia, **a solução é a de origem monarchica**, que consiste em investir o Executivo dos poderes legislativos orçamentários na ausência da Diéta" (MIRANDA, Pontes de. *Os Fundamentos Actuaes do Direito Constitucional*. Rio de Janeiro: Freitas Bastos, 1932, p. 325, destaque nosso).

1245 MIRANDA, Pontes de. *Os Fundamentos Actuaes do Direito Constitucional*. Rio de Janeiro: Freitas Bastos, 1932, p. 321.

1246 MIRANDA, Pontes de. *Os Fundamentos Actuaes do Direito Constitucional*. Rio de Janeiro: Freitas Bastos, 1932, p. 325.

1247 MIRANDA, Pontes de. *Os Fundamentos Actuaes do Direito Constitucional*. Rio de Janeiro: Freitas Bastos, 1932, p. 322.

fim de obviar a inercia da Legislatura, a technica contemporanea appella para as leis de iniciativa popular ou de centros technicos, inclusive proletários".[1248] Conforme discorrido, a já exposta consequência desse fenômeno foi a autoritária passagem das competências legislativas do povo e do Parlamento para o Presidente da República, consubstanciando o fenômeno das "delegações legislativas", estampado no artigo 180 da Carta de 1937.

Em quarto lugar, tentando engatar sociologicamente o fortalecimento do Poder Executivo com a concomitante "insufficiencia de Legislatura",[1249] Pontes de Miranda afirma o seguinte:

> Por isso mesmo, as ditaduras do typo sulamericano foram caudilhescas e sem qualquer ligação com o phenomeno européu da necessidade de fortalecer o Executivo. Precisava-se, exactamente, do contrario. Sómente poderiam justificá-las intuitos de implantação de democracia radical, de quebra dos apparelhos 'desdemocratizantes' da chamada democracia representativa, ou do passo firme no sentido da socialização. Fóra daí, as ditaduras dos Estados presidenciaes tinham de ser regressões violentas: hypertrophias de um Poder já viciosamente hypertrophiado, o Executivo.[1250]

Sobre o ponto, páginas antes, quando falava da inflexível concepção oitocentista da separação de Poderes, Pontes de Miranda assim discorre:

> No Seculo XIX e no começo do Seculo XX ha uma exepção à equanima aceitação do dogma, que é a de um Estado brasileiro,

1248 MIRANDA, Pontes de. *Os Fundamentos Actuaes do Direito Constitucional*. Rio de Janeiro: Freitas Bastos, 1932, p. 327.

1249 MIRANDA, Pontes de. *Os Fundamentos Actuaes do Direito Constitucional*. Rio de Janeiro: Freitas Bastos, 1932, p. 338.

1250 MIRANDA, Pontes de. *Os Fundamentos Actuaes do Direito Constitucional*. Rio de Janeiro: Freitas Bastos, 1932, p. 338.

> escapo, por suas ligações philosophicas, originariamente criticas do racionalismo politico dos Seculos XVII e XVIII: o Rio Grande do Sul. O historiador do apriorismo distributivista dos tres seculos kantianos terá, na perspectiva, de colorir e separar da homochromia americana o exemplo díspar.[1251]

Há alguns problemas em referido argumento. Conforme discorrido no capítulo I, por mais que se possa conceber que, já durante a República Velha (1889-1930), os presidentes da República possuíam grandes poderes, por vezes centralizadores e com tendências autoritárias – o que é verificável, por exemplo, na Política dos Governadores e, sobretudo, na caudilhesca experiência constitucional do Rio Grande do Sul e de sua autoritária Constituição de 1891 –, é inegável que, com o advento da Revolução de 1930 e, principalmente, do Estado Novo (1937-1945), o Brasil passa a experimentar um outro patamar de centralização política em torno do Presidente da República, como foi típico do paradigma do Estado Social mundialmente. Dizer, como Pontes de Miranda, que essa circunstância foi completamente alheia ao que acontecia na Europa é não só ignorar as potencialidades de intercâmbios de ideias em uma sociedade mundial altamente integrada,[1252] mas, sobretudo, ignorar que essas mesmas ideias não ficaram, aqui no Brasil, apenas no plano teorético; ao contrário, como é próprio do Direito Público, foram suscitadas para tensionar, fundamentar e legitimar experiências políticas concretas inspiradas no que ocorria, em maior ou menor grau, no mundo.

1251 MIRANDA, Pontes de. *Os Fundamentos Actuaes do Direito Constitucional*. Rio de Janeiro: Freitas Bastos, 1932, p. 321.

1252 "A sociedade é hoje inequivocamente sociedade mundial" (LUHMANN, Niklas. *Sistemas sociais*: esboço de uma teoria geral. Trad. Antonio C. Luz Costa, Roberto Dutra Torres Junior, Marco Antonio dos Santos Casanova. Petrópolis: Vozes, 2016, pp. 488-490). Sobre o ponto, conferir também: NEVES, Marcelo. "Ideias em outro lugar? Constituição liberal e codificação do Direito Privado na virada do século XIX para o século XX no Brasil". *Revista Brasileira de Ciências Sociais*, vol. 30, nº 88, jun. 2015.

Vargas, muito embora tenha tido a sua carreira política gestada no seio da tradição gaúcha castilhista – da qual herdou muitos traços, conforme já exposto – não pode ser resumido a essa vivência. Como já demonstrado, a ditadura do Estado Novo comprovaria isso, na medida em que foi profundamente influenciada por experiências constitucionais como a da Polônia, que, por sua vez, fazia parte de um caldo de cultura constitucional europeu de ressignificação autoritária, para as sociedades de massas da década de 1930, de premissas-chave da Teoria Geral do Estado típica do século XIX, virando do avesso ordens democráticas como a de Weimar e a brasileira de 1934.

Destaque-se aqui, por extremamente oportuno, que essa ressignificação jurídico-política do antigo princípio monárquico pelas ditaduras constitucionais das décadas de 1930-1940 ocorreu no plano *simbólico*, ou seja, na tentativa de novamente se ocupar o conceito de soberania com uma entidade simbólica e corpórea, com um incontestável poder pessoal materializado agora não mais na figura de reis, mas sim, em um contexto majoritariamente republicano, em presidentes e ditadores.

É claro que os problemas constitucionais das sociedades de massas do paradigma do Estado Social eram radicalmente diferentes daqueles do século XIX e de suas monarquias constitucionais, justamente por isso que autores como Mirkine-Guetzévitch e Menelick de Carvalho Netto comparam essas duas conjunturas apenas a partir do *simbolismo constitucional* do poder pessoal dos Chefes de Governo, materializado em resistentes fragmentos, restolhos, sedimentos de princípio monárquico que, novamente tensionando-se com os princípios da separação de Poderes e da soberania popular, reapareceram, teórica e institucionalmente, potencializados, transmutados, adaptados para o novo paradigma constitucional.

Sendo assim, não se está defendendo aqui, por exemplo, que Vargas se inspirou diretamente no Império brasileiro em seus ambíguos e revolucionários projetos de modernização. Na verdade, a questão que se coloca é que a caudilhesca e positivista tradição política sul-rio-grandense de Getúlio foi expressamente entrecortada exatamente por essa conjuntura mundial das ditaduras constitucionais, influenciando a conformação das estruturas de poder do Estado Novo – conforme adiantado, o golpe de 1937 se inspirou, por exemplo, no Estado Novo português e na ditadura polonesa.[1253] Por sua vez, esse arcabouço ditatorial concebido como semântica política mundialmente compartilhada[1254] foi matizado por estruturas próprias de cada tradição e realidade nacionais.

Feito esse esclarecimento, é preciso assentar que, na referida conjuntura, o Estado Novo se preocupava fortemente com o papel político dos intelectuais na nova conjuntura, seja para pragmaticamente cooptá-los para projetos de explícita legitimação do regime ditatorial, seja para se blindar da influência daqueles considerados subversivos e hostis ao governo. O controle rígido da imprensa e das artes pelo Departamento de Imprensa e Propaganda (DIP)[1255] e

---

1253 BERCOVICI, Gilberto. "Tentativa de instituição da democracia de massas no Brasil: instabilidade constitucional e direitos sociais na Era Vargas (1930-1964)". *In*: SOUZA NETO, Cláudio Pereira de; SARMENTO, Daniel (Coord.). *Direitos Sociais*: fundamentos, judicialização e direitos sociais em espécie. Rio de Janeiro: Lumen Juris, 2008, p. 40.

1254 HOBSBAWN, Eric. *Era dos Extremos*: o breve século XX. Trad. Marcos Santarrita. 2ª ed. 42ª imp. São Paulo: Companhia das Letras, 1995, p. 115.

1255 O Departamento de Imprensa e Propaganda (DIP) foi criado pelo Decreto-Lei n. 1.915, de 27 de dezembro de 1939. O referido órgão veio a substituir o Departamento de Propaganda e Difusão Cultural – DPDC (1934-1938) e o Departamento Oficial de Publicidade (1931-1934). Entre 1934 e 1942, o órgão foi comandado por Lourival Fontes, que foi o grande responsável pela institucionalização da propaganda do regime. A sede do DIP ficava no Rio de Janeiro, mas o órgão possuía ramificações por todo o país consubstanciadas nos Departamentos Estaduais de Imprensa e Propaganda (DEIPs), que eram controlados de maneira centralizada por ordens vindas da capital. As principais atribuições do DIP e dos DEIps era realizar a propaganda política do Estado Novo, censurar informações e obras consideradas perigosas ou subversivas, valorizar as manifestações culturais nacionais e realizar o culto pessoal de Getúlio Vargas. Talvez os principais símbolos da

a cooptação de letrados pelo Ministério da Educação e Saúde Pública para postos-chave da sua própria burocracia e/ou de posições acadêmicas de destaque nas universidades brasileiras e nos meios de comunicação evidenciam talvez as duas mais sobressalentes faces da intricada engenharia de propaganda e de construção ideológica, ambas talhadas, de um lado, com pretensões legitimadoras do regime estado-novista e, de outro, com o acesso dos intelectuais a postos de poder e de destaque cultural.

O paradigma do Estado Social e, sobretudo, as chamadas "ditaduras constitucionais", que efervesceram nos anos 1930, viam o campo intelectual (imprensa, universidades, literatura, cinema, teatro, rádio etc.) não mais como um terreno de manifestação livre de individualidades, como no constitucionalismo liberal típico do século XIX, mas sim como um dos principais campos de batalha para a afirmação de seus projetos políticos centralizadores e autoritários, ou seja, como possuidor de uma função pública – entendendo-se por isso a necessidade de seu alinhamento automático e irrestrito às diretrizes do Estado e do Poder Executivo.[1256] Esse será o tema do próximo capítulo.

---

comunicação regulada pelo DIP tenham sido o programa de rádio *Hora do Brasil*, veiculado diariamente, de maneira obrigatória, por todas as rádios brasileiras; o jornal *A Manhã*, fundado em 1941 e comandado por Cassiano Ricardo; e a revista *Cultura Política*, dirigida por Almir de Andrade.

1256 Francisco Campos discorre, especificamente, sobre o interesse público envolto na educação e na imprensa, de modo que as referidas atividades intelectuais deveriam necessariamente refletir os princípios e valores da pátria, na interpretação dada pelo Poder Executivo. Nesse sentido, conferir: CAMPOS, Francisco. "Diretrizes do Estado Nacional". *In*: ______. *O Estado nacional*: sua estrutura, seu conteúdo ideológico. Brasília: Conselho Editorial do Senado Federal, 2001, pp. 66-69.

CAPÍTULO III

O DECRETO-LEI N. 2.639/1940 E O POLITICAMENTE ORIENTADO DESMEMBRAMENTO DA CÁTEDRA DE DIREITO PÚBLICO E CONSTITUCIONAL NAS CADEIRAS DE TEORIA GERAL DO ESTADO E DE DIREITO CONSTITUCIONAL

3.1 Os modernismos artísticos e o Estado Novo

No entreguerras, foram ressignificadas pela emergência do paradigma do Estado Social as complexidades e ambiguidades das já multifacetadas relações entre os intelectuais e a política.[1257] No Brasil, essas

1257 Julien Benda fala em uma "traição dos intelectuais", já que, em oposição à postura contemplativa e reclusa de outrora – comparável à do clérigo medieval –, "(...) no final do século XIX produz-se uma mudança capital: os intelectuais passam a fazer o jogo das paixões políticas; os que formavam um obstáculo ao realismo dos povos tornam-se seus estimuladores. Essa subversão no funcionamento moral da humanidade opera-se por vários meios" (BENDA, Julien. *A traição dos intelectuais.*

transformações sociopolíticas e suas relações com a intelectualidade foram acentuadas após a Revolução de 1930 e, sobretudo, com a deflagração do Estado Novo, em 1937.[1258]

Nesse contexto de maior capilaridade estatal, os intelectuais assumiram diversos papéis de proa na definição de políticas públicas e de importantes legislações. No Brasil da época, "[o] ideal da brasilidade e da renovação nacional é, então, apresentado como o elo das duas revoluções: a artística e a política",[1259] fenômeno que será pragmaticamente captado e aproveitado pela administração

---

Trad. Paulo Neves. São Paulo: Peixoto Neto, 2007, p. 144). Gérard Leclerc também teoriza sobre o papel sociopolítico dos intelectuais, explorando diversas tensões e complexidades entre a atuação reflexiva e a crescente participação dos letrados nos espaços de poder, especialmente no século XX (LECLERC, Gérard. *Sociologia dos intelectuais*. Trad. Paulo Neves. São Leopoldo: Unisinos, 2004, pp. 83-104). Edward W. Said, por sua vez, investiga as complexidades entre colaboração política e independência analítica, apontando que a função do intelectual, muito embora diversas experiências históricas do século XX demonstrem exatamente o contrário, seria "falar a verdade ao poder" (SAID, Edward W. *Representação do intelectual*: as Conferências Reith de 1993. Trad. Milton Hatoum. São Paulo: Companhia das Letras, 2005, pp. 89-104). Sobre o mesmo tema, conferir: FOUCAULT, Michel. "Os intelectuais e o poder". *In*: ______. *Microfísica do poder*. Trad. Roberto Machado. Rio de Janeiro: Graal, 1979, pp. 69-78; BOBBIO, Norberto. *Os intelectuais e o poder*: dúvidas e opções dos homens de cultura na sociedade contemporânea. Trad. Marco Aurélio Nogueira. São Paulo: Universidade Estadual Paulista, 1997, pp. 31-90; e SOWELL, Thomas. *Os intelectuais e a sociedade*. Trad. Maurício G. Righi. São Paulo: É Realizações, 2011, pp. 65-124 e 247-492.

1258 MICELI, Sergio. "Intelectuais e classe dirigente no Brasil (1920-1945)". *In*: ______. *Intelectuais à brasileira*. São Paulo: Companhia das Letras, 2001, pp. 76-87.

1259 VELLOSO, Monica Pimenta. "Os intelectuais e a política cultural do Estado Novo". *In*: FERREIRA, Jorge; DELGADO, Lucila de Almeida Neves. *O Brasil Republicano*: o tempo do nacional-estatismo, do início dos anos 1930 ao apogeu do Estado Novo – Segunda República (1930-1945). vol. 2. 10ª ed. rev. e atual. Rio de Janeiro: Civilização Brasileira, 2020, p. 162.

varguista. É por isso mesmo que o adjetivo "novo" aparece frequentemente atrelado tanto às manifestações políticas (como na própria denominação do regime ditatorial de 1937) quanto às diversas propostas estéticas do Modernismo.[1260]

É preciso deixar bem claro que "essa ligação entre modernistas e Estado Novo foi uma invenção do regime, que se apropriou do movimento modernista como um todo uniforme, não distinguindo as várias correntes de pensamento que a integraram".[1261]

Para criar, nessa perspectiva, mais um "instrumento de doutrinação do que propriamente de pesquisa e de reflexão",[1262] ao contrário do que defendiam algumas das correntes estéticas mais críticas e iconoclastas.

Esse processo de pasteurização politicamente interessada do movimento modernista "recupera apenas a doutrina de um grupo: a dos verdes-amarelos, composto por Cassiano Ricardo, Menotti

---

1260 VELLOSO, Monica Pimenta. "Os intelectuais e a política cultural do Estado Novo". *In*: FERREIRA, Jorge; DELGADO, Lucila de Almeida Neves. *O Brasil Republicano*: o tempo do nacional-estatismo, do início dos anos 1930 ao apogeu do Estado Novo – Segunda República (1930-1945). vol. 2. 10ª ed. rev. e atual. Rio de Janeiro: Civilização Brasileira, 2020, p. 146.

1261 VELLOSO, Monica Pimenta. "Os intelectuais e a política cultural do Estado Novo". *In*: FERREIRA, Jorge; DELGADO, Lucila de Almeida Neves. *O Brasil Republicano*: o tempo do nacional-estatismo, do início dos anos 1930 ao apogeu do Estado Novo – Segunda República (1930-1945). vol. 2. 10ª ed. rev. e atual. Rio de Janeiro: Civilização Brasileira, 2020, p. 163.

1262 VELLOSO, Monica Pimenta. "Os intelectuais e a política cultural do Estado Novo". *In*: FERREIRA, Jorge; DELGADO, Lucila de Almeida Neves. *O Brasil Republicano*: o tempo do nacional-estatismo, do início dos anos 1930 ao apogeu do Estado Novo – Segunda República (1930-1945). vol. 2. 10ª ed. rev. e atual. Rio de Janeiro: Civilização Brasileira, 2020, p. 163.

Del Picchia e Plínio Salgado";[1263] além de Cândido Motta Filho e de Ataliba Nogueira, sendo estes dois últimos importantes personagens da Faculdade de Direito de São Paulo cujas trajetórias políticas e acadêmicas serão doravante abordadas com mais vagar.

O Movimento Verde-Amarelo foi fundado, em 1926, por Plínio Salgado, mediante o panfleto *A Anta e o Curupira*, em oposição ao Manifesto Pau-Brasil, de 1924, que fora liderado por Oswald de Andrade e era considerado pelos verde-amarelistas como defensor de um nacionalismo afrancesado. Pretendia-se, portanto, seguir uma tendência estética nacionalista mais radical do que aquela que prevaleceu na Semana de Arte Moderna, de 1922; que efetivamente depurasse a literatura brasileira de mimetismos estrangeiros e apostasse em temas e tendências realmente nacionais.[1264]

Do verde-amarelismo, surgiriam as inspirações para o Integralismo e para o Movimento da Bandeira.[1265]

Esse segundo movimento, o Bandeirismo, foi fundado por Cassiano Ricardo na década de 1930 e se diferia do Integralismo por se opor ao totalitarismo de inspiração fascista, dizendo-se, ao

---

1263 VELLOSO, Monica Pimenta. "Os intelectuais e a política cultural do Estado Novo". *In*: FERREIRA, Jorge; DELGADO, Lucila de Almeida Neves. *O Brasil Republicano*: o tempo do nacional-estatismo, do início dos anos 1930 ao apogeu do Estado Novo – Segunda República (1930-1945). vol. 2. 10ª ed. rev. e atual. Rio de Janeiro: Civilização Brasileira, 2020, p. 163.

1264 CAMPOS, Maria José. *Versões modernistas da democracia racial em movimento*: estudo sobre as trajetórias e as obras de Menotti Del Picchia e Cassiano Ricardo até 1945. São Paulo: USP, 2007, pp. 102-186. (Tese de Doutorado).

1265 GONÇALVES, Leandro Pereira. "A intelectualidade integralista de Plínio Salgado: uma análise do discurso literário". *Revista Literatura e Autoritarismo*, nº 13, 2009, p. 45. Disponível em: https://doi.org/10.5902/1679849X73910. Acessado em: 16.08.2024.

contrário, defensor de uma "democracia social nacionalista".[1266] Cassiano Ricardo buscou se inspirar no movimento das "Bandeiras" do período colonial, que, segundo aponta, teria inaugurado a construção da identidade brasileira. Essas ideias estão estampadas no livro *A marcha para o Oeste*, de 1940. Em síntese, o Movimento da Bandeira defendia

> o "comando seguro" (autoridade forte) e a "disciplina consciente" (cooperação de todos os brasileiros). Segundo Del Picchia, o movimento foi criado em defesa da originalidade brasileira, com o objetivo de trabalhar pela união nacional e pela reorganização do novo Estado, de acordo com processos brasileiros e sem empréstimos alheios à história do país.[1267]

O elo entre o ufanismo nacionalista que regia esses movimentos artísticos e a propaganda do Estado Novo foi pragmaticamente construído pelo aparelho burocrático do regime:

> (...) a visão crítica da cultura, apontada por algumas correntes modernistas, vai ser substituída pelo ufanismo. Dentro desse quadro grandioso não há mais lugar para o anti-herói e sua preguiça. Naturalmente que a dessacralização do herói mostrar-se-ia incompatível para um regime que se preocupava em fixar as bases míticas de um Estado forte. Assim, a versão macunaímica do ser nacional vai ceder lugar à versão mítica e apoteótica da 'raça de gigantes' criada pelo grupo verde-amarelo.

1266 CAMPOS, Maria José. *Versões modernistas da democracia racial em movimento*: estudo sobre as trajetórias e as obras de Menotti Del Picchia e Cassiano Ricardo até 1945. São Paulo: USP, 2007, p. 231. (Tese de Doutorado).

1267 CAMPOS, Maria José. *Versões modernistas da democracia racial em movimento*: estudo sobre as trajetórias e as obras de Menotti Del Picchia e Cassiano Ricardo até 1945. São Paulo: USP: 2007, p. 232. (Tese de Doutorado).

> Essa vinculação entre modernismo e Estado Novo é extremamente importante, uma vez que demonstra o esforço do regime para ser identificado como defensor de ideias arrojadas e inovadoras no campo da cultura. Os fatos demonstram que esse esforço não foi em vão. Poucos intelectuais conseguiram resistir aos apelos de integração por parte do Estado.[1268]

Destaque-se que, em 1938, Menotti Del Picchia foi indicado pelo interventor federal Ademar de Barros como o primeiro diretor do Departamento de Publicidade e Propaganda do Estado de São Paulo, órgão diretamente controlado pelo Estado Novo e que, posteriormente, com a criação do Departamento de Imprensa e Propaganda (DIP), foi transformado em Departamento Estadual de Imprensa e Propaganda (DEIP).[1269] Em 1942, dirigiu o jornal governista *A Noite*.[1270] No ano seguinte, tomou posse na cadeira de número 28 da Academia Brasileira de Letras (ABL).

Também o integralismo foi pragmaticamente manuseado por Vargas. Recebendo um tratamento bastante diferente daquele violentamente dispensado à Ação Nacional Libertadora, a Ação Integralista Brasileira foi instrumentalizada na luta contra o comunismo. Inclusive, a deflagração do Estado Novo, em 1937, foi apoiada por Plínio Salgado em troca da promessa de sua indicação para integrar

---

1268 VELLOSO, Monica Pimenta. "Os intelectuais e a política cultural do Estado Novo". *In*: FERREIRA, Jorge; DELGADO, Lucila de Almeida Neves. *O Brasil Republicano*: o tempo do nacional-estatismo, do início dos anos 1930 ao apogeu do Estado Novo – Segunda República (1930-1945). vol. 2. 10ª ed. rev. e atual. Rio de Janeiro: Civilização Brasileira, 2020, p. 163.

1269 CAMPOS, Maria José. *Versões modernistas da democracia racial em movimento*: estudo sobre as trajetórias e as obras de Menotti Del Picchia e Cassiano Ricardo até 1945. São Paulo: USP, 2007, pp. 237/238. (Tese de Doutorado).

1270 CAMPOS, Maria José. *Versões modernistas da democracia racial em movimento*: estudo sobre as trajetórias e as obras de Menotti Del Picchia e Cassiano Ricardo até 1945. São Paulo: USP, 2007, p. 309. (Tese de Doutorado).

o ministério do novo regime. Todavia, com a deflagração do golpe, todas as agremiações partidárias, inclusive a AIB, foram fechadas, do que resultou em uma grande indignação dos camisas-verdes manifestada na tentativa de invasão do Palácio da Guanabara em 11 de maio de 1938, deflagrada com o objetivo de depor Vargas. Esse movimento, no entanto, foi rapidamente debelado, resultando, em 1939, na prisão e exílio em Portugal de Plínio Salgado[1271] e de outros líderes integralistas, como Miguel Reale.

É claro que, ao contrário do que os usos político-ideológicos do ideário artístico modernista pelo Estado Novo pretendiam emplacar, o modernismo não foi monolítico e unânime em suas pautas intelectuais, tampouco nos seus graus de intensidade e de frequência de colaboração com o regime ditatorial de Vargas. Na verdade,

> [s]e a vertente modernista conservadora foi vitoriosa no interior da doutrina estado-novista, o regime não exclui a colaboração de outros intelectuais que defendiam projetos culturais mais inovadores, como é o caso de Carlos Drummond de Andrade e Mário de Andrade.[1272]

1271 BERTONHA, João Fábio. "Um conspirador em busca do poder (1937-1939)". *In*: ______. *Plínio Salgado*: biografia política. São Paulo: Universidade de São Paulo, 2018, pp. 205-239; e GONÇALVES, Leandro Pereira. "O Estado Novo: o fim da Ação Integralista Brasileira e prisão de Plínio Salgado". *In*: VIANNA, Marly de Almeida Gomes; SILVA, Érica Sarmiento da Silva; GONÇALVES, Leandro Pereira (Coord.). *Presos políticos e perseguidos estrangeiros na Era Vargas*. Rio de Janeiro: Mauad X/Faperj, 2014, pp. 129-158.

1272 VELLOSO, Monica Pimenta. "Os intelectuais e a política cultural do Estado Novo". *In*: FERREIRA, Jorge; DELGADO, Lucila de Almeida Neves. *O Brasil Republicano*: o tempo do nacional-estatismo, do início dos anos 1930 ao apogeu do Estado Novo – Segunda República (1930-1945). vol. 2. 10ª ed. rev. e atual. Rio de Janeiro: Civilização Brasileira, 2020, p. 163. Especificamente sobre a colaboração de Mário de Andrade com o regime varguista, conferir: BOMENY, Helena. "Mário e o Ministério Capanema: diálogos e ambivalências". *In*: ______. *Um poeta*

Essa circunstância demonstra "a complexidade e mesmo ambiguidade da política cultural do regime, que agrega intelectuais das mais diferentes correntes de pensamento, como os modernistas, positivistas, integralistas, católicos e até socialistas",[1273] a depender das pragmáticas intencionalidades e momentos políticos vivenciados.

Sabe-se muito bem que livros de intelectuais conservadores e antiliberais mantiveram estreita e ambígua relação com o golpe de 1937, "o qual prenunciaram e ajudaram a fazer existir".[1274]

---

na política: Mário de Andrade, paixão e compromisso. Rio de Janeiro: Casa da Palavra, 2012, pp. 99-107.

1273 VELLOSO, Monica Pimenta. "Os intelectuais e a política cultural do Estado Novo". *In*: FERREIRA, Jorge; DELGADO, Lucila de Almeida Neves. *O Brasil Republicano*: o tempo do nacional-estatismo, do início dos anos 1930 ao apogeu do Estado Novo – Segunda República (1930-1945). vol. 2. 10ª ed. rev. e atual. Rio de Janeiro: Civilização Brasileira, 2020, pp. 163/164.

1274 MICELI, Sergio. *Lira mensageira*: Drummond e o grupo modernista mineiro. São Paulo: Todavia, 2022, p. 107.

De fato, as obras de Francisco Campos,[1275] Oliveira Vianna,[1276] Azevedo Amaral,[1277] Cândido Motta Filho,[1278] Almir de Andrade,[1279] Gustavo Barroso,[1280] dentre vários outros, foram essenciais, cada

---

1275 CAMPOS, Francisco. *O Estado nacional*: sua estrutura, seu conteúdo ideológico. Brasília: Conselho Editorial do Senado Federal, 2001.

1276 VIANNA, Francisco José de Oliveira. *Ensaios inéditos*. Campinas: Unicamp, 1991; VIANNA, Francisco José de Oliveira. *Instituições políticas brasileiras*. Brasília: Senado Federal, 1999; VIANNA, Francisco José de Oliveira. *O Idealismo da Constituição*. 3ª ed. São Paulo: Nacional, 1939; VIANNA, Francisco José de Oliveira. *Populações Meridionais do Brasil*. Brasília: Senado Federal, 2005; VIANNA, Francisco José de Oliveira. *Problemas de organização e problemas de direção*: o povo e o governo. 2ª ed. Rio de Janeiro: Record, 1974; e VIANNA, Francisco José de Oliveira. *Problemas de política objetiva*. 3ª ed. Rio de Janeiro: Record, 1974. Sobre as contribuições dessas obras de Vianna para a construção do constitucionalismo autoritário brasileiro da década de 1930, sobretudo após a deflagração do Estado Novo, em 1937, conferir: PINTO, Francisco. "Oliveira Vianna e a construção científica do constitucionalismo autoritário". *Revista da Faculdade de Direito da UFRGS*, Porto Alegre, nº 46, ago. 2021, pp. 182-206.

1277 AMARAL, Azevedo. *O Estado autoritário e a realidade nacional*. Rio de Janeiro: José Olympio, 1938.

1278 MOTTA FILHO, Cândido. *O Poder Executivo e as ditaduras constitucionais*. São Paulo: Estabelecimento Gráfico Phoenix, 1940. Sobre as influências de Carl Schmitt na referida obra, conferir: SILVA, José Afonso da Silva. *A Faculdade e meu itinerário constitucional*. São Paulo: Malheiros, 2007, p. 235.

1279 ANDRADE, Almir de. *Fôrça, Cultura e Liberdade*: origens históricas e tendências atuais da evolução política do Brasil. Rio de Janeiro: José Olympio, 1940. Sobre a obra de Andrade e a sua legitimação política da ditadura estado-novista, conferir: PAIVA, Valéria. "Almir de Andrade: intelectual do Estado Novo". *História*, vol. 34, nº 1, jan./jun. 2015; e PAIVA, Valéria. *Diálogo Cordial*: Cultura Política, os intelectuais e as letras no Estado Novo. Rio de Janeiro: UERJ, 2011. (Tese de Doutorado).

1280 BARROSO, Gustavo. *O Integralismo em marcha*. Rio de Janeiro: Schmidt, 1933; e BARROSO, Gustavo. *O Espírito do Século XX*. Rio de Janeiro: Civilização Brasileira, 1936. Sobre a obra de Barroso e os seus usos para a legitimação de autoritarismos políticos, conferir: DANTAS, Elynaldo Gonçalves. *Gustavo Barroso, o Führer brasileiro*:

uma a seu modo e a seu tempo, para a construção e a legitimação intelectuais do arcabouço político-ideológico que culminou com a deflagração e modelagem burocrática do Estado Novo. É claro que há evidentes diferenças e peculiaridades nas obras de todos esses intelectuais; todavia, pode-se dizer que a crítica ao liberalismo (econômico, político e/ou jurídico) e a defesa de um Estado forte e centralizado – para vários deles, de conformação autoritária e ditatorial – foram os mais importantes pontos de convergência; justamente aqueles que, potencializados ao limite, se apresentariam como centrais para ajudar a colocar de pé a Carta de 1937 e a ulterior máquina burocrática da ditadura estado-novista.

Nessa conjuntura, especial atenção deve ser reservada aos bacharéis, já que o Brasil sempre "teve sua configuração política forjada por juristas que atuavam intensamente em atividades políticas e nas mais diversas áreas da Administração Pública",[1281] do que deriva que "[é] fundamental para [a] história republicana compreender as interações desses jurisconsultos com as instituições e também as suas relações interpessoais",[1282] justamente o objeto específico deste capítulo III.

3.2 O grupo do Café Estrela

No rastro dessa tortuosa relação entre intelectuais e poder, Sergio Miceli analisa especificamente a intensa contribuição dada por um grupo de intelectuais modernistas mineiros que se reuniam no Café Estrela, em Belo Horizonte, na virada dos anos 1920-1930,

---

nação e identidade no discurso integralista barrosiano de 1933-1937. Natal: UFRN, 2014. (Dissertação de Mestrado).

1281 ROSENFIELD, Luis. *Revolução conservadora*: genealogia do constitucionalismo autoritário brasileiro (1930-1945). Porto Alegre: EDIPUCRS, 2021, p. 31.

1282 ROSENFIELD, Luis. *Revolução conservadora*: genealogia do constitucionalismo autoritário brasileiro (1930-1945). Porto Alegre: EDIPUCRS, 2021, p. 33.

para os eventos políticos que deflagrariam a Revolução de 1930 e, posteriormente, o Estado Novo.

Esse grupo, composto em sua maioria por jovens intelectuais provenientes da elite mineira, vivenciou "os momentos-chave da peleja no interior da oligarquia, desde os estertores da coligação perremista em 1929 até a instauração do Estado Novo, regime de que foram colaboradores de proa".[1283]

Integravam a referida agremiação sugestivos nomes como os de Gustavo Capanema, Carlos Drummond de Andrade, Milton Campos, Mario Casasanta, Abgar Renault, Pedro Nava, Cyro dos Anjos, Gabriel Passos, João Alphonsus de Guimaraens, Alberto Campos (irmão de Francisco Campos), entre outros.

Desde 1897, Minas Gerais vinha sofrendo com progressivos abalos econômicos provocados, sobretudo, pela crise da cafeicultura, que culminou com a severa redução das receitas estaduais. A incipiente industrialização se fazia notar pela

> parcela restrita de fazendeiros e empresários na casta dominante [, o que] contrasta[va] com o contingente expressivo de profissionais liberais e funcionários públicos, propensos a preencher os cargos de alto escalão.[1284]

Tal contexto, como mais à frente será discorrido, era "radicalmente distinto de São Paulo, onde os proprietários rurais perfaziam 37,7% da elite política"[1285] no mesmo período.

1283 MICELI, Sergio. *Lira mensageira*: Drummond e o grupo modernista mineiro. São Paulo: Todavia, 2022, p. 32.

1284 MICELI, Sergio. *Lira mensageira*: Drummond e o grupo modernista mineiro. São Paulo: Todavia, 2022, pp. 13/14.

1285 MICELI, Sergio. *Lira mensageira*: Drummond e o grupo modernista mineiro. São Paulo: Todavia, 2022, pp. 13/14.

A crise da economia cafeeira e "o consequente declínio da influência dos cafeicultores viabilizaram o processo de centralização política e administrativa",[1286] capitaneado justamente por uma elite de bacharéis e de funcionários públicos de alto escalão. Essa configuração político-administrativa foi mantida mais ou menos intacta, durante toda a República Velha (1891-1930), devido à atuação do unânime Partido Republicano Mineiro (PRM), vindo a sofrer abalos significativos apenas no contexto de formação da Aliança Liberal.

Com o eclodir da Revolução de 1930, Olegário Maciel foi o único presidente estadual eleito mantido pelo Governo Provisório, justamente devido ao substancioso apoio prestado por Minas Gerais aos eventos que culminaram com a deposição de Washington Luís e com o sepultamento da Primeira República. Já no início do Governo Provisório, "Olegário permutou secretários seguidores da facção de Artur Bernardes por moços dispostos a implantar no estado a atividade legionária com ideal tenentista".[1287]

Nesse grupo de jovens, estavam justamente alguns dos modernistas mineiros frequentadores assíduos do Café Estrela, na Rua da Bahia, os quais "foram quadros educados e treinados em estado desprovido de alternativas de carreira e de trabalho fora da cidadela protegida de funcionários graduados".[1288] A despeito dos notórios matizes pessoais e intelectuais de vários deles, nenhum poderia se dar ao luxo de prescindir da íntima relação entre carreira intelectual, serviço público e política.[1289]

1286 MICELI, Sergio. *Lira mensageira*: Drummond e o grupo modernista mineiro. São Paulo: Todavia, 2022, p. 14.

1287 MICELI, Sergio. *Lira mensageira*: Drummond e o grupo modernista mineiro. São Paulo: Todavia, 2022, p. 16.

1288 MICELI, Sergio. *Lira mensageira*: Drummond e o grupo modernista mineiro. São Paulo: Todavia, 2022, p. 32.

1289 MICELI, Sergio. *Lira mensageira*: *Drummond e o grupo modernista mineiro*. São Paulo: Todavia, 2022, p. 33.

Da ambígua simbiose entre os intelectuais modernistas e a política getulista, sobretudo durante o Estado Novo, "a senha de intercâmbio consistia na ciência dos ganhos de parte a parte":[1290] de um lado, os letrados cooptados pela ditadura estado-novista "converteram o ideário do movimento em paradigma de legitimidade";[1291] de outro lado, a relação mantida por esses mesmos intelectuais com o serviço público e com o poder político, além de representar fonte de renda e de progressão na carreira, permitia acesso privilegiado a cátedras universitárias, ao contato com críticos literários respeitados, a círculos intelectuais exclusivos, a editoras líderes de sucesso comercial – como a José Olympio[1292] – e até mesmo, não raras vezes, à condição de imortais da Academia Brasileira de Letras.[1293]

Tomando o grupo do Café Estrela como mote, Miceli traça interessante diagnóstico sobre a conjuntura sociopolítica mineira dos anos 1920-1930 e a consequente construção de laços de interesse entre os jovens bacharéis e a Administração Pública:

> A crise econômica e a perda de protagonismo incitaram porta-vozes da cúpula, em transe de renovação, a cerrar postura em favor da reforma expansiva do Estado central, capaz de beneficiá-la mesmo ao preço de minar o antigo regime com fumos de democracia. Germinavam aí os lineamentos de doutrina que iriam justificar a receptividade à autocracia, ao Estado forte, à arregimentação das massas. O prefácio veemente de Capanema ao livro de Casasanta sentencia as senhas de conduta a debelar o levante passadista e reacionário: as razões de minas são as do Brasil; o estado se aliou à

1290 MICELI, Sergio. *Lira mensageira*: *Drummond e o grupo modernista mineiro*. São Paulo: Todavia, 2022, p. 97.

1291 MICELI, Sergio. *Lira mensageira*: *Drummond e o grupo modernista mineiro*. São Paulo: Todavia, 2022, p. 96.

1292 MICELI, Sergio. *Lira mensageira*: *Drummond e o grupo modernista mineiro*. São Paulo: Todavia, 2022, p. 98.

1293 MICELI, Sergio. *Lira mensageira*: *Drummond e o grupo modernista mineiro*. São Paulo: Todavia, 2022, pp. 98-103.

> revolução de outubro "com a alma" pela reforma estatizante da democracia em descrédito.[1294]

Sobressaem, do excerto acima transcrito, dois personagens imprescindíveis para entender o referido contexto histórico e, mais especificamente, para compreender os propósitos da pesquisa aqui empreendida.

Em primeiro lugar, Mario Casasanta (1898-1963), que atuou, entre 1928 e 1931, como Inspetor-Geral da Instrução Pública na gestão de Francisco Campos como Secretário do Interior de Minas Gerais, ocasião em que foi aprovada a pioneira reforma educacional do ensino público primário e secundário ("Reforma Francisco Campos"), no marco dos inovadores postulados pedagógicos da Escola Nova.[1295]

1294 MICELI, Sergio. *Lira mensageira: Drummond e o grupo modernista mineiro*. São Paulo: Todavia, 2022, pp. 34/35, destaque nosso.

1295 "Reforma Francisco Campos e Mário Casassanta em Minas Gerais (1927) – No governo estadual de Antônio Carlos Ribeiro de Andrada, Francisco Campos assumiu em 1926 a Secretaria de Interior. Data de sua gestão a mais importante reforma educacional do estado, que contou com o inspetor geral de Instrução Pública Mário Casassanta. A reforma realizada em 1927 avançou muitos pontos em relação à anterior, de 1925. Francisco Campos orientou e concentrou esforços no ensino público, particularmente na formação e na qualificação de professores e na reestruturação do Curso Normal. Foram pontos de destaque a vinda de professores estrangeiros, a ida de professores mineiros ao estrangeiro, a criação de cursos de aperfeiçoamento e a utilização intensa da *Revista do Ensino*, que teve sua edição fortalecida, como instrumento de orientação e canal de comunicação com os professores de toda a rede de escolas públicas dos municípios. Recém-empossado na Direção de Instrução Pública, em outubro de 1926, Francisco Campos convocou os professores a participar de um congresso onde seria sistematizada a visão dos professores do estado a respeito da educação, e onde o secretário procuraria cooptar o corpo docente para a condução das alterações que pretendia com a reforma de 1927. A reforma tratou de todos os itens essenciais à reestruturação do ensino primário, desde o estabelecimento de disciplinas, definição de horários, preparação dos professores, até orientações de cumprimento disciplinar e de formação

Em 1932, Mario Casasanta publicou a coletânea de artigos *As Razões de Minas*, referida na citação acima, "livro de momento e para o momento, contém uma série de discursos feitos, na Sociedade Radio Mineira, a convite do Serviço de Informações pelo Rádio, entre 16 de julho e 16 de agosto de 1932",[1296] justamente no auge do levante paulista de 1932. Na referida obra, o jurista mineiro procura desconstruir criticamente os princípios norteadores da insurreição de São Paulo, justificando as medidas constitucionais centralizadoras do Governo Provisório, repudiando os propósitos "reacionários" dos revoltosos e tecendo loas à liderança de Getúlio Vargas.[1297]

Conforme mais à frente será exposto, em dezembro de 1938, Casasanta se tornou, por concurso público, professor catedrático de Direito Público e Constitucional da Faculdade de Direito de Minas Gerais, permanecendo no cargo até a sua morte, em 30 de março de 1963.[1298]

Em segundo lugar, Gustavo Capanema, político e intelectual mineiro que ocuparia, entre 1934 e 1945, o cargo máximo da burocracia intelectual do Estado Novo: o todo-poderoso Ministério da Educação e Saúde Pública, responsável – ao lado do Departamento de Imprensa e Propaganda (DIP) – por toda a política cultural e educacional estado-novista.

---

moral e cívica" (BOMENY, Helena. "Reformas Educacionais". *Centro de Pesquisa e Documentação de História Contemporânea do Brasil*: Dicionário Histórico Biográfico Brasileiro. Disponível em: https://cpdoc.fgv.br/sites/default/files/verbetes/primeira-republica/REFORMAS%20EDUCACIONAIS%20.pdf. Acessado em: 05.12.2023).

1296 CASASANTA, Mario. *As Razões de Minas*. Prefácio de Gustavo Capanema. Belo Horizonte: Imprensa Oficial do Estado, 1932.

1297 CASASANTA, Mario. *As Razões de Minas*. Prefácio de Gustavo Capanema. Belo Horizonte: Imprensa Oficial do Estado, 1932, pp. 63-72 e 99-107.

1298 Conferir ROCHA, Osíris. "Crônica Universitária". *Revista da Faculdade de Direito da Universidade Federal de Minas Gerais*, nº 7, 1967, pp. 160/161.

Oriundo da elite mineira, Gustavo Capanema bacharelou-se pela Faculdade de Direito de Minas Gerais em 1924, tendo sido colega de turma de Mario Casasanta, Abgar Renault, Gabriel Passos e Francisco Negrão de Lima. Logo após se formar, paralelamente à sua atuação como advogado, foi designado pelo então Secretário do Interior Francisco Campos, seu primo e mentor político, para o cargo de professor de Psicologia Infantil na Escola Normal de Pitangui, sua cidade natal, oportunidade em "que se dá o primeiro contato de Capanema com as novas correntes de reforma educacional, da qual ele assumiria o papel principal anos mais tarde".[1299] Inclusive, em 1929, foi um dos representantes de Minas Gerais na 3ª Conferência Nacional de Educação. De 1926 a 1930, atuou como Vereador da Câmara Municipal de Pitangui.

Em 1930, foi convidado pelo presidente estadual Olegário Maciel para atuar como seu Oficial de Gabinete, ocasião em que "teve ativa participação nas articulações da Revolução de 1930",[1300] a exemplo da sua assinatura, em 29 de fevereiro de 1931, do manifesto de fundação, em Minas Gerais, da Legião Liberal, cujo objetivo era defender os princípios e as conquistas da Aliança Liberal, inclusive no campo pedagógico.

Com o eclodir da Revolução de 1930, Francisco Campos foi alçado à esfera federal, passando a comandar o recém-criado Ministério da Educação e Saúde Pública, ocasião em que desenvolveu a chamada "Reforma Francisco Campos", de 1931, em âmbito nacional, conforme mais à frente será aprofundado. Foi aí que Campos usou de toda a sua influência política para nomear Capanema para

---

1299 SCHWARTZMAN, Simon; BOMENY, Helena Maria Bousquet; COSTA, Vanda Mara Ribeiro. *Tempos de Capanema*. São Paulo: Paz e Terra, Fundação Getúlio Vargas, 2000, p. 53.

1300 MONTEIRO, Norma de Góis (Coord.). *Dicionário biográfico de Minas Gerais*: período republicano (1889-1991). vol. 1. Belo Horizonte: Assembleia Legislativa do Estado de Minas Gerais, 1994, p. 145.

o cargo vago de Secretário do Interior e Justiça, que congregava as funções de Chefe de Polícia e de Comandante-Geral da Força Pública.

Insatisfeito com a sua condição de fiador do acordo político firmado entre o Governo Provisório e Olegário Maciel, Francisco Campos passou a articular voos mais ambiciosos e, para tanto,

> procura se identificar com os setores mais radicais do novo regime, e a partir daí construir sua própria base de sustentação em Minas Gerais, que independesse da velha e ainda intocada estrutura de apoio do Partido Republicano Mineiro.[1301]

Essas ousadas confabulações políticas de Campos bebiam

> de uma ideologia que afirmava a necessidade de criar um governo forte, dotado de uma ideologia social bem definida, e que pudesse se livrar do peso morto da política oligárquica tradicional (...) [e] [d]as ilusões ultrapassadas da democracia liberal.[1302]

O instrumento escolhido para tal objetivo foi a criação da Legião de Outubro, movimento miliciano de clara inspiração fascista, que possuía dois objetivos primordiais nada disfarçados: o enfraquecimento da política oligárquica mineira tradicional, do PRM e do seu mandachuva, Artur Bernardes, bem como a tentativa de "envolver

---

1301 SCHWARTZMAN, Simon; BOMENY, Helena Maria Bousquet; COSTA, Vanda Mara Ribeiro. *Tempos de Capanema*. São Paulo: Paz e Terra, Fundação Getúlio Vargas, 2000, p. 53.

1302 SCHWARTZMAN, Simon; BOMENY, Helena Maria Bousquet; COSTA, Vanda Mara Ribeiro. *Tempos de Capanema*. São Paulo: Paz e Terra, Fundação Getúlio Vargas, 2000, p. 53.

a Igreja Católica como fonte de inspiração ideológica e legitimação política para a nova ordem que se buscava estabelecer".[1303]

O estratagema utilizado por Campos para cooptar o apoio da Igreja Católica foi a edição do Decreto n. 19.941, de 30 de abril de 1931, que restabeleceu o ensino religioso facultativo nas escolas primárias, secundárias e normais, o qual tinha sido abolido desde o advento da Constituição de 1891.[1304]

Nesse contexto, como Secretário do Interior,

1303 SCHWARTZMAN, Simon; BOMENY, Helena Maria Bousquet; COSTA, Vanda Mara Ribeiro. *Tempos de Capanema*. São Paulo: Paz e Terra, Fundação Getúlio Vargas, 2000, pp. 53/54.

1304 Até a edição do referido decreto, a Igreja Católica ainda via a Revolução de 1930 com notável desconfiança, sobretudo diante das pretensões do movimento de radicalmente alterar a ordem sociopolítica estabelecida e também por sua umbilical relação com o movimento tenentista, "que trazia consigo certas idéias modernas perigosas, associadas ao liberalismo e ao positivismo, com sua crença nos poderes da técnica e da ciência como critérios para a organização da vida e da ação social" (SCHWARTZMAN, Simon; BOMENY, Helena Maria Bousquet; COSTA, Vanda Mara Ribeiro. *Tempos de Capanema*. São Paulo: Paz e Terra, Fundação Getúlio Vargas, 2000, pp. 72/73). Com o progressivo aumento da influência do Movimento da Escola Nova e de seus postulados por educação pública, universal, gratuita e laica, a Igreja Católica passou a cada vez mais pressionar o Governo Provisório contra o "laicismo" que se instaurava. É por isso que o Decreto n. 19.941, de 30 de abril de 1931, é tão bem recebido pela Igreja no contexto dessas disputas políticas em torno do estratégico campo da educação. Não obstante, tal movimentação política de Campos não foi suficiente para agremiar integralmente o apoio clerical, haja vista a sua pretensão de se valer instrumentalmente da Igreja para fortalecimento do Estado. É justamente esse ponto que foi visto com ressalvas por Alceu Amoroso Lima, líder do movimento católico que havia substituído Jackson de Figueiredo na direção do Centro D. Vital e na revista *A Ordem* após o seu falecimento (1928): "apesar de considerar 'útil' a orientação fascista do movimento iniciado por Campos, Alceu deixa clara sua divergência profunda com um dos princípios básicos do fascismo e do pensamento político de Francisco Campos, que é a crença na supremacia da ação e da vontade sobre o uso da razão" (SCHWARTZMAN, Simon; BOMENY,

> o ambicioso Capanema perpetrou os lances arquitetados pelo mentor Francisco Campos: a demissão sumária de prefeitos perremistas recalcitrantes; a acolhida de ex-súditos da chapa Júlio Prestes; o enlace da Legião com a Igreja.[1305]

E Capanema não esteve só:

> [o]s ímpetos de proselitismo e os contenciosos doutrinários avalizados pela Legião impregnaram a iniciação de jovens àquela altura "sem trabalho" na política e nas letras; no horizonte, os confrades do Estrela enxergaram oportunidades de projeção que extravasavam as fronteiras do estado.[1306]

O programa da Legião foi condensado no "Manifesto aos Mineiros", de fevereiro de 1931, "documento de sete páginas, retórico, que descreve os males do Brasil antes de 1930, a participação de Minas na revolução e a necessidade de consolidá-la".[1307] Esse manifesto foi assinado por Francisco Campos, Gustavo Capanema e Amaro Lanari (então Secretário de Finanças de Minas Gerais). O documento foi originalmente escrito por Carlos Drummond de Andrade e revisado por Capanema, que deu tons hiperbólicos e

---

Helena Maria Bousquet; COSTA, Vanda Mara Ribeiro. *Tempos de Capanema*. São Paulo: Paz e Terra, Fundação Getúlio Vargas, 2000, p. 64).

1305 MICELI, Sergio. *Lira mensageira*: Drummond e o grupo modernista mineiro. São Paulo: Todavia, 2022, p. 18.

1306 MICELI, Sergio. *Lira mensageira*: Drummond e o grupo modernista mineiro. São Paulo: Todavia, 2022, p. 18.

1307 SCHWARTZMAN, Simon; BOMENY, Helena Maria Bousquet; COSTA, Vanda Mara Ribeiro. *Tempos de Capanema*. São Paulo: Paz e Terra, Fundação Getúlio Vargas, 2000, p. 55.

radicais ao papel da Legião na suposta defesa dos ideais da Revolução de 1930.[1308]

As pretensões do movimento liderado por Campos eram ambiciosas e incluíam "não só a substituição do tradicional PRM e sua liderança pela Legião, como também a organização de uma estrutura militar que respondesse não ao governo do estado, mas à liderança da Legião".[1309]

Todavia, não obstante a inspiração totalitária, a Legião não encontrou o apoio e a mobilização maciços que os movimentos fascistas europeus granjearam nas massas e nas elites. Para além da ausência de apoio unânime da classe média, "os líderes convocados para chefiar a Legião nos municípios são seus chefes tradicionais de sempre. Para eles, aderir à Legião era simplesmente aderir mais uma vez ao governo".[1310]

Tratou-se, na verdade, de uma disputa oligárquica entre os velhos quadros do PRM, chefiados por Artur Bernardes, e os novos políticos alçados ao poder pela Revolução de 1930.[1311]

1308 SCHWARTZMAN, Simon; BOMENY, Helena Maria Bousquet; COSTA, Vanda Mara Ribeiro. *Tempos de Capanema*. São Paulo: Paz e Terra, Fundação Getúlio Vargas, 2000, p. 55.

1309 SCHWARTZMAN, Simon; BOMENY, Helena Maria Bousquet; COSTA, Vanda Mara Ribeiro. *Tempos de Capanema*. São Paulo: Paz e Terra, Fundação Getúlio Vargas, 2000, p. 57.

1310 SCHWARTZMAN, Simon; BOMENY, Helena Maria Bousquet; COSTA, Vanda Mara Ribeiro. *Tempos de Capanema*. São Paulo: Paz e Terra, Fundação Getúlio Vargas, 2000, p. 59.

1311 De acordo com Sergio Miceli: "o rearranjo das forças políticas imposto pelo movimento vitorioso contrapunha em Minas os filiados do PRM alinhados à facção de Bernardes, sob risco de alijamento do bastão decisório, às lideranças de fachada 'revolucionária', enraizadas na oligarquia, que abraçaram o programa tenentista pela criação da Legião de Outubro em fevereiro de 1931. Guerra de posições e de interesse travestida em zelo missionário" (MICELI, Sergio. *Lira mensageira*: Drummond e o grupo modernista mineiro. São Paulo: Todavia, 2022, p. 17).

No ápice dessas disputas, o Governo Provisório tentou equalizar os contendores mediante o famoso "Acordo Mineiro",[1312] de fevereiro de 1932, inspirado por Getúlio Vargas e intermediado por Capanema; sem êxito, no entanto.

O irromper da Revolução Constitucionalista em São Paulo adicionou novas variáveis ao imbróglio mineiro: a facção de Bernardes, conjuntamente com líderes políticos gaúchos preteridos pelo Governo Provisório, passou a apoiar os insurretos paulistas; já os políticos ligados à Legião defenderam tenazmente as posições do Governo Provisório, como bem comprova o incisivo prefácio de Capanema ao livro *As razões de Minas*, de Casasanta.

A derrota do levante paulista, em julho de 1932, catalisou a resolução do problema, jogando uma pá de cal no bernardismo e provocando o reagrupamento dos escombros da Legião de Outubro em torno da fundação, em 1933, do Partido Progressista (PP), o qual dominaria a cena política mineira até a Constituinte de 1934, tornando-se o famoso "Partido do Interventor". Capanema foi um dos fundadores do PP, ao lado de Olegário Maciel, Antônio Carlos

---

1312 "A idéia era fundir num só partido a Legião Mineira e o PRM, constituindo assim a base de apoio dos governos estadual e federal. Em fevereiro de 1932, essa aliança, que ficou conhecida como Acordo Mineiro, se traduziu na criação do Partido Social Nacionalista (PSN), tendo Antônio Carlos, Bernardes, Venceslau Brás e Virgílio de Melo Franco na comissão diretora" (MALIN, Mauro. "Francisco Campos". *Centro de Pesquisa e Documentação de História Contemporânea do Brasil*: Dicionário Histórico Biográfico Brasileiro. Disponível em: http://www.fgv.br/cpdoc/acervo/dicionarios/verbete-biografico/francisco-luis-da-silva-campos. Acessado em: 06.09.2024). Sergio Miceli afirma, sobre essa tentativa de fundação do Partido Social Nacionalista, que "assim revezavam os termos fantasiosos do acerto, a entidade teria o condão de aliar o espírito 'democrático' mineiro ao programa da Legião. O empenho em acomodar inimigos íntimos no conselho consultivo e no secretariado do novo governo, com Olegário Maciel na condição de interventor, não confortou grupos com demandas em litígio" (MICELI, Sergio. *Lira mensageira*: Drummond e o grupo modernista mineiro. São Paulo: Todavia, 2022, pp. 19/20).

e Virgílio de Melo Franco. Outra consequência política foi notável: "[d]este novo partido estava excluído Francisco Campos, marginalizado do jogo político nacional e do processo de conciliação e recomposição política que se iniciou após a Revolução Constitucionalista de 1932".[1313]

Em 5 de setembro de 1933, Olegário Maciel morreu inesperadamente, e Gustavo Capanema foi nomeado, então, interventor interino de Minas Gerais. Pretendendo a investidura definitiva no cargo, instaurou-se, com isso, uma disputa política entre ele (apoiado por Flores da Cunha, Francisco Campos e Antônio Carlos) e Virgílio de Melo Franco (apoiado por Osvaldo Aranha). Getúlio Vargas resolveu habilmente a questão nomeando um terceiro, o deputado

---

1313 SCHWARTZMAN, Simon; BOMENY, Helena Maria Bousquet; COSTA, Vanda Mara Ribeiro. *Tempos de Capanema*. São Paulo: Paz e Terra, Fundação Getúlio Vargas, 2000, p. 59. Além disso, conferir: "no curso da Revolução Constitucionalista, Olegário Maciel escreveu a Vargas acusando Francisco Campos, com quem havia rompido politicamente, de participar das articulações comandadas por Artur Bernardes para a realização, em Minas, de um movimento armado de apoio a São Paulo. Apesar da inverossimilhança dessa acusação, que entretanto despertou as suspeitas de Vargas, em 16 de setembro, antes mesmo da rendição dos paulistas (2 de outubro), Francisco Campos pediu demissão de seus cargos ministeriais. Na pasta da Educação e Saúde foi substituído por Washington Pires, ex-deputado federal por Minas e novo representante do estado no Governo Provisório, por indicação de Olegário Maciel. A pasta da Justiça foi assumida em caráter interino por Afrânio de Melo Franco, até a nomeação, em novembro, do novo titular, Francisco Antunes Maciel.

Ainda em 1932, quando foi publicado seu livro de poesia Ciclo de Helena, Francisco Campos chegou a se candidatar a uma vaga na Academia Brasileira de Letras, desistindo após dois adiamentos das eleições por falta de *quorum*. No mesmo ano, abriu escritório de advocacia no Rio e transferiu-se para a Faculdade Nacional de Direito como catedrático de Filosofia do Direito" (MALIN, Mauro. "Francisco Campos". *Centro de Pesquisa e Documentação de História Contemporânea do Brasil*: Dicionário Histórico Biográfico Brasileiro. Disponível em: http://www.fgv.br/cpdoc/acervo/dicionarios/verbete-biografico/francisco-luis-da-silva-campos. Acessado em: 06.09.2024).

Benedito Valadares,[1314] para não desagradar os correligionários. Na administração de Valadares, Capanema não encontrou lugar.

Para a carreira de Gustavo Capanema, talvez o efeito político mais eficaz da fracassada Legião de Outubro tenha sido a aliança do movimento com a Igreja Católica. Conforme acima visto, a edição, pelo Governo Provisório, do Decreto n. 19.941, de 30 de abril de 1931, atraiu forte simpatia eclesiástica, sobretudo pela intercessão de Alceu Amoroso Lima, intelectual católico conservador e grande amigo de Capanema. Desde então, a Igreja intensificou sua campanha política contra os integrantes do Movimento da Escola Nova, o que culminou, em 1º de dezembro de 1935, com a demissão de Anísio Teixeira, então Secretário de Educação do Distrito Federal, e a nomeação do exilado Francisco Campos em seu lugar, a quem coube

> o trabalho de demolição da obra de Anísio Teixeira – principal expoente da "escola nova" –, notadamente da Universidade do Distrito Federal, fundada em 1934 e alvo predileto das acusações convergentes de católicos e integralistas.[1315]

Além disso, a Igreja Católica obteve significativa vitória no âmbito da Assembleia Constituinte de 1933-1934, mediante as chamadas "emendas religiosas": invocação do nome de Deus no preâmbulo e estabelecimento da possibilidade de colaboração entre a Igreja e o Estado (inciso III do artigo 17).

Somado às inúmeras demonstrações concretas de fidelidade de Gustavo Capanema ao Governo Provisório, o apoio da Igreja

---

1314 Anotações do seu diário referentes aos dias 11 e 12 de dezembro de 1933: VARGAS, Getúlio. *Diário*: volume I (1930-1936). São Paulo/Siciliano/Rio de Janeiro: Fundação Getúlio Vargas, 1995, pp. 251/252.

1315 MALIN, Mauro. "Francisco Campos". *Centro de Pesquisa e Documentação de História Contemporânea do Brasil*: Dicionário Histórico Biográfico Brasileiro. Disponível em: http://www.fgv.br/cpdoc/acervo/dicionarios/verbete-biografico/francisco-luis-da-silva-campos. Acessado em: 06.09.2024.

Católica foi fundamental para que Getúlio Vargas o nomeasse, ao arrepio da promessa anterior de indicação de um líder integralista, como Ministro da Educação e Saúde Pública em julho de 1934, aos 33 anos de idade.[1316]

A indicação de Capanema para o referido cargo foi vista, dentro desse contexto de fortalecimento do poder da Igreja Católica, como uma salutar alternativa à pretensão radical de Francisco Campos de submissão da Igreja ao Estado Nacional no contexto da Legião de Outubro,[1317] o que poderia vir a de fato se consumar se um integralista fosse indicado à pasta.

1316 SCHWARTZMAN, Simon; BOMENY, Helena Maria Bousquet; COSTA, Vanda Mara Ribeiro. *Tempos de Capanema*. São Paulo: Paz e Terra, Fundação Getúlio Vargas, 2000, pp. 64/65.

1317 SCHWARTZMAN, Simon; BOMENY, Helena Maria Bousquet; COSTA, Vanda Mara Ribeiro. *Tempos de Capanema*. São Paulo: Paz e Terra, Fundação Getúlio Vargas, 2000, p. 84.

Além de Francisco Campos[1318] e Alceu Amoroso Lima,[1319] sobressai a figura de Carlos Drummond de Andrade como outra

---

1318 "Francisco Campos foi o arquiteto-esteio da gestação e durabilidade do anel de poder que, após maturar na cúpula regional, firmou alicerces na alçada federal pela ação concertada dos ministérios da Justiça e da Educação. Os laços de parentesco davam liga ao consórcio de interesses que impulsionou a carreira de diversos integrantes do grupo Estrela: Francisco Campos era irmão mais velho de Alberto Campos, primo de Emílio Moura, de Gustavo Capanema, de Olegário Maciel, de Benedito Valadares (...). Como um dos homens fortes do Estado Novo, Francisco Campos começara bem antes a firmar compromissos que lhe garantiriam a custódia de acordos e o êxito dos parceiros diletos. O empenho em estreitar os laços da Legião de Outubro com a Igreja foi afiançado adiante, na disputa acirrada em torno do controle do Ministério da Educação em 1934: o nome de Capanema prevaleceu pela anuência da hierarquia eclesiástica à tratativa sob sua responsabilidade, abortando a promessa prévia do cargo à liderança integralista. Respaldado pelo primo, Capanema resguardou os interesses da Igreja no sistema de ensino e as prerrogativas de Alceu Amoroso Lima como interlocutor. Não se pode minorar o aval do ideólogo-mor do regime à jurisdição excelsa em que se movia a gestão Capanema, dotada de salvo-condutos em matéria de política cultural e ideológica. Tendo alçado voo funcional em reservas dispensadas do trabalho grosseiro de propaganda, os modernistas mineiros desfrutaram do sortilégio de aliar o ganha-pão ao imaterial, o ramerrão ao escape pelo sublime, a autocondescendência à virtude, as letras à indulgência. A ninguém, nem aos modernistas, é dado o privilégio de triar as constrições que moldam o percurso de vida e de trabalho" (MICELI, Sergio. *Lira mensageira*: Drummond e o grupo modernista mineiro. São Paulo: Todavia, 2022, pp. 135-137).

1319 "Empossado no ministério, Capanema teria em Alceu Amoroso Lima seu principal conselheiro, que indicaria nomes, vetaria outros, proporia leis e trataria de dar conteúdo às principais iniciativas do ministro. A lealdade de Capanema a seu mentor se manteria tanto quanto possível inalterada nos próximos onze anos de ministério. 'Tudo que combinei com você está na minha memória', escreveria Capanema a Alceu anos mais tarde, a propósito da Faculdade Nacional de Filosofia", instituição para a qual Amoroso Lima seria apontado, por Capanema, como catedrático de Literatura Brasileira em 1941 (SCHWARTZMAN, Simon; BOMENY, Helena Maria Bousquet; COSTA, Vanda Mara Ribeiro. *Tempos de Capanema*. São Paulo: Paz e Terra, Fundação Getúlio Vargas, 2000, p. 66).

relação pessoal fundamental para a meteórica carreira política de Gustavo Capanema.

Confrade de Café Estrela de Capanema, Drummond, apesar de também pertencer à elite mineira, possuía matizes peculiares em sua trajetória político-profissional. Proveniente de família acossada por crises financeiras, sem herança relevante, possuidor de diploma de Farmácia, e não de Direito, e tendo se casado com moça de condição socioeconômica inferior à sua, o poeta modernista precisou, desde cedo, amparar-se, com mais razão ainda do que seus contemporâneos, nas novas relações construídas entre a intelectualidade e o poder político.[1320] Miceli mostra como Drummond esteve presente no epicentro dos principais eventos políticos mineiros do começo da década de 1930:

> Devido aos serviços prestados, sucessivamente, nos gabinetes dos secretários Francisco Campos, Cristiano Machado e Gustavo Capanema, ele foi sendo tragado à cozinha da tormenta. Teve de acompanhar o chefe à frente de combate na divisa entre Minas e São Paulo, por ocasião da rebelião paulista em 1932, a que se seguiram os meses de disputa férrea pelo controle do Executivo estadual, ao tempo da interventoria interina do mesmo Capanema. Em virtude da posição estratégica na escala de comando, da proximidade ao mandatário

1320 "Em 1926, por intercessão dos irmãos Alberto Campos (1905-1933) e Francisco Campos, esse então secretário do Interior, Drummond é contratado redator do Diário de Minas, órgão oficial do PRM. Em 1928, por indicação de Milton Campos e de Rodrigo Melo Franco de Andrade, é convidado por Francisco Campos a trabalhar na Secretaria de Educação; no ano seguinte, troca de jornal governista, passando do Diário de Minas ao Minas Gerais, diário oficial do estado, e se torna oficial de Gabinete de Mário Casasanta; em 1930, designado auxiliar de gabinete de Cristiano Machado, secretário do Interior e comandante-geral do Estado-Maior das tropas revolucionárias mineiras, é convocado a participar do destacamento militar em Barbacena" (MICELI, Sergio. *Lira mensageira*: Drummond e o grupo modernista mineiro. São Paulo: Todavia, 2022, p. 45).

> de turno e dos efeitos previsíveis de tais provações sobre o futuro pessoal, reputo esse interregno como momento-chave de socialização.[1321]

Não obstante fosse notório que Drummond se interessasse menos pelo jogo político do que a maioria dos seus contemporâneos, ele não podia prescindir da rede de proteção, de contatos e de inserção profissional que, em Minas, só o meio político poderia proporcionar a jovens como ele.[1322]

Ao contrário dele, conforme acima discorrido, Capanema foi forte e precocemente enredado ao centro da política mineira até alcançar o importante cargo de Ministro da Educação e Saúde Pública, em 1934, não tendo tido oportunidade de se dedicar, por outro lado, à construção de uma obra intelectual própria, como pretendia desde o bacharelado. Diante disso, "[é] como se Capanema fizesse a política de Drummond, e este realizasse as ambições intelectuais do chefe e amigo",[1323] como bem comprova o conhecido fato de ter sido Drummond o autor dos discursos de Capanema entre 1934 e 1944,[1324] enquanto o Ministro, que tinha nas mãos a chave da principal repartição pública brasileira no campo intelectual, protegia e promovia o poeta, seu chefe de gabinete no Ministério.

Nessa função, além dos discursos, o relevante papel de Drummond[1325] englobava a intercessão em processos administrativos de

---

1321 MICELI, Sergio. *Lira mensageira*: Drummond e o grupo modernista mineiro. São Paulo: Todavia, 2022, p. 67.

1322 MICELI, Sergio. *Lira mensageira*: Drummond e o grupo modernista mineiro. São Paulo: Todavia, 2022, p. 68.

1323 SCHWARTZMAN, Simon; BOMENY, Helena Maria Bousquet; COSTA, Vanda Mara Ribeiro. *Tempos de Capanema*. São Paulo: Paz e Terra, Fundação Getúlio Vargas, 2000, p. 42.

1324 MICELI, Sergio. *Lira mensageira*: Drummond e o grupo modernista mineiro. São Paulo: Todavia, 2022, p. 103.

1325 Ainda que não tenha mantido um diário minucioso e completo de sua rotina burocrática no Ministério da Educação entre 1934-1945,

aliados políticos, como Alceu Amoroso Lima e Pedro Nava, seja para contemplar interesses da Igreja Católica em questões educacionais, seja para a nomeação de parentes ou amigos em cargos públicos.[1326]

Não há dúvidas, portanto, de que é "na iniciação compulsória no *front* burocrático-político-militar no interior do qual o poeta maturou amargura e denegação, e do qual extraiu renda, salvo-conduto, reconhecimento, proteção, mobilidade e voz própria".[1327]

Essa trajetória burocrática se fez sentir na própria obra do bardo mineiro, que chegou a afirmar o seguinte:

> O emprego do Estado concede com que viver, de ordinário sem folga, e essa é condição para bom número de espíritos: certa mediania que elimina os cuidados imediatos, porém não abre perspectivas de ócio absoluto (...). A Organização burocrática situa-o, protege-o, melancoliza-o e inspira-o. **Observe que quase toda literatura brasileira, no passado como no presente, é uma literatura de funcionários públicos.**[1328]

Não deixava ele de ter razão. O longo arco temporal entre ele próprio e, por exemplo, Machado de Assis, funcionário do Ministério da Agricultura do Império, corrobora a sua tese.

Drummond escreveu instigantes memórias do seu período como assessor de Gustavo Capanema, em que narra impressões políticas referentes ao período compreendido entre maio de 1943 e o fim do Estado Novo, em outubro de 1945. Conferir: ANDRADE, Carlos Drummond. *O observador no escritório*. São Paulo: Companhia das Letras, 2020, pp. 19-62.

1326 MICELI, Sergio. *Lira mensageira*: Drummond e o grupo modernista mineiro. São Paulo: Todavia, 2022, pp. 123-125.

1327 MICELI, Sergio. *Lira mensageira*: Drummond e o grupo modernista mineiro. São Paulo: Todavia, 2022, p. 129.

1328 ANDRADE, Carlos Drummond. "Passeios na ilha". *In*: ______. *Poesia completa e prosa*. Rio de Janeiro: Aguilar, 1973, pp. 841-843, destaque nosso. Sobre essa questão, conferir também: MICELI, Sergio. *Lira mensageira*: Drummond e o grupo modernista mineiro. São Paulo: Todavia, 2022, p. 122, destaque nosso.

3.3 A intelectualidade paulista

Diferentemente de Minas Gerais, cujas perspectivas intelectuais, políticas e profissionais estavam enredadas, como se viu, na "solda entre imprensa chapa-branca, partido único e chefia do Executivo estadual",[1329] a conjuntura paulista era mais dinâmica e multifacetada, muito devido à industrialização e à urbanização crescentes de São Paulo, muito maiores do que na Belo Horizonte da época.

Segundo Miceli, grande parte dos modernistas paulistas, como Oswald de Andrade e Cândido Motta Filho, provinha da elite e contava "com lastro em fortunas privadas".[1330] Justamente por isso,

> (...) forjaram percursos em meio às dissidências em afronta ao jugo do Partido Republicano Paulista (PRP), ao lidar com demandas heteróclitas que lhes faziam magnatas da imprensa, chefes políticos e empresários do setor cultural (Monteiro Lobato, por exemplo). Socializados em meio à vaga contestatária nas hostes do situacionismo, vivenciaram a lavada em 1930 e a derrocada em 1932 com base em diagnósticos recessivos timbrados pelo fantasma do separatismo.[1331]

Complementa:

> Os paulistas se beneficiaram do mecenato exercido pela nata europeizada dos grupos dirigentes, em paralelo às funções públicas cumpridas nas repartições, no Palácio do Governo, no Parlamento, na imprensa. Os mineiros, por sua vez, repartiam esforços entre a labuta compulsória nos jornais

---

1329 MICELI, Sergio. *Lira mensageira*: Drummond e o grupo modernista mineiro. São Paulo: Todavia, 2022, p. 131.

1330 MICELI, Sergio. *Lira mensageira*: Drummond e o grupo modernista mineiro. São Paulo: Todavia, 2022, p. 133.

1331 MICELI, Sergio. *Lira mensageira*: Drummond e o grupo modernista mineiro. São Paulo: Todavia, 2022, p. 131.

> situacionistas – extensões do governo e do PRM – e os serviços de funcionários graduados em gabinetes das secretarias, sem o refrigério aliciante de figurões da burguesia local.[1332]

Ademais,

> [a] hegemonia inconteste do partido único em Minas não permitia a filiação a movimentos radicais – integralismo, Partido Comunista etc. –, aos quais foram arregimentados quadros jovens despejados do Partido Republicano Paulista.[1333]

Essa importantíssima circunstância foi matizada, ainda, pela industrialização crescente e pelo "substrato de experiências suscitado pela imigração e pelo protagonismo de artistas mulheres".[1334]

Em Minas Gerais, "a passagem pela faculdade de direito garantia o acesso ao escalão de servidores sacramentados da oligarquia e a assunção dos modelos masculinos da classe dirigente".[1335] Noutras palavras:

> O trunfo do diploma de bacharel, vinculado, em regra, à rede de parentes e padrinhos, garantia o desfrute da condição de membro nato da casta, fazendo jus a funções públicas bem remuneradas e a cargos prestigiosos.[1336]

1332 MICELI, Sergio. *Lira mensageira*: Drummond e o grupo modernista mineiro. São Paulo: Todavia, 2022, p. 133.

1333 MICELI, Sergio. *Lira mensageira*: Drummond e o grupo modernista mineiro. São Paulo: Todavia, 2022, p. 133.

1334 MICELI, Sergio. *Lira mensageira*: Drummond e o grupo modernista mineiro. São Paulo: Todavia, 2022, p. 134.

1335 MICELI, Sergio. *Lira mensageira*: Drummond e o grupo modernista mineiro. São Paulo: Todavia, 2022, p. 132.

1336 MICELI, Sergio. *Lira mensageira*: Drummond e o grupo modernista mineiro. São Paulo: Todavia, 2022, p. 132.

As diferenças entre essa conjuntura mineira e aquela vivenciada pelos contemporâneos modernistas paulistas são notáveis:

> Em lugar da sociabilidade emproada nos círculos da alta roda paulista, do trânsito compulsório em clubes e salões, da gestão dos negócios – a exemplo do que fizeram Oswald de Andrade, Guilherme de Almeida, Cândido Motta Filho, Alcântara Machado, o primeiro a braços com a fortuna familiar, os demais à testa dos escritórios de advocacia dos lentes genitores –, os rapazes do Estrela estavam rendidos à tutela e à agenda de mentores cujos cacifes de ingerência dependiam da provisão de recursos governamentais. O esquema tripartite de inserção – imprensa oficialista, serviço público, estado-maior da chefia de facção – que tomou assento e impulso no plano estadual teve continuidade em âmbito federal, no embalo dos acertos entabulados pelos maiorais de anéis burocráticos.[1337]

Como se vê, enquanto em Minas o horizonte de perspectivas e oportunidades na vida privada eram bem limitados, fazendo com que os jovens intelectuais fossem precocemente cooptados pelo serviço público e pela imprensa governista, instaurando-se, assim uma relação de simbiose com ganhos mútuos (legitimação intelectual do regime *vs.* promoção profissional e intelectual dos literatos); em São Paulo, os letrados modernistas "mobilizaram montante apreciável de recursos financeiros junto às famílias ou subtraídos à fortuna pessoal",[1338] o que provocou uma peculiar e multifacetada associação com a política:

> O trânsito entre espaços alternativos de formação e recrutamento baliza os ligamentos – parentesco, amizade, profissão – entre as corporações burocráticas (judiciário, magistério

---

1337 MICELI, Sergio. *Lira mensageira*: Drummond e o grupo modernista mineiro. São Paulo: Todavia, 2022, p. 132/133.

1338 MICELI, Sergio. *Lira mensageira*: Drummond e o grupo modernista mineiro. São Paulo: Todavia, 2022, pp. 132-143.

> superior) e setores proprietários. O movimento modernista se beneficiou pela dilatação do espaço público ao alcance das elites corporativas, vinculadas ou não à atividade governamental, em detrimento do vozerio dos grupos oligárquicos de feitio tradicional.[1339]

Conforme acima já tangenciado, a relação entre esses jovens modernistas, mineiros e paulistas, com a política estava umbilicalmente ligada – salvo as exóticas exceções de Drummond, em Minas Gerais, e de Mário de Andrade, em São Paulo – ao diploma de bacharel em Direito, que funcionava como uma espécie de passaporte para a ascensão política, burocrática e intelectual.

Falando especificamente sobre tal circunstância, a partir do exemplo concreto paulista, Sergio Miceli assim discorre:

> Entre os procedentes do interior e da capital, com a exceção bizarra de Mário de Andrade, a passagem pela Faculdade de Direito do Largo de São Francisco constituiu a única experiência de vida partilhada por todos. Cumpre, a propósito, apreender o sentido das obras, em especial a de estreia, como lances desferidos no fogo de embates acadêmicos. Com frequência, os amigos reverenciados em dedicatórias dos versos eram colegas de turma, docentes, luminares acadêmicos, com quem os poetas compartilham preocupações, ideais, leituras, experiências amorosas, projetos e o que mais dava sentido à vida pessoal e pública dos rapazes da primeira geração modernista.
>
> As contribuições proporcionais do capital familiar e o nivelamento das expectativas de êxito profissional internalizado na Faculdade de Direito calibravam as oportunidades ao alcance

1339 MICELI, Sergio. *Lira mensageira*: Drummond e o grupo modernista mineiro. São Paulo: Todavia, 2022, p. 141.

> desses jovens, em matéria de casamento, profissão, renda e atividade intelectual.[1340]

Não obstante as relevantes diferenças entre as conjunturas socioeconômicas dos intelectuais de Minas Gerais e de São Paulo, fato é que ambas as tradições modernistas, assim como várias outras, acabaram por ser pragmaticamente incorporadas por Vargas a postos cruciais das engrenagens do Estado Novo.

Inclusive, é preciso destacar que,

> [d]iversamente de regimes autoritários coetâneos da Europa – nazismo, fascismo, franquismo, salazarismo –, Estados fortes e centralizados em que por vezes se mirava o governo Vargas, mormente no tocante ao trabalho de propaganda e de repressão à imprensa, o Estado Novo concebeu e institucionalizou o dispositivo maleável e integrador da elite política e intelectual.[1341]

Noutras palavras, a ditadura brasileira cooptou para a sua burocracia, além de intelectuais comprometidos até a medula com o regime, nomes que outrora foram adversários ou que jamais foram propriamente aliados ideológicos, o que apenas agregava, de parte a parte, pragmatismo e complexidades a essas relações já inerentemente intrincadas.

1340 MICELI, Sergio. *Lira mensageira*: Drummond e o grupo modernista mineiro. São Paulo: Todavia, 2022, pp. 141/142.

1341 MICELI, Sergio. *Lira mensageira*: Drummond e o grupo modernista mineiro. São Paulo: Todavia, 2022, pp. 96/97.

3.4 A Revolução de 1930 e a reforma do ensino jurídico

Conforme se vem tentando aqui demonstrar, a Revolução de 1930 provocou inúmeras e profundas alterações sociais, políticas, jurídicas e econômicas no Brasil. Nesse contexto, a educação foi um âmbito social que ganhou especial destaque enquanto elemento-chave para a consecução das diversas propostas de modernização que se contrapunham na esfera pública daquela época.

Nas ordens constitucionais de 1824 e de 1891, a educação não teve maior destaque. Falava-se, genérica e modestamente, em "instrução" (1824) ou em "ensino" (1891), sem, contudo, existir a concepção de um direito universal à educação (em seus diversos níveis) do qual adviesse uma correlata política educacional de Estado, características essas típicas do porvindouro paradigma do Estado Social que seria inaugurado, no Brasil, justamente com a Revolução de 1930. De acordo com Aurélio Wander Bastos:

> O texto constitucional imperial e o republicano não fazem qualquer referência ao direito à Educação, que, no Direito brasileiro, só vai adquirir forma constitucional a partir de 1934. Em nível educacional, a garantia dos direitos individuais era formulada, apenas, como direito à instrução, ao mesmo tempo que este era a garantia daqueles. Instrução e educação, até 1934, tinham uma dimensão conotativa juridicamente diferente, embora não se possa afirmar que divergente. O segundo se reduzia ao primeiro, e este se classificava como garantia de direitos individuais.[1342]

Não obstante as diversas reformas, propostas de reformas e de embates políticos, doutrinários e religiosos em torno da educação no

---

1342 BASTOS, Aurélio Wander. *O ensino jurídico no Brasil*. 2ª ed. rev. e atual. Rio de Janeiro: Lumen Juris, 2000, p. 186.

Brasil, pode-se suscitar uma persistente viga mestra de sustentação da educação superior brasileira entre 1827 e 1930:

> O modelo do ensino superior que predominou no Brasil foi o da criação de **faculdades isoladas**, expandindo-se, inclusive, durante a Primeira República e sobrevivendo até os nossos dias. (...) No Brasil, o liberalismo conservador e enciclopédico (a Universidade) sempre sucumbiu ao modelo bonapartista de escolas isoladas de conhecimento concentrado (a Faculdade). A colocação, assim como está, na verdade não expressa a dimensão global do problema, mas nos permite afirmar que **este foi o empecilho institucional para que as instituições liberais se sobrepusessem à tradição católica e a uma prática experimental e bonapartista.**[1343]

Esse experimentalismo pedagógico aludido por Bastos e visível na miríade desordenada de propostas e de reformas educacionais ocorridas desde a fase final do Império, com a criação e o reconhecimento de diversas faculdades livres (de Direito, de Medicina, de Engenharia e Escolas Militares), pode ser caracterizado dessa forma devido à sua falta de compromisso sistemático com uma política universitária orgânica e holística. Essa característica estrutural do ensino superior brasileiro, ou seja, a de ser fragmentário e de não possuir um eixo comum, orgânico e coeso, sobreviveu à queda do Segundo Império para representar importante papel também durante a República Velha:

> A política desenvolvida durante a Primeira República não teve qualquer efeito unificador. No que se refere ao ensino superior, ela foi basicamente marcada por três aspectos principais: a permissão legal para se criarem faculdades livres, originária, ainda, de leis do Império; a criação de novas faculdades de Direito e a criação burocrática da Universidade do Rio de

---

1343 BASTOS, Aurélio Wander. *O ensino jurídico no Brasil*. 2ª ed. rev. e atual. Rio de Janeiro: Lumen Juris, 2000, pp. 189/190, destaque nosso.

> Janeiro. Do ponto de vista doutrinário, a Primeira República deixou-se marcar pela influência positivista no ensino, que, no entanto, se restringiu a uma interferência maior no âmbito do ensino militar e a um malogrado esforço devido às próprias contradições do positivismo, da definitiva separação entre o ensino e o Estado. A Universidade do Rio de Janeiro, na verdade, não passou de um aglomerado de escolas agrupadas que não alcançou os efeitos sociais e educacionais necessários.[1344]

A eclosão da Revolução de 1930 e os seus diversos projetos de modernização da sociedade brasileira tinham, inevitavelmente, um encontro marcado com uma nova forma de se compreender a educação, vista agora como um direito social, um dever do Estado e um fator-chave para a inserção do Brasil na moderna conjuntura industrial do entreguerras:

> Era tão evidente esta situação que a Revolução de 1930 se orientou, basicamente, para romper com as estruturas oligárquicas criando um Estado moderno e suficientemente preparado para incrementar o desenvolvimento industrial brasileiro. Instituições modernas para viabilizar um Brasil moderno, aberto aos novos âmbitos da ciência e do conhecimento técnico, principalmente procurando acomodar no quadro do ensino, também, as expectativas da incipiente classe média urbana. Até aquela data, os currículos jurídicos não tinham passado por qualquer influência modernizadora que absorvesse as novas demandas sociais do fim da Primeira República e os ideais urbanos e metropolitanos, mais abertos e sensíveis às novas teorias da organização do Estado e do progresso.[1345]

1344 BASTOS, Aurélio Wander. *O ensino jurídico no Brasil*. 2ª ed. rev. e atual. Rio de Janeiro: Lumen Juris, 2000, pp. 191/192.

1345 BASTOS, Aurélio Wander. *O ensino jurídico no Brasil*. 2ª ed. rev. e atual. Rio de Janeiro: Lumen Juris, 2000, p. 194. Sobre o ponto, conferir também: VENANCIO FILHO, Alberto. *Das arcadas ao bacharelismo*: 10 anos de ensino jurídico no Brasil. São Paulo: Perspectiva, 2011, p. 303.

Ainda sobre o desordenado "laboratório experimental" do ensino superior durante a Primeira República, Wander Bastos afirma que

> os movimentos reformadores que irão influir decisivamente na política educacional posterior a 1930 desenvolveram-se, originalmente, nos Estados federados e absorveram experiências internacionais ou novos padrões doutrinários.[1346]

Talvez as mais marcantes dessas reformas educacionais estaduais tenham sido a já abordada reforma educacional mineira, empreendida por Francisco Campos, e também a reforma paulista, atribuída a Antonio de Sampaio Dória – importante personagem que mais à frente aparecerá neste livro.

Nomeado Secretário do Interior pelo presidente do Estado Antônio Carlos (1926-1930), Francisco Campos desenvolveu uma ambiciosa reformulação das estruturas educacionais mineiras, sobretudo da educação primária, buscando modernizá-las e adequá-las às nascentes sociedades de massas da década de 1920, tudo isso a partir de pressupostos pedagógicos típicos do movimento da Escola Nova, sobretudo da sua versão estadunidense, que chegavam ao Brasil da época.[1347]

1346 BASTOS, Aurélio Wander. *O ensino jurídico no Brasil*. 2ª ed. rev. e atual. Rio de Janeiro: Lumen Juris, 2000, pp. 192/193.

1347 "Segundo Jarbas Medeiros, Francisco Campos, ao contrário da grande maioria dos políticos conservadores da época, 'já trazia ao debate e à ação administrativa pública, na década de 1920, os conceitos e os programas que objetivavam a montagem, entre nós, de um Estado nacional, antiliberal, autoritário e moderno. Colocado dentro da estrutura de poder então vigente, nela trabalhava não certamente para solapar suas bases sociais – e nisto qualificava-se como um conservador –, mas sim para substituir e reconstruir, do alto, as suas instituições políticas e burocráticas, modernizando-as'. (...) Em setembro de 1927 foi criada em Belo Horizonte a Universidade de Minas Gerais (atual Universidade Federal de Minas Gerais). Foi, entretanto, na renovação

Para além do seu forte apoio à Aliança Liberal, essa pioneira e bem-sucedida experiência educacional de Francisco Campos em Minas Gerais foi decisiva para que, vitoriosa a Revolução de 1930, Getúlio Vargas o nomeasse, em 1931, como titular do recém-criado Ministério da Educação e Saúde Pública.[1348]

É nesse contexto que será empreendida a famosa Reforma Francisco Campos do ensino superior brasileiro, que representa "o marco de ruptura com os instáveis e frágeis padrões educacionais

---

de todo o ensino primário e normal do estado, em experiência pioneira no país, que Francisco Campos mais se destacou. Seguiu nessa renovação os postulados da 'escola nova', que haviam chegado ao Brasil, através de educadores como Anísio Teixeira e Fernando de Azevedo, após a Primeira Guerra Mundial. (...) Francisco Campos via a escola tradicional, segundo Jarbas Medeiros, como de natureza retórica e ornamental, dirigida para a formação de elites. A 'escola nova' deveria ensinar a pensar, a inventar e a criar soluções para a multiplicidade de novos problemas da complexa vida moderna. Para ele, o futuro das instituições democráticas dependia sobretudo 'da orientação e do incremento do ensino primário', o qual, deixando de formar homens, orientar a inteligência e destilar o senso comum, 'poderá fazer eleitores, não terá feito cidadãos'. (...) Com um grupo de psicólogos e professores estrangeiros – entre os quais a educadora Helena Antipoff, que se tornaria conhecida nacionalmente – Francisco Campos traçou todo um plano de reforma do ensino, do qual resultou, notadamente, a criação da Escola de Aperfeiçoamento, destinada a formar e reciclar educadores na linha da 'escola nova'. O número de escolas primárias foi triplicado entre 1926 e 1929, foram fundadas 19 escolas normais e remodeladas as mais antigas já existentes, as de Belo Horizonte e Ouro Preto. Contrataram-se professores na Suíça, França e Bélgica e mestras mineiras foram estagiar nos Estados Unidos como bolsistas do governo estadual. Em 1928, provocando alguma celeuma nos meios políticos e angariando a simpatia da Igreja Católica, o governo de Minas Gerais reintroduziu o ensino religioso nas escolas públicas" (MALIN, Mauro. "Francisco Campos". *Centro de Pesquisa e Documentação de História Contemporânea do Brasil*: Dicionário Histórico Biográfico Brasileiro. Disponível em: http://www.fgv.br/cpdoc/acervo/dicionarios/verbete-biografico/francisco-luis-da-silva-campos. Acessado em: 06.09.2024).

1348 VENANCIO FILHO, Alberto. *Das arcadas ao bacharelismo*: 10 anos de ensino jurídico no Brasil. São Paulo: Perspectiva, 2011, pp. 303/304.

vigentes na Primeira República, dominada pelos interesses oligárquicos e pelo regionalismo conservador".[1349]

Essa reforma foi realizada mediante a expedição de uma série de decretos pelo Governo Provisório, destacando-se dois deles: o Decreto n. 19.851, de 11 de abril de 1931, segundo o qual "o ensino superior no Brasil obedecerá, de preferencia, ao systema universitario, podendo ainda ser ministrado em institutos isolados, e que a organização technica e administrativa das universidades é instituida no presente Decreto" – e o Decreto n. 19.852, de 11 abril de 1931, que dispõe "sobre a organização da Universidade do Rio de Janeiro", pensada para ser o grande modelo brasileiro de ensino universitário.[1350]

Na longa e minuciosa Exposição de Motivos do Decreto n. 19.851, sobressaem as preocupações de Francisco Campos com a configuração holística e orgânica do ensino universitário brasileiro, a ser regido por uma estrutura burocrático-administrativa integrada, moderna e condizente com o desenvolvimento industrial das sociedades de massas e que, para tanto, se preocupasse com a integração entre ensino, pesquisa e extensão a partir de uma perspectiva eminentemente prática e profissionalizante, voltada para a resolução de problemas concretos e atuais, não mais a um diletantismo bacharelesco e enciclopédico. Nesse sentido, Campos aduziu que, mediante a referida reforma, seriam "banidas ou reproduzidas no minimo as prelecções e conferencias e as ilustrações de maneira que o alumno aprenda observando, fazendo e praticando".[1351]

1349 BASTOS, Aurélio Wander. *O ensino jurídico no Brasil*. 2ª ed. rev. e atual. Rio de Janeiro: Lumen Juris, 2000, p. 195.

1350 BASTOS, Aurélio Wander. *O ensino jurídico no Brasil*. 2ª ed. rev. e atual. Rio de Janeiro: Lumen Juris, 2000, p. 196.

1351 CAMPOS, Francisco. "Exposição de Motivos do Decreto n. 19.851, de 11 de abril de 1931". *Diário Oficial da União*, Seção 1 (Exposição de Motivos), 15 abr. 1931, p. 5.830. Disponível em: https://www2.camara.leg.br/legin/fed/decret/1930-1939/

> Especificamente no campo do Direito, tal Reforma promoveu a separação do curso jurídico em dois: bacharelado (5 anos) e doutorado (2 anos). De acordo com a Exposição de Motivos, "[o] curso de bacharelado foi organizado attendendo-se a que elle se destina á finalidade de ordem puramente profissional, isto é, que o seu objectivo é a formação de praticos do direito".[1352]

Do bacharelado

> foram, portanto, excluidas todas as cadeiras que, por sua feição puramente doutrinaria ou cultural, constituem antes disciplinas de aperfeiçoamento ou de alta cultura do que materias basicas e fundamentaes a uma boa e solida formação profissional.[1353]

Esses estudos de "alta cultura" seriam desenvolvidos no curso de doutorado.

Criou-se a disciplina de Introdução à Ciência do Direito, a ser ensinada no lugar de Filosofia do Direito, já que esta última foi transferida para o doutorado. A nova matéria, com aulas diárias, foi alçada à condição de

---

decreto-19851-11-abril-1931-505837-exposicaodemotivos-141250-pe.html. Acessado em: 02.01.2024.

1352 CAMPOS, Francisco. "Exposição de Motivos do Decreto n. 19.851, de 11 de abril de 1931". *Diário Oficial da União*, Seção 1 (Exposição de Motivos), 15 abr. 1931, p. 5.830. Disponível em: https://www2.camara.leg.br/legin/fed/decret/1930-1939/decreto-19851-11-abril-1931-505837-exposicaodemotivos-141250-pe.html. Acessado em: 02.01.2024.

1353 CAMPOS, Francisco. "Exposição de Motivos do Decreto n. 19.851, de 11 de abril de 1931". *Diário Oficial da União*, Seção 1 (Exposição de Motivos), 15 abr. 1931, p. 5.830. Disponível em: https://www2.camara.leg.br/legin/fed/decret/1930-1939/decreto-19851-11-abril-1931-505837-exposicaodemotivos-141250-pe.html. Acessado em: 02.01.2024.

> indispensavel propedeutica ao ensino dos diversos ramos do direito, como na medicina a propedeutica medica procede as cadeiras de clinica, fornecendo as noções basicas e geraes indispensaveis á comprehensão dos systemas juridicos de que ella analysa e decompõe as categorias fundamentaes.[1354]

A disciplina de Economia Política foi transferida para o primeiro ano do bacharelado e ganhou enorme destaque, também com aulas diárias, já que "a ordem juridica é, em grande parte ou na sua porção maior e mais importante expressão e revestimento da ordem economica". [1355] Dessa forma,

> [o] estudo da economia deve, pois, preceder ao estudo do direito, o da ordem economica ao da ordem juridica, sendo, como são, as cathegorias juridicas as fórmas de disciplina e de ordenação da materia economica em systemas de relações sanccionada pelo direito.[1356]

1354 CAMPOS, Francisco. "Exposição de Motivos do Decreto n. 19.851, de 11 de abril de 1931". *Diário Oficial da União*, Seção 1 (Exposição de Motivos), 15 abr. 1931, p. 5.830. Disponível em: https://www2.camara.leg.br/legin/fed/decret/1930-1939/decreto-19851-11-abril-1931-505837-exposicaodemotivos-141250-pe.html. Acessado em: 02.01.2024.

1355 CAMPOS, Francisco. "Exposição de Motivos do Decreto n. 19.851, de 11 de abril de 1931". *Diário Oficial da União*, Seção 1 (Exposição de Motivos), 15 abr. 1931, p. 5.830. Disponível em: https://www2.camara.leg.br/legin/fed/decret/1930-1939/decreto-19851-11-abril-1931-505837-exposicaodemotivos-141250-pe.html. Acessado em: 02.01.2024.

1356 CAMPOS, Francisco. "Exposição de Motivos do Decreto n. 19.851, de 11 de abril de 1931". *Diário Oficial da União*, Seção 1 (Exposição de Motivos), 15 abr. 1931, p. 5.830. Disponível em: https://www2.camara.leg.br/legin/fed/decret/1930-1939/decreto-19851-11-abril-1931-505837-exposicaodemotivos-141250-pe.html. Acessado em: 02.01.2024.

A tradicional disciplina de Direito Romano foi transferida do bacharelado para o doutorado, já que "constitue antes materia de um curso de alta cultura juridica do que de curso de finalidade profissional".[1357] Isso porque, ao invés de se estudarem institutos modernos do Direito Civil e do Direito Comercial, grande parte do clássico ensino romanístico brasileiro estava preocupado com o "estudo [de] instituições caducas, que, ao invés de constituirem objecto de direito positivo, são antes materia de archeologia jurídica".[1358]

Para além disso, deu-se destaque ao papel dos livre-docentes enquanto imprescindíveis agentes pedagógicos colaboradores dos catedráticos e incentivou-se a formação docente continuada com os estudos de doutorado. Ademais, garantiu-se a liberdade de cátedra e a valorização do professor em termos de previsibilidade na seleção e de estabilidade na carreira, inclusive com a necessidade de remuneração digna e condizente com o cargo.

Em síntese, o curso de bacharelado ficou assim organizado:

> 1º ano: Introdução à Ciência do Direito (aulas diárias), Economia Política e Ciência das Finanças (aulas diárias);
>
> 2º ano: Direito Civil (parte geral e obrigações), Direito Penal (parte geral) e Direito Público e Constitucional;

1357 CAMPOS, Francisco. "Exposição de Motivos do Decreto n. 19.851, de 11 de abril de 1931". *Diário Oficial da União*, Seção 1 (Exposição de Motivos), 15 abr. 1931, p. 5.830. Disponível em: https://www2.camara.leg.br/legin/fed/decret/1930-1939/decreto-19851-11-abril-1931-505837-exposicaodemotivos-141250-pe.html. Acessado em: 02.01.2024.

1358 CAMPOS, Francisco. "Exposição de Motivos do Decreto n. 19.851, de 11 de abril de 1931". *Diário Oficial da União*, Seção 1 (Exposição de Motivos), 15 abr. 1931, p. 5.830. Disponível em: https://www2.camara.leg.br/legin/fed/decret/1930-1939/decreto-19851-11-abril-1931-505837-exposicaodemotivos-141250-pe.html. Acessado em: 02.01.2024.

> 3º ano: Direito Civil, Direito Penal (Teoria dos crimes em espécies), Direito Comercial (parte geral e teoria dos contratos e obrigações comerciais), Direito Público Internacional;
>
> 4º ano: Direito Civil, Direito Comercial (Direito Comercial Marítimo e falências), Direito Judiciário Civil (Teoria e Prática do Processo Civil), Medicina Legal;
>
> 5º ano: Direito Civil, Direito Judiciário Civil (Teoria e Prática do Processo Civil), Direito Judiciário Penal, Direito Administrativo.[1359]

Por sua vez, o curso de doutorado foi estruturado em três seções temáticas nas áreas de Direito Privado, Direito Público e Direito Penal, sendo a disciplina de Filosofia do Direito (da qual Francisco Campos era catedrático em Minas Gerais desde 1924) obrigatória para as três seções:

> Primeira seção: Direito Romano e Direito Civil Comparado (1º ano). Direito Comercial, Direito Internacional Privado e Filosofia do Direito (2º ano).
>
> Segunda seção: Direito Público (Teoria Geral do Estado), Economia e Legislação Social (1º ano). Direito Público (Especial), Ciência das Finanças e Filosofia do Direito (2º ano).
>
> Terceira seção: Psicopatologia Forense e Criminologia (1º ano). Direito Penal Comparado, Sistemas Penitenciários e Filosofia do Direito (2º ano).[1360]

Destaque-se aqui a disciplina de "Direito Público (Teoria Geral do Estado)". É a primeira vez que a referida denominação aparece em um currículo jurídico no Brasil, quase uma década antes da expedição do Decreto-Lei n. 2.639/1940, que desmembraria, no bacharelado, a

---

1359 BASTOS, Aurélio Wander. *O ensino jurídico no Brasil*. 2ª ed. rev. e atual. Rio de Janeiro: Lumen Juris, 2000, pp. 204/205.

1360 BASTOS, Aurélio Wander. *O ensino jurídico no Brasil*. 2ª ed. rev. e atual. Rio de Janeiro: Lumen Juris, 2000, p. 202.

tradicional disciplina de Direito Público e Constitucional em Teoria Geral do Estado e Direito Constitucional, conforme será discorrido no próximo subcapítulo. Como se vê, buscando afinar o ensino jurídico aos pressupostos do paradigma do Estado Social inaugurado no Brasil com a Revolução de 1930, Francisco Campos já tinha plena consciência da importância de se estudar profundamente, em sede de doutorado, o fenômeno estatal em toda a sua complexidade, com suas novas e várias atribuições administrativas.

Segundo aponta Wander Bastos,

> [a] Reforma Francisco Campos, na verdade, foi uma tentativa de se acomodar o ensino jurídico às demandas e necessidades do capitalismo e da sociedade comercial brasileira e que, interessantemente, não absorveu as tendências originárias da Primeira República de se incluírem no currículo disciplinas que estudassem a legislação social, industrial ou trabalhista.[1361]

Em síntese, os objetivos centrais dessa reforma foram estes:

> – a formação objetiva de profissionais dotados de conhecimentos essencialmente práticos;
>
> – excluir do processo formativo básico do bacharel cadeiras de feição puramente doutrinária ou cultural;
>
> – sistematizar, em nível especial de ensino, as disciplinas de aperfeiçoamento ou de alta cultura;
>
> – priorizar, no processo formativo básico, o conhecimento da Economia Política, como requisito do conhecimento jurídico;
>
> – modernizar os estudos jurídicos básicos absorvendo as grandes transformações e diferenciações que sofre o tronco jurídico primitivo, pressionado pelos novos processos de organização e de polarização dos interesses;

1361 BASTOS, Aurélio Wander. *O ensino jurídico no Brasil.* 2ª ed. rev. e atual. Rio de Janeiro: Lumen Juris, 2000, p. 207.

– incentivar o estudo do Direito Positivo, privilegiando as regras gerais do Direito pátrio, inclusive privado.[1362]

Anos após, inspirada em Weimar, a Constituição de 1934 viria a representar um fundamental papel de consolidação desse movimento educacional reformista então em curso. Com normatização ampla e minuciosa (Título V, Capítulo II, artigos 148 a 158), a educação passa a ser estatuída, na nova ordem constitucional brasileira, ao patamar de imprescindível direito fundamental social a ser obrigatoriamente resguardado pelo Estado em caráter universal, inclusive garantindo-se os meios administrativos para tanto: gratuidade e obrigatoriedade do ensino primário, ensino adulto, garantia de amplos direitos aos professores (estabilidade, remuneração justa, vitaliciedade, inamovibilidade, concursos públicos), dentre outros.

Como bem destaca Wander Bastos, esse processo de modernização educacional iniciado com a Reforma Francisco Campos e consolidado com a promulgação da Constituição de 1934 não foi unânime e pacífico. O exemplo mais notável foi a ferrenha disputa em torno da essencialidade ou não da tradicional disciplina de Direito Romano para o bacharelado.

Por provocação sobretudo de tradicionalistas professores romanistas e civilistas da Faculdade de Direito de São Paulo,[1363] foi

---

1362 BASTOS, Aurélio Wander. *O ensino jurídico no Brasil*. 2ª ed. rev. e atual. Rio de Janeiro: Lumen Juris, 2000, pp. 200/201.

1363 Sobre as resistências de professores da Faculdade de Direito de São Paulo à Reforma Francisco Campos, conferir: BASTOS, Aurélio Wander. *O ensino jurídico no Brasil*. 2ª ed. rev. e atual. Rio de Janeiro: Lumen Juris, 2000, pp. 213-215. Alberto Venâncio Filho destaca, inclusive, as resistências de setores da Faculdade de Direito do Largo de São Francisco em relação à instituição da Universidade de São Paulo pelo governador Armando Salles de Oliveira em 1934, especialmente no que concerne às missões estrangeiras vindas ao Brasil para fundar diversos cursos da USP e, sobretudo, à mudança (jamais ocorrida) da Faculdade de Direito para a Cidade Universitária: VENANCIO FILHO, Alberto.

apresentado à Câmara dos Deputados projeto de lei, em 1935, que buscava revisar a Reforma Francisco Campos em alguns importantes pontos.[1364] Após duros debates no Congresso, a Lei n. 114, de 11 de novembro de 1935, foi aprovada e sancionada, promovendo as seguintes alterações: reinserção do Direito Romano no primeiro ano do bacharelado; inclusão de Ciência das Finanças no segundo ano do bacharelado; restauração de Direito Internacional Privado no quinto ano do bacharelado; subtração de Filosofia do Direito da seção de Ciências Criminais do curso de doutorado e transformação do curso de doutorado de obrigatório em facultativo, a juízo das respectivas congregações das faculdades.

Com a promulgação da Lei n. 176, de 8 de janeiro de 1936, foi incluída a matéria de Direito Industrial e Legislação do Trabalho no quinto ano do curso de bacharelado, suprindo uma séria e inexplicável omissão da Reforma de 1931, contraditória com o amplo destaque legislativo que foi dado pelo Governo Provisório ao Direito do Trabalho e ao Direito Sindical.

3.5 O Decreto-Lei n. 2.639/1940 e a tentativa de conversão dos bacharéis

Um dos mais importantes braços burocráticos do Estado Novo foi o Ministério da Educação e Saúde Pública.[1365] A atuação do referido órgão, já desde 1935, foi marcada por uma complexa ambiguidade,[1366] pois, ao mesmo tempo que se aproximava dos

---

Das arcadas ao bacharelismo: 10 anos de ensino jurídico no Brasil. São Paulo: Perspectiva, 2011, pp. 306/307.

1364 BASTOS, Aurélio Wander. *O ensino jurídico no Brasil*. 2ª ed. rev. e atual. Rio de Janeiro: Lumen Juris, 2000, pp. 212-217.

1365 SCHWARCZ, Lilia Moritz; STARLING, Heloísa Murgel. *Brasil*: uma biografia. São Paulo: Companhia das Letras, 2015, p. 377.

1366 SCHWARCZ, Lilia Moritz; STARLING, Heloísa Murgel. *Brasil*: uma biografia. São Paulo: Companhia das Letras, 2015, p. 377.

modernistas e das vanguardas artísticas,[1367] o Ministro Gustavo Capanema "silenciou sobre as intervenções arbitrárias e prisões que atingiram as áreas da cultura e da educação; também não impediu a perseguição aos comunistas, e fechou a Universidade do Distrito Federal".[1368]

Tudo isso de maneira mais evidente após a debelação da Intentona Comunista, em 1935, o que demonstra que "o Estado Novo apenas deu maior guarida a essa repressão já em curso".[1369]

Laila Galvão destaca que, desde o começo dos anos 1930, havia uma disputa político-ideológica e científica em torno do direito à educação, mais especificamente no que concerne à controvertida expressão "educar para a democracia".[1370] De um lado, Anísio Teixeira, educador vinculado ao Movimento da Escola Nova, afirmou, em livro publicado em 1936 como resistência às arbitrariedades do governo Vargas, que "a função do Estado democrático é manter os serviços educacionais, defendendo-os das influências imediatistas dos governos, ou da influência profunda de ideologias partidárias".[1371]

1367 Sobre as ferrenhas resistências de Gustavo Capanema à UDF, sobretudo devido ao seu caráter laico e não alinhado ao modelo universitário federal, conferir: NUNES, Clarice. "As políticas públicas de educação de Gustavo Capanema no Governo Vargas". *In*: BOMENY, Helena (Coord.). *Constelação Capanema*: intelectuais e política. Rio de Janeiro: FGV, 2001, p. 115; e GALVÃO, Laila Maia. *Constituição, educação e democracia*: a Universidade do Distrito Federal (1935-1939) e as transformações da era Vargas. Brasília: Universidade de Brasília, 2021.

1368 SCHWARCZ, Lilia Moritz; STARLING, Heloísa Murgel. *Brasil*: uma biografia. São Paulo: Companhia das Letras, 2015, p. 378.

1369 GALVÃO, Laila Maia. *Constituição, educação e democracia*: a Universidade do Distrito Federal (1935-1939) e as transformações da era Vargas. Brasília: Universidade de Brasília, 2021, p. 188.

1370 GALVÃO, Laila Maia. *Constituição, educação e democracia*: a Universidade do Distrito Federal (1935-1939) e as transformações da era Vargas. Brasília: Universidade de Brasília, 2021, pp. 168-172.

1371 TEIXEIRA, Anísio. *Educação para a Democracia*: introdução à administração educacional. Rio de Janeiro: UFRJ, 1997, p. 55.

De outro lado, Francisco Campos – político e "jurisconsulto adaptável"[1372] historicamente ligado às pautas educacionais nos âmbitos mineiro e federal, que "apresentou publicamente ao longo da década de 1930 desde posições escolanovistas até humanistas e católicas, a depender do momento político"[1373] – adotou, quando da redação da Carta de 1937, uma autoritária orientação balizada pelo conservadorismo católico e pelo antiliberalismo. Antes mesmo disso, já em 28 de setembro de 1935, pouco tempo antes de assumir a Secretaria de Educação do Distrito Federal no lugar justamente de Anísio Teixeira, Campos pronunciou conferência em que indagou:

> [c]omo educar para a democracia, se esta não é hoje senão uma cafarnaum de problemas, muitos dos quais propondo questões cuja solução provável implicará o abandono dos seus valores básicos ou fundamentais? Educação individualista ou educação para um mundo de massas, de cooperação ou de configuração coletiva do trabalho, do pensamento e da ação?[1374]

Especificamente sobre o destino que essa polêmica expressão ganharia após o golpe de 10 de novembro de 1937, Laila Galvão assim discorre:

> O que se viu no período do Estado Novo, entre 1937 e 1945, não foi o total abandono da expressão "educar para a

---

1372 SEELAENDER, Airton Lisle Cerqueira Leite; CASTRO, Alexander Rodrigues de. "Um jurisconsulto adaptável: Francisco Campos (1891-1968)". *In*: MOTA, Carlos Guilherme; SALINAS, Natasha (Coord.). *Os juristas na formação do Estado-Nação brasileiro*. vol. 3. São Paulo: Saraiva, 2010, pp. 255-291.

1373 GALVÃO, Laila Maia. *Constituição, educação e democracia*: a Universidade do Distrito Federal (1935-1939) e as transformações da era Vargas. Brasília: Universidade de Brasília, 2021, p. 171.

1374 CAMPOS, Francisco. "A política e o nosso tempo (Conferência no salão da Escola de Belas-Artes, em 28 de setembro de 1935)". *In*: ______. *O Estado nacional*: sua estrutura, seu conteúdo ideológico. Brasília: Conselho Editorial do Senado Federal, 2001, pp. 14/15.

> democracia", mas a sua ressignificação e a gradual perda de sua importância. Um conceito muito particular de democracia de massas emergiu e a valorização da ideia de nação resultou no fortalecimento do ensino de moral e cívica nas escolas. O papel da educação seria formar o cidadão nacional, por meio de elementos como a educação física, a educação moral e "patriótica", o canto orfeônico e participação dos jovens nos desfiles do calendário cívico.1375

Francisco Campos, recuando em relação às suas posições escola-novistas do começo da década de 1930, afirmará, após o golpe de 1937, que "[e]m um sistema educativo puramente intelectualista e de fundo liberal, todas as teorias e crenças são objeto de discussão: não há obrigação, porém, de aceitar nenhuma".[1376] Ao revés, a concepção de educação estampada na Carta de 1937 pressuporia "a existência de valores sobre alguns dos quais a discussão não pode ser admitida",[1377] já que

> [a] liberdade de pensamento e de ensino não pode ser confundida com a ausência de fins sociais postulados à educação a não ser que a sociedade humana fosse confundida com uma academia de anarquistas, reduzidos a uma vida puramente intelectual e discursiva.[1378]

1375 GALVÃO, Laila Maia. *Constituição, educação e democracia*: a Universidade do Distrito Federal (1935-1939) e as transformações da era Vargas. Brasília: Universidade de Brasília, 2021, p. 172.

1376 CAMPOS, Francisco. "Diretrizes do Estado Nacional". *In*: ______. *O Estado nacional*: sua estrutura, seu conteúdo ideológico. Brasília: Conselho Editorial do Senado Federal, 2001, p. 66.

1377 CAMPOS, Francisco. "Diretrizes do Estado Nacional". *In*: ______. *O Estado nacional*: sua estrutura, seu conteúdo ideológico. Brasília: Conselho Editorial do Senado Federal, 2001, p. 66.

1378 CAMPOS, Francisco. "Diretrizes do Estado Nacional". *In*: ______. *O Estado nacional*: sua estrutura, seu conteúdo ideológico. Brasília: Conselho Editorial do Senado Federal, 2001, p. 66.

Caberia ao Estado, portanto, "a disciplina moral e o adestramento da juventude, de maneira a prepará-la para o cumprimento de suas obrigações para com a economia e a defesa da Nação".[1379] Sendo assim, a educação deveria ser compreendida

> no sentido orgânico e construtivo da coletividade, não se limitando ao simples fornecimento de conceitos e noções, mas abrangendo a formação dos novos cidadãos, de acordo com os verdadeiros interesses nacionais.[1380]

Comparando as concepções educacionais da Carta de 1937 com as da Constituição de 1934 – esta última duramente criticada por Francisco Campos como restauradora da velha política liberal contra a qual justamente se insurgira a Revolução de 1930[1381] – Laila Galvão arremata:

> Se analisarmos com calma os artigos da Constituição de 1937, observaremos que havia ali uma significativa expansão das responsabilidades do Estado para com a educação: obrigação do Estado de fornecer educação adequada aos que não possuíam recursos necessários para cursar uma escola particular; o dever do Estado de promover ensino pré-vocacional profissional às classes menos favorecidas; a obrigatoriedade e gratuidade do ensino primário; obrigatoriedade da educação física, do ensino cívico e dos trabalhos manuais; e a chamada organização da juventude, projeto pelo qual Francisco Campos

---

1379 CAMPOS, Francisco. "Diretrizes do Estado Nacional". *In*: ______. *O Estado nacional*: sua estrutura, seu conteúdo ideológico. Brasília: Conselho Editorial do Senado Federal, 2001, p. 67.

1380 CAMPOS, Francisco. "Diretrizes do Estado Nacional". *In*: ______. *O Estado nacional*: sua estrutura, seu conteúdo ideológico. Brasília: Conselho Editorial do Senado Federal, 2001, p. 67.

1381 CAMPOS, Francisco. "Diretrizes do Estado Nacional". *In*: ______. *O Estado nacional*: sua estrutura, seu conteúdo ideológico. Brasília: Conselho Editorial do Senado Federal, 2001, p. 41.

sempre batalhou e que demonstrava sua aproximação com o fascismo.[1382]

No que concerne ao ensino jurídico, após as revisões efetuadas pelo Congresso Nacional, em 1935 e 1936, do currículo resultante da Reforma Francisco Campos de 1931, "[o] fato mais destacado é (...) o desdobramento, pelo Decreto-Lei 2639, de 27 de setembro de 1940, da disciplina do Direito Público Constitucional em duas, Teoria Geral do Estado e Direito Constitucional".[1383]

Fruto das competências legislativas ilimitadas conferidas ao Presidente da República pelo artigo 180 da Carta de 1937[1384] e da centralidade político-ideológica conferida pelo regime autoritário à educação, esse importante e pouquíssimo estudado Decreto-Lei n. 2.639, de 27 de setembro de 1940, assim previa:

1382 GALVÃO, Laila Maia. *Constituição, educação e democracia*: a Universidade do Distrito Federal (1935-1939) e as transformações da era Vargas. Brasília: Universidade de Brasília, 2021, p. 176.

1383 VENANCIO FILHO, Alberto. *Das arcadas ao bacharelismo*: 10 anos de ensino jurídico no Brasil. São Paulo: Perspectiva, 2011, p. 310.

1384 De acordo com Francisco Campos, "a incapacidade do Poder Legislativo para legislar é hoje um dado definitivamente adquirido não só pela ciência política como pela experiência das instituições representativas, em quase todos os países do mundo, inclusive nos de tradição parlamentar. Ora, a legislação é uma das funções essenciais do governo. Se o órgão incumbido de legislar se demitira da sua função, cumpria substituí-lo urgentemente por outro processo capaz e adequado de legislação" (CAMPOS, Francisco. "Diretrizes do Estado Nacional". *In*: ______. *O Estado nacional*: sua estrutura, seu conteúdo ideológico. Brasília: Conselho Editorial do Senado Federal, 2001, p. 47). Esse "outro processo" aduzido pelo Ministro da Justiça seria justamente a delegação da atividade legislativa para o Presidente da República (CAMPOS, Francisco. "Diretrizes do Estado Nacional". *In*: ______. *O Estado nacional*: sua estrutura, seu conteúdo ideológico. Brasília: Conselho Editorial do Senado Federal, 2001, pp. 54-56).

> Art. 1º A disciplina Direito público constitucional, ora constante do curso de bacharelado em direito, fica desdobrada em duas, a saber: Teoria geral do Estado e Direito constitucional.
>
> Parágrafo único. Será a Teoria geral do Estado ministrada na primeira série e o Direito constitucional na segunda série do referido curso.
>
> Art. 2º Cada uma das disciplinas de que trata o artigo anterior constituirá objeto de uma cadeira especial nas faculdades de direito do País.
>
> Art. 3º Os atuais professores catedráticos de Direito público constitucional das faculdades de direito federais passarão a exercer o cargo de professor catedrático de Teoria Geral do Estado.
>
> Art. 4º Ficam criados dois cargos de professor catedrático, do padrão L, sendo um no Quadro I, e outro no Quadro IV, do Ministério da Educação e Saude.
>
> Art. 5º **Os cargos de professor catedrático de Direito constitucional, nas faculdades de direito federais, bem como nas faculdades de direito reconhecidas ou autorizadas pelo Governo Federal, não serão preenchidos em carater efetivo, nos primeiros três anos a contar da vigência deste decreto-lei, devendo o provimento ser feito em carater interino ou mediante contrato.**
>
> Art. 6º Este decreto-lei terá vigor a partir do ano escolar de 1941.
>
> Art. 7º Ficam revogadas as disposições em contrário (destaque nosso).

Destaque-se o artigo 1º – que determinou o desmembramento da tradicional cátedra de Direito Público Constitucional em Teoria Geral do Estado e Direito Constitucional – e, sobretudo, o artigo 5º do mencionado decreto – que transferiu os antigos catedráticos da matéria desmembrada para a nova área de Teoria Geral do Estado, proibindo a realização de concursos para a área de Direito Constitucional por 3 (três) anos, período em que os professores da referida disciplina seriam indicados diretamente pelo regime, para provimento interino.

O prazo de 3 (três) anos sem concursos para as cátedras de Direito Constitucional seria prorrogado, por igual período, pelo artigo 1º do Decreto-Lei n. 6.333, de 9 de março de 1944. É por isso que, somente no final da década de 1940 e início da década de 1950, seriam novamente realizados concursos para professores catedráticos de Direito Constitucional, dos quais são exemplos os que foram realizados na Faculdade Nacional de Direito (vencido por Afonso Arinos de Melo Franco), na Faculdade de Direito de São Paulo (vencido por Cândido Motta Filho) e na Faculdade de Direito do Recife (vencido por Pinto Ferreira).

Não obstante a centralidade do tema, talvez os dois únicos livros de Teoria Geral do Estado que tratem, *en passant*, da edição do Decreto-Lei n. 2.639/1940 e das complexidades político-constitucionais que o cercavam sejam os de Pedro Calmon,[1385] catedrático de TGE da Faculdade Nacional de Direito, e de Aderson de Menezes,[1386] catedrático de TGE da Faculdade de Direito do Amazonas.

Conforme mais à frente será explorado, teria sido justamente Pedro Calmon o autor da ideia que originou o referido decreto, quando supostamente sugeriu a Gustavo Capanema que dissuadisse o Presidente Getúlio Vargas de sua pretensão originária de se fazer ensinar a Carta de 1937 nas escolas secundárias; aconselhando Calmon, ao revés, que a nova Constituição deveria ser ensinada nas Faculdades de Direito, celeiros de formação da elite política e burocrática, e por

---

1385 CALMON, Pedro. *Curso de Teoria Geral do Estado*. 4ª ed. rev. Rio de Janeiro: Freitas Bastos, 1954, pp. 15-18.

1386 MENEZES, Aderson de. *Teoria Geral do Estado*. 4ª ed. Rio de Janeiro: Forense, 1984, pp. 3-37.

professores ligados ao regime, o que potencializaria as pretensões ideológicas do Estado Novo de doutrinar a juventude.[1387]

Por sua vez, Aderson de Menezes assim discorre sobre o contexto em que a Teoria Geral do Estado apareceu no meio universitário nacional:

> A criação da cadeira, em plena ditadura, teve o manifesto propósito de facilitar a propaganda, no meio da mocidade das escolas jurídicas – focos de constante irradiação da liberdade consciente, da Carta Política então em vigor, tanto assim que o governo, naquele diploma legislativo, fez passarem para a nova disciplina os mestres da cátedra desdobrada, ao mesmo tempo que proibia, dentro de três anos, a realização de concurso para Direito Constitucional, cujos professores iniciais seriam, como foram, nomeados interinamente.[1388]

Não propriamente no campo da Teoria Geral do Estado, mas no da história da educação jurídica no Brasil, também Alberto Venâncio Filho[1389] e Aurélio Wander Bastos[1390] discorrem, perfunctoriamente, sobre o contexto de expedição do Decreto-Lei n. 2.639/1940.

Para além dessas obras, esparsas referências em revistas acadêmicas das décadas de 1940-1950 e alguns livros de memórias

---

1387 CALMON, Pedro. *Curso de Teoria Geral do Estado*. 4ª ed. rev. Rio de Janeiro: Freitas Bastos, 1954, pp. 15/16; e CALMON, Pedro. *Memórias*. Rio de Janeiro: Nova Fronteira, 1995, p. 268.

1388 MENEZES, Aderson de. *Teoria Geral do Estado*. 4ª ed. Rio de Janeiro: Forense, 1984, p. 6.

1389 VENÂNCIO FILHO, Alberto. *Das arcadas ao bacharelismo*: 150 anos de ensino jurídico no Brasil. 2ª ed. São Paulo: Perspectiva, 2011, pp. 309/310.

1390 BASTOS, Aurélio Wander. *O ensino jurídico no Brasil*. 2ª ed. Rio de Janeiro: Lumen Juris, 2000, pp. 218/219.

(notadamente, os de Pedro Calmon,[1391] José Afonso da Silva[1392] e Ada Pellegrini Grinover,[1393] conforme serão doravante explorados), a história institucional da criação da cátedra de Teoria Geral do Estado no Brasil não ganhou maiores e mais profundas discussões pela academia jurídica brasileira.

Nelson de Souza Sampaio – catedrático de TGE da Faculdade de Direito da Bahia – em resenha da tese mediante a qual Orlando Magalhães Carvalho obteve, em junho de 1952, a cátedra de Teoria Geral do Estado da Faculdade de Direito da Universidade Federal de Minas Gerais,[1394] assim discorre sobre a edição do Decreto-Lei n. 2.639/1940:

> É curioso observar que a "Teoria Geral do Estado" passou a fazer parte do curriculum das nossas Faculdades de Direito por uma iniciativa de má inspiração política do Estado Novo. **A cadeira foi criada como um expediente prático para resolver, sem ferir o direito adquirido, a situação dos catedráticos de Direito Constitucional, que o Estado Novo tinha interêsse em afastar de suas cátedras. Êstes passariam a catedráticos de Teoria do Estado, enquanto a cátedra de Direito Constitucional não seria provida em caráter definitivo, mas, sim, ocupada por pessoa nomeada pelo govêrno, escolhida a dedo, já se vê, para fazer propaganda da chamada Constituição de 1937.** Êsse plano ditatorial de criar uma agência do DIP dentro das nossas Faculdades de Direito, a fim de "racionar"

1391 CALMON, Pedro. *Memórias*. Rio de Janeiro: Nova Fronteira, 1995, p. 268.

1392 SILVA, José Afonso da. *A Faculdade e meu itinerário constitucional*. São Paulo: Malheiros, 2007, pp. 151-156 e 229-241.

1393 GRINOVER, Ada Pellegrini. *A garota de São Paulo*. São Paulo: Arx, 2004, p. 161.

1394 SAMPAIO, Nelson de Souza. "Caracterização da Teoria Geral do Estado". *Revista da Faculdade de Direito da Universidade Federal de Minas Gerais*, vol. 4, 1952, p. 90. Disponível em: https://revista.direito.ufmg.br/index.php/revista/article/view/515. Acessado em: 16.08.2024.

> a cultura jurídica nacional, não era, aliás, bem arquitetado, pois, ao colocar a cadeira de Teoria do Estado, no primeiro ano do curso de bacharelado, e como propedêutica do Direito Constitucional, se fornecia ao aluno, naquela disciplina de horizontes mais amplos, um antidoto prévio às doutrinas que, no ano seguinte, lhe seriam ministradas pelos envenenadores do espírito universitário, pagos pelos cofres públicos.[1395]

E essas intencionalidades político-ideológicas suscitadas por Sampaio estavam longe de serem disfarçadas pelo regime estado-novista.

Em memorando não datado direcionado ao Presidente da República, Gustavo Capanema discorre sobre um "plano geral" para uma exposição comemorativa com o intuito de promover uma "Propaganda do Estado Novo". Dentre as iniciativas e planejamentos, consta a realização de

> síntese dos princípios gerais do regimen nacional em grande quadro, expondo de maneira imediata a teoria do Estado, utilizando-se principalmente as definições da Constituição, e as palavras do Presidente Getúlio Vargas.[1396]

Em sentido semelhante, destaque-se importante memorial escrito por Capanema para Getúlio Vargas, datado de 1º de fevereiro de

---

1395 SAMPAIO, Nelson de Souza. "Caracterização da Teoria Geral do Estado". *Revista da Faculdade de Direito da Universidade Federal de Minas Gerais*, vol. 4, 1952, p. 90, destaque nosso. Disponível em: https://revista.direito.ufmg.br/index.php/revista/article/view/515. Acessado em: 16.08.2024.

1396 CAPANEMA, Gustavo. "Memorando ao Presidente Getúlio Vargas, [sem data]". Ministério da Educação e Saúde – Assuntos administrativos\GC f 1935.05.00 (1). *Arquivo Gustavo Capanema – FGV CPDOC*. Disponível em: https://docvirt.com/docreader.net/DocReader.aspx?bib=ARQ_GC_F&hf=www18.fgv.br&pagfis=13585. Acessado em: 28.08.2024.

1941, contendo "sugestões para a unificação ideológica do país".[1397] De acordo com o Ministro da Educação, a principal questão do Estado Novo seria a "necessidade de tornar o regime conhecido e aceito pelas massas e pelas elites",[1398] tendo, para tanto, duas premissas – "a necessidade da criação de uma doutrina, a doutrina do Estado Nacional"[1399] e "[a] necessidade de se excluírem, dos postos da Administração Pública federal ou estadual, os menos capazes, os tendenciosos e os sabotadores" –,[1400] uma vez que "nos postos administrativos só devem estar os operosos, os dedicados, os fiéis, pela necessidade já da conservação do regime, já da eficiencia dos serviços públicos".[1401]

1397 CAPANEMA, Gustavo. "Memorial ao Presidente Getúlio Vargas, de 1º de fev. 1941". Ministério da Educação e Saúde – Assuntos Políticos\ GC i 1935.12.00 (4). *Arquivo Gustavo Capanema – FGV CPDOC*. Disponível em: https://docvirt.com/docreader.net/DocReader.aspx?bib=ARQ_GC_I&hf=www18.fgv.br&pagfis=7695. Acessado em: 28.08.2024.

1398 CAPANEMA, Gustavo. "Memorial ao Presidente Getúlio Vargas, de 1º de fev. 1941". Ministério da Educação e Saúde – Assuntos Políticos\ GC i 1935.12.00 (4). *Arquivo Gustavo Capanema – FGV CPDOC*. Disponível em: https://docvirt.com/docreader.net/DocReader.aspx?bib=ARQ_GC_I&hf=www18.fgv.br&pagfis=7695. Acessado em: 28.08.2024.

1399 CAPANEMA, Gustavo. "Memorial ao Presidente Getúlio Vargas, de 1º de fev. 1941". Ministério da Educação e Saúde – Assuntos Políticos\ GC i 1935.12.00 (4). *Arquivo Gustavo Capanema – FGV CPDOC*. Disponível em: https://docvirt.com/docreader.net/DocReader.aspx?bib=ARQ_GC_I&hf=www18.fgv.br&pagfis=7695. Acessado em: 28.08.2024.

1400 CAPANEMA, Gustavo. "Memorial ao Presidente Getúlio Vargas, de 1º de fev. 1941". Ministério da Educação e Saúde – Assuntos Políticos\ GC i 1935.12.00 (4). *Arquivo Gustavo Capanema – FGV CPDOC*. Disponível em: https://docvirt.com/docreader.net/DocReader.aspx?bib=ARQ_GC_I&hf=www18.fgv.br&pagfis=7695. Acessado em: 28.08.2024.

1401 CAPANEMA, Gustavo. "Memorial ao Presidente Getúlio Vargas, de 1º de fev. 1941". Ministério da Educação e Saúde – Assuntos Políticos\ GC i 1935.12.00 (4). *Arquivo Gustavo Capanema – FGV CPDOC*.

Muito provavelmente, diversos dos antigos professores catedráticos de Direito Público e Constitucional estavam, na visão de Capanema, incluídos ao menos nas categorias dos "tendenciosos" e dos "sabotadores" do Estado Novo, mormente aqueles de inclinação mais liberal ou comunista e, portanto, crítica à ditadura estado-novista. Isso explica, em boa medida, a teleologia do artigo 5º do Decreto-Lei n. 2.639/1940, quando proibia, pelo prazo de 3 (três) anos, a realização de concursos para professores efetivos de Direito Constitucional, franqueando ao regime varguista, assim, o preenchimento interino das vagas com acadêmicos fortemente alinhados ao governo – ou, nas palavras de Nelson Sampaio, de "envenenadores do espírito universitário, pagos pelos cofres públicos"[1402] – para o ensino da Carta de 1937 e da "doutrina do Estado Nacional".

Sobre tal doutrina, Capanema afirma que "é necessário não propriamente criá-la, pois que ela existe e decorre da experiencia destes dez anos de lutas e trabalhos, mas dar-lhe conceituação precisa e plena, a fim de se lhe facilitar a propaganda e o ensino".[1403] Prossegue dizendo a Vargas que "essa conceituação, para ter autenticidade, deve ser dada por V. Exc., ou sob as vistas e com a aprovação de V. Exc., creador do novo regime e portanto seu máximo intérprete".[1404] Sobre a Carta de 1937, o Ministro assim assevera:

Disponível em: https://docvirt.com/docreader.net/DocReader.aspx?bib=ARQ_GC_I&hf=www18.fgv.br&pagfis=7695. Acessado em: 28.08.2024.

1402 Disponível em: https://www.direito.ufmg.br/revista/index.php/revista/issue/view.

1403 CAPANEMA, Gustavo. "Memorial ao Presidente Getúlio Vargas, de 1º de fev. 1941". Ministério da Educação e Saúde – Assuntos Políticos\ GC i 1935.12.00 (4). *Arquivo Gustavo Capanema – FGV CPDOC.* Disponível em: https://docvirt.com/docreader.net/DocReader.aspx?bib=ARQ_GC_I&hf=www18.fgv.br&pagfis=7695. Acessado em: 28.08.2024.

1404 CAPANEMA, Gustavo. "Memorial ao Presidente Getúlio Vargas, de 1º de fev. 1941". Ministério da Educação e Saúde – Assuntos Políticos\ GC i 1935.12.00 (4). *Arquivo Gustavo Capanema – FGV CPDOC.*

> Não ha duvida que a Constituição de 10 de novembro, – na qual, como V. Exc. já declarou, se encontra o sentido renovador da Revolução de 1930, – é o documento essencial e basico do regime. Releva, porem, notar que, sendo esse regime não apenas uma ordem constitucional, mas um sistema de integral organização da vida nacional, não se contem, nem se poderia conter, por inteiro, naquele estatuto politico. Prolonga-se, estrutura-se, desenvolve-se, realiza-se nos grandes documentos legislativos que, desde 1930, vão sendo por V. Exc. metodicamente expedidos.[1405]

Continua Capanema afirmando que é necessária

> uma conceituação do regime configurado no nosso Estado Nacional, conceituação que não pode deixar de abranger todo o sistema de ideias, de princípios, de diretrizes que presidiram e estão presidindo as grandes e fundamentais transformações da vida nacional desde o advento de V. Exc.[1406]

Disponível em: https://docvirt.com/docreader.net/DocReader.aspx?-bib=ARQ_GC_I&hf=www18.fgv.br&pagfis=7695. Acessado em: 28.08.2024.

1405 CAPANEMA, Gustavo. "Memorial ao Presidente Getúlio Vargas, de 1º de fev. 1941". Ministério da Educação e Saúde – Assuntos Políticos\ GC i 1935.12.00 (4). *Arquivo Gustavo Capanema – FGV CPDOC.* Disponível em: https://docvirt.com/docreader.net/DocReader.aspx?-bib=ARQ_GC_I&hf=www18.fgv.br&pagfis=7695. Acessado em: 28.08.2024.

1406 CAPANEMA, Gustavo. "Memorial ao Presidente Getúlio Vargas, de 1º de fev. 1941". Ministério da Educação e Saúde – Assuntos Políticos\ GC i 1935.12.00 (4). *Arquivo Gustavo Capanema – FGV CPDOC.* Disponível em: https://docvirt.com/docreader.net/DocReader.aspx?-bib=ARQ_GC_I&hf=www18.fgv.br&pagfis=7695. Acessado em: 28.08.2024.

Nesse contexto, "[o] maior adversário do Estado Nacional é o inveterado liberalismo de nossos políticos e de nossas elites intelectuais",[1407] o qual

> dominou por tal modo os acontecimentos nacionais, em todo o período imperial e no decurso das primeias decadas republicanas, que aqui perdura, no fundo do coração de muita gente, como um preconceito ou como um ideal de difícil apagamento, mau grado o seu descrédito por toda parte e apesar das investidas católicas contra ela.[1408]

No próximo passo, Capanema parece se valer de um argumento que aparece fartamente nas obras de Francisco Campos (leitor de Carl Schmitt),[1409] quando afirma que

> o espírito liberal sempre pretendeu desfrutar do monopólio da democracia, crendo e fazendo crer que a democracia só é

1407 CAPANEMA, Gustavo. "Memorial ao Presidente Getúlio Vargas, de 1º de fev. 1941". Ministério da Educação e Saúde – Assuntos Políticos\ GC i 1935.12.00 (4). *Arquivo Gustavo Capanema – FGV CPDOC*. Disponível em: https://docvirt.com/docreader.net/DocReader.aspx?bib=ARQ_GC_I&hf=www18.fgv.br&pagfis=7695. Acessado em: 28.08.2024.

1408 CAPANEMA, Gustavo. "Memorial ao Presidente Getúlio Vargas, de 1º de fev. 1941". Ministério da Educação e Saúde – Assuntos Políticos\ GC i 1935.12.00 (4). *Arquivo Gustavo Capanema – FGV CPDOC*. Disponível em: https://docvirt.com/docreader.net/DocReader.aspx?bib=ARQ_GC_I&hf=www18.fgv.br&pagfis=7695. Acessado em: 28.08.2024.

1409 Sobre as relações entre as obras de Campos e de Schmitt, conferir os seguintes trabalhos: BUENO, Roberto. "As vias autóctones do autoritarismo: Francisco Campos e seu diálogo às sombras com Carl Schmitt e Friedrich A. von Hayek". *In*: ______. *Francisco Campos e o conservadorismo autoritário*. Brasília: Conselho Editorial do Senado Federal, 2019, pp. 95-168; e MENEZES, Daniel Francisco Nagao. *Francisco Campos, Carl Schmitt e a atuação do Estado na economia*. São Paulo: MACKENZIE, 2013. (Tese de Doutorado).

> realizável no clima e segundo as teses do liberalismo, identificando, portanto, os dois conceitos.[1410]

Diante disso, seria missão do Estado Novo "[d]esfazer tal equívoco",[1411] inclusive tendo em vista a circunstância de estarem os liberais "verberando de ditatorial e despótico tudo quanto seja, na política e no governo, de sentido antiliberal".[1412]

E essa luta contra a resistência liberal deveria ser prontamente travada no plano das ideias políticas, já que

> na grande massa dos que aceitam o Estado Nacional e mesmo o aplaudem, muitos não lhe penetram a ideologia ou com ela não se preocupam, fato bem explicável num país que não pôde ainda atingir um alto nível de cultura política.[1413]

1410 CAPANEMA, Gustavo. "Memorial ao Presidente Getúlio Vargas, de 1º de fev. 1941". Ministério da Educação e Saúde – Assuntos Políticos\GC i 1935.12.00 (4). *Arquivo Gustavo Capanema – FGV CPDOC*. Disponível em: https://docvirt.com/docreader.net/DocReader.aspx?bib=ARQ_GC_I&hf=www18.fgv.br&pagfis=7697. Acessado em: 28.08.2024.

1411 CAPANEMA, Gustavo. "Memorial ao Presidente Getúlio Vargas, de 1º de fev. 1941". Ministério da Educação e Saúde – Assuntos Políticos\GC i 1935.12.00 (4). *Arquivo Gustavo Capanema – FGV CPDOC*. Disponível em: https://docvirt.com/docreader.net/DocReader.aspx?bib=ARQ_GC_I&hf=www18.fgv.br&pagfis=7697. Acessado em: 28.08.2024.

1412 CAPANEMA, Gustavo. "Memorial ao Presidente Getúlio Vargas, de 1º de fev. 1941". Ministério da Educação e Saúde – Assuntos Políticos\GC i 1935.12.00 (4). *Arquivo Gustavo Capanema – FGV CPDOC*. Disponível em: https://docvirt.com/docreader.net/DocReader.aspx?bib=ARQ_GC_I&hf=www18.fgv.br&pagfis=7697. Acessado em: 28.08.2024.

1413 CAPANEMA, Gustavo. "Memorial ao Presidente Getúlio Vargas, de 1º de fev. 1941". Ministério da Educação e Saúde – Assuntos Políticos\GC i 1935.12.00 (4). *Arquivo Gustavo Capanema – FGV CPDOC*. Disponível em: https://docvirt.com/docreader.net/DocReader.

É por isso que seria necessária a evidenciação, precisa e clara, da doutrina político-estatal que embasava o regime:

> (...) não de uma forma vaga e geral, mas ferindo uma a uma as suas teses fundamentais, contrapondo-as às teses liberais ou às teses comunistas, e demonstrando a legitimidade, a conveniencia nacional das soluções adotadas, pôr ao alcance da mentalidade popular os pontos de doutrina necessários à compreensão dos postulados e das praticas do Estado Nacional, eis aí as tarefas que devem constituir preocupação primeira e constante do aparelho oficial de propaganda.[1414]

Mas não só no campo da publicidade política, já que "[m]ais eficazes, por certo, do que os processos simplesmente de propaganda, por serem de efeitos mais duradouros, são, para a segurança espiritual da nova ordem política do país, os processos educativos".[1415]

É aqui que entra, para o Ministro, a necessidade de se valer da educação como instrumento político-ideológico do Estado Novo. Especificamente sobre o ensino superior no Brasil, Capanema limita-se a discorrer ao Presidente da República, expressa e unicamente, sobre a Teoria Geral do Estado e o Direito Constitucional, o que demonstra toda a importância depositada pelo Ministro nos efeitos

---

aspx?bib=ARQ_GC_I&hf=www18.fgv.br&pagfis=7697. Acessado em: 28.08.2024.

1414 CAPANEMA, Gustavo. "Memorial ao Presidente Getúlio Vargas, de 1º de fev. 1941". Ministério da Educação e Saúde – Assuntos Políticos\ GC i 1935.12.00 (4). *Arquivo Gustavo Capanema – FGV CPDOC*. Disponível em: https://docvirt.com/docreader.net/DocReader.aspx?bib=ARQ_GC_I&hf=www18.fgv.br&pagfis=7698. Acessado em: 28.08.2024.

1415 CAPANEMA, Gustavo. "Memorial ao Presidente Getúlio Vargas, de 1º de fev. 1941". Ministério da Educação e Saúde – Assuntos Políticos\ GC i 1935.12.00 (4). *Arquivo Gustavo Capanema – FGV CPDOC*. Disponível em: https://docvirt.com/docreader.net/DocReader.aspx?bib=ARQ_GC_I&hf=www18.fgv.br&pagfis=7698. Acessado em: 28.08.2024.

políticos do então recém-expedido Decreto-Lei n. 2.639/1940 para a tão desejada sedimentação da "doutrina do Estado Nacional":

> Enfim, **no ensino da Teoria Geral do Estado e do Direito Constitucional**, nas escolas superiores, especialmente nas faculdades de Direito, deverá ser feito completo e conveniente estudo das doutrinas políticas em geral e de sua diversa aplicação no mundo moderno, bem como do sistema de princípios de organização nacional que nosso país veio a adotar por um imperativo categorico do nosso espírito e da nossa realidade.[1416]

Tem razão Clarice Nunes, portanto, quando afirma que,

> [n]o tocante à formação dos intelectuais, a principal diferença entre Anísio Teixeira e Gustavo Capanema era que o primeiro entendia que os intelectuais deveriam ter uma formação crítica que os capacitasse a elaborar projetos sociais que correspondessem aos anseios da sociedade, ao passo em que o segundo os concebia como lideranças competentes a serviço do Estado [e da doutrina oficial do regime].[1417]

Como se depreende do memorando de Capanema a Vargas acima esmiuçado, o processo de institucionalização da Teoria Geral do Estado no Brasil de 1940 foi marcado por um caráter ambivalente.

1416 CAPANEMA, Gustavo. "Memorial ao Presidente Getúlio Vargas, de 1º de fev. 1941". Ministério da Educação e Saúde – Assuntos Políticos\ GC i 1935.12.00 (4). *Arquivo Gustavo Capanema – FGV CPDOC*, destaque nosso. Disponível em: https://docvirt.com/docreader.net/DocReader.aspx?bib=ARQ_GC_I&hf=www18.fgv.br&pagfis=7699. Acessado em: 28.08.2024.

1417 NUNES, Clarice. "As políticas públicas de educação de Gustavo Capanema no Governo Vargas". *In*: BOMENY, Helena (Coord.). "Constelação Capanema: intelectuais e política". Rio de Janeiro: FGV, 2001, p. 116.

A **primeira dimensão** é de natureza político-constitucional e aparece justamente como a "doutrina do Estado Nacional" que Capanema tanto açula a Vargas, no memorial acima esmiuçado, como de urgente necessidade para que sua sistematização atue na doutrinação das massas e das elites. Para a elaboração de tal síntese orgânica de princípios diretivos do Estado brasileiro, seriam imprescindíveis "principalmente as definições da Constituição, e as palavras do Presidente Getúlio Vargas", bem como a remissão aos "grandes documentos legislativos que, desde 1930, vão sendo (...) metodicamente expedidos".

Essa visão autoritária e decisionista de Capanema acerca da necessária construção personalista, pelo Presidente da República, de uma Teoria do Estado para o novo regime se mostrava afinada com as visões de Francisco Campos sobre o mesmo tema, para quem "o Estado Novo é o Presidente – a realização dos seus intuitos, o desdobramento dos seu programa, a projeção da sua vontade – e nele tem o seu mais provecto doutrinador e o defensor mais intransigente e valioso".[1418]

Há uma outra convergência entre o memorial de Capanema e as ideias de Francisco Campos no que concerne à crítica da pretensão liberal de ter o monopólio sobre o conceito de democracia. Nas palavras de Campos,

> [a] teoria do Estado liberal reivindica para si a exclusividade do pensamento democrático, fazendo crer que, seu regime político não consagrar os princípios liberais, há de ser fatalmente uma autocracia, uma ditadura, um regime absolutista.

1418 CAMPOS, Francisco. "Síntese da reorganização nacional (Entrevista concedida à imprensa, em abril de 1939)". *In*: ______. *O Estado nacional*: sua estrutura, seu conteúdo ideológico. Brasília: Conselho Editorial do Senado Federal, 2001, p. 109.

> Mas isto é falso. Do molde feito pelo liberalismo saíram, até hoje, apenas democracias deformadas.[1419]

Ao revés, a verdadeira democracia, substantiva e não formal, seria justamente aquela instituída pelo Estado Novo, em que haveria uma identificação direta entre as massas e o Presidente da República, que não poderia mais estar submetido às peias parlamentares da Constituição de 1934.

Para Campos, "a máquina democrática não tem nenhuma relação com o ideal democrático".[1420]

Enquanto a máquina democrática dizia respeito às instituições liberais criadas para, sob a capa vazia do formalismo constitucional e da representação, albergar "políticos [que] fabricam a opinião ou elaboram os substitutos legais da vontade do povo ou da Nação";[1421] o ideal democrático, ao contrário, estaria "na abolição do privilégio, na igual oportunidade assegurada a todos, na utilização da capacidade, na difusão, a mais larga possível, dos bens materiais e morais",[1422] de tal forma que não existissem intermediários privilegiados entre o povo e a Administração, como ocorreria no liberalismo político.

1419 CAMPOS, Francisco. "Problemas do Brasil e soluções do regime (Entrevista concedida à imprensa, em janeiro de 1938)". *In*: ______. *O Estado nacional*: sua estrutura, seu conteúdo ideológico. Brasília: Conselho Editorial do Senado Federal, 2001, p. 75.

1420 CAMPOS, Francisco. "Problemas do Brasil e soluções do regime (Entrevista concedida à imprensa, em janeiro de 1938)". *In*: ______. *O Estado nacional*: sua estrutura, seu conteúdo ideológico. Brasília: Conselho Editorial do Senado Federal, 2001, p. 77.

1421 CAMPOS, Francisco. "Problemas do Brasil e soluções do regime (Entrevista concedida à imprensa, em janeiro de 1938)". *In*: ______. *O Estado nacional*: sua estrutura, seu conteúdo ideológico. Brasília: Conselho Editorial do Senado Federal, 2001, p. 77.

1422 CAMPOS, Francisco. "Problemas do Brasil e soluções do regime (Entrevista concedida à imprensa, em janeiro de 1938)". *In*: ______. *O Estado nacional*: sua estrutura, seu conteúdo ideológico. Brasília: Conselho Editorial do Senado Federal, 2001, p. 77.

É justamente aqui que reside o cerne da defesa de Campos do alegado caráter democrático da Carta de 1937, já que ela teria como missão precípua eliminar a máquina democrática em prol do ideal democrático, ou seja, a substituição do vazio formalismo democrático pela identificação substancial entre os ideais do povo e da Nação via Presidente da República:

> A Constituição é de inspiração puramente democrática, presente em todos os seus capítulos, particularmente no que se refere à ordem econômica, à educação e cultura, às garantias e aos direitos individuais. O povo é a entidade constitucional suprema: tudo, na Constituição, se organiza e dispõe no sentido de assegurar-lhe a paz, o bem-estar e a participação em todos os bens da civilização e da cultura. Para isto, era necessário, certamente, no tocante ao conceito da liberdade individual, reintegrá-lo na sistemática do Estado. **Para o liberalismo, com efeito, a doutrina do Estado era uma doutrina do Estado sem Estado.** Este tinha por fim exclusivo a proteção das pretensões ou, como se denominavam estas, das liberdades individuais. Os valores da vida nacional, valores materiais e morais, não tinham carta de direitos. **No Estado-Nação, a par dos direitos individuais, são reconhecidos os direitos da Nação ou do povo, que limitam os direitos ou as liberdades individuais, tomando o bem público como pressuposto obrigatório do Governo.** Esta, a democracia substantiva, oposta à democracia formal; este, o ideal democrático, contraposto à máquina democrática.[1423]

Note-se, portanto, que a doutrina do Estado Nacional preconizada por Campos – convergente com a defendida por Capanema no memorial endereçado a Vargas – está calcada em um decisionismo político a cargo do Presidente da República, que seria o intérprete

---

1423 CAMPOS, Francisco. "Problemas do Brasil e soluções do regime (Entrevista concedida à imprensa, em janeiro de 1938)". *In*: ______. *O Estado nacional*: sua estrutura, seu conteúdo ideológico. Brasília: Conselho Editorial do Senado Federal, 2001, pp. 79/80, destaque nosso.

maior das massas e, como tal, teria condições de assumir a responsabilidade por doutrinariamente conceber os destinos do país:

> O Chefe que criou esta ordem e este Estado não criou uma problemática política, destinada a servir de exercício aos esgrimistas ou aos dialetas do descontentamento. Criou uma solução: uma solução que está funcionando satisfatoriamente.[1424]

Como consequência disso,

> [s]e o Estado amplia o seu controle sobre todas as forças nacionais, é claro, para que a sua ação seja eficaz, se torna necessário que ele disponha de uma máquina de governo capaz, flexível e de rendimento correspondente às suas responsabilidades.[1425]

Como uma das mais importantes ramificações dessa necessária e ampla estrutura burocrática, o sistema educacional teria enorme destaque.

Antes de prosseguir, é preciso destacar que essas concepções político-doutrinárias de Francisco Campos sobre a doutrina do Estado Nacional (convergentes, em grande medida, com aquelas manifestas por Capanema no memorial a Vargas) não foram unívocas e indisputáveis no seio do próprio Estado Novo. Se, por um lado, existia uma direção política comum, calcada na centralização e intervencionismo estatais e na crítica ao liberalismo, por parte de diversos intelectuais que colaboraram, direta ou indiretamente, com a ditadura de 1937, por outro, havia dissonâncias internas sobre a

---

1424 CAMPOS, Francisco. "Estado Nacional". *In*: ______. *O Estado nacional*: sua estrutura, seu conteúdo ideológico. Brasília: Conselho Editorial, do Senado Federal, 2001, p. 195.

1425 CAMPOS, Francisco. "Diretrizes do Estado Nacional". *In*: ______. *O Estado nacional*: sua estrutura, seu conteúdo ideológico. Brasília: Conselho Editorial do Senado Federal, 2001, p. 61.

própria definição do Estado nacional e como seriam realizados os seus planos políticos e burocráticos.

Um exemplo notável é o do livro *Força, Cultura e Liberdade: origens históricas e tendências atuais da evolução política do Brasil* (1940),[1426] de Almir de Andrade, diretor da revista oficial estado-novista *Cultura Política* e indicado pelo regime como catedrático interino de Direito Constitucional da Faculdade Nacional de Direito em 1941. Segundo discorrido pelo autor em entrevista ao CPDOC-FGV em 1985, esse livro teria sido pessoalmente encomendado a ele por Getúlio Vargas, via Lourival Fontes (Diretor-Geral do DIP), já que o Presidente estaria descontente com os rumos doutrinários dados por Francisco Campos ao Estado Novo, supostamente muito decalcados do fascismo europeu. Ao revés, o Presidente estaria buscando algo mais consentâneo com a cultura e história nacionais.[1427]

Causa estranheza também a ausência de artigos de Oliveira Vianna, um dos maiores intelectuais ligados ao Estado Novo, nas edições que circularam da revista *Cultura Política*, coordenada por Almir de Andrade, entre 1941 e 1945.[1428] Essa circunstância talvez seja um outro indício de disputas intelectuais endógenas no seio do estado-novismo ou, na verdade, uma tentativa de Andrade de se autopromover perante o regime mediante o conflito por espaços simbólicos de poder, com o bloqueio de acesso de potenciais rivais a publicações ou, ao contrário, com a publicação de obras alternativas que pretendiam rivalizar na cena intelectual.

1426 ANDRADE, Almir de. *Fôrça, Cultura e Liberdade*: origens históricas e tendências atuais da evolução política do Brasil. Rio de Janeiro: José Olympio, 1940.

1427 PAIVA, Valéria. *Diálogo Cordial*: Cultura Política, os intelectuais e as letras no Estado Novo. Rio de Janeiro: UERJ, 2011, pp. 49/50. (Tese de Doutorado); e VALÉRIA, Paiva. "Almir de Andrade: intelectual do Estado Novo". *História*, vol. 34, 2015, pp. 216-240.

1428 PAIVA, Valéria. *Diálogo Cordial*: Cultura Política, os intelectuais e as letras no Estado Novo. Rio de Janeiro: UERJ, 2011, p. 42. (Tese de Doutorado).

Passando à **segunda dimensão** da Teoria Geral do Estado, a acadêmico-universitária, observa-se, do memorial de Capanema, para além da necessária construção político-constitucional de uma Teoria do Estado Novo, a partir da tradução, pelo Presidente, dos sentimentos populares e da Nação, que seria necessária, concomitantemente, uma retroalimentação desse mesmo movimento, em que a doutrina do Estado sistematizada servisse como elemento de doutrinação das elites e das massas em prol da consecução e legitimação das suas próprias diretrizes.

De acordo com Francisco Campos,

> [o] direito à educação é, assim, o mais importante dos novos direitos, particularmente pelo conceito que a Constituição lhe atribui, não a considerando apenas como simples instrumento para um melhor gozo da vida, senão como meio de dar à vida um sentido e um fim, orientação e direção a todas as atividades sociais.[1429]

Consectária, portanto, da ideia de Nação, tratar-se-ia de "um instrumento em ação para garantir a continuidade da Pátria e dos conceitos cívicos e morais que nela se incorporam".[1430]

1429 CAMPOS, Francisco. "Diretrizes do Estado Nacional". *In*: ______. *O Estado nacional*: sua estrutura, seu conteúdo ideológico. Brasília: Conselho Editorial do Senado Federal, 2001, p. 58. Em sentido semelhante, Pontes de Miranda já afirmava, em 1932, que "[o] coração do Direito Constitucional de hoje é o direito á subsistencia e á educação. (...) As Constituições do Seculo XX que não assegurem, como direito irreductivel, o direito á subsistencia e á educação, serão folhas tenues de papel por sobre os Povos: a primeira lufada as rompe, a primeira crise as reduz a poeira" (MIRANDA, Francisco Cavalcanti Pontes de. *Os Fundamentos Actuaes do Direito Constitucional*. Rio de Janeiro: Freitas Bastos, 1932, p. 423).

1430 CAMPOS, Francisco. "Diretrizes do Estado Nacional". *In*: ______. *O Estado nacional*: sua estrutura, seu conteúdo ideológico. Brasília: Conselho Editorial do Senado Federal, 2001, p. 67.

É nítida, portanto, a convergência das concepções de Capanema no memorial acima explorado e de Campos sobre o papel da educação no Estado Novo.

A despeito de o Decreto-Lei n. 2.639/1940 ter sido concebido pelo Ministro da Educação e não por Campos[1431], para o Ministro da Justiça

> [a] estabilidade do pessoal não deve excluir a responsabilidade, nem impedir a realização do bem público. O serviço público não é organizado para o funcionário, mas para o povo ou para a nação. Não pode haver garantias contra o interesse público. O interesse público há de ditar o ingresso do funcionário na carreira e o seu afastamento do serviço.[1432]

Essa visão se coaduna perfeitamente com a teleologia do desmembramento da cátedra de Direito Público e Constitucional: não deixar que a estabilidade de servidores (antigos catedráticos potencialmente opositores do regime) e a realização de concursos públicos (que passaram a ser proibidos para a cadeira de Direito Constitucional) atrapalhassem o alegado interesse público envolto na educação, isto é, o seu papel instrumental de legitimação e aprofundamento das diretrizes estado-novistas.

Do memorial de Capanema a Vargas, consta como única e precípua política do Ministério para o ensino superior no Brasil, naquela conjuntura específica de 1941 (início da vigência do Decreto-Lei n. 2.639/1940, artigo 6º), a preocupação com o ensino das disciplinas de Teoria Geral do Estado e de Direito Constitucional nas Faculdades de Direito, justamente por serem essas matérias aquelas

---

1431 BASTOS, Aurélio Wander. *O ensino jurídico no Brasil*. 2ª ed. rev. e atual. Rio de Janeiro: Lumen Juris, 2000, p. 219.

1432 CAMPOS, Francisco. "Diretrizes do Estado Nacional". *In*: ______. *O Estado nacional*: sua estrutura, seu conteúdo ideológico. Brasília: Conselho Editorial do Senado Federal, 2001, p. 61.

encarregadas de ensinar à mocidade universitária – que posteriormente ocuparia postos-chave na burocracia estatal, nos quadros políticos e na iniciativa privada – os princípios basilares dessa doutrina do Estado Nacional, que deveria ser desenvolvida e reverberada para atingir ideologicamente a sociedade de massas, erradicando as bases políticas do liberalismo e do comunismo.

A peculiar relação simbiótica entre a Teoria Geral do Estado e o Direito Constitucional pretendida pelo regime fica evidente, portanto, quando se considera que a primeira forneceria as bases propedêuticas das teorias políticas mais modernas e adequadas à segunda, a qual, por sua vez, teria por mister o ensino dogmático da autoritária Carta de 1937 por professores interinos escolhidos a dedo pelo regime. O círculo autoritário visivelmente se completa.

Além de servir, na dimensão político-constitucional, como um dos elementos de sustentação doutrinária do Estado Nacional e, na dimensão universitária, como fornecedora de bases propedêuticas para o ensino dogmático-autoritário da Carta de 1937, a Teoria Geral do Estado deveria cumprir também um pragmático último (e sujo) trabalho político para a ditadura: servir de repositório dos antigos e indesejados catedráticos de Direito Público e Constitucional, os quais ou foram expulsos de seus postos ou foram automaticamente realocados para o ensino da Teoria Geral do Estado com a bipartição da referida cátedra pelo Decreto-Lei n. 2.639/1940, ficando a disciplina de Direito Constitucional, assim, disponível ao preenchimento livre e ideologicamente orientado por parte do governo.

É de se notar, portanto, que esse papel universitário desempenhado pela Teoria Geral do Estado de repositório propedêutico (e, dentro da teleologia do Decreto-Lei n. 2.639/1940, pretensamente neutro e, por isso mesmo, acomodável aos antigos catedráticos de Direito Público e Constitucional) não representa uma contradição em relação ao que vem sendo aqui traçado sobre a existência de alguns sedimentos autoritários na história, política e doutrinária, da Teoria Geral do Estado.

O não exercício direto, pela TGE, da legitimação *pedagógica* da Carta de 1937 – papel que coube mais diretamente à cátedra de Direito Constitucional – não prova isso. Conforme vem sendo discorrido, muito mais fértil do que apenas uma observância monofocal da Teoria Geral do Estado é a análise da relação conturbada historicamente mantida por essa disciplina com o Direito Constitucional desde a sua criação. Na peculiar conjuntura brasileira da Carta de 1937 e do Decreto-Lei n. 2.639/1940, se, por um lado, coube à cadeira de Teoria Geral do Estado atuar como um conjecturado repositório propedêutico e neutro de professores indesejados pela ditadura, por outro lado, o Estado Novo estava profundamente preocupado com os potenciais político-ideológicos envoltos no desenvolvimento de uma Teoria do Estado para o novo regime, algo que historicamente se consubstanciou em outro dos principais (e resistentes) aspectos de algumas vertentes da Teoria Geral do Estado.

Em resumo: mais interessante do que simplesmente verificar um recorte da problemática, ou seja, do papel pedagógico desempenhado pela TGE durante o Estado Novo, é investigar a ambígua e tensionada relação política por ela mantida com o Direito Constitucional, da qual sobressaem algumas ressignificadas resistências históricas cuja mensuração é imprescindível.

Como se vê, realmente os pontos centrais da Teoria Geral do Estado alemã do século XIX, desenvolvidos e ressignificados pelo paradigma do Estado Social, tiveram, de fato, como bem apontam Mirkine-Guetzévitch[1433] e Menelick de Carvalho Netto,[1434] um futuro próspero nas décadas de 1930-1940, ao serem invocados como sustentáculo jurídico-político por governos fortes, centralizados e autoritários, como o foi o Estado Novo.

1433 MIRKINE-GUETZÉVITCH, Boris. *As novas tendências do Direito Constitucional*. Trad. Candido Motta Filho. São Paulo: Nacional, 1933, pp. 279-281.

1434 CARVALHO NETTO, Menelick de. *A sanção no procedimento legislativo*. Belo Horizonte: Del Rey, 1992, p. 161.

A seguir, a investigação estará concentrada nos efeitos concretos do Decreto-Lei n. 2.639/1940 nas cátedras de Teoria Geral do Estado e de Direito Constitucional das quatro mais importantes faculdades de Direito do Brasil na década de 1940: a Faculdade Nacional de Direito, a Faculdade de Direito de Minas Gerais, a Faculdade de Direito de São Paulo e a Faculdade de Direito do Recife.

Como adiantado, essa análise histórico-sociológica ocorrerá a partir do exame de teses de livre-docência e de concursos de cátedra, manuais didáticos, pronunciamentos políticos, livros de memórias, atas das congregações, cartas, telegramas, resenhas, manuais e artigos acadêmicos da época, dentre outras fontes.

Ao comentar a importância da obra doutrinária de Themístocles Cavalcanti para a construção jurídico-burocrática da primeira parte da era Vargas, Mauricio da Costa Mesurini afirma que "[e]stas transformações se operaram muitas vezes à margem dos textos constitucionais e com lastro na doutrina jurídica produzida na época".[1435]

Conforme pontuado na introdução, Gilberto Bercovici fala de "um diálogo entre ausentes, o diálogo entre Estado e constituição"[1436] durante a Era Vargas (1930-1964), já que a consecução do Estado Social no referido período teria se dado em torno do Poder Executivo e com referência precípua não às constituições democráticas do

---

1435 MESURINI, Mauricio da Costa. *O Estado interventor no Brasil e seus reflexos no Direito Administrativo e Constitucional (1930-1964)*: Themistocles Cavalcanti e sua contribuição doutrinária. Belo Horizonte: Dialética, 2021, p. 12.

1436 BERCOVICI, Gilberto. "Estado intervencionista e Constituição Social no Brasil: o silêncio ensurdecedor de um diálogo entre ausentes". *In*: SOUZA NETO, Cláudio Pereira de; SARMENTO, Daniel; BINENBOJM, Gustavo (Coord.). *Vinte anos da Constituição Federal de 1988*. Rio de Janeiro: Lumen Juris, 2009, pp. 725-738.

período (1934 e 1946), mas sim às "esferas do Direito Administrativo e do Direito Econômico".[1437]

Luís Rosenfield, por sua vez, afirma que, "[d]iante da análise das doutrinas do varguismo, percebe-se um processo paradoxal em que a ideologia constitucional do regime, em certos casos, poderia passar a valer mais que a própria Constituição",[1438] a qual, conforme adiantado, permaneceu suspensa tendo em vista a não realização do plebiscito previsto pelo artigo 187, sendo a governabilidade e a função legislativa exclusivamente imputadas ao Poder Executivo, nos termos do artigo 180 da Carta de 1937. A análise está correta, mas não há nada de paradoxal nessa construção. Como bem apontado por Bercovici, tanto durante o Governo Provisório como a partir de 1935 e, sobretudo, durante o Estado Novo, Vargas se aproveitou justamente da discricionariedade absoluta, dos poderes de exceção e das delegações legislativas para se sobrepor à normatividade constitucional.[1439] [1440] Essa sempre foi uma das pragmáticas intencionalidades operativas do varguismo entre 1930-1945, e não uma contradição interna dele, por mais que certamente estivesse quase sempre presente

---

1437 BERCOVICI, Gilberto. "Estado intervencionista e Constituição Social no Brasil: o silêncio ensurdecedor de um diálogo entre ausentes". *In*: SOUZA NETO, Cláudio Pereira de; SARMENTO, Daniel; BINENBOJM, Gustavo (Coord.). *Vinte anos da Constituição Federal de 1988*. Rio de Janeiro: Lumen Juris, 2009, pp. 725-738.

1438 ROSENFIELD, Luis. *Revolução conservadora*: genealogia do constitucionalismo autoritário brasileiro (1930-1945). Porto Alegre: EDIPUCRS, 2021, p. 69.

1439 BERCOVICI, Gilberto. "Estado intervencionista e Constituição Social no Brasil: o silêncio ensurdecedor de um diálogo entre ausentes". *In*: SOUZA NETO, Cláudio Pereira de; SARMENTO, Daniel; BINENBOJM, Gustavo (Coord.). *Vinte anos da Constituição Federal de 1988*. Rio de Janeiro: Lumen Juris, 2009, pp. 725-738.

1440 ROSENFIELD, Luis. *Revolução conservadora*: genealogia do constitucionalismo autoritário brasileiro (1930-1945). Porto Alegre: EDIPUCRS, 2021, p. 69.

a retórica oficial do apego à legalidade e à democracia como totens legitimadores da burocracia estatal.

A seguir, será empreendida uma análise historiográfica mediante a qual se pretende auscultar criticamente os efeitos concretos do Decreto-Lei n. 2.639/1940 nas quatro principais faculdades de Direito do Brasil em 1940 (Faculdade Nacional de Direito, Faculdade de Direito de Minas Gerais, Faculdade de Direito de São Paulo e Faculdade de Direito do Recife), de modo a melhor compreender o contexto jurídico-político e acadêmico-universitário de institucionalização da Teoria Geral do Estado no país, bem como as suas tensões, contradições e complementaridades com o Direito Constitucional.

3.6 A Faculdade Nacional de Direito

3.6.1 Pedro Calmon e a Teoria Geral do Estado

Pedro Calmon Moniz de Bittencourt nasceu em Amargosa, Bahia, em 23 de dezembro de 1902. Muito embora descendesse de duas importantes famílias da elite baiana, a condição econômica de seus pais, na sua juventude, não era das melhores devido a consideráveis perdas financeiras durante o governo Campos Sales.[1441]

Em 1920, ingressou na Faculdade de Direito da Bahia. Em 1922, a convite de seu tio e padrinho Miguel Calmon, ele se mudou para o Rio de Janeiro, para secretariar a Comissão Promotora dos Congressos do Centenário da Independência. Devido a isso, transferiu o seu bacharelado para a Faculdade Nacional de Direito.[1442]

1441 CALMON, Pedro. *Memórias*. Rio de Janeiro: Nova Fronteira, 1995, pp. 23-35; e TAVARES, Luis Henrique Dias. *Pedro Calmon*. Salvador: Fundação Cultural do Estado da Bahia, 1977, pp. 5/6.

1442 CALMON, Pedro. *Memórias*. Rio de Janeiro: Nova Fronteira, 1995, pp. 95-113; e TAVARES, Luis Henrique Dias. *Pedro Calmon*. Salvador: Fundação Cultural do Estado da Bahia, 1977, pp. 7/8.

Quando Miguel Calmon se tornou Ministro da Agricultura do Governo Artur Bernardes, Pedro Calmon passou a atuar como seu secretário particular. Paralelamente, cursava o seu último ano do curso de Direito e atuava como jornalista na *Gazeta de Notícias*.[1443]

Formou-se em 1924. Em 1925, doutorou-se em Direito Civil, na mesma Faculdade,[1444] com a tese *Direito de Propriedade: à margem dos seus problemas jurídicos, sociológicos, históricos e políticos*, publicada em 1926.[1445]

Sonhava com a carreira docente, mas não havia concurso à vista na Faculdade Nacional de Direito àquela época. Apareceu então, em 1925, uma vaga de 3º Oficial interino do recém-criado Museu Histórico Nacional, cujo diretor era Gustavo Barroso.[1446] Em 1927, por concurso, Calmon foi efetivado no cargo de Conservador do Museu Histórico Nacional.[1447]

Com a eleição de seu parente Francisco Marques de Góes Calmon para Governador do Estado da Bahia (1924-1928), Pedro Calmon se candidatou a Deputado Estadual.[1448] Eleito, destacou-se, no primeiro mandato, sobretudo por encampar a unidade do processo

---

1443 CALMON, Pedro. *Memórias*. Rio de Janeiro: Nova Fronteira, 1995, pp. 119-129; e TAVARES, Luis Henrique Dias. *Pedro Calmon*. Salvador: Fundação Cultural do Estado da Bahia, 1977, p. 8.

1444 CALMON, Pedro. *Memórias*. Rio de Janeiro: Nova Fronteira, 1995, pp. 131-133.

1445 CALMON, Pedro. *Direito de Propriedade*: à margem dos seus problemas jurídicos, sociológicos, históricos e políticos. Rio de Janeiro: Imprensa Nacional, 1926.

1446 CALMON, Pedro. *Memórias*. Rio de Janeiro: Nova Fronteira, 1995, pp. 141-145.

1447 CALMON, Pedro. *Memórias*. Rio de Janeiro: Nova Fronteira, 1995, pp. 159-161.

1448 CALMON, Pedro. *Memórias*. Rio de Janeiro: Nova Fronteira, 1995, pp. 163-171; e BOAVENTURA, Edivaldo Machado (Coord.). *Na trilha de Pedro Calmon*. Salvador: Instituto Histórico e Geográfico da Bahia, 2010, p. 54.

civil – defendendo a adoção, na Bahia, do Código de Processo do Distrito Federal – e por projetos de conservação do patrimônio histórico e cultural baiano.[1449]

No segundo mandato, já sob o governo de Vital Soares (1928-1930), Pedro Calmon se destacou por relatar a reforma da Constituição baiana de 1891, na Comissão de Justiça.[1450] Em tal empreitada,

---

1449 BOAVENTURA, Edivaldo Machado (Coord.). *Na trilha de Pedro Calmon*. Salvador: Instituto Histórico e Geográfico da Bahia, 2010, pp. 55/56.

1450 "O projeto número 176, de 25 de julho de 1928, intitulado Proposta de Reforma Constitucional, compunha-se de 16 páginas impressas em espaço simples. De um lado, o texto original de 1891, e do outro, as emendas (BAHIA, 1928). Seguiu-se o parecer número 74, em seis páginas. A proposta teve a colaboração de eminentes juristas e políticos, em uma assembleia que contava entre os membros com homens de cultura jurídica como Clemente Mariani, Hermes Lima, Nestor Duarte. Além do relator, assinaram o parecer Epaminondas Berbert de Castro, Jayme Baleeiro, Wenceslau Gallo, Rogério Gordilho de Faria. (...) A obra Reforma Constitucional na Bahia (1929) reuniu pronunciamentos na Câmara dos Deputados, de 1928 a 1929, durante o governo Vital Soares. No debate das questões apresentadas, Calmon como relator da Comissão da Reforma Constitucional mergulhou fundo na análise de inúmeras questões políticas que demandavam a apreciação do Legislativo baiano. A promessa política de Vital Soares foi a revisão da primeira Constituição da Bahia, promulgada em 2 de julho de 1891, no mesmo ano da Constituição Federal, republicana, federalista e positivista. Com a reforma de 1926, no governo de Artur Bernardes, conseguiu-se, enfim, alterar a Carta de 1891, portanto, 35 anos depois. Os autores mais citados por Calmon foram os argentinos e os norte-americanos, destacando-se Juan Buatista Alberdi, Gonzalez Calderon, James Bryce, Clark Hare, José Manoel Estrada; e entre os juízes americanos da Suprema Corte, como Marshall, o autor referenciou bastante Thomaz Coolez. Anteriormente, em 1915, no governo J. J. Seabra, o texto constitucional de 1891 sofre a primeira modificação, mas não foi uma revisão completa" (BOAVENTURA, Edivaldo Machado (Coord.). *Na trilha de Pedro Calmon*. Salvador: Instituto Histórico e Geográfico da Bahia, 2010, pp. 57/58).

> [o] parecer exigiu esforço de Direito Público por parte do relator. Recorde[-se] que sua tese de doutorado versou sobre um tema de Direito Privado: *Direito de Propriedade: à margem dos seus problemas jurídicos, sociológicos, históricos e políticos.*[1451]

Essa reforma baiana de 1928 se deu na esteira da já aqui abordada reforma constitucional federal de 1926, que emendou a Constituição de 1891, incrementando as hipóteses autorizadoras da intervenção federal, limitando o uso do *habeas corpus* para finalidades políticas, dentre outras medidas centralizadoras do governo Bernardes.

De acordo com Edivaldo Boaventura,

> [s]e, pela reforma, diminuíram os excessos do federalismo de 1891, como autor do parecer, o estudo concentrado e reflexivo se transformou em uma excelente oportunidade de aprendizagem publicista com efeitos na sua carreira docente e na sua especialidade de Direito Público.[1452]

O próprio Pedro Calmon reconheceu isso em suas *Memórias*: "dei à exposição – e à discussão, em 1928 e 1929, o estudo vivaz do Direito Público. Ensaiei a tese que me faria lente da matéria..."[1453]

De fato, os temas centrais do parecer de Pedro Calmon estiveram centrados na questão federativa. Sobre o ponto, confira-se a valiosa síntese feita por Edivaldo Boaventura sobre a discussão travada em torno do relatório final da reforma constitucional baiana:

1451 BOAVENTURA, Edivaldo Machado (Coord.). *Na trilha de Pedro Calmon*. Salvador: Instituto Histórico e Geográfico da Bahia, 2010, p. 57.

1452 BOAVENTURA, Edivaldo Machado (Coord.). *Na trilha de Pedro Calmon*. Salvador: Instituto Histórico e Geográfico da Bahia, 2010, p. 57.

1453 CALMON, Pedro. *Memórias*. Rio de Janeiro: Nova Fronteira, 1995, p. 173.

> A crítica mais procedente foi quanto à denominação da Bahia como um Estado soberano:
>
> "A Bahia não é um Estado soberano, nem exercita livremente uma soberania, nem a distribui por três poderes, como reza, ingenuamente, a Constituição de 2 de julho de 1891. Parte integrante, por união perpétua e indissolúvel da República dos Estados Unidos do Brasil tem a autonomia condicionada pelos princípios constitucionais da União" (CALMON, 1929, p. 11).
>
> (...)
>
> Insistiu que o Artigo 1º da Constituição estadual, na bela forma que se deve à pena de Manoel Vitorino, encontrou-se em desacordo com a realidade. Baseou-se em Herculano de Freitas, um dos principais autores da reforma constitucional de 1926.
>
> Em seguida, ocupou-se do município. Autônomos são os municípios enquanto lhes respeite o peculiar interesse, expressão que ainda hoje persiste no texto constitucional de 1988. (...).
>
> Advogou-se a intervenção do Estado no município. Argumentou-se que a intervenção federal nos Estados é uma condição do equilíbrio do regime descentralizado com mais razão no município. Louvou-se em Carlos Maximiliano: "as autoridades superiores regionais podem interferir na vida municipal nos mesmos casos em que a União interfere na dos Estados" (CALMON, 1929, p. 34). Um desses casos seria a intervenção para reorganizar as finanças. A autonomia municipal é assegurada pela Constituição de 1891, no seu peculiar interesse. Discutiu-se, então, a dissolução da Câmara Municipal.[1454]

De acordo com ele, "a Câmara – em que elaborei a reformulação do Estado, me credenciaria para as próximas eleições, se a

---

1454 BOAVENTURA, Edivaldo Machado (Coord.). *Na trilha de Pedro Calmon*. Salvador: Instituto Histórico e Geográfico da Bahia, 2010, pp. 59-61.

revolução não interrompesse o fatigado ciclo do regime".[1455] Conforme adiantado, deflagrada a Revolução de 1930, todas as assembleias legislativas do país foram dissolvidas pelo Governo Provisório, e Calmon teve de voltar ao Rio de Janeiro:

> Lucrei, sim, a aspiração à cátedra (com tanto González Calderon, Story, Tocqueville, Bryce, Duguit...), optando pela ciência – quando o vendaval da mudança nos fechou os batentes do poder.
>
> Optei pela ciência, convém se diga, antes mesmo da revolução que me travou a "carretira".
>
> Candidatei-me, com tese minuciosa, A conquista, história das bandeias baianas, à cadeira de História, da Escola Normal do Rio de Janeiro.
>
> Dessa monografia, tirei 100 exemplares.
>
> Olho-a com nostalgia, menos pelo que vale do que pela miragem que encerra.
>
> Não se tratava da conquista da terra, mas da cadeira (...).
>
> Secretário da Educação, Anísio Teixeira cancelou o concurso. Compensou-me em 1935, fazendo-me professor de História da Civilização Brasileira (a minha especialidade no Museu), na sua maravilhosa Universidade do Distrito Federal.[1456]

Segundo aponta, "de 1930 a 1936, fui principalmente – com o comentário cotidiano, n'*A Tarde* — homem de imprensa",[1457] fazendo crítica política e que, "[c]om a Revolução, mudei de tom.

1455 CALMON, Pedro. *Memórias*. Rio de Janeiro: Nova Fronteira, 1995, p. 173.

1456 CALMON, Pedro. *Memórias*. Rio de Janeiro: Nova Fronteira, 1995, p. 173/174.

1457 CALMON, Pedro. *Memórias*. Rio de Janeiro: Nova Fronteira, 1995, p. 187.

Seria inútil combatê-la. Vigiei-a".[1458] Com o indefinido avançar do Governo Provisório, escreveu artigos defendendo a reconstitucionalização do país.[1459]

Em 1931, foi preterido para a promoção a 2º Oficial do Museu Histórico Nacional, que após 1930 não era mais dirigido por Gustavo Barroso,[1460] em prol de um candidato indicado por Flores da Cunha. A solução foi interceder junto ao Catete via Luís Simões Lopes, primo de sua tia:

> Roguei-lhe que apresentasse a minha obra ao presidente Vargas. Era em 1931. Só mais tarde o vi, ao presidente que cortara, com a revolução, o meu futuro político. Fui seu obscuro adversário de 1934 a 1937. Mas não pude esquecer o contentamento que me deu, promovendo-me no Museu Histórico.[1461]

Com a Assembleia Nacional Constituinte convocada, em 1933, sustentou, na 1ª Conferência Nacional de Juristas e na imprensa, posições favoráveis ao sistema de governo parlamentarista[1462]. Segundo aponta, "defendia ideias, não para a Constituinte (saí suplente, na chapa de *A Bahia ainda é a Bahia*) mas para o concurso que faria,

1458 CALMON, Pedro. *Memórias*. Rio de Janeiro: Nova Fronteira, 1995, p. 188.

1459 CALMON, Pedro. *Memórias*. Rio de Janeiro: Nova Fronteira, 1995, p. 188.

1460 Sobre o ponto, Calmon dá interessante relato: "a Revolução de 1930 não poupou o Museu Histórico. O ministro Francisco Campos demitiu Gustavo Barroso – que se vingou, impedindo-lhe a eleição para a Academia Brasileira" (CALMON, Pedro. *Memórias*. Rio de Janeiro: Nova Fronteira, 1995, p. 191).

1461 CALMON, Pedro. *Memórias*. Rio de Janeiro: Nova Fronteira, 1995, p. 160.

1462 A tese apresentada à Conferência foi posteriormente publicada na edição do dia 26 de abril de 1933 do jornal *A Tarde*. Sobre o ponto, conferir: CALMON, Pedro. *Memórias*. Rio de Janeiro: Nova Fronteira, 1995, pp. 202/203.

em 1934, na Faculdade Nacional de Direito!"[1463] Foi eleito primeiro suplente de deputado federal, função que exerceu entre 1935 e 1937.

Em 1934, em plena vigência da Reforma Francisco Campos, Calmon se tornou, por concurso de provas e títulos, livre-docente de Direito Público e Constitucional da Faculdade Nacional de Direito, com a tese *A Federação e o Brasil*.[1464] Sobre o referido concurso, ele assim discorre em suas *Memórias*:

> Abriu-se, entretanto, o concurso para as cadeiras vagas e a docência livre.
>
> Pensei na Introdução à Ciência do Direito.
>
> Foi quando me telegrafou, de São Paulo, Hermes Lima, pedindo-me o candidatasse a essa disciplina. Como poderia, seu procurador, concorrer com ele?
>
> Até pouco antes de morrer, ignorou Hermes o meu sacrifício.
>
> Contentei-me com a docência de Direito Público Constitucional. O titular era Eusébio de Queirós Lima, ainda moço, e robusto cearense. Elaborei rapidamente a tese, *A Federação e o Brasil*. A banca examinadora reuniu nomes famosos: Joaquim Pedro dos Santos, ministro do Supremo Tribunal Federal, Aníbal Freire, mestre insigne da Faculdade de Direito do Recife, o jurisconsulto Castro Nunes, Ramon Alonso, catedrático em Niterói, mestre Queirós Lima.
>
> (...)
>
> Teve nota máxima.
>
> O outro candidato (Deus meu!) promoveu a anulação do concurso.
>
> Corri ao consultório do professor Eduardo Rabelo, relator do processo no Conselho Nacional de Educação, expliquei-lhe

---

1463 CALMON, Pedro. *Memórias*. Rio de Janeiro: Nova Fronteira, 1995, p. 203.

1464 CALMON, Pedro. *A Federação e o Brasil*. Rio de Janeiro: URJ/Irmãos Pongetti, 1933. (Tese de concurso para livre-docente).

> a sinceridade das provas, e consegui a resolução que me confirmou como docente livre.
>
> A única voz discordante, na Congregação da Escola, foi de Leônidas de Resende.
>
> Não era a restrição, era o radicalismo.
>
> Envolvia a casa a repulsa à *reação* política, religiosa, filosófica. Fecharam-na a retardatários e dissidentes os que, à maneira antiga, sustentavam o direito natural e os dogmáticos do centro e da direita. Até os concursos de 1934 (e os acontecimentos de 1935) tinha a faculdade por aquela maioria antimetafísica, antiliberal, antitradicionalista, a sua doutrina. Fixara-se no socialismo teórica e inocentemente marxista. Os seus três doutores, Leônidas, Queirós Lima, Edgard de Castro Rebelo. Com o vasto mérito de latinista, Hahnemann Guimarães, o mais erudito deles, acompanhava à parte. No campo oposto militava, católico de formação germanista, Figueira de Melo.
>
> (...)
>
> O que em 1934 não imaginava, isto sim, era que em 1935 – na repressão à intentona comunista – o presidente Vargas demitisse, lamentável e injusta demissão, os professores Castro Rebelo, Leônidas de Resende, Hermes Lima; que Figueira de Melo fosse elevado a Diretor da Faculdade; que, por morte de Queirós Lima, assumisse eu interinamente a cátedra; viesse a efetivar-me em 1938 e, um mês depois – e por dez anos – me coubesse dirigi-la, com o apoio de "gregos e troianos"; estes de baixo, aqueles de cima.[1465]

O ponto central da tese de livre-docência de Calmon é a análise que fez da crise do federalismo brasileiro de 1891 como sintomático de um movimento global, de uma verdadeira alteração de paradigma, entre o antigo federalismo americano de 1787 e o novo federalismo, diretamente influenciado pela Constituição de Weimar de 1919.

1465 CALMON, Pedro. *Memórias*. Rio de Janeiro: Nova Fronteira, 1995, pp. 211-213.

Segundo aduz, "[o] federalismo brasileiro – obscuramente regulado pela Constituição de Fevereiro – definiu, desde o início, a sua tendência centrifuga",[1466] o que teria provocado "a crise do sistema político brasileiro – a divergencia capital entre a lei e a realidade – e a aparencia de desorganização jurídica, que impôz a revisão constitucional".[1467] Isso porque "a estrutura politica de 1891, imitada da America e da Argentina, não crearia só por só a harmoniosa federação caracterizada por um mínimo de atritos num maximo de cooperação".[1468]

A explicação dada por Calmon para a notável alteração constitucional ocorrida no conceito de federalismo com a passagem para o constitucionalismo social exsurgido após a Primeira Guerra Mundial é dada com amparo em Hans Kelsen e no conceito de "racionalização" explorado por Mirkine-Guetzevitch, entendido, conforme aqui já discorrido, como a positivação constitucional de problemas políticos a serem enfrentados por um Estado agora forte e interventor:

> A "racionalização" do federalismo foi entendida por Mirkine-Guetzevitch como substituição do "aspecto politico" pelo "aspecto juridico" – fenomeno de após guerra consagrado na Constituição de Weimar. De resto as modernas constituições (Alemanha, Austria, Espanha) distinguem-se por um excesso de tecnica, em prejuizo do empirismo tradicional. Procurando atender ás condições historico-politicas dos respectivos paizes – (o fim do "microestatismo" predito por Fr. Ratzel). O federalismo, estabelecido pela Carta de Weimar e "racionalizado" pela da Austria, e o federalismo "sui generis",

---

1466 CALMON, Pedro. *A Federação e o Brasil*. Rio de Janeiro: URJ/Irmãos Pongetti, 1933, p. 71.

1467 CALMON, Pedro. *A Federação e o Brasil*. Rio de Janeiro: URJ/Irmãos Pongetti, 1933, p. 72.

1468 CALMON, Pedro. A Federação e o Brasil. Rio de Janeiro: URJ/Irmãos Pongetti, 1933, p. 72.

> da Russia soviética, só têm de comum com o tipo clássico a descentralização administrativa – a "hierarquia das normas", de Hans Kelsen.
>
> **A Europa, premida pela espantosa crise de 1919, engenhou um direito politico tão novo como os fenomenos sociais que lhe ameaçavam de completa subversão o direito em todas as suas esferas: Preuss, na Alemanha, e Kelsen na Austria, fizeram por conciliar a necessidade de um governo forte e onipotente (a impotencia, ocasional, dos governos liberais) – que estabilizasse a sociedade – com as aspirações autonomistas dos Estados ou regiões tradicionais.** O federalismo americano, da escola de Jefferson, Madison e Randolph, enfraqueceria demais o poder central. Acabava Woodrow Wilson de prégar a sua cruzada presidencialista, contra o Congresso subordinado a magnetes – a "nova liberdade", como lhe chamara, que constituia a fé veemente de um grande professor na pureza da democracia – considerando incompatível com o passado a vida americana dos seus dias.
>
> (...)
>
> **A transição, operada pela Carta de 1919, entre as tradições do *Reich* e a situação de desequilibrio, resultante da guerra – abriu à tecnica constitucional horizontes imprevistos. Um governo onipotente dispõe de recursos suficientes para realizar os seus objetivos politico-sociais.** Mas a descentralização lhe assegura a eficiencia administrativa.[1469]

No oitavo (e último) capítulo da tese, intitulado sugestivamente de "A crise das instituições", Calmon tenta arrematar a comparação "do velho com o novo federalismo, a sua estrutura americana e a sua interpretação européa",[1470] mais especificamente, de que modo "o costume, a jurisprudencia, a teoria juridica, os fatos sociais déram

---

1469 CALMON, Pedro. *A Federação e o Brasil*. Rio de Janeiro: URJ/Irmãos Pongetti, 1933, pp. 73/76, destaque nosso.

1470 CALMON, Pedro. *A Federação e o Brasil*. Rio de Janeiro: URJ/Irmãos Pongetti, 1933, p. 100.

à federação um sentido perfeitamente distinto da filosofia politica de Philadelphia".[1471]

Para ele, o caráter centrífugo do clássico federalismo americano teria cedido lugar, no século XX, ao caráter centrípeto do novo federalismo:

> A federação cedeu à democracia, como as questões politicas às sociais, a propriedade ao poder, (Augusto Comte), o Direito Privado ao Direito Público, o individuo ao Estado — e a democracia remodelou a federação. Relativamente às idéas de 1787, não ha mais, presentemente, nações federativas: ha nações unitárias e administrativamente descentralizadas. (...).
>
> O dogma da não-intervenção (o fim unico do governo era proteger...) tornou-se impraticavel, como a teoria de Calhoun sobre o pacto federal. Entre a estética da federação e a sua realidade politica, o direito puro e a vida, a doutrina e a sociedade, não hesitou o empirismo. E reconstruiu essa "unidade na pluralidade", que visa, sobretudo, aos interesses sociais e economicos da coletividade.
>
> O regimen americano – bem como o alemão e o suisso – resultára de uma esperta transação entre o principio juridico e o fato nacional. Aquele timbre de oportunismo lhe daria a necessaria plasticidade para adaptar-se às sucessivas situações do seu direito publico, na marcha da diversidade para a homogeneidade, do centrifugismo para o centripetismo, da decomposição para a colaboração.[1472]

E Calmon continua, delineando o caráter realista dessa nova configuração estatal no paradigma do Estado Social, em contraposição à faceta absenteísta do paradigma liberal do século XIX:

1471 CALMON, Pedro. *A Federação e o Brasil*. Rio de Janeiro: URJ/Irmãos Pongetti, 1933, p. 100.

1472 CALMON, Pedro. *A Federação e o Brasil*. Rio de Janeiro: URJ/Irmãos Pongetti, 1933, pp. 100 e 102/103, destaque nosso.

O realismo das instituições modernas exige uma explicação das forças ambientes, que crearam e modificaram o Estado novo. **Fôra o ideal minimo de governo, no maximo de liberdade; e, sem exceção, os países da America sacrificaram essa fórmula romantica ao principio do Estado forte e tutelar, corolario do presidencialismo de tipo americano.** Pela America do Sul se espalharam os "cesarismos democraticos", as "ditaduras legais", o uni-personalismo presidencial, ou – para usar a frase de um ditador do nosso tempo [Benito Mussolini] – **o principio da autoridade ao invez do principio da liberdade. Republicas tiveram os seus presidentes investidos de todos os requisitos monárquicos, menos o direito divino e a corôa** (a Argentina, com Rosas, o Paraguai, com Francia e Lopez, o Mexico com o general San'Ana). O Brasil deixou de ser uma monarquia parlamentar em 1889; o Chile repudiou, em 1925, o seu parlamentarismo. De fato, uma pratica de governo se estabelece, fóra dos quadros constitucionais, acima dos textos e à margem da sua teoria juridica que continúa a ser nimiamente democratica. **Neste caso as Constituições permanecem em vigôr, mas os governos cream, fóra da Constituição, um direito positivo. Diriamos: 'racionalizado'.** De resto – ajustado às condições excepcionais do poder e do seu meio social e economico. **A tendencia contemporanea orienta-se para o Estado tecnico.** Que se realiza mediante o "sindicalismo de produtores". Considerou-se – resume Croly – que a liberdade, produzindo a desigualdade, desencadeou a reação anti-liberal. **Os problemas economicos e humanos, agravados pela crise industrial, pelo pauperismo, pela ideologia proletaria e pelo estatismo, reclamaram soluções cientificas. Efetivamente, a antiga organização liberal-democratica fôra impotente para conciliar os interesses divergentes e do seu fracasso em determinados países se entendeu que os regimens daquela estrutura deviam desaparecer. Reputou-se indispensavel o intervencionismo franco – para limitar as coligações do capital contra o trabalho, "organizar as massas", redistribuir a riqueza, reparar, administrativa e violentamente, o desequilibrio das forças economicas.** (...) Do primeiro modelo ainda é o Estado individualista, que se confessa incompetente para subrogar-se

> nas responsabilidades tecnicas da organização economica, e se contenta em evitar os atritos ou, excepcionalmente, corrigir as crises: a sua iniciativa é acidental e a sua politica conservadora. De outro feitio é o Estado proudhoniano, marxista ou catedersocialista (**"o socialismo do Estado é absolutamente indispensável", disse Bismark**) **que cuida dos interesses gremiais protegendo o trabalho, fortalecendo o governo e a nação, que é o mesmo governo, defendendo o direito à vida e à justiça – sem restrições juridicas imutaveis.**[1473]

Em 1935, com a morte do catedrático Eusébio de Queirós Lima – autor do primeiro livro didático brasileiro intitulado "Theoria do Estado",[1474] publicado antes mesmo da Reforma Francisco Campos, quando foi utilizada, pela primeira vez, uma referência curricular à Teoria Geral do Estado, para a segunda seção (Direito Público) do curso de doutorado –, o livre-docente Pedro Calmon assumiu interinamente a cátedra de Direito Público e Constitucional da Faculdade Nacional de Direito.[1475]

Em 16 de abril de 1936, aos 34 anos de idade, Calmon foi eleito para a Cadeira nº 16 da Academia Brasileira de Letras, na vaga decorrente do falecimento do jornalista, político, poeta e tradutor piauiense Félix Pacheco. A posse ocorreu no dia 10 de outubro de 1936, e o discurso de recepção ficou a cargo do integralista,

---

1473 CALMON, Pedro. *A Federação e o Brasil*. Rio de Janeiro: URJ/Irmãos Pongetti, 1933, pp. 104-106, destaque nosso.

1474 LIMA, Eusebio-de Queiroz. *Theoria do Estado*. Rio de Janeiro: Freitas Bastos, 1930. Sobre a referida obra, conferir: CALMON, Pedro. *Curso de Teoria Geral do Estado*. 4ª ed. ver. Rio de Janeiro: Freitas Bastos, 1954, p. 16.

1475 CALMON, Pedro. *Memórias*. Rio de Janeiro: Nova Fronteira, 1995, p. 213; CALMON, Pedro. *Curso de Teoria Geral do Estado*. 4ª ed. rev. Rio de Janeiro: Freitas Bastos, 1954, p. 16.

antissemita confesso e nacionalista ferrenho Gustavo Barroso,[1476] de quem Calmon fora subordinado no Museu Histórico Nacional.

Conforme adiantado, em 1938, por concurso, Calmon assumiu definitivamente a cátedra de Direito Público e Constitucional da Faculdade Nacional de Direito. Para o certame, defendeu a tese *Intervenção federal: o Art. 12 da Constituição de 1934*.[1477] Sobre o contexto do referido concurso, ele assim discorreu:

> Irineu Machado fora buscar um bacharel que trabalhava na Central do Brasil, para ser meu concorrente. Candidatou-o com uma tese volumosa sobre recurso extraordinário. A minha era enxuta e modesta, sobre intervenção federal. Temi que o opositor me arredasse do caminho com as seiscentas páginas do seu livro, e escrevi o curso de Direito Público, que, ao menos, desse à banca examinadora a ideia da minha aplicação.
>
> Vieram as provas.
>
> Irineu fazia parte da mesa.
>
> Podia dá-lo por suspeito. Preferi manejar a sua versatilidade. O mestre de São Paulo, Sampaio Dórea, o ministro Aníbal Freire, o diretor Figueira de Melo, completaram o tribunal do julgamento.
>
> Para a escrita caiu o ponto, "igualdade civil, política, econômica e social". A data 26 de julho de 1938.
>
> Revejo as 19 páginas do meu cursivo rápido (...). Começa solenemente: "Os homens nascem iguais. Neste postulado do velho Direito Natural está toda a teoria da igualdade perante a lei. Em círculo mais largo, a democracia. Em esfera ainda mais ampla, o humanismo". Cito-lhe um trecho. "O industrialismo inglês, as revoltas em França, o contágio revolucionário na Europa

---

1476 Sobre o discurso de posse de Calmon, o discurso de recepção de Barroso e demais informações sobre o perfil do acadêmico, conferir: https://www.academia.org.br/academicos/pedro-calmon.

1477 CALMON, Pedro. *Intervenção Federal*: o Art. 12 da Constituição de 1934. Rio de Janeiro: Freitas Bastos, 1936.

> de 1848, concluíram a fase dos equívocos intelectuais. Hegel respondeu a Benjamin Constant: – a técnica da autoridade à arte das liberdades. Comte e Blanc sucedem a Lamartine. O "econômico" hipertrofia-se, na concepção proletarista que se forja com os metais desencontrados da política (Babeuf atualiza Platão) e do antiestatismo que acompanha como à sua sombra o estatismo nacionalista. Marx em frente a Rousseau.
>
> Mostrei abundância e variedade de informação. Estava a par da bibliografia recente, e necessária...
>
> O meu adversário, da grossa tese do Recurso extraordinário, não conseguiu defendê-la. Saiu com nota 2. Foi aconselhado a desistir da oral. Fi-la sozinho, com o grau maior, dado também por Irineu, que, recuando da perseguição, me encorajou com os cumprimentos.[1478]

Na tese de titularidade, Calmon desenvolveu os postulados doutrinários que tecera em *A Federação e o Brasil*, aplicando-os especificamente ao instituto da intervenção federal, tido por ele, em concordância com Campos Sales – o autor intelectual da Política dos Governadores, que dominou a Primeira República justamente através do reiterado e normalizado uso de medidas constitucionais de exceção –, como o "proprio coração do regimen"[1479] constitucional brasileiro. Segundo aponta:

> No seculo XVIII sobretudo, o poder central impoz definitivamente a sua tutela a todas as esferas da atividade colonial, transportando para o Brasil os sentimentos absolutistas, de intransigente regalismo, que animaram o governo do marquez de Pombal. (...) A transmigração da familia real em 1808 só faria concentrar ainda mais a autoridade, em prejuizo dos

---

1478 CALMON, Pedro. *Memórias*. Rio de Janeiro: Nova Fronteira, 1995, pp. 263/264.

1479 CALMON, Pedro. *Intervenção Federal*: o Art. 12 da Constituição de 1934. Rio de Janeiro: Freitas Bastos, 1936, p. 26.

fatores de desagregação, que a monarquia conseguiu neutralizar em 1822.

(...)

Só foi possível o Ato Adicional na crise da regência, entre as facções em guerra viva, ameaçada de todos os lados a unidade nacional, atravez das sucessivas rebeliões que, a despeito daquela conciliação, provaram – em 1835, 1837, 1839 – a coesão espiritual do Imperio e a constancia dos seus fatores unitivos. Entendia-se, como em 1823, que o trono era incompativel com as liberdades provinciais que iludiam as bases teóricas do poder constituído, tais o município, e o povo, como fundamento de todo o direito. E depois, com a fixação do sistema parlamentar de governo, se aceitou o preconceito, de que a federação só é realizavel em conjunção com a fórma presencial, ou de independencia de poderes, nunca em harmonia com o trono, o dogma da soberania da nação, a preeminencia do Parlamento e a instituição dos grandes partidos nacionais.

Objetivou-se essa doutrina – da irreconciabilidade da federação e da corôa – na lei da interpretação do Ato Adicional e na indole da legislação posterior, que, sem cessar, restituiu ao governo central as principais prerogativas que lhe poderiam ser disputadas pelas assembléas das provincias.

Operou-se no segundo reinado um movimento oposto ao que se déra no primeiro: a concentração da autoridade, em prejuizo da descentralização constitucionalmente estipulada. Daí o paralelo desenvolvimento de uma ideologia federalista, em reação contra o unionismo crescente, e, à sombra da velha bandeira novamente desenrolada, a marcha do pensamento politico para a campanha republicana. Foram os marcos desta jornada o programa da 'Reforma', em 1868, que antecedeu, na defesa da descentralização, como futuro postulado constitucional, o programa do Partido Republicano, de 1870, e a cisão do Partido Liberal monarquico em 1889, para que pudesse uma ala (orientada intelectualmente pelo cons. Ruy Barbosa) pleitear pela "federação dos Estados unidos brasileiros" com a corôa, ou sem ele, se a rejeitasse.

> A república encontrou, definida e sugestiva, a tése da federação, como sendo a mais cara e imperiosa de todas as idéas.[1480]

Com o advento da República,

> [c]irculou por isso o pensamento de que os Estados tinham reconquistado os atributos de soberania regional, e não deviam deixar à União senão um "minimo" de poderes, estrictamente preciso para o exercício da função exterior e conciliatória que lhe restára.[1481]

Todavia, de acordo com ele, essa situação foi formalmente desmentida pela Reforma Constitucional de 1926:

> Em breve a situação se definiu alarmante para os homens formados no liberalismo do Imperio e educados na escola francesa de sua democracia: a pátria, debilitada e desagregada, poderia ser a sombra de vinte países desunidos, que acabariam por perde-la, se, com resoluta energia, não se impuzesse o principio de que a autonomia dos Estados era a afirmação, jamais a negativa, da nação integral, e contra esta não prevaleciam direitos positivos. **Graças à veemente reação que neste sentido se realizou, a Constituição de 1891 não prostrou o Brasil na confusão dos regimens confederados, em que disputam duas soberanias: combinou-lhe um sistema de divisão de jurisdições e distribuição de competencias, que, em quarenta anos de experiencia, provou os seus prestimos e descobriu os seus vicios, sem sacrificar a franca direção nacionalista das nossas transformações, no campo do Direito Público.**[1482]

1480 CALMON, Pedro. *Intervenção Federal*: o Art. 12 da Constituição de 1934. Rio de Janeiro: Freitas Bastos, 1936, pp. 24 e 30-32.

1481 CALMON, Pedro. *Intervenção Federal*: o Art. 12 da Constituição de 1934. Rio de Janeiro: Freitas Bastos, 1936, p. 35.

1482 CALMON, Pedro. *Intervenção Federal*: o Art. 12 da Constituição de 1934. Rio de Janeiro: Freitas Bastos, 1936, pp. 35/36, destaque nosso.

E o principal instrumento contra essas duas implausíveis e contrastantes soberanias foi, justamente, o instituto da intervenção federal. De acordo com Calmon, "[a] Carta de 1934 é consideravelmente mais centralizante que a de 1891, emendada em 1926: porém no instituto da intervenção não inovou em substancia, senão em especificação".[1483] E assim explica a importância de tal instituto para o regime federativo brasileiro:

> A intervenção federal é um corretivo: a autonomia estadual, necessariamente limitada pelos principios constitucionais; a nação integra e forte, para realizar os seus objetivos de ordem e equilibrio, de civilização e justiça. Razão teve Campos Sales, para considerar o instituto da intervenção o proprio coração do regimen. De um lado, confirma, do outro, põe em perigo a

---

Essa "veemente reação", consubstanciada numa "franca direção nacionalista", é, para ele, a Reforma Constitucional de 1926. Sobre ela, Calmon assim discorre: "que prevenisse o perigo de uma dilatação cada vez mais inconveniente das prerrogativas do Judiciario no campo dos conflitos politicos, pleiteou o presidente Arthur Bernardes, na Mensagem em que solicitou ao Congresso a revisão constitucional, a limitação do '*habeas corpus*' aos assuntos de sua primeira e velha competencia.

Fez melhor o Congresso Nacional em função de Constituinte, em 1925-1926: restringiu a interpretação do '*habeas corpus*', especificou os princípios constitucionais da União, positivando o que fosse – para os efeitos da intervenção federal – fórma republicana de governo. Reparou, por outro lado, os abusos experimentados, definindo as competencias para a decretação daquela interferencia: ao Congresso, para assegurar o respeito aos principios constitucionais, decidir de legitimidade dos poderes em caso de duplicata e reorganizar as finanças do Estado insolvente; e do Presidente, à requisição dos dous outros poderes, ou quando o solicitassem os dos Estados, ficando entregue ao seu arbitrio apenas a intervenção na hipotese da guerra civil, para repelir invasão estrangeira, obstar a invasão de uma província em outra e manter a integridade nacional" (CALMON, Pedro. *Intervenção Federal*: o Art. 12 da Constituição de 1934. Rio de Janeiro: Freitas Bastos, 1936, p. 46).

1483 CALMON, Pedro. *Intervenção Federal*: o Art. 12 da Constituição de 1934. Rio de Janeiro: Freitas Bastos, 1936, p. 39.

> federação; regula o seu funcionamento normal; é a sua defesa e condição. Mesmo Ruy Barbosa, no voto em separado do congresso do partido liberal de 1889, que defraldára a bandeira federalista, prevenira e aceitara, como postulado do seu programa: "I – Compete à autoridade nacional: k) dominar as insurreições, intervindo nas provincias para manter a forma nacional do governo, em auxilio das autoridades provinciais, ou contra elas.[1484]

Como conclusão do breve excurso acima tecido sobre essas duas teses de Pedro Calmon, não se pode deixar de concordar com Edivaldo Boaventura quando afirma que ambos os trabalhos "discutiram a problemática dessa rica experiência política e legislativa do final dos anos 20, na Câmara dos Deputados da Assembleia Geral da Bahia",[1485] experiência essa que, de fato, moldou não só a mudança de Calmon do Direito Civil para o Direito Público, mas também a própria substância das suas concepções constitucionais.

É digno de destaque inclusive que, a despeito de se afirmar como um adversário político de Vargas entre 1930 e 1937, as concepções teóricas de Calmon sobre o federalismo brasileiro mostram muito mais convergências do que divergências em relação a concepções caras ao paradigma do Estado Social inaugurado no Brasil justamente com a Revolução de 1930 e como reação ao constitucionalismo liberal de 1891, tão criticado pelo jurista baiano em ambos os trabalhos. No plano pessoal, há também mais aproximações do que oposições, como bem comprova a sua praticamente imediata indicação a Diretor da Faculdade Nacional de Direito por seu amigo Gustavo Capanema logo após assumir a cátedra:

1484 CALMON, Pedro. *Intervenção Federal*: o Art. 12 da Constituição de 1934. Rio de Janeiro: Freitas Bastos, 1936, p. 36.

1485 BOAVENTURA, Edivaldo Machado (Coord.). *Na trilha de Pedro Calmon*. Salvador: Instituto Histórico e Geográfico da Bahia, 2010, p. 63.

Getúlio nomeou-me, em conseqüência, professor da faculdade. Um mês depois, morreu Figueira de Melo, de repente, em plena sessão do Conselho Universitário. Imediatamente formou-se uma corrente que pedia ao governo a minha elevação a diretor. Telefonou-me Hanhemann Guimarães: sendo o benjamin da casa, devia pacificá-la. O ministro Capanema chamou-me. Só eu naquele momento poderia dirigir com tranquilidade a escola. Indicado por unanimidade pelos companheiros, o apelo de Hanhemann, o amor à instituição, a verdura da idade me fizeram aquiescer. Optei sem muita consciência disso pela administração universitária. Tomaria 28 anos da minha vida. Dez na direção da faculdade; 18, na reitoria da universidade.

Era 1938.

Acabei com a cizânia na congregação, unifiquei-a em torno da autoridade que ouvia, assumi a chefia da comissão que foi requerer ao governo a readmissão dos professores por ele demitidos, Castro Rebelo, Hermes Lima, Leônidas de Resende, declarei que não abriria concurso para as suas cadeiras, ressalvando o direito que a elas tinham; promovi os demais concursos, disputados por grandes juristas, a quem a condição de católicos ostensivos não embaraçou a aplaudida conquista, Arnoldo de Medeiros, Ferreira de Sousa, Haroldo Valadão, San Tiago Dantas, Demóstenes Madureira de Pinho...

(...)

Fui capitão feliz no barco sacudido pela tempestade estudantil, graças ao acordo que obtive do amigo ministro: lá dentro, a liberdade (a estrondosa liberdade que os estudantes tinham de falar mal de Getúlio), fora da escola, a ordem.

(...)

Jamais a diretoria (ou a reitoria) me dispensou da lição, que dava com prazer à querida turma do 1º ano. Nela me apoiava, contra as manobras e os descontentamentos dos veteranos; à

> aquela turma que habituei daí por diante a percorrer a *Teoria do Estado* (...).[1486]

O ensino da Teoria Geral do Estado, mencionado nas reminiscências acima citadas, pode ser explicado justamente pela expedição do Decreto-Lei n. 2.639/1940, sobre o qual Pedro Calmon assim discorre na introdução do seu *Curso de Teoria Geral do Estado*:

> Docente-livre de Direito Público e Constitucional em 1934 na interinidade da cátedra em 1935 (por falecimento do saudoso e grande mestre Eusebio de Queirós Lima, que lhe dera singular prestígio), em 1938 nela se titulou, mediante concurso, na forma da lei, o autor destas linhas. Surpreendeu-o, pois, no desempenho do seu magistério, que abrangia a parte geral e os comentários à Constituição, a iniciativa do Govêrno de as dividir em seções, para maior realce da organização política vigente. **Consultado a respeito pelo ilustre ministro Sr. Gustavo Capanema, que lhe permitia optar por uma delas, sugeriu que aos catedráticos se atribuísse, no mesmo diploma legal, a primeira, que trataria das generalidades dêsse direito, dando-se a outra, em regime de livre nomeação até o indispensável concurso, a quem a ela se propusesse, menos pelo conhecimento especializado do que pela inclinação ideológica. Suprimia-se o constrangimento dos professôres antigos, que estariam dispensados de comparar sistemas constitucionais, pondo em contraste as velhas e novas lições, e se cumpria o pensamento do Poder, que era destacar o lineamento das instituições**, desembaraçando-o das doutrinas (teoria do estado) para que ganhasse nitidez e importância. Vem daí a autonomia desta parte do direito, que se chama "geral do Estado" pelo gôsto que tinha das modernas idéias o seu mais notável regente.[1487]

1486 CALMON, Pedro. *Memórias*. Rio de Janeiro: Nova Fronteira, 1995, pp. 267/268, destaque nosso.

1487 CALMON, Pedro. *Curso de Teoria Geral do Estado*. 4ª ed. rev. Rio de Janeiro: Freitas Bastos, 1954, pp. 15/16, destaque nosso.

Em suas *Memórias*, o jurista baiano entra em interessantes detalhes políticos sobre os bastidores do desmembramento da cátedra de Direito Público e Constitucional:

> O título da cadeira explica-se.
>
> **Capanema disse-me que Getúlio desejava que a Constituição de 10 de novembro de 1937 (a "polaca", como lhe chamou Adolfo Bergamini) fosse ensinada nas escolas... Pensei: seria melhor que a aplicasse no Poder. Daí – continuou o ministro – a necessidade de dividir a matéria. Ficaria o titular com o Direito Constitucional e um contratado com a Teoria do Estado. Não – objetei-lhe; esta feita de história do Direito Comparado, podia sem desdouro ser dada pelo catedrático, como eu, virtualmente incompatível com a Carta de novembro; enquanto um "místico", impregnado da fé no regime, o incensaria a seu sabor destrinchando o Direito Constitucional. Compreendeu, sorriu, apertou-me a mão, e decretou a reforma.** Passei a lente de teoria do Estado; e dediquei-lhe em verdade uma atenção transbordante. Desdobrou-se na História das idéias políticas, que publiquei em 1952.[1488]

No Brasil, a disciplina de Direito Constitucional[1489] – após sucessivas reformas educacionais empreendidas durante o Segundo

---

1488 CALMON, Pedro. *Memórias*. Rio de Janeiro: Nova Fronteira, 1995, p. 268, destaque nosso.

1489 Sobre o ponto, conferir a importante recuperação histórica que faz Gilberto Bercovici sobre a criação, na França da virada do século XVIII para o século XIX, das primeiras cátedras de Direito Constitucional do mundo: "não por acaso, a ideia de um Direito político, defendida ainda por Rousseau, vai ser paulatinamente substituída e neutralizada por um Direito Constitucional, noção originária do século XIX. Segundo Jean-Louis Mestre, a expressão '*droit(s) constitutionnel(s)*' surge em vários documentos da segunda metade do século XVIII, ao final do Antigo Regime. No entanto, a expressão se refere aos direitos de uma província, de um estamento, designando, de forma imprecisa, não uma disciplina jurídica, mas os direitos originais de determinados grupos e instituições.

Império e a Primeira República[1490] – ficou historicamente conhecida

---

Como denominação de uma disciplina, a expressão '*droit constitutionnel*' concorre com outras muito mais utilizadas, como '*droit public*' e '*droit politique*', aparecendo pela primeira vez nos registros da Universidade de Dijon do curso de 1792/1793. Em 1797, foi criada a cadeira de '*diritto constituzionale, cispadano e gius pubblico universale*' em Ferrara, na então República Cispadana, sob a responsabilidade do revolucionário Giuseppe Compagnoni. Com a invasão austríaca, em 1799, a cátedra foi extinta. Ainda na Itália, outras duas cadeiras foram criadas. Uma em Pádua, que durou de 1797 a 1798, sob a regência do religioso e teólogo Francesco Antonio Alpruni, e outra em Bolonha, que durou de 1798 a 1799, regida por Francesco Saverio Argelati. Com a invasão austríaca, a cátedra de Pádua foi transformada em uma cátedra de Direito Natural e a de Bolonha foi extinta. Nenhuma destas três cátedras foi restaurada na Itália após a ocupação napoleônica.

Em 1834 foi criada a cadeira de '*droit constitutionnel*' na Universidade de Paris, pela ordenança de Guizot de 22 de agosto de 1834, sendo assumida pelo italiano Pellegrino Rossi. A partir de então, o uso da expressão '*droit constitutionnel*' se tornou mais frequente e, aos poucos, substituiu a expressão '*droit politique*', em um esforço de 'juridificação' da disciplina. A primeira lição de Direito Constitucional na Sorbonne ocorreu em 1836. O Direito Constitucional, na concepção de Rossi, é o ramo do Direito Público interno, atualmente em vigor, cujo objetivo é tratar da estrutura das formas particulares do corpo político independente, a partir do Direito Positivo. Para Rossi, a Constituição, definida em sentido estrito como '*un ensemble de lois qui forme l'organisation d'un État et en règle l'action et ta vie*', pertence aos povos livres, não mais dominados pela vontade arbitrária do soberano, seja o Monarca, seja o povo. Os elementos necessários de uma Constituição são os princípios que estabelecem as bases da organização social (direitos e obrigações) e as bases da organização política (meios para organizar o poder público para estabelecer as bases da organização social). A cátedra de Direito Constitucional da Sorbonne, no entanto, foi extinta pelo decreto de 8 de dezembro de 1852, após o golpe de Estado de Luís Napoleão e só vai ser recriada em 1879" (BERCOVICI, Gilberto. *Soberania e Constituição*: para uma crítica do constitucionalismo. 3ª ed. São Paulo: Quartier Latin, 2020, pp. 174-176).

1490 "Iniciou-se no Brasil o ensino das cousas e problemas do Estado com o clássico nome de 'Direito Público' e 'análise da Constituição do Império', matérias que se misturavam ao 'Direito Natural', 'das gentes e diplomacia', como primeira cadeira de 1º ano, conforme a lei de 11 de

pelo nome de Direito Público e Constitucional, até ser desmembrada, justamente pelo Decreto-Lei n. 2.639/1940, nas cadeiras de Direito Constitucional e de Teoria Geral do Estado.

De acordo com Calmon,

> [p]refaciando, em outubro de 1929, o primeiro livro didático que em vernáculo aparecia com êste endereço, elucidou Queirós Lima, que a sua "Teoria do Estado" versava "a parte geral do Direito Público" (p. III, Rio, 1930). Não lhe modificou o título na segunda edição, que é de 1936. Teoria geral do Estado foi o rótulo preferido pelo legislador de 1940.[1491]

A seguir, Calmon tenta justificar a nomenclatura, a metodologia e as supostas finalidades científicas da referida disciplina:

> Significa, antes de mais nada, um tributo prestado à renovação dos estudos políticos à luz das ciências físicas e sociais no século XIX: **trae a influência alemã, poderosa e empolgante, na orientação positivista que mudou, há um século, o sentido e o destino dessa literatura**. Em verdade, "*Staatstheorien*" e "*Staatslehre*" (que tanto traduziriamos por teoria como por

---

agôsto de 1827 – que criou os cursos jurídicos. Em Coimbra, segundo a reforma da Universidade, de 1722, cabia tudo isso em duas cadeiras distintas, a de Direito Pátrio (que, no Brasil, em 1827, se bifurcou em direito pátrio criminal, no 3º ano, e civil, no 4º ano). A reforma de 1854 manteve a união dos Direitos Público e Natural, apartando, porém, para a segunda série, o das gentes e diplomacia. Com a República (reforma de Benjamin Constant, de 2 de janeiro de 1891), desapareceu o Direito Natural e ficou a cadeira com a designação, que ainda tinha em 1940, de 'Direito Público e Constitucional'. O decreto-lei n. 2.639, de 27 de setembro daquele ano, a decompoz em 'Teoria Geral do Estado' (seja, 'Direito Público') e 'Direito Constitucional', encartadas estas disciplinas em dois anos sucessivos" (CALMON, Pedro. *Curso de Teoria Geral do Estado*. 4ª ed. rev. Rio de Janeiro: Freitas Bastos, 1954, p. 15).

1491 CALMON, Pedro. *Curso de Teoria Geral do Estado*. 4ª ed. rev. Rio de Janeiro: Freitas Bastos, 1954, p. 16.

doutrina de Estado) não se distinguem na linguagem dos tratadistas, ou porque não os impressionou a diferença que as palavras têm nos idiomas néo-latinos, ou porque dela não se aperceberam os seus tradutores e intérpretes. Em medicina, por exemplo, Claude Bernard antepoz doutrina à teoria, para dizer que esta é a noção, sujeita à crítica dos processos experimentais que a confirmam, e, com a aprovação, a elevam à categoria de doutrina, sendo ela, portanto, conjunto de teorias, ou uma síntese explicativa. Pensaram naturalmente como Claude Bernard os mestres germânicos da Doutrina do Estado (*Staatslehre*), a começar por Rossler (1857), a quem devemos a primeira obra com tal apelido (System der *Staatslehre*). *Allgemeines Staatslehre*, doutrina ou teoria geral de Estado, como lhe chamou Bichof, em 1860. Ahrens (vulgarizado em italiano, em 1866), Seydel, em 1873, Gierke, no ano seguinte, principalmente Bluntschli (popularizado em francês, em 1877, *Theorie Genérale de l'État*) Lingg, Bornhak, Rehm, Gareis, e, mais lidos neste século, G. Jellinek (cuja obra capital, *Allgemeine Staatslehre*, de 1900, F. de Los Rios Urrutia verteu a espanhol em 1914), Fischbach, Heller, Kelsen, deram corpo e grandeza a um conceito orgânico, senão científico ou transcendente, do Estado. Já os franceses – menos inclinados a essa sistemática – vêm diferentemente a questão. Fiéis ao seu velho "*droit public*", poucos seguiram o exemplo de Carré de Malberg (*Contributions à la Theorie general de l'État*, 1922). Em língua espanhola: Ordonez, Gonzales Uribe, Ernesto Palacio, Arturo Enrique Sampay. Na Itália, apezar de Panuzio (cujo Curso de lições de doutrina geral do Estado se cita com louvor), Alessandro Groppali, Giacomo Perticoni, prevaleceu a objeção de V. E. Orlando: lugar não há, entre as ciências, para uma doutrina geral do Estado... Propõe que se diga "Direito Público geral". A "*Legal theory*", dos ingleses, limita diretamente com a Filosofia do Direito e a história das idéias.[1492]

1492 CALMON, Pedro. *Curso de Teoria Geral do Estado*. 4ª ed. rev. Rio de Janeiro: Freitas Bastos, 1954, pp. 16/17, destaque nosso.

Em seguida, Calmon se insurge contra uma alegada conotação político-autoritária da disciplina, defendendo, ao revés, uma investigação científica e objetiva do Estado:

> É indubitável, pois, o equívoco resultante do nome enfático, irradiado de uma determinada concepção do Estado, e comprometido com a respectiva dogmatica. Não se ajustou, nem adere, à noção que dele temos, estranha àquele legicismo, ou refractária às suas consequências. Lembra uma corrente de pensamento, uma tendência, uma escola, um movimento, quando, na realidade, o que queremos é ponderar, comparar, criticar e escolher, entre as fôrças mentais e os fatos do Estado, os que necessária e éticamente o conduzem. Leva-nos fácilmente para a teoria do organismo social, incluida, outrora, no preconceito darwinista da luta pela vida, com certos traços, de Leviatan, de Hobbes, agigantado, fabuloso, o Poder Público, num clima de euforia nacionalista, em que seria o Estado a plenitude da cultura (*Volkulturstaat*); dotado de um subjetivismo consciente ou irredutível; independente da vontade, do sentimento, do espírito, dos humanos direitos que constituem a dignidade de suas elites. Mas (repitamos Louis Le Fur) tais preconceitos não resistem à observação científica. Reduzem-se a uma problemática que acaba sendo uma interpretação, uma atitude, um momento histórico, uma forma ocasional de fenômeno político, não o seu "sistema". O presente livro emancipa-se de uma subordinação – absurda – a êsse teorismo fundamentalmente duvidoso, e se destina a expôr e classificar as teorias que mais ativamente têm disciplinado as questões do Direito Público. Não se cinge a uma filosofia, porque nessa unidade de perspectiva negaria o seu objetivo, faltando ao programa, de clarear êsse vasto campo jurídico com a dialética que amplamente o ilumina. Não se filia a uma certa doutrina, exatamente porque as doutrinas divergentes devem contribuir para a definição equilibrada no moderno Estado. Não se antecipa aos roteiros, porque a experiência e a existência dos povos, com o itinerário inesperado dos regimes e das revoluções, refutam, a cada instante, as premissas do passado. Apresenta, documenta, informa, debate, sugere.

> Não lhe importa o nome. É o Direito Público geral, em cujas harmonias universais palpita, inevitável e exigente, a afirmação humanista da justiça numa ânsia eterna de libertação.[1493]

Por extremamente oportuno, é preciso destacar que esses excertos críticos de Calmon acima transcritos são da 4ª edição da sua obra, publicada apenas em 1954, ou seja, já em um período de restabelecimento da democracia e de vigência da Constituição de 1946. Inclusive, esse capítulo introdutório do qual foram extraídas as citações supramencionadas, intitulado “Teoria Geral do Estado”, não estava presente, por exemplo, na 2ª edição do mesmo livro – ainda intitulado “Curso de Direito Público (Teoria Geral do Estado)” e datado de 1942, quando ainda estava de pé o Estado Novo. Isso sugere, portanto, que essas digressões metodológicas mais críticas foram posteriormente por ele inseridas, quando as chamadas “ditaduras constitucionais” já haviam sido solapadas com o fim da Segunda Guerra Mundial e novamente prevaleciam as democracias representativas.

É no mínimo curiosa, portanto, essa digressão. Calmon parece tentar blindar o seu leitor não só de possíveis inferências e conexões necessárias entre clássicos segmentos autoritários e estatistas da disciplina abordada no seu livro e as concepções constitucionais que ele, Calmon, alegava defender. Mais do que isso, esse excurso dá margem para que se depreenda que o jurista baiano, para além de uma blindagem doutrinária, poderia estar tentando se distanciar politicamente da própria ditadura do Estado Novo, na medida em que renuncia, como se viu acima, ao que chama de “clima de euforia nacionalista, em que seria o Estado a plenitude da cultura”, postulados esses que feririam os “humanos direitos que constituem a dignidade de suas elites”. Após defender que esse substrato político-ideológico integrante da história da Teoria Geral do Estado não

1493 CALMON, Pedro. *Curso de Teoria Geral do Estado*. 4ª ed. rev. Rio de Janeiro: Freitas Bastos, 1954, pp. 17/18, destaque nosso.

seria propriamente científico, ele defende uma Teoria do Estado supostamente crítica, não vinculada a dogmas políticos e que, sendo, na verdade, "Direito Público geral", teria compromissos indeléveis com a "afirmação humanista da justiça numa ânsia eterna de libertação".

Entretanto, essas palavras contrastam não só com a autorreconhecida ação política de Pedro Calmon quando da edição do Decreto-Lei n. 2.639/1940, ocasião em que supostamente defendeu, junto ao seu amigo Gustavo Capanema, a fórmula conciliatória que prevaleceu.

A solução institucionalizada, que enxergava a Teoria Geral do Estado como repositório supostamente neutro e blindado de influências políticas a ser preenchido por antigos catedráticos não necessariamente alinhados ao Estado Novo, é problemática justamente na medida em que possibilitou que sua cátedra siamesa, a de Direito Constitucional, se tornasse um deliberado reduto político de defesa da ditadura de 1937. Essa circunstância, por si só, já é digna de problematização, inclusive porque uma Teoria Geral do Estado supostamente crítica e não politicamente orientada (como Calmon defendia na edição de 1954 do seu manual e em suas *Memórias*, mas não durante o regime estado-novista) seria seguida, no 2º ano do bacharelado, por uma disciplina comprometida até a medula com a doutrina do Estado Nacional e com a Carta de 1937, o que era justamente a intenção do regime ao esvaziar o poder de crítica dos antigos professores deslocados para a cadeira de Teoria Geral do Estado e, concomitantemente, potencializando a propaganda ideológica do regime por parte dos novos professores interinos de Direito Constitucional.

Para além disso, no mérito das suas próprias concepções jurídicas, Calmon não se mostrava, como quis parecer nessa introdução inserida apenas na 4ª edição do livro, avesso ao que chama de excessos de nacionalismo e de estatismo na tradição da Teoria Geral do Estado, defendendo, ao revés, uma suposta postura mais crítica, reflexiva, científica e não comprometida com ideologias políticas, o que não convence muito.

Conforme acima visto, desde 1928, quando atuou como relator da reforma constitucional baiana (para adequar a Constituição estadual à centralizadora reforma federal de 1926), Pedro Calmon já criticava o liberalismo e o federalismo da Constituição de 1891. Além disso, em sua tese de livre-docência (*A Federação e o Brasil*), de 1933, e em sua tese de titularidade (*Intervenção Federal: o Art. 12 da Constituição de 1934*), de 1936, Calmon aprofunda doutrinariamente essas reflexões, todas elas defensoras, justamente, de mais centralização política em torno da União e do Poder Executivo.

Se eram concepções teóricas efetivamente comungadas pelo jurista ou se foram, na verdade, defendidas porque alinhadas com a conjuntura política do momento e, assim, com maiores potencialidades para fazê-lo galgar as posições acadêmicas que tanto desejava, isso não se sabe. Mas fato é que, nos principais trabalhos jurídicos que escreveu e defendeu entre 1934 e 1942, as críticas ao liberalismo e a defesa dos novos papéis centralizadores do Estado Social foram uma constante.

Para Calmon, "o fenômeno aparentemente mais notável do século XX é o ditador".[1494] Com a deflagração da Primeira Guerra Mundial, "[o]s países em guerra passaram a ser governados ditatorialmente"[1495] por meio de "medidas de exceção, indispensáveis a um Estado que se consagra totalmente à tarefa militar".[1496] Exemplo maior de tal situação seria o Império alemão, onde "a ditadura não se deixou limitar por nenhum embaraço constitucional: assumiu a

1494 CALMON, Pedro. *Curso de Direito Público (Teoria Geral do Estado)*. 2ª ed. Rio de Janeiro: Freitas Bastos, 1942, p. 124.

1495 CALMON, Pedro. *Curso de Direito Público (Teoria Geral do Estado)*. 2ª ed. Rio de Janeiro: Freitas Bastos, 1942, p. 107.

1496 CALMON, Pedro. *Curso de Direito Público (Teoria Geral do Estado)*. 2ª ed. Rio de Janeiro: Freitas Bastos, 1942, p. 107.

direção econômica do Império, presidiu à distribuição da agricultura e da indústria",[1497] tendo experimentado, assim, durante "[q]uatro anos, um regime totalitário (...) cujas atividades convergem para a segurança nacional: nada contra a eficiência do comando, nada acima do interesse comum, que êsse comando representa".[1498]

Após a Guerra, "[o] Tratado de Versalhes, no capítulo XIII, consubstancia a vitória do reformismo sôbre o revolucionismo".[1499] Isso teria se refletido no movimento de "racionalização" do Direito – termo que Calmon expressamente toma de Mirkine-Guetzevitch – do qual a Constituição de Weimar seria o maior exemplo. Para esse novo projeto constitucional alemão,

> o meio de evitar futura catástrofe seria imprimir ao Direito Público um caracter de equilíbrio hábil, livrando-o das contingências históricas (...): monarquia, confederação, preponderância das classes armadas, espírito imperial. Cumpria reformá-las, segundo o Direito: "racionalmente".[1500]

Para tanto,

> Preuss resolve adotar, na Constituição alemã, as melhores invenções políticas do mundo contemporâneo. Toma aos Estados Unidos o tipo federal; à França, o parlamentarismo;

1497 CALMON, Pedro. *Curso de Direito Público (Teoria Geral do Estado)*. 2ª ed. Rio de Janeiro: Freitas Bastos, 1942, p. 107.

1498 CALMON, Pedro. *Curso de Direito Público (Teoria Geral do Estado)*. 2ª ed. Rio de Janeiro: Freitas Bastos, 1942, p. 107.

1499 CALMON, Pedro. *Curso de Direito Público (Teoria Geral do Estado)*. 2ª ed. Rio de Janeiro: Freitas Bastos, 1942, p. 109.

1500 CALMON, Pedro. *Curso de Direito Público (Teoria Geral do Estado)*. 2ª ed. Rio de Janeiro: Freitas Bastos, 1942, pp. 112/113.

o presidencialismo, também à América; e o "referendum" à Suíça.[1501]

Ademais, adota-se uma justiça constitucional. Caminho semelhante é trilhado pela Áustria, sob a influência jurídica de Hans Kelsen.[1502]

Todavia, por mais democrático que fosse, tal projeto não conseguiria deter, de acordo com Calmon, "a 'realidade' como historicamente se apresenta".[1503] De acordo com ele, "[a] luta social esbarra, na Alemanha e na Áustria, nas organizações patrióticas enquadradas pelos militares que voltavam das trincheiras".[1504] Como consequência, "[o] govêrno liberal não pudera contornar as dificuldades, de dupla origem: ação sediosa das associações operárias; reação do partido que resolvera tirar da guerra vitoriosa as suas consequências nacionalistas".[1505]

O resultado dessas turbulências será o conhecido irromper dos movimentos fascista, na Itália; e nazista, na Alemanha. Turquia, Polônia, Portugal e Espanha também serão inspirados por essa onda autoritária e ditatorial.

Com a ascensão do regime fascista de 1922, inaugura-se, segundo Calmon, a era dos chamados Estados Novos, marcados por "a) concentração da autoridade, num chefe supremo; b) partido único; c) corporativismo; d) estatismo, nacionalismo (ou racismo)

1501 CALMON, Pedro. *Curso de Direito Público (Teoria Geral do Estado)*. 2ª ed. Rio de Janeiro: Freitas Bastos, 1942, p. 113.

1502 CALMON, Pedro. *Curso de Direito Público (Teoria Geral do Estado)*. 2ª ed. Rio de Janeiro: Freitas Bastos, 1942, p. 113.

1503 CALMON, Pedro. *Curso de Direito Público (Teoria Geral do Estado)*. 2ª ed. Rio de Janeiro: Freitas Bastos, 1942, p. 114.

1504 CALMON, Pedro. *Curso de Direito Público (Teoria Geral do Estado)*. 2ª ed. Rio de Janeiro: Freitas Bastos, 1942, p. 114.

1505 CALMON, Pedro. *Curso de Direito Público (Teoria Geral do Estado)*. 2ª ed. Rio de Janeiro: Freitas Bastos, 1942, p. 114.

como objetivo moral do Estado".[1506] Ademais, contrapondo-se ao liberalismo, ao Estado Novo

> não lhe interessa o direito individual, atomístico, o homem-soberano, o livre-homem da Revolução francesa, que considerou abstrato, falso; preocupava-o o todo social, a coletividade, a cujas necessidades atendia, e a quem devia restringir, para a conquista de determinados ideais.[1507]

Em suma, "[a]o Estado sem programa do século XIX, se contrapôs o de missão certa, do século XX".[1508]

Conforme adiantado páginas atrás, o Estado Novo brasileiro e a Carta de 1937 foram caudatários de algumas dessas alterações autoritárias, que promoveram um giro de 180º nos projetos constitucionais democráticos de inspiração weimariana, como a Constituição de 1934. Tanto é que a Carta de 1937 foi pejorativamente apelidada de "a polaca", haja vista a suposta inspiração de Francisco Campos, seu redator, na Constituição polonesa de 1935, a qual, reformando a democrática Constituição de 1921, consolidou o golpe de estado dado pelo marechal Pilsudski em 1926, estabelecendo juridicamente um regime nacionalista, autoritário, ditatorial e extremamente concentrado na figura do Presidente da República, que absorvia em torno de si os demais órgãos e Poderes do Estado.

A 1ª edição do livro de Calmon – ainda intitulado *Curso de Direito Público* – é de 1938. Na chamada "explicação" a essa versão inaugural, o jurista baiano aduz o seguinte:

1506 CALMON, Pedro. *Curso de Direito Público (Teoria Geral do Estado)*. 2ª ed. Rio de Janeiro: Freitas Bastos, 1942, p. 122.

1507 CALMON, Pedro. *Curso de Direito Público (Teoria Geral do Estado)*. 2ª ed. Rio de Janeiro: Freitas Bastos, 1942, p. 124.

1508 CALMON, Pedro. *Curso de Direito Público (Teoria Geral do Estado)*. 2ª ed. Rio de Janeiro: Freitas Bastos, 1942, p. 124.

> O ritmo do mundo acelerou-se espantosamente. O Direito Público depois da [primeira] grande guerra envelhece e renova-se todos os cinco anos. Ultimamente, desfigurou-se ou se transfigurou, com uma rapidez inaudita. Estamos na época das antíteses. Também do sacrifício geral das idéias primárias, das definições de antologia, em proveito de conceitos provisórios. (...) O Estado muda constantemente de posição. Os seus critérios defensivos combinam-se com o seu papel providencialista. O legislador de hoje acha absurdo o seu antepassado que falava de instituições lineares, perpétuas e racionais. Nacionaliza o direito, ao contrário de Preuss e Kelsen ainda há pouco, que racionalizavam o Direito.
>
> A democracia de Roosevelt adquire inevitáveis côres autoritárias e a ditadura de Kêmal mantém a sua exterioridade democrática. O romantismo prático atira a Alemanha à sua expansão pan-germanista e o empirismo cauteloso confina a Rússia soviética nas fronteiras geográficas que lhe recorta a Quarta Internacional. O choque de liberais e fascistas não salvou a liberal-democracia: foi substituída insensivelmente pela social-democracia de hesitantes limites entre o que resta do individualismo de 1789 e a competência auto-defensiva do Estado.[1509]

E continua, especificamente sobre as transformações sofridas pelo Direito Público na década de 1930:

> O universo modificou profundamente a consciência dos homens pela complexidade das questões que os afligem, principalmente pela desilusão da cultura livresca e idealista daquele passado próximo. Se fôsse preciso pedir a uma geração distinta da nossa um símbolo de teorias e dogmas inaproveitáveis agora, não recorreríamos ao longínquo... século XIX. Bastar-nos-ia apelar para os estadistas de 1919. Sim, para os diplomatas do

1509 CALMON, Pedro. "Explicação (Da 1ª edição, de 1938)". *In*: ______. *Curso de Direito Público (Teoria Geral do Estado)*. 2ª ed. Rio de Janeiro: Freitas Bastos, 1942, p. 7.

> Tratado de Versalhes, para Clemenceau, Lloyd George e Wilson, para León Bourgeois e Albert Thomas, ou para Orlando e Rathenau... Êsses altos espíritos saíram da conflagração de 1914 deslumbrados com os mitos magníficos, exultantes de esperanças regeneradoras. E interpretaram o mundo como um conteúdo de harmonias jurídicas, que uma injustiça mecanicista e razoável poderia administrar, sob a égide da paz permanente. Declararam triunfante a democracia igualitária, morto o autoritarismo belicoso, desaparecida a monstruosa formação dos super-Estados que se cevaram, através de idades, em conquistas bárbaras, instaurado um regime de direito puro como castigo e correctivo da brutal Europa cesarista, feudal e histórica. Pois bem: dezenove anos depois, a linguagem que tão amavelmente embalara os povos carece de sentido. Conservando a sua digna beleza, não tem acústica, mesmo quem a enuncie, com aquela religiosa sinceridade. **Por quê? Simplesmente porque ao ciclo das abstrações se seguiu o dos objetivismos. Realidades terríveis, se quiserem; mas respeitáveis, irresistíveis, como realidades que são.** (...)
>
> **O Direito Público de 1938 não é semelhante ao de 1919.**
>
> Mas consagra agora boas, exatas, inconfundíveis realidades. A maior delas: é a realidade – Homem!
>
> O Estado é evolutivamente diverso; porém a Nação, é sempre igual a si mesma![1510]

Não obstante, em prefácio à 3ª edição do seu *Curso de Teoria Geral do Estado*, de 1948, escrito após a Segunda Guerra Mundial e o declínio da ditadura do Estado Novo, Calmon muda claramente de perspectiva e passa a defender, ao revés, a permanência de certos princípios tipicamente liberais, confira-se:

1510 CALMON, Pedro. "Explicação (Da 1ª edição, de 1938)". *In*: ______. *Curso de Direito Público (Teoria Geral do Estado)*. 2ª ed. Rio de Janeiro: Freitas Bastos, 1942, pp. 8/9, destaque nosso.

> Que Estado, em abstrato, estudaremos hoje, no vértice de uma crise que novamente divide em campos hostís a humanidade, pontilhando de nacionalismos defensivos ou de ideologias desgarradas os continentes varridos pela psicose da violência? Em que condições e em que áreas de desinteressada pesquisa se reproduzirão as consultas aos motivos jurídicos que informam, equilibram, estruturam, conduzem os Estados segundo os princípios da ciência que, antes dos tumultos recentes, tão serenamente compilava os dogmas liberais acerca de sua moralidade, de sua justiça e de sua disciplina legal? Que de imutável – porque há noções definitivas que zombam dessas mudanças –, ou de permanente – nas fórmulas clássicas de ordem e bem comum – restará, em verdade, para configurar o tipo ideal do Estado de amanhã, na necessidade que temos de definí-lo, como a uma aspiração lógica da cultura deduzida de suas nobres fontes escolares? Afirmamos alguma coisa. E é indispensável afirmar, acima da dúvida, elegante e negativa, a crença que inspira e anima os conhecimentos morais. **Afirmamos principalmente a preeminência da dignidade humana no Estado de Direito. E é a convicção de sua irredutível importância que lhe eleva a teoria – nos seus limites racionais, à categoria de um complexo humanista de normas restritivas do Poder, em benefício das liberdades civis, e de deveres impostos aos indivíduos, em proveito da causa pública.**[1511]

Nota-se, assim, uma clara adaptabilidade do discurso de Calmon entre 1934 e 1948, no que concerne às suas reflexões sobre o Direito Público e sobre a Teoria Geral do Estado, especificamente. De crítico do liberalismo e do federalismo de 1891 e defensor da centralização político-estatal típica do paradigma do Estado Social, Calmon, após a queda do Estado Novo e do advento da democrática Constituição de 1946, adapta e ameniza as suas posições, passando a defender agora "um complexo humanista de normas restritivas do

---

1511 CALMON, Pedro. "Duas palavras (Da 3ª edição)". *In*: ______. *Curso de Teoria Geral do Estado*. 4ª ed. rev. Rio de Janeiro: Freitas Bastos, 1954, pp. 5/6, destaque nosso.

Poder, em benefício das liberdades civis, e de deveres impostos aos indivíduos, em proveito da causa pública".

Sobre o papel de Pedro Calmon na expedição do Decreto-Lei n. 2.639/1940, Gildásio Alves de Souza Júnior bem pontua que, "[n]um momento em que a política para o ensino superior era determinada através da Universidade do Brasil, essa fala de Calmon é importantíssima para entender a modificação".[1512] E complementa:

> Esta situação, relatada por Pedro Calmon, também evidencia os arranjos promovidos pela elite brasileira ao longo da nossa história, ainda que, sobretudo nestes períodos, o país estivesse sob uma ditadura. Pedro Calmon, intelectual baiano, radicado no Rio de Janeiro, contribuía e colaborava, neste caso, a partir da academia, com a justificação do regime implantado.[1513]

Conforme acima discorrido, de fato, a despeito das insurgências críticas manifestadas apenas na 4ª edição do seu *Curso de Teoria Geral do Estado* (1954), Calmon colaborou, nos bastidores, com o regime estado-novista de forma ambivalente: seja, conforme assume, aconselhando academicamente o Ministro da Educação quando da expedição do Decreto-Lei n. 2.639/1940, seja no próprio mérito de suas posições doutrinárias durante o Estado Novo.

A amizade do jurista baiano com o Ministro da Educação e a sua colaboração burocrática com o regime renderam-lhe, ainda que indiretamente, alguns consideráveis prêmios, tais como a sua precoce indicação, pelo próprio Capanema, para o cargo de Diretor

---

1512 SOUZA JÚNIOR, Gildásio Alves de. *Histórico do ensino de Ciência Política na Faculdade de Direito da Universidade Federal da Bahia*. Salvador: UFBA, 2018, p. 63. (Monografia).

1513 SOUZA JÚNIOR, Gildásio Alves de. *Histórico do ensino de Ciência Política na Faculdade de Direito da Universidade Federal da Bahia*. Salvador: UFBA, 2018, p. 63. (Monografia).

da Faculdade Nacional de Direito (1938-1948).[1514] O pertencimento ao Conselho Universitário a que esse cargo de direção lhe dava direito seria essencial para a sua posterior indicação à função de Reitor da Universidade do Brasil, que ocupou entre 1948 e 1966,[1515] e, finalmente, para o posto de Ministro da Educação e Saúde (1950-1951) no governo do Presidente Dutra.[1516]

3.6.2 Almir de Andrade e o Direito Constitucional

Quando sobreveio o Decreto-Lei n. 2.639/1940 e Pedro Calmon foi transferido para a cátedra de Teoria Geral do Estado, a disciplina de Direito Constitucional passou a ser ensinada, nos termos do artigo 5º do referido ato normativo, pelo professor interino Almir Bonfim de Andrade, função essa que exerceu de 1941 (início de vigência do decreto) até 1944.

Andrade nasceu no Rio de Janeiro em 5 de novembro de 1911. Realizou seus estudos primários e secundários na então capital federal e, desde cedo, começou a escrever ensaios literários para revistas estudantis.

Em 1927, ingressou na Faculdade de Direito do Rio de Janeiro. Durante o bacharelado, colaborou com revistas acadêmicas e participou do movimento estudantil. Formado em 1931, passou a contribuir com o jornal *A Razão*, de São Paulo, dirigido por Plínio Salgado, que viria a fundar a Ação Integralista Brasileira (AIB) em 1932, justamente na redação desse periódico.

1514 CALMON, Pedro. *Memórias*. Rio de Janeiro: Nova Fronteira, 1995, pp. 267-270.

1515 CALMON, Pedro. *Memórias*. Rio de Janeiro: Nova Fronteira, 1995, pp. 349-352.

1516 "O general Dutra nomeou-me ministro da Educação e Saúde. Não me convidou, avisou-me que assinara o decreto. Era cômodo para o presidente preencher a vaga com o reitor da universidade do Brasil" (CALMON, Pedro. *Memórias*. Rio de Janeiro: Nova Fronteira, 1995, pp. 366/367).

Entre 1931 e 1935, Almir de Andrade atuou como advogado no Rio de Janeiro. Paralelamente,

> [i]nteressado desde os tempos acadêmicos por estudos de psicologia e filosofia, aprofundou-se também no estudo da psicanálise, por influência de Júlio Pires Portocarrero, que foi seu professor de medicina legal na Faculdade de Direito.[1517]

Em 1933, como resultado de seus estudos psicanalíticos, publicou o livro *A verdade contra Freud*,[1518] que causou algum frisson na imprensa e nos meios acadêmicos da época.[1519] A partir de então, passou a colaborar com diversas revistas literárias e a atuar como crítico literário.

Entre 1937 e 1938, lecionou Psicologia e Lógica no Curso Complementar da Faculdade Nacional de Direito e no Colégio Universitário da Universidade do Brasil.

Com a criação da Faculdade Nacional de Filosofia, em 1939, Andrade foi indicado para lecionar no primeiro curso de Psicologia

---

1517 CENTRO DE PESQUISA E DOCUMENTAÇÃO DE HISTÓRIA CONTEMPORÂNEA DO BRASIL. "Almir de Andrade". *Dicionário Histórico Biográfico Brasileiro – FGV*. Disponível em: https://www18.fgv.br/cpdoc/acervo/dicionarios/verbete-biografico/almir-bonfim-de-andrade. Acessado em: 28.08.2024.

1518 CENTRO DE PESQUISA E DOCUMENTAÇÃO DE HISTÓRIA CONTEMPORÂNEA DO BRASIL. "Almir de Andrade". *Dicionário Histórico Biográfico Brasileiro – FGV*. Disponível em: https://www18.fgv.br/cpdoc/acervo/dicionarios/verbete-biografico/almir-bonfim-de-andrade. Acessado em: 28.08.2024.

1519 CENTRO DE PESQUISA E DOCUMENTAÇÃO DE HISTÓRIA CONTEMPORÂNEA DO BRASIL. "Almir de Andrade". *Dicionário Histórico Biográfico Brasileiro – FGV*. Disponível em: https://www18.fgv.br/cpdoc/acervo/dicionarios/verbete-biografico/almir-bonfim-de-andrade. Acessado em: 28.08.2024.

aberto no país.[1520] Com a vinda da missão universitária francesa encarregada de colaborar com o desenvolvimento das Ciências Sociais no Brasil, a cadeira de Psicologia passou à alçada do francês André Ombredane, professor da Sorbonne, sendo Almir de Andrade apontado como o seu assistente.[1521]

Posteriormente, Andrade foi alçado à condição de um dos principais ideólogos do Estado Novo quando publicou, em 1940, a sua mais conhecida obra: *Força, Cultura e Liberdade*.[1522]

Valéria Paiva recupera interessantes insumos do contexto em que o referido livro foi publicado, a partir de uma entrevista dada pelo próprio Almir de Andrade, em 1985, ao CPDOC-FGV:

> Andrade afirma, por sua vez, que se Francisco Campos criou a estrutura jurídica dentro da qual o Estado Novo se movimentou, aproximando-o com isso da experiência fascista, "o espírito com o qual essa movimentação foi feita é que foi diferente do espírito dele' (ANDRADE, 1985, p. 18). Segundo Andrade, Campos era um homem de extrema-direita, e suas ideias não seriam representativas nem das múltiplas correntes ideológicas que conformaram o regime estado-novista, nem do pensamento de Getúlio Vargas, cuja orientação "nunca foi aquela" do livro O Estado Nacional (ANDRADE, 1985,

---

1520 CENTRO DE PESQUISA E DOCUMENTAÇÃO DE HISTÓRIA CONTEMPORÂNEA DO BRASIL. "Almir de Andrade". *Dicionário Histórico Biográfico Brasileiro – FGV*. Disponível em: https://www18.fgv.br/cpdoc/acervo/dicionarios/verbete-biografico/almir-bonfim-de-andrade. Acessado em: 28.08.2024.

1521 CENTRO DE PESQUISA E DOCUMENTAÇÃO DE HISTÓRIA CONTEMPORÂNEA DO BRASIL. "Almir de Andrade". *Dicionário Histórico Biográfico Brasileiro – FGV*. Disponível em: https://www18.fgv.br/cpdoc/acervo/dicionarios/verbete-biografico/almir-bonfim-de-andrade. Acessado em: 28.08.2024.

1522 ANDRADE, Almir de. *Fôrça, Cultura e Liberdade*: origens históricas e tendências atuais da evolução política do Brasil. Rio de Janeiro: José Olympio, 1940.

> p. 12). Seria por isso que, ainda em 1939, Vargas, por intermédio de Lourival Fontes e com o propósito de "esclarecer a opinião pública", convidá-lo-ia a escrever "sobre as verdadeiras diretrizes do governo". E desse convite nasceria o livro Força, Cultura e Liberdade, publicado pela José Olympio em 1940.[1523]

Se é procedente ou não a referida versão – podendo tratar-se de não rara manobra pragmática de Vargas para inflamar competições intestinas e de bastidores no bojo do regime ou, ainda, de fabricada autopromoção pessoal do entrevistado para engrandecer o papel político que tivera entre 1940-1945 –, fato é que o livro de Almir de Andrade representa – ainda que não seja hoje tão conhecido como as clássicas obras de Francisco Campos, Oliveira Vianna e Azevedo Amaral do mesmo período – uma das principais peças de justificação político-doutrinária do Estado Novo.

De acordo com ele, o mundo estaria passando por uma época de realismo político, ou seja, pela superação da doutrina liberal, segundo a qual "se poderia alcançar um ideal, utilizando meios e fórmulas ideais".[1524] Ao revés, o fracasso do liberalismo político e econômico demonstraria precisamente o oposto, ou seja, que não há caminho ideal que possa ser traçado como régua para medir todos os povos, culturas e nações, cujos desenvolvimentos dependem, essencialmente, de peculiaridades históricas e culturais.[1525]

Após 1914 e a evidenciação do fracasso da democracia liberal, teria ficado claro que

---

1523 PAIVA, Valéria da Silva de. "Almir de Andrade: intelectual do Estado Novo". *História*, São Paulo, vol.34, nº 1, jan./jun. 2015, p. 228.

1524 ANDRADE, Almir de. *Fôrça, Cultura e Liberdade*: origens históricas e tendências atuais da evolução política do Brasil. Rio de Janeiro: José Olympio, 1940, p. 17.

1525 ANDRADE, Almir de. *Fôrça, Cultura e Liberdade*: origens históricas e tendências atuais da evolução política do Brasil. Rio de Janeiro: José Olympio, 1940, pp. 17/18.

> [o] Estado moderno, qualquer que seja a sua orientação, o seu ideal econômico, o seu sistema de organização interna, a sua concepção do bém público, precisa ser forte. Porquê êle tem uma grande missão a cumprir.[1526]

E essa missão seria, em suma, garantir à totalidade das pessoas o acesso igualitário a prestações materiais e imateriais, diminuindo o fôsso de desigualdades criado pelo individualismo liberal.[1527]

Nessa nova conjuntura do Estado Social, ao contrário da ficção liberal de que a soberania popular somente poderia se manifestar pelo sufrágio universal,[1528] as necessidades populares poderiam ser expressas e atendidas de diversas formas (conselhos técnicos, representações de classes, representações locais, experiências de democracia direta etc.),[1529] não necessariamente através da democracia representativa.[1530]

Na verdade, a doutrina liberal estaria a serviço de uma "elite de intermediários",[1531] de "uma classe de intermediários parasitas

---

1526 ANDRADE, Almir de. *Fôrça, Cultura e Liberdade*: origens históricas e tendências atuais da evolução política do Brasil. Rio de Janeiro: José Olympio, 1940, pp. 19/20.

1527 ANDRADE, Almir de. *Fôrça, Cultura e Liberdade*: origens históricas e tendências atuais da evolução política do Brasil. Rio de Janeiro: José Olympio, 1940, p. 20.

1528 ANDRADE, Almir de. *Fôrça, Cultura e Liberdade*: origens históricas e tendências atuais da evolução política do Brasil. Rio de Janeiro: José Olympio, 1940, p. 21.

1529 ANDRADE, Almir de. *Fôrça, Cultura e Liberdade*: origens históricas e tendências atuais da evolução política do Brasil. Rio de Janeiro: José Olympio, 1940, p. 23.

1530 ANDRADE, Almir de. *Fôrça, Cultura e Liberdade*: origens históricas e tendências atuais da evolução política do Brasil. Rio de Janeiro: José Olympio, 1940, p. 21.

1531 ANDRADE, Almir de. *Fôrça, Cultura e Liberdade*: origens históricas e tendências atuais da evolução política do Brasil. Rio de Janeiro: José Olympio, 1940, p. 24.

entre o governo e o povo",[1532] que atuaria apenas em benefício próprio e das elites econômicas.

Como reação a isso, Andrade aduz que "[a]s funções de governo são funções de especialização"[1533] e, sendo assim, devem ser providas "não por indivíduos que se tornem alvo de simpatias coletivas através de cabalas eleitorais e outros processos de propaganda e sugestibilidade, mas por indivíduos que se revelem os mais capazes de exercê-la".[1534] A política deveria ser marcada, portanto, pela técnica.

Prossegue afirmando que "[o] renascimento do espírito nacionalista foi universal, após a Grande Guerra",[1535] não se tratando de uma ficção idealista, mas de uma imposição da realidade. Justamente por isso, a luta antinacionalista e universalista travada por setores liberais não faria sentido, já que estaria se opondo a uma condição real, objetiva e incontornável, que, não obstante possuidora de matizes próprios em cada país, é mundialmente compartilhada, em sua essência, após 1914.

Para ele, existiriam duas formas de nacionalismo.

O autêntico nacionalismo seria aquele em que

> o espírito nacional (...) não aconselha outra coisa senão viver em paz, trabalhar, produzir, conservar a própria cultura e

---

1532 ANDRADE, Almir de. *Fôrça, Cultura e Liberdade*: origens históricas e tendências atuais da evolução política do Brasil. Rio de Janeiro: José Olympio, 1940, p. 25.

1533 ANDRADE, Almir de. *Fôrça, Cultura e Liberdade*: origens históricas e tendências atuais da evolução política do Brasil. Rio de Janeiro: José Olympio, 1940, p. 25.

1534 ANDRADE, Almir de. *Fôrça, Cultura e Liberdade*: origens históricas e tendências atuais da evolução política do Brasil. Rio de Janeiro: José Olympio, 1940, p. 25.

1535 ANDRADE, Almir de. *Fôrça, Cultura e Liberdade*: origens históricas e tendências atuais da evolução política do Brasil. Rio de Janeiro: José Olympio, 1940, p. 32.

> personalidade social, respeitar os sentimentos, tendências e direitos dos outros povos, para que também respeitem os nossos.[1536]

Nesse sentido,

> [n]acionalismo, no sentido mais puro e mais sadio da expressão, não quer dizer xenofobia. O nacionalismo, repetimos, nunca foi por si mesmo motivo de guerras. O nacionalismo de certos países europeus assumiu a forma guerreira por motivos alheios aos sentimentos nacionais.[1537]

No ponto, Andrade tenta se esquivar de tomar qualquer posição sobre a Segunda Guerra, que rebentara em 1939. Para ele, a Guerra de 1914 teria sido causada por imperialismos e cobiça econômica desmedida típica do liberalismo.[1538] Já a Guerra de 1939 não teria qualquer relação imediata com o nacionalismo, mas sim com conjunturas próprias da Europa que só o tempo elucidaria.[1539] Não é de se espantar a referida posição, declinada quando o Estado Novo ainda se mantinha dúbio quanto à sua posição no conflito. Inclusive, a despeito de defender um nacionalismo pacífico, Andrade pede compreensão para as nações que lançam mão da violência como técnica

---

1536 ANDRADE, Almir de. *Fôrça, Cultura e Liberdade*: origens históricas e tendências atuais da evolução política do Brasil. Rio de Janeiro: José Olympio, 1940, pp. 26-28.

1537 ANDRADE, Almir de. *Fôrça, Cultura e Liberdade*: origens históricas e tendências atuais da evolução política do Brasil. Rio de Janeiro: José Olympio, 1940, p. 34.

1538 ANDRADE, Almir de. *Fôrça, Cultura e Liberdade*: origens históricas e tendências atuais da evolução política do Brasil. Rio de Janeiro: José Olympio, 1940, p. 28.

1539 ANDRADE, Almir de. *Fôrça, Cultura e Liberdade*: origens históricas e tendências atuais da evolução política do Brasil. Rio de Janeiro: José Olympio, 1940, p. 28.

para alcançar o equilíbrio e a igualdade geopolíticas,[1540] uma vez que "é sempre a violência dos obstáculos e das fôrças inimigas que torna violentos os métodos e as ações dos homens".[1541]

Para além do verdadeiro, haveria um arremedo de nacionalismo, baseado no desvirtuado uso estratégico do espírito nacional como vil justificativa para uma política imperialista, que busca a exploração econômica de outros povos, destruindo-lhes a cultura e a história.[1542]

Segundo aponta, devido ao passado colonial das Américas, o nacionalismo por aqui desenvolvido seria justamente um antídoto a essas práticas imperialistas e serviria como instrumento de libertação:

> [o] fortalecimento do espírito nacional é, para nós, condição de vida ou de morte. Precisamos ser nações fortes, para sermos povos livres, para desatarmos os laços que nos prendem ao imperialismo econômico das nações mais ricas.[1543]

Em suma, numa conjuntura internacional cada vez mais marcada pelo avanço tecnológico e pela integração econômica dos povos, o nacionalismo seria a forma de avançar, com a valorização

---

1540 ANDRADE, Almir de. *Fôrça, Cultura e Liberdade*: origens históricas e tendências atuais da evolução política do Brasil. Rio de Janeiro: José Olympio, 1940, p. 50.

1541 ANDRADE, Almir de. *Fôrça, Cultura e Liberdade*: origens históricas e tendências atuais da evolução política do Brasil. Rio de Janeiro: José Olympio, 1940, p. 50.

1542 ANDRADE, Almir de. *Fôrça, Cultura e Liberdade*: origens históricas e tendências atuais da evolução política do Brasil. Rio de Janeiro: José Olympio, 1940, p. 35.

1543 ANDRADE, Almir de. *Fôrça, Cultura e Liberdade*: origens históricas e tendências atuais da evolução política do Brasil. Rio de Janeiro: José Olympio, 1940, p. 47.

das culturas nacionais, o respeito mútuo entre os povos e, assim, o seu desenvolvimento.[1544]

Dito isso, Andrade passa à análise da conjuntura brasileira. Critica "a ridícula pretensão dos doutrinadores de gabinete"[1545] de teorizarem *a priori* sobre acontecimentos políticos, tentando moldar os fatos às suas ideias. Sobre o papel do intelectual nessa nova conjuntura, talvez em possível crítica a Francisco Campos e às suas teorizações sobre o Estado Novo, Andrade assim discorre:

> (...) um doutrinador político, especialmente se êle é um homem de govêrno, deve fazer-se intérprete da cultura social. Mas é preciso distinguir entre cultura e cultura. Porquê ha uma cultura feita de apriorismos, de generalizações apresadas, de idealismos a serviço de ambições de grupos, de paixões doutrinárias, de fanatismos de toda a sorte – cultura que se desenvolve num plano muito afastado da vida real, demasiado místico para ser fecundo, demasiado rígido para ser humano. E ha uma outra cultura que renuncia a todas as distâncias que a separam da realidade, que nasce em contato com a carne e o sangue humano, que se encarna profundamente na alma popular, definindo-a, dilantando-a, revelando-a a si mesma, num transbordamento incessante de vida.[1546]

Enquadrando a si mesmo no segundo rol de intelectuais, Andrade parte, então, para a análise da história política e cultural brasileira, passando pela colonização portuguesa – tida por ele como eficaz

---

1544 ANDRADE, Almir de. *Fôrça, Cultura e Liberdade*: origens históricas e tendências atuais da evolução política do Brasil. Rio de Janeiro: José Olympio, 1940, pp. 40/41.

1545 ANDRADE, Almir de. *Fôrça, Cultura e Liberdade*: origens históricas e tendências atuais da evolução política do Brasil. Rio de Janeiro: José Olympio, 1940, p. 58.

1546 ANDRADE, Almir de. *Fôrça, Cultura e Liberdade*: origens históricas e tendências atuais da evolução política do Brasil. Rio de Janeiro: José Olympio, 1940, pp. 61/62.

justamente porque foi adaptável às peculiaridades físicas, políticas e culturais do Brasil[1547] –, pelo Poder Moderador do Império – que teria seguido a tradição portuguesa da maleabilidade política cominada com a atuação centralizadora do Imperador para manter o equilíbrio e evitar os excessos[1548] –, até chegar, finalmente, ao finado regime constitucional liberal de 1891, que representou uma ruptura fictícia com a tradição política brasileira em prol de fundamentos doutrinários artificiais, rígidos e universais, o que justamente explica a sua não adaptabilidade à vida cultural brasileira e a sua consequente falência,[1549] com a emergência da Revolução de 1930.

A nova ordem política inaugurada por Getúlio Vargas estaria buscando, justamente, o reenlace com a tradição jurídico-política e cultural brasileira, trazendo equilíbrio, pacificação social, prosperidade e igualdade econômicas.[1550]

Não obstante a efêmera ordem constitucional de 1934 – marcada, segundo aduz, pela restauração da organização política liberal anterior, calcada na democracia parlamentarista que se perdia em infindáveis discussões estéreis sem qualquer compromisso com a solução concreta dos vários e sérios problemas sociais do país[1551] –,

---

1547 ANDRADE, Almir de. *Fôrça, Cultura e Liberdade*: origens históricas e tendências atuais da evolução política do Brasil. Rio de Janeiro: José Olympio, 1940, pp. 93-100.

1548 ANDRADE, Almir de. *Fôrça, Cultura e Liberdade*: origens históricas e tendências atuais da evolução política do Brasil. Rio de Janeiro: José Olympio, 1940, pp. 106-110.

1549 ANDRADE, Almir de. *Fôrça, Cultura e Liberdade*: origens históricas e tendências atuais da evolução política do Brasil. Rio de Janeiro: José Olympio, 1940, pp. 111-120.

1550 ANDRADE, Almir de. *Fôrça, Cultura e Liberdade*: origens históricas e tendências atuais da evolução política do Brasil. Rio de Janeiro: José Olympio, 1940, pp. 121-131.

1551 ANDRADE, Almir de. *Fôrça, Cultura e Liberdade*: origens históricas e tendências atuais da evolução política do Brasil. Rio de Janeiro: José Olympio, 1940, p. 123.

impôs-se, como imperativo de salvação nacional, o golpe de 1937, que buscou resgatar o sentido originário da Revolução de 1930, completar a sua obra de pacificação social, de identificação direta com o povo e de desenvolvimento nacional, sem as artificiais peias liberais.[1552]

É assim que, para Andrade, "[ê]sse estado de coisas creou, entre nós, uma forma de equilíbrio político que, depois da instauração do Estado forte em novembro de 1937, poderíamos definir como sendo um equilíbrio entre a tolerância e a força".[1553]

Recuperando os pronunciamentos públicos de Getúlio Vargas, Almir de Andrade finalmente responde à questão inicial do seu livro acerca da existência, ou não, de uma doutrina política brasileira:

> Essa atitude política pertence ao que devemos chamar uma doutrina brasileira do Estado. É algo que já vimos vagamente esboçado no regime monárquico, que herdámos da política colonial portuguesa, mas que só agora recebe uma consagração explícita e definitiva, uma cristalização conciente e deliberada, no pensamento e na ação política de Getúlio Vargas. A essência dessa doutrina é o *equilíbrio entre tolerância e fôrça*. É a dosagem consciente e serena de uma e de outra, regulada pelo que é estritamente necessário à consecução dos objetivos do Estado, sem desperdícios de fôrça, sem excessos de tolerância, sem a cegueira das duas espécies de paixões que costumam absorver a vida política de outros países: as paixões

1552 ANDRADE, Almir de. *Fôrça, Cultura e Liberdade*: origens históricas e tendências atuais da evolução política do Brasil. Rio de Janeiro: José Olympio, 1940, pp. 131/132.

1553 ANDRADE, Almir de. *Fôrça, Cultura e Liberdade*: origens históricas e tendências atuais da evolução política do Brasil. Rio de Janeiro: José Olympio, 1940, p. 133.

> místicas que roubam a serenidade e as paixões violentas que desconhecem o amor e a solidariedade humana.[1554]

Tem razão Valéria Paiva, portanto, quando afirma que o livro de Almir de Andrade se diferencia da coletânea de ensaios e entrevistas de Francisco Campos, coligidos na famosa obra *O Estado Nacional*, por

> pretender encontrar as razões da existência de um governo ao mesmo tempo autoritário e popular não somente na análise das condições contemporâneas da vida política internacional, mas também, e principalmente, no desenvolvimento histórico do país.[1555]

De fato, não obstante Campos defendesse a necessidade de focalização da realidade brasileira, ele não efetivamente a explora em termos sociológicos e históricos, estando muito mais preocupado com aquilo que caracteriza como "uma crise de valores da cultura ocidental e seu reflexo na vida política, com o esgotamento das condições que teriam tornado possível até então a vigência do modelo democrático-liberal";[1556] e como essa nova conjuntura mundial apresentaria potencialidades para o Brasil.

Já em Almir de Andrade essa realidade sócio-histórica e cultural do Brasil aparece em primeiro plano, em detrimento de qualquer análise político-filosófica abstrata e universal:

1554 ANDRADE, Almir de. *Fôrça, Cultura e Liberdade*: origens históricas e tendências atuais da evolução política do Brasil. Rio de Janeiro: José Olympio, 1940, pp. 140/141.

1555 PAIVA, Valéria da Silva de. *Diálogo cordial*: cultura política, os intelectuais e as letras no Estado Novo. Rio de Janeiro: URJ, 2011, p. 56. (Tese de Doutorado).

1556 PAIVA, Valéria da Silva de. *Diálogo cordial*: cultura política, os intelectuais e as letras no Estado Novo. Rio de Janeiro: URJ, 2011, p. 57. (Tese de Doutorado).

> Andrade recupera as tradições políticas desde o Período Colonial até o final do Segundo Império e, a partir de uma leitura dessas tradições, busca mostrar em que sentido o governo de Vargas representaria, para retomarmos um conceito que já havia aparecido em Aspectos da Cultura Brasileira, um momento de "criação". Isto é, para Andrade, importava mostrar em que sentido a renovação política do Brasil, iniciada em 1930 e consolidada com o golpe de 1937, respondia às verdadeiras tendências da sociedade, às suas necessidades, ao seu espírito, à sua fisionomia cultural e às suas tradições (ANDRADE, 1940, p. 53). Ao recuperar o que apareceria como sendo as linhas fundamentais que conformaram uma cultura política brasileira, o livro de Andrade adquire um caráter ensaístico que, se está longe de corresponder ao que comumente se considera como o ensaísmo sociológico típico aos anos 1930, não seria possível, no entanto, sem a existência deste.[1557]

Em 1941, Andrade é apontado como professor interino de Direito Constitucional da Faculdade Nacional de Direito. E o motivo é claro:

> (...) também em março de 1941, a convite de Lourival Fontes, diretor do Departamento de Imprensa e Propaganda (DIP), fundou *Cultura Política: Revista Mensal de Estudos Brasileiros*, da qual foi diretor até outubro de 1945. Revista oficial do regime, publicada pelo DIP, Cultura Política teve como propósito definir e esclarecer os rumos das transformações ocorridas no Brasil durante o governo ditatorial de Getúlio Vargas e congregou em seu quadro de colaboradores a elite intelectual do país, inclusive figuras não comprometidas com o regime, como Graciliano Ramos, Gilberto Freire e Nélson Werneck Sodré. Através de artigos assinados e editoriais,

---

1557 PAIVA, Valéria da Silva de. *Diálogo cordial*: cultura política, os intelectuais e as letras no Estado Novo. Rio de Janeiro: URJ, 2011, p. 571. (Tese de Doutorado).

> Almir de Andrade buscou interpretar o Estado Novo, com base em um projeto ideológico eminentemente cultural.[1558]

Em artigo de 1983, o próprio Almir de Andrade recupera esses fatos:

> Em fins de março de 1940, o autor deste trabalho recebeu convite de LOURIVAL FONTES para uma entrevista pessoal. A palestra foi cordial e franca. O DIP estava preocupado com as deformações que vinha sofrendo a imagem presidencial, principalmente por parte dos que lhe atribuíam tendências de extrema-direita.[1559]

Segundo relata, nessa audiência com Fontes, indagou o motivo do convite, já que supostamente "vivia tão longe de qualquer contato com o Governo, entregue aos meus livros e às minhas aulas na Universidade".[1560] Como resposta, teria ficado surpreso ao saber que a ideia do seu nome partiu não do órgão de propaganda, mas do próprio Presidente da República, que teria gostado bastante das resenhas que o jurista carioca publicara, em 1938, sobre os discursos presidenciais coligidos na coletânea *A Nova Política do Brasil*.[1561]

1558 CENTRO DE PESQUISA E DOCUMENTAÇÃO DE HISTÓRIA CONTEMPORÂNEA DO BRASIL. "Almir de Andrade". *Dicionário Histórico Biográfico Brasileiro – FGV*, destaque nosso. Disponível em: https://www18.fgv.br/cpdoc/acervo/dicionarios/verbete-biografico/almir-bonfim-de-andrade. Acessado em: 28.08.2024.

1559 ANDRADE, Almir de. "A justiça social como 'princípio-limite' da liberdade na reestruturação das democracias: a propósito de uma reconstituição histórica do Governo Vargas". *Revista do Legislativo*, Brasília, ano 20, nº 79, jul./set. 1983, p. 60.

1560 ANDRADE, Almir de. "A justiça social como 'princípio-limite' da liberdade na reestruturação das democracias: a propósito de uma reconstituição histórica do Governo Vargas". *Revista do Legislativo*, Brasília, ano 20, nº 79, jul./set. 1983, p. 30, nota de rodapé nº 92.

1561 ANDRADE, Almir de. "A justiça social como 'princípio-limite' da liberdade na reestruturação das democracias: a propósito de uma

A reação proposta pelo DIP para afastar a pecha de direitista impingida ao regime seria, então, empreender uma reconstrução de suas bases histórico-culturais por meio de um livro a ser escrito pelo entrevistado a partir das mesmas premissas e bases da resenha de 1938. Andrade alega que aceitou a incumbência, com a condição de que "o livro seria lançado normalmente pelo meu editor, e não pelo DIP; seria uma obra de cultura e não de propaganda – quer no conteúdo, quer na forma de lançamento".[1562] Daí teria surgido *Força, cultura e liberdade*, publicada pela José Olympio.

Narra, ainda, que, em dezembro do mesmo ano de 1940, recebeu novo convite, agora o de criar e coordenar a revista *Cultura Política*, para a qual elaborou um plano que foi prontamente aprovado pelo Presidente da República.[1563] O primeiro número do periódico foi lançado em março de 1941, justamente no ano em foi iniciada a atividade docente de Andrade como catedrático interino de Direito Constitucional da Faculdade Nacional de Direito.

A revista oficial do Estado Novo, editada mensalmente pelo Departamento de Imprensa e Propaganda (DIP) entre 1941-1945 e dirigida por Almir de Andrade, representou "a expressão provavelmente mais sofisticada do projeto político-ideológico estadonovista",[1564] já

---

reconstituição histórica do Governo Vargas". *Revista do Legislativo*, Brasília, ano 20, nº 79, jul./set. 1983, p. 30, nota de rodapé nº 92.

1562 ANDRADE, Almir de. "A justiça social como 'princípio-limite' da liberdade na reestruturação das democracias: a propósito de uma reconstituição histórica do Governo Vargas". *Revista do Legislativo*, Brasília, ano 20, nº 79, jul./set. 1983, p. 62.

1563 ANDRADE, Almir de. "A justiça social como 'princípio-limite' da liberdade na reestruturação das democracias: a propósito de uma reconstituição histórica do Governo Vargas". *Revista do Legislativo*, Brasília, ano 20, nº 79, jul./set. 1983, pp. 61/62.

1564 PAIVA, Valéria da Silva de. *Diálogo cordial*: cultura política, os intelectuais e as letras no Estado Novo. Rio de Janeiro: URJ, 2011, p. 17. (Tese de Doutorado).

que tratou "dos aspectos centrais que configuraram este projeto, isto é, da ideologia do Estado Novo".[1565]

Conforme adiantado, não obstante pretendesse ser um veículo de sustentação cultural do Estado Novo, a revista Cultura Política não veiculava apenas ensaios de intelectuais comprometidos até a medula com o regime. Ao contrário, a presença de autores como Graciliano Ramos, que fora preso pela polícia getulista após a Intentona Comunista (1935), corrobora a tese de Valéria Paiva no sentido de que "[d]ificilmente Cultura Política conseguiria ser uma revista de qualidade e conquistar um público de elite, como queria seu editor, se seus colaboradores fossem meramente escribas do regime".[1566]

Dessa forma,

> pretendendo se legitimar em termos culturais (...) e, ao mesmo tempo, justificar a cultura em função da política, o Estado Novo foi levado (...) a dialogar, incorporando pautas que não haviam sido originalmente formuladas por seus ideólogos e abrindo espaço a vozes que, muitas vezes, não estavam dispostas a corroborar seus pressupostos doutrinários.[1567]

Por outro lado, a ausência de publicações de ideólogos centrais do Estado Novo como Francisco Campos e Oliveira Vianna – que frequentemente eram vistos em fotos e eventos oficiais ao lado de Almir de Andrade – provoca certo estranhamento. De acordo com ela, recuperando a já mencionada entrevista de Almir de Andrade

---

1565 PAIVA, Valéria da Silva de. *Diálogo cordial*: cultura política, os intelectuais e as letras no Estado Novo. Rio de Janeiro: URJ, 2011, p. 17. (Tese de Doutorado).

1566 PAIVA, Valéria da Silva de. *Diálogo cordial*: cultura política, os intelectuais e as letras no Estado Novo. Rio de Janeiro: URJ, 2011, p. 18. (Tese de Doutorado).

1567 PAIVA, Valéria da Silva de. *Diálogo cordial*: cultura política, os intelectuais e as letras no Estado Novo. Rio de Janeiro: URJ, 2011, p. 18. (Tese de Doutorado).

para o CPDOC-FGV em 1985, "Oliveira Vianna não escreveu em Cultura Política porque 'não houve ocasião...'"[1568]

Sobre a ausência de Francisco Campos,

> podemos pensar que é possível ter havido, desde o início, certa indisposição da parte de Almir de Andrade, no sentido a que já nos referimos acima: Almir de Andrade interpreta sua entrada no governo como um contraponto, fomentado pelo próprio Vargas, às posições "direitistas" de Francisco Campos.[1569]

A seu turno, Azevedo Amaral estampa já a primeira edição da revista, de maio de 1941, com o artigo "Realismo político e democracia",[1570] na seção "O pensamento político do Chefe do Govêrno".

Tais circunstâncias permitem vislumbrar que os pilares de sustentação intelectual do Estado Novo não representavam um bloco totalmente unânime e indistinto; na verdade, tinham matizes mais complexos e estavam recheados de disputas políticas internas em torno da definição doutrinária do próprio regime e pela conquista de visibilidade e poder.[1571]

No âmbito da revista *Cultura Política*, além da direção ao longo de toda a existência do periódico, Andrade escreveu artigos

---

1568 ANDRADE, Almir. "Entrevista (concedida a Lúcia Lippi Oliveira)". CPDOC/FGV, Rio de Janeiro, 10 jan. 1981 *apud* PAIVA, Valéria da Silva de. *Diálogo cordial*: cultura política, os intelectuais e as letras no Estado Novo. Rio de Janeiro: URJ, 2011, p. 52. (Tese de Doutorado).

1569 PAIVA, Valéria da Silva de. *Diálogo cordial*: cultura política, os intelectuais e as letras no Estado Novo. Rio de Janeiro: URJ, 2011, p. 52. (Tese de Doutorado).

1570 AMARAL, Azevedo. "Realismo Político e Democracia". *Cultura Política*, Rio de Janeiro, ano 1, nº 1, mar. 1941, p. 157.

1571 MICELI, Sergio. *Lira mensageira*: Drummond e o grupo modernista mineiro. São Paulo: Todavia, 2022, p. 98.

temáticos em diversos números, a imensa maioria deles seguindo a trilha do livro de 1940, com destaque para a tessitura das relações entre o Estado Nacional e a revista por ele dirigida;[1572] a relação entre o Estado Novo e a evolução política do Brasil;[1573] o culminante surgimento de Getúlio Vargas no marco da história política brasileira;[1574] e a revolucionária construção de uma doutrina do Estado pelo Presidente a partir de sua prática política adequada à realidade, cultura e história nacionais;[1575] dentre vários outros temas que giraram sempre em torno de enaltecer, justificar e legitimar culturalmente o regime estado-novista, seu líder e sua missão nacionalista e reformista.

Apenas em 1973, Almir de Andrade publicaria as suas *Lições de Direito Constitucional*, manual didático supostamente fruto da sua atuação como docente da disciplina na Faculdade Nacional de Direito entre 1941 e 1944. No prefácio, ele assim justifica essa origem da obra:

> Acham-se condensadas neste volume, com a brevidade e concisão indispensáveis ao rápido e fácil manejo do estudante, as aulas proferidas pelo autor na Faculdade Nacional de Direito da Universidade do Brasil (hoje Faculdade de Direito da Universidade Federal do Rio de Janeiro), entre os anos de 1941 a 1944, quando ali exerceu a cátedra de Direito Constitucional – complementadas, evidentemente, por dupla tarefa

---

1572 ANDRADE, Almir de. "O Estado nacional e a missão de Cultura Política". *Cultura Política*, Rio de Janeiro, ano 2, nº 18, ago. 1942, p. 8.

1573 ANDRADE, Almir de. "A evolução política e social do Brasil". *Cultura Política*, Rio de Janeiro, ano 1, nº 1, 1941, pp. 5-8.

1574 ANDRADE, Almir de. "Getúlio Vargas e a doutrina brasileira de governo". *Cultura Política*, Rio de Janeiro, ano 2, nº 15, maio. 1942, pp. 7-10; e ANDRADE, Almir de. "As diretrizes da nova política do Brasil". *Cultura Política*, Rio de Janeiro, ano 3, nº 23, jan. 1943, pp. 7-19.

1575 ANDRADE, Almir de. "O pensamento político do presidente". *Cultura Política*, Rio de Janeiro, ano 3, nº 26, abr. 1943, pp. 7/8.

> de atualização: I) atualização da doutrina, face à evolução do pensamento político e jurídico nos últimos trinta anos; II) atualização do sistema constitucional brasileiro, com as transformações que sofreu através das Constituições Federais de 1946, de 1967 e da Emenda Constitucional de 17 de outubro de 1969, ora em pleno vigor.[1576]

No referido manual, Andrade dedica todo o primeiro capítulo a discorrer sobre o conceito e o objeto do Direito Constitucional. Especificamente sobre a distinção entre as regras de Direito Público e as de Direito Privado, o autor afirma que "[n]a realidade, parece não existir oposição de natureza entre umas e outras. Direito Público e Direito Privado se integram num só corpo. Em essência, como salienta Hans Kelsen, só há um Direito".[1577] Essencialmente público, porque produzido pelo Estado.

Além disso, Almir de Andrade critica a clássica configuração liberal da Teoria da Separação de Poderes, sobretudo na concepção de Montesquieu, aduzindo que

> [d]iferentes caminhos tomou a evolução do princípio na obra dos doutrinadores alemães e italianos, que, pouco a pouco, substituíram a idéia rígida da "separação" dos Poderes pela idéia mais realista de uma harmonia entre Poderes independentes.[1578]

Essa nova configuração do referido princípio teria desaguado, segunda aponta, em uma

1576 ANDRADE, Almir de. *Lições de Direito Constitucional*. Rio de Janeiro: Rio, 1973, prefácio, destaque nosso.

1577 ANDRADE, Almir de. *Lições de Direito Constitucional*. Rio de Janeiro: Rio, 1973, p. 23.

1578 ANDRADE, Almir de. *Lições de Direito Constitucional*. Rio de Janeiro: Rio, 1973, pp. 63/64.

> partilha das três funções materiais do Estado (...) entre os três Poderes constitucionais (...) com predominância constante de uma delas no órgão estatal que lhe corresponde, sem que seja vedado aos demais participar dela em dose maior ou menor, conforme as conveniências de harmonizar entre si os três Poderes.[1579]

Como consequência disso, "vem se sentindo, há quase meio século, a necessidade premente de fortalecer o Poder Executivo, para salvar a democracia e resguardá-la das gravíssimas crises que a ameaçam".[1580]

Somente "um governo forte, coeso, uno e dotado de perfeita coordenação dos seus órgãos" poderia "enfrentar e resolver as grandes crises sociais dos nossos dias",[1581] já que "[a]s funções de governo dia a dia se tornam mais técnicas, e isto requer cada vez maior unidade de direção e segurança de coordenação".[1582]

E assim complementa:

> A quase unanimidade dos publicistas, mesmo os dos países parlamentaristas, reconhece hoje na fraqueza do Poder Executivo um dos grandes males e dos maiores perigos de desvirtuamento e dissolução da democracia. Deve-se, certamente, fugir da ditadura, conservar o princípio da soberania do povo, o sistema eleitoral sadio e eficiente, o regime representativo do mandato popular na Câmara e no Senado; mas é preciso, dentro de qualquer método ou sistema de governo, reforçar

---

1579 ANDRADE, Almir de. *Lições de Direito Constitucional*. Rio de Janeiro: Rio, 1973, p. 64.

1580 ANDRADE, Almir de. *Lições de Direito Constitucional*. Rio de Janeiro: Rio, 1973, p. 67.

1581 ANDRADE, Almir de. *Lições de Direito Constitucional*. Rio de Janeiro: Rio, 1973, p. 67.

1582 ANDRADE, Almir de. *Lições de Direito Constitucional*. Rio de Janeiro: Rio, 1973, p. 67.

> dentro dele a autoridade do Poder Executivo, por ser o único que, dispondo da força armada e de meios práticos de ação e reação, se revela capaz de resolver de pronto as graves questões e neutralizar os conflitos que a complexidade da vida social moderna prova dentro e fora das fronteiras das nações.
>
> No Brasil, o fortalecimento dos poderes do Presidente da República se vem processando desde a Constituição de 10 de novembro de 1937, principalmente através da competência, que lhe é atribuída, de expedir decretos-leis, para complementação da função legislativa do Congresso Nacional; e, ultimamente, por meio dos atos institucionais, que se destinaram todos a enfrentar situações de emergência e atender aos reclamos da segurança nacional.[1583]

Não é difícil perceber que o fino verniz de defesa da democracia e de fuga à ditadura que Almir de Andrade tenta emplacar não subsiste sequer ao próprio parágrafo em que está inserido, já que o autor, linhas após, demonstra indisfarçável simpatia pelos poderes legislativos de exceção exercidos por um Poder Executivo forte, não só sob a Carta de 1937, mas também em relação aos atos institucionais expedidos pela segunda ditadura brasileira do século XX, aquela inaugurada com o golpe militar de 1964.

Poucas páginas após, Almir de Andrade encerra esse capítulo do seu livro, que fala especificamente sobre o princípio da separação de Poderes, fazendo referência expressa à obra de Mirkine-Guetzevitch quando aduz que, para o professor russo, após a Primeira Guerra Mundial, teria havido a substituição do Estado liberal por um Estado com muito mais competências sociais e econômicas, o que seria visível na "tendência para a racionalização do poder", ou seja, por "um esforço constante de integração da ordem social

1583 ANDRADE, Almir de. *Lições de Direito Constitucional*. Rio de Janeiro: Rio, 1973, pp. 67/68.

e política na ordem jurídica, uma tentativa de manter por toda a parte o império do direito e a supremacia da lei sobre o arbítrio".[1584]

Soa bastante estranha essa invocação que Almir de Andrade faz à obra *As novas tendências do Direito Constitucional*, uma vez que – conforme já explorado no capítulo II – Mirkine-Guetzevitch fala da "racionalização do poder" como características das Constituições sociais democráticas inspiradas em Weimar, contrapondo a essa primeira fase do constitucionalismo social uma segunda, marcada pela ascensão de regimes constitucionais autoritários e ditatoriais que, subvertendo essa tendência primeira, passaram a fazer o oposto: colonizar o Direito mediante atuações políticas arbitrárias. Exemplos dessa segunda fase do constitucionalismo social do entreguerras seriam os regimes fascista, nazista, franquista, salazarista, getulista (1937-1945) etc.

Ou Almir de Andrade não compreendeu o que Mirkine-Guetzevitch estava fazendo, com o seu conceito de "racionalização do poder", uma contundente crítica a ditaduras como a do Estado Novo brasileiro, à qual ele próprio – Andrade – integrou como político e intelectual; ou, propositalmente, baralhou os conceitos para tentar caracterizar o regime estado-novista como sendo democrático, a partir de um equivocado manejo da tipologia do professor russo e, assim, justificar a própria biografia e/ou o regime ao qual serviu fielmente.

Já ao final de sua vida, Almir de Andrade publicou, em 1983, o artigo – que, na verdade, está mais para um livro, já que conta com 104 páginas – intitulado "A justiça social como 'princípio-limite' da liberdade na reestruturação das democracias: a propósito de uma reconstituição histórica da ideologia política do Governo Vargas",[1585] em que basicamente recupera e requenta as suas refle-

---

1584 ANDRADE, Almir de. *Lições de Direito Constitucional*. Rio de Janeiro: Rio, 1973, p. 70.

1585 ANDRADE, Almir de. "A justiça social como 'princípio-limite' da liberdade na reestruturação das democracias: a propósito de uma

xões da década de 1940 sobre as virtudes e efeitos revolucionários da Revolução de 1930 e do Estado Novo, especificamente sobre o papel desses regimes na luta pela igualdade social, em detrimento dos egoísmos liberais que teriam buscado superar.

Diante desse cenário, resta evidente que Almir de Andrade, enquanto professor interino de Direito Constitucional da Faculdade Nacional de Direito entre 1941 e 1944, representou verdadeiramente, com sua incansável e laudatória defesa político-cultural do Estado Novo e dos princípios da Carta de 1937, a figura de "um 'místico', impregnado da fé no regime", a que aludia Pedro Calmon quando da concepção, junto a Capanema, do papel político-universitário que os professores temporários da cátedra de Direito Constitucional, indicados diretamente e sem concurso pelo Poder Executivo, deveriam representar após a expedição do Decreto-Lei n. 2.639/1940.

A cátedra de Direito Constitucional da Faculdade Nacional de Direito só seria definitivamente preenchida em 9 de julho de 1950, quando Afonso Arinos de Melo Franco tomou posse na referida cadeira,[1586] após conquistá-la com a tese *História e teoria do partido político no Direito Constitucional brasileiro*.[1587] Em junho de 1949, Afonso Arinos já conquistara a cátedra de Direito Constitucional da Universidade do Rio de Janeiro (atual Universidade do Estado do Rio de Janeiro – UERJ), com a tese *As leis complementares da Constituição*.[1588]

---

reconstituição histórica do Governo Vargas". *Revista do Legislativo*, Brasília, ano 20, nº 79, jul./set. 1983.

1586 FRANCO, Afonso Arinos de Melo. "Discurso de Posse na Cátedra de Direito Constitucional (Discurso pronunciado no Salão Nobre da Faculdade Nacional de Direito, em sessão realizada em 9 de julho de 1950". *Revista Jurídica*, Rio de Janeiro, vol. 11, 1952, pp. 179-188.

1587 FRANCO, Afonso Arinos de Melo. *História e teoria do partido político no Direito Constitucional brasileiro*. Rio de Janeiro: [s.n.], 1948.

1588 FRANCO, Afonso Arinos de Melo. *As leis complementares da Constituição*. Rio de Janeiro: Graf. Economica, 1948.

Quando da aposentadoria de Arinos da Faculdade Nacional de Direito em 1969, a cadeira de Direito Constitucional só viria a ser novamente preenchida por um professor titular com a progressão funcional de José Ribas Vieira ao referido cargo em 5 de setembro de 2016.[1589]

3.7 A Faculdade de Direito de Minas Gerais

3.7.1 Mario Casasanta e o Direito Constitucional

Mario Casasanta nasceu em Camanducaia, Minas Gerais, em 15 de junho de 1898. Era filho de imigrantes italianos.[1590]

Frequentou o Ginásio São José, de Pouso Alegre (MG), cidade onde também se diplomou, em 1920, pela Escola Superior de Farmácia.

Em 1925, bacharelou-se também pela então Faculdade Livre de Direito de Minas Gerais, tendo sido colega de turma de Gustavo Capanema (de quem era bastante próximo, inclusive tendo ambos dividido pensão),[1591] Abgar de Castro Araújo Renault, Gabriel de Resende Passos, Francisco Negrão de Lima, dentre outros. Após a

1589 JOTA. "José Ribas Vieira é o 1º titular de Direito Constitucional da UFRJ em mais de 40 anos". *Jota*, 16 set. 2016. Disponível em: https://www.jota.info/jotinhas/jose-ribas-vieira-e-o-1o-titular-de-direito-constitucional-da-ufrj-em-40-anos-16092016. Acessado em:16.08.2024.

1590 MONTEIRO, Norma de Góis (Coord.). *Dicionário biográfico de Minas Gerais*: período republicano (1889-1991). Belo Horizonte: Assembleia Legislativa do Estado de Minas Gerais, 1994, p. 162.

1591 Sobre essas circunstâncias, conferir: CARDOSO, Fábio Silvestre. *Capanema*: a história do Ministro da Educação que atraiu intelectuais, tentou controlar o poder e sobreviveu à era Vargas. Rio de Janeiro: Record, 2019, p. 33; BADARÓ, Murilo. *Gustavo Capanema*: a revolução na Cultura. Rio de Janeiro: Nova Fronteira, 2000, pp. 44, 62 e 66; e NAVA, Pedro. *Beira-mar*. São Paulo: Ateliê/Giordano, 2003, p. 412.

formatura, atuou como Promotor Público em Pouso Alegre e como advogado no interior de São Paulo.[1592]

Convidado pelo presidente estadual Antônio Carlos Ribeiro de Andrada, retornou a Belo Horizonte, para exercer o cargo de Inspetor-Geral da Instrução Pública, entre 1928 e 1931, sob a chefia do Secretário do Interior Francisco Campos, ocasião em que "definiu as linhas gerais do ensino primário que se incorporaram na chamada Reforma Francisco Campos",[1593] empreendida no Estado.

De novembro de 1930 a abril de 1931, Mario Casasanta ocupou interinamente a reitoria da Universidade Federal de Minas Gerais, que estava sob intervenção dos governos federal e estadual.[1594] Não se pode esquecer que, à época, Francisco Campos já tinha sido alçado à condição de Ministro da Educação e Saúde e, em seu lugar, Gustavo Capanema foi apontado como o Secretário do Interior.

Como evidência da grande amizade pessoal nutrida pelos dois juristas, relembre-se que, em 1931, foi Capanema que indicou Casasanta para Reitor da Universidade e, em contrapartida, o Secretário do Interior pediu que o amigo

> colocasse Eurico Massot, até então juiz de direito em Ouro Preto, à disposição da universidade para exercer as funções de secretário, o que forçaria sua mudança para a capital. Com isso, Maria [Massot, filha de Eurico, que residia com a família

1592 MONTEIRO, Norma de Góis (Coord.). *Dicionário biográfico de Minas Gerais*: período republicano (1889-1991). Belo Horizonte: Assembleia Legislativa do Estado de Minas Gerais, 1994, p. 162.

1593 MONTEIRO, Norma de Góis (Coord.). *Dicionário biográfico de Minas Gerais*: período republicano (1889-1991). Belo Horizonte: Assembleia Legislativa do Estado de Minas Gerais, 1994, p. 162.

1594 BADARÓ, Murilo. *Gustavo Capanema*: a revolução na Cultura. Rio de Janeiro: Nova Fronteira, 2000, p. 130; e MONTEIRO, Norma de Góis (Coord.). *Dicionário biográfico de Minas Gerais*: período republicano (1889-1991). Belo Horizonte: Assembleia Legislativa do Estado de Minas Gerais, 1994, p. 162.

> no Rio de Janeiro] ficaria em sua companhia no Grande Hotel. Assim foi planejado e realizado, e sua noiva mudou-se para Belo Horizonte, aí continuando o namoro e noivado, até o casamento, marcado para 8 de julho de 1931.[1595]

Após a Reforma Francisco Campos do ensino público nacional, em 1931, e das novas regras federais para a investidura nos cargos de professor e de reitor das universidades brasileiras, Casasanta foi apontado por Capanema, em abril de 1931, para exercer o cargo de Diretor da Imprensa Oficial,[1596] posição que ocupou até setembro de 1933, quando foi indicado para exercer o posto de Advogado-Geral do Estado, voltando à diretoria da Imprensa Oficial entre setembro de 1937 e janeiro de 1938.

Conforme anteriormente discorrido, em 1932, Casasanta publicou o livro *As Razões de Minas*, um compilado de discursos por ele proferidos no auge da chamada Revolução Constitucionalista, ocorrida em São Paulo. Na referida obra, o jurista mineiro procurou desconstruir criticamente os princípios norteadores do levante paulista, justificando as medidas constitucionais centralizadoras do Governo Provisório como imperativos de salvação nacional, repudiando os propósitos "reacionários" de São Paulo, que pretendia uma "volta ao passado" da República Velha, e tecendo loas à liderança política de Getúlio Vargas e ao necessário respeito ao "princípio da autoridade".[1597] Esse livro conta com um vigoroso prefácio[1598] de Gustavo Capanema – que, como Secretário do Interior, enviou um destacamento policial para a fronteira entre os dois estados,

---

1595 BADARÓ, Murilo. *Gustavo Capanema*: a revolução na Cultura. Rio de Janeiro: Nova Fronteira, 2000, pp. 130 e 156.

1596 BADARÓ, Murilo. *Gustavo Capanema*: a revolução na Cultura. Rio de Janeiro: Nova Fronteira, 2000, p. 175.

1597 CASASANTA, Mario. *As razões de Minas*. Belo Horizonte: Imprensa Oficial do Estado, 1932, pp. 83-98.

1598 CASASANTA, Mario. *As razões de Minas*. Belo Horizonte: Imprensa Oficial do Estado, 1932, pp. 143-150.

de forma a impedir o avanço do levante para Minas[1599] – em que enalteceu os papéis de destaque de Minas Gerais na deflagração da Revolução de 1930 e no sufocamento da insurreição paulista de 1932, a qual, sob o mote de reconstitucionalizar o país, queria, na verdade, restabelecer os princípios gerais da Constituição de 1891 e das suas engrenagens políticas liberais e reacionárias.[1600]

Em interessantes passagens, Capanema discorre sobre elementos centrais da Teoria do Estado dos anos de 1930, ao afirmar que aquela era a década da mudança, já que a democracia liberal

> não era mais a fórmula adequada ao governo dos homens, pois os seus quadros eram por demais mecanicos e estreitos, para comportar a numerosa e opulenta substancia que a sociedade moderna oferece à conformação e à disciplina do Estado.[1601]

Justamente por isso teriam exsurgido, na cena política da época, as ditaduras. Sobre o ponto, Capanema aduz que

> pensadores políticos da maior voga entraram a prégar a legitimidade e a eficiencia dos regimes autocraticos, os quais, mais fortes e mais positivos, seriam os unicos capazes não somente de salvar os fundamentos da civilização, que ameaçavam soçobrar, mas também dar aos homens fatigados e aturdidos

---

1599 BRANDI, Paulo. "Gustavo Capanema". *Centro de Pesquisa e Documentação de História Contemporânea do Brasil*: Dicionário Histórico Biográfico Brasileiro. Disponível em: https://cpdoc.fgv.br/sites/default/files/verbetes/primeira-republica/CAPANEMA,%20Gustavo.pdf. Acessado em: 08.01.2023.

1600 CAPANEMA, Gustavo. "Prefácio". *In*: CASASANTA, Mario. *As razões de Minas*. Belo Horizonte: Imprensa Oficial do Estado, 1932, pp. 16/17.

1601 CAPANEMA, Gustavo. "Prefácio". *In*: CASASANTA, Mario. *As razões de Minas*. Belo Horizonte: Imprensa Oficial do Estado, 1932, p. 20.

> a segurança e o alento, a fim de que pudessem realizar o seu progresso e a sua felicidade.[1602]

Este seria, portanto, o cerne do problema do Estado moderno: "[o]s criadores de doutrinas e os condutores de homens formam as duas correntes opostas do pensamento e da ação politica, oferecendo cada qual a sua verdadeira: democracia ou autocracia".[1603]

Para ele, todavia, essa oposição não seria estanque e absoluta, já que

> o estabelecimento e a permanência de um regime, o ditatorial ou o democrático, estão somente em função da mentalidade politica de cada povo. Do imperativo dessa mentalidade, isto é, dos anseios, das convicções e dos votos coletivos é que resultará a segurança e a duração, e, portanto, a legitimidade, deste ou daquele regime.[1604]

Assim, "o problema fundamental do Estado moderno não é o da constituição de seu regime político. É o problema, mais complexo e mais difícil, da organização de seus papeis estruturais e interiores",[1605] ou seja, da efetiva atuação concreta do Estado para concretizar seus objetivos, não mais teorizações políticas estanques que buscavam enquadrar a realidade a elas próprias.

Justamente por isso, para Capanema,

1602 CAPANEMA, Gustavo. "Prefácio". *In*: CASASANTA, Mario. *As razões de Minas*. Belo Horizonte: Imprensa Oficial do Estado, 1932, p. 21.

1603 CAPANEMA, Gustavo. "Prefácio". *In*: CASASANTA, Mario. *As razões de Minas*. Belo Horizonte: Imprensa Oficial do Estado, 1932, p. 22.

1604 CAPANEMA, Gustavo. "Prefácio". *In*: CASASANTA, Mario. *As razões de Minas*. Belo Horizonte: Imprensa Oficial do Estado, 1932, pp. 22/23.

1605 CAPANEMA, Gustavo. "Prefácio". *In*: CASASANTA, Mario. *As razões de Minas*. Belo Horizonte: Imprensa Oficial do Estado, 1932, p. 24.

> [a] alternativa entre democracia e autocracia perde, assim, muito do seu interesse e alcance. Pois, em verdade, a reforma racional dos órgãos de que se compõe o Estado, póde realizar-se, e efetivamente se tem realizado, sob regimes tanto democráticos, quanto autocráticos.[1606]

Prova disso seriam as ditaduras fascista e soviética na Europa, que tanto espanto e fascinação política estavam provocando exatamente diante do seu caráter revolucionário e modernizador das velhas e carcomidas estruturas do Estado liberal do século XIX.[1607]

Diante desse quadro de coisas,

> [a]o Brasil cumpre salvar a sua democracia, organizando-a de novo, mas organizando-a integralmente, à luz da experiência dos Estados modernos e sob a influencia das realidades brasileiras, por uma completa recomposição e reajustamento de todos os seus órgãos.[1608]

Seria justamente contra essa tentativa de salvação do país pela Revolução de 1930 que se insurgia o reacionário levante de São Paulo.

Segundo Capanema, em conclusão,

> o que, acima de tudo, enche as páginas deste livro, é esse enorme clamor, no qual se reúnem os anseios e os temores, as recriminações e os protestos, com que os brasileiros invectivam a espantosa rebeldia. Já aqui são as proprias razões da Nação que Mario Casasanta recolhe. É por isso que se póde

---

1606 CAPANEMA, Gustavo. "Prefácio". *In*: CASASANTA, Mario. *As razões de Minas*. Belo Horizonte: Imprensa Oficial do Estado, 1932, p. 24.

1607 CAPANEMA, Gustavo. "Prefácio". *In*: CASASANTA, Mario. *As razões de Minas*. Belo Horizonte: Imprensa Oficial do Estado, 1932, pp. 20-24.

1608 CAPANEMA, Gustavo. "Prefácio". *In*: CASASANTA, Mario. *As razões de Minas*. Belo Horizonte: Imprensa Oficial do Estado, 1932, p. 25.

> dizer que, no seu livro, não estão as razões de Minas, mas as razões do Brasil.[1609]

Paralelamente às relevantes atividades burocráticas acima apontadas, Casasanta exerceu, desde após o bacharelado, intenso magistério. Logo depois da sua formatura, lecionou diversas matérias (Português, Latim, Francês, História e História do Brasil) em Pouso Alegre (MG), Campinas (SP) e Belo Horizonte (MG), em variadas instituições de ensino secundário.[1610]

Em 1933, prestou concurso para a cadeira de Economia Política e Ciência das Finanças da Faculdade de Direito de Minas Gerais, defendendo, na ocasião, a tese *Responsabilidade do Estado por Fatos de Guerra.*[1611] Acabou derrotado pelo candidato José Bonifácio Olinda de Andrada, político, embaixador e célebre apoiador da Revolução de 1930 e do Estado Novo.[1612]

1609 CAPANEMA, Gustavo. "Prefácio". *In*: CASASANTA, Mario. *As razões de Minas*. Belo Horizonte: Imprensa Oficial do Estado, 1932, pp. 29/30.

1610 ROCHA, Osíris. "Crônica Universitária". *Revista da Faculdade de Direito da Universidade Federal de Minas Gerais*, nº 7, 1967, pp. 160/161.

1611 CASASANTA, Mario. *Responsabilidade do Estado por fatos de guerra*. Belo Horizonte: [s.n.], 1932, p. 189. Sobre o concurso, conferir: HORTA, Raul Machado. "A Faculdade de Direito da Universidade Federal de Minas Gerais no 85º Aniversário de sua Fundação". *Revista da Faculdade de Direito da Universidade Federal de Minas Gerais*, nº 19/20, 1978, pp. 295/296; MEDINA, Paulo Roberto de Gouvêa. *A política em Minas*. Belo Horizonte: Assembleia Legislativa do Estado de Minas Gerais, 2018, pp. 338/339; e MONTEIRO, Norma de Góis (Coord.). *Dicionário biográfico de Minas Gerais*: período republicano (1889-199l). Belo Horizonte: Assembleia Legislativa do Estado de Minas Gerais, 1994, p. 38.

1612 Sobre as aderências políticas de Oliveira de Andrada à Revolução de 1930 e ao Estado Novo, conferir: PEREIRA, Lígia Maria Leite; FARIA, Maria Auxiliadora de. *José Bonifácio*: líder parlamentar da Revolução de 1930 e Embaixador do Brasil. Brasília: Edições Câmara, 2020, pp. 197-261.

Casasanta inicia essa sua monografia com dois capítulos em que critica a não aderência do tema de dissertação proposto no certame às raias da Economia Política ou das Ciências das Finanças, mas, na verdade, ao âmbito do Direito Administrativo.[1613] Além disso, o jurista mineiro critica a formulação terminológica do programa do concurso, apontando-lhe ambiguidades e permeabilidades a um tratamento atécnico da matéria.[1614]

Para os propósitos da análise aqui empreendida, mais interessantes do que o objeto central do livro – que trata da responsabilidade do Estado pelos fatos de guerra enquanto atos de governo – são as passagens em que Casasanta discorre sobre as modificações jurídico-políticas operadas no conceito de Estado no paradigma do Estado Social. Cite-se, exemplificativamente, esta:

> A essa transformação da noção do Estado vem correspondendo uma radical transformação na atitude do Estado para com os seus cidadãos. Esta transformação, porém, porque embaraçada por interesses materiais, tem sido processada lentamente, se se confronta com o que se passa na organização politica. Como quer que seja, considera-se o Estado sujeito ao Direito Público ou ao Direito Privado, sirva-se êle da equidade ou da solidariedade humana ou nacional, o certo é que encara e resguarda, cada vez mais eficazmente, os direitos de seus cidadãos, a ponto de Harold J. Laski, *The Responsibility of the State in England*, afirmar que o Estado moderno não passa de uma grande corporação de serviço público (*a great public-service Corporation*).[1615]

1613 CASASANTA, Mario. *Responsabilidade do Estado por fatos de guerra*. Belo Horizonte: [s.n.], 1932, pp. 7-24.

1614 CASASANTA, Mario. *Responsabilidade do Estado por fatos de guerra*. Belo Horizonte: [s.n.], 1932, pp. 25-30.

1615 CASASANTA, Mario. *Responsabilidade do Estado por fatos de guerra*. Belo Horizonte: [s.n.], 1932, p. 36. Conforme discorrido no capítulo II, Laski (citado por Casasanta) foi um dos maiores seguidores do

Além disso, é muito relevante destacar que, na conclusão da obra, Casasanta reafirma as suas esperanças depositadas na Revolução de 1930 e declina críticas indiretas à insurreição paulista de 1932:

> O Brasil não é, por enquanto, uma nação belicosa (...).
>
> Entretanto, vem sendo frequentemente conturbado por comoções intestinas, que acarretam graves prejuízos para a segurança pessoal, para os bens materiais e para a atividade normal de seus cidadãos.
>
> Vivemos uma dessas horas delicadas. E não será a ultima, até que se consigam homens publicos na altura das instituições que o povo brasileiro ambiciona e a que tem direto. **A Revolução tem sido o unico respiraculo contra a opressão e a ignominia.** As leis têm valido apenas na medida em que servem para estrangular as conciencias e não para moderar a vã cobiça dos poderosos. Numa rigorosa aplicação da palavra de Anarcharsis a Solon, como se vê em Plutarco, Solon, VI, as leis entre nós têm sido como as teias de aranha: prendem os fracos e os pequenos; os poderosos e os ricos as rompem e atravessam...[1616]

Em 1936, por concurso público, no qual defendeu a tese *A palavra mesmo*, tornou-se professor catedrático de Língua Portuguesa do Ginásio Mineiro.[1617]

Durante o ano de 1938, no Rio de Janeiro, dirigiu o Departamento de Educação do Distrito Federal e lecionou Prática de Ensino no Instituto de Educação.

---

corporativismo organicista de Gierke, um dos grandes fundadores da clássica Teoria Geral do Estado alemã.

1616 CASASANTA, Mario. *Responsabilidade do Estado por fatos de guerra*. Belo Horizonte: [s.n.], 1932, p. 181, destaque nosso.

1617 MONTEIRO, Norma de Góis (Coord.). *Dicionário biográfico de Minas Gerais*: período republicano (1889-199l). Belo Horizonte: Assembleia Legislativa do Estado de Minas Gerais, 1994, p. 162.

Retornando a Belo Horizonte, no final do ano, em 19 de dezembro de 1938, Casasanta conquistou, por concurso público, a cátedra de Direito Público e Constitucional da Faculdade de Direito de Minas Gerais,[1618] tendo defendido, em referido certame, a tese *O Poder de Veto*.[1619] O seu concorrente nessa disputa foi Orlando Magalhães Carvalho, então jovem jurista de 28 anos de idade, que defendeu, na ocasião, a tese *O Município Mineiro em face das Constituições*.[1620]

Em síntese, a tese de Casasanta buscou explorar o clássico instituto do veto – "que é o poder que se refere ao Executivo de devolver um projeto ao legislativo, para nova consideração"[1621] – na história constitucional brasileira e também na literatura constitucional estrangeira.

De acordo com o jurista mineiro, "[p]oderá causar estranheza a escôlha do tema, numa época em que pululam novos problemas de Direito Público e os velhos assumem feições imprevistas".[1622] Todavia, justifica-se afirmando que "o veto está situado na intersecção do Executivo e do Legislativo, e que é exatamente na relação entre um e outro poder que reside o mais grave problema político

1618 ROCHA, Osíris. "Crônica Universitária". *Revista da Faculdade de Direito da Universidade Federal de Minas Gerais*, nº 7, 1967, p. 160/161.

1619 CASASANTA, Mario. *O poder de veto*. Belo Horizonte: Os Amigos do Livro, 1937.

1620 CARVALHO, Orlando Magalhães. *O Município Mineiro em face das Constituições*. Belo Horizonte: UFMG/Amigos do Livro, 1937. (Tese para concurso).

1621 CASASANTA, Mario. *O poder de veto*. Belo Horizonte: Os Amigos do Livro, 1937, p. 3.

1622 CASASANTA, Mario. *O poder de veto*. Belo Horizonte: Os Amigos do Livro, 1937, p. 4.

de nosso tempo".[1623] Para amparar esse diagnóstico, cita, páginas após, Mirkine-Guetzevitch.[1624]

Para ele, "[a] separação de Poderes, tal qual foi instituída nos Estados-Unidos, e de algum modo no Brasil até 1930, não permite uma colaboração franca do Executivo com o Legislativo",[1625]

> [n]ão lhe cabendo a iniciativa das leis, nem podendo atuar sôbre a elaboração das que se iniciarem, só por meios indiretos é que poderá introduzir os projetos necessários à administração e afastar os que sejam absolutamente ruinosos.[1626]

Tendo em vista esse cenário conflituoso entre os Poderes e,

> [p]ara obviar a tais extravagâncias e obter as leis necessárias, os presidentes norte-americanos têm lançado mão das armas que a Constituição lhes dá, o dever de mensagem e o poder de veto, com o primeiro provocando e convocando o apôio da opinião pública, e com o segundo moderando as investidas do Legislativo, e daí a excepcional significação que um e outro vieram a assumir.[1627]

1623 CASASANTA, Mario. *O poder de veto*. Belo Horizonte: Os Amigos do Livro, 1937, p. 4.

1624 CASASANTA, Mario. *O poder de veto*. Belo Horizonte: Os Amigos do Livro, 1937, p. 143.

1625 CASASANTA, Mario. *O poder de veto*. Belo Horizonte: Os Amigos do Livro, 1937, p. 62.

1626 CASASANTA, Mario. *O poder de veto*. Belo Horizonte: Os Amigos do Livro, 1937, p. 62.

1627 CASASANTA, Mario. *O poder de veto*. Belo Horizonte: Os Amigos do Livro, 1937, p. 63.

Em suma, para Casasanta, "[o] veto tem sido, antes de tudo, uma arma eficaz na defesa da Constituição".[1628]

Como autor típico do paradigma do Estado Social, Casasanta não enxerga a separação de Poderes como algo estanque, à moda do paradigma liberal. Essa questão se mostra evidente quando o jurista discorre acerca da natureza do veto. O problema colocado é este:

> Se se considera a autoridade que o aplica, o veto é, em nosso regime, ato de caráter executivo; se se lhe considera a natureza, é êle caráter legislativo, pois importa colaboração, não pequena, na obra legislativa, sobretudo quando é parcial, caso em que Barbalho chega a considerá-lo uma verdadeira emenda supressiva.[1629]

A resposta dada por Casasanta transparece justamente uma especialização de funções e não mais uma divisão estanque entre os Poderes, podendo cada qual deles desempenhar, a depender do contexto, atividades que *prima facie* possuem natureza típica de um outro Poder:

> A ter de escolher uma, escolheria essa (o veto como função legislativa), sem lhe negar a precariedade, à uma, porque não repugna considerar legislativo um ato do Executivo, como judicial o ato do Legislativo nos "*impeachments*", e, à outra, porque o veto é um momento da formação e não da execução das leis, começando o Executivo o seu ofício propriamente dito, quando, perfeita a lei, se lhe enceta a execução.[1630]

1628 CASASANTA, Mario. *O poder de veto*. Belo Horizonte: Os Amigos do Livro, 1937, p. 74.

1629 CASASANTA, Mario. *O poder de veto*. Belo Horizonte: Os Amigos do Livro, 1937, p. 91.

1630 CASASANTA, Mario. *O poder de veto*. Belo Horizonte: Os Amigos do Livro, 1937, p. 92.

Passando em revista o Direito Comparado (sobretudo, os sistemas jurídicos inglês, francês e estadunidense), a história do veto nas Constituições de 1824, 1891 e 1934, bem como a dimensão do instituto nos âmbitos estadual e municipal, Casasanta chega a algumas conclusões interessantes.

De acordo com ele:

> Se o veto surge onde quer que haja a necessidade de conciliação de dois Poderes em contraste, o seu caldo de cultura será a separação de Poderes, como o seu declínio, a confusão dêles.
>
> Vemos isso nos países contemporâneos: o veto vivo, nos Estados Unidos, onde há separação de Poderes, o veto em desuso, na Inglaterra e na França, onde aquele direito divino dos parlamentares, no justo conceito de Spencer, determina o predomínio do Legislativo.
>
> Em nosso país, o fenômeno é visível, porque nunca usado durante o Segundo Império, no qual o Parlamento se prolongou de algum modo no Executivo, na República, é uma peça vulgar, que até os municípios conhecem.[1631]

Comentando a reforma constitucional de 1926 e a discussão em torno da possibilidade de veto parcial do Presidente, Casasanta relembra que tal proposta foi objeto de duras críticas por parte da oposição a Artur Bernardes, por considerá-la uma tendência de fortalecimento do Poder Executivo. Sobre o ponto, o jurista mineiro aduz: "teriam razão? Acredito que sim, mas não vejo mal algum nem no veto parcial nem na tendência",[1632] já que "[o] veto parcial é um

---

1631 CASASANTA, Mario. *O poder de veto*. Belo Horizonte: Os Amigos do Livro, 1937, pp. 313/314.

1632 CASASANTA, Mario. *O poder de veto*. Belo Horizonte: Os Amigos do Livro, 1937, p. 316.

bem e **o fortalecimento do Executivo é uma tendência universal,** porque corresponde a uma exigência não menos universal".[1633]

A emergência do Estado Social, com o crescimento do papel do Estado, a legislação trabalhista, o caráter mais generalizado, técnico e especializado dos serviços públicos etc.[1634] teriam "transforma[do] o Poder Executivo no mais ativo dos Poderes, (...) do mesmo passo que afasta **os Parlamentos – clubes literários, tão do nosso agrado**".[1635]

Ou seja, essas mudanças estruturais "têm acarretado naturalmente, uma cooperação maior entre os Poderes, sob pena de não poderem dar vasão aos problemas que cotidianamente se lhes submetem".[1636]

Sobre a disputa entre sistemas parlamentaristas e regimes de extrema concentração de poder no Executivo, Casasanta se insurge contra as acusações dos parlamentaristas direcionadas ao caráter antidemocrático do fascismo italiano:

> Que fôrça moral têm esses povos para taxar o fascismo de anti-democrático?
>
> **Parlamentarismo e fascismo adoecem da mesma doença, que é a concentração e a confusão de poderes, porque se, na Itália, na Alemanha e em Portugal, o Executivo predomina sôbre o Legislativo, a ponto de anulá-lo, na Inglaterra e na França o Legislativo anula o chefe de estado, a ponto de torná-lo ridículo.**
>
> (...)

1633 CASASANTA, Mario. *O poder de veto*. Belo Horizonte: Os Amigos do Livro, 1937, p. 316, destaque nosso.

1634 CASASANTA, Mario. *O poder de veto*. Belo Horizonte: Os Amigos do Livro, 1937, p. 327.

1635 CASASANTA, Mario. *O poder de veto*. Belo Horizonte: Os Amigos do Livro, 1937, pp. 327/328, destaque nosso.

1636 CASASANTA, Mario. *O poder de veto*. Belo Horizonte: Os Amigos do Livro, 1937, p. 328.

> **Quem preferir a tirania de muitos, escolha a França e a Inglaterra, quem preferir a de poucos, escolha a Itália e a Alemanha.**
>
> Quer no fascismo, quer no parlamentarismo, o veto será uma inutilidade, porque o predomínio sem contraste de um poder lhe tira a razão de ser.
>
> Em compensação, nos regimes de separação de Poderes, o veto é um sintoma de saúde, porque denota que o presidente não açambarra de todo em todo o Legislativo, e que êste ainda tem a liberdade de errar.[1637]

Sobre uma possível contradição entre a tendência mundial de fortalecimento do Poder Executivo e a progressiva diminuição da frequência de uso do veto, prerrogativa típica do Executivo, Casasanta explica que não há nada de contraditório, porque o que estaria a ocorrer após a Primeira Guerra Mundial seria, na verdade, uma mudança na *relação* entre os poderes, sobretudo entre o Legislativo e o Executivo.

Tomando o exemplo da Constituição de 1934, Casasanta aduz que ela conferiu ao Presidente ampla iniciativa de projetos de lei, do que redunda, "quase necessariamente, o afastamento do veto, porque não se compreende que êle venha a vetar os seus próprios

1637 CASASANTA, Mario. *O poder de veto*. Belo Horizonte: Os Amigos do Livro, 1937, p. 320/321, destaque nosso. Inclusive, numa determinada passagem, Casasanta critica o diagnóstico de Francesco Saverio Nitti, mediante o qual "teve a temeridade de, por a mais b, profetizar a derrota imediata do fascismo italiano. Quando o fascismo cair, se o fascismo cair, em virtude do jogo de ações e reações que compõem o tecido da história, essas profecias estarão de há muito prescritas" (CASASANTA, Mario. *O poder de veto*. Belo Horizonte: Os Amigos do Livro, 1937, p. 312). Ou seja, nessa disputa de longevidade entre parlamentarismo e regimes de Executivo forte, Casasanta sociologicamente redobra as suas apostas nos últimos.

projetos de lei".[1638] Ademais, nessa conjuntura, haveria uma iniciativa exclusiva do Presidente para projetos de lei que importem em aumento de despesas.[1639] Também a proibição da inclusão de matérias estranhas aos projetos originários de lei teria diminuído a necessidade de vigilância do Presidente para afastá-los via veto.[1640] A criação de conselhos técnicos e comissões para auxiliar o Poder Legislativo também vinha conferindo mais tecnicidade e objetividade às leis, o que teria tornado menos necessário o uso do veto para coibir distorções.[1641] De igual modo, mecanismos de democracia direta, tais como o plebiscito e o referendo, compartilhariam com as massas o peso das decisões políticas e do seu controle, limitando a necessidade, portanto, do veto presidencial.[1642]

Em suma, a explicação para o veto ter se tornado mais rarefeito no entreguerras é essa nova conjuntura de cooperação entre os Poderes, que superou o velho quadro liberal de insuperáveis e radicais disputas entre eles.

Contra a ressalva de que, desse novo cenário, poderia exsurgir "o Executivo de amplos poderes",[1643] Casasanta encerra a tese redarguindo: "crear êsse Executivo com algumas cautelas contra os

---

1638 CASASANTA, Mario. *O poder de veto*. Belo Horizonte: Os Amigos do Livro, 1937, p. 325.

1639 CASASANTA, Mario. *O poder de veto*. Belo Horizonte: Os Amigos do Livro, 1937, pp. 325/326.

1640 CASASANTA, Mario. *O poder de veto*. Belo Horizonte: Os Amigos do Livro, 1937, p. 326.

1641 CASASANTA, Mario. *O poder de veto*. Belo Horizonte: Os Amigos do Livro, 1937, p. 326.

1642 CASASANTA, Mario. *O poder de veto*. Belo Horizonte: Os Amigos do Livro, 1937, pp. 329/330.

1643 CASASANTA, Mario. *O poder de veto*. Belo Horizonte: Os Amigos do Livro, 1937, p. 335.

abusos do personalismo, não deveria ser para nós neste momento a solução?"[1644]

É interessante notar que a tese de Casasanta foi escrita e publicada em 1937, mas anteriormente ao golpe do Estado Novo, motivo pelo qual a Carta de 10 de novembro não é objeto das reflexões do autor. Caso contrário, muito provavelmente suas conclusões sobre esse ponto específico atinente à necessidade de controle constitucional da concentração de poderes no Presidente teriam sido outras.

Inclusive, sobre essa questão, é interessante suscitar o único artigo publicado por Casasanta nos anais da revista *Cultura Política*. Trata-se do ensaio "Executivo forte, tendência nacional", publicado em setembro de 1941.

Requentando alguns trechos do seu *O poder de veto* já durante o auge do Estado Novo, Casasanta novamente passa em revista o direito comparado e as constituições brasileiras, agora focalizando a questão da dimensão e força do Poder Executivo em cada um desses momentos.

Chama a atenção um trecho inicial da obra em que o autor compara as "ditaduras constitucionais", aqui estudadas no capítulo II, com o parlamentarismo inglês:

> Se em alguns países, como Italia, Alemanha, Russia ou Portugal, as condições históricas determinaram uma violenta concentração de poder, com o desprezo das formas clássicas de organização, em outros, como a Inglaterra, a confusão do Legislativo e Executivo, proporciona-lhe uma soma de poderes verdadeiramente ditatoriais.[1645]

1644 CASASANTA, Mario. *O poder de veto*. Belo Horizonte: Os Amigos do Livro, 1937, p. 335.

1645 CASASANTA, Mario. "Executivo forte, tendência nacional". *Cultura Política*, ano I, nº 7, set. 1941, p. 135.

É no mínimo curioso que, na comparação com a Itália fascista, a Alemanha nazista, a Rússia soviética e o Portugal salazarista, recaia sobre a Inglaterra a pecha de ditatorial. Isso pode dar algumas pistas sobre como o autor – desde a tese de 1937, quando defendeu a não concentração total de poderes – o fez, na verdade, muito mais como crítica ao sistema parlamentarista de governo do que à concentração de poderes pelo Executivo, a qual parecia contar com sua simpatia, como comprova esse ensaio de 1941.

A grande importância do referido artigo está no fato de nele aparecer, ainda que sucintamente, a visão do autor sobre a Carta de 1937, já que, conforme adiantado, em sua tese de titularidade, a pesquisa foi empreendida apenas até a Constituição de 1934. Sobre o ponto, confira-se o que diz o jurista mineiro:

> O documento de 1937.
>
> Sinal de que a Constituição de 1934 veio fora de tempo é que não pôde viver.
>
> O golpe de 10 de novembro, que uma inquietação permanente nos impôs, pelo desentendimento dos nossos políticos e pelas lutas sociais iminentes procurou extrair do esforço de 1934 o que foi possível, como, por igual, das Constituições anteriores. **Dotou-nos de um Executivo forte, remontando às raízes de nossa história política, e traduziu, nesse particular, mais uma continuação do que uma inovação.**
>
> **Os que não se deixam iludir por acidentes, mas se aprazem com as substancias, reconhecerão que há sabedoria em não diminuir a responsabilidade do chefe, não só porque os construtores de nossa patria nos apontam tal caminho, mas ainda porque, Inglaterra ou Alemanha, Estados Unidos ou Espanha, essa é, no fundo, a solução universal.**[1646]

1646 CASASANTA, Mario. “Executivo forte, tendência nacional”. *Cultura Política*, ano 1, nº 7, set. 1941, p. 141, destaque nosso.

É importante marcar aqui a contradição entre esse posicionamento de 1941 (auge do Estado Novo) e aquele constante da conclusão da tese de titularidade de 1937 (publicada antes do golpe de 10 de novembro), quando defendeu que fossem pensados mecanismos para controle do Poder Executivo.

No ponto, a tentativa de engatar a emergência do Estado Novo como uma continuação de uma tendência da história constitucional brasileira de fortalecimento do Poder Executivo lembra, em alguns pontos, premissas da obra *Força, Cultura e Liberdade*, de Almir de Andrade, conforme discorrido no subcapítulo anterior.

Além disso, uma vez mais, sobressai a tentativa do autor de colocar no mesmo balaio regimes políticos tão diversos, inclusive como uma forma de justificação do Estado Novo pelo argumento da universalidade. Estados Unidos e Inglaterra – que, inegavelmente, é verdade, reforçaram o papel do Poder Executivo no entreguerras, mas que permaneceram ambos, todavia, como democracias – são colocados em pé de igualdade pelo autor, nesse quesito, com a Alemanha nazista e com a Espanha franquista, dois regimes que, não obstante também façam parte dessa conjuntura mundial de reforço do papel do Poder Executivo, foram duas ditaduras das mais violentas, implacáveis e opressoras.

Pouco tempo depois de ser empossado na cátedra, Casasanta foi surpreendido pela edição do Decreto-Lei n. 2.639, de 27 de setembro de 1940. Reagindo à sua automática transferência para a recém-criada cátedra de Teoria Geral do Estado, o jurista mineiro enviou uma interessante e lamuriosa carta ao seu amigo Gustavo Capanema, em 22 de dezembro de 1940, escrita em letra cursiva miúda de difícil leitura:

> Meu querido Capanema,
>
> Já chegou o [ilegível, provavelmente alguma metonímia para "telegrama"] que me deu conta de sua interpretação do decreto

relativo ao desmembramento da cadeira de Direito Público Constitucional.

Sou, pois, a contragôsto, catedrático de Teoria Geral do Estado – o que significará um novo e imenso trabalho, porque – conforme a conceituação – a cadeira está longe de ser apenas um desdobramento da outra.

É que ela abrange – além da conceituação genérica, que se esperava do Direito Público, uma conceituação sociológica e filosófica do Estado.

Não se erraria se se lhe chamasse uma introdução geral ao Direito Público...

Esta Resolução, que tão danosa tem sido para os que a combatem, tem-me sido realmente madrasta, a mim, que sempre a desejei e que com alegria lhe prestei os serviços que pude.

Releve-me o desabafo, que talvez seja o último, porque [ilegível, trata-se de um pronome de tratamento] sabe muito que lhe quero, deve ter comigo tôda a sua paciência.

Até 1937, a ira dos pajés [ilegível, provavelmente algo como "fechava-me"] a vida pública. O 10 de novembro obriga-me a desacumular dois modestos emprêgos. Entre a advocacia do Estado, que me fôra dada, e a cadeira de português do ginásio, que conquistara em concurso, prefiro esta última, sem embargo da remuneração de apenas [ilegível, trata-se de um numeral], com os descontos... Fiz um concurso para a Faculdade, sabe Deus em que condições de saúde e paciência!, e agora novo golpe, que importará novos esforços e novas despesas.

[Ilegível, trata-se de um conectivo seguido de um verbo como 'há], querido Capanema, **poucos professores neste país com a minha paixão pelo ensino, e, o que é mais, pouquíssimos com a capacidade de explicar, com o meu zêlo, a atual Constituição.**

É o cúmulo.

Lembro também isso, para que V. Ex. ponha em [ilegível], já que os seus méritos o puseram em situação de [ilegível].

Quero também dizer-lhe que o caso da Faculdade se resume nisto: não solicitei a cadeira vaga; fui convidado para ela e pretendia aceitá-la [em seguida, em várias passagens ilegíveis,

> Casasanta parece reclamar de acontecimentos ocorridos durante o concurso, de traições de Carlos Campos e de outros professores].
>
> [A última página da carta é bastante ilegível e diz respeito, ao que parece, apenas a reclamações sobre a vida financeira do remetente e a reafirmações de seu caráter e lealdade a Capanema] (destaque nosso).[1647]

Não obstante não tenha sido localizada no Arquivo Capanema (CPDOC-FGV) eventual resposta do Ministro da Educação a essa lamuriosa epístola, fato é que a insatisfação de Casasanta prosperou e ele acabou por permanecer na cátedra de Direito Constitucional, muito provavelmente porque se notabilizava em Minas Gerais, desde 1930, como um dos grandes intelectuais e burocratas apoiadores de Vargas, bem como amigo íntimo do Ministro da Educação desde o bacharelado em Direito – importantes credenciais essas que, certamente, (i) o colocavam acima de qualquer suspeita político-ideológica pelo Estado Novo para o ensino ideologicamente instrumentalizado da Carta de 1937; e (ii) que lhe poderiam granjear regalias funcionais.

Nos próprios anais da Congregação da Faculdade, consta que "[q]uando foi desdobrada a cadeira, criando-se as cátedras de Direito Constitucional e Teoria Geral do Estado, [Mario Casasanta] **optou** pelo provimento na primeira delas, em 30 de dezembro de 1940".[1648]

Apenas oito dias após o envio da queixosa missiva a Capanema, chama a atenção que Casasanta tenha podido "optar" por permanecer na cátedra de Direito Constitucional mesmo quando o

---

1647 CASASANTA, Mario. "Carta a Gustavo Capanema, de 22 dez. de 1940". Correspondentes\GC b Casasanta, M. *Arquivo Gustavo Capanema – FGV CPDOC*, destaque nosso. Disponível em: https://www.docvirt.com/docreader.net/DocReader.aspx?bib=ARQ_GC_B&id=191300176608&pagfis=2807. Acessado em: 28.08.2024.

1648 DEODATO, Alberto *et al.* "Memória histórica". *Revista da Faculdade de Direito da Universidade Federal de Minas Gerais*, nº 10, 1958, p. 250, destaque nosso.

Decreto-Lei n. 2.639/1940 era claro e peremptório ao dispor, sem exceções, que a transferência dos antigos catedráticos para a nova cadeira de Teoria Geral do Estado seria *obrigatória* e *automática*, sem possibilidade de escolha. Essa circunstância revela o quanto dinâmicas de poder paralelas e relações de amizade também puderam influir na institucionalização do referido decreto, a depender das peculiaridades de atores e contextos políticos.

As atividades acadêmicas de Casasanta não pararam por aí. Posteriormente, tornou-se também regente da cadeira de Filosofia do Direito no curso de doutorado da mesma Faculdade. Foi um dos fundadores da Faculdade de Filosofia de Minas Gerais, na qual foi catedrático de Língua Portuguesa entre 1939 e 1960. Entre 1941 e 1944, foi novamente Reitor da Universidade Federal de Minas Gerais. Atuou, ainda, como um dos fundadores da Pontifícia Universidade Católica de Minas Gerais, onde foi professor de Teoria Geral do Estado.[1649]

Além disso, entre 1945 e 1957, integrou a Diretoria da Caixa Econômica Federal em Minas Gerais e, de janeiro de 1963 até a sua morte, em 30 março do mesmo ano, atuou como Secretário do Interior no Governo de José de Magalhães Pinto.[1650] Até o final da vida, também regeu a cátedra de Direito Constitucional da Universidade Federal de Minas Gerais.

Pode-se dizer, portanto, que Casasanta sempre esteve vinculado às diversas fases da primeira parte da Era Vargas (1930-1945), desde o eclodir da Revolução de 1930, que o jurista defendeu ardorosamente contra o levante paulista de 1932 no livro *As Razões de Minas*, até o Estado Novo, sempre ocupando cargos políticos de

---

1649 MONTEIRO, Norma de Góis (Coord.). *Dicionário biográfico de Minas Gerais*: período republicano (1889-199l). vol. 1. Belo Horizonte: Assembleia Legislativa do Estado de Minas Gerais, 1994, p. 162.

1650 MONTEIRO, Norma de Góis (Coord.). *Dicionário biográfico de Minas Gerais*: período republicano (1889-199l). vol. 1. Belo Horizonte: Assembleia Legislativa do Estado de Minas Gerais, 1994, p. 162.

destaque, no magistério e na burocracia administrativa, em Minas Gerais e no Distrito Federal.

Expedido o Decreto-Lei n. 2.639/1940, Casasanta conseguiu, muito provavelmente em função dessa histórica lealdade ao varguismo e também devido aos seus antigos e estreitos laços de amizade pessoal com o Ministro da Educação, flexibilizar o referido ato normativo e, assim, não ser automaticamente transferido para a cadeira de Teoria Geral do Estado, permanecendo como catedrático de Direito Constitucional até a sua morte.

Essa circunstância revela, além de dinâmicas de poder e de amizade próprias de Minas Gerais (estado de origem de Capanema, não é demais lembrar), que a inspiração originária do regime de fazer com que a Carta de 1937 fosse ensinada por professores interinos politicamente aliados ao regime se fez cumprir, em Minas, por uma via transversa, mas igualmente eficaz, já que Casasanta, como comprovam seus textos e a sua reiterada assunção de cargos públicos de destaque no período, era bastante fiel a Vargas e a seu amigo Capanema, sendo a recíproca, ao menos no que concerne à permanência na cátedra de Direito Constitucional, verdadeira.

Após o falecimento de Casasanta, em março de 1963, em seu lugar, sagrando-se vencedor da disputa travada contra José Afonso da Silva, em 1964, assumiu a referida cadeira o professor Raul Machado Horta[1651] – genro do político e jurista Milton Campos, governador de Minas Gerais pela UDN (1947-1951) e Ministro da Justiça da ditadura militar (1964-1965) –, que, logo após se aposentar, recebeu o título de Professor Emérito.[1652]

1651 ROCHA, Osíris. "Crônica Universitária". *Revista da Faculdade de Direito da Universidade Federal de Minas Gerais*, nº 7, 1967, pp. 169-171; e SILVA, José Afonso da. *A Faculdade e meu itinerário constitucional*. São Paulo: Malheiros, 2007, pp. 606-609.

1652 ARAÚJO, Aloizio Gonzaga de Andrade. "Vida e obra de Raul Machado Horta". *Revista Brasileira de Estudos Políticos*, vol. 91, 2005, pp. 7-28. Discurso de saudação ao Professor Emérito Raul Machado Horta

Após a aposentadoria de Horta, a cátedra de Direito Constitucional da Faculdade de Direito da Universidade Federal de Minas Gerais só viria a ser novamente ocupada por um professor titular em março de 2017, quando Marcelo Andrade Cattoni de Oliveira conquistou o referido cargo[1653] com a defesa da célebre tese *Contribuições para uma Teoria Crítica da Constituição.*[1654]

3.7.2 Orlando Magalhães Carvalho e a Teoria Geral do Estado

Orlando Magalhães Carvalho nasceu em Pouso Alegre, Minas Gerais, em 20 de novembro de 1910. Era filho do médico José Pinto de Carvalho e de Alcina de Magalhães Carvalho.[1655] Após ter cursado o ginásio em cidades do sul do estado, bacharelou-se pela Faculdade de Direito de Minas Gerais em 1931, viajando. em 1932, para assistir ao *Cours de Civization Française*, na Sorbonne, em Paris.[1656]

(1923-2005), proferido em nome da Egrégia Congregação da Faculdade de Direito da UFMG, em 1998, e republicado em homenagem ao Mestre, falecido em 2 de março de 2005.

1653 GOMES, David F. L. "A Teoria da Constituição como Teoria Crítica: Marcelo Cattoni, democracia sem espera e constitucionalismo por vir". *Revista de Estudos Constitucionais, Hermenêutica e Teoria do Direito – RECHTD*, vol. 11, 2019, pp. 480-501.

1654 OLIVEIRA, Marcelo Andrade Cattoni de. *Contribuições para uma Teoria Crítica da Constituição*. 2ª ed. rev. e atual. Belo Horizonte: Conhecimento, 2021.

1655 MONTEIRO, Norma de Góis (Coord.). *Dicionário biográfico de Minas Gerais*: período republicano (1889-199l). vol. 1. Belo Horizonte: Assembleia Legislativa do Estado de Minas Gerais, 1994, p. 159.

1656 MONTEIRO, Norma de Góis (Coord.). *Dicionário biográfico de Minas Gerais*: período republicano (1889-199l). vol. 1. Belo Horizonte: Assembleia Legislativa do Estado de Minas Gerais, 1994, p. 159.

Casou-se com Lourdes Pinto de Carvalho,[1657] filha de Estêvão Leite de Magalhães Pinto, que foi Secretário de Estado, jurista, professor, advogado e banqueiro, catedrático de Direito Comercial da Faculdade Livre de Direito de Minas Gerais a partir de 1913, tornando-se Diretor da referida instituição em 1923. Em protesto pelos eventos que se seguiram à Revolução de 1930 na Faculdade, renunciou à sua cátedra.[1658]

Conforme mais à frente será aprofundado, é digno de nota que Estêvão Magalhães Pinto era um ferrenho opositor de Getúlio Vargas:

> Identificado com os propósitos do *Manifesto dos Mineiros* de 1943, [Estêvão Magalhães Pinto] condicionou sua assinatura à modificação de certa passagem que lhe parecia contradizer atitudes que tomara anteriormente. Como a sugestão não foi acolhida, justificou, em carta aos redatores do documento, sua radical oposição ao regime estadonovista, pelo que teve de afastar-se da Presidência do Banco [Banco Hipotecário e Agrícola de Minas Gerais S.A., a que presidiu a partir de agosto de 1916], então posto sob intervenção do Governo Estadual.[1659]

Orlando Carvalho estava inserido, portanto, em um contexto político e familiar antigetulista e antiestado-novista. E isso, como se verá mais à frente, teve implicações em sua carreira jurídica e política.

1657 MONTEIRO, Norma de Góis (Coord.). *Dicionário biográfico de Minas Gerais*: período republicano (1889-1991). vol. 1. Belo Horizonte: Assembleia Legislativa do Estado de Minas Gerais, 1994, p. 159.

1658 MONTEIRO, Norma de Góis (Coord.). *Dicionário biográfico de Minas Gerais*: período republicano (1889-1991). vol. 2. Belo Horizonte: Assembleia Legislativa do Estado de Minas Gerais, 1994, pp. 544/545.

1659 MONTEIRO, Norma de Góis (Coord.). *Dicionário biográfico de Minas Gerais*: período republicano (1889-1991). vol. 2. Belo Horizonte: Assembleia Legislativa do Estado de Minas Gerais, 1994, p. 545.

Não obstante tenha perdido o concurso de 1938 para Mario Casasanta, Orlando Magalhães Carvalho obteve, no referido certame, como determinavam o Decreto-Lei n. 19.851/1931 e o artigo 5º da Lei 444/1937, o grau de doutor e o título de livre-docente em Direito Público e Constitucional.

Na tese *O Município Mineiro em face das Constituições*,[1660] que defendeu no referido certame, Carvalho começa a sua análise pela problemática constitucional da separação de Poderes. De acordo com ele, Montesquieu, ao reconstruir a história do constitucionalismo inglês e dele retirar uma série de princípios constitucionais que deveriam orientar a atuação política, "de longe, examinou as cousas sob o ponto de vista juridico, negligenciando a apreciação historica iluminadora das actualidades constitucionaes".[1661]

Aqui, já se revela uma característica metodológica que marcará fortemente a produção doutrinária de Orlando Carvalho, qual seja, a importância por ele conferida à Sociologia e à pesquisa empírica enquanto indispensáveis ferramentas de mensuração e de compreensão críticas da realidade jurídico-política nacional:

> O observador de cousas da vida publica dos povos mais do que nas questões relativas à vida doméstica, encontra no trato dos negocios do Estado a influencia immediata da cultura e do interesse do dia, modificando o texto das leis, disfarçando sob a mascara das palavras sagradas dos textos constitucionaes – que uma geração republicana considerava intangiveis – as realizações de suas intimas tendências. Crea-se, por essa

1660 CARVALHO, Orlando Magalhães. *O Município Mineiro em face das Constituições*. Belo Horizonte: UFMG/Amigos do Livro, 1937. (Tese para concurso).

1661 CARVALHO, Orlando Magalhães. *O Município Mineiro em face das Constituições*. Belo Horizonte: UFMG/Amigos do Livro, 1937, p. 18. (Tese para concurso).

> forma, uma sub-estructura na organização dos governos, à socapa, irresponsavel, porém vivaz e tenacíssima.[1662]

Por isso mesmo, a metodologia que ele propõe avançar "não pode cingir-se à exegese exclusiva dos textos legaes. As condições locais modificaram as práticas administrativas".[1663] Noutras palavras, tendo em vista que quase nunca as normas jurídicas refletem exatamente o que ocorre na realidade concreta, é preciso investigar essas dinâmicas político-sociais empiricamente para se ter uma visão mais acurada de institutos jurídicos, como o municipalismo, que, para ele, "constituiu eixo da politica brasileira em todos os tempos, favorecida ou peiada",[1664] a depender das circunstâncias históricas.

Para ele, essa investigação histórico-social seria o "amago do problema do methodo mais propicio à pesquiza de Direito Constitucional".[1665]

O tema do municipalismo não era novidade alguma para Orlando Carvalho. Em junho do mesmo ano de 1937, ele já publicara a obra *Problemas Fundamentaes do Municipio*,[1666] em que analisou minuciosamente, a partir de uma espécie de sociologia da administração municipal, com recurso a estatísticas e gráficos,

---

1662 CARVALHO, Orlando Magalhães. *O Município Mineiro em face das Constituições*. Belo Horizonte: UFMG/Amigos do Livro, 1937, p. 20. (Tese para concurso).

1663 CARVALHO, Orlando Magalhães. *O Município Mineiro em face das Constituições*. Belo Horizonte: UFMG/Amigos do Livro, 1937, p. 22. (Tese para o concurso).

1664 CARVALHO, Orlando Magalhães. *O Município Mineiro em face das Constituições*. Belo Horizonte: UFMG/Amigos do Livro, 1937, pp. 24/25. (Tese para concurso).

1665 CARVALHO, Orlando Magalhães. *O Município Mineiro em face das Constituições*. Belo Horizonte: UFMG/Amigos do Livro, 1937, p. 20. (Tese para concurso).

1666 CARVALHO, Orlando Magalhães. *Problemas Fundamentaes do Municipio*. vol. 84, nº 5. São Paulo: Nacional, 1937.

diversos temas atinentes à população, às finanças, aos servidores, à estrutura burocrática, dentre outros, da municipalidade mineira, concluindo pela importância crucial do município na estrutura federativa brasileira, de modo que os prefeitos deveriam estar atentos para as novas configurações do Estado Social, para a melhoria da qualidade de vida da população, pois

> [h]ouve um tempo em que seria optimo o administrador local que construisse estradas, levantasse pontes e calçasse ruas. A vida urbana, porém, pede-lhe que também se interesse pela existencia dos concidadãos, procurando melhorar-lhes o padrão de vida com a adopção de um processo de administrar que barateie o custo das especiarias mais necessarias e inspire confiança pelo lado econômico.[1667]

Ou seja, a administração municipal requer, cada vez mais, tecnicidade econômico-financeira por parte de seus gestores.

Na tese publicada em 1937, Orlando Carvalho afirma que, sob a égide da Constituição de 1824, "[a] politica que dominou nos primeiros anos da monarchia foi eminentemente centralizadora"[1668] e, apesar das tentativas de reforma, "ficou immune o caracter unitario proposto pela Constituição".[1669] Isso porque, não obstante o artigo 71 da Constituição imperial tenha concedido às populações provinciais o direito de deliberar sobre seus próprios assuntos, "os Conselhos Geraes da Provincia, que correspondiam a esse objectivo, foram absorvidos pela autoridade dos presidentes de provincia

---

1667 CARVALHO, Orlando Magalhães. *Problemas Fundamentaes do Municipio*. vol. 84, nº 5. São Paulo: Nacional, 1937, p. 171.

1668 CARVALHO, Orlando Magalhães. *Problemas Fundamentaes do Municipio*. vol. 84, nº 5. São Paulo: Nacional, 1937, p. 89.

1669 CARVALHO, Orlando Magalhães. *O Município Mineiro em face das Constituições*. Belo Horizonte: UFMG/Amigos do Livro, 1937, p. 89. (Tese para concurso).

nomeados pelo Imperador por tempo indeterminado (artigo 165)",[1670] no que redundou que a autonomia municipal, durante o século XIX, foi totalmente absorvida pela centralização imperial.

Com a Proclamação da República e a promulgação da Constituição de 1891, prevaleceu no país, como direta reação ao Poder Moderador e ao centralismo do Império, o princípio do federalismo, decalcado da experiência constitucional dos Estados Unidos. Todavia,

> a cousa se arranjou de carreira, favorecida pelo enthusiasmo que causava a contemplação do progresso americano, cuja pujança economica se attribuia à forma de governo. Imitou-os a começar das bases federativas.[1671]

Os limites dessa cópia, segundo aponta o jurista mineiro, logo apareceram, já que o federalismo estadunidense partiu de um contexto político em que estados independentes resolveram formar uma união, enquanto a experiência constitucional brasileira, por sua vez, partia de um Estado imperial unitário e fortemente centralizado que, apenas ao final do século XIX, formalmente se dividia em estados membros soberanos e federados.[1672]

E, dessa mudança rápida e radical, teria exsurgido no Brasil uma peculiar forma de organização política, o estadualismo, em que "[o]s Estados passaram a ser o eixo da vida nacional, com o

---

1670 CARVALHO, Orlando Magalhães. *O Município Mineiro em face das Constituições*. Belo Horizonte: UFMG/Amigos do Livro, 1937, p. 90. (Tese para concurso).

1671 CARVALHO, Orlando Magalhães. *O Município Mineiro em face das Constituições*. Belo Horizonte: UFMG/Amigos do Livro, 1937, p. 121. (Tese para concurso).

1672 CARVALHO, Orlando Magalhães. *O Município Mineiro em face das Constituições*. Belo Horizonte: UFMG/Amigos do Livro, 1937, p. 122. (Tese para concurso).

consequente enfraquecimento da União e dos Municípios".[1673] Noutras palavras, a Primeira República inaugurou

> o systema da politica dos Estados fortes, quasi independentes, em desfavor da União e em desprestigio da administração dos interesses locaes. Os municipios passaram a ser esteios da politica dos presidentes e acirraram-se as luctas locaes entre partidos, de forma ainda mais sensivel do que no Imperio.[1674]

Citando autores como Alberto Torres e Francisco Campos, Orlando Carvalho critica os excessos da pretensão republicana de descentralização política, que desaguou na circunstância de que "[f]icámos desconhecendo a realidade da vida financeira de Minas até que viesse a centralização de 1930".[1675] Atolados "na situação de redutos politicos dos chefes estaduais",[1676] grande parte dos municípios era caracterizada, assim, pela "anarchia financeira e a desordem administrativa",[1677] marcadas também pela circunstância de serem os municípios descentralizados em distritos.[1678]

1673 CARVALHO, Orlando Magalhães. *O Município Mineiro em face das Constituições*. Belo Horizonte: UFMG/Amigos do Livro, 1937, p. 123. (Tese para concurso).

1674 CARVALHO, Orlando Magalhães. *O Município Mineiro em face das Constituições*. Belo Horizonte: UFMG/Amigos do Livro, 1937, pp. 124/125. (Tese para concurso).

1675 CARVALHO, Orlando Magalhães. *O Município Mineiro em face das Constituições*. Belo Horizonte: UFMG/Amigos do Livro, 1937, p. 147. (Tese para concurso).

1676 CARVALHO, Orlando Magalhães. *O Município Mineiro em face das Constituições*. Belo Horizonte: UFMG/Amigos do Livro, 1937, p. 147. (Tese para concurso).

1677 CARVALHO, Orlando Magalhães. *O Município Mineiro em face das Constituições*. Belo Horizonte: UFMG/Amigos do Livro, 1937, p. 148. (Tese para concurso).

1678 CARVALHO, Orlando Magalhães. *O Município Mineiro em face das Constituições*. Belo Horizonte: UFMG/Amigos do Livro, 1937, p. 148. (Tese para concurso).

Antes de adentar na análise da Constituição de 1934, Carvalho faz uma digressão intitulada "Dictadura". Começa afirmando que

> [a] revolução victoriosa de 1930 provocou uma forte contracção no tecido governamental, realizando pelas leis que dictou uma forte concentração de autoridade no poder central. Nos períodos que succedem immediatamente às agitações revolucionárias é salutar a centralização, a fim de que se imprimam direcções uniformes, quanto às novas orientações.[1679]

Citando a experiência fascista de Mussolini no que concerne à anexação de municípios menores pelos maiores, afirma que não necessariamente seja essa a solução adequada, mas que é algo discutido na experiência europeia, cuja cópia acrítica não recomenda.[1680]

Em seguida, Carvalho registra que,

> [s]e a lei imposta pela dictadura não foi cumprida em todos os seus dispositivos, porque afinal não se mudam habitos sociaes da noite para o dia, é preciso deixar bem claro que prestou grandes serviços no que poude ser realizado, principalmente em materia de administração financeira.[1681]

Cita como exemplos os casos alarmantes de um município que não registrava por escrito os seus balanços financeiros e o da Secretaria de Finanças do Estado, que não sabia informar para

---

1679 CARVALHO, Orlando Magalhães. *O Município Mineiro em face das Constituições*. Belo Horizonte: UFMG/Amigos do Livro, 1937, p. 153. (Tese para concurso).

1680 CARVALHO, Orlando Magalhães. *O Município Mineiro em face das Constituições*. Belo Horizonte: UFMG/Amigos do Livro, 1937, pp. 162-164. (Tese para concurso).

1681 CARVALHO, Orlando Magalhães. *O Município Mineiro em face das Constituições*. Belo Horizonte: UFMG/Amigos do Livro, 1937, p. 165. (Tese para concurso).

quais municípios havia emprestado recursos, tampouco o valor total desses empréstimos e se os entes locais já haviam realizado os pagamentos ou não.[1682]

Para ele, "[s]emelhante estado de cousas, se causava aprehensões em Minas, em S. Paulo provocou uma série de medidas de governo, que vieram a repercutir diretamente na feitura da Constituição de 1934".[1683] O principal exemplo seria a criação pelos paulistas, em 1931, do Departamento de Administração Municipal, que profissionalizou a máquina pública, exemplo posteriormente seguido por Minas Gerais. Segundo aponta, essas experiências teriam redundado no artigo 13, § 3º, da Constituição de 1934.[1684]

Ao consagrar juridicamente os feitos da Revolução de 1930, a Constituição de 1934 – que, para ele, "apresenta sobre a de 1891 todas as superioridades de uma obra que caminhou no sentido essencial da evolução republicana"[1685] – teria promovido:

> (...) grandes melhoramentos essenciaes ao bom funccionamento da machina municipal, estandartizando a contabilidade publica; padronizando os orçamentos e, assim, permittindo vistas de conjunto mais exactas sobre a situação real dos municipios; creando cursos praticos de contabilidade publica para os contadores locaes; installando serviço juridico movimentado

---

1682 CARVALHO, Orlando Magalhães. *O Município Mineiro em face das Constituições*. Belo Horizonte: UFMG/Amigos do Livro, 1937, pp. 166/167. (Tese para concurso).

1683 CARVALHO, Orlando Magalhães. *O Município Mineiro em face das Constituições*. Belo Horizonte: UFMG/Amigos do Livro, 1937, p. 167. (Tese para concurso).

1684 CARVALHO, Orlando Magalhães. *O Município Mineiro em face das Constituições*. Belo Horizonte: UFMG/Amigos do Livro, 1937, p. 170. (Tese para concurso).

1685 CARVALHO, Orlando Magalhães. *O Município Mineiro em face das Constituições*. Belo Horizonte: UFMG/Amigos do Livro, 1937, p. 175. (Tese para concurso).

e interessante e, emfim, provocando uma serie de renovações proveitosas, que, embora fracamente, vieram repercutir no espirito dos legisladores do Estado, na Constituição e na Lei Organica dos Municipios actualmente em vigor entre nós.[1686]

E completa:

Muitos foram os que se bateram pela renovação constitucional, dando-se à Constituição o cunho unitario que lhe devera caber como segunda etapa da jornada federativa e dentre elles é indispensavel citar o esforço de ALBERTO TORRES, pensador politico que foi pouco lido pelos contemporâneos por via do seu systema de idéas e de seu pessimo estylo. O homem nacional é feitura da educação, devendo, portanto, os dirigentes orientar a vida do paiz no sentido mais propicio à sua formação e esse é o da unidade.

Tal idéa apparece muito mais vivamente na Constituição de 1934 do que não importa em que outro monumento politico republicano brasileiro. As tendencias federalistas potentes e ageis adaptaram-se admiravelmente ao trabalho do legislador, conformando-se com innumeras medidas que foram nitidamente unitarias.

(...)

O certo é que à União se outorgaram poderes capazes de unificar as principaes actividades nacionaes, reduzindo-as a termo comum e fabricando dahi o – homem nacional – capaz de bem cumpri-la.[1687]

1686 CARVALHO, Orlando Magalhães. *O Município Mineiro em face das Constituições*. Belo Horizonte: UFMG/Amigos do Livro, 1937, pp. 170/171. (Tese para concurso).

1687 CARVALHO, Orlando Magalhães. *O Município Mineiro em face das Constituições*. Belo Horizonte: UFMG/Amigos do Livro, 1937, pp. 175-177. (Tese para concurso).

A Constituição de 1934 teria primado por ressignificar a relação entre os entes federados e a União, reconhecendo a

> relatividade das soberanias locaes e do seu desvalor em face da moderna democracia, que as incorporou no todo da representação politica. Convence-se o mundo moderno cada vez mais de que os corpos descentralizados aconselham e vigiam, mas não decidem.[1688]

Endossando a centralização política, Orlando Carvalho defende que, "[e]m qualquer das modernas correntes jurídicas, realizadas no mundo civilizado, encontramos essa comprehensão da unidade de poder do Estado em face dos demais poderes circumjacentes".[1689]

Isso porque "[a] administração local na democracia poderá vir a ser uma forma particular da administração geral – uma especialização de funções – que elimine todo conflito e levante todo principio de oposição entre elles".[1690] E complementa afirmando que

> [t]aes principios justificam plenamente as tendencias absorventes do Estado democratico moderno, da mesma forma que os principios dos Estados totalitarios justificam com effusão o encanamento completo da administração local.[1691]

1688 CARVALHO, Orlando Magalhães. *O Município Mineiro em face das Constituições*. Belo Horizonte: UFMG/Amigos do Livro, 1937, p. 178. (Tese para concurso).

1689 CARVALHO, Orlando Magalhães. *O Município Mineiro em face das Constituições*. Belo Horizonte: UFMG/Amigos do Livro, 1937, p. 178. (Tese para concurso).

1690 CARVALHO, Orlando Magalhães. *O Município Mineiro em face das* Constituições. Belo Horizonte: UFMG/Amigos do Livro, 1937, pp. 179/180. (Tese para concurso).

1691 CARVALHO, Orlando Magalhães. *O Município Mineiro em face das Constituições*. Belo Horizonte: UFMG/Amigos do Livro, 1937, pp. 180/181. (Tese para concurso).

Com base nos *Fundamentos Actuaes do Direito Constitucional* (1932), de Pontes de Miranda, aduz que as relações constitucionalmente estabelecidas entre poderes e entes federativos "é mais uma distribuição de encargos do que uma separação de situações".[1692]

Ao contrário, os dispositivos da Constituição de 1891, inspirados na ordem constitucional estadunidense,

> [f]ortificaram os Estados e crearam no espirito popular o preceito hoje inarraigavel da autonomia municipal como base da democracia e da organização politica, sacrificando a seus interesses momentaneos o processo de elaboração da unidade nacional, que se viu assim interrompido por quarenta annos de Republica.[1693]

Em típica reflexão da década de 1930, Orlando Carvalho diferencia *política* (que, para ele, está mais para a politicagem liberal) da *administração* (desenvolvida a partir de critérios técnicos) para criticar o princípio da separação de Poderes teorizado por Montesquieu e presente na Constituição estadunidense de 1787:

> A inefficiencia desse typo de governo, para promover o bem commum e corrigir os abusos, inefficiencia decorrente da fraqueza do Executivo, está comprovada pela experiencia de seculo e meio. Nesse systema se revela, mais gravemente do que em qualquer outro, a doença que aflige as democracias:

1692 CARVALHO, Orlando Magalhães. *O Município Mineiro em face das Constituições*. Belo Horizonte: UFMG/Amigos do Livro, 1937, p. 182. (Tese para concurso).

1693 CARVALHO, Orlando Magalhães. *O Município Mineiro em face das Constituições*. Belo Horizonte: UFMG/Amigos do Livro, 1937, p. 184. (Tese para concurso).

> a intervenção da politica na administração com objectivos que nem sempre são de satisfazer o interesse collectivo.[1694]

É importante destacar que a tese de Orlando Carvalho foi publicada em 1937, provavelmente antes da outorga da Carta de 10 de novembro, já que discorre apenas sobre as Constituições de 1824, 1891 e 1934, sem mencionar a Carta de 1937 (à semelhança do que também ocorreu com a tese vencedora do certame – *O poder de veto*, de Mario Casasanta –, conforme explorado no subcapítulo anterior).

Do excurso doutrinário acima tecido, nota-se que Orlando Magalhães Carvalho, na sua primeira monografia eminentemente jurídica, estava alinhado com os pressupostos constitucionais do paradigma do Estado Social, notadamente no que concerne à ressignificação do princípio da separação de Poderes, à centralização política, à crítica da democracia parlamentar, à proeminência do Poder Executivo e à aposta na tecnicidade estatal na formulação de políticas públicas. Inclusive, segundo aduz, "é pena que [a Constituição de 1934] vede a reeleição para o período seguinte (artigo 61, § 3º): a nação não é um reservatório de homens públicos que possam succeder-se vantajosamente na administração".[1695]

É digno de nota que o jurista mineiro cita exemplos políticos concretos apontados como modernos, tais como o de Mussolini na Itália fascista, e análises teóricas mais consentâneas com a nova estrutura federativa brasileira de 1934, como as de Alberto Torres, Pontes de Miranda e Francisco Campos.

De acordo com Raul Machado Horta, a tese de Orlando Carvalho

1694 CARVALHO, Orlando Magalhães. *O Município Mineiro em face das Constituições*. Belo Horizonte: UFMG/Amigos do Livro, 1937, p. 189. (Tese para concurso).

1695 CARVALHO, Orlando Magalhães. *O Município Mineiro em face das Constituições*. Belo Horizonte: UFMG/Amigos do Livro, 1937, p. 201. (Tese para concurso).

> revelava no seu jovem autor aprofundado conhecimento da organização municipal brasileira e visão crítica da concepção constitucional dominante, então sob o fascínio do famoso princípio do "peculiar interesse", que vinha da Constituição Republicana de 1891";[1696] em suma, nas palavras do próprio autor, tratava-se de examinar criticamente a "imprudência do liberalismo".[1697]

Com o desdobramento da cátedra de Direito Público e Constitucional pelo advento do Decreto-Lei n. 2.639/1940 e diante da peculiar possibilidade de escolha conferida a Mario Casasanta de permanecer na cadeira de Direito Constitucional, Orlando Carvalho foi indicado pela Congregação da Faculdade, em 20 de março de 1941, para reger, interinamente, na condição de livre-docente de Direito Público e Constitucional, a disciplina de Teoria Geral do Estado.[1698]

Durante os anos seguintes, ele lecionaria como catedrático interino da referida disciplina até a sua investidura definitiva, por concurso, em junho de 1952.

Nessa década (1941-1952), o professor mineiro escreveu algumas obras de teoria política: *O Mecanismo do Governo Británico* (1943);[1699] *Política do Município* (*Ensaio histórico*) (1945);[1700] *URSS:*

1696 HORTA, Raul Machado. "Discurso de saudação ao Professor Emérito Orlando Magalhães Carvalho". *Revista da Faculdade de Direito da Universidade Federal de Minas Gerais*, nº 28-29, 1986, p. 415.

1697 CARVALHO, Orlando Magalhães. *O Município Mineiro em face das Constituições*. Belo Horizonte, UFMG/Amigos do Livro, 1937, p. 145. (Tese para concurso).

1698 HORTA, Rael Machado. "Discurso de saudação ao Professor Emérito Orlando Magalhães Carvalho". *Revista da Faculdade de Direito da Universidade Federal de Minas Gerais*, nº 28-29, 1986, pp. 414/415.

1699 CARVALHO, Orlando Magalhães. *O mecanismo do governo britânico*. Belo Horizonte: Amigos do Livro, 1943.

1700 CARVALHO, Orlando Magalhães. *Política do Município* (Ensaio histórico). Rio de Janeiro: Agir, 1946.

um Estado Socialista dos Operários e Camponeses (1947);[1701] e *A Crise dos Partidos Nacionais* (1950).[1702] Além delas, publicou alguns textos para servirem de base às suas preleções na Faculdade: *Resumos de Teoria Geral do Estado – I: Introdução* (1941)[1703] e *Resumos de Teoria Geral do Estado – II: Origens do Estado* (1942).[1704] Em linhas gerais, esses dois últimos textos acima mencionados serviram de base para a escrita da tese *Caracterização da Teoria Geral do Estado*,[1705] com a qual Orlando Carvalho obteria, em 1952, a investidura definitiva na referida cadeira. Diante da identidade de conteúdos, optou-se por abordar aqui apenas a tese de 1952, inclusive porque é a publicação pela qual Orlando Carvalho se notabilizou.

Desde pelo menos 1942, o Estado Novo vinha sofrendo contestações políticas.[1706] Uma das mais explícitas foi aquela empreendida por Antonio Carlos Ribeiro de Andrada por meio da entrevista intitulada *As democracias vencerão a opressão*,[1707] concedida à revista *Diretrizes* em abril de 1942. O velho político mineiro alegou que, inicialmente, não apoiava a Aliança Liberal, mas que se deixou seduzir por ela porque

---

1701 CARVALHO, Orlando Magalhães. *URSS*: um estado socialista dos operários e camponeses. Rio de Janeiro: Agir, 1947.

1702 CARVALHO, Orlando Magalhães. *A Crise dos partidos nacionais*. Belo Horizonte: Kriterion, 1950.

1703 CARVALHO, Orlando Magalhães. *Resumos de Teoria Geral do Estado* – I: introdução. Belo Horizonte: Amigos do Livro, 1941.

1704 CARVALHO, Orlando Magalhães. *Resumos de Teoria Geral do Estado* – II: origens do Estado. Belo Horizonte: Amigos do Livro, 1942.

1705 CARVALHO, Orlando M. *Caracterização da Teoria Geral do Estado*. Belo Horizonte: Kriterion, 1950, p. 55.

1706 FAUSTO, Boris. *História do Brasil*. 13ª ed. São Paulo: Universidade de São Paulo, 2008, pp. 382-385.

1707 ANDRADA, Antonio Carlos Ribeiro. "Entrevista (As democracias vencerão a opressão)". *Diretrizes*, nº 96, abr. 1942, pp. 3-5 e 30. Disponível em: https://memoria.bn.br/pdf/163880/per163880_1942_00096.pdf. Acessado em: 20.08.2024.

> o programa da Aliança Liberal e, por conseqüência, a revolução de 30, só tiveram em mira um propósito: o aperfeiçoamento do regime democratico no Brasil, de forma a se tornar uma realidade a representação política.[1708]

Afirmou, ainda, que não se sentia arrependido de ter apoiado o movimento de 1930, mas que "as ditaduras teem vida efêmera. Quase sempre, são momentos de transição dentro da democracia, momentos que só podem sugerir o aperfeiçoamento dessa mesma democracia".[1709] Em seguida, afirma: "Virtualmente, sou contra as ditaduras".[1710]

Sobre a Segunda Guerra Mundial, declarando-se inclinado à causa dos Aliados, Antonio Carlos afirmou que, "quanto ao seu resultado final, não podemos divergir: as democracias conseguirão mais uma vez derrotar regimes de opressão".[1711]

Essa entrevista repercutiu fortemente na cena política de Minas Gerais, já que inspirou, ainda que indiretamente, um grupo de opositores ao regime estado-novista – em sua maioria, formado por políticos, intelectuais, diretores de bancos etc., quase todos

---

1708 ANDRADA, Antonio Carlos Ribeiro. "Entrevista (As democracias vencerão a opressão)". *Diretrizes*, nº 96, abr. 1942, pp. 3-5 e 30. Disponível em: https://memoria.bn.br/pdf/163880/per163880_1942_00096.pdf. Acessado em: 20.08.2024.

1709 ANDRADA, Antonio Carlos Ribeiro. "Entrevista (As democracias vencerão a opressão)". *Diretrizes*, nº 96, abr. 1942, pp. 3-5 e 30. Disponível em: https://memoria.bn.br/pdf/163880/per163880_1942_00096.pdf. Acessado em: 20.08.2024.

1710 ANDRADA, Antonio Carlos Ribeiro. "Entrevista (As democracias vencerão a opressão)". *Diretrizes*, nº 96, abr. 1942, pp. 3-5 e 30. Disponível em: https://memoria.bn.br/pdf/163880/per163880_1942_00096.pdf. Acessado em: 20.08.2024.

1711 ANDRADA, Antonio Carlos Ribeiro. "Entrevista (As democracias vencerão a opressão)". *Diretrizes*, nº 96, abr. 1942, pp. 3-5 e 30. Disponível em: https://memoria.bn.br/pdf/163880/per163880_1942_00096.pdf. Acessado em: 20.08.2024.

bacharéis defensores de um liberalismo conservador – a, no ano seguinte, escrever e publicar o famoso *Manifesto dos Mineiros* (1943). Mediante o referido documento, encorajados pela participação do Brasil na Segunda Guerra ao lado dos Aliados, os autores rememoraram as históricas lutas de Minas Gerais em prol da liberdade, com destaque para a Inconfidência Mineira e a atuação política de Teófilo Ottoni no Segundo Reinado, reafirmando, assim, o suposto perene compromisso de Minas com a democracia.[1712]

De acordo com Maria Vitória Benevides, não obstante o conteúdo da manifestação fosse "relativamente brando – mais próximo de um discurso de bacharéis do que de um libelo oposicionista de cunho radical",[1713] a importância histórica que ganhou decorre do seguinte:

> 1) de seu caráter precursor, por ser a primeira manifestação ostensiva, coletiva e assinada, organizada por membros de elites liberais, até então ausentes em qualquer contestação pública; 2) de seu significado regional, no sentido de ser uma resposta dos mineiros ao que percebiam como "a espoliação do poder político de Minas Gerais a partir da ascensão de Getúlio Vargas", o que confirma a importância das tradições regionalistas na política brasileira; 3) da reação do governo, recorrendo a sanções contra os signatários (demissões ou aposentadorias dos cargos), o que foi objeto de grande repercussão em todos os setores da oposição ao regime, e 4) da

---

1712 CAVALCANTI, Orlando. *Os insurretos de 43*: o manifesto dos mineiros e suas consequências. 2º ed. Rio de Janeiro: Civilização Brasileira, 1978, pp. 33-44.

1713 BENEVIDES, Maria Victoria Mesquita. "Manifesto dos Mineiros". *Atlas Histórico do Brasil Fundação Getúlio Vargas*, 2023. Disponível em: https://atlas.fgv.br/verbete/5992. Acessado em: 21.08.2024. Inclusive, salientava-se que "é não um documento subversivo; não visamos agitar nem pretendemos conduzir" (CAVALCANTI, Orlando. *Os insurretos de 43*: o manifesto dos mineiros e suas consequências. 2º ed. Rio de Janeiro: Civilização Brasileira, 1978, p. 33).

> vinculação entre os principais articuladores do manifesto com o movimento conspiratório que desembocaria na criação da União Democrática Nacional (UDN) em torno da candidatura do brigadeiro Eduardo Gomes às eleições presidenciais de 1945.[1714]

Das 92 assinaturas, constam nomes famosos como os de Adauto Lúcio Cardoso, Afonso Arinos de Melo Franco, Artur Bernardes, Bilac Pinto, Caio Mário da Silva Pereira, Carlos Campos, Dario de Almeida Magalhães, José de Magalhães Pinto, Milton Campos, Pedro Aleixo, dentre vários outros. Todavia, conforme já adiantado, não há no manifesto a assinatura de Orlando Magalhães de Carvalho e de seu sogro, Estêvão Magalhães Pinto, este último, notório opositor do Estado Novo.

Não se pode apontar precisamente o motivo pelo qual Orlando Carvalho também não assinou o Manifesto de 1943, mas talvez as duas hipóteses mais plausíveis sejam: (i) solidariedade e alinhamento político com seu sogro, que não assinou; e/ou (ii) temores em relação a retaliações estado-novistas, já que exercia apenas interinamente a cátedra de Teoria Geral do Estado e poderia, facilmente, ser dela removido como punição do governo, o que, inclusive, viria de fato a ocorrer com a maioria dos signatários, incluindo professores catedráticos efetivos, a exemplo de Bilac Pinto na Faculdade Nacional de Direito. A não concordância com o conteúdo do documento é implausível, haja vista, conforme doravante será discorrido, o grande alinhamento político que Carvalho teve com as referidas pautas do Manifesto após a queda do Estado Novo.

Após a vitória dos Aliados na Segunda Guerra Mundial e a progressiva saia-justa democrática imposta à ditadura varguista – que apoiara os vencedores –, houve, em decorrência de diversas pressões

---

1714 BENEVIDES, Maria Victoria Mesquita. "Manifesto dos Mineiros". *Atlas Histórico do Brasil Fundação Getúlio Vargas*, 2023. Disponível em: https://atlas.fgv.br/verbete/5992. Acessado em: 21.08.2024.

políticas nesse sentido, a expedição do Decreto-Lei n. 7.586, de 28 de maio de 1945 (mais conhecido como "Lei Agamenon"), o qual promoveu uma evidente abertura política: recriou a Justiça Eleitoral, convocou eleições gerais e novamente permitiu a constituição de partidos políticos no país.

Nesse contexto, em 7 de abril de 1945, foi fundada a União Democrática Nacional (UDN). Tratava-se de uma ampla e multifacetada frente de oposição a Getúlio Vargas, formada por uma miríade de forças políticas estaduais:

> a) As oligarquias destronadas com a Revolução de 30; b) Os antigos aliados de Getúlio, marginalizados depois de 30 ou em 37; c) Os que participaram do Estado Novo e se afastaram antes de 1945; d) Os grupos liberais com uma forte identificação regional; e) As esquerdas.[1715]

Para se ter uma breve amostra da multiplicidade de forças políticas que, em 1945, integraram ou compuseram com a UDN, citem-se Artur Bernardes (antigo político mineiro mandachuva do PRM, que foi apeado do poder em 1930), Adhemar de Barros (ex-interventor de Getúlio em São Paulo), Oswaldo Aranha (amigo pessoal de Vargas e político bastante atuante desde a eclosão da Revolução de 1930 até os estertores do Estado Novo), José Américo de Almeida (apoiador da Revolução de 1930 e ex-Ministro de Vargas), Milton Campos, Afonso Arinos de Melo Franco, Virgílio de Mello Franco, Bilac Pinto, Magalhães Pinto, Júlio de Mesquita Filho, Graciliano Ramos, Hermes Lima etc.[1716]

1715 BENEVIDES, Maria Victoria Mesquita. *A UDN e o Udenismo*: ambiguidades do liberalismo brasileiro (1945-1965). Rio de Janeiro: Paz e Terra, 1981, p. 29.

1716 BENEVIDES, Maria Victoria Mesquita. *A UDN e o Udenismo*: ambiguidades do liberalismo brasileiro (1945-1965). Rio de Janeiro: Paz e Terra, 1981, pp. 28-33.

É claro que UDN não era naquele momento inicial (e jamais viria a sê-lo) um todo coeso.[1717] Na verdade, em 1945, importava mais aos seus fundadores ou simpatizantes a única coisa que esse fractal de atores políticos tinha momentaneamente em comum: a oposição a Vargas.

Em termos político-ideológicos, a espinha dorsal dos seus fundadores mais dogmáticos e coesos entre si se caracterizava por um "liberalismo econômico professado no antiestatismo, paralelo ao liberalismo político negado na exclusão da participação popular e traído no golpismo de inspiração elitista e militarista".[1718]

Por imperativos de tempo e de aderência temática, não há como se discorrer aqui com mais profundidade sobre as características, ambiguidades e contradições da referida agremiação, tampouco sobre o seu importante papel político até 1964. O que interessa aqui assentar é que, ao lado de destacadas figuras como Afonso Arinos de Melo Franco, Virgílio de Mello Franco, Odilon Braga, Milton Campos, Pedro Aleixo, Dario de Almeida Magalhães, dentre outros, Orlando Magalhães Carvalho foi um dos fundadores da UDN em Minas Gerais.[1719]

Inclusive, Carvalho veio a ocupar diversos postos políticos na direção do Partido, como, por exemplo, o de fundador do seu Departamento de Cultura.[1720]

1717 BENEVIDES, Maria Victoria Mesquita. *A UDN e o Udenismo*: ambiguidades do liberalismo brasileiro (1945-1965). Rio de Janeiro: Paz e Terra, 1981, pp. 28-33.

1718 BENEVIDES, Maria Victoria Mesquita. *A UDN e o Udenismo*: ambiguidades do liberalismo brasileiro (1945-1965). Rio de Janeiro: Paz e Terra, 1981, p. 149.

1719 MONTEIRO, Norma de Góis (Coord.). *Dicionário biográfico de Minas Gerais*: período republicano (1889-1991). vol. 1. Belo Horizonte: Assembleia Legislativa do Estado de Minas Gerais, 1994, p. 159.

1720 MONTEIRO, Norma de Góis (Coord.). *Dicionário biográfico de Minas Gerais*: período republicano (1889-1991). vol. 1. Belo Horizonte:

Em 1947, Milton Campos foi eleito Governador de Minas Gerais pela UDN e, no referido governo, Orlando Carvalho dirigiu o Departamento de Assistência aos Municípios (1948-1949) e o Departamento de Administração Geral (1949-1950), além de também ter atuado como Secretário da Educação e Saúde Pública (1950-1951).[1721] É evidente, assim, que Carvalho esteve bastante alinhado ao campo político udenista após a queda do Estado Novo, mesmo não tendo sido signatário do *Manifesto dos Mineiros*, de 1943.

Em setembro de 1945, Orlando Carvalho publicou o interessante artigo "A política constitucional dos municípios no Brasil" na *Revista Forense*, em que, comentando sobre a centralizadora política da Carta de 1937, assim discorreu:

> No atual periodo ditatorial, regressamos diretamente à tutela, sem nenhum disfarce. O povo foi afastado de qualquer participação na formação do governo local. O prefeito é nomeado pelo interventor e administra sem a assistência de qualquer conselho deliberativo ou técnico. A origem de sua autoridade é o chefe, correspondendo esta forma de criação de autoridades ao princípio da *Fuehrerschaft*, um dos pilares da organização totalitária, mas não o único. O outro, a *Gleichschaltung*, ou nivelamento, não foi aplicado, por enquanto.[1722]

No mesmo texto, Carvalho critica o "período ditatorial" de 1930-1934, em que se promoveu uma centralização administrativa nos municípios, sobretudo pela indicação direta dos prefeitos pelos interventores estaduais e pela atuação dos Departamentos de Administração Municipal. Nas suas palavras, "[r]essurgiu assim a tutela

---

Assembleia Legislativa do Estado de Minas Gerais, 1994, p. 159.

1721 MONTEIRO, Norma de Góis (Coord.). *Dicionário biográfico de Minas Gerais*: período republicano (1889-199l). vol. 1. Belo Horizonte: Assembleia Legislativa do Estado de Minas Gerais, 1994, p. 159.

1722 CARVALHO, Orlando Magalhães. "A Política Constitucional dos Municípios no Brasil". *Revista Forense*, set. 1945, p. 440.

imperial para efeito de fortalecer o regime pessoal".[1723] Como se vê, a sua posição é diametralmente oposta àquela declinada na tese de 1937, quando enalteceu a atuação desses mesmos departamentos técnicos e a centralização administrativa, inclusive criticando a Constituição de 1934 por não ter permitido a reeleição, o que contrasta com a sua crítica de 1945 ao suposto fortalecimento do "regime pessoal" e à perpetuação de dirigentes no poder.

A revista da Faculdade de Direito de Minas Gerais foi publicada, com relativa regularidade, entre 1894 e 1919, totalizando 11 volumes. Após a publicação ser descontinuada, foi reformulada e retomada em 1949, iniciando-se a numeração novamente pelo volume 1.

A primeira publicação autoral de Orlando Carvalho na referida revista ocorreu, justamente, no primeiro volume depois da reformulação do periódico, em 1949, ocasião em que escreveu o ensaio "Constituição de 1946 (explicação popular)".[1724] No referido texto, o professor mineiro muda de tom em relação à tese de 1937, quando dedicou, conforme acima demonstrado, um capítulo inteiro aos regimes ditatoriais e, enquadrando o Governo Provisório (1930-1934) na referida categoria, demonstrou certa simpatia por sua atuação legiferante centralizadora e modernizadora do Estado brasileiro, sobretudo no que concerne aos municípios.

Se, no livro O *Município Mineiro em face das Constituições*, Orlando Carvalho demonstrava simpatias em relação à centralização política empreendida pela Revolução de 1930 – chegando a afirmar que "a lei imposta pela dictadura (...) prestou grandes serviços no que poude ser realizado, principalmente em materia de administração

---

1723 CARVALHO, Orlando Magalhães. "A Política Constitucional dos Municípios no Brasil". *Revista Forense*, set. 1945, p. 440.

1724 CARVALHO, Orlando Magalhães. "Constituição de 1946 (explicação popular)". *Revista da Faculdade de Direito da Universidade Federal de Minas Gerais*, vol. 1, 1949, pp. 126-137.

financeira"[1725] – com o final do Estado Novo e com o advento da Constituição de 1946, ele afirma que

> [o] termo democracia tem sido usado para caracterizar tantas constituições diferentes e para definir cousas tão diversas, que mesmo ditaduras hoje existentes se chamam de democráticas. A necessidade de disfarçar o regime autoritário para conquistar a boa fé do povo tem obrigado os ditadores a usar a linguagem pacifica da democracia.[1726]

Ademais, se, na tese de 1937, Carvalho criticava a Constituição de 1934 por não permitir a reeleição de chefes de governo no Brasil, depois, passa a afirmar que "[o]utro princípio indispensável para que exista o regime democrático é o de substituir periodicamente os governantes, obrigando-os a prestarem contas de sua respectiva gestão".[1727]

Conforme visto, o artigo 5º do Decreto-Lei n. 2.639/1940 proibiu a realização de concursos para as cátedras de Direito Constitucional durante o lapso temporal de 3 (três) anos, prazo esse que foi prorrogado, por igual período, pelo artigo 1º do Decreto-Lei n. 6.333, de 9 de março de 1944. Muito embora a situação de Minas Gerais, conforme visto no subcapítulo anterior, tenha sido *sui generis*, já que Mario Casasanta pôde optar por ser transferido definitivamente para a cátedra de Direito Constitucional, não haveria,

---

1725 CARVALHO, Orlando Magalhães. *O Município Mineiro em face das Constituições*. Belo Horizonte, UFMG/Amigos do Livro, 1937, p. 165. (Tese para concurso).

1726 CARVALHO, Orlando Magalhães. "Constituição de 1946:explicação popular". *Revista da Faculdade de Direito da Universidade Federal de Minas Gerais*, vol.1, 1949, pp. 128/129.

1727 CARVALHO, Orlando Magalhães. "Constituição de 1946 (explicação popular)". *Revista da Faculdade de Direito da Universidade Federal de Minas Gerais*, vol.1, 1949, p. 129.

em tese, impedimento por parte de tal decreto para a realização de concursos para a cátedra de Teoria Geral do Estado.

Não obstante isso, somente em junho de 1952, Orlando Magalhães Carvalho teve a oportunidade de ser definitivamente empossado na cátedra de Teoria Geral do Estado. Após mais de dez anos de docência interina na referida disciplina, concorreu sozinho em novo certame,[1728] defendendo, então, a tese *Caracterização da Teoria Geral do Estado*, obra sistematizadora de suas reflexões teoréticas nessa década de docência interina da referida disciplina.

Nessa tese de 1952, escrita já sob a ordem constitucional democrática de 1946, Orlando Carvalho adota, na linha dos seus *Resumos* de 1941 e 1942, um tom mais dogmático e analítico ao se debruçar sobre o Direito Público, mais focado que estava em aspectos científicos e metodológicos da Teoria Geral do Estado do que propriamente em problemas de filosofia política e de história constitucional, como ocorrera com a tese defendida no concurso que perdera para Mario Casasanta em 1938.

1728 Referido concurso está documentado em DEODARO, Alberto *et al.* "Crônica Universitária". *Revista da Faculdade de Direito da Universidade Federal de Minas Gerais*, vol. 4, 1952, pp. 202/203: "em junho último, realizou-se o concurso de Teoria Geral do Estado, no qual se inscreveu somente o professor Orlando M. Carvalho, docente livre da Faculdade.

A banca foi integrada pelos professores Aguinaldo Costa Pereira e. L.A. Costa Carvalho, do Rio; Ataliba Nogueira, de S. Paulo; e Carlos Campos e Afonso Teixeira Lages, representantes da Congregação da Faculdade.

A prova escrita versou sôbre o ponto. 'Origem convencional do Estado'. A defesa da tese realizou-se, era seguida, tendo o candidato apresentado um trabalho intitulado 'Caracterização da Teoria Geral do Estado'. A última prova, a didática, versou sobre 'Os fins do Estado'.

Findo o concurso, o professor Orlando M. Carvalho foi aprovado e indicado por unanimidade para a nova cátedra, que foi criada em 1940".

No capítulo 1, aborda a vagueza, a imprecisão e a multiplicidade terminológicas envoltas na Teoria Geral do Estado. Sobretudo porque, “nas ciências sociais, os sentimentos do cientista se associam às observações e as deformam”,[1729] o que potencializa a “lacuna considerável de não existir acôrdo sôbre o sentido das palavras cujo emprêgo nos é de maior necessidade, como por exemplo, Estado, Govêrno, nação, liberdade, democracia, povo, outras”.[1730]

Nos capítulos 1, 2 e 3, discorre Carvalho sobre a Teoria Geral do Estado enquanto espécie do gênero das Ciências do Estado. Para ele, adotando a classificação de von Mayr, as Ciências do Estado *strictu sensu* “são aquelas ciências que compreendem o conhecimento sistemático do Estado e dos conceitos políticos, inclusive das disciplinas jurídicas relativas ao Estado”.[1731] Seriam exemplos dessa classificação a Teoria Geral do Estado, a Política, o Direito Público e o Direito Internacional.

Por outro lado, a Economia Política, a Política Social e a Estatística seriam Ciências do Estado *lato sensu*, porque o Estado seria um objeto de estudo mediato e não sistemático, mas, ainda assim, paralelo e importante às duas específicas reflexões, inclusive universitárias.[1732]

Falando especificamente sobre a Teoria Geral do Estado, Orlando Carvalho aduz que o seu objeto seria “investigar a específica realidade estatal circundante, para compreendê-la na sua estrutura

---

1729 CARVALHO, Orlando M. *Caracterização da Teoria Geral do Estado*. Belo Horizonte: Kriterion, 1950, p. 14.

1730 CARVALHO, Orlando M. *Caracterização da Teoria Geral do Estado*. Belo Horizonte: Kriterion, 1950, pp. 16/17.

1731 CARVALHO, Orlando M. *Caracterização da Teoria Geral do Estado*. Belo Horizonte: Kriterion, 1950, p. 30.

1732 CARVALHO, Orlando M. *Caracterização da Teoria Geral do Estado*. Belo Horizonte: Kriterion, 1950, pp. 30/31.

e funções atuais, no seu movimento progressivo histórico e nas tendências de sua evolução”.[1733]

É interessante o aparte que faz no sentido de destacar que

> o *geral*, empregado na fórmula clássica não deve levar-nos à construção de um conceito abrangente das constantes válidas para tôdas as épocas e culturas, tão universal que se torne inútil como instrumento cientifico do conhecer.[1734]

Dessa forma, o adjetivo geral “deve ser o denominador comum obtido dos fatores psicológicos e fenômenos históricos da vida dos Estados concretos”.[1735]

Muito embora demonstre grande apreço e se valha ostensivamente da dualidade metodológica de Jellinek para o estudo do Estado (dimensões sócio-histórica e jurídica), Orlando Carvalho toma cuidado em marcar que:

> (...) a Teoria geral do Estado, na sua forma atual, tem missão e tarefa específicas, que não são as mesmas da Teoria geral do Estado do século XIX, modelarmente encarnadas em Jellinek. Os representantes dessa ciência, sobretudo na cultura alemã, foram levados a construir uma Teoria geral do Estado nos têrmos das aspirações da época, transformando-a em ciência genérica de conceitos de Direito Público e separando e afastando, como não genuínos, os elementos que não fôssem jurídicos. De tal forma, a Teoria geral do Estado veio a corresponder, segundo Heller, à perfeita expressão da mentalidade burguesa

1733 CARVALHO, Orlando M. *Caracterização da Teoria Geral do Estado*. Belo Horizonte: Kriterion, 1950, p. 37.

1734 CARVALHO, Orlando M. *Caracterização da Teoria Geral do Estado*. Belo Horizonte: Kriterion, 1950, p. 37.

1735 CARVALHO, Orlando M. *Caracterização da Teoria Geral do Estado*. Belo Horizonte: Kriterion, 1950, p. 38.

> consolidade praticamente na segurança das instituições e no acôrdo sôbre os princípios fundamentais da sociedade. (...).
>
> Nestas condições, a moderna Teoria geral do Estado tem um objetivo preciso: a exposição com método dogmático dos princípios de estrutura e de organização dos tipos de Estado de origem doutrinária e evolução histórica comum, o que restringiria o sentido de geral para atingir um círculo menor de elementos formadores do "denominador comum", de Waldecker. Hermann Heller é ainda mais exigente, impondo a limitação da generalização ao mundo político do círculo cultural do Ocidente e à realidade histórico-social, uma vez que não considera "uma emancipação olímpica do conhecer científico em relação a ela", dando como objeto da Teoria geral do Estado, o Estado, a partir da Renascença.
>
> Para atingir seu objetivo, a observação revela que é possível descobrir uma uniformidade geral, capaz de constituir ponto de referência para o trabalho científico.[1736]

É preciso destacar, do excerto supracitado, tanto a escorreita visão crítica que Carvalho tem da obra de Jellinek, como o fato de se utilizar da obra de Hermann Heller de maneira pioneira no Brasil, já que, naquela época, o jurista alemão socialista era praticamente ignorado pela publicística nacional.

Orlando Carvalho acentua, ainda, a luta por campo próprio por parte da Teoria Geral do Estado. É bastante interessante notar que o jurista mineiro, de forma bastante pioneira e contrariamente à ainda hoje disseminada prática de se estudar a referida disciplina passando em revista o conceito de Estado desde a Grécia Antiga até a contemporaneidade, afirma que

> [m]uitos pensadores focalizaram o Estado em suas meditações, mas o conhecimento sistemático, a que denominamos

---

1736 CARVALHO, Orlando M. *Caracterização da Teoria Geral do Estado*. Belo Horizonte: Kriterion, 1950, pp. 38-40.

> hoje Teoria geral do Estado, não teve curso senão em período histórico relativamente mais recente e mais na Alemanha do que alhures.[1737]

Com amparo em Giuseppe Grassi, Carvalho pontua, ainda, diante da miríade de disciplinas afins à Teoria Geral do Estado, todas elas com estudos particulares e recortados sobre o fenômeno estatal, uma "crise de método de trabalho"[1738] possivelmente devido à circunstância de "que se tenha alargado de tal modo o horizonte científico que se perdeu a visão clara de uma ciência que, em meio às outras, devesse desempenhar a função de coordenadora e integradora".[1739] Noutras palavras, a Teoria Geral do Estado possuiria "essa missão de sintetizar os resultados das indagações das outras ciências",[1740] já que "realiza a satisfação de uma necessidade do espírito humano, que é obter a síntese dos conhecimentos e a unidade real do objeto".[1741]

No capítulo 6 da tese, Orlando Carvalho aduz que "[o] problema propedêutico fundamental da Teoria geral do Estado está na solução da dificuldade em formular uma noção de Estado, que lhe permita conciliar o conceito com a realidade estatal".[1742] A solução, para ele, teria sido o desenvolvimento do conceito de tipo ideal de Jellinek, segundo o qual

---

1737 CARVALHO, Orlando M. *Caracterização da Teoria Geral do Estado*. Belo Horizonte: Kriterion, 1950, pp. 44/45.

1738 CARVALHO, Orlando M. *Caracterização da Teoria Geral do Estado*. Belo Horizonte: Kriterion, 1950, p. 49.

1739 CARVALHO, Orlando M. *Caracterização da Teoria Geral do Estado*. Belo Horizonte: Kriterion, 1950, p. 50.

1740 CARVALHO, Orlando M. *Caracterização da Teoria Geral do Estado*. Belo Horizonte: Kriterion, 1950, p. 50.

1741 CARVALHO, Orlando M. *Caracterização da Teoria Geral do Estado*. Belo Horizonte: Kriterion, 1950, p. 50.

1742 CARVALHO, Orlando M. *Caracterização da Teoria Geral do Estado*. Belo Horizonte: Kriterion, 1950, p. 55.

> [h]á grandes analogias nas manifestações da vida estatal, embora cada Estado conserve a sua individualidade. Podem construir-se, portanto, tipos de Estado, mas deve-se fazer de antemão a advertência de que, se é possível, com a construção dos tipos, formular uma ciência do Estado, não conseguiremos que os indivíduos-Estados realizem completamente o conceito abstrato, ou que o passado se repita.[1743]

À semelhança da metodologia tipológica de Jellinek (criada para o estudo e a justificação político-constitucional das monarquias alemãs do século XIX), afirma Carvalho que "desempenha a Teoria geral do Estado tarefa eminentemente prática, porque penetra as relações históricas universais da vida social".[1744] É apenas nesse sentido metodológico, ou seja, na pretensão de utilização concreta da metodologia tipológica, que Raul Machado Horta assinala a adoção, por Orlando Carvalho, de uma "concepção jellinekeana da Teoria do Estado".[1745]

O estudo dessas manifestações típicas seria, assim, o objeto *par excellence* da Teoria Geral do Estado, que buscaria depreender as particularidades de cada Estado, sem abrir mão da função sistematizadora e elaboradora de tipos ideais indispensáveis à análise metódica da realidade estatal. Sobre o ponto, Carvalho recupera o exemplo de Jellinek sobre o Estado federal criado pelos Estados Unidos, que passou de tipo particular estadunidense a tipo ideal, algo que, com o passar dos anos, ganhou ressignificações concretas (como a da Suíça), tornando imperiosa a necessidade de se reelaborar cientificamente o próprio tipo ideal.

1743 CARVALHO, Orlando M. *Caracterização da Teoria Geral do Estado*. Belo Horizonte: Kriterion, 1950, pp. 59/60.

1744 CARVALHO, Orlando M. *Caracterização da Teoria Geral do Estado*. Belo Horizonte: Kriterion, 1950, p. 38.

1745 HORTA, Raul Machado. "Discurso de saudação ao Professor Emérito Orlando Magalhães Carvalho". *Revista da Faculdade de Direito da Universidade Federal de Minas Gerais*, nº 28-29,1986, p. 419.

Orlando Carvalho problematiza, ainda, a tese de que Jellinek seria um continuador do positivismo formalista de Gerber e de Laband. Não obstante recupere as influências existentes, dirá que Jellinek não se preocupa exclusivamente com a dimensão jurídica do Estado, como os demais. Ao revés, teria ele desenvolvido um método que considera concomitantemente o Estado a partir dos prismas sócio-histórico e jurídico.[1746]

Aferrando-se nessa concepção metodológica, que adota para si como a mais adequada para o exame das complexidades e pluralidades do fenômeno estatal, Orlando Carvalho afirma que "o sistema de Kelsen empobrece a realidade, pois transforma o que toca em Direito, qual novo Midas do positivismo jurídico contemporâneo",[1747] já que, com sua teoria unívoca, identificaria Estado com o Direito e, assim, se preocuparia apenas com a perspectiva jurídica.[1748]

Do mesmo mal, apenas com sinal trocado, padeceriam as correntes empírico-sociológicas de Marx, Engels, Gumplowicz e Franz Oppenheimer, já que, cada qual a seu modo, recairiam em análises sociológicas monofocais e, por isso mesmo, não adequadas às complexidades, inclusive jurídicas, que cercam o Estado.[1749]

Como reação a essas perspectivas unívocas, Carvalho aponta o aparecimento da obra de Rudolf Laun, que teria buscado transformar a Teoria Geral do Estado em uma ciência filosófica calcada em uma tríplice ordem fundada não só nas perspectivas sociológica e jurídica, mas também em um plano moral, este último redundando em uma Teoria Geral do Estado ideal, um parâmetro de idealidade não

---

1746 CARVALHO, Orlando M. *Caracterização da Teoria Geral do Estado*. Belo Horizonte: Kriterion, 1950, pp. 65-67.

1747 CARVALHO, Orlando M. *Caracterização da Teoria Geral do Estado*. Belo Horizonte: Kriterion, 1950, p. 82.

1748 CARVALHO, Orlando M. *Caracterização da Teoria Geral do Estado*. Belo Horizonte: Kriterion, 1950, pp. 80/81.

1749 CARVALHO, Orlando M. *Caracterização da Teoria Geral do Estado*. Belo Horizonte: Kriterion, 1950, pp. 87-96.

positivo de crítica e de correção da ordem jurídica. Para Carvalho, o problema residiria aqui na "freqüente inexistência de distinção entre as duas ordens de considerações em tôrno do Estado, a da objetividade científica e da valorização política",[1750] especialmente no que concerne ao plano moral. Disso decorre que Laun teria se limitado a elaborar "uma introdução filosófica sôbre problemas gerais da ética política e uma página sôbre a matéria propriamente dita".[1751]

Finalmente, no último capítulo da obra, Carvalho recupera a importância do dualismo metodológico de Jellinek e divide as modernas Teorias do Estado em duas: as que o rejeitam e as que o acatam e o desenvolvem. Para ele, o exemplo mais satisfatório dessa segunda corrente seria a proposta tridimensional de Hans Nawiasky, segundo a qual o Estado deve ser concomitantemente estudado pela perspectiva jurídica (o Direito Positivo de um determinado Estado), pela perspectiva social (o Estado como realidade social) e como ideia (seria uma Filosofia do Estado, ou seja, "como idéia de determinada forma de coesão dos membros da comunidade").[1752] Para Carvalho, o trunfo da perspectiva de Nawiasky seria a circunstância de tomar "por objeto um Estado proteico, porém uno, *multiplex et unus*",[1753] do que redundaria "a possibilidade de realizar a construção científica sôbre um conceito unitário do objeto, procurando na unidade orgânica do próprio objeto e não fora dêle",[1754] evitando, portanto, o equívoco de perspectivas como a de Laun, que buscaria escapatórias na moral e na teoria do conhecimento.

1750 CARVALHO, Orlando M. *Caracterização da Teoria Geral do Estado*. Belo Horizonte: Kriterion, 1950, p. 103.

1751 CARVALHO, Orlando M. *Caracterização da Teoria Geral do Estado*. Belo Horizonte: Kriterion, 1950, p. 104.

1752 CARVALHO, Orlando M. *Caracterização da Teoria Geral do Estado*. Belo Horizonte: Kriterion, 1950, p. 114.

1753 CARVALHO, Orlando M. *Caracterização da Teoria Geral do Estado*. Belo Horizonte: Kriterion, 1950, p. 116.

1754 CARVALHO, Orlando M. *Caracterização da Teoria Geral do Estado*. Belo Horizonte: Kriterion, 1950, p. 116.

Em sua conclusão, Orlando Carvalho recupera algumas das conclusões parciais dos capítulos precedentes, reafirma a sua concordância com perspectivas metodológicas como as de Jellinek e de Nawiasky e encerra a obra clamando para que as referidas discussões não redundem no ocorrido com a Sociologia, em que muito tempo e energia foram gastos em estéreis polêmicas metodológicas que só fizeram atrasar o avanço da referida ciência no seu mister de propriamente investigar o seu objeto específico de estudo.[1755]

Como se percebe claramente, são muito diferentes, portanto, os posicionamentos políticos expressos por Orlando Carvalho nas duas fases de sua carreira docente. Na tese de 1937, defendida em dezembro de 1938 – portanto, no início do Estado Novo –, o jurista mineiro se posicionou favoravelmente à centralização política promovida pela Revolução de 1930, criticando os excessos de liberalismo da Constituição de 1891 e o seu descolamento em relação à realidade brasileira – chave de leitura essa não inédita na literatura político-constitucional brasileira daquele período.

Podem-se suscitar ao menos duas hipóteses explicativas para esse posicionamento do autor:

(i) realmente acreditava, em 1937, na centralização político-administrativa como uma medida constitucional adequada à modernização burocrática do Brasil; ou

(ii) por estar se submetendo a um concurso público contra Mario Casasanta, notório apoiador da Revolução de 1930 e amigo íntimo de Capanema, precisava demonstrar algumas credenciais políticas que o autorizassem a competir em condições mínimas de igualdade, já que ao Ministério da Educação competia a chancela dos concursos.

1755 CARVALHO, Orlando M. *Caracterização da Teoria Geral do Estado*. Belo Horizonte: Kriterion, 1950, pp. 117-126.

Com o fim do Estado Novo, e, dessa forma, não mais submetido ao rígido controle político-ideológico do regime decaído, Orlando Carvalho se alinhou ao liberalismo conservador udenista e passou a fazer oposição explícita à obra varguista, quer no plano acadêmico (como comprovam os textos de 1945 e de 1949 acima esmiuçados), quer no plano da atuação político-partidária. Ademais, é preciso destacar novamente a sua não assinatura do *Manifesto dos Mineiros*, de 1943, possivelmente por solidariedade ao sogro Estêvão Magalhães Pinto, que também não o assinou, e/ou por temores em relação às previsíveis retaliações funcionais aos signatários, as quais, de fato, ocorreram.

Não mais dependente do regime para manter a sua então posição de catedrático interno de Teoria Geral do Estado e para ter chances de, no futuro, ocupar definitivamente a referida cadeira, Orlando Carvalho pôde, com o fim do Estado Novo, manifestar-se teórica e politicamente de forma bastante distinta do que fizera enquanto a ditadura esteve no poder.

Já na tese de 1951, *Caracterização da Teoria Geral do Estado*, Orlando Carvalho adota uma perspectiva mais metodológica e analítica, fugindo de reflexões políticas e centrando-se, *prima facie*, no estatuto de cientificidade da Teoria Geral do Estado. Da comparação entre essa tese de 1951 e o material didático que Orlando Carvalho publicou para servir de base às suas aulas durante a década de 1940, depreende-se uma continuidade temática, que pode ter ocorrido – é uma hipótese – porque o jurista mineiro, possivelmente constrangido pela conjuntura estado-novista a não discorrer sobre temas políticos (ainda mais diante da circunstância de não ser alinhado ao regime), preferiu centrar-se em discussões metodológicas, as quais, posteriormente, reapareceriam sistematizadas na *Caracterização da Teoria Geral do Estado*. Essa tese é fruto das suas aulas de mais de uma década como professor interino, em que se preocupou em desenvolver reflexões mais epistemológicas sobre a Teoria Geral do Estado. Carvalho estava bastante afinado com a literatura mais recente na área e, em diversos pontos, sua análise mostra sofisticações metodológicas raras em outros professores da disciplina naquela época. Do que aqui se verificou, apenas ele e Lourival Vilanova, conforme mais à frente será discorrido, enveredaram por análises dessa natureza no campo da TGE naquela época.

Academicamente, Orlando Carvalho foi, ainda, Professor Catedrático de Língua e Literatura Francesas da Faculdade de Filosofia da Universidade Federal de Minas Gerais (1939-1954). Entre 1948 e 1980, integrou o Conselho Universitário da UFMG, da qual foi Vice-Reitor em dois triênios (1952-1954 e 1955-1957) e Reitor (1961-1964). Em 1982, dois anos após se aposentar, recebeu o título de Professor Emérito da Faculdade de Direito da UFMG.[1756] Destaque-se, ainda, que fundou, em 1956, a importante *Revista Brasileira de Estudos Políticos*, dirigindo-a ininterruptamente até o seu falecimento, em 1998.[1757]

Após a aposentadoria de Orlando Magalhães Carvalho, em 1982, assumiu a cadeira de Titular de Teoria Geral do Estado da Faculdade de Direito da Universidade Federal de Minas Gerais o professor José Alfredo de Oliveira Baracho, com a defesa da tese *Processo Constitucional*.[1758]

Após a aposentadoria de Baracho, em 1998, somente em 2020 essa cadeira veio a ser novamente ocupada, quando da progressão funcional do professor José Luiz Borges Horta, ocasião em que defendeu a tese *Dialética do Poder Moderador: Ensaio de uma*

1756 HORTA, Raul Machado. "Discurso de saudação ao Professor Emérito Orlando Magalhães Carvalho". *Revista da Faculdade de Direito da Universidade Federal de Minas Gerais*, nº 28-29, 1986, pp. 413-425.

1757 MONTEIRO, Norma de Góis (Coord.). *Dicionário biográfico de Minas Gerais*: período republicano (1889-1991). vol. 1. Belo Horizonte: Assembleia Legislativa do Estado de Minas Gerais, 1994, p. 159.

1758 BARACHO DE OLIVEIRA, José Alfredo. *Processo Constitucional*. Rio de Janeiro: Forense, 1984, p. 408.

Ontoteleologia do Estado no Brasil,[1759] que será explorada no último capítulo deste trabalho.

***

Pode-se dizer, portanto, que, por vias transversas – materializadas na excepcional possibilidade aberta a Mario Casasanta de permanecer na cátedra de Direito Constitucional, burlando, provavelmente devido ao seu notório alinhamento político a Getúlio Vargas e à sua forte amizade pessoal com o Ministro Capanema, a automática transferência preconizada pelo artigo 3º do Decreto-Lei n. 2.639/1940 –, na Faculdade de Direito de Minas Gerais, os propósitos político-ideológicos do Estado Novo envoltos no desmembramento da cadeira de Direito Público e Constitucional foram cumpridos, já que Casasanta foi um fiel seguidor do varguismo no ensino da Carta de 1937. Por outro lado, Orlando Magalhães Carvalho, durante a década de 1940 – possivelmente por receio de represálias institucionais (uma das hipóteses, inclusive, para não ter assinado o famoso *Manifesto dos Mineiros*, de 1943, ao lado dos seus futuros correligionários udenistas) –, desempenhou o papel de professor de lições propedêuticas de Teoria Geral do Estado, mais voltadas a questões metodológicas do que políticas, exatamente o que o regime autoritário esperava dessa cátedra.

Contrastando com as teses por ele declinadas em *O Município Mineiro em face das Constituições*, de 1937, Carvalho só veio a publicamente manifestar toda a sua oposição ao estado-novismo a partir de 1945 – contradizendo-se, em alguns pontos, com trabalhos anteriores – quando escreveu artigos criticando a ditadura e os autoritários excessos centralizadores da Carta de 1937. Foi nesse momento que, inclusive, colaborou com a fundação da UDN, vindo

1759 HORTA BORGES, José Luiz. *Dialética do Poder Moderador*: ensaio de uma ontoteleologia do Estado no Brasil. Belo Horizonte, UFMG, 2020, p. 257. (Tese de Titularidade).

a ocupar, nos anos seguintes, relevantes pastas no governo udenista de Milton Campos.

Essas circunstâncias revelam, portanto, uma adaptabilidade jurídica nas posições doutrinárias de Orlando Carvalho entre 1937 e 1945 e, por outro lado, uma firme coerência de posições teóricas e políticas por parte de Mario Casasanta, já que sempre foi alinhado às diversas fases do varguismo entre 1930 e 1945.

3.8 A Faculdade de Direito de São Paulo

3.8.1 Sampaio Dória

Em dezembro de 1925, o então catedrático de Direito Público e Constitucional da Faculdade de Direito de São Paulo, professor Uladislau Herculano de Freitas Guimarães, que atuara como o Relator da Reforma Constitucional de 1926 na Câmara dos Deputados, foi nomeado pelo Presidente Artur Bernardes – muito provavelmente em função dessa importante atuação parlamentar – para o cargo de Ministro do Supremo Tribunal Federal, tendo tomado posse em 28 de janeiro de 1926.[1760]

Com o seu repentino falecimento poucos meses depois, em 14 de maio de 1926, quando contava com apenas sessenta anos de idade, a cátedra de Direito Público e Constitucional foi colocada em disponibilidade.[1761] Devido a isso, foi aberto, ainda em 1926, concurso para o provimento definitivo da vaga. Antônio de Sampaio Dória sagrou-se o vencedor do certame, ficando Hermes Lima

1760 RIBEIRO, Antônio Sérgio. "Herculano de Freitas". *Centro de Pesquisa e Documentação de História Contemporânea do Brasil*: Dicionário Histórico Biográfico Brasileiro. Disponível em: https://cpdoc.fgv.br/sites/default/files/verbetes/primeira-republica/FREITAS,%20Herculano%20de.pdf. Acessado em: 28.08.2024.

1761 LEME, Ernesto. "Antônio de Sampaio Doria". *Revista da Faculdade de Direito de São Paulo*, vol. 60, 1965, pp. 71/72.

– então jovem livre-docente pela Faculdade de Direito da Bahia – em segundo lugar, obtendo nova livre-docência.[1762]

Sampaio Dória nasceu em Belo Monte, Alagoas, em 25 de março de 1883. Ainda criança, mudou-se com os pais para São Paulo. Tornou-se bacharel pela Faculdade de Direito de São Paulo em 1908. Paralelamente ao bacharelado, lecionou em instituições ginasiais.

Entre 1908 e 1920, dividiu-se entre a advocacia e o magistério secundário na capital paulista, vindo a se tornar, em 1914, por concurso público, professor catedrático de Psicologia, Pedagogia e Educação Cívica na Escola Normal de São Paulo.

Entre 1920 e 1924, atuou como Diretor-Geral da Instrução Pública de São Paulo no governo de Altino Arantes, período em que foi o responsável pelo primeiro recenseamento escolar realizado no Brasil. No governo de Washington Luís (1920-1924), foi mantido no referido cargo, período esse em que atuou fortemente para a modernização pedagógica do Estado, [1763] tendo sido o responsável pela chamada Reforma Sampaio Dória na educação primária e secundária

1762 Hermes Lima defendeu, no certame, a tese *Direito de revolução*. Bahia: Imprensa Official do Estado, 1926, p. 77. Sobre o contexto em que se desenrolou o referido concurso, conferir o livro de memórias: LIMA, Hermes. *Travessia*: memórias. Rio de Janeiro: José Olympio, 1974, pp. 41-47. Destaque-se aqui que Hermes Lima, após o referido certame, permaneceu residindo e trabalhando como jornalista em São Paulo até se mudar para o Rio de Janeiro em 1932, quando foi aprovado no concurso de professor catedrático de Introdução ao Estudo do Direito na Faculdade Nacional de Direito, concorrendo com Lêonidas de Rezende e Alceu Amoroso Lima – trata-se daquele famoso concurso, sobre o qual aqui já se discorreu, em que a sua inscrição foi efetuada por Pedro Calmon, amigo baiano de longa data, que pretendia se inscrever nele também, mas que, diante do pedido de Lima para atuar como seu procurador, acabou optando pela livre-docência em Direito Público e Constitucional na Faculdade Nacional de Direito.

1763 MEDEIROS, Valéria Antonia. *Antonio de Sampaio Doria e a modernização do ensino em São Paulo nas primeiras décadas do século XX*. São Paulo: PUC, 2005, pp. 217-243. (Tese de Doutorado).

no Estado. Ele está inserido naquele contexto nacional, já explorado neste capítulo, em que proliferaram reformas pedagógicas estaduais como, por exemplo, a Reforma Francisco Campos, em Minas Gerais.

Em 1919, Sampaio Dória prestou concurso para professor substituto de Direito Público e Constitucional e Direito Internacional Público e Privado da Faculdade de Direito de São Paulo, tendo defendido, na ocasião, a tese *Problemas de Direito Público*.[1764] Não obstante tenha sido aprovado, quem obteve a indicação foi o professor Braz de Souza Arruda. Apesar disso, em função da sua habilitação, recebeu o título de livre-docente.[1765]

Em 1922, foi aberto um concurso para a 5ª Seção (Economia Política, Ciência das Finanças e Direito Administrativo). Para o referido certame, que acabou não ocorrendo, Sampaio Dória escreveu a sua famosa tese *A questão social*.[1766]

Conforme adiantado, com a morte de Herculano de Freitas, em 1926, foi aberto concurso para o provimento da cadeira de Direito Público e Constitucional. Concorrendo com o jovem Hermes Lima, Sampaio Dória defendeu, no certame, a tese *Principios Constitucionaes*[1767] e acabou logrando a aprovação, tendo tomado posse em 1927.

Ao lado da sua volumosa produção jurídica, Sampaio Dória continuou se dedicando com afinco a publicações na área pedagógica[1768]

1764 DÓRIA, Antonio de Sampaio. *Problemas de Direito Público*. São Paulo: Typ. Piratininga, 1919, p. 379.

1765 LEME, Ernesto. "Antônio de Sampaio Doria". *Revista da Faculdade de Direito de São Paulo*, vol. 60, 1965, p. 71.

1766 DÓRIA, Antonio de Sampaio. *A questão social*. São Paulo: Office Graph. Monteiro Lobato, 1922, p. 388.

1767 DÓRIA, Antonio de Sampaio. *Principios constitucionaes*. São Paulo: Ltda, 1926, p. 351.

1768 Por exemplo: DÓRIA, Antonio de Sampaio. *Como se aprende uma língua ou Nova Gramática*: curso primário. São Paulo: Nacional, 1932.

e também a atividades políticas no âmbito da Liga Nacionalista de São Paulo, uma associação política derivada da Sociedade dos Patriotas (uma entidade ligada à Faculdade de Direito), que, em síntese,

> teve como plataforma de ação a promoção de campanhas pelo "soerguimento moral da nacionalidade", pelo voto secreto, pelo serviço militar obrigatório, pelo combate ao analfabetismo, pela cultura cívica e pela propagação da instrução.[1769]

Com a vitória da Revolução de 1930, Dória foi convidado a participar da comissão encarregada de elaborar o Código Eleitoral. Essa participação lhe valeu, posteriormente, a indicação para compor o Supremo Tribunal Eleitoral (1930-1934) e também para funcionar como coautor de Anteprojeto de Constituição Estadual apresentado à Assembleia Constituinte do Estado de São Paulo em 1934,[1770] após a promulgação da Constituição Federal.

Entre 1934 e o golpe de 10 de novembro de 1937, atuou como Procurador Regional do Tribunal Eleitoral de São Paulo e também

---

(Biblioteca Pedagógica Brasileira, vol. IX); DÓRIA, Antonio de Sampaio. *Psycologia*. vol. 8. São Paulo: Nacional, 1932; DÓRIA, Antonio de Sampaio. *Educação*: curso realizado na Escola Normal de S. Paulo. São Paulo: Nacional, 1933; e DÓRIA, Antonio de Sampaio. *Educação moral e educação econômica*. São Paulo: Melhoramentos, 1933.

1769 CARVALHO, Marta Maria Chagas de. *Sampaio Dória*. Recife: Fundação Joaquim Nabuco, Massangana, 2010, p. 23. Sobre a atuação de Dória na Liga Nacionalista de São Paulo, conferir: MEDEIROS, Valéria Antonia. *Antonio de Sampaio Doria e a modernização do ensino em São Paulo nas primeiras décadas do século XX*. São Paulo: PUC, 2005, pp. 28-184. (Tese de Doutorado).

1770 CENTRO DE PESQUISA E DOCUMENTAÇÃO DE HISTÓRIA CONTEMPORÂNEA DO BRASIL. "Sampaio Dória". *Dicionário Histórico Biográfico Brasileiro – FGV*. Disponível em: https://www18.fgv.br/CPDOC/acervo/dicionarios/verbete-biografico/sampaio-doria. Acessado em: 28.08.2024.

como assistente jurídico de Vicente Ráo no Ministério da Justiça,[1771] que, conforme será discorrido no próximo subcapítulo, foi um grande colaborador na formatação jurídica das medidas fortemente repressivas que se seguiram à Intentona Comunista de 1935.

Com o eclodir do Estado Novo, Dória voltou às suas atividades docentes na Faculdade de Direito de São Paulo. Sobre esse período, Ernesto Leme recorda que alguns professores liberais da Faculdade apresentavam resistências em relação ao regime autoritário recém-instaurado no país, sendo que "a posição mais difícil era a do ocupante da cadeira de Direito Constitucional",[1772] justamente Sampaio Dória.

Diante de suas marcantes diferenças político-ideológicas com a ditadura e valendo-se da oportuna aposentadoria do catedrático de Direito Internacional Privado, professor Theophilo Benedicto de Souza Carvalho, Dória pediu a sua transferência para essa cadeira vaga, da qual também era livre-docente. De acordo com Leme, isso se deu "[p]orque um liberal de sua estirpe não poderia expor aos seus alunos os princípios de uma Carta fascista".[1773] Nas palavras do próprio Sampaio Dória, tratava-se de uma "'carta constitucional' de um regime que representava uma ofensa à decência humana".[1774]

1771 CENTRO DE PESQUISA E DOCUMENTAÇÃO DE HISTÓRIA CONTEMPORÂNEA DO BRASIL. "Sampaio Dória". *Dicionário Histórico Biográfico Brasileiro – FGV*. Disponível em: https://www18.fgv.br/CPDOC/acervo/dicionarios/verbete-biografico/sampaio-doria. Acessado em: 28.08.2024.

1772 LEME, Ernesto. "Antônio de Sampaio Doria". *Revista da Faculdade de Direito de São Paulo*, vol. 60, 1965, p. 74.

1773 LEME, Ernesto. "Antônio de Sampaio Doria". *Revista da Faculdade de Direito de São Paulo*, vol. 60, 1965, p. 74.

1774 DÓRIA, Antonio de Sampaio *apud* SANTOS, Viviane Teresinha dos. "Os subversivos das Arcadas". *In*: CARNEIRO, Maria Luiza Tucci. *Inventário DEOPS Módulo II*: estudantes. Os subversivos das Arcadas. São Paulo: Arquivo do Estado, Imprensa Oficial, 1999, p. 31.

Não obstante a transferência interna, a sua vida esteve longe de se tornar tranquila somente por isso:

> A troca de cátedra não o protegeu da perseguição estadonovista, não evitando o seu alijamento dos quadros da Faculdade de Direito de São Paulo. Em 1939, é aposentado compulsoriamente, por conveniência do regime, juntamente com Waldemar Ferreira e Vicente Ráo, acusados de ameaçar a estabilidade política do Estado Novo. Em repúdio, um grupo de acadêmicos da faculdade organiza um jantar em homenagem aos professores destituídos. A iniciativa leva os organizadores da homenagem à prisão e ao interrogatório policial (SANTOS, p. 31, 1999). A aposentadoria é revogada em 1941, graças à intervenção do então diretor da Faculdade de Direito, Sebastião Soares de Faria, junto a Ademar de Barros e a Gustavo Capanema, que acabam convencidos a interceder em favor dos três professores destituídos. Em 1941, Dória, Ráo e Ferreira são readmitidos[1775]

Após a volta do expurgo, em 1942, Sampaio Dória publicou corajosa obra com o sugestivo título de *Os direitos do homem*,[1776] perigosamente evocando os direitos à liberdade intrínsecos à condição humana ainda durante a ditadura. Em 1946, lançou a segunda edição da referida obra sob o título de *Curso de Direito Constitucional*.[1777]

Em 1945, após a queda do Estado Novo, Sampaio Dória foi novamente indicado para compor o Tribunal Superior Eleitoral. Posteriormente, foi indicado pelo Presidente interino José Linhares, em

---

1775 CARVALHO, Marta Maria Chagas de. *Sampaio Dória*. Recife: Fundação Joaquim Nabuco, Massangana, 2010, pp. 22/23.

1776 DÓRIA, Antonio de Sampaio. *Os Direitos do homem*. São Paulo: Nacional, 1942, p. 687. Sobre o referido livro, conferir: LEME, Ernesto. "Antônio de Sampaio Doria". *Revista da Faculdade de Direito de São Paulo*, vol. 60, pp. 68-83, 1965, pp. 74/75.

1777 DÓRIA, Antonio de Sampaio. *Curso de Direito Constitucional*: os direitos do homem. São Paulo: Nacional, 1946.

substituição a Agamenon Magalhães, para o cargo de Ministro da Justiça e Negócios do Interior. Em 1953, foi membro da delegação brasileira na VIII Sessão da Assembleia Geral das Nações Unidas.[1778]

A importância de se expor, ainda que brevemente e sem a pretensão de exaustividade, alguns importantes fatos e ideias jurídico-políticas que compõem a biografia de Sampaio Dória reside (i) na circunstância de que, não obstante seja considerado um ícone liberal de resistência ao Estado Novo, ele atuou como assessor jurídico do Ministro da Justiça que pavimentou o caminho para o golpe de 1937 com as agressivas medidas tomadas em reação à Intentona Comunista de 1935 – o que, aliás, não é algo raro em juristas liberais brasileiros (a sua colaboração com regimes autoritários), mas que é aqui especificamente destacado para marcar que a versão amplamente difundida de que teria sido Dória, sempre e inflexivelmente, um jurisconsulto vinculado a pautas exclusivamente liberais e democráticas deve ser temperada com complexidades, ambiguidades e contradições presentes na biografia do próprio autor.

Por outro lado, (ii) com a deflagração do Estado Novo, Sampaio Dória, em protesto, pediu transferência da cadeira de Direito Público e Constitucional da Faculdade de Direito de São Paulo para não ser obrigado a ensinar os princípios da Carta de 1937. A sua não adaptabilidade ao regime autoritário renderam-lhe algumas severas retaliações políticas, como a sua exoneração da USP em 1939, sendo posteriormente reintegrado em 1941. Muito provavelmente, essa postura de enfrentamento em relação ao regime estado-novista, além do seu cabedal jurídico, renderam-lhe a indicação para Ministro da Justiça do governo que se seguiu imediatamente à ditadura de Vargas.

1778 CENTRO DE PESQUISA E DOCUMENTAÇÃO DE HISTÓRIA CONTEMPORÂNEA DO BRASIL. "Sampaio Dória". *Dicionário Histórico Biográfico Brasileiro – FGV*. Disponível em: https://www18.fgv.br/CPDOC/acervo/dicionarios/verbete-biografico/sampaio-doria. Acessado em: 28.08.2024. Conferir também: CARVALHO, Marta Maria Chagas de. *Sampaio Dória*. Recife: Fundação Joaquim Nabuco/Massangana, 2010, p. 23.

Conforme aqui já discorrido, a expedição do Decreto-Lei n. 2.639/1940 se deu justamente diante da intencionalidade política da ditadura de, com o desmembramento da cadeira de Direito Público e Constitucional, fazer com que professores que se opunham ao regime estado-novista, como Dória (acaso nela tivesse permanecido), pudessem ser realocados para a cadeira de Teoria Geral do Estado e, assim, não atrapalhar o ensino da nova ordem constitucional, que, exatamente por isso, deveria estar a cargo de um professor alinhado ideologicamente ao governo.

Antes de se adentrar propriamente no contexto da sucessão de Sampaio Dória na cátedra de Direito Público e Constitucional e, sobretudo, no que ocorreu na Faculdade de Direito de São Paulo quando do desmembramento da referida cadeira, é preciso recuperar alguns traços da vida política e da obra de Vicente Ráo, outro jurista central do período, que atuou como Ministro da Justiça de Vargas durante a maior parte dos turbulentos anos de vigência da Constituição de 1934 e que também era professor do Largo de São Francisco (no bacharelado, de Direito Civil; no doutorado, de Teoria Geral do Estado).

3.8.2 Vicente Ráo

Nascido em São Paulo, em 16 de junho de 1892, era filho de imigrantes italianos de origem humilde. Em 1911, formou-se pela Faculdade de Filosofia de São Bento, cujo curso era então agregado à Universidade de Louvain, na Bélgica. Em 1912, bacharelou-se também pela Faculdade de Direito de São Paulo.[1779]

[1779] KELLER, Vilma. "Vicente Ráo". *Centro de Pesquisa e Documentação de História Contemporânea do Brasil*: Dicionário Histórico Biográfico Brasileiro – FGV. Disponível em: https://www18.fgv.br/cpdoc/acervo/dicionarios/verbete-biografico/vicente-paulo-francisco-rao. Acessado em: 28.08.2024.

Começou a sua carreira profissional atuando no escritório de advocacia de Estevam de Almeida e de Francisco Morato, ambos professores de Direito Judiciário Civil do Largo de São Francisco. Além disso, trabalhava como jornalista e, paralelamente, dedicava-se à vida acadêmica, vindo a se tornar, aos 34 anos, professor catedrático de Direito Civil da Faculdade de Direito de São Paulo em 1927, em disputado concurso para o provimento da vaga decorrente da aposentadoria do professor Ulpiano Pinto de Souza. Após a conquista da referida cadeira, fundou o seu próprio escritório e, em pouco tempo, notabilizou-se como um dos mais solicitados advogados e pareceristas de São Paulo.[1780]

Em 1926, atuou na fundação do Partido Democrático (PD), agremiação oposicionista ao amplamente dominante Partido Republicano Paulista (PRP). É justamente em função dessa atividade partidária que, vitoriosa a Revolução de 1930 – a qual contou com o seu apoio –, Ráo foi convidado, pela interventoria nomeada pelo Governo Provisório, para atuar como Chefe de Polícia de São Paulo.[1781]

Pouco tempo depois, por discordâncias políticas com o interventor João Alberto, desencantou-se com os rumos revolucionários e, em 1932, apoiou a Revolução Constitucionalista. Debelada a insurreição, Ráo teve de se exilar em Paris e, nessa época, frequentou regularmente o curso de Direito Público Comparado ministrado por Mirkine-Guetzevitch na Sorbonne, ocasião em que abriu seus horizontes acadêmicos também para o esse ramo do Direito.[1782]

1780 LEME, Ernesto. "Vicente Ráo: mestre de Direito Civil". *Revista Da Faculdade De Direito*, Universidade De São Paulo, vol. 58, 1963, pp. 320-323.

1781 KELLER, Vilma. "Vicente Ráo". *Centro de Pesquisa e Documentação de História Contemporânea do Brasil*: Dicionário Histórico Biográfico Brasileiro – FGV. Disponível em: https://www18.fgv.br/cpdoc/acervo/dicionarios/verbete-biografico/vicente-paulo-francisco-rao. Acessado em: 28.08.2024.

1782 KELLER, Vilma. "Vicente Ráo". *Centro de Pesquisa e Documentação de História Contemporânea do Brasil*: Dicionário Histórico Biográfico

Retornando do exílio, Ráo ministrou, entre setembro e outubro de 1933, um curso de extensão na Universidade de São Paulo intitulado *As Novas Formas de Organização Política*, fruto desse período de estudos na França. O material didático base do referido curso foi preparado para ser, posteriormente, editado como livro. Todavia, devido ao convite de Getúlio Vargas, em 1934, para que assumisse o Ministério da Justiça, a obra acabou não saindo. Apesar disso, um ampliado resumo de 161 páginas do curso acabou sendo publicado pela *Revista da Faculdade de Direito de São Paulo*.[1783]

O curso se dividiu em duas partes temáticas: uma para as ditaduras e outra para as democracias contemporâneas.

A primeira delas tratou do "Sovietismo", do "Fascismo" e do "Hitlerismo" enquanto diferentes "formas ditatoriais" exsurgidas naquela quadra histórica, e, devido às grandes mudanças políticas que cada uma delas empreendia na Europa, seria imperiosa a sua análise científica pelo Direito Público.[1784]

Após dedicar várias páginas ao estudo de cada uma delas, aponta que são "fontes comuns dos três sistemas: (...) o socialismo-sindicalista, a doutrina do Direito objetivo e, finalmente, a teoria e a técnica moderna da violência".[1785] Justificando essas conclusões, assim explica as convergências e divergências entre os regimes analisados:

Brasileiro – FGV. Disponível em: https://www18.fgv.br/cpdoc/acervo/dicionarios/verbete-biografico/vicente-paulo-francisco-rao. Acessado em: 28.08.2024.

1783 RÁO, Vicente. "Novas formas de organização política (Curso de Extensão Universitária promovido pela Faculdade de Direito de S. Paulo entre setembro e outubro de 1933)". *Revista da Faculdade de Direito*, Universidade de São Paulo, vol. 29, 1933, pp. 77-232.

1784 RÁO, Vicente. "Novas formas de organização política (Curso de Extensão Universitária promovido pela Faculdade de Direito de S. Paulo entre setembro e outubro de 1933)". *Revista da Faculdade de Direito*, Universidade de São Paulo, vol. 29, 1933, p. 79.

1785 RÁO, Vicente. "Novas formas de organização política (Curso de Extensão Universitária promovido pela Faculdade de Direito de S. Paulo

> *Semelhanças* – são formas políticas que se caracterizam: a) pelo socialismo-sindicalista de Estado; b) pela forma ditatorial resultante da negação do Direito; c) pela idolatria da violência, como ideal e como processo prático. Os três Estados, soviético, fascista e hitlerista, são unitaristas e "totalitários" (que se tolere a expressão), isto é têm em suas mãos o "controle" de todas as manifestações da atividade humana, no campo econômico, moral, intelectual, etc. As três novas formas políticas são ditaduras de partidos, eis que nelas o partido se confunde com o Estado. As três são opostas à democracia e ao liberalismo.
>
> *Diferenças*: 1) no fascismo, a economia é dirigida pelo Estado, que conduz os indivíduos e só excepcionalmente a eles se substitui por inteiro, ao passo que no sovietismo, o Estado é o único produtor, o único distribuidor, o único patrão, o único capitalista; 2) no fascismo, todas as classes se sindicalizam e desses sindicatos surgem as corporações, que deverão ser (não são ainda) a base do sistema, ao passo que, na Rússia, a ação política e econômica está, ou pretende estar, unicamente nas mãos dos trabalhadores; 3) o sovietismo desconhece, como forças sociais, a religião e a família. O fascismo nelas se apoia, embora pretenda sujeitá-las ao seu "controle"; 4) o fascismo é nacionalista. O sovietismo é, ou pretende ser, internacionalista; 5) o hitlerismo tem as mesmas virtudes e os mesmos pecados do fascismo e, a mais, apenas o seu odioso "racismo".[1786]

Especificamente sobre o que chama de "Teoria do Direito Objetivo" nazista (na sua essência, compartilhada pelas três ditaduras), Ráo aduz que todas elas estão ancoradas em um "absolutismo do

---

entre setembro e outubro de 1933)". *Revista da Faculdade de Direito*, Universidade de São Paulo, vol. 29, 1933, p. 80.

1786 RÁO, Vicente. "Novas formas de organização política (Curso de Extensão Universitária promovido pela Faculdade de Direito de S. Paulo entre setembro e outubro de 1933)". *Revista da Faculdade de Direito*, Universidade de São Paulo, vol. 29, 1933, pp. 91/92.

Estado",[1787] baseado na figura de um "chefe supremo"[1788] e de "uma estrutura militarizada do Estado",[1789] com algumas peculiaridades em suas manifestações concretas nos três países:

> Na Alemanha, como na Rússia e como na Itália, os poderes do Estado são ilimitados e só o Estado é criador do Direito. Na Rússia, o absolutismo advém da noção de "classe"; na Itália, da de "nação"; na Alemanha da de "raça" Todas as ditaduras precisam de uma bandeira. Mas em todas, as consequências são idênticas, acarretando, como primeiro ato, a supressão dos direitos individuais e de suas garantias.[1790]

Noutras palavras, tratar-se-ia de "formas de organização política que se fundam na negação do direito, a começar pelas suas exteriorizações fundamentais, que são os direitos de liberdade e igualdade".[1791]

1787 RÁO, Vicente. "Novas formas de organização política (Curso de Extensão Universitária promovido pela Faculdade de Direito de S. Paulo entre setembro e outubro de 1933)". *Revista da Faculdade de Direito*, Universidade de São Paulo, vol. 29, 1933, p. 145.

1788 RÁO, Vicente. "Novas formas de organização política (Curso de Extensão Universitária promovido pela Faculdade de Direito de S. Paulo entre setembro e outubro de 1933)". *Revista da Faculdade de Direito*, Universidade de São Paulo, vol. 29, 1933, p. 145.

1789 RÁO, Vicente. "Novas formas de organização política (Curso de Extensão Universitária promovido pela Faculdade de Direito de S. Paulo entre setembro e outubro de 1933)". *Revista da Faculdade de Direito*, Universidade de São Paulo, vol. 29, 1933, p. 145.

1790 RÁO, Vicente. "Novas formas de organização política (Curso de Extensão Universitária promovido pela Faculdade de Direito de S. Paulo entre setembro e outubro de 1933)". *Revista da Faculdade de Direito*, Universidade de São Paulo, vol. 29, 1933, p. 145.

1791 RÁO, Vicente. "Novas formas de organização política (Curso de Extensão Universitária promovido pela Faculdade de Direito de S. Paulo entre setembro e outubro de 1933)". *Revista da Faculdade de Direito*, Universidade de São Paulo, vol. 29, 1933, p. 157.

Seguindo a trilha do seu professor Mirkine-Guetzevitch, cujo célebre estudo sobre o Direito Constitucional comparado do período – conforme já detidamente aqui estudado – esteve focado nas amplas ressignificações pelas quais passaram as relações entre os Poderes Executivo e Legislativo no entreguerras, Ráo claramente se propõe a expandir sociologicamente a análise, de modo a captar também, para além do Direito Constitucional positivo, aspectos econômicos, sociais e de funcionamento concreto das principais instituições políticas de cada um desses três regimes de força.

Na segunda parte do curso, voltado para as "formas democráticas", Ráo pretende discorrer sobre as principais transmutações sofridas pelo princípio democrático, tais como: ressignificação dos direitos fundamentais à liberdade e à igualdade, passando de uma perspectiva natural e negativa para uma perspectiva sociopolítica e material;[1792] surgimento das democracias de massa e dos seus critérios majoritários;[1793] desenvolvimento de um estatismo fundado "[n]a figura da 'pessoa anônima' do Estado",[1794] em que "o povo já não pode ser definido como um conjunto de indivíduos, mas, tão só, como um sistema de atos determinados, regidos pela ordem do

1792 RÁO, Vicente. "Novas formas de organização política (Curso de Extensão Universitária promovido pela Faculdade de Direito de S. Paulo entre setembro e outubro de 1933)". *Revista da Faculdade de Direito*, Universidade de São Paulo, vol. 29, 1933, pp. 158-162.

1793 RÁO, Vicente. "Novas formas de organização política (Curso de Extensão Universitária promovido pela Faculdade de Direito de S. Paulo entre setembro e outubro de 1933)". *Revista da Faculdade de Direito*, Universidade de São Paulo, vol. 29, 1933, pp. 160-165.

1794 RÁO, Vicente. "Novas formas de organização política (Curso de Extensão Universitária promovido pela Faculdade de Direito de S. Paulo entre setembro e outubro de 1933)". *Revista da Faculdade de Direito*, Universidade de São Paulo, vol. 29, 1933, p. 161.

Estado";[1795] institutos de democracia direta;[1796] intervenção estatal na ordem econômica e social;[1797] coordenação e interpenetração dos poderes políticos ao invés de uma separação rígida;[1798] colaboração de técnicos na Administração Pública;[1799] dentre outras.

Recuperando o conceito de "racionalização do poder", amplamente desenvolvido por Mirkine-Guetzevitch, Ráo afirma que "[a] formação e a atividade do Estado, na democracia, são regidas pelo Direito e ao Direito são subordinadas, integralmente",[1800] de forma a não se permitir o arbítrio voluntarista. O jurista paulista defende, por exemplo, a necessidade de controle de legalidade dos

---

1795 RÁO, Vicente. "Novas formas de organização política (Curso de Extensão Universitária promovido pela Faculdade de Direito de S. Paulo entre setembro e outubro de 1933)". *Revista da Faculdade de Direito*, Universidade de São Paulo, vol. 29, 1933, p. 163.

1796 RÁO, Vicente. "Novas formas de organização política (Curso de Extensão Universitária promovido pela Faculdade de Direito de S. Paulo entre setembro e outubro de 1933)". *Revista da Faculdade de Direito*, Universidade de São Paulo, vol. 29, pp. 162-165.

1797 RÁO, Vicente. "Novas formas de organização política (Curso de Extensão Universitária promovido pela Faculdade de Direito de S. Paulo entre setembro e outubro de 1933)". *Revista da Faculdade de Direito*, Universidade de São Paulo, vol. 29, 1933, p. 168.

1798 RÁO, Vicente. "Novas formas de organização política (Curso de Extensão Universitária promovido pela Faculdade de Direito de S. Paulo entre setembro e outubro de 1933)". *Revista da Faculdade de Direito*, Universidade de São Paulo, vol. 29, 1933, pp. 180-183.

1799 RÁO, Vicente. "Novas formas de organização política (Curso de Extensão Universitária promovido pela Faculdade de Direito de S. Paulo entre setembro e outubro de 1933)". *Revista da Faculdade de Direito*, Universidade de São Paulo, vol. 29, 1933, pp. 185/186.

1800 RÁO, Vicente. "Novas formas de organização política (Curso de Extensão Universitária promovido pela Faculdade de Direito de S. Paulo entre setembro e outubro de 1933)". *Revista da Faculdade de Direito*, Universidade de São Paulo, vol. 29, 1933, p. 178.

atos administrativos,[1801] sendo a principal instituição de controle aquela consubstanciada na jurisdição constitucional.[1802]

A partir daí, e tendo em vista a já convocada Assembleia Constituinte brasileira, Ráo empreende uma tentativa de adaptar esses princípios constitucionais das novas democracias ao Brasil. Falando especificamente do presidencialismo nacional, assim discorre:

> Os inúmeros constitucionalistas que entre nós surgiram de 1930 para cá, costumam lêr as monografias e tratados estrangeiros e se impressionam profundamente com os argumentos, aí desenvolvidos, em prol da necessidade de se reforçar o Poder Executivo. Esquecem-se, tão notáveis leitores, de que nossa situação política é inteiramente diversa da que os autores europeus comentam. Debatem-se, estes, com as dificuldades resultantes da instabilidade dos governos, sob um regime parlamentar que ao Parlamento confere poderes excessivos. Mirkine-Guetzevitch, que comentou e traduziu todas as Constituições novas, bem assinala esse traço, ao lembrar que, resultantes da guerra e das revoluções internas que se lhe seguiram, essas Constituições se caracterizam por um desenvolvimento anormal dos poderes atribuídos às câmaras de representação popular, como é natural que aconteça na primeira fase da liberdade, em povos que conheceram a opressão e a tirania. Ali, por tais motivos históricos, ocorre uma hipertrofia do Legislativo; aqui, entre nós, por motivos opostos e pela prática que bem conhecemos, verifica-se uma hipertrofia do Executivo. As proporções excessivas que entre nós este poder sempre manteve em relação aos demais, não

---

1801 RÁO, Vicente. "Novas formas de organização política (Curso de Extensão Universitária promovido pela Faculdade de Direito de S. Paulo entre setembro e outubro de 1933)". *Revista da Faculdade de Direito*, Universidade de São Paulo, vol. 29, 1933, p. 187.

1802 RÁO, Vicente. "Novas formas de organização política (Curso de Extensão Universitária promovido pela Faculdade de Direito de S. Paulo entre setembro e outubro de 1933)". *Revista da Faculdade de Direito*, Universidade de São Paulo, vol. 29, 1933, p. 188.

> podem não chamar a atenção dos juristas, aos quais compete, em se tratando de reorganizar a estrutura do Estado, a missão de restabelecer o equilíbrio dos Poderes, racionalizando juridicamente suas relações, sob um prisma de cooperação e interpenetração com igualdade de limites e com igualdade de força.
>
> Por isso é que os órgãos de "controle" são necessários e indispensáveis (...).[1803]

É interessante a observação de que o Poder Executivo sempre foi forte no Brasil – fenômeno esse que, sob outras perspectivas teóricas, vem sendo aqui estudado desde o capítulo I. De acordo com Ráo, a necessidade de racionalização (controle pelo Direito) do presidencialismo deveria ocorrer, sobretudo, em três eixos políticos:

> A) – a cooperação e interpenetração dos Poderes, tendente a tornar efetiva a responsabilidade política do governo, o que se poderá obter mediante: a) a presença dos ministros nas Câmaras e suas comissões; b) a votação de moções reprovando a orientação de certos e determinados atos da Administração; c) a atribuição, ao Executivo, da faculdade de apresentar projetos de lei perante a Câmara dos Deputados, a fim de serem por estas discutidos e votados;
>
> B) – a atribuição, ao Chefe do Executivo, da faculdade de veto total, ou parcial, das resoluções da Câmara, devendo o ministro competente sustentar em plenário as razões da oposição presidencial;
>
> C) – a colaboração do Conselho Federal com o Executivo nos atos de maior relevância e a fiscalização, por aquele, dos atos deste. Uma das formas dessa fiscalização, a mais eficaz entre

1803 RÁO, Vicente. "Novas formas de organização política (Curso de Extensão Universitária promovido pela Faculdade de Direito de S. Paulo entre setembro e outubro de 1933)". *Revista da Faculdade de Direito*, Universidade de São Paulo, vol. 29, 1933, p. 216.

> todas, seria a tomada de contas, anual, do Executivo, sob pena de incidir o Chefe de Estado em crime de responsabilidade.[1804]

É digno de nota que Mirkine-Guetzevitch preparou um prefácio para o livro que resultaria desse curso, o qual acabou jamais sendo publicado. Apesar disso, o texto do jurista franco-russo também foi veiculado pela *Revista da Faculdade de Direito de São Paulo*. Em linhas gerais, Guetzevitch enaltece as qualidades jurídicas de Ráo, apontando-o como um dos principais juristas brasileiros da época; reconhece o uso técnico e adequado que o livro faz de conceitos seus (sobretudo, o de "racionalização do poder"), além de reconhecer a qualidade sociológica da comparação empreendida entre as três ditaduras europeias. Por fim, alega que conhece doutrinariamente a história constitucional brasileira, mas que não poderia opinar em temas políticos locais porque isso exigiria, além do estudo do Direito Positivo comparado, a vivência *in loco*.[1805]

Promulgada a Constituição de 1934, Vargas achou de bom tom convidar um paulista para ocupar o Ministério da Justiça: "[p]ara o Exterior, pensei em Raul Fernandes, e em dar a São Paulo a Justiça, lembrando o nome de Vicente Ráo. O interventor Armando Sales ficou encantado".[1806]

Ráo afirmou, em discurso de agradecimento perante a Congregação da Faculdade de Direito de São Paulo por ocasião de homenagem a ele realizada em 26 de julho de 1934,

---

1804 RÁO, Vicente. "Novas formas de organização política (Curso de Extensão Universitária promovido pela Faculdade de Direito de S. Paulo entre setembro e outubro de 1933)". *Revista da Faculdade de Direito*, Universidade de São Paulo, vol. 29, 1933, pp. 224/225.

1805 EDITOR, O. "Prefácio de Mirkine-Guetzevitch: a um curso do prof. Vicente Ráo". *Revista da Faculdade de Direito*, Universidade de São Paulo, nº 47, vol. 38-41, 1951.

1806 VARGAS, Getúlio. *Diário*: volume I (1930-1936). São Paulo/Siciliano/Rio de Janeiro: Fundação Getúlio Vargas, 1995, p. 309.

> que o presidente da Republica lhe declarara ter lido na *Revista da Faculdade de Direito de S. Paulo* o seu curso de extensão universitária sobre o Direito Constitucional, o que influiu decisivamente para a sua escolha.[1807]

O Ministro da Justiça enalteceu, ainda, os supostos méritos legalistas e democráticos do levante paulista de 1932:

> São Paulo, se foi até ao campo da luta armada contra seus irmãos, fe-lo com o fim único de restabelecer o regimen legal no paiz. E, se a nós nos chamam, agora que vencemos, para executar esta lei pela qual São Paulo derramou o seu sangue, achei que seria uma deserção fugir ás responsabilidades, esquecendo a tarefa única da nossa Revolução. Esquece-la? Por que? Porque um grupinho de meia dúzia de demagogos extremados, por uma questão pessoal, não o quer, devemos esquece-la? Não! Porque, quando se trata do bem do Brasil, devemos esquecer, devemos perdoar, visando somente a grandeza da pátria e o cumprimento da lei.[1808]

1807 EDITOR, O. "Dr. Vicente Ráo". *Revista da Faculdade de Direito*, Universidade de São Paulo, vol. 30, nº 3, 1951, pp. 627/628. O então Diretor da Faculdade, Prof. Antônio Chaves, em discurso pronunciado, na Faculdade, em 20 de fevereiro de 1978, por ocasião do 30º dia do falecimento de Ráo, também relembra essa circunstância: "demonstrou que os totalitarismos fascista, hitlerista ou soviético, como todas as tiranias, renegando os direitos humanos, aniquilam e aviltam os indivíduos em prol de um Estado unipartidário todo-poderoso, tendendo, ainda, externamente, à conquista dos povos livres, ameaçando e agredindo a paz universal. (...) Foi tal a oportunidade e a repercussão desse curso que, restabelecida a ordem constitucional, Getúlio Vargas, eleito pelo Congresso Presidente da República, convocou-o para Ministro da Justiça, cargo que exerceu de 1934 a 1937" (CHAVES, Antônio. "Oração em homenagem à memória de Vicente Ráo". *Revista da Faculdade de Direito*, Universidade de São Paulo, vol. 73, 1978, p. 21).

1808 EDITOR, O. "Dr. Vicente Ráo". *Revista da Faculdade de Direito*, Universidade de São Paulo, vol. 30, nº 3, 1951, pp. 627/628.

E arrematou dizendo que

> [o] Ministério da Justiça, como já o disse, foi atribuído a São Paulo, para completar a obra revolucionaria de 32. E assim pensando, vou levar desta casa um grande companheiro, que é um grande técnico em Direito Constitucional, para me auxiliar na tarefa de executar a Lei Magna.[1809]

Esse companheiro era Sampaio Dória, catedrático de Direito Público e Constitucional da Faculdade de Direito de São Paulo.

Ainda em 1934, Ráo contribuiu ativamente para a fundação da Universidade de São Paulo, chegando a participar da redação das suas normas estatutárias. Como decorrência do seu recém-despertado interesse acadêmico pelo Direito Público, exsurgido das aulas de Mirkine-Guetzevitch, a que assistiu em Paris e que originaram o seu curso de extensão de 1933, Ráo passou a ocupar a cátedra de Teoria Geral do Estado do curso de Doutorado da Faculdade de Direito de São Paulo, instituído pela Reforma Francisco Campos de 1931.[1810]

Com o desenrolar do governo constitucional de Vargas e das polarizações político-partidárias que desaguaram na Intentona Comunista de 1935, Ráo teve um papel essencial como um dos principais artífices da máquina de repressão ao comunismo construída pelo governo. Vargas registrou abundantemente, em seu diário, a intensa participação de Ráo no estrangulamento da Aliança Nacional

---

1809 EDITOR, O. "Dr. Vicente Ráo". *Revista da Faculdade de Direito*, Universidade de São Paulo, vol. 30, nº 3, 1951, pp. 627/628.

1810 KELLER, Vilma. "Vicente Ráo". *Centro de Pesquisa e Documentação de História Contemporânea do Brasil*: Dicionário Histórico Biográfico Brasileiro – FGV. Disponível em: https://www18.fgv.br/cpdoc/acervo/dicionarios/verbete-biografico/vicente-paulo-francisco-rao. Acessado em: 28.08.2024; e LEME, Ernesto. "Vicente Ráo: mestre de direito civil". *Revista da Faculdade de Direito*, Universidade de São Paulo, vol. 58, 1963, p. 324.

Libertadora[1811] e punição de seus líderes;[1812] repressão ao comunismo;[1813] escrita e aprovação da Lei de Segurança Nacional;[1814] tentativa de organização de um partido político nacional;[1815] organização do serviço de propaganda do governo (o Departamento de Propaganda e Difusão Cultural, embrião do DIP estado-novista);[1816] criação do Tribunal de Segurança Nacional;[1817] tentativa de emendar a Constituição para dar mais poderes ao Presidente para tomar medidas punitivas contra a Intentona;[1818] tentativa de aumentar o número de Ministros do Supremo Tribunal Federal;[1819] declarações de estado de sítio e de guerra em 1935 e 1936;[1820] expedição de decretos com exoneração de servidores públicos comunistas;[1821] movimentações

---

1811 VARGAS, Getúlio. *Diário*: volume I (1930-1936). São Paulo: Siciliano/ Rio de Janeiro/Fundação Getúlio Vargas, 1995, pp. 398, 401, 403, 404, 405 e 449.

1812 VARGAS, Getúlio. *Diário*: volume I (1930-1936). São Paulo/ Siciliano/Rio de Janeiro: Fundação Getúlio Vargas, 1995, pp. 448, 490, 492, 484 e 497.

1813 VARGAS, Getúlio. *Diário*: volume I (1930-1936). São Paulo/ Siciliano/Rio de Janeiro: Fundação Getúlio Vargas, 1995, pp. 399, 401, 403404, 451, 465 e 495.

1814 VARGAS, Getúlio. *Diário*: volume I (1930-1936). São Paulo: Siciliano; Rio de Janeiro: Fundação Getúlio Vargas, 1995, pp. 352, 360, 362, 364, 373, 376 e 405.

1815 VARGAS, Getúlio. *Diário*: volume I (1930-1936). São Paulo/Siciliano/ Rio de Janeiro: Fundação Getúlio Vargas, 1995, p. 374.

1816 VARGAS, Getúlio. *Diário*: volume I (1930-1936). São Paulo/ Siciliano/Rio de Janeiro: Fundação Getúlio Vargas, 1995, p. 402.

1817 VARGAS, Getúlio. *Diário*: volume I (1930-1936). São Paulo/Siciliano/ Rio de Janeiro: Fundação Getúlio Vargas, 1995, p. 451.

1818 VARGAS, Getúlio. *Diário*: volume I (1930-1936). São Paulo/ Siciliano/Rio de Janeiro: Fundação Getúlio Vargas, 1995, p. 449.

1819 VARGAS, Getúlio. *Diário*: volume I (1930-1936). São Paulo/ Siciliano/Rio de Janeiro: Fundação Getúlio Vargas, 1995, p. 469.

1820 VARGAS, Getúlio. *Diário*: volume I (1930-1936). São Paulo/Siciliano/ Rio de Janeiro: Fundação Getúlio Vargas, 1995, p. 449.

1821 VARGAS, Getúlio. *Diário*: volume I (1930-1936). São Paulo/Siciliano/ Rio de Janeiro: Fundação Getúlio Vargas, 1995, p. 492.

policiais em torno da prisão do prefeito Pedro Ernesto por supostas associações políticas com a ANL;[1822] impulsionamento da Comissão de Inquérito aberta para processar e cassar parlamentares comunistas;[1823] dentre outras atividades repressoras de relevo.

Nas palavras de Carlos Guilherme Mota,

> Vicente Ráo, Ministro da Justiça, fez o papel do jurista eficiente da extrema-direita: serviçal, criou a Comissão de Repressão ao Comunismo, mandou prender o senador Abel Chermond e vários deputados, entre os quais Abguar Bastos e Herculano Cascardo, presidente da ANL.[1824]

Em 31 de dezembro de 1936, Vicente Ráo pediu exoneração do cargo de Ministro em solidariedade à anunciada candidatura de Armando Salles de Oliveira, então governador de São Paulo, que pretendia concorrer às eleições presidenciais de 1938. Talvez Ráo pretendesse, inclusive, ocupar algum cargo eletivo, já que respeitou o prazo de desincompatibilização, que acabaria em 1º de janeiro de 1937.[1825] Vargas designou como substituto interino Agamenon Magalhães, Ministro do Trabalho, que passou a acumular temporariamente as duas pastas.[1826]

1822 VARGAS, Getúlio. *Diário*: volume I (1930-1936). São Paulo/Siciliano/ Rio de Janeiro: Fundação Getúlio Vargas, 1995, pp. 488/489, 493 e 494.

1823 VARGAS, Getúlio. *Diário*: volume I (1930-1936). São Paulo/Siciliano/ Rio de Janeiro: Fundação Getúlio Vargas, 1995, pp. 465, 469, 488, 497, 504, 521 e 522.

1824 MOTA, Carlos Guilherme. "Para uma visão de conjunto: a história do Brasil pós-1930 e seus juristas". *In*: MOTA, Carlos Guilherme; SALINAS, Natasha Schmitt Coccia (Coord.) *Os juristas na formação do estado-nação brasileiro*. São Paulo: Saraiva, 2010, p. 52.

1825 VARGAS, Getúlio. *Diário*: volume II (1937-1942). São Paulo/Siciliano/ Rio de Janeiro: Fundação Getúlio Vargas, 1995, p. 9.

1826 VARGAS, Getúlio. *Diário*: volume II (1937-1942). São Paulo/Siciliano/ Rio de Janeiro: Fundação Getúlio Vargas, 1995, p. 9.

Já ao final de sua vida, em 1976, Ráo concedeu uma entrevista ao CPDOC-FGV, mediante a qual deu sua versão sobre o pedido de exoneração do Ministério da Justiça:

> Acusam-me de ter sido ministro da ditadura. É falso. Eu saí em janeiro de 37 porque percebi que se preparava um golpe de estado (...). Sem perder, devo dizer, a amizade pessoal do presidente, que não queria de maneira alguma aceitar a minha renúncia (...). Não fui ministro da ditadura; só fui ministro dentro da ordem constitucional.[1827]

É interessante notar como, mesmo tendo diretamente atuado para a conformação das principais medidas jurídicas fortemente autoritárias e repressivas que se seguiram à Intentona Comunista de 1935, e que prepararam a gravosa ambiência política para o desenrolar do Golpe de 1937, Ráo tenta limpar a sua própria biografia ao se afirmar como um estrito legalista que não admitia atuações à margem da Constituição, ainda que se saiba que o esgarçamento da ordem constitucional de 1934 contou com a sua ativa contribuição jurídico-política. Ademais, em 1937, a justificativa dada pelo jurista paulista não foi a sua não concordância com o suposto golpe de Estado tramado por Vargas, como afirmaria no depoimento de 1976, mas sim o apoio à candidatura de Armando Salles de Oliveira para a sucessão presidencial.

Após a sua saída do Ministério, Ráo retornou ao seu escritório de advocacia e às suas atividades docentes na Faculdade de Direito de São Paulo. Todavia, com a deflagração do Estado Novo, sofreu perseguições políticas em São Paulo, muito provavelmente por ter saído do governo para apoiar a candidatura de Armando Salles. Conforme adiantado no subcapítulo anterior, em 1939, por ter

---

1827 RÁO, Vicente. *Depoimento* [1976]. Entrevistadora: Maria Victoria de Mesquita Benevides. Rio de Janeiro: Fundação Getúlio Vargas/CPDOC – História Oral, 1979, pp. 8/9.

expressado críticas públicas ao regime varguista, foi demitido da Faculdade de Direito juntamente com Waldemar Ferreira e Sampaio Dória, sendo readmitido apenas em 1941 por intercessão do então Diretor da Faculdade junto ao interventor Adhemar de Barros e ao Ministro Capanema.[1828]

Daí em diante, dedicou-se à advocacia e à academia, bem como atuou na diretoria de diversas empresas em São Paulo. Em 1950, participou, como delegado do Brasil, da V Assembleia Geral das Nações Unidas. No segundo governo Vargas, iniciado em 1951, atuou como Ministro das Relações Exteriores de 1953 até o suicídio do Presidente, em 24 de agosto de 1954.[1829]

Não obstante Vicente Ráo tenha academicamente se dedicado, sobretudo, ao Direito Civil, a sua importância para este livro reside nas circunstâncias de que (i) foi aluno de Mirkine-Guetzevitch na Sorbonne, em 1933, durante o seu exílio por ter participado da Revolução Constitucionalista de 1932, período esse em que desenvolveu diversas importantes reflexões constitucionais sobre o paradigma do Estado Social que são sintomáticas do entreguerras e que marcam o seu pensamento político antes de ingressar no governo constitucional de Vargas em 1934; (ii) foi professor catedrático de Teoria Geral do Estado do curso de Doutorado da Faculdade de Direito de São Paulo a partir de 1934, quando ainda estava longe de ser criada a cátedra de TGE no bacharelado em Direito pelo Decreto-Lei n. 2.639/1940; (iii) atuou como o Ministro da Justiça que formatou as estruturas jurídicas repressivas após a Intentona Comunista de 1935,

---

1828 CARVALHO, Marta Maria Chagas de. *Sampaio Dória*. Recife: Fundação Joaquim Nabuco, Massangana, 2010, pp. 22/23.

1829 KELLER, Vilma. "Vicente Ráo". *Centro de Pesquisa e Documentação de História Contemporânea do Brasil*: Dicionário Histórico Biográfico Brasileiro – FGV. Disponível em: https://www18.fgv.br/cpdoc/acervo/dicionarios/verbete-biografico/vicente-paulo-francisco-rao. Acessado em: 28.08.2024; e LEME, Ernesto. "Vicente Ráo: mestre de Direito Civil". *Revista da Faculdade de Direito*, Universidade de São Paulo, vol. 58, 1963, p. 324.

as quais ajudaram a pavimentar a ambiência excepcional indispensável à deflagração do golpe do Estado Novo de 1937 – tudo isso a despeito de o jurista paulista ter discorrido, no seu curso de 1933, sobre a necessidade de controle e de limitação do Poder Executivo; e (iv) diante do aqui já discorrido, Ráo se enquadra, como poucos, na categoria de "jurisconsulto adaptável",[1830] haja vista que, entre 1930 e 1953, flertou oportunamente com as condições extremas de íntimo colaborador de Getúlio Vargas (sobretudo quando Ministro da Justiça) à de *persona non grata* do regime, principalmente durante o Estado Novo, quando foi demitido de sua cátedra de Direito Civil por criticar o governo, o que não impediu que, anos depois, fosse indicado justamente por Vargas para o cargo de Chanceler do Brasil (1953-1954).

3.8.3 Ataliba Nogueira e a Teoria Geral do Estado

Voltando ao fio da meada, conforme adiantado, em 1937, com a outorga da Carta de 10 de novembro, Sampaio Dória pediu transferência interna para a cadeira de Direito Internacional Privado, que estava vaga desde a aposentadoria de Theophilo Benedicto de Souza Carvalho. Com isso, a cátedra de Direito Público e Constitucional ficou desocupada.

Ernesto Leme – que se inscreveu para concorrer contra Sampaio Dória em 1926, mas teve sua inscrição não homologada, vindo a se tornar, em 1933, catedrático de Direito Comercial[1831] – narra que, em 1938,

---

1830 SEELAENDER, Airton Lisle Cerqueira Leite; CASTRO, Alexander Rodrigues de. "Um jurisconsulto adaptável: Francisco Campos (1891-1968)". *In*: MOTA, Carlos Guilherme; SALINAS, Natasha (Coord.). *Os juristas na formação do Estado-Nação brasileiro*. vol. 3. São Paulo: Saraiva, 2010, pp. 255-291.

1831 Nesse concurso de 1926, inscreveram-se Sampaio Dória, Hermes Lima, Ernesto Leme e Ari Franco. Todavia, a Congregação da Faculdade decidiu não homologar a candidatura dos dois últimos, ao argumento

> [f]oi-me oferecida, então, a regência da cadeira de Direito Constitucional. Recusei-a. E, na verdade, como assinala *O Estado de São Paulo*, no necrológio de 27 de dezembro de 1964, em homenagem a Sampaio Doria, os livres docentes que tomaram essa substituição jamais aqui estudaram a Carta de 10 de novembro de 1937.[1832]

Por Decreto de 20 de março de 1939, José Carlos de Ataliba Nogueira foi designado pela Congregação como professor interino da referida cadeira.[1833]

Descendendo, pelo lado paterno, dos barões de Ataliba Nogueira (o que pode ajudar a explicar o seu monarquismo político), Ataliba Nogueira nasceu em Campinas, São Paulo, no dia 29 de maio de 1901. Após realizar os cursos primário e secundário, bem como frequentar o seminário, nas cidades de Campinas e de Pouso Alegre (MG), bacharelou-se pela Faculdade de Direito de São Paulo em dezembro de 1925. Para manter-se durante o curso superior, foi jornalista, escriturário da Estrada de Ferro Sorocabana e da Secretaria

---

de que só poderiam concorrer livre-docentes ou quem já tivesse escrito monografia na área, além das teses do concurso. Após esse insucesso, Ernesto Leme continuou se dedicando academicamente ao Direito Constitucional e, em 1930, inscreveu-se para concurso de livre-docência da matéria. Todavia, a eclosão da Revolução de 1930 suspendeu todos os certames na Faculdade. Em 1933, foi aberto concurso para a cátedra de Direito Comercial, em função da aposentadoria do professor Otávio Mendes. Ernesto Leme nele concorreu e foi aprovado. Sobre o tema, conferir: NOGUEIRA, José Carlos de Ataliba. "Ernesto Leme, professor emérito". *Revista da Faculdade de Direito*, Universidade de São Paulo, vol. 64, 1969, p. 11.

1832 LEME, Ernesto. "Antônio de Sampaio Doria". *Revista da Faculdade de Direito de São Paulo*, vol. 60, 1965, p. 74.

1833 EDITOR, O. "José Carlos de Ataliba Nogueira: Professor Catedrático de Direito Público e Constitucional". *Revista da Faculdade de Direito*, Universidade de São Paulo, vol. 35, nº 3, 1940, p. 558.

da Fazenda e Tesouro do Estado (nesta última, por concurso), bem como professor secundarista.[1834]

Em 1926, atuou como professor interino de Instrução Moral e Cívica e de Latim do Ginásio de São Paulo. Conquistou a referida cadeira por concurso, tendo defendido a tese *A Reforma da Constituição Federal*. Em dezembro de 1926, tornou-se Promotor Público da comarca de Itapetininga, quando passou a atuar também como professor de Língua Portuguesa no curso anexo à Faculdade de Farmácia e Odontologia da cidade.[1835]

Em dezembro de 1927, foi promovido a 5º Promotor Público de São Paulo e, regressando à capital, atuou como auxiliar do Procurador-Geral do Estado, inclusive substituindo-o em algumas ocasiões.

Anos mais tarde, se envolveu com movimentos políticos e intelectuais relacionados ao integralismo:

> Após a Revolução de 1930, tomou parte, no ano seguinte, na tentativa de fundação do Partido Nacional Sindicalista, movimento que não chegou a se concretizar e que veio a desaguar nas iniciativas para a criação da Ação Integralista Brasileira (AIB), em 1932, sob a liderança de Plínio Salgado. Na ocasião, foi um dos impulsionadores do integralismo em São Paulo. Ainda em 1932, foi membro destacado da Sociedade de Estudos Políticos (SEP), fundada em fevereiro desse ano em São Paulo por iniciativa de Plínio Salgado e da qual

1834 CENTRO DE PESQUISA E DOCUMENTAÇÃO DE HISTÓRIA CONTEMPORÂNEA DO BRASIL. "Ataliba Nogueira". *Dicionário Histórico Biográfico Brasileiro – FGV*. Disponível em: https://www18.fgv.br/CPDOC/acervo/dicionarios/verbete-biografico/jose-carlos-de-ataliba-nogueira. Acessado em: 28.08.2024.

1835 CENTRO DE PESQUISA E DOCUMENTAÇÃO DE HISTÓRIA CONTEMPORÂNEA DO BRASIL. "Ataliba Nogueira". *Dicionário Histórico Biográfico Brasileiro – FGV*. Disponível em: https://www18.fgv.br/CPDOC/acervo/dicionarios/verbete-biografico/jose-carlos-de-ataliba-nogueira. Acessado em: 28.08.2024.

> participavam jovens intelectuais que se reuniam na sede do jornal A Razão. Na SEP, integrou o grupo de centralização (órgão coletivo de coordenação) e também o setor constitucional e jurídico.[1836]

Explicando melhor essa conjuntura, em 1931, Plínio Salgado tornou-se o redator do jornal *A Razão*. No referido periódico, destilava as suas posições nacionalistas e antiliberais. Inclusive, alinhando-se à Revolução de 1930, promoveu uma série de campanhas jornalísticas contra a constitucionalização do país, o que provocou, no contexto de eclosão da Revolução Constitucionalista de 1932, um incêndio criminoso na sede do jornal.[1837]

Devido à sua intensa militância política no período e aproveitando-se da radicalização política da época,[1838] Salgado fundou a Sociedade de Estudos Políticos (SEP),

> centro de reflexão ideológica de onde iria nascer o manifesto integralista de 1932 e a própria Ação Integralista Brasileira. A primeira reunião para a formação da SEP realizou-se em fevereiro de 1932, (...) comparecendo um grupo de jovens intelectuais (Cândido Motta Filho, Ataliba Nogueira, Mário

---

1836 CENTRO DE PESQUISA E DOCUMENTAÇÃO DE HISTÓRIA CONTEMPORÂNEA DO BRASIL. "Ataliba Nogueira". *Dicionário Histórico Biográfico Brasileiro – FGV*. Disponível em: https://www18.fgv.br/CPDOC/acervo/dicionarios/verbete-biografico/jose-carlos-de-ataliba-nogueira. Acessado em: 28.08.2024.

1837 TRINDADE, Hélgio. "Integralismo". *Centro de Pesquisa e Documentação de História Contemporânea do Brasil*: Dicionário Histórico Biográfico Brasileiro – FGV. Disponível em: https://www18.fgv.br/CPDOC/acervo/dicionarios/verbete-tematico/integralismo. Acessado em: 28.08.2024.

1838 TRINDADE, Hélgio. "Integralismo". *Centro de Pesquisa e Documentação de História Contemporânea do Brasil*: Dicionário Histórico Biográfico Brasileiro – FGV. Disponível em: https://www18.fgv.br/CPDOC/acervo/dicionarios/verbete-tematico/integralismo. Acessado em: 28.08.2024.

> Graciotti, Leães Sobrinho, Fernando Callage e vários estudantes da Faculdade de Direito).[1839]

Os encontros da SEP realizavam-se na sede de *A Razão*. Sobre os matizes internos do referido grupo, destaque-se:

> Por sob um fundo ideológico antiliberal e nacionalista definiram-se clivagens políticas e doutrinárias entre os membros da SEP. Duas tendências principais esboçaram-se no seu seio. A tendência majoritária, de inspiração fascista, aglutinou-se em torno de Salgado, reunindo um grupo de estudantes da Faculdade de Direito de São Paulo do qual faziam parte Alfredo Buzaid, Rui Arruda, Roland Corbisier, Almeida Sales e Ângelo Simões Arruda. Este grupo tendeu a considerar os estudos e debates na SEP como uma atividade instrumental a serviço da ação. A segunda tendência era representada pelos monarquistas do Movimento Patrionovista, que, embora possuíssem ideias comuns com o primeiro grupo, eram partidários de um regime fundado sobre a realeza e o catolicismo.[1840]

Ataliba Nogueira fazia parte dessa segunda linha, que congregava ideias integralistas, monarquistas e católicas e que, vinculada também ao Centro D. Vital de São Paulo, exerceu intensa militância política anticomunista.[1841]

1839 TRINDADE, Hélgio. "Integralismo". *Centro de Pesquisa e Documentação de História Contemporânea do Brasil*: Dicionário Histórico Biográfico Brasileiro – FGV. Disponível em: https://www18.fgv.br/CPDOC/acervo/dicionarios/verbete-tematico/integralismo. Acessado em: 28.08.2024.

1840 TRINDADE, Hélgio. "Integralismo". *Centro de Pesquisa e Documentação de História Contemporânea do Brasil*: Dicionário Histórico Biográfico Brasileiro – FGV. Disponível em: https://www18.fgv.br/CPDOC/acervo/dicionarios/verbete-tematico/integralismo. Acessado em: 28.08.2024.

1841 "É importante destacar que o Centro D. Vital de São Paulo, em 1931, assumiu uma posição integrista, pois, segundo Teresa Maria Malatian,

Vinte anos após, algumas dessas ideias permaneceriam. José Afonso da Silva, que foi aluno de Ataliba Nogueira no primeiro ano do bacharelado (1953), afirma que ele era

> um aristocrata, monarquista convicto, mas de uma monarquia em que o rei reinasse e governasse, não dessa monarquia amorfa tipo inglesa, em que o Monarca não passa de uma figura decorativa, embora com grande força simbólica.[1842]

Após a derrota do levante paulista de 1932, o Governo Provisório nomeou o General Valdomiro Castilho de Lima como interventor militar do Estado, sendo Ataliba Nogueira apontado como seu secretário. Em 1933, Castilho foi efetivado no cargo de interventor, tendo Nogueira também permanecido em seu cargo. Em 1935, Ataliba passou a integrar o Conselho Penitenciário de São Paulo e se tornou, por concurso, professor catedrático de Sociologia da Faculdade de Filosofia, Ciências e Letras de São Bento.[1843]

---

era formado por uma maioria de patrionovistas e elementos integralistas entre os quais cabe destacar as figuras de José Carlos de Ataliba Nogueira, Leonardo Van Acker, Alexandre Corrêa e Plínio Corrêa de Oliveira. A tônica do discurso do Centro D. Vital de São Paulo estava centrada no combate à maçonaria, ao socialismo e ao comunismo, entendidos como forças anticristãs. Deve-se salientar ainda, que membros do Centro D. Vital de São Paulo se identificavam com os ideais monarquistas. Entre estes membros, podemos citar Ataliba Nogueira e Plínio Corrêa de Oliveira, que se tornarão integrantes do 'Comitê Internacional Para o Estudo do Problema Monárquico', o qual agia através do Instituto Superior de Ciências Sociais e Políticas, que ministrava cursos de extensão Universitária" (SOARES, Edvaldo. *Pensamento católico brasileiro*: influências e tendências. Marília: Oficina Universitária; São Paulo: Cultura Acadêmica, 2014, p. 80).

1842 SILVA, José Afonso da. *A Faculdade e meu itinerário constitucional*. São Paulo: Malheiros, 2007, p. 148.

1843 CENTRO DE PESQUISA E DOCUMENTAÇÃO DE HISTÓRIA CONTEMPORÂNEA DO BRASIL. "Ataliba Nogueira". *Dicionário Histórico Biográfico Brasileiro – FGV*. Disponível em: https://www18.

Naturalmente influenciado por sua carreira de promotor, em 1937 e 1938, prestou concursos para catedrático de Direito Penal da Faculdade de Direito de São Paulo. Apesar de não ter sido indicado aos cargos, obteve o título de livre-docente.

No concurso de 1938, defendeu a tese *Pena sem prisão*, na qual se insurge contra a pena privativa de liberdade, apontando o seu caráter de vingança cruel contra o criminoso, que, após décadas de encarceramento cumprindo a sua pena, não é mais aquele que cometeu o delito. Segundo aponta,

> (...) nos séculos passados, mui justa retribuição era condenar o réu à forca e à roda, ao fogo e ao tormento; enterrá-lo vivo ou afogá-lo, por delitos que, hoje, se castigam suficientemente com mais benignas penas, como a perda da liberdade por breve tempo e, ainda, com a imposição de castigos pecuniários.[1844]

Em vez do uso exclusivo da pena de prisão, defende que

> [n]ão há pena mais adequada ao delito de usura do que uma multa bem pesada. Os rufiões e proxenetas, os autores afeitos à variedade dos delitos sexuais, assim como os pequenos ladrões primários, não podem ter pena mais adequada do que os castigos corporais. Grande parte dos criminosos de morte deve ser punida com a morte.[1845]

Justificando, portanto, a adoção de pena sem prisão o autor assim arremata:

---

fgv.br/CPDOC/acervo/dicionarios/verbete-biografico/jose-carlos-de-ataliba-nogueira. Acessado em: 28.08.2024.

1844 NOGUEIRA, José Carlos de Ataliba. *Pena sem prisão*. São Paulo: Revista dos Tribunais, 1938, p. 30.

1845 NOGUEIRA, José Carlos de Ataliba. *Pena sem prisão*. São Paulo: Revista dos Tribunais, 1938, p. 35.

> Os nossos maiores vibrariam de indignação, se antevissem, no nosso século, os criminosos nas penitenciarias, indefinidamente sustentados a expensas da comunidade, vivendo à custa dos impostos de suas próprias vítimas. Achariam muito mais lógico e prático deles se desembaraçarem sumariamente. Importa não intrometer na questão nada de imaginação e sentimentalismos... burguezes, que desconhecem as realidades inexoráveis da condição humana. Os suplícios constituíam uma justiça penal superior à nossa em mais de um ponto de vista, porque era clara, expedita, exemplar, pessoal e quase gratuita.[1846]

Essa tese – que, nas palavras de José Afonso da Silva, "é de uma crueldade de espantar num homem profundamente religioso, propondo a pena de morte, a de degredo e os castigos corporais"[1847] – não foi bem recebida pela banca, que a criticou veementemente. Sagrou-se vencedor do certame Basilei Garcia.[1848]

Foi justamente logo após esses dois insucessos na área do Direito Penal que Nogueira acabou sendo apontado, em função da transferência de Sampaio Dória para a cátedra de Direito Internacional Privado, para reger interinamente a cadeira de Direito Público e Constitucional a partir de março de 1939.

Em 1940, abriu-se concurso para provimento definitivo da referida cadeira. Inscreveu-se Cândido Motta Filho, livre-docente em Direito Penal pela Faculdade, além do ocupante interino, Ataliba Nogueira.[1849] Miguel Reale também pensou em se candidatar ao

---

1846 NOGUEIRA, José Carlos de Ataliba. *Pena sem prisão*. São Paulo: Revista dos Tribunais, 1938, p. 33.

1847 SILVA, José Afonso da. *A Faculdade e meu itinerário constitucional*. São Paulo: Malheiros, 2007, p. 150.

1848 SILVA, José Afonso da. *A Faculdade e meu itinerário constitucional*. São Paulo: Malheiros, 2007, p. 150.

1849 SILVA, José Afonso da. *A Faculdade e meu itinerário constitucional*. São Paulo: Malheiros, 2007, p. 232.

referido concurso, mas, devido ao seu passado integralista, foi convencido a concorrer à cátedra de Filosofia do Direito, que acabaria conquistando em 1941.[1850]

Nogueira defendeu a tese *O Estado é um meio e não um fim*. Nela, o autor se insurge, já na primeira página, contra visões positivistas que não veem sentido em auscultar as finalidades naturais intrínsecas dos fenômenos sociais, como o Estado. De acordo com ele,

> [a] vida do Estado e a de todos os organismos sociais supõe a idéia de finalidade e não póde explicar-se sem o fim que necessita todos os seus movimentos. Imanente em sua natureza, como idéia directriz, o fim orienta e aciona energias, fazendo-as convergir para a realização de algum objetivo.[1851]

1850 Como narra em suas memórias, Miguel Reale, após voltar do exílio na Itália, pensou em se candidatar a essa vaga, já que estava adiantado na escrita do livro Teoria do Direito e do Estado e pretendia defendê-lo como tese. Todavia, narra que "[f]oi o Professor Noé Azevedo, mestre de Direito Penal e amigo de meu pai, (...) que me dissuadiu daquele propósito, ponderando que meu passado integralista iria provocar a reação dos meios liberais, que não podiam ver com bons olhos o ensino do Direito Constitucional confiado a um adversário" (REALE, Miguel. *Memórias (Destinos Cruzados)*. vol. 1. São Paulo: Saraiva, 1986, p. 145). Inscreveu-se, então, no concurso de Filosofia do Direito, foi aprovado, mas só conseguiu tomar posse, após muitos sobressaltos, com recurso provido pessoalmente por Vargas, consultado o Conselho Federal de Educação, contra supostas perseguições que sofreu por parte da Congregação da Faculdade. Reale narra a história desse concurso neste livro: REALE, Miguel. *O concurso de Filosofia do Direito*. São Paulo: [s.n.], 1940.

1851 NOGUEIRA, José Carlos de Ataliba. *O Estado é um meio e não um fim*. São Paulo: Revista dos Tribunais, 1940, p. 6. Na 3ª edição da obra, de 1955, Ataliba Nogueira acrescenta, antes desse trecho, um parágrafo em que critica as autocracias, algo que só foi incorporado após a queda do Estado Novo e a promulgação da democrática Constituição de 1946, confira-se: "se o Estado não tem um fim, que postula a sua existência, que regula a sua atividade, que lhe delimita a esfera de ação, reduz-se tudo à autocracia: estado e divindade do estado são uma e a mesma coisa. Tudo se reduz à razão de estado" (NOGUEIRA, José Carlos de Ataliba.

Nogueira se contrapõe tanto ao que chama de "panestatismo", o qual "subordina todos os fins individuais e coletivos ao Estado",[1852] de tal forma que o Estado se torna um fim em si mesmo, subordinando a tudo e a todos; quanto ao individualismo liberal. Os dois seriam apenas faces distintas da mesma moeda.

O individualismo, identificado com o chamado Estado de Direito, estatuiu como "fim do Estado propiciar a igual liberdade de todos, a realização harmônica da liberdade de todos"[1853] e, justamente por isso, caberia ao Estado atuar apenas negativamente, ou seja, garantindo a coexistência pacífica das liberdades individuais, não havendo de se falar, portanto, em "ingerência do estado no domínio das leis naturais, pretendendo modificá-las ou atenuar-lhes os efeitos".[1854]

Contrapondo-se a isso, Ataliba Nogueira afirma que essa visão liberal se esqueceu de que instituições sociais gregárias como a família e outros tipos de agrupamentos foram percebidos, historicamente, como insuficientes para a satisfação humana, de tal forma que surgiu a necessidade de criação do Estado. Sendo assim, ao contrário da equivocada premissa individualista, que considera como função única do Estado a proteção jurídica do direito à liberdade, existem diversos outros bens, materiais e imateriais, que são indispensáveis ao ser humano, os quais passam ao largo do reducionismo liberal e das possibilidades da família e dos indivíduos atomísticos.[1855]

O Estado é um meio e não um fim. 3ª ed. São Paulo: Saraiva, 1955, p. 6). Isso mostra provável adaptabilidade do discurso de Nogueira de acordo com as vicissitudes político-constitucionais transcorridas no Brasil.

1852 NOGUEIRA, José Carlos de Ataliba. *O Estado é um meio e não um fim*. São Paulo: Revista dos Tribunais, 1940, p. 17.

1853 NOGUEIRA, José Carlos de Ataliba. *O Estado é um meio e não um fim*. São Paulo: Revista dos Tribunais, 1940, pp. 51/52.

1854 NOGUEIRA, José Carlos de Ataliba. *O Estado é um meio e não um fim*. São Paulo: Revista dos Tribunais, 1940, p. 60.

1855 NOGUEIRA, José Carlos de Ataliba. *O Estado é um meio e não um fim*. São Paulo: Revista dos Tribunais, 1940, pp. 63-66.

Acoimando esse pensamento de "destruidor da moralidade pública",[1856] Nogueira afirma que o individualismo, com o culto da liberdade absoluta, teria primado pela indiferença às catástrofes sociais, ao sofrimento humano, aos vícios, à corrupção. Deixando bem à mostra as suas premissas jusnaturalistas religiosas, Nogueira insurge-se contra a "indiferença [liberal] para tudo quanto seja religião, bons costumes e moralidade pública",[1857] do que derivaria uma série de elementos destrutivos da sociedade, inclusive albergados pela liberdade de imprensa e artística.[1858]

No que concerne ao âmbito econômico, especialmente do trabalhador, "deixaram-no à mercê da livre concorrência, vítima da lei da oferta e da procura",[1859] alçada à única régua de medida das relações produtivas e que provocou a miséria no mundo do trabalho, as amplas desigualdades sociais, a fome, o desamparo social. Em suma, "[e]m tudo, só se entrevia o domínio da liberdade, baseada na igualdade"[1860] meramente formal e, por isso mesmo, fictícia.

Teria sido justamente a catástrofe individualista o que provocou a emergência de sua antípoda, a doutrina panestatista, própria do totalitarismo. As ideias liberais

> deixaram o homem sozinho, fraco, desamparado, desajudado, daí uma reação igual e contrária e daí a primazia que passaram a ter as teorias da preeminência absoluta do grupo, da nação, da raça, da sociedade, notadamente da sociedade

---

1856 NOGUEIRA, José Carlos de Ataliba. *O Estado é um meio e não um fim*. São Paulo: Revista dos Tribunais, 1940, p. 67.

1857 NOGUEIRA, José Carlos de Ataliba. *O Estado é um meio e não um fim*. São Paulo: Revista dos Tribunais, 1940, p. 69.

1858 NOGUEIRA, José Carlos de Ataliba. *O Estado é um meio e não um fim*. São Paulo: Revista dos Tribunais, 1940, pp. 67/68.

1859 NOGUEIRA, José Carlos de Ataliba. *O Estado é um meio e não um fim*. São Paulo: Revista dos Tribunais, 1940, p. 73.

1860 NOGUEIRA, José Carlos de Ataliba. *O Estado é um meio e não um fim*. São Paulo: Revista dos Tribunais, 1940, pp. 73/74.

> política, ou Estado, ficando o homem despojado de tôda autonomia pessoal.[1861]

O erro do panestatismo seria, portanto, absolutizar o estado como um fim em si mesmo, do que redunda que

> sacrificar o bem de todos os indivíduos ao bem comum é absurdo, porque o bem público não há de ser mais do que condição, meio para o bem privado de todos os indivíduos, porque é impossível bem público sem o bem individual de muitos.[1862]

Segundo defende, "não existem os homens para o Estado, mas o Estado é que existe para os homens".[1863]

Finalmente, desenvolvendo uma "teoria do fim intermediário" do Estado, Ataliba Nogueira afirma que

> [o] fim do Estado é a prosperidade publica ou o complexo das condições requeridas para que, na medida do possivel, todos os membros orgânicos da sociedade possam conseguir por si a omnímoda felicidade temporal, subordinada ao fim ultimo.[1864]

A prosperidade pública como fim do Estado só apareceria, então, como um fim intermediário, não como um fim em si, já que é temporalmente localizada. Não é difícil perceber, por suas fortes

---

1861 NOGUEIRA, José Carlos de Ataliba. *O Estado é um meio e não um fim*. São Paulo: Revista dos Tribunais, 1940, p. 46.

1862 NOGUEIRA, José Carlos de Ataliba. *O Estado é um meio e não um fim*. São Paulo: Revista dos Tribunais, 1940, p. 49.

1863 NOGUEIRA, José Carlos de Ataliba. *O Estado é um meio e não um fim*. São Paulo: Revista dos Tribunais, 1940, p. 50.

1864 NOGUEIRA, José Carlos de Ataliba. *O Estado é um meio e não um fim*. São Paulo: Revista dos Tribunais, 1940, p. 82.

premissas religiosas e suas diversas menções a Deus na referida tese, que o "fim último" aludido por Nogueira seria a salvação eterna.

A prosperidade pública significa a consideração, pelo Estado, do homem em sua coletividade, por isso, não pode significar o privilégio a indivíduos ou a determinadas classes sociais. Por outro lado, a prosperidade pública não pode ser um fim em si mesmo porque deve "subordinar-se ao bem dos cidadãos",[1865] ou seja, "deve (...) traduzir-se em bem-estar privado e público",[1866] em que o Estado (enquanto dimensão pública, típica do paradigma do Estado Social em que Nogueira estava situado) deveria funcionar para que "todos os homens, individualmente ou em grupos sociais, possam, na medida do possível, atingir livremente e pela própria atividade a sua felicidade terrena".[1867]

É por isso que, de acordo com ele, se justificaria a intervenção do Estado no domínio econômico, com o propósito de coibir os excessos de ganância e de privilégios individualistas, atuando para remediar as desigualdades sociais, promover o bem público e a complementar a atividade privada, de forma a que ela se desenvolva não em benefício de determinados indivíduos ou classes, mas de todos, já que "a prosperidade economica não póde ofender a justiça social".[1868]

Todavia, segundo defende, se, por um lado, não se pode recair em uma economia absolutamente livre e descompromissada com objetivos sociais, por outro, não se pode recair em um excesso de estatismo regulador e de monopólios estatais. Ao contrário, para ele, a virtude estaria no meio-termo:

1865 NOGUEIRA, José Carlos de Ataliba. *O Estado é um meio e não um fim*. São Paulo: Revista dos Tribunais, 1940, p. 86.

1866 NOGUEIRA, José Carlos de Ataliba. *O Estado é um meio e não um fim*. São Paulo: Revista dos Tribunais, 1940, p. 86.

1867 NOGUEIRA, José Carlos de Ataliba. *O Estado é um meio e não um fim*. São Paulo: Revista dos Tribunais, 1940, p. 88.

1868 NOGUEIRA, José Carlos de Ataliba. *O Estado é um meio e não um fim*. São Paulo: Revista dos Tribunais, 1940, p. 103.

> Aceitamos, não a economia do individualismo, nem a economia dirigida, mas a economia organizada, que repousa principalmente nos corpos intermediários, admitindo a intervenção positiva do Estado, direta ou indiretamente, mas na medida da exigencia da sua finalidade.[1869]

Também no que concerne aos bens imateriais,

> [o] Estado não pode ser manancial de idéias, fonte de costumes. O que êle póde fazer é propiciar o meio de propagação das boas idéias, da educação do povo; proteger a população contra os abusos da licença, quanto ao desprezo dos valores, assim intelectuais como morais, da civilização.[1870]

Aparentemente, essa tese de Nogueira está em consonância com sua fervorosa visão católica de mundo, do que derivaram temores de imposições estatais que vilipendiassem os preceitos religiosos. Isso fica mais claro quando defende que

> [a]ssim como o estado não é pai de família, também não lhe incumbe "dirigir" o ensino ou a educação, pois o estado como tal não tem competência, seja de direito, seja de fato, para formar as inteligências e os caracteres.[1871]

O Estado deve promover a universalização do ensino público, mas

---

1869 NOGUEIRA, José Carlos de Ataliba. *O Estado é um meio e não um fim*. São Paulo: Revista dos Tribunais, 1940, p. 103.

1870 NOGUEIRA, José Carlos de Ataliba. *O Estado é um meio e não um fim*. São Paulo: Revista dos Tribunais, 1940, p. 104.

1871 NOGUEIRA, José Carlos de Ataliba. *O Estado é um meio e não um fim*. São Paulo: Revista dos Tribunais, 1940, pp. 104/105.

> em suas proprias escolas, nenhuma doutrina do Estado, só porque é do Estado, há de ser professada, pois a verdade é independente da vontade do Estado, como tambem é independente da vontade individual dos seus dirigentes.[1872]

Sendo assim, seria manifestamente insustentável a doutrina da neutralidade estatal.

Inclusive, "[h]á o bem publico religioso, cujo cuidado não é incumbencia direta do Estado, mas da Igreja".[1873] E, nas questões por ele chamadas de "mistas", ou seja, em que haveria imbricação de bem público estatal e bem público religioso, seria imperiosa a coordenação e a cooperação entre Estado e Igreja, sem que um absorvesse o outro.

Na conclusão, Ataliba Nogueira diferencia "fim do Estado" de "fim da Nação". Segundo aponta, a nação seria algo mais fluido, uma coletividade com identidade de raça, idioma, costumes, religião, tradições etc., mas não necessariamente jurídica. Por outro lado, "o Estado reduz à unidade grupos sociais ainda que heterogeneos na sua formação, submetidos à sua soberania".[1874] O Estado seria juridicamente estruturado.

De acordo com ele, seria possível uma nação sem Estado e também uma identificação entre Nação e Estado. Mas, nessa última hipótese, quando o Estado é absorvido pela Nação, podem ocorrer conflitos estatais com minorias, inclusive com tentativas do Estado de absorvê-las totalmente aos seus princípios.

1872 NOGUEIRA, José Carlos de Ataliba. *O Estado é um meio e não um fim*. São Paulo: Revista dos Tribunais, 1940, p. 105.

1873 NOGUEIRA, José Carlos de Ataliba. *O Estado é um meio e não um fim*. São Paulo: Revista dos Tribunais, 1940, pp. 105/106.

1874 NOGUEIRA, José Carlos de Ataliba. *O Estado é um meio e não um fim*. São Paulo: Revista dos Tribunais, 1940, p. 107.

Conforme adiantado, Ataliba Nogueira deixa bastante evidente na tese que parte de um jusnaturalismo católico para amparar a sua teoria do fim intermediário do Estado:

> Nesta doutrina, não existe o Estado que cria o Direito, mas o Estado que o descobre, reconhece, determina, aplica, sanciona, pondo ao seu serviço a coação fisica. A fonte mais profunda do Direito não é a vontade do Estado, mas a exigência da razão, a consciência moral e juridica da humanidade, o reflexo da imagem divina impresso na alma humana, aquela projeção da lei eterna, donde se origina aquêle codigo natural, anterior e superior a todos os codigos. O Direito não nasce com o Estado, mas com o homem. Escrito ou consuetudinario, não deixou nunca de acompanhar o homem. Existe para servir o homem, como também para servir o homem existe o Estado.[1875]

Cândido Motta Filho concorreu contra Nogueira no referido certame com a tese *O Poder Executivo e as Ditaduras Constitucionais*,[1876] obra permeada de ideias autoritárias, conforme será aprofundado no próximo subcapítulo. Com boa dose de sarcasmo, José Afonso da Silva aduz que "[f]oi um páreo duro certamente, não pelas qualidades das teses, mas por suas deficiências, sem que se saiba qual é pior".[1877]

Ainda durante o transcurso do certame, foi expedido pelo Estado Novo o Decreto-Lei n. 2.639/1940, que desdobrou a cátedra de Direito Público e Constitucional nas cadeiras de Teoria Geral do Estado e de Direito Constitucional. Sendo assim, quando foi

---

1875 NOGUEIRA, José Carlos de Ataliba. *O Estado é um meio e não um fim*. São Paulo: Revista dos Tribunais, 1940, pp. 111/112.

1876 MOTTA FILHO, Cândido. *O Poder Executivo e as ditaduras constitucionais*. São Paulo: Phoenix, 1940.

1877 SILVA, José Afonso da. *A Faculdade e meu itinerário constitucional*. São Paulo: Malheiros, 2007, p. 232.

publicado o resultado final da disputa, em 8 de outubro 1940,[1878] previu-se a automática e imediata transferência do professor Ataliba Nogueira, vencedor do concurso, para a recém-criada cátedra de Teoria Geral do Estado.

De acordo com Nogueira,

> um mês depois de conquistada a cátedra de Direito Público e Constitucional, a minha cadeira foi desdobrada: criada no segundo ano a de Direito Constitucional e a mim me cabendo a docência da Teoria Geral do Estado. Foi reforma federal.[1879]

E arremata:

> O currículo passou assim a ser remodelado neste ponto. Não poderia por mais tempo persistir o atraso do curso jurídico, que limitava o estudo do Estado a três ou quatro aulas de introdução ao Direito Constitucional. Já por toda a parte as Constituições tinham sido substituídas, em virtude das mutações políticas que quanta vez haviam atingido até as raízes da ordenação jurídica dos Estados. Careciam e ainda carecem as letras jurídicas pátrias de estudos aprofundados do Estado.[1880]

1878 EDITOR, O. "José Carlos de Ataliba Nogueira: Professor Catedrático de Direito Público e Constitucional". *Revista da Faculdade de Direito*, Universidade de São Paulo, vol. 35, nº 33, 1940, p. 558.

1879 NOGUEIRA, José Carlos de Ataliba. "Agradecimento". *In*: ALMEIDA, Joaquim Canuto Mendes de. "Ataliba Nogueira, professor emérito". *Revista da Faculdade de Direito*, Universidade de São Paulo, vol. 68, nº 1, 1973, p. 39.

1880 NOGUEIRA, José Carlos de Ataliba. "Agradecimento". *In*: ALMEIDA, Joaquim Canuto Mendes de. "Ataliba Nogueira, professor emérito". *Revista da Faculdade de Direito*, Universidade de São Paulo, vol. 68, nº 1, 1973, p. 39.

O professor Anacleto de Oliveira, em memórias acadêmicas sobre a Faculdade de Direito de São Paulo durante o Estado Novo, anotou o seguinte sobre o ano letivo de 1941:

> O jovem Ataliba Nogueira achava-se em lua-de-mel com a Cátedra. Com efeito, alcançara o máximo degrau da carreira universitária em concurso realizado em 1940. O programa da cadeira de "Teoria Geral do Estado" girava em torno da tese *O Estado é um meio e não um fim*, tese oportuna, máxime para a época ditatorial, em que se vivia. A esse tempo, não corria entre o corpo discente, a quadrinha de versos de "pé quebrado" mais tarde vulgarizada:
>
> "Os alunos estavam na praia
> Comendo amendoim.
> Veio Ataliba e disse
> O Estado é um meio não um fim".[1881]

De acordo com José Afonso da Silva, "[n]o fundo, suas posições eram profundamente conservadoras, fundadas na acepção do Direito Natural".[1882]

Além disso, aduz que

> [o] curso do Prof. José Carlos de Ataliba Nogueira era bastante deficiente, sem orientação doutrinária precisa, sem indicação bibliográfica que despertasse nos estudantes o interesse de pesquisa. Mandava ler, insistentemente, *O Estado é Meio e não Fim*. Limitava-se, como observei, a traduzir as lições

---

1881 FARIA, Anacleto de Oliveira. "A geração acadêmica de 1941/1945". *Revista da Faculdade de Direito, Universidade de São Paulo*, vol. 69, nº 1, 1974, p. 296.

1882 SILVA, José Afonso da. *A Faculdade e meu itinerário constitucional*. São Paulo: Malheiros, 2007, p. 152.

de G. Balladori Pallieri, não do seu livro sobre a doutrina do Estado, mas da parte geral do seu Direito Constitucional.[1883]

Segundo aponta, a única coisa positiva da disciplina foi ter despertado o seu interesse pela Teoria Geral do Estado, o qual só conseguiu aprofundar porque localizou o livro *Teoria do Direito e do Estado*, de Miguel Reale, e, a partir dele, teve contato com autores como Jellinek, Kelsen, Duguit, Hariou, dentre outros, que não faziam parte do programa de Nogueira.[1884]

Em 1958, foi editada pelo Centro Acadêmico XI de Agosto, da Faculdade de Direito de São Paulo, uma apostila com as notas taquigráficas datilografadas, colhidas das aulas de Teoria Geral do Estado de Ataliba Nogueira para o 1º ano do bacharelado, com a advertência "sem responsabilidade da Ilustre Cátedra" na capa.

Alguns pontos da referida apostila merecem ser destacados. Nogueira discorria sobre os diversos aspectos pelos quais o Estado poderia ser estudado (histórico, sociológico, econômico, político, jurídico e filosófico) e, por isso mesmo, para ele, a Teoria Geral do Estado não seria uma ciência precisamente porque dependeria de variados métodos de diversas ciências. Sobressai do material que Nogueira não privilegiava os aspectos sociológico e histórico e isso é possivelmente explicado por suas posições jusnaturalistas, tanto é que há um subcapítulo intitulado "O homem eterno", segundo o qual "[o]s próprios valores biológicos, morais e religiosos impõem-se à humanidade de hoje, como à humanidade de sempre; o que muda são as manifestações exteriores, os modos de encarnação dêsses valôres".[1885] O "verdadeiro tradicionalismo" seria, portanto, aquele

---

1883 SILVA, José Afonso da. *A Faculdade e meu itinerário constitucional*. São Paulo: Malheiros, 2007, pp. 154/155.

1884 SILVA, José Afonso da. *A Faculdade e meu itinerário constitucional*. São Paulo: Malheiros, 2007, p. 155.

1885 NOGUEIRA, José Carlos de Ataliba. *Apostila*: Teoria Geral do Estado – 1º ano (sem responsabilidade da Ilustre Cátedra). atual. rev. São

"que não sacrifica o presente a um passado caduco; empenha-se, antes, em impregnar o presente do que há de eterno no passado".[1886] Sobressai, portanto, a sua visão bastante conservadora do Direito Público.

Para além das três primeiras partes do curso, de cunho mais metodológico sobre a Teoria Geral do Estado, tem razão José Afonso da Silva quando afirma que, basicamente, refletiam as premissas estampadas em *O Estado é Meio e não Fim*. Segundo aponta, Nogueira começava a disciplina pela delimitação da origem da sociedade, mas a origem filosófica (a partir de premissas jusnaturalistas, não a origem sociológica ou histórica), ou seja, indagava-se como o homem se difere dos outros animais enquanto animal político, enquanto ser racional e gregário que depende de uma coletividade para sobreviver.[1887]

Em seguida, a estrutura do curso era assim organizada:

> E, assim, nas aulas sucessivas, discorreu sobre a finalidade social, a norma jurídica, a ordenação jurídica, Direito e sociedade, diversas formas de sociedade, a autoridade, o poder social. Depois, origem do Estado, fins do Estado, seus elementos: território, soberania e povo, positividade do Direito; afasta a concepção sociológica do Estado, mas se detém na doutrina da personalidade jurídica do Estado. (...) Define povo como

---

Paulo: Centro Acadêmico XI de Agosto da Faculdade de Direito da Universidade de São Paulo, 1958, p. 19.

1886 NOGUEIRA, José Carlos de Ataliba. *Apostila*: Teoria Geral do Estado – 1º ano (sem responsabilidade da Ilustre Cátedra). atual. rev. São Paulo: Centro Acadêmico XI de Agosto da Faculdade de Direito da Universidade de São Paulo, 1958, p. 19.

1887 SILVA, José Afonso da. *A Faculdade e meu itinerário constitucional*. São Paulo: Malheiros, 2007, p. 152. Ver também: NOGUEIRA, José Carlos de Ataliba. *Apostila*: Teoria Geral do Estado – 1º ano (sem responsabilidade da Ilustre Cátedra). atual. rev. São Paulo: Centro Acadêmico XI de Agosto da Faculdade de Direito da Universidade de São Paulo, 1958, pp. 9-52.

o conjunto dos cidadãos. Defende, assim, um conceito reducionista de povo, porque o reduz ao corpo eleitoral; conceito elitista; é um conceito da democracia liberal, uma construção ideal, alheia a toda realidade sociológica, não seres humanos situados, mas indivíduos abstratos e idealizados, fruto do racionalismo e do mecanicismo, que, prescindindo de toda consideração histórica, informa o constitucionalismo do século XIX, portanto, inaceitável para o constitucionalismo do século XX e XXI. (...).

(...) a Ilustre Cátedra passa a analisar o voto dos analfabetos. Apresenta algumas premissas que parecem concluir contra, assim, por exemplo, quando aduz que "quanto menos ignorante o cidadão, mais apto para constituir o seu representante para representar outros cidadãos", mas, apesar disso, se pronunciava a favor do voto dos analfabetos, supreendentemente por provir de um homem conservador. (...) Ataliba Nogueira era municipalista, por isso o seu curso dedicava diversas aulas ao Município. Então, oferece sua concepção. Certas necessidades gerais fazem com que os vizinhos se unam para a realização de serviços coletivos, como os caminhos, pontes, melhoramentos rurais, policiamento, justiça e o próprio culto religioso. Eis a origem do Município, que, para ele, é sociedade natural. Não é criação do Estado, menos ainda circunscrição por ele instituída. Brota com a maior naturalidade da vida social e da povoação da terra. Associam-se os vizinhos em certo momento em torno da capela. Aí está, para a Ilustre Cátedra, a capela é a origem do Município e o seu desenvolvimento – capela, curato, paróquia –, dá-nos precisamente o desenvolvimento da vida associativa, que redundou no Município brasileiro... E a definição: *Município é a associação natural e legal dos vizinhos para obtenção, no respectivo termo, dos serviços comuns.* Depois do Município, cuida da Federação, sua origem e distinção do Estado unitário. Finalmente, discute o Estado liberal e o liberalismo, estrutura e valores do capitalismo liberal. Refuta o liberalismo e refere-se às deficiências do capitalismo liberal (...). Conclui o seu curso com a *teoria do fim intermediário*, tal qual se encontra no seu livro *O Estado é Meio e não Fim*, trazendo para os estudantes as lições de

Victor Cathrein, que reputa ser um dos maiores filósofos de então.[1888]

Gustavo Zatelli, em tese de doutorado sobre Hely Lopes Meirelles, discorre sobre o ambiente da Faculdade de Direito de São Paulo em que o biografado estava inserido e, particularmente, sobre a influência que a obra de Ataliba Nogueira teria, na década de 1940, em sua concepção de Estado interventor:

> A afirmação de que o Estado é meio e não fim era útil por uma série de razões, respondendo tanto a pressões políticas como intelectuais no contexto dos anos 40. Para Ataliba Nogueira, serviu para legitimar a intervenção estatal em setores que o pensamento liberal econômico clássico não admitia, ao mesmo tempo em que rejeitava práticas autoritárias concretas (sobretudo o comunismo e o nazismo) e concepções estatais de cunho realista, cientificista, positivista, evolucionista, marxista etc.
>
> Acima de tudo, a formulação era um esforço de concatenar certos fundamentos do pensamento católico (dignidade do homem, Direito Natural, valorização da família, da tradição e da esfera moral/espiritual) com o pensamento político acerca do Estado, **ofertando uma alternativa de Teoria Geral do Estado compatível com o catolicismo** (sem ser estritamente teológica). Nesse sentido, **tratava-se de uma reação conservadora-católica aos tempos modernos, pois se adaptava tanto aos novos fins que o Estado assumia quanto às exigências do sistema econômico capitalista, com o objetivo de criticar suas bases seculares e/ou cientificistas. Aceitava parcialmente a intervenção estatal pela fundamentação da caridade e da solidariedade** e os liberalismos econômico e político pela dignidade do homem em si e no Direito Natural, mas rejeitava a

1888 SILVA, José Afonso da. *A Faculdade e meu itinerário constitucional*. São Paulo: Malheiros, 2007, pp. 152-154.

> exacerbação de um e outro polo quando agredisse quaisquer desses princípios.[1889]

Luis Rosenfield, em inédita e interessante pesquisa de fontes primárias no arquivo *The Karl Loewenstein Papers*, localizado no Amherst College, Estados Unidos, debruçou-se sobre documentos pessoais e oficiais referentes à viagem de Loewenstein ao Brasil, em 1939, para estudar o Estado Novo, da qual resultou a publicação do clássico livro *Brazil under Vargas* em 1942. O professor gaúcho identificou um interessante registro envolvendo a Faculdade de Direito de São Paulo, Ataliba Nogueira e Cândido Motta Filho:

> No arquivo pessoal de Loewenstein foram encontradas duas fichas datilografadas com informações indicando cinco potenciais personalidades do mundo do Direito brasileiro que ele poderia entrar em contato em São Paulo, todos eles ligados à Faculdade de Direito da Universidade de São Paulo. Pelo que se verifica desse documento, aparentemente as indicações vieram de Mariano de Oliveira Wendel, que havia sido Secretário de Agricultura, Indústria e Comércio de São Paulo em 1938 (não resta absolutamente claro no documento mencionado se Mariano de Oliveira era ele mesmo indicado como pessoa com a qual Loewenstein poderia travar contato ou se ele apenas assinava o documento indicando os professores de Direito). **Dois nomes são citados como simpatizantes ou apoiadores do sistema ditatorial estado-novista: Ataliba Nogueira, professor de Direito Constitucional, é descrito como "favorável ao presente regime" do Estado Novo, assim como Cândido Motta Filho, professor de Ciência Política, cuja anotação referia ser apoiador do regime mas "não-totalitário", muito**

1889 CORREA, Gustavo Zatelli. *Direito administrativo, Estado interventor e técnica*: uma biografia jurídica de Hely Lopes Meirelles (1917-1990). Brasília: UnB, 2022, pp. 108/109, destaque nosso.

provavelmente aludindo que sua simpatia pública ao Integralismo não se traduzia pelo apoio a projetos totalitários.[1890]

Ao contrário de Cândido Motta Filho, que, conforme será discorrido no próximo subcapítulo, foi um explícito colaborador do Estado Novo em São Paulo, não há registros oficiais da participação direta de Ataliba Nogueira na burocracia estado-novista. Todavia, o seu passado político demonstra estrito alinhamento com Vargas desde o eclodir da Revolução de 1930, passando pela oposição e repressão à Revolução Constitucionalista de 1932, até a militância nas fileiras integralistas que, até o golpe de 1937, jogaram um jogo de cumplicidade com o varguismo. Não obstante tenha a AIB sido desmantelada pelo Estado Novo e mesmo diante da fracassada Intentona Integralista de 1938, não há registros de perseguições

---

1890 ROSENFIELD, Luis. "Karl Loewenstein no Brasil de Vargas: o olhar de um jurista judeu-alemão sobre o Estado Novo". *História do Direito – RHD*, Curitiba, vol. 2, nº 3, jul./dez. 2021, p. 175, destaque nosso. Por outro lado, Rosenfield aponta que, nos mesmos arquivos, constavam nomes de juristas opositores do Estado Novo, dente eles, Waldemar Ferreira e Sampaio Dória: "a segunda folha contém três nomes de professores de Direito da oposição paulista, Mário Masagão, que se encontrava em atividade na USP, e outros dois nomes que haviam sido aposentados por força do artigo 177 da Constituição de 1937, Waldemar Martins Ferreira e Antônio Sampaio Doria, que haviam sido afastados de suas cátedras em janeiro de 1939 e readmitidos em maio de 1941. No caso de Martins Ferreira, este foi descrito como 'antigo líder do Partido Constitucionalista no Congresso Nacional' e 'muito liberal', enquanto Sampaio Doria é citado apenas como 'oposição'. Uma última indicação aparece escrita à mão, o nome e o endereço em São Paulo do processualista judeu italiano radicado no Brasil, Túllio Ascarelli, que entre 1941 e 1946 lecionou na Universidade de São Paulo" (ROSENFIELD, Luis. "Karl Loewenstein no Brasil de Vargas: o olhar de um jurista judeu-alemão sobre o Estado Novo". *História do Direito – RHD*, Curitiba, vol. 2, nº 3, jul./dez. 2021, p. 175). Há uma incoerência na referida informação. Túlio Ascareli não era processualista, mas sim comercialista. O processualista judeu italiano que lecionava na USP nessa mesma época era Enrico Tullio Liebman, apontado como um dos pais fundadores da chamada Escola Paulista de Processo.

estado-novistas a Ataliba Nogueira como ocorreram, por exemplo, com Cândido Motta Filho e Miguel Reale.

Ao contrário, os dados que constam de sua biografia política no CPDOC-FGV e nos registros da Faculdade de Direito de São Paulo são no sentido de que Nogueira exerceu normalmente as suas atividades na USP, na Promotoria e na advocacia entre 1939 e 1945, sem maiores sobressaltos políticos e/ou licenças para exercer cargos políticos. Se não há registros oficiais de que Nogueira tenha atuado diretamente a serviço do Estado Novo; por outro lado, da sua formação política bastante conservadora (integralista, monarquista, católico fervoroso e anticomunista), pode-se concluir que, muito menos, tenha havido oposição de sua parte ao regime, como inclusive atesta a confortável e ininterrupta segurança política e profissional de que gozou ao longo de toda a ditadura.

Na verdade, a maior parte da sua atividade política mais destacada viria a ocorrer somente após a queda do Estado Novo. Com a edição da Lei Agamenon, de 1945, foi um dos fundadores do Partido Social Democrático (PSD) – criado por ex-interventores de Vargas nos Estados[1891] – em São Paulo, tendo sido eleito pela sigla, em dezembro de 1945, deputado à Assembleia Nacional Constituinte de 1946.

Atuou na subcomissão de Organização Federal da Comissão de Constituição, encarregada de elaborar o anteprojeto constitucional. Além disso, participou da redação do capítulo "Da família, educação e cultura", ocasião em que foi veementemente contrário

---

[1891] HIPÓLITO, Lúcia. "Partido Social Democrático (PSD-1945-1965)". *Centro de Pesquisa e Documentação de História Contemporânea do Brasil*: Dicionário Histórico Biográfico Brasileiro – FGV. Disponível em: https://www18.fgv.br/CPDOC/acervo/dicionarios/verbete-tematico/partido-social-democratico-psd-1945-1965. Acessado em: 28.08.2024.

ao divórcio e defendeu a obrigatoriedade do ensino religioso nas escolas públicas.[1892]

Além disso, em discussões sobre a ordem econômica ocorridas na 176ª Sessão (Extraordinária), em 14 de setembro de 1946, Ataliba Nogueira se posicionou pela necessidade de limitação da intervenção estatal, sendo contrário à previsão expressa e minudente, no texto da Constituição, das finalidades do Estado quando da sua intervenção na ordem econômica. Confira-se:

> Em primeiro lugar, estabelece a intervenção do Estado. Assim, afastamo-nos inteiramente da concepção liberal do Estado. A finalidade do Estado não é mais somente editar o Direito de reprimir as infrações: o objetivo do Estado é o de ser o Instrumento de que nos havemos de valer para a realização da finalidade social.
>
> Assim, o artigo é dos preceitos básicos da Constituição.
>
> Mas – vêde bem – a finalidade que aponto e que vai servir de poderoso instrumento – que é a intervenção direta do Estado no âmbito econômico e no âmbito social – evidentemente estará contida nos seus próprios limites. A intervenção do Estado será tão somente quando se torne necessária. Impossível delimitá-la de antemão. Nós, em face de cada uma das situações, é que poderemos investigar se o Estado deve intervir, se a atividade privada não é bastante.
>
> 9...)
>
> Estamos limitando a intervenção do Estado. Não é possível que lhe reconheçamos determinada finalidade. Se quisermos fugir de qualquer contenda em torno do que seja essa finalidade, digamos apenas que o Estado deve realizar os fins sociais, em virtude dos quais os homens estão reunidos. Se

1892 CENTRO DE PESQUISA E DOCUMENTAÇÃO DE HISTÓRIA CONTEMPORÂNEA DO BRASIL. "Ataliba Nogueira". *Dicionário Histórico Biográfico Brasileiro – FGV*. Disponível em: https://www18.fgv.br/CPDOC/acervo/dicionarios/verbete-biografico/jose-carlos-de-ataliba-nogueira. Acessado em: 28.08.2024.

> lhe emprestamos uma finalidade, evidentemente, quem quer os fins quer os meios, e, como tal, devemos dar ao Estado os meios para que possa realizar suas finalidades.
>
> Eis como aceitamos a intervenção do Estado e eis também como limitamos sua intervenção. O Estado poderá tudo, mas apenas para realizar o seu objetivo. É o oposto ao totalitarismo, assim como o oposto à ausência de Estado no domínio da economia e no domínio social.[1893]

Outro debate interessante digno de nota foi aquele travado entre Ataliba Nogueira e Luiz Carlos Prestes sobre a encampação da ferrovia São Paulo Railway pelo governo federal, após o vencimento do contrato de 80 anos, por um valor milionário. Nogueira defendia a medida como sendo benéfica ao desenvolvimento nacional, enquanto Prestes a acusava de ser desnecessária, já que o contrato estava mesmo vencido, servindo apenas para beneficiar os acionistas da companhia inglesa e dilapidar os cofres do Brasil.[1894] Em votação, a medida foi aprovada pelo Plenário da Constituinte.

Osny Duarte Pereira, analisando a elitista proposta de emenda apresentada também por Ataliba Nogueira no sentido de que os votos dados a candidatos bacharéis em Direito nas eleições gerais fossem contatos em dobro, dá uma possível explicação para as emendas do jurista paulista sobre a ordem econômica:

> O finório Ataliba Nogueira (bacharel – está claro) preparou uma tese na qual defendia a contagem dos votos em dôbro para os advogados que concorressem a qualquer eleição. **Ataliba**

1893 BRASIL. "Registros da 176ª Sessão (Extraordinária), de 14 de setembro de 1946". *Anais da Assembleia Nacional Constituinte*, vol. 26, 1950, pp. 12/13.

1894 BRASIL. "Registros da 176ª Sessão (Extraordinária), de 14 de setembro de 1946". *Anais da Assembleia Nacional Constituinte*, vol. 26, 1950, pp. 97-100.

era professor da Faculdade de Direito de S. Paulo, mas era muito mais advogado de monopólios do que professor.[1895]

Inclusive, além de advogado de grandes empresas, Nogueira também foi membro da Diretoria de importantes companhias como Cinzano, Labofarma, Indústria Brasileira de Aço, Hamburg Süd, bem como integrante do Conselho Fiscal das Indústrias Reunidas Francisco Matarazzo.[1896]

Promulgada a Constituição, Nogueira cumpriu o mandato ordinário de Deputado Federal entre 1946 e 1951, período em que compôs a Comissão de Constituição e Justiça. Em janeiro de 1948, votou favoravelmente à cassação dos mandatos dos parlamentares comunistas, à Lei do Casamento Religioso, à Lei de Alimentos aos Filhos Naturais e ao projeto de equiparação da companheira à esposa.[1897] Em 1949 e 1950, foi ocasionalmente substituído pelo professor Genésio Moura quando precisou se ausentar da cátedra de Teoria Geral do Estado em função do seu mandato eletivo.[1898]

Em deliberação ocorrida perante a Congregação da Faculdade de Direito de São Paulo em 17 de março de 1949, não obstante tenha defendido a criação da cadeira de Teoria Geral do Estado quando da

1895 PEREIRA, Osny Duarte. *Que é Constituição?* Rio de Janeiro: Civilização Brasileira, 1964, p. 141, destaque nosso.

1896 CENTRO DE PESQUISA E DOCUMENTAÇÃO DE HISTÓRIA CONTEMPORÂNEA DO BRASIL. "Ataliba Nogueira". *Dicionário Histórico Biográfico Brasileiro – FGV*. Disponível em: https://www18.fgv.br/CPDOC/acervo/dicionarios/verbete-biografico/jose-carlos-de-ataliba-nogueira. Acessado em: 28.08.2024.

1897 TRINDADE, Hélgio. "Integralismo". *Centro de Pesquisa e Documentação de História Contemporânea do Brasil*: Dicionário Histórico Biográfico Brasileiro – FGV. Disponível em: https://www18.fgv.br/CPDOC/acervo/dicionarios/verbete-tematico/integralismo. Acessado em: 28.08.2024.

1898 EDITOR, O. "Genésio de Almeida Moura". *Revista da Faculdade de Direito*, Universidade de São Paulo, vol. 53, 1958, p. 182.

expedição do Decreto-Lei n. 2.639/1940, "[o] Prof. Ataliba Nogueira requereu transferência para a cadeira de Direito Constitucional"[1899] e "[o] Prof. Waldemar Ferreira propõe que os professores que a Congregação designar estudem a possibilidade da supressão da cadeira de Teoria Geral do Estado".[1900]

Essas duas propostas foram rejeitadas, a cátedra de Teoria Geral do Estado foi mantida e, em 1951, houve finalmente concurso para provimento definitivo da cadeira de Direito Constitucional, conforme será aprofundado no próximo subcapítulo.

Em 1950, Ataliba Nogueira concorreu pelo Partido Rural Trabalhista (PRT) ao cargo de vice-governador de São Paulo na chapa formada com Hugo Borghi, a qual acabou derrotada por Lucas Garcez e Ermelindo Salzano, candidatos da coligação PSD-PTB.

Entre 1964 e 1966, nos primeiros anos da ditadura militar, Nogueira atuou como Secretário de Educação do Governador Adhemar de Barros, que apoiara fortemente o golpe de 1964, seja defendendo o *impeachment* de João Goulart, seja liderando a Marcha da Família com Deus pela Liberdade, em São Paulo, em 19 de março de 1964.[1901]

Com a reforma universitária da USP em 1970, Nogueira foi fundador do Departamento de Direito do Estado e escolhido como o seu primeiro chefe. Aposentou-se compulsoriamente em 1971, ano

---

1899 EDITOR, O. "Extrato do relatório do secretário da Faculdade de Direito, referente ao ano de 1949". *Revista da Faculdade de Direito*, Universidade de São Paulo, vol. 44, 1949, p. 176.

1900 EDITOR, O. "Extrato do relatório do secretário da Faculdade de Direito, referente ao ano de 1949". *Revista da Faculdade de Direito*, Universidade de São Paulo, vol. 44, 1949, p. 176.

1901 TRINDADE, Hélgio. "Integralismo". *Centro de Pesquisa e Documentação de História Contemporânea do Brasil*: Dicionário Histórico Biográfico Brasileiro – FGV. Disponível em: https://www18.fgv.br/CPDOC/acervo/dicionarios/verbete-tematico/integralismo. Acessado em: 28.08.2024.

em que foi galardoado com a condecoração de Professor Emérito do Largo de São Francisco.[1902]

Otávio Valério, em dissertação de mestrado sobre a relação entre o STF e o regime militar de 1964 em seus primeiros anos, relembra que a tentativa de adequação da legislação brasileira à ditadura recém-instalada

> resultou na introdução de novos tipos de normas no ordenamento jurídico do período militar. Houve a introdução das espécies normativas atos institucionais e ato complementar, além da recriação do decreto-lei dos tempos do Estado Novo e não recepcionado pela Constituição de 1946.[1903]

De acordo com Valério, "a classificação hierárquica apresentada por Ataliba Nogueira foi a que se consagrou na prática jurídica da época":[1904]

(i) atos institucionais;

(ii) atos complementares (fundados em ato institucional);

(iii) decretos-lei embasados em ato institucional ou ato complementar;

(iv) leis complementares;

1902 ALMEIDA MENDES DE, Joaquim Canuto. "Ataliba Nogueira, professor emérito". *Revista da Faculdade de Direito*, Universidade de São Paulo, vol. 68, nº 1, 1973, pp. 13-43.

1903 VALÉRIO, Otávio Lucas Solano. *A toga e a farda*: o Supremo Tribunal Federal e o regime militar (1964-1969). São Paulo: USP, 2010, pp. 75/76. (Dissertação de Mestrado).

1904 VALÉRIO, Otávio Lucas Solano. *A toga e a farda*: o Supremo Tribunal Federal e o regime militar (1964-1969). São Paulo: USP, 2010, p. 76, nota de rodapé nº 160. (Dissertação de Mestrado).

(v) leis ordinárias, decretos-lei e lei delegada.[1905]

Pode-se depreender, assim, tanto da sua atuação no governo de Adhemar de Barros, alinhado à Ditadura de 1964, como dessa produção acadêmica acima referida que, de certo modo, Nogueira legitimava a força normativa dos autoritários atos institucionais acima da própria Constituição.

Em 1974, o progressista Dalmo de Abreu Dallari sucedeu a Ataliba Nogueira como Professor Titular da cadeira de Teoria Geral do Estado, conquistando-a mediante a defesa da tese *O futuro do Estado*.[1906] Dallari notabilizou-se como grande humanista e democrata, tendo sido um dos poucos professores da Faculdade de Direito da USP que, do início ao fim, se opôs veementemente ao regime ditatorial de 1964[1907] o que inclusive gerou, no início de sua carreira docente, sérios conflitos político-administrativos com o reacionário Ataliba Nogueira.[1908] Logo após a redemocratização do

---

1905 NOGUEIRA, José Carlos de Ataliba. "Hierarquia das normas jurídicas: inconstitucionalidade de dispositivo da lei de inelegibilidades". *Revista de Direito Público*, vol. 15, mar. 1971, p. 92.

1906 DALLARI, Dalmo de Abreu. *O futuro do Estado*. São Paulo: Saraiva, 1972.

1907 BERCOVICI, Gilberto. "Saudação ao Professor Dalmo de Abreu Dallari". *Revista da Faculdade de Direito*, Universidade de São Paulo, São Paulo, vol. 102, 2007, pp. 1213/1214.

1908 Segundo relatado pelo próprio Dallari: "Eu era professor livre-docente da Faculdade de Direito e dava aulas de Teoria do Estado para os alunos do curso noturno. Assim que foi dado o golpe, expliquei aos alunos por que aquilo não poderia ser chamado de revolução, como pretendiam os golpistas. Quero dizer, esclareci aos alunos que, em face de qualquer teoria, o que tinha havido era um golpe de Estado; um golpe de Estado do tipo clássico, habitual, a implantação de uma ditadura, e que nada tinha a ver com um movimento revolucionário ou com a redenção do País. Essa minha colocação chegou ao conhecimento dos catedráticos, da direção da Faculdade, e isso despertou uma reação contra mim, mas sustentei essa posição. Eu sabia que estava contrariando inclusive professores da Escola que tinham participado ativamente do golpe, mas achei que era um dever de consciência, eu tinha que ser honesto para comigo mesmo e para com meus alunos. Por isso jamais escondi a minha convicção de que era um golpe de Estado e estávamos vivendo uma ditadura. À conseqüência disso foi que, poucos meses depois, a Congregação me proibiu de dar aulas. Houve uma decisão da Congregação, uma decisão formal, dizendo que eu estava proibido de dar aulas porque eu estava 'anarquizando o curso jurídico'. Foi este o pretexto utilizado. Eu achei aquilo um absurdo, além de ilegal, porque eu já era livre-docente concursado, e, segundo o estatuto da USP, um dos direitos do livre-docente é ministrar cursos, portanto uma proibição daquele tipo contrariava o próprio estatuto da Universidade. Eu então resolvi reagir, defendendo os meus direitos. Fiz um requerimento ao diretor da Faculdade, que era o professor Luís Eulálio Vidigal, para que ele encaminhasse uma consulta minha ao reitor da Universidade. Agi como advogado, procurei o caminho que me pareceu ser o mais eficiente, o mais conveniente naquela circunstância. Utilizei o fato de que o catedrdtico da minha disciplina, que era o professor Ataliba Nogueira, tinha excesso de acumulações; ele recebia cinco vencimentos diferentes, porque era promotor em disponibilidade, e recebia pelo curso diurno, pelo bacharelado noturno e também por um curso de pós-graduação, e isso era evidentemente ilegal. E ele tinha sido o autor da proposta da proibição contra mim. Fui então ao diretor e disse: 'Eu quero fazer essa consulta, é um direito de todo servidor público fazer consulta, pedir esclarecimento, e eu quero que o reitor me esclareça se a situação desse catedrático é legal'. Quando o diretor recebeu o meu pedido, ficou espantado e assustado. O professor Luís Eulálio Vidigal tinha sido meu professor, alguém que eu respeitava muito, e com quem eu mantinha um contato muito cordial. E o professor Vidigal, num tom paternal, me disse: 'Se você insistir, eu tenho que encaminhar esse pedido, mas saiba que você está declarando guerra a um catedrático. E isso vai significar o fim da sua carreira de professor'. E eu disse a ele: 'Professor Vidigal, um professor que é proibido de dar aulas já não tem carreira. Eu não tenho o que perder, eu insisto, sim. Por favor, envie minha consulta ao reitor'. Então ele me disse: 'Deixe o documento comigo que eu vou examinar'. Dois ou três dias depois, ele me chamou e disse: 'Conversei com o professor Ataliba, e ele concordou em atenuar a proibição e permitir que você dê aulas só para o curso noturno. Para o diurno continua proibido, mas para o noturno você pode dar aulas'. Naturalmente, entendi também a razão do recuo. Primeiro, o catedrático sabia que a minha consulta ia denunciar a ilegalidade da situação dele, mas havia também a convicção de que os alunos do curso diurno é que seriam os futuros governantes do País. Os alunos do noturno não tinham importância, eram alunos pobres, gente modesta, classe média,

país, Dallari foi Diretor da Faculdade de Direito de São Paulo entre 1986-1990. Aposentou-se em 2002 e recebeu o título de Professor Emérito em 2007.[1909]

Em 2003, o seu discípulo Enrique Ricardo Lewandowski o sucedeu na referida cadeira, mediante aprovação em concurso no âmbito do qual defendeu a tese *Globalização, Regionalização e Soberania*.[1910]

Após a aposentadoria compulsória de Lewandowski da USP, e do cargo de Ministro do Supremo Tribunal Federal no primeiro semestre de 2023, a cadeira de Professor Titular de Teoria Geral do Estado da Faculdade de Direito de São Paulo permanece vaga, à espera de eventual concurso para provimento.

3.8.4 Cândido Motta Filho e o Direito Constitucional

Conforme adiantado, Cândido Motta Filho foi o concorrente derrotado por Ataliba Nogueira, no concurso de 1940, para a cadeira de Direito Público e Constitucional.

---

classe média-baixa, então, o fato de eu fazer a pregação democrática para esses alunos, segundo eles, não teria maior repercussao. E, desse modo, voltei a dar aulas no Largo de São Francisco. Eu nunca deixei de dizer que era uma ditadura, que era golpe de Estado, sempre sustentei esta convicção, e aos poucos foi se formando, no Largo de São Francisco, uma corrente de opinio exatamente nessa linha. Nés tivemos o apoio de dois catedrdticos, o professor Cesarino Júnior e o professor Goffredo; de um grupo de livre-docentes; e, evidentemente, dos alunos. Desse modo, nés formamos no Largo de São Francisco um núcleo de resistência democrática" (DALLARI, Dalmo de Abreu. "Dalmo de Abreu Dallari". *In*: ______. *Estado de Direito Já! Os trinta anos da Carta aos Brasileiros*. São Paulo: Lettera.doc, 2007, pp. 121-123).

1909 BERCOVICI, Gilberto. "Saudação ao Professor Dalmo de Abreu Dallari". *Revista da Faculdade de Direito*, Universidade de São Paulo, São Paulo, vol. 102, 2007, pp. 1211-1216.

1910 LEWANDOWSKI, Enrique Ricardo. *Globalização, regionalização e soberania*. São Paulo: Juarez de Oliveira, 2004, p. 344.

Nascido em São Paulo, em 16 de setembro de 1897, era filho de Cândido Nazianzeno Nogueira da Motta, que foi um renomado advogado criminalista pertencente aos quadros do Partido Republicano Paulista (PRP), professor catedrático de Direito Penal da Faculdade de Direito de São Paulo, Deputado Federal (1909-1917), Secretário de Agricultura de São Paulo (1916-1920) e Senador estadual (1922-1930).[1911]

Motta Filho realizou os cursos primário e secundário em colégios de São Paulo e do Rio de Janeiro. Formou-se pela Faculdade de Direito de São Paulo em 1919 e, logo após, foi escolhido Juiz de Paz na capital. Filiado ao PRP, exerceu a chefia de Gabinete de seu pai, na Secretaria de Agricultura, entre 1916-1920.

Além da política, dedicou-se intensamente ao jornalismo e à crítica literária. Na década de 1920, filiou-se ao Modernismo, tendo participado, inclusive, da Semana de Arte Moderna de 1922, em companhia de intelectuais como Guilherme de Almeida, Menotti del Picchia, Oswald de Andrade, dentre outros.[1912]

Nessa época, foi integrante do movimento Verde-Amarelo ao lado de Cassiano Ricardo, Menotti del Picchia e Plínio Salgado, grupo nacionalista que buscava provocar um rompimento da literatura brasileira com mimetismos estrangeiros, contrapondo-se, inclusive,

---

1911 MAYER, Jorge Miguel. "Cândido Mota Filho". *Centro de Pesquisa e Documentação de História Contemporânea do Brasil*: Dicionário Histórico Biográfico Brasileiro – FGV. Disponível em: https://www18.fgv.br/CPDOC/acervo/dicionarios/verbete-biografico/mota-filho-candido. Acessado em: 28.08.2024.

1912 MAYER, Jorge Miguel. "Cândido Mota Filho". *Centro de Pesquisa e Documentação de História Contemporânea do Brasil*: Dicionário Histórico Biográfico Brasileiro – FGV. Disponível em: https://www18.fgv.br/CPDOC/acervo/dicionarios/verbete-biografico/mota-filho-candido. Acessado em: 28.08.2024.

à corrente majoritária da Semana de Arte Moderna, tida por eles como muito afrancesada.[1913]

Em 1931, publicou o livro *Alberto Torres e o thema da nossa geração*,[1914] em que criticava o liberalismo político e, a partir de Torres, defendia a necessidade de se desenvolver um Estado forte, nacionalista e calcado na realidade sociocultural do país, não em idealizadas imitações estrangeiras. O livro contou com um entusiasmado prefácio de Plínio Salgado, seu colega de jornalismo, com críticas à desnaturação da Revolução de 1930 e a defesa da necessidade de se recuperar e aprofundar os seus sentidos originários.[1915]

Em 1932, Motta Filho foi um dos fundadores do periódico *Política*, revista que

> refletia a convergência ideológica antiliberal de parte da intelectualidade que, desiludida com a Revolução de 1930 e com as características assumidas pela democracia liberal, pretendia encontrar novos caminhos para o Brasil. Embora não pudesse ser considerada fascista, *Política* recebia influências do fascismo que medrava na Itália e se fortalecia na Alemanha.[1916]

1913 CAMPOS, Maria José. *Versões modernistas da democracia racial em movimento*: estudo sobre as trajetórias e as obras de Menotti Del Picchia e Cassiano Ricardo até 1945. São Paulo: USP, 2007, pp. 102-186. (Tese de Doutorado).

1914 MOTTA FILHO, Cândido. *Alberto Torres e o thema da nossa geração*. Rio de Janeiro: Schimidt, 1931.

1915 SALGADO, Plínio. "Prefácio". *In*: MOTTA FILHO, Cândido. *Alberto Torres e o thema da nossa geração*. Rio de Janeiro: Schimidt, 1931, pp. X-XI.

1916 MAYER, Jorge Miguel. "Cândido Mota Filho". *Centro de Pesquisa e Documentação de História Contemporânea do Brasil*: Dicionário Histórico Biográfico Brasileiro – FGV. Disponível em: https://www18.fgv.br/CPDOC/acervo/dicionarios/verbete-biografico/mota-filho-candido. Acessado em: 28.08.2024.

No mesmo ano, como aqui já discorrido, o jurista paulista participou da fundação da Sociedade dos Amigos de Alberto Torres, sociedade civil com sede no Rio de Janeiro, que objetivava debater os problemas nacionais a partir das ideias políticas nacionalistas torreanas.

Conforme adiantado no subcapítulo anterior, ainda em 1932, na companhia de Ataliba Nogueira e de outros intelectuais nacionalistas, também participou da formação da Sociedade de Estudos Políticos (SEP), fundada por Plínio Salgado na sede do jornal *A Razão*, agremiação essa que se propunha a "examinar as perspectivas que se colocavam perante o Brasil, já que a revolução vitoriosa, segundo os integrantes do grupo, sofria um esvaziamento".[1917] Quando Plínio Salgado deu o passo seguinte e fundou a Aliança Integralista Brasileira (AIB), Motta Filho se recusou a integrá-la formalmente, sobretudo por discordar da transformação de uma sociedade intelectual em partido político, muito provavelmente porque ainda era fortemente ligado ao velho PRP.[1918]

Inclusive, foi justamente nas trincheiras do perrepismo que assinou o contundente manifesto de janeiro de 1932, em que o Partido Republicano criticava as ações do Governo Provisório e cobrava a estabilização legal do regime. Com a eclosão da chamada Revolução Constitucionalista, alistou-se para a luta armada, da qual não veio a participar porque permaneceu na capital como membro do gabinete

---

1917 MAYER, Jorge Miguel. "Cândido Mota Filho". *Centro de Pesquisa e Documentação de História Contemporânea do Brasil*: Dicionário Histórico Biográfico Brasileiro – FGV. Disponível em: https://www18.fgv.br/CPDOC/acervo/dicionarios/verbete-biografico/mota-filho-candido. Acessado em: 28.08.2024.

1918 MAYER, Jorge Miguel. "Cândido Mota Filho". *Centro de Pesquisa e Documentação de História Contemporânea do Brasil*: Dicionário Histórico Biográfico Brasileiro – FGV. Disponível em: https://www18.fgv.br/CPDOC/acervo/dicionarios/verbete-biografico/mota-filho-candido. Acessado em: 28.08.2024.

do Governador Pedro de Toledo, do qual também faziam parte os seus colegas modernistas Menotti del Picchia e Cassiano Ricardo.[1919]

Em suas *Memórias*, Motta Filho relembra que Pedro de Toledo criou uma comissão, presidida por Gama Cerqueira, professor de Direito Penal da Faculdade de Direito de São Paulo, para escrever um anteprojeto de Constituição que condensasse as visões jurídicas dos insurretos paulistas:

> A minha divergência foi total com os meus companheiros de trabalho. Êles timbravam em elaborar uma Constituição em que se não desviasse, em suas linhas gerais, daquilo que foi aceito em 1891. Apenas, como invocação, queriam, ao lado da declaração de direitos individuais, a declaração dos direitos sociais e que modificasse o processo de distribuição de rendas.
>
> Eu sustentava que a Constituição era um sistema de poderes e competências e que o mal brasileiro poderia ser atenuado se enfrentássemos, sem mêdo, o nosso sistema de poderes e formulássemos uma teoria nova, de acôrdo com a nossa época. Não podíamos mais ficar agarrados a Montesquieu, que deixássemos o século XVIII e olhássemos o século XX, com a revolução tecnológica e com suas ameaças aos direitos do homem. Procurei mostrar que essa inovação se evidenciou logo no comêço da República, no governo do Marechal Deodoro, com a dissolução do Congresso e com a renúncia do Presidente.
>
> Na reforma da Constituição de 91, feita durante o govêrno Bernardes, Herculano de Freitas, tinha, em seu discurso sôbre ela, na Câmara dos Deputados se referido a êsse conflito. Mas nada foi feito. E, conseqüentemente, a República vivia ou com um Poder Legislativo submisso ou em estado de sítio.

1919 MOTTA FILHO, Cândido. *Contagem regressiva*: memórias 1. Rio de Janeiro: José Olympio, 1972, p. 113.

> O Prof. Gama Cerqueira concordava com os meus argumentos, mas dizia que êles não seriam nem ouvidos nem cheirados numa Assembléia Constituinte...
>
> A Comissão não prosseguiu em seus trabalhos, interrompidos pela vitória das fôrças getulistas.[1920]

Após a derrota paulista, Motta Filho continuou se dedicando ao jornalismo e à política, nesta última como oficial de gabinete da Prefeitura de São Paulo.

Em 1933, traduziu o livro *As Novas Tendências do Direito Constitucional*, de Mirkine-Guetzevitch. Sobre essa importante obra que, conforme já discorrido, foi bastante influente na Constituinte de 1933-1934, o jurista paulista assim discorre:

> Tinha eu traduzido do inglês a obra de Mirkine Guetzévicht sôbre as novas tendências do Direito Constitucional, obra que deveria aparecer com o prefácio do professor Vicente Ráo.
>
> Para mim, a obra de Mirkine era interessante mais pelo seu lado informativo que pelo seu lado doutrinário. O nôvo constitucionalismo, baseado num esfôrço pela racionalização do poder, não me parecia ser uma novidade. Mas a verdade é que os bons ventos que vinham da Europa, apesar do fascismo, pareciam abrir novas possibilidades para a liberdade política, fazendo desparecer o regime de plenos poderes e terminando com aquilo que os franceses chamam de "*vacances de la légalité*".[1921]

Esse comentário de Motta Filho chama a atenção. Em primeiro lugar, porque a obra não foi traduzida do inglês, mas sim do francês. E, em segundo lugar, conforme discorrido no capítulo II,

---

1920 MOTTA FILHO, Cândido. *Contagem regressiva*: memórias 1. Rio de Janeiro: José Olympio, 1972, pp. 114/115.

1921 MOTTA FILHO, Cândido. *Contagem regressiva*: *memórias 1*. Rio de Janeiro: José Olympio, 1972, p. 119.

o livro de Mirkine não se propôs a trazer "bons ventos" com novas possibilidades para a legalidade política. O que o jurista europeu fez foi justamente o contrário, quando denunciou o desmonte das democráticas ordens constitucionais sociais exsurgidas após a Primeira Guerra Mundial, que teriam promovido o que ele chama de "racionalização do poder", por autoritárias reformas constitucionais no início da década de 1930, que chancelaram o absoluto predomínio do Poder Executivo sobre o Legislativo. Era essa a ambiência da Europa em 1933, inclusive com a deflagração do golpe nazista, que assaltou o poder na Alemanha. Não se estava mais em 1919.

Durante a Constituinte, Motta Filho trabalhou intensamente como diretor da assessoria técnica da bancada paulista. Promulgada a Constituição Federal,[1922] ainda em 1934, foi eleito Deputado Estadual pelo Partido Constitucionalista.

Foi Deputado constituinte estadual e, promulgada a Constituição paulista, exerceu o mandato durante a legislatura de 1934-1937, período em que integrou a Comissão de Constituição e Justiça e participou de diversos projetos e comissões temáticas envolvendo direito das crianças, reforma penitenciária, proteção à família, ensino, dentre outros.

Com o golpe do Estado Novo e devido ao fechamento de todas as assembleias e partidos políticos, Motta Filho perdeu seu mandato.

1922 Sobre essa sua experiência na assessoria legislativa assim relata: "vi, entretanto, no desenrolar da Constituinte de 1934, que, muito mais do que na experiência do passado, predominava o gôsto pela invocação a qualquer preço. (...) Almejava-se votar uma Constituição tão moderna como a de Weimar e tão atualizada como a da Espanha republicana. Se já não existia, em sua inteireza, o Brasil dos coronéis e dos bacharéis, se já podíamos sentir as exigências das organizações industriais, tínhamos, com características inteiramente nossas, em virtude de nossa História e da nossa Geografia, com os nossos bons e os nossos maus costumes, todos os dados para uma organização nacional capaz de evitar a persistência de nossa colonização cultural" (MOTTA FILHO, Cândido. *Contagem regressiva*: memórias 1. Rio de Janeiro: José Olympio, 1972, p. 127).

Como já adiantado, em 11 de maio de 1938, alguns setores integralistas tentaram tomar o poder no Rio de Janeiro. Debelada a insurreição, o governo fechou o cerco contra membros e/ou simpatizantes da AIB. Foi nesse contexto que Cândido Motta Filho chegou a ser preso por breve período,[1923] à semelhança, por exemplo, de Miguel Reale.[1924]

Em suas *Memórias*, Motta Filho relembra seu primeiro encontro com Vargas, em 1938, quando foi apresentado ao Presidente por Pires do Rio, então diretor do *Jornal do Brasil*. De acordo com ele, até então,

> Getúlio Vargas não contava com a minha simpatia. Era o adversário vitorioso da situação política em que me formara. Mostrava-se como um caudilho, incapaz de aperfeiçoar a democracia republicana, como ambicionaram os chefes da Revolução de 30, e que, afinal, se instalou num regime autoritário, com uma Constituição que seria mais um instrumento de govêrno ou de desgovêrno do que um diploma de garantia das liberdades públicas.[1925]

O motivo da audiência foi logo esclarecido por Vargas. Tendo em vista a sua atuação, enquanto deputado estadual por São Paulo, em comissão encarregada de elaborar projeto de lei que instituísse um Departamento Estadual da Criança, o Presidente solicitou que Motta Filho elaborasse, então, um anteprojeto de departamento similar, só que de âmbito nacional.[1926]

1923 MOTTA FILHO, Cândido. *Contagem regressiva*: memórias 1. Rio de Janeiro: José Olympio, 1972, pp. 102/103.

1924 REALE, Miguel. *Memórias (Destinos Cruzados)*. vol. 1. São Paulo: Saraiva, 1986, p. 141/142.

1925 MOTTA FILHO, Cândido. *Contagem regressiva*: memórias 1. Rio de Janeiro: José Olympio, 1972, p. 16.

1926 MOTTA FILHO, Cândido. *Contagem regressiva*: memórias 1. Rio de Janeiro: José Olympio, 1972, p. 17.

Após a elaboração do projeto, narra Motta Filho que, em novo encontro no Catete, o Presidente lhe disse que lera, por recomendação do General Góis Monteiro, o seu livro sobre Alberto Torres.[1927] Especificamente sobre a conjuntura do Estado Novo, afirma Motta Filho que Vargas lhe teria confidenciado o seguinte no referido encontro:

> (...) Hoje, como governo apoiado na Constituição que o Campos inventou, muitos dirão que traí os meus propósitos. Não. Não e não! O meu pensamento abandonou, por certo, a velha noção formal da liberdade, as liberdades negativas que o liberalismo inventou. Quero a liberdade como um direito de afirmação do homem, o que não é proporcionado às classes trabalhadoras... Os meus adversários não pensam assim. Liberdade, para êles, é a que proclamam na pagodeira dos comícios![1928]

Também em suas *Memórias*, Motta Filho retrata, com espanto, o oportunismo e pragmatismo de Adhemar de Barros em sua meteórica ascensão política.[1929] De médico clínico em São Paulo a ativo participante da Revolução Constitucionalista de 1932, foi eleito deputado à Constituinte paulista, em 1934, pelo PRP. Na legislatura de 1934-1937, notabilizou-se por sua ferrenha oposição tanto a Getúlio Vargas como ao governador Armando Salles de Oliveira e por ter se desincompatibilizado em 1936 para tentar concorrer à Presidência da República em 1938.[1930] Com o golpe do Estado Novo, sumiu da cena política até reaparecer indicado Interventor

---

1927 MOTTA FILHO, Cândido. *Contagem regressiva*: memórias 1. Rio de Janeiro: José Olympio, 1972, p. 17/18.

1928 MOTTA FILHO, Cândido. *Contagem regressiva*: memórias 1. Rio de Janeiro: José Olympio, 1972, p. 18.

1929 MOTTA FILHO, Cândido. *Contagem regressiva*: memórias 1. Rio de Janeiro: José Olympio, 1972, pp. 100-105.

1930 MAYER, Jorge Miguel. "Ademar de Barros". *Centro de Pesquisa e Documentação de História Contemporânea do Brasil*: Dicionário Histórico Biográfico Brasileiro – FGV. Disponível em: https://www18.

Federal de São Paulo, a partir de sugestão de Benedito Valadares e de Filinto Müller ao Presidente. De acordo com o próprio Vargas, a indicação, além de contemplar importantes correligionários, deveu-se à circunstância de que Barros atuava como um útil informante do regime sobre a conjuntura de São Paulo e também porque o governo pretendia formar novas lideranças.[1931]

Mesmo Adhemar de Barros tendo sido o responsável por determinar a sua prisão em 1937 e por tê-lo exonerado das funções públicas que exercia, Motta Filho narra que, em 1938, como se nada tivesse acontecido, houve uma reaproximação do Interventor, que, inclusive, passou a lhe fazer consultas em matéria de doutrina política.[1932]

Em maio de 1938, Adhemar de Barros instituiu o Serviço de Publicidade e Propaganda do Estado de São Paulo, sendo Menotti Del Picchia apontado como o seu Diretor. No ano seguinte, o Estado Novo expediu o Decreto-Lei n. 1.915, de 27 de dezembro de 1939, que criou o Departamento de Imprensa e Propaganda (DIP),

---

fgv.br/cpdoc/acervo/dicionarios/verbete-biografico/ademar-pereira-de--barros. Acessado em: 28.08.2024.

1931 Sobre o ponto, conferir as explicações do próprio Getúlio Vargas: "a escolha de Ademar de Barros para a interventoria em São Paulo foi uma prova de meu esforço de dar ao Brasil novos líderes. Ademar fora me apresentado não me recordo por quem (Benedito Valadares) e passara a visitar-me frequentemente no palácio, trazendo notícias de São Paulo. Ora vinha com uma novidade sobre a política ora com detalhes sobre o progresso da indústria no estado bandeirante. Com o tempo as visitas se tornaram mais repetidas de sorte que eu ficava ao par de tudo o que acontecia em São Paulo... (Em São Lourenço), convidei-o apenas para interventor e tracei-lhe as diretrizes que deveria tomar. Não o conhecia muito bem e, era necessário, portanto, fazer-lhe algumas observações. (O repórter pergunta se Ademar foi indicado por alguém): 'Não, mas eu suspeito que ele era protegido de Filinto (Müller)!'" (VARGAS, Getúlio. "Entrevista". *Suplemento Especial da Revista do Globo*, ago. 1950, pp. 51/52).

1932 MOTTA FILHO, Cândido. *Contagem regressiva*: memórias 1. Rio de Janeiro: José Olympio, 1972, pp. 102-105.

comandado por Lourival Fontes. A direção do órgão paulista passou, então, às mãos de Cassiano Ricardo.[1933]

Um ano depois, foi expedido o Decreto-Lei n. 2.557, de 4 de setembro de 1940, mediante o qual foram criados os Departamentos de Imprensa e Propaganda nos Estados (DEIP), cuja função seria a de aumentar a capilaridade da censura estado-novista pelos estados.

No ano seguinte, Adhemar de Barros exarou o Decreto-Lei n. 11.849, de 13 de fevereiro de 1941, mediante o qual institucionalizou o DEIP paulista, que a ele estava subordinado. O escolhido para o cargo de Diretor-Geral do órgão foi Cândido Motta Filho, que permaneceria na referida posição até 5 de maio de 1944,[1934] tendo funcionado, portanto, como importante sedimentador da máquina burocrática de censura e propaganda do Estado Novo em São Paulo.

Podem-se suscitar algumas hipóteses para a indicação de Motta Filho: a sua crescente aproximação pessoal com Getúlio Vargas, desde que o Presidente solicitou-lhe que escrevesse um anteprojeto de Departamento Nacional da Criança em 1938; a sua reconciliação com Adhemar de Barros, que passou a tratá-lo como amigo, confidente e aliado político; a sua grande experiência nos meios literário e jornalístico de São Paulo; e a sua amizade próxima com os dois ex-dirigentes do Serviço de Publicidade e Propaganda do Estado de São Paulo, os escritores Menotti Del Picchia e Cassiano Ricardo.

Já livre-docente em Direito Penal, Motta Filho concorrera à cátedra de Direito Penal da Faculdade de Direito de São Paulo em

---

1933 ARIENTI, Douglas Pavoni. *Cassiano Ricardo e Menotti Del Picchia*: trajetórias intelectuais, projetos políticos e função social da inteligência. Florianópolis: UFSC, 2014, p. 114. (Dissertação de Mestrado).

1934 COSTA, Alexandre Andrade da. "O Estado de S. Paulo: o debate em torno do pós-guerra (1942-1945)". *In*: ______. *Caleidoscópio político*: as representações do cenário internacional nas páginas do jornal O Estado de S. Paulo (1938-1945). São Paulo: Unesp/Cultura Acadêmica, 2010, p. 149.

1936, com a tese *Da premeditação*, publicada em 1939. Sem êxito, contudo, já que acabou se sagrando vencedor do certame o professor Noé Azevedo. A sua escolha pelo Direito Penal ocorreu por inspiração paterna, já que, conforme adiantado, Cândido Motta pai fora catedrático da disciplina na Faculdade.

Segundo aponta em suas *Memórias*, a opção pelo Direito, sobretudo pela área penal, se dera muito em função da influência de seu pai, não pretendendo ele, durante a juventude, efetivamente exercer qualquer carreira jurídica. Inclinava-se, ao contrário, para as letras e o jornalismo. Diante disso, José Afonso da Silva, que foi seu aluno em 1954, afirma que,

> [p]or mais que se tenha admiração por Cândido Motta Filho, por tudo que ele representou no cenário cultural, na crítica literária do País e na magistratura do Supremo Tribunal Federal, não há como negar que ele não era um constitucionalista. Era um literato, um crítico de literatura, ao que consta, competente.[1935]

Não obstante isso, em 1940, concorreu contra Ataliba Nogueira no concurso para provimento da cadeira de Direito Público e Constitucional da Faculdade de Direito de São Paulo, não logrando êxito na disputa.

Em tal certame, Cândido Motta Filho defendeu a polêmica tese *O Poder Executivo e as Ditaduras Constitucionais*.

De acordo com ele, quase sempre as piores crises constitucionais derivam das fraquezas ou da força extrema do Poder Executivo.[1936] Na década de 1940, a crise constitucional estaria precisamente na

---

1935 SILVA, José Afonso da. *A Faculdade e meu itinerário constitucional*. São Paulo: Malheiros, 2007, pp. 232/233.

1936 MOTTA FILHO, Cândido. *O Poder Executivo e as ditaduras constitucionais*. São Paulo: Phoenix, 1940, p. 7.

"crise de autoridade" do poder estatal, provocada em grande medida pela inação da democracia parlamentar.[1937] Sustentando que "[a] direção executiva deve ser sempre uma",[1938] Motta Filho afirma que

> [o] Poder Executivo é assim de incalculável importância, porque a êle incumbe traduzir a vontade coletiva, em decisão de governo, porém tudo isso, principalmente em face das garantias jurídicas, deve basear-se numa Constituição escrita.[1939]

E isso seria necessário não em função da premente limitação do arbítrio estatal, mas sim "[p]orque não é possível deixar questões de alta monta, que afetam os interêsses supremos da comunidade, aos azares de orientações impostas pelo Parlamento".[1940]

Seria justamente em função dessa crise que,

> se algum sucesso tem tido na Inglaterra o fascismo de Sir OSWALD MOSLAY é porque êle mostra, corajosamente, a crise parlamentária inglêsa e assinala que o Parlamento, hoje em dia, é destinado a debates estéreis e improfícuos.[1941]

Nesse contexto, "as esperanças se voltam para o 'homem forte'".[1942] Sobre isso, Motta Filho discorre citando Francisco Campos

---

1937 MOTTA FILHO, Cândido. *O Poder Executivo e as ditaduras constitucionais*. São Paulo: Phoenix, 1940, pp. 8-10.

1938 MOTTA FILHO, Cândido. *O Poder Executivo e as ditaduras constitucionais*. São Paulo: Phoenix, 1940, p. 28.

1939 MOTTA FILHO, Cândido. *O Poder Executivo e as ditaduras constitucionais*. São Paulo: Phoenix, 1940, pp. 25/26.

1940 MOTTA FILHO, Cândido. *O Poder Executivo e as ditaduras constitucionais*. São Paulo: Phoenix, 1940, p. 26.

1941 MOTTA FILHO, Cândido. *O Poder Executivo e as ditaduras constitucionais*. São Paulo: Phoenix, 1940, p. 26.

1942 MOTTA FILHO, Cândido. *O Poder Executivo e as ditaduras constitucionais*. São Paulo: Phoenix, 1940, p. 37.

e a sua tese da fascinação moderna pela personalidade carismática, marcada pela busca por um César que efetivamente tome as decisões que devam ser tomadas.[1943]

Em função dessa crise, grande parte das ordens constitucionais, nas décadas de 1920-1930, adaptaram-se no sentido de reforçarem o papel do Poder Executivo, e as que não tomaram tais medidas tiveram de se valer do uso frequente de medidas excepcionais.[1944]

De acordo com o professor paulista, predominaria na literatura um conceito vulgar de ditadura como sinônimo de oposição ao direito[1945], de tal forma que "os partidários da democracia, como o único regime compatível com o Direito, procuram negar qualquer configuração jurídica à ditadura".[1946]

Criticando fortemente essa concepção, afirma que "o Direito não pode desconhecer a realidade social e enterrar, como o avestruz, a cabeça no chão, para não ver o perigo".[1947] Isso porque "o combate à ditadura, como regime excepcional de violência, não impede, antes pelo contrário, provoca, por parte da consciência jurídica, um meio de atenuá-la em seus excessos e despropósitos".[1948] E isso ocorreria

1943 MOTTA FILHO, Cândido. *O Poder Executivo e as ditaduras constitucionais*. São Paulo: Phoenix, 1940, p. 148.

1944 MOTTA FILHO, Cândido. *O Poder Executivo e as ditaduras constitucionais*. São Paulo: Phoenix, 1940, p. 52.

1945 MOTTA FILHO, Cândido. *O Poder Executivo e as ditaduras constitucionais*. São Paulo: Phoenix, 1940, p. 53.

1946 MOTTA FILHO, Cândido. *O Poder Executivo e as ditaduras constitucionais*. São Paulo: Phoenix, 1940, p. 56.

1947 MOTTA FILHO, Cândido. *O Poder Executivo e as ditaduras constitucionais*. São Paulo: Phoenix, 1940, p. 56.

1948 MOTTA FILHO, Cândido. *O Poder Executivo e as ditaduras constitucionais*. São Paulo: Phoenix, 1940, p. 56.

pelo reconhecimento de aspectos constitucionais da ditadura, ou seja, pelo seu enquadramento jurídico.[1949]

Para Motta Filho, "CARL SCHMITT tratou do assunto de forma corajosa e profunda",[1950] especificamente no que concerne ao seu tratamento jurídico da ditadura como um momento transitório, uma passagem de uma ordem jurídica para outra, uma reação legítima para se inaugurar uma ordem. Ou seja, para ele, poder constituinte não necessariamente deve ser compreendido na concepção liberal, como sinônimo de Assembleia Nacional Constituinte, já que "[o]utras vezes, o próprio Governo constituído se transforma em poder constituinte, como aconteceu em 10 de novembro de 1937, quando o Presidente da República decretou a nova Constituição de país".[1951]

Tratar-se-ia, segundo ele, da ditadura soberana schmittiana enquanto poder constituinte.[1952]

Basicamente a partir da tese de Schmitt (por ele abundantemente citada) de que o Presidente seria o guardião da Constituição, Motta Filho justifica a ditadura legal como um imperativo de salvação pública.[1953]

Analisando a história das medidas constitucionais de exceção no Brasil da Primeira República, o jurista paulista constrói a tese de que elas foram necessárias e se tornaram banalizadas justamente em função da debilidade do Poder Executivo, que passou a utilizá-las

1949 MOTTA FILHO, Cândido. *O Poder Executivo e as ditaduras constitucionais*. São Paulo: Phoenix, 1940, pp. 56/57.

1950 MOTTA FILHO, Cândido. *O Poder Executivo e as ditaduras constitucionais*. São Paulo: Phoenix, 1940, p. 57.

1951 MOTTA FILHO, Cândido. *O Poder Executivo e as ditaduras constitucionais*. São Paulo: Phoenix, 1940, p. 118.

1952 MOTTA FILHO, Cândido. *O Poder Executivo e as ditaduras constitucionais*. São Paulo: Phoenix, 1940, p. 118.

1953 MOTTA FILHO, Cândido. *O Poder Executivo e as ditaduras constitucionais*. São Paulo: Phoenix, 1940, pp. 64-66 e 73.

como meios hodiernos de governo.[1954] É por isso que justifica a outorga da Carta de 1937 pela circunstância de que, antes dela, "não dispunha o Estado de **meios normais** de preservação e defêsa do país, da segurança e bem-estar do povo".[1955]

Com a Carta de 1937, finalmente passaram a existir instrumentos normalizados de ação para o Poder Executivo, sendo o principal deles aquele constante do artigo 187: a possibilidade de o Presidente da República, enquanto chefe supremo do Estado, expedir decretos-lei, unilateralmente e sobre todas as matérias, enquanto não se reunisse o Parlamento.[1956]

Essa medida-chave, segundo aponta, estaria inserida no contexto de delegação de poderes típico das Constituições da década de 1930, em que os dogmas da sacralidade da democracia parlamentar e da separação de Poderes são revistos em nome da sobrevivência e efetividade do Estado.[1957] Em sua visão foi justamente isso o que ocorreu no Brasil quando a Constituição de 1934, que expressamente vedava a delegação de poderes (artigo. 3º, §1º), foi solapada pelo inevitável golpe de 1937, que se insere nessa conjuntura de reação às crises constitucionais, a exemplo das ditaduras europeias.[1958]

Comentando a destruição da Constituição de Weimar pelo nazismo, Motta Filho endossa a Teoria da Constituição de Carl Schmitt. Confira-se:

1954 MOTTA FILHO, Cândido. *O Poder Executivo e as ditaduras constitucionais*. São Paulo: Phoenix, 1940, pp. 82-93.

1955 MOTTA FILHO, Cândido. *O Poder Executivo e as ditaduras constitucionais*. São Paulo: Phoenix, 1940, p. 96, destaque nosso.

1956 MOTTA FILHO, Cândido. *O Poder Executivo e as ditaduras constitucionais*. São Paulo: Phoenix, 1940, p. 96.

1957 MOTTA FILHO, Cândido. *O Poder Executivo e as ditaduras constitucionais*. São Paulo: Phoenix, 1940, pp. 101-110.

1958 MOTTA FILHO, Cândido. *O Poder Executivo e as ditaduras constitucionais*. São Paulo: Phoenix, 1940, pp. 112/113.

> Na Alemanha, a república fundada por Scheidemann e assegurada pela Constituição de Weimar, de 11 de agosto de 1919, aparece como uma tentativa para harmonizar os princípios liberais de Direito Público com as condições sociais da vida moderna, constituindo aquilo que VERMEIL denomina "democracia sintética".
>
> Apesar dos esforços de PREUSS para construir, dentro da sistemática constitucional, um Executivo forte havia na realidade, como diz VERMEIL uma subordinação do governo ao Parlamento e, com isso, a insuficiência do poder para expressar aquilo que SCHMITT denomina "a vontade do Estado".
>
> Entretanto, o Estado evolue rapidamente para o predomínio da orientação presidencialista, como que preâmbulando o hitlerismo. O marechal Hindemburgo fala em gabinete presidencial, dirigido por um homem acima dos partidos.
>
> (...)
>
> CARL SCHMITT, que sempre se colocára como estudioso dos problemas do Direito Público, contra o Estado liberal, oferece-nos, com o seu pensamento, um dos aspectos mais interessantes da revolução nacional-socialista.
>
> A idéia do Estado jurídico não é por êle aceita. O Estado é o Estado, isto é, tem suas características específicas que o distingue de outras atividades vitais especialmente do Direito. O Estado é, para êle, a "unidade política de um povo". O poder é por isso mesmo unitário, fruto da ausência completa de um pluralismo interno.[1959]

Em seguida, aponta que movimentos similares ao alemão podem ser vistos na Áustria, na Polônia, na Turquia, na Itália, na Espanha e em Portugal: todos esses países, calcados na proeminência absoluta do Poder Executivo como unidade de comando, buscaram resistir às falências da democracia liberal. Como bem aponta José Afonso da

---

[1959] MOTTA FILHO, Cândido. *O Poder Executivo e as ditaduras constitucionais*. São Paulo: Phoenix, 1940, pp. 124-126.

Silva sobre essa tese, "[a]ssim a ditadura aparece como um elemento benfazejo, que o Autor aceita sem restrições".[1960]

Justificando a legitimidade constituinte da ditadura constitucional, ou seja, daquela cujos poderes sejam previstos por uma Constituição escrita, Motta Filho conclui:

> Assim, a ditadura constitucional, deve ser:
>
> a) justificada como decorrente de um estado de necessidade;
>
> b) exercitada dentro de um lapso de tempo limitado, cessada imediatamente desde que cessem os motivos que a determinaram;
>
> c) assim a sua ação político-administrativa concreta, decorre do fim a que se propõe;
>
> e) a sua atividade extra-legal, suspendendo em todo ou em parte a Constituição, deve ter em vista resguardá-la e defendê-la;
>
> f) a entrega de maiores faculdades ao detentor do poder deve corresponder a um aumento de sua responsabilidade;
>
> d) o fundamento da atividade excepcional do poder é de caráter meramente político.
>
> Desviada dêsse caminho a arbitrariedade concedida legalmente, perde o seu caráter de medida conservadora e se transforma em obra revolucionária, e, em regra, se desvia para aquela ditadura soberana de que fala CARL SCHMITT.[1961]

Explicando o contexto político-constitucional em que escreveu a tese, Motta Filho assim aduz em suas *Memórias*:

1960 SILVA, José Afonso da. *A Faculdade e meu itinerário constitucional*. São Paulo: Malheiros, 2007, p. 235.

1961 MOTTA FILHO, Cândido. *O Poder Executivo e as ditaduras constitucionais*. São Paulo: Phoenix, 1940, pp. 152/153.

> (...) Quando fiz concurso para o cargo de catedrático da Faculdade de Direito, a minha tese foi sôbre o Poder Executivo e as ditaduras constitucionais.
>
> A banca examinadora impressionou-se mais com o título do que com o conteúdo e viu no que escrevi aquilo que não escrevi. No entanto, o título era exatamente para combater o estado de sítio freqüente no país e que estava sendo substituído por formas de intervenção econômica do Executivo federal. Pleiteei, isso sim, a reformulação da teoria tripartida dos podêres e uma teoria constitucional, que consagrasse os princípios gerais e abandonasse a sobrecarga de previsão de minúcias que eram comuns em muitas constituições.
>
> O que aconteceu em 1937 comprovava, mais uma vez, que, pelo menos em parte, eu tinha razão.[1962]

Essa versão, de 1972, não convence. Como bem aponta José Afonso da Silva "é bem clara a orientação da obra. As referências doutrinárias em que se baseia são orientadas no sentido da justificação do regime excepcional vigente no país desde 1937".[1963]

Inclusive, em 1941, Motta Filho ratificou essa sua tese de 1940 mediante a publicação do artigo *A Evolução do Controle de Constitucionalidade das Leis no Brasil*,[1964] em que o jurista tece reiteradas loas à "grande sabedoria" da Carta de 1937 ao ter concedido poderes quase absolutos a Vargas, inclusive o de rever, como última instância (artigo 96, parágrafo único),[1965] as declarações de

---

1962 MOTTA FILHO, Cândido. *Contagem regressiva*: memórias 1. Rio de Janeiro: José Olympio, 1972, p. 115.

1963 SILVA, José Afonso da. *A Faculdade e meu itinerário constitucional*. São Paulo: Malheiros, 2007, pp. 233/234.

1964 MOTTA FILHO, Cândido. "A evolução do controle de constitucionalidade das leis no Brasil". *Revista Forense*, vol. 38, nº 86, abr./jun. 1941, pp. 273-279.

1965 "No caso de ser declarada a inconstitucionalidade de uma lei que, a juízo do Presidente da República, seja necessária ao bem-estar do povo, à promoção ou defesa de interesse nacional de alta monta, poderá o

inconstitucionalidade das leis pelo Supremo Tribunal Federal, algo que se alinha perfeitamente à concordância manifestada por ele, em *O Poder Executivo e as ditaduras constitucionais*, com a tese de Carl Schmitt de que seria o Presidente o guardião da Constituição, não um Tribunal Constitucional (como sustentava Kelsen).

Karl Loewenstein, em *Brazil under Vargas*, comenta acidamente esse ensaio de Motta Filho, nos seguintes termos:

> Este artigo é uma indicação do nível de abuso desonesto de jurisprudência formalista à qual alguns dos oportunistas entre os professores de Direito caíram na sua adulação cega ao regime. O "estudo" reivindica o sistema de revisão judicial no Brasil sob o Estado Novo a título de ser "profundamente democrático" e em conformidade com os princípios da democracia genuína porque refere o problema de inconstitucionalidade ao Parlamento. Mas o autor ignora, ou esquece de mencionar que não existe Parlamento e que o Presidente nos casos descritos no texto – que um professor de Direito Constitucional da Universidade de São Paulo deve saber nada menos que este escritor ou qualquer advogado no Brasil – anulou supremamente o direito do Supremo Tribunal Federal de declarar inconstitucionais atos do Presidente.[1966]

Conforme já adiantado, com a expedição do Decreto-Lei n. 2.639/1940 antes mesmo do término do certame, Ataliba Nogueira foi automaticamente realocado para a cátedra de Teoria Geral do Estado, ficando vaga a nova cadeira de Direito Constitucional.

Presidente da República submetê-la novamente ao exame do Parlamento: se este a confirmar por dois terços de votos em cada uma das Câmaras, ficará sem efeito a decisão do Tribunal".

1966 LOEWENSTEIN, Karl. *Brazil under Vargas*. Nova York: The Macmillan Company, 1942, p. 115, nota de rodapé nº 11, destaque e tradução nossos.

Vale a pena a transcrição de interessante trecho da "Memória histórica de 1948", escrita pelo professor Almeida Júnior, sobre essa questão:

> CADEIRA DE DIREITO CONSTITUCIONAL – Por motivos políticos fáceis de entender, o decreto-lei n. 2.639, de 27 de setembro de 1940, desdobrara a disciplina "Direito Público Constitucional" em duas, a saber: Teoria Geral do Estado e Direito Constitucional. Visto que o ensino desta última disciplina interessava vivamente aos homens do Estado Novo, autores da Carta de 10 de novembro, o referido decreto-lei transferiu compulsoriamente o titular da cadeira antiga para a nova, ficando desta forma desocupada aquela – a de Direito Constitucional – que nos três anos subsequentes deveria ser provida em caráter interino, ou mediante contrato. Passou, pois, o prof. Ataliba Nogueira a reger o ensino de Teoria Geral do Estado, sendo contratado o livre-docente Cándido Mota Filho para o Direito Constitucional. E contratado por escolha da Congregação, pois que, em virtude de feliz inadvertencia do legislador de 1940, o decreto-lei n. 2.639 não atingiu essa prerrogativa daquéle órgão da Faculdade. Posteriormente, sobrevindo a desistencia do livre-docente Mota Filho, ocupou o lugar, ainda como contratado, o livre-docente Manoel Francisco Pinto Pereira.[1967]

Como se vê, Cândido Motta foi o indicado para ocupar interinamente a cadeira de Direito Constitucional. Almeida Júnior se vangloria da escolha, sugerindo que teria sido feita pela Congregação e não diretamente pelo regime, já que "em virtude de feliz inadvertencia do legislador de 1940, o decreto-lei n. 2.639 não atingiu essa

[1967] ALMEIDA JÚNIOR, Antônio Ferreira de. "Memória histórica de 1948". *Revista da Faculdade de Direito*, Universidade de São Paulo, vol. 53, 1958, pp. 190/191.

prerrogativa daquéle órgáo da Faculdade".[1968] Muito provavelmente, estava ele se referindo ao artigo 5º do referido Decreto-Lei:

> Art. 5º Os cargos de professor catedrático de Direito constitucional, **nas faculdades de direito federais, bem como nas faculdades de direito reconhecidas ou autorizadas pelo Governo Federal**, não serão preenchidos em carater efetivo, nos primeiros três anos a contar da vigência deste decreto-lei, devendo o provimento ser feito em carater interino ou mediante contrato (destaque nosso).

Sendo a Faculdade de Direito, desde 1934, integrante da Universidade de São Paulo e, portanto, instituição estadual, na visão de Almeida Júnior, essa circunstância teria representado uma brecha para que o artigo 5º do decreto não fosse aplicado ao Largo de São Francisco, mantendo-se as competências da Congregação.

Se, por um lado, realmente não consta do Decreto-Lei n. 2.639/1940 menção expressa às universidades estaduais, por outro, é indisputável que, ao menos durante o Estado Novo, elas estavam enquadradas, como todas as demais instituições do país, no raio de influência do regime, bastando se recordar as exonerações de Waldemar Ferreira, Vicente Ráo e Sampaio Dória, na própria Faculdade de Direito, em 1939, por ato do Executivo Federal.

Não obstante a orgulhosa tentativa de Almeida Júnior de proclamar a independência da Faculdade de Direito de São Paulo, não se pode esquecer que, em 1940, conforme acima discorrido, Cândido Motta Filho já era um nome conhecido de Getúlio Vargas (que, em 1938, pessoalmente pediu a sua colaboração técnica para criação do

---

1968 ALMEIDA JÚNIOR, Antônio Ferreira de. "Memória histórica de 1948". *Revista da Faculdade de Direito*, Universidade de São Paulo, vol. 53, 1958, p. 191.

Departamento Nacional da Criança[1969] e que, em 1943, encarregaria o jurista paulista de agradecer em seu nome às congratulações de São Paulo por ocasião do falecimento de seu filho, Getúlio Filho)[1970] e do interventor paulista Adhemar de Barros.

Dessa forma, ao contrário do sugerido, a escolha de Motta Filho esteve longe de representar um grande ato de rebeldia e de independência da Congregação em relação ao Estado Novo. Além de Motta Filho, o outro livre-docente em Direito Constitucional, desde 1931, era o professor Francisco Pinto Pereira, que também participara da Revolução Constitucionalista de 1932, mas que, posteriormente, não teve nem de longe a mesma aproximação com o estado-novismo. Dessa forma, tendo em vista a ambiência autoritária e o trauma recente da exoneração dos três professores da casa em 1939, o nome de Motta Filho se afigurava como bastante confortável para a Congregação.

Tanto é que, no começo de 1941, foi ele o escolhido por Adhemar de Barros (evidentemente, com a chancela – ou, ao menos, sem a oposição – do governo federal) para suceder a Cassiano Ricardo e ocupar o cargo de Diretor-Geral do DEIP, o braço paulista da burocracia censória estado-novista.

3.8.5 Manuel Francisco Pinto Pereira

Tendo em vista que o artigo 159 da Carta de 1937 dispunha que "[é] vedada a acumulação de cargos públicos remunerados da União, dos Estados e dos Municípios", muito provavelmente Cândido Motta Filho desistiu de assumir a vaga de professor interino de Direito Constitucional porque preferiu assumir a prestigiosa direção do DEIP.

1969 MOTTA FILHO, Cândido. *Contagem regressiva*: memórias 1. Rio de Janeiro: José Olympio, 1972, pp. 16-18.

1970 MOTTA FILHO, Cândido. *Contagem regressiva*: memórias 1. Rio de Janeiro: José Olympio, 1972, pp. 18/19.

Assumiu interinamente a cadeira, então, o professor Manuel Francisco Pinto Pereira. Nascido em Silvestre Ferraz, Minas Gerais, no dia 27 de maio de 1889, fez os cursos primário e ginasial em sua cidade de origem e, em 1919, matriculou-se na Faculdade de Direito de São Paulo. Era filho de Laureana Pinto Pereira, ex-escravizada, a quem dedicou uma das suas teses de concurso.[1971] Em seu requerimento de matrícula, não constava o nome do seu pai.[1972]

Bacharelou-se, em 1913, como o melhor aluno de sua turma, retornando a Minas Gerais para exercer os cargos de Promotor Público em Santo Antônio do Machado e, após, de Juiz Municipal em Muzambinho. Paralelamente, lecionava português no colégio da cidade. De volta a São Paulo por volta de 1915, estabeleceu-se como advogado e jornalista. Em 1931, foi nomeado advogado do Banco do Brasil.

Em 1932, voluntariou-se para lutar no levante paulista contra o Governo Provisório, tendo atuado em alguns dos confrontos. Após o conflito, em 1934, assumiu a cadeira de Latim do Colégio Universitário.

Além disso, tinha como maior pretensão tornar-se professor catedrático da Faculdade de Direito de São Paulo, o que nunca veio a ocorrer, apesar das diversas e reiteradas tentativas, conforme síntese de Ernesto Leme:

> Percorrendo o *curriculum vitae* de Pinto Pereira, nesta Academia, chega-se a um resultado espantoso: submeteu-se a três concursos, obteve a livre-docência de Direito Público

---

1971 LEME, Ernesto. "Manuel Francisco Pinto Pereira". *Revista da Faculdade de Direito*, Universidade de São Paulo, vol. 51, 1956, p. 287.

1972 LÉVAY, Emeric. "O dia em que o professor Pinto Pereira não deu a sua aula". *Museu do Tribunal de Justiça do Estado de São Paulo*, 2008. Disponível em: https://www.tjsp.jus.br/Museu/Comunicados/Comunicado?codigoComunicado=141&pagina=2. Acessado em: 28.08.2024.

> e Constitucional, Direito Internacional Público, Direito Internacional Privado e Direito Civil, regendo, interinamente, as cadeiras de Direito Constitucional, Direito Internacional Público, Direito Internacional Privado, Introdução à Ciência do Direito, Economia Política e Ciência das Finanças, Direito Civil.[1973]

Como adiantado, devido ao impedimento de Cândido Motta Filho (professor interino contratado pela Congregação) em 1941, Pinto Pereira foi apontado como o seu substituto na cadeira de Direito Constitucional.

Segundo Leme,

> [e]xaminando-se a produção jurídica do professor Manuel Francisco Pinto Pereira, além das dissertações que escreveu, para os dois concursos de Direito Civil, e para o concurso de professor substituto, em 1920, pouca coisa encontramos fora do campo do Direito Internacional Privado.[1974]

Essa última era, como se pode perceber, a matéria de sua predileção. Não se tratava, portanto, de um constitucionalista.

Conforme já se disse, com a outorga da Carta de 1937, a acumulação de cargos passou a ser vedada. Pinto Pereira, desde maio daquele ano, por nomeação do Governador, exercia a função de Procurador da Justiça Militar. Tendo de optar entre a Procuradoria e o cargo de professor temporário de Direito Constitucional, escolheu o segundo.

1973 LEME, Ernesto. "Manuel Francisco Pinto Pereira". *Revista da Faculdade de Direito*, Universidade de São Paulo, vol. 51, 1956, p. 293.

1974 LEME, Ernesto. "Manuel Francisco Pinto Pereira". *Revista da Faculdade de Direito*, Universidade de São Paulo, vol. 51, 1956, p. 290.

Com a redemocratização, Pinto Pereira foi declarado servidor estável da Faculdade devido ao seu alistamento na Revolução Constitucionalista de 1932:

> E, possibilitando o art. 30 do Ato das Disposições Constitucionais Transitórias, de 9 de julho de 1947, a efetivação dos funcionários interinos, que houvessem prestado serviços à Revolução Constitucionalista, propôs a Congregação da Faculdade de Direito fosse beneficiado por esse dispositivo o livre-docente Manuel Francisco Pinto Pereira, que então regia a cadeira de Direito Constitucional, em cuja disciplina fora habilitado em concurso, em 1920. Preferiu o Conselho Universitário a fórmula já aplicada na Faculdade Nacional de Medicina, com fundamento em parecer do Consultor Geral da República, dr. Odilon da Costa Manso e aprovada pelo presidente: Pinto Pereira foi declarado estável, como servidor público, vencendo remuneração correspondente ao cargo de professor catedrático.[1975]

Não há muitos registros sobre a atividade docente de Pinto Pereira na área de Direito Constitucional, até porque a sua atuação nessa disciplina foi sempre entrecortada por diversas substituições também em variadas outras matérias, de modo que o autor não construiu uma obra sistemática nesse campo específico. Todavia, das fontes, pode-se depreender que se tratava de um jurista liberal, como evidenciam a sua entusiasmada participação na Revolução de 1932 e também o curso de Direito Constitucional que ministrou no ano letivo de 1949, o qual foi inteiramente dedicado à obra de Rui Barbosa, em comemoração ao centenário de nascimento do jurista baiano.

1975 LEME, Ernesto. "Manuel Francisco Pinto Pereira". *Revista da Faculdade de Direito*, Universidade de São Paulo, vol. 51, 1956, p. 295. Sobre essa questão, conferir também: ALMEIDA JÚNIOR, Antônio Ferreira de. "Memória histórica de 1948". *Revista da Faculdade de Direito*, Universidade de São Paulo, vol. 53, 1958, p. 191.

Se não se tratava de um opositor declarado do Estado Novo (posição essa difícil de ser sustentada, como comprovam os exemplos de Ráo, Sampaio Dória e Waldemar Ferreira, todos exonerados em 1939 por criticarem a ditadura), tampouco Pinto Pereira foi um apoiador do regime, não havendo registros de qualquer participação sua na burocracia estado-novista entre 1937-1945.

Esse dado adiciona algumas complexidades à história de institucionalização do Decreto-Lei n. 2.639/1940 na Faculdade de Direito de São Paulo, uma vez que Pinto Pereira não era um grande apoiador do regime, como foram Ataliba Nogueira e, sobretudo, Cândido Motta Filho.

3.8.6 Genésio de Almeida Moura

Segundo registros da Faculdade de Direito de São Paulo, muito mais intensa e frequente do que a de Pinto Pereira, foi a atuação de Genésio de Almeida Moura como professor interino da cadeira de Direito Constitucional até o seu preenchimento definitivo, em 1951.[1976]

Genésio Moura nasceu em Botucatu, São Paulo, em 30 de abril de 1899. Após cursar o primário e o secundário em Campinas e na capital, ingressou na Faculdade de Direito de São Paulo, onde se

---

1976 Consta o seguinte dos anais da Faculdade de Direito: "por ato de 15 de julho de 1941, do sr. Secretário da Educação, foi posto à disposição desta Faculdade o dr. Genesio de Almeida Moura, professor catedrático da 3ª cadeira (alemão) do Colégio Universitário, para reger a cadeira de Direito Constitucional, da qual é livre docente, durante o impedimento do professor Candido Motta Filho, professor contratado da mesma cadeira" (MELLO NETO, José Joaquim Cardoso de. "Relatório da Faculdade de Direito da Universidade de São Paulo relativo a 1941 e a 1942". *Revista da Faculdade de Direito*, Universidade de São Paulo, vol. 38, 1942, p. 276). O impedimento informado na referida ata diz respeito, justamente, à indicação de Motta Filho para Diretor-Geral do DEIP, não sendo possível a acumulação dos cargos em virtude do artigo 159 da Carta de 1937.

formou em 1923. Após a Reforma Francisco Campos, de 1931, fez o curso de Doutorado, Seção de Direito Público, entre 1933-1934.

Foi advogado em São Paulo de 1924 a 1947. Paralelamente, atuou como Catedrático de Língua Alemã do antigo Colégio Universitário entre 1934-1947.

Livre-docente em Direito Constitucional (1940),

> [r]egeu a cadeira de Direito Constitucional da Faculdade de Direito de São Paulo, cuja cátedra ocupou interinamente por longos períodos, vindo a falecer no exercício da mesma. Regeu a cadeira de Teoría Geral do Estado em 1949 e 1950, tendo participado de mesas examinadoras e de outras atividades escolares da Faculdade.[1977]

Ao contrário de Pinto Pereira, Genésio Moura era um grande entusiasta do Estado Novo, como evidenciam dois de seus escritos do período.

O primeiro é o livro *O Fascismo Italiano e o Estado Novo Brasileiro*, publicado em 1940. Trata-se de uma monografia laudatória do Estado Novo, em que o autor tenta dar a sua interpretação sobre a crise constitucional que desaguou no novo regime. Aduz que "[e]m menos de um decênio, viemos da mais pura Constituição democrática e liberal para a de uma democracia socializante, e desta para a de uma "democracia autoritária".[1978]

O seu objetivo era demonstrar que, com o golpe de 1937, "[n]ão pendemos nem para o extremismo da esquerda, nem para o da direita.

1977 EDITOR, O. "Genésio de Almeida Moura". *Revista da Faculdade de Direito*, Universidade de São Paulo, vol. 53, 1958, p. 182.

1978 MOURA, Genésio de Almeida. *O Fascismo Italiano e o Estado Novo Brasileiro*. eBooksBrasil.org [versão on-line]. Disponível em: https://www.ebooksbrasil.org/eLibris/fascismoit.html. Acessado em: 28.08.2024.

Aquele seria repelido unanimemente pela consciência nacional".[1979] Exatamente por isso, o "regime [estado-novista] era democrático e representativo. Não era nem integralista, nem fascista".[1980]

De acordo com Genésio Moura,

> [o] reputado constitucionalista CARL SCHMITT ensina que, apesar de ser hábito, em nossos dias, convocar uma Assembléia Nacional para a redação de uma Constituição, não é anti-democrático submetê-la, *a posteriori*, aos comícios eleitorais.[1981]

Inclusive, essa última foi a opção adotada pelo artigo 187 da Carta de 1937, que previa a convocação de um plebiscito nacional para ratificar a sua outorga (algo que, como se sabe, jamais ocorreu). Segundo defendia, essa forma plebiscitária seria um mero "desdobramento do princípio democrático e representativo, inscrito no artigo primeiro da Constituição",[1982] segundo qual "o poder político emana do povo", forma "*sui generis*, mas não deixa de ser democrática".[1983]

1979 MOURA, Genésio de Almeida. *O Fascismo Italiano e o Estado Novo Brasileiro*. eBooksBrasil.org [versão on-line], p. 7. Disponível em: https://www.ebooksbrasil.org/eLibris/fascismoit.html. Acessado em: 28.08.2024.

1980 MOURA, Genésio de Almeida. *O Fascismo Italiano e o Estado Novo Brasileiro*. eBooksBrasil.org [versão on-line], p. 7. Disponível em: https://www.ebooksbrasil.org/eLibris/fascismoit.html. Acessado em: 28.08.2024.

1981 MOURA, Genésio de Almeida. *O Fascismo Italiano e o Estado Novo Brasileiro*. eBooksBrasil.org [versão on-line]. Disponível em: https://www.ebooksbrasil.org/eLibris/fascismoit.html. Acessado em: 28.08.2024.

1982 MOURA, Genésio de Almeida. *O Fascismo Italiano e o Estado Novo Brasileiro*. eBooksBrasil.org [versão on-line], p. 46. Disponível em: https://www.ebooksbrasil.org/eLibris/fascismoit.html. Acessado em: 28.08.2024.

1983 MOURA, Genésio de Almeida. *O Fascismo Italiano e o Estado Novo Brasileiro*. eBooksBrasil.org [versão on-line], p. 46. Disponível em:

Sobre a organização dos Poderes pela Carta de 1937, afirma que

> [a] sua novidade consiste no quase desaparecimento da divisão de Poderes, pela supremacia concedida a um deles, o Executivo. Assumindo este a chefia suprema, ficariam os demais reduzidos a "funções", se, pelas atribuições expressas no texto da Constituição, não estivessem escudados contra o arbítrio presidencial.[1984]

Ancorando-se em Carl Schmitt e em Francisco Campos, defendia o caráter democrático da nova Constituição, já que

> entre a antiga democracia liberal e a atual democracia autoritária tudo se resume numa questão de pontos de partida. Uma parte, principalmente, da idéia de liberdade; outra da de igualdade. Mas a liberdade conduz ao individualismo, à anarquia, à impossibilidade da existência do Estado.[1985]

Ao contrário, a igualdade preconizada pelo Estado Novo "só é imaginável em sociedade já adoçada pelos costumes, pela compreensão dos interesses comuns, pela limitação de uns direitos pelos outros".[1986]

---

https://www.ebooksbrasil.org/eLibris/fascismoit.html. Acessado em: 28.08.2024.

1984 MOURA, Genésio de Almeida. *O Fascismo Italiano e o Estado Novo Brasileiro*. eBooksBrasil.org [versão on-line], p. 58. Disponível em: https://www.ebooksbrasil.org/eLibris/fascismoit.html. Acessado em: 28.08.2024.

1985 MOURA, Genésio de Almeida. *O Fascismo Italiano e o Estado Novo Brasileiro*. eBooksBrasil.org [versão on-line], p. 60. Disponível em: https://www.ebooksbrasil.org/eLibris/fascismoit.html. Acessado em: 28.08.2024.

1986 MOURA, Genésio de Almeida. *O Fascismo Italiano e o Estado Novo Brasileiro*. eBooksBrasil.org [versão on-line], p. 60. Disponível em: https://www.ebooksbrasil.org/eLibris/fascismoit.html. Acessado em: 28.08.2024.

Desse modo, mesmo

> "autoritária", a forma é ainda democrática. Não se restringe à concessão de direitos políticos. Intervém, com maior ou menor amplitude, nos domínios a que o Estado até agora se manteve alheio, mas não anula o indivíduo [ao contrário do totalitarismo fascista].[1987]

O suposto caráter antidemocrático atribuído à Carta de 1937 seria produto de "[u]ma falsa compreensão da democracia, alimentada pelo liberalismo, (...) a da insubmissão à autoridade".[1988] Isso teria provocado, justamente, o anárquico estado de crise constitucional resolvido pelo novo regime, já que

> [s]em autoridade, (...) sem um sistema de órgãos e de funções que estabeleçam a ordem e garantam a estabilidade jurídica e social, não há Estado. Estado quer dizer disciplina, e disciplina significa obediência, diferenciação de superior e inferior, de hierarquia, organização.[1989]

Não obstante isso, "[o]s extraordinários poderes outorgados ao Presidente da República devem ser entendidos dentro da lógica democrática. Não pode o Presidente converter em lei a sua vontade

---

1987 MOURA, Genésio de Almeida. *O Fascismo Italiano e o Estado Novo Brasileiro*. eBooksBrasil.org [versão on-line]. Disponível em: https://www.ebooksbrasil.org/eLibris/fascismoit.html. Acessado em: 28.08.2024.

1988 MOURA, Genésio de Almeida. *O Fascismo Italiano e o Estado Novo Brasileiro*. eBooksBrasil.org [versão on-line], p. 61. Disponível em: https://www.ebooksbrasil.org/eLibris/fascismoit.html. Acessado em: 28.08.2024.

1989 MOURA, Genésio de Almeida. *O Fascismo Italiano e o Estado Novo Brasileiro*. eBooksBrasil.org [versão on-line], p. 61. Disponível em: https://www.ebooksbrasil.org/eLibris/fascismoit.html. Acessado em: 28.08.2024.

específica",[1990] já que existiria um Parlamento e o peso da consulta popular direta, além da tipificação constitucional, no artigo 85, dos crimes de responsabilidade em que poderia o chefe do Executivo incorrer.[1991]

Dessa forma,

> [a] preeminência do Presidente da República, como autoridade suprema do Estado, define a democracia autoritária. É ele o Chefe, o Orientador, mas um orientador e chefe feito pelo povo, e não imposto ao povo por um grupo, por um Partido Único. Aí reside a diferença entre esse regime e o do autoritarismo totalitário.[1992]

Noutras palavras, o amplo destaque político atribuído a Vargas pela Carta de 1937 não poderia ser confundido, por exemplo, com o totalitatismo italiano de Mussolini, o qual se revestiria de um caráter absoluto e, por isso mesmo, antidemocrático em sua essência.

Inclusive, contra os críticos liberais do regime, aponta que a "[a] política do *New Deal* tem (...) um cunho autoritário",[1993] não sendo nenhuma aberração, assim, a configuração estado-novista.

1990 MOURA, Genésio de Almeida. *O Fascismo Italiano e o Estado Novo Brasileiro*. eBooksBrasil.org [versão on-line], p. 62. Disponível em: https://www.ebooksbrasil.org/eLibris/fascismoit.html. Acessado em: 28.08.2024.

1991 MOURA, Genésio de Almeida. *O Fascismo Italiano e o Estado Novo Brasileiro*. eBooksBrasil.org [versão on-line], p. 62. Disponível em: https://www.ebooksbrasil.org/eLibris/fascismoit.html. Acessado em: 28.08.2024.

1992 MOURA, Genésio de Almeida. *O Fascismo Italiano e o Estado Novo Brasileiro*. eBooksBrasil.org [versão on-line], p. 65. Disponível em: https://www.ebooksbrasil.org/eLibris/fascismoit.html. Acessado em: 28.08.2024.

1993 MOURA, Genésio de Almeida. *O Fascismo Italiano e o Estado Novo Brasileiro*. eBooksBrasil.org [versão on-line], p. 65. Disponível em: https://www.ebooksbrasil.org/eLibris/fascismoit.html. Acessado em: 28.08.2024.

Em notas de conclusão, para ele, "[o] único ponto em que nos parecemos [com o fascismo] é no espírito corporativista",[1994] todavia não em termos de intensidade, já que o Conselho da Economia não é órgão político, como na Itália, mas sim órgão técnico de consulta.[1995]

O segundo trabalho é o ensaio *Inconstitucionalidade das leis*, de 1942, em que Genésio Moura, à semelhança de Cândido Motta Filho, defende veementemente o artigo 180 da Carta de 1937, que conferiu o poder de o Presidente editar decretos-lei e também o artigo 96, parágrafo único, segundo o qual caberia ao Presidente rever declarações de inconstitucionalidade de leis pelo Supremo Tribunal Federal. Sobre esse último artigo, recorrendo ao guardião da Constituição de Schmitt, o jurista paulista assevera:

> Em teoria, nada mais natural que erigir a representação popular, por provocação do Presidente da República, em juiz derradeiro da questão [constitucionalidade das leis]. Acostumados ao judicial control, estranhámos um pouco o novo sistema. Convenhamos, todavia, em que o assunto é controvertido, na doutrina e na legislação. Na Europa, principalmente depois da guerra de 1914, esteve em foco o tema dos tribunais constitucionais, não se tendo chegado, a respeito dele, a um acôrdo. A prática norte-americana não adquiriu prestígio universal. Carl Schmitt foi mesmo entusiasta do Chefe de Estado, como guarda da Constituição. E é notável que o eminente escritor haja desenterrado do pó dos arquivos, para elogiá-lo calorosamente, como cousa digna de ser revivida, o *pouvoir neutre*, *intermédiere* ou *modérateur*, preconizado por Constant e acolhido pela Constituição brasileira de 1824 e pela Carta portuguesa de 1826. Que muito é, portanto, que

---

1994 MOURA, Genésio de Almeida. *O Fascismo Italiano e o Estado Novo Brasileiro*. eBooksBrasil.org [versão on-line], p. 97. Disponível em: https://www.ebooksbrasil.org/eLibris/fascismoit.html. Acessado em: 28.08.2024.

1995 MOURA, Genésio de Almeida. *O Fascismo Italiano e o Estado Novo Brasileiro*. eBooksBrasil.org [versão on-line], p. 89. Disponível em: https://www.ebooksbrasil.org/eLibris/fascismoit.html. Acessado em: 28.08.2024.

> o Brasil haja instituído uma guarda constitucional tríplice, por parte do Judiciário, do Executivo e do Legislativo?[1996]

Como se vê, Genésio Moura defendeu, durante o Estado Novo, ideias bastante afinadas com a ideologia do regime, sendo um entusiasmado defensor da Carta de 1937. Fluente em alemão, já que catedrático da disciplina em colégio secundário, as referências a Carl Schmitt abundam em sua obra, tal qual como ocorre com Motta Filho em *O Poder Executivo e as ditaduras constitucionais*. Se Almeida Júnior se vangloriava da escolha supostamente impessoal e livre de Cândido Motta Filho pela Congregação como professor contratado, o que supostamente teria atenuado os efeitos do Decreto-Lei n. 2.639/1940 na Faculdade de Direito de São Paulo, esse breve excurso pelas obras do professor que por mais tempo exerceu provisoriamente a cátedra de Direito Constitucional da USP até o seu preenchimento definitivo, em 1951 (e mesmo depois disso, nas licenças de Motta Filho), demonstram que não foi bem assim. Muito ao contrário.

3.8.7 Ainda Cândido Motta Filho

José Afonso da Silva narra que, devido à atuação de Cândido Motta Filho como diretor do órgão de censura paulista,

> os alunos da Faculdade de Direito fizeram greve contra a sua nomeação, em março de 1944, sem concurso, pelo Interventor Fernando Costa, para a cadeira de Direito Constitucional. A greve se encerrou com sua desistência do contrato, publicamente, em 11 de agosto de 1944.[1997]

1996 MOURA, Genésio de Almeida. "Inconstitucionalidade das leis". *Revista da Faculdade de Direito*, Universidade de São Paulo, vol. 37, 1942, pp. 16-162.

1997 SILVA, José Afonso da. *A Faculdade e meu itinerário constitucional*. São Paulo: Malheiros, 2007, p. 234.

Muito provavelmente, essa nova convocação de Motta Filho para atuar interinamente na Faculdade ocorreu devido à sua recente saída do DEIP no começo de 1944, o que lhe retirou o impedimento do artigo 159 da Carta de 1937 de cumulação de cargos públicos.

Consta dos anais da Faculdade de Direito, mais especificamente da ata da 14ª Sessão (de 30 de dezembro de 1949) da Congregação, que se deliberou por

> indeferir o requerimento de recondução do livre docente Cândido Motta Filho na cadeira de Direito Penal, por já haver a respeito deliberação contrária da Congregação. O Prof. Braz Arruda não votou. O Prof. Noé Azevedo manteve o Voto dado em Congregação.[1998]

Não figura nos registros acadêmicos a motivação dessa dupla negativa de aproveitamento de Motta Filho na cadeira de Direito Penal, da qual também era livre-docente. Uma possível hipótese é que essa preterição possa estar relacionada à greve estudantil de 1944 contra a sua indicação temporária para reger a cátedra de Direito Constitucional após ter saído do comando do DEIP, motivo pelo qual ele teria solicitado o seu aproveitamento em outra cadeira, em que não ficasse tão explícito o seu passado burocrático estado-novista.

Conforme adiantado no subcapítulo anterior, da mesma ata, consta registro da 4ª Sessão (17 de março de 1949) da Congregação, em que Ataliba Nogueira requereu a sua transferência para a cadeira de Direito Constitucional, o que acabou não prevalecendo.[1999]

1998 EDITOR, O. "Extrato do relatorio do secretário da Faculdade de Direito, referente ao ano de 1949". *Revista da Faculdade de Direito*, Universidade de São Paulo, vol. 44, 1949, p. 193.

1999 EDITOR, O. "Extrato do relatorio do secretário da Faculdade de Direito, referente ao ano de 1949". *Revista da Faculdade de Direito*, Universidade de São Paulo, vol. 44, 1949, p. 176.

Em razão disso, no começo de 1950, foi finalmente aberto concurso para provimento definitivo da cátedra de Direito Constitucional. Inscreveram-se, na oportunidade, Pinto Antunes, Cândido Motta Filho, Percival de Oliveira e Odilon de Araújo Grellet.[2000]

Mediante a defesa da tese *O Conteúdo Político das Constituições*, Motta Filho venceu o certame. José Afonso da Silva afirma que "[e]m algumas dessas passagens [da tese de 1950] o Autor não se harmoniza muito com o seu livro anterior [a tese de 1940]".[2001] Na verdade, a diferença entre as duas obras é bastante significativa.

Na primeira parte da tese de 1950, em que trata do surgimento do conceito moderno de Constituição e das características estruturais do liberalismo político, Motta Filho adota, em diversas passagens, entre as centenas de citações que faz, alguns indícios da sua (nova) concepção constitucional.

Endossando o caráter revolucionário da Constituição escrita estadunidense, afirma que ela "é a prova visível do compromisso pela existência de um Estado, como organização das liberdades".[2002] Apresenta-a como possuidora "[d]a majestade da lei das leis"[2003] e, dessa forma, como "uma solução jurídica destinada a limitar o poder pelo Direito".[2004]

2000 EDITOR, O. "Extrato do relatório do secretário da Faculdade de Direito, referente a 1950". *Revista da Faculdade de Direito*, Universidade de São Paulo, vol. 45, 1950, p. 450.

2001 SILVA, José Afonso da. *A Faculdade e meu itinerário constitucional*. São Paulo: Malheiros, 2007, p. 240.

2002 MOTTA FILHO, Cândido. *O conteúdo político das Constituições*. Rio de Janeiro: Borsoi, 1950, p. 34.

2003 MOTTA FILHO, Cândido. *O conteúdo político das Constituições*. Rio de Janeiro: Borsoi, 1950, p. 35.

2004 MOTTA FILHO, Cândido. *O conteúdo político das Constituições*. Rio de Janeiro: Borsoi, 1950, p. 59.

Fruto da superação política do absolutismo pelo individualismo liberal e pelo contratualismo, que erigem o indivíduo como centro de gravidade da ordem política que ele próprio assente em construir e pertencer,[2005] nesse paradigma, a Constituição passa a ter como conteúdo essencial a declaração de direitos, já que "a liberdade, a propriedade e a resistência à opressão inserem-se nos quadros legais do Estado".[2006]

Por isso mesmo, devido à centralidade dos valores que consagra,

> a Constituição escrita assume o significado de uma obra que não pode ser modificada com facilidade; com ela o Estado se obriga, juridicamente, a limitar-se a si mesmo e a ser a garantia dos direitos do homem.[2007]

Nesse esforço de fazer prevalecer os direitos inatos do homem, criaram-se instrumentos como a separação de Poderes[2008] e o controle de constitucionalidade das leis pelo Poder Judiciário,[2009] para garantir o equilíbrio político do Estado (ninguém com demasiado poder) e a primazia constitucional sobre eventuais excessos do regime

2005 MOTTA FILHO, Cândido. *O conteúdo político das Constituições*. Rio de Janeiro: Borsoi, 1950, pp. 39-75.

2006 MOTTA FILHO, Cândido. *O conteúdo político das Constituições*. Rio de Janeiro: Borsoi, 1950, p. 77.

2007 MOTTA FILHO, Cândido. *O conteúdo político das Constituições*. Rio de Janeiro: Borsoi, 1950, p. 84.

2008 MOTTA FILHO, Cândido. *O conteúdo político das Constituições*. Rio de Janeiro: Borsoi, 1950, p. 92.

2009 MOTTA FILHO, Cândido. *O conteúdo político das Constituições*. Rio de Janeiro: Borsoi, 1950, p. 99.

representativo, que, muito embora seja indispensável à realização da democracia,[2010] pode ser sempre objeto de abusos.[2011]

Em uma determinada passagem, Motta Filho chega a criticar o conceito de Schmitt de defesa da Constituição como um problema da falta de unidade política, reafirmando a defesa da Constituição como um problema intrínseco à sua forma escrita e que teria encontrado a sua solução mediante o controle de constitucionalidade das leis.[2012]

Perceba-se aqui a profunda diferença entre as posições declinadas por Motta Filho na tese de 1940 e no artigo de 1941, em que enalteceu a tese schmittiana do guardião da Constituição e a possibilidade de revisão de declarações de inconstitucionalidade de leis pelo Presidente da República (Carta de 1937, artigo 96, parágrafo único), em relação ao defendido nessa tese de 1950, em que – ainda que adote um tom predominantemente descritivo – faz alguns apartes em que demonstra significativas mudanças de suas concepções sobre o conceito de Constituição.

A primeira parte da obra é encerrada com a indicação da tese central do seu livro: o conteúdo político que é socialmente atribuído à Constituição em cada época importa muito mais do que a mera forma dos institutos constitucionalmente positivados.[2013]

É justamente a partir dessa premissa que Motta Filho tenta demonstrar, na segunda parte de seu livro, que as contradições e desgastes do individualismo burguês desaguaram em questionamentos políticos e econômicos da configuração liberal (socialismo,

---

2010 MOTTA FILHO, Cândido. *O conteúdo político das Constituições*. Rio de Janeiro: Borsoi, 1950, p. 136.

2011 MOTTA FILHO, Cândido. *O conteúdo político das Constituições*. Rio de Janeiro: Borsoi, 1950, p. 142.

2012 MOTTA FILHO, Cândido. *O conteúdo político das Constituições*. Rio de Janeiro: Borsoi, 1950, p. 144.

2013 MOTTA FILHO, Cândido. *O conteúdo político das Constituições*. Rio de Janeiro: Borsoi, 1950, p. 149.

anarquismo, comunismo), o que provocou uma profunda ressignificação constitucional após a Primeira Guerra Mundial.[2014]

A mera garantia formal e absoluta da liberdade cedeu lugar ao compromisso com a igualdade, com a justiça social, de forma que o Estado expandiu significantemente a sua atuação, tornando-se intervencionista. Exsurge, assim,

> o problema da nova técnica da liberdade, refletindo na divisão de Poderes, nos partidos políticos, na representação econômica e no problema da técnica administrativa para a realização dos serviços públicos, quer no campo legislativo, quer no campo executivo.[2015]

As Constituições se expandem em tamanho e em minúcias de previsões de novos direitos sociais e do papel executivo do Estado, o Direito Público se expande, os partidos políticos ganham importância central enquanto veículos de manifestação da multiplicidade de ideias políticas. Em suma, "[o] Estado não só adquire o caráter de um poder protetor: é um poder que procura, premido pelas ideologias e circunstâncias políticas, diluir no seio da ordem legal, as ambições revolucionárias".[2016]

No que concerne à declaração de direitos, o conceito individualista de liberdade cede lugar a um conceito ressignificado, mediante o qual só se pode "realizar a liberdade política pela defesa dos direitos sociais".[2017] É assim que a igualdade formal perante a lei

---

2014 MOTTA FILHO, Cândido. *O conteúdo político das Constituições*. Rio de Janeiro: Borsoi, 1950, pp. 150-176.

2015 MOTTA FILHO, Cândido. *O conteúdo político das Constituições*. Rio de Janeiro: Borsoi, 1950, p. 173.

2016 MOTTA FILHO, Cândido. *O conteúdo político das Constituições*. Rio de Janeiro: Borsoi, 1950, p. 176.

2017 MOTTA FILHO, Cândido. *O conteúdo político das Constituições*. Rio de Janeiro: Borsoi, 1950, p. 177.

cede lugar a um conceito de igualdade calcado na justiça social. A propriedade deixa de ser um valor absoluto e autoevidente, passando a significar compromisso com o bem comum.[2018] O trabalho e a sua regulamentação justa pelo Estado interventor ganham centralidade constitucional em oposição ao individualismo contratualista liberal.[2019]

A clássica e estanque divisão tripartite de Poderes também sofre uma ressignificação, já que passa de uma perspectiva majoritariamente fundada na restrição do poder para uma perspectiva de cooperação entre Poderes de um Estado unitário.[2020] Para Motta Filho,

> [a] Constituição de Weimar foi a primeira a acentuar êsse aspecto com a interpenetração dos Poderes que consagrou. Saída de uma revolução socialista e que pretendia implantar um programa socialista, definindo a competência do *Reichstag* e a do Presidente do *Reich*, estabeleceu um governo parlamentar, à semelhança do da Inglaterra, e um Presidente da República, eleito pelo povo, pelo sufrágio direto.[2021]

É digno de nota que abundam as citações às Constituições brasileiras de 1934 e de 1946 como exemplos desse novo paradigma constitucional social. São raríssimas, todavia, as menções à Carta de 1937. Na mais alongada delas, Motta Filho afirma o seguinte:

> A Constituição de 10 de novembro de 1937 insurgiu-se, dentro de sua feição autoritária, contra a divisão de Poderes. Estabelecendo como princípio constitucional o govêrno presidencial

2018 MOTTA FILHO, Cândido. *O conteúdo político das Constituições*. Rio de Janeiro: Borsoi, 1950, pp. 182-200.

2019 MOTTA FILHO, Cândido. *O conteúdo político das Constituições*. Rio de Janeiro: Borsoi, 1950, pp. 200-208.

2020 MOTTA FILHO, Cândido. *O conteúdo político das Constituições*. Rio de Janeiro: Borsoi, 1950, pp. 209-216.

2021 MOTTA FILHO, Cândido. *O conteúdo político das Constituições*. Rio de Janeiro: Borsoi, 1950, p. 216.

> (artigo 9º, letra e, nº 2), consagrou a predominância do poder presidencial. Pelo artigo 38, o Poder Legislativo é exercido pelo Parlamento Nacional, com a colaboração do Conselho de Economia Nacional e do Presidente da República. Pelo artigo 73, o Presidente da República, autoridade suprema do Estado, coordena os órgãos representativos de grau superior, dirige a política interna e externa, promove ou orienta a política legislativa de interêsse nacional e superintende a administração do país.[2022]

Ao contrário do caráter laudatório com que discorrera, na tese de 1940, sobre as "ditaduras constitucionais" e da sua necessidade para fazer frente às crises políticas daquela década, simplesmente se preocupou, em 1950, em relatar uma evolução institucional brasileira sobre o princípio da separação de Poderes.

Essa característica se apresenta também quando fala sobre a guarda da Constituição nessa nova conjuntura posterior à Segunda Guerra Mundial:

> Não há dúvida que o Poder Judiciário, no dever constitucional de examinar a constitucionalidade das leis, não encontra a mesma configuração política, social e jurídica de 1891.
>
> Não há mais a unidade do pensamento político e, consequentemente, não há mais as mesmas preocupações em tôrno do individualismo, dos mesmos temas referentes à declaração de direitos, pois foram ampliados; da divisão de Poderes e do próprio regime representativo. "A fôrça e a independência do Poder Judiciário", escreve Ripert, 'são as garantias do Direito e, por conseguinte, da liberdade'. Ora, o Direito moderno criou

2022 MOTTA FILHO, Cândido. *O conteúdo político das Constituições*. Rio de Janeiro: Borsoi, 1950, p. 217.

> novas jurisdições de exceção e essa criação é singularmente inquietante.[2023]

No ponto, não há qualquer menção à Carta de 1937 e à possibilidade por ela consagrada de revisão de declarações de inconstitucionalidade de leis pelo Presidente da República, medida essa amplamente enaltecida por Motta Filho no seu artigo *A Evolução do Controle de Constitucionalidade das Leis no Brasil*,[2024] de 1941. Isso contrasta frontalmente com a citação de Georges Ripert que encerra a segunda parte do livro e que foi acima reproduzida.

Para além disso, o mais espantoso é a própria citação de Ripert em si, já que o jurista francês (então Diretor da Faculdade de Direito de Paris) fora – assim como o Joseph Barthélemy aqui já trabalhado – fortemente alinhado ao regime colaboracionista de Vichy na França, tendo atuado à época como Ministro da Educação,[2025] o que lhe retira, portanto, todas as credenciais para falar de liberdades e de democracia. Inclusive, conforme já adiantado, não foram raras, durante a administração do Maréchal Pétain, justamente as "'jurisdições de exceção' (vistas posteriormente com espanto por Ripert) para perseguir, implacável e violentamente, adversários políticos hostis ao Eixo, sobretudo os judeus".[2026]

Como se vê, de entusiasta do guardião da Constituição schmittiano durante o auge do Estado Novo, Motta Filho passou, em uma década, a supostamente comungar, ainda que de maneira

---

2023 MOTTA FILHO, Cândido. *O conteúdo político das Constituições*. Rio de Janeiro: Borsoi, 1950, pp. 240/241.

2024 MOTTA FILHO, Cândido. "A evolução do controle de constitucionalidade das leis no Brasil". *Revista Forense*, vol. 38, nº 86, abr./jun. 1941, pp. 273-279.

2025 CURTIS, Michael. *Verdict on Vichy*: power and prejudice in the Vichy France. Nova York: Arcade Publishing, 2014, p. 311.

2026 CURTIS, Michael. *Verdict on Vichy*: Power and Prejudice in the Vichy France. Nova York: Arcade Publishing, 2014, p. 308.

tímida e envergonhada, escondido em duvidável citação de outro jurista adaptável, do espanto com "jurisdições de exceção" e da defesa da "fôrça e independência do Poder Judiciário".

No fecho da obra, retomando diversas das conclusões parciais efetuadas ao longo dela, o professor da USP analisa os prefácios de todas as constituições brasileiras e, a partir disso, conclui afirmando que

> da investigação que se faça dos elementos de uma Constituição, conclui-se que o elemento político é constante. (...) A Constituição não é só um documento de origem política como também criadora de situações políticas. Ela pode mesmo ser encarada como um esquema jurídico traçado no plano político.[2027]

Ou seja, para ele, haveria uma tensão entre Política e Direito no âmago da Constituição:

> A política atua, com fôrça criadora, através das suas ideologias, e todos os impulsos para o poder, lutas e inquietações adquirem, com ela, substância e claridade, e assim são recolhidas no âmbito da ordem jurídica. E a política atua, por sua vez, na realização das aspirações constitucionais, na concretização de interêsses coletivos, na solução prática dos problemas que a própria atividade constitucional oferece.[2028]

Em 1940, ele defendera de forma contundente a tese de que a mera constitucionalização das ditaduras serviria para lhes conferir legitimidade. Na tese de 1950, passou a defender uma tensão entre forma constitucional e dinâmica política, quase uma obviedade inerente ao conceito moderno de Constituição, mas que, no seu caso,

---

2027 MOTTA FILHO, Cândido. *O conteúdo político das Constituições*. Rio de Janeiro: Borsoi, 1950, p. 260.

2028 MOTTA FILHO, Cândido. *O conteúdo político das Constituições*. Rio de Janeiro: Borsoi, 1950, p. 266.

pareceu servir como um guia metodológico seguro e afinado aos novos tempos democráticos da Constituição de 1946. A adaptabilidade do discurso para os novos tempos democráticos é evidente.

Com o fim do Estado Novo, Motta Filho foi apontado para o cargo de Chefe de Gabinete do Ministro do Trabalho, Honório Fernandes Monteiro, durante a Presidência do General Eurico Gaspar Dutra (1946-1951), tendo ocupado interinamente a referida pasta entre abril e maio de 1949.

Com a morte de Getúlio Vargas, em agosto de 1954, Motta Filho, então vice-presidente do Partido Republicano (presidido por Artur Bernardes), foi convidado pelo Presidente Café Filho para assumir o Ministério da Educação.

José Afonso da Silva, que foi aluno de Motta Filho justamente nessa turma de 1954, assim discorre sobre a sua experiência na matéria:

> O Prof. Motta Filho nos deixou no fim de agosto, como revelei, para assumir o Ministério da Educação e da Cultura, a convite do Presidente Café Filho. Para o seu lugar, veio o Prof. Genésio de Almeida Moura que ficou conosco até o fim do ano, deu-nos provas e corrigiu-as. (...).
>
> As aulas do Prof. Genésio de Moura eram melhores do que as do catedrático, mas o tempo foi pequeno e, além do mais, tinha ele que se ater ao programa elaborado pela Ilustre Cátedra, cuja organização sequer seguia uma seqüência coerente. Ninguém ouviu falar nesse ano letivo em direitos fundamentais do homem, sequer em direitos individuais (ainda que o programa falasse em "Direitos do Homem", de mistura com as "Bases da Organização Política" e do "Regime Representativo"), de sorte que cada qual que se interessasse por todos esses assuntos teria que procurar outras fontes, porque a cátedra não era uma fonte de ensino eficiente dessa matéria, como também não o fora o ensino de *Teoria Geral do Estado*. Eu busquei algumas fontes, pois, em verdade, não era sequer indicado um compêndio que nos servisse de primeiro guia na matéria.

> Sequer, ao que me lembre, nos foi exigido que comprasse um volume da Constituição. Nesse ano, a Editora Saraiva produziu um volume de bolso da Constituição de 1946, então em vigor. Comprei e andei sempre com ele no bolso e assim que podia, abria e ia lendo, até que o perdi em um velório... Assim é que tão precariamente se iniciava o meu itinerário constitucional.[2029]

Tal opinião é partilhada por Ada Pellegrini Grinover, colega de turma de José Afonso da Silva, para quem, "[n]ão se sabe como a turma, praticamente sem aulas de constitucional, poderá gerar um Manoel Gonçalves Ferreira Filho, um Dalmo Dallari e um José Afonso da Silva".[2030]

Com a crise política exsurgida em torno da sucessão presidencial após a eleição de Juscelino Kubitschek e de João Goulart, em outubro de 1955, potencializada pelo afastamento de Café Filho por motivos de saúde e pela investidura do Presidente da Câmara dos Deputados, Carlos Luz, na Presidência da República, ocasião em que rumores de golpe de Estado se espalhavam pelo país, todo o Ministério se demitiu, incluindo Motta Filho, que, em função da morte de Bernardes, assumira a presidência do Partido Republicano.[2031]

Garantida a sua posse pela reação legalista capitaneada pelo Marechal Lott, Kubitschek indicou Cândido Motta Filho para o cargo de Ministro do Supremo Tribunal Federal em 1958, função

2029 SILVA, José Afonso da. *A Faculdade e meu itinerário constitucional*. São Paulo: Malheiros, 2007, pp. 240/241.

2030 GRINOVER, Ada Pellegrini. *A garota de São Paulo*. São Paulo: Arx, 2004, p. 161.

2031 MAYER, Jorge Miguel. "Cândido Mota Filho". *Centro de Pesquisa e Documentação de História Contemporânea do Brasil*: Dicionário Histórico Biográfico Brasileiro – FGV. Disponível em: https://www18.fgv.br/CPDOC/acervo/dicionarios/verbete-biografico/mota-filho-candido. Acessado em: 28.08.2024.

que exerceu até a sua aposentadoria compulsória em 1968, quando exercia a Vice-Presidência da Corte.

Em 1960, foi eleito para a Academia Brasileira de Letras (ABL).

Foi, ainda, Ministro e Presidente do Tribunal Superior Eleitoral (1964-1966), inclusive tendo presidido, nessa condição, comissão instituída pelo Presidente Castello Branco para a reforma da legislação eleitoral brasileira.[2032]

Com a aposentadoria de Cândido Motta Filho da Faculdade de Direito de São Paulo, abriu-se concurso, em 1968, para provimento da cátedra de Direito Constitucional. Inscreveram-se no certame: José Afonso da Silva, Manoel Gonçalves Ferreira Filho, José Loureiro Júnior e José Luiz de Anhaia Mello.[2033] Integraram a banca examinadora os professores Ataliba Nogueira, Washington de Barros Monteiro, Pedro Calmon, Lourival Vilanova e Raul Machado Horta.[2034]

José Afonso da Silva concorreu com a tese *Aplicabilidade das Normas Constitucionais.*[2035]

Manoel Gonçalves Ferreira Filho participou com a tese *Do processo legislativo: ensaio crítico de Direito Constitucional Comparado*,

---

2032 MAYER, Jorge Miguel. "Cândido Mota Filho". *Centro de Pesquisa e Documentação de História Contemporânea do Brasil*: Dicionário Histórico Biográfico Brasileiro – FGV. Disponível em: https://www18.fgv.br/CPDOC/acervo/dicionarios/verbete-biografico/mota-filho-candido. Acessado em: 28.08.2024.

2033 SILVA, José Afonso da. *A Faculdade e meu itinerário constitucional*. São Paulo: Malheiros, 2007, pp. 609-611.

2034 SILVA, José Afonso da. *A Faculdade e meu itinerário constitucional*. São Paulo: Malheiros, 2007, p. 611.

2035 SILVA, José Afonso da Silva. *Aplicabilidade das normas constitucionais*. São Paulo: Revista dos Tribunais, 1968.

tendo em vista, especialmente, a Constituição do Brasil de 24 de janeiro de 1967,[2036] sagrando-se o vencedor do certame.

Após mais de 30 anos de exercício da cátedra, Ferreira Filho se aposentou e, em seu lugar, assumiu a referida cadeira, em 2006, Virgílio Afonso da Silva.

***

Dessa complexa e multifacetada conjuntura da Faculdade de Direito da Universidade de São Paulo, sobressai que (i) Sampaio Dória, não obstante tenha se mantido fiel aos seus ideais liberais, inclusive tendo solicitado transferência da cadeira de Direito Público e Constitucional para não ensinar a Carta de 1937, foi assessor do Ministro da Justiça Vicente Ráo, entre 1934-1937, período em que o referido Ministério elaborou grande parte das implacáveis e autoritárias reações à Intentona Comunista de 1935, medidas essas que corroboraram sobremaneira para pavimentar a ambiência de exceção adequada à deflagração do golpe do Estado Novo; (ii) Vicente Ráo pode ser considerado um grande exemplo de jurista adaptável, já que foi nomeado Chefe de Polícia por ter apoiado a Revolução de 1930. Em seguida, rompendo com o regime, foi partidário da Revolução Constitucionalista de 1932; com a derrota paulista, exilou-se na França. Em 1934, foi convidado por Vargas para ser Ministro da Justiça; entre 1934-1937, foi o grande cérebro jurídico da montagem do autoritário aparato repressor à Intentona Comunista de 1935; no começo de 1937, renunciou ao Ministério para apoiar Armando Salles de Oliveira nas eleições presidenciais de 1938. Sob a égide do Estado Novo, foi perseguido e exonerado da Faculdade de Direito de São Paulo por ter criticado a ditadura; em 1951, foi nomeado Ministro das Relações Exteriores por Getúlio Vargas; (iii) não obstante se

---

2036 FERREIRA FILHO, Manoel Gonçalves. *Do processo legislativo*: ensaio crítico de Direito Constitucional Comparado, tendo em vista, especialmente, a Constituição do Brasil de 24 de janeiro de 1967. São Paulo: Saraiva, 1968.

tenha construído historicamente um senso comum teórico-político de que o Largo de São Francisco não se dobrou a Vargas, fato é que o Estado Novo conseguiu sim algumas relevantes ingerências na Faculdade, como provam as exonerações de três professores catedráticos (Ráo, Sampaio Dória e Waldemar Ferreira) em 1939; (**iv**) a cadeira de Teoria Geral do Estado foi ocupada por Ataliba Nogueira, um professor bastante conservador, que fora apoiador da Revolução de 1930, atuara no gabinete militar que tomou o poder em São Paulo após a derrota da Revolução Constitucionalista de 1932 e que, se não foi um ativo atuante na burocracia estado-novista, nem de longe foi seu opositor, já que defendia teses jurídicas abonadoras dos novos papéis intervencionistas do Estado como um meio para se atingir a justiça social; (**v**) a cadeira de Direito Constitucional, com exceção das poucas e ocasionais substituições de Pinto Pereira, esteve, com o impedimento de Motta Filho (defensor incisivo das chamadas "ditaduras constitucionais" e Diretor-Geral do DEIP entre 1941-1944), a cargo de Genésio Moura, leitor de Carl Schmitt e de Francisco Campos, um jurista bastante alinhado às diretrizes político-ideológicas da Carta de 1937 e que atuou nessa posição de interino, de forma intermitente, até a posse definitiva de Motta Filho como catedrático da cadeira, em 1951, ou seja, por praticamente uma década; por fim, (**vi**) foi possível verificar, também em Ataliba Nogueira e (sobretudo) em Motta Filho, caracteres típicos da adaptabilidade jurídica.[2037]

O primeiro, defensor da intervenção estatal na sua tese de cátedra de 1940, sustentaria anos após, como Deputado à Assembleia Constituinte de 1946, uma limitação ao intervencionismo do Estado na economia, sendo uma das possíveis hipóteses para essa mudança de discurso, além da queda do amplamente intervencionista Estado

---

2037 SEELAENDER, Airton Lisle Cerqueira Leite; CASTRO, Alexander Rodrigues de. "Um jurisconsulto adaptável: Francisco Campos (1891-1968)". *In*: MOTA, Carlos Guilherme; SALINAS, Natasha (Coord.). *Os juristas na formação do Estado-Nação brasileiro*. vol. 3. São Paulo: Saraiva, 2010, pp. 255-291.

Novo, o fato de ter sido ele advogado e membro da diretoria de grandes conglomerados empresariais.

O segundo, conforme detalhadamente acima exposto, seja, talvez, o exemplo mais pronto e acabado de jurista adaptável que se estudará nesta tese, já que, entre 1930 e 1945, figurou inúmeras vezes nas posições ora de forte apoiador, ora de virulento opositor de Vargas, sempre em postos de destaque nas duas trincheiras. No Estado Novo, entusiasta do guardião da Constituição de Carl Schmitt, defendeu teses amplamente favoráveis à ditadura e foi, por longos anos, o comandante da alta burocracia censória paulista, além de ter escrito questionável ensaio – amplamente criticado por Loewenstein – em que defendeu o artigo 96, parágrafo único, da Carta de 1937 e a possibilidade que ele conferia ao Presidente de rever declarações de inconstitucionalidade das leis pelo STF, Tribunal esse que, ironicamente, o próprio Motta Filho viria a integrar entre 1956 e 1968. Para além disso, na tese com a qual conquistou definitivamente a cátedra (1950), ele defende argumentos democráticos sobre a supremacia da Constituição, direitos fundamentais, guarda da Constituição, separação de Poderes, dentre outros, que contrastam radicalmente com a sua visceral defesa, citando abundantemente Carl Schmitt, das "ditaduras constitucionais" na sua tese de 1940.

3.9 A Faculdade de Direito do Recife

3.9.1 Agamenon Magalhães

Agamenon Sérgio de Godói Magalhães nasceu em Vila Bela (atual Serra Talhada), Pernambuco, em 5 de novembro de 1893. Era filho de Sérgio Nunes Magalhães, Juiz de Direito e Deputado Federal entre 1914 e 1915.

Após o bacharelado pela Faculdade de Direito do Recife, em 1916, Agamenon iniciou a sua carreira jurídica como Promotor Público em São Lourenço da Mata (PE). Depois de um ano, lançou-se à carreira política, quando foi eleito Deputado Estadual, em 1918, pelo Partido Republicano Democrata (PRD), partido liderado pelo Governador Manuel Borba (1915-1919), de quem se tornou forte aliado.[2038]

Em 1921, Magalhães conquistou a cadeira de Geografia do Ginásio Pernambucano com a defesa da inovadora tese *O Nordeste brasileiro*.[2039] Sobre a referida obra e o magistério de Agamenon na área geográfica, confira-se o testemunho de Andrade Lima Filho:

> Voltei a me encontrar com Agamenon, aí pelos fins da década de 20, no Ginásio Pernambucano, onde ele, revolucionando o ensino da geografia, traduzia, entre nós, a sua moderna dimensão antropogeográfica. Num meio, onde o estudo dessa matéria era ainda uma memorização enfadonha de acidentes geográficos, em que os rios, as serras e os golfos contavam mais do que o homem e suas correlações com o ambiente, ele foi, de fato, um renovador. Seu livro-tese *O Nordeste Brasileiro* prova esse pioneirismo. Surge aí, nesse homem profundamente telúrico, o geógrafo moderno, da interação ratzeliana – "Descreve-me o clima e eu te direi o homem que nele habita", dizia Ratzel levando ao extremo sua filosofia determinista, acerca do chamado controle geográfico. **Agamenon admitia essa influência. Mas, sendo um dominador do meio e não um escravo dele, aceitava, mais lablacheano do que ratzeliano, o poder do homem para minorá-la, reduzindo-a às suas exatas proporções: era um possibilista. E esse**

2038 PANTOJA, Sílvia. "Agamenon Magalhães". *Centro de Pesquisa e Documentação de História Contemporânea do Brasil*: Dicionário Histórico Biográfico Brasileiro – FGV. Disponível em: https://www18.fgv.br/CPDOC/acervo/dicionarios/verbete-biografico/agamenon-sergio-de-godoi-magalhaes. Acessado em: 28.08.2024.

2039 MAGALHÃES, Agamenon Sérgio de Godoy. *O Nordeste brasileiro*. Recife: Secretaria de Educação e Cultura, 1970 (republicação).

> **possibilismo, aliás, ele também adotou na cátedra da política que, conforme dizia, era a "a arte do possível.**[2040]

Em 1922, foi reeleito Deputado Estadual. Nesse ano, Agamenon Magalhães participou da famosa Reação Republicana, um movimento político exsurgido em torno da sucessão presidencial de Epitácio Pessoa, em que "pela primeira vez o confronto entre os grandes estados e os estados intermediários se colocou claramente numa disputa sucessória, revelando as tensões regionais interoligárquicas e desnudando as contradições do federalismo brasileiro",[2041] bem como os progressivos desgastes da Política dos Governadores.

De um lado, as oligarquias dominantes de Minas Gerais, São Paulo e estados pequenos apoiavam a chapa situacionista encabeçada por Artur Bernardes, enquanto a Reação Republicana era formada por estados intermediários como Rio de Janeiro, Rio Grande do Sul, Bahia, Pernambuco e Distrito Federal, que buscavam maior protagonismo político.

Em resumo, o programa político da Reação Republicana

> reeditava inúmeros pontos defendidos por Nilo Peçanha desde seu primeiro governo no estado do Rio de Janeiro. (...) ois grandes temas foram desenvolvidos: a solução da crise econômica que o país atravessava e a regeneração dos costumes políticos brasileiros. (...).[2042]

2040 LIMA FILHO, Andrade. *China Gordo*: Agamenon Magalhães e sua época. Recife: Universitária, 1976, pp. 35/36, destaque nosso.

2041 FERREIRA, Marieta de Moraes. "Reação Republicana". *Centro de Pesquisa e Documentação de História Contemporânea do Brasil*: Dicionário Histórico Biográfico Brasileiro – FGV. Disponível em: https://cpdoc.fgv.br/sites/default/files/verbetes/primeira-republica/REA%C3%87%C3%83O%20REPUBLICANA.pdf. Acessado em: 09.09.2024.

2042 FERREIRA, Marieta de Moraes. "Reação Republicana". *Centro de Pesquisa e Documentação de História Contemporânea do Brasil*:

Já no que concerne à esfera política, as principais pautas eram remediar as "distorções do federalismo" e o "imperialismo dos grandes estados".

Como era previsível, o candidato situacionista Bernardes ganhou o pleito. O candidato derrotado, Nilo Peçanha, não aceitou o resultado das urnas, inaugurando-se uma crise político-militar, em que a Reação Republicana, de

> reivindicar a criação de um Tribunal de Honra que arbitrasse o processo eleitoral, desencadeou uma campanha visando, de um lado, a manter a mobilização popular, e de outro, a aprofundar o processo de acirramento dos ânimos militares.[2043]

As tensões foram temperadas pelas denúncias de que tenentes antibernardistas estavam sofrendo punições severas e transferências arbitrárias. Enquanto isso, deputados simpáticos a Nilo Peçanha foram excluídos das composições da mesa e das comissões da Câmara. A seu turno, São Paulo e Minas Gerais permaneciam impassíveis em seu apoio a Bernardes, sem qualquer tipo de concessão aos dissidentes.

Como aponta Marieta de Moraes Ferreira,

> [a]s possibilidades de subversão da ordem e de intervenção militar tornavam-se por sua vez cada vez mais concretas. Ainda em meados de maio, Dantas Barreto, já suspeitando

---

Dicionário Histórico Biográfico Brasileiro – FGV. Disponível em: https://cpdoc.fgv.br/sites/default/files/verbetes/primeira-republica/REA%C3%87%C3%83O%20REPUBLICANA.pdf. Acessado em: 09.09.2024.

2043 FERREIRA, Marieta de Moraes. "Reação Republicana". *Centro de Pesquisa e Documentação de História Contemporânea do Brasil*: Dicionário Histórico Biográfico Brasileiro – FGV. Disponível em: https://cpdoc.fgv.br/sites/default/files/verbetes/primeira-republica/REA%C3%87%C3%83O%20REPUBLICANA.pdf. Acessado em: 09.09.2024.

da crise que iria eclodir em Pernambuco, telegrafou a Nilo declarando: Tribunal de Honra ou revolução.[2044]

Pouco tempo depois, em 5 de julho de 1922, foram deflagradas pontuais rebeliões em Campo Grande, Niterói e no Distrito Federal, todas elas rapidamente sufocadas pelas tropas federais, já que não contaram com expressivo apoio dos elementos militares como se imaginara, tampouco com empenho mais efetivo dos estados dissidentes.

Após o fracasso da Reação Republicana, Epitácio Pessoa desencadeou forte reação, com decretação de estado de sítio no Rio de Janeiro e no Distrito Federal, tendo contado inclusive com o apoio de deputados de estados que inicialmente apoiavam Nilo Peçanha, tais como Rio Grande do Sul, Bahia e Pernambuco. Além disso, vários tenentes, políticos e jornalistas cariocas foram processados e presos.[2045]

Pode-se dizer, portanto, que "[a] Reação Republicana resultou da insatisfação das oligarquias de segunda grandeza diante da dominação do eixo Minas-São Paulo".[2046] Não obstante o seu insucesso concreto, o referido movimento reverberou em alto e bom som o

---

2044 FERREIRA, Marieta de Moraes. "Reação Republicana". *Centro de Pesquisa e Documentação de História Contemporânea do Brasil*: Dicionário Histórico Biográfico Brasileiro – FGV. Disponível em: https://cpdoc.fgv.br/sites/default/files/verbetes/primeira-republica/REA%C3%87%C3%83O%20REPUBLICANA.pdf. Acessado em: 09.09.2024.

2045 FERREIRA, Marieta de Moraes. "Reação Republicana". *Centro de Pesquisa e Documentação de História Contemporânea do Brasil*: Dicionário Histórico Biográfico Brasileiro – FGV. Disponível em: https://cpdoc.fgv.br/sites/default/files/verbetes/primeira-republica/REA%C3%87%C3%83O%20REPUBLICANA.pdf. Acessado em: 09.09.2024.

2046 FERREIRA, Marieta de Moraes. "Reação Republicana". *Centro de Pesquisa e Documentação de História Contemporânea do Brasil*: Dicionário Histórico Biográfico Brasileiro – FGV. Disponível em: https://cpdoc.fgv.br/sites/default/files/verbetes/primeira-republica/

avançado processo de esgarçamento da Política dos Governadores, circunstância essa que apenas seria progressivamente intensificada no polêmico governo de Artur Bernardes (1922-1926), no qual foi empreendida a Reforma Constitucional, e, sobretudo, no de Washington Luís, que seria deposto pela Revolução de 1930, um movimento que, conforme já discorrido, pode ser visto exatamente como uma consagração triunfante das oligarquias dissidentes contra a República Velha e sua dinâmica político-eleitoral.

Em 1923, Agamenon Magalhães foi eleito Deputado Federal, tendo sido reeleito em 1927, sempre pelo PRD. Em seu segundo mandato, apresentou um projeto de lei sobre a criação de um instituto de aposentadoria e pensões para os comerciários, o qual não foi aprovado.

No contexto das eleições presidenciais de 1930, o braço pernambucano do PRD apoiou fortemente a Aliança Liberal, capitaneada por Minas Gerais e pelo Rio Grande do Sul, a qual lançaria as candidaturas de Getúlio Vargas e de João Pessoa. Agamenon Magalhães foi um grande defensor dessa chapa oposicionista, proferindo discursos da tribuna da Câmara e publicando vários artigos na imprensa com críticas ao Presidente Washington Luís e ao governador Estácio Coimbra.[2047]

Magalhães foi, inclusive, um dos organizadores da chamada Caravana Liberal, que percorreu diversos estados do Nordeste fazendo propaganda eleitoral dos ideais aliancistas. Quando o candidato Júlio Prestes foi declarado vencedor das eleições, a Aliança Liberal não aceitou o resultado das urnas. Com a intensificação do impasse,

---

REA%C3%87%C3%83O%20REPUBLICANA.pdf. Acessado em: 09.09.2024.

2047 PANTOJA, Sílvia. "Agamenon Magalhães". *Centro de Pesquisa e Documentação de História Contemporânea do Brasil*: Dicionário Histórico Biográfico Brasileiro – FGV. Disponível em: https://www18.fgv.br/CPDOC/acervo/dicionarios/verbete-biografico/agamenon-sergio-de-godoi-magalhaes. Acessado em: 28.08.2024.

diversos movimentos armados foram deflagrados no país, inclusive em Pernambuco:Agamenon Magalhães participou ativamente do levante na capital pernambucana, cujas primeiras ações militares de envergadura foram as tomadas do 21º Batalhão de Caçadores e do depósito de armas e munições da 7ª Região Militar (7ª RM), situado no bairro da Soledade. Com a fuga do governador Estácio Coimbra, Carlos de Lima Cavalcanti foi empossado pelos revolucionários na chefia do governo estadual, recebendo desde o início todo o apoio de Agamenon.

> O avanço das forças revolucionárias em todo o país levou à deposição do presidente Washington Luís em 24 de outubro por oficiais de alta patente lotados no Rio de Janeiro, então Distrito Federal. Formou-se então uma junta militar que entregou o poder ao Governo Provisório, chefiado por Getúlio Vargas, em 3 de novembro.[2048]

Em 1932, durante o Governo Provisório, Agamenon Magalhães foi um dos articuladores da criação do Partido Social Democrático (PSD) de Pernambuco. Por essa legenda, foi eleito deputado à Assembleia Nacional Constituinte de 1933, em que teve atuação destacada, sobretudo (conforme adiantado no capítulo II) pela enfática e insistente defesa do parlamentarismo como sistema de governo. Como demonstrado, foram constantes as suas manifestações no sentido de ser o presidencialismo a materialização do arbítrio, da ditadura permanente, enquanto o sistema parlamentarista seria a encarnação do verdadeiro espírito democrático.[2049]

2048 PANTOJA, Sílvia. "Agamenon Magalhães". *Centro de Pesquisa e Documentação de História Contemporânea do Brasil*: Dicionário Histórico Biográfico Brasileiro – FGV. Disponível em: https://www18.fgv.br/CPDOC/acervo/dicionarios/verbete-biografico/agamenon-sergio-de-godoi-magalhaes. Acessado em: 28.08.2024.

2049 PANTOJA, Sílvia. "Agamenon Magalhães". *Centro de Pesquisa e Documentação de História Contemporânea do Brasil*: Dicionário Histórico Biográfico Brasileiro – FGV. Disponível em: https://www18.

Além disso, foi um grande defensor, na Constituinte, da intervenção estatal em todos os domínios socioeconômicos, discordando sempre dos parlamentares liberais que insistiam em um retorno das linhas gerais da Constituição de 1891.[2050]

Ainda em 1934, Agamenon Magalhães prestou concurso para professor catedrático de Direito Público e Constitucional da Faculdade de Direito do Recife, sucedendo a Virgínio Marques Carneiro Leão.[2051] Em tal certame, defendeu a tese *O Estado e a realidade contemporânea*.

Nesse livro, Agamenon defende que, naquela quadra histórica, vivia-se um momento de radicais transformações sociais e de revoluções. Para ele, tal ordem de coisas contrastava com as teorias do Estado então existentes, que pretendiam mensurá-lo intelectualmente. Ao mesmo tempo em que "[o] Estado (...) é disciplina e coordenação",[2052] a realidade contemporânea teria comprovado, com suas

---

fgv.br/CPDOC/acervo/dicionarios/verbete-biografico/agamenon-sergio-de-godoi-magalhaes. Acessado em: 28.08.2024.

2050 PANTOJA, Sílvia. "Agamenon Magalhães". *Centro de Pesquisa e Documentação de História Contemporânea do Brasil*: Dicionário Histórico Biográfico Brasileiro – FGV. Disponível em: https://www18.fgv.br/CPDOC/acervo/dicionarios/verbete-biografico/agamenon-sergio-de-godoi-magalhaes. Acessado em: 28.08.2024.

2051 ARQUIVO DA UNIVERSIDADE FEDERAL DE PERNAMBUCO. "Professores de Direito Constitucional (1865-1963)". *Universidade Federal de Pernambuco*. Disponível em: https://www.ufpe.br/documents/590249/648926/Professores+de+Direito+Constitucional+(1885-1963).docx.pdf/91c3092 c-65ec-49f6-9b97-d783bb5b5799. Acessado em: 21.08.2024. Conferir também: FERREIRA, Luiz Pinto. *História da Faculdade de Direito do Recife*. 2ª ed. Recife: Faculdade de Ciências Humanas de Pernambuco, 1994, p. 395.

2052 MAGALHÃES, Agamenon Sérgio de Godoy. *O Estado e a realidade contemporanea*. Recife: Officinas Gaphicas do Diario da Manha, 1933, p. 7.

radicais mudanças, que "[a]s revoluções devoram as ideologias. O mundo contemporâneo cada vez mais documenta essa observação".[2053]

Nesse contexto, "[s]e o Estado não tem uma filosofia que explique as suas causas, tem uma atitude, que é a ação, e uma razão, que é a experiência dos fatos sociais. É por isso que o Estado está sempre em movimento".[2054]

Tentar mensurar alguns elementos desse movimento é o objetivo da tese por ele defendida.

Para Agamenon, após a Primeira Guerra Mundial, "[a] vida contemporânea caracteriza-se por uma inquietação intensa e dramática, oriunda do desequilíbrio econômico",[2055] o que gerou a decadência dos princípios liberais em prol do nacionalismo econômico para conter as crises frequentes, que são temperadas pelas pressões trabalhistas dos proletários, por medidas protecionistas dos países, pela inflação crescente etc.[2056]

As consequências não são, contudo, meramente econômicas, já que geram reflexos nas próprias sociedades (agora de massas)[2057] e na própria configuração do Estado, pois, nesse contexto caótico e

---

2053 MAGALHÃES, Agamenon Sérgio de Godoy. *O Estado e a realidade contemporanea*. Recife: Officinas Gaphicas do Diario da Manha, 1933, p. 16.

2054 MAGALHÃES, Agamenon Sérgio de Godoy. *O Estado e a realidade contemporanea*. Recife: Officinas Gaphicas do Diario da Manha, 1933, pp. 8/9.

2055 MAGALHÃES, Agamenon Sérgio de Godoy. *O Estado e a realidade contemporanea*. Recife: Officinas Gaphicas do Diario da Manha, 1933, p. 23.

2056 MAGALHÃES, Agamenon Sérgio de Godoy. *O Estado e a realidade contemporanea*. Recife: Officinas Gaphicas do Diario da Manha, 1933, pp. 24/25.

2057 MAGALHÃES, Agamenon Sérgio de Godoy. *O Estado e a realidade contemporanea*. Recife: Officinas Gaphicas do Diario da Manha, 1933, p. 27.

de clamor popular, "[a]s tendencias solidaristas avançam, abrindo espaço sempre mais largo à medida que as reações precipitam o Estado em atitudes de defesa, orientadas no sentido do poder autoritário e reformista".[2058]

São exemplos disso o que estava ocorrendo na Itália, na Alemanha, na Polônia, no Brasil, em Portugal etc. Em suma, "[h]á o choque entre dois sistemas: a batalha entre a democracia e o socialismo que vai envolvendo todo o mundo".[2059]

O caos das crises econômicas, os embates cada vez mais intensos e violentos entre o capital e o trabalho, o aumento das despesas públicas para dar conta dos novos papéis do Estado, dentre outros, colocam à mostra para quem quiser ver os fracassos das teorias liberais e provocam a emergência das ditaduras, marcadas pelo extremo fortalecimento do Poder Executivo.[2060] Agamenon destaca um aspecto bastante importante: "[o] pavor do comunismo é o motivo psicologico, que tem incontestavelmente conduzido a burguesia a prestar às ditaduras ou aos governos autoritarios todo o seu concurso".[2061]

Por sua vez, o próprio Estado soviético, com o seu comunismo estatal, está inserido na referida dinâmica, em que novas fórmulas revolucionárias emergem para tentar apresentar respostas às contradições capitalistas. No caso da União Soviética, mediante

---

2058 MAGALHÃES, Agamenon Sérgio de Godoy. *O Estado e a realidade contemporanea*. Recife: Officinas Gaphicas do Diario da Manha, 1933, p. 32.

2059 MAGALHÃES, Agamenon Sérgio de Godoy. *O Estado e a realidade contemporanea*. Recife: Officinas Gaphicas do Diario da Manha, 1933, p. 32.

2060 MAGALHÃES, Agamenon Sérgio de Godoy. *O Estado e a realidade contemporanea*. Recife: Officinas Gaphicas do Diario da Manha, 1933, pp. 33-35.

2061 MAGALHÃES, Agamenon Sérgio de Godoy. *O Estado e a realidade contemporanea*. Recife: Officinas Gaphicas do Diario da Manha, 1933, p. 36.

o fortalecimento estatal calcado no partido único, na abolição da propriedade privada dos meios de produção e na socialização do trabalho.[2062]

Aliás, para Agamenon, haveria nessa quadra histórica um conflito entre o princípio da representação democrática e o princípio corporativo.[2063] Segundo aponta, "[o] conceito da soberania popular, que assenta no princípio numerico, das maiorias eleitoraes, desloca-se, perde o seu valor politico",[2064] na medida em que a sindicalização é alçada ao veículo *par excellence* da representação popular, tensionando-se com a máquina estatal, que precisa incorporar os sindicatos à sua própria estrutura e fazê-los operar como braços do Estado,[2065] já que a liberal teoria da separação de Poderes também é ressignificada em prol da "descentralização de funções que se diferenciam e especializam, sob a pressão dos fatos".[2066] Esse fenômeno seria visível inclusive no Brasil, após a Revolução de 1930.[2067]

A consequência imediata da incorporação dos sindicatos pelo Estado é a discussão em torno da representação profissional, algo

---

2062 MAGALHÃES, Agamenon Sérgio de Godoy. *O Estado e a realidade contemporanea*. Recife: Officinas Gaphicas do Diario da Manha, 1933, pp. 37-49.

2063 MAGALHÃES, Agamenon Sérgio de Godoy. *O Estado e a realidade contemporanea*. Recife: Officinas Gaphicas do Diario da Manha, 1933, p. 52.

2064 MAGALHÃES, Agamenon Sérgio de Godoy. *O Estado e a realidade contemporanea*. Recife: Officinas Gaphicas do Diario da Manha, 1933, p. 52.

2065 MAGALHÃES, Agamenon Sérgio de Godoy. *O Estado e a realidade contemporanea*. Recife: Officinas Gaphicas do Diario da Manha, 1933, pp. 57-60.

2066 MAGALHÃES, Agamenon Sérgio de Godoy. *O Estado e a realidade contemporanea*. Recife: Officinas Gaphicas do Diario da Manha, 1933, p. 60.

2067 MAGALHÃES, Agamenon Sérgio de Godoy. *O Estado e a realidade contemporanea*. Recife: Officinas Gaphicas do Diario da Manha, 1933, pp. 66/67.

presente, por exemplo, na obra de Alberto Torres, na Constituição de Weimar, no Estado Novo português.[2068] Pessoalmente, Agamenon se posiciona contrariamente à representação classista, já que o elemento político poderia perturbar a necessária coesão do sindicalismo, empesteando-o com as técnicas democráticas.[2069]

Examinando o corporativismo fascista, Agamenon tenta demonstrar como a ditadura do partido único e do sindicato único, na Itália, desconstruiu o sufrágio universal.[2070]

Mais à frente, discorre sobre o princípio da independência econômica[2071] como cerne da economia mundial da época, em suas variadas formas nacionais, o que se tensionava com o conceito clássico de soberania[2072] e com o internacionalismo presente, por exemplo, no comunismo internacional e na ampla interligação econômico-capitalista,[2073] de que é prova maior a crise de 1929, provocada pela quebra da Bolsa de Nova Iorque.

2068 MAGALHÃES, Agamenon Sérgio de Godoy. *O Estado e a realidade contemporanea*. Recife: Officinas Gaphicas do Diario da Manha, 1933, pp. 70-73.

2069 MAGALHÃES, Agamenon Sérgio de Godoy. *O Estado e a realidade contemporanea*. Recife: Officinas Gaphicas do Diario da Manha, 1933, pp. 75/76.

2070 MAGALHÃES, Agamenon Sérgio de Godoy. *O Estado e a realidade contemporanea*. Recife: Officinas Gaphicas do Diario da Manha, 1933, pp. 84-94.

2071 MAGALHÃES, Agamenon Sérgio de Godoy. *O Estado e a realidade contemporanea*. Recife: Officinas Gaphicas do Diario da Manha, 1933, pp. 95-99.

2072 MAGALHÃES, Agamenon Sérgio de Godoy. *O Estado e a realidade contemporanea*. Recife: Officinas Gaphicas do Diario da Manha, 1933, pp. 101-107.

2073 MAGALHÃES, Agamenon Sérgio de Godoy. *O Estado e a realidade contemporanea*. Recife: Officinas Gaphicas do Diario da Manha, 1933, pp. 109-116.

Aumenta com isso a emergência generalizada de variadas formas de nacionalismos políticos e identitários, como na Itália fascista e na Alemanha nazista.[2074] No Brasil, a obra de Alberto Torres teria representado uma análise pioneira e antecipadora desse momento.[2075]

Nessa nova conjuntura, a velha democracia liberal se engalfinha com o socialismo e com as novas tendências autoritárias, carecendo de premente ressignificação,[2076] a qual cobra "que a democracia conquiste as massas pela assistencia ao trabalho e por um sistema juridico de proteção contra as desigualdades e as injustiças sociais".[2077]

A Revolução de 1930 estaria inserida, justamente, nessa quadra histórica de transformações socioeconômicas e jurídico-políticas do mundo. É interessante notar que, para Agamenon, "[a] Revolução Brasileira foi uma reação democratica. A hipertrofia do Poder Executivo foi a sua causa politica".[2078]

Aduz que a reforma política empreendida pelo Governo Provisório, tal como a expedição de um Código Eleitoral, "necessariamente irá culminar no parlamentarismo, governo de prestígio

---

2074 MAGALHÃES, Agamenon Sérgio de Godoy. *O Estado e a realidade contemporanea*. Recife: Officinas Gaphicas do Diario da Manha, 1933, pp. 121-129.

2075 MAGALHÃES, Agamenon Sérgio de Godoy. *O Estado e a realidade contemporanea*. Recife: Officinas Gaphicas do Diario da Manha, 1933, pp. 130/131.

2076 MAGALHÃES, Agamenon Sérgio de Godoy. *O Estado e a realidade contemporanea*. Recife: Officinas Gaphicas do Diario da Manha, 1933, p. 133.

2077 MAGALHÃES, Agamenon Sérgio de Godoy. *O Estado e a realidade contemporanea*. Recife: Officinas Gaphicas do Diario da Manha, 1933, p. 147.

2078 MAGALHÃES, Agamenon Sérgio de Godoy. *O Estado e a realidade contemporanea*. Recife: Officinas Gaphicas do Diario da Manha, 1933, p. 149.

e de responsabilidade",[2079] sistema de governo esse que Agamenon confiava iria prevalecer na Assembleia Nacional Constituinte,[2080] da qual era membro.

Conclui Agamenon afirmando que, sob os escombros da democracia liberal formalista e individualista, estaria a nascer uma nova era marcada pela democracia social, alicerçada na solidariedade humana.[2081]

Conforme mais à frente será demonstrado, não tardaria muito para que Agamenon, cooptado pelo regime varguista, mudasse de ideia no que concerne à organização política do Estado e passasse a ser um dos mais efetivos esteios da ditadura do Estado Novo e do seu hipertrofiado sistema presidencialista.

Em 3 de agosto de 1934, Agamenon Magalhães tomou posse como professor catedrático de Direito Público e Constitucional da Faculdade de Direito do Recife. Todavia, ainda no final de julho, fora convidado por Getúlio Vargas, recém-eleito indiretamente Presidente da República, para assumir o cargo de Ministro do Trabalho, Indústria e Comércio, depois de colhida a sua indicação junto ao interventor pernambucano Carlos de Lima Cavalcanti.

Vargas relata em seu diário que "[f]icaram desgostosos João Alberto e os dissidentes pernambucanos pela escolha de Agamenon".[2082] João Alberto era o tenente pernambucano que, com a

---

2079 MAGALHÃES, Agamenon Sérgio de Godoy. *O Estado e a realidade contemporanea*. Recife: Officinas Gaphicas do Diario da Manha, 1933, p. 159.

2080 MAGALHÃES, Agamenon Sérgio de Godoy. *O Estado e a realidade contemporanea*. Recife: Officinas Gaphicas do Diario da Manha, 1933, p. 159.

2081 MAGALHÃES, Agamenon Sérgio de Godoy. *O Estado e a realidade contemporanea*. Recife: Officinas Gaphicas do Diario da Manha, 1933, pp. 176-178.

2082 VARGAS, Getúlio. *Diário*: volume I (1930-1936). São Paulo: Siciliano; Rio de Janeiro: Fundação Getúlio Vargas, 1995, p. 309.

vitória da Revolução de 1930, foi nomeado pelo Governo Provisório interventor em São Paulo (1930-1931). Possivelmente, ele desejava para si o importante cargo que acabou oferecido a Magalhães.

Devido à assunção do Ministério, Agamenon ministrou apenas uma única aula na Faculdade de Direito do Recife,[2083] já que teve de se mudar para o Rio de Janeiro, licenciando-se, assim, do magistério – do qual permaneceria afastado, é importante que se diga, até a sua repentina morte em 1952.

3.9.2 Arthur de Souza Marinho, Luiz Sebastião Guedes Alcoforado, Samuel Mac Dowell Filho e Murilo de Barros Guimarães

No certame de 1934, o concorrente de Agamenon Magalhães foi **Arthur de Souza Marinho**. Derrotado, mas habilitado no concurso, ganhou o título de livre-docente em Direito Público e Constitucional. Com a licença de Agamenon, foi ele apontado pela Congregação como catedrático interino da referida disciplina.[2084]

Logo após tornar-se bacharel pela Faculdade de Direito do Recife em 1922, Arthur de Souza Marinho foi nomeado Promotor Público em Recife. Entre 1930 e 1932, funcionou como Secretário de Estado da Justiça de Pernambuco, nomeado pelo interventor Lima Cavalcanti. Entre 1932 e 1935, atuou como Procurador dos Feitos

---

2083 PANTOJA, Sílvia. "Agamenon Magalhães". *Centro de Pesquisa e Documentação de História Contemporânea do Brasil*: Dicionário Histórico Biográfico Brasileiro – FGV. Disponível em: https://www18.fgv.br/CPDOC/acervo/dicionarios/verbete-biografico/agamenon-sergio-de-godoi-magalhaes. Acessado em: 28.08.2024.

2084 ARQUIVO DA UNIVERSIDADE FEDERAL DE PERNAMBUCO. "Professores de Direito Constitucional (1865-1963)". Disponível em: https://www.ufpe.br/documents/590249/648926/Professores+de+Direito+Constitucional+(1885-1963).docx.pdf/91c3092 c-65ec-49f6-9b97-d783bb5b5799. Acessado em: 21.08.2024.

da Fazenda do Estado de Pernambuco (o equivalente a Advogado--Geral do Estado).[2085]

Em 1934, como dito, concorreu contra Agamenon Magalhães no certame para provimento da cátedra de Direito Público e Constitucional da Faculdade de Direito do Recife. Na disputa, Marinho defendeu a tese *A Economia no Estado Contemporâneo*, da qual, contudo, não há registros de publicação.[2086]

Em 1935, foi nomeado Juiz Federal Titular em Sergipe mediante concurso realizado pelo Supremo Tribunal Federal e, dessa forma, teve de se desvincular da Faculdade de Direito do Recife.

Com a deflagração do Estado Novo e a supressão da Justiça Federal pela Carta de 1937, tornou-se Oficial Administrativo do Ministério do Trabalho, Indústria e Comércio. Posteriormente, foi requisitado pelo Departamento Administrativo do Serviço Público (DASP) como especialista em Direito Público, particularmente em Direito Administrativo. Entre 1939 e 1940, exerceu o cargo de Juiz-Pretor da Pretoria Criminal da Justiça do Distrito Federal. Posteriormente, entre 1940 e 1952, atuou como Juiz de Direito em varas Cível, de Fazenda Pública e Criminal.[2087]

2085 PODER JUDICIÁRIO. SUPERIOR TRIBUNAL DE JUSTIÇA. *Coletânea de Julgados e Momentos Jurídicos dos Magistrados do TFR e STJ*: Ministro Artur de Souza Marinho. vol. 31. Brasília: Divisão Gráfica do Conselho da Justiça Federal, 1999, pp. 15-18.

2086 Todavia, a prova dissertativa do concurso foi publicada: MARINHO, Artur de Souza. "Constituição, seu sentido e transformações". *In*: PODER JUDICIÁRIO. SUPERIOR TRIBUNAL DE JUSTIÇA. *Coletânea de Julgados e Momentos Jurídicos dos Magistrados do TFR e STJ*: Ministro Artur de Souza Marinho. vol. 31. Brasília: Divisão Gráfica do Conselho da Justiça Federal, 1999, pp. 161-167.

2087 PODER JUDICIÁRIO. SUPERIOR TRIBUNAL DE JUSTIÇA. *Coletânea de Julgados e Momentos Jurídicos dos Magistrados do TFR e STJ*: Ministro Artur de Souza Marinho. vol. 31. Brasília: Divisão Gráfica do Conselho da Justiça Federal, 1999, pp. 15-18.

Com o fim do Estado Novo e a promulgação da Constituição de 1946, foi nomeado Juiz do Tribunal Regional Eleitoral do Distrito Federal. Em 1952, foi nomeado Desembargador do Tribunal de Justiça do Distrito Federal. Em dezembro de 1954, foi nomeado Ministro do Tribunal Federal de Recursos, do qual viria a ser Presidente.[2088]

Em 1935, com a indicação de Arthur de Souza Marinho para o cargo de Juiz Federal em Sergipe, assumiu interinamente em seu lugar a cátedra de Direito Público e Constitucional da Faculdade de Direito do Recife o professor **Luiz Sebastião Guedes Alcoforado.**[2089]

Bacharel pela Faculdade de Direito do Recife em 1917, aos 19 anos, Alcoforado foi apontado, unanimemente pela Congregação, livre-docente em Direito Público e Constitucional e em Direito Internacional Público em 1922. Com a obtenção da livre-docência, atuou por diversas oportunidades como professor substituto na Faculdade de Direito do Recife. Exerceu também os cargos de Juiz Municipal e Promotor Público.[2090]

2088 PODER JUDICIÁRIO. SUPERIOR TRIBUNAL DE JUSTIÇA. *Coletânea de Julgados e Momentos Jurídicos dos Magistrados do TFR e STJ*: Ministro Artur de Souza Marinho. vol. 31. Brasília: Divisão Gráfica do Conselho da Justiça Federal, 1999, pp. 15-18.

2089 ARQUIVO DA UNIVERSIDADE FEDERAL DE PERNAMBUCO. "Professores de Direito Constitucional (1865-1963)". *Universidade Federal de Pernambuco*. Disponível em: https://www.ufpe.br/documents/590249/648926/Professores+de+Direito+Constitucional+(1885-1963).docx.pdf/91c-3092c-65ec-49f6-9b97-d783bb5b5799. Acessado em: 21.08.2024.

2090 FERREIRA, Luiz Pinto. *História da Faculdade de Direito do Recife*. 2ª ed. Recife: Faculdade de Ciências Humanas de Pernambuco, 1994, p. 296.

Em 1927, abriu-se concurso no Ginásio Pernambucano para a recém-criada cadeira de Instrução Moral e Cívica. Guedes Alcoforado se inscreveu e venceu o certame.[2091]

Em 1933, com a aposentadoria de Virgínio Marques, foi apontado pela Congregação regente da Cadeira de Direito Público e Constitucional. Mesmo diante da conquista da cátedra por Agamenon Magalhães em agosto de 1934, continuou no exercício da cadeira – com exceção do ano letivo de 1934, em que a referida função, conforme acima adiantado, foi exercida por Arthur Marinho – até 1938 porque o novo catedrático instantaneamente dela se licenciou para exercer o cargo de Ministro do Trabalho, conforme acima discorrido.

Em 1937, concorreu com êxito ao cargo de professor catedrático de Ciência das Finanças, recém-desmembrada da cadeira de Economia Política.[2092]

Em 1938, assumiu a cadeira de Direito Público e Constitucional o professor **Samuel Mac Dowell Filho**, livre-docente da disciplina desde 1926.[2093]

Em 1940, com o desmembramento da referida cadeira pelo Decreto-Lei n. 2.639/1940, Mac Dowell Filho foi designado para reger a disciplina de Direito Constitucional, cátedra que ocupou interinamente até 1950, salvo nos anos de 1946 e 1947, quando foi

---

2091 FERREIRA, Luiz Pinto. *História da Faculdade de Direito do Recife*. 2ª ed. Recife: Faculdade de Ciências Humanas de Pernambuco, 1994, p. 296.

2092 FERREIRA, Luiz Pinto. *História da Faculdade de Direito do Recife*. 2ª ed. Recife: Faculdade de Ciências Humanas de Pernambuco, 1994, p. 297.

2093 ARQUIVO DA UNIVERSIDADE FEDERAL DE PERNAMBUCO. "Professores de Direito Constitucional (1865-1963)". *Universidade Federal de Pernambuco*. Disponível em: https://encurtador.com.br/NVBso. Acessado em: 21.08.2024.

substituído, respectivamente, pelos professores **Gilberto Osório de Oliveira Andrade** e **Gentil de Carvalho Mendonça.**[2094]

São pouquíssimas as referências biográficas e bibliográficas sobre Mac Dowell Filho. Sobre ele, Pinto Ferreira assim disserta:

> O Direito Constitucional na época passou a ser ensinado por Samuel Mac Dowell Filho, livre-docente com a sua tese *Sanção e Veto* (Recife, 1926), e bem como humanista de talento, que traduziu Shakespeare que se lê com encanto, sob o título *Pequena Seqüência Shakespeariana* (Recife, 1952), orador nato e mestre da mais pura eloquência.[2095]

Já a cadeira de Teoria Geral do Estado, para a qual o catedrático em licença – Agamenon Magalhães – foi automaticamente transferido, por força do Decreto-Lei n. 2.639/1940, passou a ser exercida interinamente pelo professor **Murilo de Barros Guimarães,** que a ocupou durante todo o Estado Novo (1941-1945).[2096]

Filho e neto de catedráticos da Faculdade de Direito do Recife, Murilo Guimarães se tornou bacharel pela referida instituição em 1931. No ano seguinte, ingressou no Curso de Doutorado. Livre-docente em Direito Judiciário Penal (Processo Penal), foi convocado para atuar como o substituto do catedrático. Em 1940, foi convocado pela

2094 ARQUIVO DA UNIVERSIDADE FEDERAL DE PERNAMBUCO. "Professores de Direito Constitucional (1865-1963)". *https://encurtador.com.br/NVBso*. Acessado em: 21.08.2024.

2095 FERREIRA, Luiz Pinto. *História da Faculdade de Direito do Recife*. 2ª ed. Recife: Faculdade de Ciências Humanas de Pernambuco, 1994, p. 398.

2096 FERREIRA, Luiz Pinto. *História da Faculdade de Direito do Recife*. 2ª ed. Recife: Faculdade de Ciências Humanas de Pernambuco, 1994, p. 396.

Congregação para atuar como substituto de Agamenon Magalhães na cadeira de Teoria Geral do Estado.[2097]

Em 1951, foi aprovado em concurso para professor catedrático de Direito Comercial, cadeira que exercia interinamente desde 1946, com a tese *Da Provisão no Cheque*.[2098]

Foi Diretor da Faculdade de Direito do Recife e Reitor da Universidade Federal de Pernambuco (1965-1971).[2099]

Há, no arquivo da Faculdade de Direito do Recife, os programas de Teoria Geral do Estado e de Direito Constitucional ensinados durante o Estado Novo.

Confira-se a ementa de Teoria Geral do Estado para 1941, o primeiro ano de vigência do Decreto-Lei n. 2.639/1940:

2097 PIAUHYLINO, Luiz. *Discurso em homenagem a Murilo de Barros Guimarães*. Câmara dos Deputados. Sessão: 069.1.52.O (07.05.2003). Disponível em: https://www.camara.leg.br/internet/sitaqweb/TextoHTML.asp?etapa=3&nuSessao=069.1.52.O&nuQuarto=55&nuOrador=3&nuInsercao=45&dtHorarioQuarto=15:48&sgFaseSessao=PE%20%20%20%20%20%20%20%20&Data=07/05/2003&txApelido=LUIZ%20PIAUHYLINO&txFaseSessao=Pequeno%20Expediente%20%20%20%20%20%20%20%20%20%20%20%20&dtHoraQuarto=15:48&txEtapa=Com%20reda%C3%A7%C3%A3o-%20final. Acessado em: 28.08.2024.

2098 GUIMARÃES, Murilo de Barros. *A Provisão no cheque*. Recife: [s.n.], 1946, p. 120.

2099 Especificamente sobre o reitorado de Murilo Guimarães na UFPE, durante os primeiros anos do regime miliar que assumiu o poder com o golpe de 1964, e as suas colaborações com a ditadura civil-militar-empresarial, conferir: MEDEIROS, Vinícius Borges de. *O Reitorado de Murilo Guimarães na Universidade Federal de Pernambuco*: modernização e autoritarismo (1964-1971). Recife: UFPE, 2022. (Trabalho de Conclusão).

Teoria Geral do Estado

PROGRAMA MANDADO ADOTAR PELO CONSELHO TÉCNICO ADMINISTRATIVO

1 – Valor da disciplina em estudo. Seu objeto e metodologia.

2 – Da ordem jurídica.

3 – Direito Público e Direito Privado.

4 – O problema da origem do Estado.

5 – Conceito do Estado. Principais tipos históricos e tendências do Estado moderno.

6 – Da personalidade jurídica do Estado.

7 – Justificação do Estado. O anarquismo e o estatismo.

8 – Das varias doutrinas do poder público.

9 – O Estado e o Direito.

10 – O Estado e o indivíduo.

11 – Elementos constitutivos do Estado.

12 – Elemento material: o território.

13 – Elemento pessoal: o povo.

14 – Elemento político: o poder.

15 – Da soberania.

16 – O poder, a ordem e a liberdade.

17 – Formação, desenvolvimento e fim do Estado.

18 – As diversas formas do Estado. Uniões de Estados.

19 – Estados federais e Confederação de Estados.

20 – O Estado internacional.

21 – O Estado fascista e o nacional-socialista.

22 – O Estado bolchevista.

23 – O sindicalismo.

24 – A democracia.

25 – Origem e desenvolvimento das corporações. O corporativismo medieval.

26 – A doutrina corporativista de la Tour du Pin.

27 – O Estado corporativo; seus orgãos, suas funções.

28 – Formas de governo.

29 – Constituição e seus diversos tipos.

30 – Funções e orgãos do Estado.

31 – Evolução histórica da organização política do Brasil.

32 – A Constituição de 10 de Novembro de 1937. Características e diretrizes do Estado Novo brasileiro.[2100]

Em linhas gerais, esse programa de ensino se manteve o mesmo durante todo o Estado Novo, com alguns acréscimos de pontos mais metodológicos no início do curso e desdobramentos de tópicos em outros tantos, autônomos, como se pode verificar dos planos de ensino de 1944[2101] e de 1945.[2102]

Dois pontos merecem ser destacados sobre o plano de ensino de 1941. Em primeiro lugar, ele foi elaborado pela Congregação da Faculdade de Direito, provavelmente porque ainda não havia catedrático interino, livre-docente em Teoria Geral do Estado, fixado especificamente para substituir o catedrático dessa matéria, o que só viria a ocorrer em 1944, quando Pinto Ferreira tornou-se livre-docente, como mais à frente será discorrido. Em segundo lugar, a

---

2100 CENTRO DE CIÊNCIAS JURÍDICAS. *Programas de ensino das cadeiras do 1º ano do Curso de Bacharelado*: Teoria Geral do Estado. Recife: [s.n.], 1941, pp. 31-33, destaque nosso. Disponível em: https://repositorio.ufpe.br/bitstream/123456789/51759/1/363130%20-%208877952%20-%20Programa%20de%20Ensino%201944.pdf. Acessado em: 28.08.2024.

2101 CENTRO DE CIÊNCIAS JURÍDICAS. *Programas de ensino das cadeiras do 1º ano do Curso de Bacharelado*: Teoria Geral do Estado. Recife: [s.n.], 1944, pp. 27-30. Disponível em: https://repositorio.ufpe.br/bitstream/123456789/51759/1/363130%20-%208877952%20-%20Programa%20de%20Ensino%201944.pdf. Acessado em: 28.08.2024.

2102 CENTRO DE CIÊNCIAS JURÍDICAS. *Programas de ensino das cadeiras do 1º ano do Curso de Bacharelado*: Teoria Geral do Estado. Recife: [s.n.], 1945, pp. 33-36. Disponível em: https://repositorio.ufpe.br/bitstream/123456789/51760/1/362991%20-%208877624%20-%20Programa%20de%20Ensino%201945.pdf. Acessado em: 28.08.2024.

matéria do curso é encerrada com uma exposição sobre a Carta de 1937, o que demonstra que, ao menos na Faculdade de Direito do Recife, (i) não necessariamente o professor de TGE estava eximido de ensinar a nova Constituição, ainda que em caráter introdutório; e (ii) a Teoria Geral do Estado era vista como uma disciplina propedêutica de preparação para o Direito Constitucional.

Abaixo, veja-se a ementa de Direito Constitucional para 1941, o primeiro ano de vigência do Decreto-Lei n. 2.639/1940:

> 3ª CADEIRA
>
> Direito Constitucional
>
> SAMUEL MAC DOWELL FILHO
>
> Professor Catedrático Interino
>
> 1º – Conceito do Direito Constitucional. Suas relações com outras ciências e disciplinas jurídicas e, especialmente, com a Teoria do Estado e a Ciência Política.2º – Constituição. Conceito material e formal. Seus tipos. Sua técnica e hermeneutica.
>
> 3º – Regimen constitucional em geral e sua aplicação no Brasil. Antecedentes históricos. Constituição de 25 de Março de 1824. Ato Adicional e outras leis constitucionais do Império.
>
> 4º – Transição da Monarquia para a Republica. Constituição de 24 de Fevereiro de 1891. Revisão de 7 de Setembro de 1926.
>
> 5º – Revolução de Outubro de 1930. Decreto institucional do Governo Provisorio, de 11 de Novembro de 1930. Código dos Interventores. Constituição de 10 de Julho de 1934. Suas emendas.**6º – Constituição de 10 de Novembro de 1937. Seu ambiente historico. Suas fontes e espirito. O interregno constitucional.**
>
> 7º – Organização nacional. A União e os Estados. Regimen das suas relações jurídicas. O princípio federativo. Princípios de observância obrigatória na organização dos Estados. A autonomia municipal. O Distrito Federal e os Territórios.
>
> 8º – Discriminação da competência entre a União, os Estados e os Municípios. Poderes explícitos e implícitos. Serviços federais, estaduais e municipais. Intervenção.

9º – O sistema representativo na Constituição Brasileira. Exercício do poder político pelo povo. O sufrágio. O núcleo eleitoral municipal. Os colégios eleitorais. O plebiscito.

10º – Os órgãos do poder. Relação entre si. A doutrina da divisão ou separação dos Poderes e a Constituição Brasileira.

11º – O Poder Legislativo. Seus órgãos. O Parlamento Nacional: Camara dos Deputados e Conselho Federal. Conselho da Economia Nacional. Respectivas composição, funcionamento e competência. Imunidade e responsabilidade. Competencia legislativa, direta e delegada, do Presidente da República.

12º – Processo de elaboração das leis e resoluções e particularmente do orçamento. O véto. A substancia da lei. A lei, o regulamento, o decreto-lei.

13º – O Poder Executivo. O Presidente da Republica, autoridade suprema. Condições de investidura. Atribuições e prerrogativas. Responsabilidade. Os Ministros de Estado.

14º – Órgãos de cooperação nas atividades governamentais. Ministério Público. Tribunal de Contas. Conselhos técnicos. Função consultiva e julgadora. Limites da jurisdição administrativa.

15º – A função pública. Funcionários civis e militares. Condições de investidura e exercício legal. Garantias. O estatuto dos funcionários públicos.

16º – O Poder Judiciário. Seus orgãos. Garantias dos seus membros e das suas decisões.

17º – Supremo Tribunal Federal. Justiça dos Estados, do Distrito Federal e dos Territórios. Justiça Militar. Sua organização. Composição e competência. O problema do Jury.

18º – A questão da unidade da Justiça em face da Constituição vigente. Recurso ordinario e extraordinario. **Limites do controle judicial.**

19º – O indivíduo perante a Constituição. Nacionalidade. Cidadania. Aquisição e perda da nacionalidade. Aquisição, suspensão e perda dos direitos políticos.20º – Direitos e garantias individuais. Os direitos do homem. Tricotomia constitucional. Liberdade, segurança pessoal, propriedade.

> Relações expressas no exercício dos direitos individuais e poder de polícia. A pena de morte.
>
> 21º – Ordem moral e espiritual. A família. A educação e a cultura.
>
> 22º – A Ordem economica. Condições da intervenção do Estado. Normas gerais assecuratórias do fomento e da justa retribuição do trabalho e da atividade economica. Economia popular. Nacionalização e estadização das atividades economicas. A imigração.
>
> 23º – Organização sindical e corporativa dos agentes da produção. Produção intelectual e material. As corporações como orgãos do Poder Público. Regimen corporativo e socialismo.
>
> 24º – Normas especiais sobre a Legislação do Trabalho. Assistência social: proteção atual e previdência. A Justiça do Trabalho.
>
> 25º – Segurança Nacional. Defesa interna e externa do Estado. Estado de emergencia. Estado de guerra. Leis de segurança.26º – Relação da Igreja e do Estado. Emenda, modificação e reforma da Constituição. Seu processo.[2103]

Note-se que o programa do curso é bem fiel ao espírito da Carta de 1937, já que explora com completude os seus princípios mais importantes e dá, no 13º ponto da ementa, especial foco ao Poder Executivo, caracterizando o Presidente da República como "autoridade suprema". Esse programa foi mantido nos anos letivos seguintes, como comprova a ementa de 1944,[2104] idêntica à de 1941.

2103 CENTRO DE CIÊNCIAS JURÍDICAS. *Programas de ensino das cadeiras do 1º ano do Curso de Bacharelado*: Teoria Geral do Estado. Recife: [s.n.], 1941, pp. 17-21, destaque nosso. Disponível em: https://repositorio.ufpe.br/bitstream/123456789/51759/1/363130%20-%208877952%20-%20Programa%20de%20Ensino%201944.pdf. Acessado em: 28.08.2024.

2104 CENTRO DE CIÊNCIAS JURÍDICAS. *Programas de ensino das cadeiras do 1º ano do Curso de Bacharelado*: Teoria Geral do Estado. Recife: [s.n.], 1944, pp. 13-17. Disponível em: https://repositorio.ufpe.br/

Já a ementa de 1945 sofreu algumas modificações. Alguns dos 23 pontos originários foram desdobrados e desenvolvidos, totalizando 33 pontos. Sobretudo na parte inicial do curso, houve um aumento de tópicos metodológicos sobre Direito Constitucional, inclusive havendo em um deles, no 2º, a abordagem da relação entre "Ditadura e Constituição". Além disso, passou-se a explorar a "Relação entre o Direito Constitucional e o Direito Internacional". No tópico referente ao Poder Executivo, foi suprimida a referência ao Presidente como "autoridade suprema".[2105] Talvez essa suavização do programa de ensino em relação às diretrizes do Estado Novo tenha ocorrido em função da vitória dos Aliados contra o Eixo na Segunda Guerra Mundial e também devido aos progressivos desgastes do regime estado-novista desde o início de 1945. É uma hipótese.

Conforme mais à frente será esmiuçado, em 1944, Pinto Ferreira prestou concurso para livre-docência de Teoria Geral do Estado. Aprovado, em 1945, foi indicado professor catedrático interino da referida disciplina.

3.9.3 Ainda Agamenon Magalhães

No Ministério do Trabalho, licenciado da cadeira de Direito Público e Constitucional da Faculdade de Direito do Recife,

> Agamenon defendeu ardentemente o fortalecimento do sindicalismo no país como instância coordenadora da integração

---

bitstream/123456789/51759/1/363130%20-%208877952%20-%20 Programa%20de%20Ensino%201944.pdf. Acessado em: 28.08.2024.

2105 CENTRO DE CIÊNCIAS JURÍDICAS. *Programas de ensino das cadeiras do 1º ano do Curso de Bacharelado*: Teoria Geral do Estado. Recife: [s.n.], 1945, pp. 19-24. Disponível em: https://repositorio.ufpe.br/bitstream/123456789/51760/1/362991%20-%208877624%20-%20 Programa%20de%20Ensino%201945.pdf. Acessado em: 28.08.2024.

> capital-trabalho, o que implicou o aperfeiçoamento da legislação trabalhista e a consolidação do sistema previdenciário.[2106]

Essas pautas projetaram-no politicamente, em âmbito nacional.

Com o passar do tempo, pragmaticamente se distanciou do interventor pernambucano Lima Cavalcanti e se tornou os olhos de Vargas em Pernambuco, tendo sido inclusive cogitada a sua candidatura ao governo do Estado, o que não ocorreu, já que Cavalcanti obteve maioria na Assembleia Constituinte estadual, que o elegeu em 1935.

Durante a Intentona Comunista de 1935, que teve levantes em Natal, Recife e Rio de Janeiro, Lima Cavalcanti estava na Europa. Não obstante isso, dois de seus secretários eram ligados à Aliança Nacional Libertadora (ANL), sigla política a quem foi imputada a insurreição e que, daí em diante, foi severamente reprimida por Vargas. O gradativo distanciamento entre Agamenon e Cavalcanti ganhava novos ingredientes com o possível envolvimento do governador na tentativa de sublevação comunista. Rapidamente, Agamenon deu um jeito de ser

> encarregado por Vargas de documentar as denúncias e indícios, apresentados principalmente pelo deputado Eurico Sousa Leão. A batalha no Judiciário foi longa e o promotor Honorato Himalaia Virgulino chegou a pedir a prisão preventiva de Lima Cavalcanti, que seria finalmente absolvido pelo Tribunal de Segurança Nacional em 17 de agosto de 1937.[2107]

2106 PANTOJA, Sílvia. "Agamenon Magalhães". *Centro de Pesquisa e Documentação de História Contemporânea do Brasil*: Dicionário Histórico Biográfico Brasileiro – FGV. Disponível em: https://www18.fgv.br/CPDOC/acervo/dicionarios/verbete-biografico/agamenon-sergio-de-godoi-magalhaes. Acessado em: 28.08.2024.

2107 PANTOJA, Sílvia. "Agamenon Magalhães". *Centro de Pesquisa e Documentação de História Contemporânea do Brasil*: Dicionário Histórico Biográfico Brasileiro – FGV. Disponível em: https://www18.

A partir de então, por um lado, "o governo federal, preocupado em reprimir mobilizações operárias no país, passou a ter no Ministério do Trabalho um importante centro de formulação e aplicação de políticas de controle do movimento sindical".[2108]

Para tanto, Agamenon passou a controlar de perto as organizações sindicais, de modo a que sua direção sempre estivesse alinhada ao governo e não a ideais comunistas.

Por outro lado, o Ministério se preocupou fortemente também com a legislação social e com a proteção ao trabalhador:

> (...) instituiu o sistema de seguro contra acidentes de trabalho, criou o Serviço de Identificação Profissional, regulamentou a profissão de químico e encaminhou um projeto de lei racionalizando as empresas de seguro e criando o Instituto Federal de Resseguros. Datam também desse período duas leis importantes: a de nacionalização do trabalho (que obrigava as empresas a contratarem pelo menos 2/3 de sua mão de obra entre brasileiros) e a que assegurou ao empregado da indústria ou do comércio uma indenização quando fosse dispensado sem justa causa ou sem que existisse prazo estipulado para o término do contrato.
>
> Em janeiro de 1936, Agamenon criou comissões compostas de empregados e empregadores com o objetivo de elaborar estudos para a adoção do salário mínimo. Nesse mesmo ano, participou da elaboração do anteprojeto de criação da Justiça do Trabalho. Entretanto, essas duas medidas só seriam implementadas durante a vigência do Estado Novo (1937-1945).

---

fgv.br/CPDOC/acervo/dicionarios/verbete-biografico/agamenon-sergio-de-godoi-magalhaes. Acessado em: 28.08.2024.

2108 PANTOJA, Sílvia. "Agamenon Magalhães". *Centro de Pesquisa e Documentação de História Contemporânea do Brasil*: Dicionário Histórico Biográfico Brasileiro – FGV. Disponível em: https://www18.fgv.br/CPDOC/acervo/dicionarios/verbete-biografico/agamenon-sergio-de-godoi-magalhaes. Acessado em: 28.08.2024.

> Em 31 de dezembro de 1936, Agamenon criou o Instituto de Aposentadoria e Pensões dos Industriários (IAPI).[2109]

Com a exoneração a pedido de Vicente Ráo em janeiro de 1937, Agamenon Magalhães passou a acumular as pastas do Trabalho e da Justiça, desvinculando-se dessa última apenas em junho de 1937, quando da indicação de José Carlos de Macedo Soares para o cargo.

Conforme o ano avançava, as medidas de exceção do governo para reprimir a suposta ameaça comunista também avançavam a passos largos. Nesse contexto, Pernambuco tornou-se uma preocupação, e Vargas instituiu, então, para diminuir o peso de Lima Cavalcanti, um triunvirato entre o governador, um Comandante do Exército e um Capitão dos Portos.

Paralelamente, os planos golpistas vicejavam nos bastidores varguistas:

> Nessa época, junto com Francisco Campos, Gustavo Capanema, Góis Monteiro e outros, [Agamenon Magalhães] participou de debates sobre a proposição de uma reforma constitucional que permitisse a reeleição de Vargas para a presidência da República. Esse caminho, contudo, se desdobrou em uma articulação golpista que entrou em sua fase final em 30 de setembro de 1937, com a divulgação pelo EME do chamado Plano Cohen, pretensamente elaborado pelos comunistas para a tomada violenta do poder. Conforme comprovação posterior, tratava-se de um documento forjado, utilizado

---

2109 PANTOJA, Sílvia. "Agamenon Magalhães". *Centro de Pesquisa e Documentação de História Contemporânea do Brasil*: Dicionário Histórico Biográfico Brasileiro – FGV. Disponível em: https://www18.fgv.br/CPDOC/acervo/dicionarios/verbete-biografico/agamenon-sergio-de-godoi-magalhaes. Acessado em: 28.08.2024.

> pela alta cúpula militar e a chefia do governo para favorecer o golpe de Estado.[2110]

Sílvia Pantoja rememora que, cinco dias antes do golpe do Estado Novo,

> Agamenon teve uma reunião com todos os gerentes de fábrica do Rio de Janeiro para transmitir instruções do governo sobre a propaganda contra o comunismo a ser desenvolvida de forma sistemática junto à classe operária. Ficou então acertado que os trabalhadores seriam obrigados a ouvir diariamente, em todas as empresas, antes de entrar no serviço, uma exposição de cinco a dez minutos sobre os perigos do comunismo.[2111]

Deflagrado o golpe de 10 de novembro de 1937, Agamenon foi nomeado Interventor em Pernambuco. Em seu discurso de posse, pronunciado em 3 de dezembro de 1937, bradou: "Vim para criar a emoção do Estado Novo".[2112] E foi exatamente isso o que ele fez nos oito anos seguintes.

Em 1938, fundou o jornal governista *Folha da Manhã*, encarregado de fazer a propaganda do regime. Em duas edições diárias, o

---

2110 PANTOJA, Sílvia. "Agamenon Magalhães". *Centro de Pesquisa e Documentação de História Contemporânea do Brasil*: Dicionário Histórico Biográfico Brasileiro – FGV. Disponível em: https://www18.fgv.br/CPDOC/acervo/dicionarios/verbete-biografico/agamenon-sergio-de-godoi-magalhaes. Acessado em: 28.08.2024.

2111 PANTOJA, Sílvia. "Agamenon Magalhães". *Centro de Pesquisa e Documentação de História Contemporânea do Brasil*: Dicionário Histórico Biográfico Brasileiro – FGV. Disponível em: https://www18.fgv.br/CPDOC/acervo/dicionarios/verbete-biografico/agamenon-sergio-de-godoi-magalhaes. Acessado em: 28.08.2024.

2112 PANTOJA, Sílvia. "Agamenon Magalhães". *Centro de Pesquisa e Documentação de História Contemporânea do Brasil*: Dicionário Histórico Biográfico Brasileiro – FGV. Disponível em: https://www18.fgv.br/CPDOC/acervo/dicionarios/verbete-biografico/agamenon-sergio-de-godoi-magalhaes. Acessado em: 28.08.2024.

veículo contava com uma seção permanente intitulada "Agamenon Magalhães escreve", em que discorria sobre variados assuntos culturais, econômicos e políticos, sempre com ênfase no papel transformador do regime. Sobre o ponto, Dulce Pandolfi destaca que

> [n]este particular, o seu grande mérito foi popularizar a ideologia do Estado Novo. Em carta dirigida a Vargas, uma espécie de prestação de contas da sua administração, Agamenon afirmava: "doutrino todos os dias pela imprensa e pelo rádio, na propaganda do Estado Novo e das questões que interessam à economia do Estado".[2113]

É interessante destacar um pequeno artigo publicado por Agamenon em edição da *Folha da Manhã* do dia 1º de junho de 1938, em que discorre sobre "A Teoria do Estado Novo". Nele, um dos mais importantes políticos do regime estado-novista, catedrático de Direito Público e Constitucional da Faculdade de Direito do Recife e interventor em Pernambuco, se propõe a sintetizar não só as enormes transformações sofridas pelo Direito Público no entreguerras, mas também a delinear qual seria a doutrina do Estado brasileiro naquela quadra histórica:

> As páginas mais vivas e brilhantes da literatura jurídica são as da teoria do Estado.
>
> O declínio do Estado Liberal assinala-se por uma verdadeira revolução no Direito Público.
>
> O realismo de Duguit, negando o direito subjetivo e a soberania do Estado, considerado como uma organização dos serviços públicos, iniciou o ciclo revolucionário.

2113 PANDOLFI, Dulce Chaves. *Pernambuco de Agamenon Magalhães*: consolidação e crise de uma elite política. Recife: Fundação Joaquim Nabuco/Massaguana, 1984, p. 32.

O fato sindical aparece na teoria de Duguit, como um elemento novo na estrutura do Estado. A sociologia começou a influir e a transformar a cultura jurídica.

Hariou, com espírito filosófico e penetração do fenômeno jurídico, construiu sobre os fatos e as modificações, que o desenvolvimento econômico e social iam determinando, a teoria da instituições.

Renard, o discípulo, desenvolve essa teoria, com uma extensão e uma profundidade, não previstas talvez pelo seu grande mestre.

O após guerra continuou, porém, agitado e sacudido por crises sucessivas.

A tormenta impeliu o Estado para todas as direções.

As teorias cederam aos fatos, e os fatos levaram o Estado a experiências ousadas e imprevistas.

Estado soviético. Estado fascista. Estado social-nacionalista. A revolução de Salazar. O *New Deal* de Roosevelt. A legislação social do Presidente Getúlio Vargas.

Um mundo novo, enfim, sem teorias, nem filosofia, sem construções doutrinárias, nem estilo.

Ninguém mais falou em teoria do Estado.

Só, agora, um dos meus leitores, não sei se estudante, ou doutor, em carta, que ontem recebi, fala em teoria do Estado e me faz uma objeção desconcertante. Diz ele "Leio diariamente os seus artigos de informação e propaganda do Estado Novo. Se o professor permitisse uma pergunta e me desse a honra de responder, eu lhe agradeceria. Qual é a teoria do Estado Novo?"

As teorias do Estado estão na retorta. Há experiências. Há a luta do poder do Estado contra a crise, contra todos os elementos e contra todos os fatos em oposição a esse poder. Vencida a luta, então, surgirá a teoria, nas linhas do sistema, que perdurar. Do sistema resultante do reajustamento das novas estruturas do Estado.

Vou dar um exemplo.

> Na própria Itália se discute ainda, agora, se o corporativismo é um fenômeno institucional, ou um simples fato jurisdicional do direito.
>
> É um elemento novo na estrutura do Estado, um conflito de interesses, que o direito procura disciplinar e resolver?
>
> Carnelutt acha que o corporativismo se resume no regulamento de um conflito de categorias.
>
> Santi Romano e Arnaldo Volpicelli sustentam a teoria oposta, e consideram o corporativismo a mais alta forma institucional do conceito de direito.
>
> Eis aí. O Estado fascista ainda não tem a sua teoria. Teoria jurídica, porque, politicamente, é um Estado unipartidário.
>
> Mas de todas as formas novas do Estado, a do Brasil, modelada na Carta de 10 de Novembro, é a que se apresenta, em bases definidas. É uma democracia autoritária corporativa. O indivíduo atua no Estado Brasileiro, colaborando com o governo, como cidadão, na Câmara Política, e como produtor, no Conselho de Economia Nacional. O governo central é forte, dentro da Federação, perdendo os Estados em autonomia os poderes e franquias, que forem necessários para fortalecer a Nação.
>
> É essa a teoria do Estado Novo.
>
> Vê, pois, o meu indiscreto leitor, que os homens de governo do Estado Nacional Brasileiro têm orientação e estão seguros da hora que passa.[2114]

Em seu governo, Agamenon seguiu as premissas centrais da sua atuação prévia como Ministro do Trabalho. Valendo-se de amplo acesso aos recursos federais devido à sua proximidade com Vargas, o interventor pernambucano promoveu uma grande intervenção estatal na economia pretendendo reduzir as desigualdades sociais.

2114 MAGALHÃES, Agamenon Sérgio de Godoy. "A Teoria do Estado Novo (*Folha da Manhã*, 1º jun. 1938)". *In*: _____. *Idéias e Lutas*. Recife: Raiz, 1985, pp. 167-169.

Adotou políticas de urbanização das cidades e ao mesmo tempo de desenvolvimento rural, além de programas de educação pública, saúde, transporte, bem como de firme e permanente propaganda anticomunista calcada na repressão e na educação operária, em parceria com os sindicatos. O direito à moradia ganhou especial destaque em sua administração, que se preocupou em universalizar a habitação digna para as pessoas carentes e erradicar os chamados "mocambos", casas precárias que se multiplicavam em zonas carentes das cidades.[2115]

Outra face da sua atuação intervencionista se deu nas críticas aos grandes grupos empresariais, materializados na figura do usineiro, caracterizados por ele como gananciosos, sectários e sabotadores do Estado, já que estariam a serviço de trustes e de cartéis em vez de efetivamente se preocuparem com o bem público.

Outra característica marcante de seu regime foi a incisiva vigilância político-ideológica e a tentativa de se construir um consenso político generalizado, ainda que à força. Sobre o ponto, Sílvia Pantoja assim discorre:

> Embora afirmasse que a situação do estado era tranquila, pouco depois de sua posse Agamenon telegrafou sigilosamente a Vargas para informar a existência de 269 presos políticos considerados comunistas. Recebeu em seguida 40% dos cinco mil contos de linha especial de crédito aberta pelo governo federal para a repressão ao comunismo em todos os estados, deflagrando um cerrado combate à oposição, inclusive às antigas forças situacionistas, que foram completamente marginalizadas de todos os centros de poder. **A consolidação do novo esquema político dominante ocorreu através da nomeação,**

2115 PANTOJA, Sílvia. "Agamenon Magalhães". *Centro de Pesquisa e Documentação de História Contemporânea do Brasil*: Dicionário Histórico Biográfico Brasileiro – FGV. Disponível em: https://www18.fgv.br/CPDOC/acervo/dicionarios/verbete-biografico/agamenon-sergio-de-godoi-magalhaes. Acessado em: 28.08.2024.

em todos os níveis, de funcionários comprometidos com o regime recém-implantado.[2116]

Essa implacável e autoritária política censória de Agamenon lhe renderia, após a queda do Estado Novo, o maldoso apelido de "China Gordo", cunhado pelo poeta modernista Manuel Bandeira. Em biografia do político pernambucano, intitulada exatamente *China Gordo*, Andrade Lima Filho discorre sobre as motivações da alcunha cunhada por Bandeira:

> Intelectuais, professores, cientistas, artistas, poetas, não escaparam às suas garras, ouviram de perto o uivo do lobo. (...). E foi isso que lhe valeu o apelido, o China Gordo, posto por Manuel Bandeira, num poema de circunstância, no ano em que o Estado Novo veio ao chão. "Balordo, China Gordo", dizia Bandeira. Mas balordo? Que é balordo? Homem bronco, imbecil. E isso Agamenon estava longe de ser. Mas Bandeira vingava. Vingava Gilberto Freyre. Vingava Ulisses Pernambucano. Vingava Aníbal Fernandes. Vingava Joaquim Cardozo. Vingava Samuel Campelo. Vingava, enfim, toda uma "inteligentzia" oprimida durante a longa noite. Com prisão. Com exílio. Com recessão de atividade.[2117]

Essas perseguições a intelectuais se fizeram sentir no próprio âmbito da Faculdade de Direito do Recife, da qual, conforme adiantado, Agamenon estava licenciado, por motivos políticos, desde a sua aprovação no concurso para a cátedra de Direito Público e Constitucional, em 1934. O interventor pernambucano não poupou

---

2116 PANTOJA, Sílvia. "Agamenon Magalhães". *Centro de Pesquisa e Documentação de História Contemporânea do Brasil*: Dicionário Histórico Biográfico Brasileiro – FGV, destaque nosso. Disponível em: https://www18.fgv.br/CPDOC/acervo/dicionarios/verbete-biografico/agamenon-sergio-de-godoi-magalhaes. Acessado em: 28.08.2024.

2117 LIMA FILHO, Andrade. *China Gordo*: Agamenon Magalhães e sua época. Recife: Universitária, 1976, pp. 31/32.

tinta e papel ao escrever para o seu amigo Gustavo Capanema, Ministro da Educação e Saúde Pública, para pedir nomeações de amigos para cargos no magistério e também para informar acerca de atividades subversivas de intelectuais supostamente inimigos do regime estado-novista.

Cite-se, como exemplo, esta carta, enviada por Agamenon a Capanema em papel timbrado do "Estado de Pernambuco – Gabinete do Interventor", batida à máquina e contendo a observação "RESERVADA" em seu frontispício:

> Recife, 5 de abril de 1939.
>
> Capanema:
>
> **Andrade Bezerra está movimentando a nossa Faculdade de Direito, e tenho colaborado com ele, dando-lhe todo apoio.**
>
> Agora foi feita a eleição para o Conselho Tecnico, sendo indicado para a renovação, entre outros nomes, os dos professores Joaquim Amazonas e Genaro Guimarães.
>
> **O Andrade e eu desejamos que sejam nomeados esses dois professores, que estão integrados com o Estado Novo e têm espírito de colaboração.**
>
> Há outro caso, que preciso lhe prevenir.
>
> Está pleiteando a nomeação interina para catedrático de Direito Judiciario Civil, vago com a morte do prof. Mario Castro, o dr. Mario de Souza.
>
> Este é funcionário dos Correios e parece que já pediu exoneração do cargo para obter aquela nomeação.
>
> **Trata-se de um elemento hostil ao regimen, a que ataca em toda parte.**
>
> Além disso, é candidato ao concurso da mesma cadeira, parecendo que deseja o provimento interino nela, como vantagem sobre os demais concurrentes.
>
> Sobre esse assunto, você poderá pedir a Andrade para indicar um jurista, que não fosse candidato.

> Certo que você atenderá nosso pedido, mando-lhe o meu afetuoso abraço.
>
> [Rubrica de Agamenon Magalhães].[2118]

É preciso destacar que Andrade Bezerra era o Diretor da Faculdade e catedrático de Direito Civil, jurista de formação fortemente conservadora e católica. Foi um dos líderes de pautas da restauração católica em Pernambuco, Diretor do Centro Dom Vital no Recife e fundador do jornal católico *A Tribuna*, em cujas páginas demonstrou simpatia, quando da visita de Plínio Salgado a Recife, em 1933, aos ideais integralistas, sobretudo por seu lema Deus, Pátria e Família.[2119] Foi Diretor da Faculdade de Direito do Recife entre 1932 e 1935, quando assumiu o mandato de Deputado Estadual por Pernambuco, cargo que exerceu até o golpe do Estado Novo, sempre defendendo pautas conservadoras e católicas.[2120] Em 1938, voltou a ocupar a Direção da Faculdade de Direito do Recife, tendo sido nomeado por ato direto do Presidente da República, o que demonstra – para além da confidência de Agamenon Magalhães

---

2118 MAGALHÃES, Agamenon Sérgio de Godoy. "Carta a Gustavo Capanema, de 5 de abr. de 1939". Correspondentes\GC b Magalhães, A. (22). *Arquivo Gustavo Capanema – FGV CPDOC*, destaque nosso. Disponível em: https://docvirt.com/docreader.net/DocReader.aspx?bib=ARQ_GC_B&pesq=%22agamenon%20magalh%C3%A3es%22&hf=docvirt.com&pagfis=6431. Acessado em: 28.08.2024.

2119 MOURA, Carlos André Silva de. "Andrade Lima Filho e o movimento de restauração católica na imprensa pernambucana (1930-1937)". *ANPUH – XXV Simpósio Nacional De História*, Fortaleza, 2009. Disponível em: https://anpuh.org.br/uploads/anais-simposios/pdf/2019-01/1548772005_861f23fa2d5a539c4ac4b26331415bde.pdf. Acessado em: 28.08.2024.

2120 ARQUIVO DA UNIVERSIDADE FEDERAL DE PERNAMBUCO. "Dr. Andrade Bezerra: jurista, professor, jornalista e político brasileiro". *Universidade Federal de Pernambuco*, mar. 2021. Disponível em: https://www.ufpe.br/arquivoccj/curiosidades/-/asset_publisher/x1R6vFfGRYss/content/dr-andrade-bezerra-jurista-professor-jornalista-e-politico-brasileiro-/590249. Acessado em: 20.08.2024.

na carta a Capanema acima transcrita – o seu notório alinhamento com o regime estado-novista.[2121]

A resposta de Gustavo Capanema a Agamenon foi remetida sete dias depois, em papel timbrado do "M. E. S. – Gabinete do Ministro" e também batida à máquina:

> Rio, 12 de abril de 1939.
>
> Prezado Agamenon [,]
>
> Dei o maior apreço a sua carta reservada de 5 de abril, sobre interesses da Faculdade de Direito do Recife.
>
> **As designações para o Conselho Tecnico Administrativo foram feitas de acôrdo com o seu desejo, recaindo aos professores Amazonas e Genaro Guimarães.**
>
> Quanto à nomeação do professor Mario de Souza, já estava assinada pelo Presidente, quando recebi sua carta. Aliás, esse ato resultou de proposta da própria Faculdade, encaminhada pelo Diretor. Si for julgada conveniente a sua anulação, o Diretor poderá pedí-la, indicando outro candidato.
>
> Aqui está ao seu dispor, com afetuoso abraço, o colega e amigo.[2122]

2121 ARQUIVO DA UNIVERSIDADE FEDERAL DE PERNAMBUCO. "Dr. Andrade Bezerra: jurista, professor, jornalista e político brasileiro". *Universidade Federal de Pernambuco*, mar. 2021. Disponível em: https://www.ufpe.br/arquivoccj/curiosidades/-/asset_publisher/x1R6vFfGRYss/content/dr-andrade-bezerra-jurista-professor-jornalista-e-politico-brasileiro-/590249. Acessado em: 20.08.2024.

2122 CAPANEMA, Gustavo. "Resposta à carta de Agamenon Magalhães, de 12 de abr. de 1939". Ministério da Educação e Saúde – Correspondentes\GC b Magalhães, A. (22). *Arquivo Gustavo Capanema – FGV CPDOC*, destaque nosso. Disponível em: https://docvirt.com/docreader.net/DocReader.aspx?bib=ARQ_GC_B&pesq=%22agamenon%20magalh%C3%A3es%22&hf=docvirt.com&pagfis=6432. Acessado em: 28.08.2024.

A resposta de Capanema pode sugerir, nas entrelinhas, uma mentira de Agamenon sobre a questão, já que, ao contrário do afirmado pelo interventor pernambucano, o pedido de nomeação de Mário de Souza teria sido enviado pelo próprio Diretor da Faculdade de Direito do Recife, Andrade Bezerra, aquele que Agamenon apontara, na carta originária, como contrário à referida nomeação.

Essa indicação parecia, na verdade, um problema pessoal para Agamenon, já que, em 22 de maio de 1939, ele enviou um telegrama a Capanema sobre a mesma questão, afirmando que a Congregação da Faculdade rejeitou o parecer da banca examinadora do certame a que Mário de Souza estava se submetendo. Apontou que a "atitude da Congregação causou ótima impressão diante das notas parcialissimas".[2123] Alegou que, diante disso, o candidato interpôs recurso diretamente ao Ministério da Educação. Ao final do telegrama, pediu que o Ministro ouvisse a Faculdade de Direito antes de apreciar "aquele recurso interposto sem forma legal".[2124]

A resposta de Capanema, enviada no dia seguinte, foi, dessa vez, mais evasiva e protocolar, apenas salientando que o assunto seria

---

2123 MAGALHÃES, Agamenon Sérgio de Godoy. "Telegrama a Gustavo Capanema, de 22 de maio de 1939". Ministério da Educação e Saúde – Correspondentes\GC b Magalhães, A. (22). *Arquivo Gustavo Capanema – FGV CPDOC.* Disponível em: https://docvirt.com/docreader.net/DocReader.aspx?bib=ARQ_GC_B&pesq=%22agamenon%20magalh%C3%A3es%22&hf=docvirt.com&pagfis=6433. Acessado em: 28.08.2024.

2124 MAGALHÃES, Agamenon Sérgio de Godoy. "Telegrama a Gustavo Capanema, de 22 de maio de 1939". Ministério da Educação e Saúde – Correspondentes\GC b Magalhães, A. (22). *Arquivo Gustavo Capanema – FGV CPDOC.* Disponível em: https://docvirt.com/docreader.net/DocReader.aspx?bib=ARQ_GC_B&pesq=%22agamenon%20magalh%C3%A3es%22&hf=docvirt.com&pagfis=6434. Acessado em: 28.08.2024.

objeto de criterioso exame por parte do Ministério e que escutaria a Faculdade de Direito antes de tomar a sua decisão.[2125]

Resumindo o imbróglio, não obstante as ferrenhas resistências pessoais de Agamenon, Mário Guimarães de Souza efetivamente se tornou catedrático interino de Direito Judiciário Civil em 4 de abril de 1939 e, posteriormente, catedrático da referida disciplina em 10 de novembro de 1945. Inclusive, chegou a funcionar como Vice-Diretor da Faculdade, com posse em 10 de maio de 1947, quando da Direção interina exercida pelo professor Gennaro Lins de Barros Guimarães (que estava substituindo o Diretor efetivo, professor Joaquim Inácio de Almeida Amazonas – aquele mesmo objeto do pedido de Agamenon a Capanema acima noticiado).[2126]

Além dessas, há correspondências de Agamenon com pedidos a Gustavo Capanema para nomear José Mariano Filho como professor do Departamento de Arte na Universidade do Brasil;[2127] para

---

2125 CAPANEMA, Gustavo. "Resposta ao telegrama de Agamenon Magalhães, de 23 de maio de 1939". Correspondentes\GC b Magalhães, A. (22). *Arquivo Gustavo Capanema – FGV CPDOC*. Disponível em: https://docvirt.com/docreader.net/DocReader.aspx?bib=ARQ_GC_B&pesq=%22agamenon%20magalh%C3%A3es%22&hf=docvirt.com&pagfis=6435. Acessado em: 28.08.2024.

2126 ARQUIVO DA UNIVERSIDADE FEDERAL DE PERNAMBUCO. "Lista com os nomes dos Professores Catedráticos da Faculdade de Direito do Recife – FDR: 1828-1960". *Universidade Federal de Pernambuco*. Disponível em: https://www.ufpe.br/documents/590249/2934394/Lista+de+Professores+Catedr%C3%A1ticos+da+Faculdade+de+Direito+do+Recife+-+1828+-+1960+-+realizado+por+Elivanda+Souza+2021.pdf/08bb5a4e-3288-494d-950e-95927d2880c9. Acessado em: 21.08.2024.

2127 MAGALHÃES, Agamenon Sérgio de Godoy. "Carta a Gustavo Capanema, de 23 de nov. de 1939". Ministério da Educação e Saúde – Correspondentes\GC b Magalhães, A. (22). *Arquivo Gustavo Capanema – FGV CPDOC*. Disponível em: https://docvirt.com/docreader.net/DocReader.aspx?bib=ARQ_GC_B&pesq=%22agamenon%20magalh%C3%A3es%22&hf=docvirt.com&pagfis=6436. Acessado em: 28.08.2024.

nomear Manoel Marques Chagas Aroucha como catedrático interino de Direito Comercial na Faculdade de Direito do Recife,[2128] dentre vários outros, que, quase sempre, eram acatados pelo Ministro da Educação.[2129]

Em 21 de abril de 1945, Capanema resolveu cobrar os favores prestados e pediu ao já Ministro da Justiça Agamenon Magalhães que nomeasse Pedro Calheiros Bonfim, seu Oficial de Gabinete (provavelmente o substituto de Carlos Drummond de Andrade, que pedira exoneração em 1944), para o cargo de Promotor Público.[2130]

Esses telegramas revelam, para além de práticas personalistas na indicação de cargos públicos, toda a influência de que Agamenon Magalhães gozava junto a Gustavo Capanema, sendo frequentes as suas tentativas de interferência nas dinâmicas da Faculdade de Direito do Recife, da qual estava licenciado.

2128 MAGALHÃES, Agamenon Sérgio de Godoy. "Carta a Gustavo Capanema, de 23 de out. de 1945". Ministério da Educação e Saúde – Correspondentes\GC b Magalhães, A. (22). *Arquivo Gustavo Capanema – FGV CPDOC*. Disponível em: https://docvirt.com/docreader.net/DocReader.aspx?bib=ARQ_GC_B&Pesq=%22agamenon%20magalh%c3%a3es%22&id=3877709230433&pagfis=6448. Acessado em: 28.08.2024.

2129 CAPANEMA, Gustavo. "Resposta à carta de Agamenon Magalhães, de 24 de nov. de 1945". Ministério da Educação e Saúde – Correspondentes\GC b Magalhães, A. (22). *Arquivo Gustavo Capanema – FGV CPDOC*. Disponível em: https://docvirt.com/docreader.net/DocReader.aspx?bib=ARQ_GC_B&Pesq=%22agamenon%20magalh%c3%a3es%22&id=3877709230433&pagfis=6449. Acessado em: 28.08.2024.

2130 CAPANEMA, Gustavo. "Carta a Agamenon Magalhães, de 21 de abr. de 1945". Ministério da Educação e Saúde – Correspondentes\GC b Magalhães, A. (22). *Arquivo Gustavo Capanema – FGV CPDOC*. Disponível em: https://docvirt.com/docreader.net/DocReader.aspx?bib=ARQ_GC_B&pesq=%22agamenon%20magalh%C3%A3es%22&hf=docvirt.com&pagfis=6441. Acessado em: 28.08.2024.

Com a entrada no Brasil na Segunda Guerra Mundial ao lado dos Aliados e contra as ditaduras do Eixo, iniciou-se uma série de progressivas contestações ao Estado Novo, as quais tiveram dois marcos importantes: o já abordado Manifesto dos Mineiros, de 1943; e a organização da União Nacional dos Estudantes (UNE).[2131]

Com o desenrolar da Segunda Guerra e a cada vez mais certa vitória dos Aliados, o regime se deu conta de que a abertura democrática seria inevitável.

Desde o início de 1945, Vargas flertava com a reorganização dos partidos políticos e a convocação de eleições, o que de fato veio a ocorrer com a expedição da Lei Constitucional n. 9, de 28 de fevereiro de 1945, que permitiu a formação de partidos e convocou eleições gerais, a serem realizadas em noventa dias.

A referida lei não foi bem recebida porque insistia que a transição fosse feita nos quadrantes da Carta de 1937 e não mediante a convocação de uma Assembleia Nacional Constituinte. Diante das polêmicas que dela advieram, Vargas substituiu o então Ministro da Justiça, Alexandre Marcondes Filho, por Agamenon Magalhães.

Agamenon foi o responsável pela concepção do famoso Decreto-Lei n. 7.586, de 28 de maio de 1945, apelidado de "Lei Agamenon", que recriou a Justiça Eleitoral.

Em 22 de junho de 1945, foi expedido o Decreto-Lei n. 7.666, conhecido como "Lei Malaia" em referência ao apelido "Malaio" (devido aos traços asiáticos) conferido a Agamanon Magalhães, pai da referida lei. Trata-se da primeira legislação brasileira antitruste, mediante a qual foi criada a Comissão Administrativa da Defesa Econômica (CADE). Em síntese, buscava-se coibir a proliferação de trustes e de cartéis no Brasil, inclusive com a possibilidade de expropriação de empresas, com vistas a se resguardar os interesses

2131 FAUSTO, Boris. *História do Brasil*. 13ª ed. São Paulo: Universidade de São Paulo, 2008, pp. 382-385.

econômicos nacionais, sobretudo das pequenas indústrias e os direitos dos trabalhadores. A Lei Malaia foi alvo de duras críticas por parte da oposição, sobretudo da UDN – sendo um dos elementos catalisadores das tramas para derrubar Vargas do poder.[2132]

Em julho de 1945, intensificou-se, sobretudo por pressões do Partido Comunista Brasileiro (PCB), a reivindicação para a convocação de uma Assembleia Nacional Constituinte. Nesse contexto, o Chefe de Polícia do Distrito Federal, João Alberto, após proibir uma manifestação política no Rio de Janeiro, tornou-se alvo de muitas críticas. Vargas, então, o substituiu por seu próprio irmão, Benjamin Vargas, o que reaqueceu a crise política, dessa vez principalmente em relação aos militares. Estes, dias após, depuseram Vargas do poder, provocando o exílio do ex-ditador em sua estância localizada em São Borja, no Rio Grande do Sul.[2133]

Em seguida, o Presidente do Supremo Tribunal Federal, Ministro José Linhares, assumiu interinamente a Presidência da República. Nomeou, em 30 de julho de 1945, Sampaio Dória como Ministro da Justiça no lugar de Agamenon Magalhães. Logo que assumiu, o novo governo prontamente revogou a Lei Malaia.

Nas eleições gerais de 2 de dezembro de 1945, o General Eurico Gaspar Dutra (PSD), com o decisivo apoio de Vargas, venceu o Brigadeiro Eduardo Gomes (UDN) por larga margem de votos, tornando-se Presidente da República.

Para a Assembleia Nacional Constituinte, algumas figuras de proa do decaído Estado Novo, tais como Gustavo Capanema (eleito

---

2132 PANTOJA, Sílvia. "Agamenon Magalhães". *Centro de Pesquisa e Documentação de História Contemporânea do Brasil*: Dicionário Histórico Biográfico Brasileiro – FGV. Disponível em: https://www18.fgv.br/CPDOC/acervo/dicionarios/verbete-biografico/agamenon-sergio-de-godoi-magalhaes. Acessado em: 28.08.2024.

2133 FAUSTO, Boris. *História do Brasil*. 13ª ed. São Paulo: Universidade de São Paulo, 2008, pp. 388/389.

Deputado Federal pelo PSD de Minas Gerais) e o próprio Agamenon (eleito Deputado Federal pelo PSD de Pernambuco), mantiveram-se ativos na cena política.

Iniciados os trabalhos constituintes, Agamenon Magalhães foi escolhido Presidente da Comissão Constitucional e da Subcomissão de Ordem Econômica e Social, tendo participação destacada:

> Sua atuação na elaboração da Carta foi significativa, especialmente nos capítulos referentes à organização econômica (do qual foi relator), às garantias das liberdades individuais, à organização do trabalho e à proteção do operário e da família. Principal articulador das bancadas do Norte e Nordeste, no decorrer dos trabalhos Agamenon apoiou a proposta parlamentarista apresentada pelo gaúcho Raul Pilla, relutando em conceder delegação de poderes ao Executivo.[2134]

É bastante evidente a nova adaptabilidade político-constitucional de Agamenon. De um dos maiores apoiadores do poder pessoal e ilimitado de Vargas durante o Estado Novo, retrocede à sua defesa do sistema parlamentarista, tal qual na Constituinte de 1934. Sobre o ponto, é célebre o título do artigo que publicou na *Folha da Manhã*, às vésperas de sua convocação por Vargas para assumir o Ministério da Justiça, em 1945: "o regime vai mudar. E eu também".[2135] Além disso, teria ele proferido a frase "[d]itadura é bom regime quando

---

2134 PANTOJA, Sílvia. "Agamenon Magalhães". *Centro de Pesquisa e Documentação de História Contemporânea do Brasil*: Dicionário Histórico Biográfico Brasileiro – FGV. Disponível em: https://www18.fgv.br/CPDOC/acervo/dicionarios/verbete-biografico/agamenon-sergio-de-godoi-magalhaes. Acessado em: 28.08.2024.

2135 PANDOLFI, Dulce Chaves. *Pernambuco de Agamenon Magalhães*: consolidação e crise de uma elite política. Recife: Fundação Joaquim Nabuco/Massaguana, 1984, p. 30.

somos o martelo, mas péssimo se somos o prego",[2136] o que revela todo o seu cínico pragmatismo político.

Promulgada a Constituição, assumiu o mandato de Deputado Federal para a legislatura ordinária, na qual funcionou como Presidente da Comissão da Constituição, Legislação e Justiça.

Em 1947, apesar de notório anticomunista, votou contra a cassação do mandato dos deputados eleitos pelo recém-cassado PCB.

Sua atuação parlamentar se notabilizou pela defesa de pautas sociais e também pela defesa da soberania econômica nacional, do monopólio brasileiro na exploração do petróleo, do controle do capital estrangeiro investido no país, dentre outras agendas nacionalistas.

Nas eleições presidenciais de 1950, Agamenon rompeu com Vargas e apoiou o candidato Cristiano Machado (PSD), que concorria contra Getúlio (PTB) e Eduardo Gomes (UDN). No pleito, concorreu ao cargo de governador de Pernambuco, sagrando-se vencedor.

Empossado, tocava, em seu governo, pautas desenvolvimentistas e sociais bastante identificadas com algumas daquelas de sua época de interventor quando, subitamente, faleceu, em 24 de agosto de 1952 (exatamente dois anos antes do suicídio de Vargas).

3.9.4 Pinto Ferreira

Luiz Pinto Ferreira nasceu em Recife, em 7 de outubro de 1918. Entre 1924 e 1933, residiu no Rio de Janeiro devido a negócios que seu pai possuía na então capital federal. De volta a Pernambuco, concluiu o ginasial no Colégio Marista e, aos 15 anos, ingressou na Faculdade de Direito do Recife.

2136 PANDOLFI, Dulce Chaves. *Pernambuco de Agamenon Magalhães*: consolidação e crise de uma elite política. Recife: Fundação Joaquim Nabuco/Massaguana, 1984, p. 30.

Aluno destacado, Pinto Ferreira publicou dois livros ainda durante o bacharelado e, em razão de seus méritos acadêmicos, concluiu o curso como o aluno laureado da turma (primeiro lugar),

> recebendo prêmio de cinco contos de réis em ouro o que lhe serviu para viajar pela Europa e percorrer quase todo o Brasil, desde o Amazonas até o Rio Grande do Sul, indo até Buenos Aires logo depois de formado. Ainda restou-lhe dinheiro do prêmio para custear a publicação dos seus primeiros livros.[2137]

Após regressar da viagem, Pinto Ferreira abriu escritório de advocacia no Rio de Janeiro em sociedade com um amigo que por lá se formara, época em que "[s]ua preferência profissional era nos campos do Direito Civil e do Direito Público".[2138] Paralelamente à advocacia,

> iniciou suas atividades no magistério superior, assumindo a cadeira de Economia Política numa faculdade particular instalada na Av. Rio Branco, como assistente do professor Nogueira de Paula, autor de um livro famoso intitulado Teoria Racional dos Sistemas Econômicos, dentro da linha da economia matemática.[2139]

Foi nessa época que os destinos de Pinto Ferreira e de Agamenon Magalhães se cruzaram:

> No Rio de Janeiro, hospedava-se geralmente no Hotel Glória, onde também se alojavam homens públicos e pessoas

---

2137 TEIXEIRA, Manoel Neto. *Pinto Ferreira*: vida e obra. Olinda, PE: Polys, 2005, p. 56.

2138 TEIXEIRA, Manoel Neto. *Pinto Ferreira*: vida e obra. Olinda, PE: Polys, 2005, p. 63.

2139 TEIXEIRA, Manoel Neto. *Pinto Ferreira*: vida e obra. Olinda, PE: Polys, 2005, pp. 63/64.

> famosas que chegavam de várias regiões do país. Certa feita, lá estavam os nordestinos Argemiro Figueiredo e Agamenon Magalhães, respectivamente interventores da Paraíba e de Pernambuco. O jovem professor presenteou a ambos com exemplares de seus livros; oportunidade em que Argemiro Figueiredo o convidou para assumir a Promotoria Pública na Paraíba; porém, Agamenon Magalhães, sentado ao lado, não se fez de rogado e lhe formula igual convite, como que disputando o concurso do jovem Pinto; tendo ele optado por vir exercer ditas funções no seu estado natal.[2140]

De volta a Pernambuco, em 23 de janeiro de 1940, Pinto Ferreira tomou posse como Promotor Público interino de Glória do Goitá, função que rapidamente lhe desagradou. Devido a isso, retornou a Recife para exercer o cargo de Secretário da Escola Normal de Pernambuco,

> que formava, ao lado da Faculdade de Direito do Recife, Ginásio Pernambucano e Escola de Engenharia, as quatro instituições mais famosas de todo o Nordeste, e que reuniam os cientistas e intelectuais de peso, através de concurso público dos mais rígidos da época, para docentes.[2141]

Também ficou pouco tempo na Escola Normal, logo passando a ensinar inglês na Faculdade de Filosofia do Recife, a escrever crônicas diárias para a Rádio Clube de Pernambuco, além de presidir o Conselho Editorial do jornal *O Judiciário* e de colaborar com outros periódicos nacionais e internacionais. Paralelamente, preparava as

---

2140 TEIXEIRA, Manoel Neto. *Pinto Ferreira*: vida e obra. Olinda, PE: Polys, 2005, p. 64.

2141 TEIXEIRA, Manoel Neto. *Pinto Ferreira*: vida e obra. Olinda, PE: Polys, 2005, p. 66.

suas teses para ingresso no corpo docente da Faculdade de Direito do Recife.[2142]

De 1944 a 1950, Pinto Ferreira atuou como professor catedrático interino (livre-docente) de Teoria Geral do Estado até assumir definitivamente, por concurso ocorrido em 1950, a cátedra de Direito Constitucional. No seu clássico livro *História da Faculdade de Direito do Recife*, ele discorre longa e minuciosamente sobre o contexto em que obteve a livre-docência em Teoria Geral do Estado:

> Conforme o regimento da Faculdade de Direito que entrou em vigor, abriam-se concursos para livre docente anualmente, podendo inscrever-se candidatos depois de 3 anos de formados. Já havia concluído este prazo e procurei ingressar no concurso mediante uma tese intitulada *Da soberania*, publicada em 1943, com 364 páginas, em pequena edição de 200 exemplares, editada por minha conta nas oficinas do *Jornal do Commercio*.
>
> Em 1940 a antiga disciplina de Direito Público e Constitucional foi desdobrada provisoriamente em duas outras intituladas Teoria Geral do Estado e Direito Constitucional. Direito Constitucional ficou ocupada pelo prof. Samuel Mac Dowell Filho, que tinha livre docência conquistada com a sua tese intitulada Sanção e Veto. Já Teoria Geral do Estado era ministrada pelo jovem prof. Murilo de Barros Guimarães que era livre docente em Direito Judiciário Penal. O primeiro era genro do decano Joaquim Amazonas e o segundo era filho do prof. Genaro Guimarães. Os dois docentes em exercício eram pessoas de reconhecida capacidade intelectual.
>
> Na época a legislação estatuída e a jurisprudência do DASP asseguravam que o livre docente podia assumir interinamente a cátedra, era chamado de catedrático interino, durante a ausência ou o impedimento do titular, ou na falta de professores. A disciplina de Direito Constitucional tinha como titular

2142 TEIXEIRA, Manoel Neto. *Pinto Ferreira*: vida e obra. Olinda, PE: Polys, 2005, p. 67.

Agamenon Magalhães, interventor no Estado. A disciplina de TGE ficou a cargo de Murilo Guimarães, pois a lei que desdobrou as referidas cadeiras transferiu obrigatoriamente o catedrático concursado Agamenon Magalhães para a disciplina de Teoria Geral do Estado.

A minha entrada em concurso pela livre docência modificaria o sistema existente, pois me daria margem a um curso equiparado de Direito Constitucional ou o exercício de Teoria Geral do Estado como catedrático interino.

O Conselho Técnico-Administrativo (hoje chamado Conselho Departamental) decidiu que dada a provisoriedade da criação da disciplina não caberia abrir concurso de livre docente das duas cadeiras. Entretanto eu telegrafei para diversas faculdades do país, como São Paulo, Rio de Janeiro e Porto Alegre, recebendo a resposta de que não havia nas mesmas tal proibição. Mostrei os telegramas e respostas ao Diretor em exercício, Joaquim Amazonas, fiz o meu pedido de inscrição na secretaria e ele admitiu a inscrição.

Já existiam diversos outros candidatos inscritos em outras disciplinas. Admitida a inscrição solicitei por escrito a realização do concurso com o cumprimento dos prazos respectivos. Os concursos se iniciaram às 9 horas da manhã do dia 18 de agosto de 1944, uma manhã de sexta-feira. Os candidatos inscritos eram os seguintes: Nestor Diógenes da Silva e Melo para Direito Judiciário Civil; Gilberto Osório de Oliveira Andrade para Direito Internacional Público; Gentil de Carvalho Mendonça e Luiz Pinto Ferreira para Teoria Geral do Estado e Gustavo Cintra Paashaus para Direito Administrativo; Manoel Aroucha para Direito Comercial.

No dia 24 de agosto de 1944, uma quinta-feira, realizei a prova escrita em conjunto com outros candidatos inscritos cada um para a sua disciplina.

No dia 14 de setembro, pelas 13:00 horas, defendi a tese, e posteriormente pronunciei a aula didática.

A minha comissão examinadora foi inicialmente composta dos seguintes professores: Sérgio Loreto Filho, Soriano Neto, Luiz Guedes Alcoforado, Luiz Delgado e Edgar Soriano. Pouco

> antes do início do concurso o prof. Soriano Neto abandonou a comissão e foi substituído por Andrade Bezerra.
>
> A substituição me pareceu perigosa dada a orientação da minha tese diante da posição católica da maioria dos examinadores, Andrade Bezerra, Luiz Delgado e Sérgio Loreto Filho. Sendo o candidato reprovado por 3 professores perderia o concurso, poderia ser aprovado no mínimo por 3 membros da comissão examinadora.
>
> No dia 30 de setembro a Congregação da Faculdade de Direito do Recife aprovou o parecer da banca examinadora dos concursos.
>
> Foram aprovados os seguintes candidatos: Teoria Geral do Estado – Luiz Pinto Ferreira e Gentil Carvalho de Mendonça; Direito Internacional Público – Gilberto Osório de Andrade; Direito Judiciário Civil – Desembargador Nestor Diógenes.
>
> O meu concurso teve pleno sucesso. Toda a comissão examinadora se portou com imparcialidade e eu fui aprovado com notas distintas, habilitando-me assim ao futuro exercício da cátedra interina. (...).[2143]

De acordo com Pinto Ferreira, a sua tese de livre-docência, *Da Soberania*, teria sido um desdobramento dos trabalhos por ele apresentados em 1935 na disciplina de Direito Público e Constitucional lecionada pelo professor Guedes Alcoforado, em substituição ao catedrático licenciado Agamenon Magalhães.[2144]

Na referida tese, o jurista pernambucano se propõe a passar em revista o conceito de soberania, já que "[n]ão há princípio geral

---

2143 FERREIRA, Luiz Pinto. *História da Faculdade de Direito do Recife*. 2ª ed. Recife: Faculdade de Ciências Humanas de Pernambuco, 1994, pp. 478-480, destaque nosso.

2144 FERREIRA, Luiz Pinto. *História da Faculdade de Direito do Recife*. 2ª ed. Recife: Faculdade de Ciências Humanas de Pernambuco, 1994, pp. 294/295.

mais discutido (...) em toda a Teoria do Estado".[2145] Pinto Ferreira localiza a formação histórica da doutrina da soberania no fim da Baixa Idade Média, quando o feudalismo está ruindo e o Estado Nacional começando a se afirmar, daí a necessidade jurídico-política de se construir o "dogma da soberania estatal", que remonta aos juristas medievais italianos e que ganhou sua expressão máxima na obra de Jean Bodin.[2146]

Em seguida, analisa a concepção teocrática de soberania, vista por ele como o fundamento da doutrina monárquica do direito divino dos reis, em que "o poder real deriva imediatamente de Deus, sem que nisso intervenham o povo ou a Igreja".[2147] Como bem aponta, os contrarrevolucionários franceses De Bonald e Joseph De Maistre posteriormente recuperaram esses fundamentos para defender a monarquia absoluta da soberania popular.

Sobre a concepção democrática de soberania, Pinto Ferreira aponta as ligações entre o liberalismo econômico e o liberalismo político, e como o conceito liberal de democracia está intrinsecamente atrelado ao capitalismo moderno, já que as revoluções liberais tiveram como um dos seus mais importantes ingredientes a busca pela derrubada da ordem socioeconômica feudal.[2148]

Sobre a concepção jurídica de soberania, é interessante destacar a recuperação crítica que Pinto Ferreira faz da Teoria Geral do Estado alemã, mais especificamente das teorias positivistas e monistas de Gerber e de Laband, as quais teriam seguido o rastro de Bodin e buscado construir um conceito de soberania calcado na

2145 FERREIRA, Luiz Pinto. *Da Soberania*. Recife: Oficinas Gráficas do Jornal do Commercio, 1943, p. 11.

2146 FERREIRA, Luiz Pinto. *Da Soberania*. Recife: Oficinas Gráficas do Jornal do Commercio, 1943, p. 25.

2147 FERREIRA, Luiz Pinto. *Da Soberania*. Recife: Oficinas Gráficas do Jornal do Commercio, 1943, p. 35.

2148 FERREIRA, Luiz Pinto. *Da Soberania*. Recife: Oficinas Gráficas do Jornal do Commercio, 1943, p. 83.

infalibilidade e unidade do Estado.[2149] Em seguida, Jellinek teria avançado nesse caminho, com seu dualismo metodológico, a teoria da autolimitação do Estado, segundo a qual o Estado está vinculado ao Direito que cria, mas tudo o que cria é Direito.[2150] Por fim, Kelsen seria o grande arrematador dessa concepção normativista, para quem há uma identificação entre Estado e Direito. De acordo com Pinto Ferreira, para Kelsen, "[o] Direito é tôdo preceito dotado de sanção estatal, por conseguinte, é o mais completo estatismo".[2151] Segundo aponta, a Teoria Pura do Direito pode ser vista

> como a expressão objetiva de uma camada social interessada na manutenção de uma ordem sócioestatal existente. (...) ou, em conclusão, o dogma da soberania estatal emergiu de um conteúdo pragmático e serve a uma finalidade utilitária, a do Estado nacional, com a sua infraestrutura econômica capitalista e a sua ideologia imperialista negadora do Direito das Gentes.[2152]

Analisando aquilo que chama de concepções decisionistas de soberania, Pinto Ferreira analisa as obras de Heller e de Schmitt. O primeiro, para ele, teve o mérito de se contrapor ao normativismo de Kelsen, mas cuja concepção seria também estatista, porquanto "[o] poder estatal goza de uma superioridade social diante dos demais poderes sociais, e essa superioridade é a própria soberania",[2153] já que "o Estado, como poder soberano, decide constitucional-e-legalmente

---

2149 FERREIRA, Luiz Pinto. *Da Soberania*. Recife: Oficinas Gráficas do Jornal do Commercio, 1943, pp. 97-100.

2150 FERREIRA, Luiz Pinto. *Da Soberania*. Recife: Oficinas Gráficas do Jornal do Commercio, 1943, pp. 104-112.

2151 FERREIRA, Luiz Pinto. *Da Soberania*. Recife: Oficinas Gráficas do Jornal do Commercio, 1943, p. 135.

2152 FERREIRA, Luiz Pinto. *Da Soberania*. Recife: Oficinas Gráficas do Jornal do Commercio, 1943, p. 136.

2153 FERREIRA, Luiz Pinto. *Da Soberania*. Recife: Oficinas Gráficas do Jornal do Commercio, 1943, p. 138.

nas situações normais, porém pode decidir eventualmente nas situações excepcionais, inclusive *contra legem*".[2154] Já Schmitt levaria ao extremo o decisionismo ao estatuir a exceção como a essência da autoridade estatal, sobretudo "quando distingue (...) entre decisão e norma jurídica, e a autoridade estatal demonstra que, para criar direito, não é preciso ter direito",[2155] do que deriva a sua aposta no conceito de ditadura e não no de legitimidade. É interessante destacar a correlação que Pinto Ferreira faz entre o decisionismo de Schmitt, a manutenção do sistema capitalista alemão e a emergência do nazismo, já que "a ditadura da classe burguêsa constitue a última grita do capitalismo em crise, o processo de decadência de essa poderosa infraestrutura econômica que dominou a sociedade occidental desde o século XIV".[2156]

O jurista pernambucano discorre em seguida sobre a relação entre ideologia e ciência, demonstrando inexistir neutralidade nas análises sobre a soberania, na medida em que, para ele, "o dogma da soberania estatal é um conceito capitalista, de luta pelo pôder, pelas posições de mando e de obediência".[2157] A grande tese de Pinto Ferreira é defender que "convém liquidar, em definitiva, o dogma da soberania estatal",[2158] já que

> [o] Estado já não constitue, porém, um ordenamento jurídico soberano na realidade histórico-social dos povos do século XX: goza tão somente de uma determinada autonomia

2154 FERREIRA, Luiz Pinto. *Da Soberania*. Recife: Oficinas Gráficas do Jornal do Commercio, 1943, p. 138.

2155 FERREIRA, Luiz Pinto. *Da Soberania*. Recife: Oficinas Gráficas do Jornal do Commercio, 1943, p. 140.

2156 FERREIRA, Luiz Pinto. *Da Soberania*. Recife: Oficinas Gráficas do Jornal do Commercio, 1943, p. 141.

2157 FERREIRA, Luiz Pinto. *Da Soberania*. Recife: Oficinas Gráficas do Jornal do Commercio, 1943, p. 172.

2158 FERREIRA, Luiz Pinto. *Da Soberania*. Recife: Oficinas Gráficas do Jornal do Commercio, 1943, p. 326.

> constitucional nos limites que a fixam o Direito das Gentes e a comunidade internacional.[2159]

Para ele, a nova conjuntura mundial indicava o desmoronamento do capitalismo e, com ele, do dogma da soberania estatal, alçando-se em seu lugar a organização econômica socialista, o primado do Direito Internacional e de novas formas de justiça social e de liberdade.[2160] Pinto Ferreira inclusive equipara, em seus efeitos concretos, a monarquia absoluta, a ditadura e o capitalismo, já que todos eles "se fundamentam num máximo de mêdo e num mínimo de consciência coletiva, razão pela qual no Estado-de-privilégios como tipo ideal a soberania estatal pode ir de encontro ao ordenamento jurídico e aniquilá-lo".[2161]

É facilmente perceptível o pioneirismo dessa obra de Pinto Ferreira no Brasil. A forma como conjuga críticas metodológicas e políticas ao cerne da Teoria Geral do Estado, desde as doutrinas monárquicas alemãs até os debates travados em Weimar, demonstra um domínio acima da média da literatura pertinente e um viés crítico bastante notáveis, sobretudo quando se considera que, em pleno Estado Novo, o autor defendia abertamente ideias socialistas e anticapitalistas, criticava o dogma da soberania estatal e era um crítico da supressão da legalidade por medidas ditatoriais.

Sobre as dificuldades pelas quais passou para obter a sua nomeação como livre-docente de Teoria Geral do Estado, inclusive devido a possíveis retaliações do regime, Pinto Ferreira assim discorre:

2159 FERREIRA, Luiz Pinto. *Da Soberania*. Recife: Oficinas Gráficas do Jornal do Commercio, 1943, p. 326.

2160 FERREIRA, Luiz Pinto. *Da Soberania*. Recife: Oficinas Gráficas do Jornal do Commercio, 1943, p. 344.

2161 FERREIRA, Luiz Pinto. *Da Soberania*. Recife: Oficinas Gráficas do Jornal do Commercio, 1943, p. 308.

Uma nova fase nesta história começou quando eu pleiteei por escrito perante o Conselho Técnico-Administrativo o meu aproveitamento na cátedra interina de Teoria Geral do Estado. O dito colegiado reuniu-se, votando de imediato o prof. Soriano Neto em meu favor, o prof. Edgar Altino contra a minha pretensão, o Dr. José Ramos de Almeida pediu vista do processo. O prof. Gentil Mendonça também pleiteou o seu aproveitamento logo depois. À esta altura o prof. Murilo de Barros Guimarães, que estava interessado na cadeira de Direito Comercial, solicitou a exoneração de Teoria Geral do Estado e foi ensinar a cadeira de sua preferência. Na disputa de vaga com meu concorrente, aleguei melhores notas, enquanto que ele tinha obtido notas bem inferiores à minha, e assim por analogia com o concurso de catedrático, onde é aproveitado quem tem melhores notas, a minha pretensão deveria ser satisfeita. O Conselho Técnico-Administrativo atendeu-me por unanimidade.

Murilo Barros Guimarães, pertencente a uma linhagem de juristas e de professores da Escola, era um homem fidalgo e cavalheiresco, bem capacitado intelectualmente, que depois conquistou em concurso memorável a cátedra de Direito Comercial. Mais tarde eleito diretor da Faculdade de Direito do Recife, também com meu voto e posteriormente chegou a ser Reitor da Universidade Federal de Pernambuco, em ambas as direções se portando com dignidade e eficiência. Na gestão do seu reitorado, fui eleito em lista tríplice para Vice-Diretor da Faculdade de Direito do Recife, sendo nomeado pelo mesmo.

A minha nomeação para professor catedrático interino de Teoria Geral do Estado deu muito trabalho. Havia assinado 3 manifestos contra Getúlio Vargas e seu governo, o primeiro deles em conjunto com a Congregação por ocasião da morte de Demócrito de Souza Filho. Fui denunciado ao governo por este fato e pediram ao presidente que não fizesse a minha nomeação, inclusive tendo como intermediário um Ministro de Estado. O Presidente Vargas revelou superioridade e mandou lavrar meu ato. O caso me foi relatado pelo meu tio, o Ministro Cunha Melo, do Supremo Tribunal Federal.

> **O Diário Oficial de 24 de agosto de 1945, uma sexta-feira, através do Ministério da Educação e Saúde registra tal ato (...).**[2162]

É estranho que um opositor declarado do Estado Novo tenha sido nomeado catedrático interino, sobretudo quando se tem em perspectiva que Agamenon Magalhães, não obstante licenciado, acompanhava de perto e com interesse os acontecimentos da Faculdade de Direito do Recife, pronto para intervir quando fosse necessário e/ou conveniente. E a provável explicação está justamente aí. Pinto Ferreira, ao que parece, gozava da simpatia e da amizade do Interventor desde quando, recém-formado, voltou do Rio de Janeiro para Recife, a convite de Agamenon, para assumir uma Promotoria Pública no interior de Pernambuco. Ao que parece, essa relação se perpetuou, já que, em 21 de junho de 1939, Agamenon Magalhães enviou uma carta a Gustavo Capanema para apresentar ao Ministro da Educação, o "bacharel Pinto Ferreira", que iria ao Rio de Janeiro prestar concurso para catedrático de História da Civilização no Colégio Pedro II, em março de 1940. Além disso, o interventor pernambucano pediu a Capanema que indicasse Pinto Ferreira para reger interinamente, até o concurso no Pedro II, "algumas turmas sobre Sociologia ou História da Civilização na Faculdade de Filosofia, Ciências e Letras"[2163] recentemente incorporada à Universidade do Brasil. Na correspondência, Agamenon destaca dez publicações do

2162 FERREIRA, Luiz Pinto. *História da Faculdade de Direito do Recife*. 2ª ed. Recife: Faculdade de Ciências Humanas de Pernambuco, 1994, pp. 481/482, destaque nosso.

2163 MAGALHÃES, Agamenon Sérgio de Godoy. "Carta a Gustavo Capanema, de 23 de jun. de 1939". Ministério da Educação e Saúde – Educação e Cultura\GC g 1936.01.18 (1). *Arquivo Gustavo Capanema – FGV CPDOC*. Disponível em: https://docvirt.com/docreader.net/DocReader.aspx?bib=ARQ_GC_G&pesq=%22bacharel%20Pinto%20Ferreira%22&hf=www18.fgv.br&pagfis=32805. Acessado em: 28.08.2024.

jovem Pinto Ferreira e anexa um cartão do recomendado para que o Ministro da Educação o recebesse no Rio de Janeiro.

Note-se, portanto, que Pinto Ferreira, não obstante tenha assinado manifesto[2164] contra o Estado Novo por conta do assassinato do estudante Demócrito César de Souza Filho (que participava de uma manifestação na Faculdade de Direito do Recife contra Vargas em 3 de março de 1945), não foi retaliado pelo regime quando pleiteou o posto de catedrático interino de Teoria Geral do Estado. Muito provavelmente, isso ocorreu porque ele gozava da proteção de Agamenon Magalhães, então Ministro da Justiça, como comprovado acima.

É preciso destacar aqui que Pinto Ferreira, ao tomar posse como catedrático interino de Teoria Geral do Estado, reelaborou o plano de curso da referida disciplina, passando a lecionar basicamente os temas por ele explorados na sua tese de livre-docência, *Da Soberania*, acima explorada. Apesar de não terem sido encontradas as ementas referentes aos anos de 1946-1948, há registros do plano de curso de 1949.[2165]

Nesse mesmo ano de 1949, já expirada a vigência do Decreto-Lei n. 2.639/1940, que fora prorrogada pelo artigo 1º do Decreto-Lei n. 6.333, de 9 de março de 1944, finalmente foi aberto concurso para catedrático de Direito Constitucional da Faculdade de Direito do Recife. Pinto Ferreira narra, na sua *História da Faculdade de Direito do Recife*, como optou por aproveitar a oportunidade e mudar de

2164 FERREIRA, Luiz Pinto. *História da Faculdade de Direito do Recife*. 2ª ed. Recife: Faculdade de Ciências Humanas de Pernambuco, 1994, pp. 482-489.

2165 CENTRO DE CIÊNCIAS JURÍDICAS. *Programas de ensino das cadeiras do 1º ano do Curso de Bacharelado*. Recife: [s.n.], 1949, pp. 38-46. Disponível em: https://repositorio.ufpe.br/bitstream/123456789/51760/1/362991%20-%208877624%20-%20Programa%20de%20Ensino%201945.pdf. Acessado em: 28.08.2024.

área, já que, à época, não havia perspectiva à vista de abertura de concurso para Teoria Geral do Estado:

> Com a morte de Agamenon Magalhães teria de abrir-se o concurso para titular de Teoria Geral do Estado, cadeira que ensinei durante muitos anos. Porém antes já estava vaga a cadeira de Direito Constitucional exercida interinamente pelo docente Samuel Mac Dowell Filho, a qual eu me candidatei com a tese intitulada Princípios Gerais do Direito Constitucional Moderno, impressa nas Oficinas Gráficas do Jornal do Commercio, com 544 páginas e possivelmente a mais longa dissertação já apresentada em concurso na histórica Faculdade.
>
> **O catedrático interino Dr. Mac Dowell Filho não se inscreveu, embora homem dotado de expressivo talento sobretudo dedicado à literatura.** Candidatou-se porém o Dr. Gilberto Osório de Andrade, um outro vulto de notável mérito como jurisconsulto e humanista, com uma tese original e brilhante.
>
> Foi designada uma comissão examinadora formada de 3 professores estranhos à Congregação da Faculdade de Direito, a saber, Pedro Calmon, reitor da Universidade Federal do Rio de Janeiro, Djacir Menezes, ex-catedrático de Introdução à Ciência do Direito em Fortaleza e no momento catedrático de Economia Política também na Universidade Federal do Rio de Janeiro e Guedes de Miranda, diretor da Faculdade de Direito de Alagoas. A esta listagem se agregaram os nomes desta Casa, Luiz Sebastião Guedes Alcoforado e Sérgio Loreto Filho, este como presidente da comissão examinadora.
>
> O concurso teve início no dia 9 de janeiro com a prova de títulos, a esta se seguindo a prova escrita, a prova de defesa de tese e a prova didática.
>
> Logo depois seguiu-se a prova escrita, porém **o candidato Gilberto Osório de Andrade não compareceu à prova escrita, pois estava mais interessado em fazer o concurso de Direito Internacional Público.**
>
> No dia 10 de janeiro às 13:30 horas realizou-se a prova de defesa de tese, e posteriormente a prova didática, que foi por mim dissertada no dia 12 do mesmo mês.

> O concurso durou ao todo 4 dias, durante o mês de janeiro, época de férias escolares. Pessoalmente só pretendia fazê-lo a partir de março, para que pudesse ser assistido pelos estudantes já no início do período letivo. Mas não foi possível tal adiamento.
>
> O concurso teve larga repercussão na imprensa e fui aprovado com notas distintas por toda a comissão examinadora. O prof. Guedes de Miranda disse numa frase que ficou bem conhecida do público: "Não é um pinto, é um galo com esporões de ouro". (...)
>
> O governador Barbosa Lima Sobrinho homenageou a comissão examinadora em um jantar íntimo no Palácio do Governo, a 13 de janeiro. Ao mesmo compareceram Sílvio Rabelo, secretário de Educação e Cultura, Nilo Pereira como secretário de Governo e Luis Magalhães Melo, líder da maioria na Assembléia Legislativa.[2166]

Em sua tese, *Princípios Gerais do Direito Constitucional Moderno*, Pinto Ferreira aduz que "[a] ciência do Direito Constitucional induz da realidade histórico-social os lineamentos básicos, os grandes princípios constitucionais, que servem de base à estruturação do Estado".[2167]

Nesse volumoso livro, de 546 páginas, o autor discorre minuciosamente, a partir de uma perspectiva ao mesmo tempo sócio-histórica e dogmática, sobre cinco grandes princípios constitucionais que regulariam o Estado moderno. De acordo com síntese do próprio jurista pernambucano:

2166 FERREIRA, Luiz Pinto. *História da Faculdade de Direito do Recife*. 2ª ed. Recife: Faculdade de Ciências Humanas de Pernambuco, 1994, pp. 492-494, destaque nosso.

2167 FERREIRA, Luiz Pinto. *Princípios Gerais do Direito Constitucional Moderno*. Recife: Oficinas Gráficas do Jornal do Commercio, 1948, p. 22.

Inicialmente, se alteia o **princípio da supremacia da Constituição**, como uma lei fundamental a que se subordina o conjunto da vida social, política e jurídica do Estado, reconhecido hoje até pelo regime soviético.

Em seguida, como uma nota decisiva do Direito Público do século XX, vem o **princípio democrático**, cuja importância é tão marcante que o próprio sistema soviético o adotou nas suas grandes linhas teóricas. Até a ideologia fascista e nacional-socialista não conseguiu subtrair-se à sua influência, procurando construir, como adverte Groppali, o edifício de uma "democracia plebiscitária", numa solução engenhosa, mas fracassada na teoria e na prática.

A terceira grande mola propulsora do constitucionalismo atual é designada pelo nome expressivo de **princípio liberal**, numa técnica de enunciação e garantia da liberdade e dos direitos do homem, ou de separação e equilíbrio dos poderes estatais.

A êle se agrega o grande traço revolucionário do Direito Público hodierno, assinalado pelo socialismo jurídico, que veio dinamitar os quadros clássicos do Estado liberal-burguês, como é o **princípio do socialismo**. A ideologia igualitária tomou um impulso incomum após as guerras mundiais, com a decadência do capitalismo (Spaetkapitalismus). O novo socialismo (Fruehsozialismus), como expressa Sombart, não é só uma igualdade diante da lei, própria do Estado liberal-burguês, mas se pretende a ser uma igualdade de participação nos bens essenciais da vida.

Enfim, a derradeira das grandes instituições pode ser simbolizada com o **princípio do federalismo**, que assume concretamente diversas modalidades históricas, cristalizadas de uma ou outra maneira nas soluções empíricas e variáveis da política de cada povo em particular.[2168]

2168 FERREIRA, Luiz Pinto. *Princípios Gerais do Direito Constitucional Moderno*. Recife: Oficinas Gráficas do Jornal do Commercio, 1948, pp. 25/26, destaque nosso.

Falando especificamente da história constitucional brasileira, Pinto Ferreira aponta que a Revolução de 1930 e a Constituição de 1934 buscaram superar a democracia liberal de 1891 em prol de uma democracia social inspirada na Constituição de Weimar.[2169] Todavia, segundo ele, diante do avanço do perigo revolucionário comunista em 1935,

> [a] contra-revolução burguesa e fascista operou-se imediatamente, com o golpe de Estado que esmagou a república, criando a ditadura (...). O fascismo indígena, expressão política das ondas ideológicas do fascismo internacional, assim, reagia violentamente contra o socialismo proletário.[2170]

Sobre a Constituição de 1946, o autor afirma que "representa, ainda, um compromisso social entre a burguesia conservadora e o proletariado socialista, pendendo muito mais para a direita que para a esquerda".[2171] E arremata:

> A democracia socialista, e não a democracia social, é o imperativo do constitucionalismo moderno, posterior à guerra mundial de 1939-1945, e a ela se contrapõe a nossa lei fundamental, espiritualmente situada no período constitucional de 1919-1939.[2172]

2169 FERREIRA, Luiz Pinto. *Princípios Gerais do Direito Constitucional Moderno*. Recife: Oficinas Gráficas do Jornal do Commercio, 1948, pp. 96/97.

2170 FERREIRA, Luiz Pinto. *Princípios Gerais do Direito Constitucional Moderno*. Recife: Oficinas Gráficas do Jornal do Commercio, 1948, p. 97.

2171 FERREIRA, Luiz Pinto. *Princípios Gerais do Direito Constitucional Moderno*. Recife: Oficinas Gráficas do Jornal do Commercio, 1948, p. 98.

2172 FERREIRA, Luiz Pinto. *Princípios Gerais do Direito Constitucional Moderno*. Recife: Oficinas Gráficas do Jornal do Commercio, 1948, p. 99.

De acordo com o jurista pernambucano, "[o] socialismo liberal e humanista deve constituir a solução presente para o mundo, a ser adotada pela nação brasileira, a fim de se salvar do cáos econômico e cultural em que se afunda o povo".[2173]

Esse socialismo liberal seria caracterizado, em linhas gerais, por uma atuação revolucionária na sociedade, mas respeitadora dos métodos e princípios constitucionais.

Em 1957, Pinto Ferreira publicou, em dois volumes, o livro *Teoria Geral do Estado*,[2174] que, segundo ele próprio reconhece, é uma versão expandida da sua tese de livre-docência de 1943.[2175] Nessa versão ampliada, o autor desenvolve, a partir do seu socialismo liberal, outros institutos da Teoria Geral do Estado para além da soberania, tais como origens do Estado, formas de Estado, elementos do Estado, sistemas de governo, formas de governo, poder etc.

Pinto Ferreira foi, ainda, Diretor da Faculdade de Direito do Recife, Vice-Reitor Substituto e Reitor Interino da UFPE.

Em 1962, foi eleito suplente do Senador José Ermírio de Moraes. Com a indicação do titular para o exercício do cargo de Ministro da Agricultura de João Goulart, Pinto Ferreira exerceu o mandato entre 1962-1963. Notabilizou-se, fiel à sua formação socialista, por apoiar fortemente o governo de Jango, sobretudo no que concerne à defesa da economia nacional.

Foi fundador do Movimento Democrático Brasileiro (MDB) em Pernambuco, atuando como seu Presidente ininterruptamente

---

2173 FERREIRA, Luiz Pinto. *Princípios Gerais do Direito Constitucional Moderno*. Recife: Oficinas Gráficas do Jornal do Commercio, 1948, p. 451.

2174 FERREIRA, Luiz Pinto. *Teoria Geral do Estado*. vol. 2. Rio de Janeiro: J. Konfino, 1957.

2175 FERREIRA, Luiz Pinto. *História da Faculdade de Direito do Recife*. 2ª ed. Recife: Faculdade de Ciências Humanas de Pernambuco, 1994, p. 396.

por oito anos, até 1979.[2176] Foi também um notório opositor da ditadura militar de 1964.[2177]

Após a sua aposentadoria, Pinto Ferreira ganhou os títulos de Professor Emérito da Faculdade de Direito do Recife e o de Doutor *Honoris Causa* pela Faculdade de Direito da Universidade de Coimbra.

O sucessor de Pinto Ferreira como titular da cadeira de Direito Constitucional foi o professor Ivo Dantas, após aprovação em concurso realizado em 1995, quando defendeu a tese *O valor da Constituição: do controle da constitucionalidade como garantia da supralegalidade constitucional*.[2178] Dantas foi Diretor da Faculdade de Direito do Recife (1998-2002). Foi, ainda, premiado com o título de Professor Emérito da Universidade Federal de Pernambuco em abril de 2023. Desde a sua aposentadoria, ainda não houve o preenchimento da cadeira de Direito Constitucional por um novo professor titular.

3.9.5 Lourival Vilanova

Com a posse de Pinto Ferreira na cátedra de Direito Constitucional, em 1950, e com o surgimento da vaga de catedrático de Teoria Geral do Estado devido ao repentino falecimento de Agamenon Magalhães, em 1952, foi aberto espaço na Faculdade de Direito do Recife para a ascensão de outro importante professor: Lourival Vilanova.

2176 FERREIRA, Luiz Pinto. *História da Faculdade de Direito do Recife*. 2ª ed. Recife: Faculdade de Ciências Humanas de Pernambuco, 1994, pp. 518/519.

2177 FERREIRA, Luiz Pinto. *História da Faculdade de Direito do Recife*. 2ª ed. Recife: Faculdade de Ciências Humanas de Pernambuco, 1994, pp. 519-522.

2178 DANTAS, Francisco Ivo. *O valor da Constituição*: do controle da constitucionalidade como garantia da supralegalidade constitucional. Rio de Janeiro: Renovar, 1996, p. 216.

Lourival Faustino Vilanova nasceu em Caruaru, Pernambuco, em 7 de agosto de 1915. Após cursar o primário e o secundário na capital pernambucana, bacharelou-se pela Faculdade de Direito do Recife em 1942.

Em 1947, Vilanova tornou-se livre-docente em Introdução à Ciência do Direito com a tese *Sôbre o conceito do Direito*, em que se preocupou em estudar o fenômeno jurídico a partir de uma perspectiva filosófica, mais especificamente a partir da lógica. Para ele,

> [o] conceito do Direito tem por correlato objetivo o Direito. O conceito do Direito é uma síntese lógica dos elementos necessarios do objeto jurídico. Nisso reside o valor objetivo do conceito. O conceito fixa a essência do fato jurídico.[2179]

Ou seja, haveria uma tensão entre uma perspectiva empírica (fato jurídico) e outra gnoseológica (lógica jurídica) na determinação do conceito do Direito.[2180] Estudá-la é o objetivo do seu livro.

Essa perspectiva filosófica foi mantida por Vilanova na tese com a qual concorreu, com êxito, à cátedra de Teoria Geral do Estado em 1953.

Na introdução da tese *O problema do objeto da Teoria Geral do Estado*, o jurista pernambucano afirma o seguinte:

> O caminho, nesta dissertação seguido, foi o mesmo tomado em nosso estudo anterior, SÔBRE O CONCEITO DO DIREITO. Evitámos tanto o formalismo lógico quanto o sociologismo. O primeiro revelando-se insuficiente para uma "ciência de realidade" (Freyer), como a Teoria Geral do Estado; o segundo,

2179 VILANOVA, Lourival. *Sôbre o conceito do Direito*. Recife: Imprensa Oficial, 1947, p. 124.

2180 VILANOVA, Lourival. *Sôbre o conceito do Direito*. Recife: Imprensa Oficial, 1947, pp. 124/125.

> reduzindo os problemas teórico-estatais a problemas de relação social, com isso, eliminando, por supérflua, a razão de ser ou a autonomia dessa ciência política. Evitámos o excesso contido em qualquer dos dois têrmos dessa contraposição, mas recolhemos a parcial legitimidade de ambos. A dualidade contraposta é inexaustiva. Há um terceiro termo, conciliador dessa alternativa. Êsse terceiro têrmo é dado com a teoria do fato cultural, um de cujos integrantes é o fato político ou do Estado.[2181]

Segundo aponta, a forma de delimitação da Teoria Geral do Estado passa pela compreensão de que o Estado é um fato cultural, ou seja, que é, ao mesmo tempo, plúrimo e redutível a generalidades; possui multiplicidades sócio-históricas, mas pode ser também compreendido a partir de generalizações teóricas sistematizadoras. Nas palavras do jurista pernambucano, "[a] teoria geral do Estado difere de uma simples ciência histórica do Estado pois o seu objeto é o típico e o que se repete no Estado empírico. Não se confunde com uma historiografia do Estado".[2182]

É justamente por isso que Lourival Vilanova fala de uma "teoria onicompreensiva do Estado",[2183] ou seja,

> [s]ua missão começa aí, recolhendo o pluralismo das soluções e a controvérsia dos problemas, para chegar a estabelecer a teoria de uma região, em sentido husserliano, a teoria da região ou dêsse sector do extistente que é o Estado.[2184]

2181 VILANOVA, Lourival. *O problema do objeto da Teoria Geral do Estado*. Recife: Imprensa Oficial, 1953, p. 7.

2182 VILANOVA, Lourival. *O problema do objeto da Teoria Geral do Estado*. Recife: Imprensa Oficial, 1953, p. 103.

2183 VILANOVA, Lourival. *O problema do objeto da Teoria Geral do Estado*. Recife: Imprensa Oficial, 1953, p. 294.

2184 VILANOVA, Lourival. *O problema do objeto da Teoria Geral do Estado*. Recife: Imprensa Oficial, 1953, p. 294.

Para a determinação do objeto da Teoria Geral do Estado, é necessário recorrer-se, portanto, a uma investigação filosófica, já que

> [s]omente a filosofia do Estado pretende alcançar a visão integral do Estado, o ser do Estado, representando o ensaio onicompreensivo do Estado. É a filosofia do Estado, como ontologia do Estado, a nova síntese que se constroi a partir das sínteses empíricas levadas a cabo pelas ciências particulares do Estado.[2185]

É dizer, para se determinar o campo de conhecimento dessa disciplina,

> o sujeito do conhecimento recolhe linhas e elementos distribuídos em outras constelações objetais para construir mais uma forma de intersecção e de confluência, da qual resulte o objeto do conhecimento da Teoria Geral do Estado.[2186]

O campo de estudo da Teoria Geral do Estado seria obtido, assim, da tensão entre os resultados obtidos pelas diversas ciências empíricas do Estado e a pretensão de síntese sistematizadora desses resultados em uma construção dotada de universalidade.

Afora essa tese, com a qual conquistou a cátedra da disciplina, Vilanova não produziu muitos outros trabalhos específicos no âmbito da Teoria do Estado, já que acabou se dedicando, posteriormente, sobretudo à Filosofia e à Teoria do Direito, mais especificamente à Lógica Jurídica,[2187] que, muito embora sejam instigantes e clássicos,

---

2185 VILANOVA, Lourival. *O problema do objeto da Teoria Geral do Estado*. Recife: Imprensa Oficial, 1953, p. 100.

2186 VILANOVA, Lourival. *O problema do objeto da Teoria Geral do Estado*. Recife: Imprensa Oficial, 1953, p. 296.

2187 Conferir, por exemplo: VILANOVA, Lourival. *As estruturas lógicas e o sistema do Direito Positivo*. 3ª ed. São Paulo: Noeses, 2005; VILANOVA, Lourival. *Causalidade e relação no Direito*. São Paulo:

refogem ao objeto da análise aqui empreendida e, somente por isso, não serão abordados.

Além das atividades docentes, Vilanova foi Diretor da Faculdade de Direito do Recife, Secretário de Educação e Cultura de Pernambuco no governo de Cid Sampaio (1959-1963), Procurador-Geral e Consultor-Geral de Pernambuco.[2188] Em 1987, foi-lhe concedido o título de Professor Emérito da Universidade Federal de Pernambuco.[2189]

Com a aposentadoria de Lourival Vilanova, foi aberto concurso, em 1992, para provimento da vaga de Professor Titular de Teoria Geral do Estado da Faculdade de Direito do Recife. Marcelo da Costa Pinto Neves, com a defesa da hoje mundialmente conhecida tese *A Constitucionalização Simbólica*,[2190] venceu o professor Ivo Dantas no certame. Em 1998, Neves pediu exoneração de tal cargo para se dedicar a destacadas posições de docência e de pesquisa na Europa. Após retornar ao Brasil, lecionou na Pontifícia Universidade Católica da São Paulo, na Escola de Direito de São Paulo (FGV-SP) e na Faculdade de Direito da Universidade de São Paulo até se tornar, em 2010, Professor Titular de Direito Público da Faculdade de Direito da Universidade de Brasília, com a defesa da tese *Entre Hidra e Hércules: princípios e regras constitucionais como diferença*

Saraiva, 1989; VILANOVA, Lourival. *Lógica jurídica*. São Paulo: José Bushatsky, 1976; e VILANOVA, Lourival. *Escritos jurídicos-filosóficos*. vols. 1 e 2. São Paulo: IBET/Axis Mundi, 2003.

2188 VILELA, José Afrânio. "O pensamento jurídico de Lourival Vilanova". *Revista Estudos Filosóficos*, Universidade Federal de São João Del-Rei, Belo horizonte, nº 14, 2015. Disponível em: https://www.ufsj.edu.br/portal2-repositorio/File/revistaestudosfilosoficos/art19%20rev14.pdf. Acesso em: 20.08.2024.

2189 CENTRO DE CIÊNCIAS JURÍDICAS. *Títulos honoríficos UFPE* (1947-1995). Disponível em: https://www.ufpe.br/documents/670684/1500473/T%C3%8DTULOS+HONOR%C3%8DFICOS.UFPE.doc/9d5167cc-0c88-48c4-b799-58cf0fd2b311. Acessado em: 28.08.2024.

2190 NEVES, Marcelo. *A constitucionalização simbólica*. 2ª ed. São Paulo: Martins Fontes, 2007.

paradoxal do sistema jurídico,[2191] posição que exerce até hoje. Desde 1998, a cadeira de Teoria Geral do Estado da Faculdade de Direito do Recife ainda não foi preenchida por outro professor titular.

***

Como se viu, a recepção do Decreto-Lei n. 2.639/1940 na Faculdade de Direito do Recife foi marcada pela predominância, em ambas as cátedras, de professores interinos que (i) não eram propriamente da disciplina e foram designados para regê-las (Murilo de Barros Guimarães, comercialista, que regeu a cadeira de Teoria Geral do Estado durante todo o Estado Novo) e/ou (ii) não eram diretamente vinculados à burocracia estado-novista (Samuel Mac Dowell Filho, professor substituto de Direito Constitucional – praticamente durante todo o Estado Novo).

Apesar disso, constatou-se que, não obstante Agamenon Magalhães tenha sempre ficado licenciado da cátedra de Teoria Geral do Estado (da qual era titular), a sua presença permaneceu marcante na Faculdade de Direito do Recife durante todo o Estado Novo, já que, como interventor em Pernambuco e um dos mais fiéis e entusiasmados apoiadores de Vargas, manteve-se vigilante sobre as dinâmicas internas da Faculdade, intercedendo junto a Capanema em prol de seus protegidos e também para prejudicar rivais políticos e supostos opositores do regime.

Da análise dos planos de curso de Teoria Geral do Estado e de Direito Constitucional ensinados na Faculdade de Direito do Recife durante o Estado Novo, constata-se que essas disciplinas cumpriram as aspirações do Decreto-Lei n. 2.639/1940, já que a Teoria Geral do Estado foi, de fato, ensinada como uma disciplina propedêutica de estudo do fenômeno estatal e também preparatória para o estudo

---

2191 NEVES, Marcelo. *Entre Hidra e Hércules*: princípios e regras constitucionais como diferença paradoxal do sistema jurídico. São Paulo: Martins Fontes, 2013.

do Direito Constitucional, matéria essa que, por sua vez, estava formatada para ensinar os princípios da Carta de 1937, dentre eles o da supremacia do Poder Executivo e do Presidente da República.

Um outro elemento importante foi a presença de Andrade Bezerra como Diretor da Faculdade de Direito durante o Estado Novo, por indicação direta do governo federal. Conservador, católico e aliado de Agamenon Magalhães, funcionou como um elemento a mais que proporcionou coesão política na Faculdade durante a maior parte do regime autoritário.

Pinto Ferreira somente ascendeu ao magistério na Faculdade em 1945, já nos estertores do Estado Novo. Obteve alguma dificuldade para ser nomeado catedrático interino de Teoria Geral do Estado, mas, não obstante tenha assinado no mesmo ano manifestos contra o regime, obteve a referida indicação. Talvez o elemento explicativo para isso seja a sua proximidade com o mandachuva Agamenon, que o convidara, em 1940, para assumir uma Promotoria Pública em Pernambuco e, antes, em 1939, telegrafara para Capanema pedindo-lhe uma vaga de professor substituto na Faculdade Nacional de Filosofia para Pinto Ferreira.

Em 1950, quando Pinto Ferreira conquistou a cátedra de Direito Constitucional, o Estado Novo já havia decaído, e a democrática Constituição de 1946 estava em plena vigência. Ainda assim, nas obras e na trajetória política de Pinto Ferreira, nota-se uma consistência doutrinária, desde a tese de livre-docência intitulada *Da Soberania* (publicada em 1943, quando a ditadura estado-novista ainda vigia), em defesa de um socialismo democrático e da supremacia da Constituição como limitadora do poder.

É preciso destacar também o caráter inovador e consistente dessa tese, que soube conjugar aspectos metodológicos (análise e crítica das teorias monárquicas do século XIX e dos debates travados na Alemanha em torno da Constituição de Weimar) e político-institucionais (análise empírica das manifestações contemporâneas do conceito de soberania nas ordens estatais comparadas) da Teoria Geral do Estado.

As conquistas de Lourival Vilanova tanto da livre-docência em Introdução à Ciência do Direito (1947) quanto da cátedra de Teoria Geral do Estado (1953) também ocorreram posteriormente à queda do Estado Novo, do que não se podem derivar muitas conclusões jurídico-políticas sobre a atuação e a produção teórica do jurista pernambucano durante o Estado Novo, período aqui estudado. O que é potencializado pela circunstância de que Lourival Vilanova se dedicou em seus escritos mais à Filosofia do Direito e à Lógica Jurídica, e não propriamente ao Direito Constitucional ou à Teoria Geral do Estado.

Não obstante, é preciso destacar o pioneirismo de Vilanova ao estudar, a partir de elementos filosóficos, o objeto da Teoria Geral do Estado, buscando vê-lo de maneira crítica, complexa e a partir da tensão entre elementos empíricos do Estado e a pretensão de se apreenderem traços gerais e comparáveis desses problemas multidisciplinares, algo que surpreende em uma obra de 1953, inclusive porque, comparativamente, grande parte da ulterior produção teorética brasileira na área da Teoria do Estado passou ao largo desses problemas, ao menos nesse nível de rigor e de profundidade.

3.10 Fecho

De acordo com Nelson de Souza Sampaio, catedrático de Teoria Geral do Estado da Faculdade de Direito da Bahia, a pretensão político-ideológica do Estado Novo com a edição do Decreto-Lei n. 2.639/1940 teria sido inócua, na medida em que teria possibilitado, ao revés, a institucionalização curricular de uma importante disciplina jurídica no Brasil, mas sem que as intenções originárias de cercear a liberdade de cátedra e de propagandear o regime autoritário, nela e (sobretudo) na cadeira de Direito Constitucional, se consumassem. Confira-se o argumento do jurista baiano:

> A cadeira [Teoria Geral do Estado] foi criada como um expediente prático para resolver, sem ferir o direito adquirido, a situação dos catedráticos de Direito Constitucional, que o Estado Novo tinha interêsse em afastar de suas cátedras. Êstes passariam a catedráticos de Teoria do Estado, enquanto a cátedra de Direito Constitucional não seria provida em caráter definitivo, mas, sim, ocupada por pessoa nomeada pelo govêrno, escolhida a dedo, já se vê, para fazer propaganda da chamada Constituição de 1937. Êsse plano ditatorial de criar uma agência do DIP dentro das nossas Faculdades de Direito, a fim de "racionar" a cultura jurídica nacional, não era, aliás, bem arquitetado, pois, ao colocar a cadeira de Teoria do Estado, no primeiro ano do curso de Bacharelado, e como propedêutica do Direito Constitucional, se fornecia ao aluno, naquela disciplina de horizontes mais amplos, um antidoto prévio às doutrinas que, no ano seguinte, lhe seriam ministradas pelos envenenadores do espírito universitário, pagos pelos cofres públicos. De qualquer modo, os fatos conspiraram contra os criminosos propósitos estadonistas, como se tivessem sido dirigidos por aquilo que Hegel chama de "astúcia da razão". Essa "astúcia" providencial dos acontecimentos fêz uma escrita certa por linhas tortuosas, transformando a má-fé da pretensão de dirigismo espiritual do ditador de 37, num serviço à vida universitaria brasileira, que passou a dever àqueles desígnios fraudulentos a instalação, nos cursos jurídicos, da cadeira de Teoria Geral do Estado.[2192]

2192 SAMPAIO, Nelson de Souza. "Caracterização da Teoria Geral do Estado". *Revista da Faculdade de Direito da Universidade Federal de Minas Gerais*, vol. 4, 1952, p. 90. Disponível em: https://revista.direito.ufmg.br/index.php/revista/article/view/515. Acessado em: 16.08.2024.

Por sua vez, Nelson Saldanha – professor de Teoria Geral do Estado da Faculdade de Direito do Recife[2193] – desenvolve posição similar:

> Foi durante o Estado Novo (1940) que se criou a disciplina desse nome [Teoria Geral do Estado] nas Faculdades; e isso deu, a muitos, motivo para argüir seu conteúdo de antidemocrático, o que evidentemente não tem cabimento. Na verdade, este foi um dos muitos casos em que a pedagogia nacional se beneficiou de atitudes culturais que o Governo getuliano assumiu (a revista *Cultura Política*, por exemplo, foi um importante repositório de estudos sociais brasileiros), sem embargo de ter sido ditadura. Realmente, não se formou tradição totalitarista na bibliografia de Teoria do Estado entre nós – o que é importante.[2194]

Esse posicionamento é também compartilhado por Alberto Venâncio Filho, que, em sua conhecida monografia sobre a história do ensino jurídico no Brasil, afirma que a pretensão do Estado Novo de se utilizar instrumentalmente da Teoria Geral do Estado e do Direito Constitucional como ferramentas de sustentação política do regime estado-novista e de sua Carta de 1937 não teria logrado êxito:

> O decreto-lei tinha um objetivo definido, o de permitir que o Direito Constitucional fosse ensinado por professores ligados ao regime autoritário de 1937, e, portanto, capazes de transmitir os seus princípios e suas teorias. Entretanto, o fato não pode ser examinado parcialmente, e a ênfase dada ao Estudo do Direito Público representou uma tímida

---

2193 FERREIRA, Luiz Pinto. *História da Faculdade de Direito do Recife*. 2ª ed. Recife: Faculdade de Ciências Humanas de Pernambuco, 1994, pp. 397/398.

2194 SALDANHA, Nelson. *História das ideias políticas no Brasil*. Brasília: Conselho Editorial do Senado Federal, 2001, p. 326.

> tentativa de contrabalancear o caráter preponderantemente privatista dos nossos cursos jurídicos.[2195]

Essas observações são historicamente problemáticas, haja vista que – conforme empiricamente demonstrado nas linhas anteriores –, não obstante as quatro principais Faculdades de Direito do país à época do Estado Novo tenham apresentado diferenças e complexidades em suas formas de recepção das mudanças curriculares encampadas pelo Decreto-Lei n. 2.639/1940, todas elas revelam, em maior ou menor grau, que a ditadura estado-novista foi competente, ao menos no período em que esteve de pé, em instrumentalizar politicamente a cadeira de Direito Constitucional e/ou neutralizar criticamente os constitucionalistas opositores do regime na cátedra de Teoria Geral do Estado ou fazer com que também essa disciplina colaborasse (ainda que ambiguamente) com os propósitos caros à ditadura.

Para além disso, falando da seara político-ideológica da disciplina, viu-se acima que o regime autoritário teve a preocupação constante de desenvolver uma Teoria do Estado Novo, também por vezes chamada de Doutrina do Estado Nacional, que se verifica, por

2195 VENÂNCIO FILHO, Alberto. *Das arcadas ao bacharelismo*: 150 anos de ensino jurídico no Brasil. 2ª ed. São Paulo: Perspectiva, 2011, p. 310.

exemplo, em textos de Francisco Campos,[2196] Capanema,[2197] Almir de Andrade,[2198] Agamenon Magalhães,[2199] dentre outros.

A maioria das críticas declinadas contra o Estado Novo por professores que regeram alguma dessas duas disciplinas nas quatro faculdades de Direito estudadas nesta obra ocorreu somente após a queda do regime e, não raras vezes, depois de manifestações prévias de simpatia política à ditadura decaída ou de posições teóricas ambíguas e convergentes com as linhas gerais do governo derrubado por parte desses mesmos juristas.

Para esses casos (por exemplo: Pedro Calmon, Orlando Magalhães Carvalho, Cândido Motta Filho e Ataliba Nogueira), pode ser aplicada aqui, em maior ou menor grau, conforme as peculiaridades que foram discorridas em cada um dos subcapítulos antecedentes, a categoria do "jurisconsulto adaptável", suscitada por Airton Seelaender e por Alexander de Castro para se referirem às diversas,

---

2196 CAMPOS, Francisco. "Diretrizes do Estado Nacional". *In*: ______. *O Estado nacional*: sua estrutura, seu conteúdo ideológico. Brasília: Conselho Editorial do Senado Federal, 2001, pp. 39-69.

2197 CAPANEMA, Gustavo. "Memorando ao Presidente Getúlio Vargas, [sem data]". Ministério da Educação e Saúde – Assuntos administrativos\GC f 1935.05.00 (1), p. 1. *Arquivo Gustavo Capanema – FGV CPDOC*. Disponível em: https://docvirt.com/docreader.net/DocReader.aspx?bib=ARQ_GC_F&hf=www18.fgv.br&pagfis=13585. Acessado em: 28.08.2024; e CAPANEMA, Gustavo. "Memorial ao Presidente Getúlio Vargas, de 1º de fev. 1941". Ministério da Educação e Saúde – Assuntos Políticos\GC i 1935.12.00 (4), p. 1. *Arquivo Gustavo Capanema – FGV CPDOC*. Disponível em: https://docvirt.com/docreader.net/DocReader.aspx?bib=ARQ_GC_I&hf=www18.fgv.br&pagfis=7695. Acessado em: 28.08.2024.

2198 ANDRADE, Almir de. *Fôrça, Cultura e Liberdade*: origens históricas e tendências atuais da evolução política do Brasil. Rio de Janeiro: José Olympio, 1940.

2199 MAGALHÃES, Agamenon Sérgio de Godoy. "A Teoria do Estado Novo (*Folha da Manhã*, 1º jun. 1938)". *In*: _____. *Idéias e Lutas*. Recife: Raiz, 1985, pp. 167-169.

contraditórias e convenientes mudanças de posições jurídico-políticas de Francisco Campos[2200] entre as décadas de 1920 e 1960.

Para outros casos, a categoria da adaptabilidade jurídica não se ajusta adequadamente porque, da análise das posições políticas e doutrinárias desses juristas antes, durante e após o Estado Novo, verifica-se que mantiveram coerência com suas respectivas posições, sejam elas favoráveis ou não ao regime varguista. São exemplos dessa situação, conforme discorrido acima, Almir de Andrade, Mario Casasanta e Pinto Ferreira.

Dessa forma, posições como as de Nelson Sampaio, Nelson Saldanha e de Alberto Venâncio Filho acerca da institucionalização do Decreto-Lei n. 2.639/1940, todas elas sem a devida análise das fontes e efetiva reconstrução histórico-constitucional da problemática, apenas corroboram com o incremento do senso comum teórico, implícita ou explicitamente prevalecente no campo da Teoria Geral do Estado no Brasil, no sentido de que essa disciplina flertaria com a neutralidade científica em sua salutar e naturalizada pretensão de estudar o Estado, algo insustentável não só para essa disciplina, mas para qualquer outra área do conhecimento, sobretudo no campo do Direito.

Especificamente sobre a pretensão de neutralidade dos juristas e as complexidades e pluralidades jurídico-políticas da Teoria Geral do Estado e do Direito Constitucional durante o Estado Novo, Luís Rosenfield afirma o seguinte:

> No caso das doutrinas jurídicas, percebe-se com frequência que esse gênero de texto elegantemente *esconde* suas intenções pragmáticas e ideológicas sob o véu da técnica jurídica.

2200 SEELAENDER, Airton Lisle Cerqueira Leite; CASTRO, Alexander Rodrigues de. "Um jurisconsulto adaptável: Francisco Campos (1891-1968)". *In*: MOTA, Carlos Guilherme; SALINAS, Natasha. (Coord.). *Os juristas na formação do Estado-Nação brasileiro*. vol. 3. São Paulo: Saraiva, 2010, pp. 255-291.

> Naturalmente, para os textos apologéticos do regime varguista, a defesa dos princípios dominantes e da ideologia reinante encontra uma abordagem explícita. Entretanto, quando se observa uma vasta quantidade de textos doutrinários que não eram apologéticos a Vargas e tampouco frontalmente oposicionistas, verifica-se o uso nuançado e ambíguo sobre as grandes questões fundamentais da organização do Estado.[2201]

De fato, pôde-se perceber exatamente isso ao longo deste capítulo. Enquanto autores como Cândido Motta Filho, Almir de Andrade, Mario Casasanta e Agamenon Magalhães, em seus escritos do período estado-novista, não deixam dúvidas do seu apoio político-ideológico ao regime e também das suas pretensões de juridicamente legitimá-lo; outros juristas como Pedro Calmon, Ataliba Nogueira e Orlando Magalhães Carvalho, em produções doutrinárias do mesmo período, flertam com a ambiguidade jurídico-política, não sendo defensores entusiasmados do regime, mas também não figurando como opositores, não escrevendo obras laudatórias, mas encampando nebulosamente diversas premissas teóricas alinhadas com a ditadura.

Depreende-se, portanto, que a história de institucionalização universitária das cátedras de Teoria Geral do Estado e de Direito Constitucional pelo Decreto-Lei n. 2.639/1940 esteve recheada de várias peculiaridades, complexidades e ambiguidades que desmentem a simplória versão de que o decreto-lei não teria passado de uma fracassada e infrutífera tentativa autoritária do Estado Novo de instrumentalizar o ensino jurídico. Conforme visto, em vários pontos, o regime foi sim bem-sucedido nessa sua pretensão.

Tentou-se colaborar aqui com uma revisão historiográfica sobre essa problemática, de modo a levar-se a sério a Teoria do Estado e,

---

2201 ROSENFIELD, Luis. *Revolução conservadora*: genealogia do constitucionalismo autoritário brasileiro (1930-1945). Porto Alegre: EDIPUCRS, 2021, p. 74.

assim, contribuir para uma compreensão mais crítica do seu passado, de forma a corroborar para a potencialização dos seus dotes analíticos no presente, em que essa imprescindível disciplina, conforme será discorrido no próximo capítulo, deve estar comprometida em avançar análises complexas, holísticas, multidisciplinares e críticas sobre o Estado, o qual, por sua vez, sob a égide da Constituição Federal de 1988, possui inúmeros e relevantes papéis a cumprir, devendo ser, por isso mesmo, objeto de constante reflexão e problematização por parte da academia jurídica.

CAPÍTULO IV

POR UMA TEORIA DO ESTADO ADEQUADA AO ESTADO DEMOCRÁTICO DE DIREITO

4.1 Tensões entre a Teoria do Estado e a Teoria da Constituição

De acordo com Gilberto Bercovici, após o fim da Segunda Guerra Mundial, o Estado cedeu lugar à Constituição. Da mesma forma, instaurou-se uma crise dos partidos políticos enquanto concretizadores da ordem constitucional em prol da amplamente dominante atividade dos tribunais e dos juízes. Teria sido essa, de acordo com o professor da USP, a principal razão para a perda de espaço da Teoria do Estado em favor de Teorias da Constituição.[2202]

2202 BERCOVICI, Gilberto. "As Possibilidades de uma Teoria do Estado". *Revista da Faculdade de Direito da Universidade Federal de Minas Gerais*, Belo Horizonte, vol. 49, jul./dez. 2006, p. 95.

Reconhecendo uma tensionada relação entre Constituição e Estado,[2203] Bercovici aponta, todavia, para um "diálogo entre ausentes"[2204] no que concerne à visão que parte relevante da publicística brasileira tem sobre esses elementos. Especificamente sobre a chamada Era Vargas, haveria um déficit de historicidade no modo como a majoritária doutrina do Direito Público nacional compreende as importantes e profundas reformas estatais realizadas nesse período:

> No Brasil, a construção do Estado nacional se dá, essencialmente, no âmbito do Poder Executivo, com maior ênfase a partir de 1934. Foi neste período, inclusive, que ocorreu a primeira e única reforma verdadeira do Estado no Brasil, que resultou na profissionalização da Administração Pública com a criação do DASP (Departamento Administrativo do Serviço Público). No entanto, nenhuma de nossas constituições sociais e democráticas do período (1934 e 1946) tinha um projeto deste Estado que se estava estruturando.[2205]

2203 BERCOVICI, Gilberto. *Soberania e Constituição*: para uma crítica do constitucionalismo. 3ª ed. São Paulo: Quartier Latin, 2020, pp. 18/19.

2204 BERCOVICI, Gilberto. "Estado intervencionista e Constituição Social no Brasil: o silêncio ensurdecedor de um diálogo entre ausentes". *In*: SOUZA NETO, Cláudio Pereira de; SARMENTO, Daniel; e BINENBOJM, Gustavo (Coord.). *Vinte anos da Constituição Federal de 1988*. Rio de Janeiro: Lumen Juris, 2009, pp. 725-738.

2205 BERCOVICI, Gilberto. "Estado intervencionista e Constituição Social no Brasil: o silêncio ensurdecedor de um diálogo entre ausentes". *In*: SOUZA NETO, Cláudio Pereira de; SARMENTO, Daniel; e BINENBOJM, Gustavo (Coord.). *Vinte anos da Constituição Federal de 1988*. Rio de Janeiro: Lumen Juris, 2009, pp. 725-738.

Com efeito, nesse período, "o Estado se desenvolve e atua apesar da Constituição"[2206] e sobretudo nas searas do Direito Administrativo e do Direito Econômico.[2207]

Sobre esse tema específico e seus desdobramentos ao longo do século XX, Bercovici aponta para um "silêncio ensurdecedor de nossos publicistas",[2208] já que grande parcela dos constitucionalistas brasileiros estaria enredada na chamada "Doutrina Brasileira da Efetividade", o que teria provocado

> a redução do debate constitucional às questões envolvendo a dicotomia entre regras e princípios ou às questões hermenêuticas e de interpretação, consagrando um deslocamento, que não necessariamente corresponde à realidade política, do centro do sistema constitucional da esfera política dos Poderes Executivo e Legislativo para o âmbito do Poder Judiciário.[2209]

2206 BERCOVICI, Gilberto. "Estado intervencionista e Constituição Social no Brasil: o silêncio ensurdecedor de um diálogo entre ausentes". *In*: SOUZA NETO, Cláudio Pereira de; SARMENTO, Daniel; e BINENBOJM, Gustavo (Coord.). *Vinte anos da Constituição Federal de 1988*. Rio de Janeiro: Lumen Juris, 2009, pp. 725-738.

2207 BERCOVICI, Gilberto. "Estado intervencionista e Constituição Social no Brasil: o silêncio ensurdecedor de um diálogo entre ausentes". *In*: SOUZA NETO, Cláudio Pereira de; SARMENTO, Daniel; e BINENBOJM, Gustavo (Coord.). *Vinte anos da Constituição Federal de 1988*. Rio de Janeiro: Lumen Juris, 2009, pp. 725-738.

2208 BERCOVICI, Gilberto. "Estado intervencionista e Constituição Social no Brasil: o silêncio ensurdecedor de um diálogo entre ausentes". *In*: SOUZA NETO, Cláudio Pereira de; SARMENTO, Daniel; e BINENBOJM, Gustavo (Coord.). *Vinte anos da Constituição Federal de 1988*. Rio de Janeiro: Lumen Juris, 2009, pp. 725-738.

2209 BERCOVICI, Gilberto. "Estado intervencionista e Constituição Social no Brasil: o silêncio ensurdecedor de um diálogo entre ausentes". *In*: SOUZA NETO, Cláudio Pereira de; SARMENTO, Daniel; e BINENBOJM, Gustavo (Coord.). *Vinte anos da Constituição Federal de 1988*. Rio de Janeiro: Lumen Juris, 2009, pp. 725-738.

Arremata objetando que, "falar de Estado, de política e de poder, para a doutrina constitucionalista dominante no país, não é um assunto do Direito Constitucional".[2210]

No seu instigante livro *Soberania e Constituição: para uma crítica do constitucionalismo*, Bercovici enfrenta justamente esse senso comum teórico ao recuperar criticamente a história do constitucionalismo moderno e apontar, contra as naturalizações históricas, diversas dinâmicas e injunções de poder que depõem contra visões acerca da história do constitucionalismo como se ela fosse integralmente calcada na normalidade jurídica, na estabilidade e na soberania popular como poder constituinte. Ao contrário, aponta que, não raras vezes, teria prevalecido uma normalização da exceção como forma de se bloquear o poder constituinte do povo.[2211]

Para o professor da USP, a Teoria do Estado é uma "disciplina fundamental que trata das relações entre Estado, política, poder, Direito e economia".[2212] E mais:

> [a] compreensão d[ess]as relações entre Estado, política, Direito e economia, buscando a supremacia da soberania popular e da democracia sobre o poder econômico privado é um bom

2210 BERCOVICI, Gilberto. "Estado intervencionista e Constituição Social no Brasil: o silêncio ensurdecedor de um diálogo entre ausentes". *In*: SOUZA NETO, Cláudio Pereira de; SARMENTO, Daniel; e BINENBOJM, Gustavo (Coord.). *Vinte anos da Constituição Federal de 1988*. Rio de Janeiro: Lumen Juris, 2009, pp. 725-738.

2211 BERCOVICI, Gilberto. *Soberania e Constituição*: para uma crítica do constitucionalismo. 3ª ed. São Paulo: Quartier Latin, 2020, pp. 343/344.

2212 BERCOVICI, Gilberto. "Saudação ao Professor Dalmo de Abreu Dallari". *Revista da Faculdade de Direito*, Universidade de São Paulo, vol. 102, 2007, p. 1.212.

motivo para entender possível, e necessária, hoje, uma Teoria do Estado.[2213]

Conforme discorrido ao longo deste livro, o surgimento da Teoria Geral do Estado na Alemanha do século XIX foi marcado por uma tentativa, sob vestes talares positivistas e organicistas pretensamente neutras, de avançar uma resistente contraposição ao constitucionalismo exsurgido das revoluções liberais do século XVIII, sobretudo no que diz respeito aos princípios da soberania popular e da separação de Poderes. Tentava-se, assim, garantir sobrevida institucionalizada ao princípio monárquico, adaptado aos novos tempos de constitucionalização (claro, tomada aqui no sentido bastante peculiar desenvolvido no além-Reno) da monarquia alemã.

As amplas e profundas ressignificações pelas quais passou a Teoria do Estado durante a *Methodenstreit* weimariana revelam uma forte disputa teórica e política de juristas do porte de Hans Kelsen, Carl Schmitt, Rudolf Smend e Hermann Heller não só acerca do estatuto epistemológico dessa seara jurídica e de suas potencialidades, mas também uma disputa política em torno dos fundamentos do Estado, da Constituição, da economia, da aposta na democracia representativa de corte parlamentarista (Kelsen), das saídas decisionistas e ditatoriais (Schmitt), em perspectivas organicistas de um Estado Integral (Smend) ou de um Estado Social de Direito (Heller).

Como se sabe, ao longo da década de 1930, não obstante as democráticas resistências de autores como Kelsen e Heller, acabaram prevalecendo institucionalmente, em termos mundiais, as saídas autoritárias das chamadas "ditaduras constitucionais", que justamente se propunham a avançar Teorias do Estado e da Constituição de corte antidemocrático, baseadas na concentração absoluta de poderes nas mãos de líderes fortes (os ditadores) e de Poderes

---

2213 BERCOVICI, Gilberto. "As possibilidades de uma Teoria do Estado". *Revista da Faculdade de Direito da Universidade Federal de Minas Gerais*, Belo Horizonte, vol. 49, jul./dez. 2006, p. 99.

Executivos centralizados, limitando-se a soberania popular a uma mera identidade direta entre o governante e as massas.

Foi justamente nesse contexto que ocorreu o golpe do Estado Novo no Brasil. Avançando um conceito de cidadania típico do paradigma do Estado Social, a participação popular ativa foi bloqueada em nome de uma identificação direta entre as massas e o Presidente da República, construindo-se um aparato burocrático em conformidade. A Teoria do Estado atuou, nesse período, de maneira dúplice, como tentativa de construção de uma Doutrina do Estado Nacional e como disciplina universitária que, em conjunto com o Direito Constitucional, teria a missão de corroborar com a instrumentalização do ensino jurídico para a justificação, disseminação e legitimação das diretrizes constantes da Carta de 1937.

Em uma sociedade mundial hipercomplexa,[2214] com problemas estruturais novos que tensionam ao limite os Estados Nacionais enquanto categorias políticas operantes e deixam mais à mostra as aqui já mencionadas crises da Teoria do Estado, é preciso que essa disciplina reveja os seus tradicionais métodos, afinando-os com o paradigma do Estado Democrático de Direito.

Não obstante as frequentes críticas contemporâneas acerca da funcionalidade dos entes estatais, é inegável que – a despeito dos processos geopolíticos de globalização, de fragmentação constitucional[2215] e de transconstitucionalismo,[2216] por exemplo – o Estado Nacional ainda permanece como estrutura política básica e central

---

2214 NEVES, Marcelo. *Transconstitucionalismo*. São Paulo: Martins Fontes, 2009.

2215 TEUBNER, Gunther. *Fragmentos constitucionais*: constitucionalismo social na globalização. Trad. Ricardo Campos. São Paulo: Saraiva, 2016, pp. 23-46.

2216 NEVES, Marcelo. *Transconstitucionalismo*. São Paulo: Martins Fontes, 2009, pp. 295-298.

para se pensar o Direito, a política e a economia contemporaneamente.[2217] Por outro lado, esses processos acima mencionados trazem consigo complexidades novas que se tensionam com as tradicionais formas institucionalizadas de Estado Nacional e também com as compreensões historicamente avançadas pela Teoria do Estado, as quais necessitam, exatamente devido a essa hipercomplexidade, de enfoques igualmente complexos e adequados aos problemas apresentados na atual quadra histórica.

Como bem pontua Marcelo Cattoni, a Teoria da Constituição pode fornecer insumos metodológicos à Teoria do Estado para que esta compreenda que, justamente em função da não mais sustentável identidade absoluta e subsunção do âmbito público da sociedade ao Estado, é necessária uma compreensão mais complexa e atualizada, essencialmente multidisciplinar, dessa nova disciplina para que ela possa dar conta de captar as complexidades políticas, econômicas e jurídicas do Estado Nacional na atual conjuntura, mantendo-se, assim, epistemológica e concretamente operante:

> A estrutura social, para a Teoria da Constituição, em que se dá a mediação entre Direito e política não é, propriamente, o Estado e, mais especialmente, o Estado-nação. Sem desconsiderar a importância do Estado, não apenas no passado, mas também no presente, cabe dizer que ele é uma entre as formas históricas da política e, atualmente, já não seria o único modo de organização jurídico-política existente – em crise com todos os déficits de legitimidade, cabe dizer (Habermas, 1999, pp. 81-105; Habermas, 2014, pp. 97-205). E isso, com todos os riscos e desafios sociais, econômicos, ecológicos, geopolíticos, ético-culturais e democráticos que a modernidade-mundo coloca ao Direito e à política: a "Doutrina" ou

2217 Nesse sentido: BERCOVICI, Gilberto. "As Possibilidades de uma Teoria do Estado". *Revista da Faculdade de Direito da Universidade Federal de Minas Gerais*, Belo Horizonte, vol. 49, jul./dez. 2006, pp. 81-100; e NEVES, Marcelo. *Transconstitucionalismo*. São Paulo: Martins Fontes, 2009, pp. 295-298.

> Teoria do Estado é, hoje, uma "ciência triste" (Marramao, 2000, pp. 23-67).[2218]

Não obstante isso, citando Gilberto Bercovici,[2219] afirma Cattoni que "o contexto atual não exigiria o mero descarte da reflexão em Teoria do Estado, muito antes pelo contrário".[2220] Na verdade, prossegue ele, "o que propomos é a reconstrução da Teoria do Estado na perspectiva da Teoria da Constituição e sobre o pano de fundo dos desafios e riscos atuais, enquanto *Teoria do Estado Democrático de Direito*".[2221]

Assim, muito mais do que uma oposição estanque entre Teoria do Estado e Teoria da Constituição, é necessário pensar em uma "tensão constitutiva"[2222] entre elas (*com* e para *além* do Estado), já que ambas buscam trabalhar, cada uma a seu modo, as relações entre Constituição e Estado, o que pode ser bastante produtivo em termos de análise crítica desses dois objetos de estudo.

2218 OLIVEIRA, Marcelo Andrade Cattoni de. *Contribuições para uma Teoria Crítica da Constituição*. 2ª ed. rev. e atual. Belo Horizonte: Conhecimento, 2021, p. 105.

2219 BERCOVICI, Gilberto. "As possibilidades de uma Teoria do Estado". *Revista da Faculdade de Direito da Universidade Federal de Minas Gerais*, Belo Horizonte, vol. 49, jul./dez. 2006, pp. 81-100.

2220 OLIVEIRA, Marcelo Andrade Cattoni de. *Contribuições para uma Teoria Crítica da Constituição*. 2ª ed. rev. e atual. Belo Horizonte: Conhecimento, 2021, p. 105.

2221 OLIVEIRA, Marcelo Andrade Cattoni de. *Contribuições para uma Teoria Crítica da Constituição*. 2ª ed. rev. e atual. Belo Horizonte: Conhecimento, 2021, p. 105.

2222 OLIVEIRA, Marcelo Andrade Cattoni de; CARVALHO NETTO, Menelick de. "Legitimidade e efetividade como tensão constitutiva (conflito concreto) da normatividade constitucional". *In*: LIMA, Martonio Mont'Alverne Barreto; ALBUQUERQUE, Paulo Antonio de Menezes (Coord.). *Democracia, direito e política*: estudos internacionais em homenagem a Friedrich Müller. Florianópolis: Conceito, 2006, pp. 615-627.

Por um lado, tem razão Bercovici quando afirma que relevantes setores (em muitos casos, dominantes) da Teoria da Constituição brasileira frequentemente se perdem em debates monofocais sobre interpretação constitucional pelo Poder Judiciário. Igualmente, acerta Cattoni quando critica a pobreza analítica das doutrinas brasileiras da efetividade constitucional, não adequadas às complexidades do paradigma do Estado Democrático de Direito.[2223]

Por outro lado, há vertentes rigorosas e críticas da Teoria da Constituição como aquelas representadas pelos próprios Bercovici e Cattoni, por Marcelo Neves e por Menelick de Carvalho Netto, dentre outros, que, há décadas, avançam respectivas compreensões que, cada uma a seu modo, enxergam essa disciplina como intrinsecamente relacionada (e tensionada) com a realidade socioeconômica, cultural e política.

Por outro lado, no que concerne à Teoria do Estado, a contraposição crítica a vertentes doutrinárias tradicionais é um fenômeno bem menos frequente do que ocorre com a Teoria da Constituição. Conforme discorrido na introdução, a ampla maioria das clássicas reflexões brasileiras sobre Teoria do Estado apresenta um déficit de criticidade histórica em relação à criação e desenvolvimento dessa disciplina, o que se reflete na própria forma como ela se propõe a analisar, contemporaneamente, as hipercomplexidades intrínsecas ao fenômeno estatal.

Diretamente relacionada a isso, exsurge justamente a questão das crises epistemológicas pelas quais passou e passa a Teoria do Estado há décadas, em que um dos elementos nela presente diz respeito à sua perda de espaço para outras áreas do conhecimento, como o Direito Constitucional, a Teoria da Constituição e a Ciência

---

2223 OLIVEIRA, Marcelo Andrade Cattoni de. "Contribuições para uma nova história e teoria do processo de constitucionalização brasileiro no marco da Teoria Crítica da Constituição". *In*: ______ (Coord.). *Constitucionalismo e História do Direito*. 2ª ed. Conhecimento, 2020, pp. 23-30.

Política, que se mostraram – não obstante elas próprias, como qualquer ciência, possuírem respectivos problemas analíticos – mais abertas a ressignificações e atualizações metodológicas.

Como forma de reação a essas crises epistemológicas, é premente o robustecimento analítico da Teoria do Estado em termos de criticidade, inclusive histórica. É indispensável que essa disciplina, para corresponder à sua importância de análise multidisciplinar, crítica e holística do Estado, respeitando-se a soberania popular (elementos esses que têm importância crucial na Constituição Federal de 1988), deva passar também por autoavaliações críticas sobre a sua própria história, de forma a "escovar a contrapelo"[2224] eventuais sedimentos autoritários nela depositados ao longo do tempo e que, salvo pontuais reflexões críticas, permanecem até hoje praticamente inexplorados.

Com razão, Gilberto Bercovici aponta, ainda, para a necessidade de se desenvolver uma Teoria do Estado adequada aos problemas estruturais da modernidade periférica, já que "[a] prática mais comum dos vários autores de Teoria do Estado na América Latina é a transcrição acrítica de conceituações de Max Weber e de Georg Jellinek sobre o Estado".[2225] Uma das explicações dadas pelo professor da USP para isso é que "[t]alvez uma grande falha de nossos teóricos do Estado seja a ausência de bons estudos históricos sobre a 'formação do Estado' (*state-building*) ou de 'formação da nação' (*nation-building*)".[2226]

2224 BENJAMIN, Walter. *Magia e Técnica, Arte e Política*: ensaios sobre literatura e história da cultura. São Paulo: Brasiliense, 1996, p. 225.

2225 BERCOVICI, Gilberto. "Teoria do Estado e Teoria da Constituição na periferia do capitalismo: breves indagações críticas". *In*: NUNES, António José Avelãs; COUTINHO, Jacinto Nelson de Miranda (Coord.). *Diálogos constitucionais*: Brasil/Portugal. Rio de Janeiro: Renovar, 2004, p. 268.

2226 BERCOVICI, Gilberto. "Teoria do Estado e Teoria da Constituição na periferia do capitalismo: breves indagações críticas". *In*: NUNES, António José Avelãs; COUTINHO, Jacinto Nelson de Miranda

Ou seja, falando com Reinhart Koselleck, somente com uma compreensão crítica da tensão entre espaço de experiência e horizonte de expectativa[2227] no bojo da Teoria do Estado é que essa disciplina poderá adequadamente (i) compreender a si própria no presente e, dessa forma, (ii) cumprir adequadamente seus objetivos de análise rigorosa, crítica, multidisciplinar e de conjunto do Estado.

Portanto, muito mais do que uma simplista *escolha* metodológica entre Teoria da Constituição *ou* Teoria do Estado, impõe-se avançar perspectivas críticas que, retrabalhando-as com um enfoque complexo, identifiquem produtivamente as "tensões constitutivas"[2228] que as permeiam e, assim, promovam esclarecimentos mútuos sobre os respectivos pontos cegos de cada uma dessas teorias (que, aliás, são plúrimas e apresentam, elas próprias, diversas variações internas), já que, nas palavras de Niklas Luhmann, "eu vejo o que tu não vês",[2229] ou, com Marcelo Neves, "o ponto cego, o outro pode ver".[2230]

(Coord.). *Diálogos constitucionais*: Brasil/Portugal. Rio de Janeiro: Renovar, 2004, p. 270.

2227 KOSELLECK, Reinhart. *Futuro Passado*: contribuição à semântica dos tempos históricos. Rio de Janeiro: Contraponto/PUC Rio, 2006, pp. 309-312.

2228 OLIVEIRA, Marcelo Andrade Cattoni de; CARVALHO NETTO, Menelick de. "Legitimidade e efetividade como tensão constitutiva (conflito concreto) da normatividade constitucional". *In*: LIMA, Martonio Mont'Alverne Barreto; ALBUQUERQUE, Paulo Antonio de Menezes (Coord.). *Democracia, direito e política*: estudos internacionais em homenagem a Friedrich Müller. Florianópolis: Conceito, 2006, pp. 615-627.

2229 LUHMANN, Niklas. "Ich sehe was, was Du nicht siehst". *In*: ______. *Soziologische Aufklärung 5*: Konstruktivistsche Perspektiven. Opladen: Westdeustscher Verlag, 1990, pp. 228-234. Sobre o tema, conferir: NEVES, Marcelo. "Niklas Luhmann: 'eu vejo o que tu não vês'". *In*: ALMEIRA, Jorge de; BADER, Wolfgang (Coord.). *Pensamento jurídico alemão no século XX*: grandes protagonistas e recepção no Brasil. vol. 1. São Paulo: Cosac Naify, 2009, pp. 257-273.

2230 NEVES, Marcelo. *Transconstitucionalismo*. São Paulo: Martins Fontes, 2009, p. 298.

4.2 O senso comum teórico da neutralidade da Teoria Geral do Estado

Pierre Bourdieu, nos seus famosos cursos ministrados no *Collége de France* na década de 1990, dizia que, ao estudar o fenômeno estatal, "nos arriscávamos a aplicar ao Estado um pensamento de Estado",[2231] ou seja, que "nosso pensamento, as próprias estruturas da consciência por meio da qual construímos o mundo social e esse objeto particular que é o Estado, têm tudo para ser o produto do Estado",[2232] o que seria potencializado pela circunstância de o espaço público, incluindo aí o funcionalismo estatal, ser visto como um *locus* "em que os valores do desapego são oficialmente reconhecidos e em que, em certa medida, os agentes têm interesse no desinteresse".[2233]

Segundo aponta, as teorias clássicas sobre o Estado, como as de Hobbes e de Locke, o definiram essencialmente como "uma instituição destinada a servir o bem comum, e o governo, o bem do povo",[2234] do que derivou que

> **o Estado seria o lugar neutro** ou, mais exatamente – para empregar a analogia de Leibniz dizendo que Deus é o lugar geométrico de todas as perspectivas antagônicas – (...) ele é

2231 BOURDIEU, Pierre. "Curso de 18 de janeiro de 1990". *In*: ______. *Sobre o Estado*: cursos no Collége de France (1989-92). Trad. Rosa Freire d'Aguiar. São Paulo: Companhia das Letras, 2014, p. 29.

2232 BOURDIEU, Pierre. "Curso de 18 de janeiro de 1990". *In*: ______. *Sobre o Estado*: cursos no Collége de France (1989-92). Trad. Rosa Freire d'Aguiar. São Paulo: Companhia das Letras, 2014, p. 29.

2233 BOURDIEU, Pierre. "Curso de 18 de janeiro de 1990". *In*: ______. *Sobre o Estado*: cursos no Collége de France (1989-92). Trad. Rosa Freire d'Aguiar. São Paulo: Companhia das Letras, 2014, p. 30.

2234 BOURDIEU, Pierre. "Curso de 18 de janeiro de 1990". *In*: ______. *Sobre o Estado*: cursos no Collége de France (1989-92). Trad. Rosa Freire d'Aguiar. São Paulo: Companhia das Letras, 2014, p. 31.

> aquele que pode assumir um ponto de vista sobre todos os pontos de vista.[2235]

Daí decorre que

> [e]ssa visão do Estado como um quase Deus é subjacente à tradição da teoria clássica e funda a sociologia espontânea do Estado que se expressa nisso que por vezes chamamos de ciência administrativa, isto é, o discurso que os agentes do Estado produzem a respeito do Estado, verdadeira ideologia do serviço público e do bem público.[2236]

Buscando estudar a transição do Estado absolutista para o Estado constitucional, Bourdieu afirma que "se compreenderia muito melhor a Revolução Francesa caso se visse que ela talvez seja o triunfo do modo de reprodução impessoal sobre o modo de reprodução pessoal".[2237] Ou seja, a afirmação histórica do Estado moderno poderia ser melhor compreendida como a transição do caráter da legitimação política estatal: de um fundamento hereditário e divino para um fundamento calcado na impessoalidade, na neutralidade, na justificativa racional e na semântica da cidadania.

O cerne dessa mudança estrutural seria a passagem de um sistema de fundamentação dinástico ou familiar para um cultural, burocrático e racional: "de um lado, o sangue, de outro, o mérito, e

---

2235 BOURDIEU, Pierre. "Curso de 18 de janeiro de 1990". *In*: ______. *Sobre o Estado*: cursos no Collége de France (1989-92). Trad. Rosa Freire d'Aguiar. São Paulo: Companhia das Letras, 2014, p. 32, destaque nosso.

2236 BOURDIEU, Pierre. "Curso de 18 de janeiro de 1990". *In*: ______. *Sobre o Estado*: cursos no Collége de France (1989-92). Trad. Rosa Freire d'Aguiar. São Paulo: Companhia das Letras, 2014, p. 32.

2237 BOURDIEU, Pierre. "Curso de 24 de outubro de 1991". *In*: ______. *Sobre o Estado*: cursos no Collége de France (1989-92). Trad. Rosa Freire d'Aguiar. São Paulo: Companhia das Letras, 2014, p. 350.

sobretudo o Direito",[2238] ensinado pelo sistema escolar.[2239] O papel dos juristas ganha imenso destaque nessa nova conjuntura:

> Não é por acaso que os portadores da reivindicação universalista são juristas que, diante de sua autoridade graças ao direito, porão sua competência jurídica a serviço da universalização de seus interesses particulares de possuidores de um capital particular de jurista. Os juristas desempenham, é evidente, um papel fundamental na construção do Estado porque são ao mesmo tempo juiz e parte interessada: são os que podem legitimar o Monarca – as teorias do absolutismo, que justificam a transmissão dinástica da maneira mais radical, são produzidas por juristas. O que não exclui que os juristas, pondo-se cada vez mais a funcionar como um campo, também estejam divididos, e que outros juristas ponham sua competência jurídica a serviço da defesa de um outro fundamento possível da autoridade, a saber, a autoridade de base constitucional. E eles são os primeiros, nas lutas permanentes contra a realeza, a tentar avançar a necessidade para o rei e para os nobres de encontrar outro fundamento para se legitimar que não a simples transmissão hereditária.
>
> (...) Com muita frequência, (...) tem-se toda uma série de textos de juristas propondo sejam justificativas do Estado monárquico, sejam críticas mais ou menos inspiradas em Rousseau.[2240]

É claro que essa importante atuação legitimadora empreendida pelos jurisconsultos – enquanto categoria política e sob as vestes talares

---

2238 BOURDIEU, Pierre. "Curso de 24 de outubro de 1991". *In*: ______. *Sobre o Estado*: cursos no Collége de France (1989-92). Trad. Rosa Freire d'Aguiar. São Paulo: Companhia das Letras, 2014, p. 353.

2239 BOURDIEU, Pierre. "Curso de 24 de outubro de 1991". *In*: ______. *Sobre o Estado*: cursos no Collége de France (1989-92). Trad. Rosa Freire d'Aguiar. São Paulo: Companhia das Letras, 2014, p. 351.

2240 BOURDIEU, Pierre. "Curso de 24 de outubro de 1991". *In*: ______. *Sobre o Estado*: cursos no Collége de France (1989-92). Trad. Rosa Freire d'Aguiar. São Paulo: Companhia das Letras, 2014, p. 353, destaque nosso.

da neutralidade, desinteresse, impessoalidade e racionalidade – reflete também interesses pessoais, ou seja, "lutas pelas quais os diferentes grupos envolvidos na divisão do trabalho de dominação se esforçam para fazer seus peões avançarem"[2241] para melhor atender também às respectivas conveniências individuais e de grupo. Bourdieu assim discorre sobre a tensão entre o particular e o universal no discurso dos operadores do Direito:

> Os juristas, a meu ver, são os motores do universal, da universalização. Têm a seu favor o Direito, isto é, esse discurso de pretensão universal, e essa capacidade particular, que é sua capacidade profissional, de explicar a razão, de dar as razões, de produzir razões, portanto de apresentar as coisas que são da ordem do fato – "É assim", "Não é possível", "É intolerável" etc. – à ordem da razão, por duas vias: pela evocação dos princípios jurídicos universais – não há Estado sem Constituição, por exemplo – e pelo recurso à história. Os juristas foram os primeiros historiadores do Direito Constitucional, os primeiros a tentar encontrar precedentes e a escrutinar arquivos. [É interessante notar] que as pessoas mais envolvidas nas batalhas para saber se os membros do Parlamento podiam usar vermelho, as mais envolvidas nesses microambientes, fizeram trabalhos inesquecíveis de historiadores: foram vasculhar os arquivos para saber se, no primeiro leito de justiça no século XIII, o rei entrara precedido de alguém ou não, pusera os pares na primeira fila etc. Esse trabalho de historiador fazia parte da construção do Estado. O que quero dizer, simplesmente, é que essas pessoas, por suas características, por sua posição, para fazerem avançar seus interesses eram obrigadas a fazer avançar o universal. Era uma característica delas, não podiam se contentar em dizer: "É assim". Mesmo quando serviam ao rei e o absolutismo, davam razões àquilo que se pode afirmar de maneira

---

2241 BOURDIEU, Pierre. "Curso de 24 de outubro de 1991". *In*: ______. *Sobre o Estado*: cursos no Collége de France (1989-92). Trad. Rosa Freire d'Aguiar. São Paulo: Companhia das Letras, 2014, p. 354.

> arbitrária, eram os que davam as razões, *a fortiori* quando queriam fazer avançar seus próprios interesses.[2242]

O importante dessas reflexões de Bourdieu para os propósitos da reflexão aqui tecida é marcar como se construíram historicamente algumas relevantes pretensões de neutralidade e de naturalização em torno do Estado, pretensões essas que, conforme discorrido ao longo deste trabalho, estiveram fortemente presentes em determinados segmentos da Teoria Geral do Estado.

É claro que a pesquisa de campo efetuada por Bourdieu pretende captar constâncias do fenômeno analisado, não estatuindo leis invariáveis e totalizantes para todos os teóricos sociais e juristas de todos os Estados. Dessa forma, não se defende aqui que todos os juristas compreendem o Estado como uma construção neutra, tampouco que atuam todos eles conscientemente no afã de justificar ordens reacionárias de dominação favoráveis aos seus interesses. Na verdade, a importância das categorias de Bourdieu aqui suscitadas é apenas para marcar que parte relevante do pensamento jurídico nacional – não ele todo, repita-se – se deixa muitas vezes enredar por categorias naturalizadas, sem se preocupar em investigar historicamente os seus fundamentos, do que redunda, muitas vezes, na sedimentação de déficits historiográficos e sociológicos que podem ter o condão de bloquear ou ao menos atrapalhar os potenciais críticos exigíveis de uma Teoria do Estado contemporaneamente.

Como visto no capítulo I, os principais juristas responsáveis pela conformação doutrinária da Teoria Geral do Estado (Gerber, Laband e Jellinek) ancoravam-se em premissas positivistas que sustentavam a necessidade de se buscar um conhecimento científico do Estado. Sob as vestes talares dessa pretensa neutralidade,

---

2242 BOURDIEU, Pierre. "Curso de 24 de outubro de 1991". *In*: ______. *Sobre o Estado*: cursos no Collége de France (1989-92). Trad. Rosa Freire d'Aguiar. São Paulo: Companhia das Letras, 2014, pp. 357/358, destaque nosso.

vislumbravam-se, contudo, resistentes pretensões monistas de justificação e legitimação do princípio monárquico, com vistas a dar-lhe sobrevida institucionalizada.

No bojo da *Methodenstreit* weimariana, essa pretensão positivista é totalmente ressignificada e desconstruída. Até mesmo um autor neopositivista como Kelsen não defende que o Direito seja imune a finalidades políticas, mas sim que a Ciência do Direito deva se desenvolver a partir da pretensão metodológica de compreender formal e abstratamente o Estado a partir da norma jurídica, o que implica levar ao extremo o seu relativismo filosófico de dessubstancialização do Estado. Carl Schmitt, por sua vez, trabalha ambígua e paradoxalmente com a categoria da neutralidade, já que, ao mesmo tempo que assenta que a Constituição diz respeito não ao elemento da normatividade, mas sim às decisões políticas fundamentais de uma nação, vale-se do *pouvoir neutre*, aludido por Benjamin Constant, como argumento para defender a suposta neutralidade do Presidente do *Reich* como "guardião" da Constituição. Smend, por sua vez, avança uma teoria do Estado Integral calcado na ampla capilaridade político-estatal por todos os domínios da vida social. Já Heller defende a consecução de um Estado Social de Direito e de uma democracia socialista.

A recepção da Teoria Geral do Estado no Brasil do Estado Novo, seja para fomentar a construção de uma doutrina do Estado Nacional, seja como nova cátedra universitária siamesa da cadeira de Direito Constitucional, é marcada por uma pretensão ideológica do regime estado-novista de fazer prevalecer as diretrizes da Carta de 1937, essencialmente fundadas na concentração absoluta e discricionária de poderes nas mãos do Presidente da República, visto como o intérprete por excelência da Nação.

Como se vê, a Teoria do Estado jamais foi neutra. Não obstante isso, grande parcela das reflexões doutrinárias brasileiras nessa seara simplesmente parte do Estado como um dado apriorístico, sem confrontá-lo criticamente com a história brasileira e com a própria história científica dessa disciplina.

Ainda que não se defenda, expressa e diretamente, que se está tomando o Estado como um objeto neutro, o déficit de historicidade que muitas vezes acompanha as doutrinas mais tradicionais deixa à mostra precisamente esse *senso comum teórico*[2243] de sua neutralidade, ainda que implicitamente. Muitas vezes, essas construções doutrinárias se propõem a dialogar mais com o conceito de Estado na Antiguidade greco-romana, por exemplo, do que com a própria história constitucional brasileira, que, inevitavelmente, constitui um espaço de experiência que se tensiona com os horizontes de expectativa[2244] de uma Teoria do Estado contemporânea e condizente com a modernidade periférica.

Como bem pontuam Menelick de Carvalho Netto e Guilherme Scotti, após o giro linguístico hermenêutico-pragmático, tornou-se necessário

> realizar o iluminismo do iluminismo, para usar os termos de Niklas Luhmann (*Der Aufklärung der Aufklärung*). Saber que a nossa racionalidade é humana, sabê-la histórica, limitada, datada, ela própria uma construção social vinculada

---

2243 WARAT, Luis Alberto. "Saber crítico e senso comum teórico dos juristas". *Sequência Estudos Jurídicos e Políticos*, vol. 3, nº 5, 1982, p. 48-57. De acordo com Warat, o senso comum teórico "estabelece versões aceitas de um saber com pretensões de estabelecer desenhos naturais do mundo" e desenvolve a percepção de que "o saber das ciências é uma espécie de cópia fotográfica passiva de suas características externas e internas" (WARAT, Luis Alberto. *A rua grita Dionísio!* Rio de Janeiro: Lumen Juris, 2010, pp. 27/28).

2244 KOSELLECK, Reinhart. *Futuro Passado*: contribuição à semântica dos tempos históricos. Rio de Janeiro: Contraponto/PUC Rio, 2006, pp. 309-312.

> a determinadas tradições, práticas, vivências, interesses e necessidades, no mais das vezes naturalizados e apenas pressupostos.[2245]

Sendo assim, pode-se dizer que [h]oje, sabemos que um saber só pode ser qualificado de científico se ele se sabe limitado, precário, refutável.[2246]

Portanto, para que a Teoria Geral do Estado efetivamente cumpra com a sua imprescindível missão de analisar o fenômeno estatal a partir de uma pretensão crítica, multidisciplinar e de conjunto, deve inevitavelmente estar comprometida em revisitar a sua própria história, de modo a reler criticamente o seu acervo teórico-instrumental para ressignificá-lo à luz da hipercomplexidade contemporânea, do paradigma do Estado Democrático de Direito e da Constituição de 1988.

4.3 Estado, soberania popular e tensão entre público e privado no paradigma procedimental do Direito

Autores como Jürgen Habermas e Menelick de Carvalho Netto tomam de empréstimo de Thomas Kuhn o conceito de *paradigma*,[2247] valendo-se dele para estudar a história do constitucionalismo moderno.

2245 CARVALHO NETTO, Menelick de; SCOTTI, Guilherme. *Os direitos fundamentais e a (in)certeza do Direito*: a produtividade das tensões principiológicas e a superação do sistema de regras. 2ª ed. Belo Horizonte: Fórum, 2020, p. 22, destaque nosso.

2246 CARVALHO NETTO, Menelick de. "Prefácio". *In*: GALUPPO, Marcelo. *Igualdade e diferença*: Estado Democrático de Direito a partir do pensamento de Habermas. Belo Horizonte: Mandamentos, 2002, p. 10.

2247 CARVALHO NETTO, Menelick de. "A contribuição do Direito Administrativo enfocado da ótica do administrado para uma reflexão acerca dos fundamentos do controle de constitucionalidade das leis no

A transição para a modernidade teria sido um longo e multifacetado processo de aproximadamente três séculos após o fim da Baixa Idade Média, em que transcorreram diversas microrrevoluções nos mais diversos setores da vida social (economia, política, religião, arte, cultura, filosofia etc.), desaguando todas elas no complexo processo de gestação, enquanto aquisição evolutiva, da própria Modernidade.[2248]

No mundo pré-moderno, as sociedades eram essencialmente estratificadas em castas e eram estamentais, ou seja, não se admitiam mudanças sociais. Não havia a diferenciação funcional da sociedade em sistemas sociais autopoiéticos, algo que Luhmann identifica com a emergência da Modernidade.[2249] Na verdade, as sociedades eram verdadeiros amálgamas, que condensavam em si de maneira indiferenciada os diversos âmbitos da vida social, tais como economia, Direito, política, arte etc., tudo isso tendo por fundamento último uma metafísica religiosa, que subordinava a tudo e a todos de acordo com sua semântica dualista (bem e mal).[2250]

A construção da Modernidade, ao contrário, foi acompanhada por aquisições evolutivas que primaram pela diferenciação funcional da sociedade em sistemas sociais autopoiéticos, pela ideia de

---

Brasil: um pequeno exercício de Teoria da Constituição". *Revista do Tribunal Superior do Trabalho*, Brasília, vol. 68, nº 2, abr./jun. 2002, pp. 73-75 e 80.

2248 CARVALHO NETTO, Menelick de. "A Hermenêutica Constitucional sob o paradigma do Estado Democrático de Direito". *In*: OLIVEIRA, Marcelo Andrade Cattoni de (Coord.). *Jurisdição e hermenêutica constitucional no Estado Democrático de Direito*. Belo Horizonte: Mandamentos, 2004, pp. 30/31.

2249 LUHMANN, Niklas. *A Constituição como aquisição evolutiva*. Trad. Menelick de Carvalho Netto, Giancarlo Corsi, Raffaele de Giorgi e Paulo Sávio Peixoto Maia. [S.l.]: [s.n.], 2000. (Tradução para uso acadêmico, não revisada).

2250 NEVES, Marcelo. *Transconstitucionalismo*. São Paulo: Martins Fontes, 2009, pp. 6-34.

racionalidade como fundamento dos direitos inatos do homem, pela criação do conceito de indivíduo e pela possibilidade de mobilidade social, com abolição das castas e emergência das classes sociais em uma conjuntura econômica capitalista.[2251]

O paradigma Liberal, primeiro do constitucionalismo moderno, era marcado pela sobrevalorização do âmbito privado da sociedade (encarnado no livre-mercado), visto como o terreno por excelência de manifestação das liberdades individuais, do livre desenvolvimento das potencialidades humanas e dos direitos fundamentais inatos (liberdade, igualdade e propriedade). Já o âmbito público, encarnado no Estado, era visto como um mal necessário, como um constructo originado do contratualismo social e que serviria apenas para dar livre fruição aos direitos inatos do homem manifestados no âmbito privado, ou seja, para garantir que, com um mínimo de leis e de atuação burocrático-estatal, os direitos individuais fossem respeitados.[2252]

Em termos políticos, nesse paradigma, havia a segmentação entre *sociedade civil*, da qual todos participariam pela mera condição humana do nascimento (o que apresenta várias complexidades, tendo em vista, por exemplo, a questão da escravidão), e *sociedade política*, que seria composta apenas por aqueles economicamente

---

2251 CARVALHO NETTO, Menelick de. "A Hermenêutica Constitucional sob o paradigma do Estado Democrático de Direito". *In*: OLIVEIRA, Marcelo Andrade Cattoni de (Coord.). *Jurisdição e hermenêutica constitucional no Estado Democrático de Direito*. Belo Horizonte: Mandamentos, 2004, pp. 30/31.

2252 CARVALHO NETTO, Menelick de. "A contribuição do Direito Administrativo enfocado da ótica do administrado para uma reflexão acerca dos fundamentos do controle de constitucionalidade das leis no Brasil: um pequeno exercício de Teoria da Constituição". *Revista do Tribunal Superior do Trabalho*, Brasília, vol. 68, nº 2, abr./jun. 2002, p. 77.

privilegiados (os direitos políticos ativos e passivos, ou seja, votar e ser votado, pressupunham condições censitárias).[2253]

Como bem demonstra Menelick de Carvalho Netto, o âmbito público da sociedade (subvalorizado) era o Estado, enquanto o âmbito privado (supervalorizado) eram os egoísmos anteriores à vida social, encarnados sobretudo nos direitos fundamentais inatos e no mercado. Esse paradigma foi concomitantemente responsável por uma acumulação sem precedentes de capital e também pela produção de uma extrema desigualdade social, criando uma massa de desvalidos entregues à própria sorte da livre-iniciativa.[2254]

Com a Revolução Comunista de 1917 e o fim da Primeira Guerra Mundial, afigurou-se evidente que os cinismos formalistas do primeiro paradigma, que pregava que todos eram livres e iguais perante a lei, haviam provocado, na verdade, o oposto da igualdade, gerando uma massa de miseráveis. Esse fenômeno, acentuado pelas crescentes pressões socialistas e pelos horrores socioeconômicos da guerra, provocou a emergência de um novo paradigma constitucional, o do Estado Social. Positivado em Constituições como a do México de 1917 e, sobretudo, a de Weimar de 1919, essa nova concepção do constitucionalismo foi marcada pela reação aos excessos formalistas do primeiro paradigma em prol da materialização de direitos. Os direitos fundamentais à igualdade, à liberdade e à propriedade são

2253 CARVALHO NETTO, Menelick de. "A contribuição do Direito Administrativo enfocado da ótica do administrado para uma reflexão acerca dos fundamentos do controle de constitucionalidade das leis no Brasil: um pequeno exercício de Teoria da Constituição". *Revista do Tribunal Superior do Trabalho*, Brasília, vol. 68, nº 2, abr./jun. 2002, p. 77.

2254 CARVALHO NETTO, Menelick de. "A contribuição do Direito Administrativo enfocado da ótica do administrado para uma reflexão acerca dos fundamentos do controle de constitucionalidade das leis no Brasil: um pequeno exercício de Teoria da Constituição". *Revista do Tribunal Superior do Trabalho*, Brasília, vol. 68, nº 2, abr./jun. 2002, p. 77.

completamente relidos e passam a espelhar a busca pela justiça social e pela efetiva concretude dos direitos, do que decorre um amplo rol de direitos sociais que cobram do Estado – o único agente social com capilaridade e condições para tanto – medidas concretas para remediar as desigualdades mediante políticas de inclusão, intervenção na economia etc.[2255]

Nesse segundo paradigma, também a relação entre os âmbitos público e privado da sociedade é ressignificada. O outrora supervalorizado âmbito privado passa a ser visto como o grande responsável pelas imensas crises e desigualdades sociais provocadas, de tal modo que se torna subvalorizado em relação ao âmbito público, que, por sua vez, passa a representar a única via de obtenção da justiça social através da conquista de direitos sociais (saúde, educação, moradia, seguridade social etc.).[2256]

O Estado, portanto, agiganta-se e, sobretudo através do centralizado e concentrador Poder Executivo, passa a acumular imensas tarefas em todas as áreas da vida social. A clássica teoria da separação de Poderes de Montesquieu, verdadeiro dogma do paradigma Liberal, é ressignificada rumo a uma mera separação de funções do Estado. Exsurgem, nesse período, democracias sociais como a de Weimar, que, golpeadas por contestações autoritárias que se seguiram às crises econômicas do período, dão lugar a governos ditatoriais, à direita e

---

2255 CARVALHO NETTO, Menelick de. “A contribuição do Direito Administrativo enfocado da ótica do administrado para uma reflexão acerca dos fundamentos do controle de constitucionalidade das leis no Brasil: um pequeno exercício de Teoria da Constituição”. *Revista do Tribunal Superior do Trabalho*, Brasília, vol. 68, nº 2, abr./jun. 2002, pp. 77-79.

2256 CARVALHO NETTO, Menelick de. “A contribuição do Direito Administrativo enfocado da ótica do administrado para uma reflexão acerca dos fundamentos do controle de constitucionalidade das leis no Brasil: um pequeno exercício de Teoria da Constituição”. *Revista do Tribunal Superior do Trabalho*, Brasília, vol. 68, nº 2, abr./jun. 2002, pp. 77-79.

à esquerda (fascismo, nazismo, comunismo soviético, salazarismo, estado-novismo etc.). É o aqui já estudado fenômeno das chamadas "ditaduras constitucionais", calcadas na extrema concentração de poderes no chefe do Executivo. Até mesmo democracias como a dos Estados Unidos passam por uma concentração de poderes nas mãos do Presidente da República, como se verifica do longo e reformulador governo de Franklin Delano Roosevelt e da sua mais famosa obra, o *New Deal*.

Nesse paradigma, não se percebe mais a segmentação da sociedade em civil e política, tendo sido promovida, inclusive, via de regra, a universalidade do sufrágio.

Sendo assim, para esse paradigma,

> a própria cidadania só pode ser tratada como massa, como conjunto dos destinatários, dos objetos, dos programas sociais, jamais como os seus sujeitos, ou seja, são programas cuja autoria seria garantida como exclusivamente estatal.[2257]

No paradigma Liberal, cidadania representava direito ao voto pela sociedade política. No paradigma Social, significava acesso a bens e serviços passivamente, através da exclusiva ação estatal, que, necessária e infalivelmente, sabia o que era melhor para as massas.

Comparando-se os dois paradigmas, haveria, nas palavras de Menelick de Carvalho Netto, uma "mudança da seta valorativa"[2258]

2257 CARVALHO NETTO, Menelick de. "A contribuição do Direito Administrativo enfocado da ótica do administrado para uma reflexão acerca dos fundamentos do controle de constitucionalidade das leis no Brasil: um pequeno exercício de Teoria da Constituição". *Revista do Tribunal Superior do Trabalho* , Brasília, vol. 68, nº 2, abr./jun. 2002, p. 78.

2258 CARVALHO NETTO, Menelick de. "A contribuição do Direito Administrativo enfocado da ótica do administrado para uma reflexão acerca dos fundamentos do controle de constitucionalidade das leis no

na passagem do primeiro para o segundo: no Liberal, o privado é supervalorizado em detrimento do público; no Social, ocorre o inverso. Nas palavras de Habermas, tratar-se-ia de um "jogo de soma zero".[2259] Todavia, a mudança é apenas relacional, já que os conteúdos dos âmbitos público e privado permanecem os mesmos nos dois paradigmas: público é o Estado e privado são os egoísmos anteriores à vida social (materializados, sobretudo, em direitos fundamentais inatos ao homem e no livre mercado).

Como destaca Habermas, "[o] paradigma do Estado social orienta-se exclusivamente pelo problema da justa distribuição das oportunidades de vida socialmente produzidas".[2260] Esse foco exclusivo na promoção de uma cidadania passiva calcada apenas na distribuição pretensamente equitativa de bens e de serviços pelo Estado sem qualquer participação ativa dos afetados por essas políticas foi, nas precisas palavras de Menelick de Carvalho Netto, "capaz de produzir, no máximo, clientela e nunca cidadãos como prometera".[2261]

Para além disso, o agigantamento incontrolável do Estado, sobretudo nos períodos das "ditaduras constitucionais", revelou uma captura estatal por parte de elites burocráticas e tecnocráticas que, muitas vezes, com a oposição maniqueísta e elitista da *técnica*

Brasil: um pequeno exercício de Teoria da Constituição". *Revista do Tribunal Superior do Trabalho*, Brasília, vol. 68, nº 2, abr./jun. 2002, p. 79.

2259 HABERMAS, Jürgen. *Facticidade e validade*: contribuições para uma teoria discursiva do Direito e da democracia. Trad. Felipe Gonçalves Silva e Rúrion Melo. São Paulo: Unesp, 2020, p. 513.

2260 HABERMAS, Jürgen. *Facticidade e validade*: contribuições para uma teoria discursiva do Direito e da democracia. Trad. Felipe Gonçalves Silva e Rúrion Melo. São Paulo: Unesp, 2020, p. 528.

2261 CARVALHO NETTO, Menelick de. "A hermenêutica constitucional e os desafios postos aos direitos fundamentais". *In*: SAMPAIO, José Adércio. *Jurisdição constitucional e direitos fundamentais*. Belo Horizonte: Del Rey, 2003, p. 150.

à *política*, operou a "privatização do público",[2262] que não mais refletia um interesse genuinamente público, de todos, do povo, mas sim um interesse do mandachuva do momento e de sua burocracia, legitimado pela simbólica intocabilidade que lhe é conferida pelo simples fato de integrar o Estado.

Como aponta Habermas, "a igual distribuição de direitos subjetivos não pode ser desvinculada da autonomia pública que os cidadãos, em sua participação na práxis legislativa, apenas podem exercer em comum".[2263] Foi justamente essa luta por autonomia pública que marcou, por exemplo, o movimento feminista estadunidense na década de 1970, o qual reivindicava não só políticas públicas concedidas, de cima para baixo, pelo Estado às mulheres, mas sim a possibilidade de as próprias afetadas contribuírem para a construção dessas políticas em um exercício de autodeterminação.[2264] Nesse sentido, "os direitos só podem ser gozados na medida em que são exercidos".[2265]

Diversos outros fatores estiveram presentes nesse processo de progressivo desgaste do paradigma do Estado Social, tais como a evidenciação dos horrores do holocausto ao final da Segunda Guerra Mundial, o terrível uso pioneiro das bombas nucleares pelos Estados

---

2262 CARVALHO NETTO, Menelick de. "A contribuição do Direito Administrativo enfocado da ótica do administrado para uma reflexão acerca dos fundamentos do controle de constitucionalidade das leis no Brasil: um pequeno exercício de Teoria da Constituição". *Revista do Tribunal Superior do Trabalho*, Brasília, vol. 68, nº 2, abr./jun. 2002, p. 67.

2263 HABERMAS, Jürgen. *Facticidade e validade*: contribuições para uma teoria discursiva do direito e da democracia. Trad. Felipe Gonçalves Silva e Rúrion Melo. São Paulo: Unesp, 2020, p. 528.

2264 HABERMAS, Jürgen. *Facticidade e validade*: contribuições para uma teoria discursiva do direito e da democracia. Trad. Felipe Gonçalves Silva e Rúrion Melo. São Paulo: Unesp, 2020, pp. 530-540.

2265 HABERMAS, Jürgen. *Facticidade e validade*: contribuições para uma teoria discursiva do direito e da democracia. Trad. Felipe Gonçalves Silva e Rúrion Melo. São Paulo: Unesp, 2020, p. 528.

Unidos contra o Japão, as contestações do movimento pacifista *hippie* e sua defesa da contracultura, as crises econômicas do final da década de 1970, dentre outros.[2266]

Esse caldo de cultura política contestatória do antidemocrático paternalismo estatal desaguou, segundo Habermas, na crise acentuada do paradigma do Estado Social. Todavia, aponta ele que o simplista "caminho de volta propagado pelo neoliberalismo sob a tese de um 'retorno da sociedade civil burguesa e de seu direito' está bloqueado",[2267] diante das vivências histórico-sociais das décadas anteriores e das suas inegáveis conquistas sociais, que não poderiam ser simplesmente apagadas com o mero retorno ao *Laissez-faire* liberal. Por outro lado, "o projeto do Estado social não deve ser meramente endossado nem interrompido, mas continuado em um nível superior de reflexão".[2268] Ou seja, o problema não estaria obviamente na busca pela justiça social mediante a ação do Estado, mas na *forma* como isso deveria ocorrer.

Emergiu, então, o paradigma procedimental do Direito, segundo o qual não há mais uma oposição estanque e maniqueísta entre os âmbitos público e privado da sociedade, mas sim uma

---

2266 CARVALHO NETTO, Menelick de. "A Hermenêutica Constitucional sob o paradigma do Estado Democrático de Direito". *In*: OLIVEIRA, Marcelo Andrade Cattoni de (Coord.). *Jurisdição e hermenêutica constitucional no Estado Democrático de Direito*. Belo Horizonte: Mandamentos, 2004, pp. 36/37.

2267 HABERMAS, Jürgen. *Facticidade e validade*: contribuições para uma teoria discursiva do direito e da democracia. Trad. Felipe Gonçalves Silva e Rúrion Melo. São Paulo: Unesp, 2020, p. 517.

2268 HABERMAS, Jürgen. *Facticidade e validade*: contribuições para uma teoria discursiva do direito e da democracia. Trad. Felipe Gonçalves Silva e Rúrion Melo. São Paulo: Unesp, 2020, p. 517.

"tensão constitutiva"[2269] entre eles, cabendo ao Direito garantir concomitantemente a autonomia pública e a autonomia privada dos indivíduos.[2270]

Não só a relação entre os âmbitos público e privado muda, também os seus conteúdos são ressignificados. De acordo com Carvalho Netto,

> [a] ótica do administrado, do cidadão, requer que enfoquemos a esfera pública como algo bem mais amplo do que o mero Estado que se encontra, sem dúvida, em seu centro, mas que inequivocamente não a esgota e que é passível, a todo momento, de ser privatizado pela própria Administração.[2271]

Nessa conjuntura, a sociedade civil organizada (associações, sindicatos, organizações não governamentais, movimentos sociais etc.) exerce também importante papel público, sobretudo na permanente vigilância para que o Estado não seja privatizado por pautas e ações desvinculadas do genuíno interesse público, já que "direitos subjetivos podem ser lesados não somente por intervenções ilegais,

---

2269 OLIVEIRA, Marcelo Andrade Cattoni de; CARVALHO NETTO, Menelick de. "Legitimidade e efetividade como tensão constitutiva (conflito concreto) da normatividade constitucional". *In*: LIMA, Martonio Mont'Alverne Barreto; ALBUQUERQUE, Paulo Antonio de Menezes (Coord.). *Democracia, direito e política*: estudos internacionais em homenagem a Friedrich Müller. Florianópolis: Conceito, 2006, pp. 615-627.

2270 HABERMAS, Jürgen. *Facticidade e validade*: contribuições para uma teoria discursiva do Direito e da democracia. Trad. Felipe Gonçalves Silva e Rúrion Melo. São Paulo: Unesp, 2020, p. 516.

2271 CARVALHO NETTO, Menelick de. "A contribuição do Direito Administrativo enfocado da ótica do administrado para uma reflexão acerca dos fundamentos do controle de constitucionalidade das leis no Brasil: um pequeno exercício de Teoria da Constituição". *Revista do Tribunal Superior do Trabalho*, Brasília, vol. 68, nº 2, abr./jun. 2002, p. 68.

mas também por omissões da administração no cumprimento de serviços públicos".[2272]

Por outro lado, o privado não pode mais ser visto como um mero egoísmo individualista de mercado, mas sim como uma esfera em que a autonomia privada do cidadão está em permanente tensão com a sua autonomia pública, com a eficácia horizontal dos direitos fundamentais e com o dever de vigilância do Estado para que violações a esses direitos não sejam perpetradas ainda que no mais íntimo reduto da vida privada, já que "[p]erante decisões políticas relevantes ao conjunto da sociedade, o Estado, tanto ontem como hoje, tem de poder identificar os interesses públicos e impô-los caso necessário".[2273]

Note-se, portanto, que não se trata, em absoluto, de desmerecer o papel do Estado e das inegáveis conquistas do segundo paradigma em termos de avanço da justiça social, mas sim de ressignificar o papel do cidadão e de sua influência, como administrado, na condução da Administração Pública. Isso porque,

> [c]om o crescimento e a mudança qualitativa das funções estatais, altera-se também a necessidade de legitimação; quanto mais o Direito é tomado como meio de regulação política e estruturação social, tanto maior é o ônus de legitimação que a *gênese democrática do Direito* tem de carregar.[2274]

2272 HABERMAS, Jürgen. *Facticidade e validade*: contribuições para uma teoria discursiva do Direito e da democracia. Trad. Felipe Gonçalves Silva e Rúrion Melo. São Paulo: Unesp, 2020, p. 541.

2273 HABERMAS, Jürgen. *Facticidade e validade*: contribuições para uma teoria discursiva do direito e da democracia. Trad. Felipe Gonçalves Silva e Rúrion Melo. São Paulo: Unesp, 2020, p. 557.

2274 HABERMAS, Jürgen. *Facticidade e validade*: contribuições para uma teoria discursiva do direito e da democracia. Trad. Felipe Gonçalves Silva e Rúrion Melo. São Paulo: Unesp, 2020, p. 542.

Ao contrário do que imperava, por exemplo, na Alemanha monárquica do II *Reich* ou no contexto das "ditaduras constitucionais" das décadas de 1930-1940, não mais tudo o que emana do Estado é, simplesmente devido a isso, legítimo, já que "[a]s condições de constituição do Direito e do poder político seriam lesadas se a política se servisse da forma jurídica para *qualquer* objetivo e destruísse assim a função específica do Direito".[2275]

Distinguindo "o poder *produzido comunicativamente* e o poder *empregado administrativamente*", Habermas afirma o seguinte:

> (...) o sistema administrativo se relaciona primariamente com o Direito apenas de maneira instrumental; razões normativas, que justificam na linguagem do Direito as políticas escolhidas e as normas estabelecidas, são consideradas na linguagem do poder administrativo racionalizações adicionais para decisões previamente induzidas. **Contudo, o poder político continua dependendo de razões normativas; isso se explica por seu caráter jurídico. Por isso, as razões normativas formam a moeda com que o poder político se torna válido.**[2276]

Não se sustenta mais, portanto, a semântica de autolegitimação do Estado pretensamente neutro, que deve ser substituída pela imperiosa necessidade de controle e de legitimação *permanentes* das políticas estatais, garantindo-se, assim, a sua indissociável conformidade com a soberania popular e impedindo a sua cooptação por interesses privados:

2275 HABERMAS, Jürgen. *Facticidade e validade*: contribuições para uma teoria discursiva do direito e da democracia. Trad. Felipe Gonçalves Silva e Rúrion Melo. São Paulo: Unesp, 2020, p. 542.

2276 HABERMAS, Jürgen. "Estudos prévios e complementos – II: soberania popular como procedimento (1988)". *In*: ______. *Facticidade e validade*: contribuições para uma teoria discursiva do Direito e da democracia. Trad. Felipe Gonçalves Silva e Rúrion Melo. São Paulo: Unesp, 2020, p. 645, destaque nosso.

Segundo o modelo expertocrático, a Administração só deveria tomar decisões pragmáticas; naturalmente, a Administração nunca obedeceu a esse ideal. Na moderna Administração de serviços, todavia, acumulam-se problemas que demandam uma ponderação de bens coletivos, a escolha entre objetivos concorrentes e a avaliação normativa de casos particulares. Eles só podem ser tratados racionalmente em discursos de fundamentação e aplicação que extrapolam o quadro profissional de um cumprimento de tarefas normativamente neutro. Com ajuda do Direito Procedimental, deve-se então inserir filtros de legitimação nos processos decisórios de uma Administração que, assim como antes, orienta-se pelo ponto de vista da eficácia. Nesse sentido, minha imagem do aparato estatal como uma fortaleza democraticamente "sitiada" é enganosa. Uma vez que a Administração não pode deixar de recorrer a razões normativas ao implementar programas legais de conteúdo aberto, essas etapas de regulamentação administrativa deveriam ser cumpridas em formas de comunicação e procedimentos que satisfaçam as condições de legitimação do Estado de Direito. Isso implica uma "democratização" da Administração que vai além do dever de prestar informações públicas, complementando o controle parlamentar e judicial das atividades administrativas a partir de dentro. Mas, se para uma tal democratização o mais adequado seria a participação dos concernidos nas decisões administrativas, a ativação de mediadores, procedimentos análogos aos tribunais, consultas populares etc., ou se seria necessário encontrar outros mecanismos para um âmbito tão suscetível a perturbações e tão dependente de critérios de eficiência, essas questões, como sempre em inovações desse tipo, só podem ser respondidas pela combinação de imaginação institucional com experimentação cautelosa. De todo modo, as práticas participativas na Administração não podem ser consideradas como substitutos da proteção jurídica, mas como procedimentos *ex-ante* de **legitimação**

de decisões que, por seu conteúdo normativo, substituem atos do legislador ou da justiça.[2277]

Como se vê, o paradigma procedimental do Direito atua também como forma de proteção do próprio Estado contra capturas e autofagias privatistas mediante "uma esfera pública móvel, alerta, desconfiada e bem-informada, capaz de influir sobre o complexo parlamentar e insistir nas condições de surgimento do Direito legítimo".[2278] Esfera pública essa que não se restringe a um rol privilegiado de especialistas, mas que se estende a todos os cidadãos indistintamente.[2279]

É claro que essa esfera pública assim conformada não é um dado pronto e acabado. Ela própria se consubstancia em um difícil e improvável processo de construção diuturna de canais comunicativos e institucionais para proporcionar uma maior participação direta ou indireta de cidadãos que se reconheçam como livres e iguais.

2277 HABERMAS, Jürgen. *Facticidade e validade*: contribuições para uma teoria discursiva do Direito e da democracia. Trad. Felipe Gonçalves Silva e Rúrion Melo. São Paulo: Unesp, 2020, pp. 555/556, destaque nosso.

2278 HABERMAS, Jürgen. *Facticidade e validade*: contribuições para uma teoria discursiva do Direito e da democracia. Trad. Felipe Gonçalves Silva e Rúrion Melo. São Paulo: Unesp, 2020, p. 557.

2279 HABERMAS, Jürgen. *Facticidade e validade*: contribuições para uma teoria discursiva do direito e da democracia. Trad. Felipe Gonçalves Silva e Rúrion Melo. São Paulo: Unesp, 2020, pp. 561/562. De acordo com Menelick de Carvalho Netto: "(...) uma Constituição é do interesse de todos, ou ela pertence a todos nós ou não é de ninguém. Ou o excluído, o 'zé mané', tem a ver com o Direito Constitucional, pois tem direitos constitucionais, e deve estar aqui nas nossas posturas e considerações, ou estaríamos desenvolvendo um puro diletantismo, que interessaria apenas às eventuais maiorias ou ao líder de uma ditadura totalizante" (CARVALHO NETTO, Menelick de. "Intervenções no debate". *In*: COUTINHO, Jacinto Nelson de Miranda (Coord.). *Canotilho e a Constituição dirigente*. Rio de Janeiro: Renovar, 2005, pp. 125/126).

Obviamente, há diversos imperativos sistêmicos que adicionam complexidades a esse processo de inclusão comunicativa, tais como as desigualdades econômicas e sociais que marcam, sobretudo, a periferia da sociedade mundial;[2280] a captura do Estado por pautas neoliberais contrárias à soberania popular;[2281] as pressões autoritárias de setores reacionários e infensos à democracia e aos direitos fundamentais;[2282] as pressões da mídia e das redes sociais absolutamente desreguladas, incentivando a exponencial disseminação de *fake news* que corrompem as possibilidades de integração comunicativa na esfera pública e criam embaraços à própria legitimação democrático-discursiva das eleições e da Administração;[2283] as guerras étnicas e por territórios; dentre vários outros. Todos esses fatores se apresentam, portanto, como desafios ao âmbito público e ao próprio Estado, do

---

2280 NEVES, Marcelo. *Constituição e Direito na modernidade periférica*: uma abordagem teórica e uma interpretação do caso brasileiro. Trad. Antônio Luz Costa. São Paulo: Martins Fontes, 2018; NEVES, Marcelo. *A constitucionalização simbólica*. 3ª ed. São Paulo: Martins Fontes, 2011; e BERCOVICI, Gilberto. "Teoria do Estado e Teoria da Constituição na periferia do capitalismo: breves indagações críticas". *In*: NUNES, António José Avelãs; COUTINHO, Jacinto Nelson de Miranda (Coord.). *Diálogos constitucionais*: Brasil/Portugal. Rio de Janeiro: Renovar, 2004, pp. 263-290.

2281 Sobre o tema, conferir: DARDOT, Pierre; LAVAL, Christian. *A nova razão do mundo*: ensaio sobre a sociedade neoliberal. Trad. Mariana Echalar. São Paulo: Boitempo, 2016; e VALIM, Rafael. *Estado de exceção*: a forma jurídica do neoliberalismo. São Paulo: Contracorrente, 2017.

2282 SOUZA NETO, Cláudio Pereira de. *Democracia em crise no Brasil*: valores constitucionais, antagonismos políticos e dinâmica institucional. São Paulo: Contracorrente, 2020.

2283 HABERMAS, Jürgen. *Uma nova mudança estrutural da esfera pública e a política deliberativa*. Trad. Denilson Luis Werle. São Paulo: Unesp, 2023; e TOMAZ, Mateus Rocha; BASTOS, Marcus Vinícius Fernandes. "Fake news e pós-verdade no paradigma constitucional do Estado Democrático de Direito: uma análise crítica à luz da teoria habermasiana do discurso e da teoria dworkiniana da integridade no Direito e na política". *X Congresso da ABraSD*: 55 anos de ensino da Sociologia Jurídica no Brasil, Recife, 2019.

que redunda a sua correlata importância para se pensar, de maneira complexa e rigorosa, uma Teoria do Estado contemporaneamente.

Falando especificamente do Brasil, o paradigma procedimental pode ser diretamente identificado com o processo constituinte de 1987-1988, que marcou a transição da ditadura de 1964 para o Estado Democrático de Direito.

Essa Assembleia Constituinte foi marcada por uma inédita abertura procedimental à sociedade civil na feitura da nova Constituição, não partindo, como era regra na história brasileira, de um anteprojeto oficial prévio e elaborado por especialistas, mas sendo construída com ampla participação popular, com a atuação dos mais diversos setores da sociedade por meio de emendas populares, cartas, audiências públicas, debates na mídia etc. Enfim, com possibilidade de que os próprios afetados pudessem diretamente participar da construção da comunidade de princípios que regeria as suas vidas em sociedade.[2284]

2284 Sobre o ponto, Menelick de Carvalho Netto assim disserta: "O inegável fracasso do modelo autoritário, aliado à crescente crise de legitimidade do regime, para não se mencionarem os fatores externos, conduziu a uma crescente organização da sociedade civil, que não apenas forçou a transição para o regime democrático, mas, sobretudo, emprestou ao processo nacional constituinte, muito embora a Assembleia não fosse exclusiva, legitimidade jamais alcançada em nossa história constitucional, em razão da participação ativa e direta do cidadão. Ora, forma e conteúdo, processo e produção necessariamente se interpenetram e se autodeterminam" (CARVALHO NETTO, Menelick de. *A sanção no procedimento legislativo*. Belo Horizonte: Del Rey, 1992, p. 293). Sobre o ponto, conferir também: CARVALHO NETTO, Menelick de. "A revisão constitucional e a cidadania: a legitimidade do Poder Constituinte que deu origem à Constituição da República Federativa de 1988 e as potencialidades do poder revisional nela previsto". *Fórum Administrativo*: Direito Público. Belo Horizonte, vol. 1, n 7, set. 2001; e BASTOS, Marcus Vinícius Fernandes. *Comissão Afonso Arinos, Assembleia Nacional Constituinte e elaboração do texto da Constituição de 1988*: construção, procedimento e legitimidade. Rio de Janeiro: Lumen Juris, 2019, pp. 95-111.

Segundo aponta Menelick de Carvalho Netto:

> As gramáticas de práticas sociais instituintes dos horizontes de sentido em que levantamos pretensões a novos direitos e propostas organizacionais de nosso viver em comum é que fornecem o substrato de legitimidade necessário à emergência do poder constituinte originário, tornando visível a caducidade das instituições vigentes e apontando para a necessidade de ruptura institucional. (...) Foi desse processo, profundamente democrático, que a Constituição hauriu sua legitimidade original, resultando de uma autêntica manifestação de poder constituinte, em razão do processo adotado.[2285]

Além de estabelecer um projeto de sociedade plural e democrática, a Constituição de 1988 estabeleceu inúmeros papéis ao modelo de Estado por ela escolhido, o qual é permeado por necessárias e democráticas intervenções estatais em diversas áreas: redução de desigualdades nacionais e regionais, promoção do desenvolvimento industrial, intervenção no domínio econômico, controle concorrencial, garantia de serviços públicos essenciais à população, titularidade de recursos naturais, proteção ambiental, dentre inúmeros outros.

Paralelamente a essa ampla atuação interventiva estatal, existem diversos mecanismos constitucionais de participação popular ativa e direta na condução, no controle e na legitimação da Administração Pública, tais como: plebiscito; referendo; iniciativa popular de projetos de lei; previsão da ação popular para anular ato lesivo ao patrimônio público ou de entidade de que o Estado participe, à moralidade administrativa, ao meio ambiente e ao patrimônio histórico e cultural; realização de consultas populares sobre questões

---

2285 CARVALHO NETTO, Menelick de. "A revisão constitucional e a cidadania: a legitimidade do Poder Constituinte que deu origem à Constituição da República Federativa de 1988 e as potencialidades do poder revisional nela previsto". *Fórum Administrativo*: Direito Público. Belo Horizonte, vol. 1, nº 7, set. 2001.

locais; criação de conselhos de acompanhamento e controle social; criação de ouvidorias nos órgãos de controle; participação dos trabalhadores, dos empregadores, dos aposentados e do Governo nos órgãos colegiados de seguridade social; participação da comunidade no Sistema Único de Saúde; participação da população, por meio de organizações representativas, na formulação das políticas e no controle das ações de assistência social; democratização dos processos decisórios com participação e controle social no Sistema Nacional de Cultura; dentre vários outros.

Portanto, uma Teoria do Estado contemporânea, que se pretenda adequada ao modelo de Estado proposto pela Constituição de 1988 e ao paradigma do Estado Democrático de Direito, deve estar necessariamente comprometida com a soberania popular, com a cidadania ativa, com a conformação da soberania como um "lugar vazio",[2286] dessubstancializado, a ser discursivamente preenchido pela vontade popular, agora compreendida não mais passivamente, como massa informe totalmente disponível à tutela inquestionável dos dirigentes do Estado, mas sim como "fluxo comunicativo",[2287] capaz de atuar ativamente na conformação concreta da comunidade de princípios que a Constituição constitui.[2288]

2286 "No Estado Democrático de Direito, como morada de uma comunidade jurídica que se organiza a si mesma, o lugar simbólico da soberania discursivamente fluidificada permanece *vazio*" (HABERMAS, Jürgen. *Facticidade e validade*: contribuições para uma teoria discursiva do Direito e da democracia. Trad. Felipe Gonçalves Silva e Rúrion Melo. São Paulo: Unesp, 2020, p. 559).

2287 CARVALHO NETTO, Menelick de. "A contribuição do Direito Administrativo enfocado da ótica do administrado para uma reflexão acerca dos fundamentos do controle de constitucionalidade das leis no Brasil: um pequeno exercício de Teoria da Constituição". *Revista do Tribunal Superior do Trabalho*, Brasília, vol. 68, nº 2, abr./jun. 2002, p. 80.

2288 CARVALHO NETTO, Menelick de; SCOTTI, Guilherme. *Os direitos fundamentais e a (in)certeza do Direito*: a produtividade das tensões principiológicas e a superação do sistema de regras. 2ª ed. Belo Horizonte: Fórum, 2020, pp. 97-100.

Justamente por isso, deve fazer parte dos horizontes científicos da Teoria do Estado revisitar a sua própria história, colocando à prova tradições jurídico-políticas e eventuais camadas de sedimentos autoritários nela depositadas que não se coadunam com o paradigma do Estado Democrático de Direito.

Falando especificamente sobre a Teoria da Constituição, Menelick de Carvalho Netto assim discorre:

> Acredito, sinceramente, que necessariamente **fazemos e devemos fazer mais reflexivamente Teoria da Constituição, mas a Teoria da Constituição que acredito fazer, é profundamente contrária à original.** A Teoria da Constituição, tal como criada por Carl Schmitt, é uma Teoria da Constituição que nasce exatamente para afirmar que não há Constituição, há Constituições. Cada país teria a sua; as Constituições seriam materiais, cada Constituição dependeria de uma unidade nacional, dependeria de um sujeito nacional concreto, fechado, e quem poderia emprestar concretude a essa identidade em uma sociedade de massas seria, em última análise, um *Füher.* Constituição seria o Estado, ou melhor, mais do que o Estado, seria um líder.[2289]

Nesse sentido, pretende-se contribuir aqui justamente com uma das possíveis e necessárias releituras de fragmentos da Teoria do Estado, ainda que contra algumas de suas originárias e clássicas versões, para que, assim, ela possa continuar não só operante, mas também afinada com o constitucionalismo democrático.

2289 CARVALHO NETTO, Menelick de. "Intervenções no debate". *In*: COUTINHO, Jacinto Nelson de Miranda (Coord.). *Canotilho e a Constituição dirigente*. Rio de Janeiro: Renovar, 2005, p. 125, destaque nosso.

4.4 As semânticas das "crises" do Estado e da Constituição revistas pelo constitucionalismo democrático

Desde 1988 e, sobretudo, após 2013, são frequentes as insurgências contra a Constituição e contra os projetos de sociedade e de Estado por ela constituídos. Reiteradamente, essas críticas aparecem sob a forma de graves "crises" supostamente vivenciadas pelo Estado e pela ordem constitucional, do que redundaria a alegada necessidade de suas radicais reformas e/ou substituição por outros modelos, convenientemente associados a pautas neoliberais e/ou autoritárias, que, não raras vezes, passam pela busca de instâncias de poder diferentes da soberania popular.

Recentemente, durante as turbulências políticas provocadas pelos truculentos enfrentamentos do governo Jair Bolsonaro com o Supremo Tribunal Federal, tornou-se conhecida a problemática interpretação de Ives Gandra da Silva Martins sobre o artigo 142 da Constituição Federal: "se um Poder sentir-se atropelado por outro, poderá solicitar às Forças Armadas que ajam como Poder Moderador para repor, NAQUELE PONTO, A LEI E A ORDEM, se esta, realmente, tiver sido ferida pelo Poder em conflito com o postulante".[2290]

O cabalístico numeral correspondente a esse dispositivo constitucional (mal) interpretado – 142 – tornou-se uma espécie de totem numérico inscrito no discurso e nas faixas de apoiadores do ex-Presidente Bolsonaro durante as famosas passeatas "patriotas", em que se viam com frequência pedidos de intervenção militar, de volta da ditadura, de fechamento do STF e de prisão de seus Ministros, dentre outras vergonhosas manifestações antidemocráticas.

2290 MARTINS, Ives Gandra da Silva. "Cabe às Forças Armadas moderar os conflitos entre os Poderes. Consultor Jurídico". *Conjur*, 28 maio 2020. Disponível em: https://www.conjur.com.br/2020-mai-28/ives-gandra-artigo-142-constituicao-brasileira/. Acessado em: 20.08.2024.

A tese de Ives Gandra não é, infelizmente, isolada. Em tempos recentes, há algumas manifestações doutrinárias que defendem, diante das frequentes "crises" políticas brasileiras, a recuperação da semântica do Poder Moderador.

Cite-se, por exemplo, a conclusão de recente texto de Christian Lynch sobre o tema, em que o professor carioca discorre sobre algumas perspectivas de um quarto poder sob a ordem Constitucional de 1988 como um mero problema de "engenharia institucional":

> A verdade, porém, é que, por não escaparem à configuração tradicional da tripartição de poderes iguais e independentes, nem o Supremo, nem o Presidente – e muito menos as Forças Armadas – podem ser objetivamente qualificados como poderes moderadores à luz da Constituição de 1988. **A criação de um Poder Moderador político, identificado com o chefe de Estado e capaz de arbitrar crises políticas, assessorado pelo Conselho da República, dependeria da separação entre chefias de Estado e de governo e, portanto, do abandono do sistema presidencial por outro, parlamentar ou semipresidencial.** Também a existência de um Poder Moderador jurídico exigiria que o Supremo deixasse de ser um órgão de cúpula do Judiciário para se tornar formalmente um tribunal constitucional de estilo europeu, acima dos três Poderes. Mas essas possibilidades permanecem remotas, seja porque o país parece avesso à engenharia institucional fora de períodos constituintes, seja pela cristalização de uma cultura política avessa ao imaginário da "moderação". **Até que aquelas reformas aconteçam**, as pretensões "moderadoras" de militaristas e judiciaristas continuarão onde estiveram desde 1891: no plano da pura retórica e da ideologia.[2291]

2291 LYNCH, Christian Edward Cyril. "Entre o judiciarismo e o autoritarismo: o espectro do Poder Moderador no debate político republicano (1890-1945)". *História do Direito – RHD*. Curitiba, vol. 2, nº 3, jul./dez. 2021, p. 111, destaque nosso.

Aliás, uma das possibilidades aventadas por Lynch para a eventual instauração de um Poder Moderador no Brasil, ainda que assuma a sua improbabilidade, seria a mudança do atual regime presidencialista para um parlamentarista ou semipresidencialista, em que um Primeiro-Ministro exerceria a chefia de governo; e um Presidente a chefia de Estado e o Poder Moderador.

Discorrendo criticamente sobre a criação de um grupo de trabalho pelo Presidente da Câmara dos Deputados para debates sobre a introdução de um sistema semipresidencialista de governo no Brasil, Marcelo Neves afirma que, no plebiscito de 1993, o povo brasileiro escolheu o sistema presidencialista de governo, de tal forma que isso só poderia ser eventualmente alterado por emenda à Constituição. E complementa:

> Alguns afirmam que essa opção plebiscitária se transformou em cláusula pétrea, tendo tornado imutável a forma republicana e o sistema presidencial. Podemos ser mais flexíveis para admitir que aquela decisão popular direta possa ser superada por emenda à Constituição, mas desde que se exija consulta popular.[2292]

O professor da UnB finaliza o texto mostrando que a pretendida estabilidade institucional e o apaziguamento de crises pela adoção do parlamentarismo são uma falácia, já que a experiência desse sistema de governo entre 1961 e 1963 foi extremamente instável. Da mesma forma, teria ocorrido com o pseudoparlamentarismo imperial desenvolvido ao longo do século XIX. Para Neves, tratar-se-ia, na verdade, de casuísmos políticos motivados pela possível eleição de

---

2292 NEVES, Marcelo. "Semipresidencialismo é desastre constitucional". *Folha de S. Paulo*, 13 abr. 2022. Disponível em: https://www1.folha.uol.com.br/opiniao/2022/04/semipresidencialismo-e-desastre-constitucional.shtml. Acessado em: 20.08.2024.

candidato à Presidência contrário aos interesses das elites políticas que suscitam essas pautas.[2293]

Marcelo Cattoni, dialogando com esse texto de Neves, foi além e defendeu o seguinte:

> O plebiscito de 21/4/93 encerra a escolha do sistema de governo, mas não cria impedimento para se aperfeiçoar o sistema presidencialista, tornando-o ainda mais democrático. O que não é constitucionalmente possível é uma PEC tendente a abolir a separação de Poderes tal como organizada no presidencialismo (art. 60, §4º, III, da CR, interpretado da perspectiva do resultado do plebiscito unicamente previsto pelo art. 2º do ADCT).
>
> (...)
>
> (...) Pois não estaríamos, exatamente, diante do "caráter casuístico que contorna o debate atual sobre o semipresidencialismo", exatamente quando "se vislumbra que um candidato que não se adapta ao padrão político conservador de uma sociedade altamente desigual e excludente pode ganhar a próxima eleição presidencial"? E, mais ainda, não estaríamos diante da velha cultura "demofóbica" daqueles que, a pretexto de introduzirem "elementos parlamentaristas" no sistema presidencialista, talvez gostariam de poder governar sem povo, sem o voto direto para eleição da chefia de governo, ainda que a pretexto de se alcançar uma pretensa estabilidade política, jamais alcançada por meio da – espúria – experiência parlamentarista no Brasil?[2294]

2293 NEVES, Marcelo. "Semipresidencialismo é desastre constitucional". *Folha de São Paulo*, 13 abr. 2022. Disponível em: https://www1.folha.uol.com.br/opiniao/2022/04/semipresidencialismo-e-desastre-constitucional.shtml. Acessado em: 20.08.2024.

2294 OLIVEIRA, Marcelo Andrade Cattoni de. "Da impossibilidade constitucional do semipresidencialismo: um diálogo com Marcelo Neves". *Migalhas*, abr. 2022, destaque nosso. Disponível em: https://www.migalhas.com.br/depeso/364400/da-impossibilidade-constitucional-do-semipresidencialismo. Acesso em: 20.08.2024.

Um outro ponto a se considerar nesse debate é também a ilusão de que a mera alteração formal do sistema de governo preveniria o Brasil de todos os males, crises e instabilidades políticas. Acreditar nisso é, como bem aponta Cattoni, desconhecer a fracassada experiência parlamentarista no Brasil. E mais, é esquecer da memória de Weimar.

Não obstante fosse extremamente democrática e plural, a Constituição de Weimar foi instrumentalizada por pautas autoritárias que, subvertendo o sentido do seu artigo 48, contaram com a própria atuação do Presidente da República, Hindenburg, chefe de Estado e visto por Schmitt como o "guardião" da Constituição justamente por ser supostamente "neutro". O resultado é sabido e foi explorado no capítulo II: por mais democrática que seja uma Constituição, ela não está imune a pretensões abusivas, a interpretações autofágicas, a instrumentalizações que subvertam o seu sentido do avesso em prol da consecução do seu oposto. No caso de Weimar, a instauração do inconstitucional sistema dos "gabinetes presidenciais" à revelia do Parlamento, em um sistema semipresidencialista!

Repita-se: não houve qualquer fatalidade intrínseca e inevitável na Constituição de Weimar, destruída por forças autoritárias que subverteram os seus institutos até matá-la. O que se quer dizer aqui é que a (impossível) pretensão de absoluta pacificação social simplesmente pela adoção de uma determinada forma constitucional é ilusória, já que isso não a exime de ter de lidar com autoritarismos e pretensões abusivas de toda ordem no instante seguinte ao da instauração dessas pretensamente redentoras alterações no sistema de governo.

José Luiz Borges Horta, na sua tese *Dialética do Poder Moderador: ensaio de uma ontoteleologia do Estado no Brasil*, com a qual foi alçado à condição de Professor Titular de Teoria Geral do Estado da Faculdade de Direito da Universidade Federal de Minas Gerais, defende mais explicitamente do que Lynch a necessidade de instauração de um Poder Moderador para o Brasil contemporâneo.

Segundo aduz, "[o] cenário posto no Brasil é, portanto, o mais desolador. Não temos Constituição, não somos Estado de Direito, não podemos fazer política, muito menos viver em uma democracia".[2295] Os motivos dessa suposta "crise" incontornável teriam sido

> o *sequestro do político*, em meio aos riscos da judicialização da política; o *vácuo de Poder Moderador* verificado desde o *impeachment* de Collor, a *luta feroz* pelo seu restabelecimento, tendo como gladiadores o bloco financeiro-midiático, as próprias Forças Armadas, e o Poder Judiciário; o esforço do Judiciário, como do Ministério Público (especialmente Federal) em se apresentarem como *moderadores das crises políticas* e institucionais.[2296]

Depositando a culpa da supostamente generalizada "crise" político-constitucional vivida pelo país nas costas da excessiva judicialização alegadamente empreendida pelo Supremo Tribunal Federal, afirma que "[o] Poder Moderador é a chave de organização política do Brasil – e para ser democratizado deveria ser formalmente constitucionalizado".[2297]

A solução apontada por Horta é, então, a restauração imperial com a promulgação de uma nova Constituição que institua um Poder Moderador colegiado inspirado no Conselho de Estado do Brasil Império, a ser composto pelo Imperador (chefe de Estado), pelo Senado Federal, pelo Ministério Público (chamado de Ouvidor-Geral

---

2295 HORTA, José Luiz Borges. *Dialética do Poder Moderador*: ensaio de uma ontoteleologia do Estado no Brasil. Belo Horizonte, UFMG, 2020, p. 155. (Tese de Titularidade).

2296 HORTA, José Luiz Borges. *Dialética do Poder Moderador*: ensaio de uma ontoteleologia do Estado no Brasil. Belo Horizonte, UFMG, 2020, pp. 11/12. (Tese de Titularidade).

2297 HORTA, José Luiz Borges. *Dialética do Poder Moderador*: ensaio de uma ontoteleologia do Estado no Brasil. Belo Horizonte, UFMG, 2020, p. 16. (Tese de Titularidade).

do Império – que, segundo aduz, em negrito, "**deve ser a única autoridade nacional eleita pelo conjunto dos brasileiros**)",[2298] pelas Forças Armadas, pelos Tribunais de Contas e pelas Universidades Federais.[2299]

Antes de tudo, é preciso problematizar um pouco o próprio conceito de "crise" adotado por perspectivas como essas, das quais subjaz uma compreensão de Estado e de Constituição como sendo sinônimos de ordem, de normalidade, de paz perpétua, de ausência de conflitos. Ao fim e ao cabo, como Horta expressamente assume, *ausência de povo*, já que, na sua proposta de Poder Moderador colegiado, o único membro escolhido por votação universal seria o chamado Ouvidor-Geral.

Como demonstra Koselleck no seu livro *Crítica e Crise*, a Modernidade emergiu justamente como crise, como questionamento crítico e rompimento de tradições,[2300] como instauradora de uma sociedade móvel e sem fundamentos estamentais. É óbvio que, paulatinamente, a própria Modernidade criou os seus próprios mitos, como o da razão, aqui já explorado páginas atrás. A pretensão moderna de que a razão seria absoluta, perfeita, geradora de estabilidade e de progresso demonstrou, a duras penas, precisamente o contrário, na medida em que

> estamos em um terreno cultural, em um terreno em que pagamos um alto preço pela vida que construímos para nós mesmos. Esse o toque de Midas típico da condição humana;

2298 HORTA, José Luiz Borges. *Dialética do Poder Moderador*: ensaio de uma ontoteleologia do Estado no Brasil. Belo Horizonte, UFMG, 2020, p. 192, destaque nosso. (Tese de Titularidade).

2299 HORTA, José Luiz Borges. *Dialética do Poder Moderador*: ensaio de uma ontoteleologia do Estado no Brasil. Belo Horizonte, UFMG, 2020, pp. 175-197. (Tese de Titularidade).

2300 KOSELLECK, Reinhart. *Crítica e crise*: uma contribuição à protogênese do mundo burguês. Trad. Luciana Villas-Boas Castelo-Branco. Rio de Janeiro: EdUERJ/Contraponto, 1999, pp. 111-162.

> tudo o que tocamos torna-se nós mesmos, estamos enfeixados em nós.[2301]

A propósito do tema, Carvalho Netto e Marcus Bastos avançam um interessante conceito de Constituição *como* crise:

> Um texto constitucional, nesse contexto, é incapaz de aprisionar o futuro. A instituição de uma nova ordem constitucional é, antes de tudo, uma abertura – e abertura para um processo de contínua ressignificação, só assim capaz de nos acompanhar em nosso permanente processo de mudança histórica. Ressignificações que, mediante a emergência de fluxos comunicativos, desnudam antigos preconceitos até então naturalizados como integrantes do pano de fundo da linguagem, contrapondo-os ao direito à igualdade na diferença, a levantar, como igualdade, o reconhecimento do direito de minorias. Nesses termos, uma Constituição não responde a uma crise; ela, de certa forma, inaugura uma crise, está sempre em crise: a permanente crise consiste em responder às exigências de igualdade e liberdade para todos e cada um, muitas vezes contra um pano de fundo histórico de exclusão.
>
> Por tudo isso, é sobretudo nos momentos mais adversos – como os que vivemos atualmente – que não podemos desacreditar na Constituição enquanto comunidade de princípios, enquanto possibilidade de permanente luta por direitos. Ao invés da busca por soluções baseadas em expectativas irreais acerca das potencialidades de um texto constitucional, é urgente que recuperemos o real significado da Constituição de 1988 e do processo que culminou com a sua emergência, singular

---

2301 CARVALHO NETTO, Menelick de. "A Hermenêutica Constitucional e os desafios postos aos Direitos Constitucionais". *In*: SAMPAIO, José Adécio Leite (Coord.). *Jurisdição Constitucional e Direitos Fundamentais*. Belo Horizonte: Del Rey, 2003, p. 161.

> episódio de manifestação genuinamente democrática em nossa história.[2302]

Gilberto Bercovici bem mostrou, contra esse tipo de crença naturalizada e irreal na estabilidade perpétua como destino e fim último do Direito e da Política, que o constitucionalismo moderno, não obstante a sua pretensão de irrestrita estabilidade, está repleto, na verdade, de aplicações normalizadas da exceção constitucional contra a soberania do povo.[2303]

Não é difícil perceber, portanto, que as semânticas modernas sobre o princípio monárquico e sobre o Poder Moderador – tão presentes em determinados momentos da história da Teoria Geral do Estado –, quando vistas criticamente, apresentam-se como apenas mais uma tradição política que, historicamente colocada à prova na esfera pública, mostra-se essencialmente antidemocrática e desprovida de fundamentos legítimos, na medida em que ancorada somente em metafísicos costumes excludentes, os quais, pura e simplesmente, negam cidadania ao povo.

O apego fetichista a essas semânticas, além de um déficit de historicidade, revela inescondíveis notas de reacionarismo político, das quais subjaz que a Constituição de 1988 teria falhado por não ser perfeita e por não ter preenchido o conceito de soberania com uma entidade corpórea capaz de, em um sebastianismo ingênuo, salvar por si só a tudo e a todos da própria condição humana.[2304]

2302 CARVALHO NETTO, Menelick de; BASTOS, Marcus Vinícius Fernandes. "O tempo da transição: notas sobre a relação entre legitimidade, tempo e Direito no contexto do processo de emergência da ordem constitucional de 1988". *In*: MARTINS, Argemiro; ROESLER, Claudia; PAIXÃO, Cristiano (Coord.). *Os tempos do Direito*: diacronias, crise, historicidade. São Paulo: Max Limonad, 2020, p. 145, destaque nosso.

2303 BERCOVICI, Gilberto. *Soberania e Constituição*: para uma crítica do constitucionalismo. 3ª ed. São Paulo: Quartier Latin, 2020, pp. 343/344.

2304 OLIVEIRA, Marcelo Andrade Cattoni de. "O Mito do Poder Moderador e a irresponsabilidade política". *Poder Constituinte e Patriotismo*

Essa apontada necessidade de um redentor soberano que paire sobre a ordem constitucional, tutelando-a e velando pelos meros mortais, nada mais revela do que a autoritária e elitista infantilização da cidadania. Nas palavras de Marcelo Cattoni:

> [o] constitucionalismo democrático não possui necessariamente uma legitimidade vivida como *falta* de um fundamento último, como uma espécie de nostalgia desse fundamento, como dor e obsessão da perda de fundamento último, soberano (Marramao, 2000, pp. 311-139); enfim, como se um fundamento último fizesse falta ao constitucionalismo democrático. O fundamento último e soberano não faz falta. Ao contrário, o constitucionalismo democrático lança-se, pois, aqui e agora, a um por-vir, a um futuro-em-aberto, como projeto falível, mas no sentido de que o presente pode ser o futuro de um passado que agora é redimido pelo agir político-jurídico, constitucional, que o constitui. Essa abertura remete à própria questão da legitimidade vivida como *vazio*, não mais passível de ser preenchido, e como ausência assimilada – e não como *falta* – de fundamento último, ao processo jurídico-político de construção da legitimidade por meio da realização no tempo histórico da relação interna entre as noções de autogoverno e de iguais direitos individuais de liberdade, concretizadores de uma noção complexa de autonomia.[2305]

Constitucional: o projeto constituinte do Estado Democrático de Direito na teoria discursiva de Jürgen Habermas. Belo Horizonte: Mandamentos, 2006, capítulo 9.

2305 OLIVEIRA, Marcelo Andrade Cattoni de. "Contribuições para uma nova história e teoria do processo de constitucionalização brasileiro no marco da Teoria Crítica da Constituição". *In*: ______ (Coord.). *Constitucionalismo e História do Direito*. 2ª ed. Conhecimento, 2020, pp. 29/30.

Ao longo deste livro, foram analisadas algumas manifestações de *restolhos* de princípio monárquico[2306] e de Poder Moderador na semântica do constitucionalismo moderno, com especial foco no caso brasileiro. Não se cuida, em absoluto, de dizer que o Poder Moderador, formalmente extinto em 1889, teria permanecido *intacto* ao longo dos séculos XX e XXI, chegando aos dias atuais, por exemplo, nas autoritárias e abusivas interpretações havidas durante o governo Bolsonaro, sobretudo por parte de Ives Gandra da Silva Martins, acerca do artigo 142 da Constituição Federal de 1988 e do suposto "papel moderador" por ele atribuído às Forças Armadas.[2307]

2306 REZENDE, Gabriel. "A máquina de Menelick". *Revista de Estudos Constitucionais, Hermenêutica e Teoria do Direito – RECHTD*, vol. 9, 2017, p. 187.

2307 A título exemplificativo, conferir: MARTINS, Ives Gandra da Silva. "Minha interpretação do artigo 142 da Constituição Federal". *Conjur*, 27 ago. 2021. Disponível em: https://www.conjur.com.br/2021-ago-27/ives-gandra-minha-interpretacao-artigo-142-constituicao. Acessado em: 20.08.2024; MARTINS, Ives Gandra da Silva. "Cabe às Forças Armadas moderar os conflitos entre os Poderes. *Conjur*, 28 maio 2020. Disponível em: https://www.conjur.com.br/2020-mai-28/ives-gandra-artigo-142-constituicao-brasileira. Acessado em: 20.08.2024; e MARTINS, Ives Gandra da Silva. "Harmonia e independência dos Poderes?" *Conjur*, 2 maio 2020. Disponível em: https://www.conjur.com.br/2020-mai-02/ives-gandra-harmonia-independencia-poderes. Acessado em: 20.08.2024. Inclusive, é preciso destacar que, recentemente, Ives Gandra publicou artigo na Folha de S. Paulo em que tentou suavizar, após a contundente decisão do STF nos autos da ADI n. 6.457 (Relator Min. Luiz Fux, Tribunal Pleno, julgado em 09.04.2024, DJe de 04.06.2024) — quando a Suprema Corte afastou peremptoriamente qualquer papel moderador do Exército e reafirmou a irrestrita subordinação das forças militares às autoridades civiis —, essa sua tese sobre a suposta função moderadora das Forças Armadas na ordem constitucional de 1988, em clara adaptabilidade jurídica. Conferir: MARTINS, Ives Gandra da Silva. "Evitando distorções: minha interpretação do artigo 142 jamais poderia justificar golpe de Estado". *Folha de São Paulo*, 7 abr. 2024. Disponível em: https://www1.folha.uol.com.br/opiniao/2024/04/evitando-distorcoes.shtml. Acessado em: 11.04.2024.

Inclusive, o Supremo Tribunal Federal, nos autos da ADI n. 6.457 (Relator Min. Luiz Fux), rechaçou recentemente, com veemência, essa distorcida interpretação do artigo 142 da Constituição, assentando a inexistência de qualquer papel moderador das Forças Armadas.

Com Stolleis e Bercovici, recuperou-se aqui, de forma historicamente localizada, a peculiaridade do Direito Público de, mesmo ocasionalmente contra os fatos objetivos da dinâmica política concreta, estatuir semânticas com pretensões de se tornaram estáveis.[2308] E essa estabilidade pode aparecer também – contrariamente à própria Constituição – sob a forma de resistências e reacionarismos antidemocráticos, de pretensões políticas autoritárias que buscam minar a soberania do povo e a cidadania.

Ainda que o princípio monárquico (na Alemanha) e o Poder Moderador (no Brasil) tenham sido formalmente extintos na transição do século XIX para o século XX, essas antidemocráticas semânticas políticas deixaram *sedimentos*, *restolhos*, *vácuos de estabilidade* e problemáticas *camadas de sentido* no constitucionalismo e no conceito de soberania que, posteriormente, tensionaram-se com outras dinâmicas de poder porvindouras, completamente diferentes em suas estruturas formais e materiais, mas que, vez ou outra, revela(va)m, em seu âmago mais profundo, pretensões de *ocupar* a identidade do sujeito constitucional[2309] com algum ente corpóreo, o qual encarn(ass) e em si simbolicamente a própria soberania.

Não se trata, assim, de dizer que a Primeira República ou a primeira parte da Era Vargas (1930-1945) representaram apenas

---

2308 STOLLEIS, Michael. *O Direito Público na Alemanha*: uma introdução a sua história do século XVI ao XXI. São Paulo: Saraiva Educação, 2018, p. 30; e BERCOVICI, Gilberto. "Prefácio". *In*: STOLLEIS, Michael. *Escrever História do Direito*: reconstrução, narrativa ou ficção? São Paulo: Contracorrente, 2020, p. 11.

2309 ROSENFELD, Michel. *A Identidade do sujeito constitucional*. Trad. Menelick de Carvalho Netto. Belo Horizonte: Mandamentos, 2003.

a encenação, como farsa,[2310] da peça do Poder Moderador só que com outros atores (Política dos Governadores na República Velha e ditadura constitucional entre 1930-1934 e 1937-1945). Foi justamente para marcar uma *comparação* entre formas *distintas* de se resolverem problemáticas *comparáveis* (no caso, a da estabilidade política, em seus *diversos* matizes), que se invocou o conceito de *equivalência funcional* de Luhmann.[2311] Repita-se, não para dizer que as estruturas jurídico-políticas são idênticas, mas sim *comparáveis* no seu afã de solucionar problemas, também *comparáveis*, de estabilidade e de soberania, esses próprios obviamente ressignificados pelos respectivos paradigmas constitucionais em que estão inseridos.

Não se defende, portanto, que toda e qualquer dinâmica política de um grupo que porventura tenha historicamente tentado obter hegemonia no Brasil seja a encarnação *ipsis literis* do Poder Moderador, mas sim que *algumas* dessas manifestações – justamente aquelas aqui estudadas, primordialmente centradas nas elites jurídico-políticas –, quando analisadas em perspectiva *comparada*, apresentam traços – *pontuais*, *circunstanciais*, *parciais* – identificáveis com a semântica de estabilidade política e da captura da identidade do sujeito constitucional[2312] por estruturas que, ainda que tenham pretendido garantir a soberania popular (por exemplo, as importantes e revolucionárias tentativas de Vargas de incluir, econômica e politicamente, as massas no Brasil), primaram, ao fim e ao cabo, por incorrer nas concepções de Constituição, de âmbito público,

---

2310 "Em alguma passagem de suas obras, Hegel comenta que todos os grandes fatos e todos os grandes personagens da história mundial são encenados, por assim dizer, duas vezes. Ele se esqueceu de acrescentar: a primeira vez como tragédia, a segunda como farsa" (MARX, Karl. *O 18 de brumário de Luís Bonaparte*. Trad. Nélio Schneider. São Paulo: Boitempo, 2011, p. 25).

2311 LUHMANN, Niklas. *Sistemas sociais*: esboço de uma teoria geral. Petrópolis: Vozes, 2016, pp. 73/74.

2312 ROSENFELD, Michel. *A Identidade do sujeito constitucional*. Trad. Menelick de Carvalho Netto. Belo Horizonte: Mandamentos, 2003.

de Estado e de cidadania típicas do paradigma do Estado Social, conforme discorrido no subcapítulo anterior.

A Constituição Federal de 1988 reservou grandes e importantes tarefas a um Poder Executivo forte e democraticamente eleito. E não há qualquer problema em relação a isso (muito ao contrário), desde que a atuação administrativa seja *continuamente* legitimada pelo irrestrito respeito às regras e princípios constitucionais e infraconstitucionais e pela *constante* remissão à soberania popular, renovando-se *sempre* a indissolúvel tensão constitutiva entre constitucionalismo e democracia,[2313] já que não se afigura mais aceitável a visão, típica do paradigma do Estado Social (e, sobretudo, das ditaduras constitucionais), de que o chefe de governo paira por cima do povo e da Constituição, elegendo personalisticamente objetivos que, *per se*, embasariam intrínseca e totalmente os meios para alcançá-los, sem necessidade de *permanente* justificação perante a esfera pública.

Ainda que o foco principal desta pesquisa tenha recaído, por imperativos de recorte metodológico, sobre o Poder Executivo – e isso se deu porque a TGE surgiu na Alemanha do século XIX para legitimar o princípio monárquico e foi ressignificada, no paradigma do Estado Social, sob a forma das ditaduras constitucionais avançadas por fortes regimes presidencialistas mundo afora –, é claro que também há diversas atuações antidemocráticas dos Poderes Legislativo e Judiciário ao longo da história do constitucionalismo moderno,[2314] inclusive com colaborações e/ou omissões dessas ins-

---

2313 OLIVEIRA, Marcelo Andrade Cattoni de; CARVALHO NETTO, Menelick de. "Legitimidade e efetividade como tensão constitutiva (conflito concreto) da normatividade constitucional". *In*: LIMA, Martonio Mont'Alverne Barreto; ALBUQUERQUE, Paulo Antonio de Menezes (Coord.). *Democracia, direito e política*: estudos internacionais em homenagem a Friedrich Müller. Florianópolis: Conceito, 2006, pp. 615-627.

2314 Mais recentemente, vislumbram-se claras pretensões autoritárias que buscam cooptar a identidade do sujeito constitucional e tolher a soberania popular por parte do Poder Legislativo (*e.g.*, o inconstitucional

tâncias em relação a autoritarismos do Executivo.[2315] Não obstante a importância de todas elas, foi inevitável fazer um recorte analítico nesta já longa análise.

Pretendeu-se, com a pormenorizada evidenciação da pretensão de estabilidade desses restolhos de princípio monárquico e de Poder Moderador – que se apresentam como "pretensões abusivas"[2316] –, justamente expor a sua completa carência de fundamentos constitucionais à luz paradigma do Estado Democrático de Direito, em que não mais se admite que a soberania popular seja cooptada e tutelada por quem quer seja, seja de qual Poder for, seja do Estado ou da iniciativa privada.

Nos autos da já citada ADI n. 6.457, o STF assentou, com muita razão, que não cabe qualquer "papel moderador" às Forças Armadas, já que elas estão subordinadas às autoridades civis democraticamente eleitas e, sobretudo, à Constituição. Todavia, destaque-se, como muito bem recuperado (com perplexidade) pelo voto do Min.

---

impeachment da Presidenta Dilma Rousseff em 2016) e do Poder Judiciário (*e.g.*, a inconstitucional Operação Lava-Jato), posturas essas que também refletem inegáveis autoritarismos. Sobre esses dois temas, conferir: SOUZA NETO, Cláudio Pereira de. *Democracia em crise no Brasil*: valores constitucionais, antagonismos políticos e dinâmica institucional. São Paulo: Contracorrente, 2020, pp. 75-101 e 101-117.

2315 CARVALHO NETTO, Menelick de; TOMAZ, Mateus Rocha. "'As instituições estão funcionando?' O bumerangue constitucional da problemática narrativa oficial da ADPF n. 153 e o STF frente aos autoritarismos de ontem e de hoje: um pequeno exercício de História Constitucional e de Teoria da Constituição". *In*: OLIVEIRA, Marcelo Cattoni de; GOMES, David F. L. (Coord.). *30 anos e agora? Direito e Política nos Horizontes da República da 1988* (Em homenagem a Juarez Guimarães). Belo Horizonte: Conhecimento, 2020, pp. 271-293; e RECONDO, Felipe. *Tanques e togas*: o STF e a ditadura militar. São Paulo: Companhia das Letras, 2018.

2316 CARVALHO NETTO, Menelick de; SCOTTI, Guilherme. *Os direitos fundamentais e a (in)certeza do Direito*: a produtividade das tensões principiológicas e a superação do sistema de regras. 2ª ed. Belo Horizonte: Fórum, 2020, pp. 89-92.

Gilmar Mendes na referida ação, que essa inconstitucional pretensão moderadora supostamente atribuída ao Exército, não obstante a sua total implausibilidade, foi de fato comungada por setores relevantes do comando militar brasileiro nos últimos anos, gerando uma série de tentativas de intimidação política do Judiciário e dos demais Poderes do Estado, o que desaguou, durante e após o governo Bolsonaro, em posturas, pautas e atitudes autoritárias que, somadas a outros fatores (financiamento empresarial, omissão policial, uso abusivo das redes sociais, etc.), culminaram na malograda tentativa de golpe de Estado do dia 8 de janeiro de 2023.

Esses abusivos restolhos de princípio monárquico e de Poder Moderador não são, contudo, exclusividade das Forças Armadas, já que podem ser também localizados em algumas atuações (pretéritas e presentes) dos três Poderes, em algumas pautas neoliberais da iniciativa privada, dentre outras, devendo ser também objeto de críticas investigações acadêmicas e de enfrentamento democrático.

Portanto, escancarar as resistentes camadas de sentido de uma semântica jurídico-política não é o mesmo, por óbvio, que endossá-las. Grande parte da história da Teoria Geral do Estado foi marcada exatamente, conforme discorrido no subcapítulo anterior, por não explorar – influenciada pelo dogma de um pensamento *de Estado*[2317] – intencionalidades políticas antidemocráticas que se fizeram presentes nos contextos de criação e de desenvolvimento da TGE. Contribuir com o rompimento desse "silêncio ensurdecedor", para se usar a expressão de Bercovici, é o objetivo principal desta obra. Não falar sobre esses antidemocráticos restolhos (obviamente inconstitucionais e insustentáveis, mas que foram/são comungados concretamente por relevantes setores da sociedade brasileira, inclusive daqueles que recentemente estiveram no poder entre 2019 e 2022)

2317 BOURDIEU, Pierre. "Curso de 18 de janeiro de 1990". *In*: ______. *Sobre o Estado*: cursos no Collége de France (1989-92). Trad. Rosa Freire d'Aguiar. São Paulo: Companhia das Letras, 2014, p. 29.

não contribui em nada para minorar os seus efeitos danosos. Muito ao contrário, potencializa-os.

É justamente diante da impossibilidade de existência de um ente soberano no constitucionalismo democrático que as noções de crise, de ordem, de estabilidade etc. são também ressignificadas pelo paradigma procedimental, que sabe lidar de maneira complexa com a própria humanidade das instituições humanas:

> **Engana-se quem acredita que a Constituição traz paz – pelo menos no sentido da ditadura, de uma paz de cemitério. O que uma Constituição democrática produz é debate – escândalo, inclusive. Aquilo que era a antiga tradição, antigas práticas, pode e deve tornar-se escândalo numa Constituição democrática.** Porque uma Constituição democrática não joga nada para debaixo do tapete, ela remete para o nosso próprio rosto antigas práticas – aliás, a estrutura do constitucionalismo democrático é exatamente a possibilidade que ele sempre nos abre de revermos antigas práticas, tradições e costumes, reinterpretando-os como abusos.[2318]

De fato, uma Constituição democrática escandaliza as práticas autoritárias e expõe as vísceras de sua carência de legitimidade. Bem-vistas as coisas, grande parte dessas chamadas "crises" do Estado e da Constituição não passa de reações ou de consequências das reações ao projeto de sociedade e de Estado apresentados pela Constituição Federal de 1988.

Isso não quer dizer, por óbvio, que não haja conflitos e disputas, por vezes violentos, em torno de pautas políticas. Entre 2019 e 2022, foi essa a triste realidade brasileira. Na verdade, o

---

2318 CARVALHO NETTO, Menelick de. "Constituição democrática como produção de escândalo: 20 anos da Constituinte Estadual". *In*: ______. *Teoria da Constituição e Direito Constitucional*: escritos selecionados. Belo Horizonte: Conhecimento, 2021, p. 130, destaque nosso.

constitucionalismo democrático não pode extirpar pretensões abusivas, ou melhor, a possibilidade de que surjam pretensões abusivas no seio da sociedade. O que ele pode fazer é lidar democraticamente com elas, reafirmando, nesses momentos, o seu compromisso com a soberania popular e com os direitos fundamentais.

Paulo Bonavides trabalha muito bem a diferença entre crise constitucional e crise constituinte.[2319] A primeira diz respeito a crises de uma Constituição específica, as quais não afetam, todavia, os potenciais constituintes da soberania popular, podendo ser contornadas institucionalmente e/ou pela via de eventuais emendas, seria "crise *na* Constituição".[2320] Já a crise constituinte representa a catástrofe da inadequação completa de uma ordem constitucional e, sobretudo, dos seus potenciais constituintes de direitos em relação à conjuntura social, o que impede a manifestação efetiva da soberania popular, seria uma "crise *da* Constituição", frequente em países da modernidade periférica,[2321] em que a ordem constitucional está mais suscetível a ser capturada por fatores reais de poder, por "soberanos" de momento (Tribunais, Parlamento, Presidente, Forças Armadas, mercado etc.) cujo objetivo é tão somente privatizar a esfera pública,

---

2319 Sobre essas categorias exploradas por Bonavides, conferir: BERCOVICI, Gilberto. *Soberania e Constituição*: para uma crítica do constitucionalismo. 3ª ed. São Paulo: Quartier Latin, 2020, pp. 35-37; e GOMES, David F. L. "Paulo Bonavides, el constitucionalismo en la periferia y el pueblo en Brasil: la crisis constituyente y un nosotros fracturado". *In*: MENDIOLA, Julio César Muñoz; SALGADO, Augusto Fernando Carrillo (Coord.). *Temas selecctos de teoría jurídica contemporánea en el contexto iberoamericano*. Ciudad de México: UNAM/Tirant Lo Blanch, 2023, pp. 229-249.

2320 BONAVIDES, Paulo. *Do país constitucional ao país neocolonial*: a derrubada da Constituição e a recolonização pelo golpe de Estado institucional. São Paulo: Malheiros, 2009, p. 45.

2321 BONAVIDES, Paulo. *Do país constitucional ao país neocolonial*: a derrubada da Constituição e a recolonização pelo golpe de Estado institucional. São Paulo: Malheiros, 2009, p. 46.

o Estado e a Constituição, domesticando a cidadania em prol de objetivos personalistas.

Portanto, lidar democraticamente com essas frequentemente suscitadas "crises" da Constituição e do Estado, ao contrário do que aduzem os seus maiores fomentadores, passa, portanto, por mais democracia, por mais cidadania, por mais participação popular, com respeito aos direitos fundamentais e aprofundamento do projeto de sociedade e de Estado escolhidos pela democrática Constituição de 1988, uma vez que:

> A soberania popular só é soberania popular se ela não for ocupada por alguém, se ela permanecer um hiato aberto, se ela não for, por exemplo, o Supremo Tribunal Federal ou o Congresso ou o Presidente da República ou quem quer que seja. Ela é esse processo de abertura permanente, esse hiato permanente. No dia em que o Direito Constitucional se fechar, completar-se, ele não mais será Direito Constitucional e sim ditadura, exclusão.[2322]

2322 CARVALHO NETTO, Menelick de. "Intervenções no debate". *In*: COUTINHO, Jacinto Nelson de Miranda (Coord.). *Canotilho e a Constituição dirigente*. Rio de Janeiro: Renovar, 2005, p. 129.

CONSIDERAÇÕES FINAIS

A história de criação da Teoria Geral do Estado na Alemanha monárquica do século XIX é marcada por sua oposição ao constitucionalismo liberal então em desenvolvimento, contrapondo aos princípios da soberania popular e da separação de Poderes uma resistente versão do princípio monárquico. Além disso, ao apoiar-se em premissas positivistas e organicistas, essa Teoria Geral do Estado sustentava uma pretensa neutralidade científica, muito embora, na prática, ficasse mais do que evidente precisamente o oposto: os seus arraigados compromissos com a legitimação teórica da peculiar monarquia constitucional alemã.

Esses constructos doutrinários de autores como Gerber, Laband, Gierke e Jellinek foram objeto de intenso debate durante a República de Weimar, sobretudo, por Kelsen, Schmitt, Smend e Heller. Além de aspectos metodológicos atinentes à Teoria do Estado e à Teoria da Constituição, a *Methodenstreit* weimariana evidenciou ferrenhas disputas políticas entre esses juristas sobre os caminhos a serem seguidos pela combalida República alemã: *Estado de Direito ou ditadura?*, para se usar o célebre título conferido por Heller a um de seus textos da época.[2323] A Teoria do Estado de Kelsen, fundada em

2323 HELLER, Hermann. "¿Estado de derecho o dictadura?" *In*: ______. *Europa y el Fascismo*. Granada: Comares, 2006, pp. 117-135.

pressupostos neopositivistas, deixava entrever concepções políticas alinhadas com a democracia parlamentarista; Schmitt, por sua vez, foi um robusto defensor da ditadura e do decisionismo político; já Smend defendia um conceito substancialista de Estado Integral; por sua vez, Heller avançou teses sobre o Estado Social de Direito, calcado em concepções típicas de uma democracia socialista.

Institucionalmente, acabou prevalecendo, mediante a interpretação abusiva e distorcida do artigo 48 da Constituição de 1919, a autoritária saída schmittiana dos "gabinetes presidenciais", escolhidos pelo Presidente à revelia do *Reichstag* e, assim, sem qualquer participação ou controle popular, ainda que indiretamente. Tratava-se da antessala das chamadas "ditaduras constitucionais", que se alastraram pela Europa e pelo mundo durante as décadas de 1930-1940.

Quando essa onda ditatorial chega ao Brasil, o país já contava com uma pesada herança constitucional de mais de um século, marcada, (i) no período imperial, pela prevalência do Poder Moderador, que funcionou por aqui como um *equivalente funcional* do princípio monárquico, promovendo uma grande centralização política em torno da figura do Imperador, o que era amparado por uma constante direção política saquarema, por uma elite latifundiária e escravocrata, por uma publicística monárquico-conservadora (sobretudo, Pimenta Bueno e Visconde do Uruguai) e pelo Exército, sempre ao arrepio da soberania popular; (ii) pela Proclamação da República, essa conservadora pretensão imperial de estabilidade política passa a ser exercida pela famosa Política dos Governadores, que era calcada no uso frequente de medidas constitucionais de exceção (estado de sítio e intervenção federal) como instrumentos de governo. Devido a essa pretensão de, por caminhos diversos e em conjunturas diferentes, exercer-se o comparável papel institucional de conservadora medida estabilizante, ao arrepio da soberania popular, pode-se compreender a Política dos Governadores como um *equivalente funcional* republicano do Poder Moderador imperial.

O declínio da República Velha é marcado (iii) por contestações políticas de oligarquias dissidentes ao arranjo da Política dos Governadores, calcada que era no predomínio absoluto dos grandes estados à custa de fraudes eleitorais. A Revolução de 1930 se propõe a moralizar politicamente o país. Vitoriosa, alça Getúlio Vargas ao Catete, que passa a governar discricionariamente promovendo uma série de importantes reformas estruturais na economia brasileira, adequando-a, via medidas centralizadoras e intervencionistas, aos pressupostos do paradigma do Estado Social. O curto interregno da Constituição de 1934 é marcado por violentas disputas políticas, por saudosismos de Getúlio em relação aos seus poderes ilimitados de outrora, pela forte repressão ao comunismo e por tramas golpistas.

Com o golpe do Estado Novo, em 1937, o Brasil passa a experimentar a onda mundial das "ditaduras constitucionais". É nesse período que uma peculiar vertente da Teoria do Estado alcança o país (i) como *teoria política* apta a corroborar na construção de uma doutrina do Estado Nacional, fundamentada essencialmente na liderança de Getúlio Vargas; e (ii) como *cátedra universitária*, quando do desmembramento da clássica disciplina de Direito Público e Constitucional nas cadeiras de Teoria Geral do Estado e de Direito Constitucional. A intencionalidade do regime com essa mudança no ensino jurídico foi, conforme empiricamente demonstrado, instrumentalizar a cadeira de Direito Constitucional para o ensino da Carta de 1937, que deveria ocorrer por professores interinos diretamente indicados pelo regime. Já a cadeira de Teoria Geral do Estado funcionaria como repositório dos antigos catedráticos automaticamente para ela transferidos, os quais deveriam ensinar lições propedêuticas sobre o Estado e preparatórias ao Direito Constitucional.

Da análise dos efeitos concretos do Decreto-Lei n. 2.639/1940 nas quatro principais faculdades de Direito do país à época, constatam-se diversas peculiaridades, ambiguidades e contradições nas biografias e bibliografias dos respectivos professores. Uma constante observável, todavia, foi o predominante sucesso do Estado Novo, salvo pontuais exceções, em prover as cadeiras de Direito Constitucional das faculdades de Direito com apoiadores do regime ditatorial.

Outro fenômeno constatado foi a adaptabilidade jurídica, em maior ou menor grau, de juristas como Vicente Ráo, Cândido Motta Filho, Ataliba Nogueira, Agamenon Magalhães e Orlando Carvalho no que concernem às suas posições jurídicas e/ou políticas defendidas antes, durante e imediatamente depois do Estado Novo – variando de posições parlamentaristas a presidencialistas, ditatoriais a liberais, intervencionistas a não intervencionistas. Por outro lado, juristas como Mario Casasanta, Sampaio Dória e Pinto Ferreira mantiveram-se consideravelmente coerentes em suas respectivas posições jurídico-políticas no período.

Por fim, no último capítulo, verificou-se uma relação de complementaridade entre Teoria do Estado e a Teoria da Constituição, uma vez que, ao dedicarem ambas a atenção ao Estado e à Constituição, inevitavelmente resvalam, na conjuntura do paradigma do Estado Democrático de Direito, na produtiva "tensão constitutiva"[2324] entre esses elementos, de modo a que os respectivos enfoques dessas disciplinas, para se adequarem a essa conjuntura complexa, devem ser complementares e complexos, ainda que obviamente mantendo as suas respectivas identidades científicas.

Além disso, demonstrou-se a implausibilidade, à luz do conceito atual de ciência, do *senso comum teórico* da neutralidade da Teoria do Estado, inclusive porque, conforme também aqui comprovado, acervos relevantes da história dessa disciplina foram marcados por compromissos políticos com o bloqueio da soberania popular. Nesse

---

2324 OLIVEIRA, Marcelo Andrade Cattoni de; CARVALHO NETTO, Menelick de. "Legitimidade e efetividade como tensão constitutiva (conflito concreto) da normatividade constitucional". *In*: LIMA, Martonio Mont'Alverne Barreto; ALBUQUERQUE, Paulo Antonio de Menezes (Coord.). *Democracia, direito e política*: estudos internacionais em homenagem a Friedrich Müller. Florianópolis: Conceito, 2006, pp. 615-627.

mesmo sentido, constatou-se que, não obstante as Teorias do Estado politicamente institucionalizadas nos dois momentos estudados neste livro tenham se comprometido com conceitos de soberania preenchidos por imperadores ou por ditadores, contemporaneamente, ela só pode estar comprometida com um conceito aberto e autônomo de povo, não mais submetido passivamente a soberanos de momento (Presidentes, Parlamentos, Exércitos, mercado financeiro etc.). Somente assim, pode-se falar em uma Teoria do Estado adequada ao constitucionalismo democrático (uma *Teoria do Estado Democrático de Direito*, para se usar a expressão de Marcelo Cattoni),[2325] o que inevitavelmente passa por reconstruir criticamente a história dessa disciplina, *escovando a contrapelo*[2326] sedimentos autoritários naturalizados ao longo do tempo, para que ela possa melhor compreender a si mesma e, assim, adequadamente cumprir com suas importantes e complexas tarefas científicas contemporâneas.

2325 OLIVEIRA, Marcelo Andrade Cattoni de. *Contribuições para uma Teoria Crítica da Constituição*. 2ª ed. rev. e atual. Belo Horizonte: Conhecimento, 2021, p. 105.

2326 BENJAMIN, Walter. *Magia e Técnica, Arte e Política*: ensaios sobre literatura e história da cultura. São Paulo: Brasiliense, 1996, p. 225.

REFERÊNCIAS BIBLIOGRÁFICAS

Artigos e livros

ADORNO, Sérgio. *Os aprendizes do poder*: o bacharelismo liberal na política brasileira. 2ª ed. rev. São Paulo: Universidade de São Paulo, 2019.

ALBERDI, Juan Bautista. "Estudios Constitucionales (La omnipotência del Estado/La anarquia, apêndice)". *In*: ______. *Obras Escogidas*. tomo III. Buenos Aires: Luz Del Dia, 1953.

ALBERDI, Juan Bautista. *Bases y puntos de partida para la organización política de la República Argentina*. Buenos Aires: Losada, 2008. (Grandes Obras del Pensamiento, 19).

______. *Sistema económico y rentístico de la Confederación Argentina según su Constitución de 1853*. Buenos Aires: Escuela de Educación Económica y Filosofia de la Libertad, 1979.

ALMEIDA JÚNIOR, Antônio Ferreira de. "Memória histórica de 1948". *Revista da Faculdade de Direito*, Universidade de São Paulo, vol. 53, 1958.

ALMEIDA, Fernando Dias Menezes de. "O corpo de doutrina jurídico da Revolução de 1932 e sua influência sobre o regime constitucional de 1934". *In*: MOTA, Carlos Guilherme; SALINAS, Natasha S. C. (Coord.). *Os juristas na formação do Estado-Nação brasileiro* (de 1930 aos dias atuais). São Paulo: Saraiva, 2010.

ALMEIDA, Joaquim Canuto Mendes de. "Ataliba Nogueira, professor emérito". *Revista da Faculdade de Direito*, Universidade de São Paulo, vol. 68, nº 1, 1973.

ALONSO, Angela. *Flores, votos e balas*: o movimento abolicionista brasileiro (1868-1888). São Paulo: Companhia das Letras, 2015.

ALVARADO, Ruben. *Authority not majority*: the life and times of Friedrich Julius Stahl. Aalten: Wordbridge, 2007.

ALVES, Adamo Dias. *A história do conceito de Bonapartismo*: uma análise semântica aplicada aos séculos XIX e XX. Belo Horizonte: Conhecimento, 2018.

______. *Elementos bonapartistas no processo de constitucionalização brasileiro*: uma análise crítico-reflexiva da história constitucional brasileira de 1823 a 1945. Belo Horizonte: Conhecimento, 2018.

AMARAL, Azevedo. "Realismo político e democracia". *Cultura Política*, Rio de Janeiro, ano 1, nº 1, mar. 1941.

______. *O Estado autoritário e a realidade nacional*. Rio de Janeiro: José Olympio, 1938.

ANDRADA, Antonio Carlos Ribeiro. "Entrevista (As democracias vencerão a opressão)". *Diretrizes*, nº 96, abr. 1942. Disponível em: https://memoria.bn.br/pdf/163880/per163880_1942_00096.pdf. Acessado em: 27.08.2024.

ANDRADE, Almir de. "A evolução política e social do Brasil". *Cultura Política*, Rio de Janeiro, ano 1, nº 1, mar. 1941.

______. "A justiça social como 'princípio-limite' da liberdade na reestruturação das democracias: a propósito de uma reconstituição histórica do Governo Vargas". *Revista do Legislativo*, Brasília, ano 20, nº 79, jul./set. 1983.

______. "As diretrizes da nova política do Brasil". *Cultura Política*, Rio de Janeiro, ano III, nº 23, jan. 1943.

______. "Getúlio Vargas e a doutrina brasileira de governo". *Cultura Política*, Rio de Janeiro, ano II, nº 15, maio 1942.

______. "O Estado nacional e a missão de Cultura Política". *Cultura Política*, Rio de Janeiro, ano 2, nº 18, ago. 1942.

______. "O pensamento político do Presidente". *Cultura Política*, Rio de Janeiro, ano 3, nº 26, abr. 1943.

______. *Fôrça, cultura e liberdade*: origens históricas e tendências atuais da evolução política do Brasil. Rio de Janeiro: José Olympio, 1940.

______. *Lições de Direito Constitucional*. Rio de Janeiro: Rio, 1973.

ANDRADE, Carlos Drummond de. *O observador do escritório*. São Paulo: Companhia das Letras, 2020.

APOSTOLOVA, Bistra Stefanova. *A criação dos cursos jurídicos no Brasil*: tradição e inovação. Brasília: UnB, 2014. (Tese de Doutorado).

AQUINO, Tânia Mittelman. *A Revolta da Vacina*: vacinando contra a varíola e contra o povo. Rio de Janeiro: Ciência Moderna, 2003.

ARAÚJO, Aloizio Gonzaga de Andrade. "Vida e obra de Raul Machado Horta". *Revista Brasileira de Estudos Políticos*, vol. 91, 2005.

ARIENTI, Douglas Pavoni. *Cassiano Ricardo e Menotti Del Picchia*: trajetórias intelectuais, projetos políticos e função social da inteligência. Florianópolis: UFSC, 2014. (Dissertação de Mestrado).

ARQUIVO DA UNIVERSIDADE FEDERAL DE PERNAMBUCO. "Dr. Andrade Bezerra: jurista, professor, jornalista e político brasileiro". *Universidade Federal de Pernambuco*, mar. 2021. Disponível em: https://www.ufpe.br/arquivoccj/curiosidades/-/asset_publisher/x1R6vFfGRYss/content/dr-andrade-bezerra-jurista-professor-jornalista-e-politico-brasileiro-/590249. Acessado em: 21.08.2024.

______. "Lista com os nomes dos Professores Catedráticos da Faculdade de Direito do Recife – FDR: 1828-1960". *Universidade Federal de Pernambuco*. Disponível em: https://www.ufpe.br/documents/590249/2934394/Lista+de+Professores+Catedr%C3%A1ticos+da+Faculdade+de+Direito+do+Recife+-+1828+-+1960+-+realizado+por+Elivanda+Souza+2021.pdf/08bb5a4e-3288-494d-950e-95927d2880c9. Acessado em: 21.08.2024.

______. "Professores de Direito Constitucional (1865-1963)". *Universidade Federal de Pernambuco*. Disponível em: https://encurtador.com.br/NVBso. Acessado em: 21.08.2024.

AZAMBUJA, Darcy. *Teoria Geral do Estado*. 4ª ed. rev. ampl. atual. São Paulo: Globo, 2008.

BADARÓ, Murilo. *Gustavo Capanema*: a revolução na Cultura. Rio de Janeiro: Nova Fronteira, 2000.

BAHRO, Horst. "A influência de Max Weber na Constituição de Weimar e o semipresidencialismo português como sistema político de transição". *Análise Social*, Lisboa, vol. 31, nº 138, 1996.

BARACHO, José Alfredo de Oliveira. *Processo Constitucional*. Rio de Janeiro: Forense, 1984.

BARBOSA, Rui. "O papel do Supremo Tribunal Federal na Constituição brasileira (1914)". *In*: ______. *Escritos e discursos seletos*. Rio de Janeiro: Nova Aguilar, 1960.

______. *O estado de sítio*: suas condições, seus limites, seus effeitos – habeas-corpus requerido ao Supremo Tribunal Federal a favor dos presos pelos decretos de 10 e 11 de abril de 1892. Rio de Janeiro: Typographia da Gazeta de Noticias, 1892.

______. *Obras Completas de Rui Barbosa*. vol. 19, tomo III. Rio de Janeiro: MEC, 1956 [1892].

BARRETO, Tobias. "A questão do Poder Moderador". *In*: BARRETO, Luiz Antonio (Coord.). *Estudos de Direito* I. Rio de Janeiro: J. E. Salomon; Sergipe: Diário Oficial, 2012.

BARROSO, Gustavo. *O Espírito do século XX*. Rio de Janeiro: Civilização Brasileira, 1936.

______. *O Integralismo em marcha*. Rio de Janeiro: Schmidt, 1933.

BARTHÉLEMY, Joseph. "Les théories royalistes dans la doctrine allemande contemporaine: sur les rapports du Roi et des Chambres dans les Monarchies particulières de l'Empire". *Revue du Droit Public et de la Science Politique en France et a l'étranger*, Tome Vingt-Deuxiéme, ano 12, 1905.

______. *Ministre de la Justice*: Vichy (1941-1943) – Mémoires. Paris: Pygmalion/Gérard Watelet, 1989.

BASTOS, Aurélio Wander. "Notas sobre a evolução política e institucional da Revolução Francesa". *In*: CONSTANT, Benjamin. *Princípios políticos constitucionais*: princípios políticos aplicáveis a todos os governos representativos e particularmente à Constituição atual da França (1814). Trad. Maria do Céu Carvalho. 2ª ed. Rio de Janeiro: Freitas Bastos, 2014.

______. *O ensino jurídico no Brasil*. 2ª ed. Rio de Janeiro: Lumen Juris, 2000.

BASTOS, Marcus Vinícius Fernandes. *Comissão Afonso Arinos, Assembleia Nacional Constituinte e elaboração do texto da Constituição de 1988*: construção, procedimento e legitimidade. Rio de Janeiro: Lumen Juris, 2019.

BATISTA, Alexandre Blankl. "A leitura das obras de Alberto Torres por Plínio Salgado". *In*: ______. *Mentores da Nacionalidade*: a apropriação das obras de Euclides da Cunha, Alberto Torres e Farias Brito por Plínio Salgado. Porto Alegre: UFRGS, 2006. (Dissertação de Mestrado).

BEAUD, Olivier. "Un jurista como consejero áulico em una república amenazada". *In*: ______. *Los últimos días de Weimar*: Carl Schmitt ante el ascenso del nazismo. Madrid: Escolar y Maio Editores, 2017.

BENDA, Julien. *A traição dos intelectuais*. Trad. Paulo Neves. São Paulo: Peixoto Neto, 2007.

BENDERSKY, Joseph W. *Carl Schmitt*: theorist for the Reich. Princeton: Princeton University Press, 1983.

BENEVIDES, Maria Victoria Mesquita. "Manifesto dos Mineiros". *Atlas Histórico do Brasil Fundação Getúlio Vargas*, 2023. Disponível em: https://atlas.fgv.br/verbete/5992. Acessado em: 21.08.2024.

______. *A UDN e o Udenismo*: ambiguidades do liberalismo brasileiro (1945-1965). Rio de Janeiro: Paz e Terra, 1981.

BENJAMIN, Walter. *Magia e Técnica, Arte e Política*: ensaios sobre literatura e história da cultura. São Paulo: Brasiliense, 1996.

BERCOVICI, Gilberto (Coord.). *Cem anos da Constituição de Weimar (1919-2019)*. São Paulo: Quartier Latin, 2019.

BERCOVICI, Gilberto. "A Constituição Dirigente e a crise da Teoria da Constituição". *In*: SOUZA NETO, Cláudio Pereira de; BERCOVICI, Gilberto; MORAES FILHO, José Filomeno de; LIMA, Martonio Mont'Alverne Barreto (Coord.). *Teoria da Constituição*: estudos sobre o lugar da política no Direito Constitucional. Rio de Janeiro: Lumen Juris, 2003.

______. "As possibilidades de uma Teoria do Estado". *Revista da Faculdade de Direito da Universidade Federal de Minas Gerais*, vol. 49, jul./dez. 2006.

______. "Estado intervencionista e Constituição Social no Brasil: o silêncio ensurdecedor de um diálogo entre ausentes". *In*: SOUZA NETO, Cláudio Pereira de; SARMENTO, Daniel; e BINENBOJM, Gustavo (Coord.). *Vinte anos da Constituição Federal de 1988*. Rio de Janeiro: Lumen Juris, 2009.

______. "Introdução". *In*:______ (Coord.). *Cem anos da Constituição de Weimar (1919-2019)*. São Paulo: Quartier Latin, 2019.

______. "O debate de Weimar e as origens do Direito Econômico". *In*: ______ (Coord.). *Cem anos da Constituição de Weimar (1919-2019)*. São Paulo: Quartier Latin, 2019.

______. "O Estado Integral e a simetrização das classes sociais em Pontes de Miranda: o debate dos anos 1930". *Revista Direito e Práxis*, vol. 6, 2015.

______. "Prefácio". *In*: STOLLEIS, Michael. *Escrever história do Direito*: reconstrução, narrativa ou ficção? São Paulo: Contracorrente, 2020.

______. "Saudação ao Professor Dalmo de Abreu Dallari". *Revista da Faculdade de Direito da Universidade de São Paulo*, vol. 102, 2007.

______. "Tentativa de instituição da democracia de massas no Brasil: instabilidade constitucional e direitos sociais na Era Vargas (1930-1964)". *In*: SOUZA NETO, Cláudio Pereira de; SARMENTO, Daniel (Coord.). *Direitos sociais*: fundamentos, judicialização e direitos sociais em espécie. Rio de Janeiro: Lumen Juris, 2008.

______. "Teoria do Estado e Teoria da Constituição na periferia do capitalismo: breves indagações críticas". *In*: NUNES, António José Avelãs; COUTINHO, Jacinto Nelson de Miranda (Coord.). *Diálogos constitucionais*: Brasil/Portugal. Rio de Janeiro: Renovar, 2004.

______. *Entre o Estado total e o Estado social*: atualidade do debate sobre Direito, Estado e economia na República de Weimar. São Paulo: USP, 2003. (Tese de Livre-Docência).

______. *Soberania e Constituição*: para uma crítica do constitucionalismo. 3ª ed. São Paulo: Quartier Latin, 2020.

BEREIJO, Álvaro Rodríguez. "Estudio Preliminar: una lección de Derecho Constitucional: la formación del concepto de Ley y el conflito presupuestario-constitucional prusiano (1862-1866)". *In*: LABAND, Paul. *Derecho Presupuestario*. Madrid: Tecnos, 2012.

BERTONHA, João Fábio. *Plínio Salgado*: biografia política (1895-1975). São Paulo: Universidade de São Paulo, 2018.

BEYME, Klaus von. "The genesis of constitutional review in Parliamentary systems". *In*: LANDFRIED, Christine (Coord.). *Constitutional Review and Legislation*: an international comparison. Baden-Baden: Nomos Verlagsgesellschaft, 1988.

BOAVENTURA, Edivaldo Machado (Coord.). *Na trilha de Pedro Calmon*. Salvador: Instituto Histórico e Geográfico da Bahia, 2010.

BOBBIO, Norberto. *Os intelectuais e o poder*: dúvidas e opções dos homens de cultura na sociedade contemporânea. Trad. Marco Aurélio Nogueira. São Paulo: Universidade Estadual Paulista, 1997.

BOMENY, Helena. "Mário e o Ministério Capanema: diálogos e ambivalências". *In*: ______. *Um poeta na política*: Mário de Andrade, paixão e compromisso. Rio de Janeiro: Casa da Palavra, 2012.

______. "Reformas educacionais". *CPDOC-FGV*. Disponível em: https://cpdoc.fgv.br/sites/default/files/verbetes/primeira-republica/REFORMAS%20EDUCACIONAIS%20.pdf. Acessado em: 28.08.2024.

BONAVIDES, Paulo. "Prefácio". *In*: CUNHA, Paulo Ferreira da. *Nova Teoria do Estado*: Estado, República, Constituição. São Paulo: Malheiros, 2013.

______. *Do país constitucional ao país neocolonial*: a derrubada da Constituição e a recolonização pelo golpe de Estado institucional. São Paulo: Malheiros, 2009.

______. *Teoria Geral do Estado*. 11ª ed. rev. e aum. São Paulo: Malheiros, 2018.

BONAVIDES, Paulo; ANDRADE, Paes de. *História constitucional do Brasil*. 5ª ed. Brasília: OAB, 2004.

BOSI, Alfredo. "A escravidão entre dois liberalismos". *In*: ______. *Dialética da Colonização*. São Paulo: Companhia das Letras, 1992.

BOURDIEU, Pierre. "Curso de 18 de janeiro de 1990". *In*: ______. *Sobre o Estado*: cursos no Collége de France (1989-92). Trad. Rosa Freire d'Aguiar. São Paulo: Companhia das Letras, 2014.

______. "Curso de 24 de outubro de 1991". *In*: ______. *Sobre o Estado*: cursos no Collége de France (1989-92). Trad. Rosa Freire d'Aguiar. São Paulo: Companhia das Letras, 2014.

BOURKE, Richard. "Hegel and the French Revolution". *History of European Ideas*, vol. 49, nº 4, 2023.

BRANDI, Paulo. "Gustavo Capanema". *Centro de Pesquisa e Documentação de História Contemporânea do Brasil*: Dicionário Histórico Biográfico Brasileiro – FGV. Disponível em: https://cpdoc.fgv.br/sites/default/files/verbetes/primeira-republica/CAPANEMA,%20Gustavo.pdf. Acessado em: 28.08.2024.

BRASIL. "Debate travado na 15ª Sessão da Assembleia Nacional Constituinte (2 de dezembro de 1933)". *Annaes da Assembléa Nacional Constituinte 1933/1934*, Rio de Janeiro: Imprensa Nacional, vol. II, 1935.

______. "Registros da 176ª Sessão (Extraordinária), de 14 de setembro de 1946". *Anais da Assembleia Nacional Constituinte*, vol. 26, 1950.

______. *Annaes da Assembléa Nacional Constituinte*, Rio de Janeiro: Imprensa Nacional, vol. I, 1934.

______. STF, HC n. 300/RJ, Rel. Min. Costa Barradas, Tribunal Pleno, julgado em 27.04.1892.

BRITANNICA. "Hugo Preuss". *Encyclopedia Britannica*, out. 2023. Disponível em: https://www.britannica.com/biography/Hugo-Preuss. Acessado em: 28.08.2024.

BUCCI, Maria Paula Dallari. "A Teoria do Estado entre o jurídico e o político". *In*: BUCCI, Maria Paula Dallari; GASPARDO, Murilo (Coord.). *Teoria do Estado*: sentidos contemporâneos. São Paulo: Saraiva, 2018.

BUCK-MORSS, Susan. "Hegel and Haiti: critical inquiry". *The University of Chicago Press*, Chicago, vol. 26, nº 4, 2000.

BUENO, Clodoaldo. *A República e sua política exterior (1889 a 1902)*. 2ª ed. rev. e ampl. São Paulo: Unesp, 2022.

BUENO, José Antônio Pimenta. "Direito Público brasileiro e análise da Constituição do Império". *In*: KUGELMAS, Eduardo (Coord.). *Marquês de São Vicente*. São Paulo: Editora 34, 2002. (Coleção Formadores do Brasil).

BUENO, Roberto. "As vias autóctones do autoritarismo: Francisco Campos e seu diálogo às sombras com Carl Schmitt e Friedrich A. Von Hayek". *In*: ______. *Francisco Campos e o conservadorismo autoritário*. Brasília: Conselho Editorial do Senado Federal, 2019.

______. "Carl Schmitt, leitor de Donoso Cortés: ditadura e exceção em chave teológico-medieval". *Revista Brasileira de Estudos Políticos*, Belo Horizonte, nº 105, jul./dez. 2012.

CABRAL, Gustavo César Machado. "A política no jovem Miguel Reale, o teórico do integralismo". *Revista da Faculdade de Direito*, Curitiba, vol. 59, nº 3, 2014.

CALDWELL, Peter C. *Popular sovereignty and the crisis of the German constitutional law*: the theory and practice of Weimar constitutionalism. Durham: Duke University Press, 1997.

CALMON, Pedro. "Duas palavras (da 3ª edição)". *In*: ______. *Curso de Teoria Geral do Estado*. 4ª ed. rev. Rio de Janeiro: Freitas Bastos, 1954.

______. "Explicação (da 1ª edição, de 1938)". *In*: ______. *Curso de Direito Público (Teoria Geral do Estado)*. 2ª ed. Rio de Janeiro: Freitas Bastos, 1942.

______. *A Federação e o Brasil*. Rio de Janeiro: URJ/Irmãos Pongetti, 1933. (Tese de concurso para Livre-Docente).

______. *Curso de Direito Público (Teoria Geral do Estado)*. 2ª ed. Rio de Janeiro: Freitas Bastos, 1942.

______. *Curso de Teoria Geral do Estado*. 4ª ed. rev. Rio de Janeiro: Freitas Bastos, 1954.

______. *Direito de propriedade*: à margem dos seus problemas jurídicos, sociológicos, históricos e políticos. Rio de Janeiro: Imprensa Nacional, 1926.

______. *Intervenção Federal*: o Art. 12 da Constituição de 1934. Rio de Janeiro: Freitas Bastos, 1936.

______. *Memórias*. Rio de Janeiro: Nova Fronteira, 1995.

CAMPOS, Francisco. "A política e o nosso tempo (Conferência no salão da Escola de Belas-Artes, em 28 de setembro de 1935)". *In*: ______. *O Estado nacional*: sua estrutura, seu conteúdo ideológico. Brasília: Conselho Editorial do Senado Federal, 2001.

______. "Diretrizes do Estado Nacional". *In*: ______. *O Estado nacional*: sua estrutura, seu conteúdo ideológico. Brasília: Conselho Editorial do Senado Federal, 2001.

______. "Exposição de Motivos do Decreto n. 19.851, de 11 de abril de 1931". *Diário Oficial da União*, Seção 1 (Exposição de Motivos), 15 abr. 1931, p. 5.830. Disponível em: https://www2.camara.leg.br/legin/fed/decret/1930-1939/decreto-19851-11-abril-1931-505837-exposicao-demotivos-141250-pe.html. Acessado em: 02.01.2024.

______. "Problemas do Brasil e soluções do regime". *In*: ______. *O Estado nacional*: sua estrutura, seu conteúdo ideológico. Brasília: Conselho Editorial do Senado Federal, 2001.

______. "Reforma Constitucional de 1926". *In*: ______. *Direito Constitucional*. vol. 2. Rio de Janeiro: Freitas Bastos, 1956.

______. "Síntese da Reorganização Nacional". *In*: ______. *O Estado nacional*: sua estrutura, seu conteúdo ideológico. Brasília: Conselho Editorial Senado Federal, 2001.

CAMPOS, Maria José. *Versões modernistas da democracia racial em movimento*: estudo sobre as trajetórias e as obras de Menotti Del Picchia e Cassiano Ricardo até 1945. São Paulo: USP, 2007. (Tese de Doutorado).

CANOTILHO, José Joaquim Gomes. "Precisará a Teoria da Constituição Europeia de uma Teoria do Estado?" *In*: ______. *"Brancosos" e interconstitucionalidade*: itinerários dos discursos sobre a historicidade constitucional. Coimbra: Almedina, 2012.

CAPANEMA, Gustavo. "Prefácio". *In*: CASASANTA, Mario. *As razões de Minas*. Belo Horizonte: Imprensa Oficial do Estado, 1932.

CARDOSO, Fábio Silvestre. *Capanema*: a história do Ministro da Educação que atraiu intelectuais, tentou controlar o poder e sobreviveu à era Vargas. Rio de Janeiro: Record, 2019.

CARIELLO, Rafael; PEREIRA, Thales Zamberlan. *Adeus, senhor Portugal*: crise do Absolutismo e a Independência do Brasil. São Paulo: Companhia das Letras, 2022.

CARVALHO NETTO, Menelick de. "A contribuição do Direito Administrativo enfocado da ótica do administrado para uma reflexão acerca dos fundamentos do controle de constitucionalidade das Leis no Brasil: um pequeno exercício de Teoria da Constituição". *Revista Tribunal Superior do Trabalho*, Brasília, vol. 68, nº 2, abr./jun. 2002.

______. "A Hermenêutica Constitucional e os desafios postos aos Direitos Fundamentais". *In*: SAMPAIO, José Adércio Leite (Coord.). *Jurisdição Constitucional e direitos fundamentais*. Belo Horizonte: Del Rey, 2003.

______. "A Hermenêutica Constitucional sob o Paradigma do Estado Democrático de Direito". *In*: OLIVEIRA, Marcelo Andrade Cattoni de (Coord.). *Jurisdição e Hermenêutica Constitucional*. Belo Horizonte: Mandamentos, 2004.

______. "A revisão constitucional e a cidadania: a legitimidade do Poder Constituinte que deu origem à Constituição da República Federativa de 1988 e as potencialidades do poder revisional nela previsto". *Fórum Administrativo*: Direito Público, Belo Horizonte, vol. 1, nº 7, set. 2001.

______. "Constituição democrática como produção de escândalo: 20 anos da Constituinte Estadual". *In*: ______. *Teoria da Constituição e Direito*

Constitucional: escritos selecionados. Belo Horizonte: Conhecimento, 2021.

______. "Intervenções no debate". *In*: COUTINHO, Jacinto Nelson de Miranda (Coord.). *Canotilho e a Constituição dirigente*. Rio de Janeiro: Renovar, 2005.

______. "Prefácio". *In*: GALUPPO, Marcelo. *Igualdade e diferença*: Estado Democrático de Direito a partir do pensamento de Habermas. Belo Horizonte: Mandamentos, 2002.

______. *A sanção no procedimento legislativo*. Belo Horizonte: Del Rey, 1992.

CARVALHO NETTO, Menelick de; BASTOS, Marcus Vinícius Fernandes. "O tempo da transição: notas sobre a relação entre legitimidade, tempo e Direito no contexto do processo de emergência da ordem constitucional de 1988". *In*: MARTINS, Argemiro; ROESLER, Claudia; PAIXÃO, Cristiano (Coord.). *Os tempos do Direito*: diacronias, crise, historicidade. São Paulo: Max Limonad, 2020.

CARVALHO NETTO, Menelick de; SCOTTI, Guilherme. *Os direitos fundamentais e a (in)certeza do Direito*: a produtividade das tensões principiológicas e a superação do sistema de regras. 2ª ed. Belo Horizonte: Fórum, 2020.

CARVALHO NETTO, Menelick de; TOMAZ, Mateus Rocha. "'As instituições estão funcionando?': o bumerangue constitucional da problemática narrativa oficial da ADPF n. 153 e o STF frente aos autoritarismos de ontem e de hoje: um pequeno exercício de História Constitucional e de Teoria da Constituição". *In*: OLIVEIRA, Marcelo Cattoni de; GOMES, David F. L. (Coord.). *30 anos e agora? Direito e Política nos horizontes da República da 1988* (Em homenagem a Juarez Guimarães). Belo Horizonte: Conhecimento, 2020.

CARVALHO, José Murilo de (Coord.). *A construção nacional (1830-1889)*. Rio de Janeiro: Objetiva, 2012.

CARVALHO, José Murilo de. "Entre a autoridade e a liberdade". *In*: ______. *Visconde do Uruguai*. São Paulo: Editora 34, 2002. (Coleção Formadores do Brasil).

______. "Introdução". *In*: VASCONCELOS, Bernardo Pereira de. *Bernardo Pereira de Vasconcelos*. São Paulo: Editora 34, 1999.

______. *A construção da ordem*: a elite política imperial; *Teatro das sombras*: a política imperial. 15ª ed. Rio de Janeiro: Civilização Brasileira, 2021.

______. *Forças Armadas e política no Brasil*. ed. atual. e rev. São Paulo: Todavia, 2019.

CARVALHO, José Murilo de; BASTOS, Lúcia; BASILE, Marcello (Coord.). *Às armas, cidadãos! Panfletos manuscritos da Independência do Brasil (1822-1823)*. São Paulo: Companhia das Letras, 2012.

CARVALHO, Marcus J. M. de. "Os nomes da Revolução: lideranças populares na Insurreição Praieira, Recife, 1848-1849". *Revista Brasileira de História*, São Paulo, vol. 23, nº 45, 2003.

CARVALHO, Marta Maria Chagas de. *Sampaio Dória*. Recife: Fundação Joaquim Nabuco/Massangana, 2010.

CARVALHO, Orlando Magalhães. "A Política Constitucional dos Municípios no Brasil". *Revista Forense*, set. 1945.

______. "Constituição de 1946 (explicação popular)". *Revista da Faculdade de Direito da Universidade Federal de Minas Gerais*, vol. 1, 1949.

______. *A crise dos partidos nacionais*. Belo Horizonte: Kriterion, 1950.

______. *Caracterização da Teoria Geral do Estado*. Belo Horizonte: Kriterion, 1950.

______. *O mecanismo do governo britânico*. Belo Horizonte: Amigos do Livro, 1943.

______. *O município mineiro em face das Constituições*. Belo Horizonte: UFMG/Amigos do Livro, 1937. (Tese para concurso).

______. *Política do município (ensaio histórico)*. Rio de Janeiro: Livraria Agir, 1946.

______. *Problemas Fundamentaes do Municipio*. vol. 84, nº 5. São Paulo: Companhia Editora Nacional, 1937.

______. *Resumos de Teoria Geral do Estado* – I: Introdução. Belo Horizonte: Amigos do Livro, 1941.

______. *Resumos de Teoria Geral do Estado* – II: Origens do Estado. Belo Horizonte: Amigos do Livro, 1942.

______. *URSS*: um Estado Socialista dos operários e camponeses. Rio de Janeiro: Agir, 1947.

CASASANTA, Mario. *As razões de Minas*. Prefácio de Gustavo Capanema. Belo Horizonte: Imprensa Oficial do Estado, 1932.

______. *O poder de veto*. Belo Horizonte: Os Amigos do Livro, 1937.

______. *Responsabilidade do Estado por fatos de guerra*. Belo Horizonte: [s.n.], 1932.

CAVALCANTI, João Barbalho Uchôa. "Art. 6º e art. 34, inciso 21". *In*: ______. *Constituição federal brazileira*: commentarios. Rio de Janeiro, 1902.

CAVALCANTI, Orlando. *Os insurretos de 43*: o manifesto dos mineiros e suas consequências. 2ª ed. Rio de Janeiro: Civilização Brasileira, 1978. (Coleção Retratos do Brasil, vol. 118).

CENTRO DE CIÊNCIAS JURÍDICAS. *Programas de ensino das cadeiras do 1º ano do Curso de Bacharelado*. Recife: [s.n.], 1941. Disponível em: https://repositorio.ufpe.br/bitstream/123456789/51759/1/363130%20-%208877952%20-%20Programa%20de%20Ensino%201944.pdf. Acessado em: 28.08.2024.

______. *Programas de ensino das cadeiras do 1º ano do Curso de Bacharelado*. Recife: [s.n.], 1944. Disponível em: https://repositorio.ufpe.br/bitstream/123456789/51759/1/363130%20-%208877952%20-%20Programa%20de%20Ensino%201944.pdf. Acessado em: 28.08.2024.

______. *Programas de ensino das cadeiras do 1º ano do Curso de Bacharelado*. Recife: [s.n.], 1945. Disponível em: https://repositorio.ufpe.br/bitstream/123456789/51760/1/362991%20-%208877624%20-%20Programa%20de%20Ensino%201945.pdf. Acessado em: 28.08.2024.

______. *Programas de ensino das cadeiras do 1º ano do Curso de Bacharelado*. Recife: [s.n.], 1949. Disponível em: https://repositorio.ufpe.br/bitstream/123456789/51760/1/362991%20-%208877624%20-%20Programa%20de%20Ensino%201945.pdf. Acessado em: 28.08.2024.

______. *Títulos honoríficos UFPE* (1947-1995). Disponível em: https://www.ufpe.br/documents/670684/1500473/T%C3%8DTULOS+HONOR%C3%8DFICOS.UFPE.doc/9d5167cc-0c88-48c4-b799-58cf0fd2b311. Acessado em: 28.08.2024.

CENTRO DE PESQUISA E DOCUMENTAÇÃO DE HISTÓRIA CONTEMPORÂNEA DO BRASIL. "Almir de Andrade". *Dicionário Histórico Biográfico Brasileiro – FGV*. Disponível em: https://www18.fgv.br/cpdoc/acervo/dicionarios/verbete-biografico/almir-bonfim-de-andrade. Acessado em: 28.08.2024.

______. "Ataliba Nogueira". *Dicionário Histórico Biográfico Brasileiro – FGV*. Disponível em: https://www18.fgv.br/CPDOC/acervo/dicionarios/verbete-biografico/jose-carlos-de-ataliba-nogueira. Acessado em: 28.08.2024.

______. "Sampaio Dória". *Dicionário Histórico Biográfico Brasileiro – FGV*. Disponível em: https://www18.fgv.br/CPDOC/acervo/dicionarios/verbete-biografico/sampaio-doria. Acessado em: 28.08.2024.

______. "Sociedade dos Amigos de Alberto Torres". *Dicionário Histórico Biográfico Brasileiro – FGV*. Disponível em: https://www18.fgv.br/CPDOC/acervo/dicionarios/verbete-tematico/sociedade-dos-amigos-de-alberto-torres. Acessado em: 28.08.2024.

CHAVES, Antônio. "Oração em homenagem à memória de Vicente Ráo". *Revista da Faculdade de Direito da Universidade de São Paulo*, vol. 73, 1978.

CHICKERING, Roger. "Militarism and radical nationalism". *In*: RETALLACK, James (Coord.). *Imperial Germany (1871-1918)*. Nova York: Oxford University Press, 2008.

COMPARATO, Fábio Konder. "A preservação da aliança oligárquica durante o Império". *In*: ______. *A oligarquia brasileira*: visão histórica. São Paulo: Contracorrente, 2017.

CONSTANT, Benjamin. *Princípios políticos constitucionais*: princípios políticos aplicáveis a todos os governos representativos e particularmente à Constituição atual da França (1814). Trad. Maria do Céu Carvalho. 2ª ed. Rio de Janeiro: Freitas Bastos, 2014.

CORREA, Gustavo Zatelli. *Direito Administrativo, Estado interventor e técnica*: uma biografia jurídica de Hely Lopes Meirelles (1917-1990). Brasília: Universidade de Brasília, 2022.

COSTA, Alexandre Andrade da. "O Estado de S. Paulo: o debate em torno do pós-guerra (1942-1945)". *In*: ______. *Caleidoscópio político*: as representações do cenário internacional nas páginas do jornal O Estado de S. Paulo (1938-1945). São Paulo: Unesp/Cultura Acadêmica, 2010.

COSTA, Emília Viotti da. *Heróis anônimos*: o protesto do escravizado – a abolição. *In*: ______. *A abolição*. 9ª ed. São Paulo: Unesp, 2010.

______. O *Supremo Tribunal Federal e a construção da cidadania*. 2ª ed. São Paulo: Unesp, 2006.

CUNHA, Euclides da. *Canudos*: diário de uma expedição. 2ª ed. São Paulo: Martin Claret, 2013.

_____. *Os sertões*. 2ª ed. Rio de Janeiro: Edições SESC, 2019.

CURTIS, Michael. *Verdict on Vichy*: power and prejudice in the Vichy France. Nova York: Arcade Publishing, 2014.

DALLARI, Dalmo de Abreu. *Elementos de Teoria Geral do Estado*. 30ª ed. São Paulo: Saraiva, 2011.

_____. "Dalmo de Abreu Dallari". *In*: _____. *Estado de Direito Já! Os trinta anos da Carta aos Brasileiros*. São Paulo: Lettera, 2007.

_____. *O futuro do Estado*. São Paulo: Saraiva, 1972.

DANTAS, Elynaldo Gonçalves. *Gustavo Barroso, o Führer brasileiro*: nação e identidade no discurso integralista barrosiano de 1933-1937. Natal: Universidade Federal do Rio Grande do Norte, 2014. (Dissertação de Mestrado).

DANTAS, Francisco Ivo. *O valor da Constituição*: do controle da constitucionalidade como garantia da supralegalidade constitucional. Rio de Janeiro: Renovar, 1996.

DARDOT, Pierre; LAVAL, Christian. *A nova razão do mundo*: ensaio sobre a sociedade neoliberal. Trad. Mariana Echalar. São Paulo: Boitempo, 2016.

DEAECTO, Marisa Midori. "Os ecos das Revoluções de 1848 no Brasil: formas de pensamento, literatura política e transferências culturais". *Revista Jangada*, ano 9, nº 17, jan./jun. 2021.

DEODATO, Alberto *et al*. "Crônica Universitária (sumário das atividades em 1951)". *Revista da Faculdade de Direito da Universidade Federal de Minas Gerais*, vol. 4, 1952.

_____. "Lentes de hoje (Resumo biográfico)". *Revista da Faculdade de Direito da Universidade Federal de Minas Gerais*, nº 10, 1958

_____. "Memória histórica". *Revista da Faculdade de Direito da Universidade Federal de Minas Gerais*, nº 10, 1958.

DIAS, Gabriel Nogueira. *Positivismo Jurídico e a Teoria Geral do Direito*: na obra de Hans Kelsen. São Paulo: Revista dos Tribunais, 2010.

DOLHNIKOFF, Miriam. "Representação política no Império". *Anais do XXVI Simpósio Nacional de História* – ANPUH, São Paulo, jul. 2011. Disponível em: https://anpuh.org.br/uploads/anais-simposios/

pdf/2019-01/1548856709_22caba5e0268c1a3ee76bf2620f72642.pdf. Acessado em: 28.08.2024.

DÖNHOFF, Marion. *Minha infância na Prússia*. Trad. Sonali Bertuol. São Paulo: Editora 34, 2002.

DORATIOTO, Francisco. *Maldita guerra*: nova história da Guerra do Paraguai. 3ª ed. São Paulo: Companhia das Letras, 2022.

DÓRIA, Antonio de Sampaio. *A questão social*. São Paulo: Office Graph. Monteiro Lobato, 1922.

______. *Como se aprende uma língua ou Nova Gramática*: curso primário. São Paulo: Companhia Editora Nacional, 1932. (Biblioteca Pedagógica Brasileira, vol. IX)

______. *Curso de Direito Constitucional*: os direitos do homem. São Paulo: Companhia Editora Nacional, 1946.

______. *Educação moral e educação econômica*. São Paulo: Melhoramentos, 1933.

______. *Educação*: curso realizado na Escola Normal de S. Paulo. São Paulo: Companhia Editora Nacional, 1933.

______. *Os direitos do homem*. São Paulo: Companhia Editora Nacional, 1942.

______. *Principios constitucionaes*. São Paulo: Ltda, 1926.

______. *Problemas de Direito Público*. São Paulo: Typ. Piratininga, 1919.

______. *Psycologia*. São Paulo: Companhia Editora Nacional, 1932. (Biblioteca Pedagógica Brasileira, vol. VIII).

DUGUIT, Léon. *Droit Constitutionnel* (Théorie Générale de l'Etat – Organisation politique). Paris: Ancienne Librairie Thorin et Fils, 1907.

EDITOR, O. "Dr. Vicente Ráo". *Revista da Faculdade de Direito*, Universidade de São Paulo, vol. 30, nº 3, 1951.

______. "Extrato do relatório do secretário da Faculdade de Direito, referente ao ano de 1949". *Revista da Faculdade de Direito*, Universidade de São Paulo, vol. 44, 1949.

______. "Genésio de Almeida Moura". *Revista da Faculdade de Direito*, Universidade de São Paulo, vol. 53, 1958.

______. "José Carlos de Ataliba Nogueira: Professor Catedrático de Direito Público e Constitucional". *Revista da Faculdade de Direito*, Universidade de São Paulo, vol. 35, nº 3, 1940.

______. "Prefácio de Mirkine-Guetzevitch: a um curso do prof. Vicente Ráo". *Revista da Faculdade de Direito*, Universidade de São Paulo, vol. 47, 1951.

ENGELS, Friedrich. *Revolução e contra-revolução na Alemanha*. Trad. José Barata-Moura. Lisboa: Editorial "Avante!", 1981.

FARIA, Anacleto de Oliveira. "A geração acadêmica de 1941/1945". *Revista da Faculdade de Direito*, Universidade de São Paulo, vol. 69, nº 1, 1974.

FAUSTO, Boris. *A Revolução de 1930*: historiografia e história. São Paulo: Companhia das Letras, 1997.

______. *Getúlio Vargas*: o poder e o sorriso. São Paulo: Companhia das Letras, 2009.

______. *História do Brasil*. 13ª ed. São Paulo: Editora da Universidade de São Paulo, 2008.

FAVORETTI, João Paulo de Souza. "Revendo construções historiográficas: uma discussão sobre a leitura autoritária de Alberto Torres por Oliveira Viana". *Anais do III Encontro de Pós-Graduandos da Sociedade Brasileira de Estudos do Oitocentos*, vol. 3, 2019.

FERREIRA FILHO, Manoel Gonçalves. *Do processo legislativo*: ensaio crítico de Direito Constitucional Comparado, tendo em vista, especialmente, a Constituição do Brasil de 24 de janeiro de 1967. São Paulo: Saraiva, 1968.

FERREIRA, Luiz Pinto. *Da Soberania*. Recife: Oficinas Gráficas do Jornal do Commercio, 1943.

______. *História da Faculdade de Direito do Recife*. 2ª ed. Recife: Editora da Faculdade de Ciências Humanas de Pernambuco, 1994.

______. *Princípios Gerais do Direito Constitucional Moderno*. Recife: Oficinas Gráficas do Jornal do Commercio, 1948.

______. *Teoria Geral do Estado*. vol. 2. Rio de Janeiro: J. Konfino, 1957.

FERREIRA, Marieta de Moraes. "Reação Republicana". *Centro de Pesquisa e Documentação de História Contemporânea do Brasil*: Dicionário Histórico Biográfico Brasileiro – FGV. Disponível em: https://cpdoc.fgv.br/sites/default/files/verbetes/primeira-republica/REA%C3%87%C3%83O%20REPUBLICANA.pdf. Acessado em: 09.09.2024.

FIORAVANTI, Maurizio. *Constitución*: de la Antigüedad a nuestros días. Madrid: Editorial Trotta, 2001.

______. *Giuristi e Costituzione politica nell'Ottocento tedesco*. Milano: Giuffrè, 1979.

FISCHER, Fritz. *From Kaiserreich to Third Reich*: elements of continuity in German history, 1871-1945. Londres/Nova York: Routledge, 2020.

FONSECA, Pedro Cezar Dutra. "Do progresso ao desenvolvimento: Vargas na Primeira República". *In*: BASTOS, Pedro Paulo Zahluth; FONSECA, Pedro Cezar Dutra (Coord.). *A Era Vargas*: desenvolvimentismo, economia e sociedade. São Paulo: Unesp, 2012.

______. *Vargas*: o capitalismo em construção 1906-1954. 3ª ed. São Paulo: Hucitec, 2014.

FOUCAULT, Michel. "Os intelectuais e o poder". *In*: ______. *Microfísica do poder*. Trad. Roberto Machado. Rio de Janeiro: Edições Graal, 1979.

FRAKENBERG, Günther. *Técnicas de Estado*: perspectivas sobre o Estado de Direito e o estado de exceção. Trad. Gercelia Mendes. São Paulo: Unesp, 2018.

FRANCO, Afonso Arinos de Melo. "Discurso de Posse na Cátedra de Direito Constitucional (Discurso pronunciado no Salão Nobre da Faculdade Nacional de Direito, em sessão realizada em 9 de julho de 1950". *Revista Jurídica*, Rio de Janeiro, vol. 11, 1952.

FRANCO, Afonso Arinos de Melo. *As leis complementares da Constituição*. Rio de Janeiro: Graf. Economica, 1948.

______. *Curso de Direito Constitucional brasileiro*: formação constitucional do Brasil. vol. 2, 3ª ed. Rio de Janeiro: Forense, 2019.

______. *História e teoria do partido político no Direito Constitucional brasileiro*. Rio de Janeiro: [s.n.], 1948.

FRANKEL, Richard. *Bismark's Shadow*: the cult of leadership and the transformation of the German Right, 1898-1945. Oxford/Nova York: Berg, 2005.

FREIRE, Américo. "Campos Sales". *Centro de Pesquisa e Documentação de História Contemporânea do Brasil*: Dicionário Histórico Biográfico Brasileiro – FGV. Disponível em: https://cpdoc.fgv.br/sites/default/files/verbetes/primeira-republica/SALES,%20Campos.pdf. Acessado em: 28.08.2024.

GABRIEL, Ruan de Sousa. "Carlo Ginzburg: 'os usos políticos da mentira são notícia velha'". *O Globo*, 8 mai 2021. Disponível em: https://encurtador.com.br/X0tGI. Acessado em: 28.08.2024.

GALVÃO, Laila Maia. *Constituição, educação e democracia*: a Universidade do Distrito Federal (1935-1939) e as transformações da Era Vargas. Brasília: UnB, 2021.

GAMA, Luiz. "Instruções abolicionistas". *In*: _____. *Direito (1870-1875)*. Obras Completas. vol. 5. Organização, introdução, estabelecimento de texto, comentários e notas de Bruno Rodrigues de Lima. São Paulo: Hedra, 2023.

_____. *Liberdade (1880-1882)*. Obras Completas. vol. 8. Organização, introdução, estabelecimento de texto, comentários e notas de Bruno Rodrigues de Lima. São Paulo: Hedra, 2023.

GARCIA, Aprigio Carlos de Amorim. *A Constituição allemã de 11 de agosto de 1919*. Rio de Janeiro: [s.n.], 1924.

GARGARELLA, Roberto. *Latin American Constitutionalism (1810-2010)*: The Engine Room of the Constitution. Oxford: Oxford University Press, 2013.

GASPARI, Filipe Natal de. *STF cercado? (1930-1937)*. Curitiba: CRV, 2019.

GATO, Matheus. *O massacre dos libertos*: sobre raça e República no Brasil (1888-1889). São Paulo: Perspectiva, 2020.

GERBER, Carl Friedrich von. *Diritto Pubblico*. Trad. Pier Luigi Lucchini. Milão: Giuffrè, 1971.

GIERKE, Otto von. "German Constitutional Law in its relation to the American Constitution". *Harvard Law Review*, vol. 23, nº 4, 1910.

_____. *Community in historical perspective*. Cambridge: Cambridge University Press, 2002 [1868].

GODOY, Arnaldo Sampaio de Moraes. *História do Direito entre foices, martelos e togas*: Brasil 1935-1965. São Paulo: Quartier Latin, 2008.

GOMES, Ana Suelen Tossige; MATOS, Andityas Soares de Moura Costa. "O estado de exceção no Brasil republicano". *Revista Direito e Práxis*, vol. 8, nº 3, set. 2017.

GOMES, Ângela Maria de Castro. "Assembléia Nacional Constituinte de 1934". *Centro de Pesquisa e Documentação de História Contemporânea do Brasil*: Atlas Histórico do Brasil – FGV. Disponível em: https://atlas.fgv.br/verbete/5740. Acessado em: 28.08.2024.

GOMES, David F. L. "A Teoria da Constituição como Teoria Crítica: Marcelo Cattoni, democracia sem espera e constitucionalismo por vir". *Revista de Estudos Constitucionais, Hermenêutica e Teoria do Direito* – RECHTD, vol. 11, 2019.

______. "Paulo Bonavides, el constitucionalismo en la periferia y el pueblo en Brasil: la crisis constituyente y un nosotros fracturado". *In*: MENDIOLA, Julio César Muñoz; SALGADO, Augusto Fernando Carrillo (Coord.). *Temas selecctos de teoría jurídica contemporánea en el contexto iberoamericano*. Ciudad de México: UNAM/Tirant Lo Blanch, 2023.

______. *A Constituição de 1824 e o problema da modernidade*: o conceito moderno de Constituição, a história constitucional brasileira e a Teoria da Constituição no Brasil. Belo Horizonte: D'Plácido, 2019.

GONÇALVES, Leandro Pereira. "A intelectualidade integralista de Plínio Salgado: uma análise do discurso literário". *Revista Literatura e Autoritarismo*, vol. 13, 2009. Disponível em: https://doi.org/10.5902/1679849X73910. Acessado em: 28.08.2024.

______. "O Estado Novo: o fim da Ação Integralista Brasileira e prisão de Plínio Salgado". *In*: VIANNA, Marly de Almeida Gomes; SILVA, Érica Sarmiento da Silva; GONÇALVES, Leandro Pereira (Coord.). *Presos políticos e perseguidos estrangeiros na Era Vargas*. Rio de Janeiro: Mauad X/Faperj, 2014.

GRANATO, Fernando. *O negro da chibata*: o marinheiro que colocou a República na mira dos canhões. Rio de Janeiro: Objetiva, 2000.

GRINOVER, Ada Pellegrini. *A garota de São Paulo*. São Paulo: Arx, 2004.

GUERRA, Maria Pia. "Um Judiciário para um regime autoritário: os projetos de reforma judicial na década de 1930". *Revista Brasileira de Ciências Sociais*, vol. 37, 2022.

GUIMARÃES, Murilo de Barros. *A Provisão no cheque*. Recife: [s.n.], 1946.

HABERMAS, Jürgen. *Facticidade e validade*: contribuições para uma teoria discursiva do Direito e da democracia. Trad. Felipe Gonçalves Silva e Rúrion Melo. São Paulo: Unesp, 2020.

______. *Uma nova mudança estrutural da esfera pública e a política deliberativa*. Trad. Denilson Luis Werle. São Paulo: Unesp, 2023.

HAMBLOCH, Ernest. *Sua Majestade o Presidente do Brasil*: um estudo do Brasil Constitucional (1889-1934). Trad. Lêda Boechat. Brasília: Senado Federal, 2000.

HANSEN, Thiago. "Alberto Torres e os Torreanos: teoria e prática de um pensamento constitucional brasileiro (1917-1934)". *In*: PAIXÃO,

Cristiano; CARVALHO, Claudia Paiva (Coord.). *História Constitucional Brasileira*. São Paulo: Almedina, 2023.

HEGEL, Georg Wilhelm Friedrich. *Linhas fundamentais da Filosofia do Direito*. Trad. Marcos Lutz Müller. São Paulo: Editora 34, 2022.

HELLER, Hermann. "¿Estado de derecho o dictadura?" *In*: ______. *Europa y el Fascismo*. Granada: Editoral Comares, 2006.

______. "Metas y limites para una reforma de la Constitución alemana". *In*: ______. *El sentido de la política y otros ensayos*. Trad. Maximiliano Hernández Marcos y Encarnación Vela Sánchez. Valencia: Pre-textos, 1996.

______. *La Sovranità ed Altri Scritti sulla Dottrina del Dirito e dello Stato*. Milão: Giuffrè, 1987.

______. *Las ideas políticas contemporáneas*. Buenos Aires: Editorial Labor, 1930.

______. *Teoría del Estado*. Trad. Luis Tobío. 2ª ed. México: FCE, 1998.

HERRERA, Carlos Miguel. *A política dos juristas*: Direito, liberalismo e socialismo em Weimar. Trad. Luciana Caplan. São Paulo: Alameda, 2012.

HESPENHA, António Manuel. "Prefácio". *In*: LYNCH, Christian Edward Cyril. *Monarquia sem despotismo e liberdade sem anarquia*: o pensamento político do Marquês de Caravelas. Belo Horizonte: UFMG, 2014 (Humanitas).

HEWITSON, Mark. "Wilhelm Germany". *In*: RETALLACK, James (Coord.). *Imperial Germany (1871-1918)*. Nova York: Oxford University Press, 2008.

HIPÓLITO, Lúcia. "Partido Social Democrático (PSD-1945-1965)". *Centro de Pesquisa e Documentação de História Contemporânea do Brasil*: Dicionário Histórico Biográfico Brasileiro – FGV. Disponível em: https://www18.fgv.br/CPDOC/acervo/dicionarios/verbete-tematico/partido-social-democratico-psd-1945-1965. Acessado em: 28.08.2024.

HOBSBAWN, Eric. *Era dos Extremos*: o breve século XX. Trad. Marcos Santarrita. 2ª ed. 42ª imp. São Paulo: Companhia das Letras, 1995.

HOCHHEIM, Bruno Arthur. *Federalismo, centralização e intervenção estatal*: os debates na Comissão do Itamaraty (1932-1933). Brasília: Universidade de Brasília, 2017. (Dissertação de Mestrado).

HOLANDA, Sergio Buarque de. *História Geral da Civilização Brasileira*. tomo II (O Brasil Monárquico). 5º vol. (Do Império à República). 2ª ed. São Paulo: Difel, 1977.

HORTA, José Luiz Borges. *Dialética do Poder Moderador*: ensaio de uma ontoteleologia do Estado do Brasil. Minas Gerais: Universidade Federal de Minas Gerais, 2020. (Tese de Titularidade).

HORTA, Raul Machado. "Discurso de saudação ao Professor Emérito Orlando Magalhães Carvalho". *Revista da Faculdade de Direito da Universidade Federal de Minas Gerais*, nº 28-29, 1986.

______. "A Faculdade de Direito da Universidade Federal de Minas Gerais no 85º Aniversário de sua Fundação (Memória histórica – Conferência proferida na Sessão Solene comemorativa do 85º aniversário da Faculdade, realizada em 09 de dezembro de 1977)". *Revista da Faculdade de Direito da Universidade Federal de Minas Gerais*, nº 19-20, 1978.

HUMMEL, Jacky. *Le constitutionnalisme allemande (1815-1918)*: le modéle allemand de la monarchie limitée. Paris: Presses Universtaires de France, 2002.

JANOTTI, Maria de L. M. *Os subversivos da República*. São Paulo: Brasiliense, 1986.

JELLINEK, Georg. *Reforma y mutación de la Constitución*. Trad. Christian Förster. Madrid: Centro de Estudios Constitucionales, 1991.

______. *Teoría General del Estado*. México: FCE, 2000.

JONG, David de. *Bilionários nazistas*: a tenebrosa história das dinastias mais ricas da Alemanha. Trad. Otacílio Nunes. Rio de Janeiro: Objetiva, 2023.

JOTA. "José Ribas Vieira é o 1º titular de Direito Constitucional da UFRJ em mais de 40 anos". *Jota*, 16 set. 2016. Disponível em: https://www.jota.info/jotinhas/jose-ribas-vieira-e-o-1o-titular-de-direito-constitucional-da-ufrj-em-40-anos-16092016. Acessado em:16.08.2024.

KARL, Júlia Scholz. *O constitucionalismo alemão oitocentista nos arcabouços teóricos de Hans Kelsen e de Carl Schmitt*: nuances e delineamentos da jurisdição constitucional entre as elaborações do positivismo e do decisionismo (1911-1950). Florianópolis: Universidade Federal de Santa Catarina, 2021. (Dissertação de Mestrado).

KELLER, Vilma. "Vicente Ráo". *Centro de Pesquisa e Documentação de História Contemporânea do Brasil*: Dicionário Histórico Biográfico

Brasileiro – FGV. Disponível em: https://www18.fgv.br/cpdoc/acervo/dicionarios/verbete-biografico/vicente-paulo-francisco-rao. Acessado em: 28.08.2024.

KELSEN, Hans. "A Competência da Assembleia Nacional Constituinte (Parecer)". *In*: SIQUEIRA, Gustavo Silveira. *Hans Kelsen no Brasil*: o parecer sobre a Constituinte brasileira de 1934, a Teoria Pura do Direito no Brasil e a viagem ao Rio de Janeiro em 1949. Rio de Janeiro: EdUERJ, 2021.

______. "Essência e valor da democracia". *In*: ______. *A democracia*. 3ª ed. Trad. Ivone Castilho Benedetti, Jefferson Luiz Camargo, Marcelo Brandão Cipolla e Vara Barkow. São Paulo: Martins Fontes, 2019.

______. *A Teoria do Estado de Dante Alighieri*. Trad. Luiz Felipe Brandão Osório. São Paulo: Contracorrente, 2021.

______. *Autobiografia*. Trad. Gabriel Nogueira Dias e José lgnácio Coelho Mendes Neto. 5ª ed. Rio de Janeiro: Forense, 2018.

______. *Compendio de Teoría General del Estado*. Trad. Luis Recaséns y Justino de Azcárate. México: Colofón, 1992.

______. *O Estado como integração*: um confronto de princípio. 2ª ed. Trad. Plínio Fernandes Toledo. São Paulo: Martins Fontes, 2022.

______. *Teoría General del Estado*. Trad. Luis Legaz Lacambra. Buenos Aires: Editorial Labor S.A., 1934.

______. *Teoria Pura do Direito*: introdução à problemática jurídico-científica. 1ª ed. alemã (1934). Trad. Alexandre Travessoni Gomes Trivissonno. Rio de Janeiro: Forense, 2021.

______. *Jurisdição constitucional*. Trad. Sérgio Sérvulo da Cunha. São Paulo: Martins Fontes, 2003.

KENT, George O. *Bismarck e seu tempo*. Trad. Lucia P. Caldas de Moura. Brasília: UnB, 1982.

KERSHAW, Ian. *Hitler*. Trad. Pedro Maia Soares. São Paulo: Companhia das Letras, 2017.

KIRSCHNER, Tereza Cristina. *José da Silva Lisboa, Visconde de Cairu*: itinerários de um ilustrado luso-brasileiro. São Paulo: Alameda; Belo Horizonte: PUC Minas, 2009.

KLEIN, Claude. *Weimar*. Trad. Geraldo Gerson de Souza. São Paulo: Perspectiva, 1995.

KOSELLECK, Reinhart. *Crítica e crise*: uma contribuição à protogênese do mundo burguês. Trad. Luciana Villas-Boas Castelo-Branco. Rio de Janeiro: EdUERJ/ Contraponto, 1999.

_____. *Futuro Passado*: contribuição à semântica dos tempos históricos. Rio de Janeiro: Contraponto/PUC Rio, 2006.

KUGELMAS, Eduardo. *Pimenta Bueno, o jurista da Coroa*. *In*: _____ (Coord.). *Marquês de São Vicente*. São Paulo: Editora 34, 2002. (Coleção Formadores do Brasil).

LABAND, Paul. *Derecho Presupuestario*. Madrid: Tecnos, 2012.

LAGI, Sara. "Georg Jellinek, a liberal political thinker against despotic rule (1885-1898)". *The Hungarian Historical Review*, vol. 5, nº 1, 2016.

LAPUENTE, Rafael Saraiva. "Da ruptura ao exílio: o confronto político entre Getúlio Vargas e Flores da Cunha em perspectiva (1935-1937)". *Cadernos de História*, vol. 17, nº 27, 30 out. 2016.

LASKI, Harold J. "The Personality of associations". *Harvard Law Review*, vol. 29(4), 1916.

LEAL, Victor Nunes. *Coronelismo, enxada e voto*: o município e o regime representativo no Brasil. 7ª ed. São Paulo: Companhia das Letras, 2012.

LECLERC, Gérard. *Sociologia dos intelectuais*. Trad. Paulo Neves. São Leopoldo: Unisinos, 2004.

LEME, Ernesto. "Antônio de Sampaio Dória". *Revista da Faculdade de Direito de São*, Universidade de São Paulo, vol. 60, 1965.

LEME, Ernesto. "Manuel Francisco Pinto Pereira". *Revista da Faculdade de Direito*, Universidade de São Paulo, vol. 51, 1956.

_____. "Vicente Ráo: mestre de Direito Civil". *Revista da Faculdade de Direito*, Universidade de São Paulo, vol. 58, 1963.

LEMOS, Renato. "Hermes da Fonseca". *Centro de Pesquisa e Documentação de História Contemporânea do Brasil*: Dicionário Histórico Biográfico Brasileiro – FGV. Disponível em: https://cpdoc.fgv.br/sites/default/files/verbetes/primeira-republica/FONSECA,%20Hermes%20da.pdf. Acessado em: 28.08.2024.

LEPSIUS, Oliver. "A Teoria do Estado de Dante Alighieri na visão de Hans Kelsen". *Revista Direitos Fundamentais & Democracia*, vol. 27, nº 2, 2022.

LERMAN, Katharine Anne. "Bismarckian Germany". *In*: RETALLACK, James (Coord.). *Imperial Germany (1871-1918)*. Nova York: Oxford University Press, 2008.

LESSA, Pedro. *Do Poder Judiciário*. Rio de Janeiro: Francisco Alves, 1915.

LESSA, Renato. *A invenção republicana*: Campos Sales, as bases e a decadência da Primeira República brasileira. 3 ª ed. Rio de Janeiro: Topbooks, 2015.

LÉVAY, Emeric. "O dia em que o professor Pinto Pereira não deu a sua aula". *Museu do Tribunal de Justiça do Estado de São Paulo*, 2008. Disponível em: https://www.tjsp.jus.br/Museu/Comunicados/Comunicado?codigoComunicado=141&pagina=2. Acessado em: 28.08.2024.

LEWANDOWSKI, Enrique Ricardo. *Globalização, regionalização e soberania*. São Paulo: Juarez de Oliveira, 2004.

LIMA FILHO, Andrade. *China Gordo*: Agamenon Magalhães e sua época. Recife: Universitária, 1976.

LIMA JUNIOR, Carlos; SCHWARCZ, Lilia M.; e STUMPF, Lúcia K. *O sequestro da Independência*: uma história da construção do mito do Sete de Setembro. São Paulo: Companhia das Letras, 2022.

LIMA SOBRINHO, Barbosa. "A Sociedade dos Amigos de Alberto Tôrres". *In*: ______. *Presença de Alberto Torres*: sua vida e seu pensamento. Rio de Janeiro: Civilização Brasileira, 1968.

______. *Presença de Alberto Torres*: sua vida e seu pensamento). Rio de Janeiro: Civilização Brasileira, 1968.

LIMA, Alceu Amoroso. *Política*. Rio de Janeiro: Edição da Livraria Católica, 1932.

LIMA, Bruno Rodrigues de. "Introdução". *In*: GAMA, Luiz. *Democracia (1866-1869)*. Obras Completas. vol. 4. Organização, introdução, estabelecimento de texto, comentários e notas de Bruno Rodrigues de Lima. São Paulo: Hedra, 2022.

______. *Luiz Gama contra o Império*: a luta pelo direito no Brasil da escravidão. São Paulo: Contracorrente, 2024.

LIMA, Eusebio de Queiroz. *Theoria do Estado*. Rio de Janeiro: Freitas Bastos, 1930.

LIMA, Hermes. *Direito de revolução*. Bahia: Imprensa Official do Estado, 1926.

______. *O Artigo 6º da Constituição (These apresentada para concorrer à livre docência da cadeira de Direito Público Constitucional, na Faculdade de Direito da Bahia)*. Salvador: Imprensa Oficial do Estado, 1925.

______. *Travessia*: memórias. Rio de Janeiro: José Olympio, 1974.

LIMA, Martonio Mont'Alverne Barreto. *Supremo Tribunal Federal*: Prússia contra Reich. São Paulo: Contracorrente, 2022.

LLOSA, Mario Vargas. *A guerra do fim do mundo*. Trad. Paulina Wacht e Ari Roitman. São Paulo: Alfaguara, 2008.

LOEWENSTEIN, Karl. *Brazil Under Vargas*. Nova York: The Macmillian Company, 1942.

______. *Teoría de la Constitución*. Trad. Alfredo Gallego Anabiarte. 2ª ed. Madrid: Ariel, 2018.

LOPES, José Reinaldo de Lima. *O Oráculo de Delfos*: o Conselho de Estado no Brasil-Império. São Paulo: Saraiva, 2010.

LOUGHLIN, Martin. "Editorial introduction". *In*: SCHMITT, Carl. "Hugo Preuss: his concept of the state and his position in German state theory". *History of Political Thought*, vol. 38, nº 2, 2017.

______. "In defence of Staatslehre". *Der Staat*, vol. 48, nº 1, 2009.

LUHMAN, Niklas. *Sistemas sociais*: esboço de uma teoria geral. Trad. Antonio C. Luz Costa, Roberto Dutra Torres Junior e Marco Antonio dos Santos Casanova. Petrópolis: Vozes, 2016.

______. "Ich sehe was, was Du nicht siehst". *In*: ______. *Soziologische Aufklärung 5*: Konstruktivistsche Perspektiven. Opladen: Westdeustscher Verlag, 1990.

______. *A Constituição como aquisição evolutiva*. Trad. Menelick de Carvalho Netto, Giancarlo Corsi, Raffaele de Giorgi e Paulo Sávio Peixoto Maia. [S.l.]: [s.n.], 2000. (Tradução para uso acadêmico, não revisada).

LÚKACS, Georg. *The destruction of reason*. Trad. Peter Palmer. Londres: Humanities Press, 1891.

LYNCH, Christian Edward Cyril. "Entre o judiciarismo e o autoritarismo: o espectro do Poder Moderador no debate político republicano (1890-1945)". *História do Direito – RHD*, Curitiba, vol. 2, nº 3, jul./dez. 2021.

______. "Nacionalismo em crisálida: o discurso de posse de Alberto Torres no Instituto Histórico e Geográfico Brasileiro (1911)". *Anuário do Instituto Histórico e Geográfico Brasileiro*, Rio de Janeiro, vol. 2, dez. 2017.

_____. "O caminho para Washington passa por Buenos Aires: a recepção do conceito argentino do estado de sítio e seu papel na construção da República brasileira (1890-1898)". *Revista Brasileira de Ciências Sociais*, vol. 27, nº 78, fev. 2012.

_____. "O Poder Moderador na Constituição de 1824 e no anteprojeto Borges de Medeiros de 1933: um estudo de Direito Comparado". *Revista de Informação Legislativa*, Brasília, ano 47, nº 188, out./dez. 2010.

MACEDO, José Rivair; MAESTRI, Mário. *Belo Monte*: uma história da guerra de Canudos. São Paulo: Expressão Popular, 2004.

MACHADO, Paulo Pinheiro. *Liderança do Contestado*. Campinas: Unicamp, 2004.

MacMILLAN, Margaret. *A Primeira Guerra Mundial*. Trad. Glauber Vieira. São Paulo: Globo Livros, 2014.

MAGALHÃES, Agamemnon Sérgio de Godoy. *O Estado e a realidade contemporanea*. Recife: Officinas Gaphicas do Diario da Manha, 1933.

_____. *O Nordeste brasileiro*. Recife: Secretaria de Educação e Cultura, 1970.

_____. "A Teoria do Estado Novo (*Folha da Manhã*, 1º jun. 1938)". *In*: _____. *Idéias e Lutas*. Recife: Raiz, 1985.

_____. "Condições econômicas e sociais do Brasil: o parlamentarismo (Discurso pronunciado na Sessão de 11-12-1933)". *In*: _____. *Discursos parlamentares*. Sel. e intr. Nilo Pereira. Brasília: Câmara dos Deputados, 1982. (Perfis Parlamentares, 24).

_____. "Discurso proferido na 94ª Sessão da Assembleia Nacional Constituinte (14 de março de 1934)". *Annaes da Assembléa Nacional Constituinte 1933/1934*, Rio de Janeiro: Imprensa Nacional, vol. XI, 1936.

MAIA, Paulo Sávio N. P. "A influência do constitucionalismo alemão do século XIX na categoria 'direitos fundamentais': formalização do Direito Público e neutralização do 'Rechtsstaat'". *Revista de Informação Legislativa*, Brasília, vol. 46, nº 182, abr./jun. 2009.

_____. *O guardião da Constituição na polêmica Kelsen-Schmitt*: Rechtsstaat como referência semântica na memória de Weimar. Brasília: Universidade de Brasília, 2007. (Dissertação de Mestrado).

_____. *Pensando os direitos fundamentais com, e contra, Rudolf Smend*: lineamentos de uma crítica ao neoconstitucionalismo. Manuscrito inédito, ainda não publicado.

MAITLAND, Frederic William. "Introduction". *In*: GIERKE, Otto von. *Political Theories of the Middle Age*. Cambridge: Cambridge University Press, 1922.

MALIN, Mauro. "Francisco Campos". *Centro de Pesquisa e Documentação de História Contemporânea do Brasil*: Dicionário Histórico Biográfico Brasileiro – FGV. Disponível em: http://www.fgv.br/cpdoc/acervo/dicionarios/verbete-biografico/francisco-luis-da-silva-campos. Acessado em: 28.08.2024.

MALUF, Sahid. *Teoria Geral do Estado*. 36ª ed. São Paulo: Saraiva Educação, 2022.

MARINHO, Artur de Souza. "Constituição, seu sentido e transformações". *In*: PODER JUDICIÁRIO. SUPERIOR TRIBUNAL DE JUSTIÇA. *Ministro Artur de Souza Marinho*. Coletânea de Julgados e Momentos Jurídicos dos Magistrados do TFR e STJ. vol. 31. Brasília: Divisão Gráfica do Conselho da Justiça Federal, 1999.

MARQUES, Raphael Peixoto de Paula. *Repressão política e usos da Constituição no governo Vargas (1935-1937)*: a segurança nacional e o combate ao comunismo. Brasília: Universidade de Brasília, 2011. (Dissertação de Mestrado).

MARTINS, Ives Gandra da Silva. "Cabe às Forças Armadas moderar os conflitos entre os Poderes". *Consultor Jurídico*, 28 maio 2020. Disponível em: https://www.conjur.com.br/2020-mai-28/ives-gandra-artigo-142-constituicao-brasileira/. Acessado em: 28.08.2024.

_____. "Evitando distorções: minha interpretação do artigo 142 jamais poderia justificar golpe de Estado". Folha de São Paulo, 7 abr. 2024. Disponível em: https://www1.folha.uol.com.br/opiniao/2024/04/evitando-distorcoes.shtml. Acessado em: 11.04.2024.

_____. "Harmonia e independência dos Poderes?" *Consultor Jurídico*, 2 maio 2020. Disponível em: https://www.conjur.com.br/2020-mai-02/ives-gandra-harmonia-independencia-poderes. Acessado em: 28.08.2024.

_____. "Minha interpretação do artigo 142 da Constituição Federal". *Consultor Jurídico*, 27 ago. 2021. Disponível em: https://www.conjur.com.br/2021-ago-27/ives-gandra-minha-interpretacao-artigo-142-constituicao. Acessado em: 28.08.2024.

MARX, Karl. *Crítica da Filosofia do Direito de Hegel*. Trad. Rubens Enderle e Leonardo de Deus. 2ª ed. rev. São Paulo: Boitempo, 2010.

______. *O 18 de brumário de Luís Bonaparte*. Trad. Nélio Schneider. São Paulo: Boitempo, 2011.

MARX, Karl; ENGELS, Friedrich. *Manifesto Comunista*. 4ª reimp. São Paulo: Boitempo, 2005.

MATTOS, Ilmar Rohloff de. *O tempo Saquarema*. 7ª ed. São Paulo: Hucitec, 2017.

MAXIMILIANO, Carlos. *Comentários à Constituição Brasileira*. Rio de Janeiro: Jacinto Ribeiro dos Santos Editor, 1918.

MAYER, Jorge Miguel. "Ademar de Barros". *Centro de Pesquisa e Documentação de História Contemporânea do Brasil*: Dicionário Histórico Biográfico Brasileiro – FGV. Disponível em: https://www18.fgv.br/cpdoc/acervo/dicionarios/verbete-biografico/ademar-pereira-de-barros. Acessado em: 28.08.2024.

______. "Cândido Mota Filho". *Centro de Pesquisa e Documentação de História Contemporânea do Brasil*: Dicionário Histórico Biográfico Brasileiro – FGV. Disponível em: https://www18.fgv.br/CPDOC/acervo/dicionarios/verbete-biografico/mota-filho-candido. Acessado em: 28.08.2024.

MEDEIROS, Antônio Augusto Borges. *O Poder Moderador na República presidencial*. 4ª ed. Rio de Janeiro: Forense, 2019.

MEDEIROS, Valéria Antonia. *Antonio de Sampaio Doria e a modernização do ensino em São Paulo nas primeiras décadas do século XX*. São Paulo: PUC, 2005. (Tese de Doutorado).

MEDEIROS, Vinícius Borges de. *O Reitorado de Murilo Guimarães na Universidade Federal de Pernambuco*: modernização e autoritarismo (1964-1971). Recife: UFPE, 2022. (Trabalho de Conclusão).

MEDINA, Paulo Roberto de Gouvêa. *A política em Minas*. Belo Horizonte: Assembleia Legislativa do Estado de Minas Gerais, 2018.

MEIRELLES, Domingos. *As noites das grandes fogueiras*: uma história da Coluna Prestes. 9ª ed. Rio de Janeiro: Record, 2002.

MELCHIOR, Antonio Pedro. *Juristas em resistência*: memória das lutas contra o autoritarismo no Brasil. São Paulo: Contracorrente, 2023.

MELLO NETO, José Joaquim Cardoso de. "Relatório da Faculdade de Direito da Universidade de São Paulo relativo a 1941 e a 1942". *Revista da Faculdade de Direito*, Universidade de São Paulo, vol. 38, 1942.

MELLO, Evaldo Cabral de. *A outra Independência*: Pernambuco, 1817-1824. São Paulo: Todavia, 2022.

MENEZES, Aderson de. *Teoria Geral do Estado*. 4ª ed. Rio de Janeiro: Forense, 1984.

MENEZES, Daniel Francisco Nagao. *Francisco Campos, Carl Schmitt e a atuação do estado na economia*. São Paulo: Universidade Presbiteriana Mackenzie, 2013. (Tese de Doutorado).

MENNING, Ralph R.; MENNING, Carol Bresnahan. "'Baseless Allegations': Wilhelm II and the Hale Interview of 1908". *Cambridge University Press*, vol. 16, nº 4, dez. 1983.

MESURINI, Mauricio da Costa. *O Estado interventor no Brasil e seus reflexos no Direito Administrativo e Constitucional (1930-1964)*: Themístocles Cavalcanti e sua contribuição doutrinária. Belo Horizonte: Dialética, 2021.

MICELI, Sergio. "Intelectuais e classe dirigente no Brasil (1920-1945)". *In*: ______. *Intelectuais à brasileira*. São Paulo: Companhia das Letras, 2001.

______. *Lira mensageira*: Drummond e o grupo modernista mineiro. São Paulo: Todavia, 2022.

MILTON, Aristides Augusto. *A campanha de canudos*. Brasília: Senado Federal, 2003.

MIRANDA, Pontes de. *Os fundamentos actuaes do Direito Constitucional*. Rio de Janeiro: Freitas Bastos, 1932.

MIRKINE-GUETZÉVITCH, Boris. *As novas tendências do Direito Constitucional*. Trad. Candido Motta Filho. São Paulo: Companhia Editora Nacional, 1933.

MOMMSEN, Wolfgang J. *Max Weber and German politics (1890-1920)*. Trad. Michael S. Steinberg. Chicago: The University of Chicago Press, 1990.

MONTEIRO, Norma de Góis (Coord.). *Dicionário biográfico de Minas Gerais*: período republicano (1889-1991). vols. 1 e 2. Belo Horizonte: Assembleia Legislativa do Estado de Minas Gerais, 1994.

MORAES, Francisco Quartim de. *Positivismo social*: o legado de Saint-Simon e sua recepção no Brasil. São Paulo: USP, 2022. (Tese de Doutorado).

MORTATI, Constantino. "Una valoración de conjunto sobre la experiencia de la Constitución de Weimar". *In*: ______. *La Constitucíon de Weimar*. Madrid: Tecnos, 2010.

MOTA, André; SANTOS, Marco Antonio Cabral. "Por entre algemas e vacinas: medicina, polícia e resistência popular em São Paulo, 1890-1920". *Novos Estudos Cebrap*, nº 65, 2003.

MOTA, Carlos Guilherme. "Para uma visão de conjunto: a história do Brasil pós-1930 e seus juristas". *In*: MOTA, Carlos Guilherme; SALINAS, Natasha Schmitt Coccia (Coord.). *Os juristas na formação do Estado--Nação brasileiro*: de 1930 aos dias atuais. São Paulo: Saraiva, 2010.

MOTTA FILHO, Cândido. "A evolução do controle de constitucionalidade das leis no Brasil". *Revista Forense*, vol. 38, nº 86, abr./jun. 1941.

______. *Alberto Torres e thema da nossa geração*. Rio de Janeiro: Schimidt, 1931.

______. *Contagem regressiva*: memórias 1. Rio de Janeiro: José Olympio, 1972.

______. *O conteúdo político das Constituições*. Rio de Janeiro: Borsoi, 1950.

______. *O Poder Executivo e as ditaduras constitucionais*. São Paulo: Estabelecimento Gráfico Phoenix, 1940.

MOURA, Carlos André Silva de. "Andrade Lima Filho e o movimento de restauração católica na imprensa pernambucana (1930-1937)". *ANPUH – XXV Simpósio Nacional De História*, Fortaleza, 2009. Disponível em: https://anpuh.org.br/uploads/anais-simposios/pdf/2019-01/1548772005_861f23fa2d5a539c4ac4b26331415bde.pdf. Acessado em: 28.08.2024.

MOURA, Genésio de Almeida. *O Fascismo Italiano e o Estado Novo Brasileiro*. eBooksBrasil.org [versão on-line]. Disponível em: https://www.ebooksbrasil.org/eLibris/fascismoit.html. Acessado em: 28.08.2024.

MOURELLE, Thiago Cavalierie. *A democracia ameaçada*: a Câmara dos Deputados confronta Getúlio Vargas (1934-1935). Rio de Janeiro: 7 Letras, 2023.

MÜLLER, Marcos Lutz. "Apresentação". *In*: HEGEL, Georg Wilhelm Friedrich. *Linhas fundamentais da Filosofia do Direito*. Trad. Marcos Lutz Müller. São Paulo: Editora 34, 2022.

NABUCO, Joaquim. *O abolicionismo*. Brasília: Conselho Editorial do Senado Federal, 2003.

______. *Um estadista do Império*: Nabuco de Araujo – sua vida, suas opiniões, sua época (1813-1857). vol. 1. Rio de Janeiro: H. Garnier, 1899.

NASCIMENTO, Álvaro Pereira do. *Cidadania, cor e disciplina na revolta dos marinheiros de 1910*. Rio de Janeiro: Faperj/Mauad, 2008.

NAUD, Leda Maria Cardoso. "Estado de sítio: 1ª parte". *Revista de Informação Legislativa*, vol. 2, nº 5, mar. 1965.

______. "Estado de sítio: 2ª parte". *Revista de Informação Legislativa*, vol. 2, nº 6, jun. 1965.

______. "Estado de sítio: 3ª parte". *Revista de Informação Legislativa*, vol. 2, nº 7, set. 1965.

______. "Estado de sítio: 4ª parte". *Revista de Informação Legislativa*, vol. 2, nº 8, dez. 1965.

______. "Estado de sítio e suspensão das liberdades individuais". *Revista de Informação Legislativa*, dez. 1966.

NAVA, Pedro. *Beira-mar*. São Paulo: Ateliê Editorial/Giordano, 2003.

NETO, Lira. *Getúlio*: dos anos de formação à conquista do poder (1882-1930). vol. 1. São Paulo: Companhia das Letras, 2012.

NEVES, Marcelo. *A constitucionalização simbólica*. 2ª ed. São Paulo: Martins Fontes, 2007.

______. "A força simbólica dos direitos humanos". *Revista Brasileira de Direito Público*, Belo Horizonte, vol. 3, 2003.

______. "Ideias em outro lugar? Constituição liberal e codificação do Direito Privado na virada do século XIX para o século XX no Brasil". *Revista Brasileira de Ciências Sociais – RBCS*, vol. 30, nº 88, jun. 2015.

______. "Niklas Luhmann: 'eu vejo o que tu não vês'". *In*: ALMEIRA, Jorge de; BADER, Wolfgang (Coord.). *Pensamento jurídico alemão no século XX*: grandes protagonistas e recepção no Brasil. vol. I. São Paulo: Cosac Naify, 2009.

______. "Semipresidencialismo é desastre constitucional". *Folha de S. Paulo*, 13 abr. 2022. Disponível em: https://www1.folha.uol.com.br/opiniao/2022/04/semipresidencialismo-e-desastre-constitucional.shtml. Acessado em: 28.08.2024.

______. *A constitucionalização simbólica*. 3ª ed. São Paulo: WMF Martins Fontes, 2011.

______. *Constituição e Direito na modernidade periférica*: uma abordagem teórica e uma interpretação do caso brasileiro. Trad. Antônio Luz Costa. São Paulo: Martins Fontes, 2018.

_____. *Entre Hidra e Hércules*: princípios e regras constitucionais como diferença paradoxal do sistema jurídico. São Paulo: Martins Fontes, 2013.

_____. *Transconstitucionalismo*. São Paulo: Martins Fontes, 2009.

NOGUEIRA, José Carlos de Ataliba. "Agradecimento". *In*: ALMEIDA, Joaquim Canuto Mendes de. "Ataliba Nogueira, professor emérito". *Revista da Faculdade de Direito*, Universidade de São Paulo, vol. 68, nº 1, 1973.

_____. "Ernesto Leme, professor emérito". *Revista da Faculdade de Direito*, Universidade de São Paulo, vol. 64, 1969.

_____. "Hierarquia das normas jurídicas: inconstitucionalidade de dispositivo da lei de inelegibilidades". *Revista de Direito Público*, vol. 15, mar. 1971.

_____. *Apostila*: Teoria Geral do Estado – 1º ano (sem responsabilidade da Ilustre Cátedra). atual. rev. São Paulo: Centro Acadêmico XI de Agosto da Faculdade de Direito da Universidade de São Paulo, 1958.

_____. *O Estado é um meio e não um fim*. São Paulo: Revista dos Tribunais, 1940.

_____. *O Estado é um meio e não um fim*. 3ª ed. São Paulo: Saraiva, 1955.

_____. *Pena sem prisão*. São Paulo: Revista dos Tribunais, 1938.

NOVAIS, Fernando A. *Portugal e Brasil na crise do Antigo Sistema Colonial (1777-1808)*. 2ª ed. São Paulo: Editora 34, 2019.

NUNES, António José Avelãs. "A República de Weimar e a Constituição de Weimar, cem anos depois". *In*: BERCOVICI, Gilberto (Coord.). *Cem anos da Constituição de Weimar (1919-2019)*. São Paulo: Quartier Latin, 2019.

NUNES, Clarice. "As políticas públicas de educação de Gustavo Capanema no Governo Vargas". *In*: BOMENY, Helena (Coord.). *Constelação Capanema*: intelectuais e política. Rio de Janeiro: FGV, 2001.

OLIVEIRA, Allysson Eduardo Botelho de. *Poder coordenador e coordenação dos poderes, um exercício de história dos conceitos*: de Alberto Torres à Constituição de 1934. Minas Gerais: Universidade Federal de Minas Gerais, 2022. (Dissertação de Mestrado).

OLIVEIRA, Cecilia Helena de Salles. "Da natureza e limites do Poder Moderador e a memória do Conselheiro Zacharias de Góis e Vasconcelos". *In*: VASCONCELOS, Zacharias de Góis e. *Da natureza e limites do Poder Moderador*. São Paulo: Editora 34, 2002. (Coleção Formadores do Brasil).

______. *Ideias em confronto*: embates pelo poder na Independência do Brasil (1808-1825). São Paulo: Todavia, 2022.

OLIVEIRA, Marcelo Andrade Cattoni de. "Da impossibilidade constitucional do semipresidencialismo: um diálogo com Marcelo Neves". *Migalhas*, 20 abr. 2022. Disponível em: https://www.migalhas.com.br/depeso/364400/da-impossibilidade-constitucional-do-semipresidencialismo. Acessado em: 28.08.2024.

______. *Contribuições para uma Teoria Crítica da Constituição*. 2ª ed. rev. e atual. Belo Horizonte: Conhecimento, 2021.

______. "Contribuições para uma nova história e teoria do processo de constitucionalização brasileiro no marco da Teoria Crítica da Constituição". *In*: ______ (Coord.). *Constitucionalismo e História do Direito*. 2ª ed. Belo Horizonte: Conhecimento, 2020.

______. "O Mito do Poder Moderador e a irresponsabilidade política". *In*: ______. *Poder Constituinte e Patriotismo Constitucional*: o projeto constituinte do Estado Democrático de Direito na teoria discursiva de Jürgen Habermas. Belo Horizonte: Mandamentos, 2006.

______. "Saberes localizados, narrativas outras: notas programáticas para uma nova história e teoria do processo de constitucionalização brasileiro no marco da teoria crítica da Constituição". *Anais do VII Colóquio Internacional de Direito e Literatura*, 2023. Disponível em: https://www.academia.edu/39899278/Saberes_localizados_narrativas _outras_Notas_program%C3%A1ticas_para_uma_nova_hist%C3%B3ria_e_teoria_do_processo_de_constitucionaliza%C3%A7%C3%A3o_brasileiro_no_marco_da_Teoria_Cr%C3%ADticadaConstitui%C3%A7%C3%A3o?auto=download&email_work_card=download-paper. Acessado em: 28.08.2024.

OLIVEIRA, Marcelo Andrade Cattoni de; ALVES, Adamo Dias. "Carl Schmitt: um teórico da exceção sob o estado de exceção". *Revista Brasileira de Estudos Políticos*, vol. 105, 2012.

OLIVEIRA, Marcelo Andrade Cattoni de; CARVALHO NETTO, Menelick de. "Legitimidade e efetividade como tensão constitutiva (conflito concreto) da normatividade constitucional". *In*: LIMA, Martonio Mont'Alverne Barreto; ALBUQUERQUE, Paulo Antonio de Menezes

(Coord.). *Democracia, Direito e política*: estudos internacionais em homenagem a Friedrich Müller. Florianópolis: Conceito Editorial, 2006.

OLIVEIRA, Marcelo Andrade Cattoni de; GOMES, David Francisco Lopes. "Breves considerações sobre a Filosofia do Direito de Hegel". *In*: ALVES, Adamo Dias; OLIVEIRA, Marcelo Andrade Cattoni de; GOMES, David Francisco Lopes. *Constitucionalismo e Teoria do Estado*. Belo Horizonte: Arraes, 2013.

OLIVEIRA, Victor Arruda Pereira de. *O Congresso de Viena e o Direito Internacional no primeiro quartel do século XIX*. São Paulo: USP, 2017. (Dissertação de Mestrado).

PAIVA, Valéria. "Almir de Andrade: intelectual do Estado Novo". *História*, vol. 34, nº 1, jan./jun. 2015.

______. *Diálogo cordial*: cultura política, os intelectuais e as letras no Estado Novo. Rio de Janeiro: IESP-UERJ, 2011. (Tese de Doutorado).

PALMER, Alan. *Bismark*. Trad. Heitor Aquino Ferreira. Brasília: UnB, 1982.

PANDOLFI, Dulce Chaves. "Os anos 1930: as incertezas do regime". *In*: FERREIRA, Jorge; DELGADO, Lucila de Almeida Neves. *O Brasil Republicano*: o tempo do nacional-estatismo, do início dos anos 1930 ao apogeu do Estado Novo – Segunda República (1930-1945). vol. 2. 10ª ed. rev. e atual. Rio de Janeiro: Civilização Brasileira, 2020.

______. *Pernambuco de Agamenon Magalhães*: consolidação e crise de uma elite política. Recife: Fundação Joaquim Nabuco/Massaguana, 1984.

PANTOJA, Sílvia. "Agamenon Magalhães". *Centro de Pesquisa e Documentação de História Contemporânea do Brasil*: Dicionário Histórico Biográfico Brasileiro – FGV. Disponível em: https://www18.fgv.br/CPDOC/acervo/dicionarios/verbete-biografico/agamenon-sergio-de-godoi-magalhaes. Acessado em: 28.08.2024.

PEREIRA, Lígia Maria Leite; FARIA, Maria Auxiliadora de. *José Bonifácio*: líder parlamentar da Revolução de 1930 e Embaixador do Brasil. Brasília: Edições Câmara, 2020. (Série perfil parlamentar, nº 75).

PEREIRA, Osny Duarte. *Que é Constituição?* Rio de Janeiro: Civilização Brasileira, 1964.

PEUKERT, Detlev J. K. *The Weimar Republic*. Nova York: Hill and Wang, 1993.

PIAUHYLINO, Luiz. *Discurso em homenagem a Murilo de Barros Guimarães*. Câmara dos Deputados. Sessão: 069.1.52.O (07.05.2003). Disponível em: https://www.camara.leg.br/internet/sitaqweb/TextoHTML.asp?etapa=3&nuSessao=069.1.52.O&nuQuarto=55&nuOrador=3&nuInsercao=45&dtHorarioQuarto=15:48&sgFaseSessao=PE%20%20%20%20%20%20%20%20&Data=07/05/2003&txApelido=LUIZ%20PIAUHYLINO&txFaseSessao=Pequeno%20Expediente%20%20%20%20%20%20%20%20%20%20%20%20%20&dtHoraQuarto=15:48&txEtapa=Com%20reda%C3%A7%C3%A3o%20final. Acessado em: 28.08.2024.

PINHO, Sílvia Oliveira Campos de. *Alberto Torres*: uma obra, várias leituras. Belo Horizonte: Universidade Federal de Minas Gerais, 2007. (Dissertação de Mestrado).

PINKARD, Terry P. *Hegel*: a biography. Cambridge: Cambridge University Press, 2000.

PINTO, Francisco. "Oliveira Vianna e a construção científica do constitucionalismo autoritário". *Revista da Faculdade de Direito da UFRGS*, Porto Alegre, nº 46, ago. 2021.

PODER JUDICIÁRIO. SUPERIOR TRIBUNAL DE JUSTIÇA. *Coletânea de Julgados e Momentos Jurídicos dos Magistrados do TFR e STJ*: Ministro Artur de Souza Marinho. vol. 31. Brasília: Divisão Gráfica do Conselho da Justiça Federal, 1999.

PRESTES, Anita Leocádia. *A coluna Prestes*. 2ª ed. São Paulo: Brasiliense, 1991.

QUEIROZ, Marcos Vinícius Lustosa. *Constitucionalismo brasileiro e o Atlântico Negro*: a experiência constitucional de 1823 diante da Revolução Haitiana. Brasília: Universidade de Brasília, 2017.

_____. *O Haiti é aqui*: ensaio sobre formação social e cultura jurídica latino-americana (Brasil, Colômbia e Haiti, século XIX). Brasília: Universidade de Brasília, 2022. (Tese de Doutorado).

QUEIROZ, Maurício Vinhas de. *Messianismo e conflito social*: a Guerra Sertaneja do Contestado (1912-1916). Rio de Janeiro: Civilização Brasileira, 1966.

RAMOS, Graciliano. *Memórias do Cárcere*. 51ª ed. Rio de Janeiro: Record, 2020.

RÁO, Vicente. "Novas formas de organização política (Curso de Extensão Universitária promovido pela Faculdade de Direito de S. Paulo entre setembro de outubro de 1933)". *Revista da Faculdade de Direito da Universidade de São Paulo*, vol. 29, 1933.

_____. *Depoimento* [1976]. Entrevistadora: Maria Victoria de Mesquita Benevides. Rio de Janeiro: Fundação Getúlio Vargas/CPDOC – História Oral, 1979.

REALE, Miguel. "O integralismo revisitado". *O Estado de S. Paulo*, 28 ago. 2004. Disponível em: https://www.academia.org.br/artigos/o-integralismo-revisitado. Acessado em: 28.08.2024.

_____. *Memórias (Destinos Cruzados)*. vol. 1. São Paulo: Saraiva, 1986.

_____. *O concurso de Filosofia do Direito*. São Paulo: [s.n.], 1940.

_____. *O Estado Moderno*: Liberalismo, Fascismo, Integralismo. Obras Políticas (1ª fase – 1931-1937). tomo II. Brasília: UnB, 1983.

_____. *Teoria do Direito e do Estado*. 5ª ed. São Paulo: Saraiva, 2000.

RECONDO, Felipe. *Tanques e togas*: o STF e a ditadura militar. São Paulo: Companhia das Letras, 2018.

REIS, Daniel Aarão. *Luís Carlos Prestes*: um revolucionário entre dois mundos. São Paulo: Companhia das Letras, 2014.

REIS, João José. *Ganhadores*: a greve negra de 1857 na Bahia. São Paulo: Companhia das Letras, 2019.

_____. *Liberdade por um fio*: história dos quilombos no Brasil. São Paulo: Companhia das Letras, 1996.

_____. *Rebelião escrava no Brasil*: a história do Levante dos Malês em 1835. ed. rev. e ampl. São Paulo: Companhia das Letras, 2003.

REZENDE, Gabriel. "A máquina de Menelick". *Revista de Estudos Constitucionais, Hermenêutica e Teoria do Direito*, Unisinos, vol. 9, nº 2, mai./ago. 2017.

RIBEIRO, Antônio Sérgio. "Herculano de Freitas". *Centro de Pesquisa e Documentação de História Contemporânea do Brasil*: Dicionário Histórico Biográfico Brasileiro – FGV. Disponível em: https://cpdoc.fgv.br/sites/default/files/verbetes/primeira-republica/FREITAS,%20Herculano%20de.pdf. Acessado em: 28.08.2024.

RÍOS, Fernando de los. "Prólogo del traductor". *In*: JELLINEK, Georg. *Teoría General del Estado*. México: FCE, 2000.

ROCHA, Osíris. "Crônica Universitária". *Revista da Faculdade de Direito da Universidade Federal de Minas Gerais*, nº 7, 1967.

ROSENFELD, Michel. *A identidade do sujeito constitucional*. Trad. Menelick de Carvalho Netto. Belo Horizonte: Mandamentos, 2003.

ROSENFIELD, Luis. "Karl Loewenstein no Brasil de Vargas: o olhar de um jurista judeu-alemão sobre o Estado Novo". *História do Direito* – RHD, Curitiba, vol. 2, nº 3, jul./dez. 2021.

______. *Revolução conservadora*: genealogia do constitucionalismo autoritário brasileiro (1930-1945). Porto Alegre: EDIPUCRS, 2021.

SAID, Edward W. *Representação do intelectual*: as Conferências Reith de 1993. Trad. Milton Hatoum. São Paulo: Companhia das Letras, 2005.

SALA-MOLINS, Louis. *Dark side of the light*: slavery and the French Enlightenment. Trad. e intr. John Conteh-Morgan. Minneapolis: University of Minnesota Press, 2006.

SALDANHA, Nelson. *História das ideias políticas no Brasil*. Brasília: Conselho Editorial do Senado Federal, 2001.

SALGADO, Plínio. "Prefácio". *In*: MOTTA FILHO, Cândido. *Alberto Torres e thema da nossa geração*. Rio de Janeiro: Schimidt, 1931.

______. *Cartas aos Camisas-Verdes*. Rio de Janeiro: José Olympio, 1934.

______. *O que é o integralismo*. Rio de Janeiro: Schmidt, 1933.

SAMPAIO, Nelson de Souza. "Caracterização da Teoria Geral do Estado". *Revista da Faculdade de Direito da Universidade Federal de Minas Gerais*, vol. 4, 1952, p. 90. Disponível em: https://revista.direito.ufmg.br/index.php/revista/article/view/515. Acessado em: 16.08.2024.

SANTOS, Viviane Teresinha dos. "Os subversivos das Arcadas". *In*: CARNEIRO, Maria Luiza Tucci. *Inventário DEOPS Módulo II*: estudantes. Os subversivos das Arcadas. São Paulo: Arquivo do Estado, Imprensa Oficial, 1999.

SANTUCCI, Jane. *Cidade rebelde*: as revoltas populares no Rio de Janeiro no início do século XX. Rio de Janeiro: Casa da Palavra, 2008.

SARLET, Ingo Wolfgang; GODOY, Arnaldo Sampaio de Moraes. "Algumas notas sobre o conteúdo e significado dos direitos e deveres fundamentais na Constituição de Weimar". *In*: BERCOVICI, Gilberto (Coord.). *Cem anos da Constituição de Weimar (1919-2019)*. São Paulo: Quartier Latin, 2019.

______. *História Constitucional da Alemanha*: da Constituição da Igreja de São Paulo à Lei Fundamental. Porto Alegre: Fundação Fênix, 2021.

______. "Entrevista a Sérgio Rodas". *Consultor Jurídico*, 11 ago. 2019. Disponível em: https://www.conjur.com.br/2019-ago-11/entrevista-arnaldo-godoy-ingo-sarlet-professores/. Acessado em: 28.08.2024.

SCALERCIO, Márcio. *Heráclito Fontoura Sobral Pinto*: toda liberdade é íngreme. Rio de Janeiro: FGV, 2014.

SCHMITT, Carl. "El concepto de la moderna democracia em su relación com el concepto de Estado (1924)". *In*: ______. *Los fundamentos histórico-espirituales del parlamentarismo en su situación actual y la polémica com Thoma sobre el significado de la democracia*. Trad. Pedro Madrigal y Patricio Montero-Martín. Madrid: Tecnos, 2018.

______. *Der Wert des Staates und die Bedeutung des Einzelnen*. Tübingen: J. C. B. Mohr, 1914.

______. *La dictadura*: desde los comienzos del pensamiento moderno de la soberanía hasta la lucha de clases proletaria. Trad. José Díaz Gracía. Madrid: Alianza Editorial, 1985.

______. *O conceito do político / Teoria do Partisan*. Trad. Geraldo de Carvalho. Belo Horizonte: Del Rey, 2008.

______. *Teología política*. Trad. Francisco Javier Conde y Jorge Navarro Pérez. Madrid: Trotta, 2009.

______. *Teoría de la Constitución*. Madrid: Alianza Editorial, 1996.

______. *O guardião da Constituição*. Trad. Geraldo de Carvalho. Belo Horizonte: Del Rey, 2007.

SCHUPMANN, Benjamin A. "The challenge of mass democracy". *In*: ______. *Carl Schmitt's State and Constitutional Theory*: a critical analysis. Oxford: Oxford University Press, 2017.

SCHWARCZ, Lilia Moritz. *As barbas do Imperador*: D. Pedro II, um monarca nos trópicos. 2ª ed. São Paulo: Companhia das Letras, 2021.

______. *Sobre o autoritarismo brasileiro*. São Paulo: Companhia das Letras, 2019.

SCHWARCZ, Lilia Moritz; STARLING, Heloísa Murgel. *Brasil*: uma biografia. São Paulo: Companhia das Letras, 2015.

SCHWARTZMAN, Simon; BOMENY, Helena Maria Bousquet; COSTA, Vanda Mara Ribeiro. *Tempos de Capanema*. São Paulo: Paz e Terra, Fundação Getúlio Vargas, 2000.

SEELAENDER, Airton Lisle Cerqueira Leite. "Alberto Torres". *In*: SEELAENDER, Airton Lisle Cerqueira Leite; WEHLING, Arno (Coord.). *Entender a Independência*: 1822 na história das instituições brasileiras. Rio de Janeiro: Processo, 2022.

______. "Juristas e ditaduras: uma leitura brasileira". *In*: SEELAENDER, Airton Lisle Cerqueira Leite; FONSECA, Ricardo Marcelo (Coord.). *História do Direito em perspectiva*. vol. 1. Curitiba: Juruá, 2008.

______. "O Direito Administrativo e a expansão do Estado na Primeira República: notas preliminares a uma história da doutrina administrativista no Brasil". *Revista do IHGB*, vol. 485, 2021.

______. "Pondo os pobres no seu lugar: igualdade constitucional e intervencionismo segregador na Primeira República". *In*: LIMA, Martônio M. B.; COUTINHO, Jacinto N. de M. (Coord.). *Diálogos constitucionais*. Rio de Janeiro/Curitiba: Renovar, 2006.

SEELAENDER, Airton Lisle Cerqueira Leite; CASTRO, Alexander Rodrigues de. "Um jurisconsulto adaptável: Francisco Campos (1891-1968)". *In*: MOTA, Carlos Guilherme; SALINAS, Natasha (Coord.). *Os juristas na formação do Estado-Nação brasileiro*. vol. 3. São Paulo: Saraiva, 2010.

SEVCENKO, Nicolau. *A Revolta da Vacina*: mentes insanas em corpos rebeldes. São Paulo: Unesp, 2018.

SILVA, José Afonso da Silva. *A faculdade e meu itinerário constitucional*. São Paulo: Malheiros, 2007.

______. *Aplicabilidade das normas constitucionais*. São Paulo: Revista dos Tribunais, 1968.

SIQUEIRA, Gustavo Silveira. "Hans Kelsen na Constituinte Brasileira de 1933-1934". *In*: ______. *Hans Kelsen no Brasil*: o parecer sobre a Constituinte brasileira de 1934, a Teoria Pura do Direito no Brasil e a viagem ao Rio de Janeiro em 1949. Rio de Janeiro: EdUERJ, 2021.

______. *Hans Kelsen no Brasil*: o parecer sobre a Constituinte brasileira de 1934, a Teoria Pura do Direito no Brasil e a viagem ao Rio de Janeiro em 1949. Rio de Janeiro: EdUERJ, 2021.

SMEND, Rudolf. "Ciudadano y burgués en el derecho político alemán". *In*: ______. *Constitución y Derecho Constitucional*. Trad. José Maria Beneyto Pérez. Madrid: Centro de Estudios Constitucionales, 1985.

______. *Constitución y Derecho Constitucional*. Trad. José Maria Beneyto Pérez. Madrid: Centro de Estudios Constitucionales, 1985.

SOARES, Edvaldo. *Pensamento católico brasileiro*: influências e tendências. Marília: Oficina Universitária; São Paulo: Cultura Acadêmica, 2014.

SODRÉ, Nelson Werneck. *Do Tenentismo ao Estado Novo*: memórias de um soldado. 2ª ed. Petrópolis: Vozes, 1986.

SOUZA JÚNIOR, Gildásio Alves de. *Histórico do ensino de Ciência Política na Faculdade de Direito da Universidade Federal da Bahia*. Salvador: Universidade Federal da Bahia, 2018. (Monografia).

SOUZA NETO, Cláudio Pereira de. *Democracia em crise no Brasil*: valores constitucionais, antagonismos políticos e dinâmica institucional. São Paulo: Contracorrente, 2020.

SOUZA, Adriana Barreto de. *O Exército na consolidação do Império*: um estudo sobre a política militar conservadora (1831-1850). 2ª ed. Rio de Janeiro: FGV Editora, 2022.

SOUZA, Braz Florentino Henriques de. *Do Poder Moderador*: ensaio de Direito Constitucional contendo a análise do Título V, Capítulo I, da Constituição Política do Brasil. Brasília: UnB, 1978.

SOWELL, Thomas. *Os intelectuais e a sociedade*. Trad. Maurício G. Righi. São Paulo: É Realizações, 2011.

STAHL, Fredrich Julius. "Principles of Law" (Part I, Book II). *In*: ______. *The Philosophy of Law*, vol. II (The Doctrine of Law and State on the Basis of the Christian World-View). Trad. ed. e intr. Ruben Alvarado. Netherlands: Wordbridge, 2007.

______. "The Doctrine of State and the Principles of State Law" (Part II, Book IV). *In*: ______. *The Philosophy of Law*, vol. II (The Doctrine of Law and State on the Basis of the Christian World-View). Trad. ed. e intr. Ruben Alvarado. Netherlands: Wordbridge, 2009.

______. *Das monarchische Prinzip*: eine staatsrechtlich-politische Abhandlung. Heidelberg: Mohr, 1845.

STOLLEIS, Michael. "Judicial Review, Administrative Review, and Constitutional Review in the Weimar Republic". *Ratio Juris*, vol. 16, nº 2, jun. 2003.

______. *A history of Public Law in Germany 1914-1945*. Trad. Thomas Dunlap. Nova York: Oxford University Press, 2004.

______. *O Direito Público na Alemanha*: uma introdução a sua história do século XVI ao XXI. São Paulo: Saraiva Educação, 2018.

______. *Public Law in Germany (1800-1914)*. Nova York/Oxford: Berghahn Books, 2001.

TAVARES, André Ramos. "A defesa da Constituição de Weimar". *In*: BERCOVICI, Gilberto (Coord.). *Cem anos da Constituição de Weimar (1919-2019)*. São Paulo: Quartier Latin, 2019.

TEIXEIRA, Anísio. *Educação para a democracia*: introdução à administração educacional. Rio de Janeiro: UFRJ, 1997.

TEIXEIRA, Manoel Neto. *Pinto Ferreira*: vida e obra. Olinda: Polys, 2005.

TEUBNER, Gunther. *Fragmentos constitucionais*: constitucionalismo social na globalização. Trad. Ricardo Campos. São Paulo: Saraiva, 2016.

TOCQUEVILLE, Alexis de. *A democracia na América*: leis e costumes de certas leis e certos costumes políticos que foram naturalmente sugeridos aos americanos por seu estado social democrático. Trad. Eduardo Brandão. 2ª ed. São Paulo: Martins Fontes, 2005.

TOJAL, Sebastião Botto de Barros. *Teoria Geral do Estado*: elementos de uma nova Ciência Social. Rio de Janeiro: Forense, 1997.

TOMAZ, Mateus Rocha; BASTOS, Marcus Vinícius Fernandes Bastos. "Fake news e pós-verdade no paradigma constitucional do Estado Democrático de Direito: uma análise crítica à luz da teoria habermasiana do discurso e da teoria dworkiniana da integridade no Direito e na política". *X Congresso da ABraSD*: 55 anos de ensino da Sociologia Jurídica no Brasil, Recife, 2019.

TORNHILL, Chris. "A Constituição de Weimar como uma Constituição Militar". *In*: BERCOVICI, Gilberto. *Cem anos da Constituição de Weimar (1919-2019)*. São Paulo: Quartier Latin, 2019.

______. *Crise democrática e Direito Constitucional global*. Trad. Diógenes Moura Breda e Glenda Vicenzi. São Paulo: Contracorrente, 2021.

TORRES, Alberto. *A Organização Nacional*: primeira parte, a Constituição. Nova Edição. São Paulo: Companhia Editora Nacional, 1938.

______. *O problema nacional brasileiro*: introducção a um programma de Organização Nacional. 3ª ed. São Paulo: Companhia Editora Nacional, 1938.

TRINDADE, Hélgio. "Integralismo". *Centro de Pesquisa e Documentação de História Contemporânea do Brasil*: Dicionário Histórico Biográfico Brasileiro – FGV. Disponível em: https://www18.fgv.br/CPDOC/acervo/dicionarios/verbete-tematico/integralismo. Acessado em: 28.08.2024.

URUGUAY, Visconde do. *Ensaio sobre o Direito Administrativo*. tomo II. Rio de Janeiro: Typographia Nacional, 1862.

VALADÃO, Rodrigo Borges. *Positivismo Jurídico e Nazismo*: formação, refutação e superação da lenda do positivismo. São Paulo: Contracorrente, 2021.

VALÉRIO, Otávio Lucas Solano. *A toga e a farda*: o Supremo Tribunal Federal e o regime militar (1964-1969). São Paulo: USP, 2010. (Dissertação de Mestrado).

VALIM, Rafael. *Estado de exceção*: a forma jurídica do neoliberalismo. São Paulo: Contracorrente, 2017.

VARGAS, Getúlio. "Entrevista". *Suplemento Especial da Revista do Globo*, ago. 1950.

______. *A nova política do Brasil*: o Estado Novo (10 de novembro de 1937 a 25 de julho de 1938). vol. 5. Rio de Janeiro: José Olympio, 1938.

______. *Diário*: volume I (1930-1936). São Paulo: Siciliano; Rio de Janeiro: Fundação Getúlio Vargas, 1995.

______. *Diário*: volume II (1937-1942). São Paulo: Siciliano; Rio de Janeiro: Fundação Getúlio Vargas, 1995.

VASCONCELOS, Bernardo Pereira de. *Bernardo Pereira de Vasconcelos*. São Paulo: Editora 34, 1999.

VASCONCELOS, Zacharias de Góis e. *Da natureza e limites do Poder Moderador*. São Paulo: Editora 34, 2002. (Coleção Formadores do Brasil).

VELLOSO, Monica Pimenta. "Os intelectuais e a política cultural do Estado Novo". *In*: FERREIRA, Jorge; DELGADO, Lucila de Almeida Neves. *O Brasil Republicano*: o tempo do nacional-estatismo, do início dos anos 1930 ao apogeu do Estado Novo – Segunda República (1930-1945). vol. 2. 10ª ed. rev. e atual. Rio de Janeiro: Civilização Brasileira, 2020.

VENÂNCIO FILHO, Alberto. *Das arcadas ao bacharelismo*: 150 anos de ensino jurídico no Brasil. 2ª ed. São Paulo: Perspectiva, 2011.

VERDÚ, Pablo Lucas. "Lugar de la Teoría de la Constitución en el marco del Derecho Político". *Revista de Estudios Políticos*, nº 188, Espanha, 1973.

______. *La lucha contra el positivismo juridico en la Republica de Weimar*: la teoría constitucional de Rudolf Smend. Madrid: Tecnos, 1987.

VIANA, Vítor. *Uma Constituição do Século XX*: o código de Weimar e a Moderna Alemanha. Rio de Janeiro: Typografia do Jornal do Commercio, 1931.

VIANNA, Francisco José de Oliveira. *Ensaios inéditos*. Campinas: Unicamp, 1991.

______. *Instituições políticas brasileiras*. Brasília: Senado Federal, 1999.

______. *Populações Meridionais do Brasil*. Brasília: Senado Federal, 2005.

______. *Problemas de organização e problemas de direção*: o povo e o governo. 2ª ed. Rio de Janeiro: Record, 1974.

______. *Problemas de política objetiva*. 3ª ed. Rio de Janeiro: Record, 1974.

VIANNA, Marly de Almeida Gomes. "Luiz Carlos Prestes". *In*: VIANNA, Marly de Almeida Gomes; SILVA, Érica Sarmiento da Silva; GONÇALVES, Leandro Pereira (Coord.). *Presos políticos e perseguidos estrangeiros na Era Vargas*. Rio de Janeiro: Mauad X/Faperj, 2014.

VIANNA, Oliveira. *O idealismo da Constituição*. 2ª ed. aum. Rio de Janeiro: Companhia Editora Nacional, 1939.

VIEIRA, José Ribas. *Introdução à Teoria do Estado*. Porto Alegre: Síntese, 1999.

VILANOVA, Lourival. *As estruturas lógicas e o sistema do Direito Positivo*. 3ª ed. São Paulo: Noeses, 2005.

______. *Causalidade e relação no Direito*. São Paulo: Saraiva, 1989.

______. *Escritos jurídicos-filosóficos*. vols. 1 e 2. São Paulo: IBET/Axis Mundi, 2003.

______. *Lógica jurídica*. São Paulo: José Bushatsky, 1976.

______. *O problema do objeto da Teoria Geral do Estado*. Recife: Imprensa Oficial, 1953.

______. *Sôbre o conceito do Direito*. Recife: Imprensa Oficial, 1947.

VILELA, José Afrânio. "O pensamento jurídico de Lourival Vilanova". *Revista Estudos Filosóficos*, nº 14, 2015. Disponível em: https://www.ufsj.edu.br/portal2-repositorio/File/revistaestudosfilosoficos/art19%20rev14.pdf. Acessado em: 28.08.2024.

VITA, Letícia. *La legitimidad del Derecho y del Estado en el pensamiento jurídico de Weimar*: Hans Kelsen, Carl Schmitt y Hermann Heller. Buenos Aires: Editorial Eudeba (Universidad de Buenos Aires), 2014.

VUILLARD, Éric. *A ordem do dia*. Trad. Sandra Stroparo. São Paulo: Tusquets Editores, 2019.

WARAT, Luis Alberto. *O Direito e sua linguagem*. 2ª ed. aum. Porto Alegre: Sérgio Antonio Fabris Editor, 1995.

______. "Saber crítico e senso comum teórico dos juristas". *Sequência Estudos Jurídicos e Políticos*, vol. 3, nº 05, 1982.

______. *A rua grita Dionísio!* Rio de Janeiro: Lúmen Júris, 2010.

WERNEK, lacerda. "Discurso proferido na 73ª Sessão da Assembleia Nacional Constituinte (17 de fevereiro de 1934)". *Annaes da Assembléa Nacional Constituinte*. vol. 8. Rio de Janeiro: Imprensa Nacional, 1935.

WOLKMER, Antonio Carlos. "A questão dos direitos sociais na comissão Itamaraty". *Revista de Ciência Política*, vol. 27, nº 3, set./dez. 1984.

ZULINI, Jaqueline Porto. *Modos do bom governo na Primeira República brasileira*: o papel do Parlamento no regime de 1889-1930. São Paulo: USP, 2016. (Tese de Doutorado).

Fontes primárias

CAPANEMA, Gustavo. "Carta a Agamenon Magalhães, de 21 de abr. de 1945". Ministério da Educação e Saúde – Correspondentes\GC b Magalhães, A. (22). *Arquivo Gustavo Capanema – FGV CPDOC*. Disponível em: https://docvirt.com/docreader.net/DocReader.aspx?bib=ARQ_GC_B&pesq=%22agamenon%20magalh%C3%A3es%22&hf=docvirt.com&pagfis=6441. Acessado em: 28.08.2024.

______. "Memorando ao Presidente Getúlio Vargas, [sem data]". Ministério da Educação e Saúde – Assuntos administrativos\GC f 1935.05.00 (1), p. 1. *Arquivo Gustavo Capanema – FGV CPDOC*. Disponível em: https://docvirt.com/docreader.net/DocReader.aspx?bib=ARQ_GC_F&hf=www18.fgv.br&pagfis=13585. Acessado em: 28.08.2024.

______. "Memorial ao Presidente Getúlio Vargas, de 1º de fev. 1941". Ministério da Educação e Saúde – Assuntos Políticos\GC i 1935.12.00 (4). *Arquivo Gustavo Capanema – FGV CPDOC*. Disponível em: https://docvirt.com/docreader.net/DocReader.aspx?bib=ARQ_GC_I&hf=www18.fgv.br&pagfis=7695. Acessado em: 28.08.2024.

______. "Resposta à carta de Agamenon Magalhães, de 12 de abr. de 1939". Ministério da Educação e Saúde – Correspondentes\GC b

Magalhães, A. (22). *Arquivo Gustavo Capanema – FGV CPDOC*. Disponível em: https://docvirt.com/docreader.net/DocReader.aspx?bib=ARQ_GC_B&pesq=%22agamenon%20magalh%C3%A3es%22&hf=docvirt.com&pagfis=6432. Acessado em: 28.08.2024.

______. "Resposta à carta de Agamenon Magalhães, de 24 de nov. de 1945". Ministério da Educação e Saúde – Correspondentes\GC b Magalhães, A. (22). *Arquivo Gustavo Capanema – FGV CPDOC*. Disponível em: https://docvirt.com/docreader.net/DocReader.aspx?bib=ARQ_GC_B&Pesq=%22agamenon%20magalh%c3%a3es%22&id=3877709230433&pagfis=6449. Acessado em: 28.08.2024.

______. "Resposta ao telegrama de Agamenon Magalhães, de 23 de maio de 1939". Correspondentes\GC b Magalhães, A. (22). *Arquivo Gustavo Capanema – FGV CPDOC*. Disponível em: https://docvirt.com/docreader.net/DocReader.aspx?bib=ARQ_GC_B&pesq=%22agamenon%20magalh%C3%A3es%22&hf=docvirt.com&pagfis=6435. Acessado em: 28.08.2024.

CASASANTA, Mario. "Carta a Gustavo Capanema, de 22 dez. de 1940". Correspondentes\GC b Casasanta, M. *Arquivo Gustavo Capanema – FGV CPDOC*. Disponível em: https://www.docvirt.com/docreader.net/DocReader.aspx?bib=ARQ_GC_B&id=191300176608&pagfis=2807. Acessado em: 28.08.2024.

MAGALHÃES, Agamenon. "Carta a Gustavo Capanema, de 23 de jun. de 1939". Ministério da Educação e Saúde – Educação e Cultura\GC g 1936.01.18 (1). *Arquivo Gustavo Capanema – FGV CPDOC*. Disponível em: https://docvirt.com/docreader.net/DocReader.aspx?bib=ARQ_GC_G&pesq=%22bacharel%20Pinto%20Ferreira%22&hf=www18.fgv.br&pagfis=32805. Acessado em: 28.08.2024.

______. "Carta a Gustavo Capanema, de 23 de nov. de 1939". Ministério da Educação e Saúde – Correspondentes\GC b Magalhães, A. (22). *Arquivo Gustavo Capanema – FGV CPDOC*. Disponível em: https://docvirt.com/docreader.net/DocReader.aspx?bib=ARQ_GC_B&pesq=%22agamenon%20magalh%C3%A3es%22&hf=docvirt.com&pagfis=6436. Acessado em: 28.08.2024.

______. "Carta a Gustavo Capanema, de 23 de out. de 1945". Ministério da Educação e Saúde – Correspondentes\GC b Magalhães, A. (22). *Arquivo Gustavo Capanema – FGV CPDOC*. Disponível em: https://docvirt.com/docreader.net/DocReader.aspx?bib=ARQ_GC_B&Pesq=%22agamenon%20

magalh%c3%a3es%22&id=3877709230433&pagfis=6448. Acessado em: 28.08.2024.

______. "Carta a Gustavo Capanema, de 5 de abr. de 1939". Correspondentes\GC b Magalhães, A. (22). *Arquivo Gustavo Capanema – FGV CPDOC*. Disponível em: https://docvirt.com/docreader.net/DocReader.aspx?bib=ARQ_GC_B&pesq=%22agamenon%20magalh%C3%A3es%22&hf=docvirt.com&pagfis=6431. Acessado em: 28.08.2024.

______. "Telegrama a Gustavo Capanema, de 22 de maio de 1939". Ministério da Educação e Saúde – Correspondentes\GC b Magalhães, A. (22). *Arquivo Gustavo Capanema – FGV CPDOC*. Disponível em: https://docvirt.com/docreader.net/DocReader.aspx?bib=ARQ_GC_B&pesq=%22agamenon%20magalh%C3%A3es%22&hf=docvirt.com&pagfis=6433. Acessado em: 28.08.2024.

A Editora Contracorrente se preocupa com todos os detalhes de suas obras! Aos curiosos, informamos que este livro foi impresso no mês de outubro de 2024, em papel Pólen Soft Natural LD 70g/m².